Philip Kotler   Walter G. Scott

marketing management
analisi, pianificazione, attuazione e controllo

Settima edizione interamente rinnovata

Presentazione di Giorgio Porta

ISEDI   **Prentice Hall International**

ISEDI

© 1993 UTET Libreria
Via P. Giuria 20 - 10125 Torino

Titolo originale: *Marketing Management.*
Analysis, Planning, Implementation and Control, 7th ed.
Traduzione e adattamento: Walter G. Scott
con la collaborazione di Maria Rita Santagostino,
Roberta Sebastiani e Giovanni Covassi
Una coedizione di
Prentice-Hall International, Hemel Hempstead
Isedi UTET Libreria
Proprietà letteraria riservata
© 1991, 1988, 1984, 1980, 1976, 1972, 1967 by Prentice-Hall,
Inc. - A Division of Simon & Schuster - Englewood Cliffs, N.J.
07632
© 1973 Li/Ed., Torino
© 1976 Isedi, Milano
© 1980 Arnoldo Mondadori Editore SpA, Milano
© 1986 Petrini editore, Torino
© 1992 Petrini editore e Prentice-Hall International

I diritti di traduzione, di memorizzazione elettronica, di riproduzione e di adattamento totale o parziale, con qualsiasi mezzo (compresi i microfilm e le copie fotostatiche) sono riservati per tutti i Paesi.

L'Editore potrà concedere a pagamento l'autorizzazione a riprodurre una porzione non superiore a un decimo del presente volume.

Le richieste di riproduzione vanno inoltrate all'AIDROS, via delle Erbe 2 - 20121 Milano.
Tel. 02/86463091, fax 02/89010863

Stampa: Istituto Grafico Bertello - Borgo S. Dalmazzo (CN)

Ristampe: 3   4   5   6   7   8   9
                    1996 1997 1998

Indice

Presentazione dell'edizione italiana di Giorgio Porta	**I**
Prefazione di Philip Kotler e Walter G. Scott	**V**

L'ambiente di marketing contemporaneo - Caratteristiche e struttura dell'opera - Le modifiche apportate alla presente edizione - Ringraziamenti

PARTE PRIMA LA COMPRENSIONE DEL PROCESSO DI MARKETING MANAGEMENT

Capitolo 1   Il ruolo del marketing nelle imprese e nella società   1

1.1 I concetti fondamentali del marketing   5
1.1.1 Bisogni, desideri, domanda - 1.1.2 Prodotti - 1.1.3 Valore, costo e soddisfazione - 1.1.4 Scambio, transazioni e relazioni - 1.1.5 Mercati - 1.1.6 Marketing e operatori di mercato

1.2 Il marketing management   18

1.3 Gli orientamenti dell'impresa nei confronti del mercato   22
1.3.1 Il concetto di produzione - 1.3.2 Il concetto di prodotto - 1.3.3 Il concetto di vendita - 1.3.4 Il concetto di marketing - 1.3.5 Il concetto di marketing sociale

1.4 La rapida adozione del marketing management   43
1.4.1 Nelle imprese - 1.4.2 Nelle organizzazioni senza scopo di lucro - 1.4.3 In campo internazionale

Capitolo 2   La pianificazione strategica dell'impresa orientata al mercato   **49**

2.1 La pianificazione strategica a livello corporate   53
2.1.1 La missione dell'impresa - 2.1.2 L'identificazione delle strategic business unit (SBU) - 2.1.3 L'analisi e la valutazione del portafoglio di attività - 2.1.4 Il piano delle nuove attività d'impresa

2.2 La pianificazione strategica a livello di business   73
2.2.1 La definizione della missione del business - 2.2.2 L'analisi dell'ambiente esterno (analisi delle minacce/opportunità) - 2.2.3 L'analisi dell'ambiente interno (analisi dei punti di forza e di debolezza) - 2.2.4 La formulazione degli obiettivi - 2.2.5 La formulazione delle strategie - 2.2.6 La formulazione e l'attuazione dei programmi - 2.2.7 Il monitoraggio dei risultati

Capitolo 3   Il processo di marketing e la sua pianificazione   91

3.1   Il processo di marketing management   92
3.1.1 L'analisi delle opportunità - 3.1.2 Ricerca e selezione dei mercati obiettivo - 3.1.3 La definizione delle strategie di marketing - 3.1.4 La definizione delle azioni di marketing - 3.1.5 La realizzazione e il controllo dello sforzo di marketing

3.2   Natura e contenuti di un piano di marketing   110
3.2.1 Premessa generale - 3.2.2 Situazione attuale di marketing - 3.2.3 Analisi delle opportunità e dei problemi - 3.2.4 Obiettivi - 3.2.5 Strategia di marketing - 3.2.6 Piani d'azione - 3.2.7 Previsione di conto economico - 3.2.8 Controlli

PARTE SECONDA   L'ANALISI DELLE OPPORTUNITÀ DI MARKETING

Capitolo 4   Il sistema informativo e le ricerche di marketing   123

4.1   Concetto e struttura di un sistema informativo di marketing   125
4.2   Il sistema delle rilevazioni interne   127
4.2.1 Il ciclo ordine - spedizione - fatturazione - 4.2.2 I rapporti di vendita - 4.2.3 La progettazione di un sistema orientato all'utente

4.3   Il sistema di marketing intelligence   130

4.4   Il sistema delle ricerche di marketing   132
4.4.1 I fornitori di ricerche di marketing - 4.4.2 Le finalità della ricerca di marketing - 4.4.3 Il processo di ricerca di marketing - 4.4.4 Le caratteristiche di una valida ricerca di marketing - 4.4.5 L'uso delle ricerche di marketing da parte del management

4.5   I sistemi di supporto delle decisioni di marketing   156
4.5.1 La banca statistica - 4.5.2 La banca dei modelli

Capitolo 5   L'analisi dell'ambiente di marketing   175

5.1   I protagonisti del microambiente   178
5.1.1 L'impresa - 5.1.2 I fornitori - 5.1.3 Gli intermediari di marketing - 5.1.4 I clienti - 5.1.5 I concorrenti - 5.1.6 Il pubblico

5.2   Forze e tendenze del macroambiente   190
5.2.1 L'ambiente demografico - 5.2.2 L'ambiente economico - 5.2.3 L'ambiente fisico - 5.2.4 L'ambiente tecnologico - 5.2.5 L'ambiente politico e istituzionale - 5.2.6 L'ambiente culturale e sociale

5.3   Ambiente, impresa e strategia di marketing   214

Capitolo 6   Il comportamento d'acquisto del consumatore   225

6.1 Un modello di comportamento del consumatore   226

6.2 I fattori fondamentali che influenzano il comportamento del consumatore   228
6.2.1 I fattori culturali - 6.2.2 I fattori sociali - 6.2.3 I fattori personali - 6.2.4 I fattori psicologici

6.3 Il processo d'acquisto   255
6.3.1 I ruoli d'acquisto - 6.3.2 I tipi di comportamento d'acquisto - 6.3.3 Le ricerche sul processo d'acquisto - 6.3.4 Gli stadi del processo d'acquisto

Capitolo 7   Il comportamento d'acquisto delle organizzazioni   285

7.1 Il mercato dei produttori   287
7.1.1 Struttura del mercato dei produttori - 7.1.2 Le decisioni d'acquisto nel mercato dei produttori - 7.1.3 L'organizzazione d'acquisto dei produttori - 7.1.4 I principali fattori di influenza sugli acquirenti industriali - 7.1.5 Il processo decisionale degli acquirenti industriali

7.2 Il mercato dei rivenditori   306
7.2.1 La struttura del mercato dei rivenditori - 7.2.2 Le decisioni d'acquisto dei rivenditori - 7.2.3 L'organizzazione d'acquisto dei rivenditori - 7.2.4 I principali fattori di influenza sui rivenditori - 7.2.5 Il processo decisionale dei rivenditori

7.3 Il mercato del settore pubblico   312
7.3.1 Definizione del mercato - 7.3.2 L'organizzazione d'acquisto del settore pubblico - 7.3.3 Le implicazioni del Mercato Interno europeo sul mercato pubblico

Capitolo 8   L'analisi della concorrenza   319

8.1 L'identificazione dei concorrenti dell'impresa   321
8.1.1 La concorrenza a livello di settore - 8.1.2 La concorrenza a livello di mercato

8.2 L'identificazione delle strategie dei concorrenti   328

8.3 La determinazione degli obiettivi dei concorrenti   333

8.4 La valutazione dei punti di forza e di debolezza della concorrenza   335

8.5 La valutazione della capacità di reazione dei concorrenti   339

8.6 La definizione dei concorrenti con i quali misurarsi   342

PARTE TERZA LA RICERCA E LA SELEZIONE DEI MERCATI OBIETTIVO

Capitolo 9 La misurazione e la previsione della domanda   347

9.1 Principi di misurazione della domanda   348
9.1.1 Molteplici misure della domanda del mercato - 9.1.2 Quale mercato misurare? - 9.1.3 Un vocabolario per la misurazione della domanda

9.2 La stima della domanda attuale   357
9.2.1 Il potenziale totale di mercato - 9.2.2 Il metodo degli indicatori economici - 9.2.3 La stima delle vendite e delle quote di mercato

9.3 La stima della domanda futura   364
9.3.1 Il sondaggio delle intenzioni degli acquirenti - 9.3.2 Le opinioni della forza di vendita - 9.3.3 L'opinione degli esperti - 9.3.4 Il metodo della prova di mercato - 9.3.5 L'analisi delle serie storiche - 9.3.6 L'analisi statistica della domanda

Capitolo 10 La segmentazione e la definizione dei mercati obiettivo   377

10.1 La segmentazione del mercato   380
10.1.1 Approccio generale alla segmentazione - 10.1.2 I modelli di segmentazione - 10.1.3 La procedura di segmentazione - 10.1.4 Le basi per la segmentazione del mercato di consumo - 10.1.5 Le basi per la segmentazione del mercato industriale - 10.1.6 Requisiti per un'efficace segmentazione

10.2 La definizione dei mercati obiettivo   400
10.2.1 La valutazione dei segmenti di mercato - 10.2.2 La selezione dei segmenti di mercato

PARTE QUARTA LO SVILUPPO DELLE STRATEGIE DI MARKETING

Capitolo 11 Le strategie di differenziazione e posizionamento   413

11.1 La definizione del valore e la scelta dei fornitori da parte degli acquirenti   414

11.2 L'identificazione dei potenziali vantaggi competitivi mediante la catena del valore   419

11.3 Gli strumenti per la differenziazione competitiva   422
11.3.1 Differenziazione del prodotto - 11.3.2 La differenziazione dei servizi - 11.3.3 La differenziazione applicata al personale - 11.3.4 Differenziazione dell'immagine

11.4 Lo sviluppo di una strategia di posizionamento   436
11.4.1 L'aspetto quantitativo della differenziazione - 11.4.2 L'aspetto qualitativo della differenziazione

11.5 La comunicazione del posizionamento dell'impresa   446

Capitolo 12 Lo sviluppo dei nuovi prodotti   **451**

12.1 Il dilemma dello sviluppo dei nuovi prodotti   454

12.2 Gli aspetti organizzativi   456

12.3 La generazione dell'idea   460
12.3.1 Le fonti delle nuove idee - 12.3.2 Le tecniche per la generazione delle idee

12.4 La selezione delle idee   465
12.4.1 La valutazione delle idee di nuovi prodotti

12.5 Lo sviluppo del concetto di prodotto   469
12.5.1 Lo sviluppo del concetto - 12.5.2 Il posizionamento del concetto - 12.5.3 La sperimentazione del concetto

12.6 La definizione della strategia di marketing   473

12.7 Analisi economica   476
12.7.1 Stima delle vendite - 12.7.2 Stima dei costi e dei profitti

12.8 Lo sviluppo del prodotto   483

12.9 I test di mercato   486
12.9.1 I test di mercato per beni di consumo - 12.9.2 I test di mercato per prodotti industriali

12.10 La commercializzazione   493
12.10.1 Quando effettuare il lancio - 12.10.2 Dove effettuare il lancio - 12.10.3 A quale mercato obiettivo indirizzare il lancio - 12.10.4 Con quale strategia di mercato effettuare il lancio

12.11 L'adozione del prodotto da parte del consumatore   497
12.11.1 La diffusione dell'innovazione - 12.11.2 Diversi atteggiamenti verso l'innovatività - 12.11.3 Il ruolo dell'influenza personale - 12.11.4 L'influenza delle caratteristiche di prodotto sul tasso di adozione - 12.11.5 L'influenza delle caratteristiche dell'acquirente istituzionale sul tasso di adozione

Capitolo 13 Il modello del ciclo di vita del prodotto   **507**

13.1 Il ciclo di vita del prodotto   508
13.1.1 Il ciclo di vita domanda-tecnologia - 13.1.2 Fasi del ciclo di vita del prodotto - 13.1.3 Categoria di prodotto, forma del prodotto e ciclo di vita della marca - 13.1.4 Altre forme del ciclo di vita del prodotto - 13.1.5 Ragioni del ciclo di vita del prodotto

13.2 Le strategie di marketing nella fase d'introduzione   518

13.3	Le strategie di marketing nella fase di crescita	523
13.4	Le strategie di marketing nella fase di maturità	524
13.5	Le strategie di marketing nella fase di declino	529
13.6	Riassunto e critica del concetto di ciclo di vita del prodotto	532
13.7	Il concetto di evoluzione del mercato 13.7.1 Le fasi dell'evoluzione del mercato - 13.7.2 Dinamica della concorrenza basata sugli attributi	536

Capitolo 14 Le strategie di marketing delle imprese leader, sfidanti, imitatrici e di nicchia — **547**

14.1	Le strategie dell'impresa leader 14.1.1 Espansione del mercato totale - 14.1.2 Protezione della quota di mercato - 14.1.3 Espansione della quota di mercato	549
14.2	Le strategie dell'impresa sfidante 14.2.1 Definizione dell'obiettivo strategico - 14.2.2 Scelta di una strategia d'attacco	563
14.3	Le strategie delle imprese imitatrici	573
14.4	Le strategie delle imprese di nicchia	576

Capitolo 15 Le strategie di marketing per il mercato globale — **581**

15.1	La valutazione dell'ambiente di mercato internazionale 15.1.1 Il sistema del commercio internazionale - 15.1.2 L'ambiente economico - 15.1.3 L'ambiente politico-legale - 15.1.4 L'ambiente culturale	584
15.2	La decisione di operare all'estero	591
15.3	La scelta dei mercati in cui operare	592
15.4	La scelta del modo di entrata 15.4.1 L'esportazione - 15.4.2 La concessione di licenze e le joint-venture - 15.4.3 Gli investimenti diretti	594
15.5	La definizione del programma di marketing 15.5.1 Il prodotto - 15.5.2 La promozione - 15.5.3 Il prezzo - 15.5.4 I canali distributivi	599
15.6	La definizione dell'organizzazione di marketing 15.6.1 L'ufficio esportazione - 15.6.2 La divisione internazionale - 15.6.3 La struttura globale	605

PARTE QUINTA LA PIANIFICAZIONE DELLE OPERAZIONI DI MARKETING

Capitolo 16 Le decisioni relative al prodotto, alla marca, alla confezione — **609**

16.1 Il concetto di prodotto — 610
16.1.1 I cinque livelli di un prodotto - 16.1.2 La gerarchia di prodotto

16.2 Schemi di classificazione dei prodotti — 614
16.2.1 Beni durevoli, beni non durevoli e servizi - 16.2.2 La classificazione dei beni di consumo - 16.2.3 La classificazione dei beni industriali

16.3 Le decisioni relative alla combinazione di prodotti — 620

16.4 Le decisioni relative alla linea di prodotto — 623
16.4.1 L'analisi della linea di prodotto - 16.4.2 La lunghezza della linea di prodotto - 16.4.3 Interventi sulla linea di prodotto

16.5 La definizione degli attributi del prodotto — 630

16.6 La politica di marca — 632
16.6.1 La definizione della marca - 16.6.2 Marche industriali e marche commerciali - 16.6.3 Marche di gruppo e marche individuali - 16.6.4 Estensione della marca - 16.6.5 Le marche multiple - 16.6.6 Il riposizionamento della marca

16.7 La definizione della confezione e dell'etichetta — 644

Capitolo 17 Le decisioni relative ai servizi — **651**

17.1 Natura e classificazione dei servizi — 653

17.2 Caratteristiche dei servizi e implicazioni in chiave di marketing — 656
17.2.1 Intangibilità - 17.2.2 Inseparabilità - 17.2.3 Variabilità - 17.2.4 Deperibilità

17.3 Strategie di marketing per le imprese di servizi — 660
17.3.1 La differenziazione dei servizi - 17.3.2 La qualità del servizio - 17.3.3 La produttività nel settore dei servizi

17.4 I servizi a supporto dei prodotti — 673
17.4.1 I servizi pre-vendita - 17.4.2 I servizi post-vendita

Capitolo 18 Le decisioni relative ai prezzi — **681**

18.1 La determinazione del prezzo — 684
18.1.1 La definizione degli obiettivi di prezzo - 18.1.2 La determinazione della domanda - 18.1.3 La stima dei costi - 18.1.4 L'analisi dei prezzi e dell'offerta della concorrenza - 18.1.5 La scelta del metodo di determinazione del prezzo - 18.1.6 La scelta del prezzo definitivo

18.2	**La modifica del prezzo**	**707**
	18.2.1 La differenziazione geografica del prezzo - 18.2.2 Sconti e abbuoni - 18.2.3 I prezzi promozionali - 18.2.4 La discriminazione dei prezzi - 18.2.5 Prezzo e combinazione di prodotti	
18.3	**La manovra del prezzo**	**717**
	18.3.1 L'avvio della riduzione del prezzo - 18.3.2 L'avvio dell'aumento del prezzo - 18.3.3 Le reazioni degli acquirenti alle modifiche di prezzo - 18.3.4 Le reazioni dei concorrenti alle modifiche di prezzo - 18.3.5 La risposta alle modifiche di prezzo	

Capitolo 19 Le decisioni relative ai canali di marketing   **731**

19.1	**La natura dei canali di marketing**	**733**
	19.1.1 Ragioni dell'uso degli intermediari - 19.1.2 Le funzioni e i flussi dei canali di marketing - 19.1.3 Numero di stadi del canale - 19.1.4 I canali nel settore dei servizi	
19.2	**La scelta dei canali**	**742**
	19.2.1 La definizione dei livelli di servizio attesi dagli acquirenti - 19.2.2 La definizione degli obiettivi e dei vincoli - 19.2.3 Le principali alternative di canale - 19.2.4 Valutazione delle principali alternative di canale	
19.3	**La gestione dei canali**	**751**
	19.3.1 La selezione degli intermediari - 19.3.2 La motivazione degli intermediari - 19.3.3 La valutazione degli intermediari	
19.4	**La modifica dei canali**	**755**
19.5	**La dinamica dei canali**	**757**
	19.5.1 Sviluppo dei sistemi verticali di marketing - 19.5.2 Sviluppo dei sistemi orizzontali di marketing - 19.5.3 Sviluppo dei sistemi di distribuzione multicanale - 19.5.4 Il ruolo delle singole imprese nel canale di distribuzione - 19.5.5 Cooperazione, conflitto e concorrenza di canali	

Capitolo 20 Il sistema della distribuzione commerciale e fisica   **769**

20.1	**La distribuzione al dettaglio**	**770**
	20.1.1 Natura e importanza del dettaglio - 20.1.2 Le principali forme di vendita al dettaglio - 20.1.3 Tipologia delle strutture di vendita al dettaglio - 20.1.4 Le forme istituzionali del dettaglio organizzato - 20.1.5 Le decisioni di marketing delle imprese al dettaglio - 20.1.6 Il futuro del dettaglio	
20.2	**La distribuzione all'ingrosso**	**793**
	20.2.1 Natura e importanza dell'ingrosso - 20.2.2 Tipologia delle imprese all'ingrosso - 20.2.3 Le decisioni di marketing delle imprese all'ingrosso - 20.2.4 Il futuro dell'ingrosso	

20.3 La distribuzione fisica — 805
20.3.1 Natura della distribuzione fisica - 20.3.2 L'obiettivo della distribuzione fisica - 20.3.3 La gestione della distribuzione fisica

Capitolo 21 Le decisioni relative alla comunicazione e alla promozione commerciale — **821**

21.1 Il processo di comunicazione — 824

21.2 Le fasi dello sviluppo di una comunicazione efficace — 827
21.2.1 L'identificazione del pubblico obiettivo - 21.2.2 La determinazione degli obiettivi di comunicazione - 21.2.3 La definizione del messaggio - 21.2.4 La scelta dei canali di comunicazione - 21.2.5 La definizione dello stanziamento promozionale totale - 21.2.6 La definizione del mix promozionale - 21.2.7 La misurazione dei risultati della promozione - 21.2.8 La gestione e il coordinamento del processo di comunicazione di marketing

Capitolo 22 Le decisioni relative alla pubblicità — **853**

22.1 La determinazione degli obiettivi della pubblicità — 856

22.2 Le decisioni sullo stanziamento pubblicitario — 858

22.3 La definizione del messaggio — 859
22.3.1 La creazione dei messaggi - 22.3.2 Valutazione e selezione dei messaggi - 22.3.3 La diffusione del messaggio

22.4 Le decisioni sui mezzi pubblicitari — 865
22.4.1 Le decisioni su copertura, frequenza e impatto - 22.4.2 La scelta fra i principali tipi di mezzi pubblicitari - 22.4.3 La scelta degli specifici veicoli pubblicitari - 22.4.4 La sequenza temporale dell'azione pubblicitaria

22.5 Valutazione dell'efficacia della pubblicità — 872
22.5.1 La ricerca sugli effetti della comunicazione - 22.5.2 La ricerca sull'effetto sulle vendite

Capitolo 23 Le decisioni relative al direct marketing, alla promozione delle vendite e alle pubbliche relazioni — **877**

23.1 Il direct marketing — 878
23.1.1 Natura e vantaggi del direct marketing - 23.1.2 Gli strumenti del direct marketing

23.2 La dimensione strategica del direct marketing — 889

23.3 La promozione delle vendite — 892
23.3.1 Definizione degli obiettivi della promozione delle vendite - 23.3.2 La determinazione degli obiettivi promozionali - 23.3.3 La scelta degli strumenti promozionali - 23.3.4 La realizzazione e il controllo del programma promozionale - 23.3.5 La valutazione dei risultati del programma promozionale

23.4 Le pubbliche relazioni — 904
23.4.1 Definizione degli obiettivi delle pubbliche relazioni - 23.4.2 La scelta dei messaggi e dei veicoli di pubbliche relazioni - 23.4.3 La realizzazione del piano di pubbliche relazioni e la valutazione dei risultati

Capitolo 24 Le decisioni relative alla vendita personale — 913

24.1 L'organizzazione della forza di vendita — 915
24.1.1 Definizione degli obiettivi della forza di vendita - 24.1.2 La strategia della forza di vendita - 24.1.3 La struttura della forza di vendita - 24.1.4 La dimensione della forza di vendita - 24.1.5 La remunerazione dei venditori

24.2 La gestione della forza di vendita — 929
24.2.1 Il reclutamento e la selezione dei venditori - 24.2.2 L'addestramento dei venditori - 24.2.3 L'impiego dei venditori - 24.2.4 La motivazione dei venditori - 24.2.5 La valutazione dei venditori

24.3 I principi della vendita personale — 944
24.3.1 Tecniche di vendita - 24.3.2 La negoziazione - 24.3.3 La relazione venditore-acquirente

PARTE SESTA L'ORGANIZZAZIONE, L'ATTUAZIONE E IL CONTROLLO DELLE ATTIVITÀ DI MARKETING

Capitolo 25 L'organizzazione delle attività di marketing — 963

25.1 L'organizzazione aziendale — 964

25.2 L'organizzazione del marketing — 966
25.2.1 L'evoluzione della funzione di marketing - 25.2.2 La struttura organizzativa della funzione di marketing - 25.2.3 I rapporti fra la funzione di marketing e le altre funzioni aziendali 25.2.4 Come orientare l'impresa al marketing

25.3 L'attuazione dei piani di marketing — 998

Capitolo 26 Il controllo di marketing — **1005**

26.1 Il controllo del piano annuale — 1008
26.1.1 L'analisi delle vendite - 26.1.2 L'analisi della quota di mercato - 26.1.3 L'analisi dei costi di marketing - 26.1.4 L'analisi finanziaria - 26.1.5 L'osservazione degli orientamenti della clientela - 26.1.6 Le azioni correttive

26.2 Il controllo della redditività — 1020
26.2.1 Metodologia di analisi della redditività del marketing - 26.2.2 Determinazione delle azioni correttive - 26.2.3 Contrapposizione tra costo "diretto" e costo "totale"

26.3 Il controllo dell'efficienza — 1027
26.3.1 L'efficienza della forza di vendita - 26.3.2 L'efficienza della pubblicità e della promozione delle vendite - 26.3.3 L'efficienza della distribuzione

26.4 Il controllo strategico — 1031
26.4.1 La valutazione dell'efficacia di marketing - 26.4.2 Il marketing audit

26.5 Il ruolo del controller di marketing — 1044

Indice delle figure

1-1	I concetti fondamentali del marketing	6
1-2	Mappa di uno scambio bilaterale illustrativa delle aspettative delle due parti	13
1-3	Sistema elementare di marketing	15
1-4	Schema dei flussi in una moderna economia di scambio	16
1-5	Gli attori e le forze principali in un moderno sistema di marketing	17
1-6	I concetti di vendita a confronto	30
1-7	Una nuova visione della struttura d'impresa	34
1-8	Evoluzione del ruolo del marketing nell'impresa	37
2-1	Il processo di pianificazione, attuazione e controllo	52
2-2	Il processo di pianificazione strategica a livello corporate	53
2-3	Definizione del mercato nel caso di una piccola impresa produttrice di impianti di illuminazione	58
2-4	Matrice sviluppo/quota di mercato del Boston Consulting Group	59
2-5	Matrice attrattività del mercato/posizione competitiva dell'impresa	64
2-6	Il gap della pianificazione strategica	68
2-7	Le strategie di sviluppo intensivo (matrice di Ansoff)	70
2-8	Mappa del sistema di marketing di un produttore di cassette	72
2-9	Il processo di pianificazione strategica a livello di business	73
2-10	Matrice delle minacce	75
2-11	Matrice delle opportunità	76
2-12	Analisi dei punti di forza e di debolezza	78
2-13	Matrice performance/importanza	79
2-14	La gerarchia degli obiettivi della Interstate Telephone Company	81
2-15	Lo schema delle sette S della McKinsey	84
3-1	Le relazioni che legano marketing e pianificazione strategica	93
3-2	Il processo di marketing management	94
3-3	Griglia prodotto/mercato nel caso delle macchine da scrivere	99
3-4	Mappa di posizionamento dei prodotti della concorrenza e della MST	101
3-5	Le quattro macrovariabili del marketing-mix	104
3-6	Struttura del marketing-mix	105
3-7	Fattori influenzanti la strategia di marketing dell'impresa	110
4-1	Il sistema informativo di marketing	126
4-2	Il processo di ricerca di marketing	136
4-3	Il sistema di supporto delle decisioni di marketing	157
4-4	Matrice della sostituzione di marca	162
4-5	Quattro modelli decisionali	164

4-6	Sei modelli grafici per l'analisi di marketing	168
5-1	I protagonisti e le forze operanti nell'ambiente operanti di marketing dell'impresa	177
5-2	Le varie forme di concorrenza	185
5-3	Schema del sistema globale di marketing di un'impresa dolciaria	215
5-4	Schema input-output delle decisioni di marketing di un'impresa dolciaria	216
5-5	Schema input-output delle decisioni di marketing di una catena alimentare	218
5-6	Schema input-output del comportamento d'acquisto	218
5-7	Relazione fra il contenuto di cioccolato del prodotto e le vendite	219
5-8	Schema della pianificazione del profitto in un'impresa alimentare	221
6-1	Modello di comportamento d'acquisto	228
6-2	Modello dei fattori influenzanti il comportamento	229
6-3	Gerarchia dei bisogni di Maslow	249
6-4	Modello a cinque stadi del comportamento d'acquisto	263
6-5	Insiemi considerati dall'acquirente	266
6-6	Stadi fra la valutazione delle alternative e delle decisioni d'acquisto	274
6-7	Come i consumatori rispondono all'insoddisfazione	277
6-8	Come i consumatori utilizzano i prodotti	278
7-1	Principali fattori influenzanti il comportamento dell'acquirente industriale	297
8-1	Un modello di analisi dei settori industriali	324
8-2	Mappa prodotto/mercato nel caso dei dentifrici	329
8-3	I gruppi strategici nell'industria degli elettrodomestici	330
8-4	Mappa del mercato dei personal computer	335
8-5	La situazione competitiva nel mercato dei televisori	336
9-1	Novanta tipi di misurazione della domanda	349
9-2	Livelli di definizione del mercato	351
9-3	La domanda di mercato	353
10-1	Fasi della segmentazione del mercato, della definizione degli obiettivi e del posizionamento del prodotto	380
10-2	Differenti segmentazioni di un mercato	381
10-3	Modelli fondamentali delle preferenze di mercato	383
10-4	Segmentazione del mercato dell'arredamento secondotre variabili demografiche	390
10-5	Segmentazione a tre stadi del mercato dell'alluminio	399
10-6	Le cinque forze che determinano l'attrattività di un segmento	401
10-7	Barriere e redditività	402
10-8	Cinque modalità di selezione del mercato obiettivo	404
10-9	Tre strategie alternative di mercato	409
10-10	Segmenti e macrosegmenti	410

11-1	Determinanti del valore reso al cliente	416
11-2	La catena del valore generica	420
11-3	La nuova matrice del Boston Consulting Group	421
11-4	Strategie di qualità e impatto sulla redditività	426
12-1	Tipi di nuovi prodotti	453
12-2	Curva di mortalità delle idee di nuovi prodotti	458
12-3	Valutazione di un'opportunità di mercato in relazione agli obiettivi e alle risorse dell'impresa	467
12-4	Posizionamento del prodotto e della marca	470
12-5	Cicli di vita delle vendite di tre tipi di prodotti	477
12-6	Processo di decisione relativo allo sviluppo di un nuovo prodotto	496
12-7	Classificazione degli utilizzatori in base all'adozione delle innovazioni	499
13-1	I cicli di vita della domanda, della tecnologia, del prodotto	509
13-2	Cicli di vita delle vendite e dei prodotti	511
13-3	Ciclo di vita della categoria, della forma e della marca del prodotto	512
13-4	Alcuni esempi anomali di cicli di vita del prodotto	514
13-5	Ciclo di vita di uno stile, di una moda, di un entusiasmo passeggero	515
13-6	Le strategie di marketing nella fase d'introduzione	519
13-7	Strategia di espansione a lungo termine della combinazione prodotto/mercato	521
13-8	Fasi del ciclo competitivo	522
13-9	Le imprese in un settore maturo	525
13-10	Strategie di marketing nelle varie fasi del ciclo di vita dei prodotti alimentari	534
13-11	Il ciclo di vita della "Fiat Uno"	537
13-12	Diagramma dello spazio di mercato	538
13-13	Fasi della frammentazione e del riconsolidamento del mercato	540
14-1	Struttura di un mercato ipotetico	549
14-2	Le strategie di difesa	554
14-3	Relazioni fra quota di mercato e redditività	559
14-4	Il concetto di quota ottimale di mercato	561
14-5	Le strategie di attacco	568
15-1	Principali decisioni nel marketing internazionale	592
15-2	Mappa dei paesi nei quali operare	594
15-3	Le strategie di entrata nel mercato	595
15-4	Cinque strategie internazionali di prodotto e promozione	600
15-5	Concetto di canale globale nel marketing internazionale	603
16-1	I cinque livelli del prodotto	611
16-2	Classificazione dei beni di consumo e industriali	616

16-3 Contributo dei singoli prodotti alle vendite e ai profitti delle linee
      di appartenenza 624
16-4 Mappa di una linea di prodotti cartari 625
16-5 Direttrici di espansione nel mercato delle calcolatrici tascabili 628
16-6 Sintesi delle decisioni sulla politica della marca 634
16-7 Distribuzione delle percezioni e delle preferenze nel mercato della birra 643
17-1 Tipologie di servizi 655
17-2 Il sistema di erogazione di un servizio 662
17-3 Le tre tipologie di marketing del settore dei servizi 663
17-4 I differenti tipi di prodotti 665
17-5 Modello della qualità dei servizi 670
18-1 Nove strategie prezzo-qualità 684
18-2 Relazione fra prezzo, ricavi, quota di mercato e profitti 686
18-3 Esempi di domanda anelastica ed elastica 690
18-4 Costo unitario a differenti livelli di produzione 695
18-5 Costo unitario in funzione della produzione cumulata:
      la curva di esperienza 696
18-6 Principali considerazioni nella determinazione del prezzo 698
18-7 Determinazione del prezzo obiettivo mediante il grafico del punto
      di equilibrio 700
18-8 Reazione a una diminuzione di prezzo del concorrente 728
19-1 Effetto della presenza di un intermediario 736
19-2 Cinque diversi flussi nel canale di marketing dei carrelli trasportatori 738
19-3 I canali di marketing 739
19-4 Scelta tra un'organizzazione di vendita diretta e una indiretta
      mediante il grafico del punto di equilibrio 750
19-5 Canali di marketing convenzionali e verticali 759
20-1 Mappa di posizionamento del dettaglio organizzato 775
20-2 Confronto fra la vecchia e la nuova immagine di un grande magazzino 788
20-3 Il criterio ABC 803
20-4 Principali attività di distribuzione fisica 806
20-5 Determinazione del lotto d'acquisto ottimale 814
21-1 Elementi del processo di comunicazione 824
21-2 Modelli gerarchici di risposta 829
21-3 Confronto tra strategia d'impulso (push) e strategia d'attrazione (pull) 846
21-4 Efficacia relativa degli strumenti promozionali nei diversi stadi
      del processo d'acquisto 847
21-5 Efficacia relativa degli strumenti promozionali nelle diverse fasi
      del ciclo di vita del prodotto 848

21-6	Atteggiamento dei consumatori nei confronti di due prodotti	849
22-1	Principali decisioni di politica pubblicitaria	855
22-2	Relazione fra prova, consapevolezza ed esposizione	866
23-1	Effetto di un'azione promozionale sulla quota di mercato del prodotto	903
24-1	Fasi della definizione e della gestione di una forza di vendita	916
24-2	Rapporto fra canale di vendita e costi	924
24-3	Principali fasi di un'efficace azione di vendita	945
24-4	La zona di accordo	953
25-1	Due modi di considerare il processo di creazione del valore	965
25-2	Stadi evolutivi del servizio marketing	968
25-3	La struttura organizzativa della funzione di marketing	970
25-4	L'interazione fra il responsabile di prodotto e le altre funzioni	974
25-5	Tre tipi di gruppi di prodotto	976
25-6	Sistema di gestione prodotto/mercato	980
26-1	Il processo di controllo	1008
26-2	Diagramma di controllo	1014
26-3	Diagramma di controllo	1015
26-4	Confronto degli scostamenti di spesa e di vendita per area	1017
26-5	Sistema di valutazione delle richieste della clientela	1019

Indice delle tavole

2-1	Evoluzione del modo di definire un'area di affari	56
2-2	Fattori determinanti l'attrattività del settore e la posizione competitiva dell'impresa nel modello di portafoglio della GE	65
2-3	Principali classi di opportunità di sviluppo	69
3-1	Contenuti di un piano di marketing	111
3-2	Dati storici di prodotto	114
3-3	Enunciazione della strategia	120
4-1	Questionario per determinare il fabbisogno di informazioni di marketing	130
4-2	Evoluzione delle tecniche della ricerca di marketing	135
4-3	La definizione del piano di ricerca	139
4-4	Fonti di dati secondari	140
4-5	Tipi di domande	146, 147
4-6	Tipi di campioni probabilistici e non probabilistici	150
4-7	Una classificazione dei modelli	160
5-1	Popolazione delle maggiori aree geografiche mondiali, 1950-2020	191
5-2	Raffronto RNL pro capite 1980-1990	195
5-3	Andamento della spesa di beni durevoli	196
5-4	La distribuzione delle famiglie per classi di reddito	197
5-5	Investimenti in R&S	205
6-1	La struttura delle classi sociali in Italia	232
6-2	Evoluzione delle classi di alcune categorie sociali in Italia 1951-1983	233
6-3	Ciclo di vita della famiglia e comportamento d'acquisto	240
6-4	Quattro tipi di comportamento d'acquisto	257
6-5	Gli elementi di scelta della lavatrice	269
7-1	I punti da esaminare in un'analisi del valore	302
7-2	Un esempio di analisi del fornitore	304
7-3	Strumenti di marketing del fornitore nei confronti dei rivenditori	311
7-4	Gli acquisti del settore pubblico in alcuni paesi della Comunità Europea (1984)	313
8-1	I profili strategici della Texas Instruments e della Hewlett-Packard a confronto	332
8-2	Valutazione dei principali fattori di successo dei concorrenti da parte della clientela	337
8-3	Alcuni indicatori per l'analisi competitiva	338
9-1	Calcolo esemplificativo di alcuni indici di mercato	361
10-1	Principali variabili di segmentazione del mercato di consumo	387
10-2	Le variabili e i descrittori per la segmentazione dei mercati industriali	397

11-1	La valutazione delle caratteristiche percepite dal cliente	424
11-2	La decisione d'acquisto di un veicolo industriale (esempi ipotetici)	438
11-3	Metodo per la definizione del vantaggio competitivo	445
12-1	Stima dei costi di selezione di un nuovo prodotto	458
12-2	Metodo per la valutazione di un'idea di prodotto	468
12-3	Principali domande in una prova del concetto	472
12-4	Le attività di ricerca nelle varie fasi di sviluppo del prodotto	474
12-5	Previsione di conto economico a cinque anni	481
13-1	Aspetti strutturali del ciclo di vita del prodotto	533
16-1	Caratteristiche della combinazione di prodotti della Unilever Italia	622
17-1	Contributo della qualità del servizio alle performance	674
18-1	Effetto sul profitto atteso di offerte diverse	706
19-1	I canali distributivi dei servizi finanziari	741
20-1	La distribuzione al dettaglio in Italia	771
20-2	Lo sviluppo del dettaglio moderno in Italia	778
20-3	I servizi per la clientela del dettaglio	791
20-4	La distribuzione all'ingrosso in Italia	796
21-1	Alcuni esempi di strumenti promozionali	823
22-1	Possibili obiettivi della pubblicità	857
22-2	Esempi di dodici tipi di richiamo pubblicitario	861
22-3	Profilo dei principali mezzi pubblicitari (dati riferiti all'Italia)	869
22-4	Le quote di mercato dei mezzi 1988-1991	870
24-1	Prospetto per la valutazione dei risultati conseguiti dai venditori	942
24-2	I diversi stili di vendita e di acquisto	946
25-1	Sintesi dei conflitti che possono insorgere fra il servizio marketing e gli altri servizi dell'impresa	987
26-1	Tipi di controllo di marketing	1007
26-2	Esempio semplificato di conto profitti e perdite	1021
26-3	Ripartizione funzionale delle spese	1022
26-4	Basi per l'imputazione ai canali delle spese funzionali	1022
26-5	Conto economico per canale	1023
26-6	Questionario per la valutazione dell'efficacia di marketing	1033
26-7	Struttura di un sistema di marketing audit	1038
26-8	Sintesi della verifica di marketing condotta presso la O'Brien Candy Company	1045

Indice dei quadri

1-1	Stati della domanda e corrispondenti compiti del marketing	20
1-2	Il segreto della redditività della L. L. Bean: la customer satisfaction	33
1-3	I cinque stadi dell'apprendimento del marketing nella banca	40
4-1	Un questionario discutibile	145
5-1	I risultati del XIII censimento della popolazione italiana (1991)	192
6-1	La valutazione degli stili di vita e delle tendenze socioculturali	242
6-2	I modelli di valutazione delle marche alternative	272
8-1	Le principali forme di mercato	325
9-1	Stima dei potenziali territoriali di mercato per beni di consumo	362
9-2	I metodi di previsione ambientale	366
11-1	La mappa di posizionamento di un parco tematico	440
11-2	Il concetto di posizionamento secondo Ries e Trout	443
12-1	Metodi e stima dei primi acquisti di nuovi prodotti	478
12-2	Metodi per la misurazione delle preferenze del consumatore	485
13-1	Previsione della forma generale e della durata del ciclo di vita	516
14-1	L'impatto delle variabili del marketing-mix sulla quota di mercato	562
14-2	Come due grandi imprese, la Procter & Gamble e la Caterpillar, mantengono la loro leadership di mercato	564
14-3	Le strategie delle imprese sfidanti	574
14-4	Strategie per l'entrata in mercati già occupati	579
15-1	I giapponesi, campioni mondiali nel marketing?	584
18-1	La determinazione del prezzo che massimizza i profitti correnti	688
18-2	Metodi di stima del valore percepito. Un'applicazione	704
18-3	Analisi delle alternative di marketing-mix in periodo d'inflazione	720
18-4	Valutazione della relazioni dei concorrenti di fronte a una riduzione di prezzo da parte di una grande impresa chimica	726
19-1	La modifica dei canali di marketing nel corso del ciclo di vita del prodotto	756
19-2	Il marketing multicanale	764
24-1	Come gestire le relazioni con i grandi clienti	923
24-3	I principi fondamentali della negoziazione	956
24-4	Alcune tattiche classiche di negoziazione	957
25-1	Il futuro del brand management	978
25-2	L'evoluzione della funzione di marketing nelle imprese tecnologicamente avanzate e a forte sviluppo	985
26-1	La definizione e la misura della quota di mercato	1011

Presentazione dell'edizione italiana

La settima edizione di *Marketing Management*, nella accorta e sensibile integrazione che Walter Giorgio Scott ha realizzato, esprime l'evoluzione del pensiero di Philip Kotler.

Questo testo esce in un momento particolarmente significativo per i cambiamenti in atto, di tipo geo-politico e socio-economico, che influenzeranno la crescita e la qualità della vita delle popolazioni negli anni futuri.

Basti pensare, da un lato, ai fenomeni di integrazione dei popoli e delle loro culture a seguito di processi di unificazione dei mercati e, dall'altro, al nascere di nuove affermazioni di identità specifiche delle comunità e delle etnie regionali; fenomeni che determinano quindi la necessità di differenziazione e di specificità delle risposte, mirate alle esigenze dei diversi consumatori.

Tutto ciò si traduce in un'accelerazione ed enfatizzazione delle interdipendenze, che però salvaguardino le diversità.

Tale scenario, nuovo e complesso, influenza non poco le imprese che sempre di più devono diventare soggetti e non oggetti del cambiamento, integrandosi nella società, sapendone cogliere e interpretare i nuovi bisogni e, se possibile, anticipandone le risposte.

Nella nuova edizione di *Marketing Management* sono evidenziate le sfide che ci si prospettano. Sono sfide legate all'attuale turbolento e mutevole scenario che, prevedibilmente, determinerà una riduzione progressiva delle barriere tra i popoli, una crescita delle economie (quantità e qualità della domanda) e imporrà un modo nuovo di competere delle imprese (che dovranno adottare diverse strategie di marketing per creare valore per il cliente).

Ecco quindi che *Marketing Management* diventa un testo di informazione e formazione, un testo che ci aiuterà nel necessario confronto culturale tra le diverse componenti in gioco, un testo che solleciterà/favorirà un'integrazione tra funzioni diverse all'interno dell'impresa.

La storia a volte si ripete e gli errori del passato, o le esperienze del passato, possono spesso essere un insegnamento per il futuro. Ma oggi tale assunzione non è, da sola, sufficiente.

Sono dell'avviso che l'unicità del momento storico che viviamo, se ne sapremo cogliere la specificità senza troppi legami e vincoli col presente ci offre l'opportunità o, meglio, ci impone di delineare scenari nuovi che richiedono risposte nuove.

Le strategie e le tattiche adottate nel passato (che si sono sostanziate in due fondamentali direzioni: la competitività di costo e la diversificazione dei mercati), non sono più adeguate a rispondere da sole alle nuove sfide. Questo vale per tutte le imprese che per la prima volta si trovano ad affrontare difficoltà "comuni", collegate nei loro comportamenti e decisioni da una interdipendenza che non è mai stata così elevata (integrazione delle economie, globalizzazione dei mercati, tensioni monetarie, domanda stagnante, problematiche ambientali, nuovi protezionismi, ecc.).

Dobbiamo prendere consapevolezza che di fronte a tale situazione, la risposta deve essere innovativa e coraggiosa.

L'azienda deve uscire dal suo ambito ed interagire col mondo esterno in un'ottica di "alleanze", di soluzioni ai problemi tramite un più ravvicinato dialogo coi clienti, coi concorrenti, con le istituzioni. In tale compito di ridefinizione di nuove strategie di mercato e di riposizionamento aziendale il contributo del marketing è fondamentale.

Bisogna però prendere sempre più coscienza che il marketing non è solo una disciplina vissuta e adottata da tecnici che, col loro contributo di analisi e metodologie, ci aiutano a studiare i bisogni del mercato (approccio analitico); esso deve invece diventare un valore d'impresa (orientamento al mercato e al cliente) che deve permeare tutta l'azienda, la quale non esiste solo in quanto produce, bensì in quanto è in grado producendo, di soddisfare i bisogni del cliente.

Le moderne tecniche di analisi della "customer satisfaction", dell'immagine aziendale presso i clienti, della valutazione del grado di rispondenza ai bisogni del mercato delle proprie prestazioni, evidenziando l'elevato livello di multidisciplinarietà con il quale l'azienda deve oggi caratterizzare le proprie attività di marketing; un marketing che deve interagire con tutte le funzioni aziendali (produzione, assistenza tecnica, R&S, distribuzione/vendita, ecc.) in maniera armonica e con obiettivi comuni. Quindi l'approccio analitico (competenze funzionali) su cui le aziende costituivano i loro fattori di successo, pur essendo sempre importante, oggi da solo non basta. Universalità e multidisciplinarietà delle problematiche rendono necessario un nuovo approccio manageriale, più organico e globale. Solo le imprese che sapranno lavorare come "sistemi integrati", e riuscendo a valorizzare le sinergie e le potenzialità delle diverse specifiche componenti e competenze, saranno vincenti.

Pertanto è fondamentale, per il successo di ogni impresa il richiamo alla coerenza tra la formulazione delle strategie, l'identificazione degli obiettivi e la definizione di strutture organizzative interne che favoriscono la valorizzazione delle risorse umane e del loro potenziale.

L'EniChem, necessariamente attenta all'evoluzione e alla variazione degli assetti sociali economici e politici dei mercati nei quali opera, sta applicando in concreto questi nuovi concetti di base, anche per le proprie attività di marketing, avendo avviato un'ottimizzazione organizzativa che le permette di adottare metodologie manageriali consone agli attuali requisiti che il mercato sollecita.

L'impresa produttiva rappresenta il patrimonio più significativo, sia economico sia sociale, di ogni paese. La cultura imprenditoriale deve quindi continuare a evolversi e migliorare per garantire un continuo sviluppo economico delle imprese, che è alla base dello sviluppo sociale.

Ci auguriamo che questo studio rappresenti, come ci eravamo prefissi, un contributo a questo processo di cambiamento, oggi più che mai indispensabile.

GIORGIO PORTA
Presidente EniChem

Prefazione

Si direbbe che l'approssimarsi del terzo millennio contribuisca a moltiplicare e, nello stesso tempo, ad accelerare le trasformazioni che investono la società umana. Pensiamo ai mutamenti climatici e ambientali, ormai percepiti da chiunque; alla rapidità con la quale si sono liquefatti i regimi al potere nell'Europa Orientale; allo sviluppo della potenza economica dei paesi dell'Estremo Oriente; al progredire, malgrado tutto, del processo di integrazione economica e politica dell'Europa Occidentale; ai giganteschi sviluppi della tecnologia; e così via.

In questo quadro, le vecchie e consolidate pratiche di gestione delle imprese hanno ormai i giorni contati. È sempre più difficile costruire una reputazione aziendale apprezzata dal mercato, ma nel contempo è sempre più facile perderla.

Le imprese che si preoccupano di quanto avviene al loro interno divengono cieche nei confronti dei mutamenti di portata sismica che investono i mercati, le forme del competere, i processi di distribuzione, i mezzi della comunicazione, l'impatto della tecnologia.

I mercati di massa, ritenuti sino a non molti anni addietro come una fase fondamentale dell'evoluzione dei sistemi industrializzati, stanno frammentandosi in un pulviscolo di micromercati; i tradizionali canali distributivi vengono sostituiti da strutture multicanale; i consumatori effettuano i propri acquisti facendo sempre più frequentemente ricorso al telefono e ai cataloghi, e non è da escludere che tra breve possano avvalersi anche di forme più avanzate, quali lo home computer o il telefax; la pratica sempre più diffusa delle vendite promozionali pone a dura prova la fedeltà alla marca; le forme convenzionali di comunicazione sono sempre più costose e sempre meno efficaci.

Questi e molti altri cambiamenti, di cui parleremo più diffusamente in questo libro, impongono alla generalità delle imprese un radicale riesame delle proprie condotte di mercato. Alla fine, le imprese vincenti saranno quelle che meglio riescono a soddisfare le richieste dei propri clienti. Costituisce una responsabilità precisa degli operatori di marketing il comprendere i bisogni e i desideri del mercato, ponendo così le imprese di cui fanno parte in condizione di poter fornire una risposta in grado di ricevere l'approvazione dei clienti.

Le imprese contemporanee di successo sono quelle che non si preoccupano esclusivamente di vendere, ma che investono nello sviluppo di efficaci relazioni con la clientela, basate sulla qualità, sul valore, sul servizio. Il marketing costituisce la funzione d'impresa che identifica i bisogni e i desideri insoddisfatti, che ne definisce l'ampiezza, che determina quali mercati obiettivo l'impresa può meglio servire, che definisce i prodotti, i servizi e i programmi rivolti ai mercati suddetti, che sollecita tutti i componenti dell'impresa a "pensare in termini di servizio al cliente".

Da un punto di vista generale, il marketing rappresenta la forza che stimola la capacità industriale di un paese a soddisfare i bisogni materiali della società.

Appare dunque chiaro da quanto sinora esposto che il marketing non deve essere considerato come un modo aggiornato di vendere i prodotti dell'impresa. È ancor oggi molto diffuso il convincimento che il marketing coincida con una delle sue subfunzioni, quali la pubblicità o la vendita. Il marketing, in realtà, non significa vendere ciò che si produce, bensì mira a definire ciò che occorre produrre!

Esso è l'arte di identificare e comprendere i bisogni del cliente, e quindi di definire le soluzioni in grado di dare ai clienti le soddisfazioni ricercate, e alle imprese i profitti necessari alla remunerazione degli azionisti e allo sviluppo del ciclo operativo.

La leadership di mercato è realizzata mediante la creazione della soddisfazione per il cliente in termini di innovazione di prodotto, qualità e servizio. Se questi elementi sono assenti, è inutile disperdere risorse in pubblicità, promozione delle vendite e accrescimento del numero dei venditori.

Come ha osservato William Davidow, «le grandi scoperte vengono effettuate nei laboratori scientifici, ma i grandi prodotti sono creati nel servizio marketing». Nella realtà, esiste un enorme divario fra invenzione e innovazione.

Molti meravigliosi prodotti creati in laboratorio non hanno alcuna prospettiva di mercato. Da ciò deriva che gli operatori di marketing devono contribuire a creare una mentalità aziendale che indirizzi tutte le risorse verso lo sviluppo di prodotti che siano dotati di significato e di attrattività per i mercati obiettivo.

L'ambiente di marketing contemporaneo

Il pensare in funzione del mercato costituisce una necessità nel mondo competitivo contemporaneo. Sono sempre più numerose le situazioni caratterizzate da un eccesso di beni che si contendono le preferenze di un numero limitato di acquirenti. La capacità produttiva di acciaio, automobili, computer, elettrodomestici e di molti altri prodotti è largamente eccedente rispetto alla domanda effettiva.

Alcune imprese cercano di espandere la dimensione del mercato, ma la maggior parte di esse puntano ad accrescere la quota del mercato esistente.

Il risultato è costituito da una crescente lotta competitiva, con la formazione di due categorie d'imprese: le vincenti e le perdenti. Queste ultime sono costituite da quelle imprese che non sono in grado di creare innovazione alcuna per il mercato. ==Le imprese vincenti, al contrario, sono quelle che analizzano accuratamente i bisogni, identificano le opportunità e creano offerte per il mercato obiettivo più ricche di valore rispetto a quelle dei concorrenti.==

Non v'è dubbio che i tempi attuali siano piuttosto difficili per molte imprese in tutti i paesi industrializzati. L'occupazione industriale è in via di riduzione pressoché ovunque, nè l'espansione dei servizi può essere in grado di equilibrare la situazione. Le sfide che gli operatori di marketing devono affrontare possono essere così sintetizzate:

1. Il permanere di bassi tassi di sviluppo in tutti i paesi industrializzati, unito all'entrata di molti settori industriali nella fase di maturità o di declino del ciclo di vita.
2. La crescente competitività delle imprese dei vari paesi dell'Estremo Oriente, in grado di produrre un numero sempre più ampio di prodotti di qualità elevata a prezzi assai inferiori rispetto a quelli praticabili dalle imprese europee e nordamericane.
3. Il ritorno del protezionismo in non pochi paesi e settori industriali.
4. Il crescente peso dell'indebitamento per molti dei paesi del Terzo Mondo, con il conseguente aumento del "rischio paese".
5. Il diffondersi di forme di competizione basate sulla "guerra dei prezzi".
6. Il permanere di un'ottica di breve periodo in non poche direzioni aziendali, con la conseguente riduzione degli spazi per coraggiose e innovative azioni di mercato.
7. Il crescente potere dei distributori, sempre più in grado di dettare le proprie condizioni ai fornitori.
8. La tendenza del cliente a richiedere soluzioni "su misura".
9. La tendenza alla crescita dei costi di marketing, da quelli inerenti la pubblicità e la promozione delle vendite, a quelli connessi alla vendita, alla distribuzione fisica e all'amministrazione delle vendite.

10. La necessità di risolvere a tempi brevi i problemi posti dall'eliminazione dei prodotti usati, passando dall'ottica dell'"usa e getta" a quella del recupero e del riciclo.
11. Il divario esistente, in termini di qualità e quantità, fra consumi privati e consumi collettivi.

Ma, come dimostra la storia industriale di questo secolo, i problemi e le sfide possono trasformarsi in opportunità, a condizione che essi vengano adeguatamente analizzati.

Grandi imprese come McDonald's, Procter & Gamble, IBM, Benetton, Ferrero, nonché una miriade di imprese minori di ogni settore, hanno dimostrato una notevole capacità di adattarsi ai mercati di riferimento, sapendone cogliere e interpretare per tempo i relativi segni. Imprese del genere sanno che l'ultima parola in materia di successo aziendale spetta al mercato, e non allo stabilimento.

Molte, troppe imprese operanti nei settori dell'auto, dell'elettronica, della chimica, dell'acciaio, ecc. non hanno saputo capire per tempo il mercato, pagando a caro prezzo – unitamente a tutti noi – per la loro "miopia di marketing".

Il pensare in termini di marketing non è certamente facile. Sebbene l'apprendere i principi del marketing possa essere realizzato nell'ambito di un corso annuale, l'applicazione degli stessi può richiedere un periodo assai più lungo.

I problemi di marketing non si presentano nel modo nitido e definito proprio della maggior parte delle questioni di ordine tecnico-produttivo, contabile, o finanziario.

I fattori psicologici giocano un ruolo di primo piano; le spese di marketing influenzano contemporaneamente i costi e i ricavi; i piani di marketing interagiscono con tutti i settori aziendali.

Le decisioni di marketing devono essere assunte in un quadro di insufficiente informazione, e con riferimento a processi dinamici, probabilistici, interattivi e a elevato grado di complessità. Ma tutto ciò non deve far ripiegare sulla scelta di processi decisionali di tipo logico-intuitivo. Al contrario, proprio queste difficoltà devono spronare alla ricerca di più soddisfacenti teorie e strumenti di analisi.

Caratteristiche e struttura dell'opera

Marketing management presenta le seguenti caratteristiche:

1. **Un orientamento manageriale**. La trattazione sviluppata in questo libro è particolarmente rivolta a trattare le decisioni rilevanti che l'alta direzione e i dirigenti di marketing devono assumere al fine di armonizzare gli obiettivi e le risorse delle proprie imprese con i bisogni e le opportunità presenti nel mercato.
2. **Un approccio analitico**. Nel libro viene presentato uno schema di analisi applicabile ai problemi che più frequentemente ricorrono nel campo del marketing management. Nello sviluppo dello schema in questione, viene costantemente fatto riferimento alla realtà mediante la presentazione di casi e situazioni in grado di confermare i principi e i concetti di marketing.
3. **Una prospettiva multidisciplinare**. Le aree disciplinari dalle quali sono tratti i principi e i modelli concettuali impiegati in questo libro sono l'economia, le scienze del comportamento, la matematica e la statistica. L'economia fornisce gli strumenti concettuali necessari per definire le modalità di ottenimento di risultati ottimali mediante l'uso di risorse scarse. Le scienze comportamentali contribuiscono mediante l'apporto del metodo scientifico necessario a comprendere il comportamento d'acquisto degli individui e delle organizzazioni. La matematica e la statistica apportano gli strumenti necessari al trattamento dei dati e alla definizione di relazioni fra le variabili rilevanti.
4. **Un approccio universale**. I principi di marketing presentati in questo libro trovano applicazione ai beni e ai servizi, ai mercati di consumo e ai mercati industriali, alle imprese e alle organizzazioni prive di finalità di profitto, alle imprese nazionali e a quelle internazionali, alle imprese di grandi dimensioni e alle imprese minori, alle imprese manifatturiere e a quelle intermediarie, alle imprese high-tech e alle imprese che operano nei settori a basso contenuto di tecnologia.
5. **Una trattazione completa ed equilibrata**. Nel libro vengono trattati tutti gli argomenti che un dirigente di marketing dovrebbe conoscere. Pertanto, per i vari temi trattati si è cercato di considerare la prospettiva strategica, quella tattica e, infine, quella organizzativa e gestionale.

La struttura della presente edizione di *Marketing management* è basata su sei parti. La prima parte è dedicata all'esame dei fondamenti generali e strategici del marketing. Nella seconda parte vengono presentati i concetti e gli strumenti necessari all'analisi delle varie dimensioni dell'ambiente di marketing, nonché all'individuazione delle opportunità di mercato.

La terza parte espone i principi e gli strumenti necessari per la misurazione e la previsione della domanda, per l'effettuazione della segmentazione e per l'individuazione dei mercati obiettivo.

La quarta parte tratta i problemi connessi alla formulazione delle strategie di marketing nelle varie situazioni di mercato e d'impresa.

Nella quinta parte vengono trattati i temi del marketing tattico, inerenti alle modalità mediante le quali le imprese dovrebbero assumere le proprie decisioni relativamente alle variabili del marketing mix: prodotto, prezzo, punto di vendita e promozione. Infine, i temi dell'organizzazione, della realizzazione e del controllo delle varie attività di marketing costituiscono l'oggetto della sesta parte.

Le modifiche apportate alla presente edizione

La presente costituisce la quinta edizione italiana, condotta sulla settima edizione pubblicata negli Stati Uniti nel 1991. Rispetto alla precedente edizione italiana pubblicata nel 1986, la presente contiene una serie di modifiche e di integrazioni che si propongono due obiettivi generali: il primo concerne l'aggiornamento della trattazione allo scopo di tener conto degli importanti cambiamenti intervenuti nell'ambiente di marketing, nonché del progredire dell'elaborazione scientifica e applicativa in atto nella disciplina del marketing. Il secondo obiettivo è invece peculiare della presente edizione italiana.

Nella predisposizione di questa, infatti si è puntato a rendere il testo il più aderente possibile alla realtà nella quale opera il decisore di marketing italiano, conformemente, del resto, a quanto già realizzato dai coautori delle varie edizioni straniere di quest'opera.

A questo fine, sono state modificate tutte quelle parti che facevano un esclusivo riferimento alla situazione propria degli Stati Uniti, come, ad esempio, le caratteristiche dell'ambiente demografico e socio-economico, oppure del sistema della distribuzione al dettaglio.

In questo sforzo di "italianizzazione" del libro, tuttavia, non ci si è limitati a introdurre termini di riferimento più appropriati e familiari per il lettore italiano, ma si è anche tenuto conto dei risultati ormai cospicui conseguiti in Italia dall'elaborazione teorica e dall'applicazione pratica dei principi di marketing.

Le modifiche specifiche che caratterizzano questa edizione rispetto alla precedente possono essere così sintetizzate:

- Introduzione di tre nuovi capitoli: 8, 11, e 17.
- Riorganizzazione della quarta parte, la cui attuale impostazione mira a rendere più organica la trattazione dei temi connessi alla definizione delle strategie di marketing.
- Completamento del capitolo 23 con una nuova sezione dedicata al direct marketing, nella quale viene, tra l'altro, fatto particolare riferimento alla realtà italiana.
- Revisione sostanziale di buona parte dei capitoli, e in particolare dei seguenti: 2, 5, 6, 7, 10, 15, 16, 19, 20, 21 e 22.
- Sviluppo e aggiornamento del materiale relativo ai temi che si sono andati sviluppando negli ultimi tempi, quali il marketing globale, il marketing dei servizi, l'analisi del valore percepito dal cliente, lo stretto rapporto fra marketing e qualità, la personalizzazione dell'offerta, l'interdipendenza fra marketing e tecnologia, lo sviluppo di sistemi di distribuzione multicanale, l'evoluzione delle tecniche della comunicazione.
- Aggiornamento dei riferimenti alla letteratura e alla casistica contemporanea del marketing, con riferimento all'intero sistema dei paesi industrializzati. A tal proposito è stato operato un costante raccordo con i due *companion books* di questo volume: *Marketing management.Letture* e *Marketing management.Casi*, appositamente predisposti per questa edizione del manuale.

Ringraziamenti

La settima edizione di quest'opera ha potuto beneficiare del concorso di molte persone. In primo luogo i miei colleghi e associati della J. F. Kellogg Graduate School of Management della Northwestern University, i quali continuano a esercitare una rilevante influenza sul mio lavoro di elaborazione scientifica: James C. Anderson, Bob J. Calder, Richard M. Clewett, Anne T. Coughlan, Dawn Iacobucci, Dipak C. Jain, Sidney J. Levy, Ann McGill, Dirk Ruiz, John F. Sherry Jr., Louis W. Stern, Brian Sternthal, Alice Tybout, Naufel J. Vilcassim e Andris A. Zoltners. Devo quindi un particolare ringraziamento ad Aaron Bernard e Carter Forringer per la loro preziosa assistenza nell'ambito della ricerca teorica. A Bruce Wrenn e Sy Saliba va un ringraziamento per l'aiuto che mi hanno fornito nella preparazione del manuale del docente.

Ringrazio per la loro eccellente assistenza segretariale Marion Davis, Helen Mazarakis e Audrey Warren. Alla famiglia S. C. Johnson sono debitore per il generoso sostegno alla mia cattedra presso la Kellogg School. Infine, il mio ringraziamento nei confronti della Northwestern University non può concludersi senza ricordare il costante incoraggiamento al mio lavoro di elaborazione e di ricerca che mi è stato dato dall'amico di vecchia data e preside Donald P. Jacobs.

Ho altresì un debito di riconoscenza con i seguenti colleghi di altre università che hanno contribuito con i loro suggerimenti al miglioramento di questa edizione: Hiram Barksdale, University of Georgia, Ralph Gaedke, University of California, Nicholas Nugent, Boston College, Boris Becker, Oregon State University, H. Lee Matthews, Ohio State University, Robert Roe, University of Wyoming, John Burnett, Texas A&M University, Pat Murphy, University of Notre Dame, Dean Siewers, Rochester Institute of Technology.

I miei ringraziamenti vanno anche a coautori delle varie edizioni straniere per il loro contributo: Bernard Dubois, Centre d'Einsegnement Superieur des Affairs (Francia), Peter Fitzroy e Robin Shaw, Monash University (Australia), Ronald E. Turner, Queen's University (Canada), Friedhelm Bliemel (Germania), Walter G. Scott, Università Cattolica del Sacro Cuore (Italia).

Lo staff della Prentice Hall merita un elogio per la cura con la quale è stata realizzata questa edizione. In particolare Chris Treiber ha fornito un valido supporto per tutto il lavoro editoriale. Ringrazio anche Esther Koehn, responsabile per le edizioni universitarie, Maureen Eide, che ha contribuito alla realizzazione grafica, e Caroline Ruddle, che si è occupata delle ricerche di marketing.

Il mio debito fondamentale è nei confronti di mia moglie Nancy, alla quale l'opera è dedicata.

PHILIP KOTLER
Northwestern University

In primo luogo, desidero ringraziare l'EniChem, e in particolare Giorgio Porta, Giovanni Parrillo, Renato Di Gregorio e Luciano Tigini, per il determinante contributo recato alla realizzazione del progetto editoriale legato a *Marketing management*. Sono altresì debitore ai colleghi de *L'Impresa*, rivista italiana di management e di *MicroMacro Marketing*, per il costante incoraggiamento e supporto, nonché per i continui stimoli alla riflessione e all'approfondimento dei temi del marketing. Tra questi, voglio in particolare ricordare: Roger Abravanel, Gabriele Calvi, Umberto Collesei, Giorgio Donna, Riccardo Galli, Franco Giacomazzi, Paolo Legrenzi, Marino Livolsi, Gian Paolo Massa, Enio Paderni, Maurizio Rispoli, Dario Romano, Enrico Sassoon, Sergio Signorelli, Enrico Valdani e Riccardo Varaldo.

Ringrazio inoltre i colleghi dell'Istituto di Economia Aziendale dell'Università Cattolica del Sacro Cuore e per tutti voglio citarne il Direttore, Sergio De Angeli.

La realizzazione di quest'opera e dell'intero progetto è stata resa possibile da un nucleo di validi collaboratori che svolgono la propria attività di ricerca presso lo stesso istituto, nonché nel Centro di ricerche sul marketing dei servizi finanziari.

In particolare, va data menzione dell'assistenza fornita da Roberta Sebastiani nel corso dello sviluppo dell'intero progetto. Ricordo anche il prezioso aiuto fornitomi da Maria Rita Santagostino, Giovanni Covassi e Amedeo De Luca nella revisione di alcune specifiche parti del testo.

Infine, ringrazio sia il mio staff costituito da Giuliana Burdo, Elena Cedrola e Federica Poli, che mi ha costantemente ed efficacemente supportato nel faticoso lavoro di elaborazione e adattamento del materiale, sia la casa editrice Isedi.

WALTER GIORGIO SCOTT
Università Cattolica
del Sacro Cuore

Capitolo 1

Il ruolo del marketing nelle imprese e nella società

Il marketing è talmente importante che non può essere considerato come una funzione separata... Esso è l'intera impresa considerata dal punto di vista del suo risultato finale, cioè il soddisfacimento della clientela.

Peter Drucker

Gli anni che ci stanno di fronte sono caratterizzati da grandi opportunità e, nel contempo, da un'elevata incertezza.

Da una parte, le prospettive aperte dalla fine di oltre quattro decenni di guerra fredda sono assai positive. I paesi dell'Europa Orientale e della Confederazione che ha preso il posto dell'Unione Sovietica sono impegnati ad avviare un processo di sviluppo che li renda più simili alle economie di mercato proprie del mondo occidentale. Di conseguenza, si sta determinando una domanda potenziale di prodotti, macchinari, attrezzature e tecnologie di proporzioni vastissime.

Contemporaneamente, sta proseguendo lo sviluppo dei vari paesi del Sud-est asiatico, con la conseguente espansione sia della domanda sia dell'offerta di beni e servizi a livello mondiale.

La tecnologia, a sua volta, continua la sua evoluzione, aprendo nuovi campi alle rivoluzioni industriali. Basti solo pensare alle prospettive aperte dalla superconduttività, dall'ingegneria genetica e da altri miracoli della scienza.

Se consideriamo, tuttavia, le cose da un altro punto di vista, le prospettive sopra delineate tendono ad appannarsi. La povertà continua a mantenere la sua morsa su una parte considerevole dell'umanità. L'ambiente continua a deteriorarsi a un ritmo impressionante. Molti paesi, privi di una leadership politica all'altezza dei loro problemi, continuano a dibattersi nella spirale dell'instabilità, del sottosviluppo e della violenza. Sono sempre accesi numerosi focolai di guerra, sia civile sia fra stati o gruppi nazionali diversi.

Ciò che appare a prima vista assurdo è il contrasto fra un mondo sottosviluppato che ha un bisogno disperato di cibo, vestiario, medicinali e altri beni essenziali per una vita dotata di un minimo di dignità, e un mondo avanzato il cui problema essenziale sembra essere quello di trovare il modo di utilizzare una capacità produttiva sovradimensionata.

Ne consegue che le imprese dell'Occidente industrializzato si disputano accanitamente i mercati della Triade – Europa, Giappone e Stati Uniti – mentre il resto del mondo continua a essere dominato dalla scarsità.

Gli anni che sono trascorsi dalle due crisi energetiche degli anni Settanta a oggi hanno costituito una dura lezione di umiltà per le imprese di tutti i paesi. La competizione, infatti, è diventata sempre più intensa, riducendo gradualmente le zone protette dove prosperavano l'inefficienza, il parassitismo e l'arroganza del potere economico. I mercati hanno una dimensione sempre più globale, il che significa che la dimensione "domestica" non costituisce più una sorta di protezione per le imprese meno efficienti.

I segni di ciò sono evidenti ovunque. Le imprese maggiori, americane o europee, sono tutte più o meno in crisi. Un caso da manuale è costituito dall'industria automobilistica americana, messa in ginocchio dalla concorrenza giapponese. Ma anche quella europea si trova ormai di fronte al problema di sopravvivere sino alla fine di questo decennio. E che dire di altri settori, come quello dell'informatica, nel quale perfino la mitica IBM sta accusando i colpi dell'avversa situazione di mercato? O dell'industria chimica, dove anche le imprese tedesche, tradizionalmente fortissime in questo settore, devono porsi il problema del futuro?

Sebbene in molti casi le imprese in questione, e molte altre ancora, possano imputare i propri problemi a eventi esterni, quali l'aumento del prezzo del petrolio conseguente a imprevedibili eventi bellici, o l'esplosione di una centrale nucleare, o la mancanza di una politica industriale, e così di seguito, non sembra esservi dubbio che una spiegazione, sia pure parziale, della crisi in atto debba essere individuata nell'insufficiente capacità di interpretazione dei mutamenti dei mercati e nel conseguente mancato adeguamento alle nuove realtà.

Per anni, troppe imprese hanno continuato a mantenere l'orientamento alle vendite proprio dei periodi di espansione più o meno costante della domanda, rinviando i necessari rovesciamenti di strategia sino al momento in cui non esisteva più alcuna speranza di successo.

Durante gli anni Ottanta, non pochi autori hanno messo in evidenza le condizioni che fanno sì che un'impresa possa conseguire il successo.

Tom Peters e Robert Waterman intervistarono 43 imprese con elevate prestazioni allo scopo di individuarne i fattori determinanti. Fra queste, essi inclusero aziende quali Hewlett-Packard, Frito-Lay (PepsiCo), Procter & Gamble, 3M, Delta Airlines, McDonald's, Marriott, ecc. I risultati di questa ricerca vennero poi presentati nel libro di argomento aziendale più venduto di tutti i tempi, *Alla ricerca dell'eccellenza*.[1]

Il risultato di fondo della ricerca di Peters e Waterman è costituito dall'aver individuato che alla base del successo delle imprese studiate vi è un insieme di principi di base riassumibili nei seguenti: un profondo rispetto per il cliente, un acuto senso del mercato appropriato alle proprie capacità e risorse, una precisa attitudine a motivare i dipendenti verso la qualità e il valore per il cliente. Come si potrà vedere in seguito, i principi in questione costituiscono parte essenziale di quello che gli esperti hanno definito con il termine di *concetto di marketing*.

Successivamente, Tom Peters ha pubblicato altri due volumi in cui vengono analizzate le attività delle imprese che cercano di sviluppare la capacità di soddisfare il cliente: *Una passione per l'eccellenza* e *Prosperare sul caos*.[2]

Anche in questi volumi viene presentata una molteplicità di "storie" di successo, alla ricerca dei fattori determinanti del medesimo. Nel 1986, Frank Rodgers, già direttore centrale marketing dell'IBM, pubblicò il libro *Il metodo IBM*, nel quale viene descritto come questa mega-impresa traduca in pratica il principio in base al quale "il cliente è re".

> All'IBM, ognuno vende!.... Se entrate nel palazzo IBM a New York o in uno qualsiasi dei suoi uffici sparsi nel mondo, vi potete render conto di persona del significato di questo concetto. Ogni dipendente è stato addestrato a pensare che il cliente viene prima di ogni altra cosa. Ciò vale per tutti, dall'amministratore delegato al personale amministrativo, agli addetti alla reception, a coloro che lavorano in stabilimento.
> Quando qualcuno mi chiede: «Quali prodotti vende l'IBM?», io rispondo: «L'IBM non vende prodotti. Vende soluzioni»... Il successo di un operatore di marketing dell'IBM dipende totalmente dalla sua capacità di comprendere l'attività di un cliente potenziale così bene da poterne identificare i problemi, analizzare i medesimi e poi presentare le soluzioni più valide per il cliente stesso.[3]

Oltre alle opere citate, molte altre sono state dedicate negli anni recenti ai temi della *customer satisfaction*, della qualità totale, dell'ascolto del cliente, e così di seguito.[4]

La caratteristica comune di queste pubblicazioni è costituita dal riconoscimento dell'importanza centrale che assume, nelle attuali condizioni di mercato, la capacità di soddisfare il cliente. Tutto ciò che ha formato oggetto della pubblicistica aziendale negli anni Settanta e Ottanta, la formulazione delle strategie, lo sviluppo di sistemi informativi per il management, le tecniche di realizzazione, continua a essere di rilevante importanza, purché si tenga conto della condizione fondamentale, appunto l'orientamento al cliente.

Questa diffusa attenzione nei confronti dell'orientamento al cliente sta creando nuove possibilità di reale applicazione dei concetti e degli strumenti di marketing. Infatti, "servire il cliente" non costituisce solo un principio sul quale fondare l'idea motrice dell'impresa, ma richiede anche l'applicazione di ben precise tecniche, quelle appunto sviluppate nel corso dei decenni nell'ambito della disciplina del marketing.

È per queste ragioni che noi riteniamo che il marketing svolgerà un ruolo importante nel determinare una rinnovata era di sviluppo economico e di miglioramento della qualità della vita a livello globale.

Uno studioso di marketing definì a suo tempo il marketing come «la creazione e la diffusione del benessere».[5] Pensiamo che questa sia un'efficace e pervasiva definizione del compito del marketing.

In questo primo capitolo verranno esposti i concetti e i principi che stanno alla base dell'elaborazione teorica e della pratica del marketing. Ad essi faremo riferimento nel corso di tutta l'esposizione.

Il capitolo cercherà di dare una risposta esauriente alle seguenti domande specifiche:

- Quali sono i concetti che stanno alla base della disciplina di marketing?
- Quali sono i compiti principali svolti dai dirigenti di marketing?
- Qual è la filosofia del marketing e quali ne sono le differenze rispetto ad altre impostazioni del rapporto impresa-mercato?
- Qual è il ruolo svolto dal marketing nei vari settori industriali, nelle organizzazioni senza finalità di lucro e nei vari paesi?

1.1 I concetti fondamentali del marketing

Il marketing è stato definito dagli studiosi in una molteplicità di modi.[6] La definizione che proponiamo è la seguente:

> Il *marketing* è il processo sociale e manageriale mediante il quale una persona o un gruppo ottiene ciò che costituisce oggetto dei propri bisogni e desideri creando, offrendo e scambiando prodotti e valore con altri.

Questa definizione di marketing si fonda sui seguenti concetti di base: bisogni, desideri e domanda; prodotti; valore e soddisfazione; scambio, transazioni e relazioni; mercati; marketing e operatori di mercato. Questi concetti, illustrati nella figura 1-1, vengono esaminati qui di seguito.

Figura 1-1 I concetti fondamentali del marketing

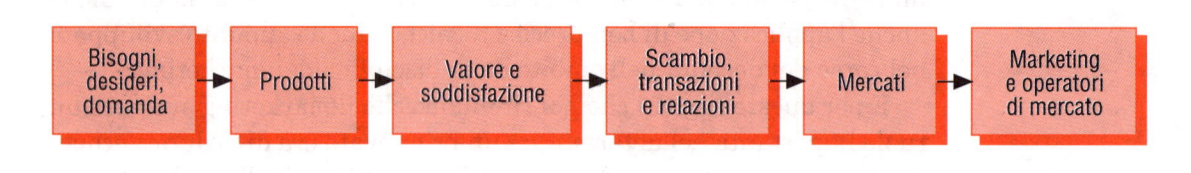

Bisogni, desideri, domanda → Prodotti → Valore e soddisfazione → Scambio, transazioni e relazioni → Mercati → Marketing e operatori di mercato

1.1.1 Bisogni, desideri, domanda

Il punto di partenza della disciplina del marketing è costituito dai *bisogni e desideri umani*. La gente ha bisogno di cibo, aria, acqua, vestiti e riparo per poter sopravvivere. A questi bisogni fondamentali si aggiunge il desiderio di svago, di istruzione e di altri servizi. Nell'ambito dei bisogni e dei desideri si collocano le preferenze che i singoli hanno nei confronti di particolari versioni dei beni e servizi di base.

Non v'è dubbio circa il fatto che i bisogni e i desideri della gente raggiungono livelli vertiginosi.

Nel 1991, solo in Italia, circa 58 milioni di persone, fra cittadini italiani e residenti stranieri, hanno speso in consumi 883 mila miliardi di lire, di cui oltre 167 mila in prodotti alimentari, 88 mila in vestiario e calzature, 84 mila in arredamento, e così via.[7] Sempre in tale anno, sono state acquistate in Italia oltre 2 milioni e 200 mila autovetture. L'insieme di beni e servizi di consumo ha determinato una domanda derivata di alcune decine di milioni di tonnellate di acciaio, di milioni di metri di tessuti, di milioni di quintali di PVC, e così via.

Una necessaria distinzione deve essere tracciata fra *bisogni, desideri* e *domanda. Un bisogno si manifesta quando una necessità di base per la vita umana non è stata soddisfatta.* La gente ha bisogno di cibo, abbigliamento, riparo, sicurezza, appartenenza, stima e di alcune cose necessarie alla sopravvivenza. Questi bisogni non sono creati dalla società o dagli operatori di mercato; essi sono radicati nella natura e nella condizione umana.

I desideri umani sono costituiti dall'individuazione di qualcosa di specifico in grado di soddisfare i bisogni più profondi. Un italiano ha bisogno di cibo o di abbigliamento o di stima, e desidera un piatto di tagliatelle o un vestito di Zegna o un'Alfa 164. In un'altra società, questi bisogni sono soddisfatti differentemente: ad esempio, un abitante dell'isola di Bali soddisfa il proprio bisogno di cibo con i frutti di mango, il bisogno di abbigliamento con una fascia ai fianchi e quello di stima con una collana di conchiglie. Mentre i bisogni sono pochi, i desideri che ne derivano sono molteplici. I desideri umani sono continuamente plasmati e riplasmati dalle forze e dalle istituzioni che operano nell'ambito della società, quali la chiesa, la scuola, la famiglia, l'impresa.

La domanda è costituita dai desideri per specifici prodotti, fondati sulla capacità e sulla volontà di acquistarli. I desideri si trasformano in domanda quando sono sostenuti da un adeguato potere d'acquisto. Molte persone desiderano un'Alfa 164; solo alcune sono effettivamente in grado di acquistarla. Le imprese devono pertanto valutare, non solo quante persone desiderano i loro prodotti, ma soprattutto quante potrebbero essere realmente disposte e in grado di acquistarli.

Queste distinzioni consentono di valutare la fondatezza delle affermazioni dei critici del marketing, secondo i quali «le imprese creano i bisogni, convincendo i consumatori ad acquistare i prodotti che essi non desiderano». In realtà, le imprese non creano i bisogni, i quali preesistono allo loro azione. Le imprese, unitamente alle altre forze operanti nella società, influenzano i desideri. Sono esse che suggeriscono al consumatore che un'Alfa 164, o qualcosa di comparabile, potrebbe essere in grado di soddisfare i suoi bisogni di considerazione sociale. Gli operatori di mercato non creano il bisogno di considerazione sociale, ma cercano di individuare come un bene particolare potrebbe soddisfare quel bisogno. Essi cercano di influenzare la domanda rendendo il prodotto attraente, accessibile per quanto concerne il prezzo e facilmente reperibile.

1.1.2 Prodotti

La gente soddisfa i propri bisogni e desideri mediante prodotti. I prodotti sono, in senso ampio, *tutto ciò che può essere offerto a qualcuno per soddisfare un bisogno o un desiderio*. Generalmente, il termine prodotto richiama alla mente un oggetto fisico, come un'automobile, un televisore o una bevanda analcolica. È per questo che nella pratica si usa l'espressione prodotti e servizi per distinguere fra beni materiali e immateriali. Ma, a ben considerare, l'importanza di un bene materiale non è determinata tanto dalle sue proprietà, quanto dalla possibilità di usarlo per soddisfare dei desideri. Non acquistiamo un'auto per ammirarne la linea, ma perché essa ci fornisce un servizio di trasporto. Non acquistiamo un forno a microonde per farne un soprammobile, bensì per rendere più facile la preparazione dei cibi. I prodotti materiali non sono infatti altro che degli strumenti in grado di fornire servizi.

Anche i servizi sono resi possibili da strumenti che di volta in volta possono essere costituiti da *persone, luoghi, attività, organizzazioni* e *idee*. Se siamo annoiati, possiamo recarci al night club e godere della compagnia di un *entertainer* (persona); andare in vacanza a Taormina (luogo); fare dello sport (attività); frequentare un club per "cuori solitari" (organizzazione), oppure adottare un nuovo modo di vita (idea). In altri termini, i servizi possono essere resi disponibili per il consumatore mediante oggetti fisici o altri mezzi. Useremo pertanto il termine prodotto per esprimere qualsiasi mezzo capace di fornire la soddisfazione di un desiderio o di un bisogno. In taluni casi, impiegheremo sinonimi, quali *offerta* o *risorsa*.

Le imprese manifatturiere commettono spesso l'errore di porre più attenzione ai propri prodotti, piuttosto che ai servizi che gli stessi rendono. Chi opera nell'impresa tende infatti ad affezionarsi ai prodotti che essa realizza, dimenticando che gli stessi vengono acquistati per soddisfare bisogni. La gente non acquista un oggetto fisico senza uno scopo. Un rossetto viene acquistato in quanto utile per rendere l'aspetto più attraente. A sua volta, un trapano è acquistato per essere impiegato nel praticare fori nel muro o in una tavola di legno. Un oggetto fisico è un mezzo che incorpora un servizio. Il compito dell'operatore di mercato è quello di vendere i benefici o i servizi forniti dagli oggetti fisici, piuttosto che limitarsi a descrivere le loro caratteristiche. In caso contrario, egli si comporta in modo miope. Le imprese soffrono di "miopia di marketing",[8] cioè della tendenza a concentrarsi su ciò che è vicino, il prodotto, piuttosto che allargare il proprio campo visuale fino a includere i bisogni del cliente.

1.1.3 Valore, costo e soddisfazione

In che modo i consumatori scelgono fra i prodotti in grado di soddisfare un dato bisogno? Per rendere più concreto il problema, si supponga che Aldo Rossi debba percorrere ogni giorno cinque chilometri per recarsi al lavoro. Aldo Rossi dispone di alcune alternative per dare soddisfazione al proprio bisogno: andare a piedi, usare la bicicletta, oppure una moto o un'auto, prendere un taxi o l'autobus.

Queste alternative costituiscono il suo *insieme di scelte di prodotto*. Si supponga che Rossi desideri conseguire vari obiettivi nell'andare al lavoro, per esempio la rapidità, la sicurezza, la comodità e il risparmio. Definiremo questi come un *insieme di obiettivi*. Ora, ogni prodotto ha una differente capacità di soddisfare i vari obiettivi. Una bicicletta sarà meno veloce e sicura di un'auto, e nel contempo richiederà uno sforzo fisico maggiore rispetto all'auto, ma sarà meno costosa. In qualche modo Aldo Rossi deve decidere sul prodotto che è in grado di dare la maggiore soddisfazione. Il concetto guida è quello di valore. Aldo Rossi formulerà una stima del valore di ogni prodotto dal punto di vista del conseguimento dei vari obiettivi. Quindi potrà definire una graduatoria delle varie soluzioni, in funzione della rispettiva desiderabilità. In testa alla graduatoria egli porrà la soluzione più attraente. Il valore è la stima che il consumatore effettua relativamente alla capacità di un prodotto di soddisfare una serie di obiettivi.

Possiamo chiedere a Rossi di immaginare le caratteristiche di un *prodotto ideale* capace di soddisfare tutti gli obiettivi. Rossi potrebbe rispondere che il prodotto ideale dovrebbe consentirgli di raggiungere il luogo di lavoro in pochi minuti, con assoluta sicurezza e senza sforzo e costo alcuno. Ne deriva che il valore di ogni soluzione disponibile dipende dal suo grado di approssimazione rispetto al prodotto ideale.

Si supponga che Rossi sia soprattutto interessato a raggiungere il luogo di lavoro rapidamente e comodamente. Se i vari prodotti fossero liberamente disponibili, non v'è dubbio che Rossi sceglierebbe l'automobile. Ma qui sorge il problema. Dato che ogni soluzione, eccettuato l'andare a piedi, comporta un prezzo, non è detto che egli acquisti necessariamente l'auto. L'auto costa notevolmente di più della bicicletta, ad esempio, e Aldo Rossi dovrebbe rinunciare a molte cose per poterne sostenere il costo. Egli pertanto considererà sia il valore sia il prezzo delle varie soluzioni, prima di effettuare una scelta. A tal fine, tenderà a scegliere la soluzione che fornirà il massimo valore per unità di spesa.

Gli studiosi contemporanei di comportamento del consumatore si sono spinti oltre le rigide assunzioni della teoria economica in materia di scelte del consumatore.

Nel capitolo 6 verranno particolarmente approfondite le più recenti teorie in proposito. Tali teorie sono importanti per gli operatori di mercato, in quanto l'intero piano di marketing si basa su una serie di assunzioni sul modo secondo il quale il consumatore opera le proprie scelte. Ciò spiega l'importanza che hanno per la disciplina del marketing i concetti di valore e di soddisfazione.

1.1.4 Scambio, transazioni e relazioni

Il fatto che la gente abbia bisogni e desideri e che possa attribuire il valore a determinati prodotti è condizione necessaria, ma non sufficiente, per definire il marketing.

Il marketing esiste allorquando le persone decidono di soddisfare i bisogni e i desideri in un certo modo che definiamo scambio. Lo scambio è uno dei quattro modi mediante i quali l'uomo può ottenere i beni che egli desidera.

Il primo modo è costituito dall'*autoproduzione*. Un uomo affamato può placare la fame con la caccia, la pesca o la raccolta di frutti. Così operando, egli non interagisce con alcun altro. In questo caso non esiste mercato, né tanto meno marketing.

Il secondo modo è la *coercizione*. Un uomo affamato può sottrarre il cibo a un altro. Quest'ultimo non riceve alcun vantaggio, se non quello eventuale di non subire un danno fisico.

Il terzo modo è la *mendicità*. Chi è senza cibo può chiedere a qualcuno ciò che gli è necessario per soddisfare il proprio bisogno. Il mendicante non può dare in cambio nulla di tangibile, tranne la propria gratitudine.

Il quarto e ultimo modo è costituito dallo *scambio*. Chi ha fame può rivolgersi a qualcuno che abbia a disposizione del cibo e offrirgli qualche risorsa in cambio: denaro, un altro bene, un servizio.

Il marketing deriva da quest'ultimo approccio al problema di soddisfacimento dei bisogni e dei desideri. *Lo scambio consiste nell'atto di ottenere il prodotto desiderato da parte di qualcuno al quale viene offerto qualcosa in cambio*. Lo scambio è il concetto che definisce la disciplina del marketing. Affinché lo scambio abbia luogo, debbono essere soddisfatte cinque condizioni:

1. Che vi siano almeno due parti.
2. Che ciascuna parte abbia qualcosa che possa essere di valore per l'altra.
3. Che ciascuna parte sia in grado di comunicare e di trasferire valore all'altra.

4. Che ciascuna parte sia libera di accettare o di respingere l'offerta dell'altra.
5. Che ciascuna parte ritenga possibile o desiderabile trattare con l'altra.

Se queste condizioni esistono, allora esiste anche la possibilità che abbia luogo uno scambio. L'effettivo svolgimento dello scambio dipende dall'individuazione da parte dei soggetti di *termini di scambio* che siano in grado di migliorare (o almeno di non peggiorare) la situazione in cui essi si trovano prima che il medesimo abbia luogo. È sulla base di quest'aspetto che lo scambio viene definito come un processo che crea valore. I soggetti che partecipano allo scambio, infatti, a conclusione di questo si trovano normalmente in una situazione migliore di quella iniziale.

Lo scambio deve essere considerato come un processo, piuttosto che come un evento. Due parti sono considerate impegnate in uno scambio allorquando esse negoziano e progrediscono verso la conclusione di un accordo. Se questo è raggiunto, allora si ha una *transazione*. Le transazioni sono le unità di base dello scambio. *Una transazione consiste nel passaggio di valori fra le due parti*. Affinché ciò si manifesti, occorre che A dia qualcosa definibile come *x* a B, ricevendo *y* in cambio. Rossi ha dato 400 mila lire a Bianchi, ricevendone un televisore: questa non è altro che una classica *transazione monetaria*. Affinché si abbia una transazione non è, tuttavia, indispensabile che uno degli elementi dello scambio sia costituito da denaro. Ove Rossi consegnasse a Bianchi un frigorifero in cambio di un televisore si avrebbe, ad esempio, una *transazione baratto*. Una transazione di questo tipo potrebbe manifestarsi anche nel commercio dei servizi, oltre che dei beni, come nel caso in cui un avvocato fornisca a un medico un parere legale in cambio di una visita.

Una transazione implica molteplici entità misurabili: almeno due oggetti dotati di valore, le condizioni alle quali effettuare lo scambio concordate dalle parti, il tempo necessario al completamento della transazione e, infine, il luogo nel quale si svolgono le varie fasi della stessa. Per facilitare e garantire l'adempimento delle obbligazioni che derivano per le parti contraenti da una transazione si sono andati sviluppando nel tempo complessi sistemi giuridici. Le transazioni possono infatti facilmente dar luogo a conflitti determinati dall'errata interpretazione delle condizioni, o da malafede. Senza un adeguato corpo di norme giuridiche in materia commerciale, verrebbe meno la fiducia della gente nei confronti delle transazioni, con le conseguenze facilmente immaginabili.

Le imprese procedono a registrare le loro transazioni, classificandole per articolo, prezzo, cliente, località e altre variabili specifiche. L'analisi delle vendite è il processo di determinazione della provenienza delle vendite dell'impresa in termini di prodotti, clienti, aree e così via.

Una transazione differisce da un *trasferimento*. In quest'ultimo, A dà qualcosa chiamato x a B, senza che si abbia alcunché di tangibile come ritorno. Quando A fa un regalo a B, oppure conferisce un sussidio o un contributo caritativo, allora si ha un trasferimento. Sembrerebbe che il marketing debba limitarsi allo studio delle transazioni, e non dei trasferimenti. Tuttavia, il meccanismo che determina questi ultimi può essere compreso anche mediante il concetto di scambio. In genere, chi effettua un trasferimento a titolo gratuito ha determinate aspettative, come la gratitudine o un comportamento positivo del destinatario del trasferimento stesso. Coloro che raccolgono fondi su base professionale sono ben consapevoli delle aspettative di chi effettua un contributo, e cercano quindi di offrire ai donatori qualche testimonianza tangibile, dal biglietto di ringraziamento a una pubblicazione, all'invito a uno spettacolo di beneficenza.

Gli studiosi di marketing hanno recentemente allargato il concetto di marketing allo scopo di includervi, oltre all'analisi delle transazioni, anche quello dei trasferimenti gratuiti.

Sotto questo profilo, opera secondo una logica di marketing ogni organizzazione che cerchi di conseguire un *comportamento di risposta* nei confronti di una qualche offerta. Un'impresa ha come scopo una risposta definita come "acquisto", un candidato alle elezioni politiche punta a una risposta che è il "voto", un'organizzazione religiosa ricerca "adesioni", un gruppo di azione sociale mira ad allargare la "condivisione dell'idea". Il marketing consiste delle azioni intraprese allo scopo di determinare una risposta positiva nei confronti di un determinato oggetto da parte di uno specifico gruppo di persone assunto come obiettivo.

Se l'operatore di marketing desidera avere successo, deve cercare di stabilire che cosa ciascuna parte si aspetta di dare e di ricevere. Si supponga che la Caterpillar, il più importante produttore mondiale di mezzi per il movimento di terra, voglia determinare le aspettative di un'impresa di costruzioni interessata all'acquisto di macchinario per la propria attività. Le aspettative in questione sono messe in evidenza nella figura 1-2. Il cliente potenziale desidera macchinario di alta qualità, un prezzo conveniente, consegne puntuali, buone condizioni di pagamento

Figura 1-2 Mappa di uno scambio bilaterale illustrativa delle aspettative delle due parti

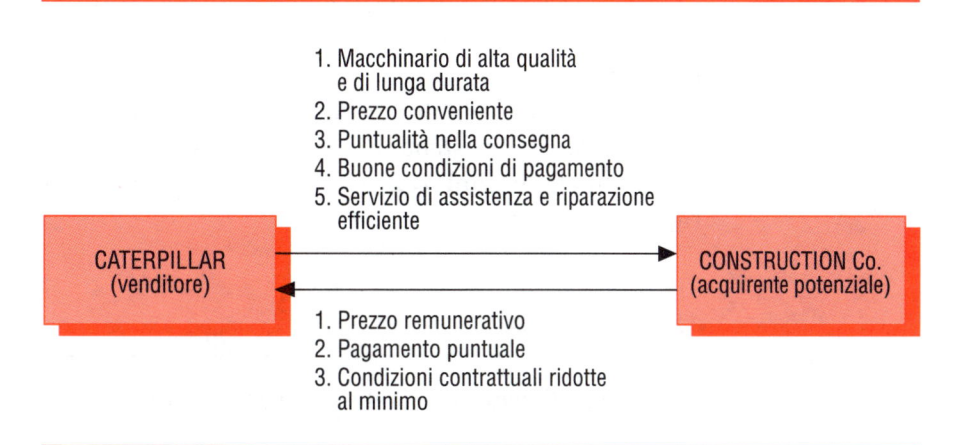

```
                    1. Macchinario di alta qualità
                       e di lunga durata
                    2. Prezzo conveniente
                    3. Puntualità nella consegna
                    4. Buone condizioni di pagamento
                    5. Servizio di assistenza e riparazione
                       efficiente
    ┌──────────────┐  ────────────────────▶  ┌──────────────────────┐
    │ CATERPILLAR  │                         │   CONSTRUCTION Co.   │
    │  (venditore) │  ◀────────────────────  │ (acquirente potenziale)│
    └──────────────┘                         └──────────────────────┘
                    1. Prezzo remunerativo
                    2. Pagamento puntuale
                    3. Condizioni contrattuali ridotte
                       al minimo
```

e un servizio di assistenza affidabile. Questa è la *lista delle aspettative* (o *lista delle richieste*) del cliente. Le aspettative non sono tutte ugualmente importanti e possono variare da acquirente ad acquirente. Uno dei compiti della Caterpillar è quello di individuare l'importanza delle diverse esigenze della clientela. Nello stesso tempo, anche la Caterpillar manifesta delle aspettative. Essa mira a conseguire un prezzo remunerativo, pagamenti puntuali, semplificazione degli aspetti contrattuali. Se esiste una sufficiente corrispondenza fra le aspettative delle due parti, allora esistono le basi per una transazione. Il compito della Caterpillar è quello di formulare un'offerta che induca l'impresa di costruzioni ad acquistare il proprio macchinario. A sua volta, l'impresa di costruzioni potrebbe presentare una controfferta. Il processo di ricerca di termini di reciproca convenienza è chiamato *negoziazione*. La negoziazione può condurre sia a concordare condizioni congiuntamente accettate, sia alla decisione di non dar luogo a transazione alcuna.

Sinora, abbiamo esaminato il concetto di marketing basato sulla transazione. Questo, tuttavia, fa parte di un concetto ancora più ampio, quello di *marketing basato sulla relazione*.

Le imprese che svolgono un'attività di marketing veramente efficace cercano di sviluppare relazioni di mutua fiducia e vantaggio con clienti, distributori, intermediari e fornitori. A questo fine, l'impresa punta a sviluppare in modo sistematico e costante una qualità elevata, un servizio efficace, prezzi equi.

La realizzazione di questi obiettivi si basa sul rafforzamento dei legami tecnici, economici e sociali fra le parti che intervengono nella transazione.

Il risultato finale del marketing di relazione è rappresentato dalla costruzione di un *sistema di marketing*, del quale fanno parte l'impresa e tutte quelle organizzazioni che con la stessa hanno duraturi e solidi rapporti d'affari.

1.1.5 Mercati

Il concetto di scambio conduce al concetto di mercato.

> Un *mercato* consiste di tutti i potenziali acquirenti che, condividendo un particolare bisogno o desiderio, potrebbero essere interessati e in grado di impegnarsi in uno scambio, al fine di dare soddisfazione al bisogno o desiderio predetti.

Da ciò deriva che la dimensione del mercato dipende dal numero delle persone che manifestano un bisogno, che hanno risorse di interesse per altri e che infine sono disposte a offrire queste risorse in cambio di ciò di cui hanno bisogno. In origine il termine *mercato* indicava il luogo – ad esempio la piazza di un villaggio – nel quale venditori e acquirenti si riunivano per scambiare le rispettive risorse.

Gli economisti impiegano il termine mercato per indicare un insieme di venditori e di acquirenti, indipendentemente dal luogo in cui gli stessi si trovano. A loro volta, gli operatori individuano l'insieme dei venditori con il termine *settore* o *industria* e l'insieme degli acquirenti con quello di *mercato*.

Le relazioni fra industria e mercato sono indicate nella figura 1-3. Venditori e acquirenti sono collegati da quattro flussi. I venditori inviano al mercato merci, servizi e comunicazioni; di ritorno ricevono denaro e informazioni. Il circuito interno mette in evidenza uno scambio di beni o denaro; quello esterno uno scambio di informazioni.

Nel linguaggio degli affari il termine *mercato* viene usato per definire i vari raggruppamenti di acquirenti. Si possono così avere i *mercati d'uso* (come il mercato di coloro che seguono diete); i *mercati di prodotto*

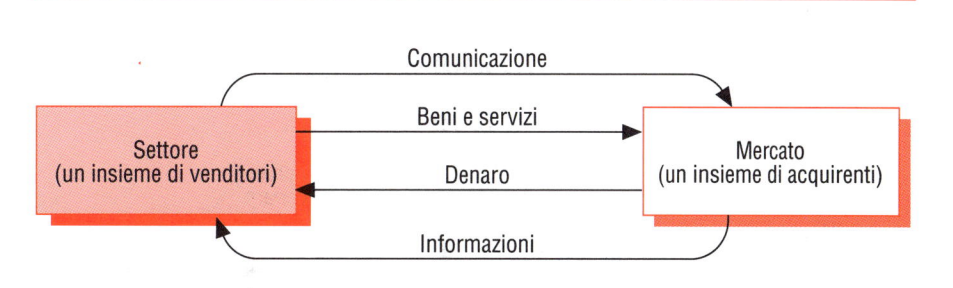

Figura 1-3 Sistema elementare di marketing

```
                    Comunicazione
                  ─────────────────▶
                    Beni e servizi
                  ─────────────────▶
  Settore                                  Mercato
(un insieme di venditori)              (un insieme di acquirenti)
                       Denaro
                  ◀─────────────────
                    Informazioni
                  ◀─────────────────
```

(il mercato delle calzature o quello dell'auto); i *mercati demografici* (il mercato dei giovani) e i *mercati geografici* (il mercato francese o quello giapponese). Il termine in esame può anche essere impiegato per definire gruppi di soggetti non considerati sotto il profilo del loro comportamento di consumo, come nel caso del *mercato del lavoro*.

Questa pluralità di specificazioni del concetto di mercato deriva dal fatto che i moderni sistemi economici operano sulla base del principio della divisione del lavoro. Il che implica che ogni persona si specializzi nella produzione di qualcosa, ricevendo in cambio una remunerazione che impiegherà nell'acquisto dei beni di cui necessita.

Le principali categorie nelle quali è possibile classificare i numerosi mercati della realtà sono illustrate nella figura 1-4, la quale mette anche in evidenza i flussi che si determinano fra una categoria e l'altra. Nella sostanza, i produttori si rivolgono al mercato delle risorse (mercato delle materie prime, mercato del lavoro, mercato monetario, ecc.) per acquisire i vari fattori produttivi, trasformarli in beni e servizi da vendere agli intermediari, i quali a loro volta li rivendono ai consumatori. Questi ultimi vendono il proprio lavoro per poter acquisire un reddito monetario che consente loro di pagare i beni e i servizi che essi acquistano.

Il settore pubblico costituisce a sua volta un mercato, il quale svolge due ruoli distinti. Esso acquista beni sui mercati delle risorse, dei produttori e degli intermediari, corrispondendo per essi i prezzi richiesti. Nel contempo, preleva da questi mercati, nonché dal consumatore, una parte del reddito che questi producono, fornendo in cambio una serie di servizi pubblici.

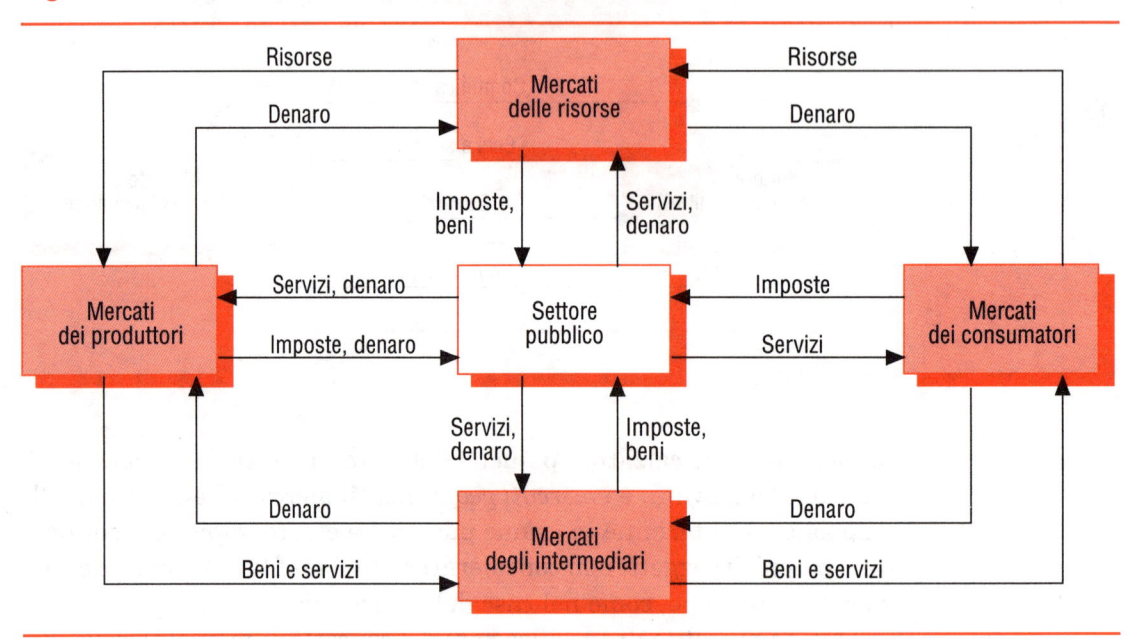

Figura 1-4 Schema dei flussi in una moderna economia di scambio

```
                    Risorse                              Risorse
         ┌─────────────────────→ Mercati ←─────────────────────┐
         │          Denaro       delle    Denaro               │
         │      ┌──────────────→ risorse ←──────────────┐      │
         │      │                                       │      │
         │      │          Imposte,   Servizi,          │      │
         │      │          beni       denaro            │      │
         │      │                                       │      │
    Mercati     │   Servizi, denaro           Imposte   │   Mercati
    dei      ←──┼─────────────────→ Settore ←──────────┼── dei
    produttori  │   Imposte, denaro  pubblico  Servizi  │   consumatori
         │      │ ←─────────────────        ─────────→  │      │
         │      │                                       │      │
         │      │          Servizi,   Imposte,          │      │
         │      │          denaro     beni              │      │
         │      │                                       │      │
         │      │          Denaro               Denaro  │      │
         │      └──────────────→ Mercati ←──────────────┘      │
         │         Beni e servizi  degli    Beni e servizi     │
         └─────────────────────→ intermediari ←────────────────┘
```

In tal modo ogni sistema economico nazionale, nonché l'economia mondiale nel suo complesso, consistono di una complessa serie di mercati, resi interdipendenti dai processi di scambio.

1.1.6 Marketing e operatori di mercato

Il concetto di mercato ci consente di completare il concetto di marketing. Il marketing definisce le attività umane che vengono svolte in relazione ai mercati. In altri termini, esso significa rivolgersi ai mercati allo scopo di concretizzare gli scambi potenziali orientati al soddisfacimento dei bisogni e dei desideri umani. Se una delle parti è più impegnata dell'altra nello sviluppo di uno scambio, definiremo la prima *operatore di mercato* (*marketer*) e la seconda *acquirente potenziale* (*prospect*). Un operatore di mercato è chi desidera acquisire una risorsa posseduta da altri, essendo disposto a offrire in cambio qualcosa che abbia valore. Così facendo, l'operatore di mercato ricerca una risposta dall'altra parte, che si tratti di acquistare o di vendere qualcosa. L'operatore in questione può essere, pertanto, un venditore o un acquirente. Si supponga che un buon numero di persone siano interessate all'acquisto di un appartamento di grande pregio appena messo in vendita. Ciascun acquirente potenziale cercherà di essere quello prescelto dal venditore. Ne deriva che in questo caso sono gli acquirenti che svolgono un'attività di marketing.

Nel caso che entrambe le parti siano interessate allo scambio, esse potranno essere definite come operatori di marketing e la situazione in cui si trovano come di marketing reciproco. Generalmente, un operatore di mercato è costituito da un'impresa che intende servire un mercato di utilizzatori finali in presenza di un certo numero di concorrenti (figura 1-5).

L'impresa e i suoi concorrenti inviano i propri prodotti e messaggi, direttamente o attraverso degli intermediari, agli utilizzatori finali. La loro efficacia relativa è influenzata sia dai fornitori sia dalle forze del macroambiente (demografiche, economiche, fisiche, tecnologiche, politico-istituzionali e socio-culturali). La figura 1-5 può dunque essere assunta come la rappresentazione essenziale di un moderno sistema di marketing.

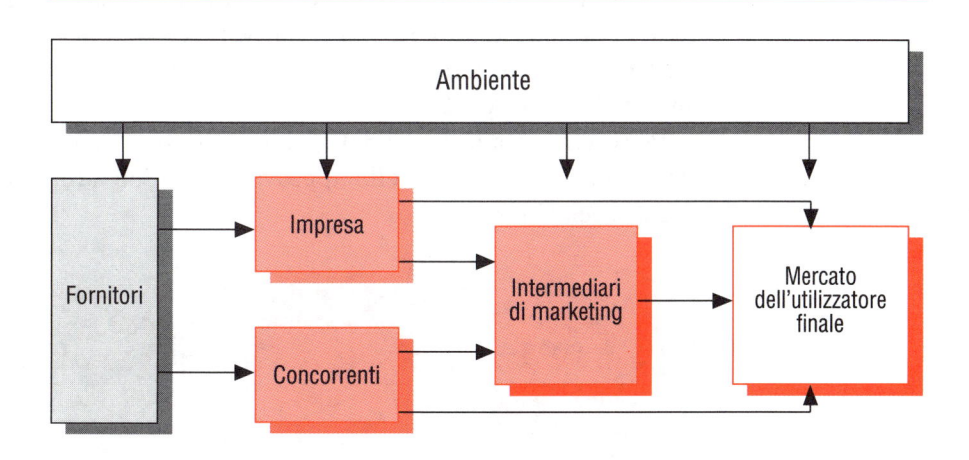

Figura 1-5 Gli attori e le forze principali in un moderno sistema di marketing

Avendo completato la rassegna di questi concetti, siamo in grado di riproporre la nostra definizione di marketing:

> Il *marketing* è un processo sociale mediante il quale gli individui e i gruppi ottengono ciò di cui hanno bisogno e che desiderano attraverso la creazione e lo scambio con altri di prodotti e valore.

1.2 Il marketing management

L'affrontare i processi di scambio richiede impegno e abilità in misura rilevante. Gli *individui* acquisiscono rapidamente la competenza necessaria a effettuare gli acquisti volti a sopperire alle loro necessità familiari. Talvolta essi svolgono anche attività di vendita, ad esempio di un'auto o di servizi personali. Le *organizzazioni* trattano i processi di scambio con maggiore professionalità. Esse devono acquisire le risorse presso un certo insieme di mercati, convertirle in prodotti dotati di utilità, che a loro volta verranno commercializzati in un altro insieme di mercati.

Anche le varie *nazioni* pianificano e attuano rapporti di scambio fra di loro, mirando in tal modo a conseguire reciproci vantaggi. In questo libro ci porremo soprattutto nella prospettiva del marketing delle organizzazioni. Si determina un processo di *marketing management* allorquando almeno una delle parti coinvolte in una situazione di scambio pone mente alla definizione dei mezzi per conseguire determinate risorse dalle altre parti.

Per quanto concerne la definizione di marketing management, adotteremo in questo testo quella approvata nel 1985 dalla American Marketing Association:

> Il *marketing management* è il processo di pianificazione e realizzazione della concezione, del pricing, della promozione e della distribuzione di idee, beni e servizi al fine di creare scambi che consentano di conseguire gli obiettivi di individui e organizzazioni.[9]

Questa definizione assume a proprio fondamento i seguenti postulati:

1. Il marketing management è un processo di analisi, pianificazione, realizzazione e controllo.
2. Tale processo fa riferimento a idee, beni e servizi.
3. Esso, inoltre, si basa sulla nozione di scambio.
4. L'obiettivo dell'intero processo è il conseguimento di un certo grado di soddisfazione per tutte le parti coinvolte.

Nell'impresa il marketing management può manifestarsi con riferimento a ciascuno dei suoi mercati. Si consideri un'industria automobilistica. Il direttore del personale si occupa di mercato del lavoro; il direttore acquisti del mercato delle materie prime e il direttore finanziario del mercato del denaro. Essi devono definire degli obiettivi e sviluppare delle strategie onde poter conseguire risultati soddisfacenti su questi mercati. Tradizionalmente, tuttavia, questi dirigenti non sono definiti come operatori di mercato, né ricevono una preparazione all'impiego delle tecniche di marketing. Il marketing management viene invece storicamente identificato con le attività e le persone che si occupano del *mercato dell'acquirente*. Seguiremo questa convenzione, sebbene quanto verrà sviluppato in materia di marketing trovi applicazione in tutti i mercati. L'attività di marketing in relazione ai mercati di vendita è svolta da dirigenti di vendita, agenti e rappresentanti, addetti alla pubblicità e alla promozione, ricercatori di mercato, addetti ai servizi per la clientela, responsabili di prodotto e di mercato, direttori commerciali. Ogni posizione implica compiti e responsabilità ben definite. Molte di queste funzioni richiedono l'impiego di specifiche *risorse di marketing*, quali la pubblicità, i venditori o le ricerche. Dal canto loro, i responsabili di prodotto e di mercato, nonché i direttori commerciali, gestiscono *programmi*. Il loro compito consiste nell'analizzare, predisporre e realizzare programmi che produrranno un determinato volume di transazioni con i mercati assunti come obiettivo.

Secondo quanto comunemente si ritiene, il compito fondamentale di un dirigente di marketing è quello di stimolare la domanda dei prodotti dell'impresa. Quest'opinione è tuttavia da ritenersi troppo restrittiva. *Il marketing management ha il compito di influenzare il livello, il tempo di manifestazione e la composizione della domanda in modo tale da facilitare all'impresa il raggiungimento dei propri obiettivi*. In termini essenziali, marketing management significa *gestione della domanda*.

Quadro 1-1 Stati della domanda e corrispondenti compiti del marketing

1. **Domanda negativa**: Un mercato si trova in uno stato di domanda negativa allorquando una parte considerevole di esso nutre avversione nei confronti del prodotto che ne è l'oggetto, giungendo perfino a pagare un prezzo per poterlo evitare. La gente manifesta una domanda negativa per le vaccinazioni, le cure dentistiche e le operazioni chirurgiche. I datori di lavoro esprimono una domanda negativa nei confronti di prestatori d'opera quali coloro che hanno precedenti penali o alcolizzati. Il compito del marketing è quello di analizzare perché il mercato respinge un dato prodotto e di stabilire se un programma di marketing, attraverso la riprogettazione del prodotto, la riduzione del prezzo e una più efficace promozione possa modificare le opinioni e gli orientamenti del mercato.

2. **Domanda inesistente**: I consumatori ai quali si pensa di offrire un prodotto possono mostrarsi privi di interesse o indifferenti nei confronti dello stesso. Ad esempio, gli agricoltori possono non avere interesse in una nuova tecnica colturale, oppure gli studenti delle medie superiori possono mostrarsi indifferenti nei confronti dell'apprendimento delle lingue straniere. Il compito del marketing è quello di trovare i modi di collegare i vantaggi ottenibili dal prodotto con i bisogni e gli interessi dei vari gruppi di persone.

3. **Domanda latente**: Un numero consistente di consumatori può nutrire un forte desiderio che non può essere soddisfatto dai prodotti esistenti sul mercato. Vi è, ad esempio, una forte domanda latente per sigarette che non provochino danni alla salute, di una maggior sicurezza urbana e di auto che consumino meno carburante. Il compito del marketing è quello di determinare la dimensione del mercato potenziale, e di sviluppare beni e servizi capaci di dare una risposta efficace alla domanda in oggetto.

4. **Domanda declinante**: Ogni organizzazione, presto o tardi, si trova di fronte al declino della domanda per uno o più dei propri prodotti o servizi. Le chiese hanno assistito alla riduzione del numero dei fedeli, mentre le scuole private hanno avuto una riduzione degli iscritti. L'operatore di mercato deve analizzare le cause del declino e determinare se la domanda possa essere rigenerata mediante l'individuazione di nuovi mercati obiettivo, la modifica delle caratteristiche del prodotto, oppure l'impiego di più efficaci mezzi di comunicazione. Il compito del marketing è pertanto quello di avviare un processo creativo ed efficace, capace di invertire la tendenza al declino del prodotto.

5. **Domanda irregolare**: Molte organizzazioni si trovano di fronte a una domanda la cui entità varia secondo modalità stagionali, giornaliere o anche orarie, dando luogo a situazioni di capacità produttiva eccedente o, al contrario, sovraccarica. Nel caso dei trasporti pubblici di massa, ad esempio, gran parte del materiale è scarsamente utilizzato nei periodi com-

L'impresa definisce il livello desiderato delle transazioni da effettuare con il mercato obiettivo. Il livello reale della domanda può essere inferiore, pari o superiore a quello desiderato. In altri termini, è possibile che la domanda sia inesistente, debole, adeguata o eccessiva. Il marke-

presi fra le ore di punta, in corrispondenza delle quali esso si dimostra invece insufficiente. Ancora, i musei sono deserti durante la settimana, mentre nei giorni festivi essi sono gremiti. Negli ospedali l'inizio della settimana vede una notevole richiesta di sale operatorie, che si riduce al minimo alla fine della stessa. Il compito del marketing è quello di individuare le possibilità di modificare le manifestazioni temporali della domanda mediante prezzi differenziati, campagne promozionali e altri incentivi.

6. **Domanda piena**: Questa situazione si ha allorquando un'organizzazione è soddisfatta della domanda che si manifesta nei confronti dei propri prodotti o servizi. Il marketing ha il compito di evitare che il livello della domanda si riduca a seguito del modificarsi delle preferenze dei consumatori e dell'accrescersi della concorrenza. A tale scopo è necessario mantenere elevata la qualità dei prodotti e tenere sotto costante controllo il grado di soddisfazione conseguito dai consumatori.

7. **Domanda eccessiva**: Alcune organizzazioni si trovano in situazioni in cui la domanda è superiore al livello che esse possono o vogliono soddisfare. Il Golden Gate Bridge di San Francisco, ad esempio, supporta un volume di traffico superiore ai livelli di sicurezza, mentre il Parco Nazionale di Yellowstone è spaventosamente affollato durante il periodo estivo. In questi casi il compito del marketing, definibile con il termine di *demarketing*, è quello di ridurre la domanda, in modo temporaneo o definitivo. Un'azione di demarketing può essere generale o selettiva. Nel primo caso, essa mira a scoraggiare la domanda in generale, sia mediante l'aumento dei prezzi sia riducendo la promozione e il servizio alla clientela. Nel secondo caso, si punta a ridurre la domanda espressa da quei settori del mercato che sono ritenuti meno profittevoli, o che meno necessitano del prodotto e del servizio in considerazione. Il demarketing non mira a distruggere la domanda, ma solo a ridurne il livello.

8. **Domanda nociva**: I prodotti nocivi sono oggetto di sforzi organizzati che si propongono di scoraggiarne il consumo. Ne sono esempi le campagne condotte contro il fumo, il consumo di alcool, l'uso della droga e così via. Il compito del marketing è quello di indurre le persone che fanno uso di determinati prodotti a rinunciare ai medesimi, impiegando strumenti che vanno dall'evidenziare i danni che l'uso in questione determina all'incremento dei prezzi, alla riduzione della disponibilità.

Fonte: per approfondire la discussione si vedano Philip Kotler, "The Major Tasks of Marketing Management", in *Journal of Marketing*, ottobre 1973, pp. 42-49, e Philip Kotler e Sidney J. Levy, "Demarketing, Yes, Demarketing", in *Harvard Business Review*, novembre-dicembre 1971, pp. 74-80.

ting management, di conseguenza, deve affrontare queste differenti situazioni, secondo le modalità illustrate nel quadro 1-1. I dirigenti di marketing affrontano le situazioni in questione avvalendosi di strumenti quali le *ricerche*, la *pianificazione*, la *realizzazione* e il *controllo di marketing*.

Mediante la pianificazione di marketing gli operatori di mercato assumono decisioni sui mercati obiettivo, sul posizionamento dell'impresa sul mercato, sullo sviluppo del prodotto, sulle politiche di prezzo, sui canali di distribuzione, sulla distribuzione fisica, sulla comunicazione e sulla promozione. Queste funzioni di marketing verranno analizzate ampiamente nei capitoli successivi. Per il momento può essere sufficiente sottolineare come i dirigenti di marketing debbano acquisire un buon numero di competenze per poter operare in modo efficace sul mercato.

1.3 Gli orientamenti dell'impresa nei confronti del mercato

Abbiamo descritto la gestione del marketing come lo sforzo consapevole per raggiungere la desiderata entità di scambi nei confronti dei mercati obiettivo. Si pone ora la questione seguente: quale filosofia deve guidare questi sforzi di marketing? Quale importanza occorre assegnare agli interessi dell'organizzazione dei clienti e della società? Molto spesso questi interessi sono in conflitto fra di loro. Non v'è dubbio che le attività di marketing dovrebbero ispirarsi a una visione sensibile e responsabile delle finalità e del ruolo dell'impresa.

Esistono cinque concetti che possono guidare l'attività di marketing delle imprese e delle altre organizzazioni.

1.3.1 Il concetto di produzione

Questo concetto è stato il primo a orientare la condotta di mercato delle imprese.

> Secondo il *concetto di produzione* i consumatori attribuiranno la loro preferenza a quei prodotti che sono ampiamente diffusi e a basso costo. La direzione delle imprese orientate alla produzione concentra la propria azione sul raggiungimento di un'elevata efficienza produttiva, nonché su un processo di distribuzione capillare dei prodotti.

L'ipotesi che i consumatori siano interessati soprattutto a prodotti a basso costo e facilmente reperibili si manifesta fondata in almeno due tipi di situazioni.

La prima si ha allorquando la domanda di un prodotto supera l'offerta, il che induce i consumatori a privilegiare la possibilità di ottenere il prodotto, piuttosto che a ricercarne versioni dotate di particolari caratteristiche. I produttori concentrano i propri sforzi nella ricerca dei modi atti ad accrescere il volume produttivo. La seconda situazione si presenta allorquando il costo del prodotto è alto e deve essere ridotto attraverso un aumento della produttività allo scopo di espandere il mercato. La Texas Instruments costituisce un esempio attuale del concetto di produzione.[10]

> La Texas Instruments di Dallas è la più importante impresa degli Stati Uniti che applichi oggi il principio introdotto da Henry Ford agli inizi del secolo nel mercato nascente dell'auto, basato sull'"accrescere la produzione, tagliare i prezzi". Ford concentrò tutte le proprie energie nel perfezionare la produzione di massa dell'automobile, così da poter ridurre i costi a un livello tale da permettere a ogni americano di acquistarne una. La Texas Instruments dirige ogni suo sforzo nell'accrescere i volumi produttivi e nel migliorare la tecnologia allo scopo di ridurre i costi. In tal modo essa è in grado di operare tagli sui prezzi e accrescere la dimensione del mercato. Il suo obiettivo, generalmente raggiunto, è quello di conseguire la posizione dominante nei mercati in cui è presente. Per la Texas Instruments il marketing significa una cosa sola: ridurre il prezzo dei prodotti offerti alla clientela. Questo orientamento è assai diffuso fra le imprese giapponesi, la cui concorrenza sui mercati mondiali non trova quindi la Texas Instruments impreparata.

Anche alcune organizzazioni operanti nel campo dei servizi applicano il concetto di produzione. È frequente, ad esempio, constatare che taluni servizi, come quelli sanitari o altri erogati da enti pubblici, sono organizzati in modo da poter trattare un certo numero di casi per unità di tempo, senza nessuna preoccupazione per le situazioni specifiche.

1.3.2 Il concetto di prodotto

Altre imprese sono guidate dal concetto di prodotto.

> Secondo il *concetto di prodotto* i consumatori indirizzeranno le proprie preferenze a quei prodotti che offrono un più elevato livello di qualità e di prestazioni. I dirigenti delle imprese che adottano questo concetto si impegnano costantemente nel realizzare buoni prodotti e nel migliorarli nel corso del tempo.

Questi dirigenti presuppongono che gli acquirenti apprezzino i prodotti di buona fattura e qualità e siano disposti a pagare un maggior prezzo per le caratteristiche differenziali. Molti di questi dirigenti sono affezionati ai propri prodotti, il che impedisce loro di rendersi conto del fatto che il mercato può anche essere di diverso avviso.

Il caso dell'Elgin National Watch Company fornisce un chiaro esempio di un orientamento basato sul prodotto, anziché sul mercato.

> Sin dalla sua costituzione nel 1864, la Elgin National Watch Company ha goduto della reputazione di essere uno dei migliori produttori di orologi degli Stati Uniti. La Elgin poneva la massima attenzione nel mantenere un elevato livello qualitativo dei propri prodotti, garantendone la distribuzione attraverso una vasta rete di gioiellerie e di grandi magazzini. Le vendite della Elgin continuarono a salire fino al 1958, per iniziare immediatamente a declinare. Che cos'era accaduto per mettere in crisi la posizione dominante della Elgin?
> In sostanza, la direzione della Elgin era così legata ai tradizionali orologi di alto pregio da non accorgersi dei cambiamenti radicali che si andavano determinando nel mercato del consumatore. Infatti, molti **consumatori** attribuivano sempre meno importanza all'idea che l'orologio deve possedere un'elevata precisione, una marca prestigiosa e una durata lunghissima. L'idea che prendeva piede con sempre maggior forza era che l'orologio deve fornire l'indicazione dell'ora, avere un aspetto piacevole e costare poco. I consumatori mostravano un crescente interesse per la semplicità d'uso (orologi a ricarica automatica), la robustezza e l'impermeabilità, il prezzo conveniente. Per quanto concerneva la **distribuzione**, un numero crescente di orologi veniva commercializzato attraverso le strutture della grande distribuzione. Molti americani vole-

> vano evitare gli alti margini dei rivenditori tradizionali e, inoltre, iniziavano ad acquistare d'impulso orologi di basso prezzo. Dal canto loro, molti fra i **concorrenti** avevano inserito nel proprio assortimento orologi di basso prezzo, distribuendoli attraverso i punti di vendita della grande distribuzione. Il problema della Elgin era di aver concentrato la propria attenzione su un gruppo di prodotti, invece di interpretare i nuovi bisogni, fornendo loro una risposta adeguata.

Una delle più frequenti manifestazioni di questo orientamento si ha allorquando un'impresa mette a punto un nuovo prodotto. I dirigenti tendono ad affezionarsi al medesimo, il che spesso riduce la loro obiettività. Essi tendono a commettere l'"errore della migliore trappola per topi", ritenendo che il produrre una trappola per topi migliore di quelle esistenti assicurerà automaticamente il successo.[11] Si consideri l'esempio seguente:

> Nel 1972, i ricercatori della Du Pont misero a punto il Kevlar, da essi ritenuto la fibra più importante dopo il nylon. Il Kevlar ha la stessa resistenza dell'acciaio, con solo un quinto del peso. La Du Pont invitò le varie divisioni della società a individuare le possibili applicazioni per questa fibra miracolosa. Secondo le valutazioni dei massimi dirigenti, erano da prevedersi molteplici impieghi e un mercato da un miliardo di dollari. Oggi, a vent'anni di distanza, la Du Pont sta ancora aspettando che si realizzino queste ottimistiche previsioni. Il Kevlar è certamente una fibra eccellente per realizzare giubbotti antiproiettile, ma il problema è che, per il momento, il mercato di questo particolare indumento è limitato. Il Kevlar è tutt'ora all'esame dei produttori di corde, vele e pneumatici. Alla fine, le caratteristiche di questa fibra potranno manifestarsi di eccezionale interesse, ma certamente non nei tempi previsti dalla Du Pont.

Le imprese orientate al prodotto applicano un concetto errato di progettazione del prodotto. Si consideri, ad esempio, quanto affermava alcuni anni or sono un dirigente della General Motors: «Come può il pubblico capire che tipo di auto desidera prima che noi l'abbiamo progettata?». Secondo il modo di pensare di questo dirigente peraltro tipico dell'intero settore sino agli anni Settanta – e talvolta anche oltre –, prima i progettisti creano il nuovo modello, poi la produzione lo realizza, la finanza ne determina il prezzo e, infine, il settore commerciale pensa a venderlo.[12] E se gli obiettivi non sono raggiunti, la colpa è dei venditori che non si impegnano nel modo dovuto, del mercato che non capisce, e così via.

Il concetto di prodotto conduce alla "miopia di marketing", cioè a un eccessivo grado di concentrazione su quanto costituisce l'oggetto della produzione d'impresa. I responsabili delle ferrovie ritenevano che gli utenti fossero interessati ai treni, piuttosto che al trasporto, e sottovalutarono la crescente minaccia degli aerei e degli autoveicoli. I produttori di regoli da calcolo erano convinti che gli ingegneri fossero interessati a questi specifici prodotti, anziché alla capacità di calcolo, trascurando di prendere in considerazione le calcolatrici tascabili. I responsabili della scuola ritengono che i diplomati delle scuole medie superiori debbano possedere un'educazione umanistica, e trascurano di valutare adeguatamente lo spostamento d'interesse verso un'istruzione a contenuti più professionali. In modo analogo si comportano i responsabili di organismi senza scopo di lucro, i quali ritengono che ciò che offrono al pubblico è quanto di meglio questi possa desiderare, meravigliandosi quando la richiesta tende a diminuire. I responsabili in questione troppo spesso scelgono di guardare in uno specchio, anziché aprire la finestra per vedere cosa succede in strada.

1.3.3 Il concetto di vendita

> Il *concetto di vendita* presuppone che i consumatori, lasciati liberi di decidere, non acquisteranno i prodotti di un'impresa in misura adeguata. È quindi necessario che l'impresa realizzi un'azione di promozione e di vendita aggressiva.

Questo concetto, che sta alla base di un altro orientamento comune delle imprese nei confronti del mercato, si fonda sul fatto che i consumatori generalmente mostrano inerzia o resistenza nei confronti dell'acquisto di maggiori quantitativi di certi beni. Di conseguenza, le imprese mettono in atto avanzati strumenti di vendita e promozione onde determinare un maggior volume di acquisti.

Il concetto in questione viene applicato in modo particolarmente intenso nella vendita dei beni e dei servizi a domanda debole, come polizze assicurative, enciclopedie o onoranze funebri. Le imprese che operano in questi campi hanno messo a punto varie tecniche di vendita volte a identificare i potenziali clienti e a persuaderli delle superiori caratteristiche dei propri prodotti. Tecniche del genere vengono impiegate anche nel caso di beni a domanda diffusa come le auto.

> Dal momento in cui il cliente entra nel salone di esposizione, il venditore d'auto inizia a studiarne il comportamento. Se al cliente piace l'ultimo modello, gli verrà detto che un altro cliente ha già manifestato l'intenzione di acquistarlo, e che quindi deve decidere su due piedi. Se il cliente fa un balzo al sentire il prezzo, il venditore si dichiara disponibile a chiedere al direttore del salone la concessione di uno sconto speciale. Il cliente aspetta dieci minuti, dopodiché il venditore ritorna affermando che, nonostante il direttore opponesse difficoltà, egli è riuscito a convincerlo. Tutto questo ha lo scopo di convincere il cliente a effettuare l'acquisto immediatamente.[13]

Il concetto di vendita è applicato anche dalle organizzazioni senza scopo di lucro, quali quelle che si occupano della raccolta di fondi, le istituzioni scolastiche e i partiti politici. Un partito politico si impegnerà al massimo per convincere gli elettori che il proprio candidato ha nel più alto grado le caratteristiche per svolgere il mandato al quale aspira.[14] Il candidato tiene comizi dal primo mattino a notte avanzata, scambia strette di mano, bacia bambini, si incontra con coloro che offrono fondi per la campagna elettorale, pronunzia discorsi pieni di spirito. Cifre enormi vengono spese nella pubblicità radio-televisiva, in manifesti, nella propaganda a domicilio.

Ogni punto debole del candidato è accuratamente nascosto al pubblico, in quanto l'obiettivo è quello di venderne l'immagine, e non la garanzia dell'efficace adempimento del mandato. Ad elezione avvenuta, il nuovo eletto continua a mantenere lo stesso orientamento nei confronti dei cittadini.

Esiste ben poca conoscenza circa ciò che l'elettorato realmente vuole, ma in compenso si esercitano sforzi ingenti per far sì che esso accetti ciò che i politici o i partiti vogliono.

La maggior parte delle imprese praticano il concetto di vendita quando hanno problemi di eccesso di capacità produttiva. Il loro scopo immediato è quello di *vendere ciò che producono, piuttosto che produrre ciò che possono vendere*. Nei moderni sistemi industriali, la capacità produttiva è stata portata a livelli tali da determinare il diffondersi di situazioni da mercato del compratore (nel quale l'acquirente esercita un ruolo dominante), il che costringe i venditori a contendersi duramente i clienti.

La clientela potenziale viene bombardata dalla pubblicità televisiva e a stampa, dal materiale promozionale inviato per posta, dalle telefonate dei venditori. A ogni angolo c'è qualcuno che cerca di vendere qualcosa. Come risultato, il pubblico identifica il marketing con la vendita d'assalto e con la pubblicità.

È pertanto comprensibile che ci si meravigli quando si sente affermare che la parte più importante del marketing non è la vendita. La vendita è solo la punta di quell'iceberg che è il marketing.

In proposito Peter Drucker, uno dei principali studiosi di marketing, così si è espresso:

> Si può convenire sul fatto che una certa attività di vendita sarà sempre necessaria. *L'obiettivo del marketing, tuttavia, è quello di rendere tale attività superflua.* Scopo del marketing è quello di acquisire una conoscenza e una comprensione del cliente tali che il prodotto o il servizio offerti si vendano da soli. Idealmente, il marketing dovrebbe avere come risultato un cliente pronto ad acquistare. A questo punto, non resterebbe che rendere disponibile il prodotto e il servizio...[15]

Per poter essere efficace, l'attività di vendita deve pertanto essere preceduta da parecchie altre attività di marketing, quali l'identificazione dei bisogni, la ricerca di mercato, lo sviluppo del prodotto, la determinazione dei prezzi e l'organizzazione della distribuzione. Se l'operatore di marketing svolge un buon lavoro di identificazione dei bisogni del consumatore, di sviluppo dei prodotti appropriati e di definizione di efficaci politiche di prezzo, distributive e promozionali, ne conseguirà un agevole processo di acquisizione delle vendite.

Quando la Eastman Kodak mise a punto il modello Instamatic, la Atari progettò il primo video-game e la Mazda lanciò l'auto sportiva RX-7, le tre società vennero sommerse dagli ordini. Ciò come risultato dell'aver progettato il prodotto "giusto" sulla base del lavoro di marketing da esse svolto. In effetti, il marketing basato sulla vendita aggressiva comporta forti rischi. Esso presuppone che i clienti che sono convinti ad acquistare un prodotto finiranno col gradirlo.

In caso contrario, si suppone che essi non svolgeranno una funzione negativa dei confronti dei potenziali clienti, né che essi protesteranno nei confronti dell'impresa venditrice. Si ritiene anche che essi potranno essere indotti a ripetere l'acquisto di ciò che non li ha soddisfatti. Queste posizioni circa il comportamento degli acquirenti sono assolutamente indifendibili.

1.3.4 Il concetto di marketing

Il concetto di marketing costituisce un orientamento d'impresa che si è andato affermando in contrapposizione a quelli esistenti in precedenza. Sebbene abbia una lunga storia, è solo verso la metà degli anni Cinquanta che i principi sui quali esso si fonda hanno trovato una formulazione esplicita.[16]

> In base al *concetto di marketing*, il raggiungimento degli obiettivi d'impresa presuppone la determinazione dei bisogni e dei desideri dei mercati obiettivo, nonché il loro soddisfacimento in modo più efficace ed efficiente dei concorrenti.

Il concetto di marketing è stato espresso in molti modi, alcuni dei quali assai espressivi, come i seguenti:

- «Trovare dei bisogni e soddisfarli».
- «Produrre ciò che si è in grado di vendere, piuttosto che vendere ciò che si produce».
- «Amate il cliente e non il prodotto».
- «Sia come tu vuoi» (Burger King).
- «Tu sei il padrone» (United Airlines).
- «Fare tutto ciò che è in nostro potere per assicurare il massimo di valore, qualità e soddisfazione ai soldi spesi dal consumatore» (J. C. Penney).

Theodore Levitt ha efficacemente descritto il contrasto che esiste fra il concetto di vendita e quello di marketing.

> L'attività di vendita si incentra sulle necessità del venditore; quella di marketing sulle necessità dell'acquirente. La vendita è il riflesso della necessità che il venditore ha di convertire la produzione in denaro, mentre il marketing corrisponde all'idea di soddisfare i bisogni del cliente mediante il prodotto e tutto l'insieme di cose che sono associate alla sua creazione, distribuzione e impiego.[17]

Figura 1-6 I concetti di vendita e di marketing a confronto

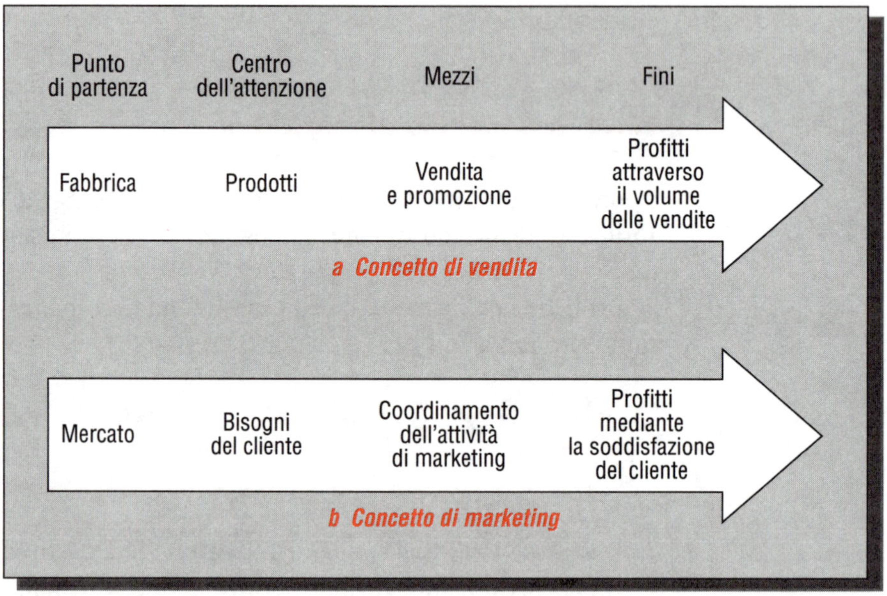

Punto di partenza	Centro dell'attenzione	Mezzi	Fini
Fabbrica	Prodotti	Vendita e promozione	Profitti attraverso il volume delle vendite

a Concetto di vendita

Punto di partenza	Centro dell'attenzione	Mezzi	Fini
Mercato	Bisogni del cliente	Coordinamento dell'attività di marketing	Profitti mediante la soddisfazione del cliente

b Concetto di marketing

Il concetto di marketing si fonda su quattro pilastri principali, e cioè: la *focalizzazione di mercato*, l'*orientamento al cliente*, il *coordinamento delle attività di marketing*, e la *redditività*. Nella figura 1-6 viene posto in evidenza il contrasto fra il concetto di vendita e quello di marketing.

Il concetto di vendita ha origine nei prodotti che l'impresa realizza in un determinato periodo e postula lo svolgimento di energiche azioni promozionali per poter conseguire profittevoli volumi di vendite. Il concetto di marketing assume come punto di partenza i clienti obiettivo – cioè i clienti che l'impresa si propone di servire – e i loro bisogni e desideri. Ciò posto, l'impresa procede a integrare e coordinare tutte le attività connesse al soddisfacimento del cliente, conseguendo i propri profitti mediante la realizzazione e il mantenimento dello stesso. Nella sua essenza, il concetto di marketing si traduce in un *orientamento ai bisogni e ai desideri del cliente*, sostenuto da uno sforzo integrato di marketing volto a generare la *soddisfazione del cliente* come mezzo per conseguire gli obiettivi dell'organizzazione.

Passiamo ora a esaminare con maggior dettaglio i fondamenti del concetto di marketing.

Focalizzazione di mercato. Nessuna impresa è in grado di operare in ogni mercato e di soddisfare ogni bisogno. Inoltre, non è possibile realizzare un'attività efficace in un mercato troppo vasto. Neppure la potente IBM può offrire la soluzione più valida per il cliente per ogni sua necessità di carattere informatico.

È solo mediante un'accurata definizione del mercato obiettivo che un'impresa può sperare di conseguire il successo. A patto che essa sia poi in grado di definire un programma di marketing esattamente calibrato in funzione di ciascun mercato di riferimento.

Orientamento al cliente. Un'impresa può definire il proprio mercato e tuttavia non essere in grado di assumere l'orientamento al cliente a fondamento del proprio sistema di pensiero. Infatti, affinché un orientamento al cliente sia tale, è necessario che l'impresa adotti il *punto di vista del cliente*, e non il proprio.

Ogni prodotto implica un sistema complesso di rapporti con l'utilizzatore che non possono essere individuati e valutati senza un costante contatto con i clienti attuali e potenziali. Se consideriamo le attese dell'acquirente di un'auto, ci troviamo di fronte a una pluralità di esigenze, che vanno dall'assoluta affidabilità, al basso consumo, al comfort, al design, e così via.

Non essendo possibile che un dato modello soddisfi tutte le esigenze, il progettista dovrà effettuare delle scelte. Ma così operando, dovrà evitare di assumere la propria visione a criterio guida, cercando invece di adattarsi al massimo grado possibile alle esigenze di coloro che dovranno poi assumere la decisione realmente fondamentale, quella di acquistare gli specifici prodotti offerti.

Per comprendere appieno il fondamento dell'orientamento al cliente, occorre far riferimento a una realtà di per sé ovvia, e cioè al fatto che le vendite che l'impresa realizza in un determinato periodo provengano da due gruppi: i *nuovi clienti* e i *clienti che riacquistano*. È sempre più costoso acquisire nuovi clienti che mantenere quelli esistenti. La chiave per mantenere la clientela già acquisita è il *soddisfacimento del cliente* (o *customer satisfaction*). Un cliente soddisfatto:

1. Acquista di nuovo.
2. Esprime un giudizio favorevole nei confronti dell'impresa.
3. Presta meno attenzione ai prodotti della concorrenza.
4. Acquista gli altri prodotti dell'impresa.

Un uomo d'affari giapponese recentemente ha definito l'orientamento al cliente della propria impresa in questo modo: «Il nostro obiettivo è andare oltre la soddisfazione del cliente. Noi vogliamo che egli provi *piacere* nell'acquistare e usare i nostri prodotti».

Consideriamo ora quanto accade nel caso in cui il cliente *non sia* soddisfatto. Se un cliente soddisfatto parla del prodotto che ha acquistato in termini positivi con un certo numero di persone, il cliente insoddisfatto tenderà a esprimere il proprio malcontento con un numero ben maggiore. Secondo una ricerca condotta negli Stati Uniti, il 13% delle persone che avevano avuto dei problemi con un fornitore ne avevano parlato con almeno altre venti persone.[18] Si immagini il perverso moltiplicatore di comunicazione messo in moto dalla possibilità che, a loro volta, queste venti persone abbiano trasferito ad altri l'immagine negativa ricevuta. Da ciò deriva che ogni impresa dovrebbe procedere regolarmente a misurare la soddisfazione dei propri clienti. Fra l'altro, un efficace *sistema di ascolto* della clientela può costituire una fonte preziosa di idee per migliorare i prodotti dell'impresa, o per svilupparne dei nuovi. La 3M, ad esempio, sostiene che i due terzi delle nuove idee provengono dell'accurata analisi dei reclami dei clienti. Un esempio di attenzione alla soddisfazione del cliente è illustrato nel quadro 1-2.

Coordinamento delle attività di marketing. Sfortunatamente, non è frequente che quanti lavorano in un'impresa siano motivati e addestrati a operare per il cliente. Può capitare che i venditori di un'impresa siano accusati dagli altri servizi o settori aziendali "di fare l'interesse del cliente, e non dell'azienda"!

Il coordinamento delle attività rilevanti ai fini del marketing significa due cose. La prima consiste nella necessità di coordinare fra di loro le varie funzioni di marketing, vendita, promozione, ricerca di mercato, assistenza e servizio alla clientela, ecc. Non è infatti raro il caso in cui ognuno di queste funzioni operi per conto proprio, senza avere nel cliente l'unico punto di riferimento. La seconda implicazione del coordinamento del marketing è rappresentata dalla necessità che tra tutte le funzioni aziendali si instauri un rapporto di costante integrazione, sempre nella comune prospettiva di soddisfare il cliente.

Come opportunamente ha affermato David Packard, della Hewlett-Packard, «il marketing è troppo importante per lasciarlo al servizio marketing». L'IBM, a sua volta, include in ciascuna delle sue 400.000 *job descriptions* una spiegazione di come quella posizione è collegata al

Quadro 1-2 Il segreto della redditività della L. L. Bean: la customer satisfaction

Una delle aziende di maggior successo operanti nel settore della vendita per corrispondenza è la L.L. Bean, Inc. di Freeport, nel Maine. La L.L. Bean è specializzata nella vendita di abbigliamento casual e articoli per chi ama la vita avventurosa. L'azienda in questione ha accuratamente combinato tra di loro i propri programmi di marketing esterno e interno. Ai propri clienti, la L.L. Bean offre:

Una garanzia del 100%

Tutti i nostri prodotti sono garantiti in modo da dare comunque una soddisfazione del 100%. Restituiteci qualsiasi cosa abbiate acquistato da noi, non importa quando, nel caso non vi abbia soddisfatti totalmente. Provvederemo a sostituire il vostro acquisto, o a rimborsarvi, a vostra scelta.
Non vogliamo che voi riceviate nulla dalla L.L. Bean che non sia di vostra piena soddisfazione.

Al fine di motivare i propri dipendenti a operare sempre al servizio del cliente, la L.L. Bean ha provveduto ad applicare dei poster nei vari uffici con il seguente messaggio:

Che cos'è un Cliente?

Un Cliente è la persona più importante di questo ufficio... sia esso presente o in rapporto di corrispondenza con noi.
Un Cliente non dipende da noi... noi dipendiamo da lui.
Un Cliente non costituisce un fattore di disturbo del nostro lavoro... piuttosto egli ne costituisce lo scopo. Non siamo noi che gli facciamo un favore nel servirlo, ma è egli che ci dà l'opportunità di lavorare per soddisfarlo.
Un Cliente non è qualcuno con cui discutere o scontrarsi. Nessuno ha mai tratto vantaggio dall'aver prevalso su un Cliente.
Un Cliente è una persona che ci comunica i propri bisogni. È nostro compito il soddisfarli in modo redditizio, sia per il Cliente sia per noi.

Fonte: materiale di documentazione dell'azienda.

---

servire il cliente. Da queste considerazioni discende che il *marketing interno* è altrettanto importante del *marketing esterno*.[19]

> Il *marketing interno* è il complesso di attività volto a comunicare con tutto il personale, formarlo e motivarlo affinché serva il cliente in modo efficace.

Non avrebbe senso alcuno promettere al cliente un eccellente servizio senza avere prima seriamente svolto un'azione di preparazione e motivazione del personale. Una visione d'impresa che integri la dimensione interna con quella esterna del marketing richiede una sorta di ribaltamento della piramide organizzativa, la quale vede tradizional-

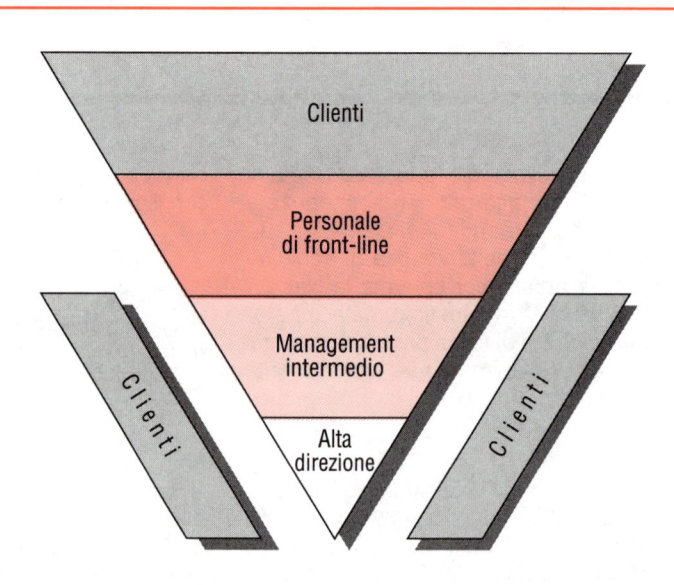

Figura 1-7 Una nuova visione della struttura d'impresa

mente un'alta direzione, uno stadio direttivo intermedio e una base di operatori a contatto con la clientela (venditori, impiegati di sportello, telefoniste, addetti all'assistenza, promotori, ecc.).

Le imprese realmente impegnate a praticare l'orientamento al cliente applicano una concezione organizzativa quale quella illustrata nella figura 1-7.[20] Come si può rilevare, al vertice dell'impresa sono posti i clienti. Successivamente, in ordine d'importanza, viene posta la *front-line*, cioè la linea operativa formata da quella parte dell'organizzazione che mantiene il costante rapporto con il cliente.

A supporto della linea operativa svolge la sua attività un livello intermedio, il quale non deve tanto garantire il passaggio di ordini, direttive e prescrizioni "dall'alto verso il basso", quanto garantire i sincronismi di una struttura il cui fine è operare secondo l'obiettivo del servizio al cliente.

E, infine, alla base di questo organigramma rovesciato troviamo l'alta direzione, il cui ruolo fondamentale consiste nel fornire supporto al management intermedio, sempre secondo una prospettiva di orientamento al cliente.

Redditività. Il proposito del concetto di marketing è quello di facilitare il conseguimento degli obiettivi dell'impresa. Il profitto costituisce appunto l'obiettivo che un'impresa competitiva deve conseguire attraverso le proprie scelte di mercato.[21]

Ma va tenuto sempre presente come questo obiettivo non debba essere assolutizzato. L'alto dirigente della General Motors che affermava «il nostro business è quello di far danaro, non automobili», commetteva un grave errore di prospettiva.

Un'impresa consegue un profitto servendo i clienti meglio dei concorrenti. Ne deriva che i responsabili delle decisioni di marketing devono essere in grado di individuare e valutare le opportunità di mercato e i connessi potenziali di profitto. Troppo spesso, infatti, gli addetti all'area commerciale assumono come parametro di valutazione ai fini decisionali il volume delle vendite, trascurando di considerare i connessi margini di profitto. È quindi sempre più necessario che l'operatore di marketing possegga, oltre a una preparazione specifica, anche competenza nelle tematiche economico-finanziarie.

Passando ora a considerare le imprese che hanno adottato il concetto di marketing, dobbiamo rilevare come solo un limitato numero di imprese possono essere assunte come esempi di una piena applicazione del concetto di marketing. Fra queste possono essere incluse alcune delle maggiori imprese degli Stati Uniti, come la Procter & Gamble, l'IBM, la Avon, la McDonald's, la Caterpillar e la John Deere, nonché un certo numero di imprese giapponesi e europee.

Queste imprese non solo pongono la massima attenzione nel cliente, ma sono organizzate in modo da poter rispondere efficacemente al mutare dei bisogni espressi dal mercato. A questo scopo esse non si limitano a organizzare efficienti servizi di marketing, ma fanno sì che ogni funzione aziendale – produzione, finanza, ricerca e sviluppo, personale, acquisti – sia profondamente convinta che "il cliente è re". In queste imprese esiste una cultura di marketing profondamente radicata in ogni parte della struttura organizzativa.

Molte imprese non sono ancora pervenute a una piena maturità di marketing. Esse ritengono di applicare il concetto di marketing perché hanno un direttore marketing, dei responsabili di prodotto, dei venditori, un servizio pubblicità, e così via. Queste imprese svolgono operazioni di marketing e tuttavia mancano di una visione globale del mercato e della capacità di adattarsi al mutamento dei bisogni e delle condizioni competitive. L'International Harvester è stata sull'orlo del fallimento;²² la Chrysler si è salvata a stento e imprese come Harley Davidson, Xerox e Zenith, un tempo leader nei propri mercati, hanno rapidamente perduto terreno rispetto alla concorrenza giapponese.

Non poche imprese non si rendono conto della portata e del significato del concetto di marketing sino a quando non vi sono costrette dalle circostanze. Si possono così identificare alcune situazioni tipiche:

- **Declino delle vendite**. Quando le imprese si trovano di fronte a una caduta delle vendite vengono prese dal panico e cercano in tutti i modi delle spiegazioni. Per esempio, i quotidiani registrano riduzioni di diffusione determinate dal numero crescente di persone che seguono i notiziari teletrasmessi. Alcuni editori cominciano a rendersi conto del fatto che essi conoscono molto poco del perché la gente legge i giornali e di ciò che si attende dagli stessi. Questi editori stanno facendo realizzare indagini di mercato allo scopo di ottenere gli elementi in base ai quali ridefinire i quotidiani, in modo da renderli interessanti agli occhi dei lettori.

- **Lento sviluppo**. Anche uno sviluppo troppo lento delle vendite può condurre un'impresa a ricercare nuovi mercati. In tal caso, si riconosce l'importanza delle tecniche di marketing ai fini di un'efficace identificazione di nuove opportunità. La Dow Chemical, alla ricerca di nuove fonti di profitto, decise di entrare nei mercati di consumo, effettuando massicci investimenti per acquisire le necessarie competenze di marketing.

- **Mutamento dei comportamenti di acquisto**. Molte imprese operano in mercati sempre più turbolenti, caratterizzati dal mutamento accelerato delle esigenze dei consumatori. In questi casi, una specifica competenza di marketing è necessaria per poter continuare a produrre qualcosa che abbia valore per il consumatore.

- **Accentuazione della concorrenza**. Imprese compiaciute dei propri risultati possono subire attacchi da parte di imprese dotate di una superiorità sul piano del marketing. Esse sono quindi indotte da tale sfida ad acquisire rapidamente il concetto di marketing. Ad esempio, l'American Telephone and Telegraph (AT&T) è stata priva di qualsiasi orientamento al mercato sino a quando, negli anni Settanta, fu consentito ad altre imprese di operare nel mercato degli impianti per telecomunicazioni. In questa situazione, all'AT&T non restò, per recuperare il terreno perduto, che assumere i migliori esperti di marketing reperibili sul mercato onde poter trasformare la struttura il più rapidamente possibile.²³

- **Incremento dei costi di marketing**. Un'impresa può trovarsi di fronte al fatto che i costi della pubblicità, delle attività promozionali, delle ricerche di mercato e del servizio alla clientela stanno diventando troppo elevati. In tal caso può essere necessario procedere a razionalizzare la funzione di marketing.

Nel corso del processo di conversione all'orientamento al mercato, un'impresa può trovarsi di fronte a tre tipi di ostacoli: una resistenza organizzata, un lento apprendimento e un rapido oblio.

Resistenza organizzata. Alcuni settori, particolarmente quelli connessi alla produzione e alla R&S, non vedono di buon occhio lo sviluppo di un orientamento al mercato dell'impresa, in quanto ciò minaccia il loro potere aziendale. La natura della minaccia è illustrata nella figura

Figura 1-8 Evoluzione del ruolo del marketing nell'impresa

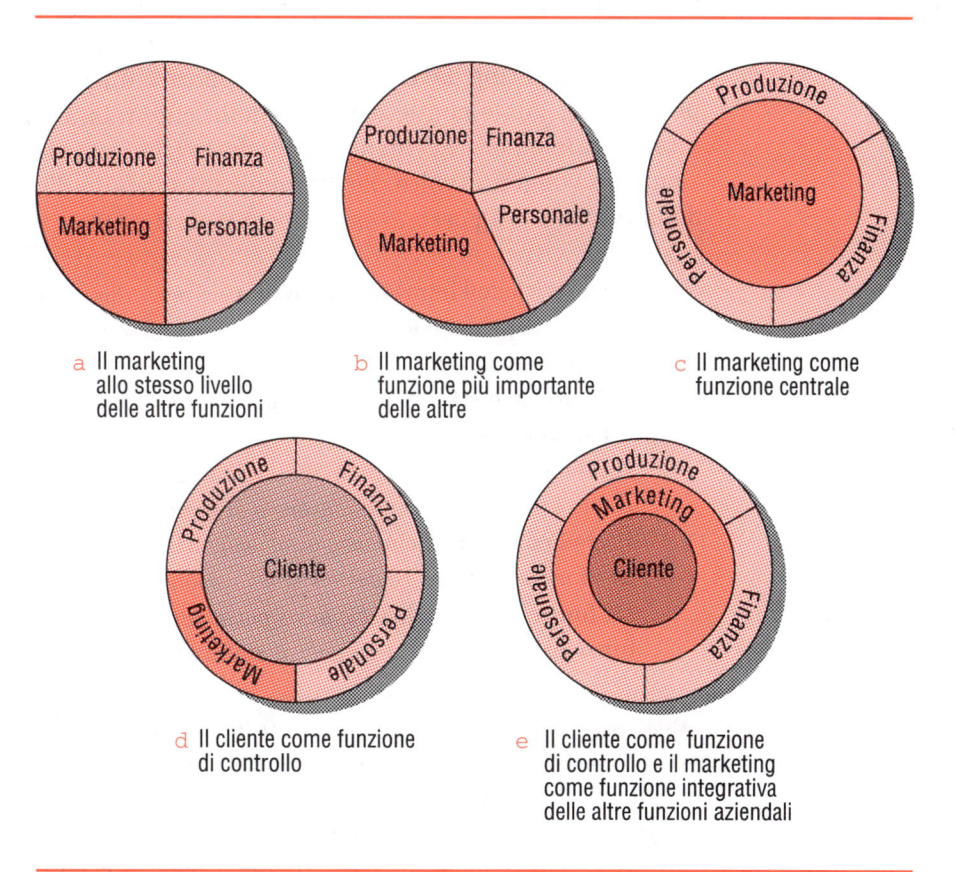

a Il marketing allo stesso livello delle altre funzioni

b Il marketing come funzione più importante delle altre

c Il marketing come funzione centrale

d Il cliente come funzione di controllo

e Il cliente come funzione di controllo e il marketing come funzione integrativa delle altre funzioni aziendali

1-8. All'inizio la funzione di vendita/marketing è considerata alla stessa stregua delle altre funzioni fondamentali dell'impresa. Le relazioni fra le varie funzioni sono di reciproco controllo ed equilibrio (figura 1-8 *a*). Una carenza di domanda nei confronti dei prodotti dell'impresa può indurre i responsabili della funzione di marketing a ritenere il proprio ruolo più importante degli altri (figura 1-8 *b*).

Alcuni entusiasti del marketing vanno oltre e affermano che questa è la funzione fondamentale dell'impresa, in quanto la stessa non potrebbe esistere senza clienti. Essi pongono la funzione di marketing al centro, con le altre funzioni in un ruolo di supporto (figura 1-8 *c*).

Questa impostazione determina l'irritazione dei responsabili di dette funzioni, il che porta a sviluppare un modello in cui al centro dell'attività aziendale viene posto il cliente, anziché la funzione di marketing (figura 1-8 *d*). In proposito, si afferma che l'orientamento al cliente richiede che tutte le funzioni cooperino al fine di interpretare e soddisfare le esigenze del cliente. Infine, da taluni viene affermato che alla funzione di marketing deve pur sempre spettare un ruolo centrale nell'impresa, se si vuole che le esigenze della clientela siano correttamente interpretate ed efficacemente soddisfatte (figura 1-8 *e*). Le argomentazioni che vengono svolte per sostenere il modello d'impresa illustrato dalla figura 1-8 *e* possono essere così sintetizzate:

1. Le attività dell'impresa hanno uno scarso valore in assenza di clienti.
2. Il compito principale dell'impresa è pertanto quello di creare e conservare dei clienti.
3. I clienti sono attratti mediante promesse, il cui rispetto ne determina la conservazione.
4. Il compito del marketing è quello di definire una promessa appropriata per le esigenze del consumatore e di assicurarne la piena realizzazione.
5. Il grado di soddisfacimento delle esigenze del consumatore è in relazione al modo di operare delle varie funzioni dell'impresa.
6. La funzione di marketing deve poter influenzare o controllare le altre funzioni, se si vuole che i clienti siano soddisfatti.

Lento apprendimento. Malgrado le resistenze, alla fine le imprese riescono a introdurre il concetto di marketing nella propria struttura organizzativa. L'alta direzione assicura il proprio entusiastico sostegno alla nuova funzione, nuove posizioni vengono create, vengono assunti dirigenti assai competenti, si organizzano seminari per facilitare la piena comprensione del significato di marketing, il budget di marketing viene adeguatamente accresciuto, vengono introdotti sistemi di pianificazione e controllo di marketing. Anche così operando, tuttavia, la comprensione del reale significato di marketing procede lentamente. Nell'impresa tipo l'assimilazione del concetto di marketing si svolge attraverso cinque fasi o stadi. Nel quadro 1-3 viene presentata questa sequenza con riferimento al settore bancario.

Rapido oblio. Anche dopo che una solida funzione di marketing è stata realizzata nell'impresa, attraverso lo svolgimento delle varie fasi, è necessario che la direzione si opponga alla tendenza a dimenticare i principi di base del marketing. Infatti, è possibile che notevoli successi di mercato conducano a trascurare gli stessi principi che li hanno resi possibili. Per esempio, molte grandi imprese americane entrarono sui mercati europei negli anni Cinquanta e Sessanta, aspettandosi di conseguire successi clamorosi grazie ai propri prodotti sofisticati e alle proprie capacità di marketing.

Non poche di esse fallirono l'obiettivo, soprattutto perché non tennero nel dovuto conto la massima di marketing: «Conosci il tuo mercato e il modo di soddisfarlo». Le imprese americane iniziarono a operare in Europa con i prodotti e i programmi pubblicitari impiegati sul mercato nazionale senza procedere a ridefinire il tutto sulla base delle esigenze locali.

Ad esempio, la General Mills ritirò dal mercato inglese le proprie miscele per torte Betty Crocker poco tempo dopo il lancio poiché le consumatrici britanniche le ritenevano troppo esotiche. Molti acquirenti potenziali ritenevano inoltre che le ricette riportate sulle confezioni Betty Crocker fossero troppo complicate da preparare. I tecnici americani di marketing non tennero in sufficiente considerazione le notevoli differenze esistenti non solo fra gli Stati Uniti e l'Europa, ma anche fra i singoli paesi europei. In altri termini, essi non si resero conto che il punto di partenza non era dove avevano origine i prodotti, bensì dove si trovavano i consumatori.

1.3.5 Il concetto di marketing sociale

Negli ultimi anni, da più parti è stata posta la questione se il concetto di marketing possa costituire un corretto obiettivo organizzativo in un'epoca di deterioramento ambientale, scarsità di risorse, crescita esplo-

Quadro 1-3 I cinque stadi dell'apprendimento del marketing nella banca

Prima del 1955 i banchieri avevano una scarsa conoscenza di che cosa fosse il marketing. Le banche fornivano i servizi richiesti, e cioè conti correnti, depositi, prestiti e cassette di sicurezza. Gli edifici in cui avevano sede le banche venivano costruiti nello stile di templi greci, allo scopo di dare al pubblico un'immagine di importanza e solidità. All'interno di questi edifici imperava l'austerità e gli impiegati raramente sorridevano. I funzionari preposti alla concessione dei fidi ricevevano i clienti dietro massicce scrivanie e li facevano sedere su sedie più basse della propria poltrona. La finestra dell'ufficio era alle spalle del funzionario, in modo che il sole battesse sul volto del malcapitato cliente, impegnato a esporre i motivi della richiesta di un prestito. Questa era la banca prima dell'era del marketing.

1. **Marketing significa pubblicità, sviluppo e promozione.** Il marketing fece la sua comparsa nelle banche alla fine degli anni '50, ma non nel suo pieno significato, bensì come sinonimo di "pubblicità e sviluppo". Le banche e le altre istituzioni finanziarie si trovavano a dover fronteggiare una crescente concorrenza nel campo della raccolta, il che condusse alcune di esse ad adottare le tecniche di marketing dei produttori di saponette. Vennero così accresciuti gli stanziamenti pubblicitari e promozionali e si puntò sull'incremento del numero dei clienti. Ciò indusse le altre banche ad adottare le stesse misure, con la conseguente gara per assicurarsi le migliori agenzie di pubblicità e i più abili esperti di promozione.

2. **Marketing è un'atmosfera lieta e amichevole.** Le banche che per prime introdussero le moderne tecniche promozionali e pubblicitarie videro ben presto annullato il proprio vantaggio dall'ondata degli imitatori. Esse appresero anche un'altra lezione, e cioè che attrarre il pubblico in banca è facile, convertirlo in cliente è invece assai più difficile. Le banche in questione adottarono un concetto più ampio di marketing, volto a compiacere il cliente. I banchieri dovevano imparare a sorridere ed il personale di sportello doveva essere riaddestrato. L'arredamento dei locali aperti al pubblico doveva essere rifatto da cima a fondo, onde creare un'atmosfera più accogliente e amichevole. Anche lo stile architettonico esterno doveva essere modificato. Le banche che per prime realizzarono questi cambiamenti sopravanzarono i propri concorrenti nell'attirare e nel mantenere nuovi clienti. I concorrenti non tardarono tuttavia a comprendere ciò che stava succedendo, iniziando a loro volta a comportarsi come le banche innovatrici. Ben presto tutte le banche adottarono le stesse tecniche di comportamento nei confronti della clientela, per cui il presentarsi in termini amichevoli e cordiali non costituì più un fattore determinante nella scelta di una banca.

3. **Marketing è innovazione.** Le banche dovettero così ricercare nuove modalità di differenziazione. Alcune banche cominciarono a rendersi conto che il proprio "business" era quello di fornire una risposta alle nuove esigenze finanziarie dei propri clienti. Queste banche presero a pensare in termini di costante aggiornamento dei nuovi e apprezzati servizi per la clientela, quali le carte di credito, i piani di risparmio natalizi e i prestiti bancari automatici. La Bank of America, per esempio, offre

oggi 350 prodotti finanziari ai propri clienti. Un'innovazione di successo dà alla banca innovativa un vantaggio competitivo. I servizi finanziari, tuttavia, sono facilmente imitati e di conseguenza i vantaggi competitivi hanno vita breve. Ma se la stessa banca investe in un processo di innovazione continuo, essa può conservare il proprio vantaggio nei confronti delle altre.

4. **Marketing è specializzazione**. Che cosa accade quando tutte le banche fanno pubblicità, si presentano in modo amichevole e innovativo? Ovviamente esse cominciano a sembrare uguali. Esse sono costrette a trovare nuove basi per distinguersi. Si comincia a far strada l'idea che nessuna banca può essere la migliore per tutti i clienti. Nessuna banca può offrire tutti i servizi. È quindi necessario scegliere. La banca deve valutare le varie opportunità e "scegliersi una posizione" sul mercato, cioè specializzarsi. Assumere una specializzazione va oltre la creazione di un'immagine. La banca che punta a costruire una propria immagine cerca di dare al cliente l'idea di banca solida, cordiale, efficiente. Essa spesso sviluppa un simbolo, come il leone della Harris Bank di Chicago o il canguro della Continental Bank, sempre di Chicago, allo scopo di esprimere la propria personalità. Tuttavia il cliente può considerare le varie banche come sostanzialmente identiche, a parte i simboli. La specializzazione consiste nel tentativo di distinguere la banca rispetto ai propri concorrenti in modo sostanziale, onde poter costituire la banca preferita per determinati segmenti di mercato. La specializzazione tende a fornire ai clienti le basi per valutare le differenze fra le varie banche, così da consentire loro di avvalersi di quella specifica banca che può soddisfare le loro esigenze meglio di ogni altra.

5. **Marketing è analisi, pianificazione e controllo dell'azione sul mercato**. Esiste un concetto di marketing ancor più elevato, rappresentante l'essenza ultima del marketing moderno. La questione è se la banca abbia realizzato efficaci sistemi di analisi, pianificazione e controllo dell'azione sul mercato. Una grande banca, la quale aveva compiuto notevoli progressi nell'uso degli strumenti pubblicitari, nello sviluppo di buone relazioni con la clientela, nell'innovazione e nella specializzazione, mancava tuttavia di un buon sistema di pianificazione e controllo di marketing. Prima di ogni esercizio, i responsabili del settore fidi presentavano le proprie previsioni, il cui livello si situava di solito al 10% al di sopra dell'anno precedente. Essi chiedevano anche un incremento del 10% del budget di spesa. Queste proposte non erano corredate da alcun commento o nota esplicativa. L'alta direzione manifestava il proprio compiacimento nei confronti di funzionari che regolarmente conseguivano i propri obiettivi. Un funzionario del settore in esame, ritenuto capace nel suo lavoro, andò in pensione e fu sostituito da un funzionario più giovane, il quale accrebbe il volume degli impieghi del 50%. La direzione si rese così conto, a proprie spese, di aver trascurato di valutare il potenziale dei vari mercati, di predisporre dei piani di marketing, di stabilire degli obiettivi e di applicare appropriati criteri di incentivazione.

siva della popolazione, inflazione mondiale e servizi sociali degradati.[24] Il problema consiste nello stabilire se l'impresa che svolge un eccellente lavoro di individuazione e di soddisfacimento dei bisogni individuali operi necessariamente nell'interesse a lungo termine dell'insieme dei consumatori e della società.

Il concetto di marketing evita di prendere in considerazione il conflitto potenziale esistente fra *desideri dei consumatori*, *interessi* degli stessi e *benessere sociale a lungo termine*.

Si considerino le seguenti critiche specifiche:

> Il settore della ristorazione rapida offre cibi gustosi, ma poco corrispondenti alle norme dietetiche. Infatti, gli hamburger hanno un elevato contenuto di grassi, e anche le patate fritte e i piselli serviti come contorno abbondano di grassi e amidi.
>
> L'industria automobilistica americana per tradizione ha alimentato la preferenza degli americani per le auto di grossa dimensione. Ciò ha peraltro determinato elevati consumi di carburante, forte inquinamento, danni più gravi per i conducenti di auto di minori dimensioni coinvolte in incidenti stradali e maggiori spese di acquisto, manutenzione e riparazione.
>
> L'industria delle bevande analcoliche ha corrisposto all'amore che gli americani hanno per le comodità accrescendo l'impiego di bottiglie a non rendere. Tuttavia, le bottiglie di questo tipo rappresentano un notevole spreco di risorse, tenuto conto che sono necessarie mediamente diciassette bottiglie del genere, in luogo di una del tipo riutilizzabile usato in precedenza. A ciò deve essere aggiunto il problema costituito dall'accrescimento del volume dei rifiuti.
>
> L'industria dei detersivi ha contribuito a sviluppare il gusto dei consumatori per bucati sempre più candidi mettendo in vendita prodotti che inquinano fiumi e laghi, determinano morie di pesci e distruggono le risorse ambientali.

Situazioni del genere hanno sollecitato un'opera di revisione o di sostituzione del concetto di marketing.

Fra le varie proposte possono essere ricordate quella del "concetto umano" di Dawson, quella del "concetto di consumo intelligente" avanzata da Rothe e Benson, e infine quella del "concetto ecologico imperativo" di Fisk.[25] Si tratta, naturalmente, di proposte che trattano aspetti diversi dello stesso problema. Dal canto nostro proponiamo il "concetto di marketing sociale".

> Il *concetto di marketing sociale* afferma che il compito di un'impresa è quello di determinare i bisogni, i desideri e gli interessi dei mercati obiettivo e di procedere al loro soddisfacimento più efficacemente ed efficientemente dei concorrenti, secondo modalità che preservino o rafforzino il benessere del consumatore e della società.

Il concetto di marketing sociale richiama i dirigenti d'impresa a definire le proprie politiche di marketing bilanciando tre distinte considerazioni, e cioè i *profitti dell'impresa*, il *soddisfacimento delle richieste dei consumatori* e il *pubblico interesse*. In origine, le imprese basavano le proprie decisioni di mercato soprattutto su valutazioni del profitto a breve termine. Successivamente si iniziò a tener conto dell'importanza che il soddisfacimento dei consumatori aveva nel lungo termine, il che diede origine al concetto di marketing.

Oggi si comincia a tener conto degli interessi della società nell'ambito del processo decisionale dell'impresa. Il concetto di marketing sociale mira appunto a definire un equilibrio fra questi distinti punti di vista. Già molte imprese hanno conseguito rilevanti successi in termini di vendite e profitti adottando e applicando il concetto in questione.

1.4 La rapida adozione del marketing management

Il marketing management costituisce oggetto di crescente interesse per le organizzazioni di ogni tipo e dimensione, con o senza scopo di lucro, operanti nei paesi più diversi.

1.4.1 Nelle imprese

Nel mondo degli affari il marketing è entrato a far parte della consapevolezza di imprese diverse in tempi diversi. Imprese quali General Electric, General Motors, Procter & Gamble e Coca-Cola sono state fra le prime. Il marketing si è diffuso rapidamente, nell'ordine, fra le imprese di beni di largo consumo, quelle di beni di consumo durevoli e quelle di beni strumentali.

I produttori di semilavorati come l'acciaio, di prodotti chimici e di carta sono pervenuti ad acquisire il concetto di marketing solo in seguito. Molti di essi hanno ancora una lunga strada da percorrere prima di conseguire questa consapevolezza. Nel decennio trascorso si sono aggiunte alle categorie sopraelencate le imprese operanti nel campo dei servizi per il consumatore, in particolare compagnie aeree e banche. Il marketing sta anche iniziando a destare l'interesse delle compagnie di assicurazione e delle società finanziarie, le quali, tuttavia, dovranno lavorare a lungo in questa direzione prima di poter efficacemente operare secondo logiche di marketing. Le categorie che più recentemente hanno iniziato a maturare un interesse per il marketing sono quelle operanti nel campo dei servizi professionali, quali avvocati, commercialisti, medici e architetti.[26] Le associazioni professionali hanno impedito, sino a poco tempo addietro, ai propri membri lo svolgimento di attività promozionali, pubblicitarie e di acquisizione della clientela. Recentemente questi divieti sono stati dichiarati illegali, per cui le varie categorie professionali stanno scoprendo la realtà della concorrenza.

> La forte concorrenza scatenata dalle nuove disposizioni in materia di amministrazione delle imprese sta diffondendo fra i commercialisti un'aggressività commerciale del tutto nuova... Essi ci tengono a dichiarare che i loro sforzi promozionali non sono che un normale "sviluppo dell'attività professionale". In realtà, molte delle attività comprese in questo eufemismo non sono che l'equivalente di quanto in altri campi è chiamato "marketing"...
> I commercialisti parlano di "posizionamento" dei loro studi professionali e di "penetrazione" in nuovi settori. Essi predispongono elenchi selezionati di imprese potenziali clienti e poi cercano di stabilire stretti contatti personali con i principali dirigenti delle stesse.[27]

1.4.2 Nelle organizzazioni senza scopo di lucro

Il marketing sta sempre più attirando l'interesse delle organizzazioni senza scopo di lucro quali università, ospedali, musei e istituzioni musicali.[28] Queste organizzazioni hanno problemi di mercato. I loro amministratori lottano per mantenerle in vita, nonostante il mutato atteggiamento del pubblico e le ridotte risorse finanziarie. Alcune di queste organizzazioni hanno iniziato a impiegare le tecniche di marketing per tentare di risolvere i propri problemi. Oltre il 40% degli ospedali americani dispone di un direttore marketing, contro l'1% di un decennio or sono. L'Amministrazione Postale e l'Amtrak (ente di gestione delle ferrovie americane) hanno messo a punto piani di marketing relativamente alle proprie attività. Analogamente hanno operato le corrispondenti amministrazioni di alcuni paesi europei. Anche in Italia è possibile assistere a iniziative pioniere in questo campo.[29]

1.4.3 In campo internazionale

È possibile constatare la presenza di competenze di marketing in molti paesi. In effetti, non poche imprese multinazionali europee e giapponesi – come Nestlé, Beecham, Volvo, Olivetti, Benetton, Unilever, Nixdorf, Toyota e Sony – hanno spesso superato i propri concorrenti americani. Le multinazionali hanno diffuso le moderne tecniche di marketing in tutto il mondo. Ciò ha indotto le imprese nazionali di minori dimensioni a considerare la possibilità di poter accrescere le proprie capacità di marketing al fine di meglio competere con le multinazionali.

Un'area di grande interesse per l'applicazione dei principi del marketing si sta ora aprendo nei paesi ex-socialisti, dove l'avvio di un'economia di mercato consentirà ben presto di acquisire ulteriori elementi sullo stretto rapporto esistente tra il determinarsi di situazioni competitive e lo sviluppo di nuovi modelli e tecniche di gestione.

Note

[1] Thomas J. Peters e Robert H. Waterman, *Alla ricerca dell'eccellenza*, Sperling & Kupfer, Milano 1984.
[2] Thomas J. Peters e Nancy Austin, *Una passione per l'eccellenza*, Sperling & Kupfer, Milano 1986, e Thomas J. Peters, *Prosperare sul caos*, Sperling & Kupfer, Milano 1989.
[3] Frank G. Rodgers, *Il metodo IBM*, Sperling & Kupfer, Milano 1986.
[4] Milind M. Lele con Jagdish N. Sheth, *Il cliente è la chiave*, Franco Angeli, Milano 1991; William A. Band, *Creating Value for Customer*, John Wiley, New York 1991; Richard J. Schonberger, *Costruire la "catena dei clienti"*, Edizioni di Comunità, Milano 1991; Richard L. Lynch e Kelvin F. Cross, *Migliorare la*

performance aziendale, Franco Angeli, Milano 1992; *Customer Satisfaction*, a cura di Gramma, Isedi, Torino 1992.

[5] Malcolm P. McNair, "Marketing and the Social Challenge of Our Times", in Keith Cox e Ben M. Enis (a cura di), *A New Measure af Responsability for Marketing*, American Marketing Association, Chicago 1968.

[6] Riportiamo tre delle definizioni maggiormente diffuse. La prima è: «Il marketing consiste nello svolgimento delle funzioni di impresa che orientano il flusso dei beni e dei servizi dal produttore al consumatore o all'utilizzatore». La seconda afferma: «Il marketing consiste nel mettere a disposizione di consumatori ben determinati i prodotti giusti, nel luogo e nel momento giusto, al giusto prezzo e con un adeguato supporto pubblicitario e promozionale». In base alla terza, «il marketing è l'arte di creare e soddisfare un cliente, conseguendo un profitto».

[7] Dati tratti dalla "Relazione generale sulla situazione economica del Paese 1991" (supplemento a *Mondo Economico*, n. 16, 25 aprile 1992).

[8] Si veda il classico articolo di Theodore Levitt, "Miopia di marketing", incluso in Ph. Kotler e W.G. Scott (a cura di), *Marketing management. Letture*, Isedi, Torino 1991, pp. 10-43.

[9] Peter D. Bennet, *Dictionary of Marketing Terms*, American Marketing Association, Chicago 1988, pp. 115-6 (si confrontino le voci *marketing, marketing management* e *marketing manager*). Si veda anche il *Dizionario di marketing e comunicazione* a cura di Luciano Ratto (Isedi, Torino 1992), alle pp. 206 e 208.

[10] Si veda "Texas Instrument Shows U.S. Business How to Survive in the 1980s", in *Business Week*, 18 settembre 1978, pp. 66 e seguenti. Si veda anche "The Long-Term Damage from TI's Bombshell", in *Business Week*, 15 giugno 1981, p. 36.

[11] Il poeta Ralph Waldo Emerson affermò che «se un uomo scrive un libro, o pronunzia un discorso, o costruisce una trappola per topi meglio del suo vicino, anche se la sua casa è nel bel mezzo di un bosco, la gente costruirà una strada lastricata fino alla sua porta». Molte imprese, tuttavia, nonostante abbiano costruito trappole per topi migliori, sono fallite. La gente, infatti, non si rende automaticamente conto che un nuovo prodotto è superiore a quelli esistenti e che quindi vale le pena di pagare un prezzo più elevato per acquistarlo.

[12] Per un approfondimento, si veda Walter G. Scott, *Fiat Uno. Innovazione e mercato nell'industria automobilistica*, Isedi, Torino 1991, pp. 166-180.

[13] Si veda Irving J. Rein, *Rudy's Red Wagon: Communication Strategies in Contemporary Society*, Scott, Foresman & Co., Glenview 1972.

[14] Si veda Joseph McGinniss, *Come si vende un presidente*, Arnoldo Mondadori, Milano 1970.

[15] Peter F. Drucker, *Manuale di management*, Etas Libri, Milano 1978.

[16] Per un'analisi dell'evoluzione del concetto di marketing, si vedano i vari scritti raccolti da Walter G. Scott in *Marketing in evoluzione*, Vita e Pensiero, Milano 1988.

[17] Levitt, op. cit., p. 24.
[18] Karl Albrecht e Ron Zemke, *Service America!*, Dow Jones Irwin, Homewood 1985, pp. 6-7, e Karl Albrecht, *Al servizio del cliente interno & esterno*, Isedi, Torino 1992.
[19] Si veda Michel Levionnois, *Marketing interno*, Isedi, Torino 1991; e M. Coletti e P. Iacci (a cura di), *Internal Marketing*, Guerini e associati, Milano 1990.
[20] Per un ulteriore sviluppo del modello qui presentato, si veda Walter G. Scott, "Dal marketing convenzionale al marketing strategico" in *L'impresa*, n. 2, 1987, pp. 11-19; il concetto di "service management" e della piramide rovesciata è stato sviluppato da Richard Normann, *La gestione strategica dei servizi*, Etas Libri, Milano 1985 e da Jan Carlzon, presidente della Scandinavian Airlines, in *La piramide rovesciata*, Franco Angeli, Milano 1990.
[21] Sul significato motivazionale e di parametro guida dell'azione imprenditoriale del profitto, si veda Vittorio Coda, *L'orientamento strategico dell'impresa*, Utet, Torino 1988, pp. 160-200.
[22] Si veda il caso "Navistar International" in Philip Kotler, John B. Clark e Walter G. Scott (a cura di), *Marketing management. Casi*, Isedi, Torino 1992, pp. 20-42.
[23] Si veda Bro Uttal, "Selling is No Longer Mickey Mouse at AT&T", in *Fortune*, 17 luglio 1978, pp. 98-104.
[24] Per un'esauriente analisi dei temi del marketing sociale, si veda Philip Kotler e Eduardo L. Roberto, *Marketing sociale*, Edizioni di Comunità, Milano 1990.
[25] Leslie M. Dawson, "The Human Concept: New Philosophy for Business", in *Business Horizons*, dicembre 1969, pp. 26-38; James T. Rothe e Lissa Benson, "Intelligent Consumption: An Attractive Alternative to the Marketing Concept", in *MSU Business Topics*, inverno 1974, pp. 29-34; George Fisk, "Criteria for a Theory of Responsible Consumption", in *Journal of Marketing*, aprile 1973, pp. 24-31.
[26] Si veda Philip Kotler e P. N. Bloom, *Marketing per i professionisti*, Utet, Torino 1991.
[27] Deborah Rankin, "How C.P.A.'s Sell Themselves", in *New York Times*, 25 settembre 1977.
[28] Si veda Philip Kotler e K. Fox, *Strategic Marketing for Educational Institutions*, Prentice-Hall, Englewood Cliffs 1985; Philip Kotler, *Marketing for Health Care Organizations*, Prentice-Hall, Englewood Cliffs 1987; G. Barna, *Marketing the Church*, Navpress, Colorado Springs 1988 e B. G. Morrison e J. Gordon Dalgleish, *Waiting in the Wings: A Larger Audience for the Arts and How to Develop It*, ACA Books, New York 1987.
[29] Si veda in proposito Paola Morigi, *Il marketing negli enti pubblici*, Maggioli Editore, Rimini 1988.

Capitolo 2

La pianificazione strategica dell'impresa orientata al mercato

Quelli che si innamorano di pratica senza scienza, son come il nocchiere, ch'entra in un navilio senza timone o bussola, che mai ha certezza dove si vada. Sempre la pratica deve essere edificata sopra la bona teorica.

Leonardo da Vinci

Un ambiente in continuo mutamento, quale quello che sta caratterizzando le principali economie, può essere affrontato e gestito dalle imprese solo avvalendosi di idonei strumenti gestionali che consentano di affrontare in maniera adeguata le sfide che il mercato propone. Il processo di *pianificazione strategica* orientata al mercato costituisce il modello logico e strumentale che meglio consente di raggiungere tale obiettivo.

> La *pianificazione strategica* può essere definita, infatti, come il processo manageriale volto a sviluppare e mantenere una corrispondenza efficace fra gli obiettivi e le risorse dell'organizzazione e le proprie opportunità di mercato. Suo compito precipuo è quello di far sì che l'ambito di attività dell'impresa sia costituito da un numero di aree di affari profittevoli sufficiente a garantire la sopravvivenza dell'impresa.

Il passaggio da un orientamento di tipo deterministico a una visione strategica della gestione d'impresa, avvenuto alla fine degli anni Sessanta, rappresenta la prima concreta risposta da parte delle aziende al manifestarsi di nuove e inaspettate sfide provenienti dall'ambiente. In precedenza, l'attività strategica dell'impresa si era andata sviluppando in maniera alquanto disorganica, secondo criteri impliciti e per lo più intuitivi.

A seguito del rallentamento della crescita economica, dell'intensificarsi della competizione, dell'estendersi dei processi di diversificazione nell'ambito delle imprese soprattutto di grandi dimensioni, veniva avvertita sempre più l'esigenza di un approccio sistematico alla definizione e realizzazione delle scelte strategiche. L'attenzione delle imprese cominciava quindi a concentrarsi sull'analisi delle forze costituenti il mercato e delle cause ultime della redditività, nella ricerca di nuove modalità di creazione di un vantaggio competitivo all'interno dei singoli settori di attività. Ed è proprio in questo processo di graduale proiezione verso l'esterno che possiamo individuare la caratteristica saliente del passaggio a un nuovo sistema gestionale d'impresa: la pianificazione strategica, appunto.

Nelle prime fasi del suo sviluppo si affermano concetti significativi, quali la suddivisione dell'azienda nelle sue unità elementari – o segmentazione per business – e modelli d'analisi innovativi quali le matrici di portafoglio, al fine di soddisfare la necessità da parte delle imprese di dotarsi di strumenti formali atti alla realizzazione di una pianificazione strategica integrata.

Tale processo si concretizza, sinteticamente, in un'attività formalizzata il cui obiettivo è la formulazione delle strategie aziendali, secondo un percorso le cui fasi fondamentali possono essere identificate in:

- **L'esplicitazione della visione d'impresa**: il concetto comprende non solo l'enunciazione della filosofia aziendale e della missione d'impresa, ma anche l'individuazione delle singole unità strategiche d'analisi (*strategic business unit* o unità aziendali strategiche) e delle loro interrelazioni.[1]
- **La definizione del posizionamento strategico che l'impresa intende acquisire**, nonché degli obiettivi che si intendono perseguire sulla base dell'analisi di opportunità e minacce provenienti dall'esterno e dei punti di forza e di debolezza che l'impresa detiene.
- **La formulazione delle strategie** a livello corporate, di business e funzionale, nonché il loro consolidamento.
- **La definizione e valutazione di programmi d'azione** specifici sulla base dei quali effettuare una razionale allocazione delle risorse all'interno dell'impresa, unitamente alla determinazione dei parametri di valutazione delle prestazioni.
- **La realizzazione del processo di budgeting** a livello di business e funzionale, nonché il suo consolidamento, e l'allocazione delle risorse strategiche e operative.[2]

Per comprendere la pianificazione strategica, dobbiamo ricordare il modo in cui è strutturata l'impresa moderna. Le aziende, in particolare quelle di grandi dimensioni, sono strutturate sulla base di quattro livelli organizzativi: il *livello di impresa* o di gruppo (*corporate*), il *livello di divisione*, il *livello di area di affari* (*business*) e il *livello di prodotto*. I servizi centrali sono responsabili per quanto concerne la definizione di un *piano strategico* che dischiuda all'impresa nel suo complesso una profittabilità attuale e prospettica. I servizi in questione decidono sull'entità delle risorse da assegnare a ogni unità operativa (divisione o consociata) responsabile di un'area di affari, nonché sulle nuove attività da avviare. A sua volta, ogni unità operativa deve sviluppare un piano volto al conseguimento della massima profittabilità nel proprio ambito d'azione, tenuto conto delle risorse che le sono state assegnate. Infine, a livello di prodotto (o di linea di prodotti, o di marca) nell'ambito di ogni area di affari è necessario sviluppare un piano volto al conseguimento degli obiettivi assegnati con riferimento agli specifici mercati. Successivamente, come abbiamo già rilevato, si procede all'attuazione dei piani ai vari livelli organizzativi, al controllo dei risultati e all'adozione delle necessarie azioni correttive. L'intero processo di pianificazione, attuazione e controllo è illustrato nella figura 2-1.

In questo capitolo analizzeremo dunque come si articola il processo di pianificazione strategica a livello di corporate e di business, nonché gli strumenti maggiormente utilizzati a supporto di tale processo.

Figura 2-1 Il processo di pianificazione, attuazione e controllo strategici

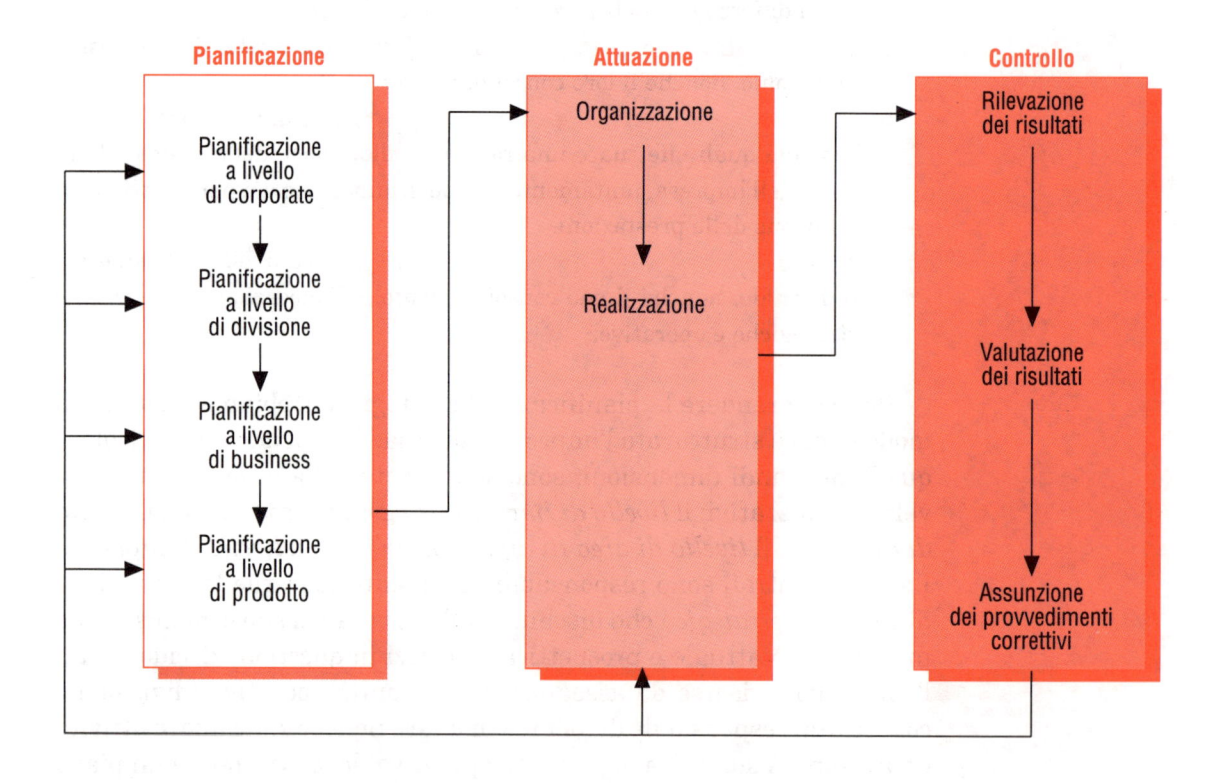

Pianificazione
- Pianificazione a livello di corporate
- Pianificazione a livello di divisione
- Pianificazione a livello di business
- Pianificazione a livello di prodotto

Attuazione
- Organizzazione
- Realizzazione

Controllo
- Rilevazione dei risultati
- Valutazione dei risultati
- Assunzione dei provvedimenti correttivi

2.1 La pianificazione strategica a livello corporate

Lo staff di pianificazione a livello centrale ha il compito di attivare il processo di pianificazione strategica all'interno dell'impresa.

Nel momento in cui vengono definite la missione, le strategie e le politiche generali dell'azienda, si costituisce lo schema di riferimento all'interno del quale le singole unità strategiche definiranno i loro piani.

Le attività fondamentali che vengono sviluppate a livello corporate si identificano, quindi (figura 2-2), in:

- Definizione della missione dell'impresa.
- Identificazione delle strategic business unit (SBU) che la compongono.
- Analisi e valutazione del portafoglio di attività.
- Identificazione di nuove aree di attività per l'impresa.

2.1.1 La missione dell'impresa

Al momento della costituzione o nel corso della loro vita le aziende tendono, in generale, ad attuare un processo di identificazione delle direttrici fondamentali in base alle quali operare, delle finalità verso cui orientare la propria attività, degli elementi strutturali mediante i quali si intendono perseguire gli obiettivi generali e specifici e delle modalità secondo le quali interagire con il mercato. Il problema fondamentale è rappresentato dalla capacità da parte dell'impresa di espri-

Figura 2-2 Il processo di pianificazione strategica a livello corporate

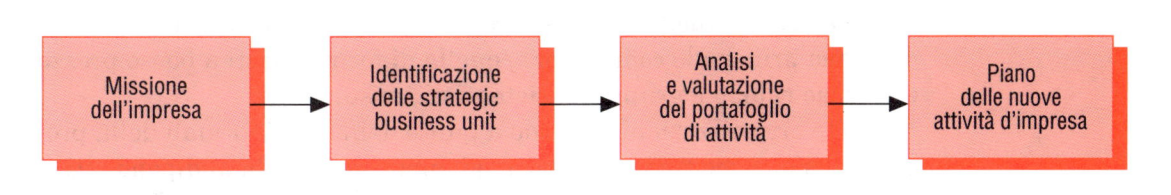

Missione dell'impresa → Identificazione delle strategic business unit → Analisi e valutazione del portafoglio di attività → Piano delle nuove attività d'impresa

mere in modo chiaro una serie di principi che riassumano la missione che l'impresa stessa intende esplicitare.

A tale scopo, secondo Peter Drucker, il management deve porsi alcune domande fondamentali, quali:[3]

- Qual è il nostro settore di affari?
- Chi è il nostro cliente?
- Che cosa ha valore per il cliente?
- Quali saranno in futuro le caratteristiche del nostro settore?
- Quale dovrebbe essere il nostro settore?

Queste domande, in apparenza semplici, sono fra le più difficili cui possa mai dar risposta un'impresa. Le imprese di successo sollevano continuamente questi interrogativi, cercando di rispondervi in maniera meditata ed esauriente.

La missione di un'organizzazione è composta da cinque elementi chiave, il primo dei quali è costituito dalla *storia* della stessa. Ogni organizzazione ha una storia fatta di obiettivi, politiche e risultati. Nel proporsi una nuova finalità, l'organizzazione deve tener fede alle caratteristiche salienti della propria storia passata. Il secondo elemento è costituito dalle *preferenze attuali* del management e della proprietà. Coloro che dirigono l'impresa hanno le loro mete e proponimenti personali. Se l'attuale management della Sears vuole orientarsi verso i consumatori a reddito elevato, ne deriva che tale obiettivo influenza la finalità dell'organizzazione. Il terzo elemento è costituito dalle *considerazioni ambientali* che influenzano le finalità dell'organizzazione. L'ambiente determina le principali minacce e opportunità che devono essere prese in considerazione. In quarto luogo, le *risorse* di un'organizzazione rendono alcune missioni possibili e altre no. La Aeroflot andrebbe incontro a un sicuro insuccesso se adottasse come missione quella di divenire la maggior compagnia aerea del mondo. Infine, l'organizzazione dovrebbe basare la scelta delle proprie finalità sulle proprie *peculiari competenze*. La McDonald's potrebbe probabilmente entrare nel mercato dell'energia solare, ma ciò non comporterebbe l'impiego della sua principale competenza, quella di fornire pasti a basso prezzo e servizio rapido a gruppi consistenti di consumatori.

Molte organizzazioni mettono a punto definizioni formali della propria missione che vengono esposte ai quadri aziendali, ai dipendenti e, in molto casi, alla clientela e al pubblico in generale. Un'efficace formulazione della missione crea nel personale un senso di condivisione degli obiettivi e di partecipazione all'attività aziendale. L'enunciazione della missione dell'impresa opera infatti come una "mano invisibile" che guida una molteplicità di persone che operano autonomamente e, tuttavia, in modo unitario verso il raggiungimento degli obiettivi comuni.

Definire in modo formale la missione di un'impresa non è facile, ma può consentire di scoprire interessanti opportunità e potenzialità fino a quel momento inesplorate.

L'enunciazione della missione dovrebbe essere effettuata secondo modalità ben precise, onde risultare efficace. In particolare la definizione delle finalità che l'azienda si propone:

- Dovrebbe essere tale da consentire una precisa *individuazione delle linee operative* da seguire soprattutto in presenza di situazioni critiche.
- Dovrebbe comprendere la *determinazione degli ambiti competitivi*, siano essi relativi al settore di attività, agli specifici segmenti di mercato o all'area geografica di riferimento.
- Dovrebbe essere *motivante*, dal momento che i dipendenti sono stimolati dalla constatazione che il proprio lavoro ha un preciso significato.
- Dovrebbe porre l'enfasi sulle *politiche fondamentali* che l'impresa intende perseguire.[4]

2.1.2 L'identificazione delle strategic business unit (SBU)

Il primo passo da compiere concerne l'accurata delimitazione dell'area di attività in cui l'impresa realmente agisce. Un'impresa che operi, ad esempio, mediante dodici divisioni, non è detto che sia presente in un numero corrispondente di mercati. All'opposto, una specifica divisione di un'impresa può operare in una pluralità di campi di attività nel caso in cui realizzi prodotti diversi per gruppi di clientela diversi. D'altro canto, due o più divisioni della stessa impresa possono essere così interdipendenti da formare un solo business (filone di attività).

Troppo spesso, infatti, le aziende definiscono il proprio ambito di attività in termini di prodotto. Ad esempio potranno affermare di operare nel "settore dell'automobile" o nell'"industria cinematografica".

Nell'articolo "Miopia di marketing", Levitt afferma che la definizione di un'area di affari in chiave di mercato è superiore a quella in chiave di prodotto.[5] Egli sostiene l'ipotesi che un'area di affari debba essere considerata come un *processo per soddisfare il cliente*, non un *processo per la produzione di beni*. I prodotti sono transitori, mentre i bisogni fondamentali e i settori di clientela permangono a lungo, se non per sempre. Le fabbriche per la produzione di carrozze a cavalli furono escluse dal mercato immediatamente dopo l'invenzione dell'auto. Ma le stesse imprese, ove avessero definito la propria finalità come quella di fornire mezzi di trasporto, avrebbero potuto benissimo convertirsi dalla produzione di carrozze a cavalli a quella di automobili. L'analisi di Levitt ha indotto diverse imprese a modificare la definizione della propria area d'affari, focalizzandosi sul mercato più che sul prodotto. Nella tavola 2-1 sono illustrati alcuni esempi in proposito.

Nello sviluppare una definizione orientata al mercato del proprio campo di attività, il management dovrebbe evitare una definizione troppo ristretta o troppo ampia. Se un produttore di matite considera come propria attività quella di produrre strumenti di scrittura di piccola dimensione, potrebbe estendere la produzione alle penne e ad altri articoli di cancelleria. Se egli invece definisce la propria attività in ter-

Tavola 2-1 Evoluzione del modo di definire un'area di affari

Impresa	Definizione orientata al prodotto	Definizione orientata al mercato
Revlon	Vendiamo cosmetici	Vendiamo speranza
Missouri-Pacific Railroad	Gestiamo ferrovie	Trasportiamo persone e cose
Xerox	Produciamo attrezzature per fotocopie	Miglioriamo la produttività nell'ufficio
International Minerals and Chemicals	Vendiamo fertilizzanti	Aumentiamo la produttività nell'agricoltura
Standard Oil	Vendiamo benzina	Forniamo energia
Columbia Pictures	Produciamo film	Facciamo divertire
Encyclopaedia Britannica	Vendiamo enciclopedie	Produciamo e distribuiamo informazione
Carrier	Produciamo condizionatori d'aria e caldaie per riscaldamento	Realizziamo climatizzazione ideale

mini di attrezzature per la scrittura, allora potrebbe prendere in considerazione la produzione di macchine da scrivere e altri strumenti volti a facilitare la scrittura. Il concetto più ampio idoneo a descrivere l'attività dell'impresa in questione sarebbe quello di strumenti e processi di comunicazione, ma questo implicherebbe un'estensione eccessiva del campo d'azione di un'impresa produttrice di matite.

Secondo Abell, la definizione di un settore deve tener conto di tre dimensioni: il *gruppo di clienti* che verrà servito, i *bisogni dei clienti* che verranno soddisfatti e la *tecnologia* da impiegare a tale scopo.[6] Si consideri, ad esempio, una piccola impresa di progettazione di sistemi di illuminazione per studi televisivi. Questi ultimi costituiscono la sua clientela, la quale manifesta un bisogno di illuminazione a incandescenza. Il settore di mercato dell'impresa è rappresentato dal cubo di cui alla figura 2-3.

L'impresa in questione è in grado sia di espandere sia di ridurre il proprio settore di mercato. Per esempio, essa potrebbe produrre impianti di illuminazione per altri gruppi di clienti, quali le abitazioni private, gli stabilimenti industriali, gli uffici. Oppure, essa potrebbe fornire altri servizi di interesse per gli studi televisivi, quali sistemi di riscaldamento, di aerazione o di condizionamento dell'aria. Potrebbe anche sviluppare nuove tecnologie di illuminazione: quelle fluorescenti, a raggi infrarossi, o a raggi ultravioletti. Ciascuno dei settori di mercato dell'impresa è definito dall'intersezione delle tre dimensioni. Se l'impresa si espande in altri settori, amplia automaticamente la propria sfera d'azione.

Le imprese, pertanto, devono costantemente sviluppare un processo di analisi dei propri ambiti di attività e delle possibilità di espansione a essi associate al fine di una reale gestione strategica aziendale. La General Electric alcuni anni orsono è giunta all'identificazione di 49 distinte strategic business unit in cui era impegnata. Una SBU possiede tre caratteristiche fondamentali:

- È costituita da un singolo filone di attività o da filoni collegati che possono essere oggetto di un processo di pianificazione indipendente.
- Ha un proprio sistema competitivo, con il quale si confronta costantemente.
- È gestita da un manager che ne assume la responsabilità per quanto attiene alla pianificazione strategica e alle performance in termini di profitti.

Figura 2-3 Definizione del mercato nel caso di una piccola impresa produttrice di impianti di illuminazione

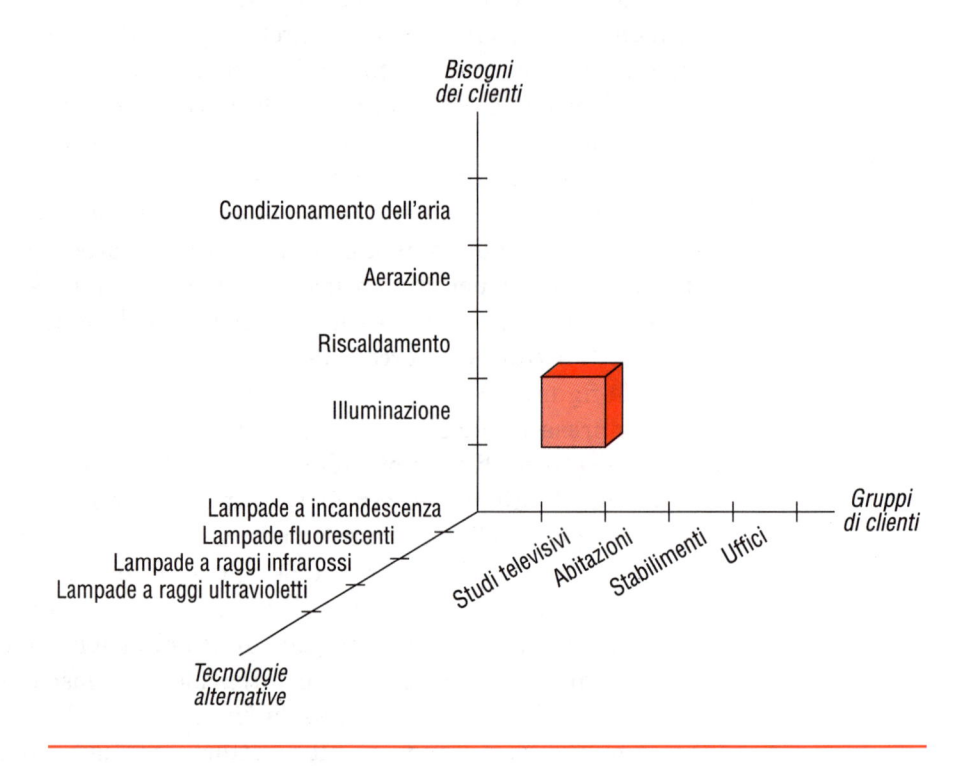

2.1.3 L'analisi e la valutazione del portafoglio di attività

Obiettivo dell'identificazione delle strategic business unit che compongono l'azienda è l'attribuzione a ogni singola unità di obiettivi e risorse in chiave strategica. Un compito di particolare rilievo della pianificazione strategica consiste infatti nello stabilire quali aree di attività *sviluppare*, quali *mantenere*, quali *realizzare* e, infine, quali *eliminare*.

Nella pratica può accadere che l'alta direzione consideri genericamente il portafoglio di attività dell'azienda come un insieme di business "che hanno avuto successo in passato", o "che potrebbero costituire fonte di buoni profitti in futuro". Questo approccio superficiale deve essere sostituito da una più analitica classificazione dei business in cui l'azienda opera, ai fini di una corretta ed efficace pianificazione strategica. Nell'ultimo decennio sono stati elaborati molteplici modelli per la valutazione del portafoglio di attività. Fra questi, i più noti sono quelli del Boston Consulting Group e della General Electric.[7]

La matrice sviluppo/quota di mercato del Boston Consulting Group. Il Boston Consulting Group (BCG), un'importante società di consulenza, ha sviluppato e reso popolare un approccio noto come matrice sviluppo/quota di mercato, illustrato nella figura 2-4. Gli otto cerchi rappresentano la dimensione e la posizione di altrettante aree di attività in cui opera un'impresa in un determinato momento. L'area di ogni cerchio rappresenta il volume d'affari del corrispondente settore di attività. I cerchi 5 e 6 rappresentano pertanto le attività principali. La posizione di ogni cerchio esprime il tasso di sviluppo del mercato e la quota di mercato relativa dell'attività rappresentata.

In modo più specifico, sull'asse verticale viene riportato il tasso annuo di sviluppo del mercato nel quale si svolge l'attività considerata.

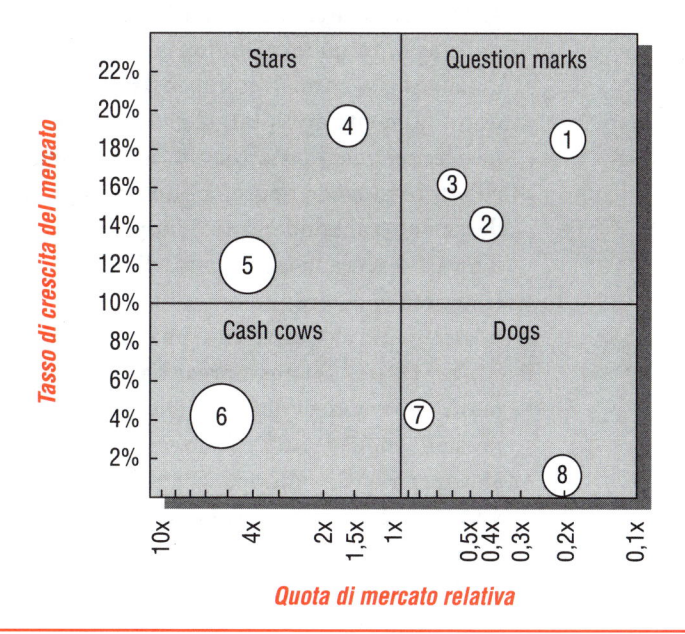

Figura 2-4 Matrice sviluppo/quota di mercato del Boston Consulting Group

Nella figura i valori vanno da 0 al 20%, ma è naturalmente possibile considerare un campo di variazione più ampio. Di solito si ritiene elevato un tasso di sviluppo annuo superiore al 10%.

La quota di mercato relativa viene riportata sull'asse orizzontale ed esprime la quota di mercato della SBU relativa al concorrente principale. Una quota di mercato relativa pari a 0,1 significa che il volume delle vendite della SBU è solo il 10% del volume delle vendite dell'impresa leader, mentre un valore di 10 significa che l'impresa considerata è quella leader, realizzando vendite pari a dieci volte quelle del concorrente di maggior rilievo. La quota di mercato relativa può essere alta o bassa, a seconda che sia superiore o inferiore a 1,0. Per esprimere il valore della quota di mercato viene usata la scala logaritmica, in modo che eguali intervalli esprimano lo stesso incremento percentuale.

La matrice sviluppo/quota di mercato è suddivisa in quattro quadranti, ciascuno rappresentante un distinto tipo di attività.

- **Question marks (dilemmi)**. Con questa denominazione vengono indicate le attività dell'impresa collocate in mercati ad alto tasso di espansione, ma con bassa quota di mercato. Molte attività nella fase iniziale della loro esistenza sono di questo tipo, in quanto si propongono di entrare in un mercato ad alto tasso di sviluppo nel quale esiste già un'impresa leader. Le attività in questione presentano un elevato fabbisogno finanziario, in quanto l'impresa deve adeguare la propria capacità produttiva sia ai ritmi di sviluppo del mercato, sia all'obiettivo di ridurre ed eventualmente annullare il ritardo rispetto all'impresa leader. Il termine *question mark* è stato scelto opportunamente, in quanto l'impresa deve riflettere in modo approfondito prima di investire nell'attività in considerazione o abbandonarla. L'impresa le cui attività sono illustrate nella figura 2-4 opera in tre attività "dilemma" e ciò può essere eccessivo. Infatti, potrebbe essere più opportuno per l'impresa concentrare gli investimenti in una o due attività, invece di disperderli su un numero maggiore.

- **Stars (stelle)**. Se un'impresa ha successo in un'attività del tipo question mark, allora quest'ultima viene definita una *star*. Ciò significa che l'impresa ha, nell'attività considerata, una posizione leader in un mercato a elevato tasso di sviluppo. Ciò non implica necessariamente che un'attività classificata come star costituisca una fonte di liquidità per l'impresa. Questa infatti deve impegnare ingenti mezzi finanziari per far fronte allo sviluppo del mercato e per opporsi alle azioni della concorrenza. Le attività stars sono spesso utilizzatrici, piuttosto che generatrici di liquidità. Nel contempo, esse sono in genere profittevoli e tendono ad assumere la qualità di *cash cows*. Nell'illustrazione, l'impresa ha due attività di questo tipo, il che lascia ben sperare. Ove le attività di un'impresa non comprendessero almeno una star, si dovrebbe considerare la situazione con qualche preoccupazione.

- **Cash cows (mucche da mungere)**. Quando un mercato si sviluppa a un tasso annuo inferiore al 10%, ciò che in precedenza costituiva un'attività star diviene una *cash cow*, sempre che continui a detenere una posizione leader. La denominazione deriva dal fatto che attività di questo tipo sono generatrici per l'impresa di un elevato volume di liquidità. L'impresa non deve effettuare investimenti di particolare entità, in quanto il tasso di sviluppo del mercato è modesto. Essa, inoltre, essendo leader del mercato, gode di economie di scala e di più elevati margini di profitto. L'impresa impiega le proprie attività cash cows per far fronte ai propri fabbisogni immediati e per sostenere le restanti attività, stars, question marks e dogs, le cui esigenze di liquidità sono particolarmente elevate. Nell'esempio illustrato nella figura 2-4 l'impresa ha una sola attività cash cow, il che la rende particolarmente vulnerabile. Infatti, ove l'attività in questione perdesse improvvisamente in termini di quota di mercato relativa, l'impresa dovrebbe riprendere a investire nella stessa, allo scopo di mantenere la propria leadership. Se, al contrario, essa destinasse le proprie risorse a sostenere le altre attività, quella che prima era una cash cow potrebbe divenire in breve tempo un dog.

- **Dogs (cani)**. Con questo termine vengono indicate le attività dell'impresa a bassa quota di mercato in mercati a basso tasso di sviluppo. In genere, attività di questo tipo generano profitti ridotti o perdite, anche se talvolta danno origine a una certa liquidità. L'impresa dell'esempio opera in due attività di questo tipo, e ciò potrebbe essere eccessivo. Essa dovrebbe porsi il problema se il mantenimento delle attività in questione si fondi su buone ragioni (quali la previsione di una ripresa del tasso di sviluppo del mercato, o la possibilità di recuperare una posizione leader), o non sia piuttosto dovuto a ragioni sentimentali. Le attività dogs spesso assorbono più energie manageriali di quanto meritino, per cui è opportuno che l'impresa ne esca gradualmente o, quanto meno, riduca al minimo il proprio impegno.

Una volta collocate le proprie attività nella matrice tasso di sviluppo/quota di mercato, l'impresa potrà determinare se il proprio portafoglio è valido o meno. Un portafoglio di attività squilibrato presenterebbe troppi dogs o question marks e/o troppo poche stars e cash cows. Il compito dell'impresa è quello di determinare l'obiettivo da assegnare a ciascuna SBU, e quale sostegno questa richiederà. Quattro sono gli obiettivi alternativi che possono essere perseguiti.

- **Sviluppo**. In questo caso l'obiettivo è quello di accrescere la quota di mercato della SBU, anche se ciò può implicare una riduzione dei profitti a breve termine. La strategia dello sviluppo è appropriata per le attività classificate come question marks destinate a divenire stars attraverso l'aumento della quota di mercato.
- **Mantenimento**. L'obiettivo è di conservare la quota di mercato che la SBU ha conseguito, come nel caso di solide cash cows, destinate a fornire un costante flusso di liquidità.
- **Realizzo**. In tal caso l'obiettivo è quello di accrescere il cash flow a breve termine di una SBU, senza preoccuparsi degli effetti nel lungo termine. Questa strategia è appropriata per le attività cash cows prossime all'esaurimento o dalle quali si cerchi di ottenere il massimo volume di cash flow. La strategia di realizzo può essere impiegata anche nel caso di attività question marks e dogs.
- **Disinvestimento**. L'obiettivo è di vendere o di liquidare l'attività in quanto le risorse in essa impiegate possono essere meglio utilizzate in altri settori. Questo tipo di strategia è applicabile ad attività che appesantiscono la redditività dell'impresa, come quelle del tipo dog e question mark.

Con il tempo, le SBU modificano la propria posizione nella matrice sviluppo/quota di mercato. Le SBU di successo hanno infatti un ciclo di vita. Esse iniziano come question marks, successivamente si trasformano in stars, poi in cash cows e, infine, al termine del proprio ciclo vitale, in dogs. Per questa ragione, le imprese non dovrebbero limitarsi a considerare la posizione che le proprie attività hanno nell'ambito della matrice sviluppo/quota di mercato in un dato momento, ma dovrebbero cercare di definire l'evoluzione della stessa. Se l'evoluzione prevista non è tale da risultare soddisfacente, occorrerà procedere ad adeguamenti della strategia, così da poter modificare l'andamento della SBU. In tal modo, la matrice sviluppo/quota di mercato diviene uno strumento operativo per i responsabili della pianificazione dell'impresa, i quali se ne avvalgono allo scopo di ottenere il massimo risultato possibile per ogni settore di attività.

La matrice del portafoglio della General Electric. Una corretta definizione dell'obiettivo strategico da assegnare a una SBU non può essere effettuata unicamente sulla base della posizione che la stessa ha nella matrice sviluppo/quota di mercato. Se si considerano altri fattori oltre al tasso di sviluppo del mercato e alla quota relativa, si ottiene la matrice multifattoriale messa a punto per la prima volta dalla General Electric (GE). Questo modello è illustrato nella figura 2-5 *a*, nella quale sono riportate le sette distinte attività di un'ipotetica impresa. In questo caso, l'area dei cerchi rappresenta la dimensione del mercato anziché quella dell'attività dell'impresa. Il settore tratteggiato di ogni cerchio indica la quota di mercato assoluta dell'impresa. Ad esempio, al business dei blocchi frizione è associata una quota pari a circa il 30% di un mercato la cui dimensione appare contenuta.

Ciascuna attività viene classificata in funzione di due variabili fondamentali, l'attrattività del mercato e la posizione competitiva dell'impresa. Questi due fattori hanno una particolare validità per classificare un'attività da un punto di vista di marketing. Il successo di un'impresa dipende dal fatto che essa operi in settori dotati di attrattività e possegga la necessaria combinazione di risorse aziendali. Se l'una o l'altra condizione viene meno, l'attività dell'impresa non potrà conseguire risultati apprezzabili.

Il problema di fondo consiste, quindi, nel misurare le due variabili poste in evidenza. A questo fine, i pianificatori strategici devono identificare i fattori che influenzano le due variabili, definendo nel contempo un indice che ne esprima l'andamento. Nella tavola 2-2 viene riportato un esempio di due serie di fattori determinanti delle variabili in esame (ogni impresa deve definire i fattori rilevanti nel proprio caso specifico). L'esempio mette in evidenza come l'attrattività di un settore sia funzione della dimensione del mercato, del tasso annuo di sviluppo del medesimo, dei margini di profitto registrati in passato e così via. La posizione competitiva dell'impresa varia in funzione della quota di mercato relativa e della sua evoluzione, della qualità del prodotto, ecc. Va notato che i due fattori della matrice BCG – tasso di crescita del mercato e quota di mercato – sono incorporati nelle due variabili di sintesi del modello GE. Il modello GE induce i pianificatori strategici a considerare un maggior numero di aspetti nel valutare la situazione e le prospettive di un'attività aziendale.

Nella tavola 2-2 viene presentato un esempio di valutazione ipotetica dell'attrattività del settore delle pompe idrauliche e della posizione

Figura 2-5 Matrice attrattività del mercato/posizione competitiva dell'impresa

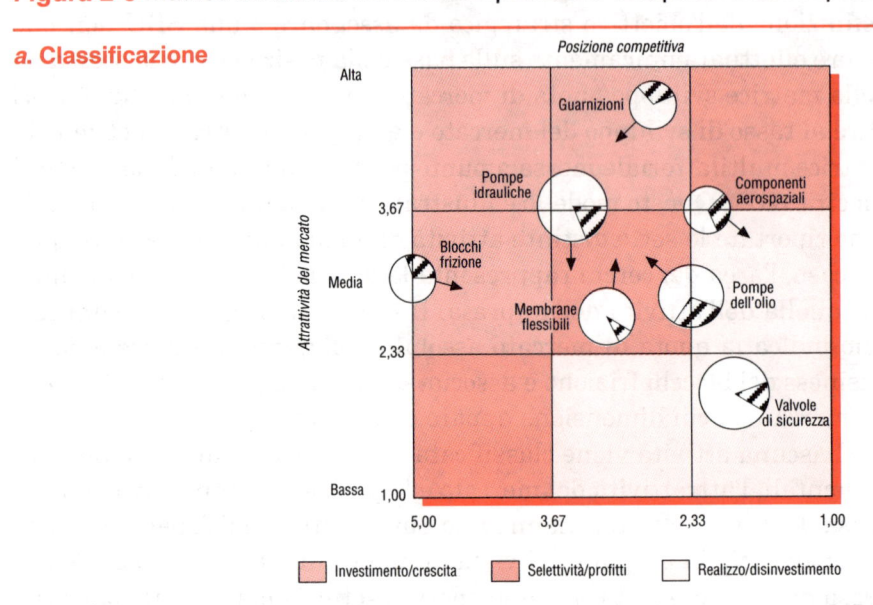

a. **Classificazione**

Posizione competitiva

Attrattività del mercato: Alta — 3,67 — Media — 2,33 — Bassa — 1,00
Posizione competitiva: 5,00 — 3,67 — 2,33 — 1,00

Prodotti posizionati: Guarnizioni, Pompe idrauliche, Componenti aerospaziali, Blocchi frizione, Membrane flessibili, Pompe dell'olio, Valvole di sicurezza.

Legenda:
- Investimento/crescita
- Selettività/profitti
- Realizzo/disinvestimento

b. **Strategie**

Attrattività del mercato	Forte — Posizione competitiva	Media	Debole
Alta	**Difendere la posizione** • Investire per crescere al massimo tasso sostenibile • Concentrare gli sforzi per mantenere i punti di forza	**Investire per costruire** • Puntare alla leadership • Costruire selettivamente sui punti di forza • Rinforzare le aree vulnerabili	**Costruire selettivamente** • Specializzarsi su limitati punti di forza • Cercare il modo per superare i punti di debolezza • Ritirarsi se non esistono i presupposti della crescita
Media	**Costruire selettivamente** • Investire massicciamente nei segmenti ad alta attrattività • Accrescere la capacità di contrastare la concorrenza • Enfatizzare la redditività aumentando la produttività	**Selettività/gestire per i risultati economici** • Proteggere il programma esistente • Concentrare gli investimenti nei segmenti dove la redditività è buona e il rischio è relativamente basso	**Espansione limitata o realizzo** • Cercare i modi per espandersi senza altri rischi oppure minimizzare gli investimenti e razionalizzare le attività
Bassa	**Difendere e rifocalizzare** • Gestire per i risultati economici a breve • Concentrarsi sui segmenti attraenti • Difendere i punti di forza	**Gestire per risultati economici** • Proteggere la posizione nei segmenti più redditizi • Migliorare le linee di prodotto • Minimizzare gli investimenti	**Disinvestire** • Vendere al momento del massimo vantaggio finanziario • Tagliare i costi fissi e nel contempo evitare d'investire

Posizione competitiva

Fonte: George S. Day, *Analysis for Strategic Marketing Decisions*, West Publishing, St. Paul (Minn.) 1986.

Tavola 2-2 Fattori determinanti l'attrattività del settore e la posizione competitiva dell'impresa nel modello di portafoglio della GE

		Coefficiente di ponderazione	Valutazione (1-5)	Punteggio
Attrattività del settore	Dimensione globale del mercato	0,20	4,00	0,80
	Tasso annuo di crescita del mercato	0,20	5,00	1,00
	Margine di profitto	0,15	4,00	0,60
	Intensità competitiva	0,15	2,00	0,30
	Fabbisogno di tecnologia	0,15	4,00	0,60
	Vulnerabilità nei confronti dell'inflazione	0,05	3,00	0,15
	Fabbisogno energetico	0,05	2,00	0,10
	Impatto ambientale	0,05	3,00	0,15
	Impatto sociale-politico-istituzionale	deve rientrare nei limiti di accettabilità		
		1,00		**3,70**

		Coefficiente di ponderazione	Valutazione (1-5)	Punteggio
Posizione competitiva	Quota di mercato	0,10	4,00	0,40
	Sviluppo della quota	0,15	2,00	0,30
	Qualità del prodotto	0,10	4,00	0,40
	Reputazione della marca	0,10	5,00	0,50
	Sistema di distribuzione	0,05	4,00	0,20
	Efficacia promozionale	0,05	3,00	0,15
	Capacità produttiva	0,05	3,00	0,15
	Efficienza produttiva	0,05	2,00	0,10
	Costi unitari	0,15	3,00	0,45
	Fonti di approvvigionamento	0,05	5,00	0,25
	Attività R&S	0,10	3,00	0,30
	Risorse manageriali	0,05	4,00	0,20
		1,00		**3,40**

Fonte: Riprodotto, con lievi modifiche, da La Rue T. Hormer, *Strategie di Management*, Prentice-Hall, Englewood Cliffs 1982, p. 310.

competitiva dell'impresa in questo settore. Una volta individuati i fattori determinanti di queste due variabili, a ciascuno di essi viene attribuito un coefficiente di ponderazione, o peso, tale che la somma sia pari a 1. Successivamente, il management ha il compito di assegnare a ogni fattore una valutazione, compresa fra 1 e 5, a seconda di come il business si pone con riferimento a tale fattore. Nell'esempio, il business delle pompe idrauliche è valutato 4 per quanto concerne la dimensione globale del mercato, il che significa che lo stesso è piuttosto ampio (una valutazione pari a 5 evidenzierebbe un mercato assai ampio). È evidente come una parte considerevole dei dati e delle stime necessari per valutare i fattori in oggetto venga fornita dai servizi di marketing. Infine, moltiplicando i coefficienti di ponderazione per le valutazioni si ottengono i punteggi dei vari fattori. Il business illustrato nell'esempio ha conseguito un punteggio complessivo di 3,70 per quanto concerne l'attrattività del settore, e di 3,40 per la posizione competitiva. Va notato come il massimo punteggio complessivo conseguibile per ognuna delle variabili avrebbe potuto essere pari a 5. L'analista determina quindi, nella matrice della figura 2-5*a*, il valore corrispondente ai valori suddetti (3,70 in ordinata e 3,40 in ascissa). Il business preso in considerazione viene a trovarsi quindi all'interno di un'area della matrice particolarmente interessante per l'azienda.

In effetti, la matrice GE è divisa in tre zone. Le tre caselle in alto a sinistra presentano forti SBU nelle quali l'impresa dovrebbe investire per sviluppare la posizione di mercato. Le caselle poste lungo la diagonale fra l'angolo di sinistra in basso e quello di destra in alto indicano SBU di medio interesse dal punto di vista dell'attrattività generale. L'impresa dovrebbe procedere a una selezione delle attività, orientata allo sviluppo degli utili a breve termine. Le tre caselle in basso a destra, infine, mettono in evidenza SBU di scarso interesse. L'impresa dovrebbe quindi porsi il problema di realizzare o disinvestire. Per esempio, le valvole di sicurezza rappresentano un'unità aziendale strategica con una quota di mercato assai limitata, in un settore abbastanza ampio, di scarsa attrattività e nel quale l'impresa ha una debole posizione competitiva. La SBU in questione ha dunque le caratteristiche per essere gradualmente liquidata. Il posizionamento di ogni SBU dovrebbe essere effettuato tenendo conto delle strategie in atto e di quelle ipotizzabili. Il confronto fra i rispettivi risultati può consentire di definire gli obiettivi da assegnare alle SBU e il corrispondente fabbisogno di risorse.

La figura 2-5*b* illustra le possibili opzioni strategiche collegate a ciascuna cella della matrice. Ciò stabilito, il compito del management della SBU sarà quello di individuare il modo migliore per conseguire l'obiettivo. Per i dirigenti di marketing di alcune SBU l'obiettivo non sarà necessariamente quello dello sviluppo delle vendite. Il loro compito potrebbe essere quello di mantenere la domanda esistente con un minore volume di risorse, oppure di ottenere liquidità dal business, lasciando che la domanda si riduca progressivamente. *In tal modo, il compito del marketing management è quello di mantenere la domanda al livello definito in sede di pianificazione strategica.* Il marketing contribuisce a valutare il potenziale di ogni SBU e, una volta definiti gli obiettivi e il corrispondente budget, assume la responsabilità di attuare il piano in modo efficiente e profittevole. L'approccio che fonda i suoi presupposti sull'analisi del portafoglio di business ha sicuramente contribuito a sviluppare e a diffondere il concetto di pianificazione strategica, fornendolo di strumenti formali atti a realizzare alcune fasi vitali per il processo stesso. In particolare, una metodologia di questo tipo può facilitare la scomposizione dell'azienda in unità elementari, offrendo, inoltre, la possibilità di rivedere la segmentazione effettuata sulla base delle analisi realizzate per la determinazione del posizionamento dei business all'interno della matrice, possibilità che si accresce via via che il modello di riferimento diviene più complesso e conseguentemente completo. Inoltre, questi modelli permettono di evidenziare gli elementi chiave della diagnostica strategica, orientando utilmente le scelte programmatiche.

D'altro canto, i modelli di portafoglio devono essere usati con attenzione, dal momento che possono indurre il management a sottolineare l'importanza di un'elevata quota di mercato e a entrare in settori di attività caratterizzati da un tasso di crescita elevato, trascurando la gestione dei business in cui l'impresa già opera.

La soggettività insita nella valutazione dei singoli fattori e nel peso che a essi viene attribuito può determinare inoltre una manipolazione più o meno volontaria dello strumento, con risultati imprevedibili per quanto attiene alla scelte strategiche che possono derivarne.

2.1.4 Il piano delle nuove attività d'impresa

La pianificazione del portafoglio delle attività che l'impresa svolge in un determinato momento può mettere in evidenza un certo divario fra il volume delle vendite e dei profitti previsti e quello che il management assume come obiettivo da conseguire. In questo caso, è necessario che il management dedichi ogni propria risorsa in termini di creatività al problema di come colmare il divario accertato. Occorrerà, in altri termini, elaborare un piano per attivare business addizionali.

Nella figura 2-6 viene illustrato il divario di pianificazione strategica nel caso di un'impresa produttrice di cassette a nastro. La curva inferiore evidenzia le vendite del portafoglio di prodotti esistenti per i dieci anni successivi. L'impresa ha l'obiettivo di svilupparsi molto più rapidamente di quanto le sue attività correnti le consentano. Infatti, essa mira a raddoppiare le proprie dimensioni nel decennio che ha di fronte. Il problema consiste nel come colmare il divario di pianificazione strategica.

In linea generale, tale divario può essere eliminato in tre modi. Il primo consiste nell'identificare ulteriori opportunità di sviluppo nell'ambito delle attività che l'impresa già svolge (*opportunità di sviluppo*

Figura 2-6 Il gap della pianificazione strategica

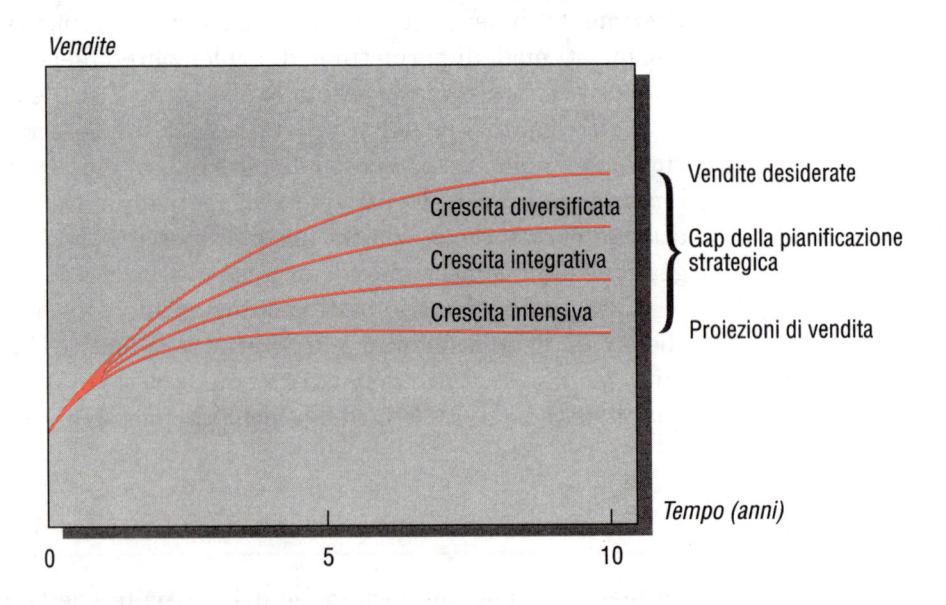

intensivo). Nel secondo, si procede a identificare le opportunità legate alla produzione o all'acquisizione di attività collegate a quelle svolte dall'impresa (*opportunità di sviluppo integrativo*). Nel terzo, infine, si analizzano le possibilità di ampliamento dell'attività in business che, malgrado non siano correlati alle attività tradizionali dell'impresa, presentino elementi di interesse in termini di profittabilità (*opportunità di sviluppo in chiave di diversificazione*). Le singole opportunità, schematizzate nella tavola 2-3, sono analizzate qui di seguito.

Sviluppo intensivo. La direzione d'impresa dovrebbe prima esaminare se vi sono ulteriori possibilità di miglioramento dei risultati nell'ambito delle attività correnti.

Ansoff ha sviluppato un utile schema per l'individuazione delle opportunità di sviluppo intensivo. Tale schema, noto come *matrice prodotto/mercato*, è illustrato nella figura 2-7.[8] L'impresa prende dapprima in esame la possibilità di ampliare la propria quota di mercato mediante i prodotti attuali, nell'ambito dei mercati attuali (*strategia di penetrazione del mercato*). Quindi, essa considera se sia possibile sviluppare nuovi mercati per i prodotti esistenti (*strategia di sviluppo di mercato*). Infine, l'impresa valuta se sia possibile sviluppare nuovi prodotti di potenziale interesse per i mercati in cui essa già opera (*strategia di sviluppo del prodotto*). Esiste un'ultima possibilità, e cioè che l'impresa sviluppi nuovi prodotti per nuovi mercati (*strategia di diversificazione*).

Strategia di penetrazione del mercato. Può essere attuata in tre modi fondamentali. L'impresa produttrice di cassette a nastro potrebbe tentare di stimolare i suoi clienti attuali ad acquistare e usare un mag-

Tavola 2-3 Principali classi di opportunità di sviluppo

Sviluppo intensivo	Sviluppo integrato	Sviluppo diversificato
• Penetrazione del mercato • Sviluppo del mercato • Sviluppo del prodotto	• Integrazione verticale ascendente • Integrazione verticale discendente • Integrazione orizzontale	• Diversificazione concentrica • Diversificazione orizzontale • Diversificazione conglomerativa

Figura 2-7 Le strategie di sviluppo intensivo (matrice di Ansoff)

	Prodotti attuali	*Nuovi prodotti*
Mercati attuali	1. Strategia di penetrazione nel mercato	3. Strategia di sviluppo del prodotto
Nuovi mercati	2. Strategia di sviluppo del mercato	(Strategia di diversificazione)

Fonte: Adattato da Igor Ansoff, "Strategies for Diversification", in *Harvard Business Review*, settembre-ottobre 1957, pag. 114.

gior numero di cassette. Ciò avrebbe senso, se la maggior parte dei clienti effettuasse acquisti sporadici, e potesse essere convinta dei vantaggi che potrebbe conseguire attraverso l'uso più intenso di nastri per registrare musica o per dettare. Oppure, potrebbe cercare di attirare gli acquirenti di prodotti della concorrenza, convincendoli ad acquistare i propri prodotti.

Questa strategia sarebbe giustificata nel caso in cui l'azienda rilevasse dei punti deboli nei prodotti e nei programmi di marketing della concorrenza. Infine, la società potrebbe puntare a convincere coloro che non usano cassette, ma che posseggono le caratteristiche degli utilizzatori, a iniziare l'uso di tali oggetti. Una strategia consimile presuppone che il numero dei non consumatori sia consistente.

Strategia di sviluppo del mercato. Mira a individuare nuovi mercati, i cui bisogni potrebbero essere soddisfatti dagli attuali prodotti dell'impresa. A questo fine, l'impresa potrebbe, in primo luogo, cercare di individuare l'esistenza, negli attuali mercati, di categorie di utilizzatori potenziali che non acquistano il prodotto in oggetto e il cui interesse nei confronti delle cassette potrebbe essere stimolato. Ad esempio, se l'impresa avesse operato sino al momento in esame nel mercato del consumatore, potrebbe esplorare le possibilità di sviluppo esistenti nel mercato industriale. Una seconda possibilità potrebbe essere offerta dall'individuazione, sempre con riferimento al mercato abituale, di nuovi canali di distribuzione in grado di raggiungere ulteriori categorie di acquirenti. Se l'azienda avesse sino ad allora operato attraverso distributori di impianti stereo, potrebbe estendere il proprio sistema distributivo sino a comprendere i punti di vendita della grande distribuzione. Infine, come terza possibilità, essa potrebbe estendere la propria attività di vendita a nuove aree geografiche, sia sul territorio nazionale sia all'estero.

Strategia di sviluppo del prodotto. Si basa su un costante processo di modifica e di innovazione dei prodotti dell'impresa, al fine di meglio sfruttare le opportunità di mercato. L'impresa potrebbe sviluppare nuove caratteristiche delle proprie cassette, come una maggior durata di registrazione, una particolare fedeltà di riproduzione per gli appassionati di musica, una qualità inferiore per il mercato di massa, e così via. L'esame di queste strategie di sviluppo intensivo – maggiore penetrazione nel mercato, sviluppo del mercato, sviluppo del prodotto – può consentire al management di individuare nuove possibilità per accrescere le vendite. Tuttavia, queste strategie possono rivelarsi insufficienti a conseguire lo scopo, il che conduce l'impresa a considerare le possibilità offerte da uno sviluppo di tipo integrativo.

Sviluppo integrativo.

Il management di un'impresa dovrebbe analizzare le singole attività allo scopo di individuare le possibilità di sviluppo integrativo. Spesso le vendite e i profitti di un'impresa possono essere accresciuti mediante processi di integrazione verticale od orizzontale nell'ambito del settore di attività. La figura 2-8 illustra il sistema essenziale di marketing della nostra azienda. Essa potrebbe prendere in considerazione l'acquisizione di uno o più dei propri fornitori (come i produttori di materie plastiche), allo scopo di accrescere il proprio grado di controllo e il volume dei profitti (*strategia di integrazione verticale ascendente*). Oppure potrebbe decidere di acquisire il controllo di un certo numero di imprese grossiste o dettaglianti, soprattutto se queste sono altamente profittevoli (*strategia di integrazione verticale discendente*).

Infine, essa potrebbe acquisire una o più delle imprese concorrenti, sempre che ciò non venga impedito dalle autorità di governo (*strategia di integrazione orizzontale*).

Figura 2-8 Mappa del sistema essenziale di marketing di un produttore di cassette

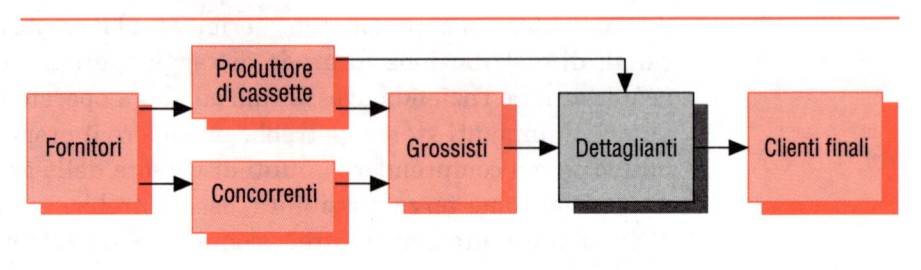

Attraverso l'analisi delle possibili mosse integrative, l'impresa potrebbe individuare fonti addizionali di volumi di vendita e di profitti a lungo termine. Ma anche tali fonti potrebbero essere a loro volta insufficienti a garantire il raggiungimento del desiderato livello di sviluppo. A questo punto, l'impresa deve considerare le possibilità che le si presentano per avviare un'azione di diversificazione.

Sviluppo diversificativo. Tale forma di espansione dell'impresa trova un fondamento allorquando sia possibile individuare valide opportunità al di fuori del settore tradizionale di attività. Un'opportunità risulta interessante nel caso in cui all'elevata attrattività di un settore corrisponda una combinazione di risorse d'impresa tale da fornire adeguate garanzie di successo. Le forme di diversificazione ipotizzabili sono le tre qui di seguito descritte.

1. L'impresa potrebbe ricercare nuovi prodotti che presentano sinergie tecnico-produttive e/o di marketing rispetto alle esistenti linee di produzione, anche nel caso in cui i nuovi prodotti in questione si rivolgano a nuove classi di clientela (*strategia di diversificazione concentrica*). Per esempio, la nostra azienda potrebbe avviare una produzione di nastri per elaboratori elettronici, sulla base della propria competenza in materia di cassette, essendo consapevole di entrare in un mercato nuovo, sia per la natura dei prodotti sia per le classi di clientela cui rivolgersi.
2. Una seconda forma di diversificazione consiste nella ricerca, da parte dell'impresa, di prodotti da offrire alla clientela tradizionale, sebbene privi di collegamenti di carattere tecnico-produttivo con gli attuali prodotti (*strategia di diversificazione orizzontale*). Per esempio, potrebbe avviare

la produzione di contenitori per la conservazione delle cassette, anche se ciò implica lo svolgimento di un particolare processo produttivo.
3. Infine, l'impresa potrebbe ricercare nuove attività che non hanno alcun rapporto con le tecnologie, i prodotti o i mercati abituali (*strategia di diversificazione conglomerativa*). La nostra azienda potrebbe considerare settori di attività quali la produzione e la vendita di personal computer, i servizi di ristorazione collettiva, o l'intermediazione immobiliare.

Abbiamo così esaminato come un'impresa può sistematicamente identificare nuove opportunità mediante l'analisi del sistema di marketing in cui l'impresa stessa è inserita, prima valutando le potenzialità di sviluppo del mercato attuale, poi esaminando le possibilità di integrazione a monte, a valle e in orizzontale, e infine ricercando nuovi campi d'interesse al di fuori di quelli tradizionali.

2.2 La pianificazione strategica a livello di business

Dopo aver esaminato i momenti caratterizzanti la pianificazione strategica a livello di corporate passiamo ora a esaminare i compiti propri di un responsabile di business unit.

Il processo di pianificazione strategica a livello di business si articola in otto fasi, come illustrato nella figura 2-9.

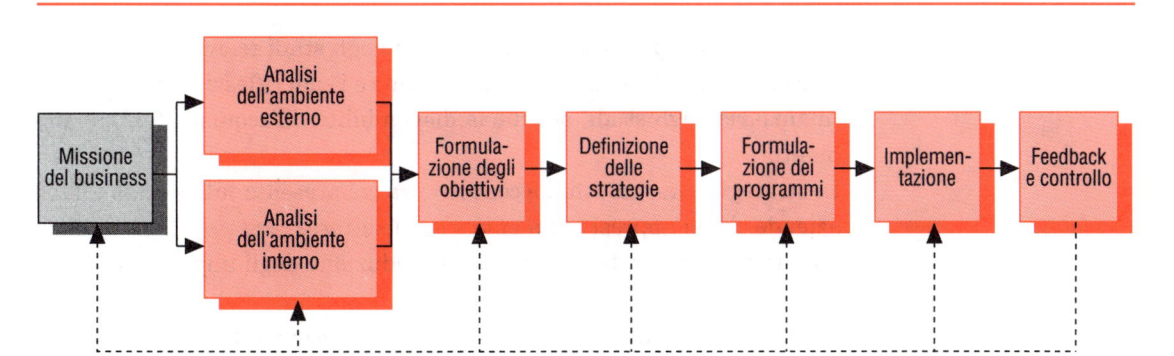

Figura 2-9 Il processo di pianificazione strategica a livello di business

2.2.1 La definizione della missione del business

È necessario che ogni SBU sviluppi una specifica missione all'interno della più generale missione definita a livello d'impresa.

Nel caso preso in esame nella figura 2-3, si potrebbe affermare che l'impresa ha chiaramente definito la missione del business in termini di area d'affari, ossia impianti di illuminazione per studi televisivi. Questa definizione generale deve peraltro essere approfondita con riferimento all'ampiezza attuale e futura del business mediante la specificazione dei prodotti, dei mercati e dell'estensione geografica del business stesso. Nel nostro caso, i clienti potrebbero essere rappresentati da quegli studi televisivi che possono permettersi l'acquisto di sistemi avanzati di illuminazione.

Tali prodotti potrebbero essere venduti mediante l'utilizzo di una forza vendita dedicata operante in più paesi. Inoltre, la missione del business dovrebbe anche comprendere gli obiettivi e le politiche specifiche che si intendono perseguire coerentemente con quanto definito a livello corporate.

2.2.2 L'analisi dell'ambiente esterno (analisi delle minacce/opportunità)

La definizione della missione del business determina allo stesso tempo l'ambito fondamentale di *analisi del micro e macroambiente* di marketing dell'impresa, ovvero quali elementi devono essere oggetto di un'attenta comprensione e valutazione al fine del raggiungimento degli obiettivi prefissati. Ad esempio, la nostra azienda potrebbe analizzare:

- Il tasso di sviluppo in termini numerici degli studi televisivi.
- Il livello di fruizione del mezzo televisione e i suoi riflessi sulla struttura finanziaria degli studi, nonché la disponibilità all'acquisto di nuovi impianti.
- Le strategie perseguite dalla concorrenza già presente sul mercato e dalle aziende che si apprestano a entrare nel settore.
- L'impatto di nuove tecnologie sulla produzione degli impianti attuali e futuri.
- Le modifiche nella normativa vigente che possono influenzare le scelte di marketing dell'impresa.

- Le nuove modalità di distribuzione di questa tipologia di apparecchiature.
- Gli incrementi nei costi delle materie prime che possono influenzare i costi di produzione.

Le tendenze evolutive espresse dall'ambiente dovranno, quindi, essere interpretate in chiave di minacce e opportunità per l'impresa.

Minacce. Alcuni degli sviluppi dell'ambiente esterno si presentano come minacce. Questa la definizione:

> Una *minaccia ambientale* può essere definita come una sfida posta da una sfavorevole tendenza o sviluppo in atto nell'ambiente, tale da poter determinare, in assenza di una specifica azione di marketing, l'erosione della posizione dell'impresa.

Ai dirigenti di marketing dell'impresa si dovrebbe chiedere di indicare, nei piani da essi predisposti, i pericoli che minacciano l'impresa. Questi pericoli dovrebbero essere classificati secondo la loro *gravità* e *probabilità di manifestazione*.

Nella figura 2-10 viene illustrata la matrice delle minacce che si presentano all'azienda che produce sistemi di illuminazione. Le minacce del quadrante superiore di sinistra sono particolarmente gravi, in quanto esse possono determinare danni di particolare entità e hanno una forte probabilità di verificarsi.

Figura 2-10 Matrice delle minacce

	Probabilità di manifestarsi	
	Elevata	Scarsa
Elevata	1	2
Scarsa	3	4

Gravità della minaccia

Minacce
1. I concorrenti sviluppano un più efficace sistema di illuminazione
2. Una depressione economica grave e prolungata
3. Costi più elevati
4. Introduzione di norme che limitano la concessione di permessi per l'apertura di studi televisivi

L'impresa deve predisporre un piano d'emergenza per ciascuna di queste minacce, nel quale siano chiaramente indicate le azioni che essa deve svolgere prima o durante il manifestarsi di quanto ipotizzato. Le minacce considerate nel quadrante inferiore di destra sono di scarsa rilevanza e possono quindi essere ignorate.

Le minacce dei due quadranti restanti non richiedono la predisposizione di piani di emergenza, ma devono essere tenute costantemente sotto attento controllo, in modo da accertare per tempo il loro eventuale sviluppo.

Opportunità. In modo analogo i dirigenti di marketing dovrebbero procedere a identificare le opportunità determinate dall'evoluzione ambientale. Esse vengono definite come segue:

> **Un'impresa si trova di fronte a un'*opportunità* di marketing allorquando essa gode di uno specifico vantaggio competitivo per quanto concerne uno specifico campo d'azione.**

Le opportunità dovrebbero essere classificate in relazione alla loro *attrattività* e alle *probabilità di successo* che l'impresa potrebbe avere nei confronti di ciascuna di esse (figura 2-11). La probabilità di successo di un'impresa nei confronti di una particolare opportunità dipende dal fatto che le sue *risorse aziendali* (cioè la sua *specifica competenza*) sia-

Figura 2-11 Matrice delle opportunità

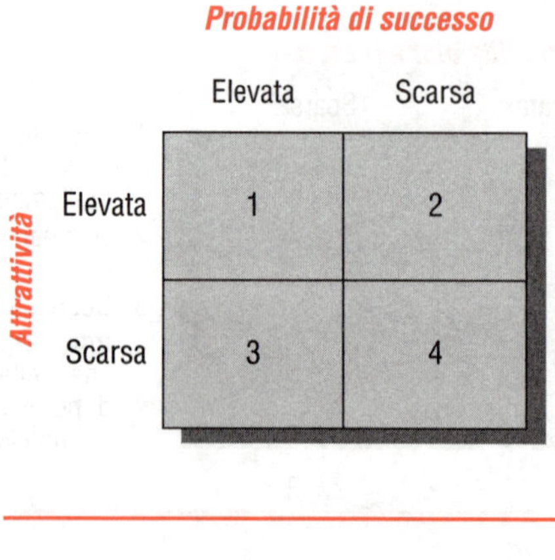

Probabilità di successo

	Elevata	Scarsa
Elevata	1	2
Scarsa	3	4

Attrattività

Opportunità

1. L'impresa mette a punto un sistema di illuminazione innovativo
2. L'impresa mette a punto un sistema di illuminazione che consente di risparmiare energia
3. L'impresa sviluppa un programma su floppy disk per insegnare al personale di uno studio televisivo come è costituito un sistema di illuminazione
4. L'impresa mette a punto un dispositivo per la misurazione del consumo di energia di un sistema di illuminazione

no idonee o meno a soddisfare le *condizioni di successo* del settore. L'impresa che consegue i migliori risultati è quella che dispone di un *vantaggio competitivo duraturo*, tenuto conto delle condizioni di successo del settore. Esso si manifesta nella sua capacità di generare valore per i clienti.

Dalla figura 2-11 si rileva come le opportunità di maggiore interesse per l'impresa siano quelle del quadrante superiore di sinistra. La direzione aziendale dovrebbe predisporre i piani per perseguire una o più di tali opportunità. Le opportunità del quadrante numero 4 sono troppo modeste per poter essere prese in considerazione. Quelle dei quadranti 2 e 3 devono essere tenute in osservazione nell'eventualità che qualcuna di esse migliori la propria attrattività e probabilità di successo.

Mediante la costruzione di un quadro delle minacce e delle opportunità che si presentano a un'impresa è possibile definire la specifica situazione di business in cui la stessa si trova. Da questo punto di vista, si possono definire le seguenti quattro tipologie situazionali. La prima, definita come *business ideale*, si ha allorquando le opportunità sono massime e le minacce scarse o inesistenti. La seconda, o *business speculativo*, è caratterizzata contemporaneamente da opportunità e minacce in grado elevato. La terza, o *business maturo*, presenta scarse opportunità e minacce. La quarta, infine, presenta scarse opportunità ma ingenti pericoli e può essere definita come *business difficile*.

2.2.3 L'analisi dell'ambiente interno (analisi dei punti di forza e di debolezza)

Al fine di poter effettivamente cogliere quelle che sono le opportunità esplicitate dal mercato, occorre effettuare un'analisi periodica dei punti di forza e di debolezza propri di ciascun business.

Mediante l'utilizzo di uno schema come quello rappresentato nella figura 2-12, è possibile attribuire una valutazione in termini di performance e di importanza ai singoli fattori relativi alle competenze di marketing, di finanza, di produzione e di organizzazione, determinando così i punti di forza e di debolezza del singolo business.

Combinando le due dimensioni, performance e importanza, si perviene a una matrice a quattro quadranti (figura 2-13), che consente di individuare con precisione quali sono gli elementi che costituiscono i reali punti di debolezza per l'impresa e quali rappresentano i fattori

Figura 2-12 Analisi dei punti di forza e di debolezza

	Performance					Importanza		
	Maggior forza	Minor forza	Neutrale	Minor debolezza	Maggior debolezza	Alta	Media	Bassa
Marketing								
1. Immagine dell'azienda	—	—	—	—	—	—	—	—
2. Quota di mercato	—	—	—	—	—	—	—	—
3. Qualità percepita	—	—	—	—	—	—	—	—
4. Immagine del servizio	—	—	—	—	—	—	—	—
5. Costi di produzione	—	—	—	—	—	—	—	—
6. Costi di distribuzione	—	—	—	—	—	—	—	—
7. Efficacia della promozione	—	—	—	—	—	—	—	—
8. Efficacia della forza di vendita	—	—	—	—	—	—	—	—
9. R&S e innovazione	—	—	—	—	—	—	—	—
10. Copertura geografica	—	—	—	—	—	—	—	—
Finanza								
11. Costo/disponibilità del capitale	—	—	—	—	—	—	—	—
12. Profittabilità	—	—	—	—	—	—	—	—
13. Equilibrio finanziario	—	—	—	—	—	—	—	—
Produzione								
14. Attrezzature/Impianti	—	—	—	—	—	—	—	—
15. Economie di scala	—	—	—	—	—	—	—	—
16. Capacità produttiva	—	—	—	—	—	—	—	—
17. Forza lavoro specializzata	—	—	—	—	—	—	—	—
18. Rapidità di consegna	—	—	—	—	—	—	—	—
19. Competenze tecniche di produzione	—	—	—	—	—	—	—	—
Organizzazione								
20. Leadership abile e intuitiva	—	—	—	—	—	—	—	—
21. Impiegati specializzati	—	—	—	—	—	—	—	—
22. Orientamento imprenditoriale	—	—	—	—	—	—	—	—
23. Flessibilità	—	—	—	—	—	—	—	—

critici di successo. Nel quadrante A, ad esempio, convergono quei fattori su cui l'azienda si deve particolarmente concentrare, dal momento che rivestono particolare importanza, ma rappresentano nel contempo dei punti di debolezza. Nel quadrante B si situano fattori importanti, nei confronti dei quali la posizione aziendale è forte. In tal caso, è di tutta evidenza l'opportunità di mantenere la situazione. Il quadrante C comprende i fattori non rilevanti e per i quali le performance dell'azienda sono modeste. Ad essi, conseguentemente, non viene assegnata una priorità particolare. Nel quadrante D, infine, si collocano quei fattori che, pur essendo di scarsa importanza, vedono l'azienda in posizione di forza. È probabile che essa stia realizzando un eccessivo impegno di risorse.

L'analisi sopra descritta mette in evidenza come, anche quando un'impresa possiede una *competenza distintiva*, cioè è particolarmente forte in riferimento a un dato fattore, ciò non si traduce necessariamente in un *vantaggio competitivo*. In primo luogo, una tale competenza potrebbe non essere apprezzata dal mercato. In secondo luogo, i concorrenti potrebbero essere dotati di competenze analoghe in pari misura, o anche in misura superiore. Ciò che assume importanza, quindi, è che un'impresa sia relativamente più forte dei propri concorrenti in quei fattori che sono importanti per il mercato.[9]

2.2.4 La formulazione degli obiettivi

Dopo aver definito la missione del business e il sistema di minacce/opportunità – punti di forza/punti di debolezza a esso collegato, è necessario procedere alla definizione degli obiettivi specifici con riferimento

Figura 2-13 Matrice performance/importanza

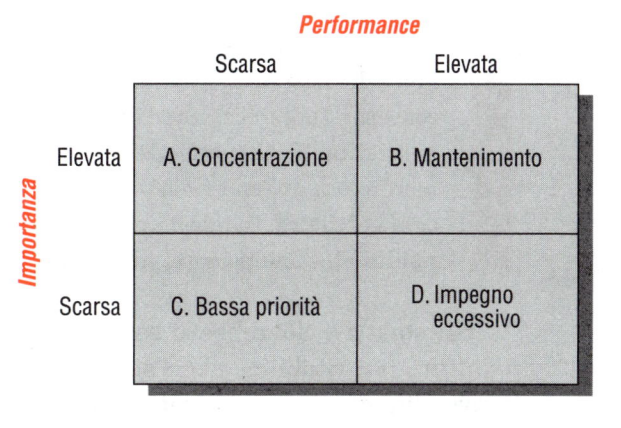

		Performance	
		Scarsa	Elevata
Importanza	Elevata	A. Concentrazione	B. Mantenimento
	Scarsa	C. Bassa priorità	D. Impegno eccessivo

all'orizzonte temporale del processo di pianificazione. Normalmente l'impresa persegue obiettivi molteplici, quali la redditività, lo sviluppo delle vendite, lo sviluppo della quota di mercato, la diversificazione del rischio e l'innovazione. Affinché gli obiettivi abbiano un'utilità pratica, è necessario che essi siano strutturati gerarchicamente, siano quantitativi, realistici e consistenti. La definizione degli obiettivi in *forma gerarchica* si realizza nel momento in cui essi sono organizzati secondo un criterio di importanza decrescente. Un eccellente esempio di obiettivi gerarchici è quello seguente:

> La Interstate Telephone Company (nome fittizio) ha conseguito negli anni recenti un ROI pari solamente al 7,5%, valore insufficiente a finanziare i piani di espansione e di miglioramento degli impianti e dei servizi per la clientela che la società ha messo a punto. L'obiettivo fondamentale del management della società è quello di accrescere il rendimento degli investimenti. Nella figura 2-14 viene illustrato il modo in cui da questo obiettivo generale vengono gerarchicamente ricavati gli ulteriori obiettivi.
> Due sono i modi per accrescere il rendimento degli investimenti: accrescere il volume del margine lordo o ridurre l'entità del capitale investito. Esclusa questa seconda possibilità, alla società non resta che puntare sullo sviluppo del fatturato e/o sulla riduzione dei costi. Lo sviluppo del fatturato è possibile mediante l'incremento delle nuove installazioni, il maggior uso delle installazioni esistenti, l'aumento delle tariffe. La riduzione dei costi può essere ottenuta mediante la protrazione della vita utile degli apparecchi dati in locazione agli utenti. Questo risultato potrebbe essere conseguito realizzando una maggiore corrispondenza fra le caratteristiche delle installazioni e le effettive esigenze degli utenti. Nel caso in cui la società stabilisca che l'obiettivo è costituito dallo sviluppo del fatturato, ne deriva una serie di obiettivi subordinati per quanto concerne l'organizzazione di vendita, la pubblicità e le altre funzioni di marketing. Per esempio, a ogni distretto verrà assegnata una determinata quota di vendita, la quale a sua volta verrà suddivisa a livello di ogni venditore. In questo modo, un obiettivo fondamentale dell'impresa risulta alla fine tradotto in obiettivi specifici per tutti gli operatori.

Gli obiettivi dovrebbero essere espressi il più possibile in termini *quantitativi*. Stabilire che l'obiettivo è "accrescere il rendimento dell'investimento" non è altrettanto efficace di un'enunciazione del tipo

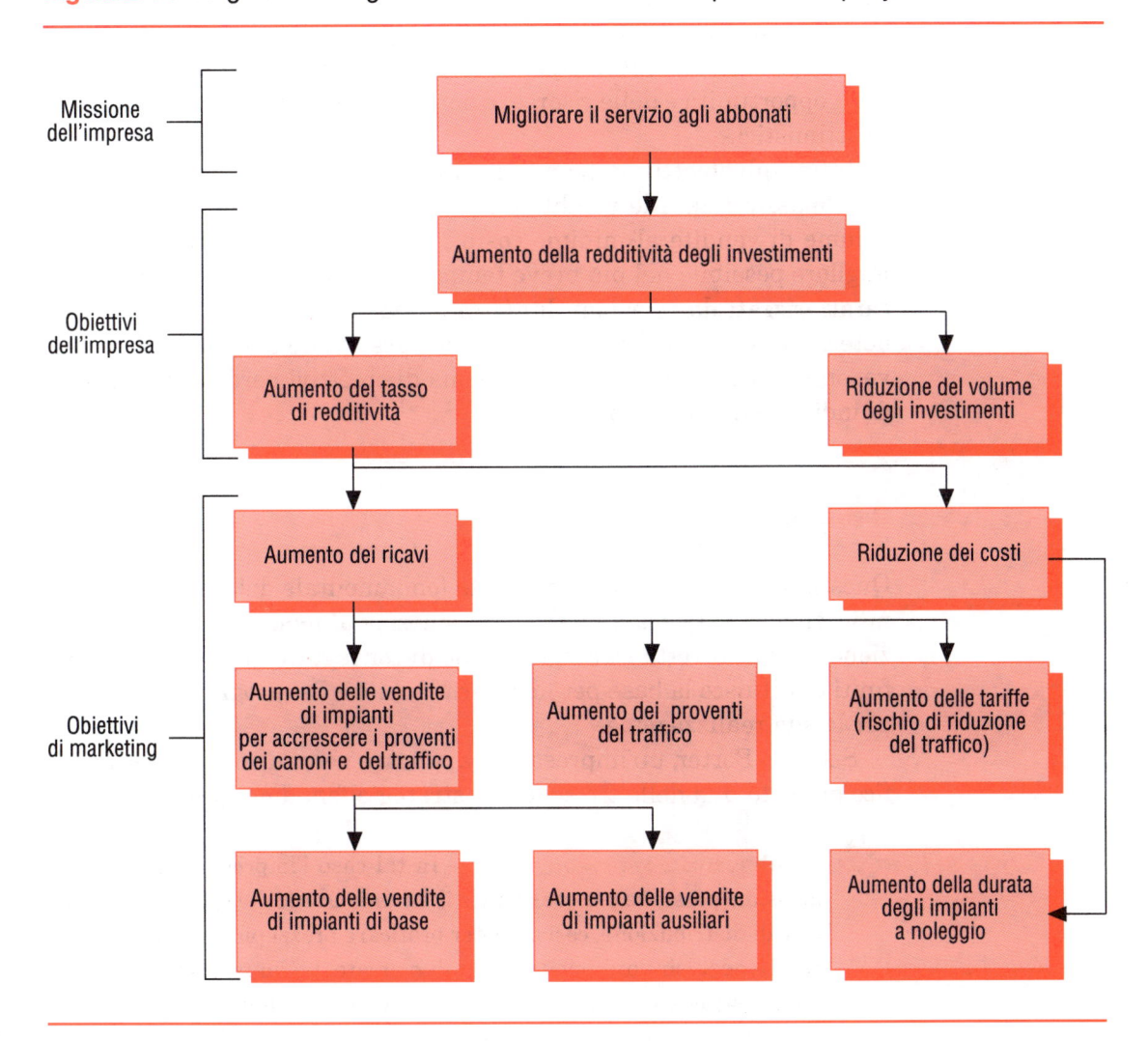

Figura 2-14 La gerarchia degli obiettivi della Interstate Telephone Company

Missione dell'impresa
- Migliorare il servizio agli abbonati

Obiettivi dell'impresa
- Aumento della redditività degli investimenti
  - Aumento del tasso di redditività
  - Riduzione del volume degli investimenti

Obiettivi di marketing
- Aumento dei ricavi
- Riduzione dei costi
  - Aumento delle vendite di impianti per accrescere i proventi dei canoni e del traffico
  - Aumento dei proventi del traffico
  - Aumento delle tariffe (rischio di riduzione del traffico)
  - Aumento delle vendite di impianti di base
  - Aumento delle vendite di impianti ausiliari
  - Aumento della durata degli impianti a noleggio

Fonte: Adattato da Leon Winer, "Are You Really Planning Your Marketing?", in *Journal of Marketing*, gennaio 1965, p. 3.

"accrescere il rendimento dell'investimento del 12%" o, ancora meglio, "accrescere il rendimento dell'investimento del 12% a partire dalla fine del secondo anno". Gli analisti usano il termine "traguardo" per definire un obiettivo che è stato reso specifico al massimo in termini di *ampiezza* e di *tempo*. Trasformare gli obiettivi in traguardi concreti facilita il processo direzionale di pianificazione, attuazione e controllo. Un'impresa deve scegliere, inoltre, traguardi *realistici* per i propri obiettivi. A questo scopo, il livello dei traguardi deve scaturire dall'analisi delle opportunità e delle risorse, e non da atteggiamenti eccessivamente ottimistici.

Infine, gli obiettivi dell'impresa devono essere *coerenti*. Non è possibile "massimizzare le vendite e i profitti", o "raggiungere il massimo volume di vendite al minimo costo", o ancora "progettare il prodotto migliore possibile nel più breve tempo possibile". Questi obiettivi sono caratterizzati da relazioni di *alternatività* (trade-off). L'impresa deve determinare qual è l'enfasi che intende assegnare alle varie alternative, onde evitare che il proprio sistema di obiettivi perda ogni capacità di indirizzo della gestione.

2.2.5 La formulazione delle strategie

Questa fase costituisce un momento fondamentale del processo di pianificazione strategica a livello di business, dal momento che la definizione di una corretta strategia al fine di conseguire gli obiettivi predefiniti costituisce la base per la determinazione dei programmi specifici per la sua realizzazione.

Secondo Porter, un'impresa può applicare nei confronti di uno specifico mercato una delle tre seguenti strategie fondamentali:[10]

- **Leadership generale di costo.** In tal caso l'impresa si impegna al massimo possibile per conseguire il minimo livello dei costi di produzione e di distribuzione, così da poter praticare prezzi più bassi dei concorrenti e acquisire un'elevata quota di mercato. Le imprese che perseguono una strategia di questo tipo devono possedere abilità specifiche nella progettazione, negli acquisti, nella produzione e nella distribuzione fisica, mentre l'importanza delle funzioni di marketing è minore. La Texas Instruments costituisce un importante esempio di questa strategia.
- **Differenziazione.** L'impresa mette a punto una linea di prodotto e un programma di marketing altamente differenziati, allo scopo di assumere la leadership di uno specifico settore del mercato. Molti acquirenti preferiranno questi specifici prodotti, a patto che il prezzo non sia troppo elevato. Le imprese che applicano questa strategia sono particolarmente forti nella R&S, nella progettazione, nel controllo di qualità e nel

marketing. L'IBM e la Caterpillar godono di una posizione differenziata rispettivamente nei mercati del computer e del macchinario pesante per cantieri.

- **Specializzazione.** L'impresa concentra le proprie forze su alcuni segmenti del mercato, piuttosto che disperdersi nel tentare di far fronte alle richieste dell'intero mercato. L'impresa punta così a definire le esigenze dei segmenti prescelti per poi perseguire, nei confronti di ciascuno di essi, o la strategia del minimo costo, o quella della differenziazione, o entrambe. L'Armstrong Rubber Co., ad esempio, si è specializzata nel produrre gomme di elevata qualità per macchinario agricolo e per veicoli da diporto e continua a ricercare altre nicchie da servire.

Porter afferma che le imprese che seguono in modo consapevole una delle strategie sopradescritte conseguiranno probabilmente buoni risultati. Le imprese che seguono la stessa strategia costituiscono un *raggruppamento strategico*. L'impresa che applicherà nel modo migliore tale strategia conseguirà i profitti più elevati. Ad esempio, l'impresa con i minimi costi unitari, fra quelle imprese che perseguono la strategia della riduzione dei costi, sarà anche la più profittevole. Porter ritiene che le imprese che non definiscono una chiara strategia – quelle che stanno in mezzo – operano nel modo peggiore. Infatti, imprese come Chrysler e International Harvester[11] hanno attraversato periodi difficili in quanto entrambe non riuscivano, nei rispettivi settori di attività, né a ottenere i costi più bassi, né a essere apprezzate per la qualità dei prodotti, né a specializzarsi nel servire, meglio dei concorrenti, alcuni specifici segmenti. Le imprese di questo tipo tentano di eccellere secondo ogni possibile strategia, ma dato che le varie strategie richiedono differenti e spesso contrastanti modi di organizzare l'impresa, esse finiscono per non eccellere in nulla.

2.2.6 La formulazione e l'attuazione dei programmi

Anche se l'impresa ha una chiara impostazione strategica ed è leader nel proprio gruppo strategico, può sempre fallire nella fase di formulazione e implementazione dei programmi che derivano dalla definizione della strategia che essa intende perseguire.

Secondo la McKinsey & Company, una delle più importanti società di consulenza esistenti al mondo, la strategia non è abbastanza, in quanto costituisce solamente una delle sette variabili che sono presenti nelle imprese meglio gestite.[12] Lo schema delle sette variabili definite dalla McKinsey è illustrato nella figura 2-15. I primi tre elementi – *strategia struttura*, *sistemi gestionali* – sono considerati l'"hardware" del successo, mentre i rimanenti quattro – *stile direzionale*, *skills*, *staffing* e *sistema di valori condivisi* – costituiscono il "software".

Figura 2-15 Lo schema delle sette S della McKinsey

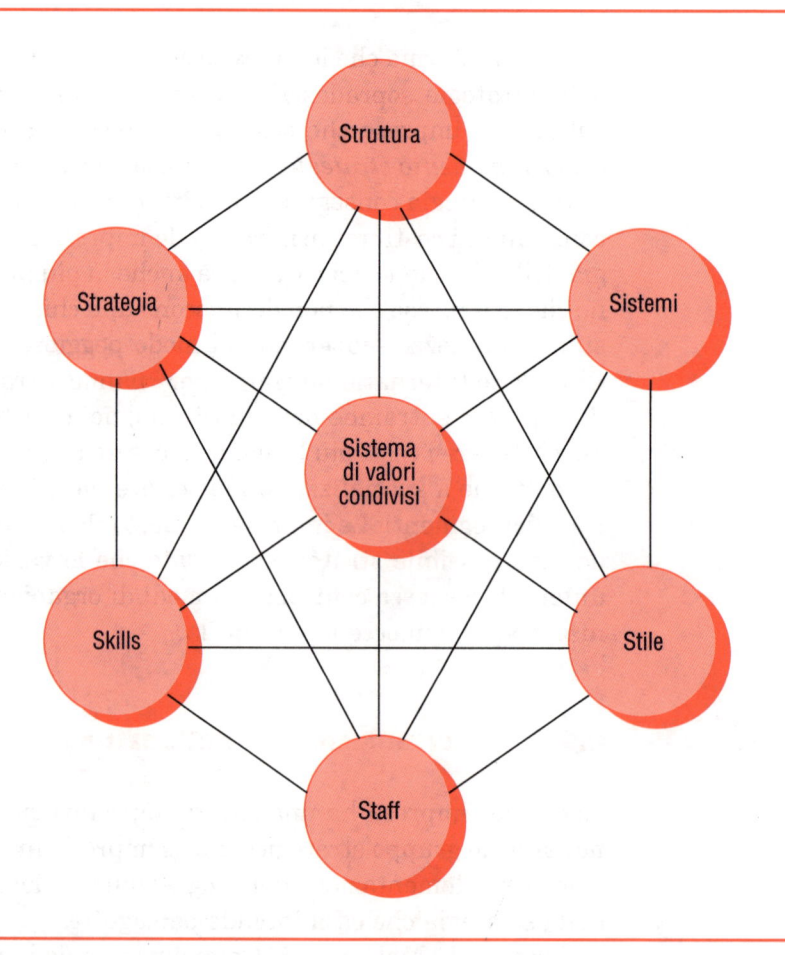

Fonte: Thomas J. Peters e Robert H. Waterman Jr., *Alla ricerca dell'eccellenza*, Sperling & Kupfer, Milano 1984.

Sulla base delle esperienze condotte presso un campione di imprese eccellentemente gestite – IBM, Procter & Gamble, Caterpillar, Delta, McDonald's, Levi Strauss, ecc. – gli esperti della McKinsey hanno scoperto che il successo di queste imprese non può essere spiegato solamente sulla base degli elementi di "hardware", e cioè strategia, struttura, sistemi. Le imprese in questione presentano infatti quattro ulteriori elementi. Il primo è lo *stile*, il che significa che i dipendenti dell'impresa condividono un codice comune di comportamento e di pensiero. Ad esempio, alla McDonald's tutti dimostrano cordialità al cliente, mentre all'IBM viene molto curato l'aspetto esteriore e l'abbigliamento. Ciascuna impresa di successo manifesta la cultura di cui è portatrice e che ben si adatta alla sua strategia.[13] Il secondo elemento è costituito dagli *skills*, il che significa che i collaboratori dell'impresa hanno appreso a padroneggiare quelle competenze – come l'analisi finanziaria e la pianificazione di marketing – che sono necessarie per portare a compimento la strategia dell'impresa. Il terzo elemento è costituito dallo *staffing*, cioè dalla capacità che l'impresa ha di reclutare persone capaci e di assegnarle a compiti la cui realizzazione le mette in condizione di esercitare i propri talenti. Il quarto degli elementi "soft" è costituito dal *sistema di valori condivisi*, e cioè dal fatto che i collaboratori dell'impresa condividono gli stessi valori guida e gli stessi obiettivi. L'impresa efficacemente diretta ha una linea guida che ognuno conosce ed è orgoglioso di seguire.

2.2.7 Il monitoraggio dei risultati

La dimensione "software" del management influenza grandemente la capacità dell'impresa di implementare con successo strategie e programmi.

D'altro canto, la disponibilità di un accurato sistema di monitoraggio dei risultati perseguiti e delle nuove opportunità di sviluppo derivanti da un ambiente in continuo mutamento, consente la realizzazione di appropriati aggiustamenti in ogni fase del processo di pianificazione strategica ai fini del conseguimento degli obiettivi aziendali.

L'entità di tali aggiustamenti sarà correlata dunque al livello, alla rapidità e alla complessità del cambiamento ambientale.

Negli ultimi decenni, tale cambiamento ha assunto dimensioni sempre più ampie e imprevedibili, ponendo alle imprese nuove sfide in termini di una maggiore flessibilità e capacità di adattamento delle strutture tali da consentire la sopravvivenza in un ambiente sempre più turbolento. Mentre alcune aziende stanno sviluppando processi di pianificazione strutturati in modo tale da consentirne il progressivo adeguamento dei piani d'azione alle mutevoli condizioni ambientali, mantenendo immutati gli obiettivi e le strategie di fondo, altre imprese non hanno saputo riconoscere i profondi mutamenti avvenuti nel mercato.

Consideriamo quanto è accaduto alla divisione valvole elettroniche della General Electric:

> Malgrado i risultati in termini di vendite mostrassero un incremento costante pari al 20%, il top management della GE si rese improvvisamente conto di essere stato presente troppo a lungo nel business sbagliato.
>
> Le ragioni dell'andamento delle vendite dovevano infatti essere ricercate nell'abbandono del settore da parte di alcuni dei principali concorrenti, non nell'aumento della capacità competitiva dell'azienda. Inoltre, era stata appena sviluppata la tecnologia dei transistor che non solo aveva determinato una profonda rivoluzione nel settore, ma aveva indotto il comparire sulla scena di nuovi attori quali la Texas Instruments, la Fairchild e la Transitron.
>
> Il mercato complessivo delle apparecchiature per l'amplificazione dei segnali elettrici aveva infatti mostrato nello stesso periodo un trend di crescita pari al 30%; ciò stava a significare che la quota di mercato detenuta dalla GE si andava progressivamente riducendo. Il management aveva dimostrato una sostanziale miopia di marketing, focalizzandosi sul settore delle valvole elettroniche, senza considerare la gamma totale delle tecnologie disponibili per soddisfare lo specifico bisogno.

La corrispondenza strategica fra impresa e ambiente è destinata inevitabilmente a erodersi. Il problema di fondo è rappresentato dal fatto che l'ambiente rilevante si modificherà quasi sempre con una rapidità maggiore delle variabili che compongono il modello delle sette S. È possibile che le aziende mantengano quindi elevati standard in termini di *efficienza*, perdendo la dimensione dell'*efficacia*. Come Peter Drucker ha osservato molto tempo addietro, può essere più importante fare la *cosa giusta* (essere efficaci) che *fare bene qualcosa* (essere efficienti). Le aziende che oggi mostrano le migliori prestazioni operano su entrambi i fronti. Una volta che un'organizzazione inizia a perdere la propria posizione di mercato a causa dell'incapacità di rispondere ai cambiamenti ambientali critici, essa dispone di un numero limitato di possibili controstrategie:

> La General Motors ha riconosciuto in ritardo l'opportunità di entrare nel mercato in rapida crescita costituito dalle auto di piccola dimensione. Ma una nuova opportunità, una *finestra strategica* così come la definisce Derek Abell,[14] rimane aperta solo per un breve periodo di tempo.
> Alla crescita della quota di mercato della Volkswagen e dei produttori giapponesi di auto di piccole dimensioni, la GM ha infine risposto introducendo sul mercato la Vega, una macchina inadeguata rispetto alle esigenze manifestate dal mercato stesso. Questo può considerarsi il risultato del fatto che l'azienda ha operato negli anni Settanta e Ottanta con quanto rimaneva di strategie, strutture, sistemi, stili, staff, skills e valori condivisi propri degli anni Sessanta.[15]

Le aziende, in particolare quelle di maggiori dimensioni, sono caratterizzate da un elevato livello di inerzia. Esse operano come macchine *efficienti* ed è difficile modificare un qualsiasi elemento senza scontrarsi con il problema di adeguare la struttura nel suo complesso.

Le organizzazioni possono essere modificate mediante una corretta leadership, possibilmente prima, in ogni caso durante un periodo di crisi.

La chiave della sopravvivenza dell'impresa si concretizza nella sua effettiva capacità di monitorare l'ambiente in continuo mutamento e di definire adeguati obiettivi e comportamenti, al fine di mantenere con esso una corrispondenza strategica.

Note

1 Una piena comprensione del concetto di unità aziendale strategica presuppone la definizione di area strategica d'affari (*strategic business area*, o SBA). Con quest'ultimo termine si definisce quel segmento dell'ambiente di mercato nel quale l'impresa svolge, o ha intenzione di svolgere, la propria attività. Il settore dell'impresa – divisione, direzione, servizio, o altro – che ha la responsabilità di sviluppare la posizione strategica competitiva della stessa, con riferimento a una ben individuata SBA, costituisce una SBU. Per un'esauriente analisi di questo tema si veda H. Igor Ansoff, *Organizzazione innovativa*, Ipsoa, Milano 1987) cap. 2, 2° paragrafo.
Sulle unità aziendali strategiche si veda Giovanni Hinterhuber, *La direzione strategica dell'impresa industriale*, Isedi, Torino 1990, 3ª ed., cap. 3 e in particolare le pp. 106-131.

2 Si veda Arnoldo C. Hax e Nicolas S. Majluf, *Direzione strategica*, Ipsoa, Milano 1987; D. F. Abell e J. S. Hammond, *Marketing strategico*, Ipsoa, Milano 1986; si veda anche Roberta Sebastiani, "Il contributo del marketing alla gestione strategica d'impresa", in *Problemi di gestione dell'impresa*, n. 11, 1991, pp. 91-112.

3 Peter Drucker, *Manuale di management*, Etas Libri, Milano 1978, cap. 7.

4 Si veda, per ulteriori approfondimenti, Laura Nash, "Mission Statements – Mirror and Windows", in *Harvard Business Review*, marzo-aprile 1988, pp. 155-156. Per un'analisi dello stretto rapporto esistente fra missione dell'impresa e strategie della medesima, si veda W. G. Scott, *Fiat Uno*, Isedi, Torino 1991, cap. 7, pp. 263-276.

5 Theodore Levitt, "Miopia di marketing", in P. Kotler e W. G. Scott (a cura di), *Marketing Management. Letture*, Isedi, Torino 1991, pp. 10-43.

6 Si veda Derek Abell, *Business e scelte aziendali*, Ipsoa, Milano 1986, cap. 3.

7 Si veda Roger A. Kerin, Vijay Maharjan e P. Rajan Varadarajan, *Contemporary Perspectives on Strategic Planning*, Allyn & Bacon, Boston 1990 e Derek Abell e J. S. Hammond, *Marketing strategico*, capp. 4 e 5.

8 H. Igor Ansoff, "Strategies for Diversification", in *Harvard Business Review*, settembre-ottobre 1957, pp. 113-124. La matrice può essere ulteriormente ampliata mediante l'inserimento di una modalità intermedia, quella relativa alla modifica dei prodotti e dei mercati attuali. In tal modo i vettori della matrice passano da 4 a 9. Si veda inoltre S. C. Johnson e Conrad Jones, "How to Organize for New Products", in *Harvard Business Review*, maggio-giugno 1957, pp. 49-62.

9 Per un ulteriore approfondimento delle metodologie di analisi dei punti di forza e di debolezza, si veda George S. Day, *Strategie di mercato e vantaggio competitivo*, Isedi, Torino 1991, pp. 60-71.

10 Si veda Michael Porter, *La strategia competitiva*, Edizioni della Tipografia Compositori, Bologna 1982, cap. 2. Per un ulteriore approfondimento degli

aspetti connessi all'attuazione delle strategie fondamentali, si veda anche, dello stesso autore, *Il vantaggio competitivo*, Edizioni di Comunità, Milano 1987.

[11] Si veda il caso "Navistar International" in P. Kotler, J. B. Clark e W. G. Scott (a cura di), *Marketing Management. Casi*, Isedi, Torino 1992, pp. 20-42.

[12] Si veda Thomas J. Peters e Robert H. Waterman Jr., *Alla ricerca dell'eccellenza*, Sperling & Kupfer, Milano 1984. Lo stesso schema è impiegato da Richard Tanner Pascale e Anthony G. Athos in *Le Sette S*, Mondadori, Milano 1982.

[13] Si veda Terrence E. Deal e Allan A. Kennedy, *Corporate Cultures: The Rites and Rituals of Corporate Life*, Addison-Wesley, Reading 1982; nonché "Corporate Culture", in *Business Week*, 27 ottobre 1980, pp. 148-160. Sul tema della cultura d'impresa si veda Pasquale Gagliardi (a cura di), *Le imprese come culture*, Isedi, Torino 1987.

[14] Si veda Derek F. Abell, "Finestre strategiche", in P. Kotler e W. G. Scott (a cura di), *Marketing Management. Letture*, Isedi, Torino 1991, pp. 61-72.

[15] Per ulteriori elementi sulle strategie delle imprese automobilistiche degli Stati Uniti, si veda W. G. Scott, *Fiat Uno*, pp. 116-127.

Capitolo 3

Il processo di marketing e la sua pianificazione

I piani sono nulla; la pianificazione è tutto.

Dwight D. Eisenhower

Abbiamo visto come il processo di pianificazione strategica consista nel definire gli obiettivi e nel pianificare il portafoglio di attività dell'impresa, sia quelle già in atto sia quelle da intraprendere. Il tutto in vista del conseguimento delle finalità dell'impresa nel lungo termine. Il responsabile di ogni settore di attività dell'azienda ha il compito di fornire ai pianificatori strategici dati e idee circa il possibile futuro del settore in questione, nonché di predisporre un piano dettagliato per il conseguimento degli obiettivi, tenuto conto delle risorse disponibili.

Dal momento che ciascuna strategic business unit (SBU) gestisce di norma un certo numero di prodotti destinati a specifici segmenti di mercato, essa deve sviluppare per ciascuno di essi un *piano di marketing*, in cui verranno sviluppate le strategie e le tattiche più appropriate al conseguimento degli obiettivi formulati a livello di SBU.

Il piano di marketing costituisce dunque lo strumento centrale per la gestione e il coordinamento delle attività di marketing.

In questo capitolo analizzeremo quali sono le fasi fondamentali del processo di marketing e come deve essere articolato un piano di marketing.

3.1 Il processo di marketing management

I rapporti tra le funzioni di marketing nelle varie unità aziendali e il servizio preposto alla pianificazione strategica vengono illustrati nella figura 3-1.

Ciascuna funzione di marketing fornisce un "input" in termini di informazioni e proposte (fase 1) al servizio di pianificazione strategica, il quale procede a effettuarne un'analisi e una valutazione (fase 2). Il servizio in questione stabilisce quindi le finalità generali da assegnare alle singole unità (fase 3). La funzione di marketing formula quindi i propri piani (fase 4), procedendo poi alla loro realizzazione (fase 5). I risultati sono valutati dal servizio di pianificazione strategica (fase 6) e il processo riprende il suo svolgimento secondo il medesimo ciclo.

In tal modo, ogni unità aziendale si basa sul marketing come sistema fondamentale, in quanto rappresenta il primo passo della pianificazione di un'attività aziendale, dal momento che occorre identificare i

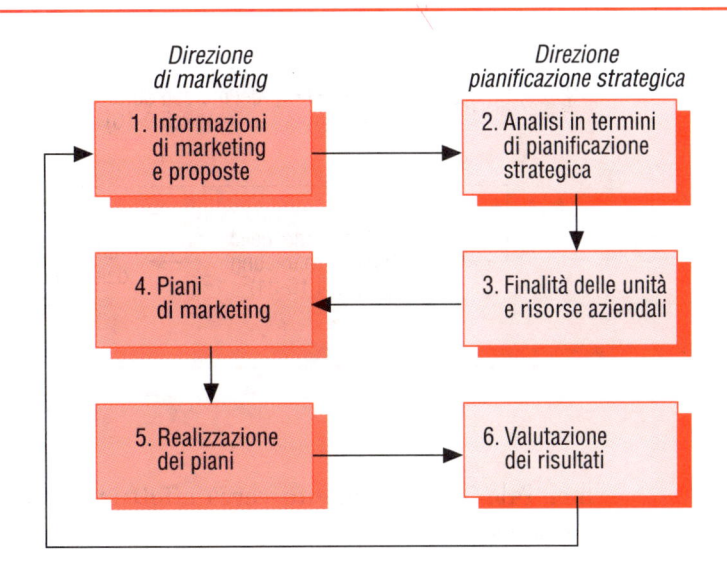

Figura 3-1 Le relazioni che legano marketing e pianificazione strategica

Direzione di marketing

Direzione pianificazione strategica

1. Informazioni di marketing e proposte
2. Analisi in termini di pianificazione strategica
3. Finalità delle unità e risorse aziendali
4. Piani di marketing
5. Realizzazione dei piani
6. Valutazione dei risultati

---

traguardi di vendita e le risorse necessarie per il loro raggiungimento. Il ruolo delle altre funzioni aziendali – finanza, acquisti, produzione, personale e distribuzione – è quello di assicurare che i piani di marketing proposti ricevano il necessario sostegno in termini di risorse finanziarie, produttive e umane. Per svolgere il proprio compito, i dirigenti di marketing mettono in atto ciò che può essere definito come *processo di marketing management*.

> Il *processo di marketing management* consiste nell'analizzare le opportunità di mercato, nel ricercare e selezionare i mercati obiettivo, nello sviluppare le strategie di marketing e nel pianificare le azioni di marketing, che dovranno infine essere realizzate e controllate.

Le varie fasi del processo sono illustrate nella figura 3-2. In corrispondenza di ciascuna di esse vengono indicati i capitoli del libro dove ognuna verrà trattata in modo approfondito. Il resto del presente capitolo verrà dedicato a un inquadramento generale del processo in esa-

Figura 3-2 Il processo di marketing management

```
Analisi delle opportunità      →   Ricerca e selezione         →   Sviluppo delle strategie
di mercato (capitoli 4-8)          dei mercati obiettivo           di marketing
                                   (capitoli 9-10)                 (capitoli 11-15)
                                                                          │
           ┌──────────────────────────────────────────────────────────────┘
           ↓
       Pianificazione delle       →   Organizzazione,
       azioni di marketing            attuazione e controllo
       (capitoli 16-24)               dell'azione di marketing
                                      (capitoli 25-26)
```

me. Tale inquadramento verrà effettuato facendo riferimento alla seguente situazione:

> La International System Corporation (nome fittizio), azienda multinazionale con sede principale in Europa, opera all'interno di una molteplicità di settori, dai prodotti chimici all'energia, alle macchine da scrivere elettroniche per ufficio, ai beni di consumo. A ogni settore corrisponde una SBU. L'alta direzione sta attualmente analizzando la situazione della divisione macchine da scrivere elettroniche MST, i cui prodotti offrono prestazioni analoghe a quelle offerte dai prodotti IBM ma a un prezzo inferiore. Il mercato delle macchine da scrivere elettroniche di tipo standard manifesta un lento processo di crescita e la marca MST è soffocata dalla marca leader. In una matrice sviluppo/quota di mercato, il prodotto in questione sarebbe definito un "dog". Onde evitare la chiusura della divisione, la direzione generale ha deciso di chiedere alla direzione della divisione stessa un articolato piano di marketing relativamente al prodotto in esame.

3.1.1 L'analisi delle opportunità

Il primo compito che i responsabili del marketing della divisione MST devono affrontare è quello di valutare le opportunità a lungo termine per conseguire un miglioramento di risultati della divisione. I responsabili in questione ravvisano una molteplicità di opportunità nell'area in via di sviluppo delle macchine e delle attrezzature per l'ufficio. L'ufficio del futuro costituisce una nuova frontiera per gli investimenti dei prossimi decenni, così come la fabbrica lo è stato nel passato (la nuova fabbrica robotizzata costituisce, naturalmente, un'altra frontiera). Il sistema economico è sempre più caratterizzato dall'importanza dei servizi, con un numero crescente di lavoratori impiegati in attività di tipo amministrativo. Tuttavia, gli uffici sono spesso assai poco organizzati per quanto concerne operazioni elementari come la dattiloscrittura e la classificazione, la conservazione e la trasmissione delle informazioni, specialmente se si tiene conto delle più recenti tecnologie disponibili. Molte case produttrici sono attive in questo mercato, cercando di fornire sistemi integrati di macchine da scrivere, sistemi di videoscrittura, microcomputer, macchine copiatrici e duplicatrici, attrezzature per la trasmissione di facsimili, sistemi di posta elettronica, e così via. Fra queste vi sono l'IBM, la Xerox, l'Olivetti, la Exxon e molte imprese giapponesi. Tutte queste società sono impegnate nello sviluppo dell'hardware e del software necessari per migliorare la produttività del lavoro amministrativo, obiettivo, questo, determinante per gli acquirenti di macchine e attrezzature per l'ufficio. La Xerox, infatti, non si considera affatto come un'impresa che produce macchine fotocopiatrici, bensì come un'impresa che opera nel settore del miglioramento della produttività dell'ufficio.

I dirigenti di marketing della MST definiscono come obiettivo a lungo termine della divisione quello di divenire un produttore di una gamma completa di macchine per ufficio. Al momento attuale, tuttavia, essi devono mettere a punto un piano volto a migliorare la situazione della linea macchine da scrivere elettroniche. Anche in questo settore specifico, vi sono molte opportunità. La MST, ad esempio, potrebbe produrre una versione della propria macchina da scrivere per il mercato familiare presentandola come una macchina da usare a casa, ma, qualitativamente, di livello "professionale". Opportunità anche maggiori sono determinate dall'evoluzione tecnologica. Così come in passato la produttività del lavoro di dattiloscrittura si è accresciuta notevolmente con il passaggio dalle macchine manuali a quelle elettriche e, quindi, a quelle elettroniche, analogamente si può ritenere che altri sviluppi si determineranno in futuro. La MST potrebbe sviluppare un sistema di videoscrittura, uno dei più interessanti fra i più nuovi prodotti dell'industria delle macchine per ufficio, dotato di una memoria più potente e di una maggior capacità di trattamento dei testi rispetto a una macchina elettronica, e vendibile ad alcune centinaia di migliaia di lire. La società potrebbe anche mettere a punto una completa work station, come il sistema Displaywriter dell'IBM, in grado di svolgere un gran numero di funzioni. Infine, la MST potrebbe mettere a punto macchine da scrivere attivate dalla voce umana, in grado quindi di operare sotto dettatura.

Per poter acquisire una più completa comprensione delle opportunità che le si offrono, la MST deve intraprendere un processo organico di ricerca di marketing e di raccolta di informazioni (capitolo 4). La ricerca di marketing costituisce un ingrediente indispensabile del moderno concetto di marketing, ciò in quanto le imprese possono efficacemente servire i propri mercati solo acquisendo la conoscenza di bisogni e desideri, della localizzazione degli acquirenti, delle loro abitudini d'acquisto, e così di seguito.

Le ricerche che la MST può effettuare sono di vario tipo. Innanzitutto, la direzione di marketing ha bisogno di un buon sistema di contabilità, in grado di fornire tempestivi e accurati rapporti sulle vendite effettuate, ripartite per modello, cliente, settore e dimensione, area, canale di distribuzione e venditore. Inoltre, i dirigenti della MST dovrebbero raccogliere tutte le possibili informazioni su clienti, distributori e concorrenza, tenendo occhi e orecchie ben aperti. Il quadro conoscitivo dovrebbe essere completato mediante la realizzazione di ricerche specifiche presso le fonti esistenti, oppure direttamente presso i vari protagonisti del mercato. Se i dati raccolti sono correttamente analizzati mediante l'applicazione dei metodi statistici e dei modelli di marketing più aggiornati, l'impresa potrà probabilmente conseguire utili elementi su come le vendite sono influenzate dalle forze di mercato e dai vari strumenti di marketing.

In primo luogo, la MST deve attentamente considerare il proprio ambiente di marketing (capitolo 5), costituito da un microambiente e un macroambiente.

Il *microambiente* dell'impresa annovera tutti quei protagonisti che determinano o influiscono sulla capacità della stessa di produrre e vendere macchine da scrivere, e cioè i fornitori, gli intermediari, i clienti, i concorrenti e i vari tipi di pubblico.

In proposito, l'impresa deve cercare di rispondere alle seguenti domande: quali sono le esigenze di un acquirente di macchine da scrivere? Quali canali di distribuzione sono in espansione e quali, al contrario, hanno un'importanza decrescente? Quali sono i fornitori più efficienti nella produzione dei componenti? Quali sono le attività della concorrenza? E così via.

La direzione della MST deve anche tener conto delle principali tendenze in atto nel *macroambiente*, con specifico riferimento agli aspetti demografici, economici, ambientali, tecnologici, politico-legali e socio-culturali. Sarebbe miope il limitare l'attenzione al microambiente e ignorare i principali fenomeni di cambiamento della società. A proposito del macroambiente, l'impresa si deve porre domande di questo tipo: quali sono le prospettive economiche e come queste possono influenzare le vendite di macchine da scrivere a seconda dei vari modelli? Quali nuove tecnologie possono essere impiegate per migliorare l'efficienza delle macchine da scrivere? E così via. Le forze in atto nel macroambiente possono, infatti, esercitare una notevole influenza nei confronti del mercato della MST.

Nella misura in cui la MST prende in considerazione la produzione di una macchina da scrivere elettronica per uso familiare, essa deve comprendere la natura e il funzionamento dei *mercati del consumatore* (capitolo 6). In proposito, occorre chiedersi: quanti consumatori hanno intenzione di acquistare nuove macchine da scrivere? Quali sono le loro esigenze in materia di prestazioni e di prezzi? In quali punti di vendita effettuano gli acquisti? Qual è la potenziale influenza del prezzo, della pubblicità, della promozione, della vendita personale, ecc., sulla scelta della marca da parte degli acquirenti?

I mercati in cui opera abitualmente la MST sono costituiti da *organizzazioni*, e cioè imprese, studi professionali, amministrazioni pubbliche, ecc. (capitolo 7). Le organizzazioni di grandi dimensioni dispongono di uffici acquisti dotati delle competenze necessarie per determinare il valore di ciò che acquistano. Le decisioni d'acquisto di particolare importanza vengono assunte da apposite commissioni, nell'ambito delle quali trovano espressione i vari settori aziendali, i quali concorrono a determinare la decisione d'acquisto finale in relazione ai loro specifici obiettivi. La vendita alle organizzazioni generalmente implica l'impiego di venditori perfettamente addestrati nel presentare il prodotto e nel dimostrare come esso possa soddisfare le esigenze del cliente. La MST deve quindi acquisire una piena conoscenza del modo in base al quale le organizzazioni effettuano i propri acquisti.

La MST deve inoltre porre grande attenzione nell'identificazione e nel monitoraggio dei propri concorrenti (capitolo 8). In questo modo essa potrà conoscerne ed eventualmente anticiparne le mosse al fine di difendere o incrementare la propria quota di mercato. Qualora, inoltre, essa voglia intraprendere un'azione offensiva sul mercato, avrà la possibilità di prevedere come essi potranno rispondere.

3.1.2 Ricerca e selezione dei mercati obiettivo

L'azienda è ora pronta a individuare e selezionare i propri mercati obiettivo. A tale scopo essa dovrà misurare l'attrattività attuale e potenziale di ogni singolo mercato. Ciò implica la stima della dimensione del mercato complessivo, dei tassi di crescita e di profitto a esso associati (capitolo 9). Gli operatori di marketing devono essere al corrente delle varie tecniche disponibili per misurare i potenziali di mercato e per prevedere la domanda futura. Ciascuna tecnica è caratterizzata da vantaggi e limiti che devono essere ben presenti agli operatori in questione, onde evitare un impiego non corretto.

Queste valutazioni del mercato attuale e futuro divengono elementi chiave del processo di decisione relativo alla scelta dei mercati e dei prodotti sui quali concentrare l'attività. Le più aggiornate impostazioni di marketing richiedono che il mercato venga suddiviso in segmenti, onde consentire la valutazione, nonché la selezione e la scelta di quelli fra di essi verso i quali orientare l'azione dell'impresa (capitolo 10).

La segmentazione del mercato – vale a dire la suddivisione del mercato totale (spesso troppo ampio da servire) in segmenti o parti che posseggono caratteristiche comuni – può essere effettuata secondo una molteplicità di criteri. La MST può segmentare il mercato delle macchine da scrivere per *dimensione del cliente* (grande, media, piccola), *fattori d'acquisto* (qualità, prezzo, servizio), *settore* (banche, studi professionali, imprese industriali), e così via.

I segmenti di mercato possono essere formati anche mediante la combinazione di due o più variabili. Nella figura 3-3 viene presentata una segmentazione del mercato delle macchine da scrivere secondo due variabili principali, le classi e le esigenze della clientela (rappresentata dai diversi prodotti).

Questo particolare schema è noto come *griglia prodotto/mercato*. La direzione marketing può stimare, per ciascuna delle nove caselle, il grado di attrattività del segmento di mercato corrispondente, nonché la specifica posizione dell'impresa nei confronti del medesimo. Essenzialmente,

Figura 3-3 Griglia prodotto/mercato nel caso delle macchine da scrivere

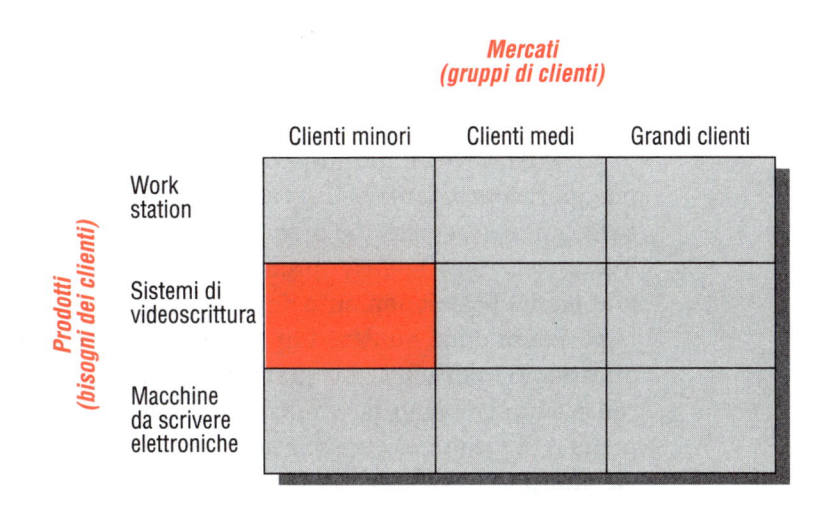

	Mercati (gruppi di clienti)		
Prodotti (bisogni dei clienti)	Clienti minori	Clienti medi	Grandi clienti
Work station			
Sistemi di videoscrittura	■		
Macchine da scrivere elettroniche			

la MST mira a determinare quale combinazione prodotto/mercato, posto che ve ne sia una, meglio corrisponda ai propri obiettivi e risorse. Si supponga che il segmento più interessante per la MST sia costituito dal mercato dei sistemi di videoscrittura per clienti di piccola dimensione rappresentato, nella figura 3-3, dalla casella tratteggiata. Anche questo segmento può avere un'ampiezza superiore a quella che l'impresa è in grado di affrontare. In tal caso, può essere effettuata una *sottosegmentazione*. Per esempio, la MST potrebbe decidere che la propria opportunità più rilevante consiste nella progettazione di un sistema di videoscrittura poco costoso, le cui caratteristiche possano presentare un grande interesse per i piccoli studi professionali. In tal modo, la MST potrà arrivare a farsi una chiara idea del proprio mercato obiettivo.

3.1.3 La definizione delle strategie di marketing

Dato che la MST intende rivolgersi al mercato degli acquirenti di piccola dimensione di sistemi di videoscrittura, essa deve definire una *strategia di differenziazione e di posizionamento* per tale mercato obiettivo (capitolo 11). La MST deve stabilire il modo di presentarsi ai potenziali clienti, tenuto conto dei comportamenti della concorrenza. Deve puntare sugli acquirenti dotati di maggiore capacità di spesa, offrendo loro un prodotto di alta qualità a prezzi elevati, con un eccellente servizio di assistenza e un forte sostegno pubblicitario? Oppure è più conveniente puntare su un sistema di videoscrittura di basso prezzo, destinata agli acquirenti più sensibili al prezzo?

La MST deve analizzare accuratamente le posizioni assunte dai suoi maggiori concorrenti nello stesso mercato obiettivo. Si supponga che le singole imprese possano essere posizionate in riferimento alla qualità e al prezzo dei rispettivi prodotti. A tal fine, è possibile costruire una mappa del posizionamento del prodotto, nella quale vengono riportate le posizioni delle quattro imprese concorrenti operanti nel mercato in questione (figura 3-4). Le quattro imprese, A, B, C e D, realizzano differenti volumi di vendite, come risulta dall'area dei rispettivi cerchi. L'impresa A si situa nel quadrante determinato da un'alta qualità e da un elevato prezzo. L'impresa B si presenta invece con una combinazione qualità/prezzo di medio livello. L'impresa C ha, a sua volta, l'immagine di un produttore che vende un prodotto leggermente sotto la media, a un prezzo decisamente basso. Infine, l'impresa D è considerata come un'"artista del borseggio", in quanto vende un prodotto di bassa qualità a un prezzo elevato.

Come deve scegliere la MST la propria posizione su questo mercato? Potrebbe non avere molto senso misurarsi con A, in quanto ciò implicherebbe contendere a un'impresa già saldamente affermata un numero limitato di clienti interessati ai sistemi di videoscrittura di qualità e costo elevato. Tuttavia, se A ha un servizio di assistenza inefficiente, oppure svolge una scarsa azione promozionale, la MST potrebbe decidere di attaccare l'impresa in questione. Molte imprese orientate al marketing generalmente preferiscono evitare di rivolgersi contro un concorrente, cercando piuttosto di individuare i bisogni cui questi non dà risposta. La MST, ad esempio, potrebbe scegliere un posizionamento nel quadrante definito da una qualità elevata e da un prezzo inferiore. Così operando, essa potrebbe "riempire un vuoto" del mercato. Ciò presuppone peraltro tre condizioni. In primo luogo, la MST deve accertare se le proprie strutture di progettazione e produzione sono in grado di realizzare un sistema di videoscrittura che possa essere venduto a un prezzo basso, ma tuttavia remunerativo. In secondo luogo, la MST deve verificare l'esistenza di un adeguato numero di acquirenti interessati ad acquistare un prodotto di qualità, offerto a un prezzo compe-

Figura 3-4 Mappa di posizionamento dei prodotti della concorrenza e della MST

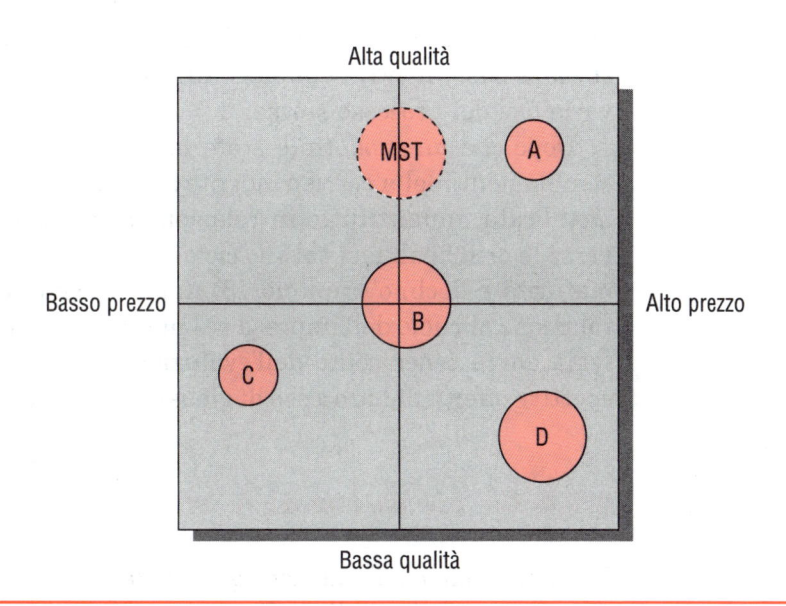

titivo. In proposito, occorre peraltro tener conto del fatto che un prezzo troppo basso potrebbe indurre dei dubbi sul livello di qualità dei prodotti. Infine, la MST potrebbe riuscire a convincere i potenziali acquirenti che la qualità dei propri prodotti e del proprio servizio assistenza è analoga a quella di A. Molti acquirenti non ritengono che i prodotti di prezzo inferiore siano altrettanto validi di quelli di prezzo superiore, e questo fa sì che siano necessarie elevate spese pubblicitarie.

Il punto fondamentale è che le imprese contemporanee devono definire accuratamente non solo il proprio mercato obiettivo, ma anche quelli dei concorrenti. In un'epoca caratterizzata da mercati a basso tasso di espansione, l'analisi della concorrenza è almeno altrettanto importante dell'analisi dei consumatori.

Una volta definito il posizionamento che l'impresa intende assumere sul mercato, essa deve affrontare il non semplice lavoro legato allo sviluppo dei nuovi prodotti (capitolo 12). Il processo di sviluppo di nuovi prodotti, infatti, è come una strada insidiosa, piena di mine e trappole.

Molti prodotti non giungono neppure a uscire dai laboratori, mentre quelli che ne escono molto spesso non superano la prova del mercato, determinando notevoli perdite per l'impresa. Lo sviluppo dei nuovi prodotti è un'arte che richiede l'efficace organizzazione del processo che ne sta alla base, nonché l'impiego di specifici strumenti e controlli nelle varie fasi del processo stesso.

Dopo che un prodotto è stato lanciato, possono rendersi necessari cambiamenti della corrispondente strategia. La strategia dovrà essere modificata, innanzitutto in relazione al passaggio del prodotto attraverso le principali fasi del suo ciclo di vita, e cioè introduzione, crescita, maturità e declino (capitolo 13). La strategia potrà inoltre variare in relazione al ruolo dell'impresa sul mercato (capitolo 14). Infine, la strategia dovrà tener conto dell'evoluzione delle opportunità e delle prospettive offerte dal processo di globalizzazione dei mercati (capitolo 15).

3.1.4 La definizione delle azioni di marketing

La pianificazione di marketing consiste non solo nella definizione delle strategie fondamentali mediante le quali l'impresa conta di conseguire i propri obiettivi sul mercato, ma anche nell'accurata messa a punto degli strumenti tattici relativi alle singole variabili del marketing-mix. Molte strategie falliscono, infatti, nella loro realizzazione tattica, nonostante la loro corretta impostazione.

> La *strategia di marketing* definisce la logica mediante la quale un'impresa ritiene di conseguire i propri obiettivi sul mercato. Una strategia di marketing consiste nell'assunzione di decisioni in materia di spese di marketing, di marketing-mix e di ripartizione dello sforzo di marketing, in relazione alle previste condizioni ambientali e competitive.

La direzione marketing deve definire il livello delle *spese di marketing* necessarie a raggiungere gli obiettivi di mercato. Di solito, le imprese determinano il proprio budget di marketing in base a una qualche percentuale convenzionale dell'obiettivo di vendita. Quando un'impresa si appresta a entrare in un nuovo mercato, essa cerca di accertare quale sia il *rapporto spese di marketing/fatturato* dei concorrenti. Un'impresa specifica può spendere più del rapporto corrente, con la speranza di conseguire una quota di mercato proporzionalmente maggiore. In realtà, un'impresa dovrebbe analizzare le azioni di marketing che devono essere effettuate per ottenere un dato volume di vendite, o una certa quota di mercato, e quindi valutare il costo delle medesime. Il risultato è appunto il budget di marketing.

L'impresa deve anche decidere su come allocare il budget complessivo di marketing fra i vari strumenti del *marketing-mix*. Il concetto di marketing-mix, o combinazione di marketing, ha un'importanza fondamentale nella moderna teoria del marketing.

> Il *marketing-mix* è la combinazione delle variabili controllabili di marketing che l'impresa impiega al fine di conseguire gli obiettivi predefiniti nell'ambito del mercato obiettivo.

Molteplici sono gli elementi che compongono il marketing-mix. McCarthy ha reso popolare una classificazione di tali elementi basata su quattro macrovariabili: *prodotto*, *prezzo*, *punto di vendita* e *promozione* (*product*, *price*, *place*, *promotion*, le "quattro P").[1] Nella figura 3-5 sono illustrati gli elementi specifici compresi in ciascuna macrovariabile.

Il marketing-mix al tempo t di uno specifico prodotto di un'impresa può essere rappresentato dal vettore

$$(P_1, P_2, P_3, P_4)_t$$

dove
P_1 = qualità del prodotto,
P_2 = prezzo,
P_3 = punto di vendita,
P_4 = promozione.

Se la MST sviluppa una qualità del prodotto pari a 1,2 (con 1 = qualità media), assegna allo stesso un prezzo di 800.000 lire, spende 24 milioni di lire al mese in attività distributive e 16 milioni di lire al mese in promozione, il suo marketing-mix al tempo t sarà:

$$(1,2, £\ 800.000, £\ 24.000.000, £\ 16.000.000).$$

È possibile constatare come un dato marketing-mix può essere prescelto fra un gran numero di possibili combinazioni. Se la qualità del

Figura 3-5 Le quattro macrovariabili del marketing-mix

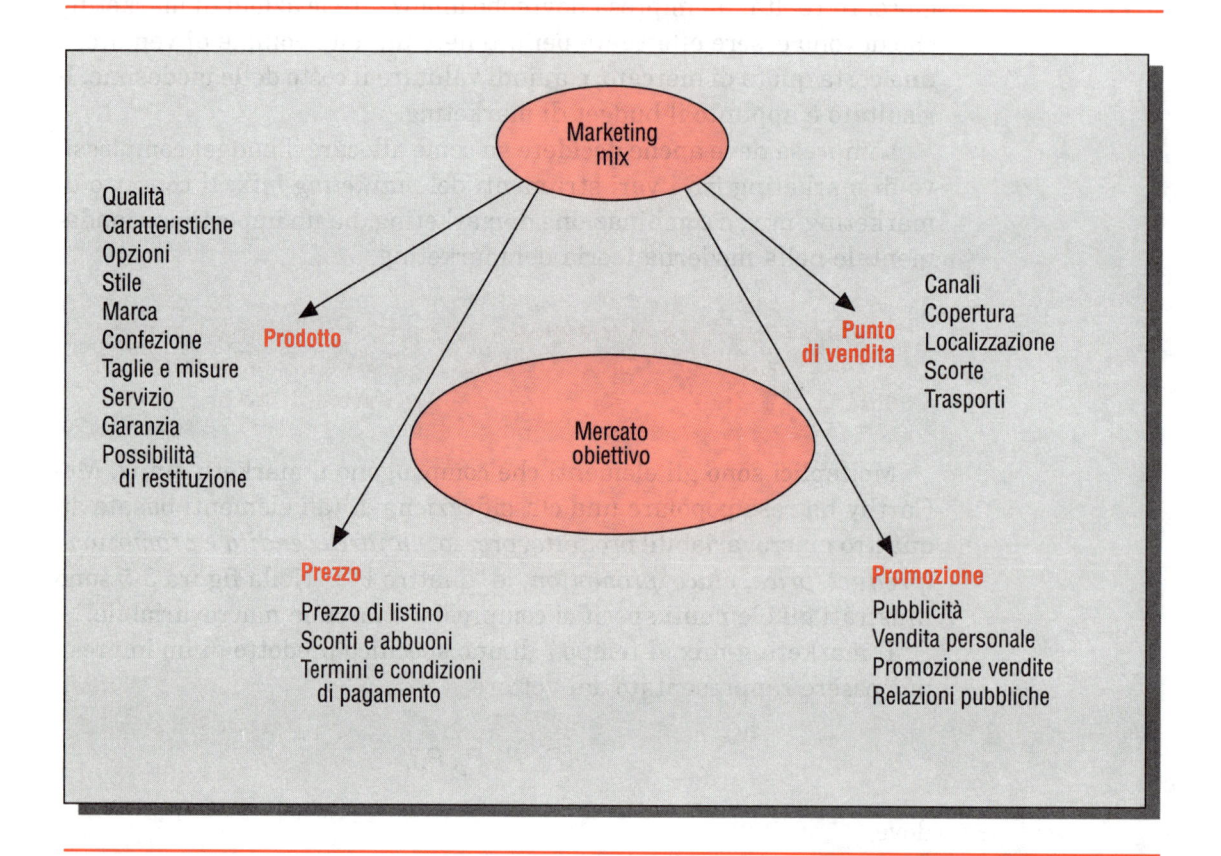

```
                        Marketing
                          mix

Qualità
Caratteristiche
Opzioni
Stile                                              Canali
Marca                                              Copertura
Confezione    Prodotto            Punto            Localizzazione
Taglie e misure                   di vendita       Scorte
Servizio                                           Trasporti
Garanzia
Possibilità
  di restituzione
                        Mercato
                        obiettivo


              Prezzo                    Promozione
              Prezzo di listino         Pubblicità
              Sconti e abbuoni          Vendita personale
              Termini e condizioni      Promozione vendite
                di pagamento            Relazioni pubbliche
```

prodotto può essere prescelta fra due alternative, il prezzo del prodotto può essere compreso fra 400.000 lire e 1.200.000 lire (con variazioni di 80.000 lire), sia le spese di distribuzione sia quelle di pubblicità possono essere comprese fra 8 e 40 milioni di lire (con variazioni di 8 milioni), ne consegue che le combinazioni possibili sono pari a 550, cioè: 2x11x5x5.

A complicare ulteriormente la questione, si aggiunge il fatto che l'impresa deve assumere decisioni relativamente al marketing mix tenendo conto sia dei canali di distribuzione che dei clienti finali. La figura 3-6 mostra come l'impresa predisponga un *mix di offerta*, comprendente i prodotti, i servizi e i prezzi a essi associati e utilizzi un *mix promozionale* costituito dalla promozione vendite, dalla pubblicità, dalla forza di vendita, dalle pubbliche relazioni, dal direct mail e dal telemarketing per raggiungere i canali distributivi e il mercato obiettivo. Non tutte le combinazioni di marketing possono essere modificate nel breve termine. Generalmente, un'impresa può modificare i prezzi, accrescere il numero dei venditori e aumentare le spese in azioni promozionali a breve termine. Lo sviluppo di nuovi prodotti, o la modifica della struttura dei canali distributivi, presuppongono invece lunghi

Figura 3-6 Struttura del marketing-mix

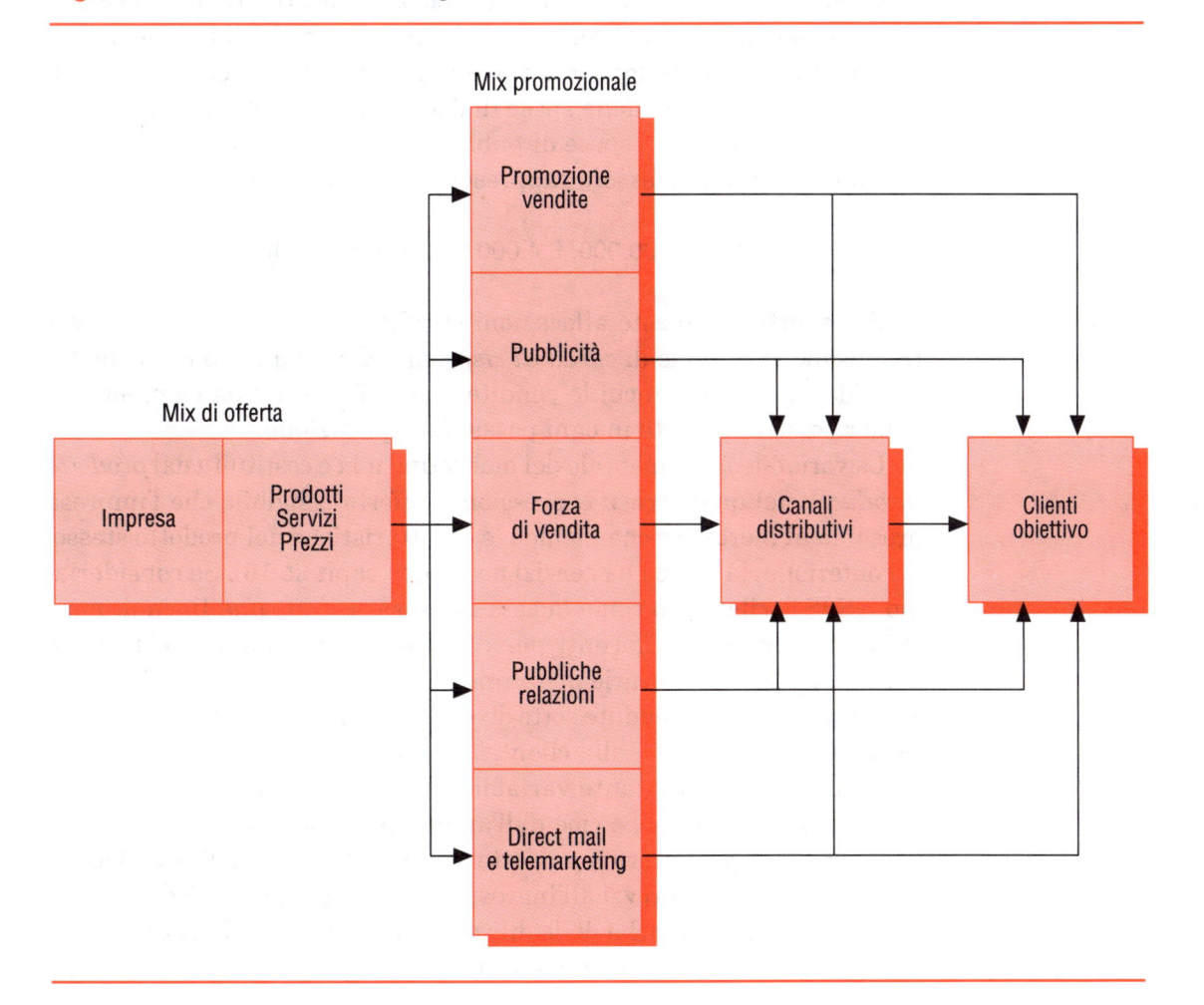

tempi di attuazione. Ne deriva che l'impresa realizza, in genere, un numero di modifiche di breve periodo inferiore alle combinazioni teoricamente rese possibili dalle variabili costitutive del marketing-mix.

Infine, la direzione deve decidere circa l'*allocazione* dello stanziamento di marketing ai vari prodotti, canali, mezzi promozionali e aree di vendita. Quante risorse deve assegnare la MST alle macchine da scrivere elettroniche, piuttosto che ai sistemi di videoscrittura? Alle vendite dirette piuttosto che alle vendite attraverso distributori? Al "direct mail", piuttosto che alla pubblicità sulla stampa specializzata? Ai mercati dell'Europa occidentale, piuttosto che a quelli dell'Europa orientale? Possiamo ipotizzare una particolare allocazione nel modo qui di seguito descritto. Si consideri il prodotto i, destinato alla classe di clienti j, nell'area k e nel tempo t. Si supponga che la direzione definisca la qualità del prodotto a un livello pari a 1,2, il prezzo a 800.000 lire, il budget mensile delle spese di distribuzione in 4 milioni di lire e il budget mensile delle spese di pubblicità in 8 milioni di lire.

Quanto sopra può essere rappresentato dal vettore:

$$(1{,}2,\ \pounds\ 800.000,\ \pounds\ 4.000.000,\ \pounds\ 8.000.000)_{i,j,k,t}$$

Per effettuare queste allocazioni strategiche, i dirigenti di marketing usano la nozione di *curva di risposta delle vendite*, la quale mette in evidenza il modo in cui le vendite sono influenzate dall'ammontare delle risorse impiegate in ogni possibile applicazione.

La variabile fondamentale del marketing mix è costituita dal *prodotto* (*product*), nel quale trova espressione l'offerta tangibile che l'impresa presenta al mercato e che include le caratteristiche del prodotto stesso, la confezione, la marca e i servizi accessori (capitolo 16). Se consideriamo la MST, rileviamo come questa impresa realizzi una linea di macchine da scrivere, differenti per caratteristiche, qualità, estetica e packaging. Inoltre, le varie macchine da scrivere sono dotate di diverse confezioni, vengono vendute sotto diverse marche e dispongono di diversi livelli di servizio offerti alla clientela (capitolo 17).

Una seconda importante variabile decisionale di marketing è costituita dal *prezzo* (*price*), e cioè dall'ammontare che i clienti devono pagare per poter acquistare il prodotto (capitolo 18). La MST deve decidere circa il livello dei prezzi all'ingrosso e al dettaglio, l'entità degli sconti e degli abbuoni, nonché delle dilazioni di pagamento. I prezzi devono essere conformi alla percezione di valore dei prodotti che hanno i potenziali acquirenti, onde evitare che essi si rivolgano ai prodotti della concorrenza.

Nel *punto di vendita* (*place*) rientrano tutti gli elementi sui quali l'impresa deve operare per rendere il prodotto accessibile e disponibile per i potenziali acquirenti (capitoli 19 e 20). In relazione a ciò, la MST deve identificare, selezionare e collegare i vari operatori di funzioni intermedie e ausiliarie di marketing, in modo tale da rendere possibile un'efficiente distribuzione al mercato obiettivo dei propri prodotti e servizi. L'impresa deve avere una conoscenza completa delle varie categorie di dettaglianti, grossisti e imprese ausiliarie, nonché del modo in cui esse assumono le decisioni rilevanti.

La *promozione* (*promotion*) comprende le varie attività che l'impresa svolge al fine di informare la clientela obiettivo sui pregi dei propri prodotti, cercando quindi di persuaderla ad acquistarli (capitoli dal 21 al 24). Se consideriamo anche il caso specifico della MST, rileviamo come essa acquisti servizi pubblicitari, metta in atto attività di direct marketing e di promozione delle vendite, organizzi manifestazioni di relazioni pubbliche e impegni il personale di vendita nello sviluppo dei contatti con la clientela.

3.1.5 L'attuazione e il controllo dello sforzo di marketing

L'ultima fase del processo di marketing management consiste nella realizzazione e nel controllo del piano di marketing. Un piano non ha valore alcuno «a meno che esso non degeneri in un lavoro», come afferma Drucker.[2] Ne consegue che l'impresa deve costituire un'organizzazione di marketing capace di attuare il piano di marketing (capitolo 25). In una piccola impresa una sola persona potrebbe occuparsi di tutte le funzioni di marketing: ricerca, vendite, pubblicità, assistenza clienti, e così via. Nelle imprese maggiori, queste funzioni vengono svolte da personale specializzato. La MST, ad esempio, dispone di venditori, dirigenti di vendita, ricercatori di marketing, addetti alla pubblicità, responsabili di prodotto e di marca, responsabili di mercato e addetti all'assistenza alla clientela.

Il complesso delle funzioni di marketing fa capo a un direttore centrale del marketing (marketing vice-president), il quale svolge due compiti. Il primo è costituito dal coordinamento di tutto il personale di marketing; il secondo consiste nel lavorare in modo strettamente coordinato con i propri colleghi responsabili della finanza, della ricerca e sviluppo, della produzione, degli acquisti e del personale, onde assicurare il massimo d'efficacia agli sforzi dell'impresa volti a soddisfare la clientela.

L'efficacia con la quale l'area marketing di un'impresa assolve al proprio ruolo non dipende solo dalla struttura organizzativa che la caratterizza, ma anche dai criteri di selezione, formazione, conduzione, motivazione e valutazione del personale adottati. Vi è una stretta relazione fra le prestazioni di un servizio marketing e il morale e il dinamismo che ne animano i componenti. Gli addetti alle funzioni di marketing hanno bisogno di conoscere i risultati di ciò su cui si impegnano. I dirigenti devono avere incontri periodici con i propri subordinati allo scopo di esaminare le prestazioni, manifestare apprezzamento per gli aspetti positivi, richiamare l'attenzione sui punti deboli e individuare le opportune soluzioni. È possibile che l'attuazione dei piani di marketing riserbi molte sorprese. L'impresa deve disporre di procedure di controllo onde verificare il conseguimento degli obiettivi di marketing (capitolo 26). I vari dirigenti dovranno assumere responsabilità di controllo in aggiunta a quelle di analisi, pianificazione e realizzazione. I controlli dell'attività di marketing possono essere di tre tipi: il controllo del piano annuale, il controllo di redditività e il controllo strategico.

Il controllo del piano annuale deve accertare che l'impresa stia conseguendo gli obiettivi di vendita, profitto e gli altri obiettivi stabiliti in sede di pianificazione dell'esercizio. Lo svolgimento di questa funzione presuppone quattro momenti: nel primo, la direzione deve definire gli obiettivi annuali e la loro ripartizione durante l'anno: mese, trimestre, o altro. Il secondo momento concerne la definizione dei criteri di misurazione dei risultati correnti di mercato. Il terzo concerne l'identificazione delle cause degli scostamenti di maggiore entità fra risultati attesi e risultati effettivi. Il quarto momento, infine, riguarda l'adozione delle azioni correttive idonee a eliminare il divario fra obiettivi e risultati. A questo scopo, può essere necessario migliorare le modalità di realizzazione del piano, o anche modificare gli obiettivi.

Le imprese devono procedere a una periodica analisi dell'effettiva redditività dei singoli prodotti, dei gruppi di clienti, dei canali di distribuzione e delle varie classi di importanza degli ordini. Ciò non è affatto semplice da realizzare. Il sistema contabile di un'impresa spesso non è in grado di mettere in evidenza la reale redditività delle specifiche attività di marketing. Per valutare la profittabilità dei vari modelli di macchine da scrivere, ad esempio, i contabili della MST devono stimare quanto tempo la forza di vendita impiega nel promuovere i vari modelli, l'entità della pubblicità attribuita a ciascuno di essi, e così via. L'*analisi della redditività di marketing* è lo strumento impiegato a questo fine. Allo scopo di determinare come le varie attività di marketing possano essere svolte più efficacemente, si possono intraprendere degli studi sull'*efficienza del marketing*.

Di tanto in tanto, la MST deve riconsiderare criticamente tutta la propria azione di marketing e decidere se le corrispondenti strategie sono ancora valide. Il marketing costituisce una delle aree di fondamentale importanza nell'ambito delle quali la rapida obsolescenza di obiettivi, politiche, strategie e programmi costituisce una possibilità costante. Imprese di grandi dimensioni come la International Harvester e la Hélène Curtis sono incorse in periodi difficili a causa dell'incapacità di rendersi conto dei rapidi cambiamenti di mercato e di adeguarsi agli stessi.[3] I rapidi cambiamenti dell'ambiente di mercato rendono necessaria la verifica periodica, da parte di ogni impresa, dell'efficacia della propria azione di marketing. A questo fine, occorre impiegare uno strumento di controllo noto come *marketing audit*.

La figura 3-7 presenta una sintesi generale del processo di marketing management e delle forze che influenzano la definizione delle strategie di marketing dell'impresa. I clienti obiettivo sono collocati al centro, e l'impresa concentra i propri sforzi nel servirli e nel soddisfarli. L'impresa combina i fattori sotto il proprio controllo nel marketing-mix, derivante dall'integrazione di prodotto, prezzo, punto di vendita e promozione. Per pervenire a ciò, l'impresa opera mediante quattro sistemi, tutti facenti capo al marketing: il sistema informativo, il sistema di pianificazione, il sistema organizzativo e il sistema di controllo. Questi sistemi sono correlati, in quanto il sistema informativo di marketing alimenta la definizione dei piani di marketing, i quali a loro volta vengono realizzati dall'organizzazione di marketing, la cui attività viene controllata e valutata mediante gli appositi strumenti. Attraverso questi sistemi, l'impresa tiene sotto controllo l'ambiente-mercato nel quale si trova inserita e si adatta allo stesso. L'impresa si adatta sia al microambiente, consistente di intermediari di marketing, di fornitori, di concorrenti e di vari tipi di pubblico, sia al macroambiente, nel cui ambito operano forze demografiche, economiche, politiche, legali, tecnologiche,

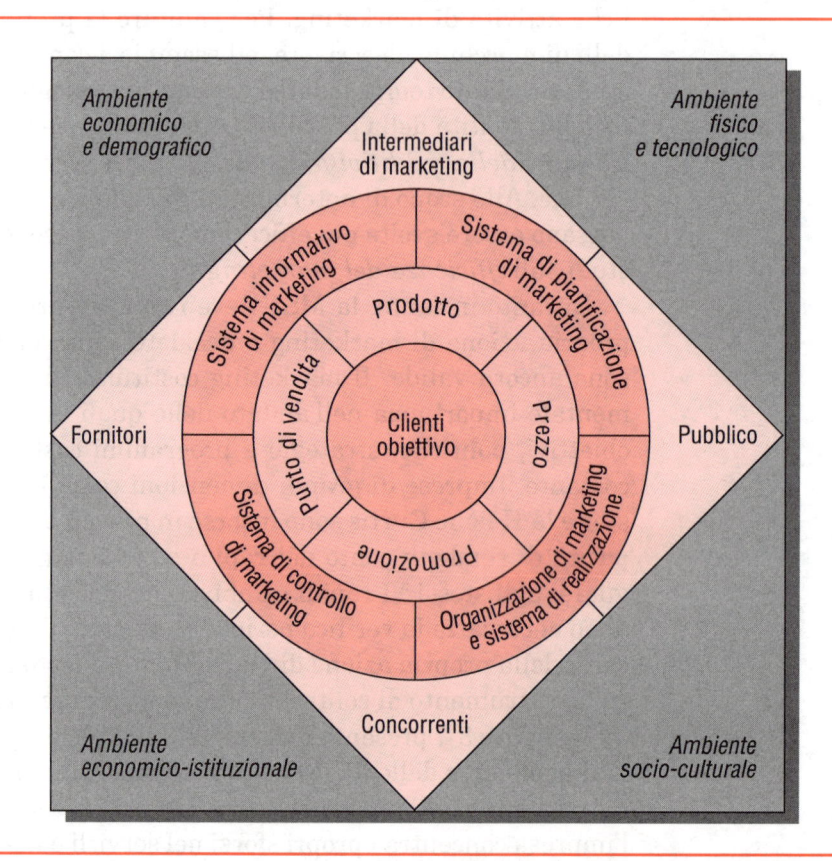

Figura 3-7 Fattori influenzanti la strategia di marketing dell'impresa

[Diagramma: al centro "Clienti obiettivo" circondato da Prodotto, Prezzo, Promozione, Punto di vendita; poi Sistema informativo di marketing, Sistema di pianificazione di marketing, Organizzazione di marketing e sistema di realizzazione, Sistema di controllo di marketing; ai vertici del rombo Intermediari di marketing, Pubblico, Concorrenti, Fornitori; agli angoli Ambiente economico e demografico, Ambiente fisico e tecnologico, Ambiente socio-culturale, Ambiente economico-istituzionale]

fisiche, sociali e culturali. Nel processo di definizione delle proprie strategie nei confronti del mercato obiettivo, l'impresa deve tener conto sia dei protagonisti presenti nell'ambiente, sia delle forze che vi operano.

3.2 Natura e contenuti di un piano di marketing

Come abbiamo visto in precedenza, il piano di marketing rappresenta dunque il punto di partenza per la pianificazione delle altre attività dell'impresa.

Come si presenta un piano di marketing? I piani di marketing hanno diverse sezioni, il cui numero varia a seconda del dettaglio richiesto ai vari responsabili dall'alta direzione. La maggior parte di questi piani, specialmente i piani di prodotto e di marca, sono composti dalle seguenti sezioni: premesse generali, situazione attuale di marketing, analisi delle opportunità e dei problemi, obiettivi, strategia di marketing, piani d'azione, proiezione del conto economico e controlli. Queste sezioni e le loro finalità operative sono elencate nella tavola 3-1 e verranno sviluppate nelle pagine seguenti con riferimento alla seguente situazione:

> La divisione Techno (nome fittizio) della International System Corporation, è una delle principali produttrici di prodotti elettronici di consumo, come televisori, radio e apparecchi stereo. Ogni linea di prodotto è affi-

Tavola 3-1 Contenuti di un piano di marketing

Sezione	Scopo
I. Premessa generale	Presenta una panoramica succinta per un rapido inquadramento del piano preposto da parte della direzione.
II. Situazione attuale di marketing	Presenta i principali dati di base a proposito di mercato, prodotti, situazione competitiva, distribuzione e macroambiente.
III. Analisi delle opportunità e dei problemi	Riassume le principali minacce/opportunità, forze/debolezze, nonché i problemi che riguardano il prodotto e che verranno considerati nel piano.
IV. Obiettivi	Definisce i traguardi che il piano vuole raggiungere in termini di volume delle vendite, quota di mercato e profitti.
V. Strategia di marketing	Presenta l'approccio generale di marketing che sarà impiegato per raggiungere gli obiettivi del piano.
VI. Piani d'azione	Risponde alle domande, **cosa** sarà fatto?, **chi** lo farà?, **quando** sarà fatto?, e **quanto** costerà?
VII. Previsione di conto economico	Sintetizza i risultati economici/finanziari del piano.
VIII. Controlli	Specifica i sistemi di controllo che saranno applicati durante l'esecuzione del piano.

data a un responsabile di prodotto che deve preparare un piano di lungo periodo e uno annuale che soddisfino gli obiettivi definiti a livello di impresa. Attualmente Chiara Bianchi è la responsabile della linea di prodotti "Soundtrack", composta da sistemi stereofonici modulari. Ogni sistema è composto da un sintetizzatore/amplificatore AM/FM, da un piatto, da una piastra di registrazione e da due altoparlanti separati. L'azienda offre tredici differenti modelli a prezzi compresi tra 150 e 400 dollari.

Un sistema stereofonico modulare differisce sia dai sistemi compatti, in cui tutti i componenti sono inseriti in un'unica armatura, sia dai sistemi componibili, in cui gli acquirenti acquistano i diversi componenti compatibili separatamente, per formare il sistema che desiderano. L'azienda produce anche una linea di sistemi compatti – ma questo mercato è in una fase di declino – nonché componenti per sistemi compatibili, la cui opportunità è stata più volte messa in discussione dal management dell'impresa stessa.

L'obiettivo principale che l'azienda si prefigge è quello di aumentare quota di mercato e redditività all'interno del settore dei sistemi stereofonici modulari. Come responsabile di prodotto Chiara Bianchi deve preparare un piano di marketing per migliorare i risultati della linea "Soundtrack".

3.2.1 Premessa generale

Il documento di pianificazione si dovrebbe aprire con un breve riassunto dei principali obiettivi e raccomandazioni contenuti nel piano. Eccone un esempio in sintesi:

> Il piano di marketing della linea "Soundtrack" per il 1991 vuole essere la premessa a un aumento significativo delle vendite e dei profitti dell'impresa rispetto all'anno precedente. L'obiettivo di profitto è posto a 1,8 milioni di dollari, mentre l'obiettivo dei ricavi di vendita è fissato in 18 milioni di dollari, il che rappresenta un aumento programmato delle vendite del 9% rispetto allo scorso anno. Si ritiene di poter raggiungere questo aumento mediante un miglioramento della struttura dei prezzi e dello sforzo distributivo. Lo stanziamento di marketing necessario sarà di 2.290.000 dollari, pari a un incremento del 14% rispetto all'anno precedente.

Questa sintesi permette all'alta direzione di afferrare rapidamente i punti principali del programma. Il riassunto dovrebbe infine essere seguito dall'indice generale.

3.2.2 Situazione attuale di marketing

Questa parte del piano presenta i principali dati di base a proposito di macroambiente, mercato, situazione competitiva, prodotti e distribuzione.

- **Situazione del macroambiente**: questo paragrafo descrive le tendenze del macroambiente – demografiche, economiche, tecnologiche, politico/legali, socio/culturali – che sono rilevanti per il futuro di questa linea di prodotti.
- **Situazione di mercato**: vengono presentati i dati riguardanti il mercato servito, con riferimento sia alle dimensioni sia allo sviluppo (in unità e/o valore) degli ultimi anni, in generale e per segmenti geografici e di mercato. Sono inoltre presentati alcuni dati sulle tendenze dei bisogni dei consumatori, nonché delle loro percezioni e comportamenti d'acquisto.
- **Situazione competitiva**: vengono elencati i principali concorrenti e se ne descrivono le dimensioni, gli obiettivi, le quote di mercato, la qualità dei prodotti, le strategie di marketing e ogni altra caratteristica utile a comprenderne le intenzioni e i comportamenti.
- **Situazione di prodotto**: per ognuno dei principali prodotti della linea sono specificate le vendite, i prezzi, i margini di contribuzione e i profitti netti degli ultimi anni (tavola 3-2).
- **Situazione distributiva**; questo paragrafo presenta i dati riguardanti il numero di unità vendute tramite ogni canale di distribuzione e i cambiamenti di qualche importanza dei vari canali. Si rilevano i cambiamenti sia nel potere dei distributori e dei venditori sia nei prezzi e nelle condizioni necessarie a motivarli.

3.2.3 Analisi delle opportunità e dei problemi

Basandosi sui dati che descrivono l'attuale situazione di marketing, il responsabile di prodotto dovrà identificare le principali minacce e opportunità, i punti di forza e debolezza, nonché i principali problemi che l'impresa dovrà affrontare per il prodotto nel periodo coperto dal piano.

Tavola 3-2 Dati storici di prodotto

Variabile	Colonne	1987	1988	1989	1990
1. Vendite del settore (in unità)		2.000.000	2.100.000	2.205.000	2.200.000
2. Quota di mercato dell'impresa		0,03	0,03	0,04	0,03
3. Prezzo medio unitario (in $)		200	220	240	250
4. Costo variabile unitario (in $)		120	125	140	150
5. Margine di contribuzione lordo unitario (in $)	(3–4)	80	95	100	100
6. Volume delle vendite (in unità)	(1x2)	60.000	63.000	88.200	66.000
7. Ricavi di vendita (in $)	(3x6)	12.000.000	13.860.000	21.168.000	16.500.000
8. Margine di contribuzione lordo (in $)	(5x6)	4.800.000	5.985.000	8.820.000	6.600.000
9. Spese generali (in $)		2.000.000	2.000.000	3.500.000	3.500.000
10. Margine di contribuzione netto (in $)	(8–9)	2.800.000	3.985.000	5.320.000	3.100.000
11. Pubblicità e promozione (in $)		800.000	1.000.000	1.000.000	900.000
12. Organizzazione di vendita e di distribuzione (in $)		700.000	1.000.000	1.100.000	1.000.000
13. Ricerche di marketing (in $)		100.000	120.000	150.000	100.000
14. Utile netto sulle vendite (in $)	(10–11–12–13)	1.200.000	1.865.000	3.070.000	1.100.000

Analisi delle minacce e delle opportunità. Il responsabile identifica le principali minacce e opportunità relativamente ai fattori esterni che possono influenzare il futuro del settore in esame. Opportunità e minacce sono presentate secondo la rispettiva importanza e probabilità di manifestarsi, e in modo tale da suggerire le azioni da intraprendere. Le principali opportunità che si presentano per la linea "Soundtrack" della Techno sono:

- I consumatori mostrano un crescente interesse per sistemi stereofonici modulari maggiormente compatti, e la Techno dovrebbe prendere in considerazione il progetto di uno o più modelli di questo tipo.
- Due fra le principali catene di grandi magazzini desidererebbero com-

mercializzare la linea "Soundtrack" a condizione di ricevere un sostegno pubblicitario supplementare.
- Una delle principali catene di discount desidera commercializzare la linea "Soundtrack" a condizione di poter usufruire di uno sconto speciale in rapporto alla quantità acquistata.

Le principali minacce per la linea "Soundtrack" sono:

- Un numero sempre maggiore di consumatori acquista il sistema modulare in negozi all'ingrosso o discount, dove la Techno è scarsamente presente.
- Un numero sempre maggiore di consumatori delle classi sociali elevate mostra una preferenza per i sistemi componibili, e la Techno non produce una linea di componenti audio.
- Alcuni concorrenti hanno realizzato degli altoparlanti più piccoli del normale, mantenendo costante la qualità del suono, e i consumatori sembrano preferirli a quelli di dimensioni normali.
- Il governo potrebbe varare una normativa più severa in materia di sicurezza dei prodotti, il che comporterebbe, da parte della Techno, la necessità di riprogettare alcuni modelli.

Analisi dei punti di forza e di debolezza. Un dirigente dovrebbe anche identificare i punti di forza e debolezza dell'impresa. I punti in questione sono fattori interni, al contrario di minacce e opportunità, che sono fattori esterni. I punti di forza mettono in evidenza alcune delle possibili strategie vincenti dell'impresa, mentre le debolezze mostrano alcuni degli aspetti che devono essere corretti.

I principali punti di forza della linea "Soundtrack" sono:

- Il nome Techno è molto conosciuto ed è legato a un'immagine di alta qualità.
- I rivenditori della linea "Soundtrack" hanno un buon livello di competenza tecnica e commerciale.
- La Techno dispone di un'ottima rete di assistenza, e i consumatori sanno che, all'occorrenza, possono ottenere rapide riparazioni.

I principali punti di debolezza della linea "Soundtrack" sono:

- Non è possibile dimostrare che la qualità del suono dei modelli "Sound-

track" sia migliore di quelli della concorrenza, e proprio la qualità del suono può essere uno dei fattori determinanti nella scelta della marca.
- La Techno stanzia per pubblicità e promozione solamente il 5 % del fatturato, mentre alcuni dei principali concorrenti ne stanziano il doppio.
- La linea "Soundtrack" della Techno non ha una posizione di mercato definita chiaramente, al contrario della Magnavox (qualità) o della Sony (innovazione).
- La Techno ha bisogno di un proprio specifico argomento di vendita. L'attuale campagna pubblicitaria non è, infatti, particolarmente creativa ed entusiasmante.
- I prodotti di marca Techno hanno prezzi più elevati di quelli delle altre marche, senza che ciò sia giustificato da una differenza di qualità chiaramente percepita.
 La Techno perde così i consumatori attenti al prezzo. La strategia dei prezzi andrebbe riconsiderata.

Analisi dei problemi. In questa parte del piano l'impresa utilizza i risultati delle analisi delle minacce/opportunità e dei punti di forza/debolezza per definire i problemi principali che il piano dovrà affrontare. Le decisioni su questi problemi porteranno, conseguentemente, alla definizione di obiettivi, strategie e tattiche.

A proposito della linea "Soundtrack", la Techno dovrà analizzare i seguenti problemi principali:

- La Techno deve restare nel mercato degli apparecchi stereofonici? È in grado di competere con successo? Dovrebbe realizzare o disinvestire in questa linea di prodotti?
- Se la Techno resta nel mercato dovrà continuare con gli stessi prodotti, canali di distribuzione, politiche dei prezzi e di promozione, limitandosi ad aggiustamenti dove è possibile?
- O dovrà invece entrare nei canali in rapida espansione (come i negozi discount) e, se sì, sarà possibile farlo senza perdere la fedeltà dei propri canali tradizionali?
- La Techno dovrà intensificare le attività di pubblicità e di promozione per raggiungere il livello di spesa dei concorrenti, conseguendo così un adeguato aumento della quota di mercato e della redditività?
- O dovrà piuttosto aumentare gli investimenti nella R&S per sviluppare caratteristiche tecniche di suono e stile all'avanguardia?

3.2.4 Obiettivi

A questo punto la direzione aziendale dispone degli opportuni elementi conoscitivi e deve prendere alcune decisioni di base a proposito degli obiettivi. Questi obiettivi indirizzeranno la successiva definizione delle strategie e dei programmi d'azione. Occorre stabilire due tipi di obiettivi, quelli finanziari e quelli di marketing.

Gli obiettivi finanziari. Ogni impresa persegue determinati obiettivi finanziari. Gli azionisti mirano a conseguire un dato tasso di rendimento a lungo termine, per quanto concerne il capitale investito, nonché un certo profitto nell'esercizio corrente. La direzione generale della Techno desidera che ogni unità operativa abbia un certo tasso di profitto e di rendimento sull'investimento. Inoltre, essa punta al rafforzamento della linea "Soundtrack". Il responsabile di prodotto fissa per la linea "Soundtrack" i seguenti obiettivi finanziari:

- Ottenere nei prossimi cinque anni un tasso medio di rendimento sull'investimento del 20% al netto delle imposte.
- Realizzare nel 1991 profitti netti per 1,8 milioni di dollari.
- Realizzare nel 1991 un flusso di cassa di 2 milioni di dollari.

Gli obiettivi di marketing. Gli obiettivi finanziari devono essere tradotti in obiettivi di marketing. Se, per esempio, l'impresa punta a un profitto di 1,8 milioni di dollari, pari a un margine del 10% sulle vendite, allora deve fissare a 18 milioni di dollari il traguardo di vendita. Se il prezzo medio unitario è di 260 dollari, allora deve vendere 69.230 unità. Se si considera che le vendite di tutto il settore raggiungono 2.300.000 unità, ciò rappresenta una quota di mercato del 3% circa. Per mantenere questa quota di mercato, l'impresa dovrà fissare alcuni traguardi per quanto concerne la copertura distributiva, l'informazione ai consumatori ecc. Pertanto, gli obiettivi di marketing potrebbero essere di questo tipo:

- Raggiungere nel 1991 un volume totale delle vendite in termini monetari di 18 milioni di dollari, il che rappresenta un incremento del 9% rispetto all'anno precedente.
- Di conseguenza, raggiungere un volume delle vendite di 69.230 unità, il che rappresenta una quota di mercato stimata al 3%.

- Aumentare, nel periodo considerato dal piano, il numero dei consumatori a conoscenza della linea "Soundtrack" dal 15 al 30%.
- Aumentare del 10% il numero dei punti di vendita.

Questi obiettivi devono essere fissati seguendo certi criteri, come abbiamo già avuto modo di sottolineare. In primo luogo, ogni obiettivo dovrebbe essere esposto in una forma chiara e misurabile, con l'indicazione del periodo di tempo entro cui deve essere raggiunto. In secondo luogo, i diversi obiettivi devono essere tra loro compatibili. In terzo luogo, se possibile, gli obiettivi dovrebbero essere esposti gerarchicamente, in modo che gli obiettivi minori appaiano chiaramente derivati da quelli principali. Da ultimo, gli obiettivi dovrebbero essere raggiungibili, ma allo stesso tempo a un livello tale da stimolare il massimo impegno.

3.2.5 Strategia di marketing

Nella sezione del piano dedicata a questo argomento il manager descrive la strategia generale di marketing che sarà usata. Nello sviluppo di una strategia di marketing, il manager si trova a dover scegliere tra numerose alternative. Ogni obiettivo può essere raggiunto in diversi modi. Per esempio, l'obiettivo di aumentare il volume delle vendite del 9% può essere raggiunto aumentando il prezzo medio di ogni unità, aumentando il volume totale delle vendite e/o vendendo un numero maggiore dei prodotti di prezzo maggiore. Ognuno di questi obiettivi può essere, a sua volta raggiunto in diversi modi. Il volume totale delle vendite può aumentare se si aumenta il tasso di crescita del mercato, e/o se si aumenta la quota di mercato. A sua volta il tasso di crescita del mercato può essere aumentato convincendo i consumatori ad avere più apparecchi nella stessa abitazione, o a sostituire più frequentemente i vecchi sistemi. In corrispondenza di ogni obiettivo, il manager può identificare le principali opzioni strategiche disponibili per la linea di prodotto.

La formulazione della strategia richiede di operare delle scelte di base tra le diverse opzioni. L'enunciazione della strategia di base può assumere la forma seguente:

> La strategia di base della Techno per la linea "Soundtrack" è di puntare alle famiglie di classe elevata e in particolare alle donne. La linea di

prodotto sarà estesa aggiungendo altri modelli di prezzo sia inferiore sia superiore a quelli già esistenti. Il prezzo medio della linea sarà incrementato del 4%. Sarà sviluppata una nuova e più intensa campagna pubblicitaria per rafforzare nella mente del consumatore la percezione di affidabilità già collegata alla marca Techno. Verrà realizzato un piano di promozione delle vendite di notevole impegno, onde attirare una maggiore attenzione verso la linea da parte di venditori e consumatori. Verrà accresciuto il livello di copertura distributiva mediante i grandi magazzini, ma verranno evitati i negozi discount. Infine, verranno accresciuti gli stanziamenti per il "restyling" della linea "Soundtrack", in modo da rispecchiare l'alta qualità del suono e l'affidabilità.

In alternativa, la formulazione della strategia può essere presentata in forma schematica, facendo riferimento ai principali strumenti di marketing, come mostra la tavola 3-3.

Nel corso della definizione della strategia, il responsabile della linea "Soundtrack" dovrà esaminare i vari aspetti della stessa con i responsabili delle funzioni interessate, tenendo ben presente che dalla loro collaborazione dipende il successo o il fallimento dell'operazione. Attraverso il contatto con i responsabili degli acquisti e della produzione, egli dovrà assicurarsi che i programmi di approvvigionamento e di produzione siano sufficienti a realizzare i volumi produttivi in grado di alimentare i programmi di vendita. Con i responsabili delle vendite dovranno inoltre essere esaminati i problemi connessi alla commercializzazione, mentre gli aspetti finanziari dovranno essere chiariti con la competente direzione.

3.2.6 Piani d'azione

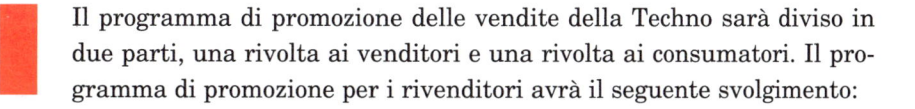

L'enunciazione della strategia indica le premesse generali di marketing che il manager utilizzerà per raggiungere gli obiettivi di mercato.

Ogni elemento della strategia di marketing deve essere ora studiato analiticamente per rispondere alle seguenti domande: Cosa sarà fatto? Quando sarà fatto? Chi lo farà? Quanto verrà a costare? Ecco un esempio.

Il programma di promozione delle vendite della Techno sarà diviso in due parti, una rivolta ai venditori e una rivolta ai consumatori. Il programma di promozione per i rivenditori avrà il seguente svolgimento:

Tavola 3-3 Enunciazione della strategia

Mercato obiettivo:	Famiglie di classe elevata, con particolare riguardo verso l'acquirente donna.
Posizionamento:	Il miglior sistema stereofonico modulare per qualità del suono e affidabilità.
Linea di prodotti:	Aggiungere un modello di prezzo inferiore e due modelli di prezzo superiore.
Prezzo:	Leggermente superiore alle marche concorrenti.
Canali di distribuzione:	Forte presenza nei negozi di radio e televisione e in quelli di elettrodomestici; impegno accresciuto per quanto concerne i grandi magazzini.
Forza di vendita:	Aumentare del 10% la consistenza e introdurre un unico sistema di gestione della clientela a livello nazionale.
Assistenza:	Rapida e disponibile nel modo più ampio possibile.
Pubblicità:	Lanciare una nuova campagna pubblicitaria, mirata al mercato obiettivo, in appoggio alla strategia di posizionamento; dare maggiore rilevanza negli annunci ai modelli di prezzo più elevato; aumentare il budget pubblicitario del 20%.
Promozione delle vendite:	Aumentare il budget della promozione delle vendite per migliorare la presenza espositiva sui punti di vendita e per partecipare più efficacemente alle mostre specializzate del settore.
Ricerca & Sviluppo:	Aumentare la spesa del 25% per migliorare le caratteristiche esteriori della linea "Soundtrack".
Ricerche di mercato:	Aumentare le spese del 10% per migliorare la conoscenza del processo di scelta del consumatore e per controllare le mosse dei concorrenti.

Aprile. La Techno prenderà parte alla Fiera Campionaria Internazionale di Milano. Claudio Verdi, direttore della promozione verso i rivenditori, curerà gli aspetti organizzativi. Il costo preventivato è di 140.000 dollari.

Agosto. Sarà bandito un concorso, che offrirà un viaggio premio in Kenya ai tre rivenditori che avranno fatto registrare il maggior incremento percentuale nelle vendite dei modelli della linea "Soundtrack". Il costo preventivato di questo concorso sarà di 13.000 dollari.

Il programma di promozione verso i consumatori sarà così strutturato:

Febbraio. La Techno annuncerà a mezzo stampa che verrà regalato un cofanetto con i successi di tutti i più grandi artisti di jazz a tutti coloro che acquisteranno un modello della linea "Soundtrack" entro la fine del mese. Sarà Carla Guidi, direttrice della promozione verso i consumatori, a curare la realizzazione del progetto, il cui costo preventivato è di 5.000 dollari.

Settembre. Un comunicato pubblicitario sulle principali riviste di opinione e femminili annuncerà che, recandosi presso i punti di vendita durante la seconda settimana del mese per una dimostrazione della linea "Soundtrack", si potrà partecipare a un'estrazione con in palio dieci modelli della linea. Il costo corrispondente è previsto in 4.000 dollari.

3.2.7 Previsione di conto economico

Sulla base dei piani d'azione, il responsabile di prodotto può predisporre un budget di riferimento che non è altro se non una previsione di conto economico. Nei ricavi trovano indicazione il volume delle vendite previsto e il prezzo medio per unità di venduto. Tra i costi sono indicati i costi di produzione, quelli della distribuzione fisica e quelli commerciali, suddivisi nelle rispettive componenti. La differenza tra ricavi e costi dà il profitto atteso. La direzione esaminerà il budget e potrà approvarlo o modificarlo. Se il budget presentato è troppo elevato, il responsabile di prodotto dovrà operare alcuni tagli. Il budget, una volta approvato, diventa la base per la definizione delle risorse necessarie alla realizzazione delle operazioni di marketing.

3.2.8 Controlli

L'ultima parte del piano evidenzia i controlli che saranno effettuati per la verifica del processo di attuazione del piano. Normalmente, gli obiettivi e i budget hanno cadenza mensile o trimestrale, così che la direzione può controllare i risultati al termine di ogni periodo e individuare le aree di attività che non riescono a conseguire i propri obiettivi. I responsabili delle aree in questione devono fornire delle spiegazioni sui motivi dei risultati negativi e indicare quali provvedimenti siano stati presi per portare a compimento il piano.

Talvolta, nella parte dedicata ai controlli si trovano i piani di contingenza. Un piano di contingenza evidenzia i passi che la direzione intraprenderebbe in occasione degli avvenimenti sfavorevoli che verosimilmente potrebbero verificarsi, come, ad esempio, una guerra dei prezzi o uno sciopero. Lo scopo della pianificazione di contingenza è quello di incoraggiare i dirigenti ad analizzare in anticipo alcune delle difficoltà che potrebbero verificarsi.

Note

[1] E. Jerome McCarthy e William D. Perreault, *Basic Marketing: A Managerial Approach*, Richard D. Irwin, Homewood 1990, 10ª ed. (la prima è del 1960). Vale la pena di considerare due classificazioni alternative. La prima venne proposta da Frey nel 1961 e si basava sulla classificazione delle variabili decisorie di marketing in due gruppi: le variabili costitutive dell'*offerta* (prodotto, confezione, marca, prezzo e servizio), e le variabili di *supporto* (canali di distribuzione, pubblicità, promozione e relazioni pubbliche); si veda Albert W. Frey, *Advertising*, Ronald Press, New York 1961, 3ª ed., p. 30. Lazer e Kelly, a loro volta, proposero una classificazione basata su tre gruppi di variabili: la *combinazione di beni e servizi* (*goods and service mix*), la *combinazione distributiva* (*distribution mix*) e la *combinazione di comunicazione* (*communication mix*). Si veda William Lazer e Eugene J. Kelly, *Managerial Marketing: Perspectives and Viewpoints*, Richard D. Irwin, Homewood 1962, p. 413.

[2] Peter F. Drucker, *Manuale di management*, Etas Libri, Milano 1978.

[3] Per un approfondimento, si vedano i corrispondenti casi raccolti in Ph. Kotler, J. B. Clark e W. G. Scott, *Marketing management. Casi*, Isedi, Torino 1992.

Capitolo 4

Il sistema informativo e le ricerche di marketing

*Io dispongo di sei onesti servitori
(essi mi hanno insegnato tutto ciò che conosco).
I loro nomi sono: Cosa, Perché, Quando, Come, Dove e Chi.*

Rudyard Kipling

Abbiamo visto come sia indispensabile iniziare il processo di pianificazione strategica e di marketing integrando la visione interna con quella esterna all'impresa. Il management dev'essere in grado di monitorare le forze che operano nell'ambiente di marketing, al fine di garantire la corrispondenza fra i prodotti e le attività dell'impresa e le attese del mercato. Ma in che modo i manager si rendono conto di come si modificano i bisogni dei clienti, delle iniziative dei nuovi concorrenti, delle trasformazioni in atto nei sistemi distributivi, e così via? La risposta è chiara. Il management deve sviluppare e mantenere un avanzato sistema informativo di marketing, assicurando nel contempo lo sviluppo di un'adeguata capacità di trarre dal medesimo il massimo vantaggio ai fini del processo decisionale. In questo capitolo esamineremo le modalità in base alle quali le imprese raccolgono e usano le informazioni di marketing. Nei successivi quattro capitoli verranno approfonditi i problemi connessi all'uso delle informazioni per valutare le caratteristiche dell'ambiente di marketing, nonché del comportamento dei consumatori, degli acquirenti istituzionali e dei concorrenti. Nel corso della lunga storia delle imprese, il management ha rivolto gran parte della propria attenzione alla gestione del *denaro*, dei *materiali*, delle *macchine* e degli *uomini*. Un'attenzione decisamente minore è stata rivolta all'*informazione*. È raro trovare dirigenti d'azienda che siano pienamente soddisfatti delle informazioni di marketing a loro disposizione. In particolare, essi mettono in risalto le seguenti carenze:

- Non c'è abbastanza informazione di marketing del tipo appropriato.
- In compenso, vi sono troppe informazioni di scarsa utilità.
- L'informazione di marketing è così dispersa nell'ambito dell'azienda che occorre un grande sforzo per localizzare dati anche semplici.
- L'informazione di marketing a volte viene eliminata dai collaboratori, allorquando essi ritengono che la stessa potrà influenzare sfavorevolmente la loro attività.
- Informazioni importanti spesso arrivano troppo tardi per essere utili.
- È difficile valutare il grado di attendibilità di un'informazione.

Molte imprese non si sono ancora adattate all'intensificato fabbisogno d'informazione indispensabile per svolgere efficacemente l'azione di marketing in un'economia moderna. Tre fenomeni evolutivi rendono keting più vitale di quanto lo sia

...nale al marketing globale. A mano
...estensione geografica dei loro merca-
...à di una quantità d'informazione sul
...assato.

...ai bisogni ai desideri. All'aumen-
... diventano più selettivi nella scelta
...rese trovano maggiori difficoltà nel
...ti alle diverse caratteristiche, ai di-
...dotti, e adottano quindi sistemi for-

— **Il passaggio dalla concorrenza di prezzo a quella non di prezzo.**
All'aumentare della diffusione delle marche, della differenziazione di prodotto, della pubblicità e della promozione delle vendite, le imprese necessitano di informazioni sull'efficacia di questi strumenti di marketing.

L'enorme aumento del fabbisogno d'informazione è stato soddisfatto, da parte dell'offerta, per mezzo di nuove tecnologie informative. Gli ultimi trent'anni hanno visto lo sviluppo del computer, della microfilmatura, della televisione a circuito chiuso, delle macchine fotocopiatrici, dei registratori magnetici, della trasmissione per facsimile e di altre attrezzature che hanno rivoluzionato il mondo dell'informazione. Tuttavia, molte imprese sono assai poco progredite dal punto di vista informativo. Non poche sono le aziende che non hanno un ufficio di ricerche di marketing. Molte altre hanno uffici di modeste dimensioni il cui lavoro si limita a previsioni di routine, ad analisi delle vendite e a sondaggi occasionali. Solo poche aziende hanno sviluppato sistemi informativi di marketing evoluti che forniscono al management dell'azienda informazioni e analisi di marketing aggiornate.

4.1 Concetto e struttura di un sistema informativo di marketing

Ogni impresa è percorsa da numerosi flussi informativi di interesse per i dirigenti di marketing. Molte aziende stanno studiando i fabbisogni informativi dei propri dirigenti e progettano dei Sistemi Informativi di

Marketing (SIM) per soddisfarli; un SIM combina fra loro diversi input e presenta rapporti integrati e finalizzati, anziché una pletora di dati non correlati fra loro. Un sistema informativo di marketing (illustrato nella figura 4-1) può essere definito come segue:

> Un *sistema informativo di marketing* è una struttura integrata e interagente di persone, attrezzature e procedure, finalizzata a raccogliere, classificare, analizzare, valutare e distribuire informazioni pertinenti, tempestive e accurate, destinate agli operatori di decisioni di mercato.

Figura 4-1 Il sistema informativo di marketing

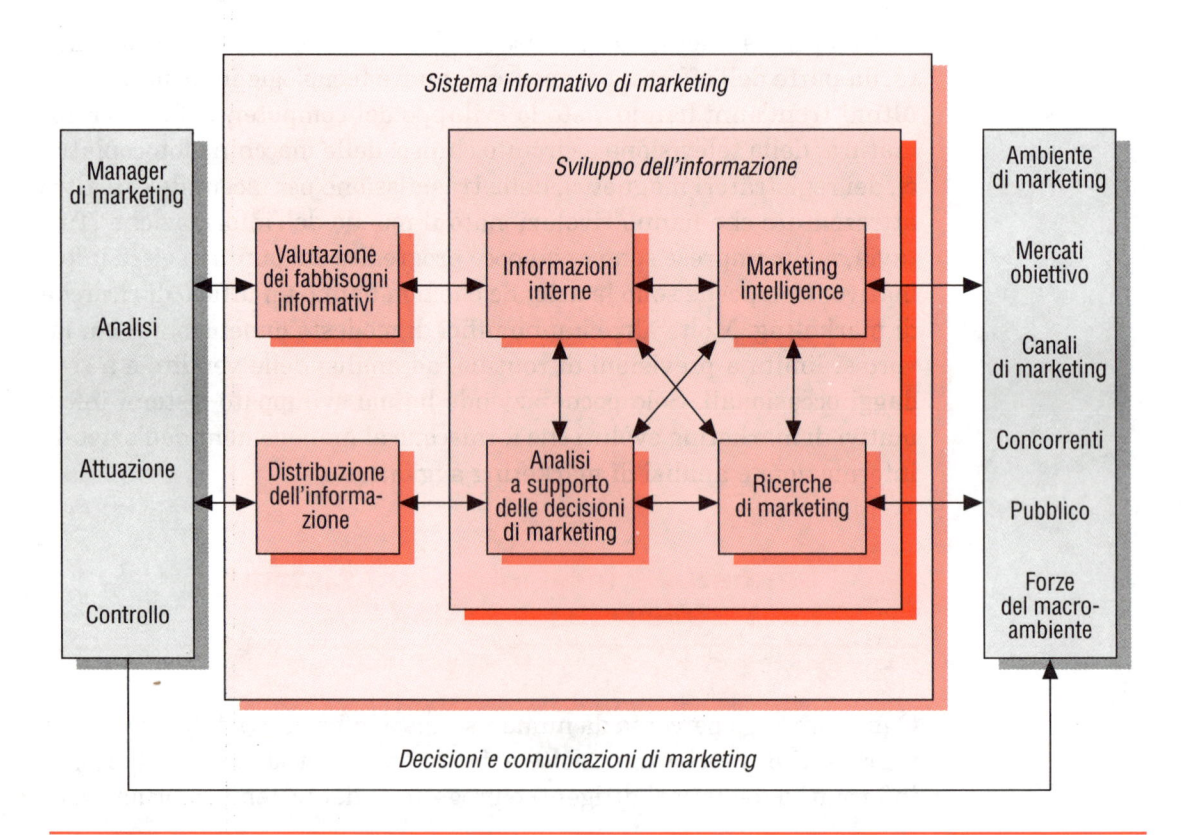

I dirigenti di marketing, per poter svolgere le proprie funzioni di analisi, pianificazione, attuazione e controllo (a sinistra nella figura), hanno bisogno di informazioni sull'ambiente di marketing (a destra nella figura).

Il ruolo di un SIM consiste nel definire il fabbisogno informativo, acquisire le informazioni richieste e distribuirle in modo tempestivo e nella forma richiesta a coloro che prendono le decisioni.

L'informazione finalizzata alle decisioni di marketing può essere acquisita attraverso il sistema delle rilevazioni interne all'azienda, l'attività di marketing intelligence, le ricerche di mercato e il sistema delle analisi a supporto delle decisioni di marketing.

Esamineremo ora i principali sottosistemi del sistema informativo di marketing dell'impresa.

4.2 Il sistema delle rilevazioni interne

Il più elementare sistema informativo usato dai dirigenti di marketing è rappresentato dal sistema delle rilevazioni interne. Si tratta del sistema che riporta informazioni sugli ordini, le vendite, i clienti, il livello delle scorte, i crediti, i debiti e così via.

Analizzando queste informazioni, i dirigenti di marketing possono individuare importanti opportunità o problemi.

4.2.1 Il ciclo ordine - spedizione - fatturazione

Il cuore del sistema delle rilevazioni interne è il ciclo ordine - spedizione - fatturazione. Gli agenti di vendita, i rivenditori e i clienti inviano ordini all'impresa. L'ufficio ordini prepara le conferme d'ordine in più copie e le invia ai vari reparti; i prodotti non disponibili a magazzino vengono ordinati; i prodotti spediti vengono accompagnati da documenti di spedizione e fatture, anch'essi in più copie e inviate ai diversi reparti. L'impresa è interessata a uno svolgimento rapido e accurato di questo processo. Agli agenti di vendita è richiesto di inviare i loro ordini ogni sera, in alcuni casi anche immediatamente; l'ufficio ordini è organizzato per dar seguito agli ordini rapidamente, mentre il magazzino deve spedire la merce al più presto possibile, con la contemporanea emissione delle fatture. Il computer ha il compito di rendere più veloce il ciclo ordine - spedizione - fatturazione.[1]

4.2.2 I rapporti di vendita

I dirigenti di marketing ricevono i rapporti di vendita qualche tempo dopo che le vendite sono state effettuate. Nelle imprese del settore alimentare i rendiconti sulle consegne da magazzino vengono diramati con una discreta regolarità, ma i rapporti sulle vendite al dettaglio, basati sulle informazioni fornite da speciali panel di negozi o di consumatori, richiedono circa due mesi.

Nell'industria automobilistica i dirigenti devono attendere circa 10 giorni i loro rapporti di vendita; se le vendite diminuiscono, devono lavorare duramente e affrontare dieci notti insonni, prima di poter disporre del rapporto successivo. Molti dirigenti di marketing lamentano il fatto che nella loro azienda i rapporti sulle vendite non siano abbastanza veloci.

Ecco due imprese che hanno progettato sistemi di informazione sulle vendite tempestivi e completi:

> **Mead Paper.** Gli agenti di vendita della Mead possono ottenere risposte immediate alle richieste dei loro clienti sulla disponibilità di carta, semplicemente telefonando al centro di elaborazione dati della Mead Paper. Il computer determina se la carta è disponibile nel magazzino più vicino e quando può essere spedita; se non è in stock, il computer verifica le scorte degli altri magazzini nelle vicinanze, fino a localizzare il quantitativo richiesto. Se la carta non è in stock in nessuno dei magazzini, il computer determina dove e quando la carta può essere prodotta. L'agente di vendita ottiene una risposta in pochi secondi e in questo modo ha un vantaggio sui suoi concorrenti.
>
> **Barilla.** Per accelerare la raccolta degli ordini, è stata recentemente completata la riorganizzazione della rete dei venditori. Ognuno di essi è stato dotato di un personal computer portatile, mediante il quale gli ordini raccolti vengono trasmessi ogni sera alla sede centrale, la quale procede immediatamente alla loro elaborazione e trasmissione alle unità produttive competenti.

4.2.3 La progettazione di un sistema orientato all'utente

Nella progettazione di un sistema avanzato di informazioni sulle vendite, l'impresa dovrebbe guardarsi da alcuni pericoli. Innanzitutto, è possibile creare un sistema che renda disponibili troppe informazioni. I dirigenti arrivano nel loro ufficio ogni mattina per affrontare voluminose statistiche di vendita, sulle quali devono passare troppo tempo, o che addirittura sono costretti a ignorare. In secondo luogo, è possibile creare un sistema che fornisca informazioni troppo tempestive. I dirigenti possono finire con l'avere reazioni eccessive, a seguito di modeste variazioni negative delle vendite.

Con le nuove tecnologie dell'informazione oggi disponibili, le imprese sono in grado di scegliere strumenti che il proprio management può agevolmente gestire.

Il sistema informativo di marketing dell'impresa dovrebbe rappresentare il punto di incontro fra ciò di cui i dirigenti pensano di avere bisogno, e ciò che è economicamente fattibile. Un passo utile consiste nella formazione di un *comitato per la pianificazione dell'informazione di marketing*, incaricato di prendere contatto con una parte rappresentativa dei dirigenti di marketing – product manager, direttori vendite, agenti di vendita, e così via – per individuare i fabbisogni informativi.

Un'utile serie di domande è illustrata nella tavola 4-1. Il comitato per la pianificazione dell'informazione dovrà porre particolare attenzione alle esigenze e alle lamentele più acute. Allo stesso tempo, il comitato dovrà limitare alcune delle pretese necessità d'informazione. I dirigenti che hanno una particolare inclinazione per l'informazione ne elencheranno un gran numero, non riuscendo a *distinguere fra ciò che sarebbe bello sapere e ciò che c'è bisogno di sapere*. Altri dirigenti saranno troppo occupati per considerare il questionario e ometteranno molte cose che dovrebbero conoscere. Ecco perché il comitato per la pianificazione dell'informazione dovrà sviluppare un'altra fase, in cui determinare che cosa i dirigenti dovrebbero sapere per poter prendere decisioni in modo responsabile. Per esempio, che cosa hanno bisogno di sapere i responsabili di marca per definire le dimensioni dello stanziamento pubblicitario? Probabilmente dovrebbero conoscere il grado di saturazione del mercato, il tasso di caduta delle vendite in assenza di pubblicità e i piani di investimento in pubblicità dei concorrenti. In conclusione, il sistema informativo dovrebbe essere progettato per fornire i dati occorrenti per prendere le decisioni di marketing fondamentali.

Tavola 4-1 Questionario per determinare il fabbisogno di informazioni di marketing

1. Quali tipi di decisioni siete regolarmente chiamati ad assumere?
2. Quali tipi di informazioni vi occorrono per prendere queste decisioni?
3. Quali tipi di informazioni ottenete regolarmente?
4. Quali tipi di studi richiedete periodicamente?
5. Quali tipi di informazioni attualmente non disponibili gradireste ricevere?
6. Quali informazioni vorreste avere giornalmente? Settimanalmente? Mensilmente? Annualmente?
7. Quali riviste e quali studi sul vostro settore vorreste che vi fossero regolarmente trasmessi?
8. Su quali specifici argomenti vorreste esser tenuti informati?
9. Quali tipi di programmi per l'analisi dei dati vorreste che fossero resi disponibili?
10. Quali sarebbero, secondo voi, i quattro miglioramenti più utili che si potrebbero apportare al vostro attuale sistema informativo di marketing?

4.3 Il sistema di marketing intelligence

Mentre il sistema contabile fornisce ai dirigenti dati sui risultati, il sistema di marketing intelligence fornisce loro i dati sugli avvenimenti.

> Il *sistema di marketing intelligence* può essere definito come l'insieme delle procedure e delle fonti usato dai dirigenti per ottenere le informazioni correnti sugli sviluppi pertinenti nell'ambiente di marketing.

I dirigenti tengono sotto controllo l'ambiente secondo le seguenti modalità:

- **Osservazione generale**: approccio generale all'informazione, senza che il dirigente abbia in mente nessuno scopo specifico.
- **Osservazione condizionata**: approccio specifico, senza che questo comporti una ricerca attiva, a tipi più o meno chiaramente identificati d'informazione.

- **Ricerca informale**: sforzo relativamente limitato e non strutturato per ottenere informazioni specifiche o per uno scopo ben definito.
- **Ricerca formale**: sforzo deliberato – che di solito segue un piano prestabilito, una procedura, o una metodologia – per assicurarsi informazioni specifiche o informazioni che riguardano uno specifico argomento.

I dirigenti di marketing creano il proprio sistema di marketing intelligence principalmente da soli, leggendo libri, giornali e riviste di settore, partecipando a incontri e convegni sui temi di interesse, parlando con clienti, fornitori, distributori e altre persone all'esterno dell'impresa, e con gli altri dirigenti e il personale all'interno della stessa. Questo sistema è però del tutto casuale, e a volte informazioni importanti possono non essere acquisite o possono essere acquisite troppo tardi. I dirigenti possono venire a sapere di mosse della concorrenza, di nuovi bisogni dei clienti, o di problemi dei rivenditori troppo tardi per dare una risposta efficace.

Le imprese ben gestite intraprendono altre azioni per migliorare la qualità e la quantità delle loro informazioni di marketing. Prima di tutto, addestrano e motivano la forza di vendita a individuare e a riferire circa le nuove situazioni. I funzionari di vendita sono "gli occhi e le orecchie" dell'azienda, e si trovano in una posizione eccellente per cogliere delle informazioni che andrebbero perse con altri mezzi. Tuttavia, essi sono troppo impegnati e spesso non riescono a far pervenire informazioni significative. L'impresa deve "vendere" alla propria forza di vendita l'importanza che essa dà alla raccolta d'informazioni e deve enfatizzare quest'importanza attraverso i premi sulle vendite. Alla forza di vendita dovrebbero essere chiesti rapporti facili da compilare, e i funzionari di vendita dovrebbero sapere quale tipo d'informazioni far avere a ciascuno dei dirigenti della propria azienda.

In secondo luogo, l'impresa motiva i distributori, i dettaglianti e le altre organizzazioni collegate, affinché siano il veicolo di un'efficace raccolta di informazioni. Alcune imprese incaricano degli specialisti di raccogliere le informazioni sul mercato. Questi mandano in giro dei "clienti fantasma" che verificano il modo in cui i dettaglianti presentano i prodotti dell'impresa e dei concorrenti. Molte informazioni sulla concorrenza possono essere acquisite comprandone i prodotti, visitando mostre e fiere, leggendo i bilanci e presenziando alle assemblee annuali, parlando con gli ex dipendenti e con gli attuali, i rivenditori, i distributori, i fornitori e gli spedizionieri, analizzando la pubblicità e infine la stampa economica e specializzata. In terzo luogo, l'impresa acquista informazioni dai fornitori specializzati di informazione. Società specializzate nelle ricerche di marketing continuative, come A.C. Nielsen, AGB Italia, IMS, SITA e Telepanel, rilevano sistematicamente dati presso campioni rappresentativi, o panel, di negozi e famiglie, riguardanti le vendite, gli acquisti, le scorte, i prezzi dei vari prodotti. Sulla base di questi dati, vengono predisposti rapporti che forniscono alle imprese acquirenti le necessarie informazioni per il controllo della propria situazione di mercato (andamento delle quote di mercato, posizionamento nei confronti dei concorrenti, efficacia delle azioni promozionali, ecc.).[2]

In quarto luogo, alcune imprese costituiscono appositi *centri per raccogliere e distribuire le informazioni di marketing*. Il centro analizza sistematicamente le principali pubblicazioni, sintetizza le notizie rilevanti e distribuisce ai dirigenti di marketing un bollettino informativo. Il centro sviluppa inoltre un archivio di informazioni rilevanti e assiste i dirigenti nel valutare le nuove informazioni. Centri di questo genere operano nelle aziende di maggiori dimensioni, particolarmente sensibili nei confronti del valore dell'informazione. Laddove venga conseguita una buona integrazione fra le componenti fondamentali dell'informazione – informazione interna ed esterna, informazione micro e macro-economica, informazione di mercato e informazione tecnologica, ecc. –, è possibile conseguire elevati livelli di efficacia del sistema di intelligence.

4.4 Il sistema delle ricerche di marketing

Oltre alle informazioni fornite dal sistema contabile interno e da quello di marketing intelligence, i dirigenti di marketing spesso hanno la necessità di studi focalizzati su problemi e opportunità specifici. Possono aver bisogno di un sondaggio di mercato, di una prova di prodotto, di una previsione delle vendite a livello delle varie aree, o di uno studio sull'efficacia della pubblicità.

Di norma i dirigenti non hanno personalmente la capacità o il tempo necessari per ottenere queste informazioni, perciò commissionano apposite ricerche di marketing. Una ricerca di marketing può essere così definita:

> La *ricerca di marketing* consiste nella sistematica progettazione, raccolta, analisi e presentazione dei dati e delle informazioni rilevanti per una specifica situazione di marketing a cui l'impresa deve far fronte.[3]

4.4.1 I fornitori di ricerche di marketing

Un'impresa può realizzare ricerche di marketing in diversi modi. Una piccola o media impresa, ad esempio, può avvalersi di un consulente o di un istituto specializzato, al quale affidare l'incarico di progettare ed eseguire una ricerca su un tema di interesse. Le aziende maggiori, in genere, hanno un proprio servizio ricerche di marketing, che può essere costituito da uno fino a parecchie decine di ricercatori. Il responsabile delle ricerche di marketing normalmente riferisce al direttore marketing e agisce come direttore di ricerca, gestore di risorse e consulente aziendale. Lo staff è costituito da tecnici di ricerca, statistici, esperti di scienze del comportamento ed esperti di modelli matematici.

Le imprese normalmente investono nelle ricerche di marketing un budget che può anche raggiungere il 3-3,50% del fatturato aziendale. Un ammontare compreso fra metà e tre quarti di questo budget viene speso direttamente dal servizio, mentre il restante viene speso acquistando i servizi di istituti di ricerche di marketing esterni. Gli istituti di ricerche di marketing possono essere raggruppati in tre categorie:

- **Istituti di ricerca multicliente.** Questi istituti raccolgono periodicamente informazioni sui consumatori e sui canali di distribuzione, che poi rivendono alle imprese clienti. Un esempio di questo tipo di istituti è costituito dalla A.C. Nielsen Company, leader mondiale nel settore.
- **Istituti di ricerca "ad hoc".** Questi istituti vengono incaricati di svolgere specifici progetti di ricerca. Essi partecipano alla progettazione dello studio, e il rapporto finale diventa di proprietà del cliente. In Italia, costituiscono esempi di questi istituti la Doxa, Eurisko, GPF & A., Explorer e altri ancora.
- **Istituti di servizi per la ricerca di marketing.** Questi istituti forniscono servizi specializzati ad altri istituti di ricerche di marketing e agli uffici ricerche di marketing delle imprese. Il miglior esempio è costituito dagli istituti di "field service", i quali effettuano le interviste "sul campo" per conto di altre imprese.[4]

4.4.2 Le finalità della ricerca di marketing

I ricercatori di marketing hanno continuamente esteso le loro tecniche.

Le dieci attività più comuni sono la *determinazione delle caratteristiche del mercato*, la *misura dei potenziali di mercato*, l'*analisi della quota di mercato*, l'*analisi delle vendite*, gli *studi sugli sviluppi del settore*, gli *studi sui prodotti concorrenti*, le *previsioni di breve termine*, gli *studi sull'accettazione e il potenziale dei nuovi prodotti*, le *previsioni a lungo termine* e gli *studi per la determinazione del prezzo*.

Questi studi hanno beneficiato di tecniche sempre più sofisticate. La tavola 4-2 mette in evidenza il periodo in cui, approssimativamente, le varie tecniche sono entrate nell'uso delle ricerche di marketing. Molte di esse – come la costruzione del questionario e il campionamento per area – sono state usate piuttosto presto e sono state applicate rapidamente e ampiamente dai ricercatori di marketing. Altre – come le ricerche motivazionali e i metodi matematici – si sono fatte strada con difficoltà, suscitando lunghe e roventi discussioni fra gli addetti ai lavori sulla loro utilità pratica, ma anch'esse si sono stabilizzate nell'insieme delle metodologie di ricerca del marketing.[5]

4.4.3 Il processo di ricerca di marketing

La ricerca di marketing viene intrapresa per meglio comprendere un problema di marketing. Un brand manager della Procter & Gamble commissionerà tre o quattro ricerche di marketing importanti all'anno. I dirigenti di marketing delle imprese minori ne ordineranno meno.

Un'efficace ricerca di marketing comporta cinque fasi: *definizione del problema e degli obiettivi di ricerca, sviluppo delle fonti di informazione, raccolta delle informazioni, analisi delle stesse e presentazione dei risultati* (si veda la figura 4-2). Queste fasi saranno illustrate mediante la situazione qui di seguito descritta.

> L'American Airlines, una delle maggiori compagnie aeree degli Stati Uniti, cerca costantemente nuovi modi di soddisfare i bisogni dei passeggeri. La direzione avrebbe voluto offrire alcuni nuovi servizi in grado di costituire per la società un vantaggio competitivo rispetto alle altre compagnie. A questo scopo, alcuni dirigenti si erano riuniti in una sessione di brainstorming e avevano generato alcune idee che ruotavano

Figura 4-2 Il processo di ricerca di marketing

```
┌─────────────┐   ┌─────────────┐   ┌─────────────┐   ┌─────────────┐   ┌─────────────┐
│ Definizione │   │Individuazione│   │  Raccolta   │   │   Analisi   │   │Presentazione│
│ del problema│──▶│  delle fonti │──▶│    delle    │──▶│    delle    │──▶│ dei risultati│
│e degli obiettivi│ │di informazione│ │ informazioni│   │ informazioni│   │             │
│ della ricerca│   │             │   │             │   │             │   │             │
└─────────────┘   └─────────────┘   └─────────────┘   └─────────────┘   └─────────────┘
```

attorno al miglior servizio di ristorazione, agli svaghi in volo, alla disponibilità di giornali e riviste, e così via. Un dirigente ebbe l'idea di offrire un servizio telefonico ai passeggeri che desideravano effettuare chiamate mentre volavano a diecimila metri di quota. Gli altri dirigenti si entusiasmarono a quest'idea e convennero che si dovessero effettuare ulteriori ricerche. Il dirigente di marketing che aveva suggerito l'idea si offrì di effettuare alcune ricerche preliminari. Contattò la principale società di telecomunicazioni per verificare se il servizio telefonico potesse tecnicamente essere fornito a bordo dei Jumbo in volo tra la Costa Orientale e la Costa Occidentale. Volle sapere quante chiamate si sarebbero dovute effettuare in media durante un volo, e a quale prezzo, per coprire il costo del servizio. La società di telecomunicazioni precisò che il sistema sarebbe costato alla compagnia aerea circa mille dollari per volo. La compagnia aerea avrebbe potuto raggiungere il pareggio se avesse addebitato 25 dollari per ogni telefonata e se almeno 40 passeggeri avessero effettuato chiamate durante un volo. Il direttore marketing contattò allora il responsabile delle ricerche di marketing dell'azienda e gli chiese di verificare quale sarebbe stata la risposta dei viaggiatori nei confronti di questo nuovo servizio.

La definizione del problema e degli obiettivi della ricerca. La prima fase della ricerca richiede che il dirigente di marketing e il ricercatore definiscano attentamente il problema e concordino gli obiettivi della ricerca. Per qualsiasi problema vi sono centinaia di cose su cui si può fare ricerca. A meno che il problema non sia ben definito, il costo della raccolta d'informazioni può superare largamente il valore dei risultati. Un vecchio adagio dice: «un problema ben definito è già risolto per metà».

Tavola 4-2 Evoluzione delle tecniche della ricerca di marketing

Decennio	Tecniche
Prima del 1910	Osservazione diretta Sondaggi elementari
1910-20	Analisi delle vendite Analisi dei costi operativi
1920-30	Formulazione del questionario Tecnica del sondaggio
1930-40	Campionamento per quote Analisi della correlazione semplice Analisi dei costi di distribuzione Tecniche di controllo dei punti di vendita (*store auditing*)
1940-50	Campionamento probabilistico Metodi di regressione Inferenza statistica avanzata Panel di consumatori e di punti di vendita
1950-60	Ricerca motivazionale Ricerca operativa Regressione multipla e correlazione multipla Pianificazione degli esperimenti Strumenti per la misura degli atteggiamenti
1960-70	Analisi fattoriale e analisi discriminatoria Modelli matematici Analisi bayesiana e teoria della decisione Tecniche di graduazione Elaborazione e analisi elettronica dei dati Simulazione di marketing Conservazione e reperimento delle informazioni
1970-80	Scale multidimensionali Modelli econometrici Modelli globali per la pianificazione di marketing Laboratori per le prove di marketing Modelli attitudinali multiattributi
1980-90	Analisi congiunta (*conjoint analysis*) e analisi delle alternative (*tradeoff analysis*) Analisi causale Sistemi computerizzati di intervista Codici a barre e lettori ottici (*scanner*) Correlazione canonica

Il management deve evitare di assumere una definizione del problema troppo ampia, oppure una troppo ristretta. Se il dirigente di marketing dice al ricercatore: «Scopri tutto quello che puoi sui bisogni di chi viaggia in aereo», egli otterrà molte informazioni non necessarie e potrebbe non ottenere l'informazione di cui ha realmente bisogno. D'altro canto, se il dirigente di marketing dice: «Scopri se un numero sufficiente di passeggeri dei B 747 in volo tra la Costa Orientale e la Costa Occidentale sarebbe disposto a far telefonate pagando un prezzo che permetta all'American Airlines di raggiungere il pareggio dei costi di servizio», il problema assume una dimensione troppo ristretta. Il ricercatore di marketing a quel punto potrebbe obiettare: «Perché l'American Airlines dovrebbe raggiungere il pareggio sul costo del servizio vero e proprio? La pubblicità fatta a questo servizio potrebbe procurare all'American Airlines un numero di nuovi passeggeri tale da consentire alla compagnia di coprire i costi anche nel caso di un insufficiente numero di telefonate.

Molti viaggiatori potrebbero volare con l'American Airlines semplicemente perché fa loro piacere sapere che a bordo esiste un telefono, anche se probabilmente non lo useranno».

Si supponga che i due manager lavorino ancora sul problema e individuino un altro aspetto: «Se il nuovo servizio avesse successo, con quanta rapidità le altre compagnie aeree lo copierebbero?». La storia della concorrenza commerciale delle linee aeree è piena di nuovi servizi che sono stati copiati dai concorrenti così rapidamente che nessuna compagnia ha ottenuto un vantaggio competitivo duraturo. Perciò è importante determinare il valore dell'essere primi e per quanto tempo è possibile mantenere questo vantaggio.

Il direttore marketing e il responsabile delle ricerche potrebbero definire il problema in questi termini: «L'offerta di un servizio telefonico in volo creerà maggiori preferenze e profitti per l'American Airlines, sufficienti a giustificare il proprio costo rispetto ad altri possibili investimenti che la compagnia potrebbe fare?». Gli obiettivi specifici della ricerca potrebbero quindi essere così definiti:

1. Per quali motivi i passeggeri di una linea aerea potrebbero voler telefonare a terra mentre sono in volo, anziché attendere e telefonare dopo l'atterraggio?
2. Quali categorie di passeggeri potrebbero manifestare con maggior frequenza il desiderio di telefonare a terra durante un volo?

3. Quanti passeggeri di un tipico volo su lunga distanza con un B 747 è probabile che telefonino a terra? E in che misura questa probabilità potrebbe essere influenzata dal prezzo? Quale potrebbe essere il miglior prezzo da addebitare?
4. Quanti passeggeri in più potrebbero scegliere un volo dell'America Airlines per effetto di questo nuovo servizio?
5. Quanto questo servizio potrebbe giovare nel lungo periodo all'immagine della American Airlines?
6. Qual è l'importanza relativa di altri fattori – ad esempio la frequenza dei voli, i pasti, il servizio bagagli – ai fini della scelta della compagnia aerea, e che importanza assumerebbe il servizio telefonico rispetto a questi altri fattori?

Non tutti i progetti di ricerca si prestano a una definizione degli obiettivi così specifica. Si possono distinguere tre tipi di ricerche.

- **Ricerche esplorative**: consistono nella raccolta preliminare di dati per far luce sulla reale natura del problema e possibilmente per suggerire alcune ipotesi o alcune nuove idee.
- **Ricerche descrittive**: si utilizzano per descrivere certe grandezze, come il numero di passeggeri che farebbero telefonate in volo al prezzo di 25 dollari l'una.
- **Ricerche causali**: si effettuano per verificare delle relazioni di causa ed effetto, ad esempio per verificare se un prezzo di 20 dollari per telefonata anziché di 25 determinerebbe un aumento del numero di telefonate di almeno il 20%.

Lo sviluppo del piano di ricerca. Il secondo stadio della ricerca di marketing consiste nello sviluppo del metodo più efficiente per raccogliere le informazioni occorrenti. Il dirigente di marketing non può limitarsi a porre al ricercatore il problema nei termini seguenti: «Trova dei passeggeri e domanda loro se farebbero uso di un servizio telefonico in volo, ammesso che fosse disponibile». Il piano di ricerca dovrebbe essere progettato su base professionale. Allo stesso tempo, il dirigente di marketing dovrebbe conoscere i metodi di ricerca abbastanza bene da poter approvare il piano di ricerca e da saperne interpretare i risultati ottenuti.

La tavola 4-3 evidenzia come la definizione di un piano di ricerca implichi decisioni sulle *fonti dei dati*, sui *metodi d'indagine*, sugli *stru-*

Tavola 4-3 La definizione del piano di ricerca

Fonti dei dati	Dati secondari	Dati primari		
Modelli di ricerca	Osservazione	Intervista di gruppo	Sondaggio	Esperimento
Tecniche di ricerca	Questionari	Strumenti meccanici		
Piano di campionamento	Unità campione	Numerosità campione	Metodo di campionamento	
Metodi di contatto	Telefonico	Postale	Personale	

menti per la raccolta dei dati, sul *piano di campionamento* e sui *metodi di contatto*.

Fonti di dati. Il piano di ricerca può richiedere la raccolta di dati secondari, di dati primari, o di entrambi. I *dati secondari* sono *informazioni che esistono in qualche luogo, poiché sono già state raccolte per un altro scopo*. In caso contrario, il ricercatore deve raccogliere *dati primari*, che consistono in *informazioni originali raccolte specificamente per lo scopo della ricerca*.

Dati secondari. I ricercatori abitualmente iniziano le loro indagini esaminando i dati secondari, per verificare se il loro problema possa essere risolto in tutto o in parte senza ricorrere alla costosa raccolta dei dati primari.

La tavola 4-4 mostra la grande varietà di fonti di dati secondari disponibili, comprendendo le *fonti interne* (la contabilità analitica dell'azienda, i rapporti di vendita, i rapporti di ricerche precedenti) e le *fonti esterne* (pubblicazioni periodiche o meno, edite da istituzioni pubbliche o da società commerciali).[6]

Nel caso del progetto della American Airlines, i ricercatori possono trovare in abbondanza dati secondari sul mercato del trasporto aereo di passeggeri. Per esempio, le pubblicazioni dello U.S. Civil Aeronautics Board forniscono dati sul fatturato, sui tassi di sviluppo e sulle quote di mercato delle varie compagnie.

Presso la Air Transport Association of America esistono numerosi studi sulle caratteristiche dei passeggeri aerei, sulle loro preferenze nei confronti delle compagnie e sul loro comportamento. Analogamente,

Tavola 4.4 Fonti di dati secondari

A. Fonti interne aziendali

Le fonti interne aziendali includono il conto profitti e perdite, la situazione patrimoniale, le statistiche e i rapporti di vendita, i movimenti di magazzino, le ricerche effettuate in passato.

B. Pubblicazioni ufficiali

In Italia, la principale fonte ufficiale in materia di dati è costituita dall'Istituto Centrale di Statistica (ISTAT). Tale istituto pubblica costantemente una notevole quantità di dati di interesse per l'impresa. Ricordiamo qui le principali pubblicazioni:

- **Annuario Statistico Italiano**. Pubblicato annualmente, fornisce i dati indispensabili per la conoscenza dei vari aspetti demografici, economici, sociali del Paese. I maggiori paesi dispongono di pubblicazioni analoghe – per gli Stati Uniti, si può ricordare lo *Statistical Abstract of the United States* –, il che consente all'impresa operante sui mercati internazionali di acquisire un'indispensabile base conoscitiva a un costo assolutamente irrisorio.
- **Annuario di statistiche demografiche**. Comprende tutte le statistiche sul movimento della popolazione.
- **Annuario di statistiche sanitarie**. Riunisce le statistiche sulle cause di morte, sull'attività delle istituzioni sanitarie, ecc.
- **Annuario di statistiche industriali**. Riunisce tutte le informazioni fondamentali sull'attività delle imprese industriali.
- **Statistica mensile del commercio con l'estero**. Fornisce i dati relativi all'andamento delle importazioni e delle esportazioni a seconda delle varie voci della tabella doganale e dei paesi di provenienza e destinazione.
- Altre pubblicazioni di interesse includono: Censimenti generali dell'agricoltura; Censimenti generali della popolazione; Censimenti generali dell'industria, del commercio, dei servizi e dell'artigianato; Annuario statistico del commercio interno e del turismo; Annuario di statistiche del lavoro; Conti economici nazionali, ecc.
- Alle pubblicazioni edite dall'ISTAT, occorre aggiungere la notevole produzione statistica e informativa realizzata da altre istituzioni di natura pubblica, quali i Ministeri, le Camere di Commercio, la Banca d'Italia, le Regioni, l'Istituto Nazionale per lo Studio della Congiuntura (ISCO); l'Istituto Nazionale per il Commercio Estero (ICE), ecc.
- Alle fonti nazionali, occorre poi aggiungere le molteplici fonti sovranazionali e internazionali. Per quanto concerne la Comunità Europea, la fonte fondamentale è costituita dall'Eurostat, istituzione derivan-

numerose agenzie di viaggi dispongono di dati che potrebbero gettar luce sul come i viaggiatori aerei scelgono la compagnia di cui servirsi.

I dati secondari forniscono un punto di partenza per la ricerca e offrono i vantaggi di un costo più basso e di una più rapida disponibilità. D'altro canto, i dati necessari al ricercatore potrebbero non esistere, oppure i dati esistenti potrebbero essere poco aggiornati, imprecisi, incompleti o non affidabili. In questo caso il ricercatore dovrà raccogliere

te dalla collaborazione dei vari istituti statistici nazionali. Occorre poi citare organismi fondamentali sotto il profilo della "produzione" di dati quali le Nazioni Unite, l'OCSE, la Banca Mondiale, il GATT, ecc.

C. Libri e periodici

La mole dell'informazione pubblicata a livello mondiale è semplicemente enorme. Repertori, elenchi, articoli, rapporti, abstract, vengono sfornati in quantità crescente allo scopo di soddisfare la domanda di informazione in materia di economia, finanza, tecnologia, relazioni politiche, ecc.

Per quanto concerne l'Italia, molteplici sono le fonti di pubblicazioni, periodiche e non, di interesse per gli operatori di marketing.

Vanno in primo luogo ricordate le associazioni di categoria e di settore (Confindustria, Associazione Bancaria Italiana, Confcommercio, Federchimica, Federmeccanica, ecc.), le cui pubblicazioni comprendono annuari e repertori vari, nonché statistiche periodiche il cui interesse va spesso al di là delle aree di specifica competenza. A titolo di esempio, si ricordano la *Rassegna Congiunturale*, pubblicazione mensile della Confindustria, il *Bollettino Statistico della Banca d'Italia*, gli *Annuari* dell'ABI. Fra le riviste, si fa menzione delle seguenti: *Espansione*, *Uomini & Business* e *L'impresa* (mensili); *Mondo economico* e *Il Mondo* (settimanali); *Finanza, Marketing e Produzione* (trimestrale); *Micro & Macro Marketing* (quadrimestrale). A quelle nazionali occorre naturalmente aggiungere quelle internazionali, di particolare importanza per una conoscenza aggiornata dei mercati e delle tecniche di marketing. Fra le pubblicazioni periodiche rilevanti per l'operatore di marketing è possibile includere: *Journal of Marketing*, *Journal of Marketing Research*, *Journal of Consumer Research* (tutte trimestrali e pubblicate dalla American Marketing Association), *Advertising Age*, *Chain Store Age*, *Business Week*, *Fortune*, *Forbes*, *Harvard Business Review*.

Fonti utilissime di informazioni sono poi i quotidiani economici, quali *Financial Times*, *The Wall Street Journal* e, per l'Italia, *Il Sole 24 Ore*. Sulla scrivania del manager aperto all'informazione non può infine mancare *The Economist*, l'autorevole settimanale inglese.

D. Dati commerciali

L'industria dell'informazione ha ormai raggiunto uno sviluppo tale da poter offrire alle imprese e alle istituzioni una gamma assai ampia di prodotti informativi, dai consumi delle famiglie, all'ascolto dei programmi televisivi, all'attività delle imprese dei vari settori, e così via. Per una descrizione di queste fonti di dati secondari si veda: Peter M. Chisnall, *Le ricerche di marketing*, McGraw-Hill Libri Italia, Milano 1990, pp. 242-247.

---

dati primari, a un costo maggiore e in un lasso di tempo più lungo, ma probabilmente con maggior aderenza e accuratezza.

Dati primari. La maggior parte dei progetti di ricerca di marketing comporta una raccolta di dati primari. Come si è già detto, la raccolta di dati primari è più costosa, ma di solito i dati sono più aderenti al problema in esame. La procedura normale è di intervistare alcune persone individualmente o in gruppi per ottenere delle indicazioni preliminari sugli atteggiamenti nei confronti delle varie compagnie aeree; di sviluppare, sulla base dei risultati, un approccio d'intervista estensivo più formalizzato e il relativo metodo d'indagine; di metterli a punto e infine di applicarli sul campo. Le varie opzioni che si presentano al ricercatore per raccogliere dati primari possono essere comprese più chiaramente esaminando il secondo elemento del piano di ricerca, cioè i vari metodi d'indagine alternativi.

I metodi d'indagine. I dati primari possono essere raccolti mediante tre modalità generali: l'osservazione, il sondaggio, la sperimentazione.

La ricerca per osservazione. Un modo per raccogliere dati di prima mano consiste nell'osservare gli attori e le situazioni rilevanti. I ricercatori dell'American Airlines potrebbero frequentare gli aeroporti, gli uffici delle linee aeree e le agenzie di viaggi per ascoltare le opinioni dei viaggiatori nei confronti delle diverse compagnie e per vedere come gli agenti gestiscono il processo di scelta del volo e di sistemazione dei passeggeri sui voli. I ricercatori potrebbero volare sugli aerei della American e dei concorrenti per osservare la qualità dei servizi in volo e per ascoltare le reazioni dei consumatori. Le loro osservazioni potrebbero consentire di formulare utili ipotesi su come i viaggiatori scelgono il loro vettore aereo.

L'intervista di gruppo. L'intervista di gruppo viene svolta con un numero di intervistati variabile da sei a dieci; le persone da intervistare vengono invitate a passare alcune ore con un intervistatore esperto per discutere su un prodotto, un servizio, un'organizzazione, o un altro argomento di marketing. L'intervistatore deve essere obiettivo e imparziale e deve conoscere a fondo l'argomento trattato, le dinamiche di gruppo e il comportamento dei consumatori; in caso contrario i risultati ottenuti dall'intervista di gruppo potrebbero condurre a conclusioni errate. Ai partecipanti viene normalmente pagata una piccola somma per la partecipazione o viene dato loro un omaggio. La riunione si svolge in genere in un ambiente distensivo (ad esempio in una casa), e vengono serviti rinfreschi per stimolare l'informalità.

Nel caso della American Airlines, l'intervistatore potrebbe iniziare con domande di ampio respiro, ad esempio: «Che cosa ne pensate del viaggiare in aereo?». Le domande si volgono poi verso argomenti più specifici, come l'opinione delle persone sulle varie linee aeree, sui diversi servizi, e infine sul servizio telefonico in volo. L'intervistatore incoraggia una discussione libera e informale fra i partecipanti, nella speranza che le dinamiche di gruppo facciano emergere le sensazioni e le opinioni più profonde. Nello stesso tempo l'intervistatore focalizza la discussione, da cui il nome "focus group". I commenti degli intervistati vengono registrati in audio o video e successivamente vengono studiati per capire gli atteggiamenti e i comportamenti dei consumatori.

L'intervista di gruppo può essere un'utile premessa alla progettazione di sondaggi su larga scala. Essa fornisce una visione approfondita delle percezioni, degli atteggiamenti e della soddisfazione dei consumatori, visione che sarà importante per definire i punti da indagare in modo più formalizzato. I ricercatori devono evitare qualsiasi generalizzazione delle opinioni raccolte con l'intervista di gruppo e qualsiasi estensione all'intero mercato, poiché la numerosità del campione è troppo piccola e il campione non è estratto casualmente.

La ricerca per sondaggio. La ricerca per sondaggio sta a metà strada fra la casualità della ricerca per osservazione e il rigore della ricerca sperimentale. Generalmente parlando, l'osservazione è più adatta per le ricerche esplorative, i sondaggi sono più adatti per le ricerche descrittive, la sperimentazione è più adatta per le ricerche casuali. Le aziende effettuano sondaggi per acquistare informazioni su ciò che la gente conosce, preferisce, su ciò che la soddisfa e così via, e per misurare l'ampiezza di questi fenomeni nella popolazione. Così, i ricercatori della American Airlines potrebbero verificare con un sondaggio quante persone conoscono l'American, quante hanno volato con essa, quante la preferiscono, e così via.

Maggiori dettagli sulla ricerca per sondaggio saranno illustrati più avanti, nella parte riguardante gli strumenti per la raccolta dei dati, il piano di campionamento, i metodi di contatto.

La ricerca sperimentale. È il metodo d'indagine più formalizzato. La ricerca sperimentale richiede la selezione di gruppi correlati d'individui, il loro trattamento differenziato, il controllo delle variabili estranee e la verifica della significatività statistica delle differenze osservate. Nella misura in cui i fattori estranei sono eliminati o controllati, gli effetti osservati possono essere correlati con le variazioni nello stimolo. Lo scopo della ricerca sperimentale è di individuare le relazioni di causa ed effetto, eliminando interpretazioni contrastanti dei risultati osservati.

> Un esempio di schema di ricerca sperimentale potrebbe essere l'installazione del servizio telefonico in volo da parte dell'American su uno dei suoi normali collegamenti New York-Los Angeles. Si supponga che, durante il primo volo, essa annunci la disponibilità di questo servizio al prezzo di 25 dollari per telefonata. Sullo stesso volo del giorno seguente, essa potrebbe annunciare la disponibilità del servizio a 15 dollari per telefonata. Se l'aereo trasporta lo stesso numero di passeggeri su ogni volo, e se il giorno della settimana non è influente, allora qualsiasi differenza significativa nel numero delle telefonate effettuate potrebbe essere correlata con il prezzo richiesto. Lo schema sperimentale potrebbe essere ulteriormente elaborato verificando prezzi diversi, ripetendo lo stesso prezzo su diversi voli, o estendendo l'esperimento su altre rotte. Il metodo sperimentale fornisce le informazioni più convincenti per quanto riguarda la correttezza dei controlli effettuati. Nella misura in cui la progettazione e l'esecuzione dell'esperimento eliminano le ipotesi alternative che potrebbero spiegare gli stessi risultati, il ricercatore e il dirigente di marketing possono assumere come valide le conclusioni raggiunte.

Gli strumenti per la raccolta dei dati. I ricercatori di marketing possono scegliere fra due principali strumenti di ricerca per la raccolta di dati primari: il questionario e i dispositivi meccanici.

Il questionario. Il questionario è di gran lunga lo strumento più comune per la raccolta di dati primari. Un questionario consiste, in senso lato, di un insieme di domande formulate a un interlocutore per ottenere le sue risposte. Il questionario è molto flessibile, poiché vi sono molti modi di porre le domande. I questionari devono essere formulati con molta attenzione, verificati e messi a punto, prima di poter essere somministrati su larga scala. In genere è possibile rilevare molteplici errori in un questionario preparato casualmente (si veda il quadro 4-1).

Nel preparare un questionario il ricercatore sceglie attentamente le domande da porre, la loro forma, le parole da usare e la sequenza delle domande stesse. Un tipo di errore che si commette comunemente concerne le domande che vengono poste, vale a dire si includono spesso nel questionario domande non necessarie, oppure alle quali l'intervistato non vorrà o non saprà rispondere, tralasciando invece delle domande per le quali bisognerebbe ottenere risposta. Ogni domanda dovrebbe essere controllata per verificare in che misura contribuisce agli obiettivi della ricerca: le domande che sono soltanto interessanti dovrebbero

Quadro 4-1 Un questionario discutibile

Si supponga che una compagnia aerea abbia preparato il seguente questionario per intervistare i passeggeri. Che cosa ne pensate di ogni domanda? (Rispondete prima di leggere i commenti in ciascun riquadro).

1. Qual è il suo reddito, arrotondato alle 100.000 lire?

Non sempre la gente conosce il proprio reddito arrotondato alle 100.000 lire, né desidera rivelare il proprio reddito con tanta precisione. Inoltre un questionario non dovrebbe mai iniziare con una domanda così personale.

2. Lei è un passeggero aereo occasionale o abituale?

Come si definisce un passeggero aereo abituale rispetto a uno occasionale?

3. Le piace questa compagnia aerea?
   Sì ☐   No ☐

Piacere è un termine relativo. Inoltre, le persone risponderanno a questa domanda in modo veritiero? E ancora, l'alternativa Sì-No è il miglior modo per ottenere una risposta a questa domanda?

4. Quanti annunci pubblicitari di linee aeree ha visto alla televisione l'aprile dello scorso anno? E in questo mese di aprile?

Chi può ricordarlo?

5. Quali sono gli attributi salienti e determinanti nella valutazione di una linea aerea?

Quali sono gli attributi "salienti" e "determinanti"?

6. Lei pensa che sia giusto che il governo metta una tassa sui biglietti aerei privando così moltissime persone della possibilità di volare?

Come si può rispondere a una domanda così palesemente parziale?

---

essere eliminate, poiché allungano inutilmente il tempo dell'intervista e mettono a dura prova la pazienza dell'intervistato.

Il *tipo di domanda* può influenzare le risposte. I ricercatori di marketing distinguono tra domande a risposta chiusa e domande a risposta aperta. Le *domande a risposta chiusa* prevedono tutte le possibili risposte, fra cui l'intervistato sceglierà la sua. La tavola 4-5A mostra le forme più comuni di domande a risposta chiusa. Le *domande a risposta aperta* consentono all'intervistato di rispondere con parole proprie. Queste domande assumono forme diverse: le principali sono mostrate nella tavola 4-5B. In generale, le domande a risposta aperta forniscono informazioni più ricche e approfondite, perché gli intervistati possono

Tavola 4-5 Tipi di domande

	A. Domande a risposta chiusa	
Tipo di domanda	*Descrizione*	*Esempio*
Dicotomica	Una domanda che offre due alternative di risposta	"Per prenotare questo volo ha telefonato personalmente alla American Airlines?" SI ❑ NO ❑
A scelta multipla	Una domanda che offre tre o più alternative di risposta	"Con chi sta viaggiando su questo volo?" Nessuno ❑ Moglie ❑ Moglie e figli ❑ Solo i figli ❑ Colleghi/amici/parenti ❑ Un gruppo organizzato ❑
Scala di Likert	Una frase rispetto alla quale il rispondente dichiara l'intensità del proprio accordo o disaccordo	"In genere le piccole compagnie aeree danno al cliente un servizio migliore delle grandi" Per niente d'accordo 1 ❑ Poco d'accordo 2 ❑ Abbastanza d'accordo 3 ❑ Molto d'accordo 4 ❑ Completamente d'accordo 5 ❑
Scala del differenziale semantico	È una scala inserita fra due parole bipolari, tra cui il rispondente sceglie il punto che rappresenta la direzione e l'intensità della propria opinione o sensazione	**American Airlines** Grande ✗ _ _ _ _ _ _ Piccola Esperta _ ✗ _ _ _ _ _ Inesperta Moderna _ _ _ ✗ _ _ _ Antiquata
Scala d'importanza	È una scala che classifica l'importanza di alcuni attributi e varia da "per nulla importante" a "estremamente importante"	"Il servizio di ristorazione di una linea aerea per me è" Estremamente importante 1 ❑ Molto importante 2 ❑ Abbastanza importante 3 ❑ Non molto importante 4 ❑ Per nulla importante 5 ❑
Scala di valutazione	È una scala che classifica alcuni attributi da "scadente" a "eccellente"	"Il servizio di ristorazione della American Airlines è" Eccellente 1 ❑ Ottimo 2 ❑ Buono 3 ❑ Discreto 4 ❑ Scadente 5 ❑

segue Tavola 4-5 Tipi di domande

	B. Domande a risposta aperta	
Tipo di domanda	*Descrizione*	*Esempio*
Completamente non strutturata	È una domanda alla quale il rispondente può rispondere in un numero praticamente illimitato di modi	"Qual è la sua opinione sulla American Airlines?"
Associazione di parole	Una alla volta vengono presentate alcune parole e l'intervistato dice la prima parola che gli viene in mente	"Qual è la prima parola che le viene in mente se io le dico le seguenti?" Aviolinea _____ American _____ Viaggio _____
Completamento di frasi	All'intervistato vengono presentate alcune frasi incomplete, una alla volta, e gli viene chiesto di completarle	"Quando scelgo una linea aerea, la considerazione più importante nella mia decisione è" _____
Completamento di storie	All'intervistato viene presentata una storia incompleta e gli viene chiesto di completarla	"Ho volato con la American Airlines alcuni giorni fa. Ho notato che l'esterno e l'interno dell'aereo avevano colori molto brillanti. Ciò mi ha fatto venire in mente le seguenti opinioni e sensazioni". Ora completi la storia.
Completamento di illustrazione	Viene presentata all'intervistato un'illustrazione con due personaggi, uno dei quali dice una frase. Viene richiesto all'intervistato di identificarsi con l'altro personaggio e di riempire il fumetto vuoto	Riempia il fumetto vuoto
Test di appercezione tematica (TAT)	Viene presentata un'illustrazione e si chiede all'intervistato di costruire una storia su ciò che egli pensa che stia accadendo o possa accadere nell'illustrazione	Costruisca una storia su quel che vede

rispondere più liberamente. Le domande aperte sono particolarmente utili nella fase esplorativa della ricerca, nella quale il ricercatore si propone di scoprire che cosa pensa la gente, piuttosto che di misurare quante persone la pensino in un certo modo. Le domande chiuse, dal canto loro, forniscono risposte più facili da interpretare e da tabulare.

Si dovrebbero anche scegliere con cura le parole usate nella *formulazione delle domande*. Il ricercatore dovrebbe costruire frasi semplici, dirette, non equivoche. Prima di utilizzare il questionario in una ricerca estensiva, le domande dovrebbero essere verificate effettuando delle interviste-pilota. Anche la *sequenza delle domande* dovrebbe essere oggetto di cure particolari. Le domande iniziali dovrebbero, se possibile, creare interesse; le domande difficili o quelle personali dovrebbero essere poste alla fine dell'intervista, in modo che l'intervistato non assuma atteggiamenti difensivi. I dati per la classificazione dell'intervistato vengono messi per ultimi, poiché sono più personali e meno interessanti per l'intervistato stesso. Le domande, inoltre, dovrebbero succedersi in ordine logico.

Strumenti meccanici. Benché i questionari siano lo strumento di ricerca più comunemente usato, nelle ricerche di marketing vengono anche usati dispositivi meccanici. Per misurare l'intensità dell'interesse o delle emozioni di una persona, susseguenti all'esposizione della persona stessa a una descrizione o a una illustrazione, vengono usati dei galvanometri. Il galvanometro rileva il minimo grado di trasudazione che si accompagna al sorgere delle emozioni. Il tachistoscopio è uno strumento che proietta un annuncio pubblicitario a un intervistato con un tempo di esposizione che può variare da meno di un centesimo di secondo a parecchi secondi.

Dopo ogni esposizione l'intervistato descrive tutto ciò che ricorda di aver visto. Le "eye cameras" vengono usate per studiare i movimenti dei bulbi oculari dei rispondenti, al fine di verificare su quali punti prima di tutto, in un annuncio pubblicitario, si posino gli occhi degli intervistati, per quanto tempo indugino su determinate parti, e così via. L'"audiometer" è un apparecchio che viene collegato al televisore nelle famiglie partecipanti alle indagini per registrare quando il televisore è acceso e su quale emittente è sintonizzato.

Il piano di campionamento. Il ricercatore di marketing deve progettare un piano di campionamento, e ciò implica tre decisioni:

1. **Definizione delle unità campione**. Le unità campione sono la risposta alla domanda "Chi deve essere intervistato?". L'unità campione adatta non sempre è ovvia. Nel sondaggio della American Airlines le unità campione dovrebbero essere coloro che viaggiano per affari, i turisti, o entrambi? Dovrebbero essere intervistati i viaggiatori al di sotto dei ventun anni di età? Dovrebbero essere intervistati sia i mariti sia le mogli?
2. **Determinazione della numerosità del campione**. È la risposta alla domanda "Quante persone dovrebbero essere intervistate?". I grandi campioni forniscono risultati più affidabili dei campioni piccoli, comunque non è necessario inserire nel campione l'intero universo o una sua parte considerevole per raggiungere risultati affidabili. Campioni di meno dell'1% di una popolazione spesso possono fornire una buona affidabilità, purché venga usata una procedura di campionamento affidabile.
3. **Scelta della procedura di campionamento**. È la risposta alla domanda "In che modo dovrebbero essere scelti gli intervistati?". Per ottenere un campione rappresentativo si dovrebbe estrarre un campione probabilistico della popolazione; il campionamento probabilistico permette di calcolare il cosiddetto intervallo di confidenza per l'errore di campionamento. In questo modo si potrebbe concludere, dopo che sia stato estratto il campione, che "l'intervallo fra 5 e 7 viaggi all'anno ha il 95% di probabilità di contenere il numero reale di viaggi effettuati annualmente dai viaggiatori in aereo nel sud-ovest". Nella tavola 4-6A vengono descritti tre tipi di campioni probabilistici. Quando il costo o il tempo richiesti dal campionamento probabilistico sono troppo alti, i ricercatori di marketing utilizzano campioni non probabilistici. La tavola 4-6B descrive tre tipi di campioni non probabilistici. Alcuni ricercatori di marketing pensano che il campione non probabilistico possa essere molto utile in parecchie circostanze, anche se non è possibile calcolare l'errore di campionamento.

I metodi di contatto. La scelta del metodo di contatto risponde alla domanda "In che modo dovrebbe essere contattato l'intervistato?". Le possibili scelte sono l'intervista telefonica, postale o personale.

- L'*intervista telefonica* è il metodo migliore per raccogliere informazioni rapidamente; l'intervistatore può inoltre chiarire subito le domande quando queste non vengono capite dall'intervistato. Due limiti importanti sono costituiti dal fatto che soltanto le persone in possesso di telefono possono essere intervistate e che le interviste devono essere brevi e non troppo personali.

Tavola 4-6 Tipi di campioni probabilistici e non probabilistici

A. Campioni probabilistici	
Campione casuale semplice	Ogni membro della popolazione ha una probabilità uguale e nota di essere selezionato.
Campione casuale stratificato	La popolazione viene suddivisa in gruppi mutuamente esclusivi (ad esempio gruppi di età), e da ogni gruppo viene estratto un campione casuale.
Campione a grappolo	La popolazione è divisa in gruppi mutuamente esclusivi (ad esempio, blocchi di edifici), e il ricercatore estrae un campione di gruppi d'intervistandi.

B. Campioni non probabilistici	
Campione di convenienza	Il ricercatore sceglie i membri della popolazione da cui è più facile ottenere le informazioni.
Campione ragionato	Il ricercatore usa il proprio giudizio per selezionare i membri della popolazione che prevedibilmente forniranno le informazioni più accurate.
Campione per quote	Il ricercatore individua e intervista il numero prescritto di persone in ciascuna delle categorie assegnate.

■ Il *questionario postale* può essere il modo migliore per raggiungere le persone che non concederebbero interviste personali o le persone che a un intervistatore darebbe risposte distorte. I possibili limiti del questionario postale sono che esso richiede domande formulate con frasi semplici e chiare e che il ritorno dei questionari compilati avviene con lentezza e in percentuali generalmente basse.

■ L'*intervista personale* è il più versatile dei tre metodi. L'intervistatore può porre più domande e può completare le interviste con le proprie osservazioni personali. L'intervista personale è il metodo più costoso e richiede una maggior quantità di lavoro di pianificazione e supervisione. L'intervista personale può essere effettuata in due modi: individualmente o in gruppo.

- L'*intervista individuale* implica che il contatto con le persone da intervistare avvenga nelle loro case, o sul posto di lavoro, o fermandole per strada. L'intervistatore deve ottenere la loro collaborazione e quindi svolgere l'intervista, che può durare da pochi minuti fino a più di un'ora. A volte, alla persona da intervistare viene offerta una piccola somma o un omaggio per compensarla della collaborazione.

  L'intervista personale può essere programmata o improvvisa. Nel primo caso, l'intervistatore prende contatto preventivamente con la persona da intervistare, mentre nel secondo caso il soggetto dell'intervista viene individuato contestualmente all'effettuazione della medesima, per strada, nei pressi di un centro commerciale, all'uscita da una banca, o altro.

La raccolta delle informazioni. Dopo aver messo a punto il progetto di ricerca, il ricercatore deve iniziare personalmente la raccolta delle informazioni o subappaltarla a un'organizzazione specializzata. Questa fase è in genere la più costosa e la più soggetta a errori.

Nel caso dei sondaggi sorgono principalmente quattro problemi: alcuni intervistati non saranno a casa e dovranno essere ricontattati, altri intervistati potranno rifiutare di collaborare, altri ancora potranno fornire risposte distorte o volutamente false, e infine alcuni intervistatori occasionalmente potranno introdurre distorsioni o comportarsi non correttamente.

Nel caso della ricerca sperimentale, il ricercatore dovrà preoccuparsi della correlazione fra il campione dell'esperimento e il campione di controllo, dovrà evitare di influenzare i partecipanti con la propria presenza, dovrà somministrare il trattamento in modo uniforme a tutti gli intervistati, dovrà tener sotto controllo ogni fattore estraneo.

I metodi di raccolta dei dati stanno rapidamente cambiando sotto l'impatto delle moderne tecnologie teleinformatiche. Alcune agenzie di ricerca svolgono ora le proprie interviste da un'unica postazione centralizzata, usando una combinazione di linee telefoniche a lunga distanza, e terminali video per "data-entry".

Un certo numero di intervistatori telefonici professionisti, seduti nelle proprie cabine, estraggono casualmente numeri telefonici dispersi su tutto il territorio nazionale. Per chiamare le persone a cui corrispondono i numeri estratti, gli intervistatori usano linee telefoniche a lunga distanza, per le quali l'istituto di ricerca ha prepagato alla società dei telefoni un certo numero di chiamate in teleselezione. Quando al numero chiamato si ottiene risposta, l'intervistatore pone alla persona desiderata le domande del questionario, leggendole direttamente sullo schermo del proprio terminale.

L'intervistatore batte poi le risposte dell'intervistato sulla tastiera del terminale stesso, inserendole direttamente nel computer. Questa procedura elimina le fasi di editing e codifica, riduce il numero di errori e fa risparmiare tempo.

Altri istituti di ricerca hanno installato *terminali interattivi* negli shopping center. Le persone disponibili a essere intervistate siedono al terminale, leggono personalmente le domande dallo schermo, e battono sulla tastiera le proprie risposte. La maggior parte degli intervistati è particolarmente lieta di questa forma di intervista "robotizzata".

Un'altra importante innovazione nelle ricerche di marketing sta avendo luogo nei supermercati, con l'avvento dei registratori di cassa elettronici, dei lettori ottici di codice a barre e del codice universale di prodotto.

Quando un cliente supera la linea di controllo, i suoi articoli vengono letti da un lettore di codice a barre (*scanner*), che registra la marca, il formato e il prezzo.

Questi dati vengono immessi in un computer dove possono essere analizzati ai fini di controllare meglio il livello delle scorte e programmare le decisioni di marketing. I dirigenti dei supermercati e i produttori di beni di largo consumo possono così misurare la redditività di ogni marca e di ogni formato e anche l'impatto di diverse variabili di marketing rilevanti, come la pubblicità in televisione e sulla stampa, i buoni sconto e i campioni gratuiti, il display, i prezzi e altre variabili di marketing.

L'analisi delle informazioni. Il passo successivo nel processo di ricerca di marketing è l'estrazione di risultati pertinenti dai dati raccolti. Il ricercatore tabula i dati e sviluppa distribuzioni di frequenza a singola e doppia entrata; per le principali variabili calcola anche le medie e la misura della dispersione.

Per finire, tenta di applicare alcune delle tecniche statistiche avanzate e alcuni modelli decisionali contenuti nel sistema delle analisi di marketing, nella speranza di scoprire ulteriori dettagli (si veda il paragrafo 4.5.1).

La presentazione dei risultati. Il ricercatore dovrebbe evitare di sovraccaricare il management con una gran quantità di numeri e di tecniche statistiche elaborate; ciò non farebbe altro che confondere le idee. Il ricercatore dovrebbe invece presentare i risultati più significativi che si riferiscono alle principali decisioni di marketing a cui la direzione deve far fronte. Lo studio è utile quando riduce l'incertezza del management sulle mosse corrette da effettuare.

Si immagini che i risultati del sondaggio per l'American Airlines mettano in evidenza che:

1. Le principali ragioni per usare un servizio telefonico in volo sono le situazioni di emergenza, i contatti d'affari urgenti, i mutamenti di orario di volo e così via. Le telefonate fatte soltanto per passare il tempo sono del tutto rare. La maggior parte delle chiamate sarebbe effettuata da uomini d'affari, con rimborso in nota spese.
2. Circa 5 passeggeri su 200 farebbero telefonate in volo al prezzo di 25 dollari cadauna; e circa 12 su 200 farebbero chiamate a 15 dollari. Perciò un prezzo di 15 dollari produrrebbe un maggior fatturato (12 x 15 dollari = 180 dollari) che un prezzo di 25 dollari per chiamata (5 x 25 dollari = 125 dollari). Tuttavia questo fatturato sarebbe ancora molto al di sotto del pareggio dei costi, pari a 1.000 dollari.
3. La promozione del servizio telefonico in volo farebbe guadagnare all'American Airlines circa due passeggeri in più per ogni volo. Il profitto netto ottenibile da questi due passeggeri in più sarebbe di circa 620 dollari, ma ciò non permetterebbe ancora di raggiungere il pareggio dei costi.
4. Offrire un servizio telefonico in volo rafforzerebbe, presso il pubblico, l'immagine dell'American Airlines di linea aerea innovativa. Comunque, creare questo servizio aggiuntivo costerebbe all'American circa 200 dollari per volo.

Questi risultati naturalmente potrebbero essere affetti da un errore di campionamento e il management potrebbe voler studiare l'argomento più a fondo.

Sembra comunque che, nel lungo periodo, il servizio telefonico in volo determinerebbe più costi che ricavi e che al momento attuale non dovrebbe essere realizzato. Così una ricerca di marketing ben definita ha permesso ai dirigenti dell'American Airlines di prendere una decisione migliore di quella che probabilmente sarebbe emersa da un processo decisionale basato esclusivamente sull'intuito.

4.4.4 Le caratteristiche di una valida ricerca di marketing

Dopo aver esaminato i passi principali del processo di ricerca di marketing, si possono ora sottolineare le cinque caratteristiche di una buona ricerca.

Il metodo scientifico. La ricerca di marketing efficace usa i principi del metodo scientifico: osservazione attenta, formulazione di ipotesi, previsione e verifica. Ecco un esempio:

> Una società di vendite per corrispondenza lamentava una percentuale troppo alta (30%) di merce restituita. La direzione chiese al responsabile delle ricerche di marketing di verificare le cause di questo elevato tasso di resi. Il ricercatore di marketing esaminò le caratteristiche degli ordini che avevano dato luogo a reso, la località di residenza dei clienti, l'entità degli ordini soggetti a reso e le categorie di prodotti resi. Un'ipotesi fu che più il cliente doveva attendere per la merce ordinata, più alta era la probabilità del reso. L'analisi statistica confermò questa ipotesi. Il ricercatore stimò di quanto il tasso dei resi sarebbe diminuito a seguito del miglioramento delle consegne, e la previsione risultò corretta.[7]

La creatività della ricerca. Quando è usata nel migliore dei modi, la ricerca di marketing sviluppa nuove vie per risolvere un problema. Un classico esempio di creatività della ricerca è descritto qui di seguito:

> Quando il caffè istantaneo fu introdotto per la prima volta sul mercato, i consumatori si lamentarono che il suo sapore era diverso da quello del caffè tradizionale. Tuttavia, nei test effettuati prima del lancio molti dei consumatori non erano stati in grado di distinguere fra una tazza di caffè istantaneo e una tazza di caffè tradizionale. Ciò stava a indicare che gran parte della loro resistenza era di natura psicologica.
> Il ricercatore decise di stilare due liste della spesa praticamente identiche, tra le quali la sola differenza era che in una era contenuto il caffè tradizionale e nell'altra il caffè istantaneo. La lista contenente il caffè tradizionale fu sottoposta a un campione di casalinghe e quella contenente il caffè istantaneo fu sottoposta a un campione diverso ma comparabile al primo. Ad entrambi i gruppi fu chiesto di descrivere le caratteristiche sociali e personali della donna che aveva stilato la lista della spesa che stavano esaminando. I commenti furono praticamente gli stessi,

con una sola differenza significativa: una maggior percentuale delle casalinghe che aveva esaminato la lista contenente il caffè istantaneo descrisse quella donna immaginaria come "pigra, spendacciona, una cattiva moglie incapace di pianificare correttamente l'andamento della famiglia". Queste donne ovviamente addossavano a quella casalinga immaginaria le proprie ansie e la propria immagine negativa sull'uso del caffè istantaneo. L'azienda produttrice di caffè istantaneo sapeva ora la natura delle resistenze e potè sviluppare una campagna per modificare l'immagine della casalinga che serve caffè istantaneo.

Metodi multipli. Il ricercatore di marketing competente rifugge dal fidarsi eccessivamente di un unico metodo, preferendo adattare il metodo al problema piuttosto che il contrario. Egli riconosce che raccogliere informazioni da una molteplicità di fonti dà maggior fiducia.

Interdipendenza fra modelli e dati. Il ricercatore competente riconosce che i dati traggono il loro significato dai modelli del problema. Questi modelli evidenziano il tipo d'informazione desiderata e perciò dovrebbero essere resi il più possibile espliciti.

Il costo e il valore dell'informazione. I ricercatori di marketing esperti si preoccupano di misurare il valore dell'informazione e di confrontarlo con il suo costo. Il rapporto valore/costo aiuta l'ufficio ricerche di marketing a determinare quali progetti di ricerca effettuare, quali modelli di ricerca usare e se raccogliere ulteriori informazioni dopo aver ottenuto i primi risultati. Mentre il costo della ricerca è di semplice determinazione, o così dovrebbe essere, non altrettanto semplice è valutarne il valore. Questo, infatti, dipende, oltre che dalla corretta impostazione della stessa, anche dall'uso decisionale che ne fa il management. Non è infrequente che una ricerca eccellente rimanga inutilizzata per la miopia dei manager che dovrebbero utilizzarla nel loro processo decisionale.

4.4.5 L'uso delle ricerche di marketing da parte del management

Nonostante lo sviluppo delle tecniche di ricerca di marketing, molte imprese ancora le utilizzano in misura insufficiente o in modo non corretto. Sono molti i fattori che si frappongono a una loro maggior utilizzazione.

- **Una concezione ristretta delle ricerche di marketing.** Molti dirigenti considerano le ricerche di marketing come una semplice operazione di raccolta dati. Essi presuppongono che il ricercatore di marketing prepari un questionario, estragga un campione, svolga le interviste e riferisca i risultati, spesso senza definire attentamente con lui il problema o senza presentargli le diverse alternative decisionali a cui il dirigente stesso si trova di fronte. Ne consegue che a volte alcuni dei dati raccolti risultano inutilizzabili. Ciò rafforza nei dirigenti l'impressione che le ricerche di marketing forniscano benefici limitati.
- **La non uniforme professionalità dei ricercatori.** Alcuni dirigenti considerano le ricerche di marketing poco più che una normale attività impiegatizia e le trattano come tali. Vengono perciò assunti ricercatori di marketing con poca esperienza; la loro insufficiente formazione e la loro scarsa creatività conducono a risultati non esaltanti, che rafforzano i pregiudizi dei dirigenti rispetto a ciò che ci si può aspettare dalle ricerche di marketing. Il management continua a destinare alla ricerca di marketing risorse modeste, perpetuando le difficoltà iniziali.
- **Occasionali errori nei risultati delle ricerche di marketing.** Molti dirigenti vogliono ottenere dalle ricerche informazioni conclusive, benché i fenomeni di marketing siano spesso troppo complessi perché se ne possa fornire una rappresentazione definitiva. Il problema, inoltre, è complicato dal budget limitato che viene destinato ai ricercatori di marketing per la raccolta delle informazioni. I dirigenti restano delusi e la loro opinione sul valore delle ricerche di marketing peggiora.
- **Differenze intellettuali.** Anche la differente mentalità del manager rispetto al ricercatore di mercato spesso si frappone a relazioni proficue. Il rapporto del ricercatore di marketing può sembrare astratto, complicato e a volte basato su ipotesi, mentre ciò che desidera il dirigente operativo è concretezza, semplicità e sicurezza.

4.5 I sistemi di supporto delle decisioni di marketing

Le imprese più avanzate dispongono oggi, oltre che degli ormai tradizionali strumenti di ricerca, anche dei cosiddetti sistemi di supporto delle decisioni di marketing (Marketing Decision Support System, MDSS).

> Un *sistema di supporto delle decisioni di marketing* è un insieme di strumenti statistici e di modelli di decisione, nonché del relativo hardware e software di supporto, in grado di assistere i dirigenti di marketing nell'analisi dei dati e nell'assunzione di migliori decisioni di marketing.

Un sistema quale quello sopra definito è costituito da due sottoinsiemi fondamentali: la *banca statistica* e la *banca dei modelli* (figura 4-3). I due sottoinsiemi sono descritti e analizzati qui di seguito.

4.5.1 La banca statistica

La banca statistica è una raccolta di metodi statistici utilizzabili per estrarre informazioni significative dai dati. Essa contiene le normali procedure statistiche per il calcolo delle medie e della misura della dispersione, nonché la tabulazione incrociata dei dati. Inoltre, il ricercatore può usare diverse tecniche di statistica multivariata per scoprire importanti relazioni all'interno dei dati. Qui di seguito vengono descritte le più importanti tecniche multivariate.[8]

Figura 4-3 Il sistema di supporto delle decisioni di marketing

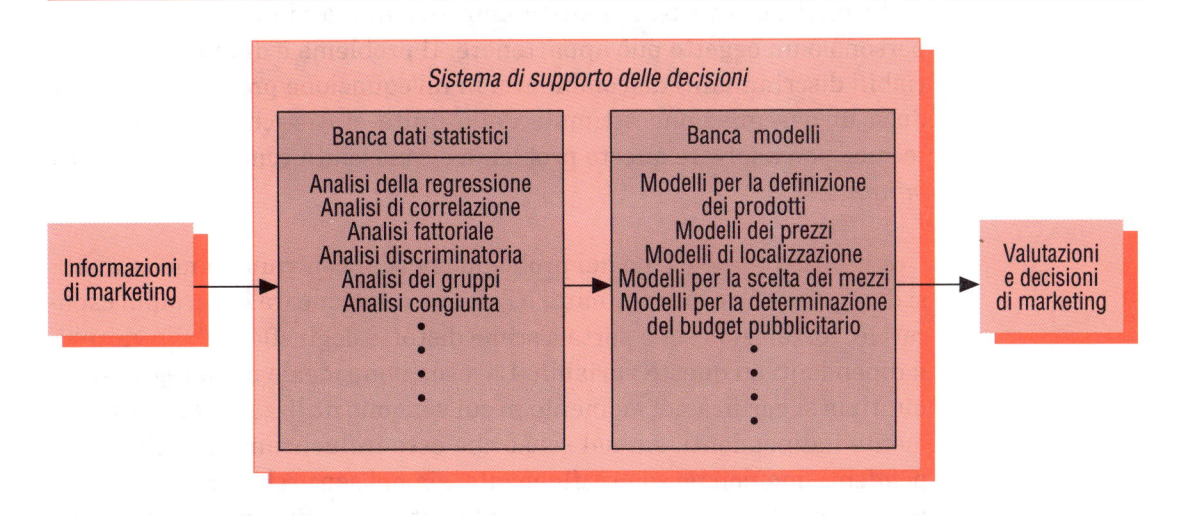

Sistema di supporto delle decisioni

Banca dati statistici	Banca modelli
Analisi della regressione	Modelli per la definizione dei prodotti
Analisi di correlazione	Modelli dei prezzi
Analisi fattoriale	Modelli di localizzazione
Analisi discriminatoria	Modelli per la scelta dei mezzi
Analisi dei gruppi	Modelli per la determinazione
Analisi congiunta	del budget pubblicitario
•	•
•	•
•	•

Informazioni di marketing → [Sistema di supporto delle decisioni] → Valutazioni e decisioni di marketing

Analisi della regressione multipla. Ogni problema di marketing, ad esempio l'andamento delle vendite, è normalmente correlato a più variabili, che spiegano le cause delle sue variazioni nel tempo e/o nello spazio. Questa variabile viene chiamata la *variabile dipendente*. L'analisi della regressione è la tecnica che permette di risolvere l'equazione che spiega il contributo delle *variabili indipendenti* alle variazioni della variabile dipendente. Quando viene presa in esame una sola variabile indipendente, il procedimento statistico viene chiamato *regressione semplice*; quando si esaminano due o più variabili indipendenti contemporaneamente, la procedura è denominata *regressione multipla*.[9]

Analisi discriminante. In molte situazioni di marketing la variabile dipendente è descrittiva anziché numerica. Si considerino le seguenti situazioni:

- Una casa automobilistica desidera spiegare le preferenze di marca rispetto a Fiat e Ford.
- Un'azienda produttrice di detersivi vuol determinare quali caratteristiche del consumatore sono associate con l'uso intenso, medio o limitato della propria marca.
- Una catena di punti di vendita al dettaglio vuol poter distinguere, fra diverse possibili localizzazioni dei punti di vendita, quelle potenzialmente valide da quelle per le quali si può prevedere un insuccesso.

In tutti questi casi l'analista definisce due o più gruppi a cui una persona o un oggetto può appartenere. Il problema è di individuare variabili discriminanti da combinarsi in un'equazione predittiva che produca un'assegnazione ottimale delle unità statistiche ai gruppi. La tecnica per risolvere questo problema è conosciuta come *analisi discriminante*.[10]

Analisi fattoriale. Uno dei problemi che si incontrano in molte analisi di regressione e discriminanti è l'alta correlazione fra le variabili esplicative, correlazione che porta a stime distorte degli effetti delle variabili dipendenti su queste variabili. La situazione ideale nella regressione multipla si verifica nel momento in cui vengono utilizzate variabili realmente indipendenti, sia nel senso che esse influenzano le variabili dipendenti, ma non ne sono influenzate, sia nel senso che ciascuna variabile indipendente è indipendente dalle altre. I coefficienti di correlazione semplice per tutte le coppie di variabili riveleranno quali variabili sono fortemente correlate fra loro. L'analisi fattoriale è una tecnica statistica che permette di individuare pochi fattori principali che spiegano la correlazione fra un più grande numero di variabili. Nell'area del marketing l'analisi fattoriale è stata usata per determinare i fattori principali sottostanti gli atteggiamenti verso viaggi aerei, bevande alcooliche, programmi televisivi.

Cluster analysis. Molti problemi di marketing richiedono che il ricercatore suddivida un insieme di oggetti in sottogruppi o *cluster*. Gli oggetti possono essere prodotti, persone, luoghi e così via. Il ricercatore può, ad esempio, voler suddividere parecchie marche d'automobile in gruppi principali, all'interno dei quali le marche siano il più possibile simili, e che, nel contempo, siano il più possibile diversi l'uno dall'altro; le automobili all'interno di un gruppo possono essere quelle più direttamente in concorrenza l'una con l'altra. Il ricercatore può anche voler raggruppare in sottogruppi delle persone, il che è ciò che si intende essenzialmente per segmentazione di un mercato. Oppure il ricercatore può voler raggruppare diverse città, in modo da poter estrarre delle città campione fra loro simili. In tutti i casi, gli oggetti sono descritti da un insieme di dati multidimensionali e la tecnica di raggruppamento prescelta (*clustering*) opera sui dati per suddividere gli oggetti in un numero prefissato di gruppi.[11]

Analisi congiunta. Tale metodologia viene applicata nello sviluppo di un nuovo prodotto, allorquando si tratta di definire il numero e il livello degli attributi del medesimo. In questo caso, vengono presentati ai consumatori alcuni concetti di prodotto, con attributi differenti, con riferimento ai quali viene chiesto di esprimere una preferenza. Graduando le preferenze ottenute dai vari concetti, è possibile valutare l'importanza di ogni attributo e, conseguentemente, la combinazione di attributi più efficace.[12]

4.5.2 La banca dei modelli

La banca dei modelli è una raccolta di modelli matematici che aiutano l'operatore di marketing a prendere decisioni migliori. Un modello matematico è un insieme di variabili e di interrelazioni fra le variabili stesse, progettato per rappresentare dei sistemi o dei processi reali. I modelli vengono costruiti dagli esperti di *management science* (detta anche *ricerca operativa*), che applicano la metodologia scientifica per capire, prevedere o controllare problemi manageriali.

Benché sia apparsa da relativamente poco tempo nel marketing, la management science ha già fornito modelli utili per la previsione delle vendite di nuovi prodotti, le scelte di localizzazione, la pianificazione dei contatti di vendita, la pianificazione dei mezzi pubblicitari e la definizione del marketing-mix. Non pochi di tali modelli vengono utilizzati da alcune grandi aziende.[13]

Benché ai dirigenti di marketing spesso manchi la formazione necessaria per capire gli aspetti matematici di alcuni dei modelli più complessi, essi possono certamente afferrare l'idea centrale che sta dietro ciascun tipo di modello e giudicarne la pertinenza per il loro lavoro. I principali tipi di modelli sono elencati nella tavola 4-7 e sono discussi nei paragrafi seguenti.

Modelli descrittivi. I modelli descrittivi sono progettati per comunicare, spiegare o prevedere. Essi possono essere costruiti a tre livelli di dettaglio. Un *macromodello* consiste di poche variabili e un insieme di relazioni intercorrenti tra loro. Un esempio potrebbe essere un modello

Tavola 4-7 Una classificazione dei modelli

I. Secondo lo scopo	II. Secondo le tecniche

A. Modelli descrittivi
  1. Modelli markoviani
  2. Modelli delle file di attesa
B. Modelli decisionali
  1. Calcolo differenziale
  2. Programmazione matematica
  3. Teoria statistica della decisione
  4. Teoria dei giochi
	A. Modelli verbali
	B. Modelli grafici
	  1. Modello del flusso logico
	  2. Modello di pianificazione reticolare
	  3. Modello causale
	  4. Modello dell'albero delle decisioni
	  5. Modello delle relazioni funzionali
	  6. Modello del "feedback-system"
	C. Modelli matematici
	  1. Modelli lineari e non lineari
	  2. Modelli statistici e dinamici
	  3. Modelli deterministici e stocastici

delle vendite costituito da una sola equazione, nella quale la variabile dipendente sia il totale delle vendite e le variabili indipendenti siano il reddito nazionale, il prezzo medio e l'investimento pubblicitario dell'azienda. Le vendite vengono derivate adattando la "migliore" equazione possibile all'insieme di variabili.

Un modello *microanalitico* specifica in misura maggiore i collegamenti esistenti fra una variabile dipendente e i suoi determinanti. Un buon esempio è il modello DEMON, nel quale l'effetto dell'investimento pubblicitario sulle vendite viene spiegato attraverso correlazioni successive con l'investimento pubblicitario, il numero complessivo e la frequenza delle esposizioni e dei contatti, la notorietà della pubblicità, il tasso di prova, l'uso e l'intensità d'uso da parte del consumatore.[14]

Un modello *microcomportamentale* crea entità ipotetiche (consumatori, distributori, e così via) che interagiscono e producono dei comportamenti che vengono quindi analizzati. Un buon esempio è il modello sul comportamento del consumatore costruito da Amstutz, nel quale una popolazione di potenziali acquirenti viene esposta a stimoli di marketing a frequenza settimanale, e una frazione di essa acquista il prodotto.[15] Due modelli descrittivi illustrati nella letteratura della ricerca operativa sono particolarmente affini ai problemi di marketing. Il primo è il *modello del processo markoviano*, che descrive la probabilità di cambiare qualsiasi situazione attuale in qualsiasi situazione nuova. Si assume l'esempio di tre marche di caffè: A, B, C. Si supponga ora che, fra i consumatori che l'ultima volta hanno acquistato A, il 70% la acquisti ancora, il 20% acquisti B e il 10% acquisti C. Quest'informazione è rappresentata nella prima riga della figura 4-4, con le probabilità associate alle marche B e C. La matrice del cambiamento di marca (*brand-switching*) fornisce informazioni su:

- **Il tasso di riacquisto** per ciascuna marca, indicato dai numeri sulla diagonale che inizia nell'angolo superiore sinistro. In certe condizioni il tasso di riacquisto può essere interpretato come una misura della fedeltà di marca (*brand-loyalty*).
- **I tassi di sostituzione attiva e passiva** (*switching-in* e *switching-out*) di ogni marca, rappresentati dai numeri e al di fuori della diagonale.

Se i tassi di sostituzione rimangono costanti, la matrice può essere usata per prevedere l'ampiezza e la velocità dei cambiamenti delle quote di mercato future, date le quote di mercato attuali.[16]

Figura 4-4 Matrice della sostituzione di marca

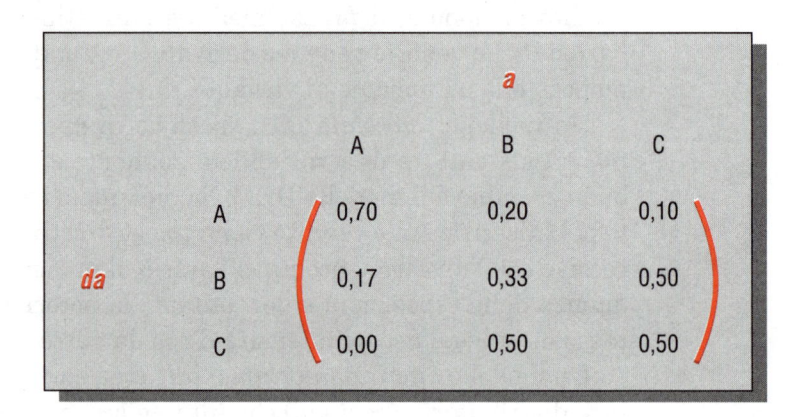

		a		
		A	B	C
	A	0,70	0,20	0,10
da	B	0,17	0,33	0,50
	C	0,00	0,50	0,50

Anche i *modelli delle code* sono interessanti per gli operatori di marketing. I modelli delle code descrivono delle situazioni di fila d'attesa e rispondono a due domande: Quale tempo d'attesa ci si può aspettare in un particolare sistema? Come cambierà questo tempo d'attesa se il sistema viene modificato? Queste domande rivestono un particolare interesse per i supermercati, le stazioni di servizio, le biglietterie delle linee aeree, e così via. Ovunque il consumatore debba attendere, c'è il pericolo che il tempo d'attesa divenga eccessivo, portando a una perdita di clienti a vantaggio dei concorrenti.

Se il sistema esistente determina lunghe code, l'analista può simulare gli effetti di diverse soluzioni. Nel caso di un supermercato, sono possibili quattro diversi approcci. Il supermercato può spingere i propri clienti a effettuare gli acquisti in giorni meno affollati; può assumere addetti al confezionamento che aiutino le cassiere riducendo così il tempo d'attesa; possono essere aggiunte ulteriori casse; per finire, alcune casse possono essere specializzate per gestire gli acquisti di piccole quantità.

Modelli decisionali. I modelli decisionali aiutano i dirigenti a valutare le alternative e a individuare una buona soluzione. In un modello di ottimizzazione esistono procedure matematiche per determinare la soluzione migliore. In un *modello euristico* esistono procedure di calcolo per individuare una soluzione soddisfacente. Il modello euristico può comportare una definizione del problema molto più complessa. L'analista applica l'euristica, cioè un insieme di regole empiriche che riducono il tempo necessario per trovare una soluzione ragionevolmente valida. Ad esempio, in un modello per determinare la localizzazione di un magazzino, l'approccio euristico potrebbe essere: «Considerate solo le localizzazioni in grandi città». Ciò potrebbe portare a escludere una localizzazione perfetta in una città più piccola, ma le economie realizzabili nel sistema di collegamento possono compensare tale omissione.

Vi sono quattro modelli di ottimizzazione decisionale che hanno particolare rilevanza per il marketing. Il primo è il *calcolo differenziale*, che viene applicato a funzioni matematiche ben definite per individuarne il valore minimo o massimo. Si supponga che un analista di mercato abbia determinato l'equazione del profitto mostrata nella figura 4-5 a. Il compito è di individuare il miglior prezzo, cioè il valore di P che massimizzerà il valore di Z. Un criterio consiste nel riportare su grafico l'equazione e di esaminarla in funzione del prezzo che massimizza il profitto, in questo caso 150 dollari. Una procedura più rapida è di applicare il calcolo differenziale a questa equazione, senza dover disegnare un grafico.

Il secondo tipo di modello decisionale è la *programmazione matematica*. In questo caso l'obiettivo di chi deve decidere è espresso come una qualche variabile da ottimizzare in funzione di un insieme di vincoli esplicitamente espressi. Si consideri il problema in figura 4-5 b. Essa mostra una funzione di profitto che pone i profitti in correlazione con l'entità dello stanziamento destinato alla pubblicità e alla distribuzione. Un dollaro speso in pubblicità contribuisce per 20 dollari. Viene introdotto un insieme di vincoli di politica aziendale. In primo luogo il budget di marketing, suddiviso fra pubblicità e distribuzione, non dovrebbe superare i 100 dollari (vincolo n. 1). Di questi, la pubblicità dovrebbe ricevere almeno 40 dollari (vincolo n. 2) e non più di 80 dollari (vincolo n. 3); e la distribuzione dovrebbe ricevere almento 10 dollari (vincolo n. 4) e non più di 70 dollari (vincolo n. 5). Grazie alla semplicità di questo problema, il miglior programma di marketing può essere definito senza ricorrere alla matematica superiore. Poiché l'efficacia dell'investimento nella distribuzione è doppia di quella dell'investimento nella pubblicità, parrebbe sensato spendere tutto ciò che è permesso dai vincoli che riguardano la distribuzione. Ciò vorrebbe dire 70 dollari, lasciando 30 dollari per la pubblicità. Tuttavia, la pubblicità deve

Figura 4-5 Quattro modelli decisionali

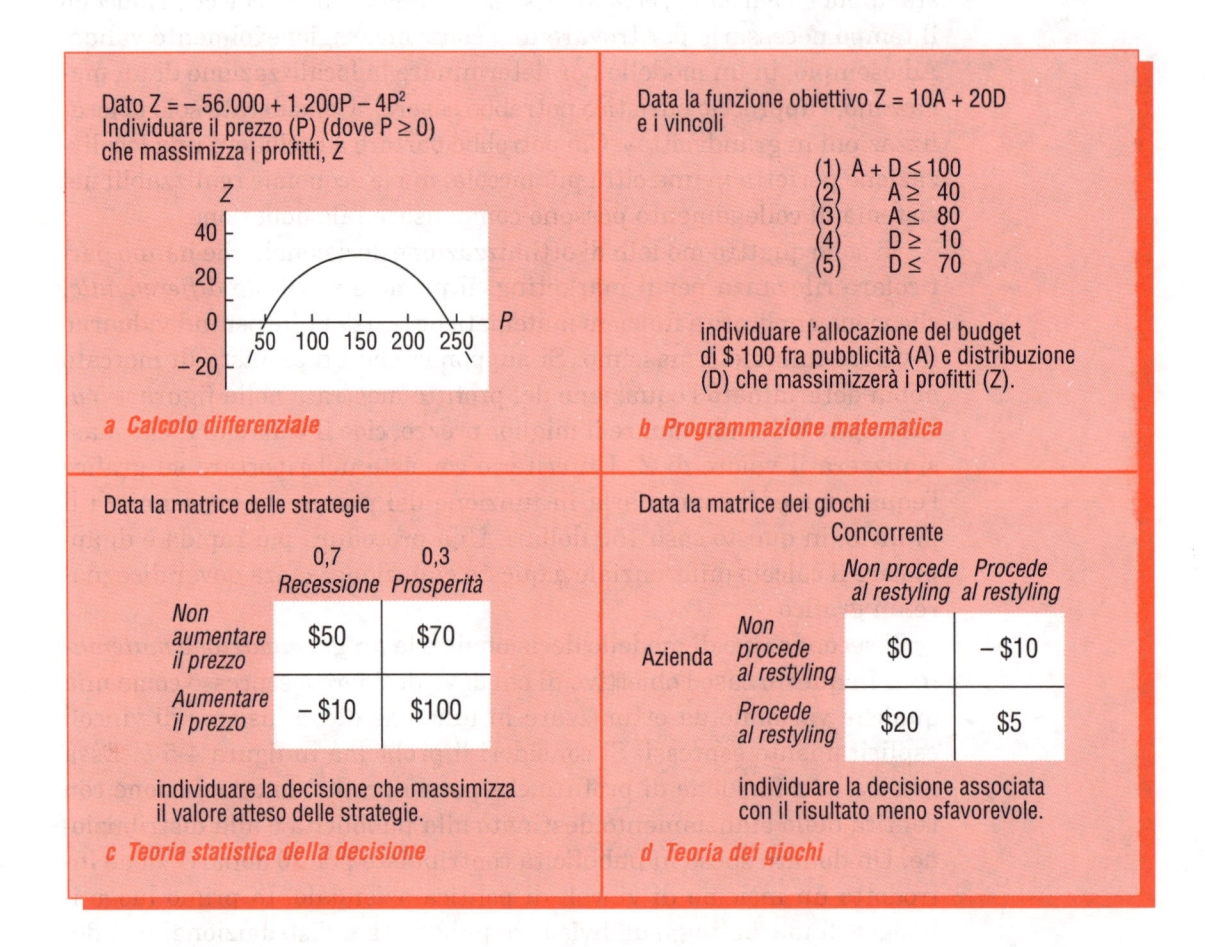

Dato $Z = -56.000 + 1.200P - 4P^2$.
Individuare il prezzo (P) (dove $P \geq 0$) che massimizza i profitti, Z

a Calcolo differenziale

Data la funzione obiettivo $Z = 10A + 20D$ e i vincoli

(1) $A + D \leq 100$
(2) $A \geq 40$
(3) $A \leq 80$
(4) $D \geq 10$
(5) $D \leq 70$

individuare l'allocazione del budget di $ 100 fra pubblicità (A) e distribuzione (D) che massimizzerà i profitti (Z).

b Programmazione matematica

Data la matrice delle strategie

	0,7 Recessione	0,3 Prosperità
Non aumentare il prezzo	$50	$70
Aumentare il prezzo	–$10	$100

individuare la decisione che massimizza il valore atteso delle strategie.

c Teoria statistica della decisione

Data la matrice dei giochi

	Concorrente	
Azienda	Non procede al restyling	Procede al restyling
Non procede al restyling	$0	–$10
Procede al restyling	$20	$5

individuare la decisione associata con il risultato meno sfavorevole.

d Teoria dei giochi

---

ricevere almeno 40 dollari secondo il vincolo n. 2. Pertanto, l'allocazione ottimale del marketing mix sarebbe di 40 dollari in pubblicità e di 60 dollari per la distribuzione; con questa soluzione i profitti sarebbero: 10 dollari (40 dollari) + 20 dollari (60 dollari) = 1.600 dollari. In problemi di maggiore complessità l'analista dovrebbe ricorrere a specifiche procedure matematiche.

Il terzo tipo di modello decisionale è definito *teoria statistica della decisione* o *teoria bayesiana della decisione*. Questo modello richiede:

1. Di identificare le principali alternative di decisione che si presentano all'impresa.
2. Di distinguere gli eventi (stati di natura) che potrebbero, con ciascuna possibile decisione, portare a un diverso risultato.
3. Di stimare la probabilità di ciascuno stato di natura.
4. Di stimare il valore per l'impresa (*payoff*) di ciascun risultato.
5. Di determinare il valore atteso di ciascuna decisione.
6. Di scegliere la decisione con il più alto valore atteso.

Si consideri questo modello in relazione con il problema illustrato nella figura 4-5 *c*. Si supponga che un product manager stia cercando di decidere fra aumentare un prezzo o lasciarlo invariato. Il risultato sarebbe influenzato da un'eventuale fase recessiva dell'economia, la cui probabilità, secondo il product manager, è 0,7. Se effettivamente interverrà una fase recessiva e il prezzo non sarà stato aumentato, i profitti saranno di 50 dollari; ma se il prezzo sarà stato aumentato, ci sarà una perdita di 10 dollari. D'altro canto, se l'economia si mantiene fiorente e il prezzo rimane invariato, il profitto sarà di 70 dollari; e se il prezzo sarà stato aumentato il profitto sarà di 100 dollari. Queste stime sono sintetizzate nella matrice di payoff.

La teoria statistica della decisione richiede che il product manager stimi il valore atteso di ciacuna decisione. Il valore atteso è la media ponderata dei payoff, calcolata utilizzando come pesi le probabilità. Il valore atteso associato con la decisione di non aumentare il prezzo è: 0,7 (50 dollari) + 0,3 (70 dollari) = 56 dollari, mentre il valore atteso della decisione di aumentare il prezzo è 0,7 (− 10 dollari) + 0,3 (100 dollari) = 23 dollari. Chiaramente, il profitto extra ottenibile nella situazione più favorevole (prezzo aumentato ed economia fiorente) non vale il rischio che comporta, e il product manager farà meglio a lasciare invariato il prezzo.

Questa procedura ha per assunto che massimizzare il valore atteso sia per l'impresa un criterio soddisfacente. Il criterio è sensato per una grande impresa che prenda in continuazione decisioni di questo tipo; ha molto meno senso per un'impresa più piccola che si trovi di fronte a un'importante decisione "una tantum" che potrebbe avere conseguenze disastrose se qualche cosa andasse male. Per problemi più complessi, le opzioni sono rappresentate mediante un *albero delle decisioni* (figura 4-6 *d*).

La *teoria dei giochi* è il quarto approccio per valutare le alternative decisionali. Come la teoria statistica della decisione, essa richiede l'identificazione delle alternative di decisione, delle variabili indeterminate, e del valore dei diversi risultati. Essa differisce dalla teoria della decisione poiché assume che la principale variabile indeterminata sia un concorrente, la natura o qualche altra forza contraria. La probabilità che ciascuno dei protagonisti farà ciò che è nel suo migliore interesse è 1,00. Si consideri l'esempio della figura 4-5 *d*. Una casa automobilistica deve decidere se procedere al restyling di un proprio modello. Essa è consapevole che il proprio concorrente sta anch'esso per prendere la stessa decisione. L'impresa stima che non procedendo al restyling non avrà nessun guadagno al disopra del normale tasso di profitto. Se procederà al restyling e il concorrente non lo farà, l'impresa guadagnerà 20 dollari sul concorrente (si assume che il concorrente perda 20 dollari, cioè il guadagno di un'azienda corrisponda a una perdita per l'altra). Se l'impresa non procederà al restyling e il concorrente invece lo farà, l'azienda perderà 10 dollari. Infine, se entrambi procederanno al restyling l'impresa guadagnerà 5 dollari e il concorrente ne perderà 5, poiché si assume che l'impresa procederà a un restyling migliore.

Si può ipotizzare una soluzione assumendo che entrambi gli avversari vorranno intraprendere il corso d'azione che li condurrà alla minima perdita possibile. Questo criterio, definito il *criterio del minimax* (rendere minima la perdita massima), presuppone che entrambi gli avversari siano prudenti. Un tale criterio condurrà l'impresa a preferire l'alternativa di effettuare il restyling. Se essa non procederà al resyling, potrà perdere fino a 10 dollari; se essa lo effettuerà, avrà un guadagno di almeno 5 dollari. Anche il concorrente dovrebbe preferire di procedere al restyling; se non procederà al restyling potrà perdere fino a 20 dollari; se invece lo effettuerà non potrà perdere più di 5 dollari. Quindi entrambi i concorrenti decideranno di procedere al restyling, il che porterà a un guadagno di 5 dollari per l'impresa e una perdita di 5 dollari per la concorrente. Nessuno dei due avversari potrà guadagnare passando unilateralmente a una strategia diversa.[17]

Modelli verbali. I modelli nei quali le variabili e le loro interrelazioni sono descritte con parole sono detti *modelli verbali*. La maggior parte delle grandi teorie del comportamento individuale e sociale – teorie come quelle di Freud, Darwin e Marx – sono costruite mediante termini verbali. Molti modelli del comportamento del consumatore sono espressi essenzialmente in forma verbale. Si consideri ad esempio: «... la pubblicità dovrebbe portare le persone dalla *consapevolezza*... alla *conoscenza*... all'*accettazione*... alla *preferenza*... alla *persuasione*... all'*acquisto*».[18]

Modelli grafici. I modelli grafici rappresentano un passo utile nel processo di traduzione in simboli di un modello verbale. Si possono distinguere sei tipi di modelli grafici.

Nella figura 4-6 *a* viene illustrato un *diagramma di flusso logico*. Il diagramma di flusso logico è la rappresentazione visiva di un processo o di una serie di operazioni logiche. I riquadri del diagramma indicano la sequenza o flusso delle varie operazioni, collegate fra di loro attraverso due operazioni. Una di queste operazioni è la *ramificazione*, la quale ha luogo quando venga posta una domanda in una certa fase del processo, e le sue possibili risposte siano descritte come due rami alternativi che si dipartono dal riquadro. L'altra operazione è l'evidenziazione degli *anelli di retroazione* (*looping*), i quali hanno luogo quando determinate risposte fanno tornare il flusso a uno stadio precedente. Il diagramma di flusso nella figura 4-6 *a* descrive le operazioni svolte da un'impresa per determinare quanti concorrenti procederanno a una riduzione di prezzo. L'impresa in primo luogo prende in considerazione il concorrente e si domanda se è probabile che esso riduca i prezzi. Se la risposta è sì il risultato viene tabulato e quindi l'impresa si domanda se ci sono altri concorrenti da prendere in considerazione. Se la risposta è no, l'impresa passa direttamente alla domanda successiva. Se ci sono altri concorrenti da prendere in considerazione, il flusso logico segue un anello di retroazione che lo riporta al primo riquadro; altrimenti il flusso ha termine. Tali diagrammi di flusso sono sempre più usati nel marketing, in virtù della chiarezza con cui illustrano un processo logico.

La figura 4-6 *b* mostra un *diagramma reticolare di pianificazione* (chiamato anche *diagramma del percorso critico*), impiegato per rappresentare gli eventi che devono accadere perché un progetto sia completato. Gli eventi, illustrati come cerchi, sono collegati da frecce che indicano le relazioni di precedenza. Nella figura 4-6 *b*, l'evento 6 non può accadere finché non vengano completati gli eventi 4 e 5; l'evento 5 non può accadere finché non sia completato l'evento 2; l'evento 4, a sua volta, non può accadere finché non siano completati gli eventi 2 e 3; e

Figura 4-6 Sei modelli grafici per l'analisi di marketing

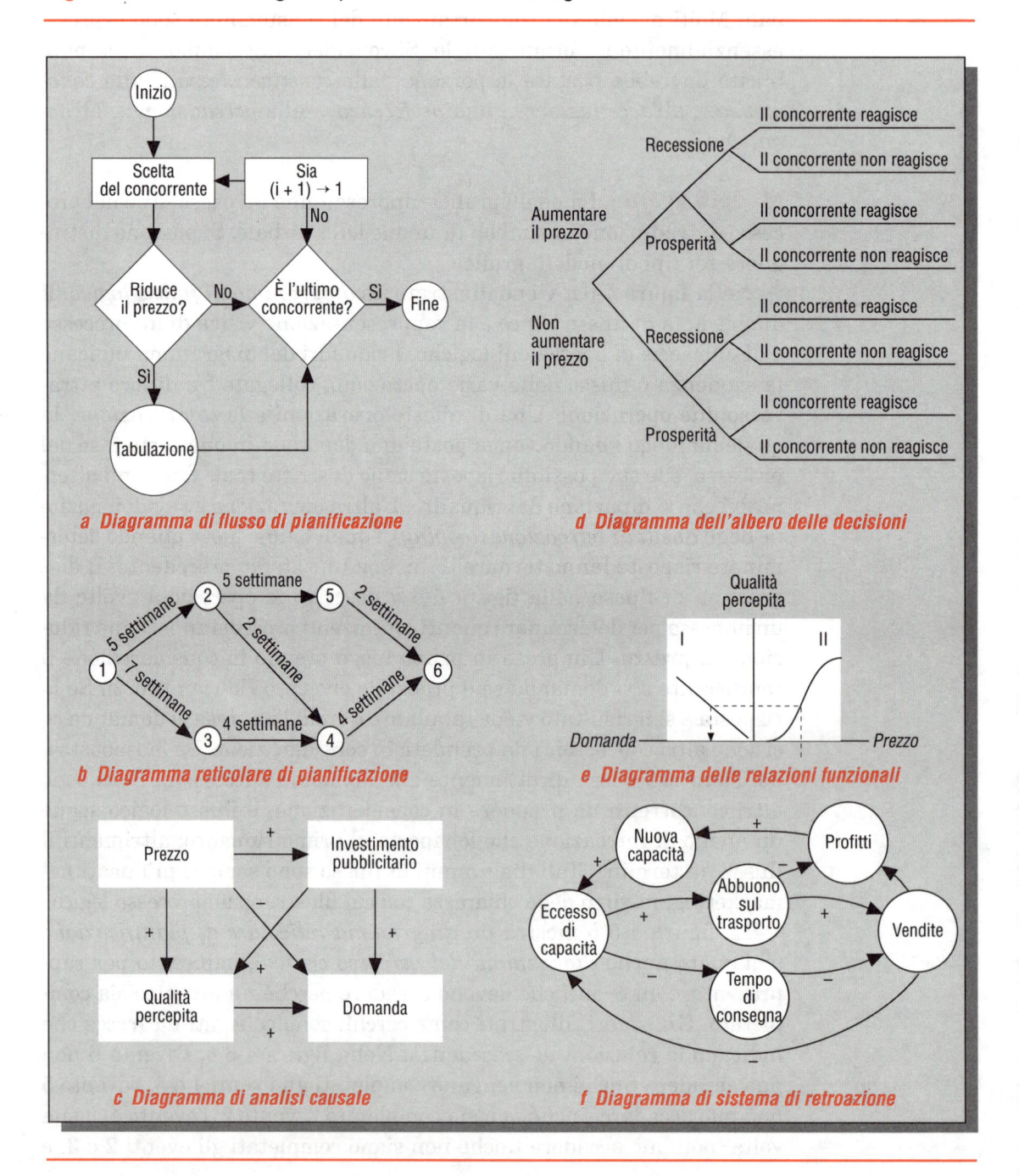

a **Diagramma di flusso di pianificazione**

b **Diagramma reticolare di pianificazione**

c **Diagramma di analisi causale**

d **Diagramma dell'albero delle decisioni**

e **Diagramma delle relazioni funzionali**

f **Diagramma di sistema di retroazione**

così via. Stimando i tempi di completamento di ciascun compito (a volte prevedendo una soluzione ottimistica e una pessimistica), l'analista può determinare il tempo minimo per il completamento dell'intero progetto. Il reticolo conterrà un percorso critico che definisce il tempo minimo possibile per il completamento; in questo grafico il tempo minimo è di quindici settimane. A meno che il percorso critico non venga abbreviato, non c'è nessun modo per completare il progetto in minor tempo. Questo diagramma è la base della pianificazione, della programmazione e del controllo di progetti come lo sviluppo di un nuovo prodotto.

La figura 4-6 *c* mostra un *diagramma di analisi causale* che è usato per illustrare il modo in cui determinate variabili influenzano le altre. Questo diagramma mostra che il prezzo ha sulla domanda un'influenza diretta (negativa) e una indiretta attraverso i suoi effetti positivi sull'investimento pubblicitario e sulla qualità percepita. Un prezzo alto conduce a un'alta qualità percepita, nonché a un più elevato investimento in pubblicità. Entrambe queste influenze dirette hanno un effetto positivo sulla domanda (nel grafico non viene illustrato il fatto che la domanda risultante avrà un'influenza di ritorno sull'investimento pubblicitario e anche sulla qualità percepita). I diagrammi dell'analisi causale hanno la loro validità in quanto consentono di esporre chiaramente le interrelazioni complesse che l'analista dovrebbe prendere in considerazione. Essi ci ricordano che spesso le relazioni basate su singole equazioni fra variabili non riescono a cogliere la vera struttura causale del fenomeno.

La figura 4-6 *d* mostra un *diagramma dell'albero delle decisioni*, usato per rappresentare le varie alternative di decisione e le relative conseguenze. Nel caso in esame, un'impresa deve decidere fra aumentare il prezzo e lasciarlo invariato.

Il risultato può essere influenzato dalla congiuntura economica, cioè dall'avvento di una fase recessiva o di una fase di sviluppo, e dalle reazioni dei concorrenti. L'albero potrebbe essere esteso per mostrare gli effetti di altre variabili come le reazioni degli acquirenti, la situazione delle scorte, e così via. La miglior decisione può essere individuata mediante la stima del valore e della probabilità dei vari rami, applicando la teoria statistica della decisione.

La figura 4-6 *e* rappresenta un *diagramma delle relazioni funzionali*, impiegato per illustrare le relazioni intercorrenti fra due o più variabili. Il primo quadrante mostra una correlazione positiva tra il prezzo e la qualità percepita. Il secondo quadrante mostra una correlazione positiva fra la qualità percepita e la domanda. L'esame dei due quadranti pone l'analista in grado di definire l'effetto di un *particolare* prezzo, attraverso la qualità percepita, su un *particolare* livello di domanda. In questo modo si può generare una funzione della domanda partendo dalla conoscenza di due altre funzioni. I grafici delle funzioni possono essere usati per illustrare funzioni di risposta delle vendite, distribuzioni di probabilità e molte altre correlazioni.

La figura 4-6 *f* mostra un *diagramma di retroazione (feedback-system)*, che illustra qualsiasi sistema i cui risultati abbiano degli effetti di ritorno che influenzano i risultati successivi. Gli effetti in questione possono essere diversi a seconda che il feedback sia positivo o negativo. Nel primo caso, un aumento del risultato iniziale provoca un aumento dei risultati successivi, mentre nel caso di feeback negativo gli effetti di ritorno *riducono* i risultati che ne derivano. Questo processo non deve essere confuso con gli anelli di retroazione dei diagrammi di flusso logico, che fanno semplicemente tornare la procedura a un punto precedente, senza implicare nessuna influenza su quel punto. L'esempio mostra l'interazione fra vendite, profitti, capacità produttiva e variabili di marketing. La capacità eccedente porta l'azienda a offrire ai clienti minori costi di trasporto e tempi di consegna più rapidi. Ciò determina un aumento delle vendite. L'aumento delle vendite determina, a sua volta, da un lato, un aumento dei profitti e, dall'altro, una riduzione dell'eccedenza di capacità. Contemporaneamente, i minori prezzi del trasporto riducono i profitti. Se l'effetto netto è un aumento dei profitti, ciò porta a investimenti aggiuntivi nella capacità produttiva e il ciclo continua. I diagrammi in oggetto sono dunque uno strumento utile per rappresentare variabili che hanno proprietà interattive e retroattive.[19]

I modelli grafici possiedono tutte le virtù che si possono trovare in una figura. Un grafico spoglia il fenomeno di tutto ciò che non è essenziale, permette all'osservatore di afferrare il fenomeno nella sua interezza e di scegliere quali relazioni prendere in esame. Per gli analisti di marketing i grafici migliorano l'esposizione, facilitano la discussione e guidano l'analisi.

Modelli matematici. I modelli matematici possono essere classificati in molti modi. Una prima distinzione è fra *modelli lineari* e *modelli non lineari*. In un modello lineare tutte le correlazioni fra le variabili sono espresse mediante linee rette. Ciò significa che un cambiamento unitario di una variabile ha un'influenza marginale *costante* sulla variabile correlata. La correlazione fra vendite e pubblicità sarebbe lineare se ogni aumento di 100 dollari nell'investimento pubblicitario creasse un aumento nelle vendite di 1.000 dollari, indipendentemente dal livello raggiunto dall'investimento pubblicitario. Questo tipo di effetto, comunque, è improbabile, poiché ci si può aspettare che l'investimento pubblicitario produca dei rendimenti crescenti o decrescenti. È anche probabile che altre variabili di marketing, come il prezzo, si correlino con le vendite in un modo non completamente lineare. L'assunzione di linearità è utile in fase di prima approssimazione, per comodità di ragionamento matematico.

Una seconda distinzione può essere fatta fra *modelli statici* e *modelli dinamici*. Un modello statico definisce lo stato ultimo o la soluzione di un sistema, indipendentemente dal tempo. Un modello dinamico introduce esplicitamente il tempo nella propria struttura e permette di osservare l'evoluzione nel tempo dello stato del sistema. Il diagramma della domanda e dell'offerta utilizzato nei corsi introduttivi di economia rappresenta un modello statico per la determinazione del prezzo, poiché indica in che punto il prezzo e le vendite saranno in equilibrio, senza evidenziare il percorso dei successivi aggiustamenti intervenuti con l'andar del tempo. I modelli che rappresentano il processo di cambiamento di marca da parte del consumatore (*brand-switching*) sono dinamici, poiché prevedono i cambiamenti delle scelte del consumatore fra un periodo e i successivi.

Una terza distinzione può essere fatta fra *modelli deterministici* e *modelli stocastici*. In un modello deterministico il caso non ha alcun ruolo. La soluzione è determinata da un insieme di relazioni esatte. I modelli di programmazione lineare per determinare le proporzioni di una miscela (oli, alimenti per animali, dolci) sono deterministici, poiché le relazioni sono esatte e i dati di costo sono noti.

In un modello stocastico, invece, vengono introdotti esplicitamente il caso o delle variabili casuali. I modelli di *brand-switching* sono stocastici, poiché le scelte di marca da parte del consumatore sono regolate dalla probabilità.

Quando saranno accettati dalle imprese, gli esperti di scienze manageriali potranno fornire un insieme di procedure statistiche e di modelli decisionali che miglioreranno notevolmente la capacità dei dirigenti di marketing di prendere decisioni più consapevoli. A questo scopo sarà soprattutto necessario che i dirigenti e gli esperti di management si rendano disponibili a comprendere le rispettive necessità e capacità.

Note

1. Per una più ampia analisi dell'impatto del computer sul ciclo in esame, si veda Robert D. Buzzell (a cura di), *Il marketing nell'era elettronica*, Edizioni del Sole-24 Ore, Milano 1988. In particolare, i capp. 2 e 3.
2. Sulle ricerche di marketing continuative si vedano Giorgio Marbach, *Le ricerche di mercato*, Utet, Torino 1992, cap. 4; e Peter M. Chisnall, *Le ricerche di marketing*, McGraw-Hill Libri Italia, Milano 1990, cap. 9.
3. Si consiglia, a chi voglia approfondire la conoscenza delle tecniche di ricerca di marketing, di avvalersi, oltre ai due testi citati nella nota precedente, delle seguenti opere: Thomas C. Kinnear e James R. Taylor, *Ricerche di Marketing. Analisi e strategie*, Gruppo Ed. Jackson, Milano 1990, Amedeo De Luca, *Le applicazioni dei metodi statistici alle analisi di mercato*, F. Angeli, Milano 1986, e, dello stesso autore, *Metodi statistici per le ricerche di mercato*, Utet, Torino 1990.
4. Per ulteriori elementi sull'offerta di servizi di ricerca in Italia, si veda Chisnall, *Le ricerche di marketing*, pp. 242-247 (paragrafo curato da Maria Rita Santagostino).
5. Sui metodi quantitativi applicati alle ricerche di marketing, si veda De Luca, *Metodi statistici*, pp. 193-204.
6. Sulle fonti di dati secondari, si veda Kinnear e Taylor, *Marketing Research*, pp. 152-163/177-188.
7. Horace C. Levinson, "Experiences in Commercial Operations Research", in *Operations Research*, agosto 1953, pp. 220-239.
8. Per un'ampia panoramica in proposito, si veda Kinnear e Taylor, *Marketing Research*, pp. 517-565.
9. Sulla regressione multipla, oltre che sui vari metodi statistici, si veda De Luca, *Le applicazioni*, cap. 1.
10. Ibidem, pp. 107-117.
11. Ibidem, pp. 75-93.
12. Sull'analisi congiunta, si veda Philippe Cattin e Dick R. Wittink, "Commercial Use of Conjoint Analysis: A Survey", in *Journal of Marketing*, estate 1982, pp. 44-53.
13. Sull'impiego dei modelli nel processo decisionale di marketing, si veda Gary L. Lilien, Philip Kotler e K. Sridhar Moorthy, *Marketing Models*, Prentice-Hall, Englewood Cliffs 1992. Sull'argomento, si veda anche Jean-Claude Lerreché e David B. Montgomery, "A Framework for the Comparison of Marketing Models: A Delphi Study", in *Journal of Marketing Research*, novembre 1977, pp. 487-498, e Randall L. Schultz e Andris A. Zoltners, *Marketing Decision Models*, Elsevier North-Holland, New York 1981.
14. David B. Learner, "Profit Maximization through New-Product Marketing Planning and Control", in Frank M. Bass e altri (a cura di), *Applications of the Sciences to Marketing Management*, John Wiley & Sons, New York 1968, pp. 151-167.

[15] Arnold E. Amstutz, *Computer Simulation of Competitive Market Response*, MIT Press, Cambridge 1967.
[16] David B. Montgomery e Adrian B. Rejans, "Stochastic Models of Consumer Choice Behavior", in Scott Ward e T. S. Robertson (a cura di), *Consumer Behavior: Theoretical Sources*, Prentice-Hall, Englewood Cliffs 1973, pp. 521-576.
[17] Si veda R. Duncan Luce e Howard Raiffa, *Games and Decisions*, John Wiley & Sons, New York 1957, pp. 453-455.
[18] Robert J. Lavidge e Gary A. Steiner, "A model for Predictive Measurements of Advertising Effectiveness", in *Journal of Marketing*, ottobre 1961, pp. 59-62.
[19] Si veda Jay W. Forrester, "Modeling of Market and Company Interactions", in Peter D. Bennett (a cura di), *Marketing and Economic Development*, American Marketing Association, Chicago 1965, pp. 353-364.

Capitolo 5

L'analisi dell'ambiente di marketing

*È inutile chiedere a un fiume di smettere di scorrere:
la cosa migliore da fare è imparare a nuotare
seguendo la corrente.*

Anonimo

Abbiamo più volte sottolineato come le imprese eccellenti assumano una visione *esterno-interno* del loro business. A questo fine, esse tengono sotto costante osservazione il cambiamento e adattano i propri comportamenti alle opportunità che si determinano nell'ambiente di mercato.

Nel presente capitolo, nonché nei successivi tre, esamineremo il mondo circostante all'impresa e i modi in base ai quali rilevare e analizzare le situazioni importanti.

Questo capitolo, in particolare, sarà dedicato alle risposte da dare a due domande chiave: quali sono i *principali protagonisti esterni* con i quali l'impresa interagisce nello svolgimento delle proprie attività di marketing? E quali sono le *principali forze esterne* che influenzano le performance dell'impresa?

La maggior responsabilità circa l'identificazione dei cambiamenti che si verificano nell'ambiente ricade sui dirigenti di marketing dell'impresa. L'ambiente in cui l'impresa si trova inserita esprime continuamente nuove opportunità, tanto negli anni favorevoli che in quelli negativi.

Infatti, i decenni Settanta e Ottanta, pur essendo stati caratterizzati da moderati tassi di crescita economica, hanno visto il manifestarsi di non pochi casi di successi aziendali dovuti a superiori strategie di marketing.[1]

Ma dall'ambiente provengono anche minacce che talvolta possono assumere una gravità tale da mettere in forse la stessa esistenza dell'impresa.

Si pensi all'estendersi della competizione, all'insorgere di conflitti, al manifestarsi di calamità naturali, a tutti quei fenomeni che hanno costituito l'oggetto delle analisi di Peter Drucker e Alvin Toffler.[2]

I responsabili di marketing si avvalgono dei sistemi di marketing intelligence e di ricerca di marketing per il monitoraggio dell'ambiente di mercato. Attraverso il tempestivo rilevamento dei segnali di cambiamento, le imprese possono essere in grado di modificare le proprie strategie in modo da affrontare le minacce, o sfruttare le opportunità.

La capacità di anticipare gli eventi prima e meglio dei propri concorrenti diviene pertanto l'arma competitiva fondamentale per l'impresa contemporanea.

Che cosa intendiamo per ambiente di marketing? Con questo termine vengono definiti i protagonisti e le *forze non controllabili*, in risposta ai quali le imprese elaborano le proprie strategie di marketing. Più specificatamente (e come rappresenta la figura 5-1):

> **L'*ambiente di marketing di un'impresa*** **è costituito dai protagonisti e dalle forze esterne all'impresa che ne influenzano la capacità di sviluppare e mantenere positivi rapporti con la clientela obiettivo.**

È possibile distinguere fra micro e macroambiente. Il *microambiente* è formato, oltre che dall'impresa medesima, da quei protagonisti che influenzano la sua capacità di servire il mercato: fornitori, intermediari commerciali, clienti, concorrenti, operatori pubblici e sociali. Il *macroambiente* consiste delle più ampie forze sociali che esercitano la propria azione sull'intero complesso di protagonisti del microambiente: demografia, economia, tecnologia, legislazione, politica, ambiente fisico, culturale e sociale.

Figura 5-1 I protagonisti e le forze operanti nell'ambiente di marketing dell'impresa

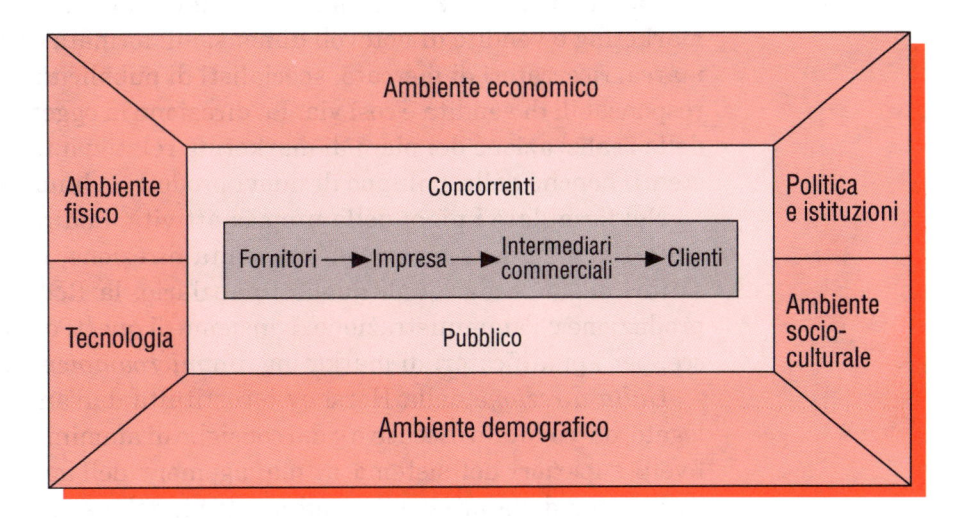

5.1 I protagonisti del microambiente

Scopo primario di ogni impresa è quello di servire e soddisfare un dato insieme di bisogni espressi dal mercato obiettivo prescelto, conseguendo un profitto. A questo fine, l'impresa stabilisce sistematici rapporti con un certo numero di fornitori, nonché di intermediari che le consentono di raggiungere i clienti obiettivo. La catena *fornitori-intermediari commerciali-clienti* costituisce il sistema essenziale di marketing dell'impresa. Il successo dell'impresa è inoltre influenzato da due altri gruppi, i concorrenti e la comunità. La direzione dell'impresa deve tener conto del ruolo svolto da questi protagonisti nell'ambito della pianificazione della propria attività. Analizzeremo ora i rapporti intercorrenti fra un'impresa e i vari protagonisti del proprio microambiente, assumendo come riferimento il caso della Hershey Foods Corporation, una delle principali industrie dolciarie degli Stati Uniti.

5.1.1 L'impresa

La Hershey Foods Corporation di Hershey, in Pennsylvania, realizza ogni anno un volume di vendite in prodotti dolciari pari a quasi due miliardi di dollari.

L'attività di marketing della Hershey è svolta da una direzione marketing e vendite di notevoli dimensioni, formata da responsabili di marca, ricercatori di mercato, specialisti di pubblicità e di promozione, responsabili di vendita e così via. La direzione in oggetto è responsabile della realizzazione dei piani di marketing relativi a tutti i prodotti esistenti, nonché dello sviluppo di nuovi prodotti e di nuove marche.

Nel formulare i piani della propria attività, la direzione marketing della Hershey deve tener conto dell'alta direzione, nonché degli altri settori dell'azienda, quali quello finanziario, la R&S, gli acquisti, la produzione e l'amministrazione. L'insieme di questi organismi costituisce, per i pianificatori di marketing, un *microambiente aziendale*.

L'*alta direzione* della Hershey è costituita dall'amministratore delegato, dal comitato esecutivo e dal consiglio di amministrazione. A questi livelli superiori del sistema di management dell'impresa compete la definizione della missione, degli obiettivi, delle strategie e delle politiche. I manager di marketing devono prendere decisioni nell'ambito del quadro di riferimento definito dall'alta direzione. Inoltre, le loro proposte devono ricevere l'approvazione di questa, prima di poter essere attuate.

I responsabili delle attività di marketing devono anche operare a stretto contatto con le altre funzioni aziendali. La *direzione finanziaria* è coinvolta nel processo di reperimento delle risorse necessarie alla realizzazione del piano di marketing; nella corretta allocazione di tali risorse ai vari prodotti, marche e attività specifiche; nella valutazione dei probabili tassi di rendimento e del grado di rischio connesso alla previsione delle vendite e al piano di marketing. La *direzione ricerca e sviluppo* è impegnata nel mettere a punto nuovi prodotti di successo, mentre la direzione acquisti si preoccupa di ottenere approvvigionamenti adeguati di materie prime (cacao, zucchero, ecc.), nonché degli altri fattori necessari allo svolgimento del processo produttivo. La *direzione amministrativa* deve procedere a elaborare i dati di costo e di ricavo che consentano alla funzione di marketing di conoscere in che misura essa stia conseguendo i propri obiettivi.

Tutti gli organi menzionati hanno influenza sui piani e sull'attività della direzione marketing. I vari responsabili di marca devono ottenere l'appoggio dei settori responsabili della finanza e della produzione, prima di presentare i propri piani all'alta direzione. Se la direzione della produzione non metterà a disposizione un'adeguata capacità produttiva, o se la direzione finanziaria non stanzierà i mezzi richiesti, i responsabili di marketing dovranno procedere alla riduzione degli obiettivi di vendita, oppure porre il problema all'attenzione dell'alta direzione. I principali conflitti che possono sorgere fra il settore marketing e gli altri settori dell'impresa sono descritti nel capitolo 25. Per il momento, è sufficiente sottolineare come i responsabili della funzione di marketing debbano cooperare con le altre funzioni aziendali nel definire e realizzare i propri piani di attività.

5.1.2 I fornitori

I fornitori sono costituiti da imprese e individui che forniscono all'impresa e ai suoi concorrenti le risorse necessarie per la produzione di determinati beni e servizi. Per esempio, la Hershey deve procurarsi cacao, zucchero, cellophane e vari materiali per poter produrre i propri dolciumi. Inoltre, essa deve acquisire lavoro, macchinari, combustibile, energia elettrica, elaboratori elettronici e altri fattori produttivi necessari alla sua attività. La direzione acquisti della Hershey deve decidere quali risorse l'impresa è in grado di sviluppare al proprio interno e quali invece deve acquisire all'esterno. Per quanto concerne le decisioni di acquisto, occorre definire le relative specifiche, ricercare e valutare i fornitori e scegliere quelli che offrono la miglior combinazione di qualità, garanzia dei tempi di consegna, affidabilità e costo.

Ciò che avviene nell'ambito del sistema dei fornitori può avere un'influenza determinante sulle operazioni di marketing dell'impresa. I responsabili di marketing devono tenere sotto costante controllo l'andamento dei prezzi dei fattori produttivi rilevanti. L'aumento del costo del cacao o dello zucchero può riflettersi in aumenti del prezzo delle tavolette di cioccolata prodotte dalla Hershey, e quindi nella riduzione delle vendite previste. Occorre inoltre tener conto delle condizioni di approvvigionamento. Interruzioni nei rifornimenti, quali ne siano le cause, possono pregiudicare il rispetto dei termini di consegna alla clientela, determinando perdite di vendita nel breve termine e deteriorando l'immagine dell'impresa nel lungo termine. Molte imprese preferiscono avvalersi di più fonti di rifornimento, onde evitare di dover dipendere da un unico fornitore, con le conseguenze che ne possono derivare. I responsabili degli acquisti cercano di stabilire relazioni a lungo termine con i principali fornitori. A questo scopo, essi ritengono di dover "vendere" la propria impresa ai fornitori, allo scopo di ottenere favorevoli condizioni, specie in periodi di scarsità di risorse.[3]

La pianificazione degli acquisti è divenuta più importante e sofisticata nel corso degli ultimi anni. Le imprese possono infatti conseguire vantaggi competitivi determinanti nella misura in cui riescono a contenere i costi dei fattori acquistati all'esterno e a migliorare la qualità dei medesimi.

Alcune imprese, specie se di grandi dimensioni, sviluppano processi di integrazione verticale "all'indietro" allo scopo di conseguire un più elevato grado di controllo nell'acquisizione delle risorse. Altre imprese introducono sistemi di produzione just-in-time, basati su uno stretto controllo dei fornitori, ai quali viene trasferito l'onere di rifornire le unità produttive nei tempi e alle condizioni fissate dall'impresa acquirente.[4]

Il dirigente di marketing procede, inoltre, ad acquistare direttamente una serie di servizi pubblicitari, di ricerca di mercato, di addestramento di venditori, di consulenza. Anche in questi casi, occorrerà determinare in che misura i servizi in questione possono essere realizzati all'interno mediante lo sviluppo di specifici organismi, oppure acquisiti all'esterno.

5.1.3 Gli intermediari di marketing

Nella promozione, vendita e distribuzione all'acquirente finale dei propri prodotti l'impresa viene coadiuvata da una serie di intermediari di marketing. Questi includono gli intermediari di vendita, le imprese di spedizione e trasporto, le agenzie e gli studi di pubblicità e di pubbliche relazioni, i servizi specializzati di marketing, gli intermediari finanziari.

Intermediari di vendita. Questi sono costituiti da operatori economici che collaborano con l'impresa nell'individuare i clienti e nel concludere trattative di vendita. Gli intermediari di vendita possono essere classificati in due categorie fondamentali: gli agenti intermediari e i rivenditori. La prima categoria comprende quegli operatori – quali agenti, mediatori, broker, rappresentanti – che svolgono un'attività di acquisizione della clientela, nonché di negoziazione, senza tuttavia assumere titolo alcuno nei confronti dei beni oggetto delle transazioni. La Hershey, ad esempio, può avvalersi della collaborazione di agenti per sviluppare i contatti con i dettaglianti dei vari paesi del Sud America, corrispondendo loro delle provvigioni commisurate all'ammontare degli ordini acquisiti. Questi vengono poi evasi direttamente dalla Hershey, senza nessun intervento da parte degli stessi. I *rivenditori* – quali grossisti, dettaglianti o altro – acquistano le merci di cui in seguito curano la vendita sulla base delle proprie autonome scelte. La forma di vendita prevalentemente seguita dalla Hershey è quella basata sui grossisti, sulle principali catene di supermercati e sulle reti di distributori automatici.

La ragione che induce la Hershey a impiegare gli intermediari sta nel fatto che questi sono in grado di assicurare un contatto con la clientela a condizioni meno onerose rispetto a un rapporto diretto. In quanto impresa produttrice, la Hershey è soprattutto interessata alla produzione di elevati quantitativi di dolciumi e alla loro collocazione sul mercato. Dal canto suo, il consumatore è interessato a reperire i prodotti in questione nei luoghi e nei momenti più convenienti, con ampie possibilità di scelta e a condizioni di prezzo ritenute accettabili. Il divario esistente tra gli elevati volumi di produzione della Hershey e le modalità secondo le quali i consumatori effettuano gli acquisti deve essere pertanto superato. Il ruolo degli intermediari è appunto quello di eliminare, o quanto meno ridurre, *l'eterogeneità* che esiste tra offerta e domanda per quanto concerne la quantità e i criteri di assortimento dei prodotti, nonché i luoghi, i tempi e le condizioni di acquisizione degli stessi. In modo più specifico, gli intermediari della Hershey creano *un'utilità di spazio* rendendo disponibili i prodotti dolciari nei luoghi dove risiedono i consumatori. Essi creano, inoltre, *un'utilità di tempo*, tenendo aperti per una buona parte della giornata i punti di vendita presso i quali i consumatori possono effettuare gli acquisti secondo la propria convenienza. Ancora, gli intermediari creano *un'utilità di quantità*, rendendo possibile al consumatore l'acquisto dei quantitativi limitati di cui egli ha bisogno.

Mediante la raccolta nello stesso punto di vendita di prodotti diversi, ma suscettibili di ricerca congiunta da parte del consumatore, gli intermediari sviluppano *un'utilità di assortimento*. Infine, essi creano *un'utilità di possesso* rendendo possibile al consumatore l'acquisizione dei prodotti di cui egli ha bisogno, mediante una transazione semplificata quale quella che caratterizza le vendite al dettaglio. Per ottenere gli stessi risultati, la Hershey dovrebbe costituire, finanziare e gestire un sistema assai esteso di punti di vendita e di distributori automatici. È quindi evidente come questa impresa trovi più vantaggioso operare mediante una rete di intermediari.

La scelta degli intermediari e l'operare attraverso di essi non è tuttavia un compito semplice. Le imprese tendono oggi a utilizzare un numero più limitato di intermediari, ma di dimensioni mediamente maggiori. Una quota crescente della distribuzione alimentare è controllata dalle grandi catene di supermercati, dalle maggiori imprese grossiste e dalle organizzazioni volontarie.

Per citare un caso limite, il 70% della distribuzione alimentare al dettaglio della Svizzera è controllato da due organizzazioni di grandi dimensioni, Migros e Coop. Questi gruppi hanno un potere tale da stabilire le condizioni alle quali le imprese di produzione possono sperare di accedere a mercati di rilevante importanza. Il produttore deve impegnarsi a fondo, se vuole ottenere e mantenere uno "spazio sugli scaffali". Egli deve apprendere a gestire e soddisfare i propri canali di distribuzione, se non vuole assistere a una graduale perdita di importanza, o anche all'esclusione dagli stessi.

Imprese di spedizione e trasporto. Queste imprese collaborano con l'impresa manifatturiera nell'assicurare il flusso delle merci dai luoghi di produzione alle località di destinazione. Ogni impresa deve determinare il proprio fabbisogno di spazio per la conservazione dei prodotti, nonché la misura in cui avvalersi dei magazzini degli spedizionieri. Le imprese di trasporto comprendono le ferrovie, le compagnie di navigazione aerea e marittima, gli autotrasportatori e tutte quelle organizzazioni che contribuiscono a trasferire le merci da una località all'altra. Ogni impresa deve determinare i metodi più efficaci per la distribuzione fisica dei propri prodotti, tenendo conto dei costi di conservazione e di trasporto, della rapidità e della qualità del servizio reso alla clientela, nonché della sicurezza (l'argomento verrà ulteriormente sviluppato nel capitolo 19).

Imprese di servizi di marketing. Queste imprese – che comprendono le agenzie di pubblicità, gli istituti per le ricerche di mercato, i consulenti di marketing, di comunicazione e di relazioni pubbliche – assistono i produttori di beni e servizi nel definire i mercati obiettivo e nel promuovere le vendite dei rispettivi prodotti. L'impresa si trova, nei confronti di questi servizi, di fronte alla scelta se realizzare i medesimi per conto proprio, oppure acquisirli all'esterno. Alcune grandi imprese impiegano agenzie pubblicitarie e organismi di ricerca interni. La maggior parte delle imprese, tuttavia, si avvale di imprese specializzate esterne. Quando un'impresa decide di avvalersi di specialisti esterni, deve porre molta attenzione nella scelta degli stessi, in quanto esistono notevoli differenze per quanto concerne la qualità e il costo dei servizi resi. È inoltre necessario condurre periodiche analisi della corrispondenza esistente fra i servizi acquistati e le esigenze dell'impresa, onde adottare le azioni correttive eventualmente necessarie.

Intermediari finanziari. Questi includono banche, compagnie di assicurazione e altre società specializzate nel fornire servizi finanziari collegati alle attività mercantili. La maggior parte delle imprese dipende dagli intermediari finanziari per quanto concerne il finanziamento delle proprie transazioni.

Il risultato dell'attività di marketing dell'impresa può essere seriamente influenzato dall'aumento del costo del denaro o dalla limitazione del credito. Da ciò deriva la necessità per l'impresa di mantenere stretti rapporti con gli istituti di credito.

5.1.4 I clienti

Un'impresa stabilisce una serie di collegamenti con i fornitori e gli intermediari allo scopo di realizzare in modo efficiente un'offerta di beni e servizi ai propri mercati obiettivo. Questi possono essere costituiti da una o più delle seguenti classi di mercati:

- **Mercato del consumatore.** È costituito dagli individui e dalle famiglie che acquistano beni e servizi destinati al consumo personale.
- **Mercato industriale.** Comprende le organizzazioni che acquistano beni e servizi necessari alla produzione di altri beni e servizi, sia allo scopo di conseguire un profitto che per conseguire altri obiettivi.
- **Mercato dei rivenditori.** È formato dalle organizzazioni che acquistano beni e servizi per poterli rivendere conseguendone un profitto.
- **Mercato della pubblica amministrazione.** È costituito dagli acquisti di beni e servizi effettuati dalle amministrazioni pubbliche a livello centrale e locale, nonché dagli enti che ne dipendono, sia per la produzione dei servizi pubblici sia per trasferimenti di carattere sociale.
- **Mercato internazionale.** Comprende gli acquirenti di qualsiasi tipo residenti all'estero.

La Hershey vende i propri prodotti a una serie di questi mercati, in particolare a quelli dei rivenditori. Mercati di notevole importanza sono pure quelli istituzionali, quali imprese industriali, amministrazioni pubbliche, ospedali, eccetera, che acquistano i prodotti della Hershey per i propri servizi di ristorazione interni. Una parte notevole delle vendite della Hershey viene infine effettuata a clienti stranieri. Ogni mercato presenta caratteristiche specifiche che richiedono accurate analisi da parte dell'impresa venditrice. Nei capitoli seguenti verranno esaminate in dettaglio le principali caratteristiche in questione, con riferimento al mercato del consumatore e a quelli istituzionali (dei produttori, dei rivenditori e delle amministrazioni pubbliche).

5.1.5 I concorrenti

In genere, le imprese che si pongono l'obiettivo di servire uno specifico mercato si trovano a dover competere con imprese che hanno obiettivi più o meno corrispondenti. Queste imprese devono essere identificate e analizzate, onde poter controbilanciare la loro azione volta ad acquisire le preferenze del cliente. L'ambiente competitivo non è costituito solo dalle altre imprese, ma anche da una molteplicità di elementi di grande importanza. Il modo migliore per un'impresa di affrontare la concorrenza consiste nell'adottare il punto di vista del cliente. Che cosa influenza l'acquirente nella formulazione della decisione d'acquisto di un dato oggetto? Si consideri, ad esempio, una persona che, dopo aver lavorato intensamente per un certo periodo di tempo, voglia concedersi una pausa distensiva. Fra le possibilità prese in considerazione vi sono lo scambio di qualche parola con i colleghi, una breve passeggiata, oppure una consumazione al bar (figura 5-2). Si ha in questo caso una situazione di *concorrenza sul piano dei desideri*. Si supponga ora che la persona considerata avverta in modo particolarmente accentuato lo stimolo dell'appetito, desiderando quindi di recarsi al bar per una consumazione. Qui potrà scegliere fra delle patatine, dei dolci, oppure una bibita. Questa seconda situazione può essere definita con il termine di

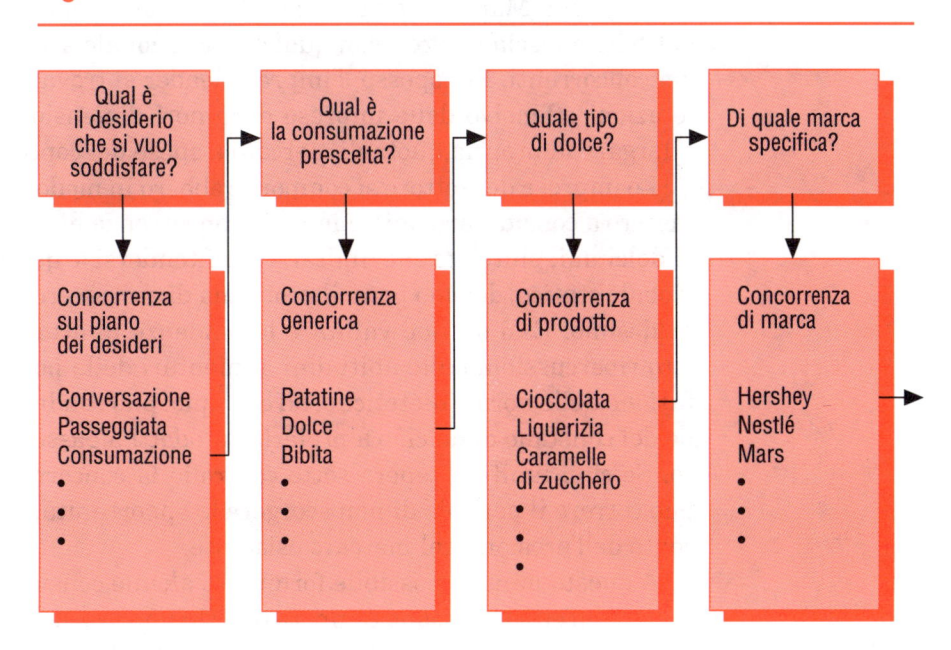

Figura 5-2 Le varie forme di concorrenza

Qual è il desiderio che si vuol soddisfare?	Qual è la consumazione prescelta?	Quale tipo di dolce?	Di quale marca specifica?
Concorrenza sul piano dei desideri	Concorrenza generica	Concorrenza di prodotto	Concorrenza di marca
Conversazione Passeggiata Consumazione • • •	Patatine Dolce Bibita • • •	Cioccolata Liquerizia Caramelle di zucchero • • •	Hershey Nestlé Mars • • •

concorrenza generica, in quanto rappresenta diversi modi fondamentali di soddisfare lo stesso bisogno. Si assuma, a questo punto che il campo di scelta venga limitato ai dolci, con alcune alternative quali tavolette di cioccolata, liquerizia e caramelle di zucchero. Queste alternative danno luogo a una situazione di *concorrenza di prodotto*, costituita dalle varie possibilità di soddisfare il desiderio di dolci. Infine, il consumatore, stabilito che ciò che più compiutamente appaga il suo desiderio è un dato prodotto, ad esempio una merendina di cioccolata, deve scegliere fra le varie marche disponibili, quali Hershey, Nestlé e Mars. Quest'ultima situazione è definita come *concorrenza di marca*.

Adottando questo schema di analisi, il direttore commerciale della Hershey può essere in grado di valutare le possibili situazioni competitive di cui occorre tener conto nel definire le azioni di sviluppo delle vendite delle proprie merendine al cioccolato. Nella realtà, si tende spesso a concentrare l'attenzione sulla concorrenza di marca, per cui tutti gli sforzi sono rivolti ad accrescere le preferenze verso una data marca di prodotto. La Hershey punta ad acquisire l'immagine di impresa leader nel mercato dei prodotti di cioccolata, agendo sulla qualità dei prodotti, sulla pubblicità, sulla promozione delle vendite e sulla distribuzione capillare. Le azioni competitive della Hershey nei confronti della Nestlè, della Mars e degli altri produttori sono improntate al principio del "vivi e lascia vivere", con qualche occasionale attacco alle posizioni dei concorrenti. Più spesso, l'impresa leader si trova a dover sostenere le azioni offensive delle imprese di minori dimensioni, impegnate ad allargare la propria quota di mercato a spese dei concorrenti maggiori.

Le imprese del settore si comporterebbero in modo miope ove si limitassero a considerare unicamente la concorrenza di marca. I produttori di dolciumi, piuttosto che limitarsi a contendersi le quote di un mercato globale statico, devono porsi il problema di accrescere le dimensioni del medesimo. Essi devono valutare le tendenze in atto nella società e le loro ripercussioni sulle abitudini alimentari della popolazione. La diffusione delle norme dietetiche, ad esempio, può condurre a una riduzione del consumo di dolci, o a preferire prodotti a basso contenuto calorico. Se ci si limita a tenere sotto controllo la concorrenza di marca, si può correre il pericolo di non scorgere le opportunità, o di non rendersi conto dell'erosione del mercato esistente.

A questo punto è possibile formulare alcune considerazioni di sintesi circa un'efficace azione competitiva. Un'impresa dovrebbe tenere presenti quattro dimensioni fondamentali, nel definire la propria posizione sul mercato. Tali dimensioni concernono i *clienti*, i *canali*, i *concorrenti* e, infine, le *caratteristiche dell'impresa*. L'efficacia dell'azione di marketing dipende dalla capacità di stabilire un rapporto equilibrato fra l'impresa e i propri clienti, canali e concorrenti.

5.1.6 Il pubblico

Nel cercare di soddisfare nel miglior modo possibile la domanda di un dato mercato obiettivo, l'impresa non solo si trova a dover competere con altre imprese similari, ma deve anche tener conto dell'esistenza dei vari settori o ambienti che, nel loro complesso, formano il pubblico. Essendo spesso le azioni di un'impresa influenti su questo o quel gruppo di interessi, ne deriva che i gruppi possono, interagendo con i vari settori, contribuire alla formazione di un'opinione pubblica favorevole o meno nei confronti dell'impresa stessa. In proposito, possiamo adottare la seguente definizione:

> **Nell'ambito del *pubblico* in generale può essere individuata una serie di settori o ambienti, costituiti da gruppi che hanno un interesse o un'influenza, reale o potenziale, nei riguardi dell'impresa.**

I vari ambienti possono facilitare od ostacolare l'azione dell'impresa volta al conseguimento dei propri obiettivi. In considerazione di ciò, le imprese efficacemente gestite si impegnano a fondo per stabilire buone relazioni con gli ambienti di particolare rilevanza. A questo fine, vengono creati appositi servizi, incaricati dello sviluppo delle relazioni pubbliche o esterne.

I servizi in oggetto svolgono una funzione di osservatorio nei confronti degli ambienti di interesse, e procedono a diffondere informazioni atte a creare un'immagine positiva dell'impresa. Quando si determinano eventi che operano in modo negativo sull'immagine dell'impresa, i servizi per le relazioni esterne intervengono per neutralizzare o comunque limitare i danni. I migliori fra i servizi in questione pongono molta attenzione nello stimolare l'alta direzione ad adottare programmi particolarmente atti a creare un'immagine positiva nell'opinione pubblica, nonché a evitare tutti quei comportamenti che possono recare pregiudizio all'immagine dell'impresa.

Proprio per l'importanza che le relazioni pubbliche hanno per l'impresa, sarebbe un errore lasciarne la gestione interamente nelle mani dei servizi specializzati. Tutti i componenti di un'impresa sono impegnati nelle relazioni pubbliche, dall'amministratore delegato che presenta all'opinione pubblica i programmi della società, al direttore finanziario che mantiene i contatti con gli ambienti del credito, al direttore vendite che ha il compito di mantenere i contatti, attraverso i propri collaboratori, con una molteplicità di clienti.

Siamo dell'avviso che le relazioni pubbliche debbano essere considerate come una componente importante della generale azione di marketing, piuttosto che una ristretta operazione di comunicazione.[5] Un ambiente è costituito da un gruppo dal quale un'organizzazione desidera una risposta, sia questa la manifestazione di preferenza di un cliente, un giudizio favorevole pronunciato da un operatore di opinione pubblica, oppure un contributo in tempo o denaro. L'organizzazione, avente finalità economiche o meno, deve interrogarsi attorno a ciò che ha interesse per il pubblico e che essa è in grado di soddisfare. Su queste basi, essa può mettere a punto un insieme organico di azioni in grado di costruire un'immagine favorevole.

Esamineremo ora i sette ambienti di maggiore interesse per un'impresa.

- **Ambiente finanziario**. L'ambiente finanziario è costituito da istituzioni e operatori – banche, società finanziarie, agenti di borsa, privati investitori – in grado di influenzare la capacità dell'impresa di raccogliere fondi. La Hershey punta a conseguire un favorevole atteggiamento presso l'ambiente finanziario mediante la pubblicazione delle relazioni annuali e fornendo dati e informazioni di carattere economico e finanziario, in modo da convincere la comunità finanziaria che la situazione della società è quanto mai solida.
- **Mezzi d'informazione**. Questi comprendono la stampa quotidiana e periodica, le agenzie d'informazione, la radio e la televisione. Nel caso specifico, la Hershey è interessata a migliorare sempre più la propria presenza presso i vari mezzi d'informazione.
- **Governo e parlamento**. La direzione di un'impresa, specie se di rilevante importanza, deve tener conto degli orientamenti degli organi legislativi ed esecutivi nel formulare i propri piani di mercato. I responsabili del marketing della Hershey devono rivolgersi al servizio legale della società, per ottenere assistenza nell'interpretare e nel valutare la legi-

slazione in materia di protezione del consumatore, di veridicità della pubblicità, e così via. La società deve anche considerare l'opportunità di stringere rapporti con le altre imprese, onde meglio affermare il punto di vista di comune interesse, allorquando vengano proposti provvedimenti di legge potenzialmente lesivi degli interessi del settore.

- **Gruppi e associazioni di cittadini**. Le attività di marketing di un'impresa possono essere messe in discussione dalle organizzazioni di consumatori, dai gruppi ecologici, da minoranze organizzate, e così via. Per esempio, i prodotti dolciari sono stati accusati da alcuni esponenti delle organizzazioni dei consumatori, in quanto troppo ricchi di calorie, dannosi per i denti, o altro.[6] La Hershey deve affrontare queste situazioni, sia contrattaccando mediante campagne che mettano in evidenza l'apporto positivo che i prodotti dolciari recano all'alimentazione umana, sia collaborando con i consumatori nell'accertare la reale fondatezza delle questioni sollevate.
- **Pubblico in generale**. Un'impresa si deve preoccupare dell'orientamento del pubblico in generale nei confronti dei propri prodotti e delle proprie attività. Mentre il pubblico in generale non opera in modo organizzato nei confronti dell'impresa, l'immagine che essa ha presso di esso può influenzarne l'atteggiamento in misura più che rilevante. Per poter acquisire una forte immagine di impresa orientata verso il pubblico interesse, la Hershey mette a disposizione di una serie di iniziative di elevato valore sociale alcuni dei propri funzionari, contribuisce al finanziamento di istituzioni assistenziali e culturali, organizza un servizio che si occupa dei reclami che provengono dai clienti.
- **I collaboratori dell'impresa**. Le imprese maggiori pongono particolare attenzione nel mantenere buone relazioni, non solo all'esterno, ma anche nei confronti del pubblico formato dai propri collaboratori, operai, impiegati, quadri, dirigenti e amministratori. A questo scopo, vengono realizzate pubblicazioni periodiche, il cui scopo è quello di informare e motivare il pubblico interno dell'impresa, cioè i dipendenti. Quando questi hanno un'immagine elevata dell'impresa in cui lavorano, ne deriva un positivo riverbero sul pubblico esterno.[7]

Sebbene le imprese debbano concentrare le proprie energie soprattutto nel gestire efficacemente i propri sistemi di marketing, è bene che esse non trascurino i rapporti con i vari ambienti rilevanti. Infatti, il loro successo sul mercato dipende anche da come questi considerano l'attività che esse svolgono.

5.2 Forze e tendenze del macroambiente

L'impresa, i suoi fornitori, gli intermediari, i clienti, i concorrenti e il pubblico sono inseriti in un più vasto sistema di forze e tendenze generali, o macroambiente, nel quale si determinano le minacce e le opportunità rilevanti per l'impresa. Queste forze costituiscono quegli elementi non controllabili che l'impresa deve attentamente valutare, onde poter rispondere in modo adeguato. Il macroambiente consiste di sei forze fondamentali, di natura demografica, economica, fisica, tecnologica, politico-legale e socio-culturale. Esamineremo nel seguito le tendenze generali concernenti ognuna di queste forze, e le relative implicazioni per l'azione di marketing negli anni futuri.

5.2.1 L'ambiente demografico

Il primo fenomeno ambientale di interesse per l'operatore di marketing è costituito dalla popolazione.

Egli è interessato a conoscere la dimensione della popolazione mondiale, la sua distribuzione geografica, la densità, la mobilità, la distribuzione per sesso, età e condizione civile, i tassi di natalità e di mortalità, la composizione razziale, etnica e religiosa. Esamineremo ora le principali tendenze demografiche e le loro implicazioni per la pianificazione di marketing.

Lo sviluppo della popolazione mondiale. Secondo le stime degli esperti delle Nazioni Unite, la popolazione mondiale ha raggiunto, alla metà del 1990, i 5.321 milioni di abitanti, con un incremento di 93 milioni rispetto all'anno precedente. Gli stessi esperti stimano che nel 2.000 gli abitanti della Terra saranno 6.260 milioni, per raggiungere gli 8.500 milioni nel 2025.

Il tasso di crescita della popolazione mondiale sta dunque subendo un incremento costante. Infatti, sono stati necessari 12 anni perché la popolazione mondiale passasse dai 4 miliardi del 1975 ai 5 del 1987, mentre occorreranno solo 10 anni per raggiungere i 6 miliardi nel 1997.[8]

Se dal quadro mondiale passiamo a considerare la situazione delle varie aree geografiche, rileviamo notevoli differenze, sia nei tassi di crescita sia nella composizione della popolazione. Nei paesi industrializzati, le tendenze demografiche pongono in evidenza una natalità assai contenuta, accompagnata a un ulteriore aumento dei tassi di sopravvivenza. Al contrario, nei paesi meno sviluppati, con l'eccezione della Cina, paese nel quale sono in atto programmi di controllo delle nascite particolarmente rigidi, il tasso di natalità si aggira sul 2,4% annuo, il che significa il raddoppio della popolazione ogni 29 anni. Nel 1990, la speranza di vita alla nascita era mediamente di 64 anni a livello mondiale con un minimo di 61 per i paesi meno sviluppati e un massimo di 74 per i paesi avanzati.

Della popolazione mondiale, oltre i tre quarti appartengono ai paesi meno sviluppati, mentre la parte restante è quella dei cosiddetti "paesi ricchi" (tavola 5-1). Ancora, il 41% della popolazione mondiale vive in centri urbani con una popolazione superiore ai 2.000 abitanti (per una sintesi dei dati emersi dal censimento italiano del 1991, si veda il quadro 5-1).

Tavola 5-1 Popolazione delle maggiori aree geografiche mondiali, 1950-2020 (in milioni)

	1950	% totale	1970	% totale	1988	% totale	2000	% totale	2020	% totale
Europa	393	16	460	12	496	10	509	8	514	6
di cui: Cee	260	10	303	8	324	6	332	5	323	4
Ex Urss	180	7	243	7	283	6	308	5	343	4
Stati Uniti	152	6	205	6	246	5	266	4	295	4
America Latina	165	7	285	8	430	8	540	9	719	9
Africa	224	9	363	10	610	12	872	14	1.441	18
Asia	1.376	55	2.101	57	2.996	59	3.698	59	4.680	58
di cui: Giappone	84	3	107	3	122	2	129	2	130	2
Cina	555	22	804	22	1.089	21	1.286	21	1.460	18
India	358	14	555	15	797	16	1.043	17	1.375	17
Oceania	13	1	19	1	26	1	30	0	37	0
Totale mondiale	2.516	100	3.698	100	5.112	100	6.251	100	8.062	100

Fonte: Eurostat.

Quadro 5-1 I risultati del XIII censimento della popolazione italiana (1991)

Sulla base dei primi risultati del Censimento 1991, la popolazione residente in Italia è di 56.411.290 abitanti. Rispetto al precedente censimento del 1981, in corrispondenza del quale venne accertata una popolazione di 56.566.911 abitanti, si è manifestata una riduzione di 155.621 unità. Viene quindi confermata la tendenza al declino della popolazione italiana, come risulta evidente dal grafico riportato qui di seguito.

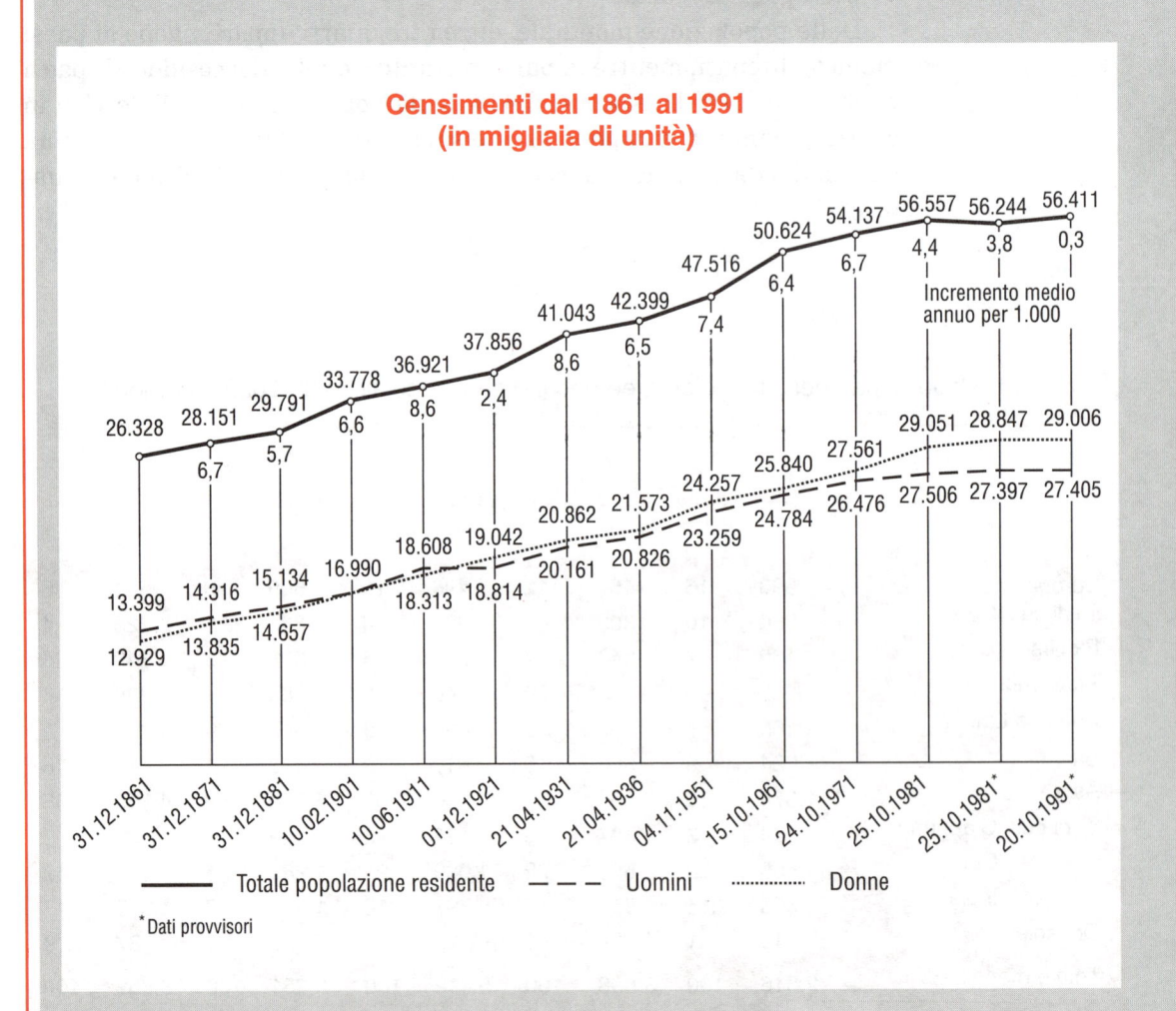

**Censimenti dal 1861 al 1991
(in migliaia di unità)**

Data	Totale	Incremento medio annuo per 1.000	Uomini	Donne
31.12.1861	26.328		13.399	12.929
31.12.1871	28.151	6,7	14.316	13.835
31.12.1881	29.791	5,7	15.134	14.657
10.02.1901	33.778	6,6	16.990	
10.06.1911	36.921	8,6	18.608	18.313
01.12.1921	37.856	2,4	19.042	18.814
21.04.1931	41.043	8,6	20.862	20.161
21.04.1936	42.399	6,5	21.573	20.826
04.11.1951	47.516	7,4	24.257	23.259
15.10.1961	50.624	6,4	25.840	24.784
24.10.1971	54.137	6,7	27.561	26.476
25.10.1981	56.557	4,4	29.051	27.506
25.10.1981*	56.244	3,8	28.847	27.397
20.10.1991*	56.411	0,3	29.006	27.405

— Totale popolazione residente   --- Uomini   ······ Donne

*Dati provvisori

Fonte: Istat.

Riduzione della natalità e aumento del numero dei nuclei familiari

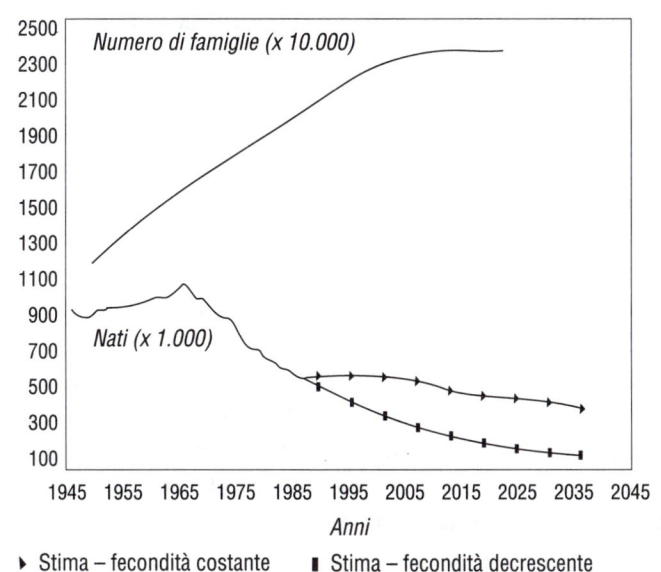

Numero di famiglie (x 10.000)
Nati (x 1.000)

Anni

▸ Stima – fecondità costante   ▪ Stima – fecondità decrescente

Riduzione della popolazione dei grandi centri urbani dal 1981 al 1991

Milano	−263,6
Napoli	−155,9
Torino	−141,6
Roma	−137,2
Genova	−84,7
Bologna	−51,5
Firenze	−51,0
Catania	−48,0

Il censimento pone in evidenza altri aspetti di notevole importanza della struttura demografica del paese, quali la situazione della popolazione dei grandi centri urbani, il progressivo spopolamento delle montagne, l'aumento del numero dei nuclei famigliari, passati da 18,5 a 19,8 milioni, unito alla riduzione del numero medio dei componenti, passato da 3 a 2,8 unità. Il censimento conferma i divari di sempre fra Nord e Sud del Paese. Per quanto concerne la struttura della famiglia, ad esempio, al Nord il numero medio dei componenti scende a 2,6, contro i 3,1 del Sud. Il divario risulta più evidente che mai se si prendono in esame i dati relativi all'occupazione e alle attività economiche. L'industria resta concentrata al Nord, ma anche le attività terziarie, sia private sia pubbliche, registrano incrementi nelle regioni settentrionali. Fra le molte notazioni che consentono di formulare i dati preliminari resi noti dall'Istituto Centrale di Statistica, va segnalata la differenza fra la popolazione "anagrafica" e quella "censuaria". Infatti, a fronte dei 56,4 milioni di abitanti censiti si hanno i 57,8 milioni di abitanti registrati dalle anagrafi dei comuni. La ragione di una simile differenza, pari al 2,5%, viene ravvisata dagli esperti nella tendenza di molte amministrazioni comunali a "gonfiare" il numero degli abitanti allo scopo di accrescere i contributi e le forme di "provvidenza" previste dallo Stato. Il censimento della popolazione, unito a quello svolto contemporaneamente delle attività industriali, commerciali e di servizio, si conferma come lo strumento fondamentale per la valutazione e l'analisi delle varie dimensioni dell'ambiente di marketing in cui opera l'impresa.

Lo sviluppo demografico ha ovviamente una grande importanza per l'attività delle imprese, sia per l'evolversi dei bisogni sia per il modificarsi delle strutture di mercato. Senza considerare il più vasto insieme di fenomeni che possono essere determinati dal problema demografico e ai quali si è fatto riferimento nel capitolo introduttivo.

Si pensi, ad esempio, alle conseguenze negative che ha avuto il declino della natalità sui settori degli alimenti per l'infanzia, dell'arredamento, dei giocattoli, dell'abbigliamento. A sua volta, il fenomeno dell'invecchiamento della popolazione sta determinando molteplici effetti sulla domanda di case di riposo per anziani, di alimenti, medicinali e servizi sanitari.

Nel contempo, la fascia di popolazione oltre i 60 anni di età, che in Italia riguarda il 15% della popolazione, sta diventando più attiva e interessata alla vita agiata rispetto ai gruppi analoghi delle generazioni passate. Gli anziani sono oggi più propensi a spendere per se stessi, che non ad accrescere la ricchezza da lasciare ai discendenti.

Le imprese che si erano concentrate sul mercato dei giovani hanno risposto al cambiamento riposizionando i propri prodotti, oppure introducendone dei nuovi. In proposito, si pensi al caso della Johnson & Johnson, la quale ha esteso la propria linea di shampoo o saponi neutri per l'infanzia al mercato degli adulti, oppure a quello della Plasmon, la quale ha utilizzato la propria competenza nel settore degli alimenti dietetici per l'infanzia per sviluppare una linea di prodotti per anziani.

5.2.2 L'ambiente economico

L'interesse che un mercato presenta è in relazione al potere d'acquisto di cui sono dotati i potenziali acquirenti. Il potere d'acquisto complessivo è una funzione del reddito, dei prezzi, del risparmio e della disponibilità di credito. Un'impresa deve tenere sotto controllo le seguenti quattro tendenze fondamentali in atto nell'ambiente economico.

Lo sviluppo del reddito reale. Sebbene nel corso degli anni Ottanta i redditi monetari abbiano continuato a crescere in tutti i paesi industriali, quelli reali sono rimasti pressoché immutati quasi ovunque, come risulta evidente dai dati della tavola 5-2. Per quanto, in particolare, concerne l'Italia, secondo l'ultima edizione dell'indagine periodica condotta dalla Banca d'Italia sui bilanci delle famiglie italiane, nel 1989 il

Tavola 5-2 Raffronto RNL pro-capite 1980-1990

I sette paesi più industrializzati	RNL pro-capite 1980-1990 (valori costanti, Usa=100)	
	1980	1990
Canada	93	93
Stati Uniti	100	100
Giappone	68	80
Francia	74	72
Germania	75	75
Italia	68	69
Gran Bretagna	67	70

Fonte: The Economist.

reddito familiare annuo, al netto delle imposte sul reddito e dei contributi previdenziali e assistenziali, è risultato pari a 34,8 milioni di lire.[9] Tenendo conto di una consistenza media di 2,97 componenti per famiglia, risulta un reddito individuale di 11,7 milioni di lire. Il 63,4% di tale ammontare è costituito da redditi da lavoro dipendente e autonomo, il 17,3% da trasferimenti e il rimanente 19,3% da redditi da capitale.

Rispetto al 1987, il reddito familiare è cresciuto del 19,6% in termini monetari. La propensione media al consumo è risultata pari al 73,6%, comprendendo nei consumi dell'anno l'intera spesa sostenuta per l'acquisto di beni durevoli. La ricchezza reale familiare, al netto delle passività contratte per l'acquisto di beni reali, è risultata pari a 124,1 milioni, pari a circa 3,6 volte il reddito medio.[10]

Per quanto concerne la tendenza evolutiva del reddito familiare, va rilevato come il tasso di sviluppo del medesimo abbia manifestato un rallentamento nel periodo 1989-90 rispetto al biennio precedente, passando da un tasso medio reale del 4,7 a uno del 2,2%. Tale rallentamento ha determinato una caduta della spesa per beni durevoli, come risulta dalla tavola 5-3.

È evidente da questi dati come le imprese debbano considerare con grande attenzione l'andamento dei redditi personali. Si consideri, in-

Tavola 5-3 Andamento della spesa di beni durevoli (ai prezzi del 1985; variazioni percentuali)

Voci	1985	1986	1987	1988	1989	1990
Mobili, tappeti, rivestimenti	5,1	4,6	5,8	6,4	8,3	4,6
Elettrodomestici	1,1	5,7	10,8	6,7	5,0	3,7
Apparecchi e materiale terapeutico	-0,5	5,5	3,9	4,3	8,7	5,2
Apparecchi radio TV	9,7	9,2	9,3	14,4	13,7	8,2
Apparecchi fotografici e strumenti musicali	5,2	5,5	5,8	18,6	14,9	8,1
Bigiotteria e gioielleria	13,3	19,2	7,5	22,1	10,2	8,3
Mezzi di trasporto	11,5	8,9	11,5	12,0	8,3	0,2
Totale	8,3	8,9	8,8	12,1	9,0	4,1

Fonte: Istat (dati provvisori).

fatti, la caduta della domanda di beni durevoli avvenuta nel 1989, e ancor più nel 1990, conseguente al diminuito tasso di sviluppo del reddito.[11] L'attenzione delle imprese non si deve limitare ai redditi medi, ma anche alla distribuzione dei medesimi. Quest'ultima è ancora assai diseguale, anche nei paesi che vantano progredite legislazioni sociali, volte a ridurre le sperequazioni economiche esistenti nella società.

Per quanto concerne l'Italia, la citata indagine della Banca d'Italia evidenzia come il primo 10% delle famiglie percepisca il 2,7% dell'ammontare totale dei redditi, mentre l'ultimo 10% percepisca il 25,2 di tale valore (tavola 5-4). Un altro aspetto da tenere presente è quello connesso alla distribuzione geografica del reddito. Sempre con l'aiuto della citata indagine, siamo in grado di constatare come in Italia il reddito familiare raggiunga i 37,7 milioni al Nord, per passare a un livello di poco inferiore al Centro (37,5 milioni), e per scendere quindi al livello di 28,6 milioni al Sud.

Modifica delle abitudini di spesa. La ripartizione della spesa del consumatore fra le varie categorie di beni e servizi di consumo è andata cambiando nel tempo. L'alimentazione, la casa e i servizi domestici, nonché i trasporti, assorbono oltre i due terzi del reddito delle famiglie.

Tavola 5-4 La distribuzione delle famiglie per classi di reddito

Decili di famiglie	Quota famiglie (valori %)	Quota di reddito (valori %)	Reddito medio (migliaia di lire)
Fino al 1° decile	25,8	2,7	9.321
dal 1° al 2° decile	15,7	4,3	14.980
dal 2° al 3° decile	12,4	5,5	19.057
dal 3° al 4° decile	10,3	6,5	22.632
dal 4° al 5° decile	8,8	7,7	26.776
dal 5° al 6° decile	7,7	9,1	31.741
dal 6° al 7° decile	6,6	10,8	37.484
dal 7° all'8° decile	5,6	12,7	44.091
dall'8° al 9° decile	4,5	15,7	54.592
oltre il 9° decile	2,8	25,2	87.771

Fonte: Banca d'Italia.

Tuttavia, la percentuale della spesa destinata all'alimentazione, all'abbigliamento e alla cura della persona è andata declinando, mentre si è accresciuta quella relativa ai trasporti, all'abitazione, alle cure mediche e al tempo libero.

Alcune di queste modifiche nella composizione della spesa di consumo sono state analizzate oltre un secolo fa da Ernest Engel, uno statistico tedesco che studiò il rapporto intercorrente fra consumi e livello di reddito. Engel mise in evidenza come, *con l'aumento del reddito familiare, la quota destinata ai consumi alimentari diminuisce, quella impiegata nell'abitazione e nelle spese domestiche rimane costante, mentre si accresce la percentuale del reddito destinato alle restanti categorie di spesa (abbigliamento, trasporti, salute, tempo libero, istruzione), nonché al risparmio.* Le "leggi" di Engel sono state in seguito verificate attraverso le ricerche sui bilanci familiari.

Le modifiche di variabili fondamentali, quali i redditi monetari, il costo della vita, i tassi di interesse e la propensione al risparmio e all'indebitamento, hanno un'immediata influenza sul mercato. Le imprese le cui vendite sono correlate agli andamenti del reddito devono disporre di adeguati sistemi di previsione. In tal modo possono adottare con anticipo le misure necessarie ad attraversare le tempeste economiche.

Quadro 5-2 L'impatto dell'ambientalismo sulle strategie di marketing

Mentre i movimenti dei consumatori si pongono il problema dell'efficiente soddisfacimento dei bisogni materiali da parte delle imprese, gli ambientalisti si preoccupano del costo che la produzione materiale ha per l'ambiente in cui viviamo. *L'ambientalismo è un movimento organizzato del quale fanno parte persone e istituzioni che si preoccupano di proteggere e migliorare l'ambiente fisico e naturale.* In particolare, gli ambientalisti rivolgono la propria attenzione alle conseguenze dello sfruttamento delle miniere, del disboscamento, dell'inquinamento atmosferico, acustico e idrico, dell'accumulo di rifiuti, e così via. I movimenti per la difesa ambientale non sono, generalmente, contro i consumi e il marketing. Essi mirano semplicemente a determinare comportamenti più maturi e consapevoli, sia da parte delle imprese che dei consumatori.
Il loro scopo è quello di rendere evidente che i sistemi di marketing dovrebbero contribuire a migliorare la qualità della vita.
E la qualità della vita è sempre più legata, non solo alla quantità e alla qualità dei beni e servizi posti a disposizione del consumatore, ma anche alla qualità dell'ambiente in cui questi vive.
In base a quanto postulato dagli ambientalisti, i costi ambientali dovrebbero essere inclusi nel calcolo dei prezzi dei prodotti offerti al mercato. Ne deriva l'opportunità di introdurre imposte e norme che limitino i comportamenti contrari all'ambiente.
Costituiscono un esempio di queste recenti tendenze le norme che impongono alle imprese di installare dispositivi antinquinamento, la proibizione dell'impiego di sostanze nocive (amianto, fosfati ad alta concentrazione, ecc.), l'incoraggiamento nei confronti dei comportamenti conformi ai principi della salvaguardia ambientale (come nel caso delle agevolazioni fiscali per chi acquisti un'auto con marmitta catalitica).
La critica mossa al marketing da parte degli ambientalisti è più severa di quella dei consumeristi. Infatti, essi segnalano l'eccessiva importanza attribuita agli attributi non essenziali del prodotto, l'impiego massiccio della pubblicità, la diffusione dei centri commerciali.

5.2.3 L'ambiente fisico

Negli anni Sessanta è andata sviluppandosi, nei paesi economicamente avanzati, la preoccupazione che l'attività industriale recasse danni irreparabili all'ambiente naturale. L'economista Kenneth Boulding ammonì che il "pianeta Terra" sarebbe divenuto come un'astronave priva di combustibile, se non avesse iniziato a conservare e riciclare le proprie risorse. Gli Erlich coniarono nel 1970 il termine eco-catastrofe per definire il danno recato all'ambiente da alcune attività industriali. Donella e Dennis Meadows, con il loro libro del 1972, *I limiti dello sviluppo*, sollevarono una diffusa preoccupazione circa la possibilità che le

L'azione degli ambientalisti ha duramente colpito alcune industrie fondamentali, quali quella siderurgica, quella chimica, quella automobilistica. Queste industrie hanno dovuto effettuare ingenti investimenti per combattere l'inquinamento, per rendere processi e prodotti più sicuri, per favorire il recupero dei rifiuti. Talvolta questi investimenti sono stati realizzati in modo affrettato e senza risultati adeguati. In altri casi, come per la cosiddetta "uscita dal nucleare" dell'Italia decisa da un referendum popolare dopo il disastro nucleare del 1986, un'affrettata demagogia sembra aver prevalso su comportamenti più meditati e corrispondenti alla reale natura dei problemi.

Tuttavia, il movimento ambientale, pur nei suoi forse inevitabili eccessi, costituisce un potente stimolo per le imprese, le quali devono porsi in modo sempre più pressante il problema delle conseguenze sull'ambiente delle proprie decisioni.

Sono già numerose le imprese che investono massicciamente in ricerca e sviluppo allo scopo di individuare prodotti *ecologicamente compatibili*, o che ristrutturano il proprio sistema logistico in modo da poter risolvere il problema dell'eliminazione dei prodotti che hanno esaurito la propria funzione. Un atteggiamento indubbiamente avanzato nei confronti del problema ambientale è quello espresso da Edgar Woolard, presidente della Du Pont.

«La vera sfida ambientale non consiste nel doversi adeguare alle norme che ogni giorno vengono introdotte in materia di inquinamento. Né nel cercare di far comprendere agli ambientalisti il punto di vista dell'industria. Né nel convincere il pubblico che i benefici ricevuti dai nostri prodotti compensano largamente gli effetti ambientali... La sfida consiste invece nel saper sviluppare ciò che io definisco come *l'ambientalismo d'impresa*, cioè un'attitudine e un impegno che mirano a stabilire un perfetto equilibrio fra la consapevolezza ambientale dell'impresa e le aspettative e i desideri del pubblico».

E. Woolard, "Environmental Stewardships", in *Chemical and Engineering News*, 29 maggio 1989.

risorse naturali sarebbero state sufficienti, non solo a sviluppare, ma anche a mantenere l'attuale tenore di vita. Rachel Carson denunziò nel libro *Primavera silenziosa* l'inquinamento dell'acqua, dell'aria e della terra determinato dall'industria.[12] Si costituirono così innumerevoli gruppi per la difesa dell'ambiente, mentre alcuni politici, particolarmente sensibili nei confronti dell'interesse generale, proposero varie misure di salvaguardia dello stesso (si veda il quadro 5-2 per un'analisi dell'impatto sul marketing dei movimenti di difesa dell'ambiente).

Con il tempo, il problema ambiente è andato assumendo proporzioni sempre più vaste, divenendo così il centro dell'attenzione e dell'impegno, non solo di ristretti gruppi di ambientalisti a oltranza, ma anche di governi, istituzioni sociali e scientifiche, e imprese. È pertanto da ritenere che i prossimi anni vedranno assurgere la protezione dell'ambiente ai primi posti nella scala delle questioni prioritarie che la comunità mondiale deve affrontare. Per quanto riguarda in particolare le imprese, esse dovrebbero prendere in considerazione le minacce e le opportunità connesse alle seguenti tendenze in atto nell'ambiente fisico.

Scarsità di alcune materie prime. I materiali di cui è costituita la terra possono presentarsi in misura illimitata, limitata ma rinnovabile, e limitata ma non rinnovabile. Una *risorsa illimitata*, come ad esempio l'aria, non pone problemi immediati, anche se taluni avanzano preoccupazioni per quanto concerne il lungo termine. I gruppi di difesa dell'ambiente hanno esercitato forti pressioni affinché venisse proibito l'impiego dei CFC (clorofluorocarburi) nella produzione di bombole aerosol, a causa del danno nei confronti della fascia di ozono. L'acqua, a sua volta, costituisce già un problema in non poche aree del mondo. Le *risorse finite rinnovabili*, come le foreste e il cibo, devono essere usate con parsimonia. Le imprese che operano nel settore forestale devono procedere a rimboschire le aree nelle quali sono stati fatti i tagli, sia per difendere il suolo sia per alimentare la futura produzione di legname. La produzione alimentare può rappresentare un problema rilevante, in quanto l'estensione delle terre coltivabili è relativamente fissa, mentre le aree urbane tendono a estendersi sempre più. Le *risorse finite non rinnovabili*, come il petrolio, il carbone e i minerali, pongono un serio problema, in quanto la loro disponibilità è destinata, prima o poi, a esaurirsi.

Maggior costo dell'energia. Una risorsa finita e non rinnovabile, il petrolio, è la causa del problema più serio per lo sviluppo economico. I maggiori sistemi economici del mondo dipendono in misura elevata dal petrolio, e fino a quando non verranno sviluppate fonti di energia realmente alternative, questa risorsa continuerà a dominare il quadro politico ed economico mondiale. L'elevato prezzo del petrolio (dai 2,23 dollari per barile del 1970 ai 34 dollari del 1982) ha avviato un'affannosa ricerca di altre forme di energia. Il carbone è di nuovo popolare e notevoli sono gli sforzi compiuti per sfruttare l'energia solare, nucleare ed eolica. Solo nel campo dell'energia solare, centinaia di imprese hanno messo a punto la prima generazione di impianti di riscaldamento domestico alimentati da questa fonte energetica. Altre imprese sono impegnate a mettere a punto un'auto elettrica di uso pratico, con la prospettiva di poter conseguire profitti assai rilevanti in caso di successo.

I progressi compiuti nello sviluppo di nuove fonti di energia, nonché nell'uso più efficiente della stessa, hanno determinato un considerevole ribasso del prezzo del petrolio a partire dal 1986. Neppure l'invasione del Kuwait da parte dell'Iraq nell'agosto 1990 e la conseguente Guerra del Golfo dei primi mesi del 1991 hanno provocato apprezzabili aumenti del prezzo di questa fondamentale risorsa, oscillante fra i 18 e i 20 dollari al barile, a seconda della qualità.

Maggior inquinamento. Alcune attività industriali danneggiano inevitabilmente l'ambiente naturale. Si consideri il problema dell'eliminazione dei residui e delle scorie delle industrie chimica e nucleare, il pericoloso livello raggiunto dal mercurio negli oceani, la quantità di atrazina e di altri elementi inquinanti dispersi nel suolo e nei prodotti alimentari di origine agricola, la coltre di rifiuti formata da bottiglie, scatolette, oggetti di plastica e così via che tende a ricoprire l'ambiente naturale. La preoccupazione diffusa nella società costituisce un'opportunità per le imprese attente al cambiamento. Infatti, la richiesta di soluzioni per il controllo dell'inquinamento si estende sempre più, con la conseguente ricerca di prodotti e di materiali che non causino danni all'ambiente.[13]

Intervento pubblico nella conservazione delle risorse naturali

La protezione ambientale costituisce il campo d'azione di vari organismi pubblici. Paradossalmente, spesso questi interventi determinano riduzioni dei livelli di occupazione, come nel caso in cui le imprese sono costrette ad adottare costosi sistemi di controllo dell'inquinamento, in luogo di più avanzati sistemi di produzione. Alcune volte, la conservazione dell'ambiente deve cedere il passo allo sviluppo economico.

I dirigenti di marketing devono prestare molta attenzione ai problemi dell'ambiente fisico, sia per quanto concerne l'uso delle risorse sia per evitarne il danneggiamento. Le imprese devono attendersi un crescente controllo da parte delle pubbliche autorità e dei gruppi di pressione. In questa prospettiva, il sistema imprenditoriale, invece di opporsi a ogni forma di intervento, dovrebbe impegnarsi a fondo per sviluppare soluzioni socialmente accettabili ai problemi delle risorse e dell'energia che si pongono al paese e al mondo intero.

5.2.4 L'ambiente tecnologico

Fra le forze che maggiormente agiscono sul futuro dell'umanità, la tecnologia occupa indubbiamente il primo posto. Il progresso scientifico e tecnico ha messo a disposizione dell'uomo prodigi quali la penicillina, la chirurgia cardiaca e la pillola per il controllo delle nascite. Ma da esso sono stati anche originati orrori quali la bomba all'idrogeno, il gas nervino e il fucile mitragliatore. Dall'evoluzione tecnologica traggono la loro origine l'automobile, i video-giochi e il pane bianco.

L'atteggiamento di ognuno nei confronti della tecnologia si può misurare dalla tendenza a sottolineare gli aspetti positivi, piuttosto che quelli negativi. Ogni nuova tecnologia rappresenta un agente di "distruzione creatrice". I transistor sostituiscono le valvole termoioniche, la xerografia riduce quasi a nulla il consumo della carta carbone, l'automobile si pone in concorrenza al treno, mentre la televisione causa lo svuotamento delle sale cinematografiche. Invece di entrare nei nuovi campi di attività, le industrie più vecchie li hanno combattuti o ignorati, contribuendo così al proprio declino.

Il tasso di sviluppo dell'economia dipende dall'entità delle nuove tecnologie fondamentali messe a punto. Purtroppo, l'evoluzione tecnologica non procede in modo costante nel tempo. Lo sviluppo delle reti ferroviarie determinò una massa d'investimenti concentrati nel periodo di realizzazione delle stesse. Passarono poi decenni perché si mettesse in moto un processo analogo, con lo sviluppo della motorizzazione. Analogamente, l'invenzione della radio diede il via a elevati investimenti, con una successiva stasi sino a quando non fece la propria comparsa la televisione. Nell'intervallo fra le innovazioni fondamentali, è possibile che si determini una stagnazione economica. Alcuni economisti ritengono che l'attuale stato di stagnazione dell'economia si protrarrà fino a quando non emergerà un certo numero di innovazioni fondamentali.

Nel frattempo, le innovazioni di minore entità colmano il vuoto fra una fase e l'altra. Né il caffè liofilizzato, né gli antitraspiranti hanno reso più felice l'umanità, ma hanno certamente creato nuovi mercati e nuove opportunità d'investimento. Ogni nuova tecnologia crea conseguenze di lungo periodo che non sempre sono prevedibili. I contraccettivi, ad esempio, hanno contribuito alla riduzione delle dimensioni della famiglia media, all'incremento del numero delle donne che lavorano e all'accrescimento del reddito disponibile. Le imprese devono considerare le tendenze in atto nell'ambiente tecnologico qui di seguito descritte.

Accelerazione dell'innovazione tecnologica. Molti dei prodotti odierni più diffusi erano del tutto sconosciuti anche solo cento anni or sono. Il conte di Cavour (1810-1861) non possedeva neppure l'idea dell'automobile, dell'aereo, della radio, del fonografo, o della luce elettrica. A Giovanni Giolitti (1841-1928) erano sconosciuti la televisione, le bombolette aerosol, i condizionatori d'aria, le lavatrici, gli antibiotici, o gli elaboratori elettronici. Alcide De Gasperi (1881-1954) non fece a tempo ad assistere allo sviluppo della xerografia, dei registratori, o delle spedizioni nello spazio. Infine, chi ha oggi 55 anni o più – all'incirca un quarto della popolazione italiana – ricorda le condizioni di vita degli anni in cui "mille lire al mese" costituivano l'aspirazione della stragrande maggioranza delle famiglie italiane.[14]

Nel primo volume della sua trilogia dedicata all'analisi dei cambiamenti che si stanno manifestando sulla scena mondiale, *Lo choc del futuro*, del 1970, Alvin Toffler descrive la spinta accelerata che si manifesta nei processi di invenzione, sfruttamento e diffusione delle nuove tecnologie. Il numero delle idee in corso di sviluppo si accresce, l'intervallo temporale fra le nuove idee e la loro attuazione diviene sempre più breve, come pure quello fra l'inizio della produzione per il mercato e il raggiungimento del livello di massima produzione. Come conseguenza di questa accelerazione dell'evoluzione tecnologica, Toffler prefigura la "spaccatura" della famiglia, la rivoluzione genetica e l'avvento della società dell'"usa e getta".

Nel secondo volume, *La terza ondata*, del 1980, Toffler prende in esame i cambiamenti verificatisi a partire dalla seconda metà degli anni Cinquanta e che hanno portato all'avvento di una nuova civiltà, quella "post-ciminiere". In tale libro, si individuano, fra l'altro, le nuove industrie emergenti, basate sull'elettronica, sull'informazione, sulle biotecnologie. Vengono inoltre prefigurate nuove realtà quali la produzione flessibile, la diffusione del lavoro part-time, la frammentazione della domanda e il conseguente sviluppo dei mercati di nicchia, e la demassificazione dei mezzi di comunicazione. Inoltre, vengono posti in evidenza i fenomeni di convergenza dei processi di produzione e di consumo, con il manifestarsi di un nuovo soggetto, il *prosumer*.

Con il terzo volume, *Powershift – La dinamica del potere*, del 1990, Toffler affronta l'argomento centrale della sua analisi sviluppata lungo un quarto di secolo, il rapporto fra conoscenza e potere e il conseguente impatto sul mondo delle imprese, sulla politica e sugli affari mondiali. I cambiamenti ingenerati dall'evoluzione scientifica e tecnologica hanno determinato una situazione «in cui – come afferma Toffler – l'intera struttura del potere che ha tenuto insieme il mondo si sta disintegrando e se ne sta formando una radicalmente diversa. E ciò si sta verificando a ogni livello della società».[15]

Opportunità di innovazione illimitate. Gli scienziati contemporanei sono impegnati nello sviluppo di tecnologie che rivoluzioneranno i prodotti e i processi produttivi in atto. I campi in cui si concentra l'impegno in questione sono rappresentati dalle biotecnologie, dall'elettronica dello stato solido, dalla robotica e dalla scienza dei materiali.[16]

In particolare, si sta lavorando per mettere a punto preparati per la cura del cancro, dei polmoni, del fegato, nonché delle malattie mentali. Notevoli sono inoltre gli sforzi diretti a individuare soluzioni pratiche al problema dello sfruttamento dell'energia solare, come pure a quello dei motori per auto ad alimentazione elettrica.

Si stanno anche sperimentando robot di uso domestico, nonché alimenti che nel contempo siano gustosi e salvaguardino le norme dietetiche. Esistono inoltre numerose altre situazioni in cui vengono sviluppati nuovi prodotti, non solamente per ragioni tecniche, ma anche per ragioni commerciali.

Elevati investimenti in R&S. In tutto il mondo è in atto una gara nel campo della spesa in ricerca e sviluppo. Si stima che ogni anno vengano investiti in R&S fra i 280 e i 300 miliardi di dollari, di cui oltre la metà nei tre paesi che si contendono la leadership tecnologica mondiale, Stati Uniti, Giappone e Germania (si veda la tavola 5-5).

Per quanto concerne l'Italia, l'impegno nello sviluppo della tecnologia, pur essendo in crescita, resta purtuttavia lontano da quello degli altri paesi industriali. Infatti, contro una percentuale del prodotto interno lordo destinata alla ricerca scientifica e tecnologica pari al 2,5% nei paesi dell'OCSE, sta appena l'1,3% dell'Italia. I settori industriali che assorbono la maggior parte dei fondi destinati alla R&S sono quello delle costruzioni aeronautiche e missilistiche, degli impianti elettrici o di comunicazione, della chimica, delle costruzioni meccaniche e, infine, della costruzione di mezzi di trasporto.

All'opposto, le industrie che spendono meno sono quella del legname e dei prodotti in legno, dell'arredamento, dei prodotti tessili e delle confezioni, della carta e affini. Le industrie in testa alla graduatoria spendono in R&S dal 5 al 7% del loro fatturato, mentre quelle agli ultimi

Tavola 5-5 Investimenti in R&S (in milioni di $ correnti)

	1985	1986	1987	1988	1989	1990	1991
Austria	1.035	1.108	1.168	1.284	1.425	1.567	1.749
Belgio	1.789	1.848	1.951	2.060	nd	nd	nd
Canada	5.582	5.991	6.173	6.523	6.840	7.293	7.651
Francia	14.571	15.112	16.202	17.444	19.209	21.052	nd
Germania	19.984	nd	23.104	24.549	26.744	28.418	nd
Italia	7.015	7.425	8.291	9.157	9.964	11.516	12.096
Giappone	40.064	41.587	45.823	50.958	57.741	nd	nd
Olanda	3.437	3.808	4.148	4.263	4.413	nd	nd
Svezia	3.068	nd	3.522	nd	3.637	nd	nd
Gran Bretagna	14.444	15.546	16.092	17.170	18.486	nd	nd
Stati Uniti	116.026	121.592	127.626	136.312	144.821	150.765	157.170

Fonte: Ocse, *Main Science and Technology Indicators*, n. 2, 1991.

posti non superano l'1%. Le imprese italiane che realizzano importanti investimenti in R&S comprendono Fiat, Montedison, ENI, Olivetti, STET e Pirelli.

Secondo i dati disponibili, nel 1989 le imprese italiane con meno di 50 addetti (il 98% del totale), hanno sviluppato un nono dei brevetti italiani, contro la metà realizzata dalle imprese con più di 500 addetti (l'1% del totale).[17]

Il rapporto sempre più stretto fra sviluppo scientifico e messa a punto di prodotti innovativi per il mercato rende il problema della gestione delle strutture aziendali preposte alla ricerca sempre più complesso.

I ricercatori non sopportano controlli troppo stretti. Essi sono più spesso interessati a risolvere problemi di carattere scientifico, piuttosto che mettere a punto procedimenti e prodotti aventi un mercato. Le imprese cercano di superare queste difficoltà inserendo esperti di marketing nei gruppi di ricerca.

Concentrazione sui perfezionamenti di minore entità. Come conseguenza dell'alto costo del denaro, molte imprese, sono impegnate a sviluppare miglioramenti di prodotto di ridotta importanza, piuttosto che cimentarsi su innovazioni fondamentali ma rischiose. Anche imprese che svolgono una consistente ricerca di base, come la Du Pont, la Bell Laboratories e la Pfizer, procedono con cautela.

Molte imprese investono le proprie risorse nell'imitare i prodotti della concorrenza, introducendo miglioramenti marginali nelle caratteristiche funzionali ed esteriori. Gran parte della ricerca è difensiva piuttosto che offensiva.

Maggiori controlli nello sviluppo tecnologico. A mano a mano che i prodotti divengono più complessi, il pubblico ha bisogno di garanzie per quanto concerne la loro sicurezza. Di conseguenza, gli organismi governativi hanno accresciuto i propri poteri di controllo e di proibizione dei prodotti non sufficientemente sicuri.

Ad esempio, le autorità sanitarie dei principali paesi hanno emanato complessi regolamenti per la sperimentazione dei medicinali, con la conseguenza che i costi di ricerca si sono accresciuti, il tempo mediamente intercorrente fra lo sviluppo dell'idea del nuovo prodotto e la sua immissione sul mercato è passato da cinque a nove anni, e gran parte della ricerca chimico-farmaceutica è stata trasferita nei paesi con norme in materia meno rigide.

Norme di salvaguardia della sicurezza e della salute sono state introdotte anche nei settori dell'alimentazione, dell'auto, dell'abbigliamento, degli elettrodomestici e delle costruzioni. Le imprese devono conoscere a fondo queste norme allorquando intraprendono lo sviluppo di nuovi prodotti.

Lo sviluppo tecnologico trova opposizione fra coloro che lo considerano come una minaccia della natura, della libertà individuale, della qualità della vita e anche della razza umana. Vari gruppi si sono opposti alla costruzione di impianti nucleari, di edifici di altezza elevata, di strutture ricreative nei parchi nazionali. Si è chiesto che le nuove tecnologie vengano sottoposte a processi di valutazione (*technological assessment*), prima di procedere alla loro commercializzazione. Gli operatori di marketing devono comprendere le modifiche in atto nell'ambiente tecnologico e come le nuove tecnologie possono servire i bisogni umani. Essi devono lavorare in stretto contatto con il personale della R&S, onde incoraggiare una ricerca orientata al mercato. Infine, essi devono essere assai attenti nei confronti di quegli aspetti delle innovazioni che potrebbero risultare di danno per gli utilizzatori, contribuendo così a generare sfiducia e opposizione.

5.2.5 L'ambiente politico e istituzionale

Le decisioni di mercato delle imprese sono notevolmente influenzate dall'evolversi dell'ambiente politico e istituzionale. La legislazione, gli organi di governo, nonché i gruppi di pressione, influenzano e limitano l'attività delle imprese, delle organizzazioni di varia natura e degli individui che costituiscono la società. Esamineremo in questo paragrafo le principali tendenze di carattere politico e istituzionale e le loro implicazioni per i dirigenti di marketing.

Rilevanza della legislazione in materia di attività economica. Nel corso degli anni il corpo delle norme afferenti l'attività delle imprese si è notevolmente accresciuto. Gli scopi di tali norme sono molteplici: *il primo consiste nel proteggere le imprese le une verso le altre*. I dirigenti tessono continuamente le lodi della concorrenza, ma cercano di neutralizzarla quando li tocca da vicino, ricorrendo alle pratiche più diverse pur di affermare una qualche forma di dominanza. L'attività legislativa mira pertanto a fissare norme atte a prevenire la limitazione della libertà di concorrenza, nonché le manifestazioni di concorrenza sleale.

Le norme in questione possono avere un carattere sia nazionale sia comunitario. A quest'ultimo proposito, va rilevato come l'instaurazione e il mantenimento di un regime di concorrenza costituiscono uno dei fondamenti della Comunità Europea. Di conseguenza, la disciplina comunitaria che tutela il processo di concorrenza costituisce un riferimento obbligato per le imprese e la loro attività.[18]

Il secondo scopo della normativa in materia economica è quello di *proteggere il consumatore nei confronti delle pratiche sleali delle imprese*. Alcune imprese, se fossero lasciate libere di operare, metterebbero in vendita prodotti adulterati, impiegherebbero una pubblicità menzognera, realizzerebbero confezioni fraudolente e praticherebbero prezzi tali da adescare i consumatori. Le pratiche sleali verso i consumatori costituiscono l'oggetto di attenzione e di intervento di vari organismi. Molti manager vedono rosso ogni qualvolta viene emanata una nuova legge a favore del consumatore, ma, ciò nonostante, alcuni hanno dichiarato che «il consumerismo può essere quanto di meglio è avvenuto... negli ultimi venti anni».[19]

Il terzo scopo dell'intervento pubblico nell'economia ha come fine quello di *proteggere gli interessi generali della società nei confronti di comportamenti imprenditoriali spregiudicati*. È infatti possibile che il reddito nazionale aumenti e che la qualità della vita si riduca. Un obiettivo fondamentale della legislazione in materia di affari è quello di rendere le imprese responsabili dei costi sociali determinati dai propri prodotti o processi di produzione. I dirigenti di marketing hanno bisogno di avere una buona conoscenza operativa delle principali leggi vigenti in materia di concorrenza, protezione del consumatore e, più in generale, di difesa della società.

Per quanto riguarda l'Italia, la legislazione in materia di difesa del consumatore ha segnato significativi progressi nel corso degli anni recenti, tali da colmare almeno il parte il divario preesistente rispetto agli altri paesi industriali.[20] Il vero problema che le norme regolatrici dell'attività delle imprese pongono, sta nel determinare il punto di equilibrio fra i costi e i benefici determinati dai controlli. Non sempre le leggi vengono correttamente applicate da coloro che sono preposti a ciò. Spesso è possibile che legittimi interessi d'impresa vengano lesi, con la conseguenza di scoraggiare lo sviluppo di nuove iniziative, o di accrescere i costi per i consumatori. Sebbene le nuove norme possano avere un fondamento razionale, nel complesso esse possono esercitare un effetto negativo sullo sviluppo economico.

L'attività degli organismi pubblici. L'attività delle imprese può essere notevolmente influenzata dai vari organismi che compongono il settore pubblico: Ministeri, Regioni, Province, Comuni, Enti e Amministrazioni diverse. Gli organismi sopraelencati applicano le leggi e i regolamenti con un certo grado di discrezionalità. Talvolta essi operano con criteri ispirati a casualità o a zelo eccessivo. I funzionari preposti al controllo delle attività economiche hanno, in genere, una preparazione economica e giuridica di carattere generale, insufficiente a comprendere i problemi operativi delle imprese. Di fronte alla crescente inefficienza dell'intervento pubblico nell'economia registrabile, sia pure in misura diversa, nei vari paesi industriali, si fa sempre più frequente il ricorso a processi di *deregulation*, volti a rendere meno strette le varie forme di "lacci e lacciuoli" che sono stati progressivamente introdotti nei paesi a economia di mercato a partire dagli anni Trenta.

Sviluppo dei gruppi per la difesa del pubblico interesse. Nel corso degli ultimi vent'anni, tali gruppi si sono assai sviluppati, sia in termini di numero che di potere. Questi gruppi esercitano una forte pressione sugli organi di governo, nonché sulle strutture imprenditoriali affinché venga dedicata maggior attenzione ai diritti del consumatore, delle donne, degli anziani, delle minoranze, e così via. Molte imprese hanno costituito servizi preposti a seguire l'attività di questi gruppi e a sviluppare contatti e relazioni con essi.

Il complesso delle nuove leggi, della maggiore attenzione posta dai pubblici organismi e dello sviluppo dei gruppi di pressione pone vincoli di rilievo all'attività di marketing. Le direzioni marketing devono sottoporre i propri piani ai servizi legali e per le pubbliche relazioni dell'impresa. Le transazioni di marketing sono infatti entrate a far parte della sfera pubblica. Ecco come Salancik e Upah definiscono la questione:

> Appare evidente che il consumatore non possa essere il re, e neppure la regina. Egli non è che una voce, una fra le tante. Si consideri il modo in cui la General Motors costruisce oggi le automobili. Le caratteristiche essenziali del motore sono definite dal governo degli Stati Uniti; il sistema di scarico della combustione è progettato sulla base delle norme vigenti nei vari stati; i materiali impiegati nella produzione sono imposti dai produttori che controllano i vari mercati di approvvigionamento delle risorse. Nel caso di altri prodotti, altri gruppi o organizzazioni possono essere coinvolti. Per esempio, le compagnie di assicurazione influenzano direttamente o indirettamente la progettazione degli impianti antincendio; gli istituti di ricerca scientifica condizionano il mercato dei prodotti spray allorquando mettono in evidenza la pericolosità delle miscele aerosol; i gruppi per la difesa delle minoranze impongono ai fabbricanti di bambole la raffigurazione dei vari tipi somatici. È da prevedere che anche i servizi legali delle imprese vedano aumentare il proprio ruolo aziendale, non solo nella definizione delle caratteristiche dei prodotti e dei servizi, ma anche nell'elaborazione delle strategie di marketing. La conseguenza sarà che i dirigenti di marketing impiegheranno sempre meno tempo nel cercare di dare risposta alla domanda "Che cosa vuole il consumatore?", e sempre più a definire "Che cosa è possibile dare al consumatore?".[21]

5.2.6 L'ambiente culturale e sociale

Gli uomini assorbono dalla società in cui vivono le credenze, i valori e le norme che determineranno le loro relazioni reciproche, nonché quelli nei confronti dell'ambiente naturale. Qui di seguito vengono sintetizzate alcune fra le principali caratteristiche e tendenze di interesse per gli operatori di marketing.

Elevata persistenza dei valori di fondo. I membri di una data società condividono molte credenze e valori che tendono a permanere praticamente inalterati nel tempo. Ad esempio, la maggior parte degli italiani crede ancora nel lavoro e nel matrimonio. Le credenze e i valori di base vengono trasmessi di padre in figlio, subendo nel contempo un processo di rafforzamento a opera delle principali istituzioni della società, la scuola, le confessioni religiose, il sistema imprenditoriale, l'autorità pubblica. Credenze e valori secondari sono maggiormente suscettibili di cambiamento. Il ritenere che il matrimonio sia un valore fondamentale corrisponde al giudizio comune; costituisce invece un valore secondario il ritenere che sia bene sposarsi in giovane età. Gli operatori di marketing hanno qualche probabilità di cambiare i valori secondari, molto meno quelli di base.

Culture e subculture. Ogni società comprende delle subculture, cioè gruppi di persone che condividono sistemi di valori scaturenti dalle loro comuni esperienze di vita. Nella misura in cui le varie subculture manifestano propri comportamenti, le imprese possono assumere le medesime come mercati obiettivo.

Evoluzione dei valori culturali secondari. Sebbene i valori di fondo siano assai persistenti, possono manifestarsi delle vere e proprie rivoluzioni culturali.

Gli anni Sessanta e Settanta hanno visto valori propri del mondo giovanile imporsi come modello per l'intera società; negli anni Ottanta questo processo è continuato, ma in modo profondamente diverso: sganciato da motivazioni ideologiche, si è diffuso soprattutto come spinta verso "consumi giovani". Per contro, gli anni Novanta stanno evidenziando un periodo di maggior riflessione.

Le imprese hanno un preciso interesse nell'anticipare i mutamenti culturali, allo scopo di individuare opportunità e minacce di mercato. Il "mutamento culturale" costituisce oggetto di costante osservazione da parte di istituti di ricerca e di società specializzate nell'elaborazione di previsioni di medio e lungo termine. Fra gli istituti di ricerca, un posto preminente spetta, in Italia, al Censis (Centro Studi Investimenti Sociali), l'istituto che opera dal 1964 nel campo della ricerca economico-sociale e che redige annualmente un *Rapporto sulla situazione economico sociale del Paese*, una delle fonti più ricche e attendibili per una costante osservazione della società italiana.[22]

Esistono poi organismi specializzati nella "lettura" dei cambiamenti socio-culturali, quali Eurisko e G.P.F. & Associati, che svolgono ricerche a cadenze definite su campioni rappresentativi della popolazione, allo scopo di controllare l'evoluzione di valori, atteggiamenti e, talvolta, comportamenti.

Mentre l'analisi dei valori permette di individuare le tendenze generali della società, l'analisi degli atteggiamenti fornisce quadri di riferimento più specifici all'interno dei diversi settori (alimentare, abbigliamento, servizi finanziari, ecc.). Tali quadri hanno un'importanza fondamentale per consentire alle imprese di mantenere la propria offerta in sintonia con l'evoluzione sempre più rapida dei bisogni, nonché per sviluppare strategie di comunicazione aderenti alla realtà. I principali valori della società vengono espressi negli atteggiamenti delle persone nei confronti di se stessi, degli altri, delle istituzioni, della società, della natura e dell'universo.

L'atteggiamento nei confronti di se stessi. L'importanza che le persone attribuiscono all'autogratificazione rispetto al servizio verso gli altri è mutevole. Nel corso degli anni Sessanta e Settanta la tendenza verso l'autogratificazione si è manifestata in modo particolarmente marcato. Da una parte vi erano coloro che ricercavano il piacere, il cambiamento, la fuga dal quotidiano. Dall'altra chi, alla ricerca di una più completa autorealizzazione, aderiva a gruppi religiosi o terapeutici.

Le implicazioni di marketing che derivano dal prevalere di valori individualistici sono molteplici. Le persone usano i prodotti e i servizi come mezzo di espressione di se stesse. Esse acquistano auto, case o vacanze "di sogno". La spesa per gli sport (jogging, tennis, ecc.), per l'acquisto di oggetti artistici, per gli hobby e così via si accresce.

L'atteggiamento nei confronti degli altri. Recentemente, alcuni osservatori hanno messo in evidenza il manifestarsi di una controtendenza dalla società individualistica verso una società più integrata e partecipata. Essi ritengono che il pendolo abbia compiuto la propria oscillazione e che un numero crescente di persone desideri mantenere durevoli relazioni con gli altri, senza limitarsi a perseguire il proprio interesse. La pubblicità da qualche tempo presenta scene in cui gruppi di persone condividono qualcosa fra di loro. Dalle ricerche emerge come fra gli adulti si stia diffondendo una forte preoccupazione per l'isolamento sociale e il desiderio per il contatto umano.[23]

Questi mutati atteggiamenti fanno ritenere che in futuro i prodotti e i servizi suscettibili di essere impiegati in modo collettivo, come i giochi, le vacanze, le attività sportive, vedranno espandere le dimensioni del loro mercato.

Analogamente, si accrescerà la domanda di oggetti destinati all'uso individuale da parte di persone sole che desiderino non sentirsi tali, come i video-giochi e gli home computer. Le relazioni interpersonali saranno più agevoli, frequenti e informali. Ne conseguirà una maggior casualità, sia nell'abbigliamento sia nell'arredamento. Le imprese dovranno naturalmente tener conto di ciò, tanto nella progettazione di prodotti e servizi, quanto nello sviluppo della comunicazione e delle azioni di vendita.

L'atteggiamento nei confronti delle istituzioni. Le persone mutano il proprio atteggiamento verso le imprese, la pubblica amministrazione, i sindacati, le università e le altre istituzioni. La maggioranza accetta le istituzioni, ancorché si possano manifestare atteggiamenti critici nei confronti di alcune di esse.

In genere, le persone sono disponibili a lavorare per le principali istituzioni, il cui ruolo viene ritenuto essenziale per l'esistenza stessa della società. Tuttavia, è possibile assistere al declino della lealtà nei confronti delle istituzioni. La gente assegna a esse meno fiducia e sostegno. L'etica del lavoro si indebolisce.

Da tutto ciò derivano molteplici implicazioni di marketing. Le imprese devono trovare nuove strade per ottenere la fiducia dei consumatori. Devono procedere a un'analisi della propria comunicazione per accertare che i messaggi siano veritieri. Le varie attività devono essere conformi alle norme di comportamento del "buon cittadino". È infatti per queste ragioni che un numero crescente di imprese ricorre alla tecnica dei social audit e delle public relation per costruire un'immagine positiva presso il pubblico.[24]

L'atteggiamento nei confronti della società. La gente manifesta atteggiamenti assai diversi nei confronti della società, da coloro che cercano di proteggerla dalle minacce e dai pericoli (*i difensori*); a quanti si preoccupano di far funzionare il sistema (*i costruttori*); a chi cerca di trarre il massimo profitto personale in qualsiasi occasione (*gli opportunisti*); a chi vorrebbe cambiare lo stato delle cose in conformità a una propria visione ideale (*gli innovatori*); a coloro che cercano di comprendere più a fondo la realtà in cui sono immersi (*gli esploratori*); infine a chi rifugge da ogni forma di impegno o coinvolgimento (*i rinunciatari*).

I comportamenti di consumo tendono a riflettere gli atteggiamenti che si nutrono nei confronti della società.

L'atteggiamento nei confronti della natura. L'atteggiamento nei confronti del mondo fisico varia da persona a persona. Alcuni nutrono un grande amore per la natura, altri manifestano un senso di rispetto per essa, altri ancora cercano di sfruttarla. Nel tempo si è determinata la tendenza a considerare la natura come fonte inesauribile di risorse e, conseguentemente, a dominarla attraverso la tecnologia. Più recentemente, tuttavia, ha iniziato a farsi strada la consapevolezza della fragilità della natura e della finitezza delle sue risorse. La gente si rende conto del fatto che la natura può essere privata delle sue risorse e distrutta dall'opera dell'uomo.

Il maggior amore per la natura determina lo sviluppo delle escursioni e delle gite, della pesca, della vita all'aria aperta in genere. Ne conseguono opportunità di rilievo per le imprese produttrici di articoli sportivi e di attrezzature per il campeggio, per gli operatori turistici e alberghieri, per i produttori di alimenti "naturali", e così via.

L'atteggiamento nei confronti dell'universo. Le persone hanno idee diverse a proposito dell'origine dell'universo e della loro collocazione in esso. Gran parte della popolazione italiana risulta essere di religione cattolica, anche se la fede e la pratica religiosa sono andate indebolendosi nel corso del tempo. Con la perdita del senso religioso, la gente manifesta tendenze sempre più forti a godersi la vita terrena nel miglior modo possibile, il che, peraltro, non costituisce un fatto del tutto nuovo nella lunga storia dell'umanità.

Questi fenomeni, tuttavia, non sono a senso unico. Se si inquadrano i mutamenti culturali in una prospettiva di lungo termine, si può rilevare come questi seguono un andamento pendolare, anziché lineare. Le varie forze alimentano forze eguali e contrarie. Talvolta queste ultime divengono dominanti. È pertanto necessario assumere con molta prudenza le varie interpretazioni dei fenomeni evolutivi che si manifestano nell'ambiente sociale e culturale.

5.3 Ambiente, impresa e strategia di marketing

Nel corso del presente capitolo abbiamo visto come l'impresa persegua i propri obiettivi di mercato stabilendo un complesso sistema di relazioni con i vari protagonisti, e come questi protagonisti siano tutti influenzati dalle forze fondamentali che agiscono nell'ambiente. Impiegheremo ancora una volta il caso della Hershey Food Company per collegare insieme i vari concetti e per mostrare le relazioni che intercorrono tra il sistema globale di marketing in cui opera l'impresa, il sistema aziendale di marketing e, infine, la strategia di marketing.

Nella figura 5-3 vengono presentati i componenti e i flussi fondamentali che costituiscono il sistema generale di marketing di un'impresa dolciaria. Gli elementi costitutivi del sistema sono i sei seguenti:

1. L'*ambiente* o, più precisamente, quelle forze presenti in esso che influenzano la domanda e l'offerta, come lo sviluppo della popolazione, il reddito pro-capite, la propensione al consumo di dolci, la disponibilità e il costo delle materie prime.
2. Le *strategie di marketing dell'impresa e dei concorrenti*.
3. Le *principali variabili decisionali di marketing*, quali le caratteristiche dei prodotti, il prezzo, l'organizzazione di vendita, la distribuzione fisica e il servizio, la pubblicità e la promozione.
4. I *principali canali di marketing* usati dall'impresa per i propri prodotti.
5. Il *modello di comportamento degli acquirenti*, il quale mette in evidenza il modo in cui i consumatori rispondono alle attività dei produttori e dei distributori, oltreché alle forze ambientali.
6. Le *vendite complessive del settore*, nonché le *vendite e i costi dell'impresa*.

Nella figura sono messi in evidenza i flussi chiave del sistema globale di marketing. Il flusso 5, ad esempio, dovrebbe presupporre una dettagliata descrizione delle decisioni di prodotto, gli elementi determinanti di tali decisioni e le fonti dei dati relativi ai vari elementi.

Consideriamo un elemento della figura 5-3, quello relativo alla strategia di marketing dell'impresa, ed esaminiamo tutte le principali decisioni di marketing assunte dall'impresa (figura 5-4). Le decisioni in questione possono essere suddivise in due classi fondamentali: le decisioni concernenti il sistema di distribuzione (*trade*) e le decisioni sul consumatore.

L'analisi dell'ambiente di marketing **215**

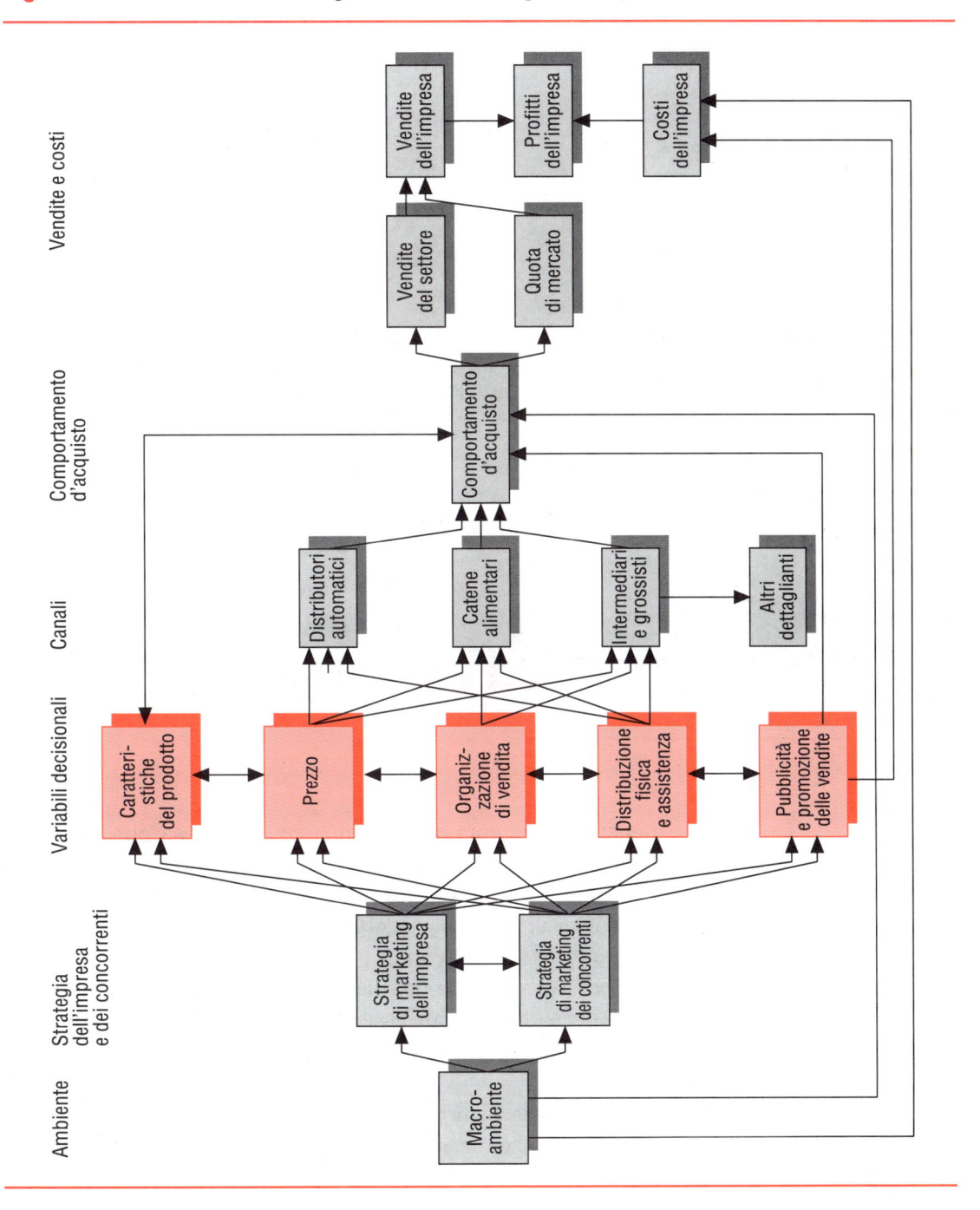

Figura 5-3 Schema del sistema globale di marketing di un'impresa dolciaria

Figura 5-4 Schema input-output delle decisioni di marketing di un'impresa dolciaria

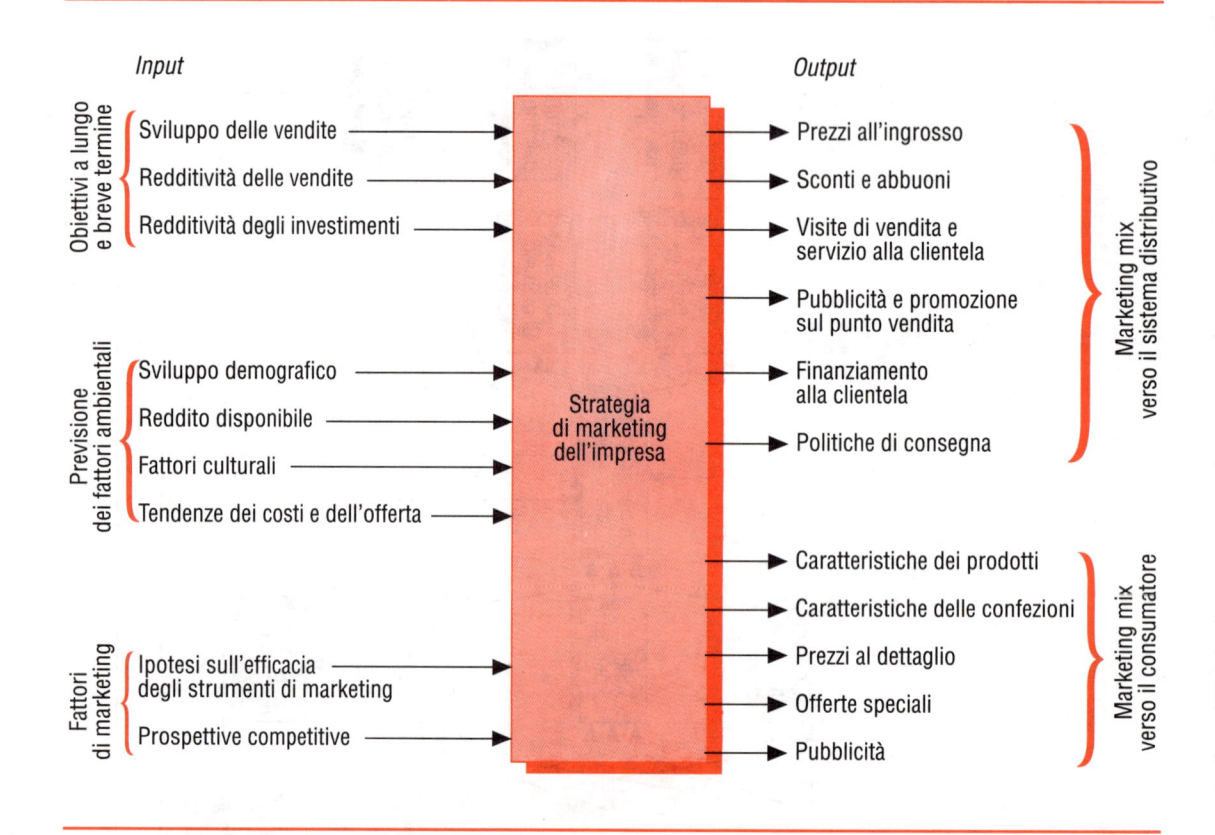

Input

Obiettivi a lungo e breve termine:
- Sviluppo delle vendite
- Redditività delle vendite
- Redditività degli investimenti

Previsione dei fattori ambientali:
- Sviluppo demografico
- Reddito disponibile
- Fattori culturali
- Tendenze dei costi e dell'offerta

Fattori di marketing:
- Ipotesi sull'efficacia degli strumenti di marketing
- Prospettive competitive

→ Strategia di marketing dell'impresa →

Output

Marketing mix verso il sistema distributivo:
- Prezzi all'ingrosso
- Sconti e abbuoni
- Visite di vendita e servizio alla clientela
- Pubblicità e promozione sul punto vendita
- Finanziamento alla clientela
- Politiche di consegna

Marketing mix verso il consumatore:
- Caratteristiche dei prodotti
- Caratteristiche delle confezioni
- Prezzi al dettaglio
- Offerte speciali
- Pubblicità

Per influenzare il sistema di distribuzione, l'impresa può agire sul prezzo al grossista, sugli sconti commerciali, sui termini di pagamento, sulle condizioni di consegna. Per influenzare il consumatore, l'impresa agisce sulle caratteristiche del prodotto, sulla confezione, sul prezzo al dettaglio, sulle offerte speciali, sulla pubblicità.

Il passo successivo consiste nel definire i vari elementi sulla base dei quali queste decisioni possono essere assunte. Gli elementi suddetti sono classificabili in tre gruppi:

1. Gli obiettivi a lungo e a breve termine per quanto riguarda lo sviluppo delle vendite, nonché il margine di profitto riferito sia alle vendite che agli investimenti.

2. I fattori ambientali suscettibili di previsione, come lo sviluppo della popolazione e del reddito disponibile, le tendenze culturali e i prezzi delle materie prime.
3. Le valutazioni relative all'efficacia dei vari strumenti di marketing, nonché ai comportamenti della concorrenza.

Ogni elemento può essere ulteriormente elaborato. Ad esempio, è possibile isolare quattro fattori di ordine culturale che possono avere un'influenza significativa sul futuro consumo di prodotti dolciari:

- **Il timore di ingrassare**: più l'idea che "essere magri è bello" perde di importanza, più si verifica un incremento notevole nel consumo di prodotti dolciari.
- **Il timore di carie**: se le tecniche di prevenzione e cura della carie vengono ulteriormente migliorate, ne può derivare una riduzione della preoccupazione della gente per i possibili effetti dannosi del consumo di dolci; d'altro canto, alcune imprese possono vedere nel timore della carie un'opportunità per sviluppare prodotti dolciari privi di zucchero.
- **La preoccupazione per la salute**: se la campagna sugli effetti negativi dello zucchero raffinato sul metabolismo continua, la gente consumerà sempre meno dolci.
- **Il consumo delle sigarette**: se la gente fuma meno sigarette ci si può attendere un incremento di prodotti "sostitutivi", quali caramelle, gomma da masticare e così via.

Possiamo ora procedere a definire come i vari fattori si inseriscano nelle altre parti del sistema. Consideriamo la combinazione degli strumenti di marketing da usare nei confronti del sistema distributivo (*trade marketing mix*). Questa combinazione costituisce a sua volta un fattore determinante (input) per ciascuno dei canali di distribuzione, per esempio le catene di drogherie (figura 5-5). La combinazione in questione, cioè il trade marketing mix, diviene così la "manovella" che il produttore usa per indurre il dettagliante a esporre i propri prodotti nei punti più favorevoli e con particolare evidenza, a impiegare i vari strumenti promozionali messi a sua disposizione e a mantenere adeguati livelli di scorte.

L'influenza che le decisioni dei distributori hanno sul consumatore finale è illustrata nella figura 5-6, unitamente all'azione esercitata dagli altri elementi del sistema di marketing. Le diverse influenze sono

Figura 5-5 Schema input-output delle decisioni di marketing di una catena alimentare

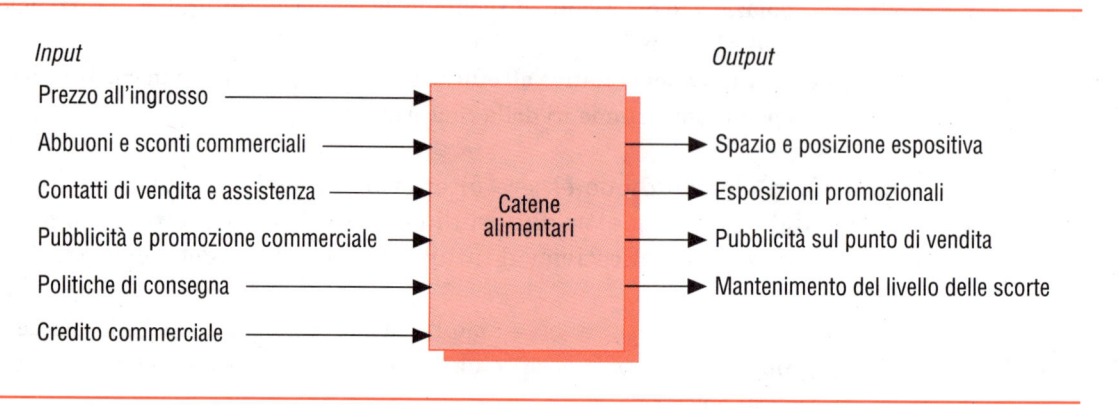

Input
- Prezzo all'ingrosso
- Abbuoni e sconti commerciali
- Contatti di vendita e assistenza
- Pubblicità e promozione commerciale
- Politiche di consegna
- Credito commerciale

→ Catene alimentari →

Output
- Spazio e posizione espositiva
- Esposizioni promozionali
- Pubblicità sul punto di vendita
- Mantenimento del livello delle scorte

Figura 5-6 Schema input-output del comportamento d'acquisto

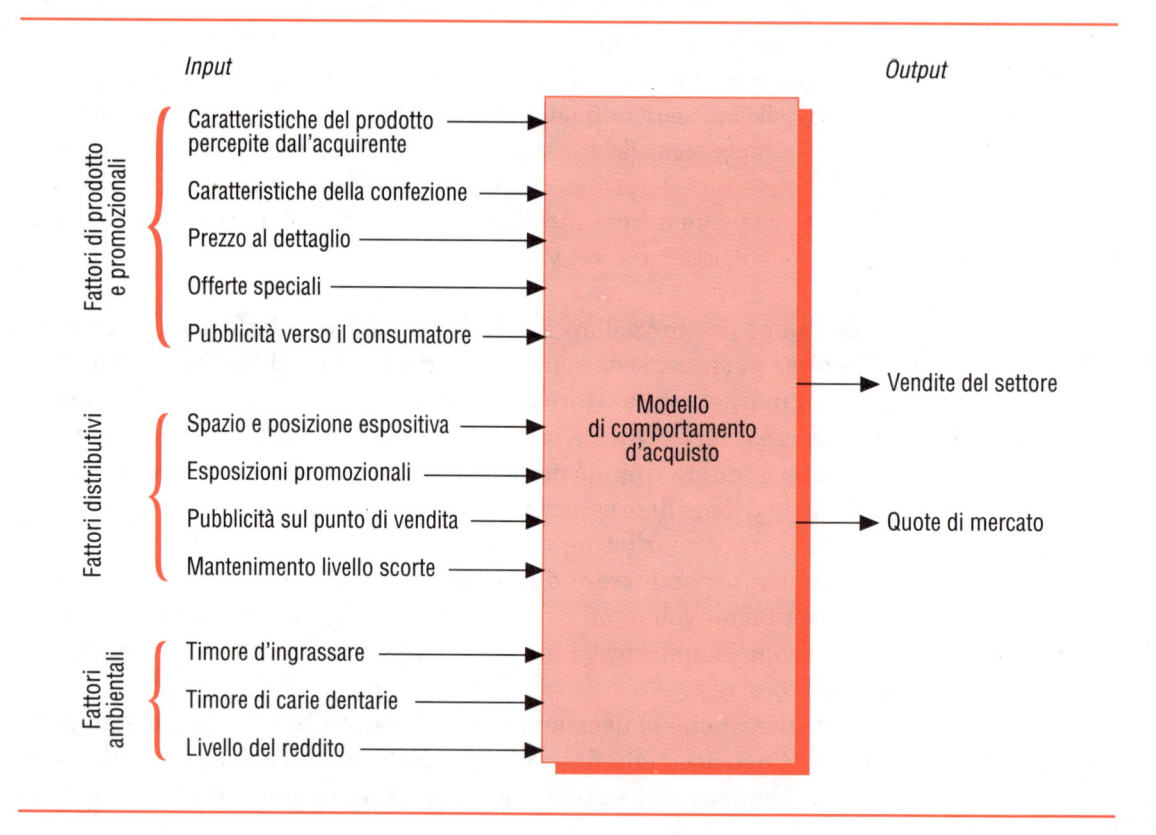

Input

Fattori di prodotto e promozionali:
- Caratteristiche del prodotto percepite dall'acquirente
- Caratteristiche della confezione
- Prezzo al dettaglio
- Offerte speciali
- Pubblicità verso il consumatore

Fattori distributivi:
- Spazio e posizione espositiva
- Esposizioni promozionali
- Pubblicità sul punto di vendita
- Mantenimento livello scorte

Fattori ambientali:
- Timore d'ingrassare
- Timore di carie dentarie
- Livello del reddito

→ Modello di comportamento d'acquisto →

Output
- Vendite del settore
- Quote di mercato

classificate in fattori relativi al prodotto e alla promozione (determinati dalle decisioni di marketing dell'impresa), fattori distributivi e fattori ambientali. Questi fattori influenzano il comportamento d'acquisto dei consumatori, determinando un certo volume di vendite, ripartito fra le varie marche presenti sul mercato.

Come ultimo passo, il pianificatore di mercato deve stimare le relazioni quantitative fra gli elementi fondamentali. La figura 5-7 mostra l'effetto di una caratteristica di prodotto, la percentuale del contenuto di cioccolato, sul volume delle vendite delle merendine ripiene. L'impresa avrebbe interesse a mantenere bassa tale percentuale, dato il maggior costo del cioccolato rispetto agli altri ingredienti. Le prove di mercato mettono peraltro in evidenza come, allorquando il contenuto di cioccolato viene ridotto, le vendite diminuiscono. Il ripieno contenuto nelle merendine comincia ad affiorare in mezzo al cioccolato e i consumatori ne traggono la sensazione che si tratti di un prodotto inferiore. Ciò non significa, tuttavia, che la domanda del consumatore sia positivamente correlata al contenuto del cioccolato. Infatti, quando questo supera il 35% del peso complessivo, le preferenze tornano a cadere. Ciò in quanto il consumatore ritiene, in tal caso, di non essere più di fronte a una merendina al cioccolato ripiena, bensì a una stecca di cioccolato con "della roba dentro". Egli fa il confronto con il cioccolato puro e sceglie quest'ultimo. La figura 5-7 illustra il modo in cui la direzione for-

Figura 5-7 Relazione fra il contenuto di cioccolato del prodotto e le vendite

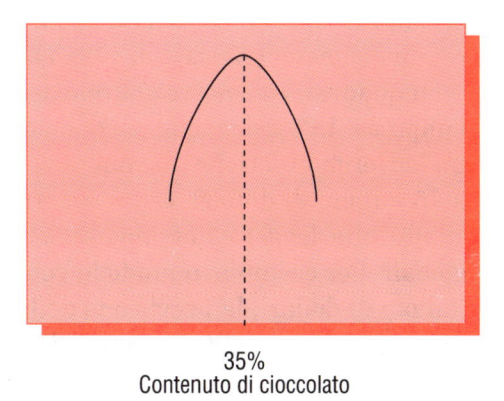

35%
Contenuto di cioccolato

mula le proprie stime sul come le vendite possano essere influenzate da una specifica caratteristica di prodotto, in questo caso la percentuale di cioccolato. Ogni funzione che mostri come le vendite siano influenzate da una variabile di marketing sotto il controllo della direzione d'impresa viene definita *funzione di risposta delle vendite*.

Data una certa funzione di risposta delle vendite, qual è la percentuale ottima di cioccolato? Se l'impresa desidera massimizzare le vendite, il cioccolato dovrebbe costituire il 35% del peso delle merendine. Dato che l'impresa è in primo luogo interessata alla massimizzazione del profitto, la direzione ha bisogno di conoscere le funzioni di costo degli ingredienti, oltre alla funzione di risposta della domanda, onde poter determinare il contenuto di cioccolato che rende possibile la massimizzazione del profitto.

Sarebbe naturalmente necessario studiare altre relazioni, come quella fra la spesa pubblicitaria, o il numero dei venditori, e il volume delle vendite, e così via. Una volta determinate le relazioni fra i vari strumenti d'azione dell'impresa e le vendite, è necessario comporre le stesse in un modello che consenta di analizzare i risultati di vendita e di profitto derivanti da un dato piano di marketing. A questo scopo, può essere utile lo strumento presentato nella figura 5-8.

Il quadrante 1 mostra una relazione fra la popolazione e le vendite complessive di merendine ripiene ricoperte di cioccolato. Dalla relazione funzionale si ricava che le vendite aumentano con la popolazione, ma secondo un tasso decrescente. La curva che rappresenta le vendite corrispondenti allo sviluppo della popolazione degli Stati Uniti è la risultante di un'estrapolazione che tiene conto delle tendenze economiche e culturali. Dal grafico emerge come una popolazione di 240 milioni di abitanti spenda all'incirca 110 milioni di dollari nell'acquisto di merendine ripiene rivestite di cioccolato.

Il quadrante 2 mostra la relazione fra le vendite totali e quelle dell'impresa. In corrispondenza della dimensione di mercato sopra indicata, la Hershey detiene una quota del 68% con un volume di vendite pari a 75 milioni di dollari. Come emerge dal grafico, la società prevede di subire una leggera flessione della quota con l'aumento delle vendite globali. Per esempio, quando le vendite complessive raggiungono i 140 milioni di dollari, la previsione delle vendite della società è di 90 milioni di dollari, pari al 64%, contro l'attuale 68%.

Il quadrante 3 mostra una relazione lineare fra le vendite dell'impresa e i profitti corrispondenti. I profitti attuali sono di 7,5 milioni di dolla-

Figura 5-8 Schema della pianificazione del profitto in un'impresa alimentare

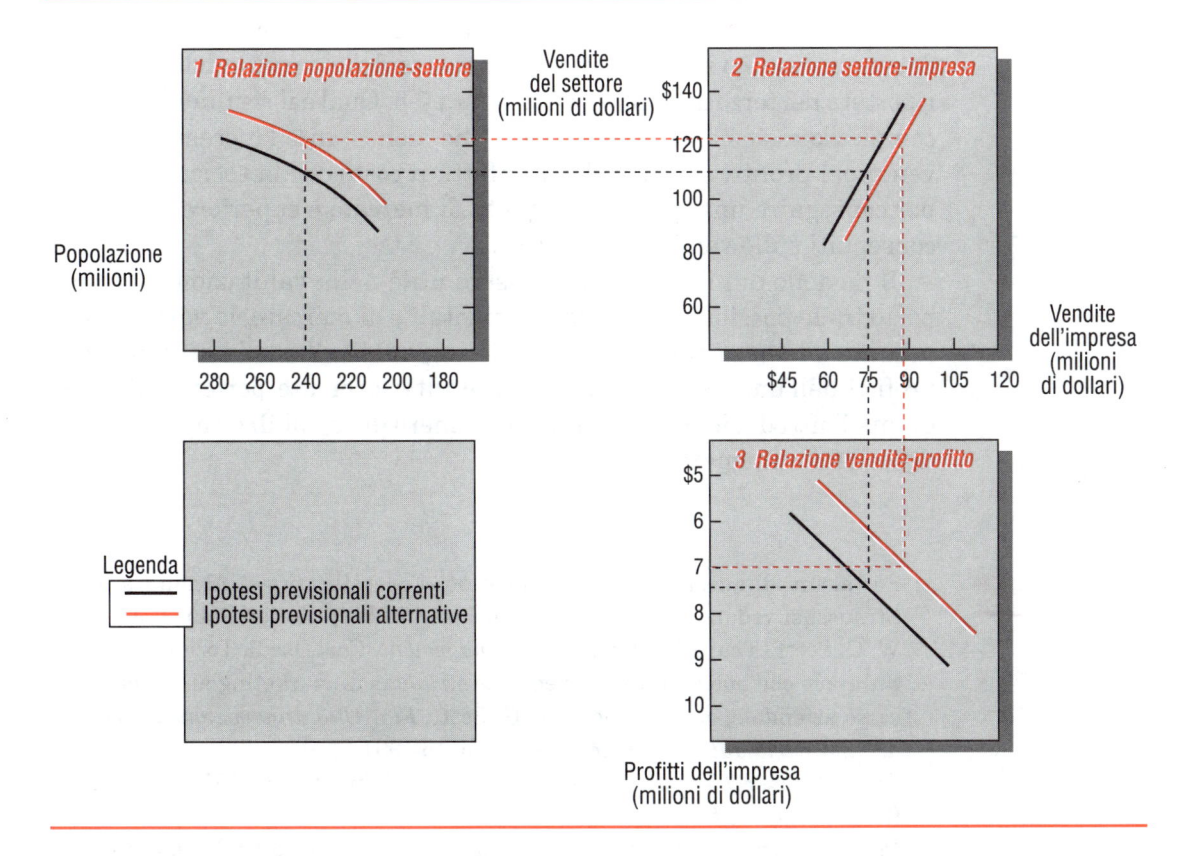

ri, pari al 10% del fatturato. Se questo sale a 105 milioni, la società prevede di conseguire un profitto di circa 10,2 milioni di dollari, pari al 9,7%.

Lo strumento grafico consente di visualizzare l'effetto di un particolare fattore ambientale, nonché dei possibili programmi di marketing sulle vendite e i profitti dell'impresa. Si supponga che la società preveda che una nuova campagna contro le sigarette contribuisca all'incremento delle vendite di prodotti dolciari, determinando uno spostamento verso l'alto della curva delle vendite (primo quadrante della figura 5-8). Si supponga inoltre che la società decida di intensificare il proprio sforzo di marketing per guadagnare più quota di mercato. L'effetto prevedibile di quanto sopra sulla posizione dell'impresa può essere evidenziato spostando verso destra la funzione riportata nel secondo quadrante della figura 5-8.

Nello stesso tempo, i costi di marketing dell'impresa aumentano e determinano uno spostamento verso destra della curva vendite-profitti riportata nel terzo quadrante della figura 5-8. Qual è il risultato di questo complesso insieme di spostamenti? Che, nonostante l'incremento delle vendite, i profitti si sono ridotti. Infatti, il costo che la società sostiene per conseguire una più elevata quota di mercato è superiore ai profitti conseguiti sulle vendite aggiuntive.

Il modello qui illustrato può essere utile nella valutazione del rapporto fra le possibili condizioni ambientali e di mercato, le varie ipotesi assunte alla base dei piani di marketing e il livello delle vendite e dei profitti dell'impresa. Esso può essere ulteriormente perfezionato mediante l'introduzione di un maggior numero di variabili e l'applicazione di modelli matematici.

Note

[1] Per alcuni di questi casi, quali Benetton, Federal Express, Alcantara, Levi Strauss, si vedano le *case histories* incluse in Philip Kotler, John B. Clark e W. G. Scott (a cura di), *Marketing management. Casi*, Isedi, Torino 1992.
Sul ruolo che può assumere un'efficace strategia di marketing ai fini del successo aziendale, si veda anche W. G. Scott, *Fiat Uno. Innovazione e mercato nell'industria automobilistica*, Isedi, Torino 1991.

[2] Peter Drucker, *L'era della discontinuità*, Etas Libri, Milano 1970 e Alvin Toffler, *Lo choc del futuro*, Rizzoli, Milano 1971.

[3] Per un approfondimento di questo punto si veda Philip Kotler e Sidney J. Levy, "Buying Is Marketing Too", in *Journal of Marketing*, gennaio 1973, pp. 54-59. Si veda anche Roger Perrotin, *Le marketing achats*, Les Editions d'Organisation, Parigi 1992.

[4] Sulle origini del sistema di produzione in questione, si veda Yasuhiro Monden, *Produzione Just-in-time*, Isedi, Torino 1986.

[5] I rapporti fra marketing e pubbliche relazioni sono esaminati in Philip Kotler e William Mindak, "Marketing and Public Relations: Partners or Rivals", in *Journal of Marketing*, ottobre 1978, pp. 13-20.

[6] L'influenza delle organizzazioni e dei movimenti dei consumatori sui processi decisionali di marketing delle imprese è andata assumendo un peso crescente sin dagli anni Sessanta, allorquando prese a svilupparsi il consumerismo, dapprima negli Stati Uniti, e in seguito negli altri paesi avanzati. Il consumerismo può essere definito come un movimento organizzato di cittadini e pubblici poteri, avente come scopo quello di affermare i diritti degli acquirenti nei con-

fronti dei venditori. Sugli aspetti giuridici del problema, si veda Guido Alpa, *Diritto privato dei consumi*, il Mulino, Bologna 1986.

[7] In relazione a questo problema, si è andata sviluppando una specifica area di ricerca, quella del marketing interno. In proposito si veda Michel Levionnois, *Marketing interno*, Isedi, Torino 1991. Sui rapporti fra strategia delle risorse umane e performance dell'impresa, si veda anche Richard L. Lynch e Kelvin F. Cross, *Migliorare la performance aziendale*, F. Angeli, Milano 1992.

[8] *Britannica Book of the Year - 1991*, Encyclopaedia Britannica, Chicago 1991.

[9] Banca d'Italia, "I bilanci delle famiglie italiane nell'anno 1989", in *Supplemento al Bollettino Statistico* n. 26, 8 ottobre 1991.

[10] Per ulteriori elementi sulla ricchezza e sul risparmio delle famiglie italiane, si veda il *IX Rapporto BNL/Centro Einaudi* sul risparmio e i sui risparmiatori in Italia, Editoriale Lavoro, Roma, dicembre 1991.

[11] La caduta della domanda manifestatasi nel 1990 va in parte attribuita agli effetti dell'invasione irachena del Kuwait avvenuta nell'agosto dell'anno in questione.

[12] Si veda Kenneth Boulding, "The Economics of the Coming Spaceship Earth", in H. Jarret (a cura di), *Environmental Quality in a Growing Economy*, John Hopkins Press, Baltimora 1966, nonché Rachel Carson, *Primavera silenziosa*, Feltrinelli, Milano 1963.

[13] Su questi temi potrà essere utilmente consultata la serie dei Rapporti annuali elaborati dal Worldwatch Institute (*State of the World 1988*, e anni seguenti, edizione italiana realizzata da Isedi, Torino), nonché la rivista bimestrale *L'Impresa Ambiente*.

[14] A questo proposito costituisce una lettura di notevole interesse il volume di Gian Franco Venè, *Mille lire al mese. Vita quotidiana della famiglia nell'Italia fascista*, Mondadori, Milano 1988.

[15] Alvin Toffler, *Lo choc del futuro* (1988), *La terza ondata* (1990), *Powershift* (1991), Sperling & Kupfer, Milano.

[16] Per un'elencazione dei prodotti che potranno essere sviluppati in futuro, si veda Fabio Magrino (a cura di), *Sette chiavi per il futuro*, Edizioni Il Sole 24 Ore, Milano 1988.

[17] Per un'ampia analisi dei problemi connessi alla competizione tecnologica mondiale, si veda Paolo Guerrieri e Enrico Sassoon (a cura di), *La sfida High-Tech*, Edizioni Il Sole 24 Ore, Milano 1990.

[18] Per un approfondimento, si veda Marco Baglioni, "Il regime di concorrenza comunitario: regole per le imprese", in Mario Mariani e Pippo Ranci (a cura di), *Il mercato interno europeo*, il Mulino, Bologna 1988.

[19] Si veda Leo Greenland, "Advertisers Must Stop Conning Consumers", in *Harvard Business Review*, agosto 1974, p. 18.

[20] Per un'esauriente trattazione del tema, si veda Guido Alpa, *Diritto privato dei consumi*, il Mulino, Bologna 1986.

[21] Tratto da Gerald R. Salancik e Gregory D. Upah, *Directions for Interorganizational Marketing*, School of Commerce, University of Illinois, Champaign, agosto 1978.

[22] L'ultima edizione di tale *Rapporto*, quella relativa al 1991, è stata pubblicata, come di consueto, dall'editore F. Angeli.

[23] Si veda Bill Abrams, "Middle Generation' Growing More Concerned with Selves", in *Wall Street Journal*, 21 gennaio 1982, p. 25.

[24] Si vedano Raymond A. Bauer e Dan H. Fenn, Jr., "What Is a Corporate Social Audit?", in *Harvard Business Review*, gennaio-febbraio 1973, pp. 37-48; e Leonard L. Berry e James S. Hensel, "Public Relations: Opportunities in the New Society", in *Arizona Business*, agosto-settembre 1973, pp. 14-21.

Capitolo 6

Il comportamento d'acquisto del consumatore

*Il consumo è l'unico fine e scopo di ogni produzione;
e l'interesse del produttore dovrebbe essere considerato
solo nella misura in cui esso può essere necessario
a promuovere l'interesse del consumatore...*

Adam Smith

In conformità ai principi del marketing, il compito fondamentale dei responsabili dell'attività di mercato dell'impresa consiste nel comprendere il comportamento d'acquisto del mercato obiettivo. Nel presente capitolo verranno esaminate le dinamiche d'acquisto dei consumatori, mentre il prossimo capitolo verrà dedicato all'analisi dei comportamenti d'acquisto delle imprese e delle organizzazioni.

Il mercato del consumatore è formato da tutte le persone e famiglie che acquistano e comunque acquisiscono beni e servizi per l'uso personale. Come abbiamo già visto nel capitolo precedente, il mercato italiano di consumo era costituito nel 1991 da oltre 57 milioni di abitanti che hanno consumato beni e servizi per 892 mila miliardi di lire, con un incremento rispetto all'anno precedente pari al 9,7%, in termini nominali, e al 2,8% in termini reali.

Coloro che formano il mercato di consumo sono assai diversi per molteplici aspetti, dall'età al sesso, dal livello di reddito al livello di cultura, dalle abitudini di vita ai modi di pensare. Tali differenze si riflettono sugli atteggiamenti di consumo e sui comportamenti d'acquisto. Per l'impresa che opera secondo un orientamento di marketing è dunque fondamentale tener conto delle differenze esistenti nel mercato al fine di pianificare e controllare le propria azione volta a soddisfare i bisogni espressi dai mercati obiettivo.

Gli argomenti di cui ci occuperemo nel presente capitolo riguardano le modalità in base alle quali i consumatori si orientano verso i beni e servizi disponibili, effettuano le proprie scelte d'acquisto e, infine, procedono a impiegare i prodotti acquistati.

6.1 Un modello di comportamento del consumatore

In passato, era possibile per le imprese acquisire una corretta conoscenza dei propri consumatori attraverso la quotidiana esperienza di vendita. La crescita nelle dimensioni dell'impresa e la dinamica dei mercati hanno per lo più allontanato chi prende le decisioni di marketing dal diretto contatto con i propri consumatori. Sempre più i manager hanno sentito la necessità di rivolgersi alle ricerche sul consumatore – e gli investimenti in questo senso continuano ad aumentare – per rispondere alle seguenti domande di fondo:

- Da chi è costituito il mercato? I *soggetti*
- Che cosa acquista il mercato? Gli *oggetti*
- Perché acquista il mercato? Gli *obiettivi*
- Chi partecipa all'acquisto? Le *organizzazioni*
- Come acquista il mercato? Le *operazioni*
- Quando acquista il mercato? Le *situazioni*
- Dove vengono effettuati gli acquisti? I *punti di vendita*

In quest'ambito assume interesse fondamentale la domanda: come i consumatori rispondono ai diversi stimoli di marketing che l'impresa è in grado di proporre? L'impresa che riesce a capire e a prevedere correttamente come i propri consumatori risponderanno a differenti versioni del prodotto, a diversi livelli di prezzo, a campagne pubblicitarie alternative e così via si troverà ad avere un rilevante vantaggio competitivo sui concorrenti. Per questo, quanti si occupano di ricerche di marketing, sia a livello accademico, sia nelle imprese, hanno dedicato molta attenzione all'individuazione delle relazioni che legano gli stimoli di marketing alla risposta del mercato. Punto di partenza comune a questa analisi è il modello stimolo-risposta illustrato nella figura 6-1. Nello schema, gli stimoli esterni – di marketing o di altra natura – arrivano alla cosiddetta "scatola nera" del consumatore e determinano i comportamenti d'acquisto dell'individuo. Gli stimoli esterni, indicati nella parte sinistra della figura, sono di due tipi: gli stimoli di marketing, consistenti nelle quattro P: prodotto, prezzo, punto di vendita e promozione; gli stimoli diversi, rappresentati da situazioni o avvenimenti che hanno un peso rilevante nell'ambiente di consumo dell'individuo: fra i principali, la situazione economica, tecnologica, politica e culturale. Tutti questi stimoli, passando attraverso la scatola nera dell'acquirente, producono l'insieme delle risposte di consumo osservabili indicate sulla destra dello schema: scelta del prodotto, del punto d'acquisto, del momento dell'acquisto e dell'ammontare della spesa.

Problema e compito fondamentale per il marketing è a questo punto capire che cosa avviene all'interno della scatola nera dell'individuo, fra il momento in cui gli stimoli vengono percepiti e quello in cui vengono date delle risposte. La scatola nera può considerarsi composta da due serie di elementi. In primo luogo le caratteristiche individuali dell'ac-

Figura 6-1 Modello di comportamento d'acquisto

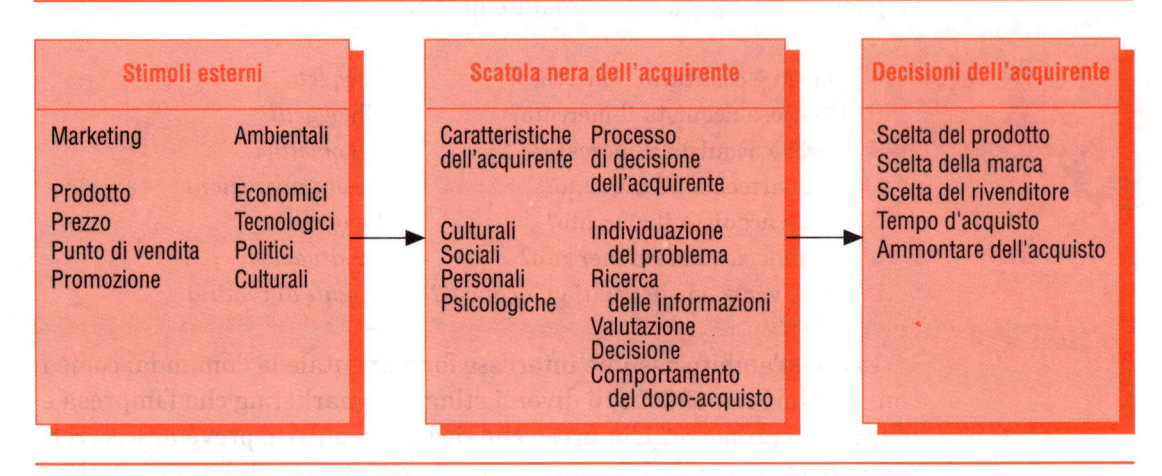

Stimoli esterni		Scatola nera dell'acquirente		Decisioni dell'acquirente
Marketing	Ambientali	Caratteristiche dell'acquirente	Processo di decisione dell'acquirente	Scelta del prodotto
Prodotto	Economici			Scelta della marca
Prezzo	Tecnologici	Culturali	Individuazione del problema	Scelta del rivenditore
Punto di vendita	Politici	Sociali	Ricerca delle informazioni	Tempo d'acquisto
Promozione	Culturali	Personali	Valutazione	Ammontare dell'acquisto
		Psicologiche	Decisione Comportamento del dopo-acquisto	

quirente hanno forte influenza sulle modalità di reazione agli stimoli. In secondo luogo, il particolare tipo di processo decisionale in atto può influenzare significativamente il risultato.

Nella prima parte del capitolo verrà esaminata l'influenza che le caratteristiche del consumatore possono avere sul comportamento d'acquisto: la seconda parte prenderà in considerazione il processo decisionale dell'acquirente.

6.2 I fattori fondamentali che influenzano il comportamento del consumatore

Le decisioni e le scelte dei consumatori non vengono dal nulla: i comportamenti d'acquisto sono influenzati in modo determinante da numerosi fattori culturali, sociali, personali e psicologici. Alcuni fra i principali sono evidenziati nella figura 6-2. Per lo più si tratta di variabili non controllabili da parte dell'impresa, ma che devono essere tenute in considerazione. Nelle prossime pagine esamineremo l'influenza dei diversi fattori sul comportamento dell'acquirente, utilizzando come esempio il comportamento di un'ipotetica signora Silvia Rossi.

Silvia Rossi ha 35 anni, è sposata con un ingegnere suo coetaneo e ha due figli, di 5 e 8 anni. Laureata in lettere, insegna in una scuola media e collabora a programmi di formazione per insegnanti. È dunque occupata fuori casa a tempo pieno, anche se con orari flessibili. La lavatrice acquistata dieci anni prima quando si è sposata crea qualche problema. Sta quindi cominciando a pensare di sostituirla. La scelta finale della marca e del modello sarà influenzata da numerosi fattori.[1]

6.2.1 I fattori culturali

I fattori culturali esercitano l'influenza più ampia e profonda sul consumatore: esamineremo quindi con attenzione il ruolo svolto dalla cultura, dalla subcultura e dalla classe sociale dell'acquirente.

Figura 6-2 Modello dei fattori influenzanti il comportamento

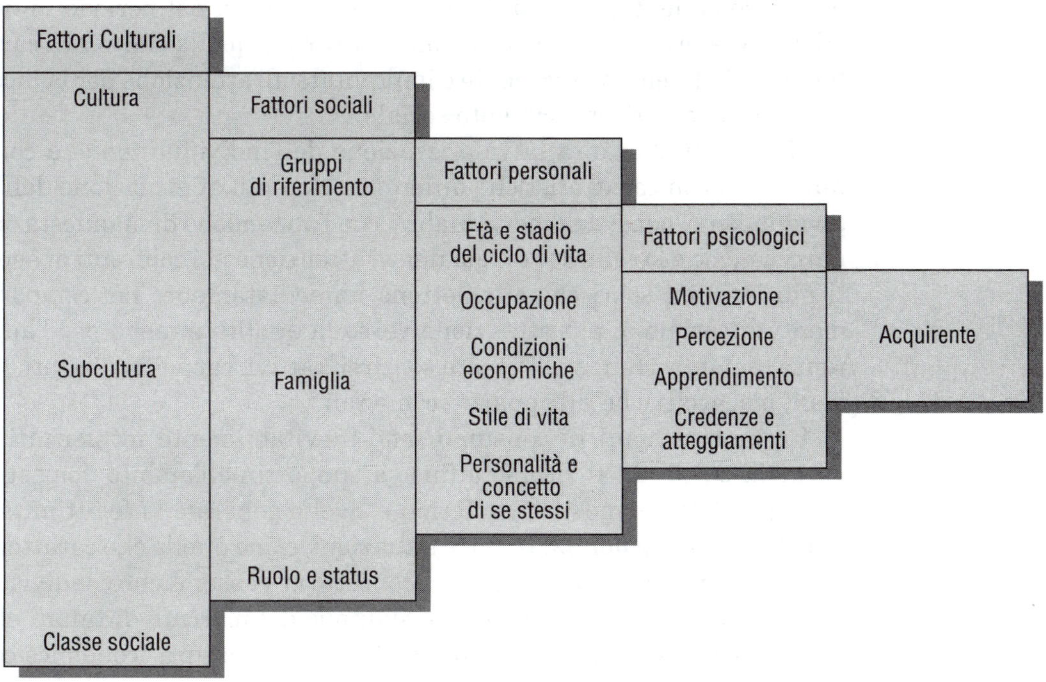

Fattori Culturali	Fattori sociali	Fattori personali	Fattori psicologici	Acquirente
Cultura	Gruppi di riferimento	Età e stadio del ciclo di vita	Motivazione	
Subcultura	Famiglia	Occupazione	Percezione	
		Condizioni economiche	Apprendimento	
		Stile di vita	Credenze e atteggiamenti	
		Personalità e concetto di se stessi		
	Ruolo e status			
Classe sociale				

La cultura. La cultura può essere considerata come la determinante fondamentale dei bisogni percepiti da una persona e dei comportamenti di risposta prescelti. Mentre, infatti, il comportamento degli animali è governato in buona parte dall'istinto, il comportamento umano è in gran parte appreso.

Il bambino, crescendo in un certo ambiente, apprende un insieme di valori, modalità percettive, preferenze e comportamenti attraverso un processo di socializzazione che coinvolge la famiglia e altre istituzioni chiave. Un bambino che cresce in Italia oggi, per esempio, è esposto a un insieme complesso di valori, alcuni comuni alle attuali società occidentali, altri frutto di tradizioni nazionali. Valori quali l'autorealizzazione, il benessere materiale, l'efficienza fisica e psichica, la libertà, la giovinezza, sono in questo senso tipici della società americana, ma diffusi oggi anche in Europa.[2]

Ognuno di questi valori viene poi assorbito e modificato dalle singole realtà culturali e dalle loro dinamiche. L'attenzione per l'individuo e la sua realizzazione, per esempio, si è tradotta, nell'Italia degli anni Ottanta, in un progressivo affermarsi della cultura del privato, del soggettivo esasperato, del disimpegno sociale. Queste tendenze sono considerate come le determinanti che hanno generato, nel periodo in questione, una propensione al consumo contraria a quella che aveva caratterizzato il decennio precedente e improntata all'attenzione per la moda, al prestigio e al riconoscimento sociale.[3]

Negli anni Novanta la valorizzazione dell'individuo tende a continuare, ma con caratteristiche differenti. Non più affermazione dell'individualismo, bensì dell'individualità, con l'abbandono di manifestazioni narcisistiche e lo sviluppo di una nuova attenzione nei confronti di aspetti più intimi e sobri che si riflettono immediatamente nei comportamenti di consumo: più attenzione verso la qualità e meno per l'apparenza, più importanza all'"essere/sentirsi" (attivi, capaci, realizzati, giovani, piacevoli), che all'apparire come tali.[4]

I comportamenti di consumo sono inevitabilmente influenzati da variabili culturali. Il ricorso diffuso a supporti nell'ambito domestico, come gli elettrodomestici, conferma a livello generale la legittimità di nuovi ruoli per la donna. In altre situazioni, come quelle che caratterizzavano gli anni Cinquanta, questo concetto era assai meno condiviso, il che costituiva una barriera per lo sviluppo del mercato di taluni elettrodomestici assai più determinante di quella di natura economica connessa al prezzo di tali prodotti.

La subcultura. Una subcultura è costituita da un gruppo che, all'interno di una data società, condivide le principali caratteristiche di questa, ma presenta *valori, abitudini e tradizioni distinguibili come propri*.

Per quanto concerne l'Italia, la classica distinzione del paese in quattro aree geografiche (Nord-Ovest, Nord-Est, Centro, Sud e Isole) consente di individuare altrettante subculture che esprimono a tutt'oggi comportamenti di consumo diversi, in quanto legati a tradizioni e valori differenti.

Una subcultura può essere definita anche su basi quali quelle *etniche*, *razziali*, o *religiose*, tutte rilevanti per quanto concerne le problematiche di consumo. L'Italia, tradizionalmente un paese assai omogeneo sotto questi aspetti, si dovrà confrontare nei prossimi anni con i problemi che derivano dallo sviluppo di subculture basate su queste ultime caratteristiche. Le tradizionali variabili demografiche – *età* e *sesso* – risultano essere esplicative, non tanto per individuare tipologie di consumo particolari, quando per evidenziare al loro interno il peso delle subculture rilevanti.

Tornando a Silvia Rossi, i suoi comportamenti di consumo sono influenzati da variabili subculturali che contribuiscono a definire scelte d'acquisto nel settore alimentare, dell'abbigliamento, del divertimento, del lavoro. I modelli forniti da queste variabili possono dunque intervenire anche nel comportamento d'acquisto e d'uso di un prodotto come la lavatrice. Per quanto riguarda l'acquisto, ad esempio, la signora Rossi potrebbe optare per la sostituzione del modello posseduto prima di una acquirente più tradizionale.

Per quanto riguarda l'uso, potrebbe considerare la lavatrice come idonea per i tessuti sintetici (di cui è forte utilizzatrice), mentre un'utilizzatrice meno moderna potrebbe lasciare all'elettrodomestico solo il "bucato pesante", con notevoli implicazioni per il modello di lavatrice considerato come ideale.

La classe sociale. Tutte le società umane presentano elementi di stratificazione sociale. A volte, questa prende la forma di un sistema di casta dove i membri di caste diverse sono destinati ad assumere certi ruoli dalla nascita e non possono modificare la propria posizione. Più frequentemente, la stratificazione prende la forma di *classi sociali*. Queste sono divisioni relativamente omogenee e stabili di una struttura sociale, gerarchicamente ordinate e i cui membri condividono valori, interessi e comportamenti.

L'appartenenza a una classe sociale è determinata dalla combinazione di più fattori, quali il reddito, la ricchezza, l'occupazione e l'istruzione, in quanto ritenuti elementi oggettivi rilevanti per definire l'ambiente e la mentalità di un individuo in termini di regole, aspirazioni, atteggiamenti. Le differenze fra le classi dipendono sempre meno, tuttavia, dalle condizioni strettamente economiche, e sempre più da quelle culturali. Questo è vero anche per la società italiana, la cui evoluzione è stata contraddistinta, negli ultimi decenni, dalla rilevante crescita delle classi medie urbane, il cui peso ha raggiunto negli anni recenti il 50% della popolazione complessiva (si vedano le tavole 6-1 e 6-2).[5]

Tavola 6-1 La struttura delle classi sociali in Italia

Secondo la classificazione introdotta da P. Sylos Labini, la struttura sociale dell'Italia risulta articolata (dati al 1983) come segue:

I **Borghesia** (peso: 3,3% della popolazione attiva totale); si compone delle seguenti categorie professionali:
- Imprenditori e dirigenti di imprese grandi e medie.
- Dirigenti di organismi pubblici e privati.
- Proprietari terrieri grandi e medi.
- Professionisti di rilievo nazionale o regionale.

II **Classi medie urbane** (peso: 46,4% della popolazione attiva totale); comprendendo le seguenti categorie professionali:
- Piccoli imprenditori.
- Impiegati, privati e pubblici.
- Artigiani.
- Commercianti.
- Altri lavoratori autonomi che svolgono in prevalenza attività extra-agricole.

III **Coltivatori diretti** (peso: 7,6% della popolazione attiva totale); comprendendo i contadini proprietari.

IV **Classe operaia** (peso: 42,7% della popolazione attiva totale); comprendendo le seguenti categorie professionali:
- Salariati agricoli.
- Operai dell'industria.
- Dipendenti dei servizi (commercio, trasporti, ecc.).

Fonte: P. Sylos Labini, *Le classi sociali negli anni '80*, Laterza, Bari 1986, pp. 21-24 e 207.

Tavola 6-2 Evoluzione delle classi e di alcune categorie sociali in Italia 1951-1983 (valori percentuali sulla popolazione attiva)

Classi e categorie sociali	1951	1971	1983
1. Borghesia	1,9	2,5	3,3
2. Classi medie urbane	26,5	38,5	46,4
di cui:			
impiegati privati	5,2	8,7	10,2
impiegati pubblici	8,0	11,0	15,8
artigiani	6,0	5,3	5,8
3. Coltivatori diretti	30,2	11,9	7,6
4. Classe operaia	41,2	47,1	42,7
di cui:			
salariati agricoli	11,8	6,1	4,0
operai dell'industria	22,9	31,1	26,1
addetti ai servizi (commercio, trasporti, ecc.)	6,5	9,9	12,6

Fonte: P. Sylos Labini, *Le classi sociali*, pp. 20-21 e 206.

L'accentuata mobilità nell'ambito di ogni classe e fra le varie classi ha quindi modificato il tradizionale modello piramidale e ha favorito una progressiva eguaglianza, non tanto a livello economico-sociale, quanto in relazione all'accesso ai modelli di riferimento in materia di consumi.

Le differenze fra le classi – che permangono rilevanti nel determinare modelli e modi di consumo – si presentano in termini sempre più complessi e sotto forme continuamente mutevoli, richiedendo agli operatori di marketing una notevole flessibilità e attenzione nell'utilizzare in modo corretto questa variabile per procedere a comprendere le scelte di consumo.[6]

In particolari campi di consumo, quali l'abbigliamento, l'arredamento, l'abitazione, l'auto, è possibile che una famiglia di classe medio-elevata abbia criteri di scelta sensibilmente differenti, a parità di reddito, rispetto a una famiglia di classe media: casa forse più piccola, ma in zona di pregio, auto meno veloce, ma più di prestigio, abbigliamento meno alla moda ma più ricercato.

Le classi sociali hanno preferenze diverse anche per quanto riguarda i mezzi di informazione: a questo riguardo, le classi più elevate leggono molto di più giornali e riviste. All'interno della stessa classe media vi sono marcate differenze di gusto: la media superiore preferisce programmi culturali e di attualità, mentre la media inferiore si orienta verso le *telenovelas* e i programmi leggeri. Anche il linguaggio varia da una classe all'altra. Chi imposta le campagne pubblicitarie deve tener conto di tutto questo nella preparazione degli annunci sui mezzi stampa.

Silvia Rossi appartiene alla classe medio-alta: per educazione e abitudini ha probabilmente con gli elettrodomestici un rapporto "disinvolto" e razionale, che le permette di valutare molto positivamente la possibilità di programmare in anticipo l'avvio della macchina e l'effettuazione delle operazioni di lavaggio anche in sua assenza.

6.2.2 I fattori sociali

Il comportamento di consumo è altresì influenzato da fattori sociali, quali i gruppi di riferimento, la famiglia, il ruolo sociale e lo status assunto nelle diverse situazioni.

Gruppi di riferimento. Il comportamento delle persone è fortemente influenzato da numerosi *gruppi di riferimento*, vale a dire quei gruppi che risultano avere influenza diretta (con rapporto faccia a faccia) o indiretta sui suoi atteggiamenti e comportamenti. Quelli che hanno un'influenza diretta su una persona sono chiamati *gruppi di appartenenza*: in essi l'individuo è inserito stabilmente e il livello di interazione è elevato. Nei cosiddetti *gruppi primari* (come la famiglia, gli amici, i vicini di casa o i colleghi di lavoro) l'interazione è di tipo tendenzialmente continuo e le relazioni interne sono in genere informali. Nei cosiddetti *gruppi secondari* i rapporti sono più formali e le modalità di interazione più discontinue: di questo tipo sono per esempio le organizzazioni religiose, le associazioni professionali e sindacali. Il comportamento degli individui è poi influenzato da gruppi di cui non fanno parte. I gruppi cui si vorrebbe appartenere sono chiamati *gruppi di riferimento positivi*.

Per un adolescente, dunque, famiglia e compagni di scuola costituiscono gruppi di appartenenza primari, che gli offrono modelli di comportamento e valori spesso in contraddizione. L'associazione sportiva in cui gioca a pallavolo e la scuola che frequenta sono gruppi secondari, in cui il ragazzo sperimenta le prime relazioni formali. Un gruppo di riferimento positivo può essere rappresentato in questo caso dalla famiglia di un compagno di scuola, della quale il ragazzo apprezza la simpatia dei genitori e il clima diverso, il che ne determina l'assunzione quale "modello". Al contrario, un gruppo di riferimento negativo può essere costituito da una compagnia particolarmente fatua e disimpegnata.

Per gli operatori di marketing è importante cercare di identificare i gruppi di riferimento più importanti dei propri mercati obiettivo, dato che i consumatori possono risultarne influenzati ad almeno tre livelli: prima di tutto perché attraverso questi si trovano esposti a nuovi comportamenti e stili di vita; in secondo luogo, perché il desiderio di "essere all'altezza" dei propri modelli può portare a modificare gli atteggiamenti e la stessa immagine di sé dei soggetti; in terzo luogo, perché le pressioni alla conformità che si vengono a creare possono influenzare direttamente le scelte di prodotto e di marca espresse dagli individui.

L'importanza dei gruppi di riferimento varia per marche e prodotti diversi. Le numerose ricerche condotte in quest'ambito hanno evidenziato come l'influenza dei gruppi di riferimento vari per prodotti e marche e sia da collegarsi non solo al valore intrinseco del bene in sé, quanto anche alla "visibilità" con cui avviene l'utilizzo.[7]

Inoltre, il livello d'influenza varia notevolmente in funzione della posizione del prodotto all'interno del proprio ciclo di vita.[8] Al suo apparire sul mercato, è fortemente influenzata dagli altri la decisione d'acquisto, ma non la decisione della marca da scegliere; nella fase di crescita, l'influenza del gruppo è elevata sia per la marca, sia per il prodotto; nella fase di maturità è influenzata la marca, ma non il prodotto, mentre nella fase di declino il gruppo è debole nel determinare tanto la scelta di prodotto quanto quella di marca.

I produttori di beni o marche per cui è forte l'influenza di gruppo devono impostare programmi specifici per raggiungere i *leader di opinione* più significativi dei propri mercati. Per un certo periodo si pensò che i leader di opinione fossero principalmente leader sociali imitati a livello di massa in nome della loro immagine elevata; in realtà i leader di opinione possono essere individuati all'interno di ogni strato sociale. Non solo, una stessa persona può essere leader di opinione per alcuni prodotti e imitare il comportamento altrui in aree diverse. Nel marketing l'obiettivo di raggiungere i leader di opinione può essere attuato, per esempio, identificando le variabili di personalità principali correlate con la leadership, individuando i mezzi più utilizzati e rivolgendo loro le comunicazioni pubblicitarie.

L'influenza del gruppo è comunque tendenzialmente più forte qualora si tratti di beni che possono essere notati e apprezzati da coloro per i quali l'individuo ha stima: la signora Rossi, fra tutte le marche disponibili, prenderà in considerazione quelle più "quotate" nella cerchia di amicizie.

Anche a livello di prodotto il gruppo può avere influenza: Silvia Rossi prenderà in considerazione la possibilità di acquistare, in sostituzione della vecchia lavatrice, una nuova "lavasciuga" anche in funzione del suo ruolo nei gruppi che frequenta o ai quali aspira ad appartenere: se "leader d'opinione", la sceglierà fra i primi del suo segmento; se tendenzialmente "seguace" aspetterà che altri la provino e ne diano valutazioni positive e rassicuranti.

Va tenuto presente, a questo riguardo, che quanto più è alta la coesione nel gruppo, tanto più efficace sarà il processo di comunicazione interna; quanto più poi il gruppo è oggetto di stima da parte del singolo tanto più forte sarà l'influenza esercitata su quest'ultimo e la capacità di determinare le scelte di prodotto e di marca.[9]

Famiglia. I membri della famiglia dell'acquirente possono esercitare una forte influenza sul suo comportamento. Due sono le strutture familiari che hanno peso nella vita di un individuo.

La *famiglia di orientamento*, costituita dalla famiglia di origine: dai genitori, infatti, ognuno acquisisce gli orientamenti di fondo verso la religione, la politica, l'economia, e valori di base quali l'ambizione, l'autonomia e l'amore. Anche nel caso in cui i rapporti con i genitori siano cessati più o meno completamente, la loro influenza sul comportamento spesso continua a essere indirettamente significativa: in Italia, dove la coabitazione con i genitori sta divenendo sempre più rara, continuano a mantenersi attive reti di relazione molto solide di tipo intergenerazionale. L'impronta della famiglia di orientamento si protrae dunque nel tempo.[10]

Un'influenza più diretta sul comportamento d'acquisto quotidiano è data dalla *famiglia di procreazione*, ossia dal nucleo familiare formato dal marito, dalla moglie e dai figli. In questo senso la famiglia rappresenta l'organizzazione d'acquisto e consumo più importante della società ed è stata oggetto di numerosissime e approfondite ricerche.[11] Gli operatori di marketing sono interessati al ruolo e all'influenza relativa di ogni membro della famiglia nell'acquisto di una gamma vastissima di beni e servizi.

Il coinvolgimento relativo del marito o della moglie varia grandemente per le diverse categorie di prodotti. La moglie è stata tradizionalmente l'agente d'acquisto principale per la famiglia specialmente nel settore alimentare, dell'abbigliamento e per i generi vari. Questo sta ora cambiando con l'aumentare dell'occupazione femminile e con il crescente impegno del marito a partecipare direttamente alla spesa familiare. Nel caso dei prodotti più significativi per la famiglia è dunque un errore per l'impresa continuare a ritenere la donna l'agente principale o unico dell'acquisto.

Anche se esistono ancora aree nelle quali il marito ha una maggiore influenza – in particolare la gestione del reddito – le spese per la casa, l'arredamento, l'automobile coinvolgono sempre più la coppia. In proposito, è interessante rilevare come il coinvolgimento di entrambi i coniugi vari non solo in funzione dell'età (come prevedibile, i giovani tendono a condividere maggiormente le decisioni), ma anche in funzione del tempo di costituzione della coppia. Negli anni, sembra ricostituirsi uno spazio per acquisti individuali più significativi, probabilmente in relazione a comportamenti di più ampia delega e fiducia.

La famiglia si prospetta sempre più come un "centro di consumo" con ruoli intercambiabili, dove tutti i membri intervengono tanto nell'influenzare quanto nel compiere materialmente le scelte d'acquisto.

Il marito non ha problemi nell'occuparsi materialmente delle spese per la casa, né a intervenire nella scelta della culla o del vestito del figlio (anzi, spesso lo ritiene un proprio compito preciso); l'adolescente decide l'arredamento della sua stanza ed esprime la sua opinione circa il modello del nuovo televisore. Il bambino, a sua volta, non solo influenza la scelta della marca della bicicletta o dei giocattoli che genitori o altri familiari gli acquisteranno, ma anche di tutti quei prodotti nella cui scelta si cerca di coinvolgere, talora con disinvoltura eccessiva, l'infanzia (biscotti, merendine, paste alimentari, detersivi, ecc.).

La scelta di un elettrodomestico è di competenza tipicamente femminile. Tuttavia, nel caso di Silvia Rossi, il marito potrebbe svolgere un ruolo determinante nell'influenzare tempi e scelta d'acquisto. Per esempio, potrebbe insistere per la scelta di un modello "lavasciuga", stanco di vedere per casa biancheria stesa. Oppure, l'idea dell'acquisto potrebbe derivare direttamente da lui, in contrasto con l'opinione della moglie, "affettivamente" legata alla vecchia macchina. Naturalmente, la misura in cui il marito influenza la decisione della moglie dipenderà dal legame esistente fra i coniugi e da altri fattori.

Ruolo e status. Un individuo fa parte di molti gruppi nel corso della vita – famiglia, club, organizzazioni – e la sua posizione in ognuno di questi può essere definita in termini di *ruolo* e *status*.

Rispetto ai genitori, Silvia Rossi riveste il ruolo di figlia, mentre nella famiglia attuale i suoi ruoli sono quelli di moglie e madre. Inoltre, nella scuola, per gli alunni è un'insegnante, e per i docenti una collega.

Un *ruolo* è dato dall'insieme di attività che un individuo svolge nei confronti delle persone a lui vicine. I diversi ruoli implicano comportamenti e attese, talora conflittuali, che hanno implicazioni con il consumo e che, quindi, possono essere di interesse anche rilevante per gli operatori di marketing. Correlato al concetto di ruolo è quello di *status*, termine con il quale si fa riferimento al livello e alle caratteristiche della stima attribuita a un dato ruolo dalla società. Il ruolo di giudice della Corte Costituzionale fornisce uno status più elevato di quello di un direttore commerciale, e questo, d'altra parte, ha uno status più elevato di quello attribuito a un impiegato. La scelta di particolari prodotti è spesso influenzata dal desiderio di comunicare agli altri immagini di ruolo e di status precise: così, all'interno di alcune aziende (meglio sarebbe dire, culture organizzative) può accadere che sia sentito come un dovere per i livelli direttivi uniformarsi a certi comportamenti di riferimento attraverso l'abbigliamento, il modello di auto, il tipo di vacanze, la pratica del golf, e così via. O, al contrario, può avvenire che, in linea con le più recenti tendenze, sia considerato più "adatto" uno stile di vita rigoroso all'insegna dell'*understatement*.

Chi si occupa di marketing conosce bene la capacità dei prodotti di divenire *simboli di status*. Questi, comunque, variano in misura rilevante a seconda dei paesi e delle classi sociali. Negli ultimi anni più che di *status symbol* sembra più corretto parlare di *style symbol*, proprio per evidenziare la maggiore dipendenza delle scelte di consumo da determinanti culturali interpretati e filtrati dall'individuo in modo flessibile, più che da modelli socialmente definiti in modo rigido e stabile.[12]

6.2.3 I fattori personali

Le decisioni d'acquisto sono poi influenzate da caratteristiche personali, quali l'età e la posizione nel ciclo di vita, l'occupazione e la situazione economica del momento, lo stile di vita, le caratteristiche della personalità e il concetto di sé.

Età e ciclo di vita. Beni e servizi acquistati mutano nel corso della vita: nel settore dell'alimentazione, da bambini si consumano prodotti per l'infanzia; nella vita adulta prodotti vari; nella vecchiaia specialità dietetiche. Anche scelte e gusti nell'ambito dell'abbigliamento, dell'arredamento e del tempo libero variano sensibilmente in funzione dell'età. Le caratteristiche dei consumi sono, d'altra parte, anche legate al *ciclo di vita della famiglia.* Lo sviluppo famigliare può infatti essere suddiviso in *stadi*, in funzione dell'età, dello stato civile, dell'occupazione e della presenza di figli. Ciascuno di questi stadi è caratterizzato, a livello generale, da situazioni finanziarie tipiche, nonché da classi di prodotti di potenziale interesse. Nella tavola 6-3 è illustrato il modello classico di ciclo di vita della famiglia. Naturalmente, il valore del modello in esame dipende dalla sua capacità di rimanere aderente all'evoluzione della famiglia nel tempo. Per questo, negli ultimi anni il modello classico è stato arricchito da nuovi stadi, al fine di tenere conto delle realtà che via via si sono andate manifestando, quali le famiglie con un solo genitore – separato o divorziato – e i figli, o le famiglie anziane con figli adulti conviventi. Inoltre, il peso relativo dei vari stadi cambia continuamente. Si pensi, a questo proposito, all'universo dei *single*, il cui numero è in costante aumento, per scelta autonoma, come nel caso dei giovani che lasciano la casa dei genitori per vivere in modo indipendente, o per necessità, come nel caso degli anziani soli. Questo fenomeno, ancorché problematico a livello sociale, costituisce un ampio campo di opportunità sotto il profilo del marketing, in relazione alla molteplicità dei bisogni che ne traggono origine.[13] Studi recenti hanno individuato la presenza di *stadi psicologici del ciclo di vita*: anche nell'età adulta si hanno *passaggi e trasformazioni* sensibili.[14] Fra i più rilevanti per la coppia, è possibile annoverare la crescita dei figli e la loro progressiva indipendenza; una modifica dell'attività di lavoro o l'uscita da questa; la necessità di trasformare la propria relazione con i genitori anziani per fornire loro il supporto necessario. Nel marketing può essere utile tener conto del mutamento degli interessi di consumo legati a queste dinamiche presenti durante la vita adulta di una persona.

Occupazione. I modelli di consumo sono anche influenzati dall'occupazione svolta. Un dirigente d'impresa acquisterà completi blu di buon taglio, biglietti d'aereo, barche da diporto. Per l'impresa è necessario cercare di identificare le occupazioni e professioni che tendenzialmente hanno interesse maggiore per i prodotti trattati e questo potrebbe ad-

Tavola 6-3 Ciclo di vita della famiglia e comportamento di acquisto

Stadio del ciclo di vita	Modelli di comportamento e di acquisto
1. Celibato: individui giovani, non ancora sposati, che vivono fuori casa	Pochi mezzi a disposizione. Leader d'opinione nell'abbigliamento. Gran voglia di divertirsi. Acquistano: elettrodomestici e arredamento di base, auto, vacanze.
2. Giovani coppie senza figli	Situazione finanziaria migliore che per l'immediato futuro; massimo livello degli acquisti di beni durevoli. Acquistano: auto, frigoriferi, cucine, mobili di qualità per la casa, vacanze.
3. Nido pieno I: coppie giovani con il figlio più piccolo sotto i sei anni	Acquisti per la casa al massimo livello; basse disponibilità finanziarie; insoddisfazione per la posizione economica e per il livello dei risparmi; interesse per le novità; apprezzano prodotti reclamizzati. Acquistano: lavatrici, televisori, prodotti per bambini, medicine per la tosse e il raffreddore, vitamine, bambole, slitte, schettini.
4. Nido pieno II: coppie giovani con il bambino più piccolo di sei anni o più	Posizione economica migliore della precedente, alcune mogli lavorano; meno influenzati dalla pubblicità; acquistano prodotti nelle confezioni maggiori e offerte speciali. Acquistano: alimentari in gran quantità, prodotti per la pulizia, biciclette, lezioni di musica, pianoforti.
5. Nido pieno III: coppie mature con figli a carico	Posizione economica ancora migliore; molte mogli hanno ripreso il lavoro; alcuni figli contribuiscono con qualche lavoretto; difficilmente influenzabili dalla pubblicità; in media elevati acquisti di beni durevoli. Acquistano: arredamenti nuovi e più cari, viaggi, oggetti non necessari, barche, cure dentistiche e riviste.
6. Nido vuoto I: coppie mature senza figli conviventi, capo-famiglia in forza lavoro	Proprietà della casa frequente; molto soddisfatti della posizione economica e dei risparmi; interesse per viaggi, divertimenti, aggiornamento; fanno doni e beneficenza; non interessati alle novità. Acquistano: vacanze, prodotti di lusso, oggetti per migliorare la casa.
7. Nido vuoto II: coppie anziane, senza figli conviventi, capo-famiglia in pensione	Drastica riduzione delle entrate, maggiore tendenza a stare a casa. Acquistano: apparecchi medici e prodotti per la salute, il sonno e la digestione.
8. Sopravvissuti soli, ancora in condizione di lavorare	Reddito discreto, ma si determina una redistribuzione della spesa. È probabile che la casa preesistente venga sostituita con una di minori dimensioni.
9. Sopravvissuti soli, in pensione	Bisogni ancora simili al gruppo precedente, ma redditi drasticamente ridotti. Particolare bisogno di attenzione, affetto e sicurezza.

Fonte: William D. Wells e George Gubar, "Life-Cycle Concepts in Marketing Research", in *Journal of Marketing Research*, novembre 1966, p. 362.

dirittura portarla a specializzarsi in prodotti per un certo mercato professionale: un esperto di software potrebbe, ad esempio, occuparsi esclusivamente di programmi di marketing per medie imprese esportatrici.

Situazione economica. La situazione economica di un individuo influenzerà in modo determinante le scelte di consumo. Con il termine "situazione economica" si fa riferimento a un insieme di indici, quali il *reddito disponibile* (in termini di livello, stabilità e andamento nel tempo), *risparmi e patrimonio, possibilità di ottenere credito, rapporto spesa/risparmio*. Naturalmente, l'interesse della signora Rossi per la lavatrice si trasformerà in decisione d'acquisto se e in quanto disporrà della somma necessaria, e solo se non riterrà preferibile investire in altro modo tale somma.

Chi lavora nel marketing di beni a domanda elastica rispetto al reddito, deve prestare continua attenzione all'andamento dei redditi, dei risparmi e dei tassi d'interesse: se gli indicatori economici segnalano un inizio di recessione, è possibile prendere immediatamente iniziative per ridisegnare o riposizionare o rivedere i prezzi dei prodotti, affinché questi continuino a essere interessanti per il mercato obiettivo.

Stile di vita. Pur provenendo dalla stessa subcultura, classe sociale o occupazione, le persone possono avere stili di vita differenti. Silvia Rossi può avere uno stile di vita nel suo insieme "tranquillo", nel quale la famiglia e il lavoro rappresentano le fonti principali di soddisfazione, oppure uno stile di vita "teso al successo", dove la tensione verso progetti di lavoro sempre più impegnativi e una vita sociale per sé, il marito e i figli rappresentano obiettivi prioritari.

Lo *stile di vita* di una persona, può essere definito come *il modello secondo cui l'individuo si "muove nel mondo" e che si manifesta nell'insieme di attività, interessi, opinioni da questi scelti*. Fornisce quindi un ritratto completo dell'individuo e del suo stile di interazione con l'ambiente. È qualcosa che va oltre la classe sociale o la personalità. Sulla base della classe sociale possiamo fare previsioni sul comportamento ma non abbiamo la possibilità di vedere la persona come individuo; basandoci sulla personalità, possiamo conoscere le caratteristiche psicologiche di fondo, ma quasi nulla sappiamo su atteggiamenti, interessi e opinioni di volta in volta scelti. Lo stile di vita si propone di definire il modello di "interazione col mondo" che, a livello generale, un determinato individuo ha scelto (si veda il quadro 6-1).[15]

Quadro 6-1 La valutazione degli stili di vita e delle tendenze socioculturali

Le ricerche volte a individuare stili di vita si sono sviluppate come risposta alla crescente incapacità delle variabili tradizionali di spiegare le differenze nei comportamenti di consumo della popolazione. La ripetizione sistematica di tali rilevazioni permette di cogliere la dinamica delle tendenze socioculturali, particolarmente evidenti in periodi di mutamento accelerato quali gli attuali. In Italia, due sono le principali metodologie messe a punto nel corso degli anni al fine di conseguire questo obiettivo: "Sinottica" di Eurisko e "Monitor 3SC" di GPF & Associati.[16]

1. Gli stili di vita di Sinottica

Gli stili di vita di "Sinottica" sono definiti sulla base di 47 variabili comportamentali, selezionate sulla base del loro potere discriminante fra oltre 700 indicatori di comportamento sociale e di consumo.*

Stili giovanili

Liceali: (9,4%) studenti delle scuole superiori o universitari con un livello socioeconomico medio e superiore, vivono in modo spensierato e caratterizzato dal disimpegno; molto influenzati dal gruppo di appartenenza e dalla pubblicità, amano i viaggi, gli sport, i libri.

Delfini: (4,3%) universitari o giovani impiegati, dispongono di denaro e cultura e si distinguono per le curiosità, l'apertura verso il nuovo e la voglia di divertirsi; aspirano a una vita "bella e sana" e la ricercano attraverso i consumi.

Spettatori: (6,8%) istruzione, reddito e status medio/basso, dividono la vita fra lavoro e amici "di bar"; gli scarsi strumenti culturali li rendono spettatori passivi delle trasformazioni sociali e alla mercé dei più effimeri miti consumistici.

Stili superiori

Arrivati: (6,9%) attorno ai 45 anni e con istruzione elevata, hanno sfruttato al meglio gli strumenti culturali ed economici di cui disponevano e sono impegnati a mantenere un livello di vita elevato e attivo in ogni senso: lavorano, si divertono, consumano molto, secondo modelli di taglio prevalentemente ostentativo.

Impegnati: (4,6%) mezza età, sono caratterizzati dai livelli di istruzione più elevati e dal privilegiare cultura e impegno (politico, sociale o religioso) rispetto a denaro e successo; i modelli di consumo privilegiano l'affermazione dell'individualità piuttosto che la moda.

Stili centrali maschili

Organizzatori: (6,5%) età e status medio o elevato, affidano al lavoro (spesso autonomo) aspettative di realizzazione non solo economica; al successo nel lavoro postpongono famiglia, amici, divertimenti, cultura; i modelli di consumo privilegiano la quantità alla qualità e la rassicurazione sul benessere raggiunto.

Esecutori: (6,3%) istruzione e status non elevato, dividono i propri interessi fra lavoro e famiglia e aspirano a una vita regolata all'insegna della sicurezza: la gestione del budget familiare è delegata alla moglie.

Stili centrali femminili

Colleghe: (6,5%) età media e istruzione elevata, condividono un doppio impegno casa/lavoro attivo su entrambi i fronti; tipico il tentativo di conciliare la riuscita nel lavoro con una cura attenta della famiglia, l'impegno senza rinunciare ai divertimenti; consumi influenzati dalla moda e dalla marca, ma scelti in modo attivo e individuale.

Commesse: (4,9%) giovani, istruzione media, hanno un lavoro non molto qualificato, che ha la funzione di procurare il reddito necessario, mentre gli interessi sono altrove: poca cultura, molti divertimenti, attenzione alla cura di sé e all'abbigliamento.

Raffinate: (4,1%) età matura, benestanti, colte, si dedicano alla famiglia e alla casa, hanno interessi molteplici (anche politici); hanno un modello di consumo che privilegia la qualità.
Massaie: (6,3%) istruzione medio/bassa, sono assorbite dalla famiglia e dalla gestione della casa; senza interessi fuori da quest'ambito, evadono con la televisione; le scelte di consumo, influenzate dalla pubblicità, sono effettuate per soddisfare i gusti dei famigliari.

Stili marginali
Avventati: (3,0%) caratterizzati da istruzione, reddito e status modesti, cercano una riqualificazione alla propria marginalità attraverso i consumi, che tendenzialmente sono superiori alle disponibilità finanziarie; interessati al benessere famigliare e all'ordine, sono passivi imitatori dei modelli consumistici e utilizzatori di strumenti di pagamento.
Accorti: (12,1%) scarsa istruzione, spesso pensionati, hanno uno stile di vita improntato alla regolarità e alla parsimonia, con scarsi interessi sociali e culturali, ma vivi interessi politici; i modelli di consumo sono poveri, ma non trascurati.
Appartate: (16,4%) donne, soprattutto anziane, con reddito drammaticamente limitato e istruzione bassa, sono centrate sulla famiglia, il risparmio, la fede religiosa; assidue fruitrici della televisione hanno consumi limitati e determinati dalla "convenienza".

2. Il Monitor 3SC[**]

La tipologia del Monitor 3SC della GPF & Associati deriva da una *cluster analysis* effettuata su 47 indicatori socioculturali a loro volta composti da items di atteggiamento.[*]

Progressisti (6,6%)
Provengono da un impegno politico attivo e da una simpatia verso i movimenti contestativi degli anni '70. Rappresentano la parte più informale, culturalmente aperta e tollerante della società italiana. Ironici e trasgressivi, mettono la realizzazione e la libertà personale davanti alla tranquillità e alla sicurezza. Altamente scolarizzati, sono impegnati e danno molto valore all'informazione e alle nuove esperienze. Acquirenti d'impulso, prediligono i prodotti di qualità ma mostrano scarso interesse per i consumi di prestigio o legati alle mode.

Ecologisti (9,6%)
Rappresentano la nuova sensibilità sociale ai problemi ambientali nella declinazione più radicale ma anche più pragmatica. La consapevolezza della questione ecologica non si accompagna infatti a spinte luddiste e antindustriali ma a un atteggiamento pratico e non anticonsumista. Hanno una concezione impegnata della vita: lottano contro la disparità sessuale, si ribellano contro l'autorità quando si rivela incompetente, vivono in una famiglia paritaria. La forte attenzione all'ambiente caratterizza anche le scelte di consumo: molto informati, sono anticonformisti e non sono attratti dai prodotti di prestigio.

Achievers (11%)
Costituiscono la più sicura espressione della tendenza all'individualismo. L'imprenditorialità, la propensione al nuovo, l'amore per l'avventura, l'edonismo, l'apertura mentale, il cosmopolitismo sono i tratti culturali che meglio descrivono il loro sistema di riferimento. Il forte desiderio di emergere e di conseguire successo non diviene un elemento totalizzante ma si coniuga con una buona tolleranza. La forte propensione al consumo e all'acquisto di prodotti di qualità non è legata alla moda ma all'espressione della propria personalità.

segue quadro 6-1 La valutazione degli stili di vita e delle tendenze socioculturali

Affluenti (11,2%)
Fortemente orientati al consumo, alla continua ricerca di evasione, rappresentano il segmento più lontano da forme di sensibilità e impegno sociale. Il loro orizzonte temporale è tutto declinato al presente. I tratti culturali che meglio li definiscono sono l'interesse per la moda, il piacere di spendere, il narcisismo e l'edonismo. La propensione all'individualismo li spinge talvolta all'intolleranza. Consumatori impulsivi, molto interessati alle novità, al sensazionale e ai prodotti di successo, amano i gadget, le forme di comunicazione spettacolari e la pubblicità.

Autodiretti (6,4%)
Cercano di coniugare le esigenze di autoespressione e autorealizzazione con la necessità di solidarietà sociale. Il desiderio di esprimere la propria personalità e creatività li spinge a definirsi del tutto autonomi rispetto ai condizionamenti esterni anche se nella prassi quotidiana rivelano ancora una certa passività e suggestionabilità. Pur ostentando razionalità, cautela e informazione sono infatti consumatori spesso ingenui e succubi delle forme di pressione che riescono a far leva sui loro valori guida.

Integrati (17,5%)
Costituiscono il tipo più consistente e più simile alla media della popolazione italiana. Complessivamente soddisfatti del loro status e della società in cui vivono, fanno registrare valori negativi su tutti gli indicatori che rilevano disagio, fuga dalla realtà e alienazione. Hanno una concezione disimpegnata e materialistica della vita e cercano di costruirsi un'identità sociale attraverso gli atti di consumo. Sono più sensibili alla notorietà e ai contenuti simbolici della marca che alle caratteristiche dei prodotti che acquistano.

Puritani (11,2)
Sono caratterizzati da una piena adesione all'etica cristiano-cattolica, da una spiccata propensione a una vita seria e austera, da un marcato impegno sociale e da una grande tensione verso valori di tipo comunitario. Fortemente legati alla tradizione, hanno un profondo rispetto per la famiglia e l'autorità costituita. Curano molto il decoro formale ma non amano il lusso e cercano di limitare le spese superflue. Sono consumatori cauti, più attenti alla sostanza che alla forma.

Nell'impostare le proprie strategie, gli operatori di marketing devono individuare le relazioni fra i prodotti d'interesse e le varie tipologie in termini di stili di vita.

Personalità e concetto di sé. Anche le caratteristiche individuali della personalità hanno influenza sul comportamento d'acquisto. Con il termine *personalità* intendiamo *l'insieme di caratteristiche psicologiche che distinguono l'individuo e lo portano a rispondere in modo relativamente coerente e costante al proprio ambiente.* La personalità è spesso descritta in termini di tratti quali l'autostima, la dominanza, l'autono-

Cipputi (5,7%)
Rappresentano gli ultimi appartenenti alla cultura operaia. Fortemente secolarizzati e spesso anticlericali, si sentono ai margini del sistema di valori della società attuale, per loro troppo orientata all'individualismo e al pragmatismo. Lo stile di vita è improntato alla semplicità volontaria e denota un forte attaccamento ai valori tradizionali. Nemici del consumo in se stesso, spesso disinformati e ostili alla pubblicità, sono forti risparmiatori per necessità oltre che per vocazione.

Conservatori (11%)
Sono ancora fortemente legati alla tradizione ma aspirano ad appartenere a una società industriale di tipo consumistico stile anni '60. Alla costante ricerca del prestigio sociale, sono molto attenti agli aspetti esteriori di decoro e apparenza. Aspirano a uno stato forte, ordinato e severo. Consumatori avidi e disinformati, orientati alla quantità più che alla qualità, sono combattuti tra il risparmio e la simbologia di status, tra la mitizzazione della natura e un'elevata inclinazione verso i prodotti delle grandi marche industriali. La necessità di acquistare prestigio attraverso i consumi si scontra con la carenza di reddito e la voglia di emergere convive con il forte desiderio di essere accettati e di compiacere gli altri.

Arcaici (9,9%)
Costituiscono il segmento più tradizionale della società italiana, quello che con maggior trasparenza riflette il nostro passato e le nostre radici. Oscillano tra i valori austeri e profondi della società contadina e le lusinghe della società dei consumi. I tratti che meglio li definiscono sono la preoccupazione ipocondriaca per la salute, la paura della violenza, la chiusura nel particolare, il perbenismo e il bisogno di radicazione. Lo stile di vita è povero, chiuso, privo d'interesse per il cambiamento e il nuovo che non comprendono e spesso li disorienta.

* I valori riportati sono riferiti all'anno '91.

Fonti: Per la tipologia Sinottica, si veda "Sinottica '92. Rapporto metodologico" e, per le applicazioni: Vittorio M. Meroni, *Marketing della pubblicità*, Il Sole 24 Ore, Milano 1990. Il materiale relativo alla tipologia 3SC è stato gentilmente fornito dalla GPF & Associati.

mia, la deferenza, la capacità di socializzare, la capacità di difesa e l'adattabilità.[17] La personalità può essere utilizzata quale significativa variabile per l'analisi del comportamento di consumo, a patto che le tipologie di personalità siano soggette a classificazione e vengano individuate nette correlazioni fra queste e le scelte di marca o di prodotto. Nel caso, per esempio, che un'impresa rilevasse come tratti dominanti del proprio consumatore la fiducia in se stesso, la decisione e l'autonomia, potrebbe scegliere un approccio nelle comunicazioni pubblicitarie orientato su questi elementi, in modo da rendere interessante la comunicazione per il proprio target.

Nel marketing viene spesso utilizzato un concetto vicino a quello di personalità, il *concetto di sé* (o immagine di sé) di un individuo. Tutti ci portiamo dietro un "quadro mentale" di noi stessi spesso molto complesso. Per esempio, la signora Rossi può considerarsi una persona esigente e raffinata, che "si merita il meglio": in questo caso, potrebbe apprezzare una comunicazione pubblicitaria che propone un modello di lavatrice come "un computer al servizio del tuo bucato". Diverso è chiaramente il concetto di sé stimolato dal *claim* "più tempo per te e i tuoi figli" di un'altra marca di lavatrici.

Gli operatori di marketing dovrebbero quindi cercare di sviluppare immagini di marca coerenti con l'immagine di sé del mercato obiettivo.

Occorre riconoscere che questo principio non è facile da applicare. L'*effettivo concetto di sé* di Silvia (come ella si vede) è probabilmente diverso dal *concetto di sé ideale* (come vorrebbe vedersi) e dal *concetto di sé sociale* (come ella pensa che gli altri la vedano). A quale di questi diversi concetti di sé cercherà di aderire con la scelta di un certo prodotto? Alcuni ritengono che i comportamenti d'acquisto siano da collegarsi più strettamente al concetto di sé attuale, altri all'ideale e altri ancora al concetto di sé sociale. Il risultato è che il principio sin qui esaminato presenta successi alterni nel predire i comportamenti e le scelte di consumo adottati in risposta più o meno diretta alle immagini di marca proposte dalle imprese.[18]

6.2.4 I fattori psicologici

Chi deve scegliere fra diverse alternative d'acquisto è influenzato anche da quattro fattori psicologici fondamentali: la motivazione, la percezione, l'apprendimento, l'insieme di opinioni e atteggiamenti posseduti. Cercheremo di individuare per ognuno di questi elementi il ruolo svolto nel processo d'acquisto della persona.

La motivazione. Abbiamo visto Silvia Rossi interessarsi sempre più all'acquisto di una lavatrice. Perché? Cosa sta realmente cercando? Quali bisogni vuole soddisfare attraverso il possesso e l'uso di questo elettrodomestico?

Un individuo ha una molteplicità di bisogni presenti contemporaneamente. Alcuni sono di origine biologica e nascono da stati di tensione *fisiologica* quali la fame, la sete, i disagi. Altri sono di origine *psicologi-*

ca, nascono da stati di tensione psichica quali il bisogno di riconoscimento, di stima o di appartenenza. La maggior parte di questi bisogni non raggiunge in genere livelli di intensità tali da determinare un'azione immediata da parte dell'individuo. Un bisogno diventa un motivo quando ha raggiunto un livello di intensità sufficiente. Un *motivo* (o tensione) è quindi un bisogno che esercita una sufficiente pressione per spingere la persona al soddisfacimento del bisogno stesso. La soddisfazione del bisogno riduce la tensione percepita.

Gli psicologi hanno sviluppato teorie diverse della motivazione. Tre delle più popolari – le teorie di Sigmund Freud, di Abraham Maslow e di Frederick Herzberg – comportano differenti implicazioni per le analisi di comportamenti di consumo e di marketing.

La teoria della motivazione di Freud. Assunto fondamentale della teoria è che le fonti di energia psichica che determinano il comportamento dell'individuo siano in gran parte inconsce. Per Freud, l'individuo deve continuamente reprimere molti impulsi durante il processo di crescita e man mano che acquisisce ruoli sociali. Questi impulsi non sono mai eliminati o perfettamente controllati; emergono nei sogni, nei lapsus o nel comportamento patologico.

In questo senso, secondo Freud, una persona non può completamente comprendere le origini sottese alle proprie motivazioni.

Se chiediamo a Silvia Rossi perché desidera cambiare la lavatrice, ci fornirà una serie di motivi, quali la necessità di avere prestazioni migliori e più differenziate, o un consumo più contenuto. Si tratta di motivazioni certamente corrette, le quali, tuttavia, costituiscono delle razionalizzazioni che coprono motivazioni più sfumate, spesso importanti per capire verso quali tipi di prodotto sarà orientata la scelta.

A un livello più profondo, dunque, Silvia potrebbe desiderare qualcosa di nuovo e di più efficiente per sentirsi donna moderna e all'altezza dei tempi in un momento di crisi; oppure, ancor più in profondità, per avere occasioni quotidiane per verificare la propria competenza e capacità, non solo di "far funzionare una macchina", ma di interagire con un computer "alleato" e "intelligente".

Nella definizione di un modello di lavatrice in linea con queste motivazioni, non si dovrà allora tener conto solo delle caratteristiche tecniche del medesimo – flessibilità dei programmi, varietà delle funzioni – ma si avranno interessanti spunti per connotare più decisamente il prodotto quale soggetto umanizzato con il quale interagire: attribuendogli, per esempio, un nome (Margherita) più caldo di una sigla o di un numero (XL3).

Pioniere fra quanti hanno utilizzato la teoria freudiana della motivazione applicandola al marketing può considerarsi Ernest Dichter, che per oltre tre decenni ha interpretato le più diverse situazioni d'acquisto o scelta di prodotto in termini di motivazioni inconsce. Dichter definisce il proprio approccio *ricerca motivazionale*: questa viene attuata attraverso l'elaborazione di poche decine di "interviste in profondità" fatte a consumatori con l'obiettivo di scoprire le "vere" motivazioni che il prodotto ha sollecitato. Si avvale di diverse tecniche proiettive per aggirare il controllo dell'ego della persona (parte razionale), quali la libera associazione, il completamento di frasi, l'interpretazione di disegni e il *role playing*.[19]

I ricercatori motivazionali hanno individuato ipotesi interessanti e a volte bizzarre su ciò che potrebbe esser presente nella mente dell'acquirente nel momento dell'acquisto di alcuni prodotti.

Per esempio, sono state avanzate le seguenti ipotesi:

- I consumatori rifiutano le prugne secche perché hanno un aspetto rugoso e ricordano la vecchiaia.
- Il piacere del fumo è nettamente collegato con l'oralità: la sigaretta, in fondo, è solo una versione adulta del succhiotto o del dito.
- Per una donna cuocere un dolce è cosa molto seria perché inconsciamente ripercorre l'azione simbolica di dare la vita; non apprezza le miscele preconfezionate di dolci perché la vita facile evoca sensi di colpa.

Negli ultimi anni, l'individuazione delle motivazioni inconsce alla base dei comportamenti di consumo viene utilizzata, non tanto come il sistema "principe" per capire e prevedere le scelte dell'individuo, quanto quale integrazione dei vari strumenti necessari per uno studio approfondito della domanda e delle connesse dinamiche. I modelli psicoanalitici e i metodi interpretativi indiretti sono dunque usati assieme a modelli psicosociali, sociali e simbolici.[20]

La teoria della motivazione di Maslow. Abraham Maslow ha cercato di spiegare perché gli individui hanno bisogni diversi in momenti particolari.[21] Come mai una persona spende tempo ed energie nella ricerca della sicurezza e un'altra per ottenere la stima degli altri? La sua risposta è che i bisogni umani sono disposti secondo una gerarchia che va dal più pressante al meno urgente. La gerarchia dei bisogni di Maslow è presentata nella figura 6-3.

Secondo l'urgenza con cui si presentano all'individuo, si hanno i bisogni *fisiologici*, i bisogni di *sicurezza*, i bisogni *sociali*, i bisogni di *stima* e quelli di *autorealizzazione*. L'individuo cercherà di soddisfare per primi i propri bisogni di base: quando un bisogno di base è soddisfatto, questo cessa di rappresentare una spinta all'azione e l'individuo è motivato a soddisfare il bisogno di volta in volta successivo. Per esempio, un uomo affamato (bisogno di primo livello) non avrà interesse per gli ultimi avvenimenti artistici (bisogno di quinto livello), né per l'immagine che ha presso gli altri (bisogni di terzo e quarto livello) e neppure per il problema dell'aria inquinata (bisogno di secondo livello). Ma quando i bisogni di un certo livello sono soddisfatti, entrano in azione i successivi bisogni.

Figura 6-3 Gerarchia dei bisogni secondo Maslow

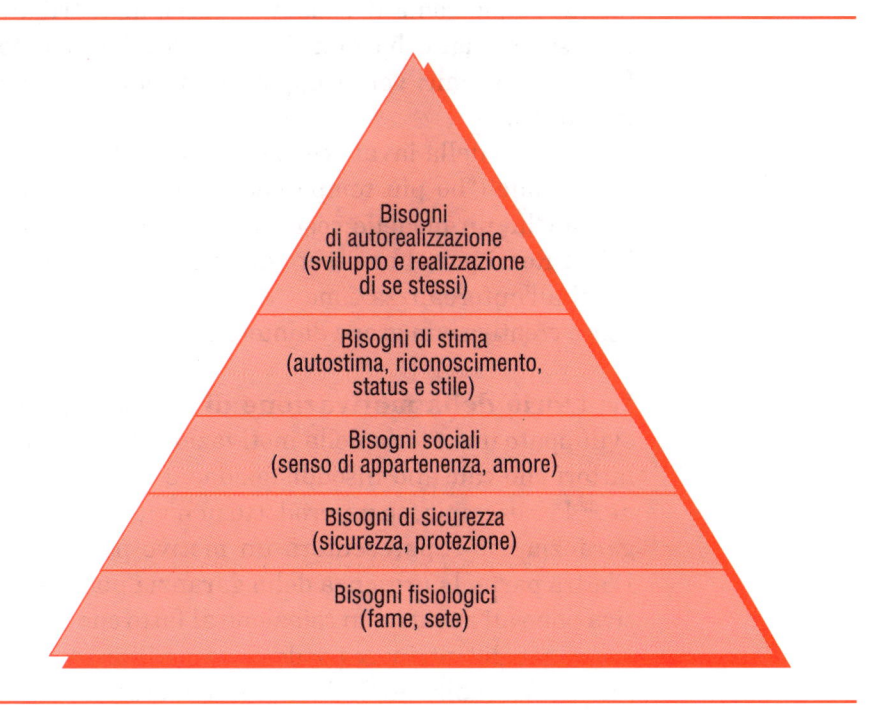

In questa ottica, dunque, l'approccio di Maslow permette di ordinare gerarchicamente i bisogni secondo l'urgenza con la quale si presentano a livello individuale o sociale.

All'interno della società attuale, nella quale i bisogni di livello più elevato sono relativamente diffusi, il modello di Maslow appare particolarmente utile per individuare target specifici di riferimento, nei confronti dei quali sviluppare prodotti sostanzialmente differenti, oppure versioni diverse di uno stesso prodotto, oppure ancora comunicazioni diverse per prodotti analoghi.

Assumiamo come esempio il settore del turismo: in questo caso, a un bisogno essenzialmente di tipo fisiologico corrispondono vacanze in luoghi termali; a un bisogno di rapporti sociali rispondono prodotti tipo "Club Mediterranée"; mentre a bisogni di autorealizzazione viene data risposta mediante esclusive e faticosissime escursioni tipo *trekking*.

Un altro esempio può essere costituito da un prodotto quale la poltrona. Lo stesso prodotto può essere finalizzato a soddisfare i bisogni più diversi, da quelli fisiologici (poltrona per anziani o per chi è affetto da scoliosi), a quelli di stima e prestigio (poltrona per alti dirigenti), e così via. Ancora, nel caso di un prodotto destinato a un target relativamente ampio come il whisky, è possibile attribuire al medesimo una diversa immagine basando la comunicazione su motivazioni sociali ("lo bevi con gli amici veri"), oppure di stima ("il regalo per le persone importanti").

Nel caso della lavatrice, per alcuni può essere determinante il bisogno sociale ("ho più tempo per marito e figli"), per altri il bisogno di stima ("ho un modello costoso che pochi si possono permettere"), per Silvia Rossi potrebbe essere determinante la conferma di bisogni connessi all'autorealizzazione ("anche facendo funzionare la lavatrice mi sento creativa e in grado di interagire perfettamente con un computer").

La teoria della motivazione di Herzberg. Frederick Herzberg ha sviluppato una teoria della motivazione "bifattoriale", che distingue fra fattori che causano insoddisfazione e fattori che causano soddisfazione.[22] Per esempio, se un prodotto non viene fornito all'acquirente con la garanzia, ciò rappresenterà un motivo potenziale di insoddisfazione. D'altra parte, la presenza della garanzia può costituire o meno una motivazione all'acquisto in relazione al fatto che tale variabile rappresenti una fonte di "intrinseca soddisfazione" connessa al prodotto. Altri elementi o variabili, quali il numero dei programmi o la capacità di carico della lavatrice, potrebbero essere fattori di soddisfazione più rilevanti, e giocare quindi quali motivazioni all'acquisto.

La teoria di Herzberg ha due implicazioni. In primo luogo, chi si occupa di vendere elettrodomestici deve cercare in ogni modo di evitare elementi di insoddisfazione per il consumatore quali, per esempio, un manuale di istruzioni poco curato o un servizio di assistenza male organizzato. Se questo genere di cose non può automaticamente garantire l'acquisto di un prodotto, è però in grado di far perdere una vendita potenziale. In secondo luogo, chi vende dovrebbe accertare quali siano i principali elementi di soddisfazione ricercati nell'acquisto e includerli nelle proprie comunicazioni: questi fattori, infatti, possono rivelarsi determinanti nella scelta della marca.

La percezione. Una persona motivata è pronta all'azione. Le modalità con cui un individuo motivato agisce sono influenzate dalla percezione che questi ha della situazione. Due persone con eguali motivazioni e nell'identica situazione obiettiva possono agire in modi molto diversi qualora percepiscano la situazione in modo differente. Silvia Rossi può considerare un commesso che parla molto come aggressivo e falso, mentre un altro acquirente potrebbe considerarlo intelligente e disponibile.

Perché gli individui hanno percezioni differenti della stessa situazione? Partiamo dal concetto che tutti noi percepiamo uno stimolo attraverso sensazioni, cioè flussi di informazioni captate dai nostri cinque sensi: vista, udito, odorato, tatto e gusto. D'altra parte, ognuno di noi segue, organizza e interpreta queste informazioni sensoriali in modo individuale. La *percezione* può essere definita come il processo attraverso cui un individuo seleziona, organizza e interpreta stimoli e informazioni per ottenere una visione del mondo dotata di senso.[23] La percezione dipende non solo dalle caratteristiche degli stimoli fisici, ma anche dalle relazioni di questi con il campo circostante (l'idea della Gestalt) e dalle condizioni interne all'individuo.[24]

È possibile che persone diverse abbiano diverse percezioni dello stesso oggetto per tre fondamentali processi percettivi: l'attenzione selettiva; la distorsione selettiva; e la ritenzione selettiva.

Attenzione selettiva. Ognuno è esposto quotidianamente a un numero straordinario di stimoli. Per quanto riguarda esclusivamente gli stimoli commerciali, una persona in media può essere esposta a più di 500 annunci al giorno. È impossibile prestare attenzione a tutti e la maggior parte degli stimoli è cancellata. Il problema più importante sta dunque nell'identificare quali stimoli saranno presi in considerazione. Ecco alcune considerazioni desumibili dall'osservazione:

1. È più probabile notare stimoli che si riferiscono ai bisogni del momento.
2. È più probabile notare stimoli attesi.
3. È più probabile notare stimoli che differiscono molto dal livello normale di un certo genere di stimoli.

Il fenomeno della percezione selettiva rappresenta uno dei principali ostacoli da superare per ottenere l'attenzione del consumatore.

In primo luogo, è possibile che un messaggio si disperda senza neppure raggiungere il mercato obiettivo. I consumatori che ne fanno parte, poi, possono non notarlo nel modo più assoluto, se questo non è in grado di emergere per qualche aspetto fra la massa di stimoli in arrivo. Per queste ragioni, l'innovazione e la creatività nell'impostazione di una comunicazione (formati insoliti, colori imprevisti, foto o *claim* inusuali, ecc.) possono avere un ruolo importante nella memorizzazione.

Distorsione selettiva. Anche gli stimoli notati dai consumatori non è detto che siano poi interpretati nel modo desiderato: ognuno, infatti, cerca di inserire le nuove informazioni in arrivo nel proprio modo di vedere le cose. La distorsione percettiva descrive la tendenza generale a rielaborare le informazioni secondo il proprio punto di vista. Così Silvia Rossi può ascoltare un venditore che elenca i punti di forza e di debolezza di una marca. Se ha una preferenza accentuata per una data marca, è probabile che "rilegga" ogni argomentazione ascoltata in modo da poter comunque concludere che la sua idea era la migliore. La tendenza generale è dunque quella di interpretare l'informazione in arrivo in modo tale che sia in accordo, più che in opposizione, con le idee e i preconcetti già formati.

Ritenzione selettiva. Molto di quanto si apprende viene dimenticato e la tendenza fondamentale è di ritenere l'informazione che concorda con atteggiamenti e credenze di ognuno. Per effetto della ritenzione selettiva è probabile che Silvia Rossi ricordi gli elementi a favore della marca preferita e dimentichi quelli favorevoli a marche concorrenti. I punti di forza vengono meglio ricordati perché li ripete dentro di sé tutte le volte che pensa all'acquisto di una lavatrice.

Questi tre fattori percettivi, esposizione, distorsione e ritenzione selettiva, rendono complesso l'obiettivo di far notare ai consumatori le comunicazioni di marketing. Questo spiega perché gli operatori di marketing ricorrano negli annunci preparati alla drammatizzazione e alla ripetitività in modo tanto massiccio.

Apprendimento. Ogni azione implica qualche forma di apprendimento. L'*apprendimento* descrive i mutamenti che l'esperienza provoca nel comportamento di ognuno. La massima parte del comportamento umano è appresa. La teoria afferma che l'apprendimento individuale è prodotto dal gioco reciproco di *tensioni interne* (o pulsioni), *stimoli, occasioni particolari, risposte* e *rafforzamento*.

Abbiamo visto che Silvia Rossi sente una forte tensione verso l'autorealizzazione. Una *tensione* è definita come un forte stimolo interno che porta all'azione. Una tensione diviene un *motivo* quando è diretta verso un particolare *oggetto che funge da stimolo* e che viene ritenuto adatto per ridurre la tensione stessa. La *risposta* di Silvia Rossi all'idea di acquistare una lavatrice è condizionata dalle caratteristiche che la situazione esterna offre. Con il termine *occasioni* si definiscono quegli stimoli minori che determinano quando, come e dove l'individuo effettivamente risponde.

Le opinioni espresse dal marito o da un'amica, il fatto di vedere casualmente in funzione una certa lavatrice presso una conoscente, o di notare uno sconto speciale praticato da un punto vendita posto nei pressi dell'abitazione, sono elementi che possono influire sulla decisione finale d'acquisto di Silvia.

Supponiamo che Silvia abbia deciso per l'acquisto di una lavatrice Ariston modello "Margherita". Se la Signora Rossi sarà soddisfatta, tenderà a valutare positivamente il marchio Ariston e a ritenerlo qualificato anche quando si tratterà di scegliere altri elettrodomestici. In questo caso, Silvia *generalizza* la propria risposta a fronte di stimoli simili.

Tendenza opposta alla generalizzazione può essere considerata la *discriminazione*. Quando Silvia Rossi esamina una lavatrice Ariston, può notare che è più leggera e compatta di quella Miele. La discriminazione evidenzia che il soggetto ha acquisito la capacità di riconoscere le differenze fra gruppi di stimoli simili e può organizzare la propria risposta di conseguenza.

L'importanza pratica della teoria dell'apprendimento per il marketing è legata al fatto che è possibile aumentare la domanda di un prodotto associandolo a poche motivazioni forti, oppure utilizzando elementi diversi che aumentino nel loro insieme la motivazione all'acquisto e fornendo opportune occasioni di rinforzo.

Una nuova impresa può entrare in un mercato puntando sulle stesse motivazioni di base utilizzate dai concorrenti e sfruttando la medesima configurazione di sollecitazioni emotive, basandosi sul fatto che i consumatori risultano più propensi a estendere le caratteristiche positive riscontrate in una marca alle marche simili, più che a quelle che si prospettano come diverse. Oppure, essa può decidere di agganciare la propria marca a un insieme di motivazioni totalmente diverse dai concorrenti e ricorrere a sollecitazioni che invoglino il consumatore a cambiare la marca dei prodotti acquistati.

Opinioni e atteggiamenti. Attraverso l'esperienza e l'apprendimento si acquisiscono opinioni e atteggiamenti. Questi, di ritorno, influenzano il comportamento d'acquisto.

Un'opinione è il pensiero che descrive ciò che una persona ha in mente a proposito di qualcosa. Silvia Rossi può ritenere che una lavatrice Miele sia resistente, abbia un livello di qualità elevato, ma costi troppo. Queste opinioni possono basarsi su informazioni reali, o su stereotipi connessi, per esempio, al fatto che tale elettrodomestico sia di produzione tedesca. Non è detto che tali opinioni influiscano sulla decisione finale d'acquisto.

Le imprese sono naturalmente molto interessate alle opinioni che la gente possiede a proposito di prodotti e servizi: sono queste opinioni che stanno alla radice dell'immagine di prodotto e di marca, determinando il comportamento degli individui. Se alcune vanno nel senso di sconsigliare l'acquisto, ma sono errate, il produttore può effettuare una campagna comunicazionale con l'obiettivo specifico di correggerle.

Un atteggiamento descrive la valutazione relativamente stabile di un individuo riguardo ad affetti o idee; questa valutazione, che può essere favorevole o sfavorevole, comprende aspetti cognitivi, emotivi e di predisposizione all'azione.[25]

Si hanno atteggiamenti praticamente verso ogni cosa: religione, politica, abbigliamento, musica, alimentazione e così via. *Un atteggiamento pone l'individuo nella condizione mentale di apprezzare o meno un oggetto e di avvicinarlo a sé o allontanarsene.* Silvia Rossi potrebbe manifestare questi atteggiamenti genericamente connessi al prodotto "lavatrice": "Di un elettrodomestico, vale sempre la pena di avere l'ultimo modello"; "Per un elettrodomestico, meglio una marca italiana"; "Anche una macchina mi deve essere simpatica"; "Ogni tanto, mi sorprendo a 'sgridare' un elettrodomestico che non funziona".

In questa situazione, la lavatrice Ariston "Margherita" si prospetta come l'acquisto ottimale, in quanto si inserisce perfettamente nel sistema di atteggiamenti esistente.

Gli atteggiamenti spingono le persone a comportarsi in modo simile verso oggetti simili. La gente in questo modo non è costretta a valutare ogni oggetto, né a reagire a esso in modo nuovo. Gli atteggiamenti permettono quindi di economizzare in termini di pensiero ed energia: per questo è così complesso riuscire a modificarli. Un singolo atteggiamento è infatti inserito in un modello coerente e il tentativo di modificarlo può richiedere aggiustamenti più complessi in altri.

Per questo un consiglio corretto per un'impresa potrebbe essere quello di inserire i propri prodotti nel sistema esistente di atteggiamenti dei consumatori, più che cercare di modificarlo. Vi sono eccezioni, naturalmente, laddove il costo, in ogni caso elevato, del tentativo di mutare un atteggiamento possa essere ripagato.

Non è possibile valutare perfettamente le numerosissime forze che convergono a determinare il comportamento del consumatore. L'atto di scelta dell'individuo è il risultato di un gioco complesso di fattori culturali, sociali, personali e psicologici e molte di queste variabili non possono essere influenzate dal marketing: la loro conoscenza è comunque utile per determinare chi potrebbe essere maggiormente interessato all'acquisto di certe categorie di prodotti.

Altri fattori possono invece essere influenzati dall'azione di marketing e fornire suggerimenti su come prendere le decisioni in termini di prodotti, prezzi, pubblicità e punti di vendita, onde sollecitare la risposta del consumatore.

6.3 Il processo d'acquisto

Gli operatori di marketing devono superare le diverse influenze che agiscono sui consumatori e sviluppare una piena comprensione delle modalità con cui questi ultimi adottano realmente le diverse decisioni d'acquisto. Devono quindi identificare chi prende la decisione d'acquisto, il tipo di decisione adottata e le fasi del processo d'acquisto.

6.3.1 I ruoli d'acquisto

Per molti prodotti è relativamente semplice identificare l'acquirente, in quanto il processo d'acquisto è gestito individualmente. D'altro canto, l'acquisto di alcuni prodotti coinvolge un'unità decisionale composta da più di una persona. Prendiamo in considerazione la scelta di un'automobile in una famiglia.

Il suggerimento può essere partito all'inizio dal figlio maggiore. Un amico potrebbe raccomandare qualche tipo particolare di vettura, il marito potrebbe scegliere la marca, la moglie potrebbe avere opinioni precise sul colore e l'aspetto esterno e il marito, infine, potrebbe prendere la decisione d'acquisto finale con l'approvazione della moglie. Potrebbe verificarsi che la moglie usi l'auto più del marito.

È dunque possibile distinguere fra i diversi ruoli che un individuo può svolgere in una decisione d'acquisto.

- **L'iniziatore**: è la persona che per prima ha l'idea, o comunque suggerisce l'acquisto di un particolare prodotto e servizio.
- **L'influenzatore**: è la persona i cui consigli hanno qualche peso nella decisione finale.
- **Il decisore**: è la persona che determina, in parte o in tutto, la decisione d'acquisto finale: se acquistare, che cosa acquistare, come acquistare e dove.
- **L'acquirente**: è la persona che materialmente effettua l'acquisto.
- **L'utilizzatore**: è la persona, o le persone, che consuma o usa il prodotto o il servizio.

Per un'impresa è necessario identificare questi ruoli perché hanno importanti implicazioni nella fase di elaborazione del messaggio pubblicitario e nella definizione degli investimenti promozionali. Se è il marito che decide la marca dell'automobile, le imprese del settore dovranno dirigere su di lui la massima parte della comunicazione pubblicitaria. Sarà opportuno disegnare alcuni elementi della carrozzeria e degli interni in modo da rendere il modello gradito al pubblico femminile e far comparire annunci sui mezzi da questo più letti.

La conoscenza dei principali soggetti che partecipano all'acquisto e del ruolo esercitato da ognuno nel processo può essere di grande aiuto nel definire nel miglior modo possibile il tono generale da dare al programma di marketing.

6.3.2 I tipi di comportamento d'acquisto

Le caratteristiche del processo d'acquisto variano notevolmente a seconda del tipo di decisione che il consumatore si trova ad assumere. C'è una grande differenza fra l'acquisto di un dentifricio, di un abito, di un personal computer o di una nuova automobile. Le decisioni più complesse e dispendiose è probabile che implichino maggior riflessione e coinvolgano, direttamente e indirettamente, più persone nell'acquisto. Assael ha proposto di classificare il comportamento d'acquisto in quattro tipologie basate sul livello di coinvolgimento del consumatore e sulla differenziazione fra le marche percepita dall'acquirente per i beni in questione.[26] La tipologia risultante è riportata nella tavola 6-4 e viene descritta qui di seguito.

Comportamento d'acquisto complesso. Il comportamento d'acquisto può essere definito complesso quando vi è un elevato coinvolgimento del consumatore nella decisione e quando le differenze fra le varie marche sono chiare e note all'acquirente. Il livello di coinvolgimento è massimo nel caso in cui il bene è costoso, viene acquistato di rado, ha un significato importante per l'acquirente e, proprio per questi motivi, nella scelta sono percepiti elementi di rischio. Nella situazione tipica, il consumatore non conosce molto della categoria del prodotto e ha quindi molto da apprendere: chi decide d'acquistare per la prima volta un per-

Tavola 6-4 Quattro tipi di comportamento d'acquisto

	Alto coinvolgimento	Basso coinvolgimento
Significative differenze fra le marche	Comportamento d'acquisto complesso	Comportamento d'acquisto volto alla ricerca della varietà
Poche differenze fra le marche	Comportamento d'acquisto volto alla riduzione della dissonanza	Comportamento d'acquisto abituale

Fonte: Adattato da Henry Assael, *Consumer Behavior and Marketing Action*, Kent Publishing Co., Boston 1981, p. 80.

sonal computer, o un videoregistratore, o un forno a microonde, può anche non sapere quali elementi del prodotto debbano essere confrontati e valutati nella scelta.

Alcune caratteristiche, quali la "capacità di memoria", l'esigenza o meno del comando ferma immagine, e così via, possono non avere un chiaro significato per il potenziale acquirente nelle prime fasi del processo d'acquisto.

Chi acquista si trova dunque a percorrere un processo di apprendimento cognitivo complesso, in cui, sulla base delle opinioni e delle idee che si va facendo sul prodotto, definisce l'atteggiamento generale verso di esso utile per effettuare una scelta d'acquisto ponderato. Chi si occupa del marketing di prodotti ad alto coinvolgimento deve prima di tutto comprendere le modalità con cui il proprio consumatore acquisisce le informazioni necessarie e le valuta in funzione della decisione d'acquisto. Su questa base può poi essere opportuno sviluppare strategie di comunicazione finalizzate a fornire assistenza e supporto ai clienti potenziali nell'individuazione delle caratteristiche importanti proprie della classe generale in cui il prodotto è inserito e nella comprensione della loro importanza relativa, senza dimenticare l'obiettivo di porre in buona luce la posizione del proprio prodotto rispetto alle principali caratteristiche evidenziate. Per la differenziazione della propria marca rispetto alle altre, è opportuno utilizzare i mezzi stampa per fornire un'adeguata descrizione dei vantaggi dei prodotti presentati. Inoltre, è assai importante coinvolgere il personale dei punti di vendita nell'influenzare la decisione finale.

Comportamento d'acquisto volto a ridurre la dissonanza. A volte il consumatore, pur essendo profondamente coinvolto nell'acquisto, non è in grado di rilevare significative differenze fra le marche del bene: anche in questo caso, l'elevato livello di coinvolgimento è dato dal fatto che il bene è costoso, ad acquisto saltuario e difficile. L'acquirente è quindi disposto a visitare i vari punti di vendita per vedere che cosa è disponibile, ma la decisione sarà poi piuttosto rapida per le differenze poco rilevanti fra le alternative di marca presenti: l'acquisto sarà dunque deciso in base alla convenienza in termini di prezzo, di tempo e di localizzazione del negozio. Un esempio può essere fornito dall'acquisto di un tappeto: in questo caso il coinvolgimento è elevato perché un tappeto è un bene con un prezzo alto e la scelta coinvolge problemi di autoidentificazione: malgrado questo, è probabile che il consumatore finisca per considerare la maggior parte dei tappeti nell'ambito di un certo prezzo come simili.

Dopo l'acquisto, il consumatore potrebbe entrare in uno stato di dissonanza notando elementi poco rassicuranti del tappeto acquistato, o ascoltando valutazioni favorevoli di altri tappeti. A questo punto il consumatore cerca di saperne di più per giustificare la propria decisione e ridurre così lo stato di dissonanza. In questo caso, quindi, prima il consumatore agisce, poi acquisisce nuove modalità di valutazione e in base a queste valuta se la sua scelta è stata corretta. Ciò significa che, da un punto di vista di marketing, elementi quali il prezzo, una buona localizzazione, personale di vendita abile, sono elementi che esercitano una notevole influenza nella scelta della marca. Il principale compito della comunicazione di marketing può, in questo caso, essere individuato nel suggerire valutazioni e giudizi in grado di rassicurare il consumatore sulla bontà della propria scelta nella fase successiva all'acquisto.

Comportamento d'acquisto abituale. Per molti prodotti l'acquisto avviene in situazioni di basso coinvolgimento del consumatore e di irrilevante differenziazione fra le marche.

Un esempio tipico può essere considerato l'acquisto di zucchero: il processo d'acquisto è poco coinvolgente e si riduce a entrare nel negozio e a richiedere un pacchetto. In casi del genere, il fatto che la scelta cada più volte sulla stessa marca è da considerarsi casuale, e non certo dovuto a forme di fedeltà di marca. È il caso tipico che si ha per prodotti di prezzo basso e ad acquisto ripetitivo.

Il comportamento d'acquisto in questi casi non passa attraverso la normale sequenza opinioni/atteggiamenti/comportamento: i consumatori, infatti, non ricercano informazioni sui prodotti e marche in modo approfondito, né valutano le relative caratteristiche per arrivare poi a una decisione attenta e ponderata. Sembrano invece assorbire passivamente le informazioni mentre guardano la televisione o leggono un giornale. La ripetizione degli annunci sembra in questo caso creare familiarità con il nome della marca, più che convincere su particolari vantaggi differenziali: i consumatori, in realtà, non arrivano a formarsi un atteggiamento specifico verso una marca, ma la scelgono in funzione della familiarità del nome. Né dopo l'acquisto sembra manifestarsi un processo di reale valutazione, dato lo scarso livello di coinvolgimento. Il processo d'acquisto è dunque, in questi casi, costituito da un apprendimento approfondito di tipo passivo, cui segue il comportamento di scelta e d'acquisto che può essere – ma anche non essere – seguito da un comportamento di valutazione.

Chi lavora nel marketing dei beni a basso coinvolgimento d'acquisto e con una minima differenziazione di marca trova in genere estremamente efficace utilizzare forme di promozione basate sul prezzo, o comunque sulle condizioni di vendita come incentivo all'acquisto di prova, dal momento che gli acquirenti non si sentono impegnati con alcuna marca in particolare.

Nella pubblicità di questi beni va tenuto conto di alcune considerazioni. Il testo dell'annuncio dovrebbe tendere a evidenziare pochi punti essenziali; simboli visivi e linguaggio figurato sembrano in questo senso importanti, in quanto facilmente memorizzabili e ricollegabili alla marca. La campagna dovrebbe puntare più sulla ripetitività del messaggio, che sulla durata o articolazione dei singoli spot. La televisione sembra essere un mezzo preferibile alla stampa, in quanto poco coinvolgente e adatto alle forme di apprendimento passivo. La pianificazione pubblicitaria potrebbe basarsi sulla classica teoria del condizionamento, secondo la quale l'acquirente dovrebbe arrivare a identificare un certo prodotto sulla base del simbolo che allo stesso si trova costantemente associato.

È poi possibile cercare di trasformare un prodotto a basso coinvolgimento in uno a coinvolgimento più elevato.

Questa è una strategia frequentemente usata dalle imprese. Ad esempio, nei casi in cui prodotti di consumo quotidiano vengono collegati a immagini di status o di stile (pasta o cioccolatini), oppure a tematiche molto sentite dal consumatore (la prevenzione della carie nel caso dei dentifrici, o la salute negli alimentari). Oppure è possibile far coincidere la presentazione del prodotto con una situazione adatta, per esempio reclamizzando una marca di caffè di primo mattino, quando il potenziale consumatore sta cercando di "scrollarsi il sonno di dosso". Oppure, il consumatore può essere attirato da una pubblicità che punti su forti emozioni, direttamente collegate ai valori personali e alla difesa del proprio io.

Un'altra possibilità è data dall'aggiungere un elemento importante a un prodotto di per sé semplice, come nel caso di una bibita gasata, cui possono essere aggiunte delle vitamine. Va comunque chiarito che queste strategie possono spingere il livello di coinvolgimento verso l'alto, ma non saranno mai in grado di trasformarlo in un comportamento d'acquisto complesso.

Comportamento d'acquisto volto alla ricerca della varietà. Alcune situazioni d'acquisto sono caratterizzate da un basso coinvolgimento del consumatore, ma da differenze significative fra le marche. In questo caso i consumatori effettuano numerosi confronti fra le diverse marche: un esempio può essere l'acquisto di biscotti. Chi acquista ha in questo caso opinioni precise su biscotti e marche, ma sceglie una certa marca senza riflettere molto, dal momento che il processo di valutazione ha luogo durante il consumo. La volta successiva, poi, può cercare e provare un'altra marca solo per curiosità o per desiderio di provare qualcosa d'altro.

La strategia di marketing è in questo caso differente per le marche leader di mercato e per le marche minori. Il leader di mercato deve infatti mirare a stabilizzare le modalità d'acquisto abituali, per esempio curando l'esposizione dei propri prodotti nel punto di vendita, evitando situazioni di carenza di scorte, investendo in pubblicità che mantenga elevato il ricordo. Le altre imprese, al contrario, dovranno incoraggiare comportamenti di ricerca della varietà, offrendo prezzi interessanti, campioni prova e comunicati pubblicitari che suggeriscano motivi validi per sperimentare qualcosa di nuovo.

6.3.3 Le ricerche sul processo d'acquisto

Le imprese hanno dunque bisogno di effettuare apposite ricerche sui processi d'acquisto che vengono adottati per le categorie di prodotti trattati. Le aree da esplorare possono riguardare le modalità con cui i consumatori sono venuti a conoscenza del prodotto, quali idee hanno sulle diverse marche, l'importanza che attribuiscono al prodotto, le modalità con cui operano le scelte di marca, come valutano la soddisfazione successiva all'acquisto.

Com'è naturale, consumatori differenti effettuano in modo diverso l'acquisto di uno stesso prodotto. Nell'acquisto di un computer, per esempio, alcuni passeranno molto tempo nella ricerca di informazioni e nel confronto fra le diverse alternative, mentre altri andranno direttamente in un negozio e, dopo una rapida analisi delle marche disponibili, ne sceglieranno una. In questo senso è possibile segmentare i consumatori in termini di *stili d'acquisto* – per esempio, riflessivi piuttosto che impulsivi – differenziando di conseguenza le strategie di marketing. Possiamo ora chiederci come gli operatori di marketing ottengano informazioni sugli stadi del processo d'acquisto seguiti dai consumatori dei propri prodotti. Un'opportunità è data dalla riflessione che gli stessi operatori possono fare sul proprio comportamento d'acquisto (*metodo introspettivo*), anche se questo non sempre è da considerarsi un metodo completamente valido. È poi possibile chiedere direttamente a persone che hanno da poco acquistato il prodotto in questione di raccontare la storia del loro acquisto (*metodo retrospettivo*).

Una terza alternativa è data dal richiedere ad alcuni consumatori, interessati a effettuare acquisti di particolari beni, come intendano svolgere il loro processo d'acquisto (*metodo prospettico*). Oppure, è possibile chiedere ai consumatori di parlare del processo d'acquisto ideale con cui dovrebbe essere effettuato l'acquisto di certi beni (*metodo prescrittivo*). Ogni metodo permette di ottenere una descrizione del processo d'acquisto messo in atto dall'acquirente.

6.3.4 Gli stadi del processo d'acquisto

Dall'analisi dettagliata dei modelli d'acquisto, è possibile individuare e definire alcuni "modelli a stadi" del processo d'acquisto. Questi modelli possono rivelarsi molto utili nel caso di decisioni d'acquisto complesse, come nel caso di beni a prezzo elevato e alto livello di coinvolgimento. Utilizzeremo qui il modello presentato nella figura 6-4, in cui il processo è suddiviso in cinque stadi: *percezione del problema*, *ricerca di informazioni*, *valutazione delle alternative*, *decisione d'acquisto* e *comportamento del dopo-acquisto*. Questo modello mette in evidenza il fatto che il processo d'acquisto ha inizio molto prima della decisione vera e propria e presenta conseguenze che durano nel tempo. Per l'operatore di marketing è quindi opportuno concentrare l'attenzione non tanto, o non solo, sulla decisione d'acquisto, quanto su tutto il processo in cui questa è inserita.[27]

Il modello presuppone, poi, che il consumatore passi attraverso le diverse fasi del processo d'acquisto di un dato bene. Questo non è sempre del tutto vero, come nel caso dei beni a basso coinvolgimento, per i quali il consumatore può saltare qualche passaggio o invertirne l'ordine. Così, nell'acquisto della consueta marca di dentifricio una signora può passare direttamente dallo stadio di percezione del bisogno alla decisione d'acquisto, evitando le fasi di ricerca e valutazione di nuove informazioni. Utilizzeremo comunque questo modello come griglia per

Figura 6-4 Modello a cinque stadi del processo d'acquisto

Percezione del problema → Ricerca di informazioni → Valutazione delle alternative → Decisione d'acquisto → Comportamento del dopo-acquisto

le successive considerazioni, perché evidenzia i diversi aspetti del processo d'acquisto nelle situazioni più complesse, quali quelle che si determinano nel momento in cui si acquista per la prima volta un bene a elevato coinvolgimento emotivo.

Per illustrare questo modello, faremo ancora riferimento alla signora Rossi, cercando di approfondire le fasi del processo d'acquisto mediante il quale è giunta a effettuare la scelta finale di una particolare lavatrice, a partire dal momento in cui per la prima volta ne ha sentito il bisogno.

Percezione del problema. Il processo d'acquisto ha inizio con la percezione dell'esistenza di un problema o di un bisogno, ossia dalla sensazione che vi è uno scarto fra situazione attuale e situazione desiderata. Il bisogno può essere attivato da stimoli interni o esterni: nel primo caso i normali impulsi di un individuo – fame, sete, desiderio sessuale – arrivano a un livello di soglia e divengono spinta all'azione. Dalla precedente esperienza l'individuo ha appreso a fronteggiare i diversi impulsi e si trova quindi a essere motivato verso particolari classi di oggetti ritenuti capaci di soddisfare il bisogno.

Oppure lo stimolo può essere originato da un fattore esterno: passiamo per caso vicino a una panetteria e la vista del pane appena sfornato stimola una sensazione di fame; notiamo la nuova auto del vicino o ci capita di vedere la pubblicità di un programma di vacanze in Giamaica. Tutti questi stimoli esterni possono portarci a riconoscere l'esistenza di un problema o di un bisogno prima non percepito.

Gli operatori di marketing devono identificare le circostanze che hanno attivato un particolare stato di bisogno o di interesse nei consumatori. La ricerca è quindi finalizzata a rilevare *le diverse tipologie dei bisogni o problemi sollevati, le cause che li hanno originati e i legami con i particolari beni in esame*. Nel caso di un prodotto a larga diffusione, come la lavatrice, la decisione d'acquisto è determinata sostanzialmente dalla necessità di sostituire la macchina esistente. La "percezione del problema" non è però necessariamente connessa con il deterioramento dell'elettrodomestico in uso. Le diverse caratteristiche tecniche, i diversi vantaggi presenti nelle marche proposte possono, se note all'acquirente, rendere interessante l'acquisto di un nuovo modello.

Nel caso di Silvia Rossi, il fattore determinante della decisione "acquisto di un nuovo modello", oppure "riparazione di quello esistente", potrebbe risultare la possibilità di modificare il proprio rapporto con i lavori di casa, secondo una modalità più flessibile e, entro certi limiti, più divertente.

Ottenendo questo genere di informazioni da più consumatori è possibile identificare le tipologie di stimoli che più frequentemente sono all'origine dell'interesse per una certa categoria di prodotti e sviluppare strategie di marketing in grado di sollecitare, risvegliandolo, l'interesse dei consumatori stessi.

La ricerca di informazioni. La percezione di un problema o di un bisogno può portare o meno alla ricerca attiva di informazioni. Se la tensione percepita è forte e l'oggetto gratificante è a portata di mano, è probabile che l'individuo soddisfi immediatamente il bisogno e, nel caso di un bene di consumo, acquisti il prodotto. In altre situazioni è possibile che il bisogno sia semplicemente registrato nella memoria. In relazione a questo, l'individuo può rinunciare del tutto alla ricerca di informazioni aggiuntive, rimandandola ad altro momento, oppure impegnarsi immediatamente per trovare una soluzione allo stato di bisogno.

Nel caso che una qualche ricerca venga messa in atto, è possibile distinguere fra due livelli di attivazione. In un primo stadio la decisione di assumere informazioni porta a uno stato di *intensificazione dell'attenzione*: la signora Rossi, per esempio, può manifestarsi ricettiva nei confronti del tema "lavatrice" e, conseguentemente, "gestione del bucato", ma, più in generale, al tema "organizzazione del proprio tempo in casa".

Silvia Rossi può poi entrare nella fase di *ricerca attiva di informazioni*: quando più decisamente si dà da fare per avere materiale illustrativo, telefona agli amici e prende diverse iniziative volte a saperne di più sul prodotto. L'estensione e la profondità della ricerca dipenderanno da molti fattori, fra cui l'intensità del desiderio, la quantità di informazioni possedute all'inizio, la facilità con cui può averne di nuove e l'importanza che a queste ultime attribuisce, nonché la soddisfazione che trova nella ricerca stessa. Generalmente, l'attività di ricerca diviene più intensa passando da situazioni in cui il problema da risolvere è limitato a situazioni più complesse.

Di particolare interesse per l'operatore di marketing sono poi le fonti di informazione cui il consumatore può rivolgersi e l'influenza relativa che queste esercitano sulla decisione d'acquisto finale. Le *fonti di informazione del consumatore* sono classificabili in quattro gruppi:

- **Fonti personali** (familiari, amici, vicini di casa, conoscenze).
- **Fonti commerciali** (pubblicità, venditori e negozianti, confezioni, esposizioni nei punti di vendita).
- **Fonti pubbliche** (mezzi di comunicazione, organizzazioni dei consumatori).
- **Fonti empiriche** (osservazione e prova del prodotto).

L'influenza relativa di queste fonti di informazione varia con la categoria del prodotto e con le caratteristiche individuali del consumatore. In linea generale, la massima quantità di informazioni proviene dalle fonti di tipo commerciale. L'informazione più efficace sembra essere invece quella proveniente da fonti personali. Ciascun tipo di fonte può svolgere un ruolo diverso nell'influenzare le decisioni d'acquisto. In genere, le informazioni commerciali svolgono una funzione a livello *informativo*, mentre le fonti personali svolgono un ruolo di *legittimazione* e di *valutazione*. Un medico, per esempio, in genere viene a conoscenza di un nuovo preparato da fonti commerciali e si rivolge poi ai colleghi per conoscere la loro idea al riguardo.

Risultato del processo di ricerca di informazioni è, fra l'altro, anche una migliore conoscenza delle marche presenti in un mercato e delle loro caratteristiche. Il riquadro più a sinistra della figura 6-5 mostra l'insieme totale delle marche presenti nel mercato e potenzialmente disponibili (*insieme totale*). Silvia Rossi può comunque venire a conoscenza solo di alcune di queste marche, che chiameremo l'insieme effettivamente conosciuto (*insieme noto*); fra queste ultime, solo alcune risponderanno probabilmente ai suoi criteri di scelta, ossia entreranno a far parte dell'insieme effettivamente preso in considerazione per la scelta finale (*insieme considerato*). Man mano che la ricerca di informazioni procede, il numero delle marche potenzialmente interessanti per la scelta

Figura 6-5 Insiemi considerati dall'acquirente

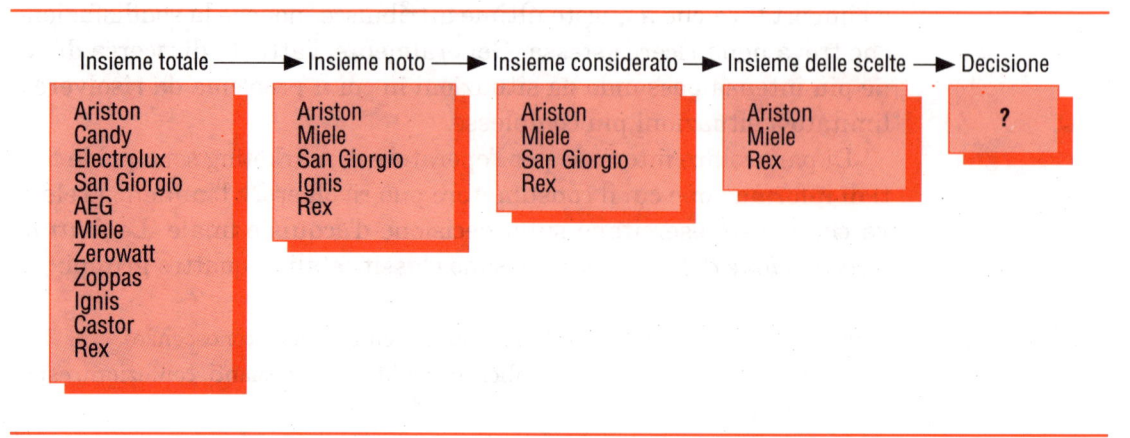

Insieme totale	Insieme noto	Insieme considerato	Insieme delle scelte	Decisione
Ariston Candy Electrolux San Giorgio AEG Miele Zerowatt Zoppas Ignis Castor Rex	Ariston Miele San Giorgio Ignis Rex	Ariston Miele San Giorgio Rex	Ariston Miele Rex	?

d'acquisto diminuirà ulteriormente e sarà ristretto a poche marche (*insieme delle scelte*). La decisione finale sarà assunta con riferimento a quest'ultimo insieme di marche e dipenderà dal processo di valutazione dell'informazione utilizzato.[28]

Da questo processo deriva per l'impresa la necessità di definire il marketing-mix dei vari prodotti con riferimento ai vari insiemi considerati dal consumatore. Se il prodotto non viene inserito in tali insiemi, l'impresa perde la possibilità di effettuare la vendita al consumatore. In ogni caso, l'impresa deve saperne di più e capire quali altre marche sono presenti fra le alternative di scelta, in modo da conoscere i concorrenti e su queste basi impostare i contenuti della propria comunicazione.

Gli operatori di marketing devono identificare con precisione le diverse fonti di informazione utilizzate dal consumatore. A tal fine, occorre accertare come i consumatori sono venuti per la prima volta a conoscenza della marca, con quale immagine questa è stata presentata e qual è l'importanza relativa attribuita alle diverse fonti di informazione. Chiarire questi aspetti risulta fondamentale per impostare comunicazioni efficaci nei confronti del proprio mercato obiettivo.

Valutazione delle alternative. Abbiamo visto come il consumatore utilizza le informazioni per giungere a restringere il proprio insieme di scelta a poche marche fra le quali assumere la decisione finale. Il problema, a questo punto, è definire come il consumatore effettua le scelte definitive d'acquisto fra le alternative ancora aperte. Gli operatori di marketing avrebbero bisogno di sapere come il consumatore elabora nella propria mente i dati in arrivo per arrivare alla scelta di marca definitiva. Sfortunatamente, non è possibile indicare una semplice tipologia di questo processo che valga in assoluto per tutte le situazioni d'acquisto. I processi di valutazione delle decisioni sono infatti molteplici. La maggior parte dei modelli di questi processi sono di taglio cognitivo, ossia considerano il consumatore come un individuo che formula giudizi di prodotto su basi fondamentalmente conscie e razionali.

Alcuni concetti di base permettono di far luce sui processi di valutazione del consumatore. Abbiamo visto come l'individuo ricerchi nel consumo la soddisfazione di un bisogno: un prodotto, dunque, rappresenta per chi lo utilizza un insieme di vantaggi, o *benefit*. Dal punto di vista dell'acquirente, allora, un prodotto può essere considerato come un *insieme di attributi*, ognuno dei quali contribuisce a definire i benefici attesi e a soddisfare i connessi bisogni. Per esempio, le caratteristiche di maggior interesse per gli acquirenti di alcune classi di prodotto possono essere così indicate:

- **Computer**: capacità della memoria, possibilità di ottenere grafici, disponibilità di software.
- **Macchine fotografiche**: qualità delle foto, tempo di esposizione, dimensione, prezzo.
- **Alberghi**: localizzazione, pulizia, atmosfera, prezzo.
- **Lavatrici**: programmi di lavaggio, capacità di carico, consumo, ingombro, prezzo.

Gli attributi evidenziati sono di normale interesse, ma l'interesse dei consumatori varierà nel peso attribuito a ognuno di essi. In questo senso ognuno tenderà a privilegiare le caratteristiche del prodotto più vicine ai propri particolari bisogni. Il mercato di un certo prodotto può spesso essere opportunamente segmentato, tenendo conto proprio degli attributi principali che i diversi gruppi di consumatori individuano.

È probabile inoltre che il consumatore attribuisca *fattori d'importanza* diversi agli attributi rilevanti. È utile a questo punto distinguere fra importanza di un attributo e preminenza.[29] Un attributo è preminente quando è fra i primi a essere citato dal consumatore: questo non significa necessariamente che sia da questi considerato fra le caratteristiche più importanti del prodotto, ma può essere semplicemente la conseguenza del recente ascolto di comunicati pubblicitari centrati su queste caratteristiche o di esperienze ben chiare nella memoria del consumatore. Di più, fra gli attributi non ritenuti rilevanti dal consumatore, è possibile vi siano aspetti del prodotto momentaneamente dimenticati, ma cui è riconosciuta indiscussa importanza, una volta rammentati. Per gli operatori di marketing è dunque più importante prestare attenzione agli attributi rilevanti piuttosto che a quelli preminenti.

È possibile che il consumatore sviluppi precise *opinioni di marca* relative alla collocazione di ciascuna marca rispetto a ciascun attributo. L'insieme delle idee su una marca particolare costituisce quello che viene definito *concetto* o *immagine di marca*. Le opinioni del consumatore a questo riguardo possono anche non rispecchiare la reale distribuzione degli attributi nel prodotto, in quanto esse risultano legate alle sue particolari esperienze e al gioco di fattori percettivi, quali la distorsione e la ritenzione selettiva.[30]

Si considera che il consumatore conferisca una *funzione di utilità* a ciascun attributo: la funzione di utilità descrive le modalità con cui la soddisfazione derivante dal prodotto si modifica al variare dei diversi livelli di ciascun attributo.

Per Silvia Rossi, gli attributi fondamentali di una lavatrice potrebbero essere: il numero dei programmi, il livello dei consumi, la capacità di carico, l'ingombro e il prezzo. Se combiniamo insieme i diversi attributi secondo il livello ottimale per Silvia, otterremo il profilo ideale della lavatrice ricercata. L'utilità attesa dai modelli di lavatrice presenti sul mercato sarà probabilmente, almeno per qualche aspetto, inferiore al valore massimo corrispondente al modello ideale.

Il consumatore arriva a un atteggiamento (giudizio, preferenza) verso le alternative di marca attraverso una propria particolare *procedura di valutazione*. È stato infatti rilevato che i consumatori applicano procedure di valutazione differenti nell'effettuare la scelta fra oggetti che presentano combinazioni di attributi differenti.[31]

Cercheremo di presentare le alternative principali utilizzando l'esempio di Silvia Rossi. Supponiamo che Silvia abbia ristretto la sua scelta a quattro alternative di lavatrice (A, B, C, D) e che sia fondamentalmente interessata a quattro caratteristiche: programmi di lavaggio, consumo, ingombro e prezzo. La tavola 6-5 mostra il punteggio che ella attribuisce a ogni caratteristica delle diverse marche. La marca A, per esempio, ottiene un punteggio di 10 decimi per il primo attributo, di 8

Tavola 6-5 Gli elementi di scelta della lavatrice

Lavatrice	Attributi			
	Programmi di lavaggio	Consumi	Ingombro	Prezzo
A	10	8	6	4
B	8	9	8	3
C	6	8	10	5
D	4	3	7	8

Nota: ogni attributo delle prime tre voci è valutato da 0 a 10, dove 10 rappresenta il livello più elevato dell'attributo considerato. La graduazione del prezzo è effettuata in modo inverso, con 10 che rappresenta il prezzo più basso (dato che il consumatore preferisce un prezzo basso a uno alto).

per il secondo, di 6 per il terzo e di 4 per l'ultimo (la marca è quindi ritenuta piuttosto cara). Allo stesso modo sono indicate le preferenze per i diversi aspetti delle altre tre marche. Il problema di marketing è a questo punto capire e prevedere quale marca acquisterà la signora Rossi. È chiaro che, se una lavatrice fosse risultata nettamente superiore alle altre sotto ogni aspetto, avremmo potuto facilmente prevedere la scelta della signora Rossi. Ma, come accade il più delle volte, l'insieme delle scelte presenta marche con diverse combinazioni di punteggi.

Se la signora Rossi è interessata soprattutto a un modello di lavatrice con un'ampia scelta di programmi, sceglierà A. Se l'interesse prevalente riguarda il contenuto livello dei consumi, la scelta cadrà su B. La marca C verrà scelta se il problema principale è quello dell'ingombro. Infine, se il prezzo costituisce il criterio di scelta determinante, la preferenza cadrà su D. Per i consumatori che utilizzano un solo attributo per la valutazione, è facile prevedere la scelta finale d'acquisto.

La maggior parte dei consumatori, però, considererà insieme i diversi attributi, valutandoli in modo differente. Se, a questo punto, fosse possibile conoscere il peso relativo attribuito a ognuno, la scelta d'acquisto potrebbe essere prevista con sicurezza abbastanza elevata.

Supponiamo che Silvia Rossi abbia attribuito un'importanza del 40% ai programmi, del 30% ai consumi, del 20% all'ingombro e del 10% al prezzo. Per ottenere il valore attribuito a ciascuna marca è a questo punto sufficiente moltiplicare il punteggio dato a ogni caratteristica per il relativo valore ed effettuare la somma. Il valore attribuito a ogni alternativa di marca risulta:

$$\text{Marca A} = 0{,}4\,(10) + 0{,}3\,(8) + 0{,}2\,(6) + 0{,}1\,(4) = 8{,}0$$
$$\text{Marca B} = 0{,}4\,(8) + 0{,}3\,(9) + 0{,}2\,(8) + 0{,}1\,(3) = 7{,}8$$
$$\text{Marca C} = 0{,}4\,(6) + 0{,}3\,(8) + 0{,}2\,(10) + 0{,}1\,(5) = 7{,}3$$
$$\text{Marca D} = 0{,}4\,(4) + 0{,}3\,(3) + 0{,}2\,(7) + 0{,}1\,(8) = 4{,}7$$

Con questa distribuzione di preferenze, la scelta di Silvia Rossi dovrebbe ricadere sulla marca A.

Questo procedimento per prevedere la scelta di consumo è definito *modello del valore atteso*,[32] ed è una delle diverse procedure che è possibile seguire per descrivere il processo di valutazione fra alternative d'acquisto del consumatore (si veda il quadro 6-2). Come già notato, è comunque comune ai diversi procedimenti il ricorso alla rilevazione diretta delle opinioni dei consumatori attraverso l'intervista o il colloquio.

Poniamo che il processo di scelta più frequentemente seguito dagli acquirenti di lavatrici risulti essere quello del valore atteso. Su questa base, un produttore di elettrodomestici può assumere diverse iniziative per cercare di influenzare le decisioni d'acquisto. L'impresa C, ad esempio, potrebbe operare secondo le modalità qui di seguito descritte.

- **Modifica delle caratteristiche della lavatrice**. Potrebbe essere posto allo studio un nuovo modello, più aderente, per uno o più aspetti, ai desideri espressi dal consumatore. Questo approccio viene definito come *riposizionamento reale*.
- **Modifica delle opinioni sulla lavatrice**. Un'altra serie di azioni potrebbe essere rivolta a modificare la percezione che i consumatori hanno degli attributi del bene. Questi risulterà tanto più opportuno quanto più i consumatori sottovalutano le reali caratteristiche del prodotto e sarà, d'altra parte, meno valido se i limiti della marca sono correttamente individuati. Accentuare in modo eccessivo le caratteristiche positive di un modello potrebbe portare, nel momento della verifica, a sensazioni di insoddisfazione e a una diffusa immagine negativa. Il tentativo di modificare le idee del consumatore viene definito *riposizionamento psicologico*.
- **Modifica delle opinioni sulle marche concorrenti**. Altra possibilità è quella di modificare la percezione delle caratteristiche proprie di marche concorrenti: quest'alternativa è valida nel caso in cui il consu-

matore sovrastimi erroneamente alcuni aspetti di un prodotto di altra marca. È chiamato *deposizionamento* (riposizionamento verso il basso) *della concorrenza* e viene in genere attuato attraverso forme di pubblicità comparativa, all'estero, e in modo indiretto in Italia.

- **Modifica del peso relativo dei diversi fattori.** È poi possibile cercare di persuadere i consumatori ad attribuire un valore maggiore a quegli aspetti in cui la marca è effettivamente forte. In tal modo, l'impresa C potrebbe evidenziare i vantaggi legati a un modello particolarmente poco ingombrante, qualora per questo aspetto la marca C venisse già reputata superiore alle altre.
- **Richiamo dell'attenzione sugli attributi scarsamente considerati.** L'operatore di marketing può sollecitare l'attenzione dei consumatori verso le caratteristiche meno note: se la marca C ha il vantaggio di essere molto leggera e compatta può essere utile puntare sul fatto che essa trovi posto in ambienti particolarmente stretti o piccoli (monolocali, seconde case, ecc.).
- **Modifica del modello ideale di consumatore.** È inoltre possibile modificare il livello ideale di alcune caratteristiche. Il produttore della marca C potrebbe cercare di convincere gli acquirenti che le lavatrici con un numero elevato di programmi sono più delicate e che un modello con quattro programmi permette di lavare qualunque tessuto, mantenendo una vita media elevata.

La decisione d'acquisto. Attraverso il processo di valutazione l'acquirente arriva ad avere precise preferenze fra le marche presenti nel proprio sistema di scelte. A questo punto è possibile che venga a crearsi direttamente una specifica *intenzione d'acquisto*, tale da portare il consumatore a scegliere realmente la marca preferita. Due serie di fattori possono comunque intervenire fra l'intenzione e la decisione d'acquisto. Questi fattori sono mostrati nella figura 6-6.[33]

Il primo fattore è dato dall'*atteggiamento degli altri*. Si supponga che il marito della signora Rossi sia fermamente convinto della necessità di scegliere, per contenere le spese, la lavatrice di prezzo più basso (D): il risultato sarà che la possibilità che la scelta cada sul modello A sarà per lo meno ridotta. Il peso dell'opinione altrui nel ridurre l'atteggiamento favorevole di un individuo dipende naturalmente da due fattori: (1) l'intensità dell'atteggiamento negativo degli altri e (2) la motivazione dell'individuo a conformarsi alle opinioni e ai desideri degli altri.[34] Quanto più forte sarà l'atteggiamento negativo degli altri e quan-

Quadro 6-2 I modelli di valutazione delle marche alternative

Nel testo è riportato il modello di valutazione delle alternative d'acquisto definito del *valore atteso*. Formalmente, può essere così definito:

$$A_{jk} = \sum_{i=1}^{n} W_{ik} B_{ijk} \quad \quad [6\text{-}1]$$

dove:

- A_{jk} = atteggiamento dell'acquirente k verso i diversi attributi considerati per la marca j
- W_{ik} = peso relativo attribuito dall'acquirente k all'attributo i
- B_{ijk} = "quantità" dell'attributo i presente nella marca j secondo l'opinione dell'acquirente k
- n = numero totale degli attributi ritenuti importanti per la scelta di una certa marca

In sostanza, le opinioni dell'acquirente sui diversi attributi di marca sono moltiplicate per i pesi che esprimono l'importanza relativa di ognuno e sommati per ottenere una scala degli atteggiamenti. Riportiamo di seguito alcuni altri modelli.

Modello della marca ideale. Secondo questo modello il consumatore possiede un'immagine della marca ideale e a questa compara le diverse marche a disposizione: quanto più una particolare marca si avvicinerà all'ideale, tanto maggiore sarà la probabilità che venga effettivamente scelta.

Supponiamo che Silvia Rossi non dia importanza ai programmi più sofisticati e che abbia in mente un certo prezzo ideale. Il livello ideale dei quattro attributi non è più, allora, (10, 10, 10, 10), come nel modello del valore atteso, ma diviene, per esempio, (6, 10, 10, 5).

È possibile allora calcolare il livello di insoddisfazione sperimentato per ogni marca disponibile, utilizzando la formula:

$$D_{jk} = \sum_{i=1}^{n} W_{ik} |B_{ijk} - I_{ik}| \quad \quad [6\text{-}2]$$

dove D rappresenta l'*insoddisfazione* del consumatore k per la marca j, e I è il livello ideale attribuito dall'acquirente k all'attributo i. Gli altri termini della formula rimangono gli stessi della precedente.

Più è basso D, più favorevole sarà l'atteggiamento dell'acquirente k verso la marca j. Se, per esempio, una marca presentasse tutti gli attributi al livello ideale, il termine $B_{ijk} - I_{ik}$ si annullerebbe e l'insoddisfazione sarebbe pari a 0.

Il punteggio di insoddisfazione di Silvia Rossi nell'esempio considerato risulterà quindi essere:

Marca A = 0,4 |10-6| + 0,3 |8-10| + 0,2 |6-10| + 0,1 |4-5| = 3,1
Marca B = 0,4 |8-6| + 0,3 |9-10| + 0,2 |8-10| + 0,1 |3-5| = 1,7
Marca C = 0,4 |6-6| + 0,3 |8-10| + 0,2 |10-10| + 0,1 |5-5| = 0,6
Marca D = 0,4 |4-6| + 0,3 |3-10| + 0,2 |7-10| + 0,1 |8-5| = 3,8

In questo caso, la preferenza (ossia, la marca che presenta il minimo livello di insoddisfazione) dovrebbe andare alla marca C.
Per utilizzare questo modello, l'operatore di marketing deve intervistare un campione di acquirenti potenziali e chiedere loro di descrivere la marca ideale. È possibile ottenere diverse tipologie di risposta: alcuni consumatori potrebbero avere una chiara idea della marca ideale; altri potrebbero trovare difficile definire una marca ideale e indicare più marche come ugualmente soddisfacenti.

Modello congiuntivo. È possibile che alcuni consumatori valutino le diverse alternative stabilendo dei livelli "soglia" (minimi) che una marca deve possedere per essere scelta. Prenderanno quindi in considerazione solo quelle marche che presenteranno contemporaneamente i diversi attributi a livelli superiori a quella soglia. Così Silvia Rossi potrebbe prendere in considerazione solo le lavatrici con punteggi superiori a (7, 6, 7, 2) per programmi di lavaggio, consumo, ingombro e prezzo. Questo automaticamente elimina le marche A, C, D. Al limite, in questo modello è possibile arrivare a eliminare tutte le marche, senza che si abbia l'acquisto nel caso in cui nessuna marca risulti possedere i requisiti minimi richiesti. Si noti che, secondo questo modello, non interessa di quanto un certo attributo superi il livello di soglia, dato che il livello raggiunto da un attributo non può compensare un punteggio inferiore al minimo ottenuto da un altro attributo.

Modello disgiuntivo. Silvia Rossi potrebbe prendere in considerazione esclusivamente le marche che presentano una o più caratteristiche con punteggi superiori a certi livelli, senza curarsi della loro posizione relativamente agli altri attributi. Potrebbe così decidere di considerare solo lavabiancheria che garantiscano molti programmi di lavaggio (> 9) o un consumo ridotto (> 9). Anche questo modello non è di tipo compensativo, in quanto elevati punteggi riscontrati per attributi al di fuori dei principali, non comportano l'inserimento del bene tra le alternative possibili.

Modello lessicografico. Un altro modello di tipo non compensativo prevede che i diversi attributi siano messi in ordine di importanza e che il confronto fra le marche venga fatto sulla base dell'attributo cui viene assegnato il peso più elevato. Se una marca è superiore alle altre per l'attributo considerato più importante e significativo, la scelta cadrà su questa. Se due o più marche sono pari, viene preso in considerazione il secondo attributo e il confronto continua finché rimane una sola marca. Supponiamo che la signora Rossi disponga gli attributi considerati nel seguente ordine: prezzo, ingombro, programmi, consumo. Se riguardo al prezzo la marca D è più soddisfacente delle altre, questa sarà la marca preferita.

Implicazioni di marketing. La coesistenza dei diversi modelli rende conto delle differenti modalità con cui gli acquirenti arrivano a particolari preferenze di prodotto. Uno stesso acquirente, in una particolare situazione d'acquisto, di fronte a una certa classe di prodotti può seguire di volta in volta il modello congiuntivo, disgiuntivo o altri; può poi seguire il modello congiuntivo per acquisti importanti e il modello disgiuntivo per acquisti di routine; oppure può, nella stessa decisione d'acquisto, seguire il modello congiuntivo per eliminare alcune alternative e utilizzare il modello della marca ideale per effettuare la scelta finale. Quando un mercato presenta tipologie di consumatori diverse, il tentativo di definire univocamente la natura del processo d'acquisto è per lo meno senza speranza. Tuttavia, l'utilizzo di interviste a un campione di consumatori non è inutile, ma anzi può fornire importanti chiarimenti. Se i risultati indicano che la maggioranza dei consumatori segue un processo di valutazione che si può considerare tipico per quel mercato, gli operatori di marketing possono impostare politiche efficaci per rendere la marca ben presente a chi sta utilizzando la procedura individuata.

Fonte: Per un approfondimento di questi modelli, si veda Paul E. Green e Yoram Wind, *Multiattribute Decisions in Marketing: A Measurement Approach*, Dryden Press, Hinsdale 1972, capitolo 2.

Figura 6-6 Stadi fra la valutazione delle alternative e la decisione di acquisto

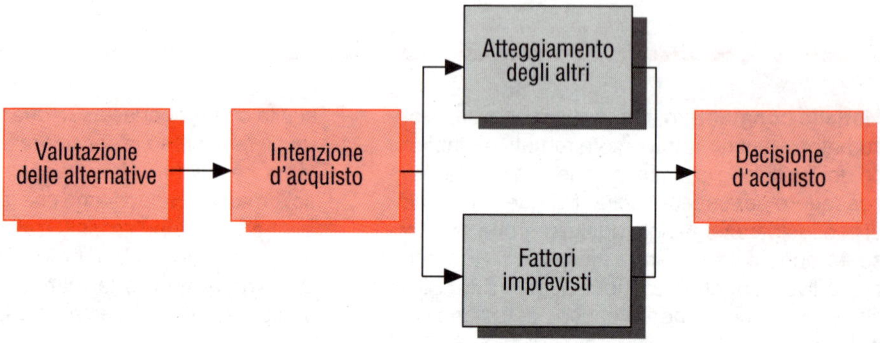

```
Valutazione          Intenzione           Atteggiamento
delle alternative →  d'acquisto    →→     degli altri       →→    Decisione
                                          Fattori                 d'acquisto
                                          imprevisti
```

to più questi saranno vicini al consumatore, tanto più il consumatore sarà portato a rivedere le intenzioni d'acquisto definite autonomamente.

L'intenzione d'acquisto può poi essere influenzata anche dai cosiddetti *fattori situazionali non previsti*. Infatti, il consumatore arriva a manifestare una certa intenzione d'acquisto sulla base di elementi noti quale il reddito familiare previsto, le condizioni di pagamento concordate e i vantaggi attribuiti al prodotto. Prima dell'acquisto, comunque, è possibile che intervengano *fattori non previsti* nella situazione generale e che alla luce di questi l'intenzione d'acquisto risulti modificata: nell'esempio della lavatrice, altre spese potrebbero risultare più urgenti o un amico potrebbe parlargli male della marca prescelta. In questo senso, né gli atteggiamenti espressi, né le intenzioni di scelta manifestate permettono una previsione infallibile del comportamento d'acquisto effettivo.

La decisione di un individuo di modificare, posporre o annullare una decisione d'acquisto è prevalentemente influenzata dal *rischio percepito*. Molte spese, infatti, presuppongono *l'assunzione del rischio*.[35] I consumatori non possono essere matematicamente certi dei risultati ottimali della scelta effettuata e questo produce ansia. L'ammontare del rischio percepito varia naturalmente con la somma da spendere, con l'incertezza delle caratteristiche reali attribuite a un bene e con il grado di fiducia in se stesso del consumatore. Vengono così sviluppate alcune pratiche volte a ridurre la tensione, come l'evitare di prendere la decisione, il raccogliere informazioni da amici, il dare la precedenza a marche note o che presentino garanzie particolari. L'operatore di marketing deve cercare di chiarire quali fattori provocano la sensazione di rischio nel consumatore e tentare di fornire un supporto in grado di ridurre la tensione. Quando il consumatore decide di mettere in atto l'acquisto, deve in realtà prendere cinque sub-decisioni. Così Silvia Rossi deve prendere una decisione sulla *marca* (per esempio, la marca A); sul *punto d'acquisto* (negozio 2); sulla *quantità del bene* (una lavatrice); sul *momento dell'acquisto* (durante il fine settimana) e sul *metodo di pagamento da utilizzare* (carta di credito). Le decisioni non sono necessariamente prese in questo ordine, né questo procedimento è seguito per tutti i tipi di prodotto: per le spese quotidiane alcune sub-decisioni sono assunte automaticamente o comunque non implicano una riflessione particolare. Per l'acquisto di un pacchetto di sigarette, il problema del venditore o della forma di pagamento non esiste. Come già notato, si è scelto deliberatamente un prodotto che implica un processo di decisione particolarmente complesso, come un elettrodomestico, per poter evidenziare opportunamente il processo d'acquisto nelle sue varie fasi.

Comportamento successivo all'acquisto. Dopo l'acquisto, il consumatore sperimenterà livelli di soddisfazione diversi che possono a volte dare spazio a iniziative interessanti per l'operatore di marketing: quindi le possibilità di intervento per l'impresa non si concludono nel momento dell'acquisto, ma continuano nel periodo definito del "dopo acquisto".

La soddisfazione del dopo acquisto. Che cosa porta il consumatore a sentirsi molto soddisfatto, piuttosto soddisfatto, un po' insoddisfatto o del tutto insoddisfatto? La soddisfazione del consumatore (S) può essere vista come funzione della capacità del bene di rendere minimo il divario fra *aspettative create* (E) e livello delle *prestazioni ottenute* (P), ossia $S = f(E, P)$.[36] Se il prodotto risponde alle attese, il consumatore sarà soddisfatto; se va oltre le aspettative, il consumatore sarà molto soddisfatto; se la risposta manca, si verrà a creare una stato di insoddisfazione più o meno accentuato.

Come visto, le aspettative relative a un bene si formano sulla base delle comunicazioni provenienti da venditori, conoscenti e dalle altre fonti di informazione. Se chi vende esagera nel presentare i vantaggi del prodotto, le *aspettative* dell'acquirente saranno *disattese* e si creerà un'insoddisfazione tanto maggiore, quanto più il divario fra attese e performance sarà grande. A questo punto entra in gioco il carattere individuale: alcuni consumatori, infatti, si sentono frodati anche se il prodotto disattende minimamente le aspettative, altri minimizzano l'eventuale differenza e la sensazione di insoddisfazione è minore.[37] La teoria a questo proposito suggerisce che la cosa migliore è formulare affermazioni aderenti alla realtà, ossia aderenti alle prestazioni effettive che il prodotto è in grado di dare, in modo tale che l'esperienza del consumatore risulti positiva. In alcuni casi viene addirittura ritenuto opportuno sottovalutare i livelli reali delle prestazioni, in modo da elevare il grado di soddisfazione sperimentato.

Festinger e Bramel ritengono che per i prodotti non strettamente di routine sia comunque inevitabile una qualche forma di insoddisfazione.

> Quando un individuo effettua una scelta fra due o più alternative, sensazioni di insoddisfazione o di dissonanza sono praticamente inevitabili perché in ogni caso una decisione porta con sé alcuni vantaggi, ma anche alcuni svantaggi. Questo tipo di dissonanza è più o meno collegato al fatto stesso di decidere, così come è inevitabile che il consumatore a questo punto prenda qualche iniziativa volta a ridurre lo stato di tensione creatosi.[38]

Iniziative del dopo-acquisto. Le sensazioni di soddisfazione o di insoddisfazione avranno conseguenze sul comportamento successivo. Se il consumatore è soddisfatto, aumenterà la probabilità di un riacquisto del prodotto. Questi poi tenderà a parlar bene del prodotto ad altri: come affermano gli operatori di marketing, «la miglior pubblicità possibile è un consumatore contento».[39]

Un acquirente insoddisfatto avrà comportamenti differenti: probabilmente cercherà di ridurre il livello di dissonanza sperimentato, per la tendenza comune al genere umano «di ristabilire l'armonia interna e la congruenza fra le proprie opinioni, conoscenze e valori».[40] In questo senso è possibile il ricorso ad alcuni processi alternativi: la dissonanza potrebbe venire diminuita *evitando* il riacquisto o, all'inverso, *riprovandolo*; oppure cercando informazioni in grado di *confermarne il valore* (o evitando informazioni opposte).

Gli operatori di marketing devono, quindi, per prima cosa, cercare di conoscere le diverse modalità con cui i propri consumatori affrontano le sensazioni di insoddisfazione (si veda la figura 6-7). È possibile

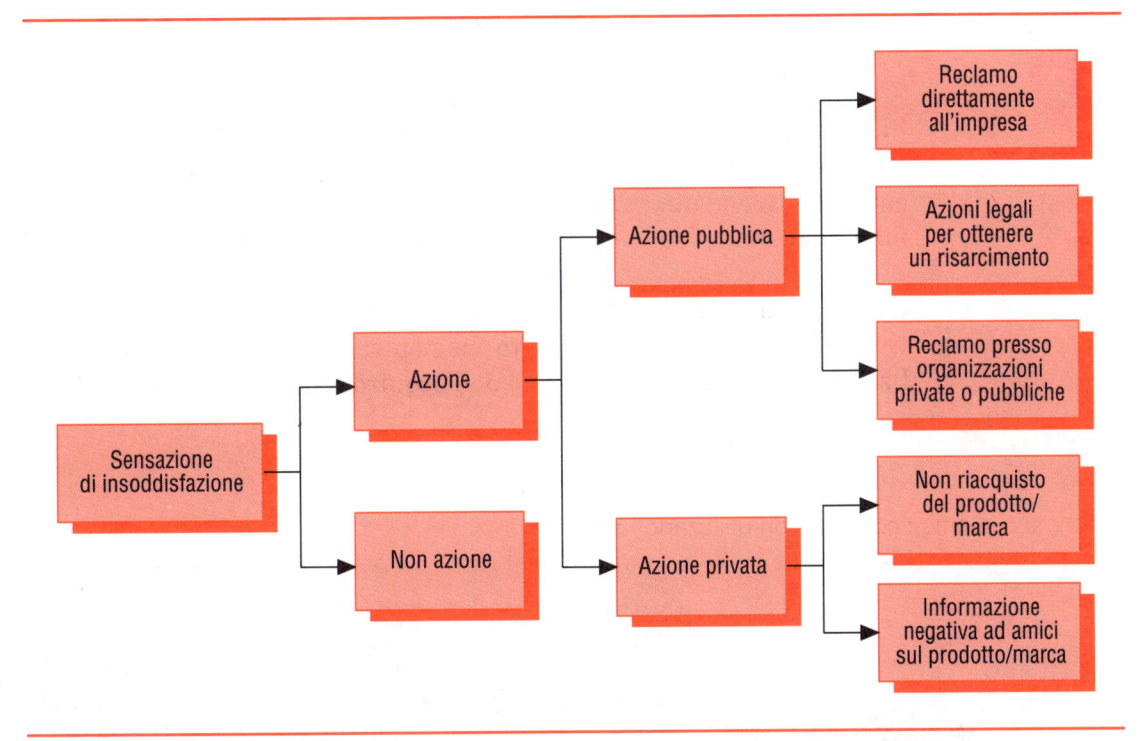

Figura 6-7 Come i consumatori rispondono all'insoddisfazione

Fonte: Ralph L. Day e E. Laird Landon Jr., "Toward a Theory of Consumer Complaining Behavior", in Arch G. Woodside, Jagdish N. Sheth e Peter D. Bennett (a cura di), *Consumer and Industrial Buying Behavior*, Elsevier North-Holland, New York 1977, p. 432.

avere di fronte acquirenti che scelgono di agire o che, al contrario, non prendono iniziative. Nel primo caso, le iniziative scelte possono essere di tipo pubblico o privato: fra le iniziative pubbliche, è possibile considerare il reclamo alla ditta produttrice e il ricorso a vie legali o a gruppi di opinione in grado di appoggiare le istanze del consumatore. Questi può, poi, semplicemente decidere di non acquistare il prodotto o di parlarne in modo negativo.[41] In tutti questi casi, per l'impresa, l'insoddisfazione del consumatore rappresenta una perdita secca.[42]

È possibile prevedere iniziative a diversi livelli, volte a ridurre l'insoddisfazione successiva all'acquisto e ad aiutare il cliente a sentirsi "a posto". Spedire una lettera di congratulazioni che ribadisca i punti di forza del prodotto, preparare una campagna pubblicitaria che mostri clienti soddisfatti, sollecitare suggerimenti da parte del cliente per migliorare ulteriormente il prodotto o rendere nota la disponibilità di servizi accessori, preparare libretti di istruzione curati e rassicuranti, spedire giornali specializzati con articoli che presentino nuove applicazioni; sono tutte iniziative che possono risultare utili e tradursi in un numero inferiore di resi e in una percentuale maggiore di trattative concluse positivamente.[43] È poi possibile predisporre efficienti uffici reclami e rendere rapide le procedure di sostituzione dei prodotti difettosi.

Comportamenti del dopo-acquisto. C'è poi un ultimo aspetto relativo al comportamento d'acquisto che non va sottovalutato e che è l'utilizzo reale del prodotto da parte dell'acquirente (si veda la figura 6-8).

Figura 6-8 Come i consumatori utilizzano i prodotti

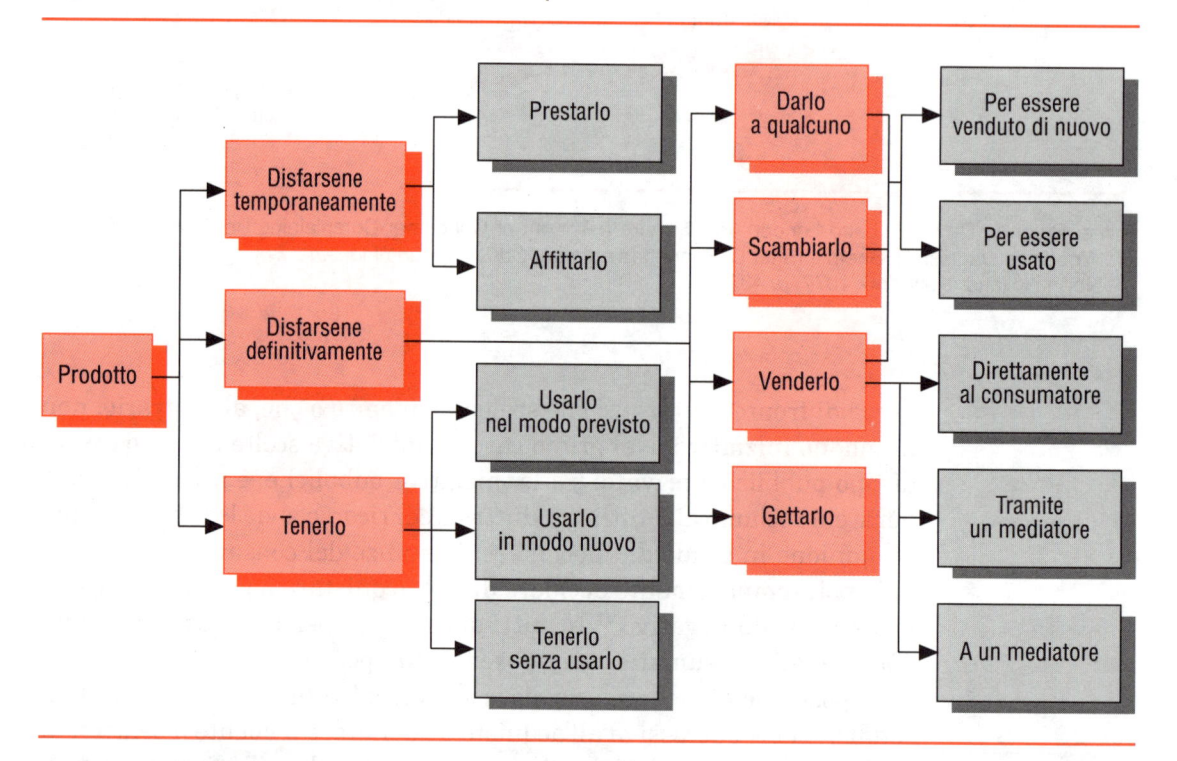

Fonte: Jacob Jacoby, Carol K. Berning e Thomas F. Dietvorst, "What about Disposition?", in *Journal of Marketing*, luglio 1977, p. 23.

Se i consumatori, per esempio, individuano un nuovo modo di utilizzare il prodotto, questo potrebbe rivelarsi di estremo interesse per l'impresa, che potrebbe assumerlo come base per nuove comunicazioni. Se i consumatori mettono da parte il bene acquistato e non sanno che farsene, il prodotto non è risultato soddisfacente nel tempo e questo potrebbe portare a un'immagine negativa diffusa. Interessante è poi che cosa i consumatori fanno del prodotto, quando se ne liberano, se vendono o scambiano il prodotto. Tutto questo avrà infatti conseguenze sulle vendite di nuove unità. In definitiva, anche il modo in cui il consumatore utilizza il prodotto e procede alla sua eliminazione una volta esauritasi la sua funzione, offre spunti utili per individuare problemi e opportunità di marketing.[44]

La comprensione dei bisogni del consumatore e dei processi d'acquisto sono le fondamenta di una valida pianificazione di marketing. Capire come i consumatori passano attraverso le diverse fasi del processo d'acquisto – l'individuazione del problema, la ricerca di informazioni, la valutazione delle alternative e il comportamento del dopo-acquisto – permette all'operatore di marketing di sviluppare la propria creatività. Individuare le diverse figure che partecipano al processo d'acquisto e l'influenza relativa sulle scelte definitive contribuisce poi a migliorare l'efficacia dei programmi di marketing in relazione ai mercati obiettivo.

Note

[1] L'esempio qui riportato è tratto dal caso "Merloni Elettrodomestici", incluso in Philip Kotler, John B. Clark e Walter G. Scott (a cura di), *Marketing Management. Casi*, Isedi, Torino 1992, pp. 187-210.

[2] Si veda L. G. Shiffman e Leslie L. Kanuk, *Consumer Behavior*, Prentice-Hall, Englewood Cliffs 1987, pp. 495-503.

[3] Si vedano le seguenti ricerche Censis: *Consumi Italia 1983*, Franco Angeli, Milano 1983; *Consumi Italia 1987*, Franco Angeli, Milano 1987; *Consumi 1990: i comportamenti e le mentalità in Italia, Francia e Spagna*, Franco Angeli, Milano 1990. Si veda anche Gabriele Calvi, "Differenziazione e cambiamento nel consumatore", *L'impresa*, n. 2, 1987 [incluso in Philip Kotler e Walter G. Scott (a cura di) *Marketing management. Letture*, Isedi, Torino 1991, pp. 73-84].

[4] Giampaolo Fabris, "Lo studio del consumo: nuove prospettive", in *Target*, n. 24, novembre-dicembre 1989. Per un'analisi delle dinamiche di consumo, si veda Vanni Codeluppi, *I consumatori. Storia, tendenze, modelli*, Franco Angeli, Milano 1992.

⁵ L'analisi dell'evoluzione delle classi sociali in Italia è stata particolarmente sviluppata da Paolo Sylos Labini, *Le classi sociali negli anni '80*, Laterza, Bari 1986. Si veda anche il *25° Rapporto sulla situazione sociale del Paese* elaborato dal Censis (Franco Angeli, Milano 1991).

⁶ Si veda William J. Stanton e Riccardo Varaldo, *Marketing*, Il Mulino, Bologna 1986, pp. 85-88.

⁷ W. O. Bearden e H. J. Etzel, "Reference Group Influence on Product and Brand Purpose Decisions", in *Journal of Consumer Research*, settembre 1982, pp. 184-185.

⁸ Donald W. Hendon, "A New Empirical Look at the Influence of Reference Groups on Generic Product Category and Brand Choice: Evidence from Two Nations", in *Proceedings of the Academy of International Business: Asia-Pacific Dimension of International Business*, College of Business Administration, University of Hawaii, Honolulu 1979, pp. 752-761.

⁹ Linda L. Price e Lawrence F. Feick, "The Role of Interpersonal Sources in External Search: An Informational Perspective", in *Advances in Consumer Research*, vol. 11, 1984, edito da Thomas C. Kinnear, Association for Consumer Research, Ann Arbor; e David Brinberg e Linda Plimton, "Self-Monitoring and Product Conspicuousness on Reference Group Influence", in *Advances in Consumer Research*, vol. 13, 1986.

¹⁰ Eugenia Scabini e Pier Paolo Donati (a cura di), "Identità adulte e relazioni famigliari", in *Studi interdisciplinari sulla famiglia*, n. 10, 1991.

¹¹ George Moschis, "The Role of Family Communication in Consumer Socialization of Children and Adolescents", in *Journal of Consumer Research*, marzo 1985, pp. 898-913; si veda anche Rosann L. Spiro, "Persuasion in Family Decision Making", in *Journal of Consumer Research*, marzo 1983, pp. 393-402; Lawrence H. Wortzel, "Marital Roles and Typologies as Predictors of Purchase Decision Making for Everyday Household Products. Suggestions for Research", in *Advances in Consumer Research*, vol. 7, 1980.

¹² G. Martinez, "Target: suona l'ora dell'understatement", in *Marketing Espansione*, n. 42, 1991, pp. 103-108. Si veda anche Brognara, Gobbi, Morace e Valente, *I boom. Società e prodotti degli anni '80*, Lupetti Editore, Milano 1990, in cui sono delineate le caratteristiche fondamentali della "cultura del consumo" degli anni '80 attraverso l'analisi di alcuni casi di successo.

¹³ Per un'esauriente trattazione delle tendenze evolutive della struttura della famiglia italiana, si veda Eugenia Scabini (a cura di), *L'organizzazione famiglia fra crisi e sviluppo*, Franco Angeli, Milano 1991.

¹⁴ Su questo tema, un testo classico è Gail Sheehy, *Passaggi: prevedere le crisi dell'età adulta*, Rizzoli, Milano 1978. Per un'applicazione alle problematiche di consumo, si veda Lawrence Lepisto, "A Life Span Perspective of Consumer Behavior", in *Advances in Consumer Research*, vol. 12, 1985.

¹⁵ L'analisi degli stili di vita ha avuto un impulso decisivo a seguito dello sviluppo delle tecniche psicografiche, avvenuto a partire dagli anni '70. In proposito,

si veda: William D. Wells, *Lyfe Style e psicografia*, Edizioni Il Millimetro, Milano 1977; Vittorio Meroni e Marco Vecchia, *Marketing e psicografia*, Franco Angeli, Milano 1984; Vanni Codeluppi, *Consumo e comunicazione*, Franco Angeli, Milano 1991; Vittorio Meroni, *Marketing della pubblicità*, edizioni Il Sole 24 Ore, Milano, 1990, pp. 41-60.

16 Sinottica, di cui la tipologia presentata è la classificazione in stili di vita, è un'indagine condotta annualmente su un campione di 5.000 casi (10.000 a partire dal 1992) su un campione rappresentativo della popolazione italiana di età superiore ai 14 anni. Le informazioni – rilevate tramite una doppia intervista della durata complessiva di 90 minuti – riguardano le caratteristiche sociodemografiche e il ciclo di vita della famiglia, atteggiamenti e comportamenti sociali e politici: personalità (tratti caratteristici, valori individuali e sociali, recettività alla pubblicità), possesso di beni durevoli e semidurevoli, consumi primari, consumi secondari e del tempo libero, utenza dei mezzi.

Il Monitor 3SC (Sistema di Correnti Socioculturali e Scenari di Cambiamento) è uno studio continuativo sul cambiamento sociale e sugli effetti che il mutamento produce sugli atteggiamenti e i comportamenti di consumo. Dal 1980, ogni 18 mesi, attraverso interviste personali e domiciliari, viene somministrato a un campione rappresentativo della popolazione adulta italiana costruito per quote e composto da 2.500 casi un questionario contenente:

- Una serie di domande relative alle caratteristiche socio-demografiche e socio-economiche degli intervistati.
- Una batteria di items di atteggiamento che rileva il sistema di valori degli intervistati. In pratica a ciascuno degli intervistati viene chiesto di pronunciarsi (in termini di accordo o disaccordo) a proposito di circa 200 affermazioni relative a valori e atteggiamenti che comprendono tutti quegli aspetti della vita che in qualche modo possono essere considerati importanti per spiegare la dinamica del cambiamento sociale.
- Domande relative agli atteggiamenti e ai comportamenti di consumo.

Attraverso l'analisi fattoriale degli items di atteggiamento vengono individuati degli indicatori sintetici, definiti "correnti socio-culturali", in grado di misurare, nel loro complesso, la penetrazione e il variare di quegli atteggiamenti o valori che descrivono le caratteristiche rilevanti nel sistema socio-culturale del nostro Paese.

17 Harold H. Kassarjian e Mary Jane Sheffet, "Personality and Consumer Behavior: An Update", in Harold H. Kassarjian e Thomas S. Robertson (a cura di), *Perspectives in Consumer Behavior*, Scott, Foresman, Glenview 1981, pp. 160-180.

18 M. Joseph Sirgy, "Self-Concept in Consumer Behavior: A Critical Review", in *Journal of Consumer Research*, dicembre 1982, pp. 287-300.

19 In proposito si veda il classico Ernest Dichter, *Handbook of Consumer Motivations*, McGraw-Hill, New York 1964, nonché, dello stesso autore, il recente *Nuove idee per nuovi mercati*, Franco Angeli, Milano 1991.

[20] Per l'approfondimento si rinvia ai seguenti testi: Giampaolo Fabris, *Le ricerche motivazionali*, Etas Kompass, Milano 1967; Francesco Dogana, *Psicopatologia dei consumi quotidiani*, Franco Angeli, Milano 1976; Albino Bosio, *Introduzione alle ricerche psicologiche sul consumatore*, Università di Roma, Facoltà di Scienze Statistiche, Roma 1982.

[21] Abraham Maslow, *Motivazione e personalità*, Armando Editore, Roma 1974.

[22] Frederick Herzberg, *Work and Nature of Man*, Collins, Cleveland 1966; e Henk Thierry e Agnes M. Koopman-Iwerna, "Motivation and Satisfaction", in P. J. Drenth (a cura di), *Handbook of Work and Organizational Psychology*, John Wiley & Sons, New York 1984, pp. 141-142.

[23] Sull'argomento, si veda J. M. Darley, S. Glucksberg, L. J. Kamin e R. A. Kinchla, *Psicologia*, Il Mulino, Bologna 1986, vol. I.

[24] Il termine tedesco *Gestalt*, qui usato come abbreviazione di *Gestalttheorie* (teoria della forma), designa un importante indirizzo della psicologia moderna, il quale afferma che ogni percezione si presenta all'esperienza come un tutto unico, dotato di una propria forma individuale, impossibile da comprendere se non nella sua globalità e interezza.

[25] Darley e altri, *Psicologia*, vol. II.

[26] Per uno sviluppo di questa classificazione, si veda Henry Assael, *Consumer Behavior and Marketing Action*, Kent, Boston 1987, cap. 4.

[27] Gli studiosi di marketing hanno elaborato molteplici modelli del comportamento d'acquisto del consumatore. Fra questi, i più noti sono quelli sviluppati da John A. Howard e Jagdish N. Sheth, *The Theory of Buyer Behavior*, John Wiley & Sons, New York 1969; Francesco M. Nicosia, *Processi di decisione del consumatore*, ETAS Libri, Milano 1973; e James F. Engel, Roger D. Blackwell e David T. Kollat, *Consumer Behavior*, Holt, Rinehart & Winston, New York 1978, 3ª ed. Per un'analisi differenziale dei vari modelli, si veda Keith Williams, *Psicologia per il marketing*, Il Mulino, Bologna 1988; e Bruno Busacca, *L'analisi del consumatore*, Egea, Milano 1990.

[28] Originariamente, Howard e Sheth hanno proposto il termine di *insieme evocato* per descrivere le alternative che l'acquirente prende in considerazione (si veda Howard e Sheth, *Theory of Buyer Behavior*, p. 26). Dal canto nostro, siamo dell'avviso che l'insieme delle marche di interesse per il consumatore si modifichi a mano a mano che questi riceve nuove informazioni. Sembra quindi essere più utile distinguere fra diversi insiemi considerati nelle varie fasi di svolgimento della decisione d'acquisto. In proposito si veda Chem L. Narayana e Rom J. Markin, "Consumer Behavior and Product Performance: An Alternative Conceptualization", in *Journal of Marketing*, ottobre 1975, pp. 1-6.

[29] James H. Myers e Mark L. Alpert, "Semantic Confusion in Attitude Research: Salience vs. Importance vs. Determinance", in *Advances in Consumer Research*, atti del settimo congresso annuale della Association of Consumer Research, ottobre 1976, pp. 106-10.

30 Per un'approfondita e stimolante analisi dei contenuti dell'immagine, nonché dei problemi di gestione della stessa in chiave di marketing, si veda Dario Romano, *Immagine, marketing e comunicazione*, Il Mulino, Bologna 1988.

31 Paul E. Green e Yoram Wind, *Multiattribute Decisions in Marketing: A Measurement Approach*, Dryden Press, Hinsdale 1973.

32 Questo modello è stato inizialmente sviluppato da Martin Fishbein, *Readings in Attitude Theory and Measurement*, Wiley, New York 1967, pp. 477-92. Per una sua valutazione critica si veda Paul W. Miniard e Jod B. Cohen, "An Examination of Fishbein-Ajzen Behavioral-Intentions Model's Concepts and Measures", in *Journal of Experimental Social Psychology*, maggio 1981, pp. 309-39.

33 Vedi Jagdish N. Sheth, "An Investigation of Relationships among Evaluative Beliefs, Affect, Behavioral Intention, and Behavior", in John A. Howard e L. Winston Ring (a cura di), *Consumer Behavior: Theory and Application*, Allyn & Bacon, Boston 1974, pp. 89-114.

34 Si veda Fishbein, "Attitudes and Prediction".

35 Si veda Raymond A. Bauer, "Consumer Behavior as Risk Taking", in Donald F. Cox (a cura di), *Risk Taking and Information Handling in Consumer Behavior*, Harvard Business School, Division of Research, Boston 1967; James W. Taylor, "The Role of Risk in Consumer Behavior", in *Journal of Marketing*, aprile 1974, pp. 54-60 e Arniram Gafin e George W. Torrance, "Risk Attitude and Time Preference in Health", in *Management Science*, aprile 1981, pp. 440-451.

36 Si veda Philip Kotler e Murali K. Mantrala, "Flawed Products: Consumer Responses and Marketer Strategies", in *Journal of Consumer Marketing*, estate 1985, pp. 27-36.

37 R. L. Day, "Modeling Choices among Alternative Responses to Dissatisfaction", in *Advances in Consumer Research*, vol. II (84), pp. 496-499.

38 Per una presentazione della teoria della dissonanza cognitiva, si veda Leon Festinger, *A Theory of Cognitive Dissonance*, Stanford University Press, Stanford 1957.

39 Barry L. Bayns, "Word of Mouth: The Indirect Effects of Marketing Efforts", in *Journal of Advertising Research*, giugno 1985, pp. 31-39.

40 Leon Festinger, *A Theory of Cognitive Dissonance*, p. 260; Everett M. Rogers, *Diffusion of Innovation*, Free Press, New York 1983, pp. 185-188.

41 Albert O. Hirschman, *Lealtà defezione, protesta*, Bompiani, Milano 1982.

42 Mary C. Gilly e Richard W. Hausen, "Consumer Complaint Handling as a Strategic Marketing Pool", in *Journal of Consumer Marketing*, autunno 1985, pp. 5-16.

43 James H. Donnelly e John M. Ivancevich, "Post Purchase Reinforcement and Back-out Behavior", in *Journal of Marketing Research*, agosto 1970, pp. 399-400.

44 Jacob Jacoby, Carol K. Berning e Thomas F. Dietvorst, "What About Disposition?", in *Journal of Marketing*, luglio 1977, p. 23.

Capitolo 7

Il comportamento d'acquisto delle organizzazioni

*Le imprese non fanno acquisti,
stabiliscono relazioni.*

Charles S. Goodman

Nei vari paesi industriali operano milioni di imprese e di altre organizzazioni complesse che costituiscono un vasto mercato per beni e servizi, dalle materie prime, ai semilavorati, alle parti componenti, agli impianti e attrezzature, alle macchine utensili, ai materiali di consumo, ai servizi.

Il volume degli acquisti effettuati ogni anno ammonta a cifre elevatissime.

Le imprese interessate a vendere i propri prodotti ad altre imprese, nonché alle amministrazioni pubbliche e alle molteplici organizzazioni senza finalità di lucro, devono impegnarsi al massimo per comprendere i bisogni, le risorse, le politiche e le procedure d'acquisto dei loro clienti. Per questo devono tenere presenti alcune considerazioni che non si applicano al mercato di consumo:

- Le organizzazioni acquistano beni e servizi per soddisfare vari obiettivi: conseguire profitti, ridurre i costi, soddisfare i bisogni dei dipendenti, rispettare vincoli sociali e legali.
- Di norma, alle decisioni di acquisto, partecipa un numero elevato di persone, al contrario di quanto avviene nei mercati di consumo, soprattutto nel caso di acquisti importanti. I partecipanti alla decisione hanno in genere responsabilità differenti e decidono secondo criteri diversi.
- Gli acquirenti devono agire all'interno delle politiche, dei vincoli e dei programmi stabiliti dalle organizzazioni da cui dipendono.
- Il processo d'acquisto prevede l'impiego di strumenti particolari, quali la richiesta di preventivi e proposte di vendita che costituiscono un ulteriore elemento di differenziazione rispetto al mercato di consumo.

Webster e Wind definiscono l'*acquisto istituzionale* come «il processo decisionale attraverso il quale le organizzazioni complesse definiscono le loro necessità in termini di prodotti e servizi e identificano, valutano e scelgono fra le diverse alternative e i diversi fornitori».[1]

Anche se non esistono due imprese che procedono a effettuare gli acquisti in modo analogo, chi vende mira a identificare nei diversi comportamenti d'acquisto uniformità che permettano di rendere più efficace la pianificazione delle strategie di marketing.

In questo capitolo, prenderemo in considerazione tre tipi di mercati istituzionali: il mercato dei produttori, il mercato dei rivenditori e il mercato degli enti pubblici. I produttori acquistano beni e servizi per produrre altri beni e servizi; i rivenditori acquistano beni e servizi per rivenderli conseguendo un profitto; gli enti pubblici acquistano beni e servizi per assolvere le funzioni che loro competono. Per ogni tipologia di mercato, tratteremo cinque tematiche :

- Da chi è composto il mercato?
- Quali decisioni vengono prese dagli acquirenti?
- Chi partecipa al processo d'acquisto?
- Quali sono i principali fattori che influenzano gli acquirenti?
- Come vengono assunte le decisioni d'acquisto?

7.1 Il mercato dei produttori

7.1.1 Struttura del mercato dei produttori

Il *mercato dei produttori* (definito anche *mercato industriale*) è il mercato costituito dalle persone e dalle organizzazioni che acquisiscono beni e servizi per impiegarli nella produzione di altri beni e servizi da vendere, noleggiare o comunque cedere ad altri. Le principali tipologie di imprese che possono essere fatte rientrare in questo mercato sono: le imprese agricole, forestali e di pesca; le imprese estrattive; le imprese manifatturiere; le imprese di costruzioni; le imprese di trasporti e comunicazioni; le istituzioni senza fini di lucro; le banche, le imprese finanziarie, assicuratrici e di servizi.

Le vendite agli acquirenti industriali implicano un giro di denaro maggiore rispetto alle vendite ai consumatori. Affinché un semplice paio di scarpe sia prodotto e messo in vendita, i rivenditori di pelli devono vendere le pelli alle concerie, le quali vendono il cuoio ai produttori di scarpe, che a loro volta riforniscono i grossisti, i quali distribuiscono le scarpe ai dettaglianti, per arrivare, finalmente, alla vendita al consumatore.

Ogni anello della catena produttiva e distributiva richiede l'acquisto contemporaneo di altri beni e servizi e questo spiega la maggiore complessità del mercato in esame rispetto a quello dei consumatori.

I mercati dei produttori hanno caratteristiche che contrastano nettamente con quelle presenti nei mercati di consumo. Fra le principali, possono essere annoverate le seguenti.

Pochi acquirenti. L'operatore di marketing ha, in questo caso, a che fare con un mercato composto da un numero molto più contenuto di acquirenti. Il futuro di un produttore di pneumatici, Goodyear, Michelin o Pirelli, dipende dalle decisioni d'acquisto di un numero di case automobilistiche che non supera le dieci unità a livello mondiale. Ma quando le imprese in questione operano sul mercato dei pneumatici di ricambio, esse si trovano di fronte decine di migliaia di rivenditori e milioni di automobilisti.

Grandi dimensioni degli acquirenti. Anche nei mercati con un numero elevato di acquirenti, poche imprese di grandi dimensioni effettuano, in genere, la maggior parte degli acquisti. In settori quali quello automobilistico, delle telecomunicazioni, aeronautico, delle sigarette, dei motori marini e delle fibre sintetiche, per esempio, le quattro imprese maggiori rappresentano il 70% della produzione complessiva.

Acquirenti concentrati geograficamente. Gran parte delle imprese manifatturiere sono concentrate in aree o distretti fortemente industrializzati.

Taluni settori, come quello automobilistico, si identificano addirittura con alcune città come Detroit, Torino, Stoccarda. La maggior parte dei prodotti agricoli proviene da un numero di regioni relativamente limitato. La concentrazione geografica permette di ridurre i costi di vendita a questi mercati e gli operatori di marketing devono tener d'occhio eventuali tendenze verso un'accentuazione o riduzione del fenomeno.

Domanda derivata. La domanda di beni per la produzione è in ultima analisi derivata da quella dei beni di consumo. Così, le pelli animali vengono acquistate in quanto il mercato di consumo richiede scarpe, borse e altri beni in pelle. Se questa domanda dà cenni di flessione, anche la richiesta dei prodotti che sono utilizzati nel processo produttivo ne risentirà.

Domanda tendenzialmente anelastica. La domanda totale di molti beni e servizi industriali non risente in modo sensibile delle variazioni di prezzo. Chi produce scarpe non aumenterà gli ordini in modo significativo se il prezzo della materia prima diminuisce, né li diminuirà, in caso di aumenti di prezzo, a meno che non venga individuato un valido sostituto del cuoio. La domanda risulta anelastica soprattutto nel breve periodo, dato che le imprese non sono in grado di modificare in modo sostanziale i metodi produttivi utilizzati. La domanda risulta poi anelastica per quei prodotti che incidono in modo poco rilevante sui costi totali. Per esempio, un aumento nel prezzo degli occhielli metallici per le stringhe influirà in modo praticamente nullo sul livello della domanda di scarpe. Nello stesso tempo, la scelta del fornitore da cui servirsi viene fatta in base al prezzo, anche se questo in definitiva finirà con l'avere un peso poco rilevante sull'ammontare totale degli acquisti.

Domanda fluttuante. La domanda di beni e servizi industriali tende a essere più instabile di quella di beni di consumo e questo è particolarmente vero nel caso di nuovi impianti e macchinari. Una certa percentuale di incremento nella domanda di consumo può portare ad aumenti percentuali molto più significativi nella domanda delle attrezzature necessarie per aumentare la capacità produttiva.

Gli economisti definiscono questa tendenza *principio di accelerazione*: a volte, un incremento del 10% nella domanda dei consumatori provoca un aumento del 200% nella domanda dei produttori nel periodo successivo. Questo fenomeno ha portato molte imprese a diversificare le linee produttive, in modo da ristabilire un certo equilibrio del volume degli affari.

Processo d'acquisto professionale. I beni industriali sono acquistati da operatori preparati a livello professionale, i quali pongono il massimo impegno a migliorare le proprie tecniche d'acquisto.

I consumatori, invece, sono molto meno preparati nell'arte di effettuare gli acquisti. Inoltre, più l'acquisto si presenta complesso, più è probabile che al processo prendano parte un numero elevato di persone: commissioni d'acquisto composte da esperti e manager ad alto livello non sono rare nell'acquisto degli impianti o dei prodotti più importanti.

Di conseguenza, le imprese operanti nei mercati industriali devono disporre di venditori ben preparati e spesso devono utilizzare gruppi di vendita che sappiano trattare con gli acquirenti particolarmente competenti. Anche se la pubblicità, la promozione di vendita e le diverse attività di propaganda giocano un ruolo importante nel mix di comunicazione, il punto di forza di questo mercato è dato dall'attività di vendita personale.

Aspetti diversi. Tra gli altri aspetti propri del mercato dei produttori rammentiamo i seguenti:

- **Acquisto diretto.** Gli acquirenti industriali spesso acquistano direttamente dai produttori, piuttosto che dai rivenditori, soprattutto nel caso di beni particolarmente complessi e costosi.
- **Reciprocità dei rapporti di vendita e acquisto.** Gli acquirenti industriali spesso scelgono fornitori che, a loro volta, siano clienti dell'impresa. Un esempio può essere dato da una cartiera che acquisti prodotti chimici da un'impresa che è sua cliente per la carta. In taluni paesi la reciprocità è vietata in quanto ritenuta lesiva della libertà di concorrenza. Negli Stati Uniti, ad esempio, un acquirente può scegliere un fornitore che è anche suo cliente, ma deve poter dimostrare che da questi ottiene condizioni di prezzo, qualità e servizio a livelli competitivi.
- **Utilizzo del leasing.** Gli acquirenti industriali si stanno sempre più rivolgendo alle forme di leasing, in particolare per prodotti quali i computer, i macchinari per calzature, l'imballaggio, le costruzioni pesanti, i mezzi di trasporto, le macchine utensili e le automobili per il personale di vendita.
  Chi acquista in leasing gode di diversi vantaggi, fra cui la riduzione degli immobilizzi di capitale, la possibilità di disporre dei più recenti modelli e di ricevere un servizio qualitativamente migliore, nonché di ottenere alcuni vantaggi fiscali. Chi vende in leasing ha spesso rendimenti netti superiori e la possibilità di servire una clientela che non avrebbe altrimenti potuto permettersi l'acquisto.

7.1.2 Le decisioni d'acquisto nel mercato dei produttori

L'acquirente industriale deve prendere un insieme di decisioni diverse nel procedere a un acquisto. Il numero delle decisioni messe effettivamente in atto dipende dal tipo di situazione d'acquisto.

Tipologia delle principali situazioni d'acquisto. Possono essere identificati tre tipi fondamentali di situazioni, definibili come *classi d'acquisto*. A un estremo vi è la situazione di riapprovvigionamento invariato, in cui il processo decisionale ha un carattere di routine; all'estremo opposto vi è la situazione d'acquisto totalmente nuova, in cui è necessario avviare una negoziazione completa.

Riacquisto invariato. Sono di questo tipo le situazioni in cui gli uffici acquisti si limitano a ripetere gli ordini di routine (cancelleria, prodotti chimici di base, ecc.). La scelta fra i fornitori è fatta sulla base di una lista in cui viene tenuta presente la capacità di ogni fornitore di soddisfare le esigenze dell'impresa. I fornitori già inseriti cercano di mantenere elevata la qualità dei prodotti e dei servizi offerti e spesso propongono sistemi di ordinazione automatizzati per risparmiare sui tempi di riordino. I fornitori per il momento esclusi cercano di offrire qualcosa di diverso e di rendere evidenti aspetti non risolti dagli altri concorrenti, in modo da essere presi in considerazione per gli ordini successivi. In genere, il metodo utilizzato è quello di acquisire ordini limitati e di allargare via via la propria "quota di acquisti".

Riacquisto modificato. In questa situazione l'acquirente ha intenzione di modificare alcune specifiche relative al prodotto, al prezzo o altro. Si apre quindi la possibilità di cambiare il fornitore (nel caso, per esempio, dell'acquisto di nuovi autocarri o di componenti elettrici speciali). In genere, in una situazione di modifica della procedura di riacquisto il numero di persone che partecipa alla decisione aumenta. I fornitori abituali si trovano in una situazione di tensione e devono fare del loro meglio per cercare di difendere le posizioni acquisite; i potenziali fornitori, d'altro canto, si trovano nella situazione adatta per formulare un'offerta migliore e ottenere nuovi clienti.

Nuovo acquisto. In questo caso si tratta di acquistare un prodotto o un servizio per la prima volta (per esempio, un nuovo impianto o l'installazione di un nuovo sistema di allarme). Naturalmente, più è elevata la spesa o il rischio legato alla scelta, maggiore sarà il numero delle persone coinvolte nella decisione e più attenta la ricerca di informazioni. Il nuovo acquisto rappresenta l'opportunità e l'occasione più interessante per l'impresa venditrice, la quale deve riuscire a influenzare quanti più operatori chiave può, mantenendo un elevato livello di informazione e di assistenza. Per le difficoltà presenti in queste situazioni di vendita, molte imprese utilizzano venditori particolarmente dinamici e specializzati.

In queste situazioni il processo d'acquisto passa attraverso diverse fasi, ciascuna delle quali presenta particolari problemi e opportunità di marketing. Ozanne e Churchill hanno applicato alle situazioni di nuovo acquisto il modello della diffusione del processo di innovazione, identificando lo stadio della *consapevolezza*, dell'*interesse*, della *valutazione*, della *prova* e della *scelta*.[2] Le fonti di informazione sono diverse e rivestono un peso differente nelle varie fasi. I mezzi di comunicazione di massa sembrano essere estremamente importanti soprattutto nella prima fase, mentre il personale di vendita diventa fondamentale nel momento in cui l'interesse si fa più preciso e definito. Le fonti tecniche diventano le più importanti nella fase della valutazione. In questo ambito è possibile avere indicazioni interessanti per migliorare l'efficacia delle comunicazioni da usare ai diversi livelli del processo d'acquisto.

Principali sub-decisioni presenti nella decisione d'acquisto. Il numero di decisioni che l'acquirente deve prendere aumenta passando dalla situazione d'acquisto abituale a quella di primo acquisto. In quest'ultima, l'acquirente deve determinare le *specifiche del prodotto*, i *limiti di prezzo*, i *tempi* e i *termini di consegna*, i *termini di pagamento*, i *quantitativi*, i *fornitori da prendere in considerazione* e il *fornitore presso cui effettivamente rifornirsi*. Ciascuna decisione viene influenzata da partecipanti diversi, e l'ordine in cui le varie decisioni vengono assunte varia.

L'acquisto e la vendita di sistemi. Molti acquirenti preferiscono adottare soluzioni integrali dei loro problemi d'acquisto, evitando di dover assumere separatamente le diverse decisioni. Questo è chiamato *acquisto di sistemi* e ha avuto origine nelle procedure utilizzate dallo Stato per l'acquisto di armamenti e di impianti di comunicazione. Invece di acquistare le diverse parti separatamente e poi riunirle, lo Stato indice gare d'appalto tra le imprese in grado di fornire l'intera struttura o sistema richiesto. Il vincitore dell'appalto assume la responsabilità della fornitura complessiva, eventualmente subappaltando parte della produzione. In questo modo, l'impresa capocommessa fornisce un impianto "chiavi in mano", ossia tale da richiedere all'acquirente il semplice avvio dell'attività dello stesso.

I venditori si sono sempre più resi conto che gli acquirenti industriali apprezzano questo metodo d'acquisto, utilizzando il metodo della *vendita di sistemi* come uno strumento di marketing. La vendita di sistemi può essere realizzata secondo diverse modalità. Una prima modalità si ha allorquando il fornitore fornisce un insieme di prodotti interdipendenti fra loro; per esempio, non vende esclusivamente colla, ma assieme a essa anche i macchinari per applicarla e farla asciugare. Una seconda modalità prevede che l'impresa venditrice fornisca un sistema di produzione, di controllo delle scorte, di distribuzione e altri servizi che contribuiscono a semplificare e a snellire le operazioni del cliente. Un'ulteriore variante del metodo in esame consiste nella fornitura, da parte dell'impresa venditrice, di tutti i prodotti e servizi richiesti dal cliente per lo svolgimento di una certa attività, quali la gestione di un servizio di ristorazione collettiva, di una catena di alberghi, di una rete di impianti di riscaldamento, ecc. Il vantaggio per il cliente consiste, nel caso in esame, nel non dover mantenere scorte di materiali per il ciclo operativo, la manutenzione e le riparazioni, nonché nella semplificazione della propria organizzazione.[3]

7.1.3 L'organizzazione d'acquisto dei produttori

Possiamo ora chiederci chi effettui gli acquisti del valore di centinaia di miliardi dei beni e servizi richiesti dal mercato industriale. Le strutture organizzative preposte agli acquisti sono composte da un numero di persone che va da uno o pochi addetti a vere e proprie direzioni centrali per gli acquisti. In alcuni casi, chi è addetto all'acquisto si occupa anche dell'intero processo e arriva a definire le specifiche di prodotto e i nominativi dei fornitori, mentre in altri casi è responsabile esclusivamente della selezione dei fornitori e in altri ancora si occupa solo di emettere l'ordine d'acquisto. In linea generale, gli addetti agli acquisti hanno pieno potere decisionale nelle situazioni meno rilevanti, mentre si limitano a tradurre in termini operativi le decisioni assunte a livelli più elevati su materie di particolare impegno per l'impresa.

Webster e Wind definiscono l'unità decisionale del processo d'acquisto con il termine di *centro acquisti*, costituito da un «insieme di individui e di gruppi che partecipano al processo decisionale d'acquisto, ne condividono alcuni obiettivi di fondo, nonché i rischi che dalla decisione possono provenire».[4] In termini più specifici, il centro acquisti include tutti i membri dell'organizzazione che svolgono uno dei seguenti cinque ruoli nell'ambito del processo d'acquisto:[5]

- **Utilizzatori**. Sono i membri dell'organizzazione che utilizzeranno effettivamente il prodotto o servizio da acquistare. Molto spesso sono essi che avviano il processo d'acquisto e che forniscono le indicazioni relative alle specifiche del prodotto.

- **Influenzatori.** Sono coloro che esercitano in qualche modo un'influenza sul processo d'acquisto. In genere, contribuiscono a definire i dettagli dei beni da acquisire e forniscono indicazioni per la scelta fra diverse alternative. Il personale tecnico ha un'influenza particolarmente importante.
- **Decisori.** Chi decide ha in genere il potere formale o informale di definire, o comunque di approvare, la scelta del fornitore. Negli acquisti di routine, l'acquirente riveste spesso anche il ruolo di decisore o, almeno, quello di colui cui spetta l'approvazione finale.
- **Acquirenti.** Sono coloro che hanno l'autorità formale per scegliere il fornitore e definire le modalità dell'acquisto. Possono dare consigli per definire le specifiche di prodotto, ma la loro principale funzione riguarda le trattative d'acquisto e la scelta del fornitore. Nel caso di acquisti molto importanti, lo svolgimento della trattativa d'acquisto può vedere la partecipazione di alti dirigenti dell'impresa.
- **Custodi.** Sono coloro che hanno il potere di impedire o ostacolare la presa di contatto con i vari protagonisti del processo d'acquisto. Per esempio, i responsabili degli acquisti spesso hanno l'autorità di impedire ai venditori di contattare utilizzatori e decisori. Altri "custodi" possono essere considerati i tecnici, le segretarie di direzione e anche le centraliniste.

All'interno di ogni organizzazione, il centro acquisti assume dimensioni e struttura diverse a seconda delle diverse classi di prodotto considerate. Nell'acquisto di un calcolatore saranno coinvolte più persone che nell'acquisto del materiale di cancelleria. L'operatore di marketing industriale deve quindi fornire una risposta ai seguenti interrogativi: *Chi sono le persone maggiormente coinvolte nella decisione? A quale livello e su quali aspetti della decisione esercitano la propria influenza? Qual è il peso relativo della loro influenza? E quali sono i criteri di valutazione utilizzati da ciascun partecipante alla decisione?*

Quando un centro acquisti richiede la partecipazione di molte persone, l'operatore di marketing potrebbe non avere risorse o tempo sufficienti per raggiungerle tutte. Le imprese minori devono cercare allora di concentrarsi su *chi esercita un'influenza d'acquisto chiave*, mentre le imprese maggiori possono adottare invece un approccio basato sulla *vendita a diversi livelli di profondità* per raggiungere il maggior numero di partecipanti alla decisione. Allorquando l'impresa acquirente assuma, per entità degli acquisti e frequenza degli ordini, il carattere di *cliente fondamentale*, il personale di vendita del fornitore svolge la propria funzione in stretto e permanente contatto con il medesimo. Gli operatori di marketing industriale devono periodicamente controllare le loro valutazioni sulla struttura dei ruoli e sull'influenza relativa esercitate dai diversi partecipanti all'acquisto. Per esempio, per anni la strategia della Kodak per la vendita di pellicole per radiografia agli ospedali è stata orientata verso i tecnici di laboratorio, senza rendersi conto che la decisione stava sempre più passando in mano agli amministratori. Quando le vendite iniziarono a declinare, la Kodak si rese finalmente conto della modifica delle situazioni d'acquisto e cambiò rapidamente la propria strategia di marketing.

7.1.4 I principali fattori di influenza sugli acquirenti industriali

Quando gli acquirenti industriali assumono delle decisioni sono influenzati da molti fattori. Alcuni esperti ritengono che i fattori più significativi abbiano natura economica, quali il prezzo minore o il prodotto, o servizio, migliore. Secondo questo punto di vista, gli operatori di marketing industriale dovrebbero concentrarsi sui vantaggi economici significativi per l'acquirente.

Altri esperti ritengono invece che gli acquirenti siano particolarmente sensibili a fattori personali quali la cortesia, l'attenzione, oppure la garanzia contro i rischi. Uno studio condotto sugli addetti agli acquisti di dieci importanti imprese ha portato alle seguenti conclusioni:

> ... chi prende decisioni è comunque un uomo, anche se riveste una certa carica nell'azienda. Quindi è sensibile all'"immagine"; sceglie come fornitori imprese che per qualche verso sente "simili a sé"; preferisce acquistare da chi gli dimostra rispetto, considerazione professionale e disponibilità a fare "qualcosa di speciale" proprio per lui; reagisce decisamente a segni – reali o immaginari – di trascuratezza e tende a scartare le imprese che non si curano di presentare le proprie proposte, o le fanno pervenire in ritardo.[6]

Questo punto di vista suggerisce agli operatori di marketing industriale di porre grande attenzione ai fattori umani e sociali della situazione d'acquisto. In realtà, oggi gli acquirenti industriali rispondono tanto ai fattori economici quanto a quelli personali. Quando vi è una sostanziale omogeneità fra le offerte dei fornitori, gli acquirenti hanno pochi elementi per fare una scelta razionale: dal momento che gli obiettivi dell'organizzazione possono essere raggiunti mediante un qualunque fornitore, ne deriva un certo margine per far giocare i fattori personali. D'altra parte, quando le alternative di prodotto presentano differenze sostanziali, gli addetti agli acquisti sono maggiormente responsabili per le loro scelte, per cui ritorna a essere centrale l'attenzione ai fattori economici.

Webster e Wind hanno classificato le diverse influenze che gli acquirenti industriali possono subire in quattro gruppi: fattori ambientali, fattori legati all'organizzazione, fattori interpersonali e fattori individuali.[7] I gruppi in questione, schematizzati nella figura 7-1, vengono descritti qui di seguito.

Fattori ambientali. Gli acquirenti industriali sono fortemente influenzati da fattori legati all'ambiente economico del momento e alla sua dinamica, come il livello della domanda primaria, l'andamento della produzione industriale, e il costo del denaro. In un'economia contraddistinta dalla recessione, gli acquirenti industriali tendono a contenere gli investimenti in impianti e attrezzature e a ridurre le scorte. Gli operatori di marketing possono fare poco per stimolare le vendite in questa situazione, tranne che auspicare l'intervento dei pubblici poteri, sotto forma di riduzione delle imposte, agevolazioni creditizie, sussidi o altro. Quando le imprese paventano una situazione di scarsità delle materie prime fondamentali per la produzione, sono disposte ad acquistarne e a tenerne in scorta grandi quantità. Per questo saranno pronte a firmare contratti di lungo periodo con i fornitori, onde garantirsi stabili flussi di approvvigionamento. Anche le tendenze in atto nell'ambiente tecnologico, politico e competitivo influenzano gli acquirenti industriali. L'operatore di marketing deve pertanto tenere sotto controllo le diverse forze ambientali, valutare come esse influenzano gli acquirenti e cercare di trasformare le situazioni negative in opportunità.

Fattori organizzativi. Ciascuna organizzazione d'acquisto ha specifici obiettivi, politiche, procedure, strutture interne che l'operatore di marketing deve conoscere meglio che può. In particolare, occorre accertare: Quali e quante sono le persone coinvolte nella decisione d'acquisto? Quali criteri di valutazione sono applicati? Quali sono le politiche degli acquisti delle imprese clienti?

Figura 7-1 Principali fattori influenzanti il comportamento dell'acquirente industriale

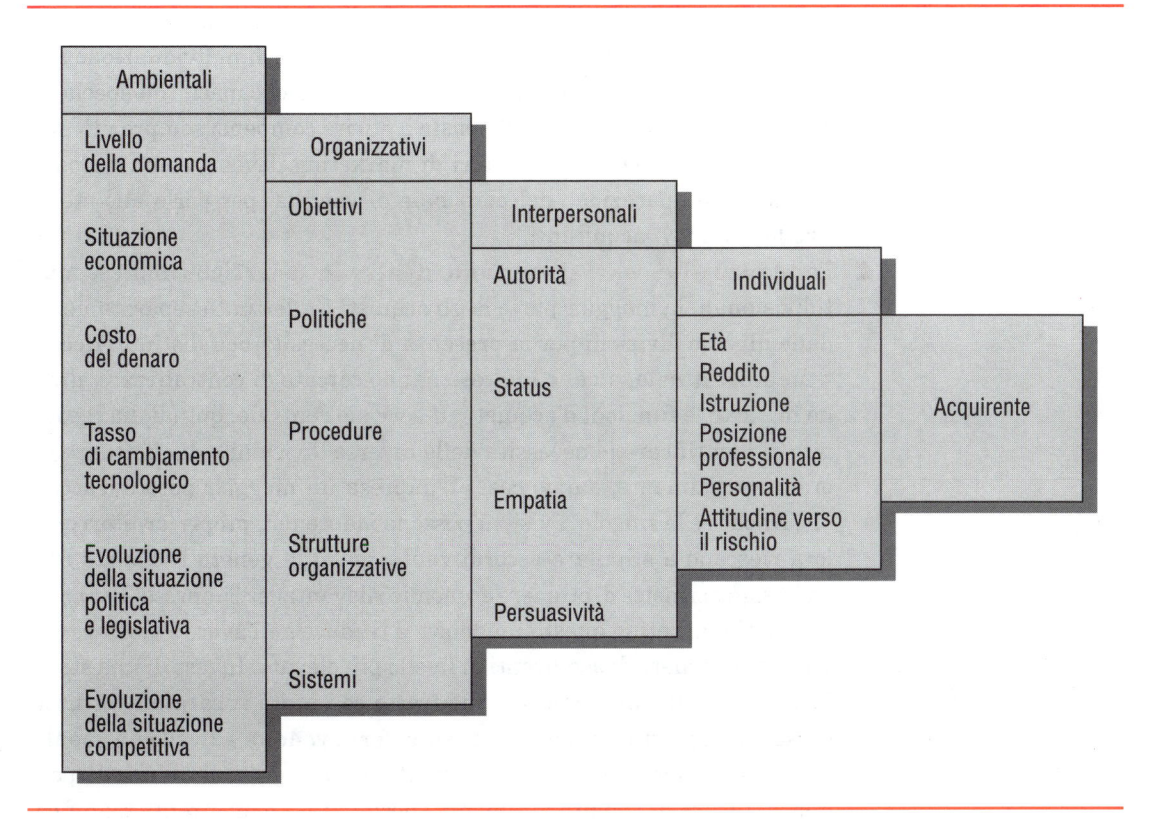

Ambientali	Organizzativi	Interpersonali	Individuali	Acquirente
Livello della domanda	Obiettivi	Autorità	Età	
Situazione economica	Politiche	Status	Reddito	
Costo del denaro	Procedure	Empatia	Istruzione	
Tasso di cambiamento tecnologico	Strutture organizzative	Persuasività	Posizione professionale	
Evoluzione della situazione politica e legislativa	Sistemi		Personalità	
Evoluzione della situazione competitiva			Attitudine verso il rischio	

L'operatore di marketing industriale dovrebbe tenere presenti le seguenti tendenze in atto nell'ambito dell'organizzazione del settore acquisti:

■ **Gli uffici acquisti tendono a essere più importanti.** Gli uffici acquisti occupano in genere una posizione poco elevata nella gerarchia dell'impresa, anche se spesso essi hanno la responsabilità di più della metà dei costi aziendali. L'inflazione e i periodi di scarsità hanno comunque portato diverse imprese ad aumentare l'importanza di questi servizi, e alcune fra le maggiori hanno elevato al rango di direttori centrali i rispettivi responsabili. Molte imprese hanno unificato funzioni diverse, quali gli acquisti, la gestione delle scorte, la programmazione della produzione e i trasporti, in una funzione al massimo livello, denominata *direzione materiali*. La nuova generazione di manager dei materiali sta rivoluzionando i sistemi di approvvigionamento e di individuazione delle fonti. Molte imprese sono alla ricerca di tecnici capaci, con specializzazione di alto livello e sono disposte a offrire compensi sempre più alti. Questo significa che gli operatori di marketing devono, come risposta, elevare la preparazione del personale di vendita, per porlo allo stesso livello dei nuovi acquirenti.

- **Tendenza alla centralizzazione degli acquisti.** Nelle imprese multidivisionali, la maggior parte degli acquisti è effettuata separatamente dalle diverse divisioni per la presenza di necessità ben distinte. Recentemente, tuttavia, alcune imprese hanno cercato di centralizzare almeno in parte le funzioni d'acquisto. Il servizio centrale, quindi, ha il compito di identificare le necessità delle diverse divisioni e di effettuare gli ordini globalmente, dando così all'impresa un maggior potere d'acquisto. Anche se le singole divisioni possono mantenere propri fornitori qualora riescano a stipulare accordi vantaggiosi, in genere l'acquisto centralizzato permette di ottenere economie rilevanti per l'impresa. Per l'operatore di marketing questa tendenza si traduce nell'avere a che fare con un minor numero di acquirenti di livello più elevato. Invece di una struttura di vendita su base locale che tratta con unità separate, i fornitori possono, in questo caso, impiegare una forza vendita a livello nazionale. Questa è un'opportunità estremamente interessante, che richiede però una struttura di vendita altamente specializzata e un'attenta pianificazione di marketing.

- **Contratti di fornitura a lungo termine.** Gli acquirenti industriali sono sempre più favorevoli a contratti di lungo periodo con i fornitori. La definizione di questi contratti, naturalmente, richiede un processo complesso di negoziazione, e per questo gli uffici acquisti inseriscono nel loro staff personale specializzato nelle tecniche di negoziazione. Gli operatori di marketing industriale devono, come risposta, inserire nelle loro fila personale di vendita qualificato per concludere contratti complessi.

- **Valutazione dei risultati.** Alcune imprese stanno organizzando sistemi d'incentivazione per premiare i dirigenti degli uffici acquisti che abbiano concluso ordini particolarmente soddisfacenti in termini di risultato, in modo analogo a quanto avviene nei confronti del personale di vendita che consegue risultati positivi. Questi metodi spingono i dirigenti dell'ufficio acquisti a cercare di ottenere condizioni di offerta ottimali da parte dei venditori.

Lo sviluppo dei sistemi di produzione *just in time* (JIT) sta modificando in modo sostanziale l'organizzazione e le politiche degli acquisti nelle imprese manifatturiere.

Com'è noto, la finalità fondamentale del JIT è quella di ridurre a zero il livello delle scorte, contribuendo nel contempo a migliorare al massimo la qualità. Affinché ciò sia possibile, occorre che i programmi di produzione dell'impresa acquirente siano sincronizzati con quelli delle imprese fornitrici. Le caratteristiche fondamentali del JIT sono:

- Accurato controllo della qualità delle forniture.
- Consegne regolari e frequenti.
- Localizzazione dei fornitori prossima ai luoghi di consegna.
- Impiego dei sistemi più avanzati di telecomunicazione.
- Programmi di produzione stabili.
- Riduzione del numero delle fonti di rifornimento.
- Impiego sistematico dell'analisi del valore.
- Stretti rapporti di collaborazione fra acquirente e fornitori.

In sintesi, la sistematica applicazione del JIT porta a creare rapporti di collaborazione e di integrazione fra imprese poste ai vari livelli del ciclo di trasformazione dei vari settori industriali.[8]

Fattori interpersonali. Le strutture d'acquisto coinvolgono in genere persone con status, autorità, sensibilità e capacità di persuasione differenti. Non è certo compito dell'operatore di marketing conoscere le dinamiche di gruppo che sono poste in atto durante il processo d'acquisto, anche se qualunque informazione in proposito essi reperiscano può senza dubbio essere utile.

Fattori individuali. I diversi partecipanti alla decisione d'acquisto portano nel processo motivazioni, modalità di percezione e sistemi di preferenze proprie. Queste variabili sono legate all'età, al livello d'istruzione, al reddito, all'identificazione professionale, alla personalità e all'attitudine verso il rischio. L'acquirente industriale, quindi, può presentare stili d'acquisto differenti. Alcuni addetti alla vendita, in genere i più giovani e specializzati, sono "computer dipendenti" e su questa base impostano rigorose analisi delle diverse offerte, prima di scegliere un fornitore. Altri preferiscono trattare i fornitori con durezza, secondo i principi della "vecchia scuola".

Gli operatori di marketing industriale devono conoscere i propri clienti e adattare le proprie tattiche alle diverse influenze ambientali, organizzative, interpersonali e individuali che di volta in volta influenzano le varie situazioni d'acquisto.

7.1.5 Il processo decisionale degli acquirenti industriali

L'acquirente industriale non acquista beni e servizi per consumo o utilità personale. Acquista per conseguire un profitto, o per ridurre il livello dei costi, o per adeguarsi agli obblighi sociali o legali. Un'acciaieria realizzerà un nuovo forno ove ne ravvisi la convenienza economica, oppure automatizzerà le proprie operazioni amministrative, se ciò consentirà di ridurre i costi. Inoltre, porrà in funzione un sistema di controllo dell'inquinamento se questo è richiesto dalle norme.

Nell'approvvigionarsi dei beni necessari, gli acquirenti industriali svolgono un processo d'acquisto o di approvvigionamento complesso all'interno del quale possono essere identificate le otto *fasi d'acquisto* descritte qui di seguito.

Individuazione del problema. Il processo d'acquisto ha inizio quando qualcuno all'interno dell'organizzazione individua l'esistenza di un problema o di un bisogno che potrebbe essere risolto attraverso l'acquisto di un bene o di un servizio. Il problema può sorgere per la presenza di stimoli interni o esterni all'impresa. Fra gli stimoli interni, le situazioni che più frequentemente portano a percepire l'esistenza di un problema si hanno nel caso in cui:

- L'impresa decide di lanciare un nuovo prodotto e necessita di attrezzature e materiali per la sua realizzazione.
- Una macchina si arresta per guasto e occorre sostituirla o cambiarne dei pezzi.
- Alcuni materiali si rivelano con l'uso non soddisfacenti e l'impresa cerca un nuovo fornitore.
- Un dirigente del settore acquisti vede l'opportunità di ottenere prezzi o qualità migliori ricorrendo a un nuovo fornitore.

Nell'ambiente esterno all'impresa, idee nuove possono venire da una mostra, da un annuncio pubblicitario, o direttamente da una telefonata del venditore che propone prezzi migliori o qualità più elevate. L'operatore di marketing industriale può quindi stimolare la capacità di individuare i problemi mediante la pubblicità, effettuando visite a clienti potenziali e così via.

Descrizione generale del bisogno. Dopo aver individuato un bisogno, l'acquirente procede a specificarne le caratteristiche generali in senso qualitativo e quantitativo. Per gli acquisti di routine ciò non costituisce un problema; per ordini importanti, l'addetto agli acquisti si avvale della cooperazione di tecnici, utilizzatori, ecc., per definire le caratteristiche generali dell'acquisto da effettuare. Sarà necessario attribuire il giusto peso relativo a fattori quali l'affidabilità, la durata, il prezzo e altre caratteristiche ritenute rilevanti.

L'operatore di marketing industriale può fornire assistenza all'impresa acquirente, dal momento che spesso chi deve acquistare non è a conoscenza del valore delle caratteristiche dei diversi prodotti.

Specifiche di prodotto. A questo punto l'organizzazione d'acquisto procede a sviluppare le caratteristiche tecniche che l'oggetto da acquistare deve avere. A tal fine può essere organizzato un gruppo di lavoro formato da tecnici che effettuino un'*analisi del valore*. Si tratta di una tecnica messa a punto dalla General Electric verso la fine degli anni Quaranta, costituita da un *approccio alla riduzione dei costi, in cui i diversi componenti di un prodotto sono studiati attentamente per verificare la possibilità di modificarne il progetto, o di standardizzarne il processo di produzione, o di ridurne il costo mediante metodi produttivi più convenienti*. A questo scopo, il gruppo di lavoro passa in rassegna i componenti più costosi di un certo prodotto. Va tenuto presente, a questo riguardo, che il 20% dei componenti determina in genere l'80% dei costi. Il gruppo si occupa anche di quei componenti che presentano caratteristiche eccessive rispetto all'uso cui è destinato il prodotto di cui fanno parte. Nella tavola 7-1 sono elencati i punti principali che devono essere esaminati da un gruppo di analisi del valore. Il gruppo alla fine deciderà quali sono le caratteristiche ottimali per il prodotto e le specificherà di conseguenza. Un'attenta specificazione scritta di queste permetterà al servizio acquisti di scartare le alternative che non raggiungono gli standard previsti.

Anche i venditori possono utilizzare l'analisi del valore come strumento per acquisire un ordine. Dimostrando la capacità di realizzare

Tavola 7-1 I punti da esaminare in un'analisi del valore

1. L'impiego dell'oggetto in questione determina un incremento del valore prodotto?
2. Il relativo costo è proporzionato alla sua utilità?
3. Le sue caratteristiche sono tutte strettamente necessarie?
4. C'è qualcosa di meglio per svolgere la funzione cui è destinato?
5. Qualche parte componente può essere realizzata a un costo minore?
6. Esistono dei componenti standardizzati che potrebbero essere utilizzati nel processo?
7. Il prodotto è stato realizzato con un impianto adeguato, tenuto conto delle quantità richieste?
8. Il costo del prodotto è giustificato per quanto concerne i materiali impiegati, la manodopera e le spese generali?
9. È possibile ottenere lo stesso prodotto a prezzi minori presso un altro fornitore altrettanto affidabile?
10. C'è qualche impresa che riesce a ottenerlo a un prezzo inferiore?

Fonte: Albert W. Frey, *Marketing Handbook*, Ronald Press, New York 1965, 2ª ed., sezione 27, p. 21.

meglio di un concorrente un determinato prodotto, un fornitore è in grado di trasformare una situazione di riacquisto invariato e di routine in una di nuovo acquisto, in cui la propria impresa può essere messa nelle condizioni di avere buone probabilità di acquisire l'ordine.

Ricerca del fornitore. Il servizio acquisti ricerca a questo punto il fornitore più adatto. A questo scopo, è possibile passare in rassegna dei repertori commerciali, effettuare una ricerca mediante computer o telefonare ad altre imprese per avere qualche suggerimento. Alcuni fornitori saranno scartati subito perché di dimensione insufficiente a evadere l'ordine previsto, oppure per la reputazione poco brillante in termini di servizio o di consegne. Alla fine, sarà disponibile una lista con pochi nominativi di potenziali fornitori particolarmente qualificati. Se la situazione d'acquisto presenta caratteristiche di novità, e l'oggetto richiesto è complesso e costoso, sarà necessario disporre di un tempo adeguato per la ricerca e la valutazione dei fornitori. La preoccupazione del potenziale fornitore deve essere naturalmente quella di essere inserito nei principali repertori, di svolgere un programma di pubblicità e promozione efficace e di impegnarsi a costruirsi una buona immagine sul mercato.

Richiesta e acquisizione delle proposte. Il servizio acquisti invita a questo punto i fornitori selezionati a formulare proposte. Alcuni si limiteranno a inviare cataloghi o un venditore. Quando il problema è complesso o presenta costi elevati, l'acquirente può richiedere proposte scritte e dettagliate a ogni potenziale fornitore. Alcune di queste verranno scartate, mentre ai rimasti verrà chiesto di presentare delle offerte formali. Gli operatori di marketing industriale devono pertanto porre la massima cura nella preparazione e nella presentazione delle proposte, prestando la dovuta attenzione a che queste abbiano l'aspetto di documenti di marketing, piuttosto che di semplici documenti tecnici. Nella presentazione orale, i fornitori devono ispirare fiducia e, in definitiva, evidenziare le proprie capacità e risorse in modo da differenziarsi dai concorrenti.

Scelta del fornitore. In questa fase, l'ufficio acquisti esamina le proposte e orienta la propria scelta finale. È possibile utilizzare un'*analisi del fornitore* vera e propria: in questo senso verrà presa in considerazione non solo la competenza tecnica dei diversi fornitori potenziali, ma anche la loro capacità di evadere l'ordine nel tempo richiesto e di provvedere ai servizi necessari. L'ufficio acquisti talvolta prepara una lista dei requisiti che un fornitore ottimale dovrebbe presentare, ordinati in funzione della loro importanza. Nel caso di un fornitore di prodotti chimici, per esempio, un ufficio acquisti predispone la seguente lista di caratteristiche:

1. Servizi di assistenza tecnica.
2. Rapidità di consegna.
3. Immediata corrispondenza ai bisogni del cliente.
4. Qualità del prodotto.
5. Reputazione del fornitore.
6. Prezzo del prodotto.
7. Ampiezza e profondità della linea di prodotto.
8. Preparazione del personale di vendita.
9. Condizioni di pagamento.
10. Relazioni personali.
11. Disponibilità di letteratura specifica e di manuali.

Sulla base di queste caratteristiche è possibile procedere a una valutazione dei fornitori, pervenendo a definire quello più interessante. In genere, viene utilizzato un modello di valutazione simile a quello presentato nella tavola 7-2.

Lehmann e O'Shaughnessy hanno notato che l'importanza relativa attribuita ai diversi elementi varia in relazione a situazioni d'acquisto diverse.[9] Per *prodotti a ordinazione di routine*, la sicurezza, il prezzo e l'immagine del fornitore sono considerate fondamentali, mentre per *prodotti a procedura d'acquisto*, come le fotocopiatrici, i tre più importanti attributi risultano essere il servizio tecnico, la flessibilità e l'affidabilità del fornitore. Per prodotti che danno luogo a *conflitti nell'organizzazione*, gli attributi principali sono il prezzo, l'immagine, l'affidabilità del prodotto e del servizio, nonché la flessibilità del fornitore.

L'ufficio acquisti può cercare di negoziare con i fornitori selezionati il prezzo e le altre condizioni d'acquisto, prima di effettuare la scelta definitiva. Alla fine, può optare per un solo fornitore o per più d'uno. In molti casi si preferisce mantenere diverse fonti di approvvigionamento, in modo da non rimanere vincolati a un unico fornitore nel caso sorga qualche problema e per mantenere la possibilità di comparare prezzi e

Tavola 7-2 Un esempio di analisi del fornitore

Caratteristiche	Scala di valutazione				
	Inaccettabile (0)	Scadente (1)	Discreto (2)	Buono (3)	Ottimo (4)
Capacità tecniche e produttive					x
Solidità finanziaria			x		
Affidabilità del prodotto					x
Affidabilità delle consegne			x		
Validità del servizio di assistenza					x
Punteggio complessivo: 4 + 2 + 4 + 2 + 4 = 16					
Punteggio medio: 16 : 5 = 3,2					

Fonte: Adattato da Richard Hill, Ralph Alexander e James Cross, *Industrial Marketing*, Irwin, Homewood 1975, 4ª ed., pp. 101-104.

prestazioni dei diversi fornitori. In genere, il grosso dell'ordine viene evaso da un unico fornitore e la parte rimanente viene assegnata ad altri. Per esempio, un acquirente che utilizza tre fornitori, acquisterà il 60% del fabbisogno presso il primo di questi, il 30 e il 10% rispettivamente presso gli altri due. Il *fornitore primario* cercherà di mantenere la propria posizione di vantaggio, mentre i *fornitori secondari* cercheranno di allargare la loro quota. Nello stesso tempo, i *fornitori esclusi* cercheranno di inserirsi offrendo prezzi particolari e faranno quindi di tutto per riuscire a ottenere una parte delle forniture del cliente.

Emissione dell'ordine. L'acquirente industriale procede infine a predisporre l'ordine definitivo per il fornitore, o i fornitori prescelti, elencando le specifiche tecniche, i quantitativi, i termini di consegna previsti, le condizioni di pagamento, le garanzie, ecc. Nel caso si tratti di acquisti classificabili come MRC (manutenzione, riparazione e materiali di consumo), la tendenza è quella di utilizzare sempre di più *contratti continuativi*, invece di emettere una serie di *ordini d'acquisto periodici*. È infatti costoso compilare l'ordine ogni volta che esiste la necessità di un nuovo quantitativo e, d'altra parte, l'acquirente non ha interesse ad aumentare il volume degli ordinativi, per non trovarsi con scorte troppo pesanti. Un contratto continuativo presuppone una relazione stabile, in base alla quale il fornitore garantisce l'evoluzione degli ordini alle condizioni di prezzo concordate per un certo periodo di tempo. I quantitativi ordinati vengono mantenuti presso il fornitore, dal che deriva la denominazione di *piano di rifornimento senza scorte*. Il terminale del cliente automaticamente stampa e trasmette al fornitore l'ordine di rifornimento allorquando il livello delle scorte scende al di sotto di un certo limite. Questo tipo di contratto prevede la possibilità di acquisti presso più fonti e di acquisti di prodotti diversi presso una stessa fonte. In questo modo il rapporto cliente-fornitore risulta più stretto e diviene più difficile per altri fornitori inserirsi, ove l'acquirente non abbia motivi di insoddisfazione per i prezzi o per il servizio.

Valutazione dei risultati. In questa fase, l'acquirente industriale procede all'analisi e alla verifica dei risultati conseguiti mediante un certo rapporto di fornitura. Il servizio acquisti può interpellare gli utilizzatori per verificare il relativo livello di soddisfazione. Queste operazioni di controllo possono portare l'acquirente a continuare, modificare o chiudere il rapporto con un certo fornitore. Compito del fornitore è di tenere sotto controllo le variabili ritenute più importanti per l'acquirente, in modo da accertare la corrispondenza rispetto alle richieste e esigenze espresse.

Questa descrizione del processo d'acquisto strutturato sulla base di otto fasi è riferita alla situazione di nuovo acquisto. In una situazione d'acquisto modificato o ripetuto, alcune fasi possono essere ridotte o omesse. In corrispondenza di ogni fase, il numero dei fornitori potenzialmente interessanti diminuisce e, naturalmente, per chi vende è importante cercare di entrare a far parte del processo d'acquisto del cliente nelle prime fasi di svolgimento dello stesso.

In conclusione, il marketing industriale rappresenta un'area di grande interesse. Anche in questo caso il problema chiave è conoscere i bisogni dei propri clienti, quali sono le persone coinvolte nelle decisioni d'acquisto e, infine, quali procedure d'acquisto vengono applicate. Sulla base di queste informazioni, l'operatore di marketing è in grado di definire un valido piano strategico, al fine di vendere i propri prodotti e soddisfare le richieste del cliente.

7.2 Il mercato dei rivenditori

7.2.1 La struttura del mercato dei rivenditori

Il mercato dei rivenditori è formato da *tutti gli individui e le organizzazioni che acquisiscono beni al fine di rivenderli o affittarli a terzi ricavandone un profitto*. L'utilità che essi producono non ha quindi una natura materiale, ma assume un significato in termini di tempo, luogo e possesso.

I rivenditori acquistano dunque beni per rivenderli, nonché i prodotti e servizi necessari per svolgere la loro attività. Nell'acquisto di questi ultimi, il rivenditore assume un ruolo uguale a quello del "produttore"; per questo ci limiteremo a trattare dei beni che vengono acquistati per essere rivenduti. I rivenditori trattano una gran varietà di beni, praticamente tutto ciò che viene prodotto, a eccezione di poche classi di beni che passano direttamente dal produttore al consumatore finale. Tra queste ultime classi, troviamo macchinari pesanti o complessi, prodotti realizzati su commessa e prodotti venduti per corrispondenza o porta a porta. Al di là di queste eccezioni, la quasi totalità dei prodotti prima di arrivare al consumatore finale passa attraverso intermediari commerciali. I fornitori devono considerare i rivenditori come agenti d'acquisto dei consumatori, e non come propri agenti di vendita. Essi avranno quindi tanto maggior successo quanto più saranno in grado di fornire appoggio ai rivenditori nel servire gli acquirenti di questi ultimi.

7.2.2 Le decisioni d'acquisto dei rivenditori

I rivenditori si trovano a dover prendere le seguenti decisioni d'acquisto: *Quale assortimento scegliere? Presso quali fornitori servirsi? Sulla base di quali prezzi e condizioni negoziare?* La decisione relativa all'assortimento è fondamentale in quanto definisce la posizione del rivenditore nel mercato. I grossisti e i dettaglianti possono scegliere fra queste quattro strategie:

- **Assortimento esclusivo:** si basa su una linea completa di prodotti di una sola impresa.
- **Assortimento specializzato:** si basa su una famiglia completa di prodotti, acquisiti presso molte imprese diverse.
- **Assortimento esteso:** si basa su un ampio assortimento di linee, rientranti comunque nell'ambito del mercato naturale del rivenditore.
- **Assortimento misto:** si basa su molte linee di prodotti senza rapporto fra loro.

Così, un rivenditore di televisori può decidere di trattare esclusivamente prodotti Philips (assortimento esclusivo); oppure diverse marche di ricevitori televisivi (assortimento specializzato); oppure televisori, registratori, radio e apparecchi stereofonici (assortimento esteso); oppure, infine, i prodotti in questione e in più cucine a gas e frigoriferi (assortimento misto). Dall'assortimento scelto dipenderà il mix dei consumatori, il marketing-mix e il mix dei fornitori. I rivenditori si trovano inoltre di fronte a tre tipi di situazione d'acquisto.

La *situazione del nuovo articolo* si manifesta allorquando il rivenditore riceve l'offerta di un nuovo prodotto. In tal caso, il rivenditore può accettare o meno la proposta d'acquisto in funzione della sua valutazione del prodotto. Sotto questo profilo, la situazione è diversa da quella di nuovo acquisto in cui si trova il produttore quando deve decidere, non se acquistare, ma da chi acquistare ciò di cui ha bisogno.

La *situazione del miglior offerente* si ha quando è il rivenditore ad aver bisogno di un bene e deve decidere quale sia il produttore migliore. Questo avviene in due situazioni: (1) quando il rivenditore per mancanza di spazio può porre in vendita solo una parte delle marche disponibili; (2) quando il rivenditore vuole offrire una propria marca commerciale e cerca il produttore adatto. Le imprese della grande distribuzione come Rinascente, Standa e Coin rivendono un certo numero di articoli con il proprio nome, e per questo la selezione dei fornitori richiede una particolare attenzione.

La *situazione delle migliori condizioni* si presenta quando il rivenditore vuole ottenere condizioni migliori dagli attuali fornitori. In taluni paesi, come gli Stati Uniti, le norme sulla libertà di concorrenza vietano ai fornitori di operare discriminazioni nelle condizioni concesse ai diversi rivenditori della stessa categoria commerciale, a meno che queste non dipendano da effettive differenze di costo, da particolari difficoltà di vendita, o da altre condizioni. Ciò nonostante, i rivenditori spesso fanno pressioni sui fornitori per ottenere un trattamento preferenziale, o in termini di completezza del servizio, o di facilitazioni nei termini di pagamento, o di sconti legati alla quantità.

7.2.3 L'organizzazione d'acquisto dei rivenditori

Chi effettua gli acquisti nelle imprese commerciali all'ingrosso e al dettaglio? Nelle imprese più piccole, a conduzione familiare, è in genere il titolare che si occupa della scelta e dell'acquisto delle merci. Nelle strutture di distribuzione di dimensioni maggiori, l'acquisto è una funzione specializzata, svolta da operatori a tempo pieno. Tale funzione viene realizzata in modo diverso all'interno di grandi magazzini, supermercati, grossisti, ecc. ed è possibile trovare differenze anche all'interno di una stessa tipologia di imprese.

Consideriamo una catena di supermercati. A livello centrale, vi sono addetti specializzati agli acquisti (a volte chiamati responsabili delle merci o compratori) che hanno la responsabilità di gestire e sviluppare gli assortimenti di prodotto e di assistere alle presentazioni di nuovi prodotti da parte dei venditori.

In alcune catene, i compratori hanno piena responsabilità sugli acquisti e la facoltà di accettare o rifiutare le nuove proposte. In altre, al contrario, le funzioni si limitano esclusivamente ad accettare o rifiutare prodotti palesemente interessanti o meno; negli altri casi, devono sottoporre le proposte al *comitato acquisti*, cui spetta l'approvazione definitiva.

Inoltre, anche quando un prodotto proposto è accettato dal comitato acquisti, i gestori dei supermercati possono non inserirlo nell'assortimento. Secondo il dirigente di una catena di supermercati: «Non ha importanza quello che i venditori vendono o i compratori acquistano: la persona che ha più influenza sulla vendita finale del nuovo articolo è il responsabile del punto di vendita».

Il problema principale dei produttori è pertanto quello di riuscire a inserire i nuovi prodotti nel punto di vendita.

In questa situazione, le opportunità migliori per il venditore si hanno quando dal consumatore arrivano conferme del valore del prodotto, pubblicità e pianificazione generale di vendita sono svolte con accuratezza e al rivenditore sono garantiti margini e incentivi interessanti.

I ruoli del compratore di una catena di supermercati, del comitato acquisti e del gerente di un punto di vendita ricompaiono, con qualche variazione, anche nelle strutture d'acquisto delle altre imprese della grande distribuzione. Le catene di grandi magazzini utilizzano addetti agli acquisti specializzati per linee che normalmente hanno grande autonomia in termini di formazione degli assortimenti. Sono in genere aiutati da assistenti, che compiono ricerche preliminari e svolgono le operazioni d'ufficio necessarie per l'emissione degli ordini. Possono svolgere altre funzioni, quali le previsioni sull'andamento della domanda, il controllo delle scorte e la pianificazione commerciale. I direttori dei grandi magazzini e il loro staff hanno in genere una relativa libertà nel decidere sia l'assortimento, sia le modalità di esposizione delle merci.

7.2.4 I principali fattori di influenza sui rivenditori

I rivenditori sono influenzati dagli stessi fattori di origine ambientale, organizzativa, interpersonale e individuale evidenziati nella precedente figura 7-1. Chi vende a questo mercato deve dunque prendere in considerazione questi elementi e sviluppare strategie che permettano ai rivenditori di conseguire profitti o ridurre i costi.

Deve anche essere tenuto nel debito conto lo stile personale d'acquisto che i diversi rivenditori possono sviluppare. In proposito, possono essere considerate sette tipologie di comportamento:

- **Acquirente fedele**. Rimane fedele negli anni alla medesima fonte di approvvigionamento.
- **Acquirente opportunista**. La scelta dei fornitori viene continuamente rivista tenendo presenti i propri interessi a lungo termine e le migliori condizioni di vendita di volta in volta possibili.
- **Acquirente speculatore**. Sceglie sempre l'offerta migliore che può spuntare nelle diverse situazioni di mercato.
- **Acquirente creativo**. Stabilisce ciò che il fornitore gli deve mettere a disposizione in termini di prodotti, servizi e prezzi.
- **Acquirente orientato alla pubblicità**. Ritiene che la pubblicità sia molto importante e cerca di ottenere dei supporti pubblicitari in occasione di ogni transazione.
- **Acquirente cesellatore**. Costantemente cerca di spuntare concessioni particolari addizionali sul prezzo. È portato ad accettare l'offerta dei fornitori che propongono gli sconti più interessanti rispetto al prezzo che ritiene di poter spuntare presso gli altri fornitori.
- **Acquirente pignolo e rigido**. Sceglie la merce di migliore qualità indipendentemente da altre considerazioni.

7.2.5 Il processo decisionale dei rivenditori

Per l'acquisto di nuovi prodotti, i rivenditori utilizzano a grandi linee lo stesso processo d'acquisto descritto per l'acquirente industriale. Per i prodotti abituali, quindi, si limitano a riordinare i beni che mancano in magazzino e gli ordini vengono fatti ai medesimi fornitori fin tanto che qualità, prezzo e servizio risultano soddisfacenti.

Chi acquista cercherà di mettere in discussione i prezzi precedentemente concordati esclusivamente se i margini si assottigliano per l'aumento dei costi.

In molti settori del dettaglio, i margini di profitto sono così esigui (1 o 2% sulle vendite nel caso dei supermercati), che un improvviso calo nella domanda o un balzo nei costi di esercizio può portare il conto economico in rosso.

I rivenditori stanno cercando di migliorare le loro capacità d'acquisto e sempre più si vanno confrontando con i principi della previsione della domanda, della selezione delle merci, del controllo delle scorte, della distribuzione degli spazi e dell'esposizione dell'assortimento. Sempre più spesso valutano il profitto in funzione degli spazi espositivi occupati, e non per singolo prodotto venduto. Inoltre, utilizzano procedure automatizzate per l'aggiornamento dell'inventario, per definire i lotti economici d'acquisto, per l'emissione degli ordini e per effettuare una contabilità degli acquisti.

In questo modo è facile valutare se è più o meno conveniente mantenere in vendita un certo prodotto.

Il fornitore, dunque, si trova sempre più frequentemente di fronte a un processo d'acquisto specialistico e sofisticato da parte dei rivenditori, e ciò spiega il motivo del potere crescente di questi ultimi rispetto ai produttori.

Chi vende deve capire le nuove esigenze dei rivenditori e sviluppare offerte interessanti a livello competitivo, capaci nello stesso tempo di fornire un servizio sempre migliore alla clientela del rivenditore.

La tavola 7-3 presenta una serie di strumenti utilizzabili dai venditori per rendere più attrattive le proprie offerte nei confronti dei rivenditori.

Tavola 7-3 Strumenti di marketing del fornitore nei confronti dei rivenditori

Pubblicità congiunta: il fornitore è disposto a sostenere l'onere di una parte della pubblicità fatta dal rivenditore per i propri prodotti.

Pre-etichettatura: il fornitore appone l'etichetta al prodotto con il prezzo, il nome del produttore, la quantità, il numero di codice e il colore; il rivenditore è in questo modo facilitato nelle operazioni di riordino.

Acquisti senza scorte: il produttore tiene presso di sé la merce e la consegna al rivenditore quando questi ne ha necessità.

Sistemi di riordino automatici: il produttore mette a disposizione del cliente metodi e strumenti necessari per il riordino automatico delle merci.

Annunci pubblicitari: come fotografie o comunicati radiotelevisivi.

Prezzi speciali per la promozione nel punto vendita.

Diritto di resa e cambio merci per il rivenditore.

Abbuoni nel caso di diminuzioni del prezzo della merce praticati dal rivenditore.

Sponsorizzazione di dimostrazioni nel punto di vendita.

7.3 Il mercato del settore pubblico

7.3.1 Definizione del mercato

Il *settore pubblico* è assai ampio e lungi dall'essere omogeneo.[10] Esso comprende strutture e organismi a vari livelli – locale, regionale, nazionale e sovranazionale – che acquistano beni e servizi necessari per adempiere a funzioni di pubblico interesse o necessità. Nell'ambito del settore pubblico occorre includere anche quelle imprese, di proprietà privata o pubblica, che forniscono servizi di pubblica utilità in regime di monopolio, concessione, o licenza.[11]

Secondo stime della Comunità Europea, nel 1986 gli acquisti disposti dal settore pubblico dei paesi membri hanno raggiunto il valore di 530 miliardi di ecu, pari a 774.000 miliardi di lire. A livello di Comunità, la spesa in beni e servizi da parte delle varie organizzazioni costitutive del settore pubblico ha assorbito il 15% del prodotto interno lordo.

Per quanto concerne specificamente l'Italia, le previsione elaborate dall'ISCO stimano le spese correnti delle amministrazioni pubbliche – con esclusione di stipendi e salari, contributi alla produzione, prestazioni sociali e interessi – in 333.400 miliardi per il 1991 e in 354.200 miliardi per il 1992, pari, rispettivamente, al 23,4 e 23,3 per cento del Pil (previsto in 1.422.000 miliardi di lire correnti per il 1991 e in 1.519.400 per il 1992). Va rilevato come dai valori sopracitati siano escluse le spese delle imprese di pubblici servizi. Per quanto concerne la struttura del mercato pubblico, una ricerca condotta dalla Comunità Europea nel 1988 su cinque degli stati membri (Belgio, Germania Federale, Francia, Italia e Gran Bretagna) ha consentito di definire la ripartizione degli acquisti illustrata nella tavola 7-4. Come si vede dai dati riportati, il settore di gran lunga più importante, nel quadro degli acquisti disposti dal settore pubblico, è costituito dalle costruzioni civili, con il 26% della spesa. È notevole, altresì, il valore della spesa in materiali e infrastrutture di trasporto, 35 miliardi di ecu, il quale probabilmente comprende una parte delle spese per la difesa. Nonostante il notevole grado di aggregazione dei dati della ricerca suddetta – nota come Rapporto Atkins – è facile intuire la fondamentale importanza del cliente pubblico per non pochi settori di produzione di beni e servizi. Si pensi, a questo proposito, a settori quali le costruzioni ferroviarie, l'industria bellica, le attrezzature e gli equipaggiamenti per ospedali,

Tavola 7-4 Gli acquisti del settore pubblico in alcuni paesi della Comunità Europea (1984)

Beni e servizi acquistati	Valore in miliardi di ecu
Costruzioni di immobili e opere pubbliche	102
Materiali e infrastrutture di trasporto (esclusi i veicoli)	35
Prodotti della raffinazione del petrolio	31
Materiale elettrico	18
Servizi per le imprese	18
Carbone	14
Prodotti chimici	12
Servizi commerciali	11
Macchinario industriale e agricolo	10
Distribuzione	10
Carta, derivati della carta e stampa	9
Energia elettrica	9
Prodotti metallici	9
Servizi finanziari	8
Comunicazioni	7
Macchine per ufficio	7
Autoveicoli	7
Affitto di immobili	6
Trasporti ferroviari	5
Totale	328

Fonte: W.S. Atkins e altri, *The Cost of Non-Europe in Public Sector Procurement*, European Communities Commission, Bruxelles 1988.

scuole e altre strutture gestite dall'amministrazione pubblica, gli impianti di telecomunicazione, ecc. Ma anche per le imprese che non operano in modo esclusivo per il settore pubblico, questo può assumere un ruolo di particolare importanza ai fini della propria strategia di marketing.

7.3.2 L'organizzazione d'acquisto del settore pubblico

L'attività d'acquisto del settore pubblico è regolamentata da norme e procedure intese a garantire l'acquisizione di beni e servizi realmente corrispondenti al conseguimento delle finalità istituzionali, nonché il corretto impiego del denaro dei cittadini.

Le procedure d'acquisto degli enti pubblici si possono suddividere in due tipologie: le *gare d'appalto pubbliche* e la *trattativa privata*.

Nel caso di una gara pubblica l'ufficio approvvigionamenti dell'amministrazione pubblica interessata sollecita offerte da parte di fornitori qualificati per oggetti ben specificati e in genere l'appalto viene assegnato a chi propone l'offerta più conveniente. Il fornitore deve, in questo caso, considerare molto attentamente se è in grado di rispettare le specifiche richieste, nonché i termini previsti.

Per beni di prima necessità o per prodotti standardizzati, come i combustibili o le forniture per le scuole, le specifiche non sono un problema; possono invece diventarlo per prodotti non standardizzati. L'ufficio approvvigionamenti dell'amministrazione pubblica interessata è in genere obbligato e vincolato ad accettare l'offerta d'appalto più bassa in termini di prezzo, basata sul sistema di «chi vince si aggiudica l'intera fornitura».

In alcuni casi possono essere fatte delle eccezioni, come nel caso in cui la superiorità di un certo prodotto sia molto evidente, o quando il fornitore ha un'indiscutibile reputazione per quanto riguarda il rispetto del contratto.

Nel caso di acquisti sulla base di una trattativa, l'amministrazione tratta con una o con diverse imprese e stipula direttamente con una di queste un contratto rispondente al progetto presentato e ai termini concordati.

Questo avviene soprattutto nel caso di progetti complessi, i quali spesso implicano costi elevati di ricerca e sviluppo e grossi rischi, o nel caso in cui il mercato sia scarsamente competitivo. Questi appalti possono avere innumerevoli varianti, come nel caso in cui venga applicato il metodo del *cost-plus pricing*, oppure del *prezzo fisso*, oppure ancora quello del *prezzo fisso più incentivo* (il fornitore guadagna di più se riesce a contenere i costi). L'esecuzione del contratto resta aperta al riesame e a nuove trattative, qualora il profitto conseguito dal fornitore appaia eccessivo.

Gli appalti per le amministrazioni pubbliche vinti dalle grandi imprese possono dare origine a notevoli opportunità di subappalto per le imprese minori. Così l'attività d'acquisto delle amministrazioni pubbliche crea domanda derivata nel mercato industriale.

Le imprese che subappaltano devono però essere disposte a impegnarsi formalmente a rispettare i vincoli del contratto e ad assumerne quindi in parte i rischi. Numerose imprese che operano nel mercato delle amministrazioni pubbliche per molto tempo non hanno manifestato un orientamento al marketing per molte ragioni. La spesa globale dell'amministrazione è infatti determinata dalle politiche pubbliche, piuttosto che da iniziative di marketing finalizzate allo sviluppo di quel mercato.

Le politiche di approvvigionamento delle amministrazioni pubbliche, inoltre, hanno sempre posto in primo piano il fattore prezzo, orientando i fornitori a concentrare ogni sforzo nella ricerca di tecnologie in grado di contenere i costi riducendoli al minimo. Dato poi che le caratteristiche che il prodotto deve presentare sono specificate in ogni dettaglio, la differenziazione del prodotto non è un fattore di marketing. E neppure la pubblicità e la vendita personale hanno molto peso allorquando si cerchi di vincere un appalto.

Recentemente, tuttavia, un numero sempre maggiore di imprese ha istituito uffici appositi per orientare le iniziative di marketing verso i pubblici poteri: le imprese del settore informatico, come IBM, Olivetti, Unisys, ecc. sono esempi di questa tendenza. Queste imprese affrontano il mercato degli appalti in modo coordinato, adottando metodologie e criteri ben definiti allo scopo di essere in grado di presentare progetti che risolvano problemi di pubblico interesse.[12]

7.3.3 Le implicazioni del Mercato Interno europeo sul mercato pubblico

Il completamento del Mercato Interno europeo avvia un processo di radicale trasformazione, sia delle strutture, sia delle modalità di funzionamento dei mercati delle amministrazioni e delle imprese pubbliche. Basti pensare al venir meno delle barriere che per decenni hanno circoscritto le fonti d'acquisto delle amministrazioni pubbliche alle imprese nazionali, determinando così una rilevante limitazione della libertà di concorrenza.

Naturalmente, la possibilità delle imprese dei vari paesi della Comunità di poter competere su posizioni di parità nell'acquisizione degli ordinativi pubblici, riconosciuta dalla normativa comunitaria, sarà condizionata dalle distorsioni di mercato che le varie *lobbies* nazionali non mancheranno di rafforzare.

In ogni caso, peraltro, lo spazio a disposizione per i dinamismi di mercato non potrà che accrescerli. Soprattutto se le imprese interessate ai mercati in esame sapranno applicare in modo completo i principi dell'orientamento al mercato, assumendo il *cittadino-utente* o *contribuente* come soggetto del proprio sistema di marketing.

Da questo punto di vista, i vantaggi che dovrebbero derivare dalla normativa europea in materia di *public procurement* possono essere così sintetizzati:

- **Riduzione dei prezzi**: per non pochi settori d'acquisto di beni e servizi da parte del settore pubblico, il livello dei prezzi dovrebbe ridursi per effetto della maggior concorrenza e trasparenza.
- **Miglior qualità dei beni e servizi acquistati**: la possibilità di poter ampliare i mercati di riferimento consentirà alle imprese di sviluppare prodotti innovativi dal punto di vista delle *performances* realizzate.
- **Sviluppo della capacità d'acquisto del settore pubblico**: un effetto non marginale della nuova realtà del mercato pubblico sarà il miglioramento delle capacità di gestione degli acquisti delle organizzazioni e delle imprese pubbliche. Unitamente a questo aspetto, dovrebbe esser possibile attendersi una riduzione, se non la scomparsa, dei vari fenomeni di corruzione che si sono andati accentuando negli anni recenti.[13]

Note

1. Frederick E. Webster e Yoram Wind, *Organizational Buying Behavior*, Prentice-Hall, Englewood Cliffs 1972, p. 2.
2. Urban B. Ozanne e Gilbert A. Churchill Jr., "Adoption Research: Information Source in the Industrial Purchase Decision", Atti della conferenza autunnale dell'American Marketing Association, Chicago, autunno 1968.
3. Marsha A. Schiedt, Frederick T. Trawick e John Swan, "Impact of Purchasing System Contracts on Distributors and Producers", in *Industrial Marketing Management*, ottobre 1982, pp. 283-239.
4. Webster e Wind, *Organizational Buying Behavior*, p. 6.
5. Ibid., pp. 78-80.
6. Si veda Murray Harding, "Who Really Makes the Purchasing Decision?", in *Industrial Marketing*, settembre 1966, p. 76. Questo punto di vista è stato ulteriormente sviluppato da Ernest Dichter in "Industrial Buying Is Based on Same 'Only Human' Emotional Factors that Motivate Consumer Market's Housewife", in *Industrial Marketing*, febbraio 1973, pp. 14-16.
7. Webster e Wind, *Organizational Buying Behavior*, pp. 33-37.
8. Per ulteriori approfondimenti, si veda il classico testo di Yasuhiro Monden, *Produzione Just-in-Time*, Isedi, Torino 1986.
9. Si veda Donald R. Lehmann e John O'Shaughnessy, "Difference in Attribute Importance for Different Industrial Products", in *Journal of Marketing*, aprile 1974, pp. 36-42.
10. Nella redazione di questo paragrafo, è stata di particolare utilità la pubblicazione curata da Rank Xerox Limited per conto della Confederation of British Industry: *Marketing to the Public Sector and Industry*, Mercury Books, Londra 1990.
11. Ibid., p. 6.
12. Sull'introduzione e l'auspicabile sviluppo dei principi di marketing nel settore pubblico si veda Paola Morigi, *Il marketing negli enti pubblici*, Maggioli Editore, Rimini 1988.
13. Per ulteriori approfondimenti, si veda *Marketing to the Public Sector and Industry*, passim.

Capitolo 8

L'analisi della concorrenza

*Il marketing non è altro che una forma civilizzata di conflitto,
nel quale la maggior parte delle battaglie sono vinte con le parole,
con le idee e con il pensiero scientifico.*

Albert W. Emery

Non basta che un'impresa conosca i propri clienti, affinché essa possa operare con successo sul mercato. È vero che per tutti gli anni Sessanta, caratterizzati dallo sviluppo impetuoso della maggior parte dei mercati, le imprese hanno potuto permettersi di ignorare i propri concorrenti. Ma nei successivi anni Settanta e Ottanta, con il progressivo estendersi delle condizioni di turbolenza e di decelerazione dello sviluppo, la crescita delle imprese si è sempre più basata sulla capacità di sottrarre quote di mercato ai concorrenti. È dunque assai probabile che l'ultimo decennio del secolo sia caratterizzato dall'intensificarsi della concorrenza, sia nei mercati nazionali sia a livello internazionale. Assistiamo infatti a un processo di moltiplicazione delle forze competitive che agiscono sui mercati. Molti paesi stanno procedendo a ridurre il grado della regolamentazione introdotta nei passati decenni, cercando di estendere il ruolo dei meccanismi di mercato. Il Mercato Unico Europeo costituisce ormai un'opera compiuta e tutto lascia prevedere la sua progressiva estensione ad altri paesi europei, sia ad ovest che ad est. In tutti i paesi sino a poco tempo addietro inclusi nell'area del "socialismo reale" sono in atto complessi processi di transizione all'economia di mercato che, se avranno successo, non potranno che liberare nuove forze competitive. Le grandi imprese multinazionali sono impegnate a ricercare nuovi mercati, sviluppando nuove forme di marketing globale. La conclusione è che, in un contesto così caratterizzato, per l'impresa in genere non esistono alternative allo sviluppo della propria competitività. Ciò significa che ai concorrenti occorre prestare almeno la stessa attenzione rivolta ai clienti obiettivo.

Un riflesso di questa diffusa esigenza è costituito dallo spazio attribuito nell'ambito della letteratura specializzata a temi quali le "guerre di marketing", i sistemi di "marketing intelligence", e così di seguito.[1] Ciò nonostante, non tutte le imprese svolgono uno sforzo adeguato per analizzare la propria concorrenza. Alcune di esse presumono di sapere tutto dei propri concorrenti, visto che si confrontano quotidianamente con essi. Altre ritengono che l'acquisire un'adeguata conoscenza delle imprese rivali sia oltremodo difficile, per cui non vale la pena di preoccuparsi. Tuttavia, le imprese consapevoli del ruolo decisivo che può giocare la conoscenza dei concorrenti realizzano sistemi sofisticati di raccolta e di analisi delle informazioni concernenti le attività delle imprese rivali. La conoscenza dei concorrenti costituisce un fattore chiave per la pianificazione di marketing dell'impresa. Infatti, le decisioni aziendali in materia di prodotti, prezzi, canali e promozione presuppongono, per essere efficaci, un costante monitoraggio dei comportamenti di mercato dei concorrenti, onde poter identificare i vantaggi e gli svantaggi competitivi. In tal modo l'impresa può accrescere la propria capacità sia di sfruttare i vantaggi sia di reagire agli svantaggi. Ciò che un'impresa deve conoscere in materia di concorrenza può essere sintetizzato nei seguenti interrogativi: *Chi sono i concorrenti? Quali sono le loro strategie, i loro obiettivi, i loro punti di forza e di debolezza? Quale capacità di risposta competitiva dimostrano?* Nel seguito del capitolo ci occuperemo di come dare risposta a queste domande.

8.1 L'identificazione dei concorrenti dell'impresa

È abbastanza normale il ritenere che l'identificazione dei concorrenti di un'impresa non presenti particolari difficoltà. Tutti sanno che imprese come la Coca-Cola o la General Motors hanno come principali concorrenti, rispettivamente, la Pepsi-Cola e la Ford. Fra i concorrenti, tuttavia, occorre includere anche quelle imprese che, pur non costituendo una minaccia competitiva in un dato momento, possono divenire rivali nel futuro. Occorre quindi distinguere fra concorrenti effettivi o attuali e concorrenti latenti o potenziali. Sono spesso questi ultimi, infatti, a rivelarsi i più temibili. Si considerino, a titolo di esempio, i seguenti casi:

> Per la Kodak, una fonte di preoccupazione è da tempo costituita dalla crescente competizione esercitata dalla giapponese Fuji sul mercato delle pellicole fotografiche. Tuttavia, una minaccia assai più grave per la Kodak è costituita dalla "fotografia senza pellicola" sviluppata dalla Canon e dalla Sony, le cui telecamere sono in grado di effettuare fotografie che possono essere riprodotte a mezzo di un normale televisore, oppure stampate e anche cancellate.

> I produttori di detersivi considerano come una minaccia incombente le ricerche finalizzate a realizzare una lavabiancheria a ultrasuoni. Una macchina del genere, una volta perfezionata, dovrebbe permettere il lavaggio degli indumenti esclusivamente con acqua, senza necessità di alcun detersivo.

Le imprese concorrenti possono essere classificate secondo quattro livelli, in funzione del grado di *sostituibilità dei prodotti e servizi* offerti al mercato. Tali livelli possono essere così definiti:

1. Un primo livello è costituito dalle imprese che offrono prodotti similari agli stessi clienti e a prezzi pressappoco identici. Ad esempio, Fiat, Renault, Ford e Volkswagen competono fra di loro offrendo alla fascia medio-inferiore del mercato (il cosiddetto segmento C) modelli caratterizzati da un elevato grado di sostituibilità, quali la Tipo, la R9, la Escort e la Golf. Per questa specifica fascia di mercato, le imprese in questione non sono in concorrenza con altri produttori operanti in altre fasce di mercato, quali la Mercedes o la BMW.
2. Un secondo livello è costituito dalle imprese che realizzano prodotti della stessa categoria, ancorché differenziati sotto il profilo delle prestazioni, della clientela obiettivo, delle modalità di vendita, e così via. In base a questo più ampio criterio, ogni produttore di automobili è in competizione con tutti gli altri, quale che sia l'ampiezza della gamma di modelli offerti al mercato.
3. Un terzo livello abbraccia le imprese che realizzano prodotti appartenenti a categorie diverse, peraltro dotati di un certo grado di sostituibilità funzionale. Secondo questo criterio, è possibile considerare come concorrenti i produttori di autovetture, di motociclette, di biciclette o di mezzi di pubblico trasporto.
4. Un quarto e ultimo livello comprende infine tutte le imprese che competono per acquisire una parte della spesa del consumatore. Sotto questo profilo, un produttore di automobili considera come concorrenti, almeno in qualche misura, i produttori di beni durevoli, l'industria turistica, i costruttori di seconde case e così via.

In sintesi, l'identificazione dei concorrenti di un'impresa può essere effettuato, o dal punto di vista del *settore industriale*, o da quello del *mercato*.

8.1.1 La concorrenza a livello di settore

Un settore industriale, o industria, è costituito dalle imprese che offrono al mercato un prodotto o una classe di prodotti caratterizzati da un elevato grado di sostituibilità.[2] Secondo la definizione che ne danno gli economisti, sono prodotti sostituibili, o succedanei, quelli che presentano un'*elevata elasticità incrociata della domanda*. È ciò che si manifesta allorquando l'aumento di prezzo di un prodotto provoca l'aumento nella domanda dell'altro.

Le dinamiche che si determinano nell'ambito dei settori costituiscono il campo di studio di una disciplina di formazione abbastanza recente, *l'economia industriale*. Il metodo di analisi impiegato da questa disciplina è stato originariamente elaborato da Edward S. Mason negli anni Trenta, e successivamente sviluppato da numerosi altri studiosi. Questo metodo, il cui schema è riportato nella figura 8-1, si basa sulla considerazione dei rapporti esistenti fra *struttura del mercato*, *comportamenti delle imprese* e *risultati* conseguiti dalle stesse, tenuto conto delle condizioni di base esistenti sia dal lato dell'offerta sia da quello della domanda.

Si ritiene infatti che i risultati delle imprese (*performance*), dipendano dai comportamenti (*conduct*), dei venditori e degli acquirenti sotto il profilo dei prezzi, delle attività promozionali, della ricerca e sviluppo, degli investimenti, e così via. I comportamenti, a loro volta, sono determinati dalla struttura (*structure*) del settore al quale le imprese appartengono, il che significa numero e dimensioni sia dei venditori sia degli acquirenti, grado di differenziazione dei prodotti, presenza o meno di barriere all'entrata di nuovi concorrenti, struttura dei costi nella generalità delle imprese, diffusione o meno di processi di integrazione verticale.

Numero dei venditori e grado di differenziazione. Il punto di partenza per effettuare l'analisi di un settore consiste nel determinare il numero delle imprese venditrici e la misura in cui sono differenziati i relativi prodotti. Sulla base di questi elementi, è possibile stabilire a quale delle forme fondamentali di struttura descritta nel quadro 8-1 appartiene uno specifico settore.

La struttura di un settore può modificarsi nel tempo. Si consideri, a questo proposito, il caso della Sony e del suo Walkman. Per un certo periodo di tempo, successivamente all'introduzione sul mercato del prodotto in questione, la Sony ha goduto di una posizione di monopolio.

Ma non appena presero a moltiplicarsi le versioni similari offerte dalle imprese concorrenti, il settore assunse una configurazione di concorrenza monopolistica.

Allorquando lo sviluppo della domanda rallenta, è frequente che si

Figura 8-1 Un modello di analisi dei settori industriali

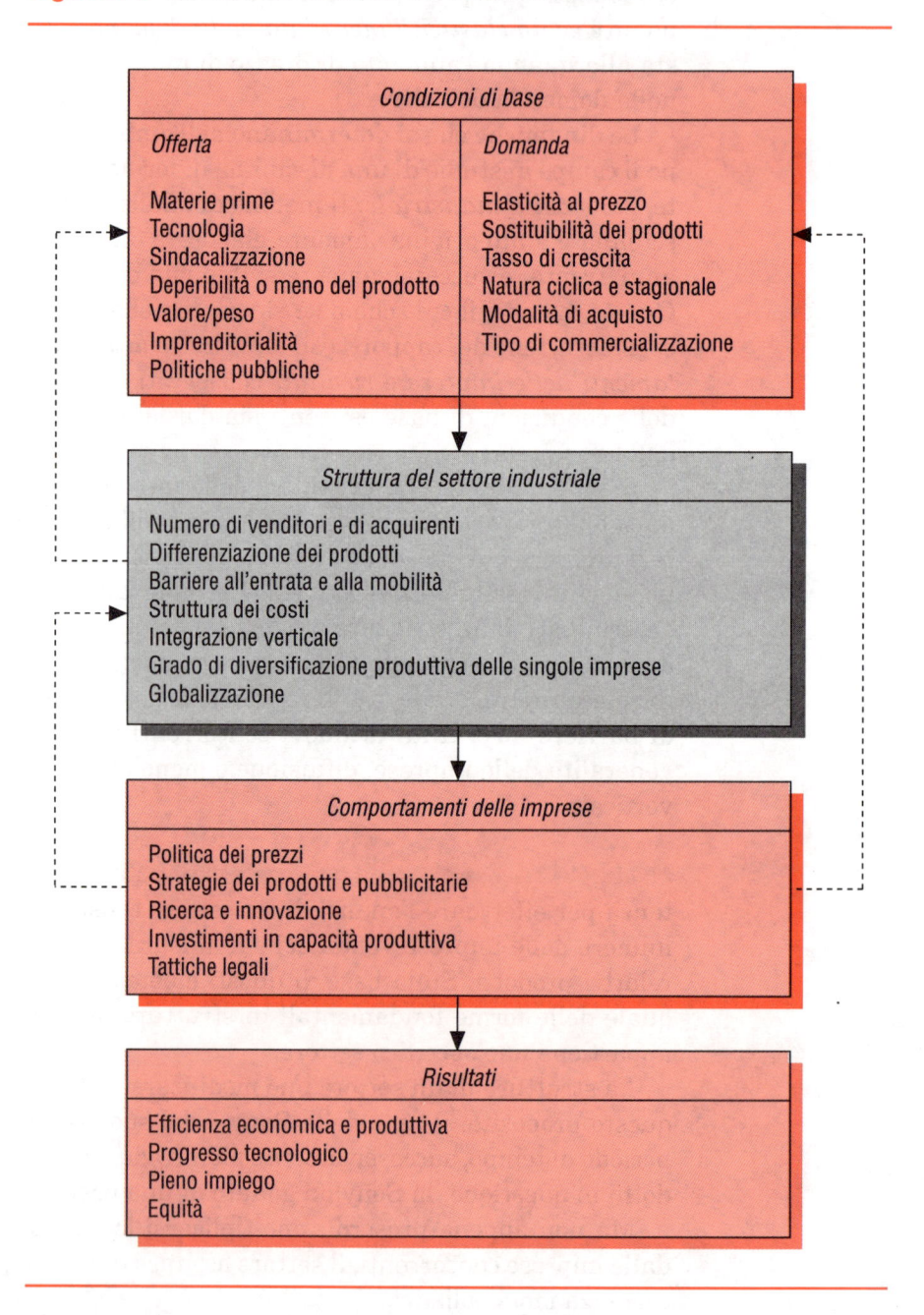

Condizioni di base

Offerta	Domanda
Materie prime	Elasticità al prezzo
Tecnologia	Sostituibilità dei prodotti
Sindacalizzazione	Tasso di crescita
Deperibilità o meno del prodotto	Natura ciclica e stagionale
Valore/peso	Modalità di acquisto
Imprenditorialità	Tipo di commercializzazione
Politiche pubbliche	

Struttura del settore industriale

- Numero di venditori e di acquirenti
- Differenziazione dei prodotti
- Barriere all'entrata e alla mobilità
- Struttura dei costi
- Integrazione verticale
- Grado di diversificazione produttiva delle singole imprese
- Globalizzazione

Comportamenti delle imprese

- Politica dei prezzi
- Strategie dei prodotti e pubblicitarie
- Ricerca e innovazione
- Investimenti in capacità produttiva
- Tattiche legali

Risultati

- Efficienza economica e produttiva
- Progresso tecnologico
- Pieno impiego
- Equità

Fonte: F. M. Scherer, *Economia industriale,* Edizioni Unicopli, Milano 1988, p. 11.

Quadro 8-1 Le principali forme di mercato

Le forme di mercato fanno riferimento alle modalità secondo le quali le imprese, che costituiscono il soggetto dell'offerta, operano competitivamente fra di loro, tenuto conto di alcuni presupposti di base, quali il numero e le dimensioni delle aziende produttrici, il numero dei prodotti e il relativo grado di omogeneità, il livello dei costi di trasporto, le barriere all'entrata di nuovi concorrenti, ecc.

Le principali forme che possono essere assunte dalla struttura produttiva in un dato settore sono le seguenti:

- **Concorrenza perfetta:** è una situazione ideale caratterizzata sostanzialmente dalla presenza sul mercato di un gran numero di compratori e di venditori, nessuno dei quali è in grado di influenzare il livello dei prezzi attraverso il proprio comportamento.
- **Monopolio:** si ha una situazione di monopolio allorquando, per una serie di ragioni di vario tipo, un'azienda viene a essere l'unica produttrice di un dato bene, per cui la domanda di tale bene coincide con la domanda totale.
- **Oligopolio:** è una situazione caratterizzata dalla presenza sul mercato di un numero limitato di produttori. Ove tali produttori producano sostanzialmente lo stesso bene (petrolio, acciaio, cotone, ecc.), si avrà un *oligopolio puro*. Se, invece, i prodotti delle imprese sono parzialmente differenziati, avremo un *oligopolio differenziato* (automobili, macchine fotografiche, ecc.). Nel primo caso, le imprese competono fra di loro attraverso il prezzo. Ne consegue che il conseguimento di un vantaggio competitivo richiede il preliminare conseguimento di costi inferiori. Nel secondo caso, la competizione ha luogo attraverso la differenziazione delle caratteristiche dei prodotti, dell'immagine e così via.
- **Concorrenza monopolistica:** si ha quando il numero dei produttori non è necessariamente ristretto, ma sensibile è il grado di differenziazione dei prodotti. La singola impresa gode quindi di un margine di libertà, per quanto concerne la propria politica dei prezzi, limitato però dalle possibilità di sostituzione dei vari prodotti e, quindi, dal grado di differenziazione degli stessi.

Le situazioni descritte sono schematizzate nella figura seguente:

	Un venditore	*Pochi venditori*	*Molti venditori*
Prodotti standardizzati	Monopolio puro	Oligopolio puro	Concorrenza perfetta
Prodotti differenziati		Oligopolio differenziato	Concorrenza monopolistica

determini una crisi, con la riduzione del numero delle imprese e la trasformazione del settore in oligopolio differenziato. Nel caso in cui i prodotti offerti dalle singole imprese siano considerati come similari e gli acquirenti effettuino le proprie scelte unicamente sulla base del prezzo, il settore assumerà le caratteristiche dell'oligopolio puro.

Barriere all'entrata e alla mobilità. In teoria, le imprese dovrebbero essere libere di entrare in quei settori che si presentano come particolarmente attrattivi. L'ingresso di nuovi concorrenti in un determinato settore determina generalmente l'aumento dell'offerta e la riduzione del tasso medio di profitto.

Nella realtà, le possibilità di entrata differiscono notevolmente da un settore all'altro, in relazione all'esistenza di vere e proprie barriere che rendono difficile l'ingresso dei nuovi entranti. Le principali barriere sono rappresentate dall'*elevato fabbisogno di capitale*; dalla *necessità di disporre di brevetti e licenze*; dalla *scarsità di aree industriali e commerciali*; dall'*insufficiente disponibilità di risorse produttive*; dalla *difficoltà di accesso ai canali di distribuzione*; dalla *mancanza di requisiti specifici* e così via.

Alcune barriere sono intrinseche alla natura di taluni settori, mentre altre sono erette o rafforzate dalle imprese già presenti, operanti sia in modo individuale che collettivo. Le barriere possono operare anche all'interno di un settore, rendendo difficile per le imprese che vi operano lo spostamento verso i segmenti più attrattivi.

Barriere all'uscita e al ridimensionamento. Le imprese non trovano barriere solo quando tentano di entrare in quei settori che presentano delle opportunità, ma anche nel caso ritengano di cessare o di ridimensionare l'attività svolta in un determinato settore.[3]

Le barriere all'uscita comprendono gli *impegni morali e contrattuali assunti nei confronti di clienti, creditori e dipendenti*; i *vincoli posti dalle autorità*; la *difficoltà di recuperare il valore degli investimenti effettuati*; la *mancanza di alternative adeguate*; un *notevole grado di integrazione verticale*; e così via.

Allorquando le barriere all'uscita sono elevate, le imprese sono indotte a proseguire la loro attività nella misura in cui i ricavi consentono di coprire i costi variabili e una quota di quelli fissi. Tuttavia, il permanere di alcune imprese in un dato settore porta a una riduzione della profittabilità media dello stesso. Le imprese che reputano interessante restare nel settore di abituale attività, dovrebbero operare al fine di abbassare le barriere all'uscita, sia assumendone gli impegni nei confronti della clientela, sia rilevando una parte della capacità operativa. Le barriere riguardano non solo le imprese che vogliono uscire da un settore, ma anche quelle che, per una ragione o per l'altra, sono interessate a ridimensionare la propria attività.[4]

Struttura dei costi. Ogni settore industriale è caratterizzato da una struttura dei costi che vincola in modo determinante le strategie delle imprese che vi operano. Per esempio, l'industria siderurgica è caratterizzata da elevati costi di produzione e di acquisizione delle materie prime, mentre l'industria dei cosmetici prevede costi assai rilevanti nell'attività di promozione e di distribuzione. Nel formulare le proprie strategie competitive, le imprese puntano a ridurre i costi delle attività più rilevanti, in modo da poter acquisire dei vantaggi nei confronti delle imprese rivali.

Integrazione verticale. In taluni settori può rivelarsi molto vantaggioso il processo di integrazione verticale, sia ascendente (cioè nei confronti delle imprese fornitrici), sia discendente (vale a dire, verso i distributori).

Un esempio interessante di integrazione verticale è costituito dall'industria petrolifera, nella quale le imprese maggiori controllano l'intero processo, dall'estrazione del greggio alla raffinazione, alla distribuzione, nonché allo sviluppo delle produzioni derivate. L'integrazione verticale determina in genere una riduzione dei costi unitari e un maggior controllo della catena del valore. Inoltre, le imprese fortemente integrate verticalmente possono disporre di interessanti margini di manovra dei costi e dei prezzi relativi ai vari stadi del processo complessivo, da utilizzarsi per conseguire vantaggi sia fiscali sia di ordine commerciale.

Globalizzazione del settore. Alcuni settori hanno una configurazione essenzialmente locale, o comunque che non supera la dimensione nazionale, mentre altri, in numero crescente, hanno ormai acquisito la caratteristica di *industrie globali* (industria petrolifera, aeronautica, elettronica, ecc.). La competizione nei settori globali costringe le imprese che vi operano a dare il massimo impulso allo sviluppo della tecnologia rilevante, nonché al conseguimento di economie di scala.[5]

8.1.2 La concorrenza a livello di mercato

Invece di considerare le imprese che realizzano prodotti similari (approccio settoriale), possiamo far riferimento a quelle imprese che soddisfano gli stessi bisogni, o che si rivolgono allo stesso gruppo di acquirenti. Un produttore di macchine da scrivere, oppure di automobili, considera solitamente come propri concorrenti gli altri produttori di macchine da scrivere, o di automobili.

Dal punto di vista degli acquirenti, tuttavia, il bisogno di "scrivere" può trovare altre forme di soddisfazione, ad esempio, mediante matite, penne, computer e così via. A sua volta, il bisogno di trasporto personale può essere soddisfatto mediante altri mezzi alternativi rispetto all'automobile. In generale, il concetto di competizione a livello di mercato consente a un'impresa di formarsi un quadro più ampio dei concorrenti attuali e potenziali, stimolando così un processo di pianificazione delle strategie di mercato di più vasta portata.

L'identificazione dei concorrenti può essere efficacemente realizzata mediante una *mappa prodotto/mercato*. Un esempio di tale mappa è riportato nella figura 8-2, nella quale viene illustrata la situazione competitiva esistente nel mercato dei dentifrici negli Stati Uniti.

Come si può vedere, i parametri per la costruzione della mappa sono stati identificati nelle caratteristiche rilevanti dei prodotti e nell'età degli acquirenti. Ne sono risultati quindici combinazioni prodotto/mercato teoricamente possibili. In nove di queste sono presenti la Procter & Gamble e la Colgate-Palmolive, mentre la Lever si concentra su tre segmenti e la Beecham e la Topol su due. Mediante una mappa del genere, il produttore di dentifrici che volesse entrare in uno o più nuovi segmenti prodotto/mercato, dovrebbe valutare la dimensione dei medesimi, le quote di mercato dei concorrenti, le strategie attuate e le barriere all'entrata.

8.2 L'identificazione delle strategie dei concorrenti

All'interno di un settore operano imprese le cui condotte strategiche possono differire anche in misura notevole. È pertanto opportuno procedere a una riclassificazione dei comportamenti strategici dei concor-

Figura 8-2 Mappa prodotto/mercato nel caso dei dentifrici

Segmentazione di prodotto			
Dentifricio normale	Colgate-Palmolive Procter & Gamble	Colgate-Palmolive Procter & Gamble	Colgate-Palmolive Procter & Gamble
Dentifricio al fluoro	Colgate-Palmolive Procter & Gamble	Colgate-Palmolive Procter & Gamble	Colgate-Palmolive Procter & Gamble
Dentifricio in gel	Colgate-Palmolive Procter & Gamble Lever Bros.	Colgate-Palmolive Procter & Gamble Lever Bros.	Colgate-Palmolive Procter & Gamble Lever Bros.
Dentifricio a strisce	Beecham	Beecham	
Dentifricio per bambini		Topol	Topol
	Bambini e adolescenti	Età fra i 19-35 anni	Età oltre i 35 anni

Segmentazione della clientela

Fonte: W. A. Cohen, *Winning on the Marketing Front: The Corporate Manager's Game Plan*, New York 1986, p. 63.

renti più significativi, formando così dei *gruppi strategici*. Un gruppo strategico comprende le imprese che assumono come obiettivo lo stesso mercato e applicano le stesse strategie.[6]

Un esempio di individuazione dei gruppi strategici ai fini della scelta di una strategia può essere costituito dall'impresa che voglia entrare nel mercato degli elettrodomestici.

Si supponga che le dimensioni strategiche rilevanti di tale settore siano costituite dall'*immagine di qualità* e dal grado di *integrazione verticale*.

Su questa base è possibile costruire la mappa riportata nella figura 8-3, individuando in tal modo i quattro gruppi strategici qui di seguito descritti.

Figura 8-3 I gruppi strategici nell'industria degli elettrodomestici

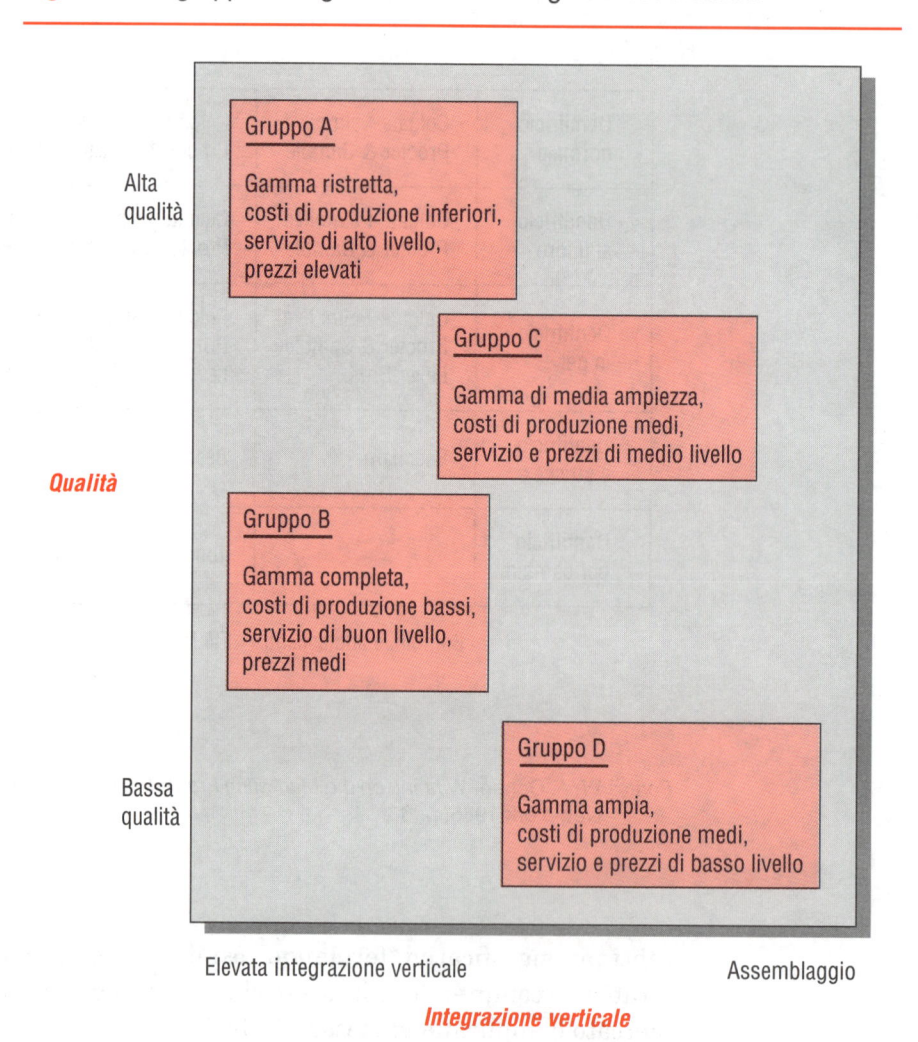

Gruppo A
Gamma ristretta,
costi di produzione inferiori,
servizio di alto livello,
prezzi elevati

Gruppo C
Gamma di media ampiezza,
costi di produzione medi,
servizio e prezzi di medio livello

Gruppo B
Gamma completa,
costi di produzione bassi,
servizio di buon livello,
prezzi medi

Gruppo D
Gamma ampia,
costi di produzione medi,
servizio e prezzi di basso livello

Alta qualità — Bassa qualità

Qualità

Elevata integrazione verticale — Assemblaggio

Integrazione verticale

- **Gruppo A**: gamma ristretta di prodotti di elevata qualità, venduti a prezzi superiori e assistiti da un servizio di prim'ordine (comprende una sola impresa, la Maytag).
- **Gruppo B**: gamma completa di prodotti di basso costo e media qualità, venduti a prezzi medi e assistiti da un buon servizio (comprende le tre imprese maggiori, General Electric, Whirlpool e Sears).

- **Gruppo C**: gamma di ampiezza moderata, costi di produzione medi, prodotti venduti a prezzi medi e assistiti da un servizio di medio livello (comprende quattro imprese).
- **Gruppo D**: gamma notevolmente ampia, con prodotti di medio costo di produzione, venduti a prezzi inferiori e con un servizio ridotto al minimo (comprende due imprese).

Dall'identificazione dei quattro gruppi strategici sopra descritti derivano alcune importanti osservazioni. La prima concerne l'elevatezza delle barriere all'entrata, la quale può differire da un gruppo all'altro. Ad esempio, entrare nel gruppo D è più facile in ragione dei minori investimenti in integrazione verticale, in immagine e nel servizio assistenza richiesti. All'opposto, l'entrare nei gruppi A e B richiederebbe sforzi ben più elevati.

Una seconda osservazione concerne le reazioni competitive delle imprese operanti nei vari gruppi. Se la nuova impresa entra nel gruppo B, si trova di fronte come concorrenti diretti le imprese maggiori del settore, mentre la reattività delle imprese dei gruppi C e D potrebbe essere notevolmente inferiore.

In linea generale, la scelta del gruppo verso il quale dirigere la propria azione di entrata deve essere basata sulla disponibilità di specifici vantaggi competitivi.

Per quanto la competizione raggiunga il suo massimo di intensità all'interno dei singoli gruppi, essa si manifesta anche tra gli stessi. In primo luogo, i vari gruppi possono tendere a coprire gli stessi segmenti di clienti, o parte di essi.

Ad esempio, produttori di elettrodomestici appartenenti a gruppi diversi potrebbero assumere come clientela obiettivo le imprese immobiliari, oppure l'industria dell'arredamento. In secondo luogo, i clienti potrebbero anche non percepire le differenze fra un gruppo e l'altro. Infine, le imprese dei vari gruppi potrebbero mirare a espandere il proprio mercato obiettivo, specie nel caso in cui le loro dimensioni fossero pressappoco equivalenti e le barriere fra un gruppo e l'altro non particolarmente rilevanti.

Nella mappa riprodotta nella figura 8-3 sono state impiegate solamente due dimensioni per poter identificare i gruppi strategici di un dato settore. Potrebbero, tuttavia, essere assunte anche altre dimensioni, quali il livello di sviluppo della tecnologia, l'area geografica coperta, le tecniche di produzione e così via.

In effetti, ogni concorrente dovrebbe essere definito in modo più completo di quanto non sia possibile assumendo solo due caratteristiche descrittive.

Nella tavola 8-1 vengono poste a confronto due delle principali imprese del settore dell'elettronica, la Texas Instruments e la Hewlett-Packard. Ognuna delle imprese in questione segue una propria strategia specifica, rivolgendosi a segmenti di clientela in una certa misura diversi.

Per poter valutare in modo adeguato i differenti comportamenti delle due aziende, occorre prendere in considerazione le caratteristiche dei prodotti offerti, sotto il profilo della gamma e della qualità; il livello dei servizi offerti alla clientela; la politica dei prezzi; la strategia di vendita; i programmi promozionali; la ricerca e lo sviluppo; le strategie di produzione; le fonti delle risorse finanziarie; e così di seguito.

Tavola 8-1 I profili strategici della Texas Instruments e della Hewlett-Packard a confronto

	Texas Instruments	Hewlett-Packard
Strategia di business	Vantaggio competitivo in mercati standardizzati e di vaste dimensioni, da conseguirsi mediante una strategia di bassi costi a lungo termine	Vantaggio competitivo in mercati di modeste dimensioni e selezionati, da conseguirsi mediante prodotti unici e di elevato valore
Marketing	Alti volumi, bassi prezzi Crescita rapida	Alto valore/alti prezzi Crescita controllata
Produzione	Curve d'esperienza basate sui costi Integrazione verticale	Servizio e qualità Integrazione verticale limitata
Ricerca e sviluppo	Progettazione in funzione dei costi	Progettazione in funzione delle prestazioni e della qualità
Risorse finanziarie	Strategia aggressiva volta alla piena utilizzazione delle stesse	Strategia tradizionale e prudente Nessun indebitamento
Risorse umane	Sviluppo della competizione Incentivi individuali	Sviluppo della cooperazione Incentivi a livello aziendale

8.3 La determinazione degli obiettivi dei concorrenti

Una volta identificati i principali concorrenti e le loro strategie, possiamo cercare di definire quali siano gli obiettivi e le motivazioni che ne determinano i comportamenti.

Come prima ipotesi, possiamo assumere che le imprese concorrenti mirino a massimizzare i propri profitti. Si tratta, tuttavia, di un'ipotesi che richiede di essere ulteriormente specificata, allo scopo di chiarire se l'obiettivo di massimo profitto si colloca in un quadro di breve o lungo termine, oppure se al conseguimento del massimo profitto non venga preferito il conseguimento di un profitto "soddisfacente".

Un'ipotesi più adeguata a riflettere le reali condotte d'impresa assume tuttavia che ogni concorrente persegua una combinazione di obiettivi diversi, ciascuno caratterizzato da un suo specifico peso o fattore d'importanza. È pertanto necessario accertare quale importanza ogni concorrente attribuisca alla profittabilità a medio termine, allo sviluppo della quota di mercato, al *cash flow*, alla leadership tecnologica e così via. Sulla base dell'importanza attribuita dai vari concorrenti ai diversi obiettivi è possibile stabilire se gli stessi siano soddisfatti o meno dai risultati conseguiti, nonché come essi potrebbero reagire ai vari tipi di azioni competitive. Ad esempio, un'impresa che punti a conseguire la leadership di costo reagirà con maggior impegno a una manovra competitiva fondata su un'innovazione di ordine tecnico-produttivo, rispetto a una manovra che si traduca in un incremento della spesa promozionale.

La misura del divario che può esistere negli obiettivi delle imprese in competizione tra di loro è chiaramente illustrata dal raffronto fra imprese nord-americane e imprese giapponesi:

> Le imprese degli Stati Uniti operano prevalentemente in base al principio della massimizzazione del profitto a breve termine. Ciò in relazione al fatto che la profittabilità attuale costituisce la base di valutazione da parte degli azionisti, i quali, qualora i tassi di profitto si riducessero rispetto alle loro attese, potrebbero orientare altrove le loro preferenze d'investimento, provocando una caduta dei corsi azionari e quindi l'aumento del costo del capitale. Le imprese giapponesi si pongono invece un obiettivo di massimizzazione della quota di mercato. Esse sono

l'espressione di un paese che ha scarse risorse e deve creare occupazione per una popolazione di oltre cento milioni di abitanti. Il capitale delle società giapponesi proviene per la maggior parte dal sistema bancario, il quale, più che puntare su elevati profitti, mira a un loro regolare conseguimento nel lungo termine. La conseguenza è, ovviamente, che le imprese giapponesi devono sostenere oneri finanziari in misura assai inferiore a quelli delle imprese americane e anche europee.

Gli obiettivi di un'impresa sono la risultante di molti fattori, quali la sua storia, la dimensione, il management passato e presente, la struttura economico-produttiva. Se l'impresa concorrente fa parte di un gruppo, è importante tener conto degli obiettivi che questo si propone di conseguire: puramente finanziari, di integrazione, di potere contrattuale, ecc. Nel caso in cui un'impresa non svolga un ruolo strategico nell'ambito del gruppo di appartenenza, essa potrà essere più facilmente attaccata da un concorrente, rispetto a una situazione in cui la medesima sia invece un elemento centrale della strategia del gruppo.

Secondo W. E. Rothschild, la più errata delle manovre competitive è quella che miri ad attaccare un'impresa nella sua attività fondamentale, specie se questa viene svolta su scala globale.[7] Una situazione del genere può essere illustrata mediante la figura 8-4, nella quale viene riportata una mappa del mercato dei personal computer. Sulla base della situazione descritta da tale mappa, attaccare l'IBM nel mercato dei personal computer non avrebbe senso, essendo l'impresa in questione uno specialista di tale prodotto a livello globale; mentre una manovra strategica nei confronti della Zenith sarebbe maggiormente dotata di senso, dato che l'impresa in questione non è uno specialista, né opera al di là del mercato nazionale. L'analisi della concorrenza deve prendere in esame anche i piani di sviluppo delle imprese rivali. Nella figura 8-5 viene descritta la situazione competitiva del mercato statunitense dei televisori. In base a quanto illustrato dalla figura, si può rilevare la posizione attuale dei principali concorrenti, nonché le loro possibili mosse in segmenti diversi da quelli già occupati. La Radio Shack, ad esempio, potrebbe entrare nel segmento di mercato degli accessori per utenti industriali e commerciali, mentre la Zenith potrebbe integrare la propria attività nel mercato dei televisori per l'uso individuale con gli accessori destinati allo stesso gruppo di acquirenti. Attraverso il costante monitoraggio delle mosse delle imprese rivali è possibile, se non neutralizzare le azioni competitive, almeno rendere più efficaci le contromisure.

Figura 8-4 Mappa del mercato dei personal computer

	Imprese nazionali	Imprese internazionali	Imprese multinazionali
Imprese specialistiche			IBM DEC
Imprese quasi-specialistiche			Honeywell Fujitsu
Imprese multi-business	Zenith		Sperry Hitachi Siemens Toshiba

Fonte: W. Rothschild, *How to Gain (and Maintain) the Competitive Advantage*, McGraw-Hill, New York 1984, p. 72.

8.4 La valutazione dei punti di forza e di debolezza della concorrenza

L'individuazione e la successiva valutazione dei punti di forza e di debolezza delle imprese rivali costituisce un'ulteriore passo nel processo di analisi della concorrenza. A questo fine, occorre innanzitutto acquisire dati e informazioni concernenti i seguenti aspetti dell'attività dei concorrenti: 1) *vendite*; 2) *quota di mercato*; 3) *utile netto*; 4) *rendimento degli investimenti*; 5) *cash flow*; 6) *entità e origine degli investimenti*; 7) *capacità produttiva sfruttata*.

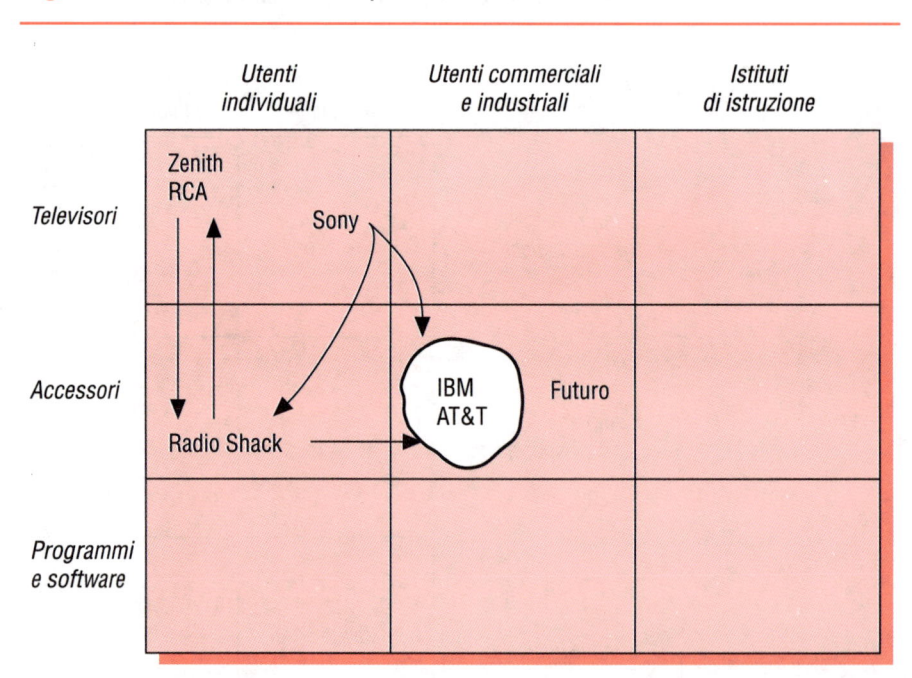

Figura 8-5 La situazione competitiva nel mercato dei televisori

	Utenti individuali	Utenti commerciali e industriali	Istituti di istruzione
Televisori	Zenith RCA ↑↓ Sony		
Accessori	Radio Shack	IBM AT&T → Futuro	
Programmi e software			

Fonte: W. Rothschild, *How to Gain (and Maintain) the Competitive Advantage*, p. 23.

Non tutte le necessarie informazioni sono facilmente reperibili, particolarmente in quei campi per i quali non esistono affidabili sistemi di rilevazione dei dati di mercato. Le fonti mediante le quali è possibile reperire elementi di conoscenza sui punti di forza e di debolezza dei concorrenti comprendono i dati secondari, la stampa specializzata, le informazioni raccolte dal personale di vendita, e così via. Le informazioni così raccolte possono essere integrate da specifiche ricerche di marketing.

Nella tavola 8-2 vengono presentati i risultati ottenuti da un'impresa che ha svolto una ricerca presso la clientela con lo scopo di valutare le percezioni della medesima nei confronti dei tre principali concorrenti. Gli attributi considerati ai fini della valutazione sono i seguenti cinque: notorietà; qualità dei prodotti; disponibilità dei prodotti; assistenza tecnica; personale di vendita.

Tavola 8-2 Valutazione dei principali fattori di successo dei concorrenti da parte della clientela

	Notorietà	Qualità dei prodotti	Disponibilità dei prodotti	Assistenza tecnica	Personale di vendita
A	E	E	M	M	B
B	B	B	E	B	E
C	D	M	B	D	D

Nota: E = eccellente, B = buono, D = discreto, M = mediocre.

Come si può rilevare dalla tavola, l'impresa concorrente A risulta essere molto nota e molto reputata per la qualità dei suoi prodotti. Al contrario, la valutazione della sua capacità di eseguire gli ordini e di fornire assistenza è molto bassa, mentre il servizio di vendita viene giudicato di buon livello. Il concorrente B è considerato in modo positivo con riferimento a tutti gli attributi, con punte di eccellenza per la disponibilità dei prodotti e la qualità del personale di vendita. Il concorrente C, infine, si pone all'ultimo posto, con valutazioni mediocri per i vari attributi. Risulta immediatamente evidente l'utilità di una consimile situazione conoscitiva ai fini della formulazione di una strategia competitiva da parte della nostra impresa, la quale può così dirigere le proprie mosse competitive verso i punti in cui i concorrenti sono più deboli, a patto che essa possa disporre di una qualche superiorità competitiva specifica. Ed è per questo che la valutazione dei punti forti e deboli non deve limitarsi alla concorrenza, ma dev'essere estesa alla nostra impresa.

Inoltre, l'analisi delle percezioni degli acquirenti deve scendere a una profondità maggiore di quella presentata nella tavola 8-2. Ad esempio, il fatto che la qualità del prodotto di B venga valutata come "buona" costituisce un dato medio fra una serie di giudizi che possono andare dai valori minimi a quelli massimi. Ne consegue l'interesse di identificare quali siano gli acquirenti che esprimono le diverse valutazioni. Infine, nella valutazione dei punti forti e deboli occorre tener conto di altre variabili, quali il livello dei prezzi e le condizioni di pagamento, la qualità del management, la capacità produttiva, ecc. Un interessante metodo di analisi competitiva è costituito dalla comparazione dei tre indicatori seguenti: la *quota di mercato*, l'*indice della notorietà* e l'*indice delle preferenze d'acquisto*.

- **La quota di mercato** misura le vendite dei vari concorrenti con riferimento al mercato rilevante.
- **L'indice della notorietà** è costituito dalla percentuale di acquirenti che, richiesti di precisare il primo nome che hanno in mente in relazione a un certo settore, indicano una data impresa.
- **L'indice delle preferenze d'acquisto** è dato dalla percentuale di acquirenti che, richiesti di nominare l'impresa della quale preferiscono acquistare i prodotti, indicano un nome specifico.

Un esempio dell'applicazione di questo metodo di comparazione competitiva è illustrato nella tavola 8-3, nella quale vengono riportate le valutazioni concernenti i concorrenti di cui alla precedente tavola 8-2. L'impresa A ha la quota di mercato più elevata, la quale è tuttavia in declino. Una possibile spiegazione può essere fornita dall'analogo declino, nel triennio considerato, degli altri due indici. Al contrario, l'impresa B registra miglioramenti di tutti e tre gli indicatori. A sua volta, l'impresa C sembra essere in una situazione di stallo.

Da quanto sinora posto in evidenza, si può desumere che l'impresa che migliora in modo sensibile la propria immagine e il grado di preferenza degli acquirenti finisce con l'accrescere la propria quota di mer-

Tavola 8-3 Alcuni indicatori per l'analisi competitiva

	Quota di mercato %			Indice della notorietà %			Indice delle preferenze %		
	1988	1989	1990	1988	1989	1990	1988	1989	1990
A	50	47	44	60	58	54	45	42	39
B	30	34	37	30	31	35	44	47	53
C	20	19	19	10	11	11	11	11	8

cato. Ciò che realmente conta non è dunque il fatto che l'impresa consegua un alto o basso margine di utile in un determinato anno (tanti sono i fattori che potrebbero influenzarlo), quanto la capacità di migliorare costantemente l'immagine e le preferenze degli acquirenti nel corso del tempo.

Fra gli elementi conoscitivi che occorre acquisire con riferimento alla concorrenza un'importanza di rilievo viene assunta dagli indicatori di natura finanziaria. La situazione finanziaria di un'impresa può essere analizzata mediante i seguenti rapporti fondamentali:

1. **Rapporto di liquidità**: è costituito dal quoziente fra le attività correnti (cassa, titoli, crediti verso clienti e scorte) e le passività correnti (debiti verso fornitori, cambiali passive a breve termine, scadenze correnti di debiti a lungo termine, debiti per imposte e salari). In base a questo rapporto è possibile valutare la solvibilità a breve termine di un'impresa.
2. **Rapporto di leva, o di indebitamento**: misura il finanziamento fornito dagli azionisti, confrontato con quello ottenuto mediante indebitamento. Un alto rapporto di leva significa che il capitale proprio è inferiore a quello preso a prestito. Al contrario, un basso rapporto di leva mette in evidenza una prevalenza del capitale degli azionisti.
3. **Rapporto di redditività**: indica la globale efficienza della gestione e può essere misurato con riferimento al *margine di profitto sulle vendite*, al *rendimento sulle attività globali*, al *rendimento sul capitale netto*.
4. **Rapporto di rotazione**: indica il grado di efficienza conseguito da un'impresa nell'impiego delle sue risorse finanziarie. È misurato dal quoziente fra le vendite e le attività medie di un certo periodo.
5. **Rapporto corsi di borsa-valori di bilancio delle azioni**: indica la fiducia accordata dal mercato a una determinata impresa. Viene misurata mediante il quoziente fra la quotazione di un'azione e il suo valore contabile.[8]

8.5 La valutazione della capacità di reazione dei concorrenti

L'analisi degli obiettivi, nonché dei punti di forza e di debolezza dei concorrenti, costituisce la base essenziale per poter valutare le loro reazioni agli attacchi competitivi.

Tuttavia, altri fattori possono influenzare le reazioni in questione, quali la cultura dominante in una determinata impresa, gli stili manageriali, i condizionamenti che possono limitare la portata delle capacità dell'alta direzione, e così di seguito. È quindi necessario elaborare un completo profilo del comportamento di reazione competitiva di ogni impresa rilevante.

Qui di seguito vengono riportate alcune tipologie di concorrenti in funzione della loro capacità di reazione:

1. **Concorrenti scarsamente reattivi**: alcune imprese non reagiscono agli attacchi competitivi, se non in ritardo e senza particolare vigore. Un consimile comportamento può essere determinato dai più svariati fattori, dal ritenere che i clienti abbiano un forte grado di lealtà alla mancanza di adeguati sistemi di monitoraggio, alla mancanza di risorse necessarie a sostenere le contromisure.
2. **Concorrenti selettivi**: alcune imprese possono ritenere che non tutti gli attacchi competitivi giustificano una reazione. Ad esempio, un manovra di prezzo può scatenare una reazione, mentre una campagna pubblicitaria può anche non ricevere una risposta specifica.
3. **Concorrenti reattivi**: la realtà dimostra come esistano imprese che sistematicamente fanno opposizione a qualsiasi mossa dei concorrenti. La Procter & Gamble costituisce un esempio di impresa che reagisce con il massimo di rapidità e di energia a ogni sfida proposta dai concorrenti. È evidente che l'immagine di "tigre" costituisce di per se stessa una barriera nei confronti della concorrenza.
4. **Concorrenti imprevedibili**: alcune imprese si comportano nei confronti delle manovre competitive in modo casuale, senza che sia possibile definire uno specifico modello di reazione. In casi di questo tipo, è buona norma assumere sempre l'ipotesi meno favorevole per quanto concerne le possibili reazioni.

Se consideriamo i vari settori, possiamo rilevare come alcuni di essi siano costantemente caratterizzati da una elevata tensione competitiva, mentre in altri sembra dominare lo stato di quiete. Bruce Henderson, fondatore del Boston Consulting Group, ritiene che ogni settore abbia un proprio "equilibrio competitivo", in base al quale possono determinarsi gradi diversi di competitività. Riassumiamo qui di seguito le principali osservazioni formulate da Henderson circa i possibili stati delle reazioni competitive:

1. *Se i concorrenti sono pressappoco identici e operano secondo gli stessi orientamenti strategici, allora l'equilibrio competitivo è instabile.* Allorquando le varie imprese hanno più o meno la stessa capacità competitiva, lo stato di conflitto tende ad essere costante. È il caso dei settori di prodotti indifferenziati, o *commodities*, nei quali le imprese non sono riuscite a determinare apprezzabili elementi di differenziazione dei loro costi o della loro offerta. In situazioni del genere, sono frequenti le guerre di prezzo, specie allorquando l'andamento della domanda determina degli eccessi di capacità produttiva.

2. *Se esiste uno specifico settore critico che assume un'importanza fondamentale, ne deriva un'instabilità competitiva.* È quanto si manifesta in quei settori dove esistono delle opportunità di differenziazione dei costi basate sulle economie di scala, l'impiego di tecnologie avanzate, le curve di esperienza, e così via. In questi casi, ogni impresa che riesca a migliorare sensibilmente le proprie strutture di costo può ridurre i prezzi di vendita allo scopo di sottrarre quote di mercato ai propri concorrenti. Questi, a loro volta, possono ridurre i propri prezzi nel tentativo di difendere le posizioni acquisite. In situazioni di questo tipo, le guerre di prezzo si accompagnano alle trasformazioni di ordine tecnico-produttivo, con la conseguenza di accrescere l'instabilità competitiva del settore.

3. *Se i fattori sono molteplici, esiste la possibilità che i vari concorrenti sviluppino qualche specifico vantaggio competitivo, dotato di particolare attrattività per determinati segmenti di clientela.* Quanto maggiore sarà il numero dei fattori che possono determinare un vantaggio, tanto maggiore sarà il numero delle imprese che possono competere. È quanto si manifesta in quei settori nei quali sono numerose le possibilità di differenziare la qualità, il servizio, le modalità di distribuzione, e via di seguito. Le imprese possono disporre quindi di molte possibilità di combinare i vari settori secondo modalità apprezzate dai vari segmenti configurabili dal lato della domanda. La presenza di queste condizioni rende l'equilibrio competitivo "dinamicamente" stabile.

4. *Quanto minore è il numero delle variabili competitive critiche, tanto minore sarà il numero dei concorrenti.* Se solamente un fattore ha un ruolo critico, ne deriva che esiste una tendenza alla riduzione del numero dei concorrenti. All'opposto, un numero elevato di variabili competitive critiche determina l'espansione del numero delle imprese che possono competere in un determinato mercato.

5. *Un rapporto di 2 a 1 nelle quote di mercato di due concorrenti diretti sembra poter costituire il punto di equilibrio.* In una situazione simile,

entrambi i concorrenti non hanno convenienza alcuna a determinare una modifica dell'equilibrio competitivo.[9]

8.6 La definizione dei concorrenti con i quali misurarsi

Un'impresa non può ritenere di competere con tutti i possibili concorrenti. Essa deve quindi procedere a individuare quelle imprese rivali nei confronti delle quali concentrare le proprie iniziative competitive. A questo fine, può essere di particolare utilità la definizione dei punti di forza e di debolezza dell'impresa nei confronti della concorrenza, rilevati mediante un'*analisi del valore percepito dai clienti*.

L'obiettivo di un'analisi di questo genere è quello di determinare i vantaggi attesi dagli acquirenti inclusi nel segmento di mercato obiettivo, nonché come gli stessi percepiscano il valore relativo dell'offerta dei vari concorrenti.

Le principali fasi di un'analisi del valore per l'acquirente sono qui di seguito descritte.

1. **Identificazione dei principali attributi ritenuti rilevanti dagli acquirenti**. Consiste nel definire quali funzioni e prestazioni gli acquirenti ricerchino nei prodotti oggetto delle loro scelte d'acquisto. È possibile che gli acquirenti indichino un numero particolarmente elevato di attributi, alcuni dei quali di marginale importanza. In tal caso, occorrerà ridurre gli stessi mediante un processo di raggruppamento di attributi similari. In genere, gli attributi di rilievo sono compresi fra dieci e venti voci.
2. **Definizione del fattore di importanza dei singoli attributi**. Una volta individuati gli attributi giudicati rilevanti, si tratta di assegnare loro un fattore di importanza determinato sulla base dei giudizi formulati dai vari gruppi o segmenti di clienti.
3. **Valutazione delle performance dell'impresa e dei suoi concorrenti in relazione ai vari attributi**. Non tutte le imprese realizzano le medesime performance per ogni attributo e con riferimento ai diversi segmenti. È pertanto necessario misurare le performance effettivamente conseguite per ogni attributo e in ogni segmento. L'obiettivo di un'impresa dovrebbe essere quello di conseguire performance eccellenti in relazione agli attributi che il mercato obiettivo considera come critici. In

realtà, ciò avviene in un numero piuttosto limitato di situazioni. È anche possibile che un'impresa, priva di adeguati sistemi di monitoraggio del mercato, non sia in grado di conoscere quali siano le proprie performance relativamente alla concorrenza.

L'analisi del valore percepito sin qui descritta deve essere aggiornata periodicamente, onde tenere conto delle modifiche che possono intervenire negli atteggiamenti e nei cambiamenti degli acquirenti.

In base agli elementi acquisiti attraverso le varie fonti, e in particolare mediante l'analisi del valore percepito, l'impresa dovrebbe poter classificare i concorrenti da affrontare nelle seguenti categorie:

Concorrenti forti o deboli. A seconda degli orientamenti prevalenti nell'impresa, l'azione competitiva può essere rivolta verso le imprese più deboli o più forti. Nell'attaccare un'impresa debole, è evidente che si corrono minori rischi, ma anche i risultati possono essere modesti. Il confrontarsi con le imprese più forti può essere invece uno stimolo per migliorare le proprie capacità competitive. Occorre naturalmente valutare attentamente le conseguenze di una reazione da parte di un concorrente la cui prevalenza sia assai rilevante.

Concorrenti diretti o indiretti. La maggior parte delle imprese tende a competere con i concorrenti diretti, cioè con quelle imprese che presentano un forte grado di similarità. Può essere una buona norma competitiva quella che conduce a evitare di attaccare i concorrenti diretti, onde evitare che il loro indebolimento favorisca concorrenti più lontani.

Concorrenti "buoni" o "cattivi". M. Porter sostiene che ogni settore include concorrenti "buoni" e "cattivi".[10] I primi sono costituiti dalle imprese che si comportano secondo le regole consolidate del settore cui appartengono; che definiscono linee evolutive coerenti con i potenziali di crescita del mercato; che fissano i prezzi tenendo ragionevolmente conto dei costi; che limitano la propria attività a certi segmenti del mercato; e che accettano determinati livelli di profittabilità.

I concorrenti "cattivi", al contrario, violano costantemente le regole; cercano di sottrarre quote di mercato alle altre imprese, piuttosto che sviluppare nuova domanda; sono più spregiudicati nell'assumere i rischi; investono in sviluppo della capacità produttiva; e, in generale, tendono a sovvertire l'equilibrio del settore. Ad esempio, per l'IBM la Cray Research costituisce un buon concorrente, in quanto segue le regole, si limita ad operare nell'ambito dei propri segmenti e non attacca l'impresa leader nel suo mercato fondamentale.

Al contrario, la giapponese Fujitsu costituisce un cattivo concorrente, in quanto attacca l'IBM al cuore del suo sistema di prodotti mediante politiche di scarsa differenziazione del prodotto e di bassi prezzi, grazie ai sussidi di vario genere ricevuti in patria. Di fronte all'esistenza di concorrenti "buoni" e "cattivi" le imprese di un settore potrebbero essere indotte ad accordarsi fra di loro per tentare di limitare i comportamenti eccessivamente spregiudicati, o ritenuti tali.

Si può tuttavia dubitare che iniziative in questo senso possano mantenere un adeguato livello di competitività all'interno di un settore, non solo nell'interesse generale, ma anche delle stesse imprese. Sotto questo profilo, infatti, va tenuto presente che un sistema competitivo determina per le imprese che ne fanno parte molteplici benefici strategici, quali la riduzione della probabilità che vengano introdotte misure antimonopolistiche; l'incremento della domanda complessiva; lo sviluppo della differenziazione; la messa a punto di nuove tecnologie.

Note

[1] Si vedano Al Ries e Jack Trout, *Marketing è guerra*, McGraw-Hill, Milano 1987; nonché W. L. Sammon, M. A. Kurland e R. Spitalnic, *Business Competitor Intelligence*, Ronald Press, New York 1984; e L. M. Fuld, *Monitoring the Competition*, John Wiley & Sons, New York 1988.

[2] Per l'approfondimento della nozione di settore industriale, si vedano F. M. Scherer, *Economia industriale*, Unicopli, Milano, 1988; e Giuseppe Volpato, *Concorrenza, impresa e strategie*, Il Mulino, Bologna 1986.

[3] K. R. Harrigan, "The Effect of Exit Barriers Upon Strategic Flexibility", in *Strategic Management Journal*, n. 1, 1980, pp. 165-176.

[4] M. E. Porter, *Il vantaggio competitivo*, Edizioni di Comunità, Milano 1987, pp. 257 e 538.

[5] M. E. Porter, *La strategia competitiva*, Edizioni della Tipografia Compositori, Bologna 1982, pp. 253-274.

[6] Sui gruppi strategici si vedano M. E. Porter, *La strategia competitiva*, pp. 123-126; G. Hinterhuber, *La direzione strategica dell'impresa industriale*, Isedi, Torino 1990, III ed. interamente riveduta, pp. 171-174.

[7] W. E. Rothschild, *How to Gain (and Maintain) the Competitive Advantage*, McGraw-Hill, New York 1984, cap. 5.

[8] Per ulteriori approfondimenti sull'impiego dei rapporti, si vedano James F. Weston e E. F. Brigham, *Finanza aziendale*, Il Mulino, Bologna 1977, pp. 35-74; e J. C. Van Horne, *Teoria e tecnica della finanza d'impresa*, Il Mulino, Bologna 1985, pp. 981-1019.

[9] Bruce Henderson, *Henderson on Corporate Strategy*, Abt Books, Cambridge 1979.

[10] M. E. Porter, *Il vantaggio competitivo*, pp. 201-203.

Capitolo 9

La misurazione e la previsione della domanda

Prevedere è difficile, soprattutto il futuro.

Anonimo

Prevedere è come tentar di guidare un'automobile ad occhi bendati, seguendo le istruzioni date da una persona che guarda fuori dal finestrino posteriore.

Anonimo

Dopo aver esaminato gli strumenti e le tecniche necessarie per l'analisi della clientela e delle forze competitive, siamo pronti per verificare come un'impresa sceglie i *mercati più interessanti* e come sviluppa *strategie vincenti* all'interno di questi. L'impresa si trova di fronte diverse opportunità di mercato disponibili, e deve innanzitutto saperle valutare attentamente per poi scegliere il proprio mercato obiettivo; sono pertanto necessarie abilità particolari nella misurazione e previsione della dimensione, del tasso di crescita e del profitto potenziale delle differenti opportunità di mercato.

Dopo aver scelto un mercato, l'impresa deve effettuare accurate proiezioni della domanda.

Queste stime sono usate dalla finanza per stabilire il fabbisogno di cassa per gli investimenti e l'attività corrente; dalla produzione per determinare la capacità produttiva; dagli acquisti per procurarsi le materie prime necessarie; infine, dal personale per assumere i lavoratori indispensabili.

La funzione marketing è responsabile di queste stime; qualora non fossero corrette, l'impresa potrebbe essere caricata da un eccesso di capacità produttiva e materie prime inutilizzate o perdere guadagni a causa dell'esaurimento della propria produzione.

Questo capitolo risponderà alle seguenti domande:

- Quali sono i principi che sottendono alla misurazione e alla previsione della domanda?
- Come si può stimare la domanda attuale?
- E come si può prevedere la domanda futura?

9.1 Principi di misurazione della domanda

I dirigenti dell'impresa devono innanzitutto definire con esattezza ciò che essi intendono per domanda del mercato. A questo scopo, esamineremo quindi le possibile distinzioni che possono essere individuate con riferimento al termine in questione.

9.1.1 Molteplici misure della domanda del mercato

Le imprese, nell'ambito del loro normale processo di pianificazione, preparano un gran numero di stime delle dimensioni del mercato. La figura 9-1 mostra *novanta* diversi tipi di stime della domanda che un'impresa può effettuare. La domanda può essere misurata a sei diversi *livelli di prodotto* (singolo prodotto, gruppo di prodotti, linea di prodotti, vendite aziendali, vendite del settore, vendite nazionali), cinque diversi *livelli spaziali* (cliente, provincia, regione, stato, mondo) e tre diversi *livelli temporali* (breve periodo, medio periodo e lungo periodo).

Ogni tipo di misurazione della domanda serve per uno scopo specifico. Così un'impresa potrebbe fare una previsione di breve periodo della

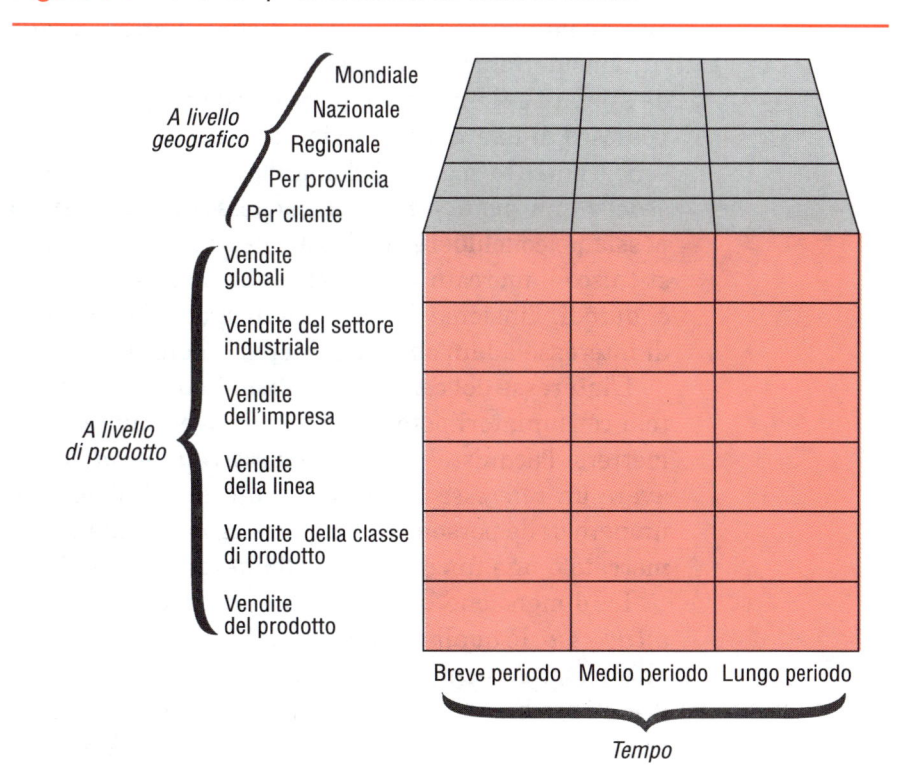

Figura 9-1 Novanta tipi di misurazione della domanda

domanda totale di un particolare prodotto, per fornire la base per l'acquisto delle materie prime, per la pianificazione della produzione e per la programmazione dei finanziamenti a breve termine, oppure potrebbe fare una previsione di lungo periodo della domanda regionale per la propria principale linea di prodotti, come base per valutare l'espansione del mercato.

9.1.2 Quale mercato misurare?

Gli operatori di marketing parlano di *mercato potenziale, mercato disponibile, mercato servito* e *mercato penetrato*. Per chiarire questi termini è bene iniziare dalla nozione che un *mercato è l'insieme di tutti gli acquirenti reali e potenziali di un prodotto*. La *dimensione* di un mercato dipende perciò dal numero di acquirenti che potrebbero esistere per una particolare offerta del mercato. Per appartenere al mercato essi devono possedere tre caratteristiche: *interesse, reddito* e *accesso*.

Consideriamo il caso del mercato delle motociclette. La prima cosa da stimare è il numero di persone che hanno un potenziale interesse al possesso di una moto. Possiamo contattare un numero casuale di persone e porre la seguente domanda: «Siete fortemente interessati a possedere una moto?». Se una persona su dieci risponde positivamente, possiamo concludere che il 10% del numero complessivo di persone costituisce il mercato potenziale delle motociclette. Il *mercato potenziale* è, quindi, l'insieme dei consumatori che dichiarano un qualche livello di interesse ad un'offerta di mercato definita.

L'interesse del consumatore non è sufficiente per definire un mercato. I consumatori potenziali devono avere un *reddito* adeguato per permettersi l'acquisto: essi devono *essere in grado di acquistare*, oltre ad avere un *interesse all'acquisto*. Più alto è il prezzo, e minore sarà il numero delle persone che appartengono al mercato. La dimensione del mercato è una funzione sia dell'interesse, sia del reddito.

La dimensione del mercato è ulteriormente ridotta dalle barriere all'*accesso*, le quali potrebbero impedire il manifestarsi di una risposta all'offerta. Se le motociclette non sono distribuite in una zona a causa di costi proibitivi, i potenziali acquirenti dell'area in questione non avranno l'accesso al mercato. Il *mercato disponibile* è l'insieme dei consumatori che hanno interesse, reddito e possibilità d'accesso a una particolare offerta del mercato.

In alcuni tipi di offerta, l'impresa può limitare le vendite a determinati gruppi di persone. Anche se la patente di tipo "A" si consegue a sedici anni d'età, le moto con cilindrata superiore ai 350 cc. si possono guidare solo al conseguimento della maggiore età. Questi adulti costituiscono il *mercato disponibile qualificato*, cioè l'insieme dei consumatori che hanno interesse, reddito, accesso e requisiti per la particolare offerta del mercato.

L'impresa può scegliere fra rivolgersi all'intero mercato disponibile qualificato e concentrare i propri sforzi su determinati segmenti. Il *mercato servito* è la parte del mercato disponibile qualificato a cui l'organizzazione decide di rivolgersi.

L'impresa e i suoi concorrenti venderanno un certo numero di motociclette nei loro mercati serviti. Il *mercato penetrato* è l'insieme dei consumatori che effettivamente acquistano il prodotto.

La figura 9-2 illustra graficamente i concetti precedentemente esposti corredandoli con alcune cifre ipotetiche. La colonna sulla sinistra illustra il rapporto fra mercato potenziale e popolazione totale, qui pari al 10%. La colonna sulla destra illustra alcune suddivisioni del merca-

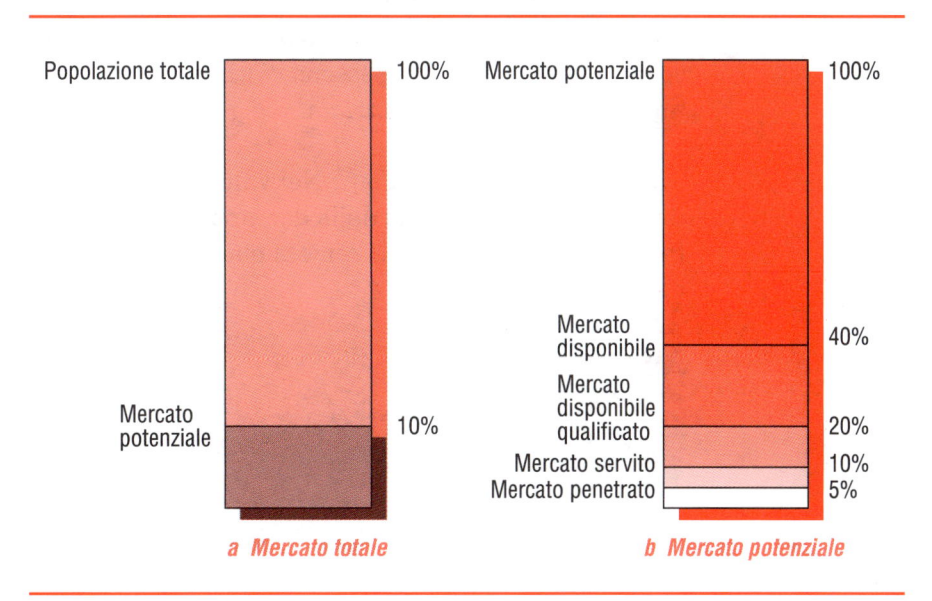

Figura 9-2 Livelli di definizione del mercato

to potenziale. Il mercato disponibile (coloro che hanno interesse, reddito e accesso) è il 40% dei potenziali acquirenti. Il mercato disponibile qualificato è il 20% del mercato potenziale (cioè il 50% del mercato disponibile). L'impresa tenta attivamente di attrarre metà del mercato disponibile qualificato, cioè il 10% del mercato potenziale. Infine, l'impresa e i suoi concorrenti coprono il 5% del mercato potenziale (pari al 50% del mercato servito). Queste definizioni di un mercato sono uno strumento utile per la pianificazione di marketing. Se l'organizzazione non è soddisfatta delle vendite attuali, può prendere in considerazione un certo numero di azioni alternative. Essa può tentare di attrarre una maggiore percentuale di persone nell'ambito del mercato servito. Si può espandere su altri mercati disponibili o abbassare i prezzi per aumentare le dimensioni degli attuali mercati. Infine, l'impresa può cercare di incrementare il mercato potenziale con una campagna pubblicitaria mirante ad aumentare l'interesse nei confronti del proprio prodotto.

9.1.3 Un vocabolario per la misurazione della domanda

Il campo della misurazione della domanda usa una gran quantità di termini che possono generare confusione. I dirigenti parlano di previsioni, pronostici, potenziali, stime, proiezioni, obiettivi, target, quote e budget. Molti di questi termini sono ridondanti. Quelli essenziali sono la *domanda del mercato* e la *domanda per l'impresa*. Nell'ambito di ciascuno di tali concetti si possono distinguere una *funzione di domanda*, una *previsione* e un *potenziale*.

La domanda del mercato. Nel valutare le opportunità di marketing, il primo passo è la stima della domanda totale del mercato. Non si tratta di un concetto semplice, come si può notare nella definizione che segue:

> La *domanda del mercato* per un *prodotto* è il *volume totale* che verrebbe *acquistato* da un determinato *gruppo di acquirenti*, in un'*area geografica* e in un *periodo di tempo* definiti, in un determinato *ambiente di marketing* e nell'ambito di un determinato *programma di marketing*.

Questa formulazione richiede la definizione delle specifiche di prodotto; la scelta dell'unità di misura (in termini fisici o monetari); se l'"acquistato" si riferisce al volume ordinato, spedito o pagato; l'influenza dell'ambiente o del programma di marketing; ecc.

L'elemento più importante da tener presente è che la domanda totale del mercato non è un numero fisso ma una funzione; per questa ragione essa è anche chiamata la *funzione di domanda del mercato* o *funzione di risposta del mercato*. La dipendenza della domanda totale del mercato da queste condizioni è illustrata nella figura 9-3 *a*. Sull'asse delle ascisse è riportato il livello dell'investimento di marketing del settore in un dato periodo di tempo; sull'asse delle ordinate è riportato il corrispondente livello della domanda. La curva rappresenta il livello stimato della domanda del mercato, associato ai diversi livelli dell'investimento di marketing del settore. Un certo volume di vendite (denominato il *minimo del mercato*) avrebbe luogo anche senza nessun investimento volto a stimolare la domanda. L'aumento dell'investimento di marketing del settore produrrebbe un aumento del livello della domanda, dapprima a un tasso crescente, poi a un tasso decrescente. Al di sopra di un certo livello, l'investimento di marketing non determinerebbe ulteriori aumenti della domanda, suggerendo in questo modo l'esistenza di un limite superiore alla domanda del mercato, denominato il *potenziale del mercato*.

Figura 9-3 La domanda di mercato

a Domanda di mercato come funzione delle spese di marketing del settore (presuppone un particolare ambiente di marketing)

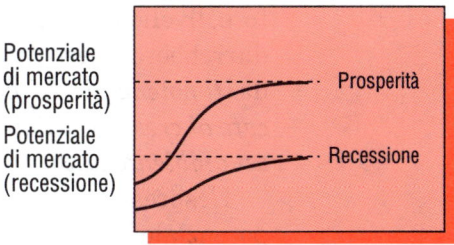

b Domanda di mercato come funzione delle spese di marketing del settore (presuppone due diversi ambienti di marketing)

La distanza fra il minimo del mercato e il potenziale del mercato corrisponde alla *sensitività di marketing della domanda*. Si può pensare a due tipi estremi di mercato, quello *espandibile* e quello *non espandibile*. Un mercato espandibile, ad esempio quello del gioco del tennis, è fortemente influenzato, per quanto riguarda le sue dimensioni totali, dal livello degli investimenti di marketing del settore. Riferendosi alla figura 9-3 *a*, la distanza fra Q_1 e Q_2 è relativamente piccola. Le organizzazioni che operano in un mercato non espandibile possono considerare come garantita la dimensione del mercato (il livello della *domanda primaria*) e concentrare le proprie risorse di marketing verso il raggiungimento della quota di mercato desiderata (il livello della *domanda selettiva*).

È importante ribadire che la *funzione di domanda del mercato non è una fotografia del suo andamento nel tempo*; la curva illustra invece le diverse alternative delle previsioni attuali della domanda del mercato, associate alle varie possibili alternative dell'entità dello sforzo di marketing del settore nel periodo attuale.

La previsione di mercato. Soltanto uno dei molti possibili livelli dello sforzo di marketing del settore si verificherà realmente. La domanda del mercato corrispondente allo sforzo previsto è definita *previsione di mercato*.

Il potenziale del mercato. La domanda prevista mostra la domanda del mercato attesa, non la massima; per individuare quest'ultima è necessario determinare il livello della domanda del mercato corrispondente a un livello molto elevato dell'investimento di marketing del settore, livello per il quale ulteriori aumenti dello sforzo commerciale produrrebbero effetti trascurabili nello stimolare l'aumento della domanda. *Il potenziale del mercato è il limite a cui tende la domanda del mercato al crescere all'infinito dell'investimento di marketing del settore, in un ambiente dato.*

L'espressione "in un ambiente dato" è fondamentale nel concetto di potenziale del mercato. Si consideri il potenziale del mercato delle automobili in un periodo di recessione a confronto con un periodo di prosperità: il potenziale del mercato è più alto durante il periodo di espansione; in altri termini, la domanda del mercato è elastica rispetto al reddito. La dipendenza del potenziale del mercato dell'ambiente è illustrata nella figura 9-3 *b*. L'analista distingue fra posizione della funzione di domanda del mercato e movimento lungo di essa. Le imprese del settore non possono far nulla per modificare la posizione della funzione di domanda del mercato, che è determinata dall'ambiente di marketing. Esse influenzano invece la loro particolare posizione sulla funzione, decidendo l'ammontare del loro investimento di marketing.

La domanda per l'impresa. È ora il momento di definire la domanda per l'impresa. *La domanda per l'impresa è la quota della domanda del mercato rappresentata dalle vendite dell'impresa stessa.* In termini matematici:

$$Q_i = s_i Q \qquad [9\text{-}1]$$

in cui:
Q_i = domanda dell'impresa i;
s_i = quota di mercato dell'impresa i;
Q = domanda totale del mercato.

La domanda per l'impresa, analogamente alla domanda del mercato, è una funzione – detta anche *funzione della domanda per l'impresa* o *funzione di risposta delle vendite* – ed è soggetta a tutti i determinanti della domanda del mercato, *oltre a tutto ciò che può avere influenza sulla quota di mercato dell'impresa.*

La previsione delle vendite dell'impresa. La domanda per l'impresa definisce le vendite stimate dell'impresa corrispondenti ai diversi livelli del suo sforzo di marketing; alla direzione non resta che scegliere uno dei livelli.[1] Il livello d'investimento di marketing prescelto implica un particolare livello di vendite, definibile come la previsione delle vendite dell'impresa:

> *La previsione delle vendite dell'impresa* è il livello atteso delle vendite aziendali, in funzione di un determinato piano di marketing e tenuto conto di una data situazione di mercato.

La previsione delle vendite dell'impresa può essere rappresentata graficamente nello stesso modo in cui la previsione di mercato era rappresentata in figura 9-3 *a*, riportando le vendite dell'impresa sull'asse dell'ordinate e l'investimento di marketing dell'impresa sull'asse delle ascisse.

Troppo spesso la relazione sequenziale fra la previsione delle vendite dell'impresa e il piano di marketing è oggetto di confusione. Spesso si sente dire che l'impresa dovrebbe sviluppare il proprio piano di marketing in funzione delle previsioni di vendita. La relazione sequenziale previsione delle vendite-piano è valida se *previsione* significa una stima dell'attività economica nazionale, o se la domanda per l'impresa è espandibile in misura minima. La sequenza non è valida, invece, quando la domanda del mercato è espandibile, o quando *previsione* significa stima delle vendite dell'impresa. La previsione delle vendite dell'impresa, infatti, non costituisce la base per decidere l'entità e la composizione dello sforzo di marketing; al contrario, essa è il *risultato* di un determinato piano di marketing.

Vale la pena di menzionare altri due concetti che riguardano la previsione delle vendite dell'impresa, quello di *quota di vendita* e quello di *budget di vendita*.

> La *quota di vendita* è l'obiettivo di vendita definito per una divisione aziendale, una linea di prodotti o un agente di vendita. Si tratta principalmente di uno strumento direzionale per definire e stimolare gli sforzi di vendita.

La direzione fissa gli obiettivi di vendita sulla base della previsione delle vendite aziendali e delle leve psicologiche per stimolarne il raggiungimento. Generalmente gli obiettivi di vendita vengono fissati leggermente al di sopra delle vendite stimate, per stimolare l'impegno della forza di vendita.

> Il *budget di vendita* è una stima prudenziale del volume atteso delle vendite e viene utilizzato soprattutto per prendere le decisioni correnti riguardanti gli acquisti, la produzione e il cash flow.

Il budget di vendita viene basato sulla previsione delle vendite e sulla necessità di evitare rischi eccessivi. Il budget di vendita è generalmente fissato leggermente al di sotto della previsione delle vendite.

Il potenziale dell'impresa. Il potenziale di vendita dell'impresa è il *limite a cui tende la domanda per l'impresa, all'aumentare del rapporto fra l'investimento di marketing dell'impresa stessa e quello dei concorrenti*. Il limite assoluto della domanda per l'impresa è, ovviamente, il potenziale del mercato. Le due grandezze sarebbero uguali se l'impresa raggiungesse il 100% di quota di mercato, cioè se l'impresa divenisse monopolista.

Nella maggior parte dei casi il potenziale di vendita dell'impresa è inferiore al potenziale del mercato, anche quando l'investimento di marketing dell'impresa aumenta considerevolmente rispetto a quello dei concorrenti. La ragione è che ogni concorrente possiede un nucleo resistente di acquirenti fedeli, caratterizzati da una bassa sensibilità agli sforzi delle altre imprese per acquisirne la preferenza.

9.2 La stima della domanda attuale

Saranno ora esaminati alcuni metodi pratici per stimare la domanda attuale del mercato. I dirigenti di marketing possono ritenere opportuno stimare il *potenziale totale di mercato*, il *potenziale di mercato di un'area*, le *vendite correnti* e le *quote di mercato*.

9.2.1 Il potenziale totale di mercato

Il potenziale totale di mercato è il volume massimo delle vendite (in quantità o in valore) che può essere disponibile per tutte le imprese di un settore in un dato periodo di tempo, a un livello dato dello sforzo di marketing del settore e sotto determinate condizioni ambientali. Un modo comune per stimarlo è il seguente:

$$Q = nqp \qquad [9\text{-}2]$$

in cui:
Q = potenziale totale di mercato;
n = numero di acquirenti dello specifico prodotto/mercato nelle condizioni ipotizzate;
q = quantità acquistata da un acquirente medio;
p = prezzo unitario medio.

Se ci sono quaranta milioni di acquirenti di libri ogni anno e il compratore medio di libri acquista tre libri all'anno al prezzo medio di ventimila lire, il potenziale del mercato totale dei libri è 2.400 miliardi di lire (pari a = 40 milioni x 3 x 20.000 lire).

La componente più difficile da stimare nella formula è n, il numero di acquirenti dello specifico prodotto/mercato. Si può sempre iniziare dalla popolazione totale nazionale, cioè 57 milioni di persone nel caso dell'Italia. Questa può essere assunta come il *mercato teorico*. Il passo successivo è di eliminare i gruppi che certamente non acquisterebbero il prodotto.

Si presume che le persone analfabete, i bambini al di sotto dei 12 anni e le persone con problemi di vista non acquistino libri e che esse costituiscano il 20% della popolazione. Il restante 80% della popolazione, cioè 45,6 milioni di individui, può essere definito come *mercato prospettico*.

Si potrebbero eseguire ulteriori ricerche e scoprire che le persone di basso reddito e livello di istruzione non leggono libri e che esse rappresentano oltre il 30% del mercato prospettico. Detraendo il loro numero, si arriva a un *mercato prospettico disponibile* di circa 32.000.000 acquirenti di libri. Questo numero di potenziali acquirenti può ora essere utilizzato nella formula [9-2] per calcolare il potenziale del mercato totale.

Una variante della formula [9-2] è nota come il *metodo dei rapporti concatenati*. Tale metodo implica la moltiplicazione di un valore di base per una serie di percentuali di aggiustamento. Si supponga che un produttore di birra sia interessato a stimare il potenziale del mercato per una nuova birra dietetica. Una stima può essere ottenuta effettuando il seguente calcolo:[2]

Domanda per la nuova birra dietetica = popolazione x reddito personale disponibile pro-capite x percentuale media del reddito disponibile spesa in generi alimentari x percentuale media delle spese alimentari che viene destinata alle bevande x percentuale media della spesa in bevande che viene destinata alle bevande alcoliche x percentuale media delle spese in bevande alcoliche che viene destinata alla birra x percentuale attesa della spesa in birra che sarà destinata alla birra dietetica.

9.2.2 Il metodo degli indicatori economici

Anche per le imprese produttrici di beni di consumo si presenta la necessità di stimare i potenziali di mercato di singole aree.

Ma per tali imprese, essendo il mercato costituito da un numero molto elevato di clienti potenziali, non è possibile valutare le necessità d'acquisto individuali. Risulta necessario, pertanto, ricorrere a metodi di valutazione indiretta. Tra questi, uno molto usato è il *metodo degli indicatori*. Nell'ambito del settore librario, ad esempio, si potrebbe ipotizzare che il mercato potenziale sia in relazione con la popolazione dotata di un determinato livello minimo d'istruzione. In tal modo, se nella provincia di Genova si ha il 2,86% della popolazione italiana con il grado di scolarità prescelto, si potrebbe supporre che questa provincia assorba il 2,86% dell'intera spesa nazionale per libri.

Raramente, però, un solo carattere può costituire un indicatore completo. Infatti – tornando all'esempio – la distribuzione territoriale delle vendite di libri è influenzata anche da quella del reddito e dalla distribuzione dei punti di vendita, e così via.

Si rende necessario allora costruire l'indicatore del potenziale di mercato di un dato prodotto sulla base di più fattori, a ciascuno dei quali occorre assegnare un peso. Dopo varie sperimentazioni condotte sul mercato editoriale,[3] si è giunti alla formulazione del seguente indice empirico del potenziale di mercato dei libri (elaborato con il metodo degli indicatori economici):

$$Y_i = 0{,}63\, r_i + 0{,}33\, p_i + 0{,}04\, d_i \qquad [9\text{-}3]$$

dove:
Y_i = potenziale teorico di mercato dei libri nell'unità territoriale i (regione, provincia, comune);
r_i = percentuale del reddito prodotto nell'unità territoriale i (posto uguale a 100 il reddito prodotto del Paese);
p_i = percentuale della popolazione fornita di titolo di studio superiore alla licenza elementare nell'unità territoriale i;
d_i = percentuale del numero di punti di vendita di libri nell'unità territoriale i.

Ad esempio, se la provincia di Bologna detiene il 2,15% del reddito prodotto, il 2% della popolazione nazionale fornita di titolo di studio superiore alla licenza elementare e il 2,29% dei punti di vendita, il potenziale teorico di mercato di detta provincia è:

$$0{,}63\ (2{,}15) + 0{,}33\ (2{,}00) + 0{,}04\ (2{,}29) = 2{,}11 \qquad [9\text{-}4]$$

Si può quindi ritenere che il 2,11% della spesa nazionale per libri venga assorbita dalla provincia di Bologna.

Il calcolo dell'indice del potenziale di mercato [9-4] si potrebbe affinare considerando, in luogo del reddito prodotto, il reddito disponibile (noto oggi anche a livello comunale), oppure aggiungendo altre variabili relative alla presenza della concorrenza (distribuzione dei punti di vendita o del fatturato) o, ancora, considerando la distribuzione territoriale degli investimenti pubblicitari, delle spese promozionali, o tenendo conto del modello di stagionalità delle vendite o della peculiarità del mercato a livello locale.

Un indice potenziale di mercato, determinato con il metodo degli indicatori su serie regionali o provinciali, può essere utilizzato su scala comunale (assumendo valida l'ipotesi di "traslazione"). Pertanto esso fornisce all'impresa operante nel settore considerato gli elementi basilari per la ripartizione a livello locale degli investimenti di marketing.

All'impresa interessa, per quest'ultimo scopo e per quello più generale di stima della domanda a essa rivolta, oltre la valutazione del potenziale generale del settore ("potenziale di mercato"), anche la stima del suo potenziale di vendita ("potenziale d'impresa").

Per passare dall'indice generale all'indice specifico d'impresa è necessario introdurre fattori di adeguamento che incorporino, in particolare, la politica degli investimenti di marketing dell'impresa e l'azione della concorrenza.

Con riferimento alle possibilità di utilizzo a livello locale dell'indice di potenzialità, si consideri il seguente esempio: si debbano analizzare gli otto comuni indicati nella tavola 9-1. Per tali comuni sono riportati ordinatamente: i valori percentuali di potenziale del mercato librario (posto uguale a 100 il potenziale nazionale), le quote-parte dei comuni sul fatturato della classe del prodotto (libri) e le quote-parte degli stessi sul fatturato del prodotto dell'impresa "A".

La colonna 4 riporta *l'indice di sviluppo della classe di prodotto*; esso è dato dal rapporto tra la dimensione delle vendite e quella dell'indice di potenzialità. Milano, ad esempio, ha un indice di sviluppo pari a 1,91, presentando una percentuale di assorbimento pari al 14,7% del merca-

Tavola 9-1 Calcolo esemplificato di alcuni indici di mercato

Comuni	Indice di potenzialità del mercato librario (1)	Distribuzione comunale del fatturato della classe di prodotto (2)	Distribuzione comunale del fatturato del prodotto "A" (3)	Indice di sviluppo della classe di prodotto (4)=(2)/(1)	Indice di sviluppo del prodotto "A" (5)=(3)/(1)	Indice di opportunità di mercato del prodotto "A" (5)=(4)/(5)
Milano	7,70	14,70	19,54	1,91	2,54	0,75
Mantova	0,25	0,12	0,55	0,48	2,20	0,22
Padova	0,86	1,30	2,52	1,51	2,93	0,52
Bologna	1,93	2,91	4,11	1,51	2,13	0,71
Firenze	1,87	3,00	2,00	1,60	1,07	1,50
Roma	7,49	10,30	11,88	1,38	1,59	0,87
Caserta	0,14	0,03	0,08	0,21	0,57	0,38
Agrigento	0,09	0,02	0,03	0,22	0,33	0,67

to effettivo della classe di prodotto, contro il 7,7% di potenziale teorico. La colonna 5 riporta *l'indice di sviluppo del prodotto*, dato dal rapporto tra la dimensione delle vendite dell'impresa "A" e il valore dell'indice di potenzialità.

Per Milano, l'indice di sviluppo del prodotto "A" è pari a 2,54, in quanto al 19,54% del fatturato del prodotto fa riscontro il 7,7% di potenziale. La colonna 6 riporta *l'indice di opportunità di mercato*, dato dal rapporto tra l'indice di sviluppo della classe di prodotto e quello del prodotto dell'impresa "A". Per Milano detto rapporto risulta pari a 0,75: ciò indica che il prodotto dell'impresa "A" è più sviluppato in questo comune che in altri; pertanto, Milano, costituisce un'area a bassa opportunità marginale per l'impresa "A".

Per Firenze l'indice di opportunità di mercato per l'impresa "A" si attesta su un valore pari a 1,50, segnalando elevate opportunità.

Non è detto, comunque, che l'impresa effettui tutte le azioni di marketing nelle aree che offrono buone opportunità di mercato. Un'impresa, dopo aver ripartito il budget commerciale a livello di area, può procedere a un'ulteriore suddivisione dello stesso a livello di micro-aree, ad esempio, a livello di sezione di censimento.

Per le 146.000 sezioni di censimento italiane sono oggi disponibili informazioni – riferite al censimento del 1981 – sui caratteri demogra-

Quadro 9-1 Stima dei potenziali territoriali di mercato per beni di consumo

1. Metodo "sintetico-proporzionale"

Si ricorre a questo metodo quando non è possibile misurare "direttamente" il potenziale di mercato di un prodotto delle singole aree geografiche nelle quali è suddiviso il mercato.
Si misurano allora altri fenomeni, ritenuti "manifestazioni" della capacità di assorbimento del prodotto, deducendo "stime" del potenziale dello stesso. I valori assunti dai suddetti fenomeni – noti a livello territoriale superiore – vengono disaggregati su unità territoriali di ordine inferiore (sub-aree) in modo proporzionale, sulla base di indicatori economici.
Tali indicatori possono essere determinati con:

La media aritmetica (semplice o ponderata).
❑ Si sceglie un certo numero di serie territoriali, correlate alla domanda del prodotto in esame.
❑ Si trasformano tali serie per renderle dimensionalmente omogenee; si calcolano, cioè, i corrispondenti valori percentuali o i valori "procapite" o standardizzati (eliminando l'effetto delle diverse medie e della variabilità, misurata tramite lo scarto quadratico medio).
❑ Su ciascuna sub-area i valori trasformati, relativi alle diverse serie spaziali, sono sintetizzati con la media aritmetica semplice (se non si riesce a individuare un criterio di ponderazione delle variabili) o ponderata, con un sistema di ponderazione che tenga conto dell'importanza delle diverse variabili sulla domanda del prodotto. La media, calcolata per ciascuna sub-area, rappresenta il potenziale di mercato.

L'analisi fattoriale: disponendo di diverse serie di dati, tutte influenzate da uno stesso fenomeno "non misurabile" (variabile "non osservata", di cui si vuole determinare il potenziale teorico), dall'analisi delle variazioni delle serie note si risale all'intensità con la quale agisce – nelle diverse sub-aree – il "comune fattore" non misurabile (*componente principa-*

Per le 146.000 sezioni di censimento italiane sono oggi disponibili informazioni – per il momento riferite al censimento del 1981 – sui caratteri demografici, abitativi e socio-economici (segmentazione geodemografica, effettuata dalla Sarin). Agli operatori di marketing queste informazioni risultano preziose per l'individuazione – all'interno di aree urbane – di zone a elevato potenziale di vendita e per la predisposizione di *mailing lists*, da utilizzare nelle campagne di *direct-mail*.[5]

9.2.3 La stima delle vendite e delle quote di mercato

Oltre al potenziale totale e a livello di area, l'impresa deve conoscere il livello effettivo delle vendite del settore nel proprio mercato. Ciò significa che essa deve identificare i propri concorrenti e stimarne le vendite.

le). Il metodo (detto delle "componenti principali") consente di rappresentare un elevato numero di variabili, – tra loro altamente correlate – mediante un numero ridotto di variabili ipotetiche ("componenti"), linearmente indipendenti tra loro e che sintetizzano il fenomeno con una non significativa perdita d'informazione.

La componente principale, calcolata sulle diverse sub-aree, rappresenta il potenziale di mercato.

2. **Metodo della relazione funzionale**
Si basa sul legame funzionale intercorrente tra la domanda di un prodotto (variabile dipendente) e una o più variabili indipendenti (esplicative). Obiettivo del metodo è identificare la funzione teorica di domanda. Detta funzione può essere di tipo lineare (regressione semplice o multipla) o non lineare.
La procedura si articola nelle seguenti fasi:

❏ Preliminare selezione delle serie disponibili al livello di disaggregazione desiderato.
❏ Applicazione di trasformazioni statistiche che rendano dimensionalmente omogenee e intercorrelate dette serie.
❏ Ricerca del tipo di legame intercorrente tra la domanda del prodotto e le serie di variabili ipotizzate esplicative ("identificazione" della funzione analitica);
❏ determinazione dei parametri (pesi) delle diverse variabili esplicative nella funzione identificata ("specificazione" della funzione).
❏ Utilizzo della funzione identificata per calcolare i valori teorici (potenziali) nelle diverse sub-aree di mercato ("stima").

Fonte: Amedeo De Luca, *Le applicazioni dei metodi statistici alle analisi di mercato*, Franco Angeli, Milano 1986, 2ª ed.

Le associazioni industriali di categoria spesso raccolgono e pubblicano i dati sulle vendite totali del settore, senza però specificare le vendite delle singole imprese. In questo modo ciascuna impresa può valutare le proprie prestazioni rispetto all'intero settore. Si supponga che le vendite di un'impresa crescano del 5% all'anno e le vendite del settore crescano del 10%. Quest'impresa sta in realtà perdendo la propria posizione relativa nel settore. Un altro modo per stimare i volumi di vendita consiste nell'acquistare studi di mercato da istituti di ricerche di marketing che rilevino le vendite totali e le vendite delle singole marche.

Ad esempio, la A.C. Nielsen rileva le vendite al dettaglio di diverse categorie di prodotti nei supermercati e nei punti di vendita tradizionali e vende i relativi dati alle imprese interessate. In questo modo, un'impresa può disporre dei dati sulle vendite totali della categoria di prodotti, oltre che delle singole marche. Può così confrontare le proprie prestazioni con il totale del settore e con specifici concorrenti, per verificare se sta guadagnando o perdendo quota di mercato.

Le imprese che operano nel campo dei beni industriali incontrano maggiori difficoltà nella stima delle vendite e delle quote di mercato, data l'assenza di società specializzate operanti in questo campo. I distributori normalmente non forniscono informazioni sull'andamento dei prodotti della concorrenza. I produttori di beni industriali hanno a disposizione informazioni più limitate sui loro risultati in termini di quota di mercato. In alcuni casi si limitano a determinare la quota di mercato rispetto al leader di mercato piuttosto che all'intero mercato al fine di concentrare le proprie stime sulle vendite del concorrente leader e di confrontarle con i propri risultati.

9.3 La stima della domanda futura

Dopo aver esaminato i metodi per stimare la domanda corrente si possono ora esaminare i metodi per stimare la domanda futura. Pochissimi prodotti o servizi si prestano a facili previsioni; i casi di previsioni facili generalmente riguardano la domanda di prodotti il cui livello assoluto o la cui tendenza siano discretamente costanti, e situazioni in cui le relazioni competitive siano inesistenti (servizi pubblici), o stabili (oligopoli puri). Nella maggior parte dei mercati la domanda totale e la domanda per l'impresa non sono stabili, e una buona previsione diviene un fattore chiave del successo della propria attività.

Previsioni inadeguate possono condurre a scorte sovradimensionate, a costose riduzioni di prezzo o a mancate vendite causate dall'inesistenza di scorte a magazzino. Più la domanda è instabile, più diviene critica l'accuratezza delle previsioni e più elaborato si fa il procedimento di previsione. I metodi di previsione possono avere svariati livelli di sofisticazione. Molti aspetti tecnici ricadono nelle competenze di esperti specifici; è necessario, tuttavia, che i dirigenti di marketing abbiano confidenza con i principali metodi di previsione, per capire i vantaggi e i limiti di ciascuno.

Per arrivare alla previsione delle vendite le imprese usano comunemente una procedura a tre stadi: effettuano una *previsione ambientale* o di *scenario*, seguita da una *previsione di settore*, seguita a sua volta da una *previsione delle vendite dell'impresa*. La previsione ambientale rende necessarie proiezioni del tasso d'inflazione, della disoccupazione, dei tassi d'interesse, dei consumi e dei risparmi delle famiglie, degli investimenti delle imprese, delle spese della pubblica amministrazione, delle esportazioni nette e di altri eventi e grandezze ambientali che rivestano importanza per l'impresa (si veda il quadro 9-2). Il risultato finale è una previsione del prodotto nazionale lordo, usato, insieme ad altri indicatori, per prevedere le vendite del settore. L'impresa basa poi la propria previsione di vendita sull'ipotesi del raggiungimento di una certa quota delle vendite del settore. Le previsioni sono costruite su una delle tre basi informative seguenti: *ciò che la gente dice, ciò che la gente fa, ciò che la gente ha fatto*. La prima base – *ciò che la gente dice* – comporta il sondaggio delle opinioni degli acquirenti o di chi è più vicino a loro, ad esempio la forza di vendita o gli esperti esterni. Tale base comprende tre metodi: il sondaggio delle intenzioni degli acquirenti, la verifica delle opinioni della forza di vendita e l'opinione di esperti. Costruire una previsione su *ciò che la gente fa* implica un altro metodo, quello di inserire il prodotto in una prova di mercato (*market test*) per verificare la risposta degli acquirenti. L'ultima base – *ciò che la gente ha fatto* – comporta l'analisi dei comportamenti d'acquisto nel passato, attraverso l'analisi delle serie storiche o l'analisi statistica della domanda.

9.3.1 Il sondaggio delle intenzioni degli acquirenti

Prevedere è l'arte di anticipare ciò che gli acquirenti probabilmente faranno al verificarsi di un determinato insieme di condizioni; ciò suggerisce che si dovrebbero sondare gli acquirenti. I sondaggi sono particolarmente validi se gli acquirenti hanno intenzioni chiaramente formulate, le attueranno e le descriveranno agli intervistatori. Numerose organizzazioni di ricerca svolgono sondaggi periodici sulle intenzioni d'acquisto dei consumatori rispetto ai principali beni di consumo durevoli. Queste organizzazioni pongono domande simili alla seguente:

Intende acquistare un'automobile entro i prossimi sei mesi?					
0,00	*0,20*	*0,40*	*0,60*	*0,80*	*1,00*
In nessun caso	Possibilità debole	Possibilità discreta	Possibilità buona	Molto probabilmente	Certamente

Quadro 9-2 I metodi di previsione ambientale

La chiave per la sopravvivenza e la crescita dell'organizzazione sta nella capacità dell'impresa di adattare le proprie strategie a un ambiente in rapido cambiamento. Ciò fa pesare sul management il pesante fardello della corretta anticipazione degli eventi futuri. In caso d'errore il prezzo pagato può essere enorme; ad esempio, nel secondo dopoguerra Montgomery Ward perse la propria leadership nel campo della grande distribuzione perché il suo presidente, Sewell Avery, puntò su un'economia stagnante, mentre il suo principale concorrente, Sears, puntò su un'economia in espansione. Ecco perché un numero sempre maggiore di imprese utilizza la *previsione ambientale*.

In che modo vengono sviluppate le previsioni ambientali? Le grandi imprese dispongono di servizi interni di pianificazione che sviluppano previsioni di lungo periodo per tutti i fattori chiave del macro-ambiente che influenzano i propri mercati. La General Electric, ad esempio, ha un grande staff di pianificatori che studiano su scala mondiale le forze che influenzano le sue operazioni; la sede centrale rende disponibili le previsioni a tutte le divisioni della General Electric, e alcune previsioni vengono anche vendute ad altre imprese. Le imprese più piccole possono acquistare previsioni da diversi tipi di fornitori. Gli *istituti di ricerche di marketing* possono sviluppare previsioni intervistando i clienti, i distributori e altri operatori ben informati. I *centri di studi e ricerche* specializzati elaboreranno previsioni di lungo periodo su particolari componenti del macro-ambiente, come l'economia, la popolazione, le risorse naturali o la tecnologia.

Gli *istituti di ricerca sul futuro* producono scenari estremamente ricchi di considerazioni e idee creative. Fra questi ultimi si possono ricordare lo Hudson Institute, il Futures Group e l'Institute for the Futures.

Ecco alcune metodologie usate per elaborare previsioni ambientali:

- **Le opinioni degli esperti.** Vengono selezionate persone ben informate a cui vien chiesto di assegnare un grado d'importanza e di probabilità a vari possibili eventi futuri. La versione più sofisticata, il metodo Delphi, sottopone gli esperti a parecchie sessioni di valutazione degli eventi, in cui ciascuno può affinare le proprie ipotesi e i propri giudizi.

- **Estrapolazione di tendenze.** Attraverso l'analisi delle serie storiche i ricercatori individuano le curve di tendenza più attendibili (lineari, quadratiche o logistiche) e le utilizzano per l'estrapolazione.

Questo tipo di domanda è denominata *scala della probabilità d'acquisto*. I diversi sondaggi verificano inoltre la situazione finanziaria personale, presente e futura dei consumatori e le loro aspettative sulla situazione economica. I vari dati elementari vengono combinati per fornire una *misura degli atteggiamenti del consumatore* (Survey Research Center dell'Università del Michigan) oppure una *misura della fiducia del consumatore* (Sindlinger & Company). I produttori di beni di consumo durevoli si abbonano a questi sondaggi, nella speranza di anticipare i principali mutamenti delle intenzioni d'acquisto del consumatore,

Questo metodo può essere assai poco affidabile, poiché potrebbero intervenire eventi nuovi ad alterare completamente la direzione dello sviluppo futuro.

❑ **Correlazione di tendenze.** I ricercatori pongono in correlazione diverse serie storiche, allo scopo di identificare degli indicatori di sviluppo e di ritardo, utilizzabili per la previsione. Il National Bureau of Economic Research ha identificato i dodici indicatori economici apparentemente più importanti e pubblica mensilmente i loro valori nel *Survey of Current Business.*

❑ **Modelli dinamici.** I ricercatori costruiscono sistemi di equazioni che tentano di descrivere il sistema ambientale studiato. I coefficienti da inserire nelle equazioni vengono calcolati attraverso metodi statistici. Per prevedere i cambiamenti nell'economia degli Stati Uniti, ad esempio, vengono usati modelli econometrici con più di trecento equazioni.

❑ **Cross-impact analysis.** I ricercatori identificano un insieme di tendenze chiave (quelle che hanno la più alta importanza, o probabilità). Viene poi posta la domanda: «Se accade l'evento A, quale sarà il suo impatto su tutte le altre linee di tendenza?». I risultati vengono quindi usati per costruire una sorta di "catena del domino", in cui un evento ne determina altri.

❑ **Scenari multipli.** I ricercatori costruiscono quadri alternativi del futuro, ciascuno dotato di una coerenza interna e caratterizzato da una determinata probabilità di verificarsi. Lo scopo principale degli scenari è di stimolare la pianificazione della contingenza.

❑ **Previsione della probabilità della domanda.** I ricercatori identificano gli eventi principali che potrebbero aver influenza notevole sull'impresa. A ogni evento viene assegnato un peso in base alla sua *convergenza* con numerose tendenze di fondo presenti nella società; gli viene inoltre assegnato un peso in base alla sua *attrazione* nei confronti dei principali gruppi d'opinione della società. Più alti sono la convergenza e l'attrazione di un evento, più alta è la probabilità che esso accada. Gli eventi caratterizzati dai pesi più elevati sono oggetto di ulteriori ricerche.

Per ulteriori approfondimenti si veda il testo di A. Martelli, *Scenari e strategie. Analisi del futuro e condotte d'impresa*, Etas Libri, Milano 1988; nonché, di G. Scifo, *Gli scenari come strumento di previsione*, Isedi, Torino 1988.

in modo da adattarvi coerentemente i propri piani di produzione e di marketing.[6]

Nell'ambito degli *acquisti industriali,* numerosi istituti svolgono sondaggi delle intenzioni degli acquirenti, riguardanti impianti, attrezzature e materiali.

I sondaggi più noti sono quelli della McGraw-Hill Research di New York e della Opinion Research Corporation di Princeton. La maggior parte delle previsioni effettuate è risultata viziata da margini d'errore non superiori al 10% rispetto alle situazioni reali.

Molte imprese industriali svolgono direttamente in proprio sondaggi delle intenzioni d'acquisto dei clienti.

> I ricercatori di marketing della National Lead visitano periodicamente un campione attentamente selezionato di cento imprese produttrici e intervistano, nell'ordine, il direttore della ricerca, il direttore vendite e il direttore acquisti di ogni impresa. Al direttore della ricerca viene chiesto il grado di impiego del titanio nei vari prodotti dell'impresa; al direttore vendite vengono richieste le previsioni di vendita dei prodotti dell'azienda che contengono titanio; al direttore acquisti viene richiesto il volume totale di titanio che la sua impresa prevede di acquistare, in relazione agli acquisti effettuati in passato. Sulla base di queste interviste e di ulteriori informazioni, il servizio ricerche di marketing della National Lead stima la domanda del mercato per il titanio e prepara una previsione "ottimistica" e una previsione "pessimistica". Ne derivano benefici diretti e anche indiretti. Gli analisti della National Lead acquisiscono elementi circa nuovi sviluppi e orientamenti che non sarebbero evidenti attraverso l'analisi di dati secondari. Le loro visite, inoltre, promuovono l'immagine della National Lead come di impresa che si preoccupa delle esigenze degli acquirenti. Un altro vantaggio di questo metodo è che esso fornisce stime analitiche riguardanti i vari settori industriali e le varie zone, come prodotto del processo di costruzione di una stima aggregata.[7]

Concludendo, il valore di un sondaggio delle intenzioni degli acquirenti aumenta nella misura in cui gli acquirenti sono pochi, il costo per raggiungerli efficacemente è basso, manifestano intenzioni chiare, le mettono in pratica e sono disponibili a parlarne. Ne risulta che questo tipo di sondaggio è efficace nel caso dei prodotti industriali, di beni di consumo durevole, di prodotti per i quali è richiesta una pianificazione e per i nuovi prodotti per i quali non esistono dati sul passato.

9.3.2 Le opinioni della forza di vendita

Laddove intervistare gli acquirenti sia poco pratico, l'impresa può richiedere le stime alla propria forza di vendita per cliente e prodotto. Ben poche imprese utilizzano le stime della propria forza di vendita senza apportare qualche aggiustamento: i venditori sono osservatori parziali. Essi possono essere pessimisti o ottimisti in modo congenito, oppure possono estremizzare le proprie stime a causa di recenti successi o insuccessi nell'attività di vendita. Inoltre, spesso non sono al corrente circa la situazione economica generale, né sono in grado di valutare come i piani di marketing della loro impresa influenzeranno le future vendite nella loro area. Essi possono deliberatamente sottostimare la domanda, in modo che l'impresa definisca obiettivi di vendita più bassi; possono non aver il tempo per preparare stime attente, o possono ritenere che le previsioni siano solo una perdita di tempo.

L'impresa può fornire degli aiuti o degli incentivi alla forza di vendita, onde incoraggiare il miglioramento del processo di stima. I venditori possono ricevere un riepilogo delle proprie previsioni precedenti, confrontate con le loro vendite reali, nonché un insieme di ipotesi dell'impresa sulla futura evoluzione del proprio mercato. Alcune imprese realizzano delle sintesi delle singole previsioni e le distribuiscono alla forza di vendita. La tendenza dei venditori a produrre stime ultraprudenziali, per mantenere bassi i propri obiettivi di vendita, può essere contrastata basando l'investimento promozionale e pubblicitario di ogni zona sulle stime di ciascun venditore. Assumendo che queste distorsioni possano essere corrette, il coinvolgere la forza di vendita nel processo di previsione presenta molteplici vantaggi.

I venditori possono avere la capacità di osservare e comprendere le tendenze in atto meglio di qualsiasi altro. Attraverso la partecipazione al processo previsionale, i venditori possono acquisire una maggior fiducia nei propri obiettivi di vendita e una maggiore spinta a raggiungerli.[8] Inoltre, un processo di previsione effettuato coinvolgendo la "base" fornisce stime suddivise per prodotto, zona, cliente e venditore.

9.3.3 L'opinione degli esperti

Le imprese possono acquisire elementi di previsione anche rivolgendosi a degli esperti. Gli esperti comprendono i rivenditori, i distributori, i fornitori, i consulenti di marketing e le associazioni di categoria. È per questo che le imprese del settore automobilistico sondano periodicamente i propri concessionari per elaborare le proprie stime della domanda nel breve periodo. Le stime dei concessionari, comunque, presentano gli stessi punti di forza e di debolezza delle stime della forza di vendita. Molte imprese impiegano le previsioni economiche e di settore elaborate da istituti di previsione economica famosi come Data Resources, Wharton Econometrics e Chase Econometrics. Questi specialisti della previsione sono meglio in grado di preparare previsioni economiche, rispetto all'impresa, poiché dispongono di una maggior quantità di dati e di una maggiore esperienza nelle tecniche di previsione.

Occasionalmente, le imprese possono riunire un gruppo di esperti, per effettuare un particolare tipo di previsione. Gli esperti sono chiamati a scambiarsi i rispettivi punti di vista e a raggiungere una stima unitaria a livello di gruppo (*metodo della discussione di gruppo*), oppure a fornire le proprie stime singolarmente a un analista che le combini in un'unica stima complessiva (*aggregazione di stime singole*), oppure possono fornire singolarmente stime e ipotesi che vengono riviste da un analista dell'impresa e riproposte agli esperti per ulteriori incontri di stima (*metodo Delphi*).[9]

Un'interessante variante del metodo degli esperti è stata utilizzata dalla Lockheed Aircraft Corporation. Un gruppo di dirigenti della Lockheed si pone nell'ottica dei vari clienti principali e valuta minuziosamente l'offerta della Lockheed rispetto alle offerte dei concorrenti. Per ogni cliente viene definita una decisione su cosa acquistare e dove. Gli ordini assegnati alla Lockheed vengono sommati e corretti mediante una previsione statistica indipendente, per ottenere infine la previsione delle vendite della Lockheed.

9.3.4 Il metodo della prova di mercato

Quando gli acquirenti non pianificano attentamente i propri acquisti, o attuano le proprie intenzioni in modo casuale e variabile, o quando gli esperti non sono dei buoni indovini, è preferibile effettuare una prova di mercato diretta. Una prova di questo tipo è particolarmente efficace allorquando si vogliano prevedere le vendite di un nuovo prodotto o di un prodotto esistente in un nuovo canale di distribuzione o in una nuova zona. Le tecniche della prova di mercato sono illustrate nel capitolo 12.

9.3.5 L'analisi delle serie storiche

Molte imprese predispongono le proprie previsione sulla base delle vendite passate. L'assunto è che i dati passati incorporino relazioni causali che possono non essere scoperte attraverso l'analisi statistica; queste relazioni causali possono essere utilizzate per prevedere le vendite future. La serie storica delle vendite passate di un prodotto (Y) può essere analizzata nelle sue quattro componenti principali.

La prima componente, il *trend* (T), è il risultato dello sviluppo di fondo della popolazione, del processo di accumulazione del capitale, dell'evoluzione tecnologica. Essa può essere individuata mediante l'analisi delle vendite passate. La seconda componente, il *ciclo* (C) coglie il movimento oscillatorio delle vendite. Molti fenomeni di vendita sono influenzati da quegli andamenti dell'attività economica generale che tendono ad assumere una certa periodicità. La componente ciclica può essere utile per le previsioni di medio periodo.

La terza componente, la *stagionalità* (S), si riferisce a modelli ricorrenti del movimento delle vendite nell'arco dell'anno. Il termine *stagionalità* descrive qualsiasi modello di variazione delle vendite, ricorrente su base oraria, settimanale, mensile o trimestrale. La componente stagionale può essere legata all'andamento meteorologico, alle festività e alle usanze commerciali. Il modello stagionale fornisce una norma per le previsioni delle vendite nel breve periodo.

La quarta componente, gli *eventi accidentali* (E), include scioperi, tempeste, mode, tumulti, incendi, minacce di guerra e altri fattori di disturbo. Queste componenti accidentali sono per definizione imprevedibili e dovrebbero essere eliminate dai dati passati, per poter individuare il comportamento normale delle vendite.

L'analisi delle serie storiche consiste nella scomposizione della serie originaria delle vendite (Y) nelle componenti T, C, S ed E. Successivamente queste componenti vengono ricombinate per produrre la previsione delle vendite.[10] Ecco un esempio:

> Una compagnia d'assicurazioni ha venduto nell'anno appena trascorso 12.000 nuove polizze di assicurazione sulla vita ed è interessata a prevedere le vendite del mese di dicembre del prossimo anno. Il trend di lungo periodo mostra un tasso annuo di incremento delle vendite del 5%. Ciò fa ritenere che le vendite del prossimo anno saranno pari a 12.600 (12.000 x 1,05). Tuttavia, per il prossimo anno è prevista una recessione del settore, che probabilmente farà sì che le vendite raggiungeranno solamente il 90% del livello previsto sulla base del trend: è quindi più probabile che le vendite nel prossimo anno saranno pari a 11.340 polizze (12.600 x 0,90). Se le vendite fossero costanti, le vendite mensili sarebbero pari a 945 (11.340 : 12). Dicembre però è un mese al di sopra della

media per quanto concerne le vendite di polizze di assicurazione, con un indice stagionale che si colloca a 1,3. Perciò le vendite di dicembre potrebbero arrivare a 1.228,5 (945 x 1,3). Non sono previsti eventi accidentali, come scioperi o nuove azioni legislative riguardanti le assicurazioni. Perciò la miglior stima delle vendite di nuove polizze per il prossimo dicembre è di 1.228,5.

Per le imprese che hanno una gamma costituita da centinaia di prodotti e che vogliono realizzare previsioni a breve termine in modo efficace e poco costoso, è disponibile una nuova tecnica di analisi delle serie storiche, denominata *perequazione esponenziale (exponential smoothing)*. Nella sua forma più semplice, la tecnica in questione richiede solo tre elementi informativi: le vendite correnti dell'ultimo periodo, Q_t; le vendite perequate dell'ultimo periodo, $\bar{Q}_t$ e il coefficiente di perequazione α. La previsione delle vendite per il prossimo periodo è data da:

$$\bar{Q}_{t+1} = \alpha Q_t + (1 - \alpha)\bar{Q}_t \qquad [9\text{-}5]$$

in cui:
$\bar{Q}_{t+1}$ = previsione delle vendite per il prossimo periodo;
α = coefficiente di perequazione ($0 \leq \alpha \leq 1$);
Q_t = vendite correnti nel periodo t;
$\bar{Q}_t$ = vendite perequate nel periodo t.

Supponendo che il coefficiente di perequazione sia 0,4, le vendite correnti siano 50 miliardi di lire e le vendite perequate siano 40 miliardi di lire, la previsione delle vendite sarà:

$$\bar{Q}_{t+1} = 0{,}4 \text{ (L. 50)} + 0{,}6 \text{ (L. 40)} = \text{L. 44 (in miliardi)}$$

In altri termini, la previsione delle vendite è sempre compresa fra (o coincidente con) le vendite reali e le vendite perequate. L'influenza relativa delle vendite reali e perequate dipende dal coefficiente di perequazione, in questo caso 0,4. Così la previsione delle vendite segue le tracce delle vendite reali. Per ciascuno dei suoi prodotti l'impresa determina un livello iniziale delle vendite perequate e un coefficiente di perequazione. Il livello iniziale delle vendite perequate può essere semplicemente pari al livello medio delle vendite degli ultimi periodi. Il coefficiente di perequazione viene determinato empiricamente, provando iterativamente diversi valori compresi fra 0 e 1, fino a trovarne uno che riproduca al meglio l'andamento delle vendite passate. Il metodo può essere affinato per tener conto di fattori stagionali e di tendenza, aggiungendo altri due coefficienti.[11]

9.3.6 L'analisi statistica della domanda

L'analisi delle serie storiche tratta le vendite passate e future come funzione del tempo, anziché di fattori realmente determinanti della domanda. Numerosi fattori reali influenzano le vendite determinanti di qualsiasi prodotto. L'*analisi statistica della domanda* è un insieme di procedure statistiche progettate per scoprire i principali fattori reali che influenzano le vendite, nonché la loro influenza relativa. I fattori più comunemente analizzati sono il reddito, la popolazione e l'attività promozionale.

L'analisi statistica della domanda consiste nell'esprimere le vendite (Q) come una variabile dipendente, funzione di alcune variabili di domanda indipendenti, $X_1, X_2, ..., X_n$; cioè:

$$Q = f(X_1, X_2, ..., X_n) \qquad [9\text{-}6]$$

Utilizzando la tecnica dell'analisi della regressione multipla, è possibile adattare ai dati varie forme di equazione, alla ricerca dei fattori e dell'equazione dotati di maggiore capacità predittiva. Ad esempio, Kristian S. Palda trovò che la seguente equazione della domanda interpretava abbastanza bene l'andamento storico delle vendite della miscela di verdure della Lydia Pinkham tra gli anni 1908 e 1960:[12]

$$Y = -3649 + 0{,}665 X_1 + 1180 \log X_2 + 774 X_3 + 32 X_4 - 2{,}83 X_5 \qquad [9\text{-}7]$$

in cui:
Y = vendite annue in migliaia di dollari;
X_1 = vendite annue (ritardate di un anno) in migliaia di dollari;
X_2 = investimento pubblicitario annuo in migliaia di dollari;
X_3 = variabile fittizia che assume il valore 1 tra il 1908 e il 1925 e valore 0 dal 1926 in poi;
X_4 = anno (1908 = 0, 1909 = 1, e così via);
X_5 = reddito personale disponibile in miliardi di dollari correnti.

Le cinque variabili indipendenti spiegano il 94% della variazione annuale delle vendite della miscela di verdure della Lydia Pinkham fra il 1908 e il 1960. Per utilizzare l'equazione ai fini della previsione delle vendite per il 1961, sarebbe necessario inserire le cifre relative alle cinque variabili indipendenti. Le vendite del 1960 dovrebbero esser poste in X_1; il logaritmo dell'investimento pubblicitario pianificato dall'impresa per il 1961 in X_2; 0 in X_3; l'anno corrispondente al 1961 in X_4; e il reddito personale disponibile stimato per il 1961 in X_5. Moltiplicando questi valori per i rispettivi coefficienti e sommandoli si otterrebbe la previsione delle vendite (Y) per il 1961.

Sostanzialmente, le equazioni che esprimono la domanda sono ricavate cercando di adattare l'equazione "migliore" a dati storici o sperimentali. I coefficienti dell'equazione vengono stimati secondo il criterio dei *minimi quadrati*. Secondo questo criterio la migliore equazione è quella che *minimizza la somma dei quadrati degli scarti fra i valori calcolati e i valori reali*. L'equazione può essere ricavata utilizzando formule standard. A parità di condizioni, più l'equazione è aderente, maggiore ne è l'utilità.

I computer hanno fatto sì che l'analisi statistica della domanda sia divenuta un metodo di previsione sempre più diffuso. L'utilizzatore, comunque, dovrebbe essere consapevole dei cinque problemi che potrebbero ridurre la validità o l'utilità di un'equazione statistica della domanda: un numero troppo contenuto di osservazioni, un'elevata correlazione tra le variabili indipendenti, la deviazione dalle ipotesi di distribuzione normale, i rapporti causali reciproci e l'emergere di nuove variabili non previste.[13]

Note

1. La teoria della scelta del livello ottimale dell'investimento di marketing è descritta nel capitolo 3.
2. Si veda Russell L. Ackoff, *La programmazione aziendale: principi, metodi, tecniche, obiettivi*, Franco Angeli, Milano 1981.
3. L'esempio è stato elaborato da Amedeo De Luca; per ulteriori approfondimenti si veda: A. De Luca, *Le applicazioni dei metodi statistici alle analisi di mercato*, Franco Angeli, Milano 1986, 2ª ed.
4. In base all'*ipotesi di traslazione*, è possibile procedere al calcolo degli indici di reddito a livello comunale tramite una relazione lineare valida a livello provinciale. Per lo sviluppo dell'ipotesi, e per la sua applicazione, si veda G. A. Bocca e W. G. Scott, *Gli indici di reddito a livello comunale*, MB Ed., Monza 1973.
5. Si veda Bob Stone, *Metodi di successo del marketing diretto*, Sarin, Roma 1988.
6. Fra i maggiori istituti americani che si occupano di sondaggi sulle intenzioni d'acquisto occorre ricordare il Survey Research Center dell'Università del Michigan, la Sindlinger & Company, il Conference Board e la Commercial Credit Corporation. Per una discussione in merito si veda "How Good are Consumer Pollsters?", in *Business Week*, 9 novembre 1969, pp. 108-110.
7. Adattamento da *Forecasting Sales*, Business Policy Study n. 16, National Conference Board, New York 1963, pp. 31-32.
8. Si veda Jacob Gonik, "Tie Salesmen's Bonuses to Their Forecasts", in *Harvard Business Review*, maggio-giugno 1978, pp. 116-123.
9. Si veda Normal Dalkey e Olaf Helmer, "An Experimental Application of the Delphi Method to the Use of Experts", in *Management Science*, aprile 1963, pp. 458-467. Si veda anche Roger J. Best, "An Experiment in Delphi Estimation in Marketing Decision Making", in *Journal of Marketing Research*, novembre 1974, pp. 447-452.
10. Si veda Ya-Lun Chou, *Statistical Analysis with Business and Economic Applications*, Holt, Rinehart and Winston, New York 1975, 2ª ed., capitolo 2. Per i programmi si veda Julius Shiskin, *Electronic Computers and Business Indicators*, National Bureau of Economics Research, New York 1975. Per un'applicazione, si veda Robert L. McLaughlin, "The Breakthrough in Sales Forecasting", in *Journal of Marketing*, aprile 1963, pp. 46-54.
11. Si veda Nick T. Thomopoulos, *Applied Forecasting Methods for Management*, Prentice-Hall, Englewood Cliffs 1980, pp. 186-193. Per un altro interessante metodo, il metodo Box-Jenkins, si veda anche le pp. 214-244.
12. Kristian S. Palda, *The Measurement of Cumulative Advertising Effects*, Prentice-Hall, Englewood Cliffs 1964, pp. 67-68.
13. Per ulteriori approfondimenti in materia di metodi di previsione delle vendite, si vedano i seguenti testi: Rudolf Lewandoski, *Modelli di previsione per la pianificazione e la strategia aziendale*, Etas Libri, Milano 1980; Steven C. Wheelwright e Spyros Makridakis, *Forecasting Methods*, John Wiley & Sons, New York 1985, 4ª ed.; e J. Scott Armstrong, *Long-Range Forecasting*, John Wiley & Sons, New York 1985.

Capitolo 10

La segmentazione e la definizione dei mercati obiettivo

Piccolo è bello. Poco è molto.

E. F. Schumacher

Mai seguire la folla.

Bernard M. Baruch

Un'impresa che decide di operare in un certo mercato – sia questo un mercato di consumatori, di rivenditori, industriale o pubblico – deve di solito riconoscere di non essere in grado di servire tutti gli acquirenti che di quel mercato fanno parte. Questi, infatti, sono spesso troppo numerosi, dispersi geograficamente ed eterogenei nelle loro esigenze d'acquisto. Alcuni concorrenti potrebbero, inoltre, trovarsi in una posizione più favorevole per servire segmenti particolari del mercato. Le imprese, quindi, invece che mirare a essere competitive ovunque, spesso lottando contro ostacoli eccessivi, dovrebbero cercare di individuare i settori del mercato più interessanti e prepararsi a operare in modo efficace esclusivamente nei confronti di questi ultimi. Tuttavia, le imprese non sempre hanno fatto proprio questo punto di vista. È infatti possibile individuare tre distinte fasi nell'evoluzione del loro rapporto con il mercato:

- **Marketing di massa**. Nel marketing di questo tipo, l'impresa produce a livello di massa, e a livello di massa cura la promozione di ogni prodotto per tutti gli acquirenti del mercato. Per un certo periodo, la Coca-Cola ha prodotto un solo tipo di bibita per l'intero mercato, puntando sul fatto che potesse piacere a tutti. La tesi a sostegno di un marketing di massa è che questo permette di ridurre al minimo i costi, e di conseguenza, i prezzi, dando così luogo allo sviluppo di un vasto mercato.
- **Marketing differenziato**. In questo caso chi vende produce due o più prodotti, ognuno con caratteristiche, stile, livelli di qualità, dimensioni particolari. Oggi la Coca-Cola produce bibite diverse, in molti formati e contenitori. In questa prospettiva, la varietà è soprattutto finalizzata a offrire alternative di scelta alla clientela, piuttosto che a interessare segmenti di mercato distinti.
- **Marketing concentrato**. L'impresa individua in questa fase numerosi segmenti di mercato distinti, ne sceglie uno o più e sviluppa prodotti e marketing-mix corrispondenti alle caratteristiche di ciascuno di essi. Per esempio, la Coca-Cola ha creato la Diet-Coke (bibita ipocalorica) specificatamente per soddisfare i desideri di chi vuole una bibita senza trascurare le esigenze di una dieta corretta. Il marketing concentrato sta progressivamente evolvendo verso forme di *micromarketing*, basate sulla definizione di programmi di marketing adattati ai bisogni e ai desideri di gruppi di consumatori individuati in funzione della loro *localizzazione* (area commerciale, quartiere o, al limite, punto di vendita specifico). In questa

prospettiva, un'impresa potrebbe modificare talune caratteristiche dei propri prodotti in funzione della loro destinazione. La forma ultima verso la quale tende a evolvere il marketing concentrato è quella del *marketing personalizzato*, in base al quale il prodotto e il programma di marketing sono adattati ai bisogni e ai desideri di uno specifico acquirente.

Oggi le imprese trovano sempre più difficoltà a praticare un marketing di massa, in quanto i mercati stanno subendo un processo di "de-massificazione". Essi si stanno dissolvendo in centinaia di *micromercati* caratterizzati da gruppi di individui con stili di vita differenti che ricercano differenti prodotti avvalendosi di differenti canali distributivi e che si rivolgono a differenti canali di comunicazione.[1] Secondo quanto afferma Arbeit:

> «Tutte le imprese utenti di pubblicità saranno costrette a progettare prodotti che si adattino a una molteplicità di canali, con una molteplicità di punti di vendita e, infine, con una molteplicità di distinti gruppi di consumatori obiettivo… La McDonald's ha perfettamente capito la grande lezione degli anni Ottanta e Novanta, ossia che il marketing di questi decenni è una guerriglia più che una guerra. Non è più possibile volare con un B-52 e lanciare messaggi decisi, univoci, che dicono a tutti le stesse cose, aspettandosi poi una risposta positiva. La guerriglia di marketing di questi anni significa che la battaglia per conquistare il cuore e la mente dei consumatori – nonché il portafoglio – si vince combattendo quartiere per quartiere, negozio per negozio, vendita dopo vendita».[2]

Le imprese adottano in modo sempre più ampio e diffuso il criterio del mercato obiettivo, il che consente loro di meglio identificare le opportunità di marketing. In tal modo, è inoltre possibile mettere a punto prodotti corrispondenti alle esigenze di ogni mercato, coordinando nel contempo le decisioni in materia di prezzi, canali di distribuzione e pubblicità. Invece di disperdere lo sforzo di marketing, le imprese possono così concentrarsi su quegli acquirenti che hanno il massimo interesse all'acquisto. Il criterio del mercato obiettivo presuppone lo sviluppo di tre fasi principali (si veda la figura 10-1). La prima fase è la *segmentazione del mercato*, consistente nel suddividere il mercato in gruppi distinti di acquirenti che potrebbero richiedere prodotti e marketing mix specifici. L'impresa identifica le varie modalità di segmentazione del mercato, sviluppa i profili dei vari segmenti e valuta l'attrattività dei medesimi. La seconda fase consiste nella *definizione del mercato obiettivo*, il processo mediante il quale viene effettuata la scelta di uno o più segmenti obiettivo in cui operare. La terza fase prevede il *posizionamento del prodotto*, l'atto mediante il quale viene formulata una posizione competitiva per il prodotto, nonché un dettagliato marketing mix.

In questo capitolo verranno descritti i principi della segmentazione del mercato e della definizione del mercato obiettivo, mentre il posizionamento del prodotto verrà trattato nell'ambito del capitolo 11.

10.1 La segmentazione del mercato

I mercati sono composti da consumatori e questi differiscono fra di loro sotto molti aspetti. Possono essere diversi per i desideri o i bisogni che esprimono, le risorse di cui dispongono, la localizzazione geografica, gli atteggiamenti o le abitudini di acquisto. Ciascuna di queste variabili può essere utilizzata per segmentare il mercato.

10.1.1 Approccio generale alla segmentazione

La figura 10-2 *a* presenta un mercato formato da sei consumatori. Ogni consumatore rappresenta potenzialmente un mercato particolare, dal momento che presenta una composizione unica e irripetibile di desideri e bisogni. Idealmente, quindi, un venditore potrebbe definire un programma di marketing particolare per ogni acquirente. Per esempio, i produttori delle carlinghe degli aerei, come la Boeing e la McDonnell-Douglas, hanno di fronte pochi acquirenti e trattano ognuno di essi come un mercato a sé con caratteristiche particolari. Questa situazione-limi-

Figura 10-1 Fasi della segmentazione del mercato, della definizione degli obiettivi e del posizionamento del prodotto

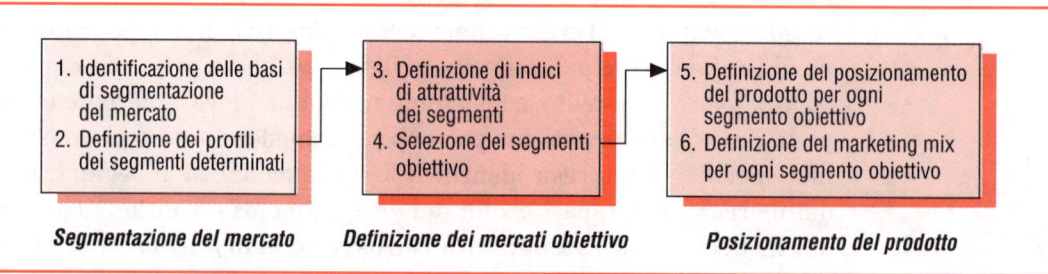

Segmentazione del mercato	Definizione dei mercati obiettivo	Posizionamento del prodotto
1. Identificazione delle basi di segmentazione del mercato 2. Definizione dei profili dei segmenti determinati	3. Definizione di indici di attrattività dei segmenti 4. Selezione dei segmenti obiettivo	5. Definizione del posizionamento del prodotto per ogni segmento obiettivo 6. Definizione del marketing mix per ogni segmento obiettivo

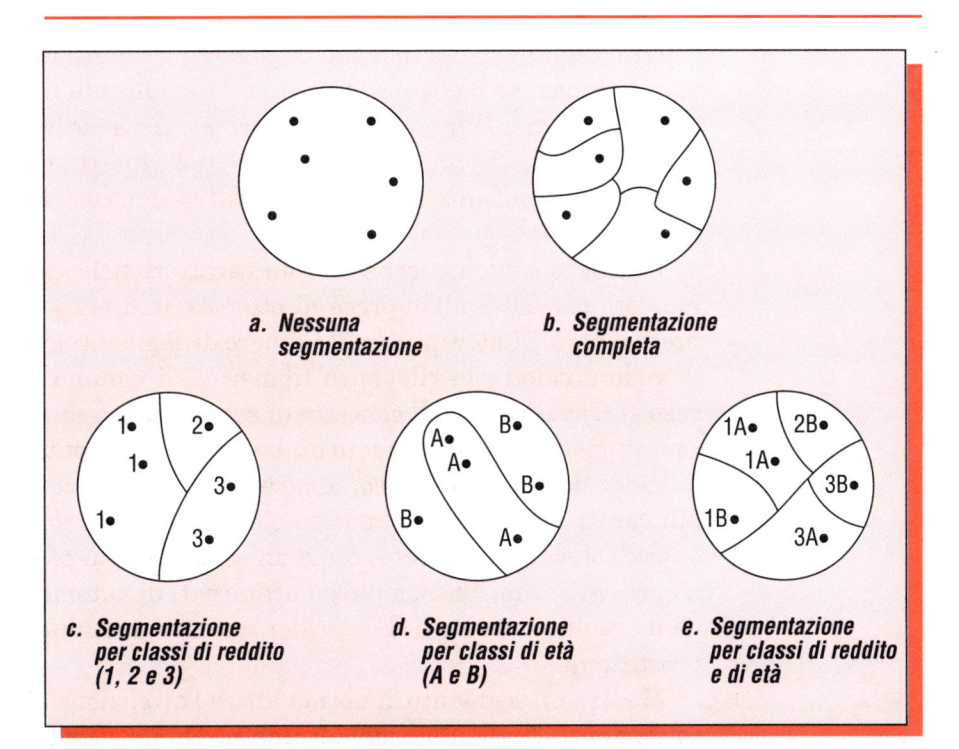

Figura 10-2 Differenti segmentazioni di un mercato

a. Nessuna segmentazione

b. Segmentazione completa

c. Segmentazione per classi di reddito (1, 2 e 3)

d. Segmentazione per classi di età (A e B)

e. Segmentazione per classi di reddito e di età

te della segmentazione, definita *marketing personalizzato*, è presentata nella figura 10-2 *b*. La maggior parte delle imprese, tuttavia, non troverà conveniente adattare i proprio prodotti al singolo acquirente per soddisfare i fabbisogni particolari di ognuno: invece, essa procederà a identificare classi più ampie di consumatori che fra loro differiscono per ciò che si attendono dal bene o per le loro reazioni nei confronti dell'attività di marketing dell'impresa. Per esempio, l'impresa può notare che quei gruppi che dispongono di redditi diversi presentano anche sistemi di bisogni distinti. Nella figura 10-2 *c*, i numeri (1, 2 o 3) individuano livelli di reddito differenti, mentre le linee continue delimitano le classi analizzate. La segmentazione in base al reddito in questo caso porta a definire tre segmenti: quello che presenta il numero più elevato di acquirenti ha un livello di reddito che ricade nella classe 1.

D'altra parte, l'impresa può rilevare differenze pronunciate fra gli acquirenti giovani e quelli maturi. Nella figura 10-2 *d*, una lettera (A o B) è utilizzata per indicare l'appartenenza dei consumatori alle diverse classi di età considerate: la segmentazione per classi di età riguarda in questo caso due segmenti, ognuno composto da tre individui.

Ora, reddito ed età insieme possono contribuire in modo significativo a influenzare il comportamento dell'acquirente in relazione al prodotto in esame. Il mercato può allora essere suddiviso in cinque segmenti: 1A, 1B, 2B, 3A e 3B. La figura 10-2 *e* mostra che il segmento 1A consta di due acquirenti, mentre gli altri sono composti da un solo acquirente.

L'utilizzo contemporaneo di più caratteristiche per segmentare un mercato permette all'impresa di ottenere una maggiore precisione, al prezzo, però, di moltiplicare il numero di segmenti di cui tener conto, e di vedere ridotta la rilevanza numerica di ognuno di essi. In questo caso si travalica però il concetto di segmento passando a quello di *nicchia* di mercato. Un *segmento di mercato* rappresenta infatti un'ampia porzione del mercato stesso, come ad esempio gli acquirenti di automobili caratterizzati da un reddito elevato. Una *nicchia di mercato* può essere considerata, invece, come un segmento più piccolo e specificatamente costituito, ad esempio gli acquirenti di automobili caratterizzati da un reddito elevato e che desiderano una macchina sportiva con alte prestazioni.

Mentre un segmento di norma attira l'attenzione di diverse imprese concorrenti, l'individuazione di una nicchia consente l'acquisizione di un vantaggio competitivo significativo. La Porsche ritiene, a buon diritto, che i suoi clienti non potrebbero acquisire lo stesso livello di soddisfazione acquistando una qualsiasi altra automobile sportiva di lusso. Il problema maggiore legato alla definizione e alla scelta di una strategia di nicchia è tuttavia costituito dal fatto che più la nicchia è piccola e ben delimitata, minore sarà il numero degli acquirenti che la costituiscono e, con ogni probabilità, minore sarà il potenziale di profitto ad essa associato.

10.1.2 I modelli di segmentazione

Nella precedente illustrazione, il mercato è stato segmentato in funzione del reddito e dell'età, ottenendo *segmenti demografici* diversi. Supponiamo, invece, di chiedere agli acquirenti del prodotto di esprimere il loro punto di vista su due attributi del bene (per esempio, il livello di *contenuto zuccherino* e *cremosità* di uno yogurt). Il risultato sarà l'identificazione di differenti *segmenti di preferenza*. Possono a questo proposito delinearsi tre situazioni fondamentali:

- **Preferenze omogenee.** La figura 10-3 *a* mostra un mercato in cui tutti i consumatori esprimono più o meno le medesime preferenze. Il mercato non presenta dunque *segmenti naturali*, almeno per quanto riguarda le dimensioni individuate dai due attributi presi in considerazione. Possiamo prevedere che, in questa situazione di mercato, le marche esistenti avranno caratteristiche simili e tendenzialmente concentrate attorno alla media delle preferenze.
- **Preferenze diffuse.** Il caso opposto si ha quando le preferenze dei consumatori non mostrano segni di concentrazione e risultano quindi disseminate nello spazio (figura 10-3 *b*), il che evidenzia come i consumatori manifestino differenze in relazione a ciò che richiedono al prodotto. Se nel mercato è presente una sola marca, è probabile che questa sia vicina l punto centrale per risultare interessante a quanti più consumatori possibile: in questa posizione, infatti, la somma dell'insoddisfazione totale dei consumatori viene minimizzata. Se un concorrente vuole entrare nel mercato, può cercare di collocarsi molto vicino alla marca già esistente, impegnandosi in una lotta serrata per la quota di mercato. Oppure può decidere di collocarsi in uno dei quattro angoli per cercare

Figura 10-3 Modelli fondamentali delle preferenze di mercato

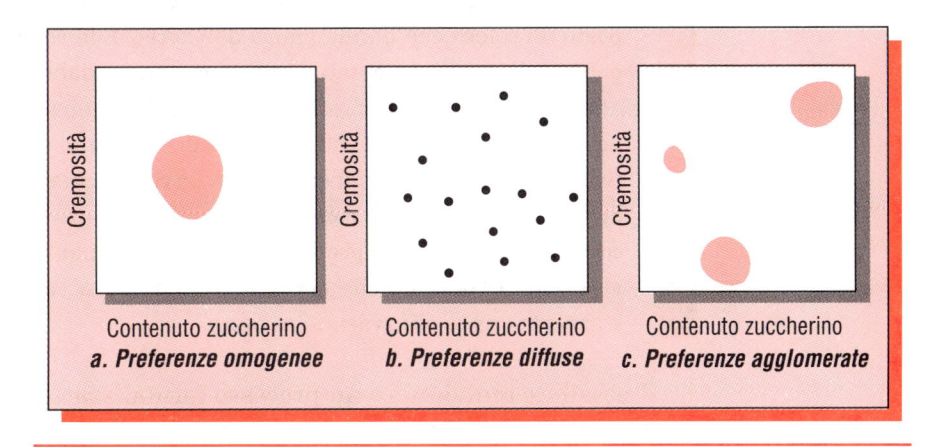

a. Preferenze omogenee — Contenuto zuccherino / Cremosità
b. Preferenze diffuse — Contenuto zuccherino / Cremosità
c. Preferenze agglomerate — Contenuto zuccherino / Cremosità

di risultare vincente per i consumatori che non si sentono completamente soddisfatti dalle caratteristiche esistenti. Se diverse marche sono presenti contemporaneamente, è probabile che si distribuiscano su tutto il mercato e presentino differenze marcate per rispondere alla varietà delle preferenze espresse dai consumatori.

- **Preferenze agglomerate.** Il mercato può poi evidenziare agglomerati distinti di preferenze, che si possono definire *segmenti naturali del mercato* (figura 10-3 c). La prima impresa che decide di inserirsi in un mercato che presenta questa struttura ha tre possibilità di scelta. Può scegliere di collocarsi al centro, sperando così di risultare interessante per tutti i gruppi (marketing indifferenziato); può collocarsi nel segmento di mercato più esteso (marketing concentrato), oppure può decidere di sviluppare più marche e collocare ognuna in un diverso segmento (marketing differenziato). È evidente che se sceglie di sviluppare una sola marca, lascia la possibilità ad altre imprese di entrare nel mercato introducendo nuove marche nei segmenti lasciati scoperti.

10.1.3 La procedura di segmentazione

Abbiamo visto che i segmenti di mercato possono essere identificati applicando successivamente più variabili in grado di evidenziarne le differenze interne. Un esempio:

> A una linea aerea interessa aumentare la propria utenza rivolgendosi a coloro che non hanno mai volato (variabile di segmentazione: *situazione dell'utente*). Il segmento degli individui che non hanno mai volato è composto da coloro che hanno paura dell'aereo e da coloro che invece sono potenzialmente interessati a questo mezzo (variabile di segmentazione: *atteggiamento*). Fra quanti hanno un atteggiamento positivo, vi sono persone con redditi elevati, che quindi non hanno problemi economici (variabile di segmentazione: *reddito*). La compagnia aerea potrebbe quindi decidere di scegliere come obiettivo il segmento formato da individui con redditi elevati, che presentano un atteggiamento potenzialmente favorevole al volo, ma che non hanno mai scelto l'aereo come mezzo di trasporto per le più svariate ragioni.

È possibile individuare un processo formalizzato per l'identificazione dei fondamentali segmenti di un mercato al quale le aziende possono fare ricorso nell'analisi dello stesso ai fini dell'individuazione dei segmenti obiettivo. Tale processo si articola in tre fasi:

1. **L'indagine**: in questo ambito vengono condotte interviste informali e colloqui di gruppo al fine di approfondire motivazioni, atteggiamenti e comportamenti relativi ai consumatori. Utilizzando i risultati di questa fase di ricerca si perviene alla formulazione di un questionario, che viene sottoposto a un campione di consumatori al fine di rilevare dati relativi a:
   - Gli attributi di prodotto e la scala di importanza a essi associata.
   - La conoscenza di marca.
   - Le modalità di utilizzo del prodotto.
   - L'atteggiamento nei confronti della categoria di prodotto.
   - Le caratteristiche demografiche, psicografiche e connesse all'utilizzo dei media dei rispondenti.

   Il campione dev'essere sufficientemente ampio da consentire la raccolta di dati che permettano di definire con precisione ciascun segmento.

2. **L'analisi**: per eliminare le variabili fortemente correlate tra loro occorre procedere a un'*analisi fattoriale* dei dati. Quindi, mediante l'applicazione della *cluster analysis*, diviene possibile individuare i segmenti più significativi in quanto omogenei al loro interno e disomogenei tra loro.[3]

3. **La descrizione del profilo del segmento**: ciascun segmento è ora definito in termini di atteggiamenti, comportamenti, variabili demografiche, psicografiche e abitudini di utilizzo dei media. È possibile, dunque, in questa fase, attribuire un "nome" a ciascun segmento sulla base delle caratteristiche distintive che esso possiede.

   Ad esempio, nell'ambito di una ricerca condotta ogni anno in Italia da Eurisko sui modelli e comportamenti dei teenager (ragazzi e ragazze in età compresa tra i 14 e i 19 anni), sono stati individuati 6 segmenti, definiti come segue:
   - Gli amorfi.
   - I travoltini.
   - Le curiose.
   - Gli onnivori.
   - I bravi ragazzi.
   - Le antenne.[4]

   Questo modello di segmentazione del mercato dev'essere periodicamente rinnovato dall'impresa, dal momento che i segmenti tendono a modificarsi nel tempo.

Come fa l'impresa a capire quali variabili di segmentazione scegliere? Un metodo possibile è quello di intervistare un campione di consumatori per scoprire la *gerarchia delle variabili* che questi spontaneamente utilizzano per giungere alla decisione d'acquisto.

Prendiamo il caso dell'acquisto dell'auto: anni fa, molti acquirenti erano soprattutto attenti alla marca; per prima cosa, quindi, decidevano la marca e successivamente, in relazione ai modelli esistenti, l'auto da acquistare. Se la maggior parte degli acquirenti si comporta in questo modo, si ha un *mercato di marca*. All'opposto, un'acquirente d'auto potrebbe decidere per prima cosa di acquistare un'auto di livello elevato, di dimensione media, a quattro porte e di marca Bmw. Se la maggior parte degli acquirenti risulta comportarsi in questo modo, si ha quello che può essere definito un *mercato di bisogno – dimensione – forma – marca*. In questo tipo di mercato, in genere, le diverse marche non sono in concorrenza diretta, in quanto la competitività appare legata soprattutto alla capacità di avere requisiti di tipo più generale, a livello dei bisogni dei consumatori.

La Hendry Corporation di New York ha creato un efficace sistema di previsione della scelta di marca fondato sulle variabili di *ripartizione primaria* utilizzate dai consumatori. In questo caso, dunque, il modo in cui gli acquirenti classificano spontaneamente le proprie preferenze ha costituito la base che ha permesso alle imprese di identificare i segmenti potenziali più interessanti e la struttura competitiva del mercato.[5]

10.1.4 Le basi per la segmentazione del mercato di consumo

Non esiste un'univoca modalità per segmentare un mercato: l'operatore di marketing deve testare diverse variabili, da sole o in combinazione, per individuare la prospettiva più significativa da cui considerare la struttura del mercato in esame. In questa sede esamineremo le principali variabili geografiche, demografiche, psicografiche e di comportamento utilizzate nella segmentazione dei mercati di consumo (si veda la tavola 10-1).

Segmentazione geografica. In questo tipo di segmentazione il mercato viene suddiviso in diverse unità geografiche, quali nazioni, stati, regioni, province, città e quartieri. L'impresa può decidere di operare all'interno di una o di alcune delle aree geografiche individuate, oppure

Tavola 10-1 Principali variabili di segmentazione del mercato di consumo

Variabili	Suddivisioni tipiche
Variabili geografiche	
Aree geografiche	Nazioni o gruppo di nazioni; Regioni o gruppo di regioni; Province, contee, o altro; Città; Quartieri; Isolati.
Grandezza di centro	Fino a 5.000; 5.000-20.000; 20.000-50.000; 50.000-100.000; 100.000-250.000; 250.000-500.000; 500.000-1.000.000; oltre 1.000.000.
Densità	Urbana; suburbana; rurale.
Clima	Settentrionale; meridionale, continentale, marittimo.
Variabili demografiche	
Età (anni)	Sotto i 6; 6-11, 12-19; 20-34; 35-49; 50-64; 65 o più.
Sesso	Maschile; femminile.
Membri della famiglia	1-2; 3-4; 5 o più.
Ciclo di vita della famiglia	Giovani soli; coppie giovani senza figli; coppie giovani con figlio più piccolo sotto i 6 anni; coppie giovani con figlio più piccolo sopra i 6 anni; coppie mature con figli; coppie mature senza figli sotto i 18 anni; anziani soli; altri.
Reddito	Sotto lire 12 milioni; 12-20 milioni; 20-30 milioni; 30-40 milioni; 40-50 milioni; 50-75 milioni; 75-100 milioni; 100 milioni e oltre.
Occupazione	Imprenditori e liberi professionisti; dirigenti, funzionari e proprietari; impiegati e commercianti; artigiani e operai specializzati; operai comuni e agricoltori; pensionati; studenti; casalinghe; disoccupati.
Istruzione	Scuola dell'obbligo; frequenza scuola media superiore; diploma di scuola media superiore; diploma intermedio; frequenza università; laurea.
Religione	Cattolica, protestante, ebraica o altro.
Nazionalità	Italiana, americana, inglese, francese, tedesca, scandinava, latino-americana, asiatica, giapponese, araba.
Variabili psicografiche	
Classe sociale	Inferiore-inferiore; inferiore-superiore; media-inferiore; media-superiore; superiore-inferiore; superiore-superiore.
Stile di vita	Conservatore, liberale, radicale.
Personalità	Coercitiva, passiva, autoritaria, ambiziosa.
Variabili di comportamento	
Occasioni d'uso	Regolare, saltuario.
Vantaggi ricercati	Qualità, servizio, economia.
Situazione d'uso	Non utilizzatore, ex utilizzatore; potenziale, nuovo, abituale utilizzatore
Intensità d'uso	Utilizzo scarso, medio, elevato.
Fedeltà alla marca	Nessuna, debole, forte, assoluta.
Stadio di consapevolezza	Non a conoscenza del prodotto, a conoscenza, informato, interessato, attento, intenzionato all'acquisto.
Atteggiamento	Entusiastico, positivo, indifferente, negativo, ostile al prodotto.

in tutte, prestando attenzione ai bisogni e alle preferenze che caratterizzano ogni zona. Per esempio, la marca di caffè Maxwell House, prodotta dalla General Foods, è commercializzata con lo stesso nome in tutto il territorio degli Stati Uniti, ma la composizione della miscela viene modificata nelle diverse regioni, in quanto nelle regioni occidentali viene preferito un aroma più intenso che in quelle orientali.

Segmentazione demografica. In questo tipo di segmentazione il mercato viene suddiviso sulla base di variabili demografiche, come l'età, il sesso, la dimensione della famiglia o lo stadio del ciclo di vita della stessa, il livello di reddito, il tipo di occupazione, l'istruzione, la religione, la razza e la nazionalità. Le variabili demografiche sono la base più diffusamente utilizzata per effettuare distinzioni fra gruppi di consumatori. Un motivo è da ricercarsi nel fatto che spesso i bisogni, le preferenze, le abitudini di consumo sono realmente correlate in modo stretto a questo tipo di variabili; un altro nel fatto che le variabili demografiche risultano molto più facili da misurare rispetto alle altre. Anche nel caso in cui il mercato obiettivo risulti descritto correttamente in termini non demografici (per esempio, utilizzando tipologie psicologiche), l'aggancio con le caratteristiche demografiche è necessario per stimare la dimensione del mercato e le vie per raggiungerlo in modo efficace.

Presentiamo qui di seguito alcune applicazioni di questo tipo di analisi alla segmentazione di mercato.

Età e stadio del ciclo di vita. I bisogni e le capacità dei consumatori variano con l'età. Anche un bambino di sei mesi ha potenzialità di consumo diverse rispetto a uno di tre mesi. La Play-Skool, un'impresa di giocattoli, si è resa conto di ciò e ha creato una linea di giocattoli adatti alle diverse fasi di sviluppo che il bambino percorre nei primissimi anni di vita: alcune forme sono infatti particolarmente adatte a stimolare i primi tentativi che il bambino fa per afferrare gli oggetti, altre quando il bambino è già in grado di maneggiare gli oggetti con sicurezza e così via. Questa strategia permette sia ai genitori sia a quanti, ancora meno esperti, devono fare un regalo, di scegliere il gioco più adatto al bambino secondo l'età.

L'età e il ciclo di vita possono talora rivelarsi variabili poco affidabili. Per esempio, a suo tempo, la Ford utilizzò l'età degli acquirenti per definire il mercato obiettivo del modello Mustang; lanciò così una vettura pensata per piacere ai giovani che cercano un'auto poco costosa e sportiva. La Ford rilevò, successivamente, che l'auto veniva acquistata indifferentemente da tutti i gruppi di età, rendendosi così conto che il mercato non era, in questo caso, definito dall'età cronologica, ma da quella psicologica dell'acquirente.

Sesso. La segmentazione basata sul sesso è da lungo tempo utilizzata nell'abbigliamento, nei cosmetici e nei prodotti per la toeletta e nella stampa periodica. Esistono peraltro altri campi in cui tale criterio di segmentazione risulta applicato. Ad esempio, le industrie automobilistiche stanno sempre più rilevando le potenzialità della segmentazione sulla base del sesso.

In passato, le auto erano progettate pensando soprattutto all'uomo come utilizzatore. Dal momento che un numero sempre maggiore di donne ha una vettura propria, molte imprese stanno lanciando modelli con caratteristiche studiate appositamente per il pubblico femminile come, ad esempio, la Y10 dell'Autobianchi.

Reddito. La segmentazione basata sul livello di reddito è un'altra variabile ormai tradizionale in settori di beni e servizi quali l'auto, le barche, l'abbigliamento, i cosmetici e i viaggi.

Naturalmente, neppure il livello di reddito è in grado di individuare con sicurezza i consumatori di ogni tipo di prodotto: si potrebbe pensare che un operaio acquisti una Fiat e un dirigente una Bmw, ma nella realtà anche quest'ultima può essere acquistata da un operaio specializzato, e quindi ottimamente retribuito.

Più in generale, è possibile tracciare un'interessante distinzione tra segmenti "privilegiati" e "non privilegiati" di una stessa classe sociale. Le auto più economiche, ad esempio, non sono acquistate da coloro che hanno effettivamente minori disponibilità di reddito, bensì da coloro che si ritengono poveri rispetto alle proprie aspirazioni di status e ai bisogni di abbigliamento, arredamento e abitazione, che non potrebbero soddisfare se acquistassero un'auto più costosa. D'altra parte, i modelli di auto di prezzo medio ed elevato sono in genere acquistati da chi, all'interno delle diverse classi sociali, appartiene alla fascia privilegiata della medesima.

Segmentazione demografica multivariata. Le imprese, in genere, segmentano un mercato combinando insieme due o più variabili demografiche. Per esempio, un'impresa produttrice di mobili può decidere di segmentare il proprio mercato in funzione di tre variabili: l'età del capofamiglia, la dimensione della famiglia stessa e il livello di reddito. La figura 10-4 illustra graficamente una segmentazione congiunta del mercato secondo queste tre variabili. Per ognuna sono considerati diversi livelli, i quali danno come risultato, in questo caso, 36 (4 x 3 x 3) segmenti distinti. Una famiglia appartiene a uno e uno solo di questi segmenti. Con questa strategia, è possibile procedere a una stima del numero delle famiglie presenti in ogni segmento, della frequenza media di acquisto e dell'entità dei fenomeni competitivi. Queste diverse informazioni possono poi essere utilizzate congiuntamente per pervenire a una stima del profitto potenziale ottenibile da ogni segmento.

Segmentazione psicografica. In questo tipo di segmentazione, gli acquirenti sono suddivisi in gruppi diversi sulla base della classe sociale di appartenenza, dello stile di vita adottato e delle caratteristiche di personalità che presentano. Individui che appartengono allo stesso segmento in termini di variabilità demografiche possono avere caratteristiche sostanzialmente diverse in termini di variabili psicografiche.

Figura 10-4 Segmentazione del mercato dell'arredamento secondo tre variabili demografiche

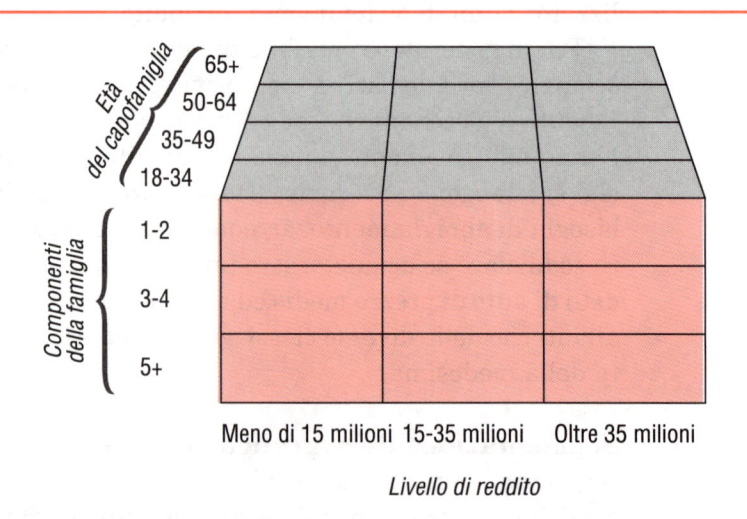

Classe sociale. Un'ipotesi di suddivisione in classi sociali è stata descritta nel capitolo 6, e abbiamo già visto come questa variabile possa rivestire un'influenza rilevante sulle preferenze che un individuo esprime nella scelta dell'auto, dell'abbigliamento, dell'arredamento, dell'uso del tempo, della lettura, dei punti di vendita e così via. Molte imprese progettano prodotti e servizi pensando a classi sociali particolari e li caratterizzano in modo da interessare i gruppi sociali che formano il mercato scelto.

Stile di vita. Nello stesso capitolo 6 abbiamo visto anche che l'interesse personale nei confronti di determinati beni è influenzato dallo stile di vita scelto da ognuno: in effetti, proprio l'insieme dei beni consumati può essere considerato l'espressione dello stile di vita individuale. Gli operatori di marketing che si occupano di prodotti e marche diverse utilizzano sempre più la segmentazione fondata sullo stile di vita. La Volkswagen, per esempio, ha progettato auto per stili di vita diversi: una per il "buon cittadino" che tiene conto di aspetti quali l'economicità, la sicurezza e l'ecologia; una per chi ama la guida sportiva, puntando sulla manovrabilità, sulle prestazioni e sulla tenuta di strada.

Personalità. Anche le variabili relative alla personalità sono talora utilizzate per segmentare un mercato. Spesso ai prodotti vengono attribuite *personalità di marca* che corrispondono alle *personalità dei consumatori*. Alla fine degli anni Cinquanta, negli Stati Uniti, la pubblicità della Ford e della Chevrolet ha puntato sul fatto che le due marche avessero personalità differenti: chi optava per una Ford era considerato «indipendente, impulsivo, molto virile, attento al mutamento e sicuro di sé, mentre chi possedeva una Chevrolet era visto come tendenzialmente più conservatore, attento alle spese e al prestigio, meno virile e impegnato a evitare ogni estremo».[6] Evans ha cercato di verificare la validità di questi profili sottoponendo un campione di possessori delle due auto all'Edwards Personal Preference Test, finalizzato a misurare il bisogno di successo, di dominanza, di mutamento e di aggressività di un individuo. Al di là di un punteggio leggermente superiore per la variabile dominanza, le due tipologie di possessori di auto non risultavano differire in modo significativo per altri aspetti. Le conclusioni di Evans furono che «la distribuzione dei punteggi fra i diversi aspetti considerati risulta sovrapposta al punto che ogni discriminazione in termini di caratteristiche di personalità è virtualmente impossibile».

Lavori successivi a quello di Evans hanno più volte considerato le differenze di personalità per un gran numero di prodotti e marche. Westfall ha rilevato differenze fra chi possiede auto decappottabili o no, trovando che i primi sembrano essere più attivi, impulsivi e socievoli.[7] Shirley Young, direttore di ricerca di un'importante agenzia di pubblicità, riferisce che le strategie di segmentazione basate sui tratti della personalità che nella sua esperienza hanno avuto maggiore successo sono state applicate a settori quali i cosmetici femminili, le sigarette, le assicurazioni e i liquori.[8]

Segmentazione comportamentale. Secondo questo metodo, gli acquirenti sono suddivisi in gruppi sulla base della conoscenza che mostrano del prodotto in esame, del loro atteggiamento verso di questo, dell'uso che ne fanno e di come in genere rispondono al prodotto. Molti operatori ritengono che proprio questa sia la base più efficace per costruire i segmenti di mercato.

Occasioni. Gli acquirenti di un certo prodotto possono essere distinti sulla base dell'occasione in cui manifestano il bisogno del medesimo, ne decidono l'acquisto e lo utilizzano.

Per esempio, un viaggio aereo può essere scelto per occasioni legate al lavoro, alla vacanza o alla famiglia: una linea aerea, allora, può specializzarsi per servire coloro per i quali una di queste occasioni d'uso è dominante: così, i voli charter sono organizzati soprattutto per chi va in vacanza.

Questo tipo di segmentazione può essere utile per aumentare le occasioni d'uso di un bene. I dati rilevano che il succo d'arancia in America è bevuto soprattutto a colazione: chi opera in questo mercato, allora, potrebbe cercare di promuovere il consumo di questa bevanda sollecitandone l'utilizzo durante i pasti. Alcune festività, come la festa della mamma o quella del papà, sono state promosse, almeno in parte, con lo scopo di incrementare le vendite di dolci, fiori e altri oggetti da regalo.

Vantaggi ricercati. Una forma di segmentazione valida è risultata essere quella che classifica gli acquirenti in funzione dei benefici o vantaggi che si aspettano di ottenere da un certo bene. Un'applicazione ormai classica è stata effettuata da Yankelovich, il quale negli anni Sessanta utilizzò questo metodo per segmentare il mercato degli orologi. I dati posero in evidenza che «circa il 23% degli acquirenti decide l'acquisto scegliendo l'orologio che ha il prezzo più basso, il 46% opta per la durata o comunque per la qualità del prodotto e il 31% lo acquista per fare bella figura nelle occasioni importanti».[9] Le principali imprese che operavano nel mercato in quegli anni erano interessate quasi esclusivamente al terzo segmento, dato che trattavano orologi di prezzo elevato, puntando soprattutto sul prestigio e utilizzando esclusivamente le gioiellerie come punto di vendita. La U.S. Time decise, invece, di concentrarsi sui primi due segmenti, creando gli orologi Timex e vendendoli attraverso una distribuzione di massa. Questa strategia di segmentazione le ha permesso di diventare una delle aziende leader del settore a livello mondiale.

La segmentazione sulla base dei vantaggi ricercati richiede, per prima cosa, che vengano definiti gli aspetti del bene che sono importanti per i consumatori, il tipo di persona cui interessano i diversi aspetti e le principali marche che sono il grado di soddisfare le varie esigenze.

Status dell'utilizzatore. In molti mercati è possibile individuare il segmento dei non-utilizzatori, degli ex-utilizzatori, degli utilizzatori potenziali, dei nuovi utilizzatori e degli utilizzatori abituali del bene in esame. Le imprese che hanno rilevanti quote di mercato sono interessate soprattutto a trasformare gli utilizzatori potenziali in consumatori effettivi, mentre le imprese minori cercheranno di acquisire i consumatori di marche concorrenti per farli passare alla loro marca. I consumatori potenziali e regolari richiedono, naturalmente, diversi approcci di marketing.

Nel marketing sociale le caratteristiche degli utilizzatori divengono molto importanti: i programmi di riabilitazione sono, ad esempio, rivolti a quanti utilizzano regolarmente la droga per aiutarli a perdere l'abitudine e inoltre vengono organizzate conferenze di ex drogati per convincere i giovani a non provare sostanze stupefacenti.

Intensità d'uso. I mercati possono poi essere segmentati in gruppi, in funzione dell'intensità con cui il bene viene consumato, a limitato, medio e forte utilizzo del prodotto (*segmentazione per volume*). I forti utilizzatori spesso rappresentano una piccola percentuale del mercato, ma possono dar luogo a una quota elevata del volume di consumi totale.

Fedeltà di marca. Un mercato può poi essere segmentato in funzione del livello di fedeltà manifestato da parte del consumatore. Questi può essere fedele alla marca (Barilla), al punto di vendita (Rinascente), o ad altri elementi. Concentreremo in questa sede l'attenzione sulla fedeltà alla marca.

Ipotizziamo di avere in un certo mercato cinque marche: A, B, C, D e E. In funzione del livello di fedeltà alla marca mostrato, i consumatori possono essere distribuiti in quattro categorie:[10]

- **I fedelissimi**. I consumatori che acquistano sempre la stessa marca. Il modello di acquisto, in tal caso, potrebbe essere rappresentato da una sequenza del genere: A, A, A, A, A, A, indicante che il consumatore sceglie consecutivamente la stessa marca.
- **I fedeli tiepidi**. I consumatori che acquistano sempre le stesse due o tre marche. In tal caso, potrebbe trovare applicazione un modello del tipo: A, A, B, B, A, B, nel quale il consumatore divide la propria lealtà fra le marche A e B.
- **I fedeli mutevoli**. I consumatori che trasferiscono la propria fedeltà da una marca all'altra. Ad esempio, il consumatore che dopo un certo numero di acquisti della marca A (A, A, A) trasferisca la propria preferenza alla marca B (B, B, B).
- **Gli incostanti**. I consumatori che non manifestano alcuna fedeltà di marca. Il modello di acquisto potrebbe essere il seguente: A, C, E, B, D, B. Le scelte del consumatore possono essere determinate sia dalla *convenienza di prezzo* (offerte speciali), sia dal *desiderio di varietà* (tendenza a provare qualcosa di nuovo).

Ogni mercato è composto in proporzioni differenti da queste tipologie di acquirenti. Un mercato ad alta fedeltà è un mercato in cui una percentuale significativa di acquirenti mostra elevati livelli di fedeltà di marca. In un mercato che presenta queste caratteristiche, gli operatori presenti devono programmare forti investimenti, se vogliono aumentare la propria quota di mercato. Per un nuovo entrante l'inserimento risulta estremamente complesso.

Un'impresa può acquisire numerose e importanti informazioni dall'analisi del proprio mercato in termini di fedeltà di marca. Ad esempio, dall'analisi delle caratteristiche dei consumatori che stanno modificando la propria fedeltà l'impresa può capire meglio i propri punti di debolezza. L'impresa, comunque, deve avere sempre presente che ciò che può sembrare a prima vista fedeltà di marca in realtà può riflettere semplicemente *abitudine, indifferenza, ricerca del prezzo più conveniente* o, semplicemente, *mancanza di alternative*. Il concetto di fedeltà di marca è, infatti, per certi versi ambiguo e deve essere usato con estrema attenzione.

Stadio di disponibilità all'acquisto. In ogni momento, è possibile individuare nei consumatori potenziali diversi livelli di disponibilità verso l'acquisto di un prodotto. Alcuni, infatti, non sono a conoscenza del prodotto; altri ne conoscono l'esistenza: di questi, alcuni risultano semplicemente informati delle caratteristiche, mentre altri sono effettivamente interessati all'acquisto e altri ancora pensano realmente di acquistarlo. La distribuzione dei potenziali acquirenti nei vari stadi di disponibilità determina rilevanti differenze nella definizione del programma di marketing.

Supponiamo che un ente per la prevenzione delle malattie abbia l'obiettivo di convincere le donne a sottoporsi a un Pap test annuale perché sia possibile una diagnosi precoce del cancro cervicale. In questo caso, all'inizio del programma, la maggior parte dei potenziali utilizzatori non è probabilmente a conoscenza del test: l'azione promozionale, in questa fase, dovrebbe quindi puntare su forme di comunicazione semplici e immediate.

Se questa prima fase ha successo, la pubblicità dovrebbe passare a mettere a fuoco i vantaggi che l'esame comporta e i rischi legati al fatto di non utilizzarlo, per indurre il maggior numero possibile di donne a passare allo stadio di interesse reale per il test. A questo punto può valer la pena di verificare l'adeguatezza delle strutture necessarie al test, al fine di dare effettivamente la possibilità alle persone interessate di sottoporsi all'esame.

In generale, è quindi chiaro che il programma di marketing va adattato ai mutamenti che via via si verificano nel livello di disponibilità degli acquirenti.

Atteggiamento. Gli individui presenti in un mercato possono essere classificati anche per il livello di interesse che mostrano verso il prodotto. Possono essere per questo individuate cinque classi di atteggiamento: entusiasti, positivi, indifferenti, contrari e decisamente ostili. In genere, quanto più gli atteggiamenti mostrano correlazioni univoche con le variabili demografiche, tanto più l'organizzazione è in grado di utilizzare operativamente questo criterio di segmentazione.

10.1.5 Le basi per la segmentazione del mercato industriale

I mercati industriali possono essere segmentati tenendo spesso conto delle medesime variabili utilizzate per il mercato di consumo. La segmentazione può dunque avvenire su basi demografiche o geografiche e utilizzando molte variabili di comportamento, quali i vantaggi ricercati, lo stato sociale dell'utilizzatore, l'intensità d'uso, la fedeltà di marca, la disponibilità all'acquisto e gli atteggiamenti verso il prodotto. Nel contempo è possibile utilizzare ulteriori variabili di segmentazione come quelle proposte nella tavola 10-2. Un metodo spesso utilizzato è quello di segmentare il mercato industriale in funzione degli *utilizzatori finali* del bene. Utilizzatori finali differenti, infatti, spesso implicano la ricerca di vantaggi specifici nel prodotto e richiedono distinti marketing-mix. Prendiamo ad esempio il settore dei pneumatici.

> Nel settore automobilistico, le imprese richiedono pneumatici di tipo diverso: chi produce auto di lusso chiede gomme di livello qualitativo elevato, mentre per chi produce auto di grande serie è sufficiente montare gomme di media qualità. Le gomme che devono essere montate sugli aerei richiedono standard di sicurezza molto maggiori di quelle che devono essere applicate ai trattori.

La *dimensione dell'impresa acquirente* è un'altra importante variabile di segmentazione del mercato industriale. Spesso le imprese organizzano strutture di vendita separate per clienti di dimensione diverse.
Per esempio, la Steelcase, una grande azienda che produce arredamenti per ufficio, divide i suoi clienti in due gruppi:

- **Clienti principali o diretti.** Per clienti come la IBM, la Prudential o la Standard Oil le trattative sono gestite da responsabili a livello nazionale che operano in stretto contatto con i responsabili delle varie aree di vendita.
- **Clienti dei rivenditori.** Per i clienti minori le trattative vengono seguite dalla forza di vendita, in appoggio ai concessionari dei prodotti Steelcase.

In genere, anche le imprese del settore industriale definiscono le opportunità relative al loro mercato obiettivo utilizzando diverse variabili di segmentazione.

Tavola 10-2 Le variabili e i descrittori per la segmentazione dei mercati industriali

A. Caratteristiche demografiche e operative dell'istituzione acquirente

1. Tipologia e settorialità dell'istituzione.
2. Caratteristiche demografiche dell'istituzione: volume annuo del fatturato, dimensioni, numero degli addetti impiegati, numero degli impianti, ecc.; localizzazione geografica, affiliazioni e appartenenze settoriali, ecc.
3. Applicazione e utilizzo finale del prodotto.
4. Tipologia della situazione d'acquisto.
5. Livello di fedeltà alla fonte di fornitura.
6. Rapporti di fornitura con il produttore: se già attivati o da attivare, se già utilizzatore del prodotto o non, se già cliente o non.
7. Esistenza di contratti o rapporti di fornitura specifici o politici.
8. Tecnologie produttive utilizzate.
9. Capacità del cliente di natura operativa, tecnologica, finanziaria, ecc.

B. Caratteristiche del centro di acquisto

1. Composizione e ruoli dei suoi membri.
2. Fasi del processo di acquisto.
3. Tipo di incertezza percepita nel centro di acquisto: incertezza di mercato, di bisogno o negoziale.
4. Livello di decentramento: localizzazione delle responsabilità di acquisto nella struttura organizzativa dell'istituzione.
5. Compiti assegnati al centro di acquisto, specificità del problema assegnato per la soluzione al centro di acquisto.
6. Pressione della variabile "tempo" sui membri del centro di acquisto.
7. Tipologia e natura della risoluzione dei conflitti nel centro di acquisto: compromesso, negoziazione ed economicità.
8. Norme decisionali, tipologia e caratteristiche delle strategie di acquisto perseguite.

C. Caratteristiche individuali dei membri che partecipano al processo decisionale

1. Variabili demografiche: età, cultura, esperienze.
2. Ruolo organizzativo: posizione occupata nella struttura dell'istituzione e nel Centro di Acquisto.
3. Affiliazioni professionali esterne all'impresa.
4. Variabili psicografiche: atteggiamenti e preferenze per i fornitori e le marche offerte, grado di fiducia e di familiarità.
5. Percezione di ricompense o di punizioni per il rischio accettato.
6. Criteri di acquisto utilizzati: affidabilità, prezzo, qualità del prodotto.
7. Lealtà degli individui e loro sentimenti verso l'istituzione e gli altri membri del centro di acquisto.

Fonte: E. Valdani, *Segmentazione del mercato*, Giuffré, Milano 1987, p. 361 (adattato da F. Webster, *Industrial Marketing Strategy*, John Wiley & Sons, New York 1979, pp. 78-79).

La figura 10-5 fornisce un esempio di segmentazione svolta da un'impresa che tratta alluminio.

> L'impresa ha innanzitutto operato una *macrosegmentazione* secondo tre fasi.[11] In primo luogo, ha individuato il settore cui rivolgersi fra i seguenti: industria automobilistica, edilizia, produttori di contenitori per bevande. Dopo aver scelto il settore delle costruzioni edili, ha proceduto a determinare le aree di applicazione dell'alluminio più attrattive, e cioè: semilavorati, componenti per costruzioni, arredamenti in alluminio. Dopo aver deciso di concentrarsi sui componenti, l'impresa si è posta il problema di definire la dimensione di clientela più interessante da servire, optando per i clienti maggiori.
>
> Il mercato obiettivo così ottenuto – quello dei grandi acquirenti di componenti per le costruzioni – è stato successivamente suddiviso mediante un processo di *microsegmentazione*. A questo livello l'impresa ha classificato i clienti in tre gruppi, a seconda che la scelta del fornitore venga operata in funzione del prezzo, del servizio offerto o della qualità. Dal momento che l'impresa gode di un'ottima immagine per il servizio, alla fine ha deciso di concentrarsi esclusivamente sulla parte del mercato più interessata a questo aspetto.

10.1.6 Requisiti per un'efficace segmentazione

Esistono, naturalmente, molteplici modi di segmentare un mercato e non è detto che tutte le segmentazioni possibili siano efficaci. Per esempio, gli acquirenti di sale da tavola potrebbero essere distinti in bruni e biondi. Ma il colore dei capelli non ha alcuna influenza sul consumo del sale. È poi possibile, qualora risulti che gli acquirenti di sale consumino le stesse quantità mensili, esprimano l'opinione che il sale è sempre uguale e siano orientati a pagare lo stesso prezzo, che questo mercato non sia segmentabile dal punto di vista del marketing. Perché la segmentazione sia utile, i segmenti devono presentare le seguenti caratteristiche:

- **Misurabilità**. Il grado in cui è possibile misurare la dimensione e il potere d'acquisto dei diversi segmenti. Alcune variabili di segmentazione, anche se molto interessanti, sono spesso difficili da misurare. Ad esempio, sarebbe estremamente difficile ottenere una valutazione quantitati-

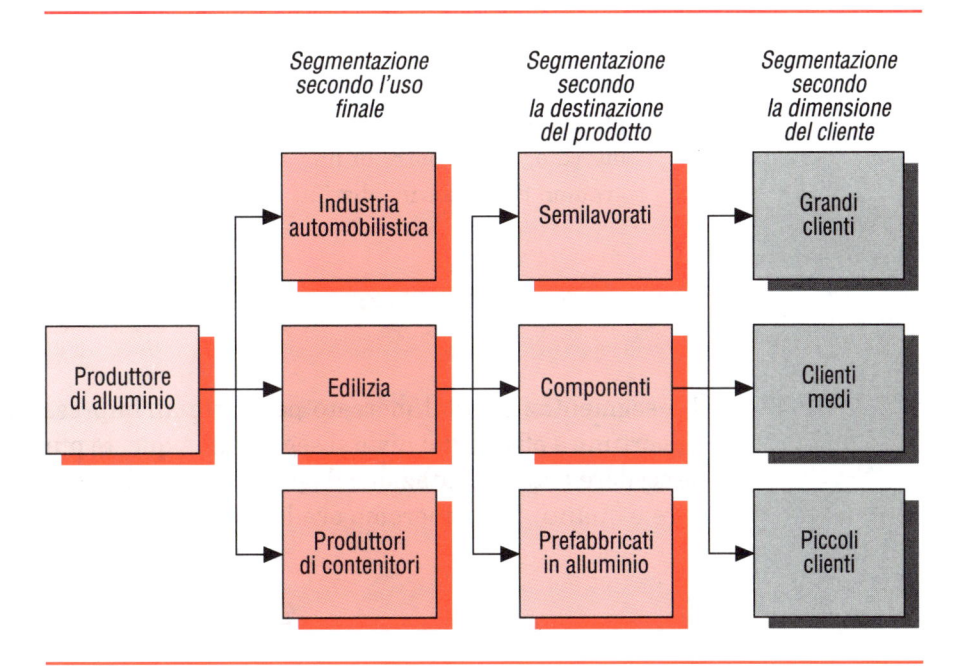

Figura 10-5 Segmentazione a tre stadi del mercato dell'alluminio

```
                 Segmentazione      Segmentazione      Segmentazione
                 secondo l'uso        secondo            secondo
                    finale         la destinazione    la dimensione
                                    del prodotto       del cliente
```

- Produttore di alluminio → Industria automobilistica → Semilavorati → Grandi clienti
- → Edilizia → Componenti → Clienti medi
- → Produttori di contenitori → Prefabbricati in alluminio → Piccoli clienti

Fonte: Basato su un esempio tratto da E. Raymond Corey, "Key Options in Market Selection and Product Planning", in *Harvard Business Review*, settembre-ottobre 1975, pp. 119-128.

va del segmento degli adolescenti che fumano per la prima volta in segno di ribellione verso i genitori.

- **Accessibilità**. Il grado in cui i diversi segmenti possono essere realmente raggiunti e serviti. Per esempio, un'impresa che produce profumi rileva che la clientela più fedele di una sua marca è formata da donne che vivono sole, cui piace far tardi la sera e che frequentano assiduamente i locali da ballo notturni. Se non è possibile individuare delle tendenze comuni – per esempio in termini di zona di residenza o di punti di acquisto o di esposizione a media particolari – il segmento, per quanto ben delineato sia il profilo dell'utente, risulta estremamente difficile da raggiungere.
- **Importanza**. Il grado in cui i segmenti presentano un'ampiezza o dei livelli di assorbimento tali da essere profittevoli. Un segmento dovrebbe essere costituito dal gruppo più ampio – e contemporaneamente sufficientemente omogeneo – per cui risulti possibile e conveniente impostare un programma di marketing specifico. Non è conveniente, per esem-

pio, per una casa automobilistica, creare un modello particolare per nani, malgrado l'esistenza di questo segmento.
- **Praticabilità**. Il grado in cui è possibile per l'impresa impostare programmi di marketing efficaci per attrarre e servire i segmenti scelti. Una piccola linea aerea, per esempio, può aver identificato sette segmenti di mercato, ma disporre di uno staff troppo limitato per organizzare programmi di marketing distinti per ogni segmento.

10.2 La definizione dei mercati obiettivo

La segmentazione del mercato permette all'impresa di individuare le opportunità offerte dai diversi segmenti. A questo punto, l'impresa deve procedere a una valutazione degli stessi e decidere quali fra questi servire e quanti. Esamineremo ora le singole decisioni.

10.2.1 La valutazione dei segmenti di mercato

Nella valutazione dei segmenti di mercato, l'azienda deve concentrare l'attenzione su tre fattori: la dimensione e il tasso di sviluppo del segmento, l'attrattività del segmento e gli obiettivi e le risorse dell'azienda stessa.

Dimensione e tasso di sviluppo del segmento. L'impresa in primo luogo deve considerare se il segmento potenziale possiede la dimensione e il tasso di sviluppo desiderati. Occorre rilevare che la dimensione desiderata è un concetto alquanto relativo. Le imprese di maggiori dimensioni, infatti, tendono a preferire segmenti a cui sono associati elevati volumi in termine di vendite, trascurando o evitando consapevolmente di servire segmenti di modeste dimensioni. Le piccole imprese, a loro volta, tendono a non rivolgersi a segmenti ampi a causa delle elevate risorse necessarie per il loro soddisfacimento.

Il tasso di sviluppo di un segmento costituisce un ulteriore elemento di valutazione dal momento che gli obiettivi delle imprese spesso convergono su un livello di vendite e di profitti crescenti nel tempo. Occorre rilevare altresì come segmenti caratterizzati da un elevato tasso di sviluppo attraggano fortemente la concorrenza, che entrando in questi mercati tende a diminuirne la profittabilità.

Attrattività della struttura del segmento. Un segmento potrebbe possedere le caratteristiche desiderate in termini di dimensione e tasso di sviluppo e tuttavia non risultare attraente in termini di profittabilità. Porter ha identificato cinque forze che determinano l'attrattività intrinseca di un intero mercato o di porzioni di esso nel lungo periodo (figura 10-6).[12] L'azienda infatti deve stimare l'impatto sulla profittabilità di lungo periodo indotto da cinque differenti forze: i *concorrenti*, i *potenziali entranti*, i *prodotti sostitutivi*, gli *acquirenti* e i *fornitori*. Tali forze pongono numerose minacce, quali:

Figura 10-6 Le cinque forze che determinano l'attrattività di un segmento

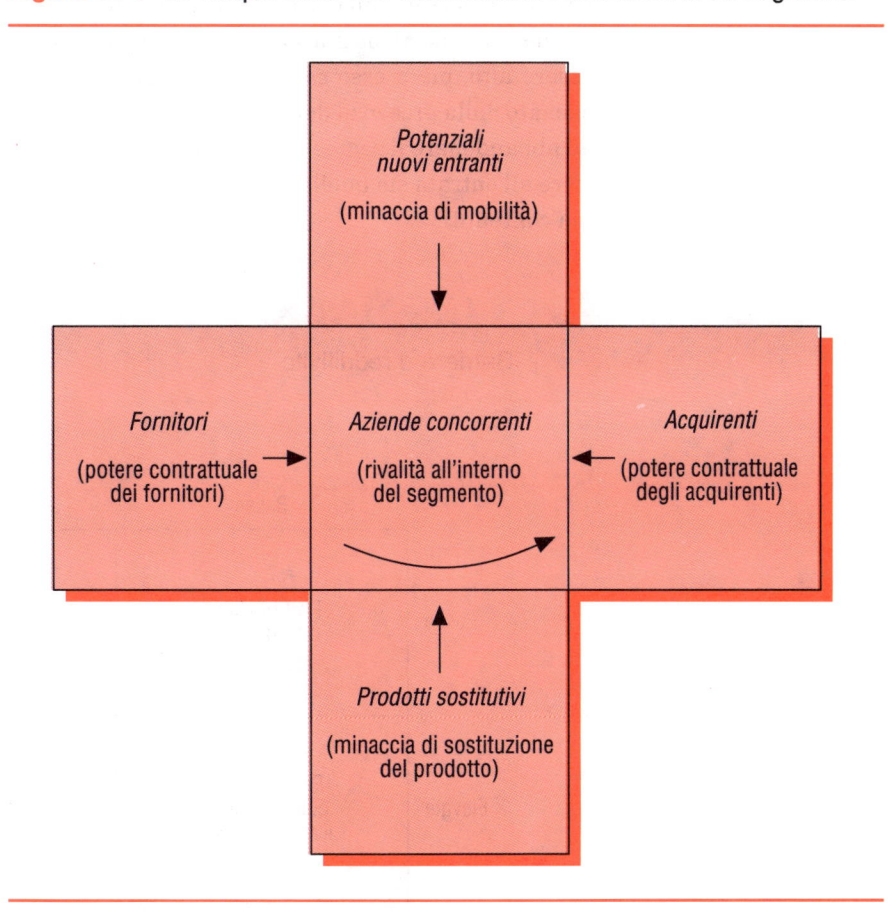

Potenziali nuovi entranti
(minaccia di mobilità)

Fornitori
(potere contrattuale dei fornitori)

Aziende concorrenti
(rivalità all'interno del segmento)

Acquirenti
(potere contrattuale degli acquirenti)

Prodotti sostitutivi
(minaccia di sostituzione del prodotto)

Fonte: Adattato da M. Porter, *Il vantaggio competitivo*, Ed. di Comunità, Milano 1987, p. 11.

1. **La minaccia di un'intensa competizione all'interno del segmento**: un segmento appare poco attraente se già è servito da un numero rilevante di concorrenti potenti o aggressivi. Il quadro si complica ulteriormente nel momento in cui il segmento ha un tasso di sviluppo stabile o decrescente; a esso sono associati significativi incrementi della capacità produttiva al fine di sfruttare le economie di scala; i costi fissi sono elevati; le barriere all'uscita sono alte o i concorrenti hanno grande interesse a rimanere nel segmento stesso.

2. **La minaccia di nuovi entranti**: l'attrattività di un segmento è strettamente legata anche alle barriere esistenti all'entrata di nuovi attori. In termini di profittabilità, un segmento appare potenzialmente interessante nel momento in cui è caratterizzato da elevate barriere all'entrata e limitate barriere all'uscita (figura 10-7). Quando sia le barriere all'entrata sia quelle all'uscita sono elevate, il potenziale di profitto tenderà a essere alto, ma a esso sarà associato un significativo livello di rischio causato dalla presenza delle aziende meno efficienti che hanno difficoltà ad abbandonare il segmento. Al contrario, nel momento in cui sia le barriere all'entrata sia quelle all'uscita sono basse, i profitti saranno stabili ma contenuti.

Figura 10-7 Barriere e redditività

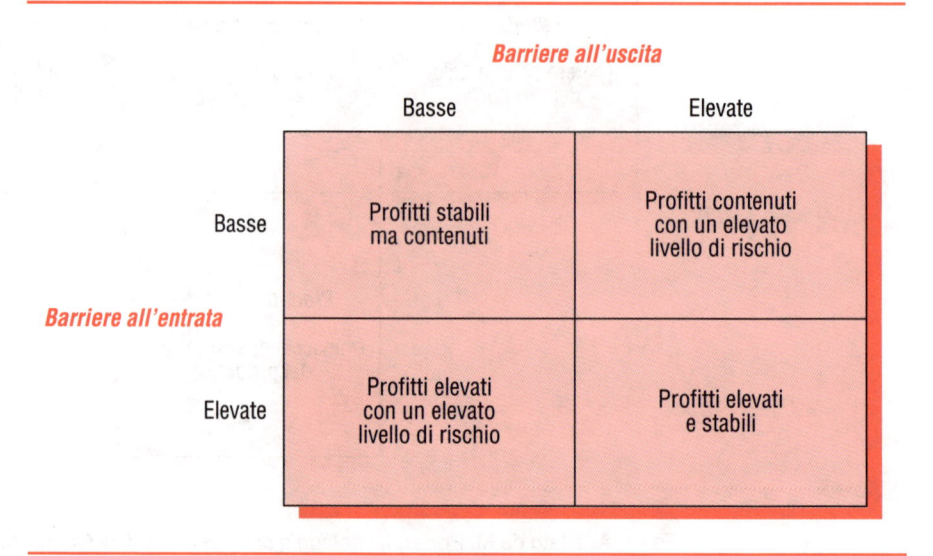

	Barriere all'uscita	
	Basse	Elevate
Basse (Barriere all'entrata)	Profitti stabili ma contenuti	Profitti contenuti con un elevato livello di rischio
Elevate	Profitti elevati con un elevato livello di rischio	Profitti elevati e stabili

L'alternativa peggiore è rappresentata dall'esistenza di basse barriere all'entrata e di elevate barriere all'uscita: le imprese coglieranno l'opportunità di entrare nel segmento in un momento favorevole, ma avranno grande difficoltà a uscirne nel momento in cui la congiuntura sarà sfavorevole. Ciò determinerà una cronica sovracapacità produttiva e limitati profitti per tutte le imprese presenti nel segmento.

3. **La minaccia di prodotti sostitutivi**: un segmento può risultare scarsamente attraente se esistono prodotti sostitutivi attuali o potenziali che possono limitare la potenzialità di profitto rappresentata dal segmento. Questo fenomeno può intensificarsi nel momento in cui nei settori alternativi si verificano fenomeni quali un significativo sviluppo tecnologico o un incremento del livello di competizione.

4. **La minaccia di un crescente potere contrattuale da parte degli acquirenti**: nel momento in cui questi manifestano un forte potere contrattuale, le conseguenze per l'impresa possono essere rappresentate da una caduta dei prezzi, da un incremento della qualità o dei servizi accessori domandati, da un'elevata competitività all'interno del segmento, a spese della profittabilità. Il potere contrattuale tende ad aumentare quando gli acquirenti si concentrano o si organizzano, quando il prodotto rappresenta una porzione significativa del potere d'acquisto degli acquirenti stessi, quando il prodotto è indifferenziato, quando essi sono estremamente sensibili alla variabile prezzo, o quando, nel caso di imprese, essi hanno la possibilità di perseguire una strategia di integrazione verticale a monte.

5. **La minaccia di un crescente potere contrattuale da parte dei fornitori**: un segmento sarà poco attraente qualora i fornitori dell'impresa – fornitori di materie prime e attrezzature, servizi pubblici, banche, sindacati e così via – sono in grado di incrementare il livello dei prezzi o ridurre la qualità o la quantità dei beni o servizi a loro commissionati. Questo potere contrattuale tende a crescere quando i fornitori sono concentrati od organizzati tra loro, le alternative di fornitura sono limitate, il prodotto fornito costituisce un input fondamentale per la produzione, i costi associati al cambiamento di fornitore sono elevati e i fornitori hanno la possibilità di integrarsi verticalmente a valle.

Gli obiettivi e le risorse dell'impresa. Infine, anche qualora il segmento abbia una dimensione e un tasso di sviluppo interessanti, nonché un'attrattività strutturale significativa, l'azienda deve riconsiderarlo in relazione ai propri obiettivi e alle risorse disponibili, onde evitare una dispersione di energie nello sviluppo delle proprie strategie. Il problema è strettamente connesso alla creazione all'interno dei segmenti obiettivo di un reale vantaggio competitivo per l'azienda, che può realizzarsi solamente se esiste una coerenza tra obiettivi di lungo periodo e strategie dell'impresa, e tra risorse – in termini di competenze specifiche, impianti, disponibilità economico-finanziarie e così via – e strategie dell'impresa.

10.2.2 La selezione dei segmenti di mercato

A questo punto l'impresa deve decidere la strategia di copertura del mercato, ossia il numero dei segmenti a cui si rivolge. *Il mercato obiettivo è costituito da un insieme di acquirenti che hanno bisogni e caratteristiche comuni che l'impresa intende servire.* Le imprese possono perseguire una delle cinque strategie di selezione del mercato obiettivo illustrate nella figura 10-8.

La prima, definita come strategia della *concentrazione in un singolo mercato*, si basa sulla scelta da parte dell'impresa di uno specifico segmento su cui operare. Generalmente, questa è la strategia seguita dal-

Figura 10-8 Cinque modalità di selezione del mercato obiettivo

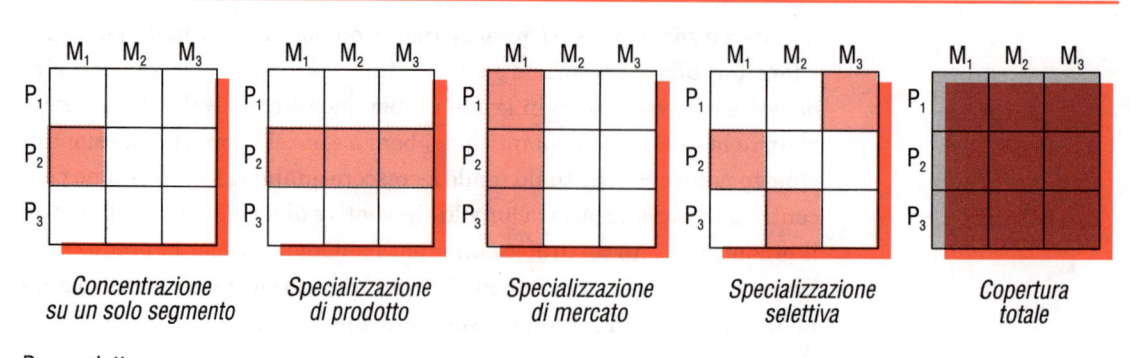

Concentrazione su un solo segmento — Specializzazione di prodotto — Specializzazione di mercato — Specializzazione selettiva — Copertura totale

P = prodotto
M = Mercato

Fonte: Adattato da Derek F. Abell, *Defining the Business: The Starting Point of Strategic Planning*, Prentice-Hall, Englewood Cliffs 1980, capitolo 8, pp. 13-17.

le piccole imprese. La seconda strategia, o di *specializzazione di prodotto*, consiste nella realizzazione di un prodotto destinato a tutti i gruppi di clientela. In base alla terza strategia, la *specializzazione di mercato*, un'impresa decide di offrire differenti prodotti corrispondenti alle esigenze dei clienti del mercato prescelto. La quarta strategia, di *specializzazione selettiva*, presuppone che l'impresa operi in una serie di nicchie che non hanno nessuna relazione reciproca, tranne quella di costituire un'opportunità attraente. Questo modello di strategia è usualmente il risultato di uno sviluppo determinato dalle situazioni contingenti. L'ultimo tipo di strategia, la *copertura totale del mercato*, viene generalmente adottato dalle imprese maggiori alla ricerca di una leadership di mercato. Esse offrono un prodotto «per ogni esigenza e alla portata di tutte le borse».

Marketing indifferenziato. L'impresa potrebbe decidere di non tener conto delle differenze eventualmente rilevate fra i vari segmenti e di presentare al mercato una sola offerta. Così operando, essa punta più su ciò che vi è di comune nei bisogni dei consumatori, che su ciò che vi è di diverso. Cerca quindi di progettare un prodotto e di impostare un programma di marketing che possa attirare il maggior numero di acquirenti possibile, si affida a canali di distribuzione di massa e a messaggi pubblicitari generali. L'obiettivo è quello di riuscire a creare per il prodotto un'immagine elevata nella mente dei potenziali consumatori. Un classico esempio di marketing indifferenziato è dato dalla Coca-Cola nella fase iniziale della propria attività, allorquando l'impresa produceva esclusivamente questa bevanda, in bottiglie di un solo formato e in un unico gusto per soddisfare le esigenze di tutti.

Il marketing indifferenziato viene giustificato soprattutto sulla base delle economie di costo ed è concepito come la controparte commerciale di quello che la standardizzazione e la produzione di massa rappresentano per la produzione. La concentrazione della linea dei prodotti trattati permette, infatti, all'impresa di mantenere al minimo i costi di produzione, di gestione delle scorte e di trasporto. Un programma di pubblicità indifferenziata, a sua volta, contribuisce a mantenere basse le spese promozionali, mentre l'assenza di segmentazione contribuisce a mantenere contenuti i costi di ricerca di mercato e di pianificazione.

Malgrado questi vantaggi concreti, un numero sempre maggiore di esperti di marketing va esprimendo forti dubbi sulla validità di questa strategia.

Gardner e Levy, anche se ammettono che «alcune marche hanno saputo creare con molta abilità la sensazione di essere adatte a una grande varietà di persone», notano che:

> Nella maggior parte dei settori è possibile pensare di trovare comportamenti di consumo diversi, se non altro per il fatto che esistono sempre degli individui che deviano rispetto alla norma e rifiutano di adottare i medesimi schemi di consumo degli altri... Non è facile per un prodotto risultare interessante per le classi medio basse e nello stesso tempo apparire attraente per acquirenti che appartengono a classi più elevate, con gusti più raffinati e sofisticati... È molto raro che un prodotto o una marca possano riuscire con successo a essere tutto per tutti.[13]

L'impresa che adotta il marketing indifferenziato, in genere, mette a punto un prodotto rivolto ai segmenti di mercato più ampi. Se nel settore più imprese adottano questo approccio, il risultato sarà una competitività molto forte nei segmenti principali e la permanenza di elevati margini di insoddisfazione in quelli minori. L'industria automobilistica americana ha per lungo tempo prodotto esclusivamente auto di grandi dimensioni, col risultato di trasformare i segmenti quantitativamente più interessanti in segmenti con scarsi margini di profitto, proprio perché questa strategia ha dato origine a una competitività esasperata all'interno dei segmenti in questione. Kuehn e Day hanno denominato questa tendenza la «fallacia della maggioranza»[14] e proprio il riconoscimento di questo errore di fondo ha indotto numerose imprese a rivolgersi in modo più attento ai segmenti minori del mercato.

Marketing differenziato. L'impresa decide di operare in diversi segmenti del mercato, ma con prodotti particolari per ognuno di essi. In quest'ottica, per esempio, si muove la General Motors quando afferma di voler produrre un'auto per ogni "borsa, uso e personalità". Presentando prodotti e programmi commerciali distinti, essa spera di raggiungere l'obiettivo di aumentare le vendite e di rafforzare la propria posizione nei diversi segmenti.

In particolare, l'impresa in questione ritiene che il conseguire una forte presenza in molti segmenti porti il consumatore a identificare l'impresa con la classe di prodotti trattati. Spera poi di ottenere sempre migliori livelli di riacquisto della propria marca, proprio per il fatto che ciò che l'impresa offre è stato progettato specificamente per soddisfare i diversi gusti dei consumatori. Il primo risultato di una strategia di marketing differenziato è di creare un volume di vendite totali maggiore rispetto a una strategia di marketing indifferenziato. Si può in genere dimostrare che le vendite complessive possono essere accresciute utilizzando una gamma di prodotti più ampia, distribuita attraverso canali diversificati.

È comunque da porre in evidenza come l'adozione di una strategia di differenziazione implichi, in genere, un aumento dei costi. In particolare, è probabile che l'aumento interessi i seguenti costi:

- **Costi di modifica del prodotto.** La necessità di apportare modifiche ai prodotti per soddisfare le esigenze di segmenti diversi comporta in genere spese di ricerca e sviluppo dei prodotti, di progettazione e di modifica degli impianti e delle strutture.
- **Costi di produzione.** In generale, è sempre più costoso produrre 10 unità di 10 prodotti diversi piuttosto che 100 unità di un unico prodotto. Naturalmente, le spese saranno tanto maggiori quanto più limitato risulterà essere il volume delle vendite e quanto più complessi saranno i processi produttivi necessari. D'altra parte, se ogni modello riesce a essere venduto in volumi sufficientemente elevati, i maggiori costi di produzione potranno essere ripartiti su una base più ampia, determinando così una riduzione dei livelli unitari.
- **Spese amministrative.** L'impresa deve mettere a punto programmi di marketing separati per ogni singolo segmento di mercato. Da ciò deriva una maggior necessità di ricerche di mercato, di previsioni, di analisi delle vendite, di promozione, di pianificazione e di gestione dei canali di distribuzione.
- **Costo delle scorte.** In genere, è più costoso gestire magazzini di prodotti diversi, piuttosto che un magazzino unico, con un unico tipo di prodotto. L'incremento dei costi è soprattutto dovuto all'aumentata mole delle registrazioni e dei controlli. Per ogni prodotto, poi, deve essere previsto un livello di scorte che rifletta la domanda di base, più una percentuale di sicurezza che consenta di far fronte a inattese variazioni della stessa. La somma di queste scorte di sicurezza supera, in genere, la scorta necessaria per un solo prodotto.
- **Costi promozionali.** Una strategia di marketing differenziato presuppone l'utilizzo di comunicazioni pubblicitarie diverse per raggiungere nel modo più appropriato i diversi segmenti di mercato. Questo comporta un utilizzo minore di ognuno dei diversi mezzi scelti e quindi la possibi-

lità di godere di minori sconti sulle quantità. Dal momento, poi, che per ogni segmento può risultare necessario un particolare lavoro di impostazione della campagna, sia a livello creativo sia a livello di definizione del messaggio, i costi di promozione possono risultare ulteriormente accresciuti.

Dal momento che il marketing differenziato porta a un aumento delle vendite, ma anche a un incremento dei costi, non è possibile a priori affermare che si tratti sempre di una strategia profittevole. In realtà, alcune imprese oggi si stanno rendendo conto di aver differenziato il mercato in modo eccessivo e di aver creato un numero troppo elevato di marche: preferirebbero avere a che fare con un numero inferiore di prodotti, ciascuno dei quali rivolto a un gruppo più vasto di clienti potenziali.

Esse stanno applicando dunque strategie di "controsegmentazione" o di "allargamento della base", allo scopo di aumentare progressivamente il volume delle vendite di ogni marca.[15]

La Johnson & Johnson, per esempio, ha ampliato il mercato del suo shampoo per bambini inducendo gli adulti a utilizzarlo. La Beecham ha lanciato il dentifricio Aquafresh per attirare nello stesso tempo due segmenti, quello che desidera l'alito fresco e quello che vuole prevenire la carie.

Marketing concentrato. Molte imprese considerano una terza possibilità, la quale risulta particolarmente interessante nel caso in cui le risorse dell'impresa siano limitate. Invece che orientarsi verso una quota limitata di un grande mercato, l'impresa può mirare a ottenere una quota elevata in un piccolo mercato. Si possono citare molti esempi di marketing concentrato. La Volkswagen si è concentrata sul mercato delle vetture di piccola dimensione e la Hewlett-Packard negli elaboratori di prezzo elevato. Adottando questo approccio, l'impresa riesce ad acquisire una posizione di rilievo nel segmento che sceglie, grazie alla maggior conoscenza delle caratteristiche dei consumatori e della positiva immagine acquisita. Inoltre, può conseguire notevoli economie di scala grazie alla specializzazione che può realizzare nella produzione, nella promozione e nella distribuzione. Se il segmento è scelto con attenzione, l'impresa può ricavare un tasso elevato di rendimento degli investimenti. Nello stesso tempo, il marketing concentrato implica rischi più alti del normale: un particolare segmento può dissolversi da un momento all'altro o un concorrente può decidere improvvisamente di entrare nello stesso segmento. Per queste ragioni molte imprese preferiscono diversificarsi in più segmenti del mercato.

Nella scelta di una delle tre strategie sopra esaminate (figura 10-9) alcuni elementi vanno considerati con particolare attenzione.

- **Le risorse dell'impresa.** Se le risorse dell'impresa sono limitate, la scelta più realistica non può che essere quella del marketing concentrato.
- **L'omogeneità del prodotto.** Il marketing indifferenziato è più adatto per imprese che trattano prodotti tendenzialmente omogenei, come i

Figura 10-9 Tre strategie alternative di mercato

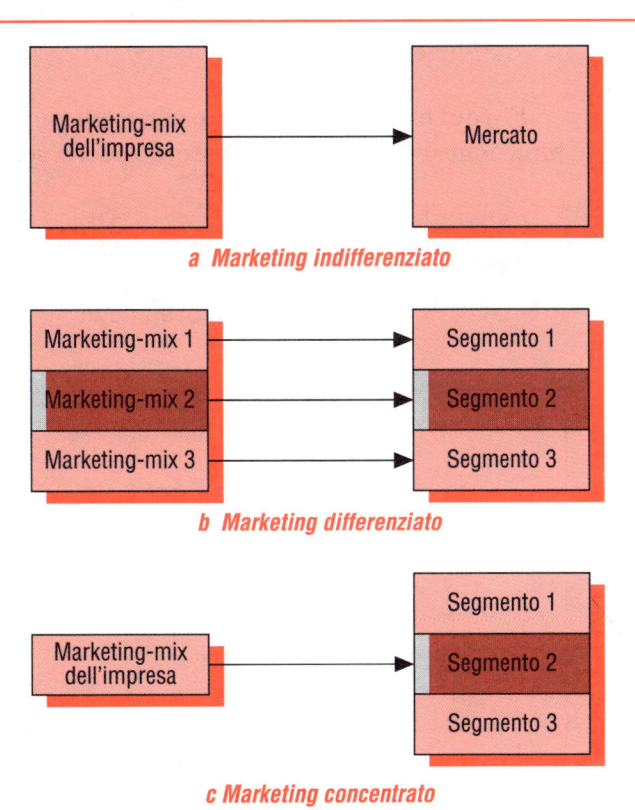

a Marketing indifferenziato

b Marketing differenziato

c Marketing concentrato

pompelmi o l'acciaio. Prodotti suscettibili di varianti, come le macchine fotografiche o le automobili, richiedono per lo più strategie di marketing differenziato o concentrato.

- **Stadio del ciclo di vita del prodotto.** Quando un'impresa lancia sul mercato un nuovo prodotto, trova in genere pratico approntarne una sola versione; in questa situazione, una strategia di marketing indifferenziato o concentrato sembra la più adatta. Nello stadio di maturità, invece, acquista maggior significato la strategia della differenziazione.
- **Omogeneità del mercato.** Se gli acquirenti hanno tendenzialmente gusti omogenei, acquistano le stesse quantità del bene per unità di tempo e reagiscono in modo simile alle iniziative di marketing, una strategia di marketing indifferenziato è la più appropriata.
- **Strategie di marketing della concorrenza.** Quando i concorrenti praticano un'attiva segmentazione, la strategia di marketing indifferenziato potrebbe risultare suicida. Quando, invece, i concorrenti adottano strategie di marketing indifferenziato, un'impresa può ottenere notevoli vantaggi applicando strategie di marketing differenziato o concentrato.

Fin qui è sempre stato dato per scontato che diversi segmenti, o combinazioni di segmenti, potessero essere scelti in modo indipendente;

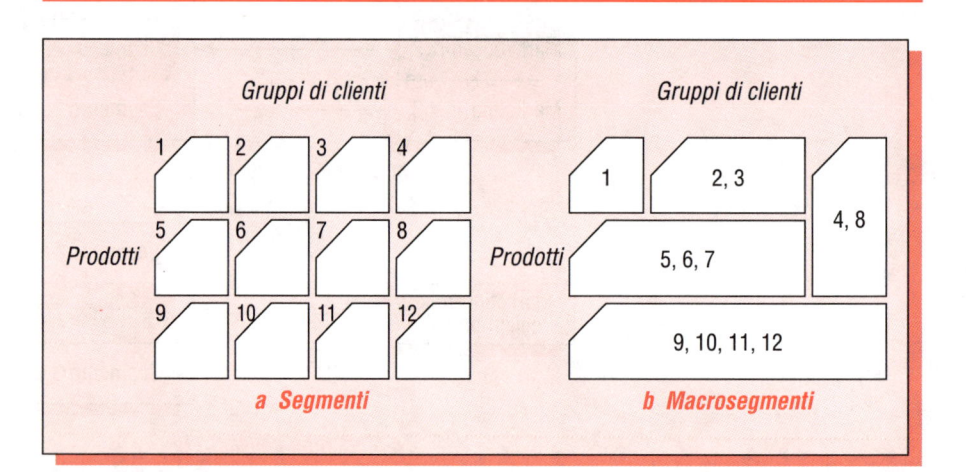

Figura 10-10 Segmenti e macrosegmenti

questa ipotesi, però, non tiene conto delle sinergie che possono determinarsi fra i diversi segmenti.

La figura 10-10 *a* mostra un mercato costituito da dodici segmenti distinti. Un esame più attento, comunque, potrebbe evidenziare la possibilità di raggrupparli in cinque *macrosegmenti*, fondati su alcune sinergie; per esempio, l'impiego delle stesse materie prime, l'analogia dei processi produttivi, l'uso degli stessi canali distributivi (si veda la figura 10-10 *b*) Anche se l'impresa fosse favorevole alla concentrazione, risulterebbe, in questo caso, più valido scegliere uno dei cinque macrosegmenti, piuttosto che uno dei dodici segmenti più piccoli. Quest'ultima scelta si trasformerebbe in uno svantaggio competitivo nei confronti di quelle imprese che avessero prestato attenzione alle sinergie esistenti nel macrosegmento.[16]

Note

[1] Sul processo di demassificazione dei consumi si veda Alvin Toffler, *Powershift. La dinamica del potere*, Sperling & Kupfer, Milano 1991.

[2] Stephen P. Arbeit, "Confronting the Crisis in Mass Marketing", in *Viewpoint*, vol. 2, 1982, p. 2.

[3] Per approfondimenti, si veda il cap. 4, pp. 158-159.

[4] Fonte dati: Eurisko. Si veda in particolare Alessandra Cavagna, "Gli adolescenti: questi sconosciuti", in *Giornale di Marketing*, n. 2, giugno 1991, pp. 40-44. Per un'applicazione di questa metodologia si veda il caso Levi Strauss Italia contenuto in Philip Kotler, John B. Clark e Walter G. Scott (a cura di), *Marketing management. Casi*, Isedi, Torino 1992, pp. 125-149.

[5] Si veda Manohar U. Kalwani e Donald G. Morrison, "A Parsimonious Description of the Hendry System", in *Management Science*, gennaio 1977, pp. 467-477.

[6] Citato in Franklin B. Evans, "Psychological and Objective Factors in the Prediction of Brand Choice; Ford versus Chevrolet", in *Journal of Business*, ottobre 1959, pp. 340-369.

[7] Ralph Westfall, "Psychological Factors in Predicting Product Choice", in *Journal of Marketing*, aprile 1962, pp. 34-50.

[8] Shirley Young, "The Dynamics of Measuring Unchange", in Russell I. Haley (a cura di), *Attitude Research in Transition*, American Marketing Association, Chicago 1972, pp. 61-82.

[9] Si veda Daniel Yankelovich, "Con quali criteri segmentare il mercato", in *Marketing Espansione,* n. 39, maggio 1990, pp. 31-39.

10 Questa classificazione è stata adattata da George H. Brown, "Brand Loyalty – Fact or Fiction?", in *Advertising Age*, giugno 1952 - gennaio 1953 (serie di articoli).

11 Wind e Cardozo sono dell'avviso che la segmentazione dei mercati industriali dovrebbe essere effettuata, dapprima individuando dei macrosegmenti, e poi passando alla specificazione dei microsegmenti. In proposito, si veda Yoram Wind e Richard Cardozo, "Industrial Market Segmentation", in *Industrial Marketing Management*, vol. 3, 1974, pp. 153-166. Per un altro punto di vista si veda Thomas V. Bonoma e Benson P. Shapiro, *Segmenting the Industrial Market*, Lexington Books, Lexington 1983.

12 Michael E. Porter, *La strategia competitiva*, Edizioni della Tipografia Compositori, Bologna 1982, cap. 1.

13 Burleigh Gardner e Sidney Levy, "The Product and the Brand", in *Harvard Business Review*, marzo-aprile 1955, p. 37.

14 Alfred A. Kuehn e Ralph L. Day, "Strategy of Product Quality", in *Harvard Business Review*, novembre-dicembre 1962, pp. 101-102.

15 Alan J. Resnik, Peter B. B. Turney e J. Barry Mason, "Marketers Turn to 'Countersegmentation'", in *Harvard Business Review*, settembre-ottobre 1979, pp. 100-106.

16 Per una esauriente analisi dei problemi della segmentazione di un mercato, si veda Michael E. Porter, *Il vantaggio competitivo*, Edizioni di Comunità, Milano 1987, cap. 7.

Capitolo 11

Le strategie di differenziazione e posizionamento

*Non bisognerebbe mai andare in battaglia
prima di aver vinto la guerra.*

Anonimo

Supponiamo che un'impresa abbia scelto il proprio mercato obiettivo. Nel caso in cui sia la sola a servire tale mercato, essa potrà fissare un prezzo tale da consentirle di realizzare un ragionevole margine di profitto. Se il prezzo viene stabilito a un livello troppo elevato e non vi sono barriere all'entrata di un qualche rilievo, le imprese concorrenti saranno attirate a entrare sul mercato, provocando un abbassamento dei prezzi. Se le imprese in questione sono molteplici e i loro prodotti sono indifferenziati, la maggior parte degli acquirenti sarà indotta ad acquistare i prodotti dell'impresa più a buon mercato. Le altre imprese saranno, di conseguenza, indotte a ridurre i propri prezzi. L'unica alternativa che si presenta alla prima impresa è quella di differenziare la propria offerta. Se la differenziazione è reale, l'impresa può introdurre una maggiorazione del prezzo, ovvero un *premio di prezzo*. La differenziazione permette all'impresa di ottenere un premio di prezzo basato sul valore addizionale percepito dal cliente. In questo capitolo verranno esaminate le modalità attraverso le quali un'impresa può differenziare la propria offerta nei confronti dei clienti obiettivo, assicurandosi in tal modo un vantaggio competitivo, nonché un premio di prezzo. Ci proponiamo quindi di rispondere alle seguenti domande:

- In che modo gli acquirenti definiscono il valore dei beni e dei servizi da acquistare e scelgono i fornitori cui rivolgersi?
- In che modo un'impresa può identificare le fonti del potenziale vantaggio competitivo?
- Quali sono i principali attributi di differenziazione?
- Come può un'impresa scegliere le caratteristiche differenziali più efficaci mediante le quali realizzare il proprio posizionamento sul mercato?
- Come può un'impresa comunicare al mercato il proprio posizionamento?

11.1 La definizione del valore e la scelta dei fornitori da parte degli acquirenti

Per poter acquisire dei clienti in modo stabile e duraturo, è necessario comprendere i loro bisogni e comportamenti d'acquisto meglio di quanto non siano in grado di fare i concorrenti. Abbiamo già analizzato il processo di acquisto dei prodotti di consumo e di uso industriale nei capitoli 6 e 7, per cui in questa sede ci soffermeremo a considerare il carattere di massimizzazione del valore proprio delle scelte d'acquisto.

L'ipotesi iniziale è che gli acquirenti sceglieranno i prodotti delle imprese che offrono il più elevato *valore prestato* o, anche, *valore reso*.

Con il termine di *valore prestato* si fa riferimento alla differenza tra il *valore totale per il cliente* e il *prezzo totale per il cliente* (si veda la figura 11-1).

Per chiarire con un esempio il concetto in esame, si consideri il caso di una grande impresa di costruzioni interessata all'acquisto di un trattore. A questo fine, essa sollecita le offerte di due produttori: la Caterpillar e la Komatsu. Dopo un'accurata analisi delle offerte, il responsabile degli acquisti dell'impresa di costruzioni attribuisce un valore più elevato al trattore Caterpillar.

Estendendo l'analisi anche all'insieme di servizi accessori – consegna, addestramento degli operatori, manutenzione – egli conferma la propria valutazione preferenziale nei confronti della Caterpillar in funzione delle differenze rilevate nel personale dei due potenziali fornitori. Egli prende anche in considerazione l'immagine delle due imprese, assegnando alla Caterpillar un valore maggiore. A conclusione dell'analisi, viene così determinato il *valore totale per il cliente*, formato dal valore attribuito alle varie caratteristiche ritenute determinanti: prodotto, servizi, personale e immagine.

Il fatto che il valore totale attribuito alla Caterpillar sia superiore rispetto alla Komatsu significa che verrà acquistato il trattore offerto dalla prima? Non necessariamente. Infatti, occorre a questo punto prendere in considerazione il *prezzo totale per il cliente* corrispondente ai due diversi fornitori potenziali. Il prezzo in questione è maggiore rispetto al *prezzo monetario*.

Come osservò Adam Smith oltre due secoli or sono, «il prezzo reale di ogni cosa, ciò che ogni cosa costa realmente a chi ha bisogno di procurarsela, è la pena e il disturbo di procurarsela». Esso include il tempo impiegato, nonché il dispendio di energie fisiche e psichiche. Questi costi devono essere valutati e aggiunti al prezzo monetario onde pervenire alla determinazione del prezzo totale per il cliente.

Nel caso dell'acquisto del trattore, l'impresa di costruzioni dovrà accertare il rapporto esistente fra il valore attribuito al trattore Caterpillar e il suo prezzo totale. Nel caso in cui tale prezzo sia più elevato del predetto valore, l'ordine potrebbe essere assegnato alla Komatsu.

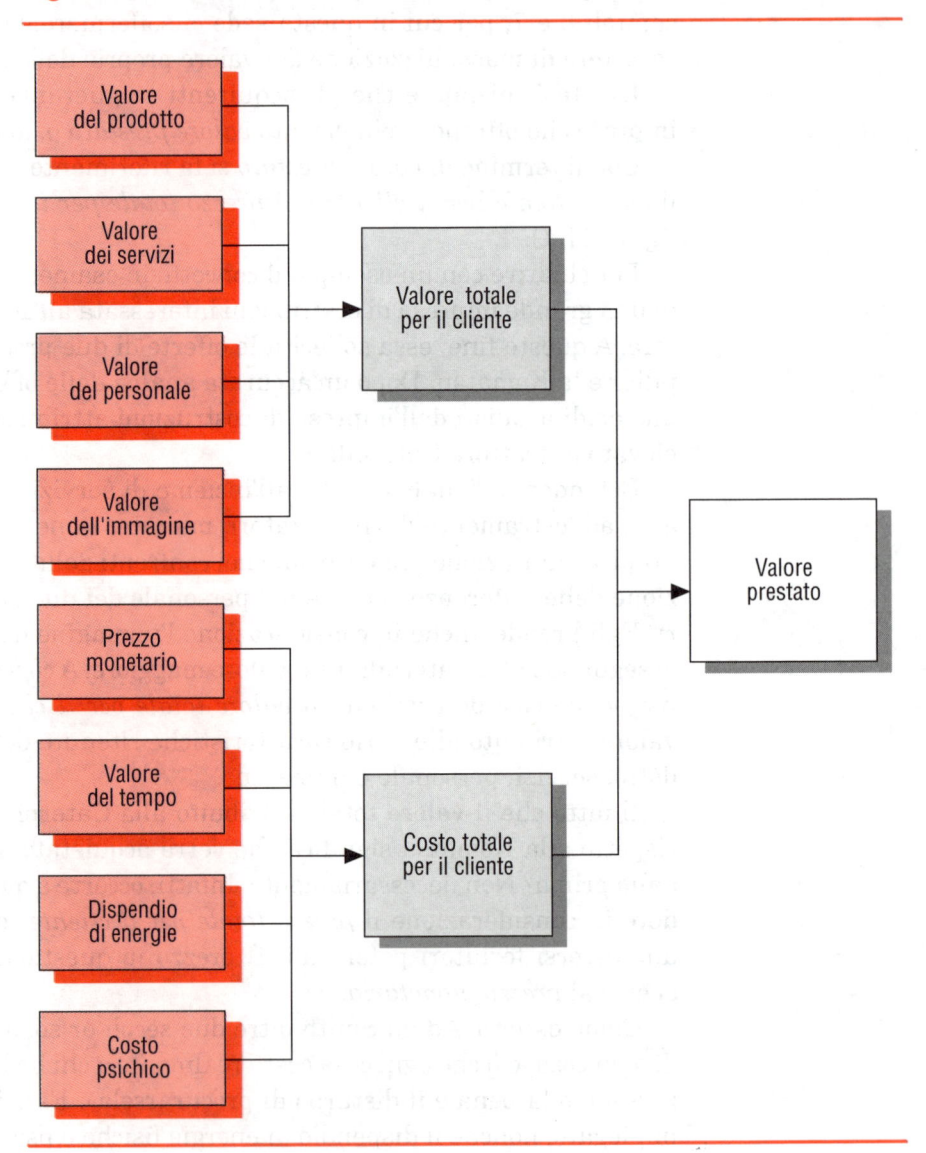

Figura 11-1 Determinanti del valore reso al cliente

- Valore del prodotto
- Valore dei servizi
- Valore del personale
- Valore dell'immagine

→ Valore totale per il cliente

- Prezzo monetario
- Valore del tempo
- Dispendio di energie
- Costo psichico

→ Costo totale per il cliente

→ Valore prestato

Esaminiamo ora come la Caterpillar potrebbe avvalersi di questo modello di comportamento d'acquisto per migliorare la propria offerta. Ciò può avvenire secondo tre distinte modalità.

In base alla prima, la Caterpillar può accrescere il valore totale per il cliente agendo sul prodotto, sui servizi, sul personale e sull'immagine. La seconda possibilità implica una riduzione dei costi di acquisto non monetari, attraverso l'introduzione da parte della Caterpillar di semplificazioni del processo di acquisto. La terza possibilità consiste nella riduzione del prezzo monetario.

Si supponga ora che la Caterpillar effettui una *valutazione del valore per il cliente*, determinando così che l'impresa di costruzioni valuta il trattore 20.000 dollari. Si supponga ancora che la Caterpillar sostenga un costo di produzione per il trattore pari a 14.000 dollari. Ciò significa che l'offerta della Caterpillar sarà potenzialmente in grado di generare un *valore aggiunto totale* pari a 6.000 dollari (20.000 − 14.000).

Da quanto sopra consegue che la Caterpillar deve praticare un prezzo compreso tra 14.000 e 20.000 dollari. Se il prezzo fosse al di sotto dei 14.000 dollari, non sarebbe possibile recuperare i costi, mentre un prezzo superiore ai 20.000 dollari eccederebbe il valore totale per il cliente. Un prezzo intermedio fra i due limiti sopra indicati determina la misura in cui viene ripartito il *valore aggiunto totale* tra l'acquirente e la Caterpillar. Ad esempio, a un prezzo di vendita di 16.000 dollari la Caterpillar cederebbe 4.000 dollari del predetto valore al cliente, trattenendo un margine di profitto di 2.000 dollari. Se il prezzo fosse di 19.000 dollari, il valore aggiunto trasferito al cliente si ridurrebbe a 1.000 dollari, mentre il margine trattenuto dal venditore aumenterebbe sino a 5.000 dollari.

È evidente che, quanto minore sarà il prezzo fissato dalla Caterpillar, tanto maggiore diverrà il valore reso al cliente, e quindi l'*incentivo all'acquisto* di un trattore presso l'azienda in questione. Il valore prestato potrebbe essere definito come il "profitto" del cliente.

Considerato che la Caterpillar si propone di acquisire l'ordine, essa deve offrire un valore superiore a quello offerto dalla Komatsu. Il valore prestato può essere definito sia come una differenza sia come un rapporto. Se tale valore è di 20.000 dollari e il prezzo totale per il cliente di 16.000 dollari, ne consegue che il valore prestato è pari a 4.000 dollari (20.000 − 16.000), oppure a 1,25 (20.000 : 16.000). Il *rapporto valore/prezzo* costituisce dunque una misura per confrontare le varie offerte.

Il procedimento sin qui illustrato potrebbe da taluni essere considerato troppo razionale per trovare riscontro nella realtà. A sostegno di tale opinione, potrebbero essere evidenziate situazioni quali la seguente:

> Il venditore della Caterpillar convince il cliente che, considerate le prestazioni e il prezzo di vendita, il proprio trattore offre un maggior valore prestato. Egli sottolinea inoltre come il trattore Komatsu consumi un maggior quantitativo di carburante e richieda più frequenti manutenzioni. Nonostante tutto ciò, l'impresa di costruzioni acquista il trattore della Komatsu.

Un consimile comportamento d'acquisto può essere spiegato secondo uno dei tre modi seguenti:

1. Il responsabile dell'ufficio acquisti dell'impresa di costruzioni si è comportato nel modo descritto a seguito della prescrizione della direzione generale di effettuare gli acquisti in base al minor prezzo esistente sul mercato. Ciò in relazione a una possibile situazione di scarsa liquidità. In tal caso, il venditore della Caterpillar dovrebbe cercare di convincere il management dell'azienda dicendo che così operando provocherebbe una riduzione della profittabilità a lungo termine.
2. Il responsabile degli acquisti prevede di concludere il proprio rapporto con l'azienda – per pensionamento o altro – prima che sia possibile sperimentare le reali caratteristiche operative del trattore Komatsu. Egli ritiene quindi preferibile presentare risultati positivi, se considerati nel breve termine, piuttosto che privilegiare il reale interesse dell'impresa. Anche in tal caso, il venditore della Caterpillar dovrebbe estendere i propri contatti ad altri esponenti dell'impresa di costruzioni.
3. Il responsabile degli acquisti intrattiene da tempo rapporti personali di amicizia con il venditore Komatsu. Il venditore Caterpillar dovrà curare in modo particolare l'illustrazione delle caratteristiche negative del prodotto concorrente, onde persuadere l'acquirente dell'opportunità di non anteporre i rapporti personali all'interesse aziendale.

Come si vede, è certamente possibile che i comportamenti d'acquisto siano soggetti a molteplici condizionamenti, nonché a particolari situazioni contingenti che possono portare ad anteporre interessi personali agli interessi aziendali. Tuttavia, siamo convinti che il modello della massimizzazione del valore prestato costituisca un utile schema interpretativo, in grado di essere applicato in molte situazioni reali e di produrre risultati di grande rilievo.

Ecco alcune delle implicazioni che ne possono derivare. In primo luogo, l'impresa venditrice deve valutare sia il valore totale sia il prezzo totale per il cliente associati a ciascun concorrente, onde poter determinare la collocazione della propria offerta. In secondo luogo il venditore che si trova in posizione di svantaggio per quanto concerne il valore prestato, può seguire due alternative: o accrescere il valore totale per il cliente, oppure diminuire il prezzo totale per il cliente, secondo le modalità in precedenza descritte.

11.2 L'identificazione dei potenziali vantaggi competitivi mediante la catena del valore

Posto che gli acquirenti scelgano il fornitore che offre il maggior valore aggiunto, possiamo chiederci attraverso quali modalità l'impresa venditrice sia in grado di identificare i fattori di sviluppo del valore che le possono conferire un vantaggio competitivo. Michael Porter ha sviluppato la *catena del valore* come lo strumento fondamentale per identificare le potenziali fonti di sviluppo del valore prestato all'acquirente (si veda la figura 11-2).[1] Ogni impresa è costituita da una serie di attività che hanno come oggetto la progettazione, la produzione, la commercializzazione, la consegna e il servizio dei prodotti offerti al mercato.

In base al concetto di catena del valore, l'impresa viene disaggregata in nove classi di attività strategicamente rilevanti, allo scopo di poter rilevare il comportamento dei costi nei vari business, nonché l'esistenza di potenziali fonti di differenziazione. Le nove classi in questione consistono di cinque attività primarie e di quattro attività di supporto.

Le attività primarie rappresentano la sequenza che ha inizio con l'acquisizione dei materiali necessari al ciclo operativo, per proseguire poi con la loro trasformazione in prodotti che saranno in seguito distribuiti, commercializzati e dotati della necessaria assistenza. Le attività di supporto vengono svolte lungo l'intera sequenza delle attività primarie. L'approvvigionamento, ad esempio, si riferisce all'acquisto degli input usati nell'intero ciclo operativo. La maggior parte degli input acquistati viene assorbita dalle attività primarie, mentre solo una minima parte viene richiesta dalle attività di supporto. Lo sviluppo della tecnologia, a sua volta, investe ogni attività primaria, sia pure secondo modalità diverse da un settore all'altro. Analogamente, la gestione delle risorse umane fa riferimento a tutte le attività, tanto primarie che di supporto. Le attività infrastrutturali comprendono molteplici funzioni,

Figura 11-2 La catena del valore generica

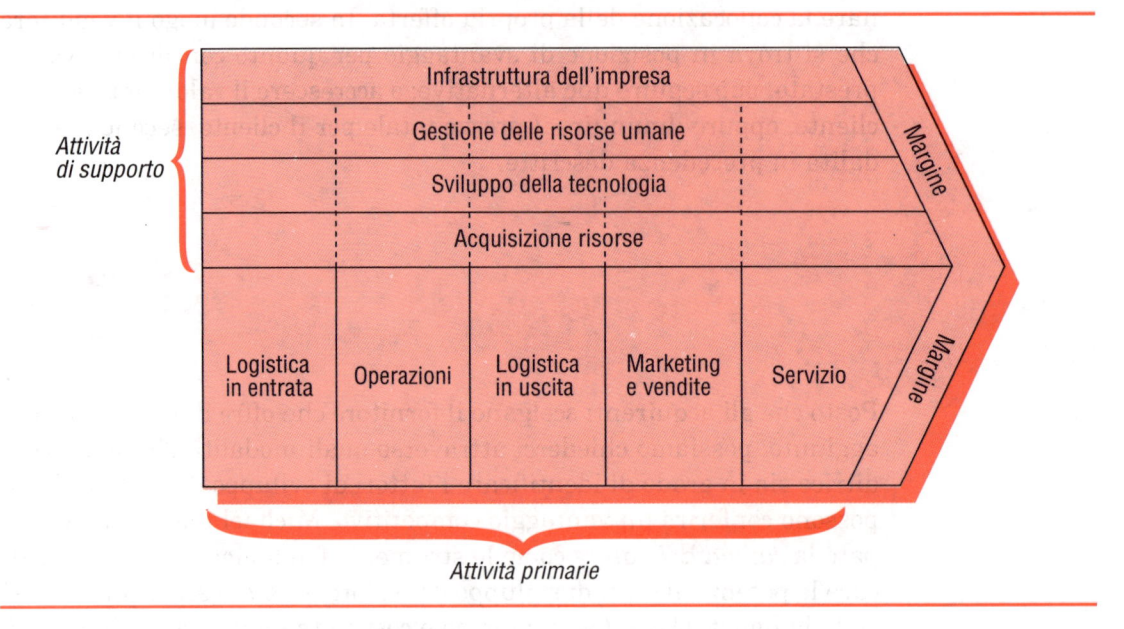

Attività di supporto
- Infrastruttura dell'impresa
- Gestione delle risorse umane
- Sviluppo della tecnologia
- Acquisizione risorse

Attività primarie
- Logistica in entrata
- Operazioni
- Logistica in uscita
- Marketing e vendite
- Servizio

Margine

Fonte: M. E. Porter, *Il vantaggio competitivo*, Edizioni di Comunità, Milano 1987, p. 47.

fra cui la direzione generale, la pianificazione, la finanza, la contabilità, i servizi legali, le relazioni esterne. Le attività in questione operano, in genere, a sostegno dell'intero complesso aziendale e non di specifiche funzioni.

Il compito dell'impresa consiste nell'esaminare i costi e i risultati relativi ad ogni attività creatrice di valore onde accertare le possibilità di miglioramento. A questo scopo, i costi e i risultati dei concorrenti dovrebbero essere valutati e assunti come standard di riferimento (*benchmarks*). Nella misura in cui l'impresa può operare meglio dei propri concorrenti, essa ha conseguito un vantaggio competitivo.

La ricerca di vantaggi competitivi deve essere spinta da un'impresa al di là della propria catena del valore, per poter analizzare la catena del valore dei fornitori, dei distributori e, infine, dei clienti. In tal modo, l'impresa potrebbe essere aiutata da un fornitore a ridurre i propri costi, trasferendo al medesimo una parte o tutte le economie così realizzate; oppure, essa potrebbe assistere i clienti a meglio svolgere determinate attività, acquisendone così la lealtà. La catena del valore può dunque essere utilizzata da un'impresa come uno schema generale mediante il quale ricercare i modi atti a fornire un valore superiore ai clienti. Se tale schema sia in grado di stimolare molte o poche idee, dipende dalla natura del settore al quale appartiene l'impresa.

Il Boston Consulting Group individua le seguenti quattro classi di settori industriali (si veda la figura 11-3), in funzione della presenza di vantaggi competitivi e delle loro dimensioni:

- **Settori basati sui volumi**: si tratta di settori industriali nei quali le imprese possono conseguire solo alcuni vantaggi, ancorché piuttosto rilevanti. Un esempio è costituito dall'industria del macchinario per l'edilizia, nella quale un'impresa può impegnarsi a perseguire una posizione di leadership dei costi, o di forte differenziazione, conseguendo il successo in entrambi i casi. In situazioni del genere, la profittabilità è correlata con la dimensione dell'impresa e la quota di mercato.
- **Settori bloccati**: in questi settori esistono pochi vantaggi potenziali, ciascuno di modesta entità. Un esempio è fornito dall'industria siderurgica, nella quale è difficile differenziare il prodotto o ridurre il suo costo. Le imprese possono tentare di rafforzare la forza di vendita e sviluppare migliori relazioni con la clientela, senza peraltro conseguire vantaggi si-

Figura 11-3 La nuova matrice del Boston Consulting Group

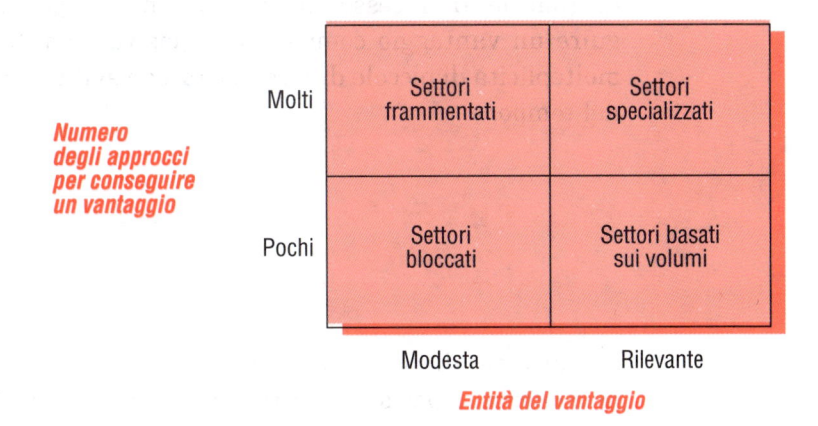

	Modesta	Rilevante
Molti	Settori frammentati	Settori specializzati
Pochi	Settori bloccati	Settori basati sui volumi

Numero degli approcci per conseguire un vantaggio

Entità del vantaggio

gnificativi. Nei settori in questione la redditività è indipendente dalla quota di mercato.
- **Settori frammentati**: si tratta di settori nei quali le imprese dispongono di molte opportunità di differenziazione, ciascuna delle quali peraltro limitata. Ad esempio un ristorante può differenziare la propria offerta in una molteplicità di modi, senza poter tuttavia conseguire un'importante quota di mercato. La profittabilità non è correlata alle dimensioni del ristorante: sia i piccoli sia i grandi ristoranti possono essere profittevoli o meno.
- **Settori specializzati**: in questi settori le imprese si trovano di fronte a molteplici opportunità di differenziazione, ciascuna delle quali può permettere di acquisire risultati di rilievo. Ne sono un esempio quelle imprese che producono macchine speciali per precisi segmenti di mercato, come i robot impiegati nell'industria automobilistica. Nei settori di questo tipo, alcune imprese di minori dimensioni potrebbero essere profittevoli al pari delle imprese maggiori.

In conclusione, non è detto che tutte le imprese abbiano a disposizione una pletora di opportunità in materia di riduzioni di costi o di sviluppo di nuove caratteristiche differenziali in grado di accrescere i propri vantaggi competitivi. Alcune imprese potranno disporre di molti vantaggi di entità limitata, tutti peraltro soggetti a essere imitati e quindi a esaurirsi entro breve tempo. Una soluzione per uscire da questa situazione potrebbe consistere nell'identificare sempre nuovi potenziali vantaggi, presentandoli al mercato uno dopo l'altro nell'intento di spiazzare i concorrenti. Imprese di questo genere procedono a rendere di "routine" il processo innovativo, con il proposito, non tanto di conseguire un vantaggio competitivo decisivo, quanto di determinare una molteplicità di piccole differenze, tali da sviluppare la quota di mercato nel tempo.

11.3 Gli strumenti per la differenziazione competitiva

Si tratta ora di esaminare come un'impresa possa differenziare la propria offerta rispetto ai concorrenti. Abbiamo in precedenza notato come un'impresa possa differenziare la propria offerta di mercato agendo sui prodotti, sui servizi, sul personale o sull'immagine. È ora opportuno analizzare con maggior dettaglio queste possibilità di differenziazione.

11.3.1 Differenziazione del prodotto

Iniziamo con l'identificare le basi per procedere alla differenziazione di un prodotto fisico. Da una parte abbiamo prodotti altamente standardizzati i quali consentono moderate variazioni: pollame confezionato, acciaio, aspirina. La società produttrice del Galletto Valle Spluga sostiene che i propri prodotti sono migliori – la carne è più tenera e gustosa – ed è pertanto in grado di praticare un prezzo più elevato rispetto ai concorrenti. L'acciaio può essere differenziato in relazione alle sue caratteristiche specifiche, mentre la Bayer afferma che la sua aspirina viene assorbita più rapidamente.

All'estremo opposto abbiamo i prodotti suscettibili di una forte differenziazione, come le automobili, gli edifici commerciali e l'arredamento. In questi casi, l'impresa produttrice ha a sua disposizione una vasta gamma di parametri di definizione delle caratteristiche del prodotto. Ne esamineremo ora i principali.[2]

Le caratteristiche. *Le caratteristiche del prodotto fanno riferimento alle funzioni fondamentali svolte dal medesimo.* Molti prodotti possono essere offerti con caratteristiche variabili. In questi casi, il punto di partenza è costituito da una versione di base, suscettibile di essere completata mediante l'aggiunta di ulteriori caratteristiche. Ad esempio, una casa automobilistica può offrire caratteristiche opzionali per ognuno dei propri modelli fondamentali, quali l'alzacristalli elettrico, la trasmissione automatica, il condizionamento dell'aria e così via. Ogni caratteristica è destinata a soddisfare la domanda di uno specifico gruppo di clienti.

Le caratteristiche sono uno strumento mediante il quale differenziare in modo competitivo il prodotto dell'impresa. Alcune imprese, pienamente consapevoli di ciò, sono estremamente innovative nello sviluppare nuove caratteristiche per i propri prodotti. Uno dei fattori chiave del successo dell'industria giapponese sui mercati mondiali è costituito appunto dal costante impegno della stessa nell'aggiornare e nell'accrescere le caratteristiche di prodotti quali gli orologi, le macchine fotografiche, le automobili, le motociclette, i videoregistratori, i computer, e così via. L'essere i primi nell'introdurre nuove caratteristiche costituisce uno dei modi più efficaci di competere.

A questo punto, possiamo chiederci come un'impresa possa individuare o realizzare le nuove caratteristiche dei propri prodotti. A questo fine, uno dei modi più efficaci consiste nel prendere contatto con quanti hanno recentemente acquistato i prodotti dell'impresa per porre loro una serie di domande circa il gradimento dei singoli prodotti, l'esistenza di caratteristiche particolarmente apprezzate o, al contrario, ritenute negative, l'esigenza di ulteriori caratteristiche, la disponibilità a pagare un maggior prezzo per determinate opzioni.

Un consimile modo di operare potrà fornire all'impresa un elenco aggiornato di caratteristiche potenziali. Successivamente, occorrerà decidere quali nuove caratteristiche è il caso di aggiungere ai prodotti esistenti. Per ognuna di queste, l'impresa dovrebbe calcolare sia il *valore per il cliente*, sia il *costo per l'impresa*. Si supponga che un costruttore di automobili stia valutando le tre modifiche presentate nella tavola 11-1. Il lunotto termico implicherebbe un incremento del costo di produzione per vettura pari a 20.000 lire, mentre il cliente medio considera che questa caratteristica valga 40.000 lire. Su queste basi, l'impresa potrebbe generare un incremento di valore per il cliente pari al doppio dell'incremento del costo di produzione.

Considerando le altre caratteristiche, emerge come la "capacità sterzante" è in grado di determinare il massimo incremento di soddisfazione del cliente in relazione all'incremento del costo di produzione. I criteri sopra esposti costituiscono solo un punto di partenza. L'impresa

Tavola 11-1 La valutazione delle caratteristiche percepite dal cliente

Caratteristiche	Costo per l'impresa (1)	Valore per il cliente (2)	Efficacia per il cliente (3 = 2 / 1)
		(in migliaia di lire)	
Lunotto termico	20	40	2
Cruscotto elettronico	120	120	1
Capacità sterzante	120	360	3

deve anche accertare il numero di coloro che apprezzano una data caratteristica, il tempo necessario a introdurre ogni caratteristica, quali concorrenti sarebbero in grado di imitare le innovazioni apportate, e così di seguito.

Le prestazioni. *Le prestazioni definiscono il modo secondo il quale le caratteristiche fondamentali del prodotto svolgono le proprie funzioni.* Ad esempio, le prestazioni di una Lancia sono superiori a quelle di una Renault se la guida è più lieve, la vettura più maneggevole e l'accelerazione maggiore. Un personal computer di media dimensione della Digital fornisce maggiori prestazioni rispetto ad un corrispondente computer della Data General se ha una più elevata velocità di elaborazione ed una memoria più potente. Gli acquirenti di prodotti di costo elevato normalmente procedono a confrontare le prestazioni delle varie marche disponibili. Essi saranno disposti a pagare un prezzo più elevato per migliori prestazioni nella misura in cui la differenza di prezzo non superi la differenza nel valore percepito.

La maggior parte dei prodotti viene posizionata, nella fase iniziale, in uno dei seguenti quattro livelli di prestazioni: basso, medio, alto, superiore. Il problema che si propone a questo proposito all'impresa è se una maggior capacità di prestazioni del prodotto produce una più elevata profittabilità. Lo Strategic Planning Institute (SPI) ha studiato l'impatto di una più alta qualità relativa di un prodotto (la quale costituisce un indicatore delle prestazioni e degli altri fattori di sviluppo del valore) accertando l'esistenza di una significativa correlazione positiva fra la qualità relativa del prodotto e il rendimento dell'investimento (si veda la figura 11-4 *a*). In un sottocampione di 525 unità di business di media grandezza analizzato dallo SPI, è stato accertato che le unità con una bassa qualità relativa del prodotto conseguivano un ROI (Return on Investment) pari al 17%; quelle con una qualità media il 20%; e quelle con una qualità elevata il 27%.

Come si vede, le unità di business caratterizzate da una elevata qualità relativa conseguivano risultati maggiori del 60% rispetto a quelle con una qualità bassa.

La ragione della maggior profittabilità conseguita dalle imprese con prodotti di elevata qualità deriva dalla possibilità che queste hanno di praticare prezzi premio (*premium prices*), di poter contare su una maggior fedeltà dei consumatori, di godere di una più forte capacità di attrazione di nuovi acquirenti. Per tutte queste ragioni, il costo per dare

Figura 11-4 Strategie di qualità e impatto sulla profittabilità

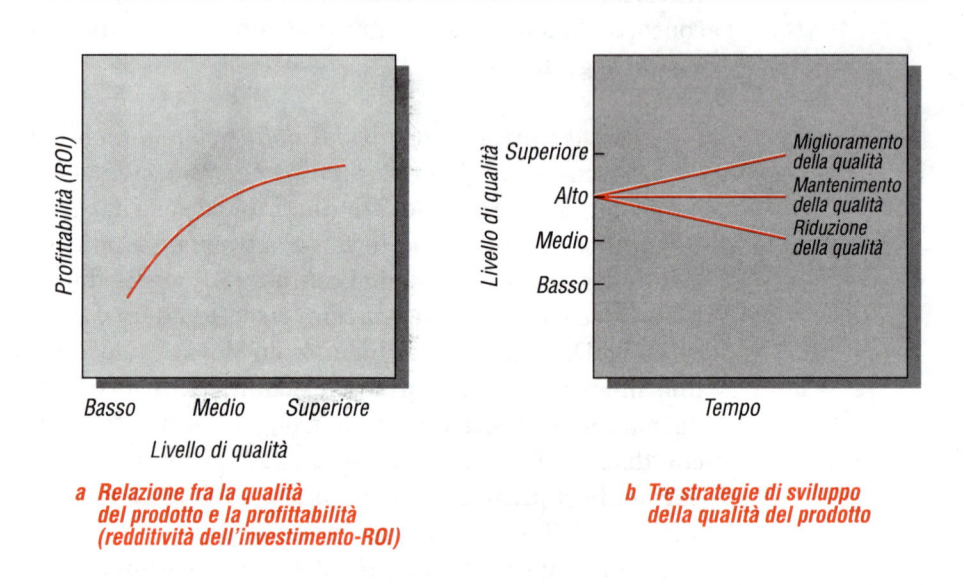

a **Relazione fra la qualità del prodotto e la profittabilità (redditività dell'investimento-ROI)**

b **Tre strategie di sviluppo della qualità del prodotto**

una maggior qualità al consumatore si è dimostrato non molto più elevato di quello sostenuto dalle imprese con prodotti di qualità inferiore. Da tutto ciò non consegue necessariamente che l'impresa debba sempre realizzare prodotti della più elevata qualità possibile. Infatti, lo sviluppo di gradi più elevati di qualità determina rendimenti decrescenti, in quanto il numero degli acquirenti disposti a pagare prezzi sempre più alti tende a ridursi rapidamente. Alcuni prodotti presentano caratteristiche eccessive rispetto all'uso cui sono destinati. Chi deve fare pochi chilometri per recarsi in ufficio non ha bisogno di una Ferrari. Ne deriva che un'impresa deve scegliere un livello di qualità dei propri prodotti appropriato al mercato obiettivo e che tenga conto delle strategie seguite dai concorrenti.

Un'impresa deve anche decidere come gestire la qualità dei prodotti nel tempo. In proposito, possono essere sviluppate le tre strategie illustrate nella figura 11-4 b. La prima, basata sul costante miglioramento della qualità, in genere consente di conseguire il ROI e la quota di mercato più elevati: la Procter & Gamble costituisce l'esempio di una consolidata applicazione di questa strategia, il che, unitamente alle prestazioni elevate dei prodotti sin dalla loro fase iniziale, spiega il fatto che questa impresa occupi una posizione di leadership in molti mercati. La seconda strategia si basa sul mantenimento degli esistenti livelli di qualità dei prodotti. Molte imprese seguono tale strategia, conservando inalterati i livelli di qualità adottati inizialmente, a meno che non si determinino evidenti carenze, oppure opportunità che suggeriscano di introdurre miglioramenti qualitativi.

La terza strategia, infine, consiste nel ridurre la qualità dei prodotti nel corso del tempo. Tale strategia viene talvolta adottata per controbilanciare incrementi dei costi, con la speranza che gli acquirenti non avvertano le differenze introdotte.

In alcuni casi, la riduzione della qualità ha lo scopo di accrescere i margini correnti di profitto, ancorché ciò possa danneggiare la profittabilità nel lungo termine.

La conformità. *La conformità è il grado in cui la definizione del prodotto e le sue caratteristiche operative corrispondono allo standard assunto come obiettivo.* Tale corrispondenza viene comunemente definita come *conformità alle specifiche*.

Supponiamo che una Porsche venga progettata in modo da poter raggiungere una velocità di 100 chilometri orari in dieci secondi. Se ogni vettura prodotta si comporta in tal modo, si ha un elevato grado di conformità. Al contrario, se in fase di collaudo il tempo di accelerazione variasse in modo rilevante, si avrebbe un basso grado di conformità. È evidente che, una volta immessi sul mercato, i prodotti con un basso grado di conformità rispetto alle prestazioni promesse possano determinare una forte insoddisfazione fra gli acquirenti. Una delle principali ragioni dell'elevata reputazione in materia di qualità goduta dai produttori giapponesi è dovuta al forte grado di conformità che caratterizza i loro prodotti. Le auto giapponesi sono assai apprezzate per l'accuratezza delle loro rifiniture, il che fa sì che gli acquirenti le preferiscano in misura crescente alle auto degli altri produttori nord-americani ed europei.

Durabilità. *La durabilità constituisce una misura della vita operativa attesa del prodotto.* Ad esempio, la Volvo sostiene, attraverso la propria comunicazione pubblicitaria, che le proprie auto hanno una vita media più elevata rispetto alle altre marche, e questo spiega i prezzi più elevati richiesti agli acquirenti. Tuttavia, il consumatore non sempre è disponibile a pagare un prezzo maggiore per un prodotto più durevole. Innanzitutto, il differenziale di prezzo non deve essere eccessivo. Inoltre, non deve trattarsi di un prodotto soggetto alla moda, o all'obsolescenza tecnologica. In casi del genere, infatti, una maggior durata non costituisce una caratteristica apprezzata dal mercato. La durabilità, dunque, può costituire una fonte di valore nel caso di beni di consumo quali gli elettrodomestici, l'arredamento, i libri d'arte, ecc., nonché per buona parte dei prodotti destinati all'industria e alle istituzioni: macchine, impianti, attrezzature ecc.

Affidabilità. *L'affidabilità costituisce la misura della probabilità che un prodotto realizzi pienamente le sue funzioni per un determinato periodo di tempo*. Le auto giapponesi, ad esempio, presentano in genere un grado di affidabilità superiore a quello dei corrispondenti modelli dei produttori nord-americani ed europei. Gli acquirenti, generalmente, sono disposti a pagare un prezzo maggiore per i prodotti che godono di una reputazione di elevata affidabilità. Essi, infatti, mirano a evitare il costo dei guasti e delle relative riparazioni. In proposito, possono essere citati i seguenti due esempi:

> Una catena giapponese formata da 2.500 negozi di elettrodomestici, importò dagli Stati Uniti un ingente quantitativo di frullatori da cucina. Dopo qualche tempo, l'importatore segnalò al fornitore americano come avesse dovuto sostituire circa il 2% degli apparecchi venduti a causa della tendenza delle lame del frullatore ad arrugginirsi. L'impresa giapponese pose come condizione per la continuazione delle forniture il contenimento entro lo 0,5-1% dei difetti, sollecitando a questo fine l'impiego, da parte del produttore, di un acciaio di miglior qualità. L'impresa fornitrice accettò queste richieste, modificando le lame anche per la produzione destinata al mercato americano.
>
> La Mitsubishi, dopo aver acquistato la Quasar, una divisione della Motorola che produceva televisori, ridusse il numero dei difetti riscontrati per ogni 100 apparecchi da 141 a 6! Di conseguenza, sia i reclami della clientela, sia i costi sostenuti per sostituire gli apparecchi in garanzia si ridussero a un decimo.

Riparabilità. *La riparabilità costituisce la misura della possibilità di rimettere in buono stato un prodotto che ha perduto in tutto o in parte la* *capacità di svolgere le proprie funzioni.* Un'auto con parti standard facilmente sostituibili presenta un elevato grado di riparabilità. Il massimo grado di riparabilità si avrebbe nel caso in cui gli utilizzatori fossero in grado di riparare un prodotto da se stessi, con il minimo dispendio di denaro e di tempo. A questo fine, è necessario che i produttori prevedano la possibilità di fornire parti di ricambio di agevole sostituzione e reperibilità, assicurando nel contempo la necessaria assistenza mediante opuscoli illustrativi, consigli di esperti acquisibili telefonicamente, o altre forme del genere. Il problema della riparabilità è particolarmente rilevante allorquando l'entità di un guasto è tale da richiedere l'intervento di un servizio specializzato proveniente da lontano. La Xerox ha fatto della rapidità d'intervento del proprio servizio di assistenza uno dei fattori fondamentali del proprio successo. Quest'impresa, infatti, garantisce l'intervento in questione entro ventiquattro ore dalla richiesta, in qualsiasi località risieda il cliente.

Stile. *Lo stile di un prodotto è costituito dalla forma esterna di un prodotto, concepita in modo da sollecitare l'apprezzamento dell'acquirente.*

Talvolta, lo stile di un prodotto può essere ritenuto più importante rispetto ad altre caratteristiche. Ad esempio, gli acquirenti di una Jaguar sono disposti a pagare un rilevante differenziale di prezzo per le caratteristiche estetiche della vettura, ancorché l'affidabilità della stessa non sia particolarmente elevata. La definizione dello stile di un prodotto può costituire un problema risolubile solo facendo ricorso a specifiche competenze. Ad esempio, la divisione Chevrolet della General Motors ha affidato l'incarico di progettare il modello Avanti alla Pininfarina, società italiana specializzata nel *design* automobilistico. Ciò allo scopo di conferire alla nuova vettura uno stile europeo. Alcune imprese hanno un'elevata reputazione in materia di stile, come Herman Miller nell'arredamento moderno, Olivetti nelle macchine e attrezzature per ufficio, Bang & Olufsen negli apparecchi stereofonici, Nissan e Mazda nelle auto sportive, Valentino nell'alta moda, Gucci nelle calzature. Lo stile ha il vantaggio di creare una differenziazione di prodotto che è difficile da copiare.

Ciò che desta sorpresa è il fatto che non siano molto più numerose le imprese che hanno dedicato una particolare attenzione allo sviluppo dello stile. Molti prodotti, infatti, sono privi della capacità di attrarre l'attenzione. Ad esempio, molti piccoli elettrodomestici hanno uno stile anonimo, con l'eccezione di alcuni modelli di produzione italiana e tedesca. È anche vero che non sempre un prodotto caratterizzato da uno stile di rilievo è anche funzionale. Una sedia progettata da uno stilista di fama può essere assai attraente, ma anche estremamente scomoda.

Nel quadro dello sviluppo dello stile di un prodotto rientra anche il *confezionamento*, o *packaging*, particolarmente rilevante nel settore dei prodotti alimentari, cosmetici e di uso domestico. La confezione di un prodotto stabilisce il primo contatto con l'acquirente e può quindi svolgere un ruolo determinante ai fini della scelta d'acquisto. Esamineremo in dettaglio il problema della confezione nel successivo capitolo, il 12.

Il design: l'elemento integratore. Tutte le caratteristiche sinora esaminate costituiscono i parametri della progettazione del prodotto, o *design*. È facile rendersi conto delle difficoltà che si incontrano nella progettazione di un prodotto, in relazione alla necessità di conciliare una molteplicità di esigenze opposte. Il progettista deve stabilire quanto investire nello sviluppo delle caratteristiche del prodotto, delle prestazioni, della conformità, dell'affidabilità, della riparabilità, dello stile e così via. Dal punto di vista dell'impresa, un prodotto ben progettato dovrebbe essere soprattutto agevole da produrre e da distribuire. Dal punto di vista del cliente, ovviamente diverso, un buon prodotto è quello piacevole da guardare e facile da installare, usare, trasportare, riparare e, infine, eliminare una volta esaurite le proprie funzioni.

Il progettista deve tenere conto di tutti questi elementi e seguire il precetto in base al quale "la forma segue la funzione". Ne consegue che fra le varie caratteristiche dovrà essere ricercata una qualche forma di compromesso. A questo scopo, assume una particolare importanza la conoscenza del peso attribuito dal mercato obiettivo ai vari elementi in gioco. Occorre purtroppo rilevare come ancora troppe imprese non attribuiscano la necessaria importanza al design.

È frequente imbattersi in responsabili di impresa che confondono lo stile con il design, e ritengono che per realizzare un buon design sia sufficiente realizzare un dato prodotto e poi "rivestirlo" con un po' di fantasia.

C'è poi chi ritiene che l'affidabilità sia qualcosa da verificare in sede di controllo finale della produzione, piuttosto che un elemento da considerare in sede di progettazione. Quanti sostengono questi punti di vista ritengono che i progettisti siano persone che prestano una scarsa attenzione ai costi e che sviluppano un design troppo nuovo perché sia accettato dal mercato.

Uno strumento di audit in grado di verificare l'efficacia del design realizzato da un'impresa sarebbe di notevole utilità per accertare il livello del valore creato attraverso il design.[3]

Negli anni, si è andata sviluppando una maggiore consapevolezza dell'importanza del design, specie nei settori caratterizzati da una crescente competitività, primo fra tutto quello dell'automobile. Durante gli anni Ottanta, infatti, i principali costruttori di auto hanno progressivamente accentuato l'importanza assegnata al design delle vetture e al miglioramento della qualità.[4]

Secondo il British Design Council, alcuni dei progetti di sviluppo del design promossi da tale organizzazione hanno consentito incrementi delle vendite superiori al 100%, con la contemporanea riduzione dei costi di produzione del 50%. In tal modo, imprese inglesi ormai prossime al fallimento sono passate al successo, controbattendo efficacemente la concorrenza tedesca e giapponese.

In conclusione, un buon design può contribuire a sollecitare l'attenzione dei potenziali acquirenti, a migliorare le prestazioni, a tagliare i costi e a comunicare un concetto di valore al mercato assunto come obiettivo.

11.3.2 La differenziazione dei servizi

Oltre alla differenziazione del proprio prodotto fisico, l'impresa può praticare una differenziazione anche dei servizi che accompagnano il medesimo. Quando un prodotto fisico non può essere agevolmente differenziato, il conseguimento di un vantaggio competitivo è spesso legato allo sviluppo dei servizi e al miglioramento della qualità.
Qui di seguito vengono descritti i principali elementi che compongono un servizio.

Consegna. La consegna fa riferimento al modo attraverso il quale un prodotto o un servizio viene reso disponibile al cliente. Essa include la celerità, l'accuratezza e la puntualità che caratterizzano l'intero processo di consegna. La Deluxe Check Printers Inc., ad esempio, si è con il tempo guadagnata un'eccezionale reputazione evadendo gli ordini il giorno successivo rispetto al ricevimento degli stessi, senza registrare un solo ritardo in dodici anni. Gli acquirenti preferiscono in genere quei fornitori noti per la puntualità e la rapidità delle loro consegne.

Installazione. L'installazione comprende tutte quelle operazioni che occorre svolgere affinché un determinato prodotto sia posto in grado di svolgere la propria funzione nel luogo di destinazione. Le imprese fornitrici possono differire anche in notevole misura per quanto concerne la qualità del proprio servizio di installazione. L'IBM, ad esempio, ha una consolidata reputazione poiché cura in modo particolare la consegna delle varie apparecchiature, nonché la loro installazione, sino a verificare la piena operatività del sistema fornito. Allorquando l'IBM viene richiesta di trasferire un sistema da una località a un'altra, essa si incarica di spostare anche il materiale non di propria produzione.

Addestramento. L'addestramento ha l'obiettivo di porre in grado l'utilizzatore di un determinato prodotto complesso – sistema di elaborazione dati, macchina utensile, ecc. – di impiegare il medesimo nel modo più appropriato ed efficiente.

Ad esempio, la General Electric non solo procede a fornire e installare negli ospedali costose apparecchiature per l'effettuazione di radiografie, ma si preoccupa anche di addestrare gli operatori delle medesime. La McDonald's richiede ai nuovi affiliati di seguire la Hamburger University per due settimane allo scopo di apprendere come gestire in modo appropriato le attività che costituiscono il contratto di franchising.

Consulenza. In taluni casi, l'impresa fornitrice può svolgere delle funzioni di consulenza e di assistenza a beneficio dei propri clienti, sia a titolo gratuito sia facendole pagare. Ad esempio, la McKesson Corporation, una delle più importanti imprese grossiste di farmaceutici negli Stati Uniti, assiste le oltre dodicimila farmacie clienti nell'organizzare sistemi di contabilità e di controllo delle scorte, di riordino delle confezioni e così via. La McKesson ritiene che in tal modo possa essere accresciuta la fedeltà dei clienti. Attività analoghe vengono svolte da imprese quali la Unilever mediante lo sviluppo di sistemi di Direct Product Profit, destinati a facilitare la collaborazione fra produttori e distributori, consentendo di ottimizzare le prestazioni dei prodotti sui punti di vendita.[5] Un caso di eccellenza nel campo della prestazione di servizi di consulenza è rappresentato dalla Milliken & Company:

> La Milliken vende asciugamani da usare nei luoghi di lavoro alle lavanderie industriali, le quali a loro volta li affittano a fabbriche ed altre organizzazioni. Nonostante gli asciugamani della Milliken non siano

diversi da quelli dei concorrenti, tuttavia la società pratica dei prezzi più elevati e detiene la quota di mercato maggiore. La spiegazione sta nel fatto che l'impresa in esame promuove una costante "destandardizzazione" del prodotto mediante l'innovazione dei servizi offerti alle lavanderie industriali. I servizi in questione comprendono corsi di addestramento per il personale di vendita delle aziende clienti, la preparazione di materiale promozionale, la fornitura di sistemi informatici per il controllo delle scorte e la gestione dei rifornimenti, l'effettuazione di ricerche di mercato, l'organizzazione di incontri di studio per lo sviluppo della qualità, la messa a disposizione di propri venditori per dimostrare sul campo l'efficacia delle moderne tecniche di vendita. Tutto ciò conduce i clienti della Milliken a pagare un prezzo maggiore per le forniture di asciugamani onde poter disporre dei numerosi servizi loro offerti, dai quali ricevono un contributo al miglioramento della profittabilità.[6]

Riparazione. Il servizio di riparazione può costituire un'importante leva di differenziazione, sotto il profilo sia dell'immediatezza dell'intervento sia dell'esecuzione del medesimo. Ad esempio, gli acquirenti di autovetture si preoccupano sempre più della qualità del servizio di riparazione che si possono attendere dai vari costruttori. La Caterpillar, come si è visto in precedenza, offre un servizio di riparazione di alto livello ovunque operino le macchine e le attrezzature da essa fornite.

Servizi diversi. Le imprese possono individuare molteplici altri modi per accrescere il valore offerto attraverso servizi differenziati. È possibile, ad esempio, offrire una garanzia o un contratto di manutenzione migliori rispetto ai concorrenti. Possono essere introdotti specifici vantaggi per clienti più importanti, come fanno le compagnie aeree per coloro che effettuano frequenti viaggi aerei. In conclusione, la possibilità di offrire servizi differenziati da parte delle imprese è virtualmente illimitata.

11.3.3 La differenziazione applicata al personale

Un'impresa può conseguire un forte vantaggio competitivo selezionando e formando le risorse umane meglio di quanto non facciano i concorrenti.

La Singapore Airlines ha acquisito un'elevata immagine soprattutto per la qualità del personale di bordo. Il personale della McDonald's è noto per la cortesia, quello dell'IBM per il tratto professionale e quello della Walt Disney per la capacità di ispirare serenità e ottimismo. Wal-Mart, un'impresa della grande distribuzione degli Stati Uniti, ha introdotto nei propri punti di vendita la figura dell'addetto all'accoglienza, incaricato di porgere il benvenuto ai clienti, di fornire indicazioni utili, di assistere coloro che desiderano cambiare un oggetto precedentemente acquistato, di offrire doni ai bambini, e così via.

Il personale ben addestrato possiede sei caratteristiche:

- **Competenza**: il personale ha l'attitudine e la preparazione richiesta dalla propria mansione.
- **Cortesia**: il personale intrattiene con il cliente un rapporto gentile e attento volto a porlo a proprio agio.
- **Credibilità**: il personale si presenta in modo da ispirare fiducia, in relazione al ruolo svolto.
- **Affidabilità**: il personale svolge le proprie mansioni con accuratezza e impegno costanti.
- **Prontezza**: il personale assicura una risposta tempestiva alle richieste del cliente.
- **Comunicazione**: il personale è preparato ad ascoltare il cliente e a comunicare con lui in modo semplice e chiaro.[7]

11.3.4 Differenziazione dell'immagine

Anche quando i prodotti e i relativi servizi offerti dalle varie imprese appaiono simili agli acquirenti, questi possono percepire delle differenze a livello di immagine dell'impresa o della marca. In proposito, uno degli esempi più interessanti è fornito dalle sigarette Marlboro. La maggior parte delle marche di sigarette hanno lo stesso gusto e sono distribuite nello stesso modo. Il fattore determinante del successo della Marlboro – sintetizzato da una quota del 30% del mercato mondiale – è costituito dall'immagine del rude cowboy e dalla carica attrattiva che essa esercita sul pubblico dei fumatori sensibili al fascino del folklore americano. La Marlboro è così riuscita a costruire qualcosa di più di un'"immagine", conferendo al proprio prodotto una vera e propria "personalità".

Un'immagine deve possedere determinate caratteristiche. Innanzitutto, essa deve comunicare un *messaggio* che descrive gli aspetti positivi rilevanti dal prodotto cui si riferisce. Il messaggio, inoltre, deve essere diffuso in modo *da non essere confuso* con messaggi analoghi della concorrenza. Infine, il messaggio deve poter agire sia a livello razionale sia *a livello emozionale*. Lo sviluppo di una solida immagine di marca o d'impresa richiede una notevole creatività e un costante e prolungato impegno. Occorre tener presente che un'immagine non si crea dall'oggi al domani, né agendo unicamente su un unico mezzo di comunicazione. È infatti necessario che ogni mezzo di comunicazione di cui dispone l'impresa venga impiegato in modo coerente e coordinato, senza attendere risultati mirabolanti in breve termine. Se "IBM significa servizio" costituisce un'immagine consolidata, questo significa che ogni mezzo è stato impiegato a questo fine: dai simboli usati nelle varie forme di comunicazione, agli eventi organizzati, all'atmosfera degli ambienti operativi, al comportamento del personale. Ci soffermeremo ora a considerare più dettagliatamente i principali strumenti della comunicazione.

I simboli. Una forte immagine consiste di uno o più simboli – il *logo* – che consentono il riconoscimento immediato di una marca o di un'impresa. A questo fine può essere scelto un *oggetto*, come la mela della Apple Computer, o il vecchio mulino della Barilla, oppure il nido della Nestlé, per simbolizzare qualche qualità specifica.
Nell'elaborazione dei simboli costitutivi della comunicazione un ruolo importante è svolto dal colore, come il blu per la IBM, il rosso per la Campbell o il giallo e nero per la Kodak.

I mezzi della comunicazione. I simboli prescelti devono essere integrati da messaggi pubblicitari che contribuiscano ad affermare la specificità dell'impresa o della marca. I messaggi dovranno avere come oggetto una trama, una situazione, qualcosa che si caratterizzi per la capacità di attrarre l'attenzione del pubblico obiettivo. Il messaggio, o gli argomenti centrali che lo costituiscono, deve essere replicato nelle varie *pubblicazioni* originate dall'impresa, quali relazioni annuali, opuscoli promozionali, cataloghi, *newsletter*, ecc. Anche gli stampati, la carta da lettere e i biglietti da visita dei collaboratori dell'impresa dovrebbero riflettere la linea comunicazionale generale.

Atmosfera. Gli spazi fisici nei quali l'impresa svolge le proprie attività, e in particolare quelli accessibili alla clientela, costituiscono un importante strumento per sviluppare l'immagine. Basti pensare alla cura con la quale le catene di alberghi, di grandi magazzini e supermercati, di stazioni di servizio, di ristoranti cercano di conferire alle proprie strutture fisiche caratteristiche apprezzate dalla clientela obiettivo. Un ulteriore esempio di particolare attenzione rivolta alla creazione di un'atmosfera adeguata è costituito dalle banche, le quali tradizionalmente hanno assegnato all'architettura esterna e interna dei propri edifici un ruolo fondamentale nella generazione di un'immagine evocatrice di sicurezza, efficienza e *comfort*.

Eventi. Un'impresa può contribuire alla creazione della propria immagine anche mediante gli eventi che essa promuove o sostiene. Perrier, la società francese operante nel settore delle acque minerali, ha sviluppato la propria immagine attraverso la sponsorizzazione di eventi sportivi. Le maggiori imprese sempre più frequentemente concorrono a promuovere eventi culturali, quali spettacoli, concerti, mostre ed esposizioni.

A queste forme di sponsorizzazione si sono più recentemente aggiunte le azioni di sostegno di programmi a lungo termine, quali il restauro di monumenti e di edifici di particolare valore artistico, o il potenziamento di musei, pinacoteche o biblioteche.

A questo proposito possono essere ricordate le iniziative promosse dall'Istituto San Paolo di Torino (restauro del Museo Egizio, finanziamento del progetto "Grande Brera", ecc.); della Fiat (le mostre di Palazzo Grassi); della Olivetti (la mostra itinerante dei tesori di San Marco di Venezia). Infine, devono essere ricordate le sponsorizzazioni di iniziative di elevato valore sociale, quali la lotta contro i tumori, l'assistenza ai disabili, all'infanzia, agli anziani, e così di seguito.

11.4 Lo sviluppo di una strategia di posizionamento

Come si è visto nelle pagine precedenti, ogni impresa o marca può essere differenziata. Non esiste infatti un prodotto definibile come *commodity*, cioè privo di qualsiasi elemento di differenziazione. Ogni impresa operante nel campo delle *commodities* dovrebbe puntare a realizzare, o prima o dopo, un'*offerta differenziata*. Dermot Dunphy, amministratore delegato della Sealed Air Corporation, l'impresa che per prima ha realizzato i fogli da imballaggio con le bolle di plastica espansa, ha così espresso questo orientamento:

> La lezione da apprendere è che un prodotto, per quanto possa apparire comune, non deve divenire una commodity. Ogni prodotto, ogni servizio possono essere differenziati.[8]

Levitt e altri studiosi hanno sottolineato questo punto innumerevoli volte.[9] L'applicazione di una logica di differenziazione inizia con il prendere atto che gli acquirenti hanno bisogni diversi e sono quindi attratti da offerte diverse.

Nello stesso tempo, occorre tener conto del fatto che non tutte le differenze sono rilevanti. Ogni differenza può costituire sia un incremento di valore per il cliente, sia un incremento di costo per l'impresa. Occorre pertanto scegliere con estrema attenzione quelle caratteristiche differenziali che consentano di stabilire un vantaggio competitivo nei confronti dei concorrenti apprezzato dal mercato obiettivo. Vale la pena di differenziare un prodotto o un servizio allorquando vengono soddisfatte le seguenti condizioni:

- La differenza è *importante*, cioè determina un'utilità altamente apprezzata per un numero consistente di acquirenti.
- La differenza ha un proprio carattere *distintivo*, sia perché non viene offerta da altre imprese sia perché viene presentata in modo diverso.
- La differenza ha un'efficacia *superiore* rispetto ad altre modalità di realizzazione della stessa utilità.
- La differenza è *comunicabile* e visibile per gli acquirenti.
- La differenza non è facilmente *imitabile* da parte dei concorrenti.
- La differenza determina un aumento del prezzo *accessibile* per l'acquirente.
- L'introduzione della differenza è *profittevole* per l'impresa.

Non sempre le strategie di differenziazione hanno conseguito il successo. Ad esempio, l'aver sviluppato l'immagine di albergo più alto del mondo non ha molto giovato al Westin Stamford Hotel di Singapore, in quanto la prospettiva di alloggiare in un edificio molto alto non sembra sia stata apprezzata dai turisti. Il videotelefono sviluppato dalla AT&T si è rivelato un fiasco, in parte perché il pubblico non era disposto a pagare un notevole prezzo supplementare per poter vedere la persona "dall'altra parte del filo". Anche la Polarvision della Polaroid (fotografie istantanee) non è stato un successo, nonostante l'indubbio grado di innovazione da essa rappresentato, a causa della concorrenza costituita dal forte sviluppo delle telecamere.

Si supponga che un costruttore di veicoli industriali, ad esempio la Volvo, voglia sviluppare elementi di differenziazione in un mercato nel quale l'acquirente effettua le proprie scelte essenzialmente in base al prezzo, ritenendo le varie marche più o meno equivalenti. La situazione viene illustrata nella tavola 11-2. I veicoli delle varie marche sono valutati in modo uniforme in funzione delle caratteristiche fondamentali: durata, consumi, abitabilità, facilità di guida.

Dopo aver accertato che nell'opinione degli acquirenti le varie marche godono di una buona valutazione per quanto concerne l'attributo "facilità di guida", mentre viene considerata mediocre l'abitabilità, sia

Tavola 11-2 La decisione d'acquisto di un veicolo industriale (esempi ipotetici)

Nessuna differenziazione		Punteggio in base al rendimento			
Attributo	Peso	Navistar	Paccar	Volvo	Mack
Durata	35	7	7	7	7
Consumi	25	8	8	8	8
Abitabilità	20	6	6	6	6
Facilità di guida	20	9	9	9	9
Rilevante differenziazione					
Attributo	Peso	Navistar	Paccar	Volvo	Mack
Durata	35	7	7	8	9
Consumi	30	9	8	7	7
Abitabilità	20	6	9	7	6
Facilità di guida	15	5	7	8	6

Fonte: D. Buzzell e T. Gale, *I principi PIMS*, Sperling & Kupfer, Milano 1987, p. 170.

la Volvo sia i suoi concorrenti decidono di differenziare le caratteristiche fisiche dei propri automezzi. Le imprese in questione, alla ricerca di vantaggi competitivi fondati non solo sui prezzi dei propri prodotti, mirano dunque ad attuare un *processo di differenziazione.*

> La *differenziazione* è la definizione di un insieme di differenze significative in grado di rendere distinguibile per l'acquirente l'offerta dell'impresa rispetto a quelle dei concorrenti.

I risultati sono evidenziati nella seconda parte della tavola 11-2. Nessun automezzo è superiore a quelli concorrenti su tutti gli attributi. La Volvo decise di puntare ad essere la migliore per quanto concerne l'economia dei consumi, il che implicò peraltro una riduzione della facilità di guida. La Mack puntò sulla durata, la caratteristica maggiormente apprezzata dal mercato, rinunciando peraltro a emergere sugli altri attributi.

Dall'esempio risulta dunque come ogni marca presenti un differente grado di attrazione per differenti gruppi di acquirenti. Ogni produttore potrebbe presentare ai potenziali acquirenti una *carta di comparazione* costruita in base ai dati esposti nella tavola 11-2. La colonna corrispondente alle varie marche descrive la *strategia generale di posizionamento* dell'impresa. Tale strategia può essere illustrata mediante le *mappe di posizionamento*, un esempio delle quali è riportato nel quadro 11-1. Non tutti gli acquirenti percepiscono o sono interessati alle varie differenze dei prodotti concorrenti.

Dal canto suo, ogni impresa non deve necessariamente porre in evidenza tutte le caratteristiche differenziali presentate dai propri prodotti. È infatti opportuno che essa insista in modo particolare su quelle caratteristiche che sono ritenute di particolare rilevanza dal mercato obiettivo.

In tal modo, l'impresa sviluppa una *strategia di posizionamento focalizzato* o, più semplicemente, di *posizionamento*, così definibile:

> Il *posizionamento* consiste nel definire l'offerta dell'impresa in modo tale da consentirle di occupare una posizione distinta e apprezzata nella mente dei clienti obiettivo.

Il posizionamento richiede che l'impresa decida quali e quante differenze sviluppare per il mercato obiettivo.

Quadro 11-1 La mappa di posizionamento di un parco tematico

Come esempio di definizione di una strategia di posizionamento del prodotto effettuata mediante l'impiego delle mappe percettive, riportiamo qui di seguito il caso del posizionamento di un parco tematico da parte dello Stato della California.

Un ente che gestisce i parchi nell'area di Los Angeles pensa di aprirne uno nuovo allo scopo di meglio cogliere l'opportunità offerta dai molti turisti che arrivano a Los Angeles per visitare Disneyland e le altre attrazioni della zona.

Nella stessa area esistono già sette parchi e la direzione dell'ente ritiene che il biglietto di ingresso sia in genere piuttosto caro. Infatti, una famiglia di quattro persone paga 50 dollari per passare una giornata a Disneyland.

Si ritiene, quindi, interessante pensare a un parco che rappresenti un'alternativa particolarmente adatta per quanti hanno minori disponibilità. Al di là di queste prime ipotesi, è comunque necessario cercare di avere un'idea chiara delle opinioni che i visitatori hanno sui sette parchi esistenti, in funzione del livello di soddisfazione ottenuto per le diverse caratteristiche, incluso il costo del biglietto. Nello sviluppare una mappa percettiva delle principali attrazioni turistiche di Los Angeles, il procedimento utilizzato dai ricercatori è stato il seguente. Ai potenziali visitatori sono state presentate combinazioni di tre parchi (ad esempio Busch Gardens, Parco dei daini giapponese e Disneyland), chiedendo di scegliere per ogni gruppo le alternative più simili fra loro e quelle più diverse. Elaborazioni statistiche sulle risposte fornite hanno dato luogo alla mappa percettiva mostrata nella figura.

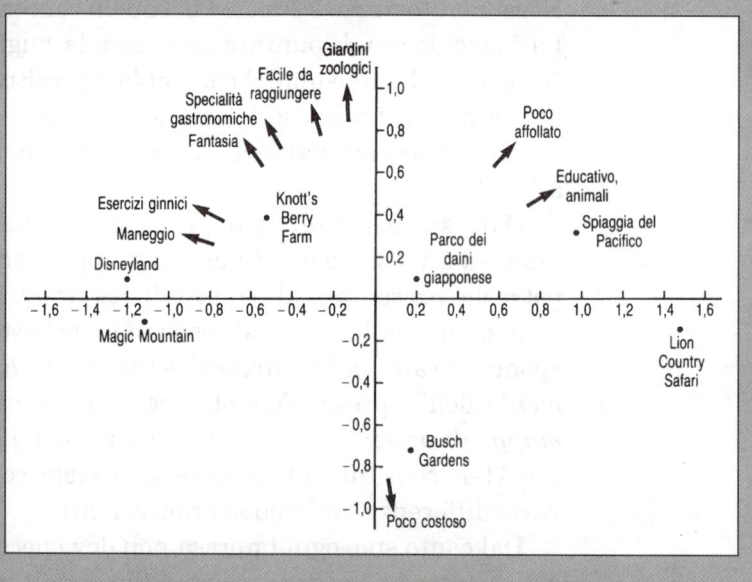

La mappa tiene conto di due elementi. I sette punti rappresentano le maggiori località di attrazioni turistiche dell'area di Los Angeles. La vicinanza relativa riflette la similarità che le caratterizza; Disneyland e le Magic Mountains, per esempio, sono considerate simili, mentre Disneyland e il Lion Country Safari sono ritenute molto diverse. Le frecce sulla mappa evidenziano poi le nove caratteristiche particolari che i visitatori cercano nelle varie località. In tal modo è possibile avere un'idea della posizione di ognuna di esse rispetto alle diverse caratteristiche. Per esempio, Marineland è il parco per il quale il tempo di attesa è minore, in quanto è quello che si trova all'estremo della freccia che individua il tempo di attesa, mentre per le Magic Mountains si prevede di dover fare la coda più lunga all'entrata. I Busch Gardens sono considerati il parco più economico, mentre la Knott's Berry Farm è considerata la località più cara. È evidente che, se l'organizzazione decide di creare un parco per i visitatori che sono attenti alla spesa, si troverà come principali concorrenti i Bush Gardens. Nello stesso tempo, la direzione dovrà prestare attenzione anche alle altre caratteristiche che interessano i frequentatori dei parchi, onde elaborare un concetto di prodotto e una strategia di posizionamento che tenga conto delle alternative presenti nell'area di Los Angeles.

L'analisi può essere ulteriormente approfondita preparando una mappa percettiva specifica per ogni segmento di mercato, invece di una sola per il mercato nel suo insieme. È infatti probabile che ogni segmento esprima opinioni e attese riguardo al prodotto anche molto diverse; per l'operatore di marketing è fondamentale arrivare a capire con chiarezza come il mercato obiettivo prescelto valuti le alternative a disposizione.

È chiaro che ogni prodotto posto sul mercato richiede che venga preparata una precisa strategia di posizionamento, in modo che al consumatore possa essere comunicata più o meno direttamente. Wind ha identificato sei alternative fondamentali concernenti l'impostazione di una strategia di posizionamento.

Per ognuna di esse l'esempio è stato adattato al caso dei parchi già discusso.

Posizionamento sulla base delle caratteristiche specifiche del prodotto. Disneyland può puntare sul fatto di essere il più vasto parco divertimenti in assoluto del mondo. La dimensione può essere considerata in una caratteristica che indirettamente ne aumenta il valore, in quanto – in questo caso – è la premessa per trovare il più diversificato numero di divertimenti.

Posizionamento per benefici attesi, problemi risolti, o bisogni. Un caso di posizionamento in quest'ottica può essere rappresentato dal Knott's Berry Farm, il quale potrebbe proporsi come esperienza ideale per quanti vogliano vivere un'esperienza legata al mondo della fantasia.

Posizione per specifiche occasioni d'uso. Il Parco dei daini giapponesi potrebbe decidere di posizionarsi come il parco ideale per chi ha disposizione anche solo un'ora e vuole divertirsi molto in poco tempo.

Posizionamento per categorie di utilizzatori. Il parco Magic Mountain potrebbe basare la propria pubblicità sul fatto che è particolarmente adatto per "chi cerca il brivido", definendosi, in questo modo, in funzione della categoria dei propri utilizzatori potenziali.

Posizionamento per contrapposizione a un altro prodotto. Il Lion Country Safari potrebbe impostare la comunicazione pubblicitaria sul fatto che dispone di una varietà di specie animali molto maggiore che non il Parco dei daini giapponese.

Dissociazione della classe di prodotto. Il parco Marineland sul Pacifico potrebbe decidere di porsi non fra i parchi attrezzati per il tempo libero, ma fra le "istituzioni con fini educativi", inserendosi quindi in una classe di prodotti diversi rispetto agli altri.

Fonti: Si veda Robert V. Stumpf, "The Market Structures of the Major Tourist Attractions in Southern California", in *Proceedings of the 1976 Sperry Business Conference*, American Marketing Association, Chicago 1976, pp. 101-6; Yoram J. Wind, *Product Policy: Concepts, Methods and Strategy*, Addison-Wesley Publishing Co., Reading 1982, pp. 79-81.

11.4.1 L'aspetto quantitativo della differenziazione

Molti esperti di marketing sostengono l'opportunità di concentrare la proposta di un prodotto a un determinato mercato obiettivo su un unico vantaggio, assicurando alla stessa un sostegno estremamente deciso. Secondo Rosser Reeves, un'impresa dovrebbe sviluppare un'*unica proposta di vendita* per ciascuna marca e restare fedele a essa.[10] È quanto viene posto in atto nel caso del dentifricio Crest, sistematicamente presentato come antidoto per la carie, o delle auto Mercedes, delle quali viene evidenziata la superiore tecnologia di progettazione e di produzione. Ries e Trout concordano sulla convenienza di adottare un unico messaggio di posizionamento.[11] Per ogni marca dovrebbe essere individuato un attributo, con riferimento al quale la stessa verrebbe poi presentata come la "numero uno". Gli acquirenti tendono a ricordare un messaggio con un'affermazione del genere più di ogni altro, specialmente in una società caratterizzata da un eccesso di informazione quale quella attuale (per una più esauriente esposizione dei concetti di Ries e Trout sul posizionamento si veda il quadro 11-2).

Gli attributi nei confronti dei quali presentarsi come "numeri uno" sono la "migliore qualità", il "miglior servizio", il "prezzo più conveniente", il "valore più elevato", la "tecnologia più avanzata". Se un'impresa concentra la propria azione di comunicazione su uno di questi posizionamenti e riesce ad essere convincente, è assai probabile che conseguirà la notorietà più elevata.

Peraltro, non tutti concordano sul fatto che il *posizionamento basato su un solo vantaggio* sia sempre da preferirsi. Potrebbe, per esempio, essere opportuno *puntare su due attributi,* anziché su uno solo, come nel caso in cui due o più imprese contendano fra di loro con riferimento allo stesso attributo. Il proposito potrebbe in tal caso essere quello di individuare una particolare nicchia nell'ambito del segmento obiettivo. Ad esempio, la Steelcase Inc., un'azienda produttrice di arredamenti per uffici, si differenzia rispetto ai concorrenti in relazione a due vantaggi offerti ai clienti: i migliori tempi di consegna e il miglior servizio di installazione. La Volvo, a sua volta, presenta le proprie auto come le più sicure e di più lunga durata.

È anche possibile un posizionamento basato su un numero maggiore di attributi, come nel caso della Beecham, la quale promuove il proprio dentifricio Aquafresh come capace di offrire tre vantaggi: protezione contro la carie, alito profumato e denti bianchi. Così operando, la Bee-

Quadro 11-2 Il concetto di posizionamento secondo Ries e Trout

Il termine *posizionamento* (*positioning*) è divenuto di uso comune dopo che due pubblicitari, Al Ries e Jack Trout, lo utilizzarono in una serie di articoli comparsi su *Advertising Age* con il titolo "The Positioning Era". Successivamente gli stessi autori hanno pubblicato un libro sull'argomento, *Positioning: The Battle for Your Mind*. Ries e Trout considerano il posizionamento come un esercizio di creatività applicato ad un prodotto esistente. La definizione che forniscono è:

«Il posizionamento nasce assieme al prodotto, sia esso un bene, un servizio, un'impresa, un'istituzione o anche un individuo... Ma il posizionamento non ha nulla a che vedere con l'intervento sul prodotto, bensì riguarda l'intervento da effettuarsi sulla mente del possibile acquirente. Il posizionamento, cioè, riguarda il modo in cui un prodotto trova collocazione nella mente del potenziale consumatore».

Successivamente gli autori affermano che il processo di posizionamento può portare a modificare il nome del prodotto, il prezzo e la confezione. Questi, tuttavia, vanno visti come "interventi di cosmesi finalizzati a consolidare l'immagine del prodotto nella mente del consumatore". Per questo Ries e Trout sono interessati al posizionamento psicologico o riposizionamento di un prodotto già esistente, piuttosto che al posizionamento di prodotti ancora allo studio. In quest'ultima situazione, infatti, l'operatore di marketing deve sviluppare tutte le variabili del marketing-mix, in modo che le carattristiche del bene prodotto corrispondano esattamente al mercato obiettivo prescelto. Il problema del posizionamento, invece, riguarda sia gli interventi materiali da prevedere sul prodotto, sia gli interventi da provocare nella mente del consumatore. A proposito del posizionamento psicologico, Ries e Trout insistono utilmente su diversi aspetti. Prima di tutto osservano che numerosi mercati sono formati da prodotti simili, senza alcuna differenza agli occhi del consumatore. In una società caretterizzata da eccesso di comunicazione, il problema del marketing è proprio quello di creare la differenza fra i prodotti. L'idea chiave è che i consumatori classificano mentalmente le caratteristiche dei prodotti sulla base di una o più dimensioni. Così i consumatori mettono la Hertz al primo posto, la Avis al secondo e la National al terzo quando pensano al parco macchine di cui le diverse organizzazioni di autonoleggio dispongono. Compito dell'operatore di marketing è allora quello di fare in modo che il prodotto venga ritenuto primo in relazione a una dimensione particolarmente importante, dato che è proprio chi risulta essere al primo posto che ha maggior probabilità di essere ricordato. Tutti sanno che Lindberg è stato il primo che ha sorvolato l'Atlantico, ma pochi sanno chi è stato il secondo. Anche per le scelte di consumo avviene lo stesso. Se in un mercato sono presenti molti prodotti con l'immagine di "numero uno" è possibile tentare qualcosa di diverso. Un'alternativa può essere di affermare, per esempio, di essere ancora più bravi del primo, come ha fatto l'Avis nella campagna ormai classica che diceva «Siamo il numero due. Per questo ci impegnamo di più». Oppure è possibile individuare un'altra caratteristica per la quale il prodotto possa risultare primo. L'operatore di marketing, in questo caso, ricerca uno spazio vuoto nella mente del consumatore non ancora occupato da nessuno. Quando la Seven-Up si fece pubblicità come la "non coca-cola", puntò sul fatto che il suo nome venisse per primo in mente al consumatore non appena decideva di bere qualcosa di diverso dalla Coca.

Fonte: Si veda Al Ries e Jack Trout, *La conquista della posizione vincente*, McGraw-Hill, Milano 1984).

cham ha effettuato una "controsegmentazione"; ha cioè attirato tre segmenti anziché uno solo. Una consimile strategia appare molto valida in una situazione in cui i segmenti tendono a divenire sempre più piccoli, il che spinge le imprese ad estendere la propria strategia di posizionamento rivolgendosi a più segmenti. Va tenuto presente che un'impresa la quale pretenda di essere la migliore con riferimento a troppi attributi rischia di non conseguire un posizionamento definito. In generale, un'impresa dovrebbe evitare i seguenti errori di posizionamento:

- **Insufficiente posizionamento**: alcune imprese scoprono che gli acquirenti hanno solo una vaga idea delle loro marche, non ricordando nulla di specifico nei loro riguardi.
- **Posizionamento troppo ristretto**: in alcuni casi, il posizionamento può essere realizzato in modo tale da restringere eccessivamente il numero degli acquirenti potenziali interessati.
- **Posizionamento confuso**: se il posizionamento viene sostenuto in modo discontinuo, senza una coerente presentazione degli attributi prescelti, ne può conseguire uno stato di disorientamento fra gli acquirenti.
- **Posizionamento poco credibile**: è frequente che un'impresa presenti gli attributi dei propri prodotti in modo tale da sollevare i dubbi dei potenziali acquirenti.

Risolvere il problema del posizionamento genera un immediato beneficio: che così l'azienda si prepara a risolvere il *problema del marketing mix*. Il marketing-mix – prodotto, prezzo, punto di vendita, promozione – è essenzialmente l'applicazione dei dettagli tattici relativi alla strategia di posizionamento. Se un'impresa punta su un posizionamento di leader dell'alta qualità, essa sa che per conseguire questo risultato occorre produrre prodotti superiori, praticare prezzi elevati, distribuire attraverso intermediari di alto livello e fare pubblicità sulle riviste di prestigio. È infatti solo in questo modo che è possibile realizzare una consistente e credibile immagine nel campo dell'alta qualità.

11.4.2 L'aspetto qualitativo della differenziazione

Nelle pagine precedenti è stato posto in evidenza come un'impresa dovrebbe puntare sullo sviluppo dei propri punti di forza fondamentali, posto che il mercato obiettivo attribuisca un valore ai medesimi. L'impresa dovrebbe altresì considerare la differenziazione come un processo continuo. Si supponga che un'impresa confronti il suo attuale posizionamento in relazione a quattro attributi – tecnologia, costo, qualità e servizio – con quello del proprio concorrente principale (tavola 11-3).

Entrambe le imprese si posizionano a un livello abbastanza elevato per quanto concerne la tecnologia: 8 (1 = valore minimo). Da ciò consegue che la nostra impresa non può ottenere vantaggi rilevanti attraverso lo sviluppo della propria tecnologia, soprattutto se si tiene conto dei costi corrispondenti. L'impresa concorrente gode di un miglior posizionamento per quanto riguarda il livello dei costi (8 contro 6), il che potrebbe costituire un pericoloso punto di debolezza qualora il mercato divenisse più sensibile al livello dei prezzi. Dal punto di vista della qualità, l'impresa in esame si posiziona a un livello più elevato rispetto alla concorrente (8 contro 6). Infine, le due imprese sono allineate in riferimento al servizio. Considerando una situazione di questo genere, si potrebbe concludere che la nostra impresa deve migliorare la propria struttura dei costi, o la qualità del servizio, o entrambe, se vuole conservare la propria posizione competitiva sul mercato. In realtà, occorre tener conto di altri fattori. In primo luogo, occorre accertare la valutazione che danno i mercati obiettivo dei miglioramenti dei vari attributi.

Tavola 11-3 Metodo per la definizione del vantaggio competitivo

(1) Vantaggio competitivo	(2) Posizionamento dell'impresa (1-10)	(3) Posizionamento del concorrente principale (1-10)	(4) Importanza del miglioramento del posizionamento (A-M-B)*	(5) Responsabilità e rapidità (A-M-B)	(6) Capacità dell'impresa concorrente di migliorare il posizionamento (A-M-B)	(7) Azioni consigliate
Tecnologia	8	8	B	B	M	Mantenere
Costo	6	8	A	M	M	Monitorare
Qualità	8	6	B	B	A	Monitorare
Servizio	4	3	A	A	B	Investire

* A = alto, M = medio, B = basso.

La colonna 4 della tavola 11-3 mostra il grado di importanza attribuito a tali miglioramenti. In secondo luogo, è necessario chiedersi se l'impresa è in grado di realizzare i miglioramenti in esame e in quanto tempo. Dalla colonna 5 emerge come il miglioramento del servizio sarebbe effettuabile con grande rapidità. In proposito, peraltro, rimane sempre da chiedersi quale potrebbe essere la reazione del concorrente nei confronti di una consimile manovra. Nella colonna 6 vengono riportate le valutazioni circa la capacità dell'impresa concorrente di migliorare il proprio posizionamento. Come si vede, per quanto concerne il servizio, questa capacità è bassa, forse perché l'impresa non attribuisce molta importanza al servizio, oppure perché non dispone delle risorse necessarie. Nella colonna 7 sono indicate le azioni appropriate da intraprendere in corrispondenza di ogni attributo. L'azione che appare come più efficace per l'impresa concerne il miglioramento del servizio, da presentare come un vantaggio complementare rispetto alla qualità del prodotto. Così operando, l'impresa potrà offrire alla clientela un incremento del valore percepito in tempi rapidi e senza dover temere una risposta da parte del concorrente.

Uno schema del genere può dunque essere di grande utilità per individuare quei vantaggi che un'impresa può efficacemente realizzare, tenendo conto sia dei valori apprezzati dai clienti obiettivo, sia delle proprie capacità operative in rapporto a quelle della concorrenza.

11.5 La comunicazione del posizionamento dell'impresa

L'impresa non deve limitarsi a realizzare una strategia di posizionamento, ma la deve anche comunicare al mercato nel modo più efficace possibile. Si supponga che un'impresa abbia scelto una strategia di posizionamento basata sulla leadership di qualità. A questo fine, essa dovrà comunicare questa decisione attraverso quei segni e quelle caratteristiche che vengono normalmente assunte per giudicare della qualità di un prodotto o di un servizio. Riportiamo alcuni esempi:

> Una casa di confezioni femminili specializzata in pellicce impiega le migliori sete per realizzare le fodere, ben sapendo che il giudizio sulla qualità delle pellicce è in parte legato alla valutazione dell'interno.

> Un produttore di tosaerba, che presenta le proprie macchine come le più potenti esistenti sul mercato, installa sulle stesse motori rumorosi in quanto è diffusa la convinzione che una maggiore rumorosità equivale a una maggiore potenza.
>
> Un costruttore di veicoli industriali realizza una perfetta verniciatura dei telai, non perché questo sia necessario, ma perché viene considerato un segno di qualità.
>
> Un produttore di auto impiega dispositivi di chiusura delle portiere particolarmente atti a soddisfare automobilisti che, al momento dell'acquisto, valutano la robustezza di un'autovettura "sbattendo" con gran forza la portiera della stessa.
>
> La Ford progettò il modello Mustang come "vettura sportiva", cercando di comunicare questo concetto di prodotto attraverso lo styling, la forma dei sedili, il volante rivestito di cuoio, e così via. In realtà, il modello in questione non presentava affatto prestazioni da vettura sportiva. Al contrario, la Bmw progetta vetture autenticamente sportive, senza tuttavia presentarle come tali.

L'immagine della qualità può essere comunicata anche attraverso altri elementi di marketing. Un prezzo elevato costituisce in genere un segnale della superiorità qualitativa di un dato prodotto. Inoltre, la confezione, la distribuzione, la pubblicità e la promozione sono altrettanti strumenti di affermazione della qualità dei prodotti cui si riferiscono. Naturalmente, l'impiego dei vari strumenti deve presentare un elevato grado di coerenza, onde evitare di danneggiare l'immagine come nei casi seguenti:

> Un noto produttore di surgelati subì un forte deterioramento della propria immagine a seguito dell'eccessivo ricorso alla pratica dei prezzi promozionali.
>
> Una prestigiosa marca di birra venne declassata dai consumatori allorquando vennero introdotte le confezioni in lattine.
>
> Un'impresa produttrice di televisori di elevata reputazione perse la propria immagine quando decise di avvalersi dei distributori di massa.

La reputazione generale di cui gode un'impresa contribuisce in misura rilevante all'affermazione di un'immagine di qualità.

Certe imprese sono considerate come garanzia di qualità; gli acquirenti danno per scontato che la Procter & Gamble e l'IBM vendano buoni prodotti. La percezione della qualità da parte degli acquirenti è anche influenzata dal paese di origine del produttore. L'abbigliamento di produzione italiana gode dell'immagine della superiorità qualitativa e stilistica. I prodotti giapponesi, un tempo considerati come scadenti, godono oggi della reputazione di essere di elevata qualità, anche quando ciò non ha alcun fondamento.

D'altro canto, la Chrysler incontra non poche difficoltà nel vendere negli Stati Uniti le auto prodotte negli stabilimenti messicani, a causa del convincimento che gli standard produttivi applicati in Messico siano inferiori a quelli americani, anche se ciò non trova riscontro alcuno nella realtà, in quanto gli stabilimenti sono nuovi di zecca e la manodopera lavora con maggior impegno e cura. Un problema analogo si presenta alla Fiat per le vetture costruite negli stabilimenti polacchi.

Il modo migliore per rendere credibile la pretesa all'eccellenza sul piano della qualità consiste nell'applicare il principio "soddisfatti o rimborsati". Un'efficace gestione d'impresa presuppone dunque la comunicazione della qualità dei prodotti ai clienti, nonché la garanzia che tale qualità verrà effettivamente resa, senza di che l'acquirente avrà diritto al rimborso del prezzo pagato.

Note

[1] Michael E. Porter, *Il vantaggio competitivo*, Edizioni di Comunità, Milano 1987, pp. 43-65.

[2] Alcuni di questi parametri sono analizzati da David A. Garvin nell'articolo "Che cosa significa realmente 'qualità del prodotto'?", incluso in Philip Kotler e Walter G. Scott (a cura di), *Marketing Management. Letture*, Isedi, Torino 1991.

[3] Philip Kotler, "Design: A Powerful But Neglected Strategic Tool", in *Journal of Business Strategy*, autunno 1985, pp. 16-21. Si vedano anche: Christopher Lorenz, *Dimensione design*, F. Angeli, Milano 1990; e Giorgio Eminente, *Il design industriale nelle strategie di mercato*, Etas Libri, Milano 1991.

[4] Sull'innovazione di prodotto e di processo nell'industria automobilistica si vedano le seguenti opere: James P. Womack, Daniel T. Jones e Daniel D. Roos, *La macchina che ha cambiato il mondo*, Rizzoli, Milano 1991; Kim B. Clark e

Takairo Fujimoto, *Product Development Performance*, Il Sole 24 Ore Libri, Milano 1992; Walter G. Scott, *Fiat Uno. Innovazione e mercato nell'industria automobilistica*, Isedi, Torino 1991.

[5] Per una descrizione di tale sistema si veda la nota 12 al capitolo 20.

[6] Tom Peters, *Prosperare nel caos,* Sperling & Kupfer, Milano 1989.

[7] A. Parasuraman, Valarie A. Zeithamal e Leonard L. Berry, "A Conceptual Model of Service Quality and its Implications for Future Research", in *Journal of Marketing*, autunno 1985, pp. 41-50.

[8] Da un discorso tenuto il 19 marzo 1984 a un convegno di venditori della Sealed Air Corporation.

[9] Theodore Levitt, "Marketing Success through Differentiation of Anything", in *Harvard Business Review*, gennaio-febbraio 1980.

[10] Rosser Reeves, *Reality in Advertising*, Knopf, New York 1960.

[11] Al Ries e Jack Trout, *Positioning: la conquista della posizione vincente*, McGraw-Hill, Milano 1984.

Capitolo 12

Lo sviluppo dei nuovi prodotti

*Nulla al mondo è così potente
quanto un'idea della quale sia giunto il tempo.*

Victor Hugo

*È meglio realizzare una buona idea
che trovarne una migliore.*

Paul Valéry

Una volta che l'impresa abbia proceduto a segmentare il mercato, a definire i gruppi di clienti obiettivo e a determinare il proprio posizionamento, essa è pronta per sviluppare e lanciare i prodotti mediante i quali cercare di conseguire il successo. L'area marketing dell'impresa svolge un ruolo chiave nell'ambito di questo processo, partecipando attivamente, unitamente alle altre funzioni, a ogni stadio dello sviluppo del nuovo prodotto.

Ogni impresa deve svolgere un processo di sviluppo di nuovi prodotti, se non altro per sostituire quei prodotti che si avviano al declino. Inoltre, è necessario sviluppare prodotti che soddisfino le nuove richieste del momento, o che presentino caratteristiche più avanzate dei prodotti lanciati dai concorrenti.

Un'indagine condotta dalla Booz, Allen & Hamilton nel 1982 evidenziò come le 700 imprese intervistate si attendessero di conseguire il 31 per cento dei propri profitti dai nuovi prodotti che avrebbero immessi sul mercato nei cinque anni successivi.[1]

L'impresa può adeguare la propria offerta al mercato, mediante sia l'*acquisizione* sia lo *sviluppo di nuovi prodotti*. I processi di acquisizione possono svolgersi in tre modi. Il primo consiste nell'*acquisizione societaria*, basata sull'assorbimento da parte di un'impresa di un'altra di dimensioni minori, dotata peraltro di prodotti interessanti per la prima. Il secondo modo si basa sull'*acquisizione di brevetti*, mentre il terzo consiste nell'*acquisizione di licenze*. In tutti questi casi, l'impresa non sviluppa alcun nuovo prodotto, ma si limita ad acquistare il diritto di produrre e vendere prodotti esistenti.

Lo sviluppo dei nuovi prodotti può seguire due strade, lo *sviluppo interno* e lo *sviluppo contrattuale*. Il primo si ha allorquando l'impresa costituisce un proprio servizio ricerca e sviluppo, assegnando allo stesso il compito di definire i nuovi prodotti. Nel secondo caso, il compito in questione viene affidato a professionisti o a strutture specializzate esterne all'impresa. In taluni casi si ha una combinazione delle due modalità. Secondo la Booz, Allen & Hamilton, possono essere identificate sei categorie di nuovi prodotti, in relazione al grado di novità per l'impresa e il mercato da essi presentato (figura 12-1). Esse sono le seguenti:

- **Prodotti nuovi in assoluto**: prodotti che danno luogo a un mercato interamente nuovo.

Figura 12-1 Tipi di nuovi prodotti

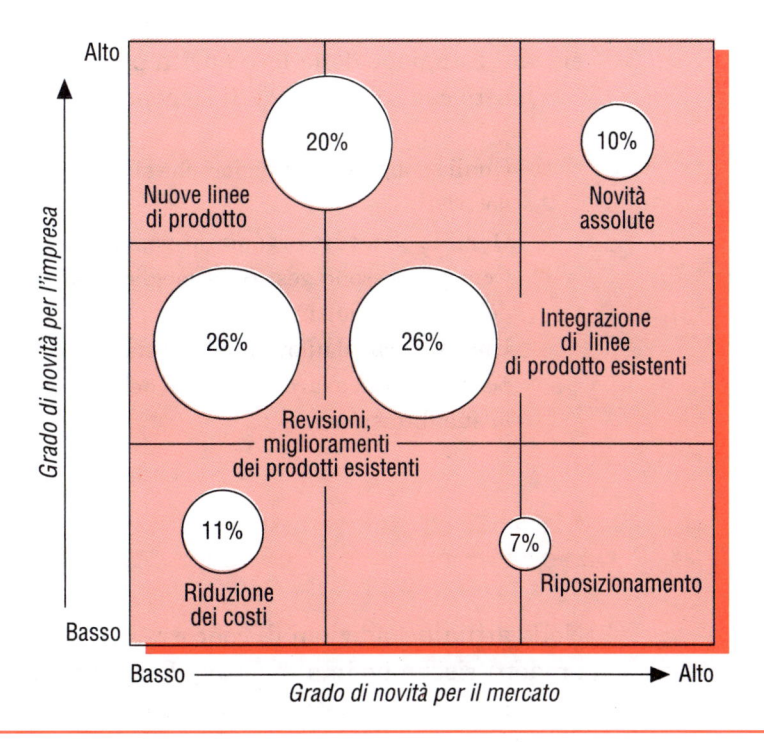

[Grafico a matrice con assi "Grado di novità per l'impresa" (Basso/Alto) e "Grado di novità per il mercato" (Basso/Alto):
- Nuove linee di prodotto: 20%
- Novità assolute: 10%
- Revisioni, miglioramenti dei prodotti esistenti: 26%
- Integrazione di linee di prodotto esistenti: 26%
- Riduzione dei costi: 11%
- Riposizionamento: 7%]

Fonte: *New Products Management for the 1980s*, Booz, Allen & Hamilton, New York 1982.

- **Nuove linee di prodotto**: prodotti che permettono a un'impresa di entrare in un mercato esistente per la prima volta.
- **Integrazione di linee di prodotti esistenti**: prodotti che permettono a un'impresa di completare linee di prodotti esistenti.
- **Miglioramenti o revisioni dei prodotti esistenti**: prodotti che forniscono prestazioni maggiori, o che vengono considerati di maggior pregio, rispetto ai prodotti esistenti.
- **Riposizionamento**: prodotti esistenti che vengono proposti a nuovi mercati o segmenti di mercato.
- **Riduzioni di costo**: prodotti che forniscono prestazioni similari a quelli esistenti a un costo inferiore.[2]

Generalmente, un'impresa impiega una combinazione delle varie forme di innovazione del prodotto. Si stima che solo il 10% dei nuovi prodotti sia veramente innovativo e originale. Sono questi i prodotti che assorbono la maggior parte dei costi e che presentano i rischi più elevati, a ragione della loro novità per il mercato e per l'impresa.

Questo capitolo tenterà di rispondere alle seguenti domande:

- Quali sono i rischi maggiori che si affrontano nello sviluppare nuovi prodotti?
- Quali le strutture organizzative necessarie?
- Come si possono gestire al meglio i vari stadi del processo di sviluppo dei nuovi prodotti?
- Una volta che il nuovo prodotto sia stato lanciato, quali sono i fattori che possono influenzare l'adozione dello stesso da parte del consumatore e la sua diffusione?

12.1 Il dilemma dello sviluppo dei nuovi prodotti

Nelle attuali condizioni di concorrenza, le imprese che non innovano i prodotti rischiano in alto grado. Esse corrono il pericolo di assistere al cambiamento dei bisogni e dei gusti del consumatore, all'introduzione di nuove tecnologie, alla riduzione del ciclo di vita dei prodotti esistenti, all'accrescimento della competizione nazionale e internazionale.

Ma anche lo sviluppo dei nuovi prodotti può risultare assai rischioso. La Texas Instruments perse 660 milioni di dollari prima di ritirarsi dal mercato dello home computer. La Du Pont perse all'incirca 100 milioni di dollari con la fibra sintetica Corfam, mentre l'entrata della Xerox nel mercato dei computer si è rivelata un disastro. La RCA, a sua volta, ha dovuto registrare 575 milioni di perdita a causa del suo sfortunato videodisc player. Infine, l'aereo di produzione anglo-francese Concorde non riuscirà mai a ripagare gli astronomici investimenti effettuati. A questi esempi famosi di fallimento di nuovi prodotti, altri se ne possono aggiungere, riguardanti imprese anche assai avanzate.[3]

Molteplici sono i fattori che determinano il fallimento di un nuovo prodotto. L'impresa può insistere nel voler lanciare un nuovo prodotto, malgrado le negative risultanze delle ricerche di mercato. Ancora, il mercato può rivelarsi sovrastimato, oppure il prodotto può essere realizzato in modo non conforme al progetto. Si possono anche commettere errori nel posizionamento sul mercato del nuovo prodotto, oppure nell'impostazione della campagna pubblicitaria, o nella definizione del prezzo. Ulteriori cause di insuccesso possono essere rappresentate da costi di sviluppo superiori al previsto, o da inaspettate reazioni dei concorrenti.

Il conseguimento del successo nello sviluppo dei nuovi prodotti può essere ostacolato dalle seguenti ragioni:

- **Scarsità di innovazioni realmente importanti in alcuni settori** Per alcuni prodotti di base, acciaio, cemento, detersivi e altri ancora, non sembra possibile prevedere lo sviluppo di innovazioni decisive nel medio termine.
- **Frammentazione dei mercati**. Una forte concorrenza conduce a mercati frammentati. Le imprese devono orientare i nuovi prodotti verso segmenti di mercato minori, piuttosto che verso il mercato di massa, e ciò significa vendite e profitti inferiori per ogni prodotto.
- **Vincoli sociali e pubblici**. I nuovi prodotti devono soddisfare una serie di condizioni connesse alla protezione del consumatore e dell'ambiente. L'intervento pubblico ha rallentato il processo di sviluppo dei nuovi prodotti nell'industria farmaceutica, e ha reso inoltre più difficile la progettazione dei prodotti e la pubblicità degli stessi in settori quali quello della chimica, dell'impiantistica, dell'auto e dei giocattoli.
- **Elevato costo del processo di sviluppo di nuovi prodotti**. Un'impresa deve normalmente generare un gran numero di idee di nuovi prodotti, per poterne alla fine individuare alcune valide. Il costo per lo sviluppo e il lancio di un nuovo prodotto si è notevolmente accresciuto, nei tempi recenti, per effetto dell'incremento dei costi di produzione, promozione e distribuzione.
- **Scarsità di capitali**. Molte imprese non sono in grado di raccogliere le risorse necessarie a finanziare la ricerca di nuovi prodotti. Ciò determina una tendenza all'imitazione e all'introduzione di modifiche marginali.
- **Riduzione dei tempi di sviluppo**. È sempre più frequente il caso in cui più imprese inizino contemporaneamente a sviluppare nuovi prodotti similari fra di loro. Assume allora un'importanza decisiva la compressione al minimo del *time to market*, cioè della capacità di immettere il nuovo prodotto sul mercato prima dei concorrenti. A questo fine, la riduzione dei tempi di progettazione, ad esempio, di una nuova autovettura può consentire al produttore di conseguire un vantaggio decisivo.[4]

■ **Riduzione del ciclo di vita del prodotto.** Quando un nuovo prodotto ha successo, la concorrenza procede così rapidamente a imitarlo da ridurne in modo sensibile la vita di mercato. La Sony dava per scontato, in un passato non troppo lontano, che il periodo utile per un nuovo prodotto fosse almeno di tre anni, prima che i concorrenti fossero in grado di imitarlo. Oggi la Matsushita e gli altri concorrenti sono così rapidi nel copiare i prodotti dell'impresa leader che questa ha a disposizione non più di sei mesi per recuperare gli investimenti.

Il conseguimento del successo nell'introduzione di nuovi prodotti presuppone due serie di condizioni. L'una riguarda l'assetto organizzativo necessario a gestire in modo efficace il processo di sviluppo dei nuovi prodotti. La seconda concerne le tecniche da impiegare nelle varie fasi del processo.

12.2 Gli aspetti organizzativi

All'alta direzione va la responsabilità ultima della qualità del processo di sviluppo dei nuovi prodotti condotto nell'impresa. Essa non può limitarsi ad assumere alcuni specialisti, lasciando loro il compito di sviluppare le nuove idee. Un'efficace opera di sviluppo dei nuovi prodotti deve iniziare con una chiara definizione della strategia di crescita dell'impresa, nella quale siano specificate le aree di mercato e le categorie di prodotto in cui operare.

La direzione dell'impresa dovrebbe stabilire i criteri in base ai quali procedere all'accoglimento delle proposte di nuovi prodotti, ciò soprattutto nelle grandi società multidivisionali, nelle quali i vari manager si sbizzarriscono nel proporre ogni sorta di progetti. I criteri in questione possono variare in funzione dello specifico *ruolo strategico* che il prodotto dovrebbe svolgere. La Booz, Allen & Hamilton, nel corso di una ricerca svolta nel 1981, ha identificato sei fondamentali ruoli che le imprese possono assegnare ai nuovi prodotti:

■ Mantenere l'immagine di impresa innovatrice sul piano dei prodotti (46%).
■ Difendere la quota di mercato (44%).
■ Stabilire la propria presenza in un futuro nuovo mercato (37%).

- Stabilire una prelazione su un segmento di mercato (33%).
- Sfruttare la tecnologia in modo nuovo (27%).
- Capitalizzare i punti di forza di ordine distributivo (24%).[5]

La Gould Corporation, d'altra parte, ha definito i seguenti criteri di approvazione dei nuovi prodotti finalizzati a sfruttare la tecnologia in modo innovativo: (1) il prodotto può essere introdotto sul mercato entro 5 anni; (2) il prodotto ha un mercato potenziale di almeno 50 milioni di dollari, con un tasso di crescita di almeno il 15%; (3) il prodotto genererà un profitto sul fatturato di almeno il 30% e sull'investimento di almeno il 40%; e (4) il prodotto conseguirà la leadership tecnica o di mercato.

È anche necessario che la direzione d'impresa definisca il budget da assegnare allo sviluppo dei nuovi prodotti. Le attività di ricerca e sviluppo presentano risultati talmente incerti da rendere difficile l'applicazione dei normali criteri di pianificazione degli investimenti. Alcune imprese superano questo problema incoraggiando e finanziando il maggior numero di progetti possibile, sperando di poter avere successo in un certo numero di essi.

Altre imprese assegnano alla R&S una certa percentuale del fatturato, o lo stesso ammontare stanziato dalla concorrenza. Certe imprese, inoltre, stabiliscono prima di quanti nuovi prodotti di successo hanno bisogno e, su questa base, stabiliscono il proprio investimento in R&S.

La Booz, Allen & Hamilton ha cercato di stabilire quante nuove idee siano necessarie per poter pervenire a mettere a punto un nuovo prodotto di successo.

Alla fine degli anni Sessanta occorrevano 58 idee di nuovi prodotti per giungere a realizzare un nuovo prodotto di successo. Le indagini più recenti mostrano come le imprese siano ora in grado di ottenere un nuovo prodotto da sette idee iniziali. La figura 12-2 illustra la curva di caduta delle idee di nuovi prodotti. Dal confronto fra le due situazioni considerate appare evidente come le imprese siano giunte a selezionare meglio e pianificare i nuovi prodotti, investendo solamente nelle idee migliori.

La tavola 12-1 illustra come un'impresa può definire l'investimento di un nuovo prodotto. Il responsabile dei nuovi prodotti di una grande impresa operante nel settore alimentare analizzò l'esito di 64 idee di nuovi prodotti presi in considerazione. Solo 16 delle idee in questione superarono la fase della selezione, con un costo di 1.000 dollari per idea

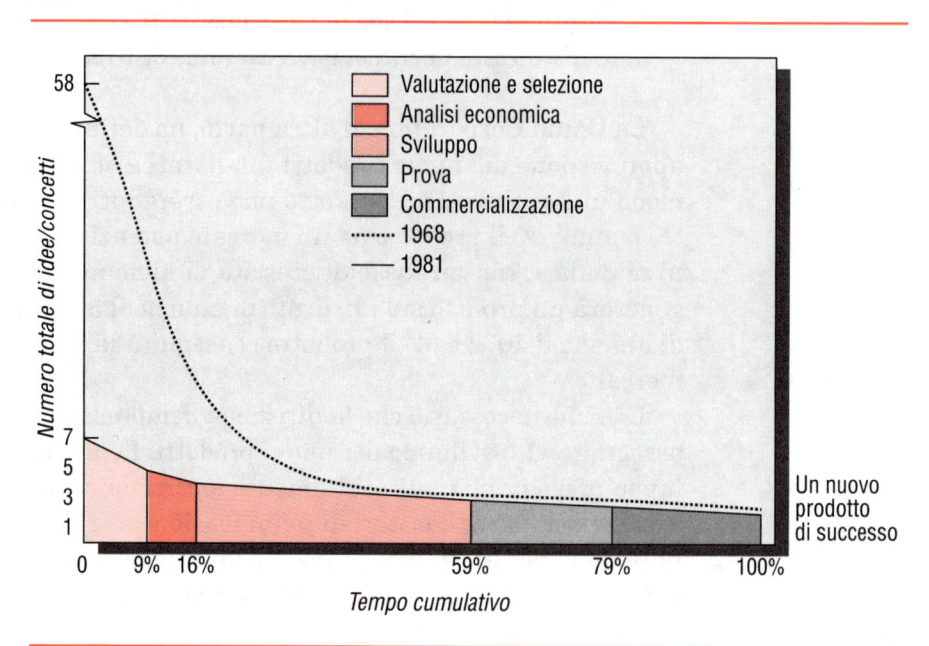

Figura 12-2 Curva di mortalità delle idee di nuovi prodotti

Fonte: New Products Management for the 1980s, Booz, Allen & Hamilton, New York 1982.

esaminata. Delle 16 idee in questione, 8 superarono la successiva fase di valutazione, con un costo di 20.000 dollari per idea. Quattro delle otto idee che avevano superato con esito favorevole la fase di valutazione vennero scartate nella fase di sviluppo del prodotto, la quale implicò un costo unitario di 200.000 dollari, mentre altre due non riuscirono a superare la prova di mercato, il cui costo venne valutato in 500.000 dollari.

Il lancio sul mercato dei due prodotti selezionati, con una spesa di 5 milioni di dollari ciascuno, si concluse in modo nettamente positivo solo per un prodotto. In tal modo lo sviluppo dell'unica idea di successo costò all'impresa 5.721.000 dollari.

Nel corso dell'intero processo vennero spesi 13.984.000 dollari. Pertanto, a meno che l'impresa non riesca a migliorare il rapporto fra idee esaminate e prodotti di successo selezionati, o a ridurre i costi delle varie fasi, l'investimento per ogni nuovo prodotto di successo sarà prossimo ai 14 milioni di dollari.

Un fattore chiave nello sviluppo dei nuovi prodotti è costituito dalla definizione di una valida struttura organizzativa. In proposito, le imprese possono adottare soluzioni diverse, quali quelle qui di seguito descritte.

- **Responsabili di prodotto (product manager)**. Molte imprese affidano lo sviluppo dei nuovi prodotti ai responsabili di prodotto. Questo sistema presenta, peraltro, parecchi difetti. Di solito, i responsabili di prodotto sono troppo impegnati a gestire le linee esistenti, per poter dedicare un'adeguata attenzione ai nuovi prodotti, al di là della modifica o dell'estensione di quelli esistenti. Inoltre, essi mancano della competenza e delle conoscenze specifiche necessarie per lo sviluppo di nuovi prodotti.
- **Responsabili di nuovi prodotti**. Imprese quali la General Foods e la Johnson & Johnson hanno introdotto la funzione di responsabile di nuovi prodotti, il quale fa capo al responsabile di gruppi di prodotti. In tal modo, viene introdotto l'elemento della specializzazione nello sviluppo dei nuovi prodotti. Da ciò consegue, tuttavia, che i responsabili di questa funzione tendono a pensare in termini di modifiche di prodotto ed estensione delle linee riferite al prodotto-mercato di propria competenza.
- **Comitato nuovi prodotti**. In molte imprese esiste un comitato a livello di direzione generale il cui scopo è quello di esaminare le proposte di

Tavola 12-1 Stima dei costi di selezione di un nuovo prodotto

Stadio	Numero delle idee	Rapporto di selezione	Costo per idee di prodotto	Costo totale
1. Selezione delle idee	64	1:4	$ 1.000	$ 64.000
2. Prova del concetto	16	1:2	20.000	320.000
3. Sviluppo del prodotto	8	1:2	200.000	1.600.000
4. Prova di mercato	4	1:2	500.000	2.000.000
5. Lancio nazionale	2	1:2	5.000.000	10.000.000
			$ 5.721.000	$ 13.984.000

nuovi prodotti. Costituito dai rappresentanti del marketing, della produzione, dell'amministrazione, della progettazione e di altri settori aziendali, il comitato in oggetto non ha tanto una funzione di coordinamento, quanto di valutazione e approvazione dei piani dei nuovi prodotti.

- **Direzione nuovi prodotti**. Le grandi imprese costituiscono una direzione per i nuovi prodotti, la cui responsabilità viene affidata a un manager dotato di ampia autorità e in contatto diretto con la direzione generale. Le principali responsabilità di questo organismo includono l'elaborazione e il vaglio delle nuove idee, la direzione e il coordinamento del lavoro di ricerca e sviluppo, nonché l'effettuazione delle prove di mercato e della preparazione della commercializzazione.
- **Gruppi di lavoro incaricati di nuovi prodotti**. Imprese quali la Dow, la Westinghouse, la 3M e la General Mills affidano lo sviluppo dei principali nuovi prodotti a gruppi di lavoro appositamente costituiti. Questi gruppi sono costituiti da manager appartenenti alle varie unità operative e hanno il compito di dare concreta attuazione a uno specifico progetto di prodotto.

Secondo la Booz, Allen & Hamilton, le imprese di maggior successo definiscono una strategia per lo sviluppo dei nuovi prodotti coerente con le strategie generali, assegnano a tale strategia ingenti risorse finanziarie e costituiscono strutture sofisticate per la sua traduzione operativa.

Siamo ora in grado di esaminare gli otto stadi costitutivi del processo di sviluppo dei nuovi prodotti, e cioè: la *generazione dell'idea*, la *selezione*, lo *sviluppo*, il *posizionamento* e la *sperimentazione del concetto di prodotto*, la *strategia di marketing*, l'*analisi economica*, lo *sviluppo del prodotto*, i *test di mercato* e la *commercializzazione*.

12.3 La generazione dell'idea

Il processo di sviluppo del nuovo prodotto ha inizio con la ricerca delle idee. Questa non dovrebbe esser svolta in modo casuale o a ruota libera, bensì con un preciso riferimento ai prodotti e ai mercati di specifico interesse.

Dovrebbero pertanto essere definiti gli obiettivi da conseguire mediante i nuovi prodotti, in termini di flusso di cassa, quota di mercato, o altro. Inoltre, dovrebbe essere precisata l'entità degli sforzi da assegnare allo sviluppo di prodotti originali, alla modifica dei prodotti esistenti e all'imitazione dei prodotti della concorrenza.

12.3.1 Le fonti delle nuove idee

Le idee dei nuovi prodotti possono provenire da varie fonti: i clienti, gli scienziati, i concorrenti, i venditori dell'impresa e i distributori, l'alta direzione.

Il concetto di marketing suggerisce che i *bisogni e i desideri dei clienti* costituiscono il punto di partenza logico per procedere alla ricerca delle idee di nuovi prodotti. Hippel ha posto in evidenza come un numero notevole delle idee relative a nuovi prodotti industriali ha avuto origine presso i clienti.[6] Le imprese possono identificare i bisogni e i desideri della clientela mediante le varie tecniche di ricerca, nonché attraverso l'analisi dei suggerimenti e dei reclami provenienti dalla stessa. Molti esperti sostengono che i migliori suggerimenti si ottengono chiedendo ai clienti di descrivere i problemi determinati dall'uso dei prodotti esistenti, piuttosto che sollecitando direttamente le idee di nuovi prodotti.

Non poche imprese si avvalgono dell'opera di scienziati per lo sviluppo di idee di nuovi prodotti. Ne costituiscono un esempio la Du Pont nella chimica, la Bell Laboratories nell'elettronica e la Merck nella farmaceutica. Le idee per lo sviluppo dei nuovi prodotti possono essere acquisite mediante l'osservazione delle attività della concorrenza, il che implica la raccolta e la sistematica analisi delle informazioni reperite presso i fornitori, i distributori e i venditori.

Le imprese possono attingere nuove idee presso scienziati, ricercatori, progettisti, nonché dai propri *dipendenti*. In alcuni casi, il personale dell'impresa è diventato una delle fonti principali per lo sviluppo di nuovi concetti di prodotto. La Toyota, ad esempio, afferma che i propri dipendenti sottopongono due milioni di idee ogni anno, pari a 35 suggerimenti per dipendente. Circa l'85% di questi suggerimenti viene attuato. È frequente che l'*innovazione del prodotto* si trasformi in *imitazione e miglioramento del prodotto*. I venditori e i distributori dell'impresa sono una fonte particolarmente valida di idee di nuovi prodotti. Essi, grazie al costante contatto con la clientela, sono spesso i primi a rendersi conto dell'evolversi delle situazioni competitive. È infatti per questo motivo che un numero crescente di imprese pone molta attenzione nel valorizzare questa fonte di informazione.

Infine, le idee di nuovi prodotti possono provenire da una molteplicità di altre fonti, come inventori, uffici brevetti, laboratori di ricerca universitari e non, consulenti industriali, agenzie pubblicitarie, istituti di ricerche di mercato, pubblicazioni specializzate.

Mentre le idee possono essere fornite da molte fonti, il loro sviluppo dipende dal modo in cui un'impresa si pone nei confronti dell'innovazione. Se non esiste qualcuno che creda nella nuova idea e che si impegni a fondo per realizzarla, sarà molto difficile che si possa manifestare una qualsiasi forma di innovazione di prodotto.

12.3.2 Le tecniche per la generazione delle idee

Le idee autenticamente valide sono il risultato di ispirazione, sforzo e tecnica. Nel corso degli anni, sono state sviluppate numerose tecniche atte a favorire la "creatività" di persone e di gruppi in materia di idee di prodotto.

L'elencazione degli attributi. Vengono elencati i principali attributi che caratterizzano un prodotto esistente, e successivamente si procede a modificare ciascun attributo allo scopo di migliorare il prodotto. Consideriamo il caso di un cacciavite. I suoi attributi sono: uno stelo d'acciaio rotondo, un manico di legno e una capacità di avvitamento determinata dall'azione rotatoria. Si supponga ora che si vogliano modificare le suddette caratteristiche allo scopo di migliorare la prestazione o l'aspetto del cacciavite. Lo stelo rotondo potrebbe essere sostituito con uno stelo esagonale, così da poter applicare una chiave per aumentare la forza di torsione; l'azione rotatoria potrebbe avvenire elettricamente, anziché a mano; l'effetto torcente potrebbe essere determinato a pressione. Osborn ha suggerito che le idee utili possono essere stimolate ponendo le seguenti domande a proposito di un oggetto e dei suoi attributi: è possibile destinarlo ad altri usi? È suscettibile di *adattamento*? Oppure di *modifiche*? Se ne possono *accrescere le dimensioni*? O, al contrario, *ridurre*? Può essere *sostituito*? Oppure *riprogettato*? È possibile *combinarlo* con altri prodotti?[7]

Il confronto fra oggetti diversi. Questa tecnica si basa sulla formulazione di un elenco di numerosi oggetti, ciascuno dei quali viene considerato in relazione a ogni altro. Un'industria di arredamento e macchine per ufficio si propose di progettare una nuova scrivania per dirigenti. Venne così predisposto un elenco di oggetti che si ritenevano in qualche modo funzionali per l'attività di un "executive": la scrivania, il video, l'orologio, il computer, la fotocopiatrice, lo scaffale per i libri e così via. Alla fine risultò una scrivania completamente elettronica, con una consolle che ricordava da vicino la cabina di pilotaggio di un aereo.

L'analisi morfologica. Il metodo consiste nell'identificare gli elementi strutturali di un problema e nell'esaminare le relazioni intercorrenti fra di essi. Si supponga che il problema sia quello di "trasportare qualcosa da un luogo all'altro mediante un veicolo a motore". Gli elementi rilevanti sono il tipo di veicolo da usare (carro, cisterna, nastro, ecc.); il mezzo nel quale si muove il veicolo (aria, acqua, olio, superficie solida, rulli, rotaie); la fonte energetica (aria compressa, motore a combustione interna, motore elettrico, vapore, campi magnetici, cavi trainanti, nastri trasportatori).

Il passo successivo consiste nel lasciar libera l'immaginazione di ricercare le possibili combinazioni. Un carro dotato di un motore a combustione interna e costruito per muoversi su superfici solide è l'automobile. L'obiettivo della ricerca è quello di individuare combinazioni non ancora fatte oggetto di pratica realizzazione e che, nel contempo, rappresentino un passo in avanti di rilievo.

L'analisi delle situazioni d'uso. Le tecniche creative precedentemente illustrate non richiedono una specifica conoscenza del consumatore. L'analisi delle situazioni d'uso, al contrario, ha inizio con l'identificazione dei problemi che il consumatore si trova ad affrontare allorquando impiega un certo prodotto.

La Kodak, ad esempio, potrebbe chiedere ai consumatori quali problemi incontrano nell'usare i propri proiettori di pellicole. Ogni problema potrebbe essere la fonte ispiratrice di nuove idee. La constatazione che il riavvolgimento della pellicola richiede tempo suggerisce l'introduzione di un dispositivo automatico. La scarsa visibilità delle immagini troppo piccole conduce all'introduzione dello "zoom". Il fatto che non tutte le parti di una pellicola presentino lo stesso interesse, suggerisce l'idea di introdurre un meccanismo che consenta di accelerarne lo svolgimento. Non è detto che valga la pena di prendere in considerazione tutte le idee formulate a seguito delle analisi delle situazioni d'uso. I problemi devono essere valutati e classificati in relazione alla loro complessità e rilevanza, nonché al costo connesso alla loro soluzione. In tal modo, è possibile individuare le situazioni sulle quali concentrare l'attenzione.

Il brainstorming. La creatività può essere stimolata mediante l'impiego della tecnica del *brainstorming*, i cui principi sono stati messi a punto da Alex Osborn. Si tratta di una riunione creativa condotta in modo da produrre il maggior numero possibile di idee. Di norma, alla riunione partecipano da sei a dieci persone. È consigliabile non includere troppi esperti nel gruppo, a causa della loro tendenza a considerare le questioni in modo troppo rigido. Il problema da prendere in esame deve essere specificato al massimo. Occorre, inoltre, affrontare un solo problema per volta. Le riunioni di *brainstorming* dovrebbero essere tenute al mattino e non durare più di un'ora. All'inizio, i partecipanti sono invitati a esprimere il maggior numero di idee possibile, senza preoccuparsi di ordinarle, né di valutarle. Le idee cominciano a fluire; da un'idea ne scaturisce un'altra e nello spazio di un'ora è possibile registrare un centinaio di idee.

Affinché la riunione abbia la massima efficacia, Osborn ritiene che si debbano seguire quattro regole:

- Gli apprezzamenti negativi sulle varie idee devono essere rinviati a un momento successivo.
- È bene procedere a ruota libera, in modo che le idee vengano generate secondo un processo spontaneo. È più facile ridimensionare le idee che trovarle.
- Maggiore è il numero delle idee prodotte e maggiore è la probabilità di generarne di utili. Occorre quindi ricercare la quantità.
- Occorre incoraggiare la combinazione e il miglioramento delle idee già espresse. I partecipanti, oltre a contribuire con idee proprie, devono suggerire come inserire le idee espresse dagli altri in nuove idee.[8]

La sinettica. William J. J. Gordon, ritenendo che la tecnica del *brainstorming* proposta da Osborn producesse risultati in modo eccessivamente rapido, mise a punto una tecnica alternativa definita *sinettica* (o tecnica degli accostamenti successivi). Gordon riteneva preferibile, anziché definire il problema in modo assai particolareggiato, fornire una definizione vaga e approssimativa, in modo che i partecipanti non ne avessero un'idea precisa.

Ad esempio, un problema era costituito dalla definizione di un metodo di chiusura stagna per le tute di protezione degli operai addetti alla distribuzione sotto pressione dei combustibili. Ai partecipanti alla riunione non veniva presentato il problema in oggetto, bensì quello più generale di "chiusura". Esaurita la prima fase di discussione sulle varie forme di chiusura, venivano introdotti gradualmente nuovi elementi di definizione. Solo quando il gruppo era vicino a un'ipotesi di soluzione, il problema veniva presentato nei suoi termini reali. Faceva quindi seguito l'ultima fase, cioè l'applicazione al problema specifico della soluzione individuata. Questo tipo di tecnica implica riunioni della durata di almeno tre ore. Gordon, infatti, ritiene che la fatica possa svolgere un ruolo importante nella generazione delle idee.

Secondo Gordon, il metodo sinettico si basa sui seguenti principi:

- Ricercare prima i punti di vista e poi le soluzioni.
- Lasciare che il problema si definisca da se stesso.
- Usare i concetti più diffusi e familiari per pervenire all'originalità.
- Procedere alternando l'esame ravvicinato dei particolari del problema e la loro considerazione da un punto di vista che consenta di inserirli in un quadro il più generale possibile.
- Lasciare che elementi accidentali e irrilevanti suggeriscano analogie che sono fonte di nuovi punti di vista.[9]

12.4 La selezione delle idee

Lo scopo della fase di generazione delle idee è quello di produrre un numero elevato di idee. Le fasi successive si propongono invece di *ridurre* il numero suddetto. La prima di queste consiste nella selezione sistematica, o *screening*. Il processo di selezione presenta due pericoli: il primo è costituito dall'eliminazione di un'idea valida, mentre il secondo, all'opposto, consiste nell'avviare alla fase di sviluppo un'idea priva di prospettive. Il primo errore è dovuto all'incapacità di valutare adeguatamente le prospettive di mercato di una nuova idea.

Se l'impresa commette troppi errori nell'eliminare idee valide, se ne deduce che il management opera secondo criteri eccessivamente conservatori e miopi. L'errore opposto, cioè l'avvio alla fase di sviluppo e di commercializzazione di un'idea non valida, può determinare tre tipi di insuccesso del prodotto finale. L'*insuccesso assoluto* produce perdite finanziarie e le vendite non coprono i costi variabili; l'*insuccesso parziale* produce perdite finanziarie, ma le vendite coprono tutti i costi variabili e parte di quelli fissi; l'*insuccesso relativo* determina un profitto inferiore al normale tasso di rendimento dell'impresa. Scopo della fase di selezione è quello di individuare ed eliminare le idee di valore scarso o nullo il più rapidamente possibile.

I costi per lo sviluppo dei prodotti si accrescono in misura considerevole a mano a mano che procedono nelle varie fasi di sviluppo. Quando un prodotto ha raggiunto una delle fasi più avanzate, il management dell'impresa è spesso dell'avviso che, dopo aver sostenuto spese ingenti nello sviluppo, occorra procedere al lancio, onde recuperare almeno una parte delle risorse investite.

12.4.1 La valutazione delle idee di nuovi prodotti

In molte imprese ai dirigenti viene richiesto di esporre le proprie idee di nuovi prodotti su appositi moduli da sottoporre a un comitato creato allo scopo. Per ogni idea occorre descrivere il prodotto, il mercato obiettivo, la concorrenza esistente o presumibile.

Occorre altresì fornire alcune prime stime circa la dimensione del mercato, il prezzo di vendita del prodotto, i tempi e i costi di sviluppo e di produzione, il tasso di rendimento. Anche nel caso in cui l'idea appaia valida, si pone il problema di stabilire se lo sia anche per una specifica impresa. A questo proposito, si tratta di accertare in che modo l'idea di un nuovo prodotto si inserisca nel sistema di obiettivi, strategie, e risorse dell'impresa.

Nella figura 12-3 vengono presentate le varie domande alle quali occorre dare risposta ogni qual volta si voglia valutare l'idea di un nuovo prodotto. Le idee per le quali non è possibile dare risposta a una o più delle domande in questione devono essere scartate.

Le idee restanti possono essere valutate usando il metodo di ponderazione illustrato nella tavola 12-2.

Nella prima colonna sono indicati i fattori determinanti del successo del lancio del nuovo prodotto. Nella successiva colonna sono indicati i pesi attribuiti ai vari fattori in funzione della loro importanza. Dall'esempio appare come i fattori di successo di maggiore importanza sia-

Lo sviluppo dei nuovi prodotti **467**

Figura 12-3 Valutazione di un'opportunità di mercato in relazione agli obiettivi e alle risorse dell'impresa

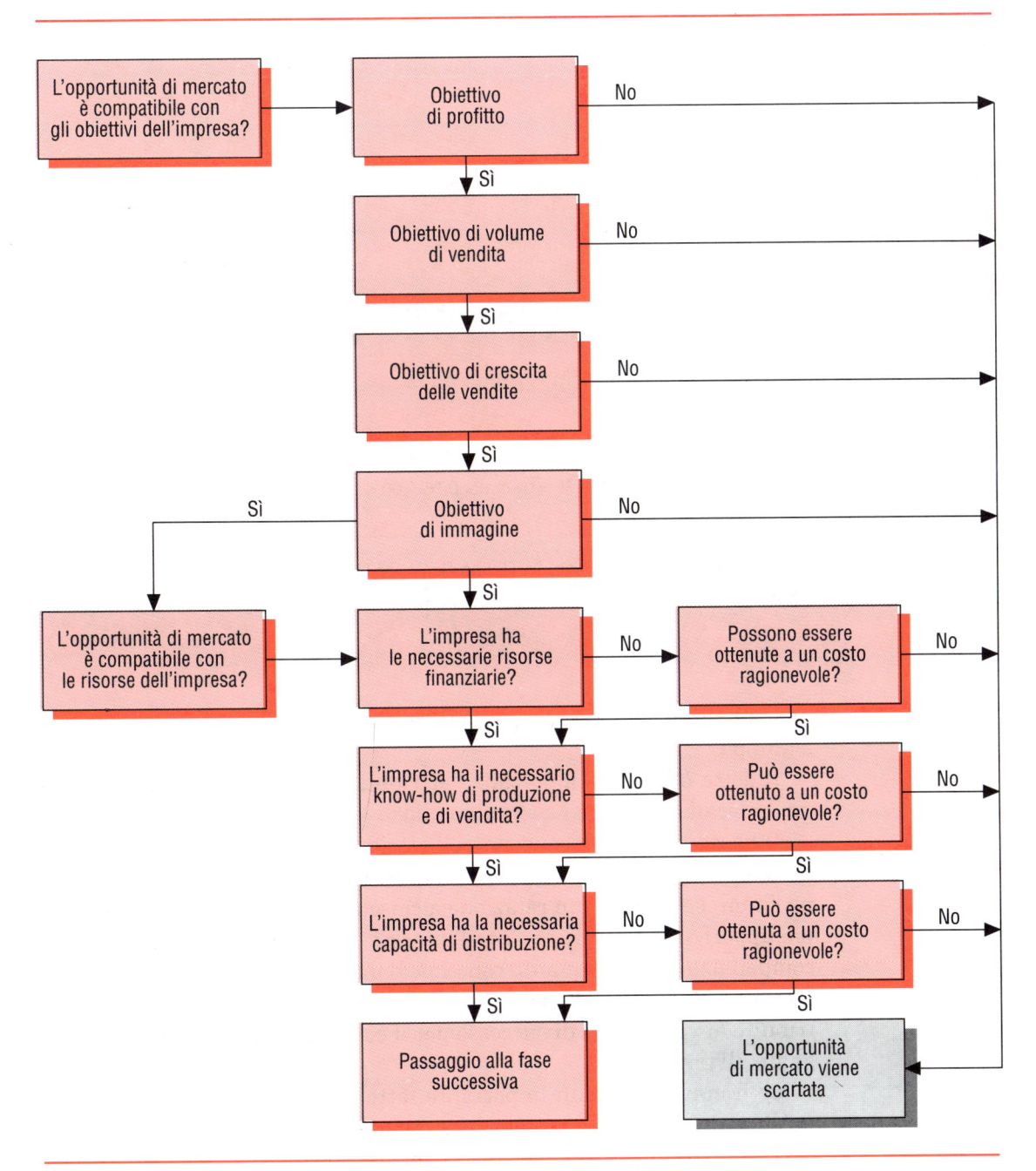

```
┌─────────────────────┐      ┌──────────────┐   No
│ L'opportunità di    │─────▶│  Obiettivo   │──────▶
│ mercato è compatibile│      │  di profitto │
│ con gli obiettivi   │      └──────────────┘
│ dell'impresa?       │             │ Sì
└─────────────────────┘             ▼
                             ┌──────────────┐   No
                             │ Obiettivo di │──────▶
                             │ volume di    │
                             │ vendita      │
                             └──────────────┘
                                    │ Sì
                                    ▼
                             ┌──────────────┐   No
                             │ Obiettivo di │──────▶
                             │ crescita     │
                             │ delle vendite│
                             └──────────────┘
                                    │ Sì
              Sì                    ▼
         ┌─────────────▶     ┌──────────────┐   No
         │                   │  Obiettivo   │──────▶
         │                   │  di immagine │
         │                   └──────────────┘
         │                          │ Sì
┌────────┴────────────┐             ▼
│ L'opportunità di    │     ┌──────────────┐  No  ┌──────────────┐  No
│ mercato è compatibile│───▶│ L'impresa ha │─────▶│ Possono essere│──────▶
│ con le risorse      │     │ le necessarie│      │ ottenute a un │
│ dell'impresa?       │     │ risorse      │      │ costo         │
└─────────────────────┘     │ finanziarie? │      │ ragionevole?  │
                            └──────────────┘      └──────────────┘
                                    │ Sì                  │ Sì
                                    ▼◀────────────────────┘
                            ┌──────────────┐  No  ┌──────────────┐  No
                            │ L'impresa ha │─────▶│ Può essere   │──────▶
                            │ il necessario│      │ ottenuto a un│
                            │ know-how di  │      │ costo        │
                            │ produzione   │      │ ragionevole? │
                            │ e di vendita?│      └──────────────┘
                            └──────────────┘             │ Sì
                                    │ Sì ◀───────────────┘
                                    ▼
                            ┌──────────────┐  No  ┌──────────────┐  No
                            │ L'impresa ha │─────▶│ Può essere   │──────▶
                            │ la necessaria│      │ ottenuta a un│
                            │ capacità di  │      │ costo        │
                            │ distribuzione?│     │ ragionevole? │
                            └──────────────┘      └──────────────┘
                                    │ Sì                  │ Sì
                                    ▼                     ▼
                            ┌──────────────┐      ┌──────────────┐
                            │ Passaggio    │      │ L'opportunità│
                            │ alla fase    │      │ di mercato   │
                            │ successiva   │      │ viene scartata│
                            └──────────────┘      └──────────────┘
```

Tavola 12-2 Metodo per la valutazione di un'idea di prodotto

Condizioni di successo del prodotto	Peso relativo (A)	Livello di competenza dell'impresa (B)											Valutazione (AxB)
		0,0	0,1	0,2	0,3	0,4	0,5	0,6	0,7	0,8	0,9	1,0	
Immagine e solidità dell'impresa	0,20							√					0,120
Marketing	0,20										√		0,180
Ricerca e sviluppo	0,20								√				0,140
Personale	0,15							√					0,090
Finanza	0,10										√		0,090
Produzione	0,05									√			0,040
Localizzazione e servizi	0,05				√								0,015
Acquisti e approvvigionamenti	0,05										√		0,045
Totale	1,00												0,720*

Scala di valutazione: 0,00-0,40 = scarso; 0,41-0,75 = discreto; 0,76-1,00 = buono. Livello minimo di accettazione: 0,70.

Fonte: Adattato con modifiche da Barry M. Richman, "A Rating Scale for Product Innovation", in *Business Horizons*, estate 1962, pp. 37-44.

no l'immagine dell'impresa, l'organizzazione di marketing e la ricerca e sviluppo.

Ridotta è invece l'importanza attribuita a fattori quali la produzione, la localizzazione e i servizi ausiliari, gli acquisti.

Il passo successivo consiste nell'attribuire un punteggio, sulla base di una scala compresa fra 0,0 e 1,0, al livello di competenza che si ritiene l'impresa possieda in relazione a ciascun fattore. Sempre dall'esempio appare come si ritenga che l'impresa detenga un elevato grado di competenza (0,9) per quanto concerne il marketing, la situazione finanziaria e gli acquisti. Il passo finale consiste nel moltiplicare il peso attribuito ai vari fattori di successo per il corrispondente punteggio assegnato all'impresa.

Se il marketing è un importante fattore di successo e l'impresa ha un'elevata competenza in materia, ciò contribuirà ad accrescere la valutazione attribuita all'idea di prodotto in esame. Nel caso illustrato nell'esempio, il punteggio complessivo assegnato all'idea di prodotto è stato di 0,72, il che colloca l'idea medesima nella fascia delle idee "più che discrete".

Il sistema di valutazione qui presentato può essere ulteriormente perfezionato. Va comunque tenuto presente che sistemi del genere si propongono di favorire una più sistematica valutazione delle idee di prodotto, non di sostituirsi al processo decisionale della direzione d'impresa.

12.5 Lo sviluppo del concetto di prodotto

Le idee che superano la selezione devono essere tradotte in concetti di prodotto. A questo proposito è importante distinguere fra idea di prodotto, concetto di prodotto e immagine di prodotto. Un'*idea di prodotto* identifica un prodotto possibile che l'impresa potrebbe offrire al mercato. Un *concetto di prodotto* costituisce una versione elaborata dell'idea, espressa in termini percepibili dal consumatore. Un'*immagine di prodotto* è quella particolare rappresentazione che i consumatori si formano di un prodotto reale o potenziale.

12.5.1 Lo sviluppo del concetto

Lo sviluppo del concetto può essere meglio illustrato mediante il seguente esempio.

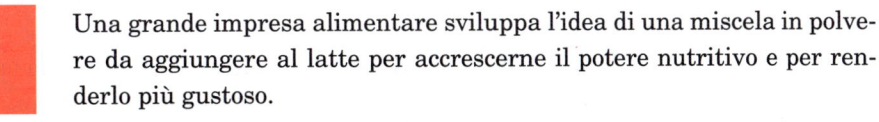

> Una grande impresa alimentare sviluppa l'idea di una miscela in polvere da aggiungere al latte per accrescerne il potere nutritivo e per renderlo più gustoso.

Si tratta, come si vede, di un'idea di prodotto. I consumatori, tuttavia, non acquistano idee di prodotto, bensì prodotti definiti.

Ogni idea di prodotto può essere tradotta in parecchi concetti di prodotto alternativi. Occorre quindi chiedersi:

1. Chi userà il prodotto in questione? La miscela può essere destinata ai lattanti e all'infanzia, o ai giovani, o agli adulti, o agli anziani.

2. È necessario stabilire le caratteristiche fondamentali che deve possedere il prodotto in termini di gusto, valore nutritivo ed energetico, capacità dissetante.
3. Qual è l'occasione più indicata per questa bevanda? La prima colazione, metà mattina, pranzo, merenda, cena, sera inoltrata?

Rispondendo a queste domande, l'impresa può definire diversi concetti di prodotto:

- **Concetto 1**: *miscela solubile per prima colazione*, destinata agli adulti che desiderano ridurre al minimo il tempo di preparazione della colazione.
- **Concetto 2**: *miscela per la preparazione della merenda*, destinata ai bambini.
- **Concetto 3**: *miscela integrativa energetica*, destinata alle persone anziane come bevanda prima di coricarsi.

12.5.2 Il posizionamento del concetto

Ogni concetto di prodotto deve essere posizionato sul mercato in modo da poter individuare le caratteristiche del sistema competitivo. La miscela per prima colazione sarà in competizione con le varie modalità di consumare la colazione del mattino: uova e prosciutto, fiocchi d'avena, caffè e latte, ecc. La bibita per merenda avrà come concorrenti i succhi e le bevande a base di frutta o di altri ingredienti nutritivi e dissetanti, il latte e così via. Come si vede, è il concetto di prodotto, e non l'idea, che consente di definire il sistema competitivo in cui il prodotto si inserisce.

Esaminiamo ora il concetto relativo alla miscela solubile per colazione allo scopo di chiarire gli aspetti relativi al suo posizionamento. Nella figura 12-4 *a* viene illustrata una *mappa di posizionamento del prodotto* nella quale la miscela allo studio viene confrontata con gli altri prodotti per colazione secondo due parametri: il prezzo di vendita e il tempo di preparazione. Dalla mappa emerge immediatamente come la miscela solubile si presenti più vantaggiosa, rispetto ai prodotti concorrenti, sia sotto il profilo del costo, sia sotto quello del tempo di preparazione. Il prodotto concorrente più vicino è costituito dai fiocchi d'avena, mentre le uova con il prosciutto risultano le più lontane. Queste differenze potranno essere utilizzate nel quadro della presentazione del nuovo prodotto.

Il concetto in esame deve altresì essere posizionato nei confronti delle varie marche di prodotti similari già presenti sul mercato. Nella figura 12-4 *b* vengono riportate le posizioni di altre tre miscele solubili per colazione, tenendo conto del prezzo e del tenore in calorie. L'impresa deve decidere il posizionamento della propria miscela per quanto concerne prezzo e contenuto calorico, ammesso che queste caratteristiche siano determinanti ai fini dell'azione sulla domanda. La nuova marca potrebbe essere posizionata nel mercato definito da un medio livello di prezzo, nonché da un medio tenore calorico, oppure nel mercato caratterizzato dal basso livello sia dei prezzi, sia del tenore calorico. In entrambi i casi la nuova marca acquisirà un carattere distintivo di rilievo nei confronti delle marche esistenti, mentre una posizione più vicina a una di queste implicherebbe una lotta serrata per acquisire una parte del mercato. Una decisione del genere richiede la previa misurazione della preferenza dei segmenti alternativi del mercato.

Figura 12-4 Posizionamento del prodotto e della marca

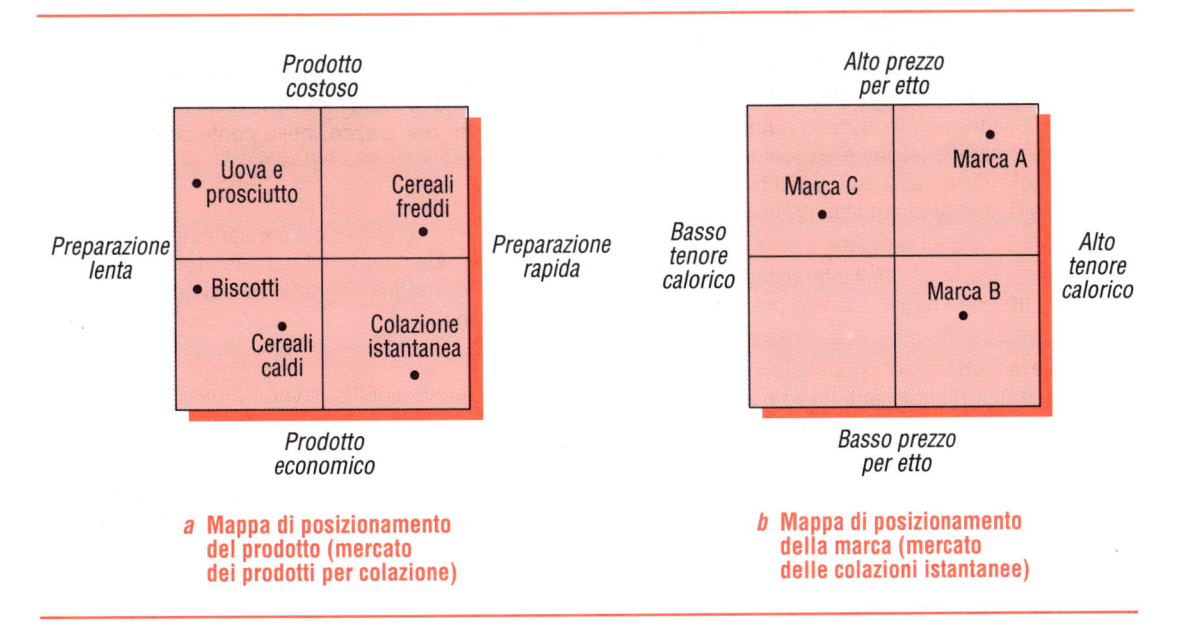

a **Mappa di posizionamento del prodotto (mercato dei prodotti per colazione)**

b **Mappa di posizionamento della marca (mercato delle colazioni istantanee)**

12.5.3 La sperimentazione del concetto

I concetti di prodotto, per quanto accuratamente predisposti, devono essere sottoposti a verifica sperimentale. Tale verifica può aver luogo presentando il concetto di prodotto in forma simbolica o fisica a un gruppo di consumatori appartenenti al mercato obiettivo. Sebbene in questa fase del processo di sviluppo possa essere sufficiente una presentazione simbolica, va tenuto presente che la validità di una sperimentazione si accresce notevolmente qualora la presentazione venga materializzata. Ai consumatori vengono poste le domande riportate nella tavola 12-3. Dalle risposte ottenute sarà possibile ricavare quale dei concetti alternativi di prodotto ottiene il gradimento più elevato. Per

Tavola 12-3 Principali domande in una prova del concetto

1. **Il concetto è chiaro e facile da capire?** (Spesso la prova del concetto rivela che la gente non riesce ad afferrarne il significato).

2. **In questo prodotto trovate qualche vantaggio particolare rispetto ai prodotti concorrenti?** (Gli intervistati devono individuare gli specifici vantaggi che il prodotto presenta rispetto a quelli maggiormente simili).

3. **Ritenete che quanto affermato sia credibile?** (Gli intervistati possono nutrire forti dubbi circa le caratteristiche e le prestazioni del prodotto: l'individuazione di tali dubbi può consentire all'impresa di rimuoverne le cause).

4. **Preferite questo prodotto rispetto a quello dei concorrenti?** (Gli intervistati rispondono confermando o meno la loro preferenza).

5. **Acquistereste questo prodotto?** (L'impresa deve accertare se un sufficiente numero di consumatori intervistati ha realmente l'intenzione di acquistare il prodotto).

6. **Cambiereste i prodotti che usate abitualmente con questo nuovo prodotto?** (L'impresa deve accertare non solo la disponibilità a provare il nuovo prodotto, ma anche quella a sostituirlo in modo permanente ai prodotti abituali).

7. **Questo prodotto risponde realmente a un vostro bisogno?** (Se i consumatori non avvertono un effettivo bisogno del prodotto, potrebbero acquistarlo una sola volta per curiosità).

8. **Quali miglioramenti suggerireste di apportare alle varie caratteristiche del prodotto?** (Le risposte consentono all'impresa di introdurre ulteriori miglioramenti nella forma, negli attributi, nel prezzo, nella confezione e così via).

9. **Con quale frequenza acquistereste questo prodotto?** (Le risposte consentono di valutare la propensione del consumatore a considerare il prodotto oggetto di uso quotidiano o saltuario).

10. **Chi in particolare potrà usare il prodotto?** (Le risposte contribuiscono a meglio definire il mercato obiettivo).

11. **Quale ritenete debba essere il prezzo di questo prodotto?** (Le risposte costituiscono un ulteriore elemento per valutare la percezione del valore che il consumatore ha nei confronti del prodotto).

esempio, la domanda 5 mira a valutare l'intenzione d'acquisto del consumatore nei confronti di un dato prodotto. Il consumatore può esprimere un'intenzione d'acquisto decisa, oppure un'intenzione probabile. Può anche accadere che egli esprima la probabile intenzione di non acquistare, o anche una completa mancanza di interesse. Si supponga che il 40% dei consumatori interpellati dichiari di avere una "decisa intenzione" d'acquisto, mentre un altro 30% esprima una "probabile intenzione". Molte imprese hanno messo a punto dei criteri atti a stabilire in che misura tali intenzioni d'acquisto corrispondano a futuri atti d'acquisto. Un'impresa alimentare scarta ogni idea di prodotto nei confronti della quale non venga registrato un tasso di decise intenzioni d'acquisto superiore al 50%. Un'altra impresa, sempre nel settore alimentare, assume come criterio, per ammettere o meno un nuovo prodotto, che le decise intenzioni d'acquisto, sommate alla metà delle intenzioni probabili, non siano inferiori al 50% degli interpellati.

La metodologia dello sviluppo e della sperimentazione del concetto di prodotto può essere applicata a qualsiasi prodotto, servizio o idea, come un'auto elettrica, un nuovo servizio bancario, un nuovo tipo di museo o un nuovo sistema sanitario. Troppi dirigenti ritengono il loro compito concluso allorquando hanno messo a punto l'idea di un nuovo prodotto. Ne consegue che essi non sviluppano l'idea in alcuni concetti alternativi, né procedono a effettuare le necessarie sperimentazioni. In seguito, una volta lanciato sul mercato il nuovo prodotto, si trovano a dover affrontare problemi che sarebbe stato possibile evitare ove l'impresa avesse svolto correttamente le fasi precedenti.

A questo specifico proposito, è opportuno sottolineare come il successo conseguito sul mercato da un nuovo prodotto, com'è avvenuto nel caso della Fiat Uno, trovi fra i suoi fattori determinanti anche l'uso efficace delle ricerche e delle analisi di mercato lungo l'intero processo di sviluppo del nuovo modello. Nella tavola 12-4 vengono illustrate le principali attività di ricerca svolte da Fiat Auto nel corso degli anni Ottanta.[10]

12.6 La definizione della strategia di marketing

L'introduzione del nuovo prodotto sul mercato presuppone la definizione di una strategia di marketing di massima, che dovrà essere ulteriormente specificata nelle fasi successive.

Tavola 12-4 Le attività di ricerca nelle varie fasi di sviluppo del prodotto

Decisione aziendale	Attività di ricerca
❏ **Studio esplorativo** (5-6 anni prima del lancio) in cui si definisce il concept cioè la "filosofia" del nuovo modello	❏ **Scenario socioculturale** prevedibile al momento del lancio; profilo socioculturale dell'utenza e atteggiamenti emergenti nei confronti: • dell'auto in generale • della marca • del segmento ❏ **Analisi dell'utenza del segmento** in termini di: • composizione del parco auto familiare • fedeltà al modello posseduto • soddisfazione/insoddisfazione verso il modello posseduto • percezione dell'immagine dei modelli del segmento
❏ **Approvazione maquette** (modello in gesso) (a 3-4 anni dal lancio)	❏ **Concept test** • accettabilità e coerenza della maquette con il concept aziendale • validità del concept nell'ambito delle tendenze evolutive dell'utenza • individuazione del panorama concorrenziale in cui si inserirà il nuovo prodotto
❏ **Delibera per l'attrezzamento** (a 2/3 anni dal lancio): è, in pratica, l'approvazione del prototipo per quanto riguarda sia gli esterni, sia gli interni	❏ **Test di prodotto** • abitabilità in termini di ampiezza e distribuzione dello spazio • accettazione del livello di allestimento • coerenza esterni/interni rispetto al concept aziendale
❏ **Strategia di lancio** (a un anno dal lancio)	❏ **Clinic test** • impatto del nuovo modello • caratterizzazione di immagine e posizionamento in relazione a un panorama di vetture ipotizzate come concorrenti • valutazione puntuale degli aspetti di prodotto • attese relative al prezzo • livello di accettazione del prototipo sul piano dell'atteggiamento di acquisto e sua dinamica nei confronti delle vetture concorrenti

Fonte: "Le ricerche di marketing", supplemento a *Fiat Quadri*, settembre 1986, p. 8.2 (riportato in W. G. Scott., *Fiat Uno*, p. 401).

Tale strategia consiste di tre parti. Nella prima vengono descritte la dimensione, la struttura e l'evoluzione del mercato obiettivo, il posizionamento del prodotto, nonché le vendite, la quota di mercato e gli obiettivi di profitto che si ritiene di conseguire nei primi anni. La seconda parte della strategia di marketing riguarda il prezzo del prodotto la politica distributiva e il budget di marketing per il primo anno.

> Il prodotto verrà messo in vendita nella versione al cioccolato in pacchetti da sei bustine, al prezzo di 79 centesimi al pacchetto. Ai rivenditori al dettaglio il prodotto sarà presentato in cartoni da quarantotto pacchetti a un prezzo di 24 dollari. Nei primi due mesi dal momento del lancio, i rivenditori avranno diritto a un cartone omaggio per ogni quattro acquistati, oltre al riconoscimento di particolari abbuoni a fronte delle azioni promozionali sul punto di vendita. Verrà inoltre effettuata una promozione sul consumatore mediante distribuzione a domicilio di campioni gratuiti, nonché l'inserimento nei comunicati pubblicitari sulla stampa di tagliandi sconto del valore di 10 centesimi. La spesa complessiva per la promozione delle vendite sarà di 2.900.000 dollari. Lo stanziamento pubblicitario di 6 milioni di dollari verrà destinato per il 50% alla campagna nazionale e per la restante metà alle campagne a livello locale. Per quanto concerne la ripartizione fra i mezzi, due terzi della somma suddetta, cioè 4 milioni di dollari, andranno alla televisione e un terzo alla stampa. Il contenuto della comunicazione pubblicitaria dovrà evidenziare i vantaggi nutritivi e la facilità di preparazione delle nuova miscela. Per quanto concerne il concetto grafico del messaggio pubblicitario, esso sarà costituito dall'immagine di un bambino sano e robusto, con una tazza di latte arricchito della nuova miscela solubile. Nel corso del primo anno, verranno spesi 100.000 dollari in ricerche di marketing per tenere sotto controllo le reazioni del mercato e i comportamenti d'acquisto.

Nella terza parte dell'enunciazione della strategia di marketing preliminare vengono definiti gli obiettivi di vendita e di profitto a lungo termine, nonché la strategia di marketing-mix.

> Obiettivo di fondo dell'impresa è quello di acquisire una quota di mercato pari al 25%, nonché di conseguire una remunerazione dell'investimento pari al 12%, al netto delle imposte. L'acquisizione di questi risultati presupporrà un'elevata qualità iniziale del prodotto, da migliorare ulteriormente mediante ricerche tecniche.
> Nella fase iniziale il prezzo verrà mantenuto elevato, per essere poi gradualmente abbassato onde consentire l'estensione del mercato e il contenimento della concorrenza.

> L'investimento promozionale complessivo verrà accresciuto annualmente del 20%, con una possibile modifica del rapporto fra pubblicità e promozione vendite, che potrà passare dal 63/37 iniziale fino al 50/50. Il budget annuale per le ricerche di marketing verrà ridotto, dopo il primo anno, a 60.000 dollari.

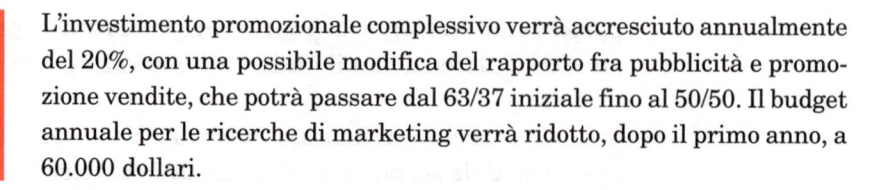

12.7 Analisi economica

Una volta sviluppati il concetto di prodotto e la correlativa strategia di marketing, la direzione aziendale è in grado di valutare la validità della proposta. A tale scopo, è necessario esaminare le previsioni delle vendite, dei costi e dei profitti, accertando se esse corrispondono o meno agli obiettivi dell'impresa. In caso affermativo è possibile passare dalla fase di messa a punto del concetto di prodotto a quella dello sviluppo del medesimo punto via via che si rendono disponibili ulteriori informazioni, l'analisi economica viene sottoposta a revisione.

12.7.1 Stima delle vendite

Preliminare a ogni processo di sviluppo di un nuovo prodotto è la valutazione delle vendite che dello stesso potranno essere realizzate. Occorre infatti stabilire con sufficiente attendibilità se le vendite del nuovo prodotto raggiungeranno livelli tali da garantire un profitto soddisfacente per l'impresa. A questo fine, è necessario esaminare l'andamento delle vendite di prodotti similari ed effettuare specifiche ricerche sul consumatore. Inoltre, occorre predisporre stime dei livelli minimi e massimi delle vendite, onde poter definire il grado di rischio connesso al prodotto in esame.

I metodi di previsione delle vendite dipendono soprattutto dalla frequenza di acquisto dei prodotti in considerazione. Nella figura 12-5 vengono presentati i cicli di vita delle vendite di prodotti acquistati per una volta soltanto (*a*), in modo saltuario (*b*), in modo frequente (*c*). Nel primo caso, le vendite salgono fino a un certo livello e poi scendono verso lo zero, man mano che il numero degli acquirenti potenziali si esaurisce. Se nel mercato continuano a entrare nuovi acquirenti, la curva tenderà a restare al di sopra dello zero.

Figura 12-5 Cicli di vita delle vendite di tre tipi di prodotti

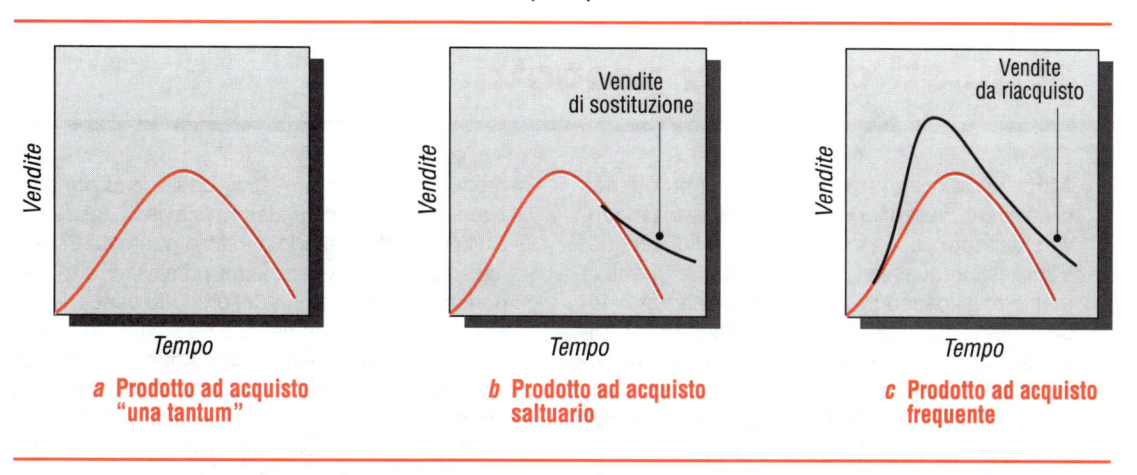

a **Prodotto ad acquisto "una tantum"**

b **Prodotto ad acquisto saltuario** — Vendite di sostituzione

c **Prodotto ad acquisto frequente** — Vendite da riacquisto

Nel secondo caso, quello degli acquisti saltuari, come automobili, tostapane e attrezzature industriali, si hanno cicli di sostituzione, determinati sia dall'usura dei prodotti, sia dalla loro obsolescenza connessa ai mutamenti delle caratteristiche tecniche e dei gusti. In questo caso, la previsione delle vendite deve prendere in considerazione separatamente gli acquisti effettuati per la prima volta e quelli effettuati per sostituire beni usurati e obsoleti.

Infine, nel caso dei prodotti a frequente acquisto, il numero delle persone che acquistano il prodotto per la prima volta all'inizio aumenta e poi decresce (assumendo che la popolazione rimanga costante). Le vendite derivanti dai riacquisti hanno inizio poco dopo il lancio del prodotto, a condizione che lo stesso abbia soddisfatto una parte degli acquirenti, rendendoli così consumatori abituali. La curva delle vendite si stabilizza alla fine al livello che esprime gli acquisti dei consumatori suddetti. Quando ciò avviene, il prodotto cessa di far parte della classe dei nuovi prodotti.

Stima delle vendite di primo acquisto. Il primo compito, di qualsiasi tipo di prodotto si tratti, consiste nella stima dei primi acquisti del nuovo prodotto nei vari periodi.

Tre esempi di metodi impiegati a questo scopo sono illustrati nel quadro 12-1.

Quadro 12-1 Metodi di stima dei primi acquisti di nuovi prodotti

Attrezzature sanitarie. Un'impresa produttrice di attrezzature sanitarie aveva sviluppato un nuovo strumento per l'analisi di campioni di sangue. L'impresa in questione identificò tre segmenti di mercato: gli ospedali, le cliniche e i laboratori indipendenti. Per ogni segmento, vennero considerate le unità aventi una dimensione tale da giustificare l'impiego del nuovo strumento di analisi. Venne quindi stimata la probabilità di acquisto corrispondente a ogni strumento, il che consentì di determinare il numero dei potenziali acquirenti cioè il *potenziale di mercato*. Si procedette quindi a valutare la *penetrazione del mercato*, tenendo conto dell'azione pubblicitaria e di vendita prevista per il periodo, del prezzo dello strumento, e dell'attività dei concorrenti. La combinazione delle due stime permise infine di formulare le previsioni di vendita del nuovo prodotto.

Condizionatori d'aria domestici. I modelli epidemiologici (cioè i modelli che studiano l'insorgenza e la diffusione delle malattie) possono essere assunti come utile riferimento per lo studio dei processi di diffusione dei nuovi prodotti. Bass ha usato un'equazione tratta da un modello epidemiologico per prevedere le vendite dei nuovi modelli di elettrodomestici, quali condizionatori d'aria, frigoriferi, congelatori, televisori, tosaerba. Sulla base del metodo messo a punto da Bass, i dati relativi alle vendite dei primissimi anni del periodo di introduzione del prodotto vengono utilizzati per stimare le vendite degli anni successivi, fino al momento in cui la domanda di sostituzione diviene determinante. Ad esempio, nel caso dei condizionatori d'aria domestici, le previsioni del massimo livello di vendita vennero praticamente confermate dalle vendite effettive, 1.800.000 unità vendute contro 1.900.000 unità previste. Inoltre, il periodo di tempo necessario a conseguire il livello massimo delle vendite risultò essere di 7 anni, contro gli 8,6 previsti.

Beni di consumo non durevoli. Fourt e Woodlock hanno messo a punto un modello delle vendite di primo acquisto, verificato mediante numerose applicazioni a beni di consumo non durevoli. L'analisi dei tassi di penetrazione del mercato da parte dei nuovi prodotti ha messo in evidenza che: 1) le vendite cumulative si avvicinano a un livello di penetrazione inferiore al 100% del numero dei nuclei familiari esistenti in un determinato mercato; 2) i successivi incrementi di rica-

---

Stima delle vendite di sostituzione. Per stimare le vendite di sostituzione di un prodotto, occorre definire la *distribuzione dell'età di sopravvivenza*. L'estremità inferiore della distribuzione indica il momento in cui la prima vendita di sostituzione ha luogo.

Il tempo di sostituzione dipende dalle prospettive economiche del consumatore, dalle alternative di prodotto, dal livello dei prezzi dell'impresa, dalle condizioni di pagamento e dallo sforzo di vendita. Dato

vi tendono a declinare. Il modello di Fourt e Woodlock trova espressione nella seguente equazione:

$$q_t = r\overline{q}(1-r)^{t-1} \quad (12\text{-}1)$$

in cui:

q_t = percentuale delle famiglie che si ritiene sperimenteranno il nuovo prodotto nel periodo t

r = tasso di penetrazione del potenziale di mercato residuo

$\overline{q}$ = percentuale delle famiglie che si ritiene sperimenteranno complessivamente il nuovo prodotto

t = tempo

Si supponga che la stima della percentuale delle famiglie americane che sperimenteranno il prodotto sia pari al 40% ($\overline{q} = 0{,}4$). Si supponga inoltre che, in ciascun periodo, venga penetrato, o acquisito, il 30% del residuo potenziale in termini di nuovi acquirenti ($r = 0{,}3$). Ne consegue che la percentuale delle famiglie statunitensi che sperimenteranno il prodotto nei primi quattro periodi può essere così determinata:

$q_1 = r\overline{q}\,(1-r)^{1-1} = 0{,}3 \cdot 0{,}4 \cdot 0{,}7^0 = 0{,}120$
$q_2 = r\overline{q}\,(1-r)^{2-1} = 0{,}3 \cdot 0{,}4 \cdot 0{,}7^1 = 0{,}084$
$q_3 = r\overline{q}\,(1-r)^{3-1} = 0{,}3 \cdot 0{,}4 \cdot 0{,}7^2 = 0{,}059$
$q_4 = r\overline{q}\,(1-r)^{4-1} = 0{,}3 \cdot 0{,}4 \cdot 0{,}7^3 = 0{,}041$

Con il passar del tempo, la percentuale degli acquirenti che sperimentano il prodotto per la prima volta tende allo zero. Per ottenere la stima delle vendite espressa in valori monetari è sufficiente calcolare il numero delle famiglie che corrisponde alle percentuali determinate per i vari periodi, e moltiplicare quindi tale numero per il prezzo di una unità di prodotto.

Fonti: L'applicazione relativa ai condizionatori d'aria è stata tratta da Frank M. Bass, "A New Product Growth Model for Consumer Durables", in *Management Sciences*, gennaio 1969, pp. 215-217. Il modello di Fourt e Woodlock è esposto nell'articolo di Louis A. Fourt e Joseph N. Woodlock, "Early Prediction of Market Success for New Grocery Products", in *Journal of Marketing*, ottobre 1960, pp. 31-38.

che le vendite di sostituzione sono difficili da valutare prima che il prodotto entri nell'uso effettivo, talune imprese basano la decisione relativa al lancio di un nuovo prodotto unicamente sulla stima delle vendite di primo acquisto.

Stima delle vendite da riacquisto. Nel caso di prodotti di frequente acquisto, l'impresa deve stimare sia le vendite di primo acquisto, sia quelle derivanti dagli acquisti successivi, o riacquisti. Trattandosi di prodotti, per lo più d'uso immediato, i riacquisti si manifestano immediatamente dopo l'introduzione.

Un alto tasso di riacquisti significa che la clientela è soddisfatta. Le vendite resteranno quindi elevate anche dopo che si sarà esaurita la fase dei primi acquisti. L'impresa dovrebbe tener conto dell'entità dei riacquisti a seconda dell'intensità degli stessi: una volta, due volte, tre volte, e così via.

Infatti, alcuni prodotti vengono acquistati per un certo periodo di tempo e poi abbandonati. È pertanto di notevole importanza lo stimare, con riferimento alle varie classi di acquirenti, se l'entità dei riacquisti tende ad accrescersi o, al contrario, a ridursi, e con quale tasso.

12.7.2 Stima dei costi e dei profitti

Una volta formulate le previsioni di vendita, occorre procedere alla valutazione dei corrispondenti costi e profitti. La valutazione dei costi viene effettuata mediante il concorso dei servizi ricerca e sviluppo, produzione, marketing e finanza. Nella tavola 12-5 viene presentata la proiezione a cinque anni delle vendite, dei costi e dei profitti della miscela solubile per colazione. Nella riga 1 sono riportati i *ricavi di vendita* previsti per ciascuno dei cinque anni considerati. L'impresa prevede di realizzare vendite pari a 11.889 milioni di lire (circa 500.000 cartoni a 24.000 lire ciascuno) nel corso del primo anno. Per gli anni successivi sono previsti incrementi del 28% per il secondo e il terzo anno, del 47% per il quarto anno e del 15% per il quinto anno. Le previsioni suddette sono naturalmente basate su una serie di ipotesi circa il tasso di sviluppo del mercato, la quota di mercato e la composizione dei ricavi.

Nella riga 2 sono riportate le previsioni relative al *costo del venduto*, il quale si aggira attorno al 33% dei ricavi di vendita. Il costo in questione è ottenuto mediante valutazione del costo medio della manodopera, degli ingredienti e della confezione.

Nella riga 3 appare il *margine lordo*, cioè la differenza fra ricavi di vendita e costo del venduto.

Nella riga 4 sono riportati i *costi di sviluppo* già sostenuti, pari a 3,5 miliardi di lire. I costi in questione sono costituiti da tre componenti. La prima è data dal *costo di sviluppo del prodotto*, cioè dalle spese sostenute nella ricerca, nello sviluppo e nella sperimentazione del pro-

Tavola 12-5 Previsione di conto economico a cinque anni (in milioni di lire)

	Anno 0	Anno 1	Anno 2	Anno 3	Anno 4	Anno 5
1. Ricavi di vendita	0	11.889	15.381	19.654	28.253	32.491
2. Costo del venduto	0	3.981	5.150	6.581	9.461	10.880
3. Margine lordo	0	7.908	10.231	13.073	18.792	21.611
4. Costi di sviluppo	−3.500	0	0	0	0	0
5. Costi di marketing	0	8.000	6.460	8.255	11.866	13.646
6. Imputazione costi comuni	0	1.189	1.538	1.965	2.825	3.249
7. Contribuzione lorda	−3.500	−1.281	2.233	2.853	4.101	4.716
8. Contribuzione supplementare	0	0	0	0	0	0
9. Contribuzione netta	−3.500	−1.281	2.233	2.853	4.101	4.716
10. Contribuzione scontata (al tasso del 15% annuo)	−3.500	−1.113	1.691	1.877	2.243	2.346
11. Flusso di cassa cumulativo scontato	−3.500	−4.613	−2.922	−1.045	1.298	3.644

dotto fisico. La seconda componente è formata dai *costi di ricerca di marketing*, sostenuti per mettere a punto il programma di marketing e valutare la probabile risposta del mercato. Nei costi in questione rientrano anche le varie sperimentazioni e verifiche connesse alla confezione, al nome e agli altri aspetti dell'azione di marketing. La terza componente è costituita dai *costi di sviluppo del processo di produzione*, i quali comprendono le spese di acquisto di nuove attrezzature, di rinnovo degli impianti, di formazione di scorte.

Nella riga 5 sono riportate le previsioni dei *costi di marketing* da sostenersi nel quinquennio a fronte della pubblicità, della promozione delle vendite, delle ricerche di mercato, dell'organizzazione di vendita e dell'amministrazione di marketing. Nel primo anno, i costi di marketing ammontano al 67% delle vendite, mentre si prevede che la loro incidenza scenda al 42% nel quinto anno.

Nella riga 6 viene riportata l'*imputazione costi indiretti*, cioè la quota di spese comuni – personale direttivo, affitti, illuminazione, riscaldamento, ecc. – ritenuta di competenza del nuovo prodotto.

Nella riga 7 viene evidenziato il *margine di contribuzione lordo*, ottenuto sottraendo al margine lordo le tre precedenti voci di costo. Il margine in questione, negativo per l'anno 0 e l'anno 1, risulta positivo negli anni seguenti, sino a raggiungere il 15% delle vendite nel quinto anno.

Nella riga 8 trova specificazione la *contribuzione supplementare*, consistente nelle modifiche nella struttura dei ricavi degli altri prodotti dell'impresa derivanti dall'introduzione del nuovo prodotto. Tali modifiche possono risultare di segno positivo, nel caso che i prodotti esistenti vedano accrescere le proprie vendite (*effetto di trascinamento*), o negativo, nel caso in cui sul nuovo prodotto si riversi una parte delle vendite dei preesistenti (*effetto di cannibalizzazione*). Nel caso in esame non si è ritenuto di dover registrare effetti del genere. La riga 9 evidenzia il *margine di contribuzione netto*.

Nella riga 10 è riportato il *margine di contribuzione scontato*, cioè il valore attuale dei margini di contribuzione dei vari anni, scontati sulla base di un tasso annuo del 15%.

Nell'esempio, l'impresa non conseguirà un margine netto di 4.716 milioni di lire se non alla fine del quinto anno, il che significa, al tasso del 15%, un valore attuale di 2.346 milioni di lire.[11] Infine, la riga 11 evidenzia il *flusso di cassa cumulativo scontato*, cioè la somma cumulata dei margini di contribuzione scontati relativi ai vari anni di cui alla riga 10.

Il flusso di cassa (*cash flow*) in questione costituisce l'elemento base sul quale la direzione fonda la propria decisione sul proseguire o meno nel progetto di sviluppo del nuovo prodotto. Due sono i punti al centro dell'attenzione. Il primo riguarda la *massima esposizione finanziaria*, cioè il livello più elevato cui può pervenire l'investimento effettuato dall'impresa.

Nell'esempio illustrato dalla tavola 12-5, questo livello viene raggiunto al termine del 1° anno, allorquando il flusso di cassa cumulativo scontato assume un valore negativo di 4.614 milioni di lire. Tale importo costituirebbe la perdita registrata dall'impresa, qualora questa decidesse di porre termine allo sviluppo del prodotto. Il secondo punto riguarda il *periodo di recupero*, cioè il tempo necessario affinché l'impresa possa ricostituire l'investimento effettuato nel nuovo prodotto, tenendo anche conto del rendimento del capitale investito al tasso del 15%. Nell'esempio, il periodo di recupero è all'incirca di tre anni e sei mesi. In conclusione, la direzione dell'impresa deve stabilire se assumere il rischio di subire una perdita fino a 4,6 miliardi di lire, e se attendere tre anni e sei mesi per recuperare l'investimento.

Le imprese usano altri metodi per valutare il valore delle proposte di un nuovo prodotto. Il più semplice è costituito dall'*analisi del punto d'equilibrio (break-even analysis)*, in base al quale la direzione stima il numero di unità che devono essere vendute per conseguire la copertura di una data struttura di costi.

Nel caso in cui si ritenga che l'impresa raggiungerà il volume di vendite in questione, il progetto viene approvato. Il metodo più complesso è quello dell'*analisi del rischio*. In base a tale metodo, vengono effettuate tre stime (ottimistica, pessimistica, probabile) per ciascuna delle variabili influenzanti la profittabilità, nell'ipotesi di una certa situazione di mercato e di una strategia di marketing per il periodo di pianificazione considerato.

12.8 Lo sviluppo del prodotto

Se l'idea di nuovo prodotto supera l'analisi economica, essa viene trasmessa ai servizi di R&S e di progettazione, affinché questi la trasformino in prodotto fisico. Fino a questo punto il prodotto esisteva solo come semplice descrizione verbale, o forse come disegno o prototipo appena abbozzato. Questo stadio richiede un considerevole incremento degli investimenti, i quali tendono ora a superare di gran lunga le spese sostenute nelle fasi precedenti.

Nello stadio di sviluppo del prodotto sarà possibile stabilire se l'idea iniziale possa essere tradotta in un prodotto tecnicamente e commercialmente valido. In caso contrario, gli investimenti effettuati potranno essere considerati come perduti, a parte il valore dell'esperienza acquisita. La funzione R&S procederà a mettere a punto una o più versioni dell'idea di prodotto. Così operando, essa mira a definire un prototipo che soddisfi i seguenti criteri:

1. I consumatori vi riconoscono gli attributi principali descritti nel concetto di prodotto.
2. Le prestazioni del prototipo rientrano nei limiti di sicurezza previsti.
3. Il prototipo può essere prodotto su vasta scala ai costi di produzione previsti.

Lo sviluppo di un prototipo di successo può richiedere giorni, settimane, mesi e anche anni. La Maxwell House, divisione della General Foods, per esempio, scoprì che i consumatori manifestavano una forte preferenza per una miscela di caffè che fosse "forte, vigorosa, dal gusto intenso". I tecnici del laboratorio ricerche della Maxwell lavorarono per oltre quattro mesi per arrivare a ottenere una miscela che corrispondesse alla richiesta di mercato. In seguito, tale richiesta risultò essere troppo costosa, per cui venne messa a punto una miscela corrispondente ai livelli di costo ritenuti accettabili. Ciò, tuttavia, portò a modificare il gusto del caffè preparato con la nuova miscela, il che ne determinò il successivo insuccesso di mercato.

I tecnici di laboratorio non devono limitarsi a definire le caratteristiche funzionali del prodotto, ma devono anche saper valutare le implicazioni psicologiche che certi aspetti del prodotto possono avere per il consumatore.

Ciò richiede la conoscenza di come il consumatore reagisce nei confronti di talune caratteristiche fisiche del prodotto, quali il colore, la taglia, il peso, la forma, e così via.

Nel caso di un collutorio il colore giallo richiama l'idea di "antisettico" (Listerine), il colore rosso quella di "rinfrescante" (Lavoris), e il colore verde quella di "freddo" (Micrin). Un ulteriore esempio è costituito dai tosaerba, i quali devono avere un notevole peso ed essere dotati di motori rumorosi per poter essere considerati solidi e potenti. Gli specialisti di marketing devono lavorare a stretto contatto con gli addetti alla ricerca e sviluppo, in modo da fornire loro elementi utili a comprendere le preferenze dei consumatori nei confronti delle varie caratteristiche dei prodotti.

Una volta che i prototipi sono stati approntati, occorre che gli stessi siano sottoposti a regolari test funzionali e di mercato. I *test funzionali* sono effettuati secondo condizioni di laboratorio e operative tali da garantire che il prodotto si comporti in modo sicuro ed efficace. Il nuovo aereo deve volare; la nuova confezione alimentare deve conservare la sua freschezza per il tempo necessario; il nuovo preparato medicinale non deve provocare effetti collaterali dannosi. Nel campo dei medicinali, la sperimentazione dei nuovi prodotti viene condotta per anni prima che le autorità sanitarie concedano l'autorizzazione a immettere gli stessi sul mercato. I *test sul consumatore* possono assumere una varietà di forme, dall'invitare i consumatori a sperimentare le varie versioni del prodotto presso i laboratori dell'impresa, a fornire agli stessi campioni

Quadro 12-2 Metodi per la misurazione delle preferenze del consumatore

Si supponga che a un consumatore vengano presentati tre prodotti A, B e C. Essi potrebbero essere tre modelli di auto, oppure tre comunicati pubblicitari, oppure tre nomi di uomini politici. Per misurare le preferenze di un individuo per questi prodotti sono disponibili tre metodi: la classificazione semplice, il confronto abbinato e la valutazione monadica.

Il metodo della *classificazione semplice* consiste nel chiedere al consumatore di classificare le tre voci in ordine di preferenza. Questi potrebbe rispondere nel modo seguente: $A > B > C$. Il metodo in questione non può mettere in evidenza il grado di apprezzamento che il consumatore ha per le varie alternative. Egli potrebbe apprezzare assai poco o moltissimo ognuna di esse. Infine, questo metodo è difficile da usare allorquando gli elementi da ordinare siano molteplici.

Il *confronto abbinato* si basa sulla presentazione al consumatore di una serie di elementi, una coppia per volta, chiedendo allo stesso di segnalare gli elementi preferiti di una coppia. Ad esempio, al consumatore potrebbero essere presentate le seguenti coppie: AB, AC, BC. Il consumatore potrebbe dichiarare di preferire A a B, A a C e B a C. Potremmo quindi concludere che, agli occhi del nostro consumatore, $A > B > C$. Il confronto abbinato presenta due vantaggi principali. Il primo consiste nel fatto che la gente trova molto più semplice esprimere le proprie preferenze fra un certo numero di elementi considerandone due alla volta. Il secondo vantaggio è dato dalla più intensa concentrazione che si ottiene allorquando una persona mette a confronto due elementi, con una più attenta valutazione delle similarità o delle differenze.

La *valutazione monadica* presuppone che il consumatore valuti il proprio grado di apprezzamento verso un prodotto, o altro, servendosi di una scala. Si supponga che venga usata le seguente scala che prevede sette modalità diverse di valutazione:

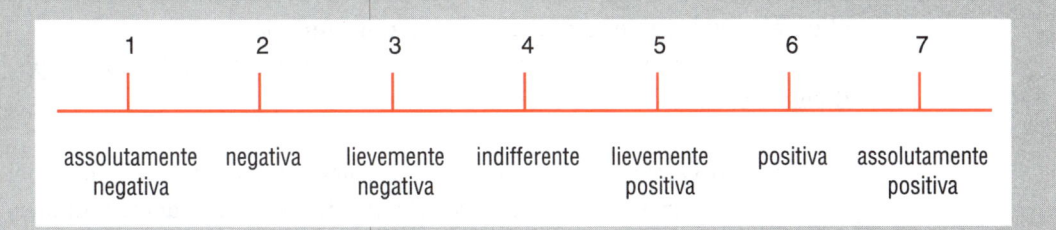

1	2	3	4	5	6	7
assolutamente negativa	negativa	lievemente negativa	indifferente	lievemente positiva	positiva	assolutamente positiva

Si supponga che il consumatore esprima le seguenti valutazioni: $A = 6$; $B = 5$; $C = 3$. Con questo metodo è possibile ottenere una maggiore quantità di informazioni rispetto ai metodi precedenti.

È possibile ottenere l'indice delle varie preferenze (e cioè $A > B > C$) e anche il livello qualitativo di valutazione che un dato consumatore esprime nei confronti delle varie entità sottoposte al suo giudizio. Inoltre, è possibile valutare la distanza esistente fra le varie preferenze. Va infine rilevato come questo metodo sia facile da impiegare, specie quando le entità da valutare siano numerose.

da usare presso il proprio domicilio. Questi ultimi sono assai diffusi e possono essere applicati a una gamma vastissima di prodotti, dalla nuova serie di gusti del gelato al nuovo elettrodomestico. La Du Pont, dopo aver messo a punto una nuova moquette sintetica, la installò gratuitamente presso un notevole numero di abitazioni, in cambio della collaborazione dei rispettivi proprietari nel riferire il loro giudizio sulle caratteristiche differenziali del nuovo prodotto rispetto a quelli preesistenti. Le tecniche impiegate nell'effettuazione dei test sui consumatori sono molteplici. Fra le più comuni possono essere ricordate la classificazione semplice, i confronti abbinati e le scale di misurazione. Per una prima valutazione delle possibilità e dei limiti di questi metodi, si rinvia al quadro 12-2.

12.9 I test di mercato

Una volta che il prodotto abbia conseguito un soddisfacente livello di prestazioni funzionali, sarà necessario definire la marca, la confezione e il piano di marketing preliminare onde poter procedere a realizzare una sperimentazione in una reale situazione di mercato (le decisioni concernenti la marca e la confezione vengono esaminate nel capitolo 16). Lo scopo del test di mercato consiste nell'accertare come i consumatori e gli intermediari si comportano nei confronti del prodotto, nonché nella valutazione dell'ampiezza del mercato.

Non tutte le imprese impiegano i test di mercato. A suo tempo, un dirigente della Revlon così si espresse:

> Nel nostro settore – essenzialmente cosmetici di alto prezzo non idonei alla distribuzione di massa – sarebbe inutile effettuare dei test di mercato. Quando noi sviluppiamo un nuovo prodotto, ad esempio una nuova crema di bellezza, sappiamo che il prodotto si venderà poiché conosciamo molto bene il mercato. Inoltre, disponiamo di 1.500 dimostratrici operanti nei grandi magazzini, le quali si impegneranno al massimo nella promozione della nuova confezione.

Molte imprese, tuttavia, sono consapevoli della validità dei test di mercato per ottenere utili informazioni sugli acquirenti, gli intermediari, l'efficacia dei programmi di marketing, la potenzialità dei vari mercati e altri aspetti. Il problema principale concerne l'entità e il tipo di test da effettuare. Per quanto concerne l'entità della sperimentazione di mercato, essa dipende da una parte dall'importanza e dalla rischiosità dell'investimento e, dall'altra dal *tempo a disposizione* e dal *costo di ricerca*. I prodotti che implicano elevati e rischiosi investimenti dovrebbero in ogni caso essere sottoposti a test, onde evitare errori sempre possibili. In questi casi, il costo di ricerca costituisce una frazione trascurabile del costo del progetto. I prodotti ad alto rischio – quelli che creano nuove categorie di prodotto (la prima miscela solubile per la colazione) o che presentano nuove caratteristiche (il primo dentifricio al fluoro) – richiedono una più estesa sperimentazione rispetto ai prodotti semplicemente modificati (una nuova marca di dentifricio).

L'entità della sperimentazione di mercato può essere notevolmente limitata nel caso in cui l'impresa sia sotto pressione per introdurre il nuovo prodotto, sia perché la stagione di vendita è imminente, sia per controbattere analoghe iniziative della concorrenza. In tal caso, l'impresa potrebbe preferire di correre il rischio di un fallimento del prodotto a quello di vedere ridurre la propria posizione presso i distributori e il grado di penetrazione del mercato. Per quanto concerne il costo di sperimentazione, esso potrà influenzare l'estensione e il tipo di test di mercato. Va ancora notato come i metodi della sperimentazione di mercato differiscano fra di loro a seconda che riguardino beni di consumo o beni industriali.

12.9.1 I test di mercato per beni di consumo

Nell'effettuazione dei test di mercato sul consumatore, l'impresa si pone l'obiettivo di valutare i principali fattori determinanti delle vendite, e cioè l'*acquisto di prova*, la *ripetizione del primo acquisto*, l'*adozione*, e la *frequenza d'acquisto*. La speranza dell'impresa è naturalmente che tutti questi fattori si presentino a livelli elevati. Tuttavia, è possibile che nella realtà si manifestino situazioni in cui, a un elevato volume di acquisti di prova, non faccia seguito un altrettanto elevato volume di acquisti ripetuti, segno questo di insoddisfazione da parte del consumatore. Potrebbe anche manifestarsi un elevato volume di riacquisti, caratterizzati tuttavia da un rapido esaurimento. Ancora, il tasso di adozione del nuovo prodotto potrebbe rivelarsi alto, ma con una bassa frequenza di acquisto, dovuta al fatto che il consumatore usa il prodotto solo in particolari occasioni (come nel caso delle specialità gastronomiche congelate). Nell'effettuazione del test, l'impresa mira anche ad accertare il numero e il tipo dei rivenditori che operano nel settore, le condizioni commerciali praticate, la struttura e la disponibilità di spazi espositivi. Nei paragrafi seguenti vengono presentati i principali metodi impiegati nei test di mercato sul consumatore.

Metodo delle "ondate di vendita". Questo metodo costituisce un'estensione della consueta sperimentazione presso il domicilio del consumatore, basata sulla prova di un campione gratuito e sulla successiva offerta, sia del prodotto in questione, sia di quelli della concorrenza, a prezzi lievemente ridotti. Il metodo in esame prevede che l'offerta del prodotto venga ripetuta da tre a cinque volte (ondate di vendita) e che ogni volta venga rilevato il numero dei consumatori che prescelgono il prodotto dell'impresa, nonché il corrispondente livello di soddisfazione. Il metodo delle ondate di vendita può includere anche l'esposizione del consumatore a uno o più messaggi pubblicitari, in modo da verificare l'impatto che la pubblicità può avere sulla ripetizione dell'acquisto. Con questo metodo l'impresa è in grado di valutare il grado di ripetizione degli acquisti in condizioni in cui il consumatore paga ciò che acquista e sceglie fra più prodotti concorrenti. L'impresa può anche misurare l'impatto sulla ripetizione dell'acquisto dei vari messaggi pubblicitari. Infine, il metodo in esame può essere applicato con rapidità, in condizioni di relativa sicurezza nei confronti della concorrenza e senza la necessità di predisporre la confezione e l'azione promozionale definitiva.

D'altro canto, con questo metodo non è possibile valutare la propensione a effettuare acquisti di prova in presenza di diverse azioni promozionali, in quanto i consumatori che sperimentano il prodotto sono scelti a priori. È anche esclusa ogni possibilità di valutare l'atteggiamento dei rivenditori nei confronti del nuovo prodotto.

Acquisto simulato. La tecnica dell'*acquisto simulato* (definita anche *test di mercato di laboratorio, laboratorio di acquisto* o *test di marketing accelerato*) si basa sull'individuazione di un campione di 30/40 persone, abitualmente incaricate dell'effettuazione degli acquisti domestici. Le persone in questione vengono invitate ad assistere alla proiezione di una serie di comunicati pubblicitari televisivi scelti fra i più noti e aventi come oggetto una certa gamma di prodotti. Uno di questi comunicati riguarda il nuovo prodotto, ma non presenta alcun segno particolare che solleciti una particolare attenzione. Ai componenti del campione viene poi consegnata una piccola somma di denaro, con l'invito a volersi recare presso un determinato punto di vendita, dove potranno usare il denaro loro assegnato per acquistare qualsiasi articolo. Potranno inoltre trattenere il denaro non speso, anche nel caso che questo corrisponda all'intera somma assegnata. Viene quindi preso nota del numero dei consumatori che acquistano il nuovo prodotto e le marche concorrenti. Da ciò può desumersi una misura dell'efficacia comparata del comunicato pubblicitario dell'impresa rispetto a quella dei concorrenti. I componenti del campione vengono nuovamente invitati per esporre le ragioni degli acquisti o, al contrario, dei mancati acquisti. Alcune settimane dopo, essi sono nuovamente intervistati per telefono allo scopo di raccogliere informazioni sui loro atteggiamenti nei confronti del prodotto, sui comportamenti d'uso, sul livello di soddisfazione e sulle intenzioni di riacquisto. Viene inoltre offerta loro l'opportunità di riacquistare un prodotto qualsiasi.

Questo metodo presenta molteplici vantaggi, innanzitutto la possibilità di valutare l'intensità degli acquisti di prova (e dei riacquisti, nel caso in cui l'applicazione venga protratta), nonché l'efficacia della pubblicità. Inoltre, il metodo offre risultati in tempi brevi e la sua applicazione può essere realizzata con un buon grado di riservatezza nei confronti della concorrenza. I risultati ottenuti possono essere inseriti in modelli matematici utili a stimare i futuri livelli di vendita. Gli istituti specializzati in questo tipo di ricerche riferiscono di risultati assai soddisfacenti ottenuti nel prevedere le vendite dei prodotti immessi sul mercato dopo l'effettuazione della simulazione d'acquisto.[12]

Test di marketing controllato. Numerosi istituti specializzati nelle ricerche di mercato hanno organizzato panel di rivenditori al dettaglio che, dietro compenso, sono disponibili a porre in vendita nuovi prodotti. L'impresa che desidera sperimentare dei nuovi prodotti, specifica il numero e la localizzazione geografica dei punti di vendita presso i quali desidera si svolga il test. L'istituto di ricerca si occupa della distribuzione del prodotto ai partecipanti e controlla l'esposizione, le azioni promozionali sul punto di vendita, i prezzi praticati. I risultati di vendita possono essere rilevati mediante il controllo delle scorte presso i rivenditori, oppure attraverso l'impiego di diari del consumatore. Durante l'effettuazione del test, l'impresa può anche sottoporre a controllo l'eventuale azione pubblicitaria ottenuta a livello locale.

Il test controllato permette all'impresa di verificare l'influenza che hanno sulle vendite i fattori legati al punto di vendita e alla pubblicità locale, senza operare direttamente sul consumatore. In seguito, un campione di consumatori può essere intervistato allo scopo di raccogliere le opinioni sul prodotto. L'impresa che si avvale di questa tecnica non ha bisogno di coinvolgere la propria forza di vendita, né di concedere particolari sconti commerciali. Per contro, il test di marketing controllato non consente di acquisire esperienza alcuna nella promozione del nuovo prodotto presso i rivenditori. Nello stesso tempo, il test in questione non può essere svolto senza che i concorrenti non ne vengano immediatamente a conoscenza.

Mercati di prova. I mercati di prova costituiscono un ulteriore modo per sperimentare un nuovo prodotto di consumo in una situazione simile a quella in cui questo potrebbe trovarsi una volta deciso il suo lancio su vasta scala. L'impresa generalmente si avvale di un istituto specializzato per poter identificare le località campione presso le quali l'organizzazione di vendita dovrà cercare di collocare il prodotto, assicurando allo stesso un'adeguata esposizione presso i rivenditori. Nello stesso tempo, l'impresa organizza, nei mercati di prova, una campagna pubblicitaria e promozionale che riproduce quella da effettuare a livello nazionale. Come si vede, si tratta di una prova generale dell'intero piano di marketing relativo al nuovo prodotto. Il metodo dei mercati di prova può richiedere una spesa assai elevata, in relazione al numero delle località prescelte, alla durata dell'esperimento, all'entità delle informazioni che l'impresa desidera raccogliere.

Il principale vantaggio derivante dalla prova di mercato è quello di fornire una più attendibile base per prevedere le vendite future. Se le vendite del prodotto sono inferiori al livello prestabilito, l'impresa dovrà scartare il prodotto o modificarlo.

Un secondo vantaggio consiste nella possibilità di sperimentare vari piani di marketing alternativi. Alcuni anni or sono la Colgate-Palmolive impiegò un diverso marketing-mix nelle quattro città nelle quali veniva provato un nuovo sapone. Le quattro combinazioni erano così concepite:

1. Un livello medio di pubblicità unito alla distribuzione di campioni porta a porta.
2. Un livello di pubblicità superiore alla media e distribuzione di campioni.

3. Un livello medio di pubblicità unito all'invio per posta di buoni sconto.
4. Un livello medio di pubblicità senza altre azioni promozionali.

La combinazione che ottenne il miglior risultato fu la terza.

Mediante la prova di mercato l'impresa può scoprire gli eventuali difetti del prodotto sfuggiti nella fase di sviluppo. Essa può inoltre raccogliere indicazioni utili per meglio risolvere i problemi distributivi e per valutare il comportamento dei diversi segmenti di mercato.

Malgrado gli aspetti positivi che presenta il metodo della prova di mercato, alcuni esperti avanzano dei dubbi di merito. Ad esempio, Achenbaum individua una serie di problemi di non facile soluzione.

- Individuazione di aree sperimentali che rappresentino adeguatamente l'intero mercato nazionale.
- Realizzazione di azioni pubblicitarie locali corrispondenti alle azioni equivalenti sul piano nazionale.
- Formulazione di previsioni su quanto potrà verificarsi in futuro basate su una situazione competitiva attuale.
- Valutazione della situazione competitiva entro la quale si è svolta la prova e della possibilità che essa si ripeta o meno su scala nazionale.
- Valutazione del peso che hanno i fattori esogeni e incontrollabili, quali le condizioni economiche e climatiche.[13]

Achenbaum sostiene, inoltre, che il valore essenziale del metodo dei mercati di prova non risiede tanto nella previsione delle vendite, quanto nella possibilità di venire a conoscenza di problemi e opportunità insospettati connessi al nuovo prodotto.

Egli pone l'accento sul rilevante numero di prodotti che sono falliti dopo aver riportato ottimi risultati nella sperimentazione. Sta di fatto che alcune grandi imprese già da tempo omettono lo stadio del mercato di prova, limitandosi a impiegare i più semplici sistemi di sperimentazione esaminati in precedenza.

12.9.2 I test di mercato per prodotti industriali

I nuovi prodotti industriali sono generalmente il risultato di complesse ed estese *sperimentazioni di laboratorio*, volte a valutarne le prestazioni, il grado di sicurezza, la struttura, il costo di esercizio.

Ove i risultati di tali sperimentazioni siano positivi, le imprese inseriscono i nuovi prodotti nella propria offerta, iniziandone così la commercializzazione.

Un numero crescente di imprese, tuttavia, ritiene opportuno far precedere il lancio del prodotto da una qualche forma di *verifica di mercato*. Questa può infatti offrire utili indicazioni sulle prestazioni del prodotto in condizioni operative reali, sui fattori di acquisto, sull'efficacia delle varie formule di vendita e di pagamento, sul potenziale del mercato, sui segmenti di mercato di maggior interesse.

Nel campo dei prodotti industriali non trova di solito impiego la tecnica delle prove di mercato. Ciò a causa sia del notevole investimento che implicherebbe l'applicazione di tale tecnica a un campo in cui il costo unitario di un prodotto è spesso assai elevato, sia delle notevole difficoltà di individuare aree realmente rappresentative. Va inoltre tenuto conto del fatto che ben difficilmente un acquirente industriale prende in considerazione un prodotto del quale non venga garantita la continuità di fornitura e il servizio. Ancora, le tecniche di ricerca nel campo dei prodotti industriali non sono così sofisticate come nel campo dei beni di consumo, e ciò costituisce un ulteriore ostacolo. Di conseguenza, i produttori di prodotti industriali devono ricorrere ad altri metodi per poter verificare l'interesse del mercato nei confronti di un nuovo prodotto. Il più diffuso è costituito dalla *sperimentazione del prodotto* da parte di un certo numero di utilizzatori.

A questo scopo, l'impresa sceglie alcuni clienti potenziali e concorda con essi le condizioni per effettuare un periodo di sperimentazione nel corso del quale acquisire una serie di elementi circa l'effettivo comportamento del prodotto. A conclusione del test, viene richiesto al cliente di esprimersi a riguardo dell'eventuale acquisto del prodotto e di altri aspetti connessi. Un secondo metodo consiste nel presentare il prodotto nelle mostre e nelle *esposizioni specializzate*. Il numero notevole di potenziali acquirenti che queste manifestazioni attirano consente di raccogliere una vasta serie di elementi circa l'interesse generale nei confronti del nuovo prodotto, l'atteggiamento nei confronti delle varie caratteristiche tecniche e funzionali, nonché delle condizioni di vendita, e la propensione all'acquisto.

Lo svantaggio di tale metodo è costituito dal fatto che la concorrenza prende immediatamente atto dell'esistenza del nuovo prodotto. Ne consegue che l'impresa deve essere in grado di realizzare il lancio su vasta scala del medesimo.

Il nuovo prodotto può essere anche sperimentato mediante l'*esposizione presso i rivenditori e i distributori*. In tal modo è anche possibile effettuare delle comparazioni con i prodotti della concorrenza. Con questo metodo è possibile raccogliere informazioni sull'atteggiamento dei potenziali acquirenti in una situazione reale di vendita.

Le controindicazioni consistono nell'impossibilità di soddisfare le eventuali richieste dei clienti interessati; inoltre, la clientela che entra in contatto con questi punti di vendita può anche non essere sufficientemente rappresentativa del mercato obiettivo del prodotto in considerazione. Infine, alcuni produttori di beni industriali possono impiegare il metodo del *test di marketing controllato*. Essi provvedono a realizzare quantitativi limitati del nuovo prodotto, iniziandone la vendita in un certo numero di aree opportunamente selezionate. A questo scopo, l'organizzazione di vendita viene dotata di cataloghi, materiali promozionali, manuali di servizio, e così via. È così possibile acquisire elementi utili per un successivo allargamento e consolidamento dell'introduzione sul mercato del nuovo prodotto.

12.10 La commercializzazione

È presumibile che la sperimentazione di mercato fornisca alla direzione aziendale informazioni sufficienti per prendere una decisione definitiva in merito al lancio del nuovo prodotto. Se l'impresa prosegue nello sviluppo del progetto, avviando la commercializzazione, dovrà far fronte a costi assai superiori a quelli sinora sostenuti. Sarà inanzitutto necessario realizzare un'adeguata capacità produttiva.

La dimensione dell'impianto di produzione costituirà la variabile decisionale critica. Per ridurre l'entità dell'investimento e del correlativo rischio, l'impresa potrebbe apprestare una dimensione produttiva inferiore a quella corrispondente al livello delle vendite previste. È quanto decise di fare la Quaker Oats allorquando lanciò le proprie confezioni di cereali per la colazione del mattino.

Essendosi successivamente manifestata una domanda superiore alle previsioni, la società per oltre un anno non fu in grado di assicurare i rifornimenti ai punti di vendita. Un risultato del genere è pur sempre positivo, ma ciò non toglie che l'eccessiva prudenza sia costata cara alla società in termini di profitti perduti.

Di notevole rilievo sono anche i costi di marketing che l'impresa deve sostenere per introdurre un nuovo prodotto nel mercato. A questo fine, un'impresa potrebbe dover investire molti miliardi di lire per i programmi pubblicitari e promozionali relativi al primo anno. Nell'introduzione di nuovi prodotti alimentari, le spese di marketing rappresentano mediamente oltre la metà delle vendite del primo anno.

12.10.1 Quando effettuare il lancio

Nell'effettuare il lancio del nuovo prodotto, l'impresa deve assumere quattro decisioni. In primo luogo occorre stabilire se il tempo di lanciare il prodotto sia arrivato. Se il nuovo prodotto è destinato a sostituirne uno preesistente, potrebbe essere opportuno ritardare il lancio sino al momento in cui le scorte del vecchio prodotto siano pressoché esaurite. Nel caso in cui la domanda presenti andamenti stagionali, è abbastanza evidente che il lancio debba essere sincronizzato rispetto alla stagione di vendita. Qualora ciò non fosse possibile, in quanto il prodotto richiede ulteriori messe a punto, è opportuno rinviare il lancio alla successiva stagione.

12.10.2 Dove effettuare il lancio

In proposito, occorre decidere se lanciare il nuovo prodotto in *una sola località*, in *una regione*, in *più regioni*, sul *mercato nazionale* o sul *mercato internazionale*. Poche sono le imprese che hanno le risorse e la capacità organizzativa necessaria a effettuare il lancio di un nuovo prodotto su un intero mercato di vaste dimensioni, come potrebbe essere quello degli Stati Uniti, quello europeo e così via. In genere si preferisce distribuire l'operazione di lancio nel tempo. Le imprese minori, in particolare, scelgono una città dotata di un buon potenziale di mercato ed effettuano una campagna di lancio lampo. In seguito, l'operazione verrà gradualmente estesa ad altri centri. Le imprese maggiori sceglieranno aree di mercato di dimensioni maggiori, regioni o gruppi di regioni, adottando peraltro un'analoga gradualità operativa. In taluni casi, allorquando le imprese dispongano di una propria rete distributiva, come avviene nel settore dell'auto, il lancio non può che essere nazionale se non addirittura mondiale.[14] Nel pianificare le aree nelle quali operare il lancio graduale del nuovo prodotto, l'impresa deve scegliere le stesse sulla base della loro attrattività. I più diffusi criteri per determinare l'attrattività di un'area sono il *mercato potenziale*, l'*immagine locale dell'impresa*, il *costo della distribuzione fisica*, la *disponibilità di informazioni*, l'*influenza su altre aree* e la *penetrazione competitiva*.

Fra i fattori di scelta delle aree in cui operare il lancio, la presenza competitiva può assumere un'elevata importanza.

12.10.3 A quale mercato obiettivo indirizzare il lancio

Nell'ambito delle aree di mercato prescelte, è necessario individuare i gruppi di clienti potenziali ai quali orientare l'azione distributiva e promozionale. Si deve presumere che le precedenti sperimentazioni di mercato abbiano già fornito all'impresa sufficienti elementi in proposito. I clienti potenziali da considerare nel lancio di un nuovo prodotto dovrebbero possedere le seguenti caratteristiche: elevata propensione all'acquisto delle novità, forte potenzialità di consumo, essere leader di opinione e presentare una buona disponibilità a riferire in termini positivi del nuovo prodotto, essere facilmente identificabili e raggiungibili.[15] Pochi sono i gruppi che presentano contemporaneamente tutte queste caratteristiche. È pertanto necessario procedere a formare delle graduatorie dei gruppi esistenti, sulla base dell'intensità con cui sono presenti in essa i vari attributi. L'obiettivo che l'impresa deve proporsi in questa fase è quello di generare il maggior volume di vendite nel tempo più breve possibile, allo scopo di motivare la forza di vendita e accelerare il processo di acquisizione di nuovi clienti.

12.10.4 Con quale strategia di mercato effettuare il lancio

L'impresa deve mettere a punto un piano operativo per realizzare l'introduzione del prodotto nelle varie aree di mercato prescelte. Essa deve ripartire il budget di marketing fra i vari elementi costitutivi del marketing-mix e stabilire la sequenza delle varie attività. Ad esempio, il lancio di una nuova automobile potrebbe essere preceduto da una campagna pubblicitaria di sensibilizzazione, svolta contemporaneamente all'esposizione del modello nei saloni di concessionari e dalla successiva offerta di incentivi diversi per attirare più visitatori presso i saloni stessi.

496 Capitolo 12

Figura 12-6 Processo di decisione relativo allo sviluppo di un nuovo prodotto

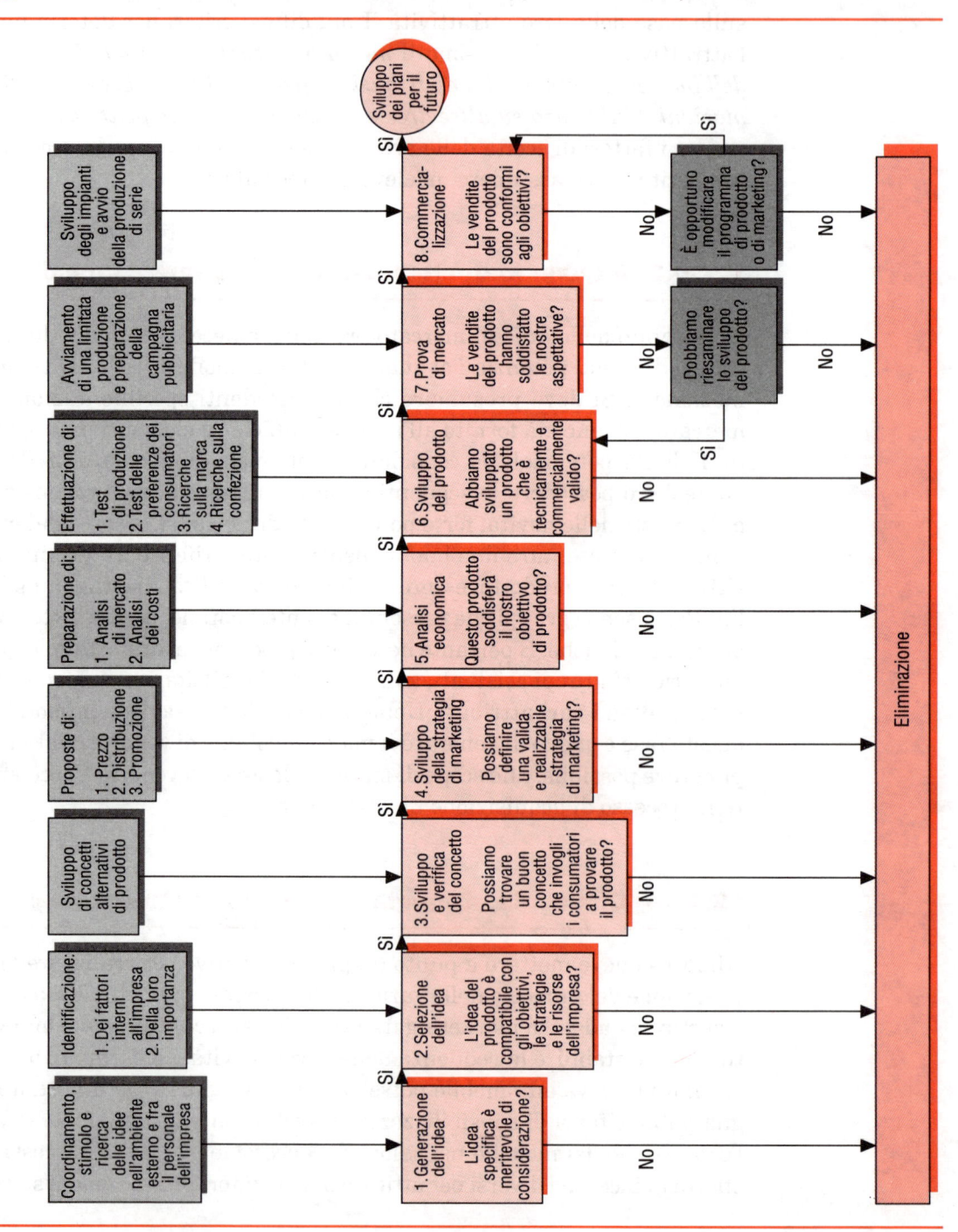

Per ogni mercato deve essere predisposto un piano di marketing separato. L'organizzazione e il coordinamento delle molteplici attività richieste dal lancio di un nuovo prodotto implicano l'uso di particolari tecniche di programmazione, quali, ad esempio, quella del *cammino critico* (*critical path method*).

La struttura del processo decisionale relativo allo sviluppo di un nuovo prodotto è schematizzata nella figura 12-6.

12.11 L'adozione del prodotto da parte del consumatore

Il *processo di adozione del prodotto da parte del consumatore* inizia nel momento in cui ha termine il *processo di innovazione di prodotto dell'impresa*. Esso descrive il modo in cui i potenziali consumatori vengono a conoscenza dei nuovi prodotti, li provano e, quindi, li adottano o li respingono.

L'impresa deve acquisire una buona comprensione di questo processo, onde poter mettere a punto un'efficace strategia di introduzione. Al processo di adozione fa seguito il processo di sviluppo della *lealtà del consumatore*, processo che è oggetto di massimo interesse per il produttore. In passato, le imprese che lanciavano un nuovo prodotto erano solite adottare l'*approccio al mercato di massa*. Il prodotto veniva distribuito e reclamizzato ovunque, nel presupposto che quasi tutti potessero essere degli acquirenti potenziali.

Questo modo di operare presenta, tuttavia, due svantaggi di non poco conto: il primo concerne l'elevato livello degli investimenti di marketing richiesti, mentre il secondo è connesso al fatto che una parte dell'azione di marketing è sprecata, in quanto va a toccare persone che non sono consumatori potenziali.

Un approccio più efficace sembra pertanto essere quello che prevede l'individuazione di quegli utilizzatori potenziali di un certo prodotto che presumibilmente possono manifestare una forte domanda nei confronti dello stesso, cioè i *forti utilizzatori*.

Naturalmente tale strada può essere seguita ove sia possibile identificare gli utilizzatori in questione. Occorre tuttavia tener presente che anche nell'ambito del gruppo dei forti utilizzatori è possibile riscontrare diversi gradi di interesse nei confronti dei vari prodotti esistenti sul mercato, o di una nuova introduzione. Alcuni di essi possono presentare un elevato grado di fedeltà nei confronti dei prodotti esistenti. Altri, invece, manifestano uno spiccato interesse per le novità.

Assume quindi particolare importanza la possibilità di individuare quei consumatori che hanno una forte propensione a provare, ed eventualmente adottare, i nuovi prodotti. La teoria del *consumatore pioniere* postula che:

- Le persone che compongono un dato mercato obiettivo differiscono fra di loro per quanto concerne il periodo di tempo intercorrente fra la loro presa di conoscenza del nuovo prodotto e la prima prova dello stesso.
- I consumatori pionieri hanno delle caratteristiche comuni che li differenziano rispetto ai consumatori ritardatari.
- Esistono mezzi di comunicazione in grado di raggiungere i consumatori pionieri.
- I consumatori pionieri tendono a essere dei leader di opinione e a svolgere quindi un compito integrativo della pubblicità rivolta agli altri consumatori potenziali.

Possiamo ora esaminare la teoria della diffusione dell'innovazione e dell'adozione del nuovo prodotto da parte del consumatore.

12.11.1 La diffusione dell'innovazione

L'*innovazione* fa riferimento a qualsiasi entità, bene, servizio o idea, *percepita* da qualcuno come nuova. Tale entità può avere una lunga storia, ma è pur sempre un'innovazione per chi ne prende conoscenza per la prima volta. Le innovazioni richiedono tempo per potersi diffondere nell'ambito del sistema sociale. Il *processo di diffusione* viene definito da Rogers come «il diffondersi di una nuova idea dalla sua fonte di invenzione o creazione fino ai suoi ultimi utilizzatori o seguaci».[16] Il *processo di adozione* riguarda invece «il processo mentale mediante il quale una persona passa dalla prima conoscenza di un'innovazione alla sua adozione».

Adozione è la decisione da parte di una persona di far stabilmente propria una data innovazione.

All'interno del processo di adozione possono essere individuati i seguenti stadi:

- **Consapevolezza**. Il consumatore acquisisce la consapevolezza dell'innovazione ma manca di informazioni in proposito.
- **Interesse**. Il consumatore è stimolato a cercare informazioni sull'innovazione.
- **Valutazione**. Il consumatore esamina la possibilità di sperimentare l'innovazione.
- **Prova**. Il consumatore sperimenta l'innovazione su scala limitata allo scopo di poterne meglio valutare l'utilità.
- **Adozione**. Il consumatore decide di fare pieno e regolare uso dell'innovazione.

La sequenza sopra illustrata suggerisce come l'impresa impegnata nello sviluppo di un nuovo prodotto dovrebbe porsi il problema di facilitare il passaggio del consumatore da uno stadio all'altro.

Un produttore di lavastoviglie potrebbe scoprire che molti consumatori si arrestano allo stadio di interesse per mancanza di sufficienti informazioni, o perché ritengono si tratti di un prodotto eccessivamente costoso. Probabilmente, questi stessi consumatori sarebbero disponibili a provare la lavastoviglie per un certo periodo, sulla base di un modesto canone mensile.

Il produttore potrebbe quindi prendere in considerazione una soluzione del genere, con l'eventuale opzione per l'acquisto nel caso in cui la prova avesse un esito soddisfacente.

12.11.2 Diversi atteggiamenti verso l'innovatività

I consumatori appaiono notevolmente diversi nella loro propensione a provare nuovi prodotti. Secondo Rogers, *l'innovatività* di una persona è "il grado in cui un individuo adotta le nuove idee in anticipo rispetto agli altri membri del sistema sociale cui egli appartiene". In ogni area di prodotto si presentano i "consumatori pionieri", ovvero coloro che adottano sin dall'inizio un nuovo prodotto. Alcune donne sono le prime ad adottare le nuove mode nel campo dell'abbigliamento, o i nuovi elettrodomestici. Vi sono dei medici che sono fra i primi a prescrivere le nuove medicine. Fra gli agricoltori alcuni si segnalano per la prontezza con la quale introducono le nuove tecniche colturali.

Altre persone tendono invece ad adottare le innovazioni molto più tardi. Nella figura 12-7 viene presentata una classificazione degli uti-

Figura 12-7 Classificazione degli utilizzatori in base all'adozione delle innovazioni

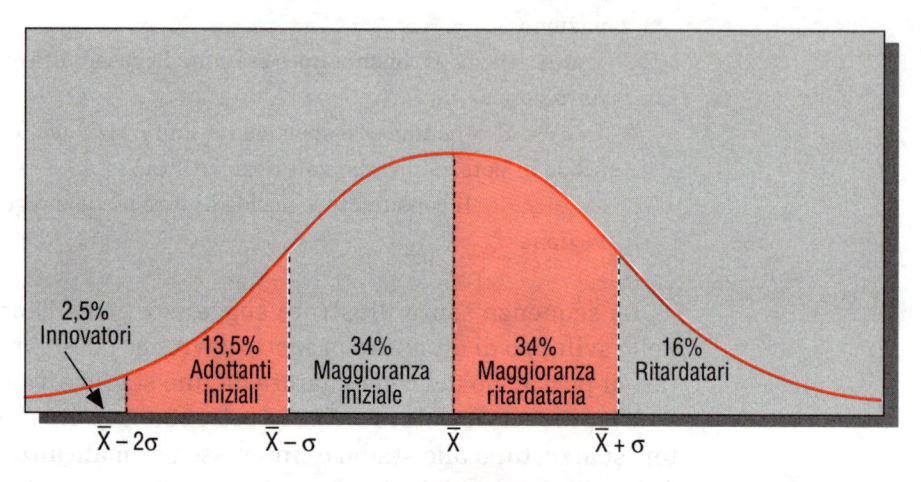

| 2,5% Innovatori | 13,5% Adottanti iniziali | 34% Maggioranza iniziale | 34% Maggioranza ritardataria | 16% Ritardatari |

$\overline{X} - 2\sigma \qquad \overline{X} - \sigma \qquad \overline{X} \qquad \overline{X} + \sigma$

Tempo di adozione delle innovazioni

Fonte: Everett M. Rogers, *Diffusion of Innovations*, Free Press, New York 1983, p. 247.

lizzatori in relazione al tempo di adozione delle innovazioni. Il processo di adozione nel corso del tempo può essere rappresentato a mezzo di una curva normale.

Dopo un modesto avvio, un numero crescente di persone adotta l'innovazione, sino a raggiungere un massimo, dopo il quale esso si riduce sempre più rapidamente, essendo sempre più ridotta la consistenza di coloro che non hanno ancora effettuato l'adozione.

Secondo la classificazione ormai classica proposta da Rogers, gli adottanti sono distinti i cinque gruppi.

Il primo, composto dal 2,5% di quanti adottano una certa innovazione, è quello degli *innovatori*. Nel secondo, con un peso del 13,5%, sono compresi gli *adottanti iniziali*. Il terzo, con il 34%, comprende la *maggioranza iniziale*, mentre un altro 34% è attribuito al quarto gruppo, la *maggioranza ritardataria*. Il quinto e ultimo gruppo include infine i *ritardatari*, pari al 16%. Rogers ritiene che esistano rilevanti differenze fra i vari gruppi in termini di orientamenti di valore. Gli innovatori hanno il *senso dell'avventura*; essi sono disponibili a provare cose nuove e a correre un qualche rischio.

Gli adottanti iniziali attribuiscono importanza al *prestigio* e alla *stima*; essi sono in genere leader di opinione e adottano con prontezza le nuove idee, non prima però di averle attentamente valutate. La maggioranza anticipatrice è orientata alla *prudenza* e alla *ponderazione*; adotta le nuove idee prima della media, ma raramente svolge un ruolo di leadership.

La maggioranza ritardataria ha un valore dominante che è lo *scetticismo*; i suoi componenti adottano un'innovazione solo dopo che la maggioranza lo ha già fatto. L'ultimo gruppo, infine, quello dei ritardatari, è orientato alla *tradizione*; chi ne fa parte nutre sospetto per tutto ciò che è nuovo e adotta l'innovazione quando ormai questa è entrata a far parte della tradizione.

La classificazione sopra esposta fornisce un utile schema di ricerca per l'impresa innovatrice, ricerca che deve definire le caratteristiche demografiche e psicografiche delle prime due classi concentrando poi su di esse la propria azione di mercato. L'individuazione degli innovatori e degli adottanti iniziali non è tuttavia sempre facile. Nessuno ha ancora dimostrato l'esistenza di un tratto della personalità definibile come innovatività.

Le persone tendono a essere innovatrici in certe situazioni e ritardatarie in altre. Il problema del dirigente di marketing è quello di identificare le caratteristiche dei gruppi in questione con riferimento alla propria area di prodotti.

Per esempio, dalle ricerche disponibili emerge come gli agricoltori con un livello di istruzione più elevato sono più innovativi ed efficienti degli agricoltori meno istruiti.

Le casalinghe più interessate all'innovazione sono generalmente più socievoli e in genere di condizione sociale più elevata di quelle meno innovative. Certe comunità presentano una maggior proporzione di innovatori rispetto ad altre. Secondo Rogers,

> coloro che in un sistema sociale tendono ad adottare le innovazioni al loro manifestarsi sono in genere più giovani di età, hanno uno stato sociale più elevato, una posizione finanziaria più favorevole, svolgono attività più specializzate e possiedono un diverso atteggiamento mentale rispetto a coloro che aderiscono con ritardo alla innovazione. Inoltre gli adottanti iniziali utilizzano fonti informative più impersonali e cosmopolite, rispetto alle altre categorie e sono più aperti nei confronti delle nuove idee.[17]

12.11.3 Il ruolo dell'influenza personale

L'influenza personale svolge un ruolo molto importante nell'adozione di nuovi prodotti. Con il termine *influenza personale* si intende l'effetto che le affermazioni di una persona a proposito di un dato prodotto hanno sull'orientamento all'acquisto del medesimo da parte di un'altra persona. Secondo Katz e Lazarsfeld:

> all'incirca la metà delle donne del nostro campione ha riferito di essere recentemente passata da un prodotto o da una marca cui era abituata a qualcosa di nuovo. Il fatto che un terzo di questi cambiamenti sia stato determinato da influenze personali sta a indicare che esiste un intenso scambio di informazioni. Infatti, le casalinghe si consultano fra di loro a proposito dei nuovi prodotti, della qualità delle diverse marche, dei prezzi più convenienti e così via.[18]

Sebbene l'influenza personale costituisca un fattore di rilievo, il suo ruolo è maggiore in certe situazioni e nei confronti di certe persone che non in altre.

Inoltre, l'influenza personale ha un maggior peso: nella fase di valutazione del processo di adozione rispetto alle altre fasi, sui ritardatari rispetto agli adottanti iniziali, e nelle situazioni di rischio, piuttosto che in quelle normali.

12.11.4 L'influenza delle caratteristiche di prodotto sul tasso di adozione

Le caratteristiche dell'innovazione influenzano il tasso di adozione. Di alcuni prodotti, come quelli connessi a fenomeni di moda, si diffonde l'uso in tempi brevissimi. Di altri, come le auto con motore diesel, la diffusione ha luogo in tempi molto lunghi. Cinque caratteristiche sembrano presentare un'influenza particolarmente rilevante sul ritmo di adozione di un'innovazione. Le esamineremo facendo specifico riferimento a un prodotto, il personal computer per uso domestico.

La prima caratteristica riguarda il *vantaggio relativo* presentato dall'innovazione, cioè il grado in cui il nuovo prodotto è superiore a quelli esistenti. Maggiore è il vantaggio relativo percepito dall'utilizzatore del personal computer, ad esempio, nel predisporre la dichiarazione annuale dei redditi o nel tenere i conti di casa, più rapido sarà il processo di adozione.

La seconda caratteristica è costituita dalla *compatibilità* dell'innovazione, vale a dire il grado in cui il nuovo prodotto si adatta ai valori e alle esperienze dei componenti di una certa comunità. I personal computer, ad esempio, sono assolutamente compatibili con gli stili di vita presenti nella classe medio-superiore.

La terza caratteristica è data dalla *complessità*, ovvero l'entità delle difficoltà da superare per poter usare il nuovo prodotto. I personal computer sono complessi e pertanto sarà necessario un lungo periodo di tempo affinché essi possano diffondersi.

La quarta caratteristica è la *divisibilità* dell'innovazione, vale a dire il grado in cui il nuovo prodotto può essere provato su basi limitate. La disponibilità di personal computer con un'opzione per l'acquisto ne accresce il tasso di adozione.

La quinta e ultima caratteristica riguarda la *comunicabilità* dell'innovazione, ovvero il grado in cui l'esperienza d'uso può essere trasferita ad altri. Il fatto che i personal computer si prestino alla descrizione e all'effettuazione di dimostrazioni contribuisce alla loro diffusione nel sistema sociale.

Vi sono ancora altre caratteristiche del prodotto che influenzano il tasso di adozione, quali il costo iniziale e quello d'uso, il rischio e l'incertezza, la credibilità tecnica e scientifica, l'approvazione sociale. L'identificazione delle caratteristiche più rilevanti e del ruolo che esse svolgono nel determinare il tasso di adozione costituisce naturalmente una parte importante del processo di sviluppo dei nuovi prodotti e della messa a punto dei relativi programmi di marketing.[19]

12.11.5 L'influenza delle caratteristiche dell'acquirente istituzionale sul tasso di adozione

Anche gli acquirenti istituzionali – imprese, enti e organizzazioni – possono essere classificati in relazione alla loro prontezza nel provare e adottare un nuovo prodotto. Così, ad esempio, un produttore di un nuovo strumento didattico potrebbe essere interessato a identificare le scuole più aperte all'innovazione. Analogamente potrebbe comportarsi un'impresa produttrice di materiale sanitario che voglia introdurre un nuovo prodotto destinato agli ospedali. Il processo di adozione da parte dell'acquirente istituzionale è determinato da variabili connesse all'ambiente, alle dimensioni e alla struttura dell'impresa o dell'organizzazione, alla competenza e alle caratteristiche degli amministratori e dei dirigenti. Una volta definite le caratteristiche rilevanti degli acquirenti ai fini del tasso di adozione, sarà possibile procedere all'identificazione di quelli di maggiore interesse per l'impresa impegnata nello sviluppo del nuovo prodotto.

Note

[1] *New Products Management for the 1980s*, Booz, Allen & Hamilton, New York 1982.

[2] Ibid.

[3] Robert F. Hartley, *Marketing Mistakes*, John Wiley & Sons, 3ª ed., New York 1986. Si vedano anche i casi "Coca-Cola" e "Navistar International" inclusi in Philip Kotler, John B. Clark e Walter G. Scott (a cura di), *Marketing Management. Casi*, Isedi, Torino 1992, pp. 235-351 e pp. 21-42.

[4] Per ulteriori elementi in proposito, si veda Walter G. Scott, *Fiat Uno. Innovazione e mercato nell'industria automobilistica*, Isedi, Torino 1991, pp. 166-180.

[5] *New Products Managements for the 1980s*.

[6] Eric A. von Hippel, "Users as Innovators", in *Technology Review*, gennaio 1978, pp. 3-11.

[7] Si veda Alex F. Osborn, *Applied Imagination*, Charles Scribner's Sons, New York 1963, 3ª ed., pp. 286-287.

[8] Osborn, *Applied Imagination*, p. 156.

[9] John W. Lincoln, "Defining a Creativeness in People", in Sidney J. Parnes e Harold F. Harding (a cura di), *Source Book for Creative Thinking*, C. Scribner's, New York 1962, p. 274.

[10] Walter G. Scott, *Fiat Uno*, op. cit., pp. 399-412.

[11] Il *valore attuale* (V) di una somma futura (I) da ricevere t anni da oggi e scontata al tasso d'interesse (r) è data da: $V = I_t (1 + r)^t$. Nell'esempio, il valore attuale di 4.716 milioni di lire corrisponderebbe a 4.716 $(1,15)^5$ = 2.346 milioni di lire.

[12] I sistemi più conosciuti sono il "Laboratory Test Market" di Yankelovich, il "Comp" di Elrick e Lavidge e l'"Assessor" del Management Decision Systems. Per una descrizione di quest'ultimo, si veda Alvin J. Silk e Glen L. Urban, "Pre-Test Marketing Evaluation of New Packaged Goods: A Model and Measurement Methodology", in *Journal of Marketing Research*, maggio 1978, pp. 171-191. Per una trattazione generale dei modelli di simulazione degli acquisti di nuovi prodotti, si veda Gary Lilien, Philip Kotler e K. Sridhar Moorthy, *Marketing Models*, Prentice-Hall, Englewood Cliffs 1992, cap. 10.

[13] Alvin A. Achenbaum, "The Purpose of Test Marketing", in Robert M. Kaplan (a cura di), *The Marketing Concept in Action*, American Marketing Association, Chicago 1964, p. 582.

[14] Per una descrizione del lancio del modello Uno della Fiat, si veda Walter G. Scott, *Fiat Uno*, pp. 413-428.

[15] Philip Kotler e Gerald Zaltman, "Targeting Prospects for a New Product", in *Journal of Advertising Research*, febbraio 1976, pp. 7-20.

[16] Lo sviluppo di questo paragrafo si basa sull'opera fondamentale di Everett M. Rogers, *Diffusion of Innovations*, The Free Press, New York 1983 3ª ed.

[17] Ibid., p. 252.

[18] Elihu Katz e Paul F. Lazarsfeld, *Personal Influence*, The Free Press, New York 1955, p. 234.

[19] Per una rassegna della letteratura in proposito, si veda Hubert Gatignon e Thomas S. Robertson, "A Propositional Inventory for New Diffusion Research", in *Journal of Consumer Research*, marzo 1985, pp. 849-867.

Capitolo 13

Il modello del ciclo di vita del prodotto

Un'evoluzione è un destino.

Thomas Mann

Durante la vita di un prodotto un'impresa deve procedere a modificare le proprie strategie di marketing a più riprese, allo scopo di rispondere al mutamento delle condizioni di mercato, nonché alla pressione competitiva esercitata dai concorrenti.

L'obiettivo di un'impresa è il protrarre il più a lungo possibile la vita utile dei propri prodotti, onde accrescere al massimo la redditività degli stessi. Il conseguimento di tale obiettivo, però, dipende da una molteplicità di fattori che è necessario identificare e valutare.

1. Qual è la natura del ciclo di vita di un prodotto e quali ne sono le fasi di svolgimento?
2. Quali sono le strategie appropriate a ciascuna delle fasi?
3. Quale rapporto intercorre fra l'evoluzione del mercato e le sue varie strategie?

13.1 Il ciclo di vita del prodotto

Il modello del ciclo di vita del prodotto costituisce uno degli strumenti concettuali fondamentali per comprendere le dinamiche competitive di un'impresa. Per una sua compiuta analisi, è opportuno procedere alla preliminare descrizione del *ciclo di vita domanda-tecnologia*, secondo la formulazione datane da Igor Ansoff.[1]

3.1.1 Il ciclo di vita domanda-tecnologia

Come più volte abbiamo posto in evidenza sin dall'inizio di questo volume, il processo di marketing non dovrebbe avere inizio con un prodotto o una classe di prodotti, bensì con un bisogno.

Infatti, un prodotto non è altro che una fra le molte soluzioni possibili per soddisfare un bisogno. Ad esempio, l'umanità ha un bisogno di "capacità di calcolo" che si espande nei secoli con il progredire della conoscenza e dell'attività economica.

L'evoluzione del livello del bisogno è descritta dalla *curva del ciclo di vita della domanda* descritta nella figura 13-1 *a*.

Figura 13-1 I cicli di vita della domanda, della tecnologia, del prodotto

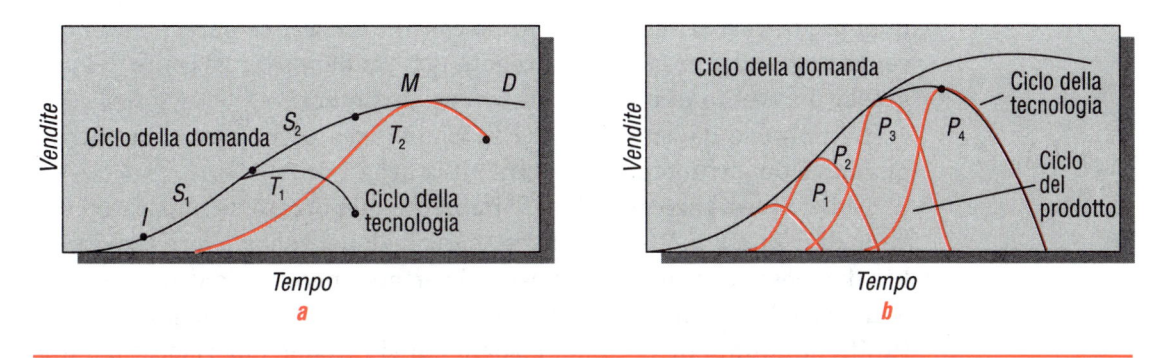

Fonte: H. Igor Ansoff, *Organizzazione innovativa*, Ipsoa, Milano 1987, p. 63.

Nella curva possono essere individuate varie fasi, quella relativa allo *sviluppo iniziale* (I), seguita dapprima dallo *sviluppo accelerato* (S_1), quindi dallo *sviluppo rallentato* (S_2), dalla *maturità* (M) e, infine, dal *declino* (D). Un bisogno è soddisfatto, in tutto o in parte, da qualche tecnologia. Ad esempio, il bisogno di calcolo è stato dapprima soddisfatto usando le dita per contare, poi mediante l'abaco, il pallottoliere, il regolo e via via sino alle macchine addizionatrici per finire, infine, ai computer.

Ogni nuova tecnologia consente, normalmente, di soddisfare un bisogno a un livello più elevato. Si ha così un *ciclo di vita domanda-tecnologia*, illustrato dalla curva T_1 e T_2 della figura 13-1 a.

Ogni ciclo di vita domanda-tecnologia mostra le fasi dello sviluppo iniziale, dello sviluppo accelerato e rallentato, della maturità e del declino.

Nell'ambito di un dato ciclo domanda-tecnologia, può determinarsi una serie di forme di prodotto che soddisfano i bisogni che si manifestano nel periodo considerato.

La figura 13-1 b mostra una sequenza di *cicli di vita delle forme di prodotto*, P_1, P_2, P_3, P_4. A loro volta, le varie forme di prodotto possono comprendere un certo numero di marche, ciascuna con il proprio *ciclo di vita della marca*.

Queste distinzioni evidenziano come, se un'impresa considera unicamente il ciclo di vita della propria marca, essa perde di vista il quadro complessivo, correndo così il rischio di trovarsi priva di mercato. Nel caso degli strumenti da calcolo, un esempio può essere fornito da quei produttori di regoli che hanno continuato a considerare la concorrenza degli altri produttori di regoli, non rendendosi così conto del progressivo avvento di nuovi e più potenti strumenti.

Le imprese devono decidere in quale area tecnologica investire e quando è opportuno passare a un'altra area.

Nelle circostanze attuali dell'ambiente di mercato, le imprese si trovano di fronte a molte tecnologie in evoluzione, senza avere la possibilità di investire in ciascuna di esse. È pertanto necessario valutare quale delle tecnologie potenzialmente disponibili presenta le maggiori opportunità dal punto di vista dei bisogni cui si intende dar risposta, o una risposta di livello più elevato.

A questo fine, l'impresa deve individuare l'area di domanda alla quale rivolgere la propria capacità di sviluppo tecnologico. Tale area, definita da Ansoff come *strategic business area* (SBA), è costituita da «uno specifico segmento dell'ambiente di mercato nel quale un'impresa svolge, o intende svolgere, la propria attività».[2]

13.1.2 Fasi del ciclo di vita del prodotto

La maggior parte delle formulazioni del ciclo di vita del prodotto (CVP) presentano la storia delle vendite di un prodotto sotto forma di una curva a S (si veda la figura 13-2). Questa curva è normalmente divisa in quattro fasi, note come *introduzione, crescita, maturità* e *declino*:[3]

- **Introduzione**: un periodo di crescita lenta delle vendite, collegato all'inserimento del prodotto sul mercato. In questa fase i profitti sono inesistenti per via delle spese elevate di introduzione del prodotto.
- **Crescita**: un periodo di rapida accettazione da parte del mercato, con un conseguente sostanziale miglioramento dei profitti.
- **Maturità**: un periodo di rallentamento nella crescita delle vendite, dovuto al raggiungimento dell'accettazione del prodotto da parte della maggioranza degli acquirenti potenziali. I profitti si stabilizzano o diminuiscono, a causa delle accresciute spese di marketing per difendere il prodotto dalla concorrenza.
- **Declino**: il periodo in cui si manifesta una netta tendenza alla diminuzione delle vendite e un'erosione dei profitti.

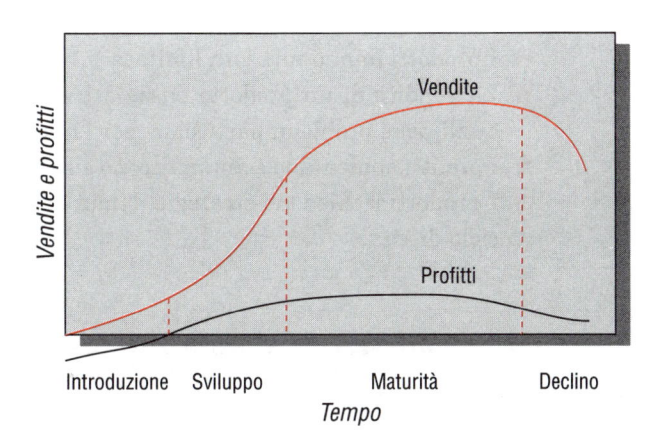

Figura 13-2 Cicli di vita delle vendite e dei profitti

[Grafico: asse verticale "Vendite e profitti", asse orizzontale "Tempo" con fasi Introduzione, Sviluppo, Maturità, Declino; curve Vendite e Profitti]

Definire in quale momento una fase inizi e termini è un procedimento alquanto arbitrario. In generale, le fasi sono definite dai momenti in cui la crescita o il declino delle vendite divengono marcati. Polli e Cook hanno proposto un metodo operativo di misurazione, che si basa su una distribuzione normale delle variazioni percentuali nelle vendite di anno in anno.[4]

Studi svolti da Buzzell[5] sui prodotti alimentari e da Polli e Cook[6] sui beni di consumo non durevoli hanno mostrato come il modello del CVP a S sia valido per molte categorie di prodotto. Chi si appresta a usare questo concetto deve analizzare in quale misura il modello del CVP descriva le storie di prodotto del suo particolare settore. Deve, inoltre, controllare la sequenza normale delle fasi e la durata media di ciascuna di esse. Cox ha riscontrato che un tipico prodotto farmaceutico presentava un periodo introduttivo di un mese, una fase di crescita di sei mesi, una fase di maturità di quindici mesi, e una lunghissima fase di declino, quest'ultima dovuta alla riluttanza dei produttori a togliere i medicinali obsoleti dai propri cataloghi. La lunghezza di queste fasi deve essere periodicamente rivista. L'intensificarsi della concorrenza porta a una riduzione temporale del CVP, il che significa che i prodotti devono conseguire il livello di profitto in un periodo più breve.

La teoria del ciclo di vita del prodotto ha alcune importanti implicazioni per la gestione strategica dell'impresa, riassumibili nei punti seguenti:

- I prodotti hanno una vita limitata.
- La vendita di un prodotto passa attraverso stadi diversi, ciascuno dei quali pone problemi particolari per l'impresa.
- I profitti aumentano e diminuiscono a seconda degli stadi del ciclo di vita.
- I prodotti richiedono strategie d'impresa diverse nei vari stadi del loro ciclo di vita.

13.1.3 Categoria di prodotto, forma del prodotto e ciclo di vita della marca

Il modello del CVP può essere utilizzato per analizzare una categoria di prodotto (sigarette), una forma di prodotto (sigarette con filtro) o una marca (Philip Morris normali senza filtro), come mostra la figura 13-3.

Figura 13-3 Ciclo di vita della categoria, della forma e della marca del prodotto

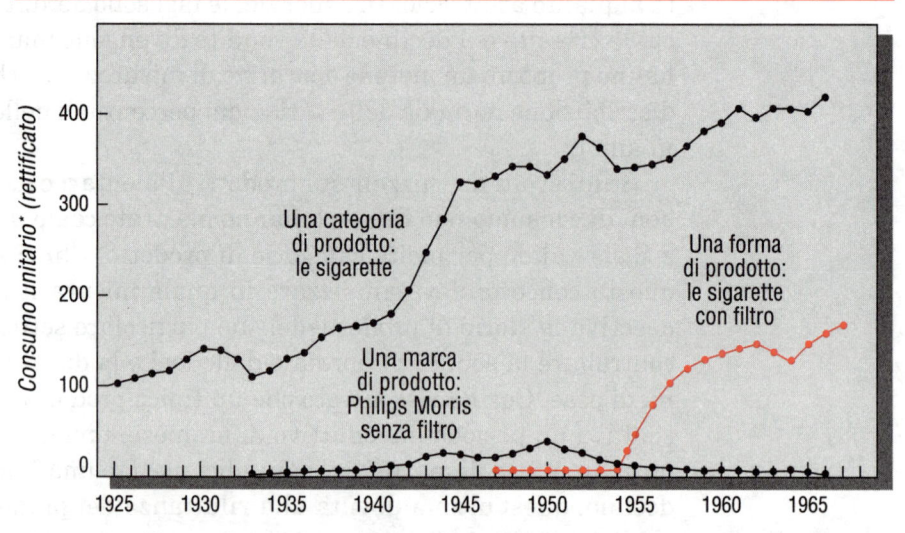

* Numero di sigarette per 100$ di consumo di beni non durevoli, in valori costanti

Fonte: R. Polli e V. Cook, "Validity of the Product Life Cycle", in *Journal of Business*, ottobre 1969, p. 389.

Il modello del CVP ha un grado diverso di applicabilità a seconda della situazione considerata.

- **Le categorie di prodotto** hanno i cicli di vita più lunghi. Le vendite di molte categorie di prodotto rimangono in una fase di maturità per una durata indefinita, essendo fortemente correlati alla popolazione. Alcune importanti categorie di prodotto – sigari, giornali, caffè, cinema – sono apparentemente entrate nella fase di declino del loro CVP.[7] Nel frattempo altre categorie – personal computer, videocassette, telefoni senza filo – si trovano chiaramente in una fase di introduzione o di crescita.
- **Le forme di prodotto** tendono a presentare vicende di CVP più rispondenti allo schema standard rispetto alle categorie di prodotto. Le macchine da scrivere manuali, ad esempio, hanno attraversato le fasi di introduzione, crescita, maturità e declino; le macchine da scrivere elettriche stanno ora vivendo una vicenda simile, mentre quelle elettroniche cominciano a rimpiazzarle.
- **Le marche** tendono ad avere i CVP più corti. Sulla base dei dati rilevati sistematicamente dalla Nielsen e da altri istituti specializzati, emerge come il ciclo di vita di molti prodotti di largo consumo sia sempre più breve. È anche vero, tuttavia, che non pochi prodotti, come, ad esempio, i Baci Perugina, dimostrano un'invidiabile longevità.

13.1.4 Altre forme del ciclo di vita del prodotto

Non tutti i prodotti evidenziano un ciclo di vita a S. Gli studiosi hanno analizzato le storie di vendita di molti prodotti, identificando una molteplicità di forme.[8]

Una forma tipica è lo schema "ciclo-riciclo", in cui di norma il riciclo ha ampiezza e durata inferiori al ciclo primario (si veda la figura 13-4 a). La seconda "gobba" nelle vendite è causata da una spinta promozionale durante la fase di declino.

Un altro schema frequente è quello "a balzi" (figura 13-4 b), e consiste in una successione di cicli di vita basati sulla scoperta di nuove caratteristiche di prodotto, usi e utilizzatori. Le vendite del nylon, ad esempio, mostrano un andamento del genere per via dei molti nuovi usi – paracadute, calze, camicie, tappeti – scoperti nel tempo.[9]

Il quadro 13-1 descrive alcuni tra i più importanti fattori che influenzano il CVP di un prodotto specifico. Discuteremo qui le forme di

Figura 13-4 Alcuni esempi anomali di cicli di vita del prodotto

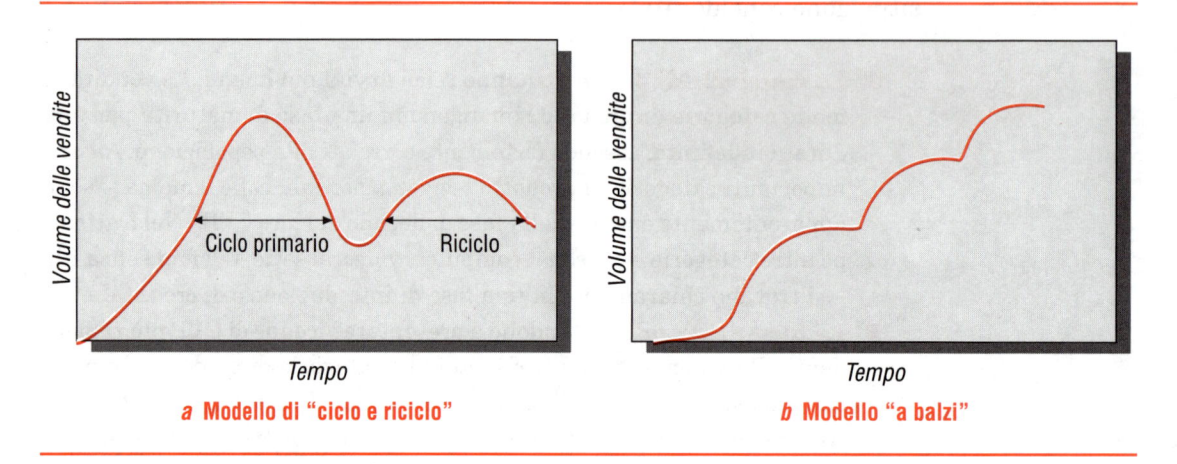

a Modello di "ciclo e riciclo" — Ciclo primario, Riciclo

b Modello "a balzi"

quei cicli speciali che descrivono stili e mode più o meno passeggere, nonché il ciclo di vita internazionale del prodotto.

Cicli di vita degli stili, delle mode e degli entusiasmi passeggeri. Vi sono tre categorie di CVP che vanno distinte dalle altre, e che si riferiscono a stili, mode ed entusiasmi passeggeri (si veda la figura 13-5).

Uno *stile* è una forma d'espressione distintiva e di base che si manifesta in un campo dell'attività umana. Ad esempio, gli stili appaiono nell'edilizia e nell'arredamento (svedese, coloniale, impero), nell'abbigliamento (formale, casual, sportivo), nell'arte (realismo, surrealismo, astrattismo). Quando uno stile è stato creato, può durare per generazioni, tornando e uscendo di moda. Uno stile evidenzia un ciclo con vari periodi di ritorno d'interesse.

Una *moda* è uno stile comunemente accettato o popolare in un dato campo. Ad esempio, i jeans sono una moda nell'abbigliamento odierno, e il "country western" è una moda nell'attuale musica leggera. Le mode attraversano quattro fasi. Nella *fase di distinzione* alcuni consumatori sono interessati a qualcosa di nuovo per distinguersi dagli altri. I prodotti possono essere fatti su misura o in piccola quantità da alcuni fabbricanti. Nella *fase di emulazione* altri consumatori manifestano il desiderio di emulare questi personaggi leader, e altri fabbricanti iniziano a produrre quantità maggiori di questi prodotti. Nella *fase della moda di massa*, questa è divenuta estremamente popolare e le imprese si sono organizzate per la produzione di massa. Infine, nella *fase di declino*, i consumatori cominciano a indirizzarsi verso altre mode che attirano la loro attenzione.

Le mode tendono perciò a crescere lentamente, a rimanere popolari per un certo periodo, e a declinare con gradualità. La lunghezza del ciclo di una moda è difficile da prevedere. Wasson ritiene che le mode finiscono poiché rappresentano un compromesso negli acquisti, e i consumatori cominciano a ricercare gli attributi mancanti. Ad esempio, via via che le autovetture diventano più corte, diventano anche meno confortevoli, e allora un numero crescente di acquirenti vuole macchine più lunghe. Inoltre, troppi consumatori adottano una moda, spingendo gli altri ad allontanarsene. Reynolds suggerisce che la lunghezza di un particolare ciclo di una moda possa dipendere dalla misura nella quale la moda risponde a un bisogno effettivo, è compatibile con le altre tendenze della società, soddisfa norme e valori sociali e non incontra limiti tecnologici al suo sviluppo.[10] Robinson, dal canto suo, vede i cicli di vita delle mode come inesorabili, indipendentemente dai cambiamenti economici, funzionali o tecnologici nella società.[11] Sproles ha, a sua volta, riesaminato e paragonato varie teorie sui cicli di una moda.[12] Gli *entusiasmi passeggeri* sono mode che giungono rapidamente alla vista del pubblico, vengono adottate con grande zelo, hanno un rapido picco, e declinano molto velocemente. Il loro ciclo di accettazione è breve, e ten-

Figura 13-5 Ciclo di vita di uno stile, di una moda, di un entusiasmo passeggero

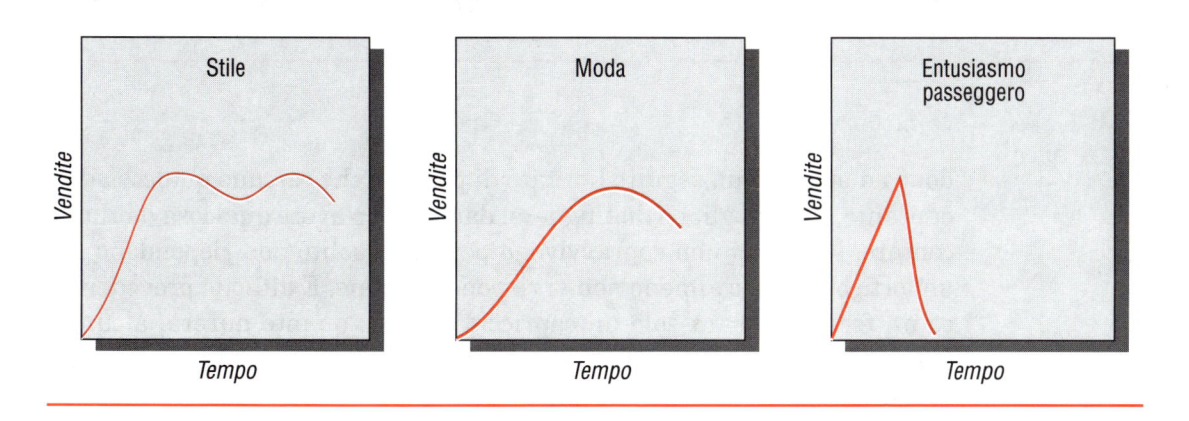

Quadro 13-1 Previsione della forma generale e della durata del ciclo di vita

Goldman e Muller hanno presentato alcune osservazioni interessanti sui fattori che influenzano la forma e la durata dei cicli di vita di prodotti specifici. Consideriamo in primo luogo la forma di un ciclo ideale, illustrata qui sotto:

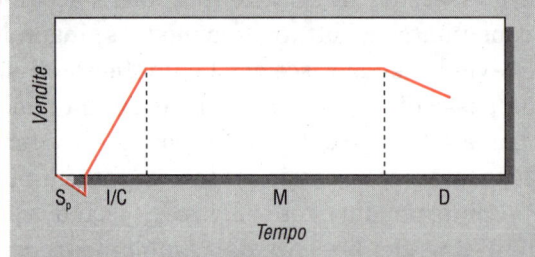

(grafico: Vendite vs Tempo, con fasi S_p, I/C, M, D)

Questa forma è ideale per i seguenti motivi:

- Il periodo di sviluppo del prodotto (S_p) è breve, e di conseguenza i costi di sviluppo per l'impresa sono bassi.
- Il periodo d'introduzione/crescita (IC) è corto, per cui le vendite raggiungono assai rapidamente il picco, massimizzando fin dall'inizio i ricavi.
- Il periodo di maturità (M) dura molto a lungo, permettendo all'impresa di godere di un consistente periodo di profitti.
- Il declino (D) è molto lento, e quindi i profitti caleranno gradualmente e non improvvisamente.

Un'impresa che consideri il lancio di un nuovo prodotto dovrebbe prevedere la forma del CVP basandosi sui fattori che influenzano la lunghezza di ciascuna fase.

- **Il tempo di sviluppo** è più breve e meno costoso per prodotti di routine rispetto a quelli ad alta tecnologia. Così nuovi profumi, nuove merendine, ecc. non comportano lunghi tempi di sviluppo, mentre prodotti ad alta tecnologia richiedono una notevole R&S, nonché elevati tempi e costi di progettazione.
- **Il tempo d'introduzione e crescita** sarà breve alle seguenti condizioni:
  - il prodotto non richiede che si crei una nuova infrastruttura di canali, servizi, trasporti e comunicazione;
  - i distributori accetteranno e promuoveranno senza difficoltà il nuovo prodotto;
  - i consumatori sono interessati al prodotto, lo adotteranno presto, e ne daranno un giudizio favorevole.

Queste condizioni si applicano a molti prodotti

dono ad attrarre un seguito limitato di persone che cercano qualcosa di eccitante, o che vogliono distinguersi dagli altri o avere qualcosa da raccontare. I capricci non sopravvivono perché di solito non rispondono a un forte bisogno, o almeno non vi rispondono bene. È difficile prevedere se un fenomeno sarà solo un capriccio e, se sì, quanto durerà, alcuni giorni, settimane o mesi. La quantità di attenzione ricevuta dai mezzi di comunicazione sarà uno dei fattori che ne influenzeranno la durata.

di consumo a noi familiari. Sono meno valide per molti prodotti ad alta tecnologia, che perciò richiedono maggiori periodi d'introduzione/crescita.

- **Il tempo di maturità** durerà a lungo nella misura in cui i gusti dei consumatori e le tecnologie dei prodotti sono abbastanza stabili e l'impresa mantiene la leadership sul mercato. Le imprese conseguono la maggior parte dei profitti nel corso di lunghi periodi di maturità. Se il periodo di maturità è breve, l'impresa può non recuperare pienamente l'investimento.
- **Il tempo di declino** è lungo se i gusti dei consumatori e la tecnologia del prodotto cambiano lentamente. Quanto più il consumatore è fedele alla marca, tanto più lento è il tasso di declino. Più basse sono le barriere d'uscita, più velocemente alcune imprese usciranno, e questo rallenterà il tasso di declino per quelle che rimangono nel settore.

Dati questi fattori, possiamo vedere per quale motivo falliscono molte imprese ad alta tecnologia. Esse si trovano di fronte a un CVP assai poco attraente. Il tipo peggiore potrebbe presentarsi così:

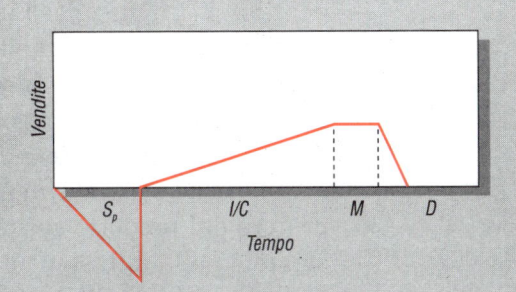

Il tempo di sviluppo è lungo, e alto il suo costo; il tempo d'introduzione e crescita è lungo; il tempo di maturità è corto e il declino è veloce.

Molte imprese ad alta tecnologia devono investire molto tempo e molto denaro per sviluppare il prodotto, dopo di che scoprono che è necessario un lungo periodo per introdurlo sul mercato, il mercato non dura a lungo e il declino è veloce, per la rapida obsolescenza tecnologica.

Fonte: Arieh Goldman e Eitan Muller, "Measuring Shape Patterns of Product Life Cycles: Implications for Marketing Strategy", ricerca non pubblicata, Hebrew University of Jerusalem, Jerusalem School of Business Administration, agosto 1982.

13.1.5 Ragioni del ciclo di vita del prodotto

Abbiamo precedentemente descritto il concetto di CVP a S, senza considerarne i fondamenti da un punto di vista di marketing. La teoria sulla diffusione e l'adozione delle innovazioni ne fornisce le premesse tecniche (si veda il capitolo precedente). Quando lancia un nuovo prodotto, l'impresa deve stimolare conoscenza, interesse, sperimentazione e acquisto. Ciò richiede tempo, e nella fase di introduzione solo poche persone (gli "innovatori") lo compreranno. Se il prodotto è soddisfacente, un maggior numero di acquirenti (gli "adottanti iniziali") ne sarà attirato. L'ingresso di concorrenti sul mercato accelera il processo di adozione, aumentando la notorietà sul mercato e provocando un calo dei prezzi. Un maggior numero di compratori (la "maggioranza anticipatrice") si presenta via via che il prodotto è legittimato. Finalmente il tasso di crescita diminuisce, mentre il numero di nuovi clienti potenziali si avvicina a zero. Le vendite si stabilizzano al livello del tasso d'acquisto di sostituzione. Infine le vendite declinano, mentre appaiono classi, forme e marche di nuovi prodotti, distraendo l'interesse del compratore dal prodotto esistente. Il CVP viene così spiegato dai normali sviluppi nella diffusione e adozione di nuovi prodotti.

Il concetto di CVP fornisce dunque un utile quadro di riferimento per sviluppare efficaci strategie di marketing in fasi diverse del ciclo.

13.2 Le strategie di marketing nella fase d'introduzione

La fase d'introduzione inizia quando il nuovo prodotto viene per la prima volta distribuito e reso disponibile per l'acquisto. Richiede tempo rifornire i canali distributivi e far uscire il prodotto sui vari mercati: è facile quindi che la crescita delle vendite sia lenta. Ad esempio, prodotti ben conosciuti negli Stati Uniti come il caffè istantaneo, il succo d'arancia surgelato e le confezioni monodose di panna liquida per caffè hanno vivacchiato per molti anni prima di entrare in una fase di crescita rapida. Buzzell ha identificato varie cause di crescita lenta di molti prodotti alimentari: ritardi nell'espansione della capacità produttiva; problemi tecnici ("eliminazione dei difetti"); ritardi nel rendere il prodotto disponibile al consumo e, in particolare, nell'ottenere un'adeguata distribuzione al dettaglio; riluttanza del consumatore a modificare schemi di comportamento ormai stabiliti.[13] Nel caso di nuovi prodotti ad alto prezzo, la crescita delle vendite è rallentata da altri fattori, come il limitato numero di acquirenti che si possono permettere la spesa.

In questa fase, i profitti sono negativi o scarsi a causa del basso volume di vendite e degli alti costi di distribuzione e promozione. È necessario molto denaro per attirare i distributori e "riempire i canali". Le spese promozionali raggiungono l'incidenza più elevata sulle vendite «per la necessità di un alto livello di sforzi promozionali miranti a: (1) informare il consumatore potenziale dell'esistenza di un prodotto nuovo e sconosciuto; (2) indurre a provare il prodotto; (3) garantire la distribuzione al dettaglio».[14]

Ci sono solo pochi concorrenti che producono versioni base del prodotto, poiché il mercato non è pronto per gli affinamenti. Le imprese concentrano le loro vendite sui clienti che sono maggiormente pronti a comprare, in genere gruppi ad alto reddito. I prezzi tendono a essere alti poiché: «(1) i costi sono alti a causa della produzione relativamente limitata; (2) i problemi tecnologici di produzione possono non essere stati completamente risolti; (3) sono richiesti alti margini per sostenere le forti spese promozionali necessarie per realizzare la crescita».[15]

Nel lanciare un nuovo prodotto, i responsabili di marketing possono stabilire un livello alto o basso per ciascuna delle variabili di marketing: prezzo, promozione, distribuzione e qualità del prodotto. Considerando solamente il prezzo e la promozione, si possono perseguire le quattro strategie indicate nella figura 13-6.

La *strategia di scrematura rapida* consiste nel lanciare il nuovo prodotto con un prezzo e uno sforzo promozionale elevati. L'impresa applica un prezzo alto per conseguire il massimo profitto unitario lordo possibile. Spende massicciamente in promozione per convincere il mercato dei meriti del prodotto, anche a un prezzo elevato. Una forte promozione accelera il tasso di penetrazione del mercato. Questa strategia è valida alle seguenti condizioni: (1) una larga parte del mercato potenziale non

Figura 13-6 Le strategie di marketing nella fase d'introduzione

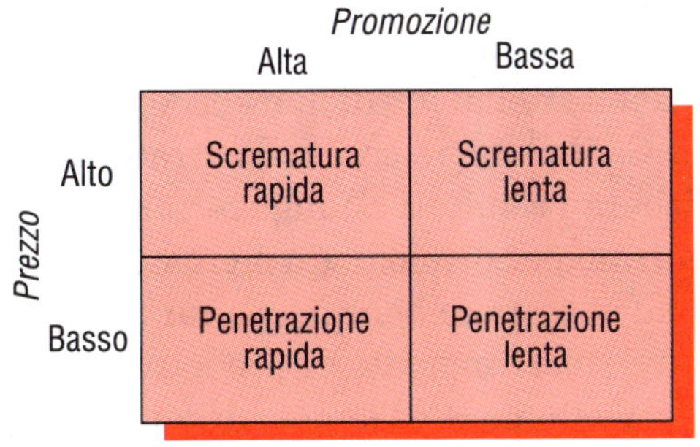

	Promozione Alta	Promozione Bassa
Prezzo Alto	Scrematura rapida	Scrematura lenta
Prezzo Basso	Penetrazione rapida	Penetrazione lenta

conosce il prodotto; (2) chi ne viene a conoscenza è ansioso di ottenere il prodotto ed è in grado di pagarne il prezzo; (3) l'impresa si trova di fronte a una potenziale concorrenza e vuole costruire una preferenza di marca.

La *strategia di scrematura lenta* consiste nel lanciare il nuovo prodotto a un prezzo alto e a un basso livello promozionale. Lo scopo del prezzo alto è di ottenere il massimo profitto unitario lordo; mentre il modesto sforzo promozionale mantiene basse le spese di marketing. Ci si aspetta da questa combinazione di scremare un elevato profitto dal mercato. Questa strategia è valida se: (1) il mercato è di dimensioni limitate; (2) la maggior parte del mercato è a conoscenza del prodotto; (3) i compratori sono disposti a pagare un alto prezzo; (4) la concorrenza potenziale non è imminente.

La *strategia di penetrazione rapida* consiste nel lanciare il prodotto a un prezzo basso spendendo massicciamente in promozione. Questa strategia consente una più rapida penetrazione e la più elevata quota di mercato. È una strategia valida se: (1) il mercato è vasto; (2) non conosce il prodotto; (3) la maggior parte degli acquirenti è sensibile al prezzo; (4) c'è una forte concorrenza potenziale; (5) i costi unitari di produzione diminuiscono aumentando le quantità e accumulando esperienza produttiva.

La *strategia di penetrazione lenta* consiste nel lanciare il nuovo prodotto a un prezzo basso e a un basso livello di promozione. Il prezzo basso incoraggerà una rapida accettazione del prodotto, mentre l'impresa mantiene bassi i costi promozionali per aumentare il profitto netto. L'impresa ritiene che la domanda abbia un'elasticità alta rispetto al prezzo e minima rispetto alla promozione. La strategia è valida se: (1) il mercato è vasto; (2) conosce molto bene l'esistenza del prodotto; (3) è sensibile al prezzo; (4) c'è una certa concorrenza potenziale.

Un'impresa, specialmente se ha una posizione pionieristica nel mercato, non deve scegliere arbitrariamente una di queste strategie; la strategia deve invece essere un primo passo accuratamente definito nell'ambito del piano di marketing esteso all'intero ciclo di vita del prodotto. Se il pioniere sceglie la strategia iniziale di fare "man bassa", sacrificherà i risultati a lungo termine in cambio di guadagni a breve. Chi è entrato per primo in un mercato ha le migliori possibilità di rimanere il leader, se gioca bene le sue carte. Egli dovrebbe, in primo luogo, analizzare i vari mercati di prodotto in cui potrebbe entrare inizialmente. Supponiamo che l'analisi di segmentazione del mercato riveli i segmenti illustrati nella figura 13-7. L'impresa-pioniere dovrebbe, quindi, ana-

Figura 13-7 Strategia di espansione a lungo termine della combinazione prodotto/mercato (P_j = prodotto$_j$; M_j = mercato$_j$)

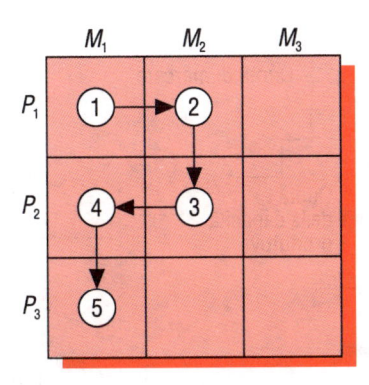

lizzare il potenziale di profitto di ciascun mercato, singolarmente e in combinazione, e decidere una strategia di espansione di mercato.

Così, nella figura 13-7, l'impresa prevede di lanciare il suo prodotto iniziale nel mercato di prodotto ($P_1 M_1$), di introdurre lo stesso prodotto in un secondo mercato ($P_1 M_2$), di sorprendere la concorrenza sviluppando un secondo prodotto per il secondo mercato ($P_2 M_2$), per poi riportare il secondo prodotto nel primo mercato ($P_2 M_1$), e infine lanciare un terzo prodotto per il primo mercato ($P_3 M_1$). Se questo piano funziona, all'impresa-pioniere di mercato spetterà una buona parte dei primi due segmenti di mercato, che servirà con due o tre prodotti.

Naturalmente il piano in questione può essere modificato col passare del tempo e in funzione dell'emergere di nuovi fattori. Tuttavia, l'impresa ha almeno pensato in anticipo a come vuole evolversi in questo nuovo mercato.

Considerando il futuro, l'impresa sa che la concorrenza prima o poi si manifesterà e causerà un declino sia di prezzi, sia di quota di mercato. Le domande sono: Quando accadrà? E che cosa dovrebbe fare in ciascuna fase l'impresa-pioniere? Frey ha descritto le fasi del ciclo competitivo che il pioniere deve aspettarsi (si veda la figura 13-8).[16] Inizialmente, il pioniere è l'unico fornitore, disponendo del 100% della capacità produttiva e, ovviamente, realizzando tutte le vendite del prodotto. La seconda fase, quella della penetrazione competitiva, inizia quando

Figura 13-8 Fasi del ciclo competitivo

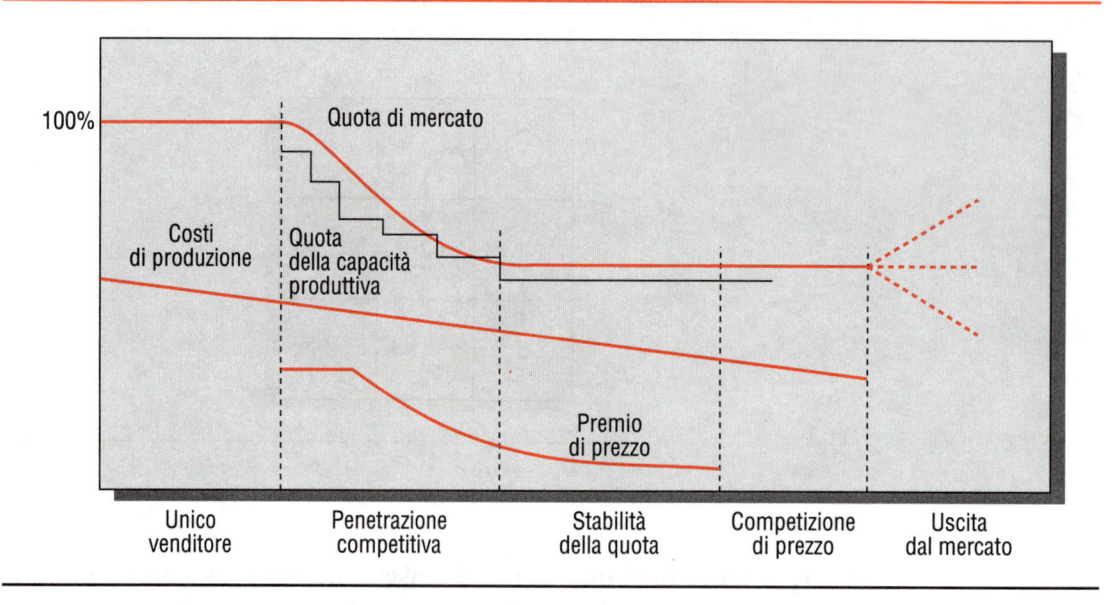

[Grafico con assi: 100% in alto a sinistra; curve etichettate "Quota di mercato", "Costi di produzione", "Quota della capacità produttiva", "Premio di prezzo". Asse x con fasi: Unico venditore — Penetrazione competitiva — Stabilità della quota — Competizione di prezzo — Uscita dal mercato.]

Fonte: John B. Frey, "Pricing Over the Competitive Cycle", discorso tenuto alla Marketing Conference del 1982 a New York.

anche un concorrente possiede capacità produttiva e comincia a commercializzare i prodotti. Quindi, anche altri concorrenti entrano in campo e le quote di produzione e di mercato del leader calano.

I concorrenti successivi spesso entrano sul mercato con prezzi più bassi del leader, a causa dei rischi e delle incertezze connesse alla qualità dei propri prodotti. Col passare del tempo, il valore attribuito dal mercato ai prodotti dell'impresa leader si riduce, il che determina una riduzione del differenziale di prezzo cui questa può aspirare.

La capacità produttiva tende a crescere, durante le fasi di crescita rapida, cosicché quando un rallentamento ciclico si manifesta, la sovracapacità industriale spinge in basso i margini, verso i livelli "normali". I nuovi concorrenti divengono restii a entrare, mentre quelli già presenti cercano di consolidare le loro posizioni. Ciò conduce alla terza fase, di stabilità di quota, in cui le quote di capacità produttiva e di mercato tendono a stabilizzarsi.

Questo periodo di stabilità di quota è seguito da un periodo in cui il prodotto si trasforma in una "commodity" e gli acquirenti non pagano più un differenziale, o premio, di prezzo, per cui la redditività delle vendite si riduce. A questo punto, una o più imprese possono ritirarsi. Il pioniere, che probabilmente avrà ancora la quota dominante, può decidere se aumentarla via via che gli altri abbandonano, o ridurla e ritirarsi gradatamente.

13.3 Le strategie di marketing nella fase di crescita

La fase di crescita è caratterizzata da una rapida ascesa delle vendite. I primi ad adottare il prodotto lo apprezzano, e molti altri consumatori cominciano a seguirne l'esempio. Nuovi concorrenti si affacciano sul mercato, attratti dalle opportunità di profitto e produzione su larga scala. Introducono nuove caratteristiche di prodotto, e questo espande ulteriormente il mercato.

L'accresciuto numero di concorrenti porta a un aumento dei punti di vendita, e gli impianti lavorano a pieno regime per rifornire i canali distributivi. I prezzi rimangono stabili, o calano solo leggermente, in quanto la domanda cresce assai rapidamente. Le imprese mantengono le spese promozionali a un livello uguale o leggermente superiore per fronteggiare la concorrenza e continuare a sviluppare il mercato. Le vendite crescono molto più velocemente, provocando una diminuzione del rapporto costi di promozione/vendite. Durante questa fase i profitti crescono, poiché i costi promozionali si distribuiscono su volumi maggiori, e i costi di produzione unitari diminuiscono più velocemente dei prezzi per effetto della "curva d'esperienza".

In questa fase, l'impresa utilizza varie strategie per sostenere il più a lungo possibile la crescita del mercato:

- L'impresa migliora la qualità del prodotto, e aggiunge nuove caratteristiche e modelli.
- Entra in nuovi segmenti di mercato.
- Entra in nuovi canali distributivi.
- Sposta alcune spese pubblicitarie dalla creazione della notorietà del prodotto al convincimento all'acquisto.
- Abbassa i prezzi al momento opportuno per attirare lo strato successivo di acquirenti sensibili al prezzo.

L'impresa che attua queste strategie di espansione del mercato migliorerà la sua posizione concorrenziale. Ma il miglioramento comporta costi aggiuntivi. Nella fase di sviluppo l'impresa si trova di fronte a un compromesso tra un'elevata quota di mercato ed elevati profitti correnti. Spendendo molto in miglioramenti di prodotto, promozione e distribuzione, può conquistare una posizione dominante. Non cerca la massimizzazione del profitto corrente, sperando di riguadagnarlo nella fase successiva.

13.4 Le strategie di marketing nella fase di maturità

A un certo punto, il tasso di crescita delle vendite di un prodotto rallenta, e il prodotto entra in una fase di relativa maturità. Questa fase dura normalmente più a lungo di quelle precedenti, e presenta delle notevoli sfide alla direzione marketing. *La maggior parte dei prodotti si trovano nella fase di maturità del loro ciclo di vita, e dunque la maggior parte dell'attività di marketing management concerne prodotti maturi.*

La fase di maturità può dividersi in tre periodi. Nel primo, *maturità della crescita*, il tasso di crescita comincia a declinare per la saturazione della distribuzione. Non ci sono nuovi canali distributivi da riempire, anche se qualche compratore ritardatario si affaccia adesso al mercato. Nel secondo periodo, *maturità stabile*, le vendite pro capite si livellano per la saturazione del mercato. La maggior parte dei consumatori potenziali ha provato il prodotto, e le vendite future sono governate dalla crescita della popolazione e dalla domanda di sostituzione. Nel terzo periodo, *maturità di decadimento*, il livello assoluto delle vendite comincia a declinare e i consumatori iniziano a dirigersi verso altri prodotti o sostituti.

Il rallentamento nel tasso di crescita delle vendite crea sovracapacità nell'industria. Questa sovracapacità conduce a una concorrenza intensificata. I concorrenti praticano con maggior frequenza sconti e prezzi fuori listino. Aumentano la pubblicità e le offerte speciali ai distributori e ai clienti. Aumentano le spese di R&S per trovare versioni migliori del prodotto. Queste azioni si traducono in un'erosione dei profitti. Alcuni tra i concorrenti più deboli cominciano a ritirarsi. Il settore finirà con l'essere costituito da concorrenti ben trincerati, la cui motivazione principale è di acquisire vantaggi competitivi. Le imprese in questione possono essere di due tipi (si veda la figura 13-9). Innanzitutto, vi sono le imprese dominanti, in grado di realizzare la maggior parte della produzione. Esse coprono l'intero mercato e conseguono i loro profitti attraverso gli elevati volumi e il contenimento dei costi. Le imprese in questione presentano un certo grado di differenziazione fra di loro, con riferimento alla convenienza di costo alla qualità, al servizio, e così via.

Attorno alle imprese dominanti operano molteplici imprese di piccole dimensioni, o di nicchia. Tali imprese includono specialisti di mercato, specialisti di prodotto e piccole imprese che operano su scala artigianale. Le imprese di questo gruppo servono mercati obiettivo limitati, consegnando un premio di prezzo. In conclusione, il problema basilare per un'impresa operante in un mercato maturo è se impegnarsi a fondo

Figura 13-9 Le imprese in un settore maturo

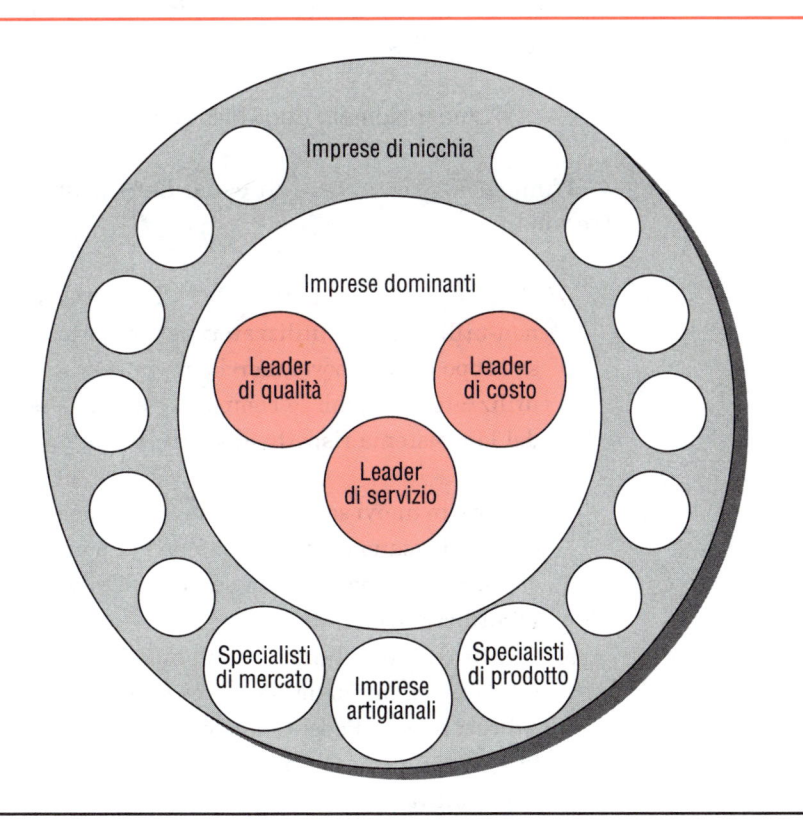

per divenire una delle "big three", conseguendo profitti attraverso i volumi e il contenimento dei costi, oppure se optare per una strategia di nicchia e su una redditività basata sugli alti margini.

Nella fase di maturità, molte imprese rinunciano ai prodotti più deboli, ritenendo che ci sia ben poco da fare. Pensano che sia meglio investire le risorse finanziarie nello sviluppo di nuovi prodotti, non tenendo conto del basso tasso di successo dei prodotti nuovi e dell'elevato potenziale che molti vecchi prodotti mantengono ancora.

Marche apparentemente moribonde hanno avuto varie volte dei notevoli recuperi di vendita mediante una buona dose di creatività di marketing. I responsabili di marketing non dovrebbero ignorare o difendere passivamente prodotti che stanno invecchiando, ma considerare sistematicamente modifiche alle strategie di mercato, di prodotto e di marketing-mix.

Modifiche di mercato. L'impresa dovrebbe cercare di espandere il mercato per la sua marca operando sui due fattori che determinano il volume di vendita:

Volume = Numero degli utilizzatori x Consumo per utilizzatore

L'impresa può tentare di espandere il numero degli utilizzatori in tre modi:

- **Convertire i non-utilizzatori.** L'impresa può tentare di trasformare i non-utilizzatori in utilizzatori del prodotto. Ad esempio, la chiave per lo sviluppo del trasporto merci per via aerea è la ricerca costante di nuovi utilizzatori ai quali le compagnie aeree possono dimostrare i vantaggi del loro sistema rispetto al trasporto via terra o via mare.
- **Entrare in nuovi segmenti di mercato.** L'impresa può cercare di entrare in nuovi segmenti di mercato – geografici, demografici e così via – che utilizzano il prodotto ma non la marca. Ad esempio, la Johnson & Johnson ha promosso con successo il suo shampoo per bambini presso gli utilizzatori adulti.
- **Conquistare i clienti della concorrenza.** L'impresa può sforzarsi di attirare i clienti della concorrenza, perché provino o adottino la marca. Ad esempio, la Pepsi-Cola è costantemente impegnata a convincere gli utilizzatori di Coca-Cola a cambiare marca, e per farlo lancia una sfida dopo l'altra.

Il volume delle vendite può essere aumentato anche facendo sì che i clienti attuali aumentino l'uso della marca. Ecco tre strategie:

- **Uso più frequente.** L'impresa può tentare di far sì che i clienti usino il prodotto più frequentemente. Ad esempio, i produttori di succo d'arancia cercano di convincere la gente a bere il succo anche al di fuori della prima colazione.
- **Maggior uso per ogni occasione.** L'impresa può tentare di interessare i clienti a consumare più prodotto ogni volta che lo usano. Un fabbricante di shampoo potrebbe così indicare che il prodotto è più efficace con due lavaggi che con uno solo.
- **Usi nuovi e più vari.** L'impresa può cercare di scoprire nuovi usi per il prodotto e di convincere la gente a farne un uso più vario. Una pratica comune tra i produttori alimentari, ad esempio, è di elencare varie ricette sulle confezioni per incrementare la conoscenza che il cliente ha di tutti gli usi del prodotto.

Modifiche di prodotto. La direzione aziendale cerca anche di invertire il trend delle vendite modificando le caratteristiche del prodotto in modo che attiri nuovi clienti, o comporti un maggior uso da parte di quelli attuali. Il *rilancio del prodotto* può assumere varie forme.

Una strategia di *miglioramento della qualità* mira ad aumentare le prestazioni funzionali del prodotto: durata, affidabilità, velocità, gusto. Un produttore può sovente superare la concorrenza offrendo un tipo "nuovo e migliorato" di autovettura, televisore, caffè, sigaretta. I produttori alimentari lo chiamano un lancio "plus" e presentano un nuovo ingrediente o pubblicizzano qualcosa come "più forte", "più grande" o "migliore". Questa strategia è efficace nei limiti in cui la qualità possa davvero essere migliorata, i clienti credano alla promessa di un miglioramento, e un numero sufficiente di acquirenti voglia davvero una qualità più alta. Una strategia di *miglioramento delle caratteristiche* mira ad aggiungere nuovi elementi (ad esempio dimensioni, peso, materiali, additivi, accessori), che espandano la versatilità, la sicurezza o la convenienza del prodotto.

Lo svantaggio principale è che i miglioramenti nelle caratteristiche sono facilmente imitabili; se non deriva un vantaggio permanente dall'essere i primi, questi miglioramenti possono non essere efficaci.

Una strategia di *miglioramento dello stile* mira ad accrescere l'attrazione estetica del prodotto. L'introduzione periodica di nuovi modelli di autovetture si riferisce più a una concorrenza stilistica che a una di qualità o di caratteristiche. Nel caso dei cibi confezionati o dei prodotti per la casa, le imprese introducono variazioni di colore o di struttura e spesso ridisegnano la confezione, considerandola un'estensione del prodotto. Il vantaggio di una strategia di stile è di poter conferire al prodotto un'identità specifica di mercato e assicurarsi un seguito fedele. D'altra parte, la concorrenza stilistica presenta dei problemi. In primo luogo, è difficile prevedere se il pubblico – e quale pubblico – approverà il nuovo stile. In secondo luogo, un cambiamento di stile significa un abbandono di quello vecchio, e l'impresa rischia di perdere i consumatori che lo gradivano.

Modifiche del marketing-mix. Il responsabile di prodotto dovrebbe anche cercare di stimolare le vendite attraverso la modifica di uno o più elementi del marketing-mix. Ecco una lista di domande chiave che i responsabili di marketing dovrebbero porsi sugli elementi non di prodotto del marketing-mix, nella ricerca di modi per stimolare le vendite di un prodotto maturo.

- **Prezzo.** Una riduzione di prezzo attirerebbe nuovi clienti a provare ad usare il prodotto? Se sì, bisognerebbe ridurre il prezzo di listino, o ridurre i prezzi attraverso offerte speciali, sconti di quantità o di preacquisto, assorbimento di spese di trasporto, o facilitazioni di pagamento? O sarebbe meglio alzare i prezzi, per suggerire l'idea di una qualità superiore?
- **Distribuzione.** L'impresa può ottenere un maggior sostegno al prodotto e una migliore esposizione nei punti di vendita? Si possono raggiungere più punti di vendita? Si può introdurre il prodotto in nuovi canali distributivi?
- **Pubblicità.** Occorre aumentare le spese pubblicitarie? Occorre cambiare il messaggio o il testo pubblicitario? Occorre cambiare il mix di mezzi? Occorre cambiare scadenza, frequenza o dimensione degli annunci?
- **Promozione vendite.** L'impresa dovrebbe incrementare la promozione vendite mediante offerte speciali, riduzioni, sconti, garanzie, omaggi e concorsi?
- **Personale di vendita.** Occorre aumentare il numero o la qualità dei venditori? Occorre cambiare la base di specializzazione delle forze di vendita? Occorre rivedere i territori di vendita? O gli incentivi ai venditori? Si potrebbe migliorare la pianificazione delle visite ai clienti?

- **Servizi.** L'impresa può accelerare le consegne? Può fornire più assistenza tecnica ai clienti? Può concedere più credito?

Il problema dell'efficacia dei vari strumenti del marketing-mix nella fase di maturità è lungi dall'esser risolto. Ad esempio, qual è l'efficacia relativa della pubblicità dei prodotti maturi?

Molti esperti di marketing sostengono che la promozione è più efficace della pubblicità poiché i consumatori hanno raggiunto un equilibrio nelle loro abitudini e preferenze d'acquisto, e la persuasione psicologica (pubblicità) non è efficace come la persuasione finanziaria (offerte promozionali) nel rompere questo equilibrio. Di conseguenza, molte imprese produttrici di beni di consumo spendono oltre il 60% del loro budget promozionale totale in promozione vendite per sostenere i prodotti maturi. Non tutti sono però d'accordo, ritenendo che le marche dovrebbero essere trattate come beni patrimoniali, mentre la pubblicità dovrebbe essere considerata un investimento, anziché una spesa. I responsabili di marca amano usare la promozione vendite perché gli effetti sono più immediatamente visibili ai loro superiori, mentre in realtà stanno danneggiando la redditività della marca a lungo termine.

Un problema importante concernente le modifiche di marketing mix è che esse sono facilmente imitabili dalla concorrenza, soprattutto le riduzioni di prezzo e l'introduzione di servizi aggiuntivi. L'impresa può, quindi, non ottenere quanto si aspettava, e in realtà tutte le imprese possono subire un'erosione di profitti parallelamente all'intensificarsi delle manovre competitive di marketing.

13.5 Le strategie di marketing nella fase di declino

Le vendite della maggior parte dei prodotti finiscono per declinare. Ciò avviene per svariate ragioni, quali il progresso tecnologico, il mutamento dei gusti del consumatore, e l'aumento della concorrenza nazionale e straniera. Tutto ciò porta a sovracapacità, ulteriori tagli di prezzo ed erosione dei profitti.

Col declino di vendite e profitti, alcune imprese si ritirano dal mercato. Quelle che restano, possono ridurre il numero delle offerte di prodotto, abbandonare alcuni segmenti di mercato e alcuni canali distributivi marginali, o tagliare gli stanziamenti promozionali e ridurre ulteriormente i prezzi. Sfortunatamente, la maggior parte delle imprese non ha sviluppato strategie coerenti per affrontare l'invecchiamento dei prodotti. Il sentimento svolge un suo ruolo:

> Uccidere un prodotto, o lasciarlo morire, è una triste vicenda, e spesso comporta la stessa tristezza di un saluto finale a vecchi e cari amici. Quel tipo di biscotto era il primo prodotto che l'impresa avesse mai prodotto. La nostra gamma non sarà più la stessa senza di esso.[17]

Anche la logica ha un suo ruolo. La direzione aziendale ritiene che le vendite del prodotto miglioreranno una volta superate le fasi successive, o quando verrà riformulata la strategia di marketing, o con il miglioramento del prodotto. Oppure il prodotto debole può essere mantenuto per il suo presunto contributo alle vendite degli altri prodotti dell'impresa. Oppure i ricavi per quel prodotto ne coprono le spese e l'impresa non ha un modo migliore per utilizzare le risorse disponibili.

A meno dell'esistenza di forti ragioni per mantenerlo, conservare un prodotto debole è molto costoso per l'impresa. Il costo non è solamente la parte non coperta di spese generali e il profitto. La contabilità finanziaria non può esprimere adeguatamente tutti i costi nascosti: il prodotto debole può assorbire una quantità sproporzionata di risorse; spesso richiede aggiustamenti frequenti di prezzi e scorte; di norma comporta periodi di produzione effettiva brevi, malgrado tempi di preparazione lunghi e costosi; richiede un'attenzione sia pubblicitaria, sia della forza vendite, che potrebbe essere meglio indirizzata a rendere più redditizi i prodotti "sani"; la sua inadeguatezza può causare inconvenienti alla clientela e gettare un'ombra sull'immagine dell'impresa.

Un'impresa ha davanti a sé una serie di compiti e di decisioni per poter gestire i prodotti invecchiati.

Identificare i prodotti deboli. Il primo compito è di stabilire un sistema per identificare i prodotti deboli. A questo scopo, l'impresa costituisce un comitato composto da rappresentanti del marketing, della produzione e della finanza, incaricato di sviluppare un sistema per identificare i prodotti deboli.

Il servizio di controllo di gestione fornisce i dati per ogni prodotto, i dati relativi a tendenze del mercato, quote, prezzi, costi e profitti. Queste informazioni sono analizzate mediante un programma computerizzato in grado di identificare i prodotti dubbi. I criteri da usare includono il numero di anni di declino delle vendite, le tendenze della quota di mercato, i margini di profitto lordi, e la redditività dell'investimento. I prodotti che sollevano dei dubbi vengono segnalati ai responsabili di prodotto competenti. Questi ultimi predispongono dei rapporti di valutazione, con l'indicazione della tendenza delle vendite e dei profitti, con e senza modifiche della strategia di marketing. Il comitato di valutazione dei prodotti esamina infine queste informazioni ed esprime una raccomandazione per ciascun prodotto dubbio – mantenerlo com'è, modificarne la strategia di marketing, o abbandonarlo.[18]

Definizione delle strategie di marketing. Alcune imprese abbandoneranno i mercati in declino prima di altre. Molto dipende dal livello delle *barriere d'uscita*.[19] Quanto più basse sono queste barriere tanto più facile è per l'impresa lasciare il settore, e tanto più allettante è per chi rimane mantenere le posizioni e attirare i consumatori delle imprese che si ritirano. Le imprese rimanenti fruiranno, quindi, di aumenti di vendite e di profitti. Ad esempio, la Procter & Gamble è rimasta fino alla fine nel settore ormai in declino dei saponi liquidi, e ha realizzato buoni profitti mentre gli altri si ritiravano.

In uno studio sulle strategie d'impresa nei settori in declino, Harrigan ha distinto cinque strategie possibili:

- Aumentare gli investimenti (per avere una posizione dominante o comunque concorrenziale).
- Mantenere stazionario il livello degli investimenti, finché non si dissolvano le incertezze sul settore.
- Diminuire in modo selettivo gli investimenti, eliminando i gruppi di clienti poco promettenti, e contemporaneamente rafforzare gli investimenti nelle nicchie redditizie di domanda duratura.
- Sfruttare (o "mungere") gli investimenti dell'impresa per recuperare rapidamente liquidità, indipendentemente dalla struttura degli investimenti che ne risulterà.
- Disinvestire rapidamente, liberandosi degli immobilizzi nel modo più vantaggioso possibile.[20]

La strategia di declino appropriata dipende dal grado di attrattività relativa del settore e della forza concorrenziale dell'impresa in quel settore. Ad esempio, un'impresa che si trova in un settore poco attraente, e tuttavia ha una forza concorrenziale, dovrebbe pensare a ridurre selettivamente; tuttavia, se si trova in un settore attraente, e ha una posizione di forza concorrenziale, dovrebbe considerare un incremento o un mantenimento del suo livello di investimenti.

Un'impresa con uno o più prodotti caratterizzati dal declino delle loro vendite può adottare o una strategia di *mietitura* o una di *disinvestimento*. Nel primo caso, essa cercherà di ridurre progressivamente i propri costi, mantenendo nel contempo il livello delle vendite. La riduzione dei costi concernerà dapprima la ricerca e lo sviluppo, gli impianti produttivi, i servizi ausiliari, la pubblicità e la promozione delle vendite. Nell'operare le riduzioni in questione, l'impresa dovrà cercare di mantenere la massima riservatezza attorno alle proprie intenzioni, onde evitare le evidenti ripercussioni negative derivanti da una diffusa conoscenza delle proprie intenzioni di uscire da un determinato mercato.

Nel caso di disinvestimento, l'impresa dovrà invece cercare di mantenere invariato il proprio impegno nell'area d'affari dalla quale intende uscire, onde evitare di ridurre l'attrattività che l'unità aziendale interessata può avere per i potenziali acquirenti.

L'eliminazione del prodotto. Quando l'impresa decide di eliminare un prodotto, si trova ad affrontare altre decisioni. In primo luogo, può vendere o trasferire il prodotto a un'altra impresa, oppure sospenderne definitivamente la produzione. In secondo luogo, deve decidere se farlo rapidamente o lentamente. In terzo luogo, deve decidere l'entità dei ricambi e dell'assistenza necessari per servire i clienti correnti.

13.6 Riassunto e critica del concetto di ciclo di vita del prodotto

La tavola 13-1 riassume le caratteristiche, gli obiettivi e le strategie di marketing delle quattro fasi del CVP. Non tutti gli esperti di marketing sono d'accordo su tutte le strategie, ma esse rappresentano una sintesi di ciò che molti consiglierebbero.

Alcuni esperti hanno indicato strategie più specifiche in ogni fase del CVP. La figura 13-10 mostra un'analisi più elaborata per il marketing dei prodotti alimentari, basata sull'ipotesi che molte marche presentano un CVP del tipo ciclo-riciclo.

Tavola 13-1 Aspetti strutturali del ciclo di vita del prodotto

Grafico: curva delle Vendite nel Tempo suddivisa in quattro fasi: Introduzione, Crescita, Maturità, Declino.

Caratteristiche

	Introduzione	Crescita	Maturità	Declino
Vendite	Vendite scarse	Vendite rapidamente crescenti	Picco delle vendite	Vendite in declino
Costi	Alto costo per cliente	Costo medio per cliente	Basso costo per cliente	Basso costo per cliente
Profitti	Negativi	Crescenti	Alti	Declinanti
Clienti	Innovatori	Adottanti iniziali	Maggioranza	Ritardatari
Concorrenti	Pochi	In numero crescente	Numero stabile, che inizia a ridursi	In riduzione

Obiettivi di marketing

	Introduzione	Crescita	Maturità	Declino
	Creare la conoscenza del prodotto e la propensione alla prova dello stesso	Massimizzare la quota di mercato	Massimizzare il profitto, difendendo la quota di mercato	Ridurre le spese e "mungere" il prodotto

Strategie

	Introduzione	Crescita	Maturità	Declino
Prodotto	Offrire un prodotto base	Offrire estensioni del prodotto, servizi, garanzia	Diversificare marche e modelli	Eliminare i prodotti deboli
Prezzo	Prezzo determinato sulla base del "cost-plus"	Prezzo per penetrare nel mercato	Prezzo per pareggiare o battere la concorrenza	Taglio dei prezzi
Distribuzione	Realizzare una distribuzione selettiva	Realizzare una distribuzione intensiva	Realizzare una distribuzione più intensiva	Essere selettivi: eliminare i punti di vendita non redditizi
Pubblicità	Realizzare la conoscenza del prodotto fra gli adottanti iniziali e i rivenditori	Realizzare consapevolezza e interesse nel mercato di massa	Sottolineare le differenze e i vantaggi della marca	Ridurre il livello di mantenimento dei clienti ultra fedeli
Promozione vendite	Usare un'intensa promozione vendite per spingere alla prova del prodotto	Ridurre per approfittare dell'elevata domanda	Aumentare per incoraggiare la conversione di marca	Ridurre a un livello minimo

Fonti: Questa tavola è stata compilata attingendo a varie fonti: Chester R. Wasson, *Dynamic Competitive Strategy and Product Life Cycles*, Austin Press, Austin 1978; John A. Weber, "Planning Corporate Growth With Inverted Product Life Cycles", in *Long Range Planning*, ottobre 1976, pp. 12-29; Peter Doyle, "The Realities of the Product Life Cycle", in *Quarterly Review of Marketing*, estate 1976, pp. 1-6.

Figura 13-10 Strategie di marketing nelle varie fasi del ciclo di vita dei prodotti alimentari

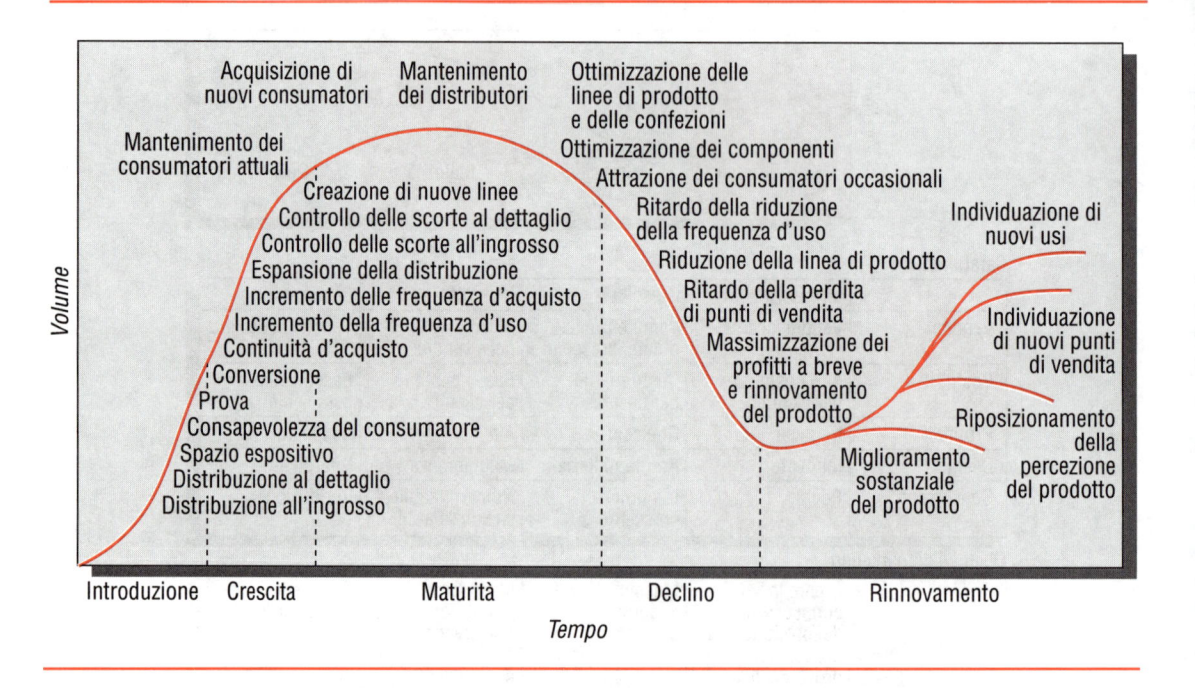

Il modello del CVP è usato da molti dirigenti per interpretare le dinamiche di prodotto e di mercato. La sua reale utilità varia a seconda delle diverse esigenze decisionali. Come strumento di *pianificazione*, il CVP evidenzia le maggiori sfide di marketing di ciascuna fase e suggerisce le principali strategie alternative che l'impresa può seguire. Come strumento di *controllo*, il CVP permette all'impresa di confrontare l'andamento del prodotto con quello precedente di prodotti simili. Come strumento di *previsione*, infine, il CVP è meno utile, in quanto le storie di vendita presentano schemi diversi, e varia è la durata delle fasi.

La teoria del CVP ha un buon numero di critici. Essi affermano che gli schemi di ciclo di vita sono troppo variabili, come è dimostrato dalle varie forme assunte dai CVP di diversi prodotti. Asseriscono anche che le fasi non hanno una durata prevedibile. In altre parole, ai CVP manca quel che hanno gli organismi viventi, e cioè una sequenza definita di fasi di durata stabilita. Affermano perfino che l'operatore di marketing spesso non può nemmeno dire in che fase si trovi il prodotto.

Un prodotto può apparentemente essere un prodotto maturo, mentre ha semplicemente raggiunto una fase livellata di crescita, rispetto alla quale salirà ancora. Infine, i critici affermano che lo schema di CVP è un risultato delle strategie di marketing usate, piuttosto che un inevitabile corso di eventi che le vendite dovranno seguire.

> Supponiamo che una marca sia accettabile per i consumatori, ma abbia dovuto registrare alcuni anni cattivi per via di altri fattori, ad esempio, pubblicità inefficace, estromissione da un'importante catena distributiva, o ingresso di un prodotto concorrenziale sostenuto da una massiccia promozione. Invece di pensare a misure correttive, la direzione comincia a ritenere che il suo prodotto abbia iniziato la fase di declino. Riduce perciò i fondi promozionali per destinarli a R&S di nuovi prodotti. L'anno successivo il prodotto va ancora peggio e il panico aumenta... Chiaramente il CVP è una variabile *dipendente*, determinata dalle azioni di marketing; non è una variabile *indipendente*, alla quale le imprese devono adattare i loro programmi di marketing.[21]

In altre parole, le vendite dei prodotti non seguono un ciclo naturale e inevitabile, come gli organismi viventi. Il CVP è il risultato, non la causa delle strategie di marketing scelte dall'impresa.

Così, se le vendite di un prodotto calano, la direzione non deve concludere che questo è inevitabilmente nella fase di declino del suo ciclo di vita. Se si inizia a sottrargli i fondi, si avvererà la profezia lapalissiana che il prodotto è alla fine della sua vita. Al contrario, andrebbero esaminati tutti i modi che è possibile tentare per stimolare le vendite, modificando i mix di clienti o di marketing e il posizionamento della marca.

Solo quando non si riesce a identificare una strategia promettente per invertire la tendenza, si può trarre la conclusione che il prodotto è nella sua fase di declino. E allora, sulla base di questa conclusione, bisogna decidere cosa fare.

Inoltre, la migliore strategia di marketing da seguire in una data fase del CVP non è necessariamente quella prescritta dagli schemi.

Ogni impresa deve sviluppare una strategia diversa per ciascuna fase, non quella che stanno usando tutti gli altri, in relazione alle situazioni che via via si determinano.

Una conferma della validità del modello del ciclo di vita può essere data dall'esperienza del modello "Uno" della Fiat, l'autovettura lanciata nel 1983 e tuttora presente sul mercato. Come si può rilevare dalla figura 13-11, la storia delle vendite di quest'auto ha seguito l'andamento proprio della formulazione classica del modello.[22]

13.7 Il concetto di evoluzione del mercato

Il CVP si concentra su quel che sta accadendo a un particolare prodotto o marca, piuttosto che su quel che avviene nel mercato complessivo. Fornisce un'immagine orientata al prodotto, più che al mercato. Deve perciò essere completato da una teoria che analizzi l'evoluzione del mercato e delle opportunità emergenti. Le imprese hanno bisogno di strumenti in grado di anticipare lo sviluppo evolutivo del mercato e delle forze che lo influenzano: nuovi bisogni, concorrenti, tecnologia, canali e altri sviluppi.

13.7.1 Le fasi dell'evoluzione del mercato

Un mercato evolve secondo quattro fasi: sviluppo iniziale, espansione, maturità e declino. Descriveremo queste fasi qui di seguito.

Lo sviluppo iniziale. Prima di materializzarsi, un mercato è *latente*. Un mercato latente è formato da persone che condividono un bisogno simile o ricercano qualcosa che non esiste ancora. Ad esempio, le persone possono desiderare un mezzo di calcolo più rapido della mente o dell'uso di carta e matita. Fino a tempi recenti, questo bisogno era imperfettamente soddisfatto dai pallottolieri, dai regoli calcolatori e dalle macchine calcolatrici.

Supponiamo che un'impresa individui il bisogno latente di disporre di un mezzo di calcolo più rapido, sotto forma di una piccola calcolatrice elettronica tascabile. Viene quindi progettato un prototipo, dopo di che viene elaborato il piano di marketing: mercati obiettivo, caratteristiche specifiche, prezzi, canali di distribuzione e promozione.

Nel corso di tale elaborazione, devono essere assunte molteplici decisioni. A titolo di esempio, consideriamo la scelta fra due attributi: la *dimensione* e le *funzioni di calcolo*. Essendo l'impresa orientata al mercato, essa procede a intervistare un certo numero di acquirenti poten-

Figura 13-11 Il ciclo di vita della "Uno"

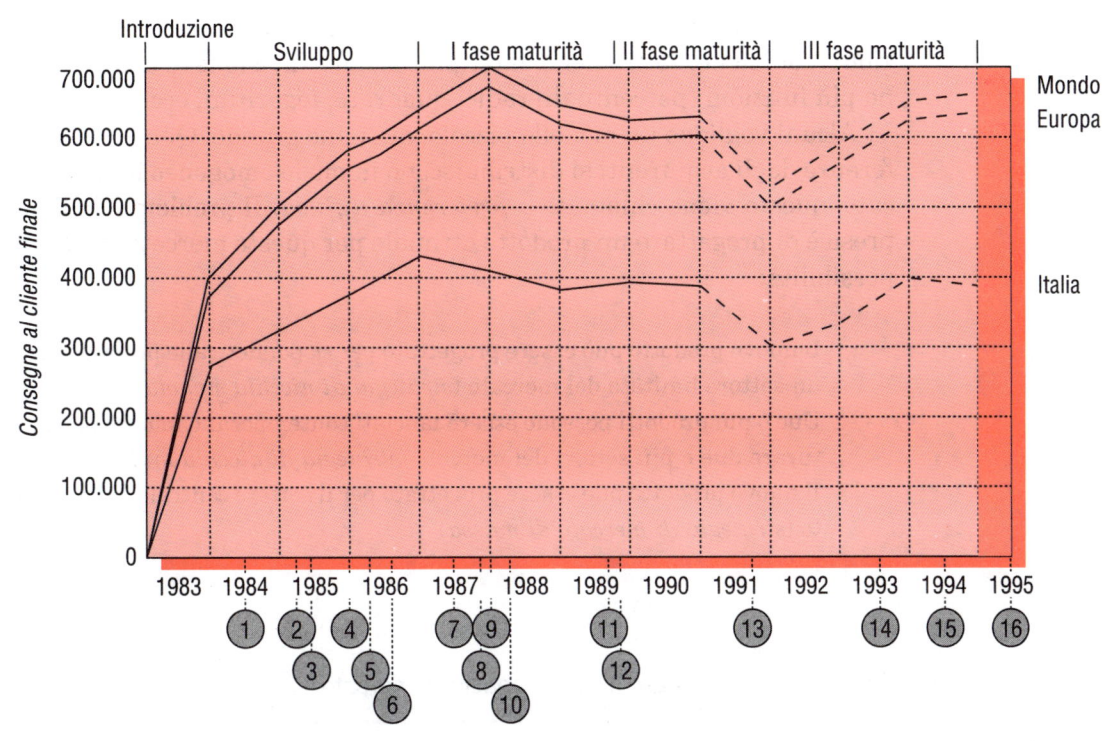

Legenda

1. Maggio 1984: "Uno" Sx.
2. Marzo 1985: 1.000.000 di "Uno" prodotte.
3. Giugno 1985: "Uno Fire".
4. Gennaio 1986: "Uno Sting".
5. Aprile 1986: "Uno Turbodiesel".
6. Settembre 1986: 2.000.000 di "Uno" prodotte.
7. Aprile 1987: "Uno Selecta".
8. Novembre 1987: "Uno Turbo" i. e. Antiskid.
9. Gennaio 1988: lancio della "Tipo".
10. Marzo 1988: 3.000.000 di "Uno" prodotte.
11. Settembre 1989: lancio "Nuova Uno".
12. Dicembre 1989: 4.000.000 di "Uno" prodotte.
13. Ottobre 1991: 5.000.000 di "Uno" prodotte (nostre previsioni).
14. Luglio 1993: 6.000.000 di "Uno" prodotte (nostre previsioni).
15. Dicembre 1994: 7.000.000 di "Uno" prodotte. Conclusioni del ciclo di vita del modello (nostre previsioni).
16. La fascia più scura indica il periodo di transizione tra la "Uno" e il modello che la sostituirà.

ziali, ottenendo le preferenze riportate nella figura 13-12 *a*. Evidentemente i consumatori obiettivo differiscono grandemente nelle loro preferenze sugli attributi. Alcuni vogliono una calcolatrice a quattro funzioni (addizione, sottrazione, moltiplicazione e divisione) e altri vogliono più funzioni (percentuali, radici quadrate, logaritmi, ecc.).

Alcuni vogliono un modello piccolo, altri uno grande. Quando le preferenze degli acquirenti si distribuiscono in modo omogeneo in un mercato, questo viene chiamato *a preferenza diffusa*. Il problema dell'impresa è di progettare un prodotto ottimale per questo mercato.[23] Ha tre possibilità:

- Il nuovo prodotto può essere progettato per rispondere alle preferenze di un settore limitato del mercato (*strategia di nicchia singola*).
- Due o più prodotti possono essere lanciati contemporaneamente per catturare due o più settori del mercato (*strategia di nicchia multipla*).
- Il nuovo prodotto può essere progettato per il settore centrale del mercato (*strategia di mercato di massa*).

Figura 13-12 Diagramma dello spazio di mercato

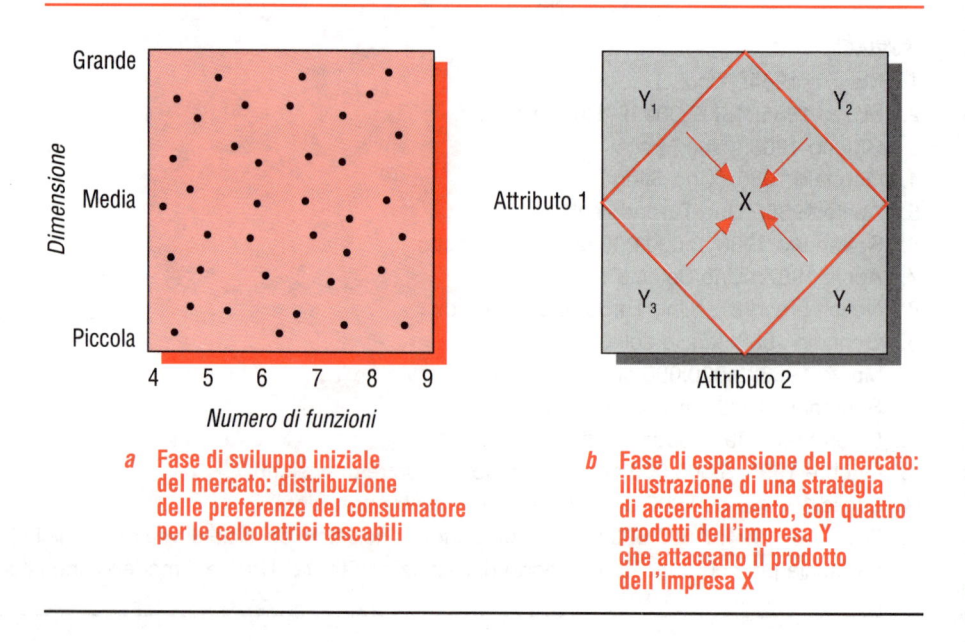

a Fase di sviluppo iniziale del mercato: distribuzione delle preferenze del consumatore per le calcolatrici tascabili

b Fase di espansione del mercato: illustrazione di una strategia di accerchiamento, con quattro prodotti dell'impresa Y che attaccano il prodotto dell'impresa X

Per le piccole imprese, la strategia di nicchia singola appare la più sensata. Una piccola impresa ha risorse insufficienti per catturare e mantenere il mercato di massa. Imprese più grandi potrebbero entrare e sconfiggere l'impresa piccola. La sua scelta migliore è di sviluppare un prodotto specializzato e catturare un settore di mercato che non attirerà concorrenti per parecchio tempo.

Se l'impresa è grande, è sensato ricercare il mercato di massa progettando un prodotto "medio" in termini di dimensioni e numero di funzioni. Un prodotto situato al centro minimizza la somma delle distanze tra le preferenze esistenti e il prodotto reale. Una calcolatrice elettronica tascabile progettata per il mercato di massa minimizzerà l'insoddisfazione totale.

L'espansione. A questo punto, si pone una domanda interessante. In quale punto del mercato entrerà una seconda impresa, se supponiamo che la prima si sia stabilita al centro? Da qui inizia la fase di *espansione del mercato*. La seconda impresa ha tre alternative:

- Può collocare la sua marca in uno dei settori periferici del mercato (*strategia di nicchia singola*).
- Può collocare la sua marca vicino al primo concorrente (*strategia di mercato di massa*).
- Può lanciare due o più prodotti in settori diversi non occupati (*strategia di nicchia multipla*).

Se la seconda impresa è piccola, eviterà una concorrenza diretta con la prima impresa, e lancerà il prodotto in uno dei settori periferici del mercato. Se la seconda impresa è grande, potrà lanciare la sua marca al centro contro la prima. Le due imprese possono facilmente finire col dividersi quasi equamente il mercato di massa. Oppure, una seconda impresa di grandi dimensioni può attuare una strategia multinicchia. Ad esempio, può capitare che la Procter & Gamble entri in forze e in buona posizione in un mercato in cui c'è un concorrente, e che invece di lanciare un prodotto similare, introduca una serie di prodotti destinati a segmenti diversi.

Ogni nuovo prodotto crea dei consumatori fedeli e toglie un po' di spazio al concorrente più importante. Ben presto il concorrente è accerchiato e le sue vendite si indeboliscono, ma è ormai troppo tardi per lanciare nuove marche in segmenti adiacenti.

La P&G lancia allora un nuovo prodotto contro il segmento maggiore. Questa si chiama *strategia di accerchiamento* ed è illustrata nella figura 13-12 *b*.

La maturità. Ogni impresa, nell'entrare in un mercato, cercherà di occupare una posizione, collocandosi presso un concorrente o in un segmento non occupato. Alla fine, imprese concorrenti copriranno e serviranno tutti i più importanti segmenti di mercato. In realtà, vanno anche oltre e invadono segmenti già serviti, riducendo con questo processo i profitti di tutti. Il mercato si spezza in frammenti sempre più minuti. È quella che si chiama la *frammentazione del mercato*. I pochi segmenti non coperti, e i cui bisogni non sono soddisfatti da prodotti esistenti, sono troppo piccoli per poter essere serviti economicamente. Il mercato raggiunge la maturità, e pochi nuovi prodotti emergono in questa fase. Questa situazione è illustrata nella figura 13-13 *a*, in cui le lettere rappresentano diverse imprese che si rivolgono ai vari segmenti. Si noti che due segmenti non sono serviti, in quanto troppo piccoli per produrre un profitto.[24]

Quanto sopra non è tuttavia la fine nell'evoluzione di un mercato. La fase di frammentazione è spesso seguita da una *fase di riconsolida-*

Figura 13-13 Fasi della frammentazione e del riconsolidamento del mercato

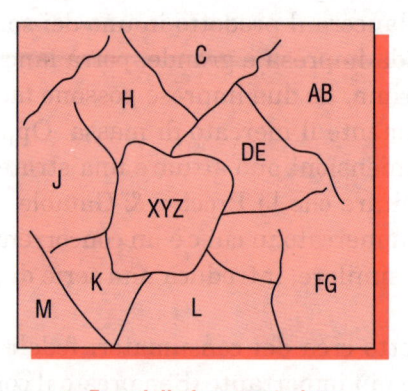

a **Fase della frammentazione del mercato**

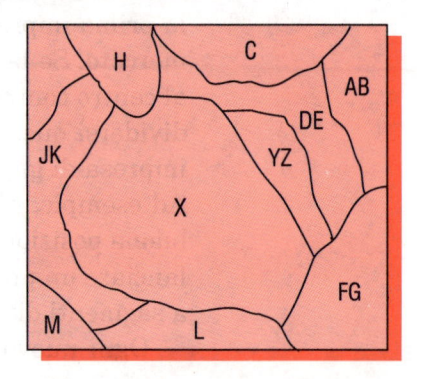

b **Fase del riconsolidamento del mercato**

mento del mercato, provocata dall'emergere di un nuovo attributo con una forte attrattiva di mercato. Il riconsolidamento del mercato si è avuto per i dentifrici quando la Procter & Gamble ha introdotto il suo nuovo dentifricio al fluoro, Crest, che ritardava efficacemente le carie dentarie.

Improvvisamente, le altre marche che reclamizzavano denti bianchi, denti puliti, sorriso seducente, gusto e igiene orale, sono state respinte ai margini, poiché il consumatore voleva principalmente un dentifricio anticarie. Il dentifricio Crest della P&G fece la parte del leone nel mercato, come rappresentato dal territorio X nella figura 13-13 *b*. Anche un mercato riconsolidato non è però l'ultima fase del processo evolutivo. Altre imprese copieranno la marca che ha avuto successo, e il mercato si frammenterà di nuovo. I mercati oscillano tra la frammentazione e il riconsolidamento. La frammentazione è creata dalla concorrenza, il riconsolidamento dall'innovazione.

Il declino. La fine di questo processo si ha quando un'innovazione radicalmente nuova distrugge il vecchio mercato. Se un'impresa scopre uno spray orale che sostituisce efficacemente il dentifricio e ha prestazioni superiori agli occhi del consumatore, il nuovo prodotto finisce per distruggere il mercato del dentifricio.

In questo caso, la vecchia tecnologia scompare e inizia un nuovo ciclo di vita domanda-tecnologia.

13.7.2 Dinamica della concorrenza basata sugli attributi

Per meglio comprendere la dinamica che caratterizza l'evoluzione di un prodotto attraverso molteplici fasi, possiamo considerare il caso degli asciugamani di carta. Originariamente, nelle cucine si usavano solo strofinacci e asciugamani di cotone e di lino. Un'impresa cartaria, alla ricerca di nuovi mercati, sviluppò asciugamani di carta competitivi rispetto a quelli di tessuto. Questo sviluppo cristallizzò un nuovo mercato. Altri produttori di carta entrarono nel mercato, determinandone l'espansione. Il numero di marche proliferò e il mercato si frammentò. La sovracapacità produttiva spinse i produttori a ricercare nuove caratteristiche. Un'impresa, ascoltando i consumatori lamentarsi del fatto che gli asciugamani di carta non assorbivano, introdusse asciugamani "assorbenti" e aumentò la sua quota di mercato.

Questa fase di riconsolidamento non durò a lungo, poiché anche i concorrenti uscirono con prodotti assorbenti. Il mercato si frammentò ancora. Allora un altro produttore si rese conto che i consumatori esprimevano il desiderio di un asciugamano "super resistente", e lo introdusse sul mercato. Fu presto copiato da altri produttori. Un altro introdusse un asciugamano che non si sfilacciava, e anche questo fu in seguito copiato. Gli asciugamani di carta ebbero così un'evoluzione da prodotto semplice a prodotto con le caratteristiche più diverse in termini di capacità di assorbimento, resistenza, applicazioni.

L'evoluzione del mercato fu dovuta alle forze dell'innovazione e della concorrenza.

La concorrenza in un mercato produce una serie continua di nuovi attributi di prodotto. Se un nuovo attributo ha successo, allora vari concorrenti l'offriranno, ed esso perderà la sua importanza determinante. Nella misura in cui la maggior parte delle banche sono "amichevoli", questa loro caratteristica non influenza più la scelta di una banca da parte del cliente.

Nella misura in cui la maggior parte delle compagnie aeree offrono i pasti in volo, i pasti non sono più un criterio di scelta di una linea aerea. Ciò sottolinea l'importanza strategica per l'impresa del mantenimento della posizione guida nell'innovare gli attributi. Ogni nuovo attributo, se ha successo, crea un vantaggio differenziale per l'impresa, dandole temporaneamente profitti e quota di mercato in misura superiore alla media. Il leader di mercato deve imparare a rendere sistematico il processo innovativo.

Si pone, a questo punto, una domanda cruciale: può un'impresa guardare in avanti e prevedere la sequenza degli attributi che probabilmente saranno molto richiesti e tecnologicamente attuabili in futuro? Come può un'impresa ricercare nuovi attributi? Gli approcci possibili sono quattro.

Il primo approccio utilizza un *processo empirico* per identificare nuovi attributi. L'impresa chiede ai consumatori quali attributi gradirebbero vedere aggiunti al prodotto e qual è il corrispondente livello di desiderabilità. L'impresa esamina anche il costo di sviluppo di ciascun attributo e le probabili risposte concorrenziali. Decide di sviluppare quegli aspetti che promettono il più alto profitto incrementale.

Il secondo approccio considera la ricerca di attributi come un *processo intuitivo*. Gli imprenditori hanno delle idee e si impegnano nello sviluppo del prodotto senza molte ricerche di mercato. La selezione naturale determina vincitori e perdenti. Se il produttore ha intuito un attributo che il mercato richiede, allora quel produttore è considerato intelligente, benché, da un altro punto di vista, possa essersi solo trattato di fortuna. Questo metodo non offre indicazioni su come definire i nuovi attributi.

Un terzo approccio ritiene che i nuovi attributi emergano da un *processo dialettico*. Ogni attributo apprezzato dal mercato viene sviluppato al massimo dal processo concorrenziale. Così, i blu jeans, che all'inizio erano un capo d'abbigliamento poco costoso, divennero col tempo di moda e più costosi. Questo movimento unidirezionale, tuttavia, contiene in sé i semi della distruzione. Alla fine, qualche produttore scoprirà un nuovo materiale economico per i pantaloni, e i consumatori faranno a gara per comprarlo. L'insegnamento del processo dialettico è che gli innovatori non dovrebbero marciare con la folla, bensì dirigersi nella direzione opposta, verso quei segmenti di mercato che soffrono di un crescente disinteresse.

Un quarto approccio sostiene che i nuovi attributi emergono da un processo basato sulla *gerarchia dei bisogni* (si veda la teoria di Maslow, alle pagine 248-250). Sulla base di questa teoria, potremmo predire che le prime autovetture provvederanno al trasporto essenziale e saranno progettate per la sicurezza. Successivamente, dovrebbero soddisfare i bisogni di accettazione sociale e di status. Ancora più tardi, dovrebbero essere progettate per permettere alle persone di "realizzarsi". Compito dell'innovatore è di valutare quando il mercato sia pronto per il soddisfacimento di un bisogno di ordine più elevato.

L'effettivo manifestarsi dei nuovi attributi in un mercato è più complesso di quanto una qualsiasi teoria semplificata possa suggerire. Non dovremmo sottovalutare il ruolo dei processi tecnologici e sociali nell'influenzare l'emergere di nuovi attributi. Ad esempio, il forte interesse dei consumatori per i televisori compatti, di piccole dimensioni, rimase insoddisfatto finché la tecnologia di miniaturizzazione non fu sufficientemente sviluppata. Le tecniche di previsione tecnologica tentano di predire i tempi dello sviluppo tecnologico futuro, che permetterà l'offerta di nuovi attributi ai consumatori. Anche i fattori sociali hanno un ruolo importante nell'influenzare l'evoluzione degli attributi.

Fenomeni come l'inflazione, la scarsità, l'ecologia, il consumerismo e i nuovi stili di vita creano uno squilibrio nei consumatori e li spingono a rivalutare gli attributi di prodotto. Ad esempio, l'inflazione accresce il desiderio di auto più piccole, e la sicurezza accresce il desiderio di auto più pesanti. L'innovatore deve utilizzare le ricerche di marketing per valutare i potenziali di domanda dei vari attributi, in modo da determinare quale sia per l'impresa la mossa migliore rispetto alla concorrenza.

Note

1. H. Igor Ansoff, *Organizzazione innovativa*, Ipsoa, Milano 1986, pp. 57-66.
2. Ibid., p. 58.
3. Alcuni autori distinguono fasi aggiuntive. Wasson suggerì una fase di *turbolenza concorrenziale* fra la crescita e la maturità (si veda Chester R. Wasson, *Dynamic Competitive Strategy and Product Life Cycles*, Austin Press, Austin 1978). *Maturità* descrive una fase di rallentamento della crescita delle vendite e *saturazione* una fase di vendite piatte, dopo che il picco è stato raggiunto. Una fase di *pietrificazione* segue il declino, se le vendite si stabilizzano a un livello basso ma positivo.
4. Rolando Polli e Victor Cook, "Validity of the Product Life Cycle", in *Journal of Business*, ottobre 1969, pp. 385-400.
5. Robert D. Buzzell, "Competitive Behavior and Product Life Cycles", in John S. Wright e Jack L. Goldstucker (a cura di), *New Ideas for Successful Marketing*, American Marketing Association, Chicago 1966, pp. 46-68.
6. Si veda Polli e Cook, op. cit.
7. Per alcune indicazioni, si veda Richard G. Hamermesh e Steven B. Silk, "How to Compete in Stagnant Industries", in *Harvard Business Review*, settembre-ottobre 1979, pp. 161-168.
8. William E. Cox Jr., "Product Life Cycles as Marketing Models" in *Journal of Business*, ottobre 1967, pp. 375-384; John E. Swan e David R. Rink, "Fitting Market Strategy to Varying Product Life Cycles", in *Business Horizons*, gennaio-febbraio 1982, pp. 72-76; e Yoram J. Wind, *Product Policy: Concepts, Methods, and Strategy*, Addison-Wesley Publishing Co., Reading 1982.
9. Jordan P. Yale, "The Strategy of Nylon's Growth", in *Modern Textiles Magazine*, febbraio 1964, p. 32 e segg. Si veda anche Theodore Levitt, "Exploit the Product Life Cycle", in *Harvard Business Review*, novembre-dicembre 1965, pp. 81-94.
10. William H. Reynolds, "Cars and Clothing: Understanding Fashion Trends", in *Journal of Marketing*, luglio 1968, pp. 44-49.
11. Dwight E. Robinson, "Style Changes: Cyclical, Inexorable and Foreseeable", in *Harvard Business Review*, novembre-dicembre 1975, pp. 121-131.
12. George B. Sproles, "Analyzing Fashion Life Cycles – Principles and Perspective", in *Journal of Marketing*, autunno 1981, pp. 116-124.
13. Buzzell, "Competitive Behavior", p. 51.
14. Ibid.

15 Ibid., p. 52.
16 John B. Frey, "Pricing Over the Competitive Cycle", intervento alla Marketing Conference del 1982, The Conference Board, New York.
17 R. S. Alexander, "The Death and Burial of 'Sick Products'", in *Journal of Marketing*, aprile 1964, p. 1.
18 Si vedano Philip Kotler, "Phasing Out Weak Products", in *Harvard Business Review*, marzo-aprile 1965, pp. 107-118; Paul W. Hamelman e Edward M. Mazze, "Improving Product Abandonment Decisions", in *Journal of Marketing*, aprile 1972, pp. 20-26; e Richard T. Hise, A. Parasuraman e R. Viswanathan, "Product Elimination: The Neglected Management Responsibility", in *Journal of Business Strategy*, primavera 1984, pp. 56-63.
19 Si vedano Kathryn Rudie Harrigan, "The Effect of Exit Barriers Upon Strategic Flexibility", in *Strategic Management Journal*, vol. 1, 1980, pp. 165-176; nonché Michael Porter, *La strategia competitiva*, Edizioni della Tipografia Compositori, Bologna 1982, pp. 238-244.
20 Kathryn Rudie Harrigan, "Strategies for Declining Industries", in *The Journal of Business Strategy*, autunno 1980, p. 27.
21 Nariman K. Dhalla e Sonia Yuspeh, "Forget the Product Life Cycle Concept!", in *Harvard Business Review*, gennaio-febbraio 1976, p. 105.
22 Per un'estesa descrizione del modello del ciclo di vita applicato al modello "Uno" della Fiat, si veda Walter G. Scott, *Fiat Uno*, Isedi, Torino 1991, pp. 429-467.
23 Questo problema è banale se le preferenze dei consumatori sono concentrate in un punto. Se vi sono dei gruppi (*clusters*) distinti di preferenze, l'imprenditore può progettare il prodotto per il gruppo più grande o per quello che l'impresa è meglio in grado di servire.
24 Lo spazio del prodotto è definito, per semplicità, con riferimento a due attributi. In realtà, con l'evoluzione del mercato entrano in gioco più attributi. Lo spazio passa quindi da 2 a n dimensioni e non è qui rappresentabile.

Capitolo 14

Le strategie di marketing delle imprese leader, sfidanti, imitatrici e di nicchia

«Micino del Cheshire», cominciò un po' timidamente Alice... «vorresti dirmi di grazia quale strada prendere per uscire di qui?» «Questo dipende soprattutto da dove vuoi andare», disse il gatto.

Lewis Carroll

È nel mare in tempesta che si vede il buon capitano.

Anonimo

In questo capitolo e nel successivo affronteremo il problema della definizione di strategie di marketing che tengano conto delle strategie dei concorrenti e delle sfide e opportunità poste dal mercato globale.

Le imprese che formano un determinato sistema competitivo differiscono sotto il profilo delle dimensioni, delle risorse, degli obiettivi e, quindi, dei comportamenti strategici. Alcune imprese puntano con decisione a conseguire e a mantenere la leadership nel loro mercato. Altre si limitano a imitare le imprese più avanzate. La Arthur D. Little, una nota società di consulenza americana, ha così classificato le posizioni competitive che possono essere assunte da un'impresa:

- **Dominante**. L'impresa controlla il comportamento degli altri concorrenti e ha una vasta scelta di opzioni.
- **Forte**. L'impresa può intraprendere azioni indipendenti senza mettere in pericolo la sua posizione a lungo termine e può mantenere la posizione stessa indipendentemente dalle azioni dei concorrenti.
- **Favorevole**. L'impresa ha una forza utilizzabile in strategie particolari e ha opportunità superiori alla media per migliorare la propria posizione.
- **Sostenibile**. L'impresa sta operando a un livello sufficientemente soddisfacente da permetterle di continuare l'attività, ma vive in soggezione dell'impresa dominante e ha opportunità inferiori alla media per migliorare la propria posizione.
- **Debole**. L'impresa opera in modo insoddisfacente, ma ha un'opportunità di miglioramento, per cui deve cambiare o uscire dal mercato.
- **Non-vitale**. L'impresa non funziona in modo soddisfacente e non ha possibilità di miglioramento.[1]

Ogni impresa o unità aziendale può riconoscersi in una di queste posizioni competitive. La posizione competitiva dell'unità aziendale, unita alla fase del ciclo di vita del suo prodotto, aiuterà a decidere se investire, mantenere, ridurre o uscire dal settore.

In questo capitolo svilupperemo una classificazione diversa delle posizioni competitive. Si può trarre un notevole vantaggio dal classificare le imprese secondo il loro comportamento in un settore, e cioè se ricerchino una posizione guida, da sfidante, da imitatore o di nicchia (interstiziale). Supponiamo che un settore comprenda le imprese indicate nella figura 14-1. Il 40% del mercato è nelle mani del *leader di mercato*, l'impresa con la quota di mercato più alta. Un ulteriore 30% è nelle mani dello *sfidante di mercato*, un'impresa inseguitrice che sta duramente impegnandosi per acquisire una maggiore quota di mercato. Un altro 20% è nelle mani di un *imitatore di mercato*, un'altra impresa concorrente che desidera mantenere la sua quota senza "far rovesciare la barca". Il 10% rimanente è nelle mani di *imprese di nicchia*, che servono piccoli segmenti di mercato trascurati da aziende maggiori.

Esamineremo ora alcune strategie di marketing specifiche, a disposizione di ciascuno di questi tipi d'impresa.

14.1 Le strategie dell'impresa leader

In molti settori industriali esiste un'impresa riconosciuta come leader del mercato. Quest'impresa dispone della quota di mercato più vasta, e in genere precede le altre nelle variazioni di prezzo, nell'introduzione di nuovi prodotti, nella copertura distributiva e nell'intensità promozionale. Il leader può essere o non essere ammirato o rispettato, ma le altre imprese ne riconoscono la supremazia, e costituisce un punto di riferimento per i concorrenti, un'impresa da sfidare, imitare o evitare. Ecco alcuni dei leader di mercato più noti: Volkswagen (autovetture), Kodak (apparecchi fotografici), Benetton (abbigliamento), IBM (computer), Xerox (apparecchi per fotocopiatura), Unilever (beni di consumo confezionati), Ferrero (dolciumi), Coca-Cola (bibite analcoliche), McDonald's (fast food), Toshiba (elettronica di consumo), Martini & Rossi (aperitivi), Barilla (alimentari).

Figura 14-1 Struttura di un mercato ipotetico

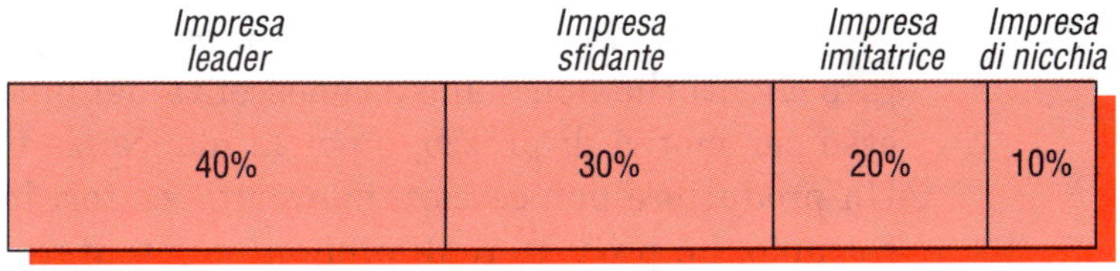

Impresa leader	Impresa sfidante	Impresa imitatrice	Impresa di nicchia
40%	30%	20%	10%

A meno che l'impresa dominante possieda un monopolio legale, la sua vita non è del tutto facile. Essa deve mantenere una vigilanza costante. Altre imprese continuano a sfidare i suoi punti forti o a tentare di trarre vantaggio dalle sue debolezze. Il leader può facilmente sbagliare una curva nel suo percorso e scivolare al secondo o terzo posto. Può comparire un'innovazione di prodotto e danneggiare la sua posizione (il preparato contro il mal di testa Tylenol, non a base di aspirina, ha sostituito l'Aspirina Bayer). Il leader può spendere moderatamente, in attesa di tempi duri, mentre uno sfidante spende generosamente (si veda, ad esempio, in Italia, la perdita della posizione dominante nei negozi al dettaglio da parte della Upim a favore della Standa dopo la seconda guerra mondiale). L'impresa dominante può apparire antiquata di fronte a rivali nuovi e più audaci, oppure i suoi costi possono salire troppo, danneggiandone i profitti.

Le imprese dominanti vogliono mantenere la prima posizione. Ciò richiede azioni su tre fronti. In primo luogo, bisogna trovare dei modi per far crescere la domanda globale; in secondo luogo, la quota di mercato attuale va protetta con opportune azioni offensive e difensive; in terzo luogo, l'impresa può tentare di incrementare la sua quota di mercato, anche se la dimensione complessiva del mercato rimane costante.

14.1.1 Espansione del mercato totale

L'impresa dominante ricava in generale il beneficio maggiore da un'espansione del mercato totale. Se gli europei comprano dodici milioni di vetture invece di dieci, la Volkswagen ne avrà il guadagno maggiore, dato che produce più del 15% delle autovetture vendute in Europa. Se la Volkswagen riesce a convincere più europei a possedere auto, o a possedere più auto per ogni famiglia, o a cambiarle più spesso, sarà essa stessa a guadagnarci. In generale, il leader dovrebbe ricercare *nuovi utilizzatori*, *nuovi usi* e un *uso maggiore* per i suoi prodotti.

Nuovi utilizzatori. Ogni classe di prodotto può potenzialmente attirare clienti che non siano a conoscenza del prodotto, o che resistono a esso per motivi di prezzo, o per la mancanza di certe caratteristiche. Un produttore può cercare nuovi utilizzatori in questi tre gruppi. Ad esempio, un produttore di profumi può tentare di convincere le donne che non si profumano a farlo (*strategia di penetrazione del mercato*), o convincere gli uomini a profumarsi (*strategia del nuovo mercato*), o vendere profumi in altri paesi (*strategia di espansione geografica*).

Uno degli esempi di grande successo nello sviluppare una nuova classe di utilizzatori è quella dello shampoo per bambini della Johnson & Johnson, la marca leader in questo prodotto. L'impresa cominciò a preoccuparsi per l'andamento futuro delle vendite quando il tasso di natalità dei paesi industrializzati iniziò a rallentare. I responsabili di marketing notarono che anche gli adulti usavano occasionalmente quello shampoo. Venne deciso di sviluppare una campagna pubblicitaria indirizzata a questi ultimi.

In breve tempo, lo shampoo Johnson & Johnson divenne la marca leader in tutto il mercato. In un altro caso, la Boeing si trovò a fronteggiare un netto calo negli ordini per i Jumbo B-747, poiché le compagnie aeree avevano ormai acquistato abbastanza aerei per servire la domanda esistente. La Boeing ritenne che la chiave per ulteriori vendite di B-747 era di aiutare le compagnie aeree ad attirare un maggior numero di passeggeri.

La maggior parte delle linee aeree si faceva concorrenza a vicenda per sottrarsi i viaggiatori, piuttosto che cercare di attirarne di nuovi. Furono analizzati i segmenti potenziali, e si vide che la classe lavoratrice non volava molto, benché i costi fossero alla sua portata.

La Boeing incoraggiò perciò le linee aeree e l'industria turistica a creare e vendere dei pacchetti di viaggi charter a sindacati, organizzazioni religiose e associazioni. Questa strategia aveva funzionato in Europa e sembrava una buona soluzione per l'espansione del mercato statunitense dei viaggi aerei.

Nuovi usi. I mercati possono essere sviluppati mediante la scoperta e la promozione di nuovi usi per il prodotto. Ad esempio, l'americano medio consuma cereali per colazione tre volte la settimana. Sarebbe conveniente per i produttori promuovere il consumo di cereali in altre occasioni della giornata. Ecco perché alcuni cereali vengono pubblicizzati come alimenti per spuntini, onde aumentarne la frequenza d'uso.

Il nylon della Du Pont fornisce un esempio classico di espansione attraverso nuovi usi. Ogni volta che il nylon diveniva un prodotto maturo, veniva scoperta qualche nuova utilizzazione. Il nylon fu usato inizialmente come fibra sintetica per paracadute; poi come fibra per calze da donna; successivamente, come fibra principale per camicie da uomo e camicette da donna; ancora più tardi, fece il suo ingresso nell'industria automobilistica: pneumatici, rivestimenti dei sedili, tappetini.[2] Ogni nuova utilizzazione avviava un nuovo ciclo di vita per il prodotto. Va dato credito alla Du Pont di aver sostenuto continuamente il suo programma di R&S per lo studio di nuove utilizzazioni.

In casi ancora più frequenti, è merito del consumatore la scoperta di nuove utilizzazioni. La vaselina di petrolio iniziò a essere impiegata come semplice lubrificante per macchinari, ma nel corso degli anni gli utilizzatori hanno sviluppato nuove possibilità per il prodotto: unguento per la pelle, agente curativo e fissatore per capelli.

Arm & Hammer, l'impresa produttrice di bicarbonato di sodio per torte, aveva un prodotto le cui vendite erano stabilizzate da 125 anni. Il bicarbonato di sodio aveva molti usi che non erano reclamizzati. Poi l'impresa scoprì che alcuni consumatori lo usavano come deodorante per frigoriferi. Lanciò una campagna pubblicitaria massiccia concentrata su questo uso particolare e riuscì a far sì che in metà delle case in America si mettesse una scatola aperta di bicarbonato nel frigorifero. Alcuni anni dopo, la Arm & Hammer scoprì consumatori che utilizzavano il prodotto per spegnere le fiamme dei grassi in cucina, e anche questo uso fu pubblicizzato con successo.

È compito dell'impresa tenere sotto osservazione gli usi del prodotto da parte dei consumatori. Questo vale sia per prodotti industriali sia per prodotti di consumo. Gli studi di Von Hippel mostrano che la maggior parte dei nuovi prodotti industriali sono stati originariamente suggeriti da clienti e non dai laboratori di R&S dell'impresa.[3] Tutto ciò evidenzia l'importanza delle *ricerche di marketing* nel contribuire alla crescita e ai profitti dell'impresa.

Maggior uso. Una terza strategia di espansione del mercato consiste nel convincere la gente a *usare più prodotto per ogni occasione d'uso*. Se il produttore di cereali convince il consumatore a mangiarne una tazza intera invece di mezza, le vendite totali aumenteranno. La Procter & Gamble avverte i suoi clienti che lo shampoo Head and Shoulders è più efficace con due applicazioni invece di una.

Un esempio creativo di impresa che ha stimolato un uso maggiore dei propri prodotti è la Michelin. Questa società mirava a far sì che gli automobilisti percorressero più chilometri all'anno, rendendo necessaria una più frequente sostituzione di pneumatici. Venne pertanto concepita l'idea di classificare i ristoranti francesi con un sistema a tre stelle. Il fatto che molti tra i migliori ristoranti si trovassero nel sud della Francia, spingeva molti parigini a effettuare gite di fine settimana nel meridione. La Michelin pubblicò anche guide e carte turistiche per sviluppare ulteriormente la propensione verso i viaggi.

14.1.2 Protezione della quota di mercato

Mentre cerca di far aumentare la dimensione totale del mercato, l'impresa dominante deve continuamente proteggere la propria attività dagli attacchi dei concorrenti. Il leader è come l'elefante più grande in un branco continuamente disturbato dalle api. La Coca-Cola deve costantemente guardarsi dalla Pepsi-Cola; la Gillette dalla Bic; la Kodak dalla Fuji; l'IBM dall'Olivetti; la McDonald's dalla Burger King; la Volkswagen dalla Fiat, la Philips dalla Toshiba.

Che cosa può fare il leader di mercato per proteggere il proprio mercato? La risposta più costruttiva è l'innovazione continua. Esso non si accontenta di come vanno le cose e guida il settore in idee di nuovi prodotti, nel servizio ai clienti, nell'efficienza distributiva e nella riduzione dei costi. Continua ad aumentare la propria efficacia competitiva e il valore per i consumatori. L'impresa leader applica il "principio militare dell'offensiva": è il comandante che prende l'iniziativa, stabilisce la rapidità di movimento e sfrutta i punti deboli del nemico. La miglior difesa è un buon attacco.

L'impresa dominante, anche se non lancia offensive, deve almeno controllare tutti i suoi fronti e non lasciare i fianchi esposti. Deve tener bassi i costi e i suoi prezzi devono essere in sintonia col valore che i consumatori attribuiscono al prodotto. Il leader deve "turare i buchi" per impedire agli attaccanti di entrare.

Per questo, un'impresa leader nei prodotti di consumo confezionati disporrà di varie forme e dimensioni per le sue marche, in modo da rispondere al variare dei gusti del consumatore, e cercherà di acquisire uno spazio sugli scaffali del distributore quanto più ampio possibile.

L'intensificarsi della concorrenza che si è manifestato ovunque negli anni recenti ha stimolato l'interesse delle direzioni aziendali verso i modelli dell'arte della guerra, così come vengono descritti nelle opere di Sun Tsu, Mushashi, von Clausewitz e Liddell Hart.[4] Alle imprese leader, come alle nazioni leader, è stato consigliato di proteggere i propri interessi con strategie quali lo "spingersi sino all'estremo rischio di guerra" (*brinkmanship*), la "rappresaglia massiccia", la "guerra limitata", la "risposta graduata", la "diplomazia della violenza" e i "sistemi di minaccia". Ci sono, in realtà, sei strategie di difesa che un'impresa dominante può seguire (figura 14-2).[5]

Difesa di posizione. L'idea più elementare di difesa è quella di costruire una fortificazione imprendibile attorno al proprio territorio. I francesi costruirono, in tempo di pace, la famosa linea Maginot per proteggere il loro territorio da possibili future invasioni tedesche. Ma questa fortificazione, come tutte le opere di difesa statiche, fallì lo scopo. La semplice difesa della propria posizione o dei propri prodotti correnti è una forma di *miopia di marketing*. La miopia di Henry Ford a propo-

Figura 14-2 Le strategie di difesa

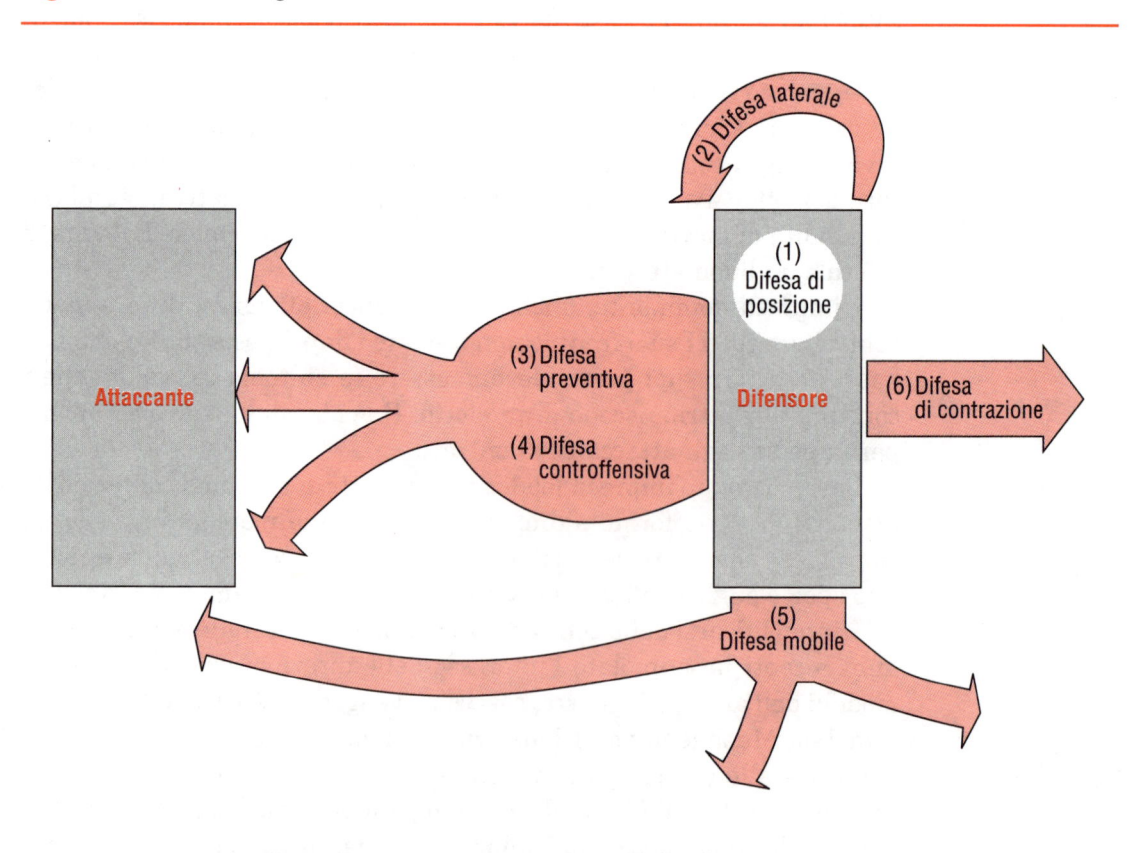

sito del suo modello T portò un'impresa invidiabilmente sana, e con un miliardo di dollari di liquidità nel momento del massimo sviluppo, fino alle soglie del collasso finanziario. Anche su alcune marche "immortali", come la Coca-Cola e l'Aspirina Bayer, l'impresa non può far conto come fonte principale della crescita e della redditività future. Oggi la Coca-Cola Corporation, benché produca quasi la metà di tutte le bibite analcoliche del mondo, si è aggressivamente mossa verso il mercato dei vini, ha acquistato imprese operanti nelle bibite a base di frutta e si è diversificata negli impianti di dissalazione e nelle materie plastiche. Chiaramente, i leader sotto attacco sarebbero stolti se ponessero tutte le risorse nel costruire fortificazioni attorno ai loro prodotti attuali.

Difesa laterale. Il leader di mercato non dovrebbe soltanto presidiare il proprio territorio, ma anche erigere degli avamposti o difese laterali che servano da bastione per proteggere un lato debole o anche eventualmente da base per il lancio di un contrattacco, se necessario. La posizione laterale è di poco valore se è così scarsamente guarnita da permettere al nemico di bloccarla con una piccola forza, mentre le sue formazioni più importanti la superano senza molestie. Bisogna compiere una valutazione attenta di ogni minaccia potenziale e, se necessario, occorre assumere un serio impegno per arginare la minaccia.

Molti esempi di posizione di difesa laterali possono essere riscontrati nel mondo degli affari.

Difesa preventiva. Una manovra di difesa più aggressiva consiste nel lanciare una vera offensiva contro il nemico *prima* che egli inizi la sua offensiva contro l'impresa. L'impresa annienta il nemico prima che questi colpisca, e quindi si trova nella situazione paradossale di difesa offensiva. La difesa preventiva parte dal presupposto che un minimo di prevenzione valga più di una reazione successiva. Ad esempio, un'impresa potrebbe lanciare un attacco contro un concorrente la cui quota di mercato si stia avvicinando a un livello pericoloso. Quando, alcuni anni fa, la quota di mercato della Chrysler iniziò a salire dal 12 al 18%, un dirigente della General Motors affermò: «Se quelli (della Chrysler) raggiungono il 20%, vorrà dire che saranno passati sopra i nostri cadaveri».

Un'impresa potrebbe anche compiere azioni di guerriglia nel mercato – colpendo i concorrenti qua e là – per mantenere tutti sbilanciati. Oppure, la difesa offensiva potrebbe assumere le proporzioni di un grande aggiramento del mercato, come quello praticato dalla Seiko con i suoi 2.300 modelli di orologi distribuiti in tutto il mondo. Oppure ancora, potrebbe assumere la forma di un intenso sbarramento frontale, come quello praticato dalla Texas Instruments. Strategie prolungate e a elevata pressione mirano a mantenere costantemente l'iniziativa, obbligando i concorrenti a rimanere sempre sulla difensiva.

Talvolta l'attacco preventivo è condotto più su basi psicologiche che in realtà. Il leader diffonde *segnali di mercato* per dissuadere i concorrenti dall'attaccare.[6] Un'importante industria farmaceutica europea è leader in una certa categoria di farmaci. Ogni qual volta viene a sapere che un concorrente sta considerando la possibilità di entrare sul mercato, diffonde la notizia che sta esaminando la possibilità di una riduzione di prezzo, o di costruire un nuovo stabilimento. Ciò preoccupa il concorrente, che decide di rinunciare al proprio progetto. Nel frattempo, l'impresa leader non riduce il prezzo né costruisce un nuovo impianto. Ovviamente, questo bluff può funzionare solo poche volte.

Le imprese abbastanza fortunate da disporre di grandi vantaggi di mercato – alta fedeltà alla marca, leadership tecnologica, ecc. – troverebbero probabilmente svantaggioso usare troppo ampiamente una strategia preventiva. Esse hanno la capacità di sopportare qualche danno, e alcune possono perfino preferire il fatto di attirare gli avversari in attacchi costosi e dispendiosi che alla lunga (così almeno sperano) non porteranno benefici. Rimanere fermi di fronte a un attacco, tuttavia, richiede una grande fiducia nella superiorità finale dell'offerta di mercato dell'impresa.

Difesa controffensiva. Quando un leader di mercato viene attaccato, malgrado le sue manovre di rafforzamento ai fianchi o anche preventive, esso deve rispondere all'avversario con un contrattacco. Non può, infatti, rimanere passivo di fronte ad azioni del concorrente, quali tagli di prezzo, blitz promozionali, miglioramenti del prodotto o invasioni del territorio di vendita. Il leader ha la scelta strategica tra una risposta frontale, una manovra ai fianchi dell'attaccante e un'azione a tenaglia che separi le formazioni attaccanti dalle loro basi operative.

Talvolta l'erosione della quota di mercato è così rapida che un contrattacco frontale è necessario. Ma un difensore che disponga di una certa profondità strategica può spesso sopportare l'attacco iniziale, e reagire efficacemente al momento opportuno. In molte situazioni, qualche piccolo arretramento può permettere all'offensiva di svilupparsi pienamente (e di essere quindi valutata), prima di una risposta. Potrebbe sembrare pericolosa una strategia di "aspetta e sta a vedere", ma ci sono valide ragioni per non imbottigliarsi subito in una controffensiva. La risposta migliore a un'offensiva è il fermarsi e identificare una crepa nello schieramento dell'aggressore, in particolare, un segmento non occupato in cui si può lanciare una controffensiva efficace.

Quando viene attaccato il territorio del leader di mercato, un contrattacco efficace è l'invasione del territorio principale dell'attaccante, che dovrà così impiegare parte delle sue forze per difendersi.

Difesa mobile. La difesa mobile è più ampia di una difesa aggressiva della propria area di mercato attuale da parte dell'impresa leader. La difesa mobile consiste nello spingere il proprio dominio su nuovi territori che possono servire come basi future di difesa e offesa. Ci si estende in questi nuovi territori, non tanto attraverso una normale proliferazione di prodotti, quanto attraverso un'attività innovativa su due fronti: l'estensione e la diversificazione del mercato. Queste mosse generano "profondità strategica" per l'impresa, il che consente di sopportare attacchi continuati e di lanciare azioni di ritorsione.

Estensione del mercato significa per l'impresa spostare la propria attenzione dal prodotto attuale al bisogno generico a esso sotteso, e quindi impegnarsi sulla R&S in tutta la gamma di tecnologie associate a quel bisogno. Le imprese "petrolifere" sono così obbligate a trasformarsi in imprese "energetiche". Implicitamente, ciò richiede che esse spingano la propria ricerca, non solo nell'industria petrolifera, ma anche in quelle carbonifera, nucleare, idroelettrica e chimica. Tuttavia, questa strategia di estensione non va spinta troppo in là, altrimenti contraddirebbe due principi militari fondamentali: il *principio dell'obiettivo* ("perseguire un obiettivo raggiungibile e chiaramente definito") e il *principio di massa* ("concentrare gli sforzi in un punto di debolezza del nemico"). L'obiettivo di essere presenti nel settore dell'energia è troppo vasto. Il settore energetico non copre un solo bisogno, ma un'intera gamma di bisogni (riscaldamento, illuminazione, trazione, ecc.). Rimane ben poco al mondo che non sia potenzialmente collegato all'"energia". Inoltre, un'estensione eccessiva porterebbe a diluire troppo le forze dell'impresa nel teatro competitivo odierno, nel quale la sopravvivenza deve certamente avere la precedenza rispetto alle grandi battaglie immaginate per un domani non del tutto definito. L'errore di miopia di marketing sarebbe rimpiazzato da un errore di *ipermetropia di marketing*, una condizione che fa distinguere gli oggetti lontani meglio di quelli vicini. Un'estensione ragionevole è tuttavia sensata. La Armstrong Cork ha fornito l'esempio di una valida strategia di estensione del mercato, ridefinendo il suo settore di attività dal "rivestimento dei pavimenti" al "rivestimento decorativo della casa" (comprendendo soffitti e pareti). Riconoscendo l'esistenza di un bisogno del cliente di creare un ambiente gradevole attraverso l'uso di vari materiali di rivestimento, la Armstrong Cork si è espansa in settori vicini, sinergicamente equilibrati, per garantirsi crescita e difesa.

La *diversificazione di mercato* in settori non collegati è la seconda alternativa per generare "profondità strategica". Quando le imprese americane del settore del tabacco, come la Reynolds e la Philip Morris, si resero conto dei limiti crescenti al consumo di sigarette, non si limitarono a una posizione di difesa, e nemmeno alla ricerca di sostituti della sigaretta; si mossero invece velocemente in nuovi settori come la birra, i liquori, le bibite e i surgelati.

Difesa di contrazione. Le grandi imprese si rendono talvolta conto di non poter difendere tutto il proprio territorio. Le forze sono troppo disperse e i concorrenti stanno rosicchiando posizioni su molti fronti. La miglior linea d'azione appare quella di una contrazione programmata (detta anche ritirata strategica). La contrazione programmata non significa un abbandono del mercato, ma una rinuncia ai territori più deboli e un ripiegamento delle forze in quelli più validi: è quindi una mossa per consolidare la propria forza concorrenziale nel mercato, concentrandola nelle posizioni chiave. Nei primi anni '80, caratterizzati da una crescita lenta, sembrò emergere un'opportunità crescente di strategia volta all'eliminazione o fusione di segmenti di mercato frammentati. La Westinghouse ridusse il numero di modelli di frigoriferi da 40 ai 30 che rappresentavano l'85% delle vendite. I produttori di auto standardizzarono i motori e i pianali. Una volta ancora, troviamo che il principio di base è la concentrazione delle forze.

14.1.3 Espansione della quota di mercato

Le imprese leader possono espandersi anche incrementando ulteriormente la loro quota di mercato. I ben noti studi relativi all'impatto sui profitti delle strategie di marketing (Profit Impact of Marketing Strategies, PIMS) indicano che la redditività (misurata come ROI, vale a dire redditività degli investimenti, al lordo delle imposte) cresce linearmente con la quota di mercato.[7] La relazione empirica è rappresentata nella figura 14-3 a.

Secondo un rapporto PIMS, «il ROI medio per imprese con quote di mercato inferiori al 10% è di circa il 9%... In media, una differenza di 10 punti percentuali in quota di mercato è accompagnata da una differenza di circa 5 punti in ROI al lordo delle imposte». I dati del PIMS mostrano che imprese con quote di mercato superiori al 40% ricavano un ROI medio del 30%, cioè tre volte quello delle imprese con quote inferiori al 10%. Questi risultati hanno spinto molte imprese a porsi l'obiettivo di un'espansione della loro quota di mercato, poiché questo significherebbe non solo un *aumento dei profitti*, ma anche una *maggiore redditività* (ROI o Return On Investiment). La General Electric, ad esempio, ha deciso di essere almeno in prima o seconda posizione in ciascun mercato, oppure di ritirarsi. La GE ha disinvestito dal settore dei calcolatori e del condizionamento d'aria, dal momento che non pote-

Figura 14-3 Relazioni fra quota di mercato e redditività

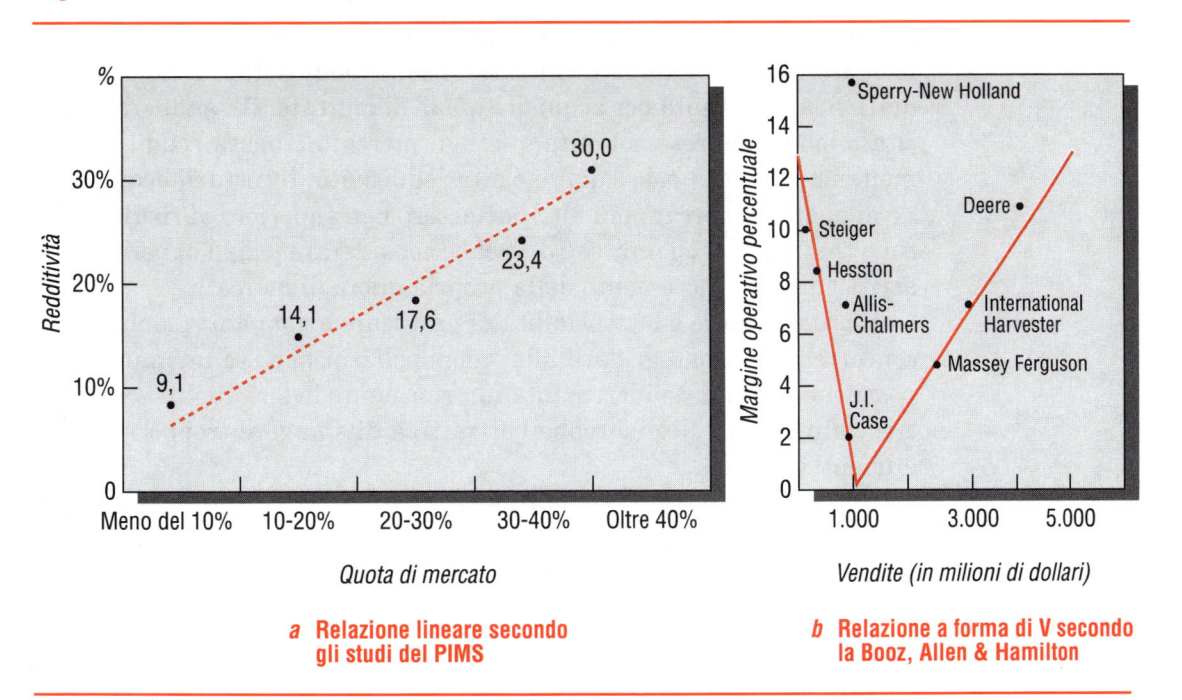

a **Relazione lineare secondo gli studi del PIMS**

b **Relazione a forma di V secondo la Booz, Allen & Hamilton**

va raggiungere posizioni di preminenza in questi campi. Altri studi hanno posto in evidenza una relazione a *V* tra quota di mercato e redditività in molti settori (si veda la figura 14-3 *b*). In questi settori troviamo uno o pochi leader ad alta redditività, molte imprese piccole e concentrate su specifici segmenti, anch'esse redditizie, e un gran numero di aziende di medie dimensioni con risultati insoddisfacenti in termini di profitto. Secondo Roach:

> Le imprese maggiori sulla curva a *V* tendono a rivolgersi all'intero mercato, realizzando vantaggi di costo e alte quote di mercato attraverso le economie di scala. I concorrenti di piccole dimensioni ottengono profitti alti concentrandosi su qualche limitato segmento del mercato e sviluppando metodi specializzati di produzione, marketing e distribuzione per quel segmento. Le imprese di media dimensione, poste nell'avvallamento della curva a *V*, non riescono a ottenere alcun vantaggio competitivo e spesso presentano i minori profitti. Intrappolate in una "terra di nessuno" strategica, sono troppo grandi per raccogliere i benefici di una concorrenza più mirata, e troppo piccole per trarre vantaggio dalle economie di scala di cui godono i loro concorrenti maggiori.[8]

Le imprese non devono tuttavia pensare che guadagnare quota di mercato migliori automaticamente la loro redditività. Molto dipende dalla strategia usata per acquisire quote di mercato. Gli analisti hanno citato molte imprese con alte quote di mercato e bassa redditività, e molte imprese con basse quote e alta redditività. Il costo di acquisizione di quote di mercato più alte può essere ben superiore ai risultati. Vi sono tre fattori che l'impresa dovrebbe considerare prima di perseguire acriticamente l'incremento della propria quota di mercato.

Il primo fattore è la possibilità di provocare azioni anti-monopolio. I concorrenti possono gridare alla "monopolizzazione" se un'impresa in posizione dominante incrementa ulteriormente la sua quota. Quest'accresciuto rischio eliminerebbe l'attrattiva di spingere troppo in là gli aumenti di quota.

Il secondo fattore è quello economico. Come viene illustrato dalla figura 14-4, è possibile che la redditività inizi a ridursi al di là di una certa quota di mercato. Nella fattispecie, la *quota ottimale di mercato* è pari al 50%. Un ulteriore sviluppo di tale quota comporterebbe una riduzione del margine unitario di profitto. Ciò per una molteplicità di ragioni, dal costo crescente di acquisizione di nuovi consumatori, alla

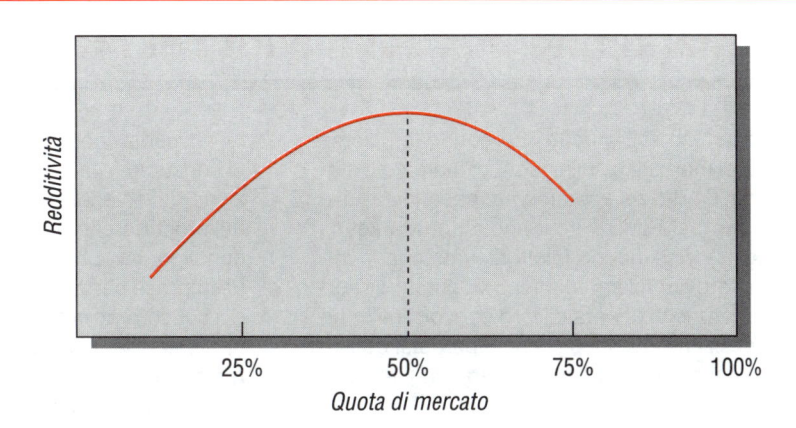

Figura 14-4 Il concetto di quota ottimale di mercato

[Grafico: asse verticale "Redditività", asse orizzontale "Quota di mercato" con valori 25%, 50%, 75%, 100%. La curva ha forma a campana con il massimo in corrispondenza del 50%.]

reazione dei concorrenti che si batteranno con maggior energia per difendere le loro quote che si riducono. I costi legali, di relazione pubbliche e di lobbying crescono in funzione della quota di mercato. Il leader può preferire di concentrarsi nel far crescere le dimensioni totali del mercato, piuttosto che combattere per quote ulteriori. Alcune imprese dominanti hanno addirittura tratto vantaggio da una diminuzione selettiva delle loro quote di mercato nelle aree più deboli.[9]

Il terzo fattore è rappresentato dalla possibilità che le imprese, nel loro sforzo di ottenere quote di mercato maggiori, impieghino una strategia di marketing mix errata. Se è vero che alcune variabili del marketing mix sono efficaci per sviluppare la quota di mercato, non necessariamente il loro impiego determina profitti maggiori (si veda il quadro 14-1). Quote di mercato maggiori determinano profitti maggiori a due condizioni:

- **I costi unitari diminuiscono quando la quota di mercato aumenta.** I costi unitari diminuiscono sia per il conseguimento di economie di scala mediante impianti di maggiori dimensioni, sia per la maggiore rapidità nel percorrere le varie fasi della curva d'esperienza. Questo significa che un'efficace strategia di marketing per realizzare aumenti di quota di mercato è di ricercare il livello di costi più basso del settore e di trasferire i minori costi ai consumatori attraverso riduzioni di prezzo.

Quadro 14-1 L'impatto delle variabili del marketing-mix sulla quota di mercato

Una certa luce sull'impatto che hanno le diverse variabili di marketing sulla quota di mercato è stata gettata da Buzzel e Wiersema, basandosi sulla banca-dati del PIMS (Profit Impact of Marketing Strategies). Essi hanno infatti rilevato che le imprese che evidenziano aumenti di quota di mercato superano in generale i loro concorrenti in tre aree specifiche: sviluppo di nuovi prodotti, qualità relativa dei prodotti e spese di marketing. In particolare:

1. Le imprese che guadagnano quota hanno generalmente sviluppato e aggiunto più prodotti nuovi alla loro gamma.
2. Le imprese che hanno migliorato la qualità relativa dei prodotti rispetto ai concorrenti, hanno beneficiato di aumenti maggiori rispetto a quelli il cui livello di qualità rimaneva costante o peggiorava.
3. Le imprese che hanno incrementato le loro spese di marketing a un tasso maggiore del tasso di crescita del mercato hanno generalmente ottenuto aumenti di quota. Aumenti nelle spese per le forze di vendita sono efficaci ai fini degli aumenti di quota, sia in mercati industriali sia in mercati di consumo. Un aumento di spese pubblicitarie ha fatto aumentare la quota soprattutto per i produttori di beni di consumo. Aumenti di spesa per la promozione delle vendite sono stati invece efficaci nel produrre aumenti di quota di mercato per ogni tipo di impresa.
4. Le imprese che hanno ridotto i loro prezzi più dei concorrenti non hanno realizzato, contrariamente alle aspettative, significativi miglioramenti nelle loro quote di mercato. Presumibilmente, un certo numero di concorrenti ha parzialmente ridotto i prezzi, ed altri hanno offerto altri vantaggi agli acquirenti, di modo che i consumatori non hanno manifestato preferenze di rilievo verso chi aveva solo ridotto i prezzi.

Lo studio qui riferito non ha analizzato se i guadagni in quote di mercato hanno giustificato i costi sostenuti per realizzarli. È evidente che le imprese possono "acquistare" una quota di mercato più elevata, ma la vera domanda è se ciò determinerà prima o poi profitti più elevati.

Fonte: basato su Robert D. Buzzell e Frederik D. Wiersema, "Successful Share-Building Strategies", in *Harvard Business Review*, gennaio-febbraio 1981, pp. 135-144.

Questa è stata la strategia di Henry Ford nel settore dell'auto negli anni Venti, della Texas Instruments per la vendita dei transistor negli anni Sessanta, e delle imprese giapponesi in genere dagli anni Settanta in poi.

- **L'impresa offre un prodotto di qualità superiore e applica un differenziale di prezzo** che copre più che adeguatamente il costo dell'offrire una qualità più elevata. Crosby, nel suo libro *La qualità è libera*, afferma che l'accrescere la qualità del prodotto non costa molto di più all'impresa, perché si risparmia in scarti, manutenzione post-vendita, e così via.[10] Ma i suoi prodotti sono così richiesti che i consumatori pagano un alto differenziale di prezzo, il quale costituisce la base per un margine di profitto. Questa strategia di sviluppo della quota di mercato è seguita, fra gli altri, da IBM, Caterpillar e Michelin.

Nell'insieme, i leader di mercato che rimangono al vertice hanno appreso l'arte di sviluppare il mercato totale, di difendere la loro area operativa, e di aumentare vantaggiosamente la quota di mercato. Il quadro 14-2 espone in dettaglio i principi specifici che due grandi imprese, Procter & Gamble e Caterpillar, utilizzano per mantenere e accrescere la loro leadership nei rispettivi mercati.

14.2 Le strategie dell'impresa sfidante

Le imprese che occupano la seconda o la terza posizione, o posizioni successive, in un settore, possono essere definite con il termine generico di "inseguitrici". Queste imprese possono adottare due atteggiamenti diversi. Possono attaccare il leader e gli altri concorrenti nel tentativo di acquisire una maggior quota di mercato (imprese sfidanti) o possono stare al gioco, senza "rovesciare la barca" (imprese imitatrici). Dolan ha notato che la rivalità competitiva è più intensa nei settori che hanno un elevato livello di costi fissi e di costi delle scorte, e una domanda primaria ristagnante.[11] Esamineremo ora le strategie di attacco competitivo degli sfidanti.

14.2.1 Definizione dell'obiettivo strategico

Uno sfidante deve per prima cosa definire il suo obiettivo strategico. In campo militare, il *principio dell'obiettivo* stabilisce che «ogni operazione bellica deve essere diretta verso un obiettivo chiaramente definito, decisivo e raggiungibile». L'obiettivo strategico della maggior parte delle imprese sfidanti è di accrescere la propria quota di mercato, onde conseguire una migliore redditività. La definizione dell'obiettivo, sia esso quello di annientare il concorrente o di ridurne la quota di mercato, implica la definizione di chi sia il concorrente. A differenza di una

Quadro 14-2 Come due grandi imprese, la Procter & Gamble e la Caterpillar, mantengono la loro leadership di mercato

I princìpi che permettono di mantenere la leadership di mercato sono mirabilmente illustrati da imprese come Procter & Gamble, Caterpillar, IBM, McDonald's e Hertz, le quali hanno tutte dimostrato una notevole abilità nel proteggere la loro quota di mercato dai ripetuti attacchi di imprese sfidanti assai temibili.

Il loro successo è basato non sul far bene una cosa, ma sul far tutto bene. Queste imprese non consentono a nessun punto debole di svilupparsi. Esamineremo qui i princìpi di base del successo della Procter & Gamble e della Caterpillar.

Procter & Gamble

La P&G è generalmente considerata come l'impresa più avanzata degli Stati Uniti nel marketing dei beni di consumo confezionati. A essa appartiene la marca in testa alla graduatoria delle vendite in otto importanti categorie: pannolini (Pampers), detersivi (Tide), carta igienica (Charmin), fazzoletti di carta (Bounty), ammorbidenti per tessuti (Downy), dentifrici (Crest), shampoo (Head & Shoulders) e igiene orale (Scope). La sua leadership di mercato si fonda sui seguenti princìpi.

- **Conoscenza della clientela**. La P&G analizza i propri clienti – sia i consumatori finali sia gli intermediari distributivi – mediante un sistematico processo di ricerca di marketing e di raccolta di informazioni. Essa, inoltre, mette a disposizione dei consumatori degli Stati Uniti 800 numeri telefonici *toll-free*, onde consentire ai medesimi di comunicare direttamente ogni loro commento o reclamo concernente i prodotti dell'azienda.
- **Innovazione di prodotto**. La P&G è un attivo innovatore e possiede una tecnica assai sviluppata nel definire i segmenti cui rivolgersi. Lancia prodotti che offrono al consumatore nuovi benefici, piuttosto che imitazioni di quelli della concorrenza, sostenuti da massicci investimenti pubblicitari. Ben dieci anni sono stati impiegati per ricercare e sviluppare il primo vero dentifricio anticarie, il Crest. L'impresa esperimenta accuratamente i nuovi prodotti presso i consumatori, e solo quando si manifestano delle preferenze nettamente definite, li lancia sul mercato nazionale.
- **Strategia di qualità**. La P&G progetta prodotti di qualità superiore alla media. Dopo averli lanciati, continua lo sforzo di migliorarne la qualità col tempo. Se pubblicizza un prodotto come "nuovo e migliorato", lo è veramente. Ciò è in contrasto con altre imprese, che dopo aver stabilito un livello di qualità, raramente lo migliorano, e con altre ancora, che deliberatamente riducono la qualità nello sforzo di ricavare maggiori profitti.
- **Affiancamento di prodotti**. La P&G produce le sue marche in dimensioni e forme diverse, per soddisfare le varie preferenze dei consumatori. Ciò dà alla marca più spazio sugli scaffali e impedisce ai concorrenti di introdursi per soddisfare bisogni trascurati del mercato.
- **Strategia multimarca**. La P&G è l'antesignana nell'arte di commercializzare più marche nella stessa categoria di prodotto. Ad esempio, produce dieci marche di detersivi per lavatrici, ciascuna delle quali è posizionata in modo leggermente diverso nella mente del consumatore. L'abilità sta nello studiare marche che rispondano ai bisogni diversi del consumatore e che si pongano in concorrenza ciascuna con una specifica marca avversaria. Ogni responsabile gestisce la propria marca indipendentemente dai sui colleghi, ed è in concorrenza con loro per l'ottenimento delle risorse dell'impresa. Collocando una molteplicità di marche sugli scaffali, l'impresa "blocca"

più spazio espositivo e ha più forza nei confronti dei distributori.

❑ **Strategia di estensione della marca.** La P&G usa spesso le proprie marche più forti per lanciare nuovi prodotti. Ad esempio, la marca di sapone Ivory è stata estesa sino a includere il sapone liquido e un detersivo. Lanciare un nuovo prodotto con un nome di marca esistente e affermato permette un riconoscimento più rapido e una maggiore credibilità, con un impegno pubblicitario molto inferiore.

❑ **Pubblicità massiccia.** La P&G è il maggior utente di pubblicità tra le aziende statunitensi di beni di consumo confezionati, spendendo annualmente oltre 1.000 milioni di dollari (1.660 nel 1988-89). Non lesina mai sulle spese che mirino a creare conoscenza e preferenza nel consumatore.

❑ **Forza di vendita aggressiva.** La P&G dispone di forze di vendita di ottimo livello, molto efficaci nell'ottenere la cooperazione dei dettaglianti per quanto concerne l'esposizione dei prodotti, nonché la pubblicità e la promozione sul punto vendita.

❑ **Promozione delle vendite efficace.** La P&G dispone di un servizio promozione vendite per assistere i responsabili di marca nella scelta delle promozioni più valide per conseguire specifici obiettivi. Questo servizio studia i risultati delle azioni promozionali su consumatori e distributori, e dispone di una grande esperienza nel valutarne l'efficacia nelle più diverse circostanze. Allo stesso tempo, la P&G preferisce ridurre al minimo l'uso delle promozioni per affidarsi di più alla pubblicità, onde sviluppare nel consumatore una preferenza di lungo periodo.

❑ **Spirito competitivo.** La P&G è ben armata quando ha a che fare con attacchi dei concorrenti. È disposta a spendere molto per superare la promozione svolta da altre marche e impedire così che si installino in un mercato.

❑ **Efficienza produttiva.** La buona reputazione come grande impresa orientata al marketing è accompagnata da una grande efficienza produttiva. La P&G spende molto per sviluppare e migliorare la produzione, allo scopo di mantenere i suoi costi fra i più bassi del settore.

❑ **Struttura organizzativa basata sulla marca.** La P&G è stata la prima a utilizzare un sistema di gestione in cui ogni marca ha un suo responsabile. Il sistema è stato copiato da molti concorrenti, ma spesso senza il successo della P&G, la quale ha perfezionato il sistema durante gli anni.

Si vede così come la leadership di mercato della P&G non si basa sul far bene una cosa, ma sull'abile orchestrazione di tutti i fattori rilevanti a questo scopo.

Caterpillar

Fin dagli anni '40, la Caterpillar ha dominato il settore dei macchinari da costruzione. I suoi trattori, cingolati e pale meccaniche, dipinti di un colore giallo ormai familiare, sono un'immagine frequente in ogni cantiere e rappresentano il 50% delle vendite mondiali di macchinario da costruzione pesante.

La Caterpillar è riuscita a mantenere la leadership malgrado il maggior prezzo dei suoi macchinari e le sfide lanciate da vari e temibili concorrenti, come John Deere, Massey-Ferguson, J. I. Case e Komatsu.

Vari motivi si combinano per spiegare il successo della Caterpillar.

❑ **Qualità superiore.** La Caterpillar produce macchine di alta qualità, note per la loro affidabilità. L'affidabilità è un fattore di primaria

> **segue Quadro 14-2 Come due grandi imprese, la Procter & Gamble e la Caterpillar, mantengono la loro leadership di mercato**
>
> importanza per l'acquirente, allorquando si tratta di macchinari industriali pesanti. La Caterpillar progetta le sue macchine con un contenuto in acciaio superiore al necessario, per convincere i clienti della qualità superiore delle stesse.
>
> ❑ **Rete di distributori estesa ed efficiente**. La Caterpillar ha il maggior numero di distributori indipendenti nel settore dei macchinari da costruzione. I suoi 260 concessionari si trovano in tutto il mondo e tengono una gamma completa dei prodotti Caterpillar. I concessionari Caterpillar possono concentrarsi solo sui macchinari della società, senza bisogno di rappresentare altre case. I distributori della concorrenza, invece, non dispongono normalmente di una gamma completa e devono occuparsi di prodotti complementari, non concorrenti. La Caterpillar può scegliere i migliori tra quelli che si propongono (una nuova rappresentanza Caterpillar costa al concessionario 5 milioni di dollari) e spende con larghezza per addestrarli, assisterli e motivarli.
>
> ❑ **Assistenza di qualità superiore**. La Caterpillar ha creato un sistema mondiale di ricambi e assistenza che non è secondo a nessuno nel settore. Parti di ricambio e assistenza sono forniti ovunque nel giro di poche ore dalla richiesta d'intervento. Questo livello di assistenza è difficile da uguagliare per i concorrenti, a meno di massicci investimenti. Un concorrente che riuscisse a offrire un'analoga assistenza, inoltre, potrebbe solo neutralizzare uno dei vantaggi della Caterpillar, senza riuscire a creare un vantaggio complessivo netto.
>
> ❑ **Ottima gestione dei ricambi**. Il 30% delle vendite totali e oltre il 50% dei profitti derivano dalla vendita dei ricambi. La Caterpillar ha sviluppano un sistema eccellente per la gestione delle parti di ricambio, che permette di conseguire margini elevati anche in questa fase.
>
> ❑ **Prezzi più elevati**. La Caterpillar può applicare prezzi dal 10 al 20% superiori alla concorrenza (per prodotti simili), grazie al valore superiore percepito dagli acquirenti.
>
> ❑ **Strategia di completezza della gamma**. La Caterpillar produce una gamma completa di macchinari da costruzione, per permettere al cliente di avere un solo fornitore.
>
> ❑ **Buone condizioni di pagamento**. La Caterpillar concede condizioni finanziarie favorevoli ai suoi clienti. È un aspetto importante, a causa dei notevoli importi in gioco.

guerra, il cui nemico è "dato", per un'impresa è possibile, nella maggior parte dei casi, scegliersi l'avversario. In sostanza, l'aggressore può sviluppare le seguenti manovre:

- ■ **Attacco del leader di mercato**. È una strategia ad alto rischio, ma potenzialmente ad alto rendimento e assai valida se il leader non è veramente tale e non sta servendo bene il mercato. Il "terreno" da esaminare accuratamente è il bisogno o l'insoddisfazione del consumatore. Se un'area importante non è servita o è servita male, essa offre un importante bersaglio strategico. La campagna della Miller nel mercato della birra ebbe successo perché fece inizialmente perno sulla scoperta che molti consumatori desideravano una birra "più leggera". La strategia alternativa è di superare in innovazione il leader in un intero segmento. Fu così che la Xerox tolse alla 3M il mercato della fotocopiatura, sviluppando un processo migliore (a secco invece che umido).

- **Attacco di imprese di uguale dimensione, non operanti in modo adeguato e sottocapitalizzate.** Sia il grado di soddisfacimento del consumatore sia il potenziale innovativo devono essere esaminati attentamente. Anche un attacco frontale può funzionare, se le risorse dell'altra impresa sono limitate.
- **Attacco di piccole imprese locali e regionali non operanti in modo adeguato e sottocapitalizzate.** Molte delle più importanti imprese hanno raggiunto la dimensione attuale, non tanto sottraendosi reciprocamente i clienti, quanto fagocitando i "pesci piccoli".

Ecco dunque come interagiscono la scelta dell'avversario e la scelta dell'obiettivo.

Se l'impresa attaccante affronta il leader di mercato, l'obiettivo potrebbe essere di strappare una certa quota. Se l'attaccante affronta invece una piccola impresa locale, l'obiettivo potrebbe essere di farla uscire dal mercato. Rimane valido il principio che «ogni operazione deve essere diretta verso un obiettivo chiaramente definito, decisivo e raggiungibile».

14.2.2 Scelta di una strategia d'attacco

Dati degli avversari e degli obiettivi chiari, quali sono le principali alternative considerate dagli strateghi per attaccare l'avversario? Il punto di partenza è noto come il *principio della massa*, sulla base del quale «un superiore potenziale di combattimento deve essere concentrato in un luogo e in un momento critici per un obiettivo decisivo». Possiamo fare un passo avanti immaginando un avversario che occupi una certa area di mercato. Distinguiamo cinque possibili strategie d'attacco (figura 14-5).

Figura 14-5 Le strategie di attacco

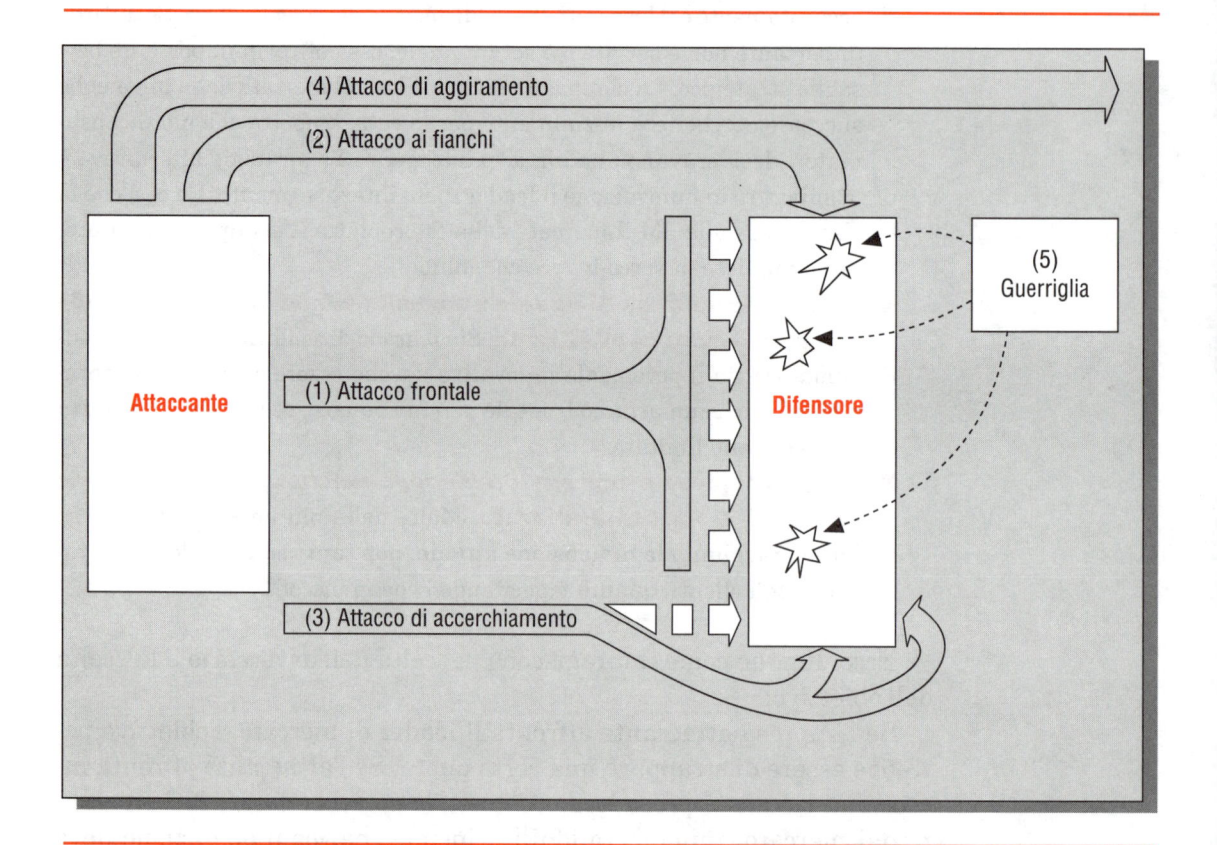

Attacco frontale. Si dice che un aggressore lancia un attacco frontale (o "testa-contro-testa") quando ammassa le proprie forze di fronte a quelle dell'avversario. Attacca i punti di forza del nemico, più che i suoi punti deboli. Il risultato premierà il contendente che dimostra più forza e più resistenza. In un attacco esclusivamente frontale, l'attaccante si misura con il prodotto, la pubblicità, i prezzi, e via dicendo, dell'avversario. Affinché un attacco puramente frontale abbia successo, l'aggressore deve disporre di un rapporto di forze favorevole rispetto al concorrente. Il *principio della forza* afferma che la parte che dispone di più risorse vincerà il confronto. Questa regola si modifica se il difensore ha una maggiore efficacia di fuoco, dovuta a un vantaggio sul terreno. La regola militare è che un attacco frontale contro un avversario ben trincerato o che controlli un "terreno dominante" può avere successo solo se le forze attaccanti possono dispiegare una potenza di fuoco superiore, con un rapporto di almeno 3 a 1. Se l'attaccante ha forze inferiori o minore potenza di fuoco del difensore, un attacco frontale equivale a un suicidio ed è quindi insensato. RCA, General Electric e Xerox lo appresero a loro spese quando lanciarono attacchi frontali contro l'IBM, trascurando di considerarne la vantaggiosa posizione difensiva.

Come alternativa a un attacco puramente frontale, l'aggressore può lanciare un attacco frontale modificato, la cui forma più comune è quella di ridurre il prezzo rispetto al concorrente. Questi attacchi possono assumere due modalità. La scelta più frequente è di pareggiare l'offerta dell'impresa leader sugli altri aspetti, e batterla sul prezzo. Ciò può essere valido se il leader di mercato non reagisce riducendo a sua volta il prezzo, e se il concorrente convince il mercato che il suo prodotto è uguale a quello dell'altro e che, dato il prezzo più basso, è un vero affare.

L'altra forma di strategia aggressiva in termini di prezzo consiste nell'investire pesantemente in ricerca per ridurre i costi di produzione, e poi attaccare i concorrenti sul prezzo. La Texas Instruments ha registrato brillanti successi nell'uso strategico dell'arma prezzo. Investe molto in R&S, e si muove rapidamente lungo la curva d'esperienza. Anche i giapponesi lanciano attacchi frontali basati su riduzioni di prezzo legate a riduzioni di costi, ed è questa una delle basi più valide per fondare una strategia prolungata di attacco frontale.

Attacco ai fianchi. Un esercito nemico è più forte là dove si aspetta di essere attaccato. È necessariamente meno sicuro sui fianchi e alla retroguardia. I suoi punti deboli (o lati ciechi) sono perciò punti naturali d'attacco per il nemico. Il principio più importante nella moderna arte della guerra è la *concentrazione delle forze contro i punti deboli*. L'aggressore agirà come se volesse attaccare il lato forte, per tenere bloccate le truppe del difensore, ma lancerà un vero attacco ai fianchi o nelle retrovie.

Questa manovra "rotante" coglie impreparato l'esercito del difensore. Gli attacchi ai fianchi sono molto efficaci, da un punto di vista di marketing, e sono particolarmente interessanti per un aggressore che disponga di minori risorse dell'avversario. Se non può sovrastarlo con la sola forza, può però aver la meglio con l'astuzia.

Un attacco ai fianchi può essere portato secondo due dimensioni strategiche, geografica e segmentale. Un attacco geografico consiste nell'individuare aree (nel paese o nel mondo) in cui l'avversario non operi al massimo livello. Ad esempio, alcuni rivali dell'IBM scelsero di costituire filiali ben fornite in città medie e piccole, relativamente trascurate dall'IBM.

L'altra strategia ai fianchi, potenzialmente più forte, è di individuare bisogni di mercato non soddisfatti dalle imprese leader. I produttori giapponesi di autovetture scelsero di non competere coi produttori americani nel mercato delle auto grandi, vistose, "bevi-benzina", benché queste apparissero come le preferite dagli acquirenti. Individuarono invece un segmento di consumatori non servito, che desiderava auto piccole con consumi ridotti. Si mossero vigorosamente per colmare questa lacuna del mercato e, con loro soddisfazione – e con sorpresa di Detroit – il gusto americano per macchine più piccole che consumano meno crebbe fino a diventare una parte importante del mercato.

Una strategia di attacco ai fianchi identifica anche degli spostamenti nei segmenti di mercato – che stanno dando origine a vuoti di offerta – e il rapido intervento per colmarli e svilupparli in segmenti consistenti. In luogo di una battaglia cruenta fra due o più imprese che mirano a servire lo stesso mercato, la manovra laterale porta a una copertura più completa dei vari bisogni di tutto il mercato. È un'attività nelle migliori tradizioni della moderna filosofia di marketing, secondo la quale lo scopo del marketing è di "scoprire bisogni e servirli". Gli attacchi ai fianchi hanno una maggiore probabilità di successo degli attacchi frontali. Nella sua acuta analisi dei trenta conflitti mondiali più importanti, dalle guerre dei Greci alla prima guerra mondiale (con un totale di oltre 280 campagne), Liddell Hart concluse che solo in sei campagne le strategie di assalto frontale e diretto portarono a risultati decisivi.[12] La strategia di "approccio indiretto" ha lo schiacciante sostegno della storia come forma più efficace ed economica di strategia.

Attacco d'accerchiamento. La manovra ai fianchi è stata definita come lo sfruttamento di una lacuna esistente nella copertura del mercato da parte dei concorrenti. La manovra d'accerchiamento, invece, è un tentativo di incunearsi nel territorio dell'avversario. L'accerchiamento implica il lancio di un'offensiva massiccia su più lati, per costringere il nemico a proteggere il fronte, i fianchi e le retrovie allo stesso tempo. L'aggressore può offrire al mercato tutto ciò che offre il concorrente e qualcosa di più, per rendere l'offerta non declinabile. L'accerchiamento è una strategia efficace se l'aggressore dispone di risorse superiori all'avversario e ritiene che l'accerchiamento possa essere abbastanza completo e rapido da spezzare la volontà di resistenza dell'avversario. La Seiko, ad esempio, ha conquistato il mercato degli orologi sviluppando ben 2.300 modelli, prodotti e venduti in tutto il mondo. Ha così sommerso con un'offerta a valanga consumatori, distributori e concorrenti, rivoluzionando le abitudini consolidate da decenni in materia di uso degli orologi. Strategie di questo tipo possono aver successo solo nella misura in cui le risorse impiegate siano così ingenti da rispettare il principio della superiorità di 3 a 1 rispetto alla concorrenza.

Attacco aggirante. L'aggiramento è la strategia d'assalto più indiretta ed evita ogni mossa belligerante diretta contro il territorio attuale dell'avversario. Significa aggirare il nemico e attaccare mercati più facili per allargare la propria base operativa mediante tre linee d'approccio: diversificazione in *prodotti non correlati*, diversificazione in *nuovi mercati geografici* con i prodotti esistenti e salto a cavalletta in *nuove tecnologie* per soppiantare i prodotti esistenti.

Il salto a cavalletta tecnologico è una strategia di aggiramento usata spesso nelle industrie ad alta tecnologia. Invece di imitare il prodotto della concorrenza e di impegnarsi in un costoso attacco frontale, lo sfidante ricerca con pazienza e sviluppa la tecnologia successiva e, quando è convinto della sua superiorità, lancia un attacco, spostando così la battaglia sul proprio territorio, in cui è in vantaggio. La strategia d'attacco della Intellevision contro l'Atari nel mercato dei videogiochi fu appunto quella di aggirare la tecnologia Atari e attaccare dopo aver scoperto una tecnologia superiore.

Guerriglia. La guerriglia è un'ulteriore alternativa a disposizione degli aggressori di un mercato, particolarmente di quelli più piccoli e sottocapitalizzati. La tecnica militare della guerriglia consiste nel compiere piccoli attacchi intermittenti in diversi punti del territorio avversario, allo scopo di tormentare e demoralizzare il nemico, ottenendo alla fine delle basi permanenti. La logica militare viene così spiegata da Liddell Hart:

> Il motivo più consueto nell'adottare una strategia con obiettivi limitati è l'attesa di un cambiamento nel rapporto di forze, un cambiamento spes-

so ricercato e ottenuto attraverso un drenaggio delle forze nemiche, indebolite da punzecchiature e non da colpi rischiosi. La condizione essenziale per una tale strategia è che il drenaggio delle forze avversarie sia assai maggiore rispetto a quello delle proprie forze. L'obiettivo può essere raggiunto razziando i suoi rifornimenti; con attacchi locali che annientano o infliggono gravi perdite a una parte delle sue forze; costringendolo ad attacchi per lui non vantaggiosi; obbligandolo a disperdere le sue forze su un'area troppo vasta; e, non ultimo, sfinendo le sue energie morali e fisiche.[13]

L'attaccante userà mezzi convenzionali o non, per molestare l'avversario. Nel mondo degli affari, questi mezzi possono comprendere delle riduzioni selettive di prezzo, delle interferenze sulle sue forniture, il carpirgli alcuni dirigenti, improvvise azioni promozionali e, infine, vari tipi di azione legale contro l'avversario.

Normalmente la guerriglia viene utilizzata da un'impresa piccola contro una di maggiori dimensioni. Non essendo in grado di organizzare un attacco frontale, e neppure uno ai fianchi, l'impresa più piccola lancia uno sbarramento di brevi attacchi promozionali e di prezzo in punti scelti a caso nel più vasto territorio nemico, in modo calcolato per indebolirne gradualmente il potere sul mercato. Anche in questo caso, l'attaccante deve scegliere tra pochi attacchi di una certa consistenza e un flusso continuo di attacchi minori. La teoria militare afferma che un flusso continuo di attacchi minori crea abitualmente più impatto cumulativo, disorganizzazione e confusione nel nemico rispetto a pochi attacchi di maggiore dimensione.

Sarebbe un errore pensare alla guerriglia solo come un'alternativa strategica a basso costo, praticabile da sfidanti finanziariamente deboli. Condurre una campagna prolungata di guerriglia può essere costoso, anche se presumibilmente meno costoso di un attacco frontale, un accerchiamento o anche un attacco ai fianchi. Inoltre, una guerriglia è più una preparazione alla guerra che una guerra in sé. Alla fine, dovrà essere appoggiata da un attacco più forte, se l'aggressore spera di "battere" l'avversario. Ne segue che, in termini di risorse, la guerriglia non è necessariamente un'operazione a basso costo. Le strategie d'attacco precedentemente illustrate sono molto ampie. Lo sfidante deve comporre una strategia totale, utilizzando molte strategie specifiche. Il quadro 14-3 elenca varie strategie di marketing specifiche per attaccare posizioni concorrenziali.

14.3 Le strategie delle imprese imitatrici

Una strategia di imitazione del prodotto può essere altrettanto efficace di una strategia di innovazione del prodotto, come a suo tempo ha posto in evidenza Levitt.[14]

Infatti, l'impresa imitatrice può trarre vantaggio dall'impresa leader, soprattutto se non cerca di sopravanzare la stessa. Ed è per questa ragione che non tutte le imprese inseguitrici sfideranno il leader di mercato. Lo sforzo di sottrargli clienti non è mai preso alla leggera da chi è in testa. Se la manovra dello sfidante si basa su un prezzo inferiore, un servizio migliore o qualche caratteristica aggiuntiva del prodotto, il leader può rapidamente fare in modo di parare l'attacco. L'impresa leader ha probabilmente una maggiore capacità di resistenza in una battaglia campale. Un duro scontro potrebbe lasciare i suoi segni su entrambe le imprese, ragion per cui lo sfidante deve pensarci su due volte prima d'attaccare. Se non può lanciare un attacco preventivo – sotto forma di una sostanziale innovazione del prodotto o della distribuzione – lo sfidante preferirà seguire e non attaccare il leader.

Modelli di "parallelismo consapevole" sono frequenti in settori industriali ad alta omogeneità di prodotto e intensità di capitale, come, ad esempio, nella siderurgia, nell'industria dei fertilizzanti e in quella chimica. Le opportunità di differenziazione del prodotto e dell'immagine sono basse; la qualità del servizio è facilmente confrontabile; la sensibilità al prezzo è alta.

Tutto ciò non significa che le imprese imitatrici non abbiano strategie. Esse devono sapere come mantenere i clienti esistenti e acquisire un buon numero di quelli nuovi. Ogni imitatore cerca di fornire vantaggi precisi al suo mercato obiettivo: localizzazione, servizi, finanziamenti. Un'impresa imitatrice è uno dei maggiori obiettivi d'attacco per uno sfidante. Per questo essa deve tener bassi i suoi costi di produzione e alti la qualità e i servizi. Deve anche entrare in nuovi mercati, appena questi si aprono. Seguire non è sinonimo di passività o di imitazione pedissequa del leader. L'impresa imitatrice deve definire una direttrice di sviluppo, senza però provocare rappresaglie concorrenziali. Si possono distinguere tre strategie basate sull'imitazione:

■ **Strategia del clone.** In questo caso si imita il leader nel maggior numero possibile di segmenti di mercato e di marketing mix. L'imitatore

Quadro 14-3 Le strategie delle imprese sfidanti

L'impresa sfidante, che ricerchi un vantaggio sulla concorrenza, ha a disposizione molte strategie specifiche d'attacco.

1. **Strategie di riduzione dei prezzi**. Un'importante strategia d'attacco per uno sfidante è l'offrire agli acquirenti un prodotto paragonabile a quello del leader, ma a un prezzo inferiore (si veda la figura 18-1: il leader è nella casella 1, lo sfidante nella 2). La Fuji Corporation ha usato questa strategia per attaccare il predominio Kodak nella carta per fotografia. La sua carta è di qualità simile e costa il 10% in meno della Kodak. La Kodak decise di non ridurre il prezzo, col risultato che la Fuji realizzò una significativa penetrazione nel mercato. La Texas Instruments è un'assidua utilizzatrice delle riduzioni di prezzo. Essa offre un prodotto di qualità paragonabile a quella della concorrenza e riduce progressivamente i prezzi per acquisire quota di mercato e abbassare ancora i costi di produzione. La Texas Instruments trascura di proposito i profitti nei primi anni, nello sforzo di raggiungere la leadership di mercato indiscussa. Lo ha fatto con i transistor e i calcolatori tascabili e ora sembra farlo nel mercato dei personal computer. Affinché una strategia di sconti di prezzo possa funzionare, devono verificarsi tre ipotesi. In primo luogo, lo sfidante deve convincere il compratore che i suoi prodotti o servizi sono paragonabili a quelli del leader. In secondo luogo, i compratori devono essere sensibili alla differenza di prezzo e non sentirsi a disagio nell'abbandonare il fornitore attuale. In terzo luogo, il leader di mercato deve rifiutarsi di ridurre i suoi prezzi, malgrado l'attacco della concorrenza.

2. **Strategia dei prodotti a buon mercato**. Un'altra strategia è l'offrire al mercato un prodotto di qualità media o bassa a un prezzo molto più basso (si veda la figura 18-1: il leader nella casella 1, lo sfidante nella 5 o nella 9). Il metodo funziona se esiste un segmento sufficiente di acquirenti interessati solo al prezzo. Imprese che si affermino con questa strategia possono tuttavia essere attaccate da imprese con prodotti più a buon mercato, i cui prezzi siano ancora più bassi. Per difendersi, possono tentare di migliorare gradualmente la qualità col passare del tempo.

3. **Strategia dei prodotti di prestigio**. Lo sfidante può lanciare un prodotto di qualità migliore e a un prezzo più alto rispetto al leader (si veda la figura 18-1: il leader nella casella 1, lo sfidante si sposta verso il nord-ovest della casella 1). La Mercedes guadagnò posizioni rispetto alla Cadillac sul mercato statunitense offrendo una vettura di qualità ancora superiore a prezzo più alto. Più recentemente,

può quasi apparire uno sfidante, ma se non interferirà in modo eccessivo con il leader, non vi sarà conflitto diretto. Alcuni imitatori possono perfino essere definiti parassitari, in quanto contribuiscono molto poco a stimolare il mercato, sperando di vivere alle spalle degli investimenti del leader di mercato.

questa strategia è stata applicata dai costruttori giapponesi. Alcune imprese con beni di prestigio immettono successivamente sul mercato prodotti a prezzo inferiore per trarre vantaggio dalla loro immagine.

4. **Strategia di proliferazione del prodotto**. Lo sfidante può attaccare il leader lanciando un grande numero di versioni di prodotto, per offrire più scelte al consumatore. La Hunt sfidò la leadership della Heinz nel mercato del ketchup creando molte varianti di gusto e di dimensioni della confezione, in contrasto con la Heinz, che si affidava a un solo gusto, venduto in un numero limitato di formati.

5. **Strategia di innovazione del prodotto**. Lo sfidante può utilizzare l'innovazione del prodotto per attaccare la posizione del leader. La Polaroid e la Xerox sono imprese il cui successo si fonda sull'introduzione continua di innovazioni avanzate nei rispettivi settori fotografico e della fotoriproduzione.

6. **Strategia di miglioramento dei servizi**. Lo sfidante può trovare il modo di offrire ai clienti servizi nuovi o migliori. L'IBM è arrivata al suo successo comprendendo che i clienti erano più interessati al software e al servizio che non allo hardware.

7. **Strategia di innovazione distributiva**. Uno sfidante può scoprire o sviluppare un nuovo canale distributivo. La Avon è divenuta un'importante impresa cosmetica perfezionando le vendite porta-a-porta, invece di combattere le imprese concorrenti nei negozi tradizionali. La U.S. Time Company ha ottenuto un grande successo vendendo i suoi orologi Timex, di basso prezzo, attraverso canali distributivi di massa, e non nelle gioiellerie.

8. **Strategia di riduzione dei costi di produzione**. Lo sfidante può sforzarsi di ridurre i costi di produzione rispetto ai concorrenti con acquisti più efficienti, manodopera meno costosa e processo produttivo più moderno. L'impresa può utilizzare i suoi costi minori per una politica di prezzi più aggressiva, mirante ad aumentare la quota di mercato. Questa strategia è stata la chiave del successo giapponese in molti mercati mondiali.

9. **Promozione pubblicitaria massiccia**. Alcuni sfidanti attaccarono i leader aumentando le proprie spese pubblicitarie e promozionali. Quando la Hunt attaccò la Heinz nel mercato del ketchup, fece arrivare il suo livello annuo di spesa a 6,4 milioni di dollari rispetto ai 3,2 milioni della Heinz. Un'elevata spesa promozionale, tuttavia, non è di solito una strategia efficace, a meno che il prodotto o il messaggio dello sfidante mostrino qualche superiorità sulla concorrenza.

Uno sfidante avrà raramente successo nel migliorare la propria quota di mercato se si affida a un solo elemento di strategia. Il successo dipende dallo studio di una strategia globale che permetta di migliorare la posizione col tempo.

■ **Strategia dell'imitatore**. In questo caso l'imitatore mantiene delle caratteristiche differenziali, ma segue il leader per ciò che si riferisce alle più importanti innovazioni di mercato e di prodotto, al livello generale dei prezzi e alla distribuzione. Questo atteggiamento è particolarmente accettabile per il leader di mercato, che vede ben poca interferenza con i suoi piani e può invece apprezzare il fatto che la quota di mercato dell'imitatore eviti accuse di monopolio nei suoi confronti. Un imitatore a distanza può svilupparsi acquistando il controllo di imprese più piccole nel suo stesso settore.

- **Strategia dell'adattatore**. In questo caso, l'impresa imitatrice segue il leader da presso in alcuni casi e va per conto suo in altri. Può essere un'impresa molto innovativa, quando ciò presenta un vantaggio evidente. Quest'impresa spesso cresce sino a diventare un futuro sfidante.

Gli imitatori di mercato, pur avendo quote di mercato inferiori all'impresa leader, possono essere altrettanto, se non più, redditizi. Uno studio recente riferisce che molte imprese, la cui quota di mercato era meno della metà di quella del leader, presentavano, su un periodo di cinque anni, un saggio di rendimento delle azioni inferiore alla media del settore.[15]

14.4 Le strategie delle imprese di nicchia

Quasi ogni settore industriale comprende imprese minori specializzate in aree del mercato in cui evitano di entrare in conflitto con quelle più grandi. Queste imprese più piccole occupano nicchie di mercato, efficacemente servite mediante la loro specializzazione, e che sono invece trascurate o ignorate dalle imprese maggiori. Sono imprese note sotto diversi nomi, imprese di nicchia, interstiziali, specialisti di mercato, imprese soglia o imprese punto d'appoggio. La ricerca di nicchie non è interessante solo per le piccole imprese, ma anche per le divisioni minori delle imprese di grandi dimensioni, le quali stentano a raggiungere una posizione di rilievo nel loro settore. Queste imprese cercano di trovare una o più nicchie di mercato che siano sicure e redditizie. Una nicchia ideale dovrebbe avere le seguenti caratteristiche:

- La nicchia è di dimensioni e con potere d'acquisto sufficienti per renderla redditizia.
- La nicchia ha un potenziale di crescita.
- La nicchia è d'interesse trascurabile per i concorrenti più grandi.
- L'impresa ha le capacità e le risorse per servire efficacemente la nicchia.
- L'impresa può difendersi da un concorrente più grosso che l'attacchi utilizzando il gradimento che si è costruito presso la clientela.

L'idea chiave nell'arte di sfruttare le nicchie è la specializzazione. L'impresa deve specializzarsi secondo linee di mercato, clientela, prodotto o marketing mix. Ecco vari ruoli specialistici a disposizione dell'impresa interstiziale:

- **Specialista nell'impiego finale**. L'impresa si specializza nel servire un tipo di cliente finale. Ad esempio, uno studio legale può specializzarsi in questioni penali, civili o commerciali.
- **Specialista in un livello verticale**. L'impresa si specializza a un certo livello verticale del ciclo produzione-distribuzione. Ad esempio, nel caso del rame, un'impresa può concentrarsi nel produrre rame grezzo, componenti in rame o prodotti finiti in rame.
- **Specialista per dimensioni della clientela**. L'impresa si concentra nel vendere a clienti piccoli, o medi, o grandi. È frequente la specializzazione in clienti piccoli, trascurati dalle imprese maggiori.
- **Specialista in clienti specifici**. L'impresa si limita a vendere a uno o pochi grossi clienti. Molte imprese vendono la loro intera produzione a un solo cliente, del tipo Sears, o General Motors.
- **Specialista per area geografica**. L'impresa vende soltanto in una certa località, regione, o area del mercato mondiale.
- **Specialista per prodotto o linea di prodotti**. L'impresa ha un solo prodotto o linea di prodotti. Nel settore delle attrezzature per laboratorio troviamo imprese che producono solo microscopi o, più limitatamente ancora, solo lenti per microscopi.
- **Specialista per caratteristiche del prodotto**. L'impresa si specializza nel produrre un certo prodotto o una certa caratteristica. La Rent-a-Wreck, ad esempio, è un'agenzia di autonoleggi della California che noleggia solo auto "scassate".
- **Specialista in lavorazioni specifiche**. L'impresa produce, su misura, quello che viene richiesto dal cliente.
- **Specialista in termini di qualità/prezzo**. L'impresa opera all'estremo superiore o inferiore del mercato. Ad esempio, la Hewlett-Packard è specializzata in calcolatori tascabili di alta qualità e di alto prezzo.
- **Specialista per il livello di servizio**. L'impresa offre uno o più servizi non disponibili presso le altre imprese. Un esempio potrebbe essere costituito da una banca che accetta richieste telefoniche di prestito e recapita il denaro direttamente al cliente.

Operare in modo interstiziale comporta il rischio che la nicchia possa esaurirsi o essere attaccata. Ecco perché una strategia di *nicchia multipla* è preferibile a una di *nicchia singola*. Sviluppando una certa posizione in due o più nicchie, l'impresa aumenta le sue possibilità di sopravvivenza.

Anche alcune grandi imprese preferiscono una strategia di nicchia multipla per servire il mercato totale. Un grande studio legale si è creato una fama nazionale nelle tre aree delle fusioni e delle acquisizioni di imprese, dei fallimenti e delle operazioni azionarie.

Il punto principale è che anche imprese con bassa quota di mercato possono essere redditizie, e una valida scelta delle nicchie può costituire un mezzo per conseguire questo scopo. Non è però l'unico. Woo e Cooper hanno studiato le strategie di imprese, tutte con bassa quota di mercato, ma con risultati variabili, per capire quale fosse la spiegazione della diversa redditività. I risultati furono che:[16]

- Molte imprese redditizie, con bassa quota di mercato, si trovano in mercati a basso tasso di crescita e piuttosto stabili. La maggior parte di esse produce componenti o forniture industriali ad acquisto frequente. Le imprese non cambiano spesso i prodotti, che sono nella maggior parte dei casi standardizzati, e forniscono pochi servizi aggiuntivi. Queste attività tendono a concentrarsi in settori ad alto valore aggiunto.
- Le imprese si concentrano in campi limitati, e non cercano di fare tutto.
- Hanno in generale la fama di produttori di alta qualità, a prezzo medio-basso in rapporto alla qualità.
- Hanno spesso costi unitari inferiori, poiché si concentrano su una gamma ristretta e spendono meno in R&S, sviluppo di nuovi prodotti, pubblicità, promozione e attività di supporto delle vendite e dei venditori.

Le imprese minori hanno dunque molte opportunità per servire i clienti con efficacia. Molte imprese di questo tipo scoprono nicchie interessanti per puro caso, anche se le opportunità valide possono essere individuate e sviluppate in modo più sistematico. Il quadro 14-4 descrive le più importanti strategie d'ingresso usate da un campione d'imprese che sono entrate in mercati già occupati da altri. La maggior parte di tali imprese ha scelto una strategia di nicchia.

Quadro 14-4 Strategie per l'entrata in mercati già occupati

Quali strategie di marketing vengono utilizzare per entrare in mercati già occupati da altri? Biggadike ha esaminato le strategie di quaranta imprese che erano recentemente entrate in mercati occupati, rilevando che dieci erano entrate praticando prezzi inferiori, nove lo stesso prezzo e ventuno un prezzo superiore rispetto a quelli correnti. Lo studioso in questione rilevò anche che in ventotto casi veniva pubblicizzata una qualità superiore, in cinque una qualità uguale e in sette una inferiore. La maggior parte delle imprese nuove offriva una gamma specialistica, per servire un segmento più ristretto. Meno del 20% era riuscito a innovare nei canali distributivi. Più della metà delle imprese entranti affermò di offrire un livello di assistenza più elevato. E più di metà spendeva meno di chi era già presente in termini di forza di vendita, pubblicità e promozione. Il marketing-mix più diffuso tra le nuove imprese era quindi:

- Prezzi e qualità superiori.
- Gamma di prodotti più ristretta.
- Segmento di mercato più ristretto.
- Canali distributivi simili.
- Assistenza di livello superiore.
- Minori spese per forza di vendita, pubblicità e promozione.

Fonte: Ralph Biggadike, *Entering New Markets: Strategies and Performances*, Marketing Science Institute, Cambridge, settembre 1977, pp. 12-20.

Note

[1] Si veda Robert V. L. Wright, *A System for Managing Diversity*, Arthur D. Little, Cambridge, dicembre 1974.

[2] Si veda Jordan P. Yale, "The Strategy of Nylon's Growth", in *Modern Textiles Magazine*, febbraio 1964, p. 32 e segg. Si veda anche Theodore Levitt, "Exploit the Product Life Cycle", in *Harvard Business Review*, novembre-dicembre 1965, pp. 81-94.

[3] Si veda Eric von Hippel, *A Customer-Active Paradigm for Industrial Product Idea Generation*, studio non pubblicato, Sloan School of Management, MIT, Cambridge, maggio 1977. Sullo sviluppo sistematico di nuovi usi per un prodotto industriale, si veda il caso "Alcantara" incluso in Philip Kotler, John B. Clark e Walter G. Scott (a cura di), *Marketing Management. Casi*, Isedi, Torino 1992, pp. 211-232.

[4] Sun Tsu, *L'arte della guerra*, Guida, Napoli 1988; Miyamoto Mushashi, *A Book of Five Rings*, Overlook Press, Woodstock 1974; Carl von Clausewitz, *Della guerra*, Mondadori, Milano 1970; B. H. Liddell Hart, *Strategy*, Praeger, New York 1967; Edward Luttwak, *Strategia*, Rizzoli, Milano 1989.

5. Queste sei strategie di difesa, così come le cinque strategie di attacco descritte in seguito, sono tratte da Philip Kotler e Ravi Singh, "Marketing Warfare in the 1980s", in *Journal of Business Strategy*, inverno 1981, pp. 30-41.
6. Si veda Michael Porter, *La strategia competitiva*, Edizioni della Tipografia Compositori, Bologna 1982, pp. 77-86.
7. Robert D. Buzzell e Bradley T. Gale, *I principi PIMS*, Sperling & Kupfer, Milano 1987.
8. John D. C. Roach, "From Strategic Planning to Strategic Performance: Closing the Achievement Gap", in *Outlook*, pubblicato da Booz, Allen & Hamilton, New York, primavera 1981, p. 22. Questa curva si basa sull'assunzione che il ritorno sulle vendite al lordo delle imposte è fortemente correlato alla redditività e che i ricavi dell'impresa sono un surrogato della quota di mercato. Michael Porter, nel suo *La strategia competitiva* (p. 48), mostra una curva a *V* simile, che esprime lo stesso concetto.
9. Philip Kotler e Paul N. Bloom, "Strategies for High Market-Share Companies", in *Harvard Business Review*, novembre-dicembre 1975, pp. 63-72.
10. Philip B. Crosby, *La qualità è libera*, McGraw-Hill, Milano 1987.
11. Si veda Robert J. Dolan, "Models of Competition: A Review of Theory and Empirical Evidence" in Ben M. Enis e Kenneth J. Roering (a cura di), *Review of Marketing*, American Marketing Association, Chicago 1981, pp. 224-234.
12. Liddell Hart, *Strategy*, p. 161.
13. Ibid., p. 335.
14. Theodore Levitt, "Innovative Imitation", in *Harvard Business Review*, settembre-ottobre 1966, p. 63.
15. R. G. Hamermesh, M. J. Anderson jr. e J. E. Harris, "Strategies for Low Market Share Businesses", in *Harvard Business Review*, maggio-giugno 1978, pp. 95-102.
16. Carolyn Y. Woo e Arnold C. Cooper, "The Surprising Case for Low Market Share", in *Harvard Business Review*, novembre-dicembre 1982, pp. 106-113.

Capitolo 15

Le strategie di marketing per il mercato globale

*Un viaggiatore senza conoscenza
è un uccello senza ali.*

Sa'di, Gulistan (1258)

Nel corso degli ultimi decenni, lo scenario mondiale è andato via via trasformandosi, con un progressivo accentuarsi dell'interdipendenza fra le varie economie nazionali e la conseguente modifica delle situazioni di mercato in cui si trovano a operare le imprese.

Le forze che hanno operato sulla trasformazione sopra accennata sono costituite dalla crescente omogeneizzazione dei processi di consumo, dal ruolo integratore svolto dalla tecnologia, dal venir meno delle barriere ideologiche, istituzionali ed economiche e dalla diffusione in tempo reale dell'informazione.[1]

I processi di integrazione e di unificazione delle varie aree economiche avviati da queste forze hanno dato luogo a quella trasformazione epocale definita da Levitt come *globalizzazione dei mercati*.

> Una forza di grande potenza, la tecnologia, spinge il mondo verso modelli sempre più uniformi e convergenti. Questa forza ha reso accessibili a tutti le comunicazioni, i trasporti, i viaggi. Essa ha fatto sì che anche nei luoghi più isolati e fra le popolazioni più povere sia finito il richiamo del mondo moderno. Praticamente ogni uomo della terra desidera tutte le cose di cui ha sentito parlare, o che ha potuto vedere o sperimentare grazie alle nuove tecnologie. Da tutto ciò nasce una nuova realtà commerciale, e cioè l'emergere dei mercati globali per i prodotti di consumo standardizzati, di dimensioni inimmaginabili in precedenza.[2]

Le conseguenze della globalizzazione sull'attività delle imprese stanno manifestandosi con crescente evidenza ogni giorno di più. Mentre ancora negli anni Ottanta una parte notevole delle imprese, soprattutto se di minori dimensioni, considerava il mercato locale come l'unico *environment* cui riferirsi, oggi sono poche le aziende il cui processo decisionale e operativo non sia influenzato dai cambiamenti in atto a livello globale. Va quindi diffondendosi, fra gli operatori d'impresa, la consapevolezza che una prospettiva di mercato limitata alla dimensione regionale o nazionale è sempre più incompatibile con l'obiettivo di crescita dell'azienda. Infatti, anche quelle imprese che per decenni hanno operato secondo un'ottica "domestica", si rendono ormai conto che le minacce competitive possono provenire dai luoghi più remoti.

Chi avrebbe mai pensato, sino a pochissimi anni addietro, che un editore italiano potesse far stampare i propri libri a Hong Kong con rilevanti vantaggi sul piano dei costi, dei tempi e della qualità? E chi avrebbe immaginato che la produzione automobilistica spagnola potesse superare quella italiana? Ma l'adottare una prospettiva di riferimento globale non significa dimenticare quelle che sono le proprie caratteristiche specifiche, in termini di capacità operativa, di specializzazione, di risorse disponibili per lo sviluppo. Come ben ha posto in evidenza Porter, «un'efficace strategia di globalizzazione presuppone la capacità di proiettare in una visione globale le potenzialità presenti nella dimensione domestica».[3] Per le imprese non grandi, che sono poi la maggioranza, ciò significa che la prospettiva della globalizzazione apre nuovi spazi di sviluppo nella misura in cui esse siano in grado di inserire la propria specificità in una visione più vasta di quella consueta. Il loro sforzo di innovazione concerne soprattutto la capacità di individuare quelle aree di opportunità che la globalizzazione dischiude loro.

Il mercato globale non significa affatto un'enorme massa di individui orientati verso gli stessi identici oggetti. Al contrario, esso è costituito da una molteplicità di consumatori appartenenti alle aree più diverse, ma accomunati da preferenze omogenee nei confronti di determinati prodotti. La strategia di nicchia assume, nella prospettiva del mercato globale, una rilevanza di prima grandezza per tutte quelle imprese che hanno saputo conseguire un successo elevato nei confronti di una nicchia locale, simile peraltro a molte altre nicchie locali sparse nel mondo.

L'analisi e la valutazione del mercato internazionale assumono quindi un ruolo decisivo nella gestione strategica e operativa, non solo per le imprese grandi o giganti, ma per ogni impresa che operi secondo un'ipotesi di crescita, quale che ne sia la dimensione. Nel presente capitolo esamineremo in modo particolare i seguenti argomenti:

- Caratteristiche dell'ambiente di marketing internazionale.
- Fattori che un'impresa deve considerare ai fini del proprio processo di internazionalizzazione.
- Criteri di valutazione e di scelta dei mercati in cui operare.
- Definizione delle modalità secondo le quali operare sui mercati internazionali.
- Definizione delle modifiche che un'impresa deve apportare ai propri prodotti e programmi di marketing in corrispondenza dei vari mercati internazionali.
- Criteri in base ai quali organizzare le attività internazionali.

15.1 La valutazione dell'ambiente di mercato internazionale

Un'impresa deve acquisire la conoscenza di molti elementi prima di decidere se vendere all'estero. Innanzitutto, essa deve realizzare una comprensione completa dell'ambiente di marketing internazionale. Questo ambiente ha subito cambiamenti considerevoli dal 1945 a oggi,

---

Quadro 15-1 I giapponesi, campioni mondiali nel marketing?

Ben pochi mettono in dubbio che i giapponesi abbiano realizzato un miracolo economico a partire dalla fine della seconda guerra mondiale. In un tempo relativamente breve, hanno raggiunto una posizione guida, a livello internazionale, in settori che si pensavano dominati da giganti imbattibili: autovetture, motociclette, orologi, macchine fotografiche, strumenti ottici, acciaio, cantieristica, pianoforti, chiusure lampo, radio, televisori, videoregistratori, calcolatori tascabili, ecc. Le imprese giapponesi occupano attualmente il secondo posto nella produzione di calcolatori e di macchinari da costruzione, e stanno facendo grandi progressi nell'industria chimica, farmaceutica e delle macchine utensili.

Molte sono le teorie formulate per spiegare i successi globali del Giappone. Alcuni sottolineano caratteristiche aziendali uniche, come l'impiego "a vita", i circoli della qualità, la gestione basata sul consenso, le consegne "just in time". Altri sottolineano il ruolo di sostegno svolto dai sussidi e dalle politiche governative, l'esistenza di trading company potenti, e il facile accesso ai finanziamenti bancari. Altri ancora vedono il successo giapponese basato sui bassi salari e le politiche sleali di dumping. Una delle chiavi principali dei risultati del Giappone è l'abilità nella formulazione e nella realizzazione delle strategie di marketing. I giapponesi andarono a studiare il marketing negli Stati Uniti e tornarono a casa comprendendone i principi meglio di molte imprese americane. I giapponesi sanno come selezionare un mercato e proteggere la loro posizione guida dagli attacchi della concorrenza.

Selezione dei mercati

Il governo e le imprese giapponesi lavorano duramente per identificare mercati globali interessanti. Favoriscono le industrie che richiedono alta qualificazione e alta occupazione, con necessità ridotte di risorse naturali: a questi criteri rispondono l'elettronica di consumo, le macchine fotografiche, gli orologi, i motocicli e la farmaceutica. Preferiscono i mercati dei prodotti che si trovano in fase di evoluzione tecnologica. Amano i mercati in cui i consumatori di tutto il mondo sono disposti a comprare prodotti standardizzati. Cercano settori in cui i leader di mercato siano poco aggressivi e sottocapitalizzati.

Penetrazione nei mercati

I giapponesi mandano nel paese obiettivo gruppi

creando sia nuove opportunità, sia nuovi problemi. I cambiamenti più significativi sono:

- La globalizzazione dell'economia mondiale, evidenziata dalla rapida crescita del commercio mondiale e degli investimenti.
- La graduale erosione della posizione dominante degli Stati Uniti e i problemi connessi a una bilancia commerciale sfavorevole e a un dollaro forte sui mercati mondiali, così da rendere i prezzi americani troppo alti.

---

di studio che trascorrono vari mesi nella valutazione del mercato e nella definizione di una strategia. Questi gruppi ricercano delle nicchie in cui entrare che non siano soddisfatte da alcuna offerta attuale. A volte creano la loro testa di ponte con una versione ridotta all'essenziale e a basso prezzo di un prodotto, a volte con un prodotto dello stesso livello dei concorrenti, ma a prezzo più basso, a volte con un prodotto di qualità migliore o con nuove caratteristiche e design. I giapponesi procedono a creare una buona distribuzione per fornire un servizio rapido ai clienti. Si appoggiano alla pubblicità per portare i loro prodotti all'attenzione del pubblico. Una caratteristica chiave della loro strategia d'entrata è il costruire una quota di mercato, piuttosto che generare rapidi profitti. I giapponesi sono capitalisti pazienti, disposti ad attendere anche un decennio prima di realizzare il loro profitto.

Costruzione della quota di mercato
Quando i giapponesi hanno messo piede in un mercato, dirigono le loro energie a espandere la loro quota. Si affidano a strategie di sviluppo del prodotto e del mercato. Investono in miglioramenti, perfezionamenti e sviluppo di varianti del prodotto, per offrire prodotti migliori e più vari della concorrenza. Individuano nuove opportunità mediante la segmentazione e l'osservazione dell'evoluzione del mercato in una serie di paesi, mirando a creare una rete mondiale di mercati e insediamenti produttivi.

Protezione della quota di mercato
Quando i giapponesi raggiungono il dominio su un mercato, si trovano nella posizione di difensori, e non di attaccanti. Imprese statunitensi come IBM, Xerox, Motorola e Texas Instruments stanno preparando delle controffensive. La strategia giapponese di difesa è quella di un buon attacco, utilizzando il continuo sviluppo del prodotto e una raffinata segmentazione di mercato. L'obiettivo è di riempire i vuoti del mercato prima che lo faccia la concorrenza.

Fonte: Philip Kotler, Liam Fahey e S. Jatusripitak, *Judo marketing*, Ipsoa, Milano 1987. Per ulteriori elementi sul "marketing alla giapponese" si veda J. K. Johansson e I. Nonaka, "Il marketing internazionale giapponese", in W. G. Scott (a cura di), *Il marketing internazionale*, Isedi, Torino 1986, pp. 77-103.

- Il crescente potere economico del Giappone e degli altri paesi del Sud-Est Asiatico (si veda il quadro 15-1).
- Il crescente ruolo economico e politico dei blocchi regionali e, in primo luogo, della Comunità Europea.
- Lo sviluppo di marche globali in una molteplicità di settori, quali automobile, abbigliamento, elettronica di consumo, computing, alimentari, ecc.
- Il crollo dei regimi socialisti e l'inizio di una fase di transizione politica, sociale ed economica dall'esito a dir poco incerto in gran parte dell'Europa dell'Est.
- La graduale apertura di nuovi mercati, quali la Cina e una parte dei paesi arabi.
- L'aggravarsi del problema dell'indebitamento per gran parte dei paesi del Terzo Mondo, congiuntamente alla crescente fragilità del sistema finanziario internazionale.
- L'accelerazione delle migrazioni di popolazione dai paesi "poveri" verso quelli "ricchi".
- Lo sviluppo delle alleanze fra imprese di paesi diversi, operanti sia negli stessi settori sia in settori diversi.
- Lo sviluppo dei sistemi di trasporto, comunicazione e di trasferimento di fondi a livello internazionale.[4]

15.1.1 Il sistema del commercio internazionale

L'impresa che considera la prospettiva dell'internazionalizzazione deve cominciare con l'effettuare un'accurata analisi del sistema del commercio internazionale. Nel suo tentativo di operare in un altro paese, essa si troverà di fronte a varie restrizioni commerciali. La più frequente è la *tariffa* doganale, che è un dazio percepito dal governo straniero su certi prodotti importati. La tariffa può avere lo scopo di raccogliere *entrate*, o di *proteggere* le imprese nazionali. L'esportatore può trovarsi di fronte a *quote* o *contingenti*, che stabiliscono dei limiti alla quantità di beni che il paese importatore è disposto ad accogliere, in particolari categorie di prodotti. Lo scopo dei contingenti è di conservare la valuta estera e proteggere le industrie locali e l'occupazione. Un *embargo* è la forma finale di contingentamento, in quanto proibisce totalmente l'importazione di beni di certe categorie. Il commercio è scoraggiato anche da misure di *controllo valutario*, che regolano la quantità di valuta estera disponibile e il tasso di cambio verso altre monete. Le imprese esportatrici possono anche incontrare *barriere non tariffarie*, come la discriminazione verso i prodotti provenienti da dati paesi, o standard particolarmente restrittivi. Ad esempio, il governo olandese vieta i trattori la cui velocità superi le dieci miglia orarie, il che significa escludere la maggior parte dei trattori di fabbricazione statunitense.

Allo stesso tempo, alcune forze cercano di liberalizzare e favorire il commercio fra le nazioni, o almeno fra alcune nazioni. Il Gatt (General Agreement on Tariffs and Trade) è un accordo internazionale che ha ridotto a livello mondiale le tariffe in sei diverse occasioni. Alcuni paesi hanno formato delle *comunità economiche*, la più importante delle quali è la Comunità Economica Europea (Cee, conosciuta anche come Mercato Comune). Fanno parte della Cee le più importanti nazioni dell'Europa Occidentale, impegnate nella riduzione delle tariffe all'interno della Comunità, nella diminuzione dei prezzi e nello sviluppo dell'occupazione e degli investimenti. La Cee ha assunto dapprima la forma di *unione doganale*, cioè di un'*area di libero scambio* (senza tariffe tra i paesi membri) che impone una tariffa uniforme verso i paesi esterni. La fase attuale, detta del "completamento del mercato interno", ossia dell'abbattimento delle barriere non doganali, ha visto la sua conclusione alla fine del 1992.[5] Dopo la formazione della Cee, sono nate altre comunità economiche, tra cui in particolare l'Associazione Latino-Americana di Libero Commercio (Alalc) e il Mercato Comune Centro-americano (Mcc). È recente la firma dell'accordo preliminare fra Stati Uniti, Canada e Messico per la costituzione della North America Free Trade Association (Nafta). Per quanto concerne invece il Consiglio per la Mutua Assistenza Economica (Cmae), che raggruppava i paesi dell'Europa Orientale, più noto come Comecon, esso è stato disciolto a seguito del crollo dell'Urss.

Ogni nazione ha caratteristiche peculiari, che devono essere ben comprese. La disponibilità di una nazione ad accogliere merci e servizi diversi, nonché la sua attrattività come mercato per le imprese straniere, dipendono dal suo ambiente economico, politico-legale, culturale e imprenditoriale.

15.1.2 L'ambiente economico

Nel considerare i mercati stranieri, l'operatore di marketing internazionale deve studiare l'economia di ciascun paese. Tre caratteristiche economiche riflettono l'interesse che può rappresentare un paese come mercato d'esportazione. La prima è costituita dall'entità della *popolazione* di un paese. A parità di ogni altra condizione, un paese più popolato è più attraente di un altro. La seconda è la *struttura industriale*. La struttura industriale del paese determina le esigenze di prodotti e servizi, i livelli di reddito, di occupazione, e così via. Quattro tipi di struttura industriale possono essere evidenziati:

1. **Economie di sussistenza**. In un'economia di sussistenza la maggioranza della popolazione è impegnata in un'agricoltura povera. La maggior parte della produzione viene consumata e il resto è barattato in cambio di servizi e beni semplici. Esse offrono poche opportunità di esportazione.
2. **Economie esportatrici di materie prime**. Queste economie sono ricche di una o più risorse naturali, ma povere da altri punti di vista. Molte delle loro entrate derivano dall'esportazione di queste risorse. Alcuni esempi sono il Cile (stagno e rame), lo Zaire (gomma), e l'Arabia Saudita (petrolio). Questi paesi sono buoni mercati per macchinari, utensili e forniture per l'industria estrattiva, della movimentazione delle merci e per i mezzi di trasporto (autocarri). In funzione del numero di residenti stranieri e di ricchi proprietari o amministratori locali, possono essere anche un mercato per i beni di lusso e di stile occidentale.
3. **Economie in via di industrializzazione**. In un'economia in via di industrializzazione, il settore manifatturiero comincia a rappresentare fra il 10 e il 20% del prodotto nazionale lordo del paese. L'Egitto, la Thailandia, le Filippine, l'India e il Brasile rappresentano degli esempi in questo senso. Al crescere dell'industria, il paese deve sempre più contare su importazioni di materie prime tessili, acciaio e macchinari pesanti, e sempre meno su importazioni di prodotti tessili finiti, carta e automobili. L'industrializzazione crea una nuova classe agiata e una piccola ma crescente classe media, ed entrambe chiedono nuovi tipi di beni, alcuni dei quali ottenibili solo con l'importazione.
4. **Economie industriali**. Le economie industriali sono importanti esportatori di manufatti e beni di investimento. Commerciano manufatti fra di loro, e li esportano verso altri tipi di economie in cambio di materie prime e semilavorati. Le attività produttive vaste e diversificate di queste nazioni industriali e la loro consistente classe media le rendono dei mercati ricchi per ogni genere di beni.

La terza caratteristica economica è la *distribuzione del reddito*. La distribuzione del reddito è collegata alla struttura industriale di un paese, ma è anche influenzata dal sistema politico. Dal punto di vista del marketing internazionale si distinguono cinque modelli diversi di distribuzione del reddito: (1) redditi familiari molto bassi, (2) maggioranza di redditi familiari molto bassi, (3) redditi familiari molto alti o molto bassi, (4) redditi familiari bassi, medi e alti, (5) soprattutto redditi familiari medi. La distribuzione del reddito non è un indicatore soddisfacente dello sviluppo in paesi in cui un settore di sussistenza vasto possiede redditi non monetari che non sono facilmente quantificabili secondo termini tradizionali. Altri indicatori sempre più usati sono gli indici di consumo di energia e di prodotti alimentari e la percentuale di manodopera impiegata nell'industria.

15.1.3 L'ambiente politico-legale

Le nazioni presentano grandi differenze di ambiente politico-legale. Un'impresa dovrebbe considerare quattro fattori per decidere se ricercare affari in un particolare paese.

Atteggiamento verso gli acquisti internazionali. Alcune nazioni sono molto ricettive e incoraggiano le imprese straniere, mentre altre sono più o meno ostili. Il Messico fa parte delle prime: per molti anni ha attirato gli investimenti stranieri offrendo incentivi e aree attrezzate. D'altro canto, in passato l'India ha imposto agli esportatori quote di importazione, blocchi valutari, alte percentuali di personale locale ai livelli dirigenziali, e così via. IBM e Coca-Cola hanno deciso di lasciare l'India per tutti questi vincoli e solo recentemente hanno ripreso a operare in questo paese, a seguito del mutato atteggiamento nei confronti delle imprese straniere.

Stabilità politica. La stabilità futura del paese è un altro punto importante. I governi cambiano, talvolta in modo violento. Anche senza un cambiamento, un regime può decidere di rispondere a nuovi atteggiamenti della popolazione. Le proprietà di un'impresa straniera possono essere espropriate, o i suoi fondi in valuta bloccati, o nuove quote d'importazione e nuove imposte possono essere introdotte. Anche quando l'instabilità politica è alta, può ancora convenire fare affari in quel paese, ma la situazione modificherà le modalità di entrata. Verrà favorita l'esportazione rispetto all'investimento diretto; verranno tenute basse le scorte all'estero; verrà convertita rapidamente la valuta. Il risultato sarà che in quel paese la popolazione pagherà prezzi più alti, avrà meno lavoro, e otterrà prodotti meno soddisfacenti.

Legislazione monetaria. Chi vende vuole realizzare profitti in una valuta pregiata. Nella situazione migliore, l'importatore può pagare o nella valuta dell'esportatore o in un'altra valuta internazionale forte. In mancanza di questo, il venditore può accettare una valuta convertibile se può utilizzarla per acquistare in quel paese altri beni di cui ha necessità, o che può rivendere in cambio di valuta. Nel caso peggiore è necessario far uscire il denaro dal paese sotto forma di beni difficilmente commerciabili, che possano essere rivenduti solo con una perdita. Oltre alle restrizioni valutarie, un tasso di cambio fluttuante è un'altra causa di rischi elevati per l'esportatore.

Burocrazia governativa. Un quarto fattore è l'efficienza del sistema di assistenza alle imprese straniere da parte del governo del paese ospitante: il buon funzionamento delle dogane, informazioni di mercato adeguate, e altri fattori favorevoli all'attività economica. Occorre poi tener conto di una realtà spiacevole, ma diffusa, e cioè della pratica della cosiddetta "tangente" che occorre corrispondere a certi funzionari per eliminare o attenuare gli ostacoli al commercio.

15.1.4 L'ambiente culturale

Ogni nazione ha le sue tradizioni, norme e tabù. Prima di pianificare un programma di marketing, l'impresa deve verificare che percezione abbiano e che uso facciano di certi prodotti i consumatori stranieri. Ecco esempi di alcune sorprese nei mercati dei beni di consumo:

- Il francese medio usa quasi il doppio di cosmetici e prodotti di bellezza rispetto a sua moglie.
- I tedeschi e i francesi mangiano più spaghetti confezionati e di marca degli italiani.
- I bambini italiani amano mangiare come merenda una barra di cioccolato tra due fette di pane.
- In Tanzania, le madri non danno uova ai loro figli per paura che questo li renda calvi e impotenti.

Anche norme e comportamenti commerciali variano da paese a paese. Gli operatori commerciali internazionali devono essere preavvisati prima di condurre negoziati in un altro paese.

Ecco alcuni esempi di comportamenti diversi da quelli in uso negli Stati Uniti.

- I sudamericani sono abituati a trattare affari rimanendo molto vicini fisicamente agli interlocutori, praticamente faccia a faccia. L'uomo d'affari americano si ritrae e il sudamericano persiste. Ed entrambi finiscono per offendersi.
- Nelle comunicazioni personali, i manager giapponesi raramente dicono di no a un manager americano. Gli americani ne vengono frustrati, e non capiscono a che punto si trovano: hanno l'abitudine di arrivare rapidamente al punto, mentre i giapponesi considerano offensivo questo comportamento.
- In Francia, i grossisti non si occupano della promozione di un prodotto, limitandosi a chiedere ai dettaglianti cosa desiderino, e poi effettuando la consegna. Se un'impresa americana costruisce la propria strategia di marketing attorno alla cooperazione dei grossisti, assai probabilmente fallirà il tentativo.

Ogni nazione (e anche ogni gruppo regionale all'interno di una nazione), ha tradizioni culturali, preferenze e tabù, che l'esperto di marketing deve studiare.[6]

15.2 La decisione di operare all'estero

La decisione di operare all'estero è la prima delle cinque decisioni fondamentali in materia di internazionalizzazione che l'impresa deve assumere (figura 15-1).

Prima di operare all'estero, l'impresa dovrebbe definire i suoi obiettivi e le politiche di marketing internazionale. In primo luogo, dovrebbe decidere quale *percentuale di fatturato all'estero* cercherà di realizzare. La maggior parte delle imprese comincia con volumi piccoli quando si avventura all'estero. Alcune prevedono di rimanere piccole, considerando l'impegno all'estero come una parte minore delle proprie operazioni complessive. Altre hanno piani più grandiosi, considerando il

Figura 15-1 Principali decisioni nel marketing internazionale

| Decisione se andare all'estero | → | Decisione verso quali mercati orientare l'attività | → | Decisione sulle modalità di entrata nel mercato | → | Decisione sul programma di marketing | → | Decisione sull'organizzazione di marketing |

commercio estero, in definitiva, altrettanto, se non più importante di quello interno. In secondo luogo, l'imprenditore deve decidere se vendere in *alcuni mercati* o in *molti mercati*. La Bulova Watch Company scelse questa seconda strada e si sviluppò in un numero eccessivo di paesi, circa cento, realizzando un profitto in due soli di essi.[7]

In terzo luogo, l'impresa deve decidere quali *categorie di paesi* considerare. L'attrattività dei paesi varia in funzione del prodotto, dei fattori geografici, del reddito e della popolazione, del clima politico e di altri fattori. L'impresa interessata a operare all'estero potrà avere una predilezione per certi gruppi di paesi e di aree geografiche.

15.3 La scelta dei mercati in cui operare

Dopo aver predisposto una lista di potenziali mercati d'esportazione, l'impresa dovrà selezionarli e graduarli a seconda dell'importanza.

I paesi da considerare per la scelta devono essere valutati in base a vari criteri, come la dimensione del mercato, il tasso di crescita, i costi operativi, i vantaggi competitivi e il livello di rischio. Cinque sono le fasi da sviluppare.

1. **Stima del potenziale attuale di mercato.** La prima fase consiste nello stimare il potenziale attuale per ciascun mercato. A tale scopo vengono utilizzati dati pubblicati e dati primari raccolti con indagini apposite.
2. **Previsione del futuro potenziale di mercato e del rischio.** L'impresa deve anche prevedere il futuro potenziale di mercato, ma ciò non è facile. A questo fine occorre formulare previsioni sull'andamento dell'economia e sullo sviluppo del reddito pro capite, sul grado di stabilità poli-

tica dei gruppi dominanti, delle istituzioni e delle masse, basate su variabili quali, ad esempio, il numero di scioperi, dimostrazioni, disordini, atti terroristici in un certo periodo di tempo.
3. **Previsione del potenziale di vendita.** Stimare il potenziale di vendita per l'impresa richiede una previsione della probabile quota di mercato, e anche questo è un compito difficile.
4. **Previsione di costi e profitti.** I costi dipenderanno dalla strategia d'ingresso prevista dall'impresa. Se esporta o cede una licenza, i costi saranno indicati nei contratti. Se crea unità produttive all'estero, la stima dei costi richiederà di conoscere le condizioni locali per la manodopera, le tasse, gli usi commerciali, e così via. L'impresa sottrae i costi stimati dai ricavi stimati per le vendite per ottenere i profitti per ogni anno incluso nel periodo considerato.
5. **Stima del tasso di redditività dell'investimento.** I previsti flussi di ricavi dovranno essere correlati con l'andamento degli investimenti per ottenere il tasso di redditività. Questo tasso dovrà essere sufficientemente alto da coprire: (1) la redditività normalmente prevista dall'impresa per i suoi investimenti; e (2) il rischio commerciale del paese considerato.

Una volta raccolti i dati sopra descritti, è possibile procedere a classificare i vari paesi considerati secondo tre criteri principali, e cioè l'*attrattività di mercato*, il *vantaggio competitivo* e il *grado di rischio*.

Un esempio di impiego di questi criteri può essere fornito dal caso della International Hough Company, un'impresa produttrice di impianti e macchinari minerari la quale era interessata a valutare le prospettive di mercato in Cina e nell'Europa Orientale. A questo scopo, l'impresa in questione iniziò ad analizzare i dati relativi al RNL, all'occupazione nelle miniere, all'importazione di macchinario e al tasso di sviluppo della popolazione.

La Hough valutò poi il suo vantaggio competitivo per ogni paese, in riferimento agli affari già conclusi, al proprio livello di costi, alla propensione del proprio personale tecnico a operare o meno nelle diverse località. Infine, venne valutato il "rischio paese", in funzione della stabilità politica, dell'andamento dell'economia, della legislazione in materia di investimenti internazionali. Sulla base della ponderazione dei vari indici, venne definita la mappa illustrata nella figura 15-2. Da tale mappa è possibile ricavare come la Cina si presenti come il paese con il massimo di attrattività e di vantaggio competitivo, unitamente al minimo rischio. In posizioni pressoché opposte si colloca la Romania. Su

Figura 15-2 Mappa dei paesi nei quali operare

	Attrattività di mercato			
	Alta	Media	Bassa	
A	Cina			
M		Cecoslo-vacchia		Basso
B	Germania orientale			
A		Polonia		
M			Romania	Alto
B				

(Vantaggio competitivo a sinistra; Grado di rischio a destra)

posizioni interessanti si trovano paesi come la Cecoslovacchia e la ex Germania orientale.

A questo punto dell'analisi, la Hough può decidere se approfondire ulteriormente le proprie valutazioni, onde pervenire a una scelta definitiva dei mercati in cui operare.

15.4 La scelta del modo di entrata

Quando un'impresa ha deciso di operare in un determinato paese, deve stabilire quale sia la migliore modalità d'ingresso. Le alternative sono: l'*esportazione*, la *concessione di licenze*, la *costituzione di joint-venture* e gli *investimenti diretti all'estero*.

Questa successione di strategie comporta una crescita di impegno, rischio e possibilità di profitto. Le tre strategie d'ingresso su un mercato straniero sono illustrate nella figura 15-3, così come le possibili varianti per ciascuna di esse.

15.4.1 L'esportazione

Il modo più semplice per operare in un mercato estero è costituito dall'esportazione. L'*esportazione occasionale* è una modalità passiva di coinvolgimento, in base alla quale l'impresa esporta di tanto in tanto delle eccedenze, e lo fa vendendo a compratori residenti, che rappresentano paesi stranieri.

Si ha un'*esportazione attiva* quando un'impresa si impegna nello sviluppare le esportazioni verso un determinato mercato. In entrambi i casi, l'impresa produce tutti i suoi beni nel paese d'origine, modificandoli o meno per il mercato d'esportazione. L'esportazione richiede il minore numero di cambiamenti, rispetto ad altre modalità, delle linee di prodotto dell'impresa, della sua organizzazione, degli investimenti e delle finalità generali.

Un'impresa può esportare in due modi: servendosi di intermediari commerciali internazionali (esportazione indiretta) o gestendo direttamente le esportazioni (esportazione diretta).

Esportazione indiretta. L'esportazione indiretta è più frequente nelle imprese che stanno iniziando un'attività di esportazione. In primo luogo, essa richiede meno investimenti, e consente di non sviluppare una propria forza di vendita all'estero, né stipulare dei contratti particolari. In secondo luogo, comporta meno rischi. Intermediari commerciali con esperienza internazionale apportano il know-how e i servizi, e

Figura 15-3 Le strategie di entrata nel mercato

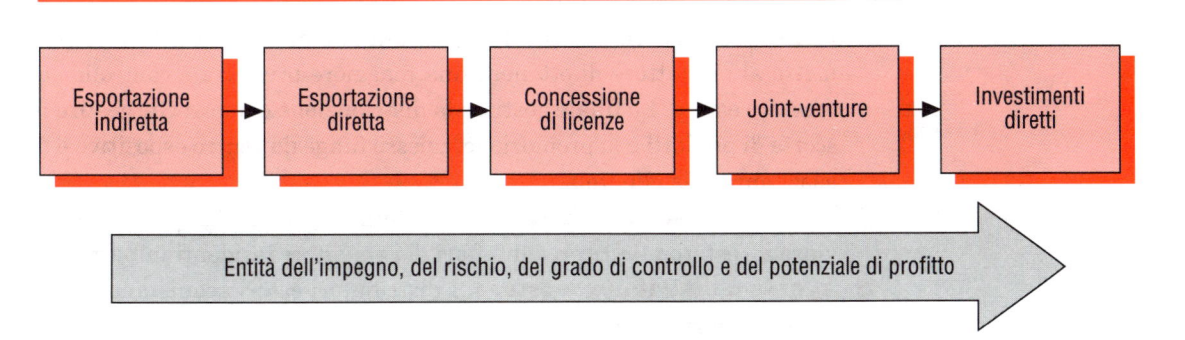

Esportazione indiretta → Esportazione diretta → Concessione di licenze → Joint-venture → Investimenti diretti

→ Entità dell'impegno, del rischio, del grado di controllo e del potenziale di profitto

il venditore compie generalmente meno errori. L'impresa esportatrice ha a disposizione quattro tipi di intermediari nazionali:

- **Società commerciale nazionale.** Questo intermediario acquista i prodotti dall'impresa e li rivende all'estero per proprio conto.
- **Agente all'esportazione nazionale.** Questo agente ricerca e negozia acquisti dall'estero su commissione. Le trading company fanno parte di questo gruppo.
- **Organizzazione cooperativa o consortile.** Svolge funzioni di esportazione per conto di vari produttori ed è parzialmente sotto il loro controllo amministrativo. È una forma spesso utilizzata per prodotti primari, quali frutta, semi, ecc.
- **Società di export management.** È un intermediario che si incarica di gestire, in cambio di un compenso, l'attività di esportazione di un'impresa.

Esportazione diretta. Le imprese che vengono direttamente avvicinate dagli acquirenti stranieri utilizzeranno probabilmente l'esportazione diretta, così come le imprese le cui esportazioni sono cresciute in misura tale da giustificare un impegno diretto.

L'investimento e il rischio sono leggermente maggiori, ma maggiori sono anche i benefici. L'impresa può esportare direttamente con varie modalità.

- **Ufficio o divisione esportazione nazionale.** Un solo manager con alcuni assistenti amministrativi effettuerà le vendite, acquisendo un'assistenza di mercato specifica ove necessario. L'unità potrà svilupparsi in un ufficio esportazione autosufficiente o in una consociata che svolga tutte le attività connesse all'esportazione e venga eventualmente gestita come centro di profitto.
- **Filiale o consociata all'estero.** Una filiale di vendita all'estero permette al produttore di ottenere una maggiore presenza e controllo sul mercato estero. La filiale gestisce la distribuzione e può anche gestire le scorte di prodotti e la promozione. Spesso funge da centro espositivo e di assistenza alla clientela.
- **Forza vendite viaggiante.** In determinati periodi, l'impresa può inviare all'estero alla ricerca di affari dei venditori residenti in patria.
- **Agente o distributore estero.** I distributori esteri acquistano e sono quindi proprietari dei beni; gli agenti vendono per conto dell'impresa. Possono avere o no una rappresentanza esclusiva in quel paese.

15.4.2 La concessione di licenze e le joint-venture

Una seconda modalità assai importante di ingresso in un mercato straniero consiste nell'associarsi a entità locali per costituire delle strutture di produzione e commercializzazione.

Le joint-venture si distinguono dall'esportazione perché implicano una cooperazione che conduce a realizzare unità produttive all'estero, e si distinguono dagli investimenti diretti perché implicano che ci si associ localmente con qualcuno. Si possono distinguere quattro tipi di joint-venture.

Concessione di licenze. Una licenza è un modo semplice affinché un produttore si trovi coinvolto nel marketing internazionale. Il licenziante, attraverso un accordo con il licenziatario su un mercato straniero, concede il diritto di utilizzare un processo produttivo, un marchio, un brevetto, un sistema di commercializzazione, o qualche altra cosa che abbia un valore, in cambio di un compenso o di una royalty. Il licenziante si assicura con poco rischio un ingresso nel mercato; il licenziatario ottiene conoscenze produttive, o un prodotto, o un nome ben conosciuti, senza dover partire da zero.

La Gerber introdusse i suoi alimenti per l'infanzia sul mercato giapponese attraverso una concessione di licenza. La Coca-Cola ha condotto la sua espansione internazionale dando licenze a imbottigliatori in tutto il mondo o, per essere più precisi, affiliando (*franchising*) gli imbottigliatori e rifornendoli del concentrato necessario alla produzione. La Benetton ha conseguito il successo a livello globale mediante una strategia originale di affiliazione di operatori locali.[8]

La concessione di licenze presenta il potenziale svantaggio per l'impresa di aver un minor controllo sul licenziatario rispetto a una propria unità produttiva. Inoltre, se il licenziatario ha molto successo, l'impresa rinuncia a dei profitti e se e quando il contratto si conclude, può scoprire di essersi creata un concorrente. Per evitare questi pericoli, il licenziante dovrebbe rendere reciprocamente vantaggiosa la collaborazione, e una chiave per farlo è di continuare a innovare, di modo che il licenziatario continui a dipendere dal licenziante.

Contratti di lavorazione per conto. Un'alternativa è rappresentata dai contratti con produttori locali per la realizzazione del prodotto. La Sears usò questo metodo nell'aprire grandi magazzini in Messico e Spagna. La Sears trovò produttori locali qualificati per la realizzazione di molti dei prodotti venduti. Questi contratti hanno l'inconveniente di un minore controllo sul processo produttivo, nonché di una perdita di possibili profitti nella produzione. D'altro canto, offrono l'opportunità di iniziare a operare più rapidamente e con minore rischio, consentendo anche, in un secondo tempo, di creare una società mista o di acquistare l'impresa produttrice locale.

Contratti di management. In questo caso l'impresa fornisce il know-how gestionale a un'impresa straniera che fornisce il capitale. L'impresa nazionale esporta servizi gestionali, piuttosto che prodotti. È la soluzione utilizzata dalle principali catene di alberghi, quali Hilton, Novotel, ecc.

I contratti di management sono un metodo di ingresso in un mercato estero a basso rischio, e forniscono un flusso di ricavi fin dall'inizio. È un metodo particolarmente interessante, se all'impresa è data l'opzione di acquisire dopo un certo periodo delle quote dell'impresa gestita. D'altro canto, non è una soluzione valida se l'impresa ha modo di utilizzare meglio risorse gestionali limitate, o se c'è la possibilità di realizzare maggiori profitti prendendosi carico dell'iniziativa nel suo complesso. I contratti di management impediscono all'impresa di realizzare progetti propri per un certo tempo.

Società miste. In iniziative che prevedono una proprietà congiunta, gli investitori esteri si uniscono a investitori locali per creare un'impresa di cui condividono proprietà e controllo. L'investitore estero può acquisire una partecipazione in un'impresa, un'impresa locale può acquisire una partecipazione in un'attività esistente, di proprietà di un'impresa straniera, oppure le due parti possono realizzare un'iniziativa nuova.

Una società mista può essere necessaria o auspicabile per ragioni economiche o politiche. L'impresa può mancare delle risorse finanziarie, fisiche o gestionali che permettano di intraprendere l'iniziativa da soli. Oppure, il governo locale può richiedere la creazione di una società mista come condizione di ingresso.

La proprietà congiunta presenta alcuni inconvenienti. Le parti possono trovarsi in disaccordo sugli investimenti, il marketing o altre politiche aziendali. Mentre molte aziende americane preferiscono reinvestire gli utili per svilupparsi, le aziende locali spesso preferiscono incassarli. Mentre le aziende americane attribuiscono un ruolo importante al marketing, gli investitori locali possono semplicemente limitarsi alle vendite. Inoltre, la proprietà congiunta può impedire all'impresa multinazionale di svolgere specifiche politiche produttive e di marketing su scala mondiale.

15.4.3 Gli investimenti diretti

La forma finale di coinvolgimento in un mercato estero è l'investimento in impianti di produzione o di assemblaggio. Via via che un'impresa acquista esperienza di esportazione, e se il mercato estero appare sufficientemente consistente, creare delle unità produttive presenta dei vantaggi precisi. In primo luogo, l'impresa può conseguire delle economie di costo sotto forma di manodopera e di materie prime meno costose, di incentivi agli investimenti da parte dei governi locali, di minori costi di trasporto, e così via. In secondo luogo, può migliorare la sua immagine locale in quanto crea dei posti di lavoro. In terzo luogo, può sviluppare un rapporto più intenso con i governi, i clienti, i fornitori e i distributori locali, riuscendo così a meglio adattare i suoi prodotti all'ambiente locale di marketing. In quarto luogo, l'impresa mantiene il completo controllo sull'investimento, e perciò può sviluppare politiche di produzione e di marketing coerenti con i suoi obiettivi internazionali di lungo periodo.

Lo svantaggio principale è che l'impresa espone investimenti considerevoli a rischi quale il blocco alla riesportazione dei profitti o la svalutazione della moneta, il deteriorarsi dei mercati o l'esproprio. In alcuni casi, l'impresa non ha scelta e deve accettare questi rischi, se vuole operare in un certo paese.

15.5 La definizione del programma di marketing

Le imprese che agiscono in uno o più mercati stranieri devono decidere se e quando adattare il loro marketing mix alle condizioni locali. A un estremo troviamo le imprese che utilizzano un *marketing mix standard* in tutto il mondo. Standardizzazione del prodotto, della pubblicità, dei canali distributivi e degli altri elementi del marketing mix determinano costi più bassi perché nessun cambiamento significativo è stato introdotto. All'altro estremo troviamo l'idea di un *marketing-mix su misura*, per cui il produttore adatta gli elementi del mix a ogni mercato, accettando i maggiori costi nella speranza di aumentare quote di mercato e ricavi. La Nestlé, ad esempio, modifica nei vari paesi sia la gamma di prodotti, sia la pubblicità. Fra questi due estremi esistono molte possibilità. La Levi Strauss può così vendere in tutto il mondo gli stessi jeans, variando però in ogni paese il messaggio pubblicitario.[9]

Esamineremo qui alcuni possibili adattamenti di prodotto, promozione, prezzo e distribuzione che un'impresa può compiere nell'iniziare a operare sui mercati esteri.

15.5.1 Il prodotto

Keegan ha distinto cinque strategie di adattamento del prodotto e della promozione a un mercato estero (figura 15-4).[10] Esamineremo qui le tre strategie di prodotto, e successivamente le due di promozione.

La strategia dell'*estensione diretta* implica l'introduzione del prodotto nel mercato estero senza alcuna modifica. L'alta direzione dà ai re-

Figura 15-4 Cinque strategie internazionali di prodotto e promozione

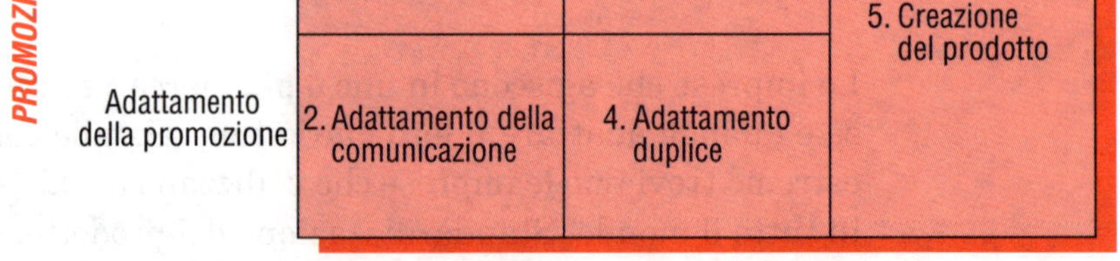

		PRODOTTO		
PROMOZIONE		Nessun cambiamento del prodotto	Adattamento del prodotto	Sviluppo di un nuovo prodotto
	Nessun cambiamento nella promozione	1. Estensione diretta della strategia nazionale	3. Adattamento del prodotto	5. Creazione del prodotto
	Adattamento della promozione	2. Adattamento della comunicazione	4. Adattamento duplice	

sponsabili di marketing l'istruzione di «prendere il prodotto com'è e trovargli i clienti». Il primo passo, tuttavia, dovrebbe essere il determinare se il consumatore all'estero usa quel prodotto. L'uso dei deodoranti maschili va dall'80% negli Stati Uniti al 55% in Svezia, al 28% in Italia e all'8% nelle Filippine. Molti spagnoli non usano prodotti così comuni come il burro e il formaggio.

L'estensione diretta è stata un successo in alcuni casi, come le macchine fotografiche, l'elettronica di consumo e le macchine utensili, e un disastro in altri. L'estensione diretta è allettante perché non comporta spese aggiuntive di R&S, modifiche alla produzione o cambiamenti nella promozione. Ma alla lunga può essere costosa.

Un modo per aumentare la validità della strategia in esame è di usare le ricerche di mercato per scoprire possibili nuove applicazioni del prodotto in mercati stranieri. Variazioni all'uso del prodotto sono frequenti nei paesi in via di sviluppo. L'*adattamento del prodotto* comporta modifiche che rispondono alle preferenze o alle condizioni locali. La Heinz cambia gli ingredienti dei suoi prodotti per l'infanzia: in Australia vende omogeneizzati a base di cervella d'agnello; in Olanda, a base di fagioli. La General Foods miscela in modo diverso il caffè per gli inglesi (che lo bevono col latte), per i francesi (che lo bevono nero), e per i sudamericani (che amano il gusto della cicoria).

Una variante importante consiste nel rispondere alle *necessità di base* delle economie in via di sviluppo. Le imprese farmaceutiche come la Ciba-Geigy hanno creato una gamma di prodotti specifica per questi mercati, caratterizzata da un assortimento minore e più mirato (sottolineando, ad esempio, gli antibiotici) e da confezioni "senza fronzoli", per permettere dei prezzi ridotti. Questo concetto, vicino a quello di una linea di prodotti generici di marca, è applicabile anche ad altre aree, come l'industria alimentare e delle bevande.

La *creazione del prodotto* consiste nel mettere a punto qualcosa di nuovo. Può assumere due forme, la prima delle quali è la *reinvenzione*, cioè la reintroduzione di forme precedenti, ancora più che idonee alla necessità di un paese. La National Cash Register Company reintrodusse i suoi registratori di cassa a manovella, che si potevano vendere a metà del prezzo di quelli più recenti, e che ebbero un notevole successo in Medio Oriente, America Latina e Spagna. Ciò evidenzia l'esistenza di *un ciclo di vita internazionale del prodotto*, per il quale i vari paesi si trovano a stadi diversi di disponibilità ad accettare un particolare prodotto.[11] L'*invenzione* vera e propria è la creazione di un prodotto completamente nuovo, che risponde a una necessità in un altro paese. Nei paesi meno sviluppati vi è un'enorme necessità di prodotti alimentari a basso costo e ad alto contenuto proteico.

Imprese come la Quaker Oats, la Swift e la Monsanto svolgono ricerche sulle necessità nutrizionali di questi paesi, formulano nuovi cibi e sviluppano campagne pubblicitarie miranti a ottenere la sperimentazione e l'accettazione dei prodotti. La creazione di nuovi prodotti si presenta come una strategia costosa, i cui ritorni possono però essere assai elevati.

15.5.2 La promozione

Le imprese possono adottare la stessa strategia promozionale che utilizzano sul mercato nazionale o cambiarla per ogni mercato locale.

Per quanto concerne il messaggio, molte imprese multinazionali usano un tema pubblicitario standardizzato in tutto il mondo. La Exxon utilizzò lo slogan «Metti una tigre nel motore» e ottenne un riconoscimento internazionale. Il messaggio fu variato in alcuni dettagli, come il cambiamento di alcuni colori per evitare i tabù di alcuni paesi. Il viola è associato alla morte in quasi tutta l'America Latina, il bianco è un colore di lutto in Giappone e il verde è associato alle malattie della giungla in Malaysia.

Anche i nomi devono essere modificati. In Germania, "mist" (nebbia) significa "letame"; in Spagna, la Chevrolet Nova viene intesa come "no va", cioè "non va"! In Svezia, la Hélène Curtis ribattezzò lo "Shampoo ogni sera" in "Shampoo ogni giorno", perché gli svedesi si lavano i capelli al mattino.

Altre imprese incoraggiano le loro divisioni internazionali a sviluppare annunci originali. La Schwinn Bicycle Company potrebbe usare un tema piacevole negli Stati Uniti, e uno connesso alla sicurezza in Scandinavia.

L'uso dei mezzi richiede adattamenti internazionali perché la loro disponibilità varia da paese a paese. Il tempo a disposizione per la pubblicità televisiva in Germania è di un'ora a sera e deve essere prenotato con molti mesi di anticipo. In Svezia non esiste la pubblicità radio-televisiva. Le riviste periodiche sono un mezzo importante in Italia e lo sono molto meno in Austria. I quotidiani hanno diffusione nazionale in Gran Bretagna e locale in Spagna.

15.5.3 Il prezzo

Nel definire i propri prezzi all'estero, le imprese si trovano di fronte a una triplice alternativa:

1. Definire un prezzo uniforme ovunque.
2. Definire un prezzo per ogni paese in funzione del mercato locale.
3. Definire un prezzo per ogni paese in funzione dei costi locali.

Indipendentemente dall'alternativa seguita, i prezzi dei prodotti venduti all'estero tendono a essere superiori a quelli praticati sul mercato nazionale, a meno che non vengano praticate forme di *dumping*, cioè di vendita dei prodotti sui mercati esteri a un prezzo inferiore al costo marginale. Va tenuto conto, in proposito, del fatto che i produttori hanno uno scarso potere di controllo sui prezzi al dettaglio applicati dagli intermediari esteri che vendono i loro prodotti.

15.5.4 I canali distributivi

L'impresa internazionale deve affrontare il problema della distribuzione del prodotto ai consumatori finali dal punto di vista del *canale globale*. La figura 15-5 mostra i tre stadi principali tra il venditore e l'acquirente finale. Il primo stadio, l'*organizzazione centrale del venditore*, supervisiona i canali ed è essa stessa parte del canale. Il secondo, costituito dai *canali tra paesi diversi*, fa arrivare i prodotti alla frontiera del paese estero. Il terzo, consistente nei *canali interni del paese estero*, fa arrivare i prodotti dal punto d'ingresso del paese fino al consumatore

Figura 15-5 Concetto di canale globale nel marketing internazionale

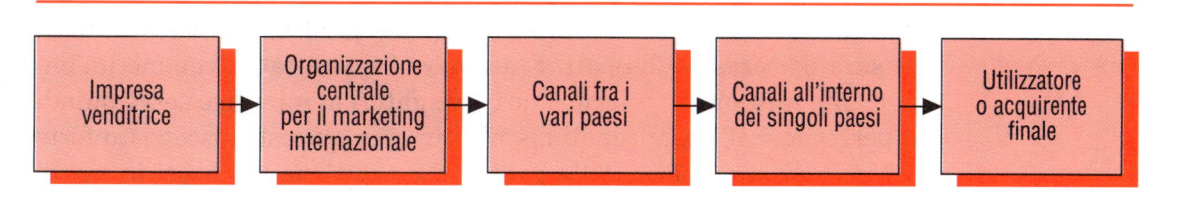

Impresa venditrice → Organizzazione centrale per il marketing internazionale → Canali fra i vari paesi → Canali all'interno dei singoli paesi → Utilizzatore o acquirente finale

finale. Troppi produttori pensano che il loro compito sia finito nel momento in cui il prodotto esce dalla loro sfera di competenza mentre dovrebbero dedicare più attenzione a come viene commercializzato nel paese estero.

I canali distributivi interni variano notevolmente da paese a paese. Vi sono differenze molto marcate nel *numero* e *tipo di intermediari* che servono ogni mercato. Per distribuire il sapone in Giappone, la Procter & Gamble deve utilizzare il sistema probabilmente più complicato che esista al mondo. Deve vendere a un *grossista generale*, che vende a un *grossista di specialità di base*, che vende a un *grossista di specialità*, che vende a un *grossista regionale* che vende a un *grossista locale*, che finalmente vende ai *dettaglianti*. Tutti questi livelli distributivi possono determinare un raddoppio o una triplicazione del prezzo al consumo rispetto al prezzo all'importazione. Se la Procter & Gamble esporta lo stesso sapone nell'Africa tropicale, lo venderà a un *grossista importatore* che vende a uno o più intermediari, che a loro volta vendono a piccoli rivenditori operanti sui mercati locali.

La *dimensione* e *il tipo delle unità al dettaglio* costituiscono un'altra differenza. Mentre in taluni paesi predominano le imprese della grande distribuzione, nella maggioranza dei paesi il dettaglio è nelle mani di molti piccoli operatori indipendenti. In Italia, ad esempio, predominano ancora le forme tradizionali di distribuzione, come più approfonditamente vedremo nel successivo capitolo 20.

In India, sono milioni i piccoli negozianti che operano in mercati all'aperto o in negozi di fortuna. Il ricarico è alto, ma il prezzo reale viene abbassato mercanteggiando. I supermercati potrebbero teoricamente portare a una riduzione dei prezzi, ma è difficile organizzarli per una serie di barriere economiche e culturali. I redditi sono bassi e le persone devono fare la spesa quotidianamente e per piccoli quantitativi, limitati anche dal fatto di dover portare a casa gli acquisti a piedi o in bicicletta. Inoltre, manca lo spazio e la possibilità di conservare e refrigerare il cibo per molti giorni.

Il confezionamento non è diffuso poiché aumenterebbe i costi e diminuirebbe le vendite, che si svolgono spesso per frazioni delle unità di misura dei paesi sviluppati. Frazionare i quantitativi rimane un'importante funzione di intermediari e venditori al minuto e serve quindi a perpetuare i lunghi canali distributivi, i quali costituiscono un forte ostacolo all'espansione della grande distribuzione nei paesi in via di sviluppo.

15.6 La definizione dell'organizzazione di marketing

Le imprese gestiscono le loro attività di marketing internazionale in almeno tre modi distinti.

15.6.1 L'ufficio esportazione

L'impresa si impegna inizialmente nel marketing internazionale semplicemente spedendo i prodotti. Se le vendite si espandono, organizza un ufficio esportazione costituito da un responsabile vendite e qualche assistente.

Se le vendite crescono ulteriormente, l'ufficio si espande per comprendere varie funzioni di marketing che permettono di affrontare l'attività internazionale più aggressivamente. Se l'impresa si impegna in joint-venture o in investimenti diretti, l'ufficio esportazione risulterà essere superato.

15.6.2 La divisione internazionale

Molte imprese sono impegnate su vari mercati e in varie iniziative. Un'impresa può esportare su un mercato, cedere licenze su un secondo, creare una joint-venture su un terzo, e avere una consociata su un quarto. Prima o poi dovrà creare una divisione internazionale o una consociata che gestisca tutta l'attività internazionale. La divisione internazionale sarà diretta da un responsabile per gli affari internazionali, il quale stabilirà obiettivi e stanziamenti, e sarà responsabile per lo sviluppo dell'impresa sui mercati internazionali.

Le divisioni internazionali sono organizzate in molti modi. Il personale di staff a livello di direzione consisterà di specialisti di marketing, produzione, ricerca, finanza, programmazione e personale, operanti a supporto dell'attività delle varie unità operative. Le unità operative possono essere organizzate su *basi geografiche*, per *gruppi di prodotti*, o mediante la costituzione di *consociate internazionali*. Nel primo caso, al direttore della divisione internazionale fanno capo i responsabili di aree quali, ad esempio, il Nord America, l'America Latina, l'Europa, l'Africa e l'Estremo Oriente. Questi responsabili sono competenti per le forze di vendita, le filiali, gli agenti e i licenziatari nella loro area di competenza. Nel secondo caso, esiste un responsabile su scala mondiale per le vendite di ciascun gruppo di prodotti. Ogni responsabile può disporre di specialisti di area a livello centrale per un supporto nelle differenti aree geografiche. Infine, le unità operative possono assumere la forma di consociate internazionali, con un direttore generale a capo di ciascuna. Ogni responsabile di consociata fa capo al direttore generale della divisione internazionale. Uno degli svantaggi maggiori del concetto di divisione internazionale è che il vertice aziendale può semplicemente considerarla come una delle tante divisioni, e non arrivare mai a inserirla in una visione di marketing globale.

15.6.3 La struttura globale

Molte imprese hanno superato lo stadio della divisione internazionale e sono divenute delle vere organizzazioni globali. Hanno smesso di considerarsi delle organizzazioni nazionali che si avventurano all'estero, e hanno cominciato a pensare in termini globali. L'alta direzione e lo staff sono impegnati nel programmare a livello mondiale la produzione, le politiche di marketing, i flussi finanziari e i sistemi logistici. Le unità operative globali riferiscono direttamente al massimo responsabile o a un comitato esecutivo, e non al capo della divisione internazionale. I dirigenti sono impegnati in operazioni su scala mondiale, e non solo nazionale. Il personale direttivo proviene da varie nazioni, le forniture e gli acquisti sono effettuati dove sono più convenienti, e gli investimenti si fanno dove ci si aspetta il margine di profitto più elevato. Negli anni Novanta le imprese maggiori dovranno diventare ancora più globali se vorranno crescere. Mentre le imprese straniere invadono con successo il mercato statunitense, le imprese americane devono muoversi più aggressivamente verso i mercati esteri. Le loro controparti, di estrazione europea, si sono in larga parte già evolute da imprese *etnocentriche*, che considerano come secondarie le operazioni all'estero, a organizzazioni *policentriche*, e infine a imprese *geocentriche* che vedono il mondo intero come un mercato. Quest'ultimo stadio, tuttavia, non è privo di inconvenienti. Una politica geocentrica è spesso associata a una struttura decentrata, e molte imprese che sono diventate "globali" stanno ora cercando di ristabilire un certo grado di controllo centralizzato.[12]

Note

1. Walter G. Scott, "Evoluzione del concetto di globalizzazione", in *L'Impresa*, n. 3/1991, pp. 31-36.
2. Theodore Levitt, "La globalizzazione dei mercati", in W. G. Scott (a cura di), *Marketing internazionale*, Isedi, Torino 1986, pp. 19-45.
3. M. E. Porter, *Competizione globale*, Isedi, Torino 1987; e *Il vantaggio competitivo delle nazioni*, Mondadori, Milano 1991.
4. Per l'approfondimento di questi temi, si vedano le seguenti pubblicazioni: Giorgio Pellicelli, *Il marketing internazionale*, Etas Libri, Milano 1990; Christopher A. Bartlett e Samantha Ghoshal, *Management globale*, Etas Libri, Milano 1991; Carlo M. Guerci (a cura di), *Porter e Ohmae: strategie a confronto*, Isedi, Torino 1991; Walter G. Scott (a cura di), *Il marketing internazionale*, Isedi, Torino 1986; e Kenichi Ohmae, *Il mondo senza frontiere*, Il Sole 24 Ore Libri, Milano 1991.
5. Sulle prospettive aperte dal completamento del mercato interno europeo si veda: Mario Mariani e Pippo Ranci (a cura di), *Il mercato interno europeo*, Il Mulino, Bologna 1988; James W. Dudley, *1992. Strategies for the Single Market*, Kogan Page, Londra 1989; John Ryans e Pradeep Ran, *Marketing Strategies for the New Europe – A North American Perspective on 1992*, American Marketing Association, Chicago 1990.
6. Per ulteriori esempi, si veda David A. Ricks, Marilyn Y. C. Fu e Jeffrey S. Arpan, *International Business Blunders*, Grid, Columbus 1974.
7. Igal Ayal e Jehiel Zif, "Le strategie di espansione del mercato nel marketing internazionale", in Walter G. Scott (a cura di), *Il marketing internazionale*, pp. 47-75.
8. Sull'esperienza Benetton, si veda il caso incluso in Philip Kotler, John B. Clark e Walter G. Scott (a cura di), *Marketing Management. Casi*, Isedi, Torino 1992, pp. 1-20.
9. Sull'esperienza Levi Strauss, si veda il caso incluso in *Marketing Management. Casi*, pp. 125-149.
10. Warren J. Keegan, *Multinational Marketing Management*, quarta edizione, Prentice-Hall, Englewood Cliffs 1989, pp. 378-381.
11. Sull'argomento si veda Sak Onkvisit e John J. Shaw, "L'applicazione al marketing del ciclo di vita internazionale del prodotto", in Walter G. Scott (a cura di), *Il marketing internazionale*, pp. 105-125.
12. Sui problemi di management delle imprese globali, si vedano il volume curato da M. Porter, *Competizione globale*, pp. 355-456; nonché il recente volume di Christopher Bartlett e Sumantra Ghoshal, *Transnational Management: Text, Cases and Readings in Cross-Border Management*, Business One-Irwin, Homewood 1992.

Capitolo 16

Le decisioni relative al prodotto, alla marca, alla confezione

*Nello stabilimento produciamo cosmetici,
in negozio vendiamo speranza.*

Charles Revson

Nei nove capitoli che costituiscono la quinta parte di questo volume esamineremo in dettaglio i principali elementi che compongono il marketing mix, iniziando con il più importante di essi, il prodotto. Inizieremo con il definire il *concetto di prodotto*, proseguendo poi con l'individuazione di alcune delle modalità di *classificazione dei prodotti*, sia di consumo sia industriali. A questo proposito, verranno chiariti i legami esistenti fra classi di prodotto e specifiche strategie di marketing.

Analizzeremo quindi le principali decisioni connesse alla gestione, sia della *combinazione di prodotti* complessivamente offerta al proprio mercato dall'impresa, sia delle singole *linee di prodotto* che ne fanno parte.

La problematica concernente il prodotto è assai vasta e complessa e solo una sua piena comprensione può consentire di sviluppare corrette scelte strategiche.

16.1 Il concetto di prodotto

> Un *prodotto* è tutto ciò che può essere offerto a un mercato a fini di attenzione, acquisizione, uso e consumo, in grado di soddisfare un desiderio o un bisogno. Esso può consistere in oggetti fisici, servizi, persone, località, istituzioni e idee.

Molti prodotti sono costituiti da *prodotti fisici* (o *merci*), come automobili, tostapane, scarpe, uova, saponette, dischi, libri, ecc. Peraltro, sono prodotti anche i *servizi*, quali un taglio di capelli, un concerto, oppure un viaggio turistico. Anche le *persone* possono essere considerate alla stregua di prodotti, come nel caso di un attore, di un autore di successo o di un uomo politico.

Analogamente, una *località*, un'*organizzazione*, oppure un'*idea*, possono essere offerte al mercato come prodotti. Ciò, ad esempio, è quanto avviene quando vengono presentate al pubblico mondiale città come Siviglia o Genova, in occasione del quinto centenario colombiano; o quando vengono realizzate campagne a favore di istituzioni di carattere religioso, culturale o assistenziale; o, infine, quando si promuovono idee di elevato valore morale e generale.

16.1.1 I cinque livelli di un prodotto

Nel processo di pianificazione della propria offerta di prodotto al mercato, l'impresa deve tener presente che in qualsiasi prodotto possono essere individuati cinque livelli distinti, illustrati nella figura 16-1.[1]

Il livello di base è costituito dal *vantaggio essenziale* (*core benefit*), ovvero ciò che l'acquirente riceve in termini di soluzione di un bisogno o di un problema. Nel caso di un albergo, il cliente acquista, in sostanza, "sonno e riposo"; mentre nel caso di un rossetto una donna acquista essenzialmente "speranza". Nel caso di un trapano, ciò di cui ha realmente bisogno l'acquirente è la possibilità di poter praticare un "foro".

Il vantaggio essenziale dev'essere incorporato in un *prodotto generico*, cioè la versione base del prodotto. Riprendendo il primo degli esempi precedenti, possiamo dire che l'albergo è costituito da un edificio con una reception, dei servizi e delle camere da affittare. Analogamente, possiamo considerare come prodotti generici un pneumatico, un dentifricio, un foglio di laminato plastico, una visita medica o uno spettacolo cinematografico. Il terzo livello è costituito dal *prodotto atteso*, ossia una serie di attributi e caratteristiche che gli acquirenti di norma si

Figura 16-1 I cinque livelli del prodotto

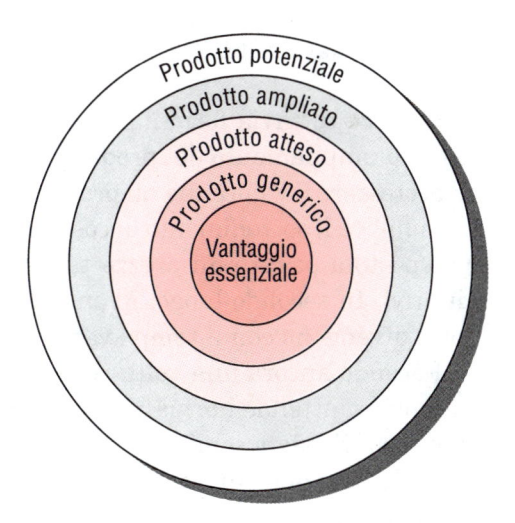

attendono di riscontrare nel prodotto specifico che acquistano. Il cliente di un albergo, ad esempio, si attende di trovare un letto pulito, sapone e asciugamani, un telefono, un armadio e un certo grado di quiete. Dal momento che ogni albergo possiede questi requisiti minimi, il cliente non avrà, normalmente, una preferenza predeterminata e sceglierà quindi l'offerta che ritiene più conveniente.

Il livello successivo è costituito dal *prodotto ampliato*, comprendente i servizi e vantaggi addizionali che distinguono l'offerta di un'impresa rispetto a quella dei concorrenti. Un albergo, per esempio, può aumentare il valore della propria offerta mediante l'installazione in ogni camera di un televisore, un efficiente servizio di registrazione e di checkout, un eccellente servizio di ristorante, e così via.

La competizione contemporanea avviene in genere al livello del prodotto ampliato. Ne consegue che un'impresa dovrebbe prendere in considerazione il *sistema di consumo* complessivo dell'acquirente, e cioè «il modo in cui l'acquirente di un prodotto realizza la finalità complessiva in vista della quale egli impiega il prodotto».[2]

In tal modo, le imprese possono individuare molteplici opportunità per ampliare la propria offerta ai fini dell'acquisizione di un vantaggio competitivo. Secondo Levitt,

> la nuova competizione non si svolge fra ciò che le imprese producono nei propri stabilimenti, ma fra ciò che aggiungono ai loro prodotti sotto forma di confezione, servizio, pubblicità, assistenza alla clientela, finanziamento, termini di consegna, gestione delle scorte, e altri elementi apprezzati dal cliente.[3]

Occorre tuttavia formulare alcune osservazioni in merito alla strategia di ampliamento del prodotto. In primo luogo, ogni processo volto ad accrescere il valore che un prodotto rappresenta per la clientela obiettivo implica il sostenimento di costi. Occorre quindi accertare se il cliente è disposto a pagare un prezzo tale da ripagare l'impresa dei costi aggiuntivi. In secondo luogo, i vantaggi recati dall'ampliamento del prodotto divengono con il tempo vantaggi attesi.

Facendo ancora una volta riferimento al caso degli alberghi, oggi la clientela si attende normalmente di trovare in camera un televisore, lo shampoo, il bagnoschiuma, e tutti quegli accessori che costituiscono ormai la dotazione di una camera d'albergo di medio livello. Le imprese che vogliono mantenere un certo grado di differenziazione mediante l'ampliamento del prodotto devono sviluppare una costante ricerca di elementi aggiuntivi di tipo nuovo. In terzo luogo, le imprese che puntano sull'ampliamento dei propri prodotti possono indurre le imprese concorrenti a realizzare un'offerta di prodotti base a prezzi assai inferiori.

Il quinto e ultimo livello è costituito dal *prodotto potenziale*, ovvero l'insieme di tutti i possibili ampliamenti e trasformazioni che potrebbero avere come oggetto il prodotto in futuro.

È appunto con riferimento a tale livello che le imprese dei settori maggiormente competitivi impegnano tutti i propri sforzi al fine di individuare nuovi modi di soddisfare il cliente in modo differenziale rispetto ai concorrenti. Il recente sviluppo degli alberghi *all-suite*, nei quali gli ospiti possono avere a disposizione un appartamento, rappresenta un'innovazione di rilievo nell'ambito dell'industria alberghiera.

Alcune delle imprese di maggior successo aggiungono vantaggi ai prodotti offerti che, non solo forniscono una *soddisfazione*, ma costituiscono anche una fonte di *piacere*. Il procurare piacere dà la possibilità di aggiungere una gradita sorpresa all'offerta. Nel caso dell'albergo, una piacevole sopresa può essere costituita da un vassoio di frutta fresca, da un videoregistratore con una scelta di videocassette, da una guida riccamente illustrata della città, da un biglietto omaggio per l'accesso a un museo, a un teatro, o altro.

16.1.2 La gerarchia di prodotto

Ogni prodotto è legato gerarchicamente a certi altri prodotti. Queste gerarchie si estendono dai bisogni di base fino agli specifici oggetti in grado di soddisfare tali bisogni. Si possono distinguere sette livelli gerarchici, che illustreremo qui di seguito facendo riferimento al caso di un'assicurazione sulla vita.

1. **Famiglia di bisogni**. Il bisogno fondamentale che dà origine alla famiglia di prodotti. Ad esempio, il bisogno di sicurezza economica.
2. **Famiglia di prodotto**. Tutte le classi di prodotto in grado di soddisfare più o meno efficacemente un bisogno di base. Ad esempio, i risparmi e il reddito.
3. **Classe di prodotto**. Un gruppo di prodotti, all'interno di una famiglia, che presentano una certa coerenza funzionale. Ad esempio, gli strumenti finanziari.

4. **Linea di prodotto**. Un gruppo di prodotti strettamente correlati all'interno di una classe, in quanto operano in modo simile, o sono venduti agli stessi gruppi di consumatori, o sono offerti attraverso lo stesso tipo di canali, o rientrano entro certi intervalli di prezzo. Ad esempio, le polizze d'assicurazione sulla vita.
5. **Tipo di prodotto**. Gli articoli di una stessa linea di prodotto che hanno in comune una delle molteplici forme che un prodotto può assumere. Ad esempio, la durata della polizza.
6. **Marca**. Il nome associato a uno o più articoli di una linea, usato per identificare la fonte produttiva o le caratteristiche del prodotto. Ad esempio, Generali o RAS.
7. **Articolo**. Un'unità distinta nell'ambito di una marca o di una linea di prodotto, riconoscibile per le dimensioni, il prezzo, l'aspetto o qualche altro attributo. L'articolo può essere definito come *unità di assortimento*, oppure come variante o sottovariante del prodotto. Ad esempio, una polizza rinnovabile.

Un altro esempio è rappresentato dal bisogno "speranza", il quale dà origine alla famiglia dei prodotti da toeletta, all'interno della quale è individuabile la classe dei prodotti cosmetici, di cui il rossetto è una linea, realizzato in diverse forme: una di queste è la marca di rossetto offerta dalla Revlon nella particolare variante denominata "neutra".

Ricorrono frequentemente altri due termini. Un *sistema di prodotti* è un gruppo di articoli diversi, ma in relazione di complementarietà fra di loro.

Ad esempio, la Nikon vende una macchina fotografica da 35 mm, con un'ampia serie di lenti, filtri e altri accessori che costituiscono un sistema di prodotti.

Una *combinazione di prodotti* (o *product mix*, o *assortimento di prodotti*) è invece l'insieme di tutti i prodotti che un certo produttore offre per la vendita.

16.2 Schemi di classificazione dei prodotti

La classificazione dei prodotti in base alle loro caratteristiche può essere un valido strumento per sviluppare appropriate strategie di marketing.

16.2.1 Beni durevoli, beni non durevoli e servizi

I prodotti possono essere classificati in tre gruppi, in base alla durata o alla tangibilità.

- **Beni non durevoli**. Si tratta di beni tangibili, che normalmente sono consumati in una sola volta o in poche volte (ad esempio: birra, sapone, sale). Poiché questi beni si consumano rapidamente e vengono acquistati di frequente, una strategia appropriata consiste nel renderli disponibili in molti punti di vendita, applicare un basso margine di profitto e investire massicciamente in pubblicità per indurre i consumatori a provare il prodotto e a sviluppare la propria preferenza nei confronti dello stesso.
- **Beni durevoli**. Si tratta di prodotti tangibili che in genere sono utilizzati molte volte (ad esempio frigoriferi, macchine utensili, capi d'abbigliamento). In genere richiedono un maggior volume di vendita personale, assistenza e garanzie, ma consentono margini più elevati.
- **Servizi**. Si tratta di prestazioni, vantaggi o soddisfazioni che vengono offerti in vendita (ad esempio un taglio di capelli o delle riparazioni). I servizi sono intangibili, inseparabili, variabili e deperibili. Pertanto, richiedono maggiori controlli di qualità, credibilità del fornitore e adattabilità (per un ulteriore approfondimento, si veda il capitolo 17).

16.2.2 La classificazione dei beni di consumo

I consumatori acquistano una grande varietà di beni. Un'utile classificazione dei medesimi si basa sulle *abitudini d'acquisto dei consumatori*, in quanto queste hanno importanti implicazioni sulle strategie di marketing. Possiamo distinguere fra beni di convenienza o di frequente acquisto, ad acquisto ponderato e saltuario, speciali e non previsti (si veda la figura 16-2 a).[4]

- **Beni di convenienza**. Sono beni che il consumatore acquista con frequenza e riducendo al minimo lo sforzo d'acquisto e di comparazione, come nel caso delle sigarette, dei detersivi e dei giornali.

I beni di convenienza possono essere ulteriormente suddivisi in beni ad acquisto corrente, in beni ad acquisto d'impulso e in beni d'emergen-

Figura 16-2 Classificazione dei beni di consumo e industriali

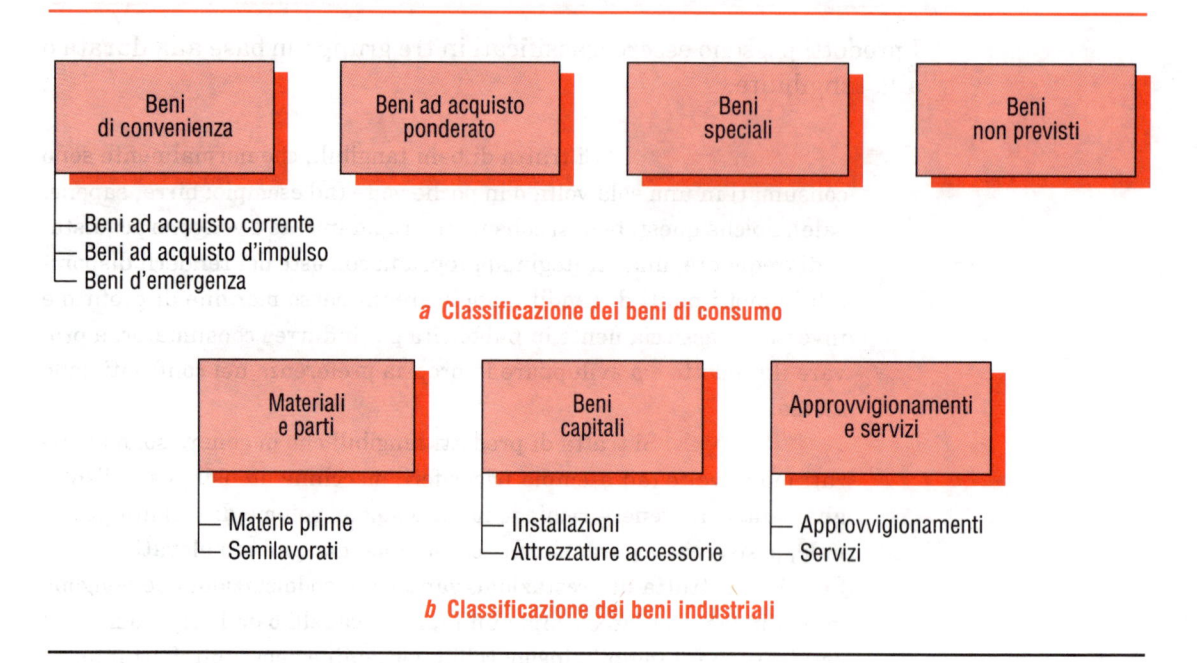

```
┌─────────────────┐  ┌─────────────────┐  ┌─────────────────┐  ┌─────────────────┐
│      Beni       │  │ Beni ad acquisto│  │      Beni       │  │      Beni       │
│  di convenienza │  │    ponderato    │  │    speciali     │  │   non previsti  │
└─────────────────┘  └─────────────────┘  └─────────────────┘  └─────────────────┘
```
— Beni ad acquisto corrente
— Beni ad acquisto d'impulso
— Beni d'emergenza

a **Classificazione dei beni di consumo**

```
┌─────────────────┐  ┌─────────────────┐  ┌─────────────────────┐
│    Materiali    │  │      Beni       │  │  Approvvigionamenti │
│     e parti     │  │    capitali     │  │      e servizi      │
└─────────────────┘  └─────────────────┘  └─────────────────────┘
```
— Materie prime   — Installazioni   — Approvvigionamenti
— Semilavorati   — Attrezzature accessorie   — Servizi

b **Classificazione dei beni industriali**

---

za. I *beni ad acquisto corrente* sono quelli che i consumatori acquistano regolarmente. Ad esempio, un consumatore potrebbe acquistare abitualmente il sugo di pomodoro Star, il dentifricio Colgate e i cracker Ritz. I *beni ad acquisto d'impulso* vengono acquistati senza alcuno sforzo di ricerca o di programmazione. In genere vengono collocati in posizioni strategiche all'interno dei punti di vendita, perché il consumatore normalmente non li cerca. Ad esempio, le caramelle e le riviste sono sempre vicine alla cassa, onde richiamare nel consumatore l'idea di acquistare tali beni. I *beni d'emergenza* si acquistano in presenza di un bisogno urgente: gli ombrelli in caso di pioggia, gli stivali e i badili in occasione della prima nevicata dell'inverno. I produttori di questi beni li renderanno disponibili in molti punti di vendita, così da facilitarne l'acquisto quando il consumatore ne avrà bisogno.

■ **Beni ad acquisto saltuario e ponderato**. Sono beni che il consumatore, durante il processo di selezione e di acquisto, confronta abitualmente con altri per quanto concerne la qualità, la rispondenza al bisogno, il prezzo o lo stile. Ne sono un esempio i mobili, i capi d'abbigliamento, le auto e i principali elettrodomestici.

Questi beni possono essere distinti in omogenei e eterogenei. I beni *omogenei* sono considerati simili per qualità, ma con prezzi abbastanza diversi da giustificare delle comparazioni durante l'acquisto. In casi del genere, il venditore deve porre in evidenza il prezzo del bene. Ma per quanto riguarda l'acquisto di abiti, mobili e beni assai *eterogenei*, spesso per l'acquirente le caratteristiche del prodotto sono più importanti del prezzo.

Chi vende beni ad acquisto ponderato eterogenei deve avere un vasto assortimento per soddisfare i gusti individuali, nonché del personale in grado di fornire informazioni e consigli ai clienti.

- **Beni speciali**. Si tratta di quei beni che possiedono caratteristiche uniche o una precisa identificazione di marca e per i quali un consistente gruppo di acquirenti è disposto normalmente a fare un particolare sforzo d'acquisto. Gli esempi includono determinate marche e tipi di beni voluttuari, di automobili, di apparecchi fotografici, di sistemi ad alta fedeltà e di articoli di abbigliamento.

Una Mercedes è un bene speciale, perché i consumatori sono disposti a recarsi anche lontano per acquistarne una. Per i beni speciali l'acquirente non effettua comparazioni: si limita a impiegare del tempo per raggiungere il rivenditore che offre i prodotti desiderati. I rivenditori non hanno bisogno di punti di vendita particolarmente comodi; devono però farli conoscere ai potenziali clienti.

- **Beni non previsti**. Si tratta di beni che non sono conosciuti dal consumatore o che, anche se noti, non sollecitano interesse. I nuovi prodotti, quali purificatori dell'aria o conservanti per cibi, sono beni non richiesti finché non vengono portati a conoscenza del consumatore tramite la pubblicità. Esempi classici di beni non previsti, ancorché noti, sono le assicurazioni sulla vita, gli articoli funerari e le enciclopedie.

Per la loro stessa natura, i beni non previsti richiedono un notevole impegno di marketing, in termini di pubblicità e di vendita personale. Alcune delle più avanzate tecniche di vendita personale sono state sviluppate proprio per questo tipo di beni.

16.2.3 La classificazione dei beni industriali

Le imprese acquistano una grande varietà di prodotti e servizi. Una corretta classificazione dei beni industriali può essere utile ai fini della formulazione di strategie per il mercato industriale. I beni industriali possono essere classificati in base *al grado in cui entrano nel processo produttivo e al loro costo relativo*. Possiamo distinguere tre gruppi: materiali e parti, beni capitali, approvvigionamenti e servizi (si veda la figura 16-2 *b*).

- **Materiali e parti**. Sono beni che entrano completamente nel prodotto. Possono essere individuate due categorie: le materie prime e i semilavorati.

A loro volta, le materie prime possono essere distinte in due classi principali: i *prodotti agricoli* (farina, cotone, bestiame, frutta e ortaggi) e i *prodotti naturali* (pesce, legname, petrolio grezzo, minerali di ferro). I prodotti in questione vengono commercializzati secondo modalità in una certa misura diverse. I *prodotti agricoli* sono forniti da molti piccoli produttori, che li cedono a degli intermediari; questi li classificano e li raggruppano a seconda della qualità, li immagazzinano, li trasportano e li rivendono. La produzione di questi beni può essere parzialmente aumentata nel lungo periodo, ma non nel breve. La deperibilità e la natura stagionale danno origine a particolari tecniche di marketing. La loro natura di prodotti indifferenziati (*commodities*) si manifesta in attività pubblicitarie e promozionali relativamente limitate, con alcune eccezioni. Di tanto in tanto vengono lanciate campagne pubblicitarie per incoraggiare il consumo di prodotti quali patate, prugne o latte. E alcuni produttori danno perfino una marca ai loro prodotti, come i pompelmi Jaffa e le banane Chiquita.

I *prodotti naturali* sono disponibili in quantità limitate. In genere, essi vengono trattati in grandi quantitativi a basso valore unitario. Il costo del trasporto dal produttore all'utilizzatore ha un'influenza determinante sul prezzo.

Alcuni fra i maggiori produttori tendono a fornire questi prodotti direttamente agli utilizzatori industriali; in questo caso, poiché gli utilizzatori dipendono da questi prodotti, sono frequenti i contratti di fornitura a lungo termine. L'omogeneità dei prodotti naturali limita le attività di sviluppo della domanda.

Prezzo e affidabilità nelle consegne sono i principali fattori che influenzano la scelta dei fornitori.

I *semilavorati* comprendono i *materiali componenti* (ferro, filati, cemento, cavi elettrici) e le *parti componenti* (piccoli motori, pneumatici, prodotti di fusione). I materiali componenti subiscono in genere ulteriori trasformazioni: ad esempio, la ghisa viene trasformata in acciaio e il filato in tessuto. Il carattere di standardizzazione dei materiali componenti in genere fa sì che il prezzo e l'affidabilità del fornitore siano le principali determinanti dell'acquisto. Le parti componenti entrano completamente nel prodotto finito, senza ulteriori cambiamenti di forma, come nel caso dei motorini montati sugli aspirapolvere e dei pneumatici di cui sono fornite le auto. La maggior parte dei semilavorati viene venduta direttamente all'utilizzatore industriale, in base a ordinazioni effettuate anche con un anno e più di anticipo. Prezzo e servizio sono i principali elementi delle strategie di marketing, mentre la marca e la pubblicità tendono a essere meno importanti.

■ **Beni capitali**. Beni che entrano parzialmente nel prodotto finito. Si distinguono due gruppi: le installazioni e le attrezzature accessorie.

Le *installazioni* possono essere costituite da *edifici* (stabilimenti e uffici) e *impianti fissi* (generatori, presse, computer e gru). Le installazioni costituiscono l'oggetto di acquisti di particolare importanza, effettuati generalmente presso il produttore a seguito di lunghe e complesse trattative. I produttori si avvalgono di personale di vendita ad alto livello di qualificazione tecnica e commerciale. Inoltre, i produttori devono essere disposti a progettare gli impianti in base alle specifiche esigenze dei committenti e a fornire servizi post-vendita. Viene fatto anche uso della pubblicità, che però è molto meno importante della vendita personale.

Le *attrezzature accessorie* comprendono *attrezzature mobili di fabbrica* e *utensili* (attrezzi manuali, carrelli elevatori, ecc.) e *attrezzature d'ufficio* (scrivanie, macchine da scrivere, computer, ecc.). Questo tipo di attrezzature non diviene parte del prodotto finito; sono semplicemente strumenti ausiliari del processo produttivo. Hanno una vita più breve di quella degli impianti, ma più lunga di quella delle forniture correnti. Nonostante alcuni produttori vendano direttamente le attrezzature accessorie, è più frequente il ricorso a dei distributori, perché il mercato è geograficamente disperso, gli acquirenti sono numerosi e gli ordinativi sono di limitata entità. Qualità, caratteristiche, prezzo e servizio costituiscono i principali fattori per la scelta del fornitore. La forza di vendita tende a essere più importante della pubblicità, anche se quest'ultima può essere efficacemente impiegata.

- **Approvvigionamenti e servizi**. Sono beni e servizi che non entrano nel prodotto.

Gli approvvigionamenti sono di due tipi: *approvvigionamenti di produzione* (lubrificanti, carbone, matite, carta per macchine da scrivere e computer) e *approvvigionamenti di manutenzione e riparazione* (vernici, chiodi, scope, ecc.). Sono l'equivalente in campo industriale dei beni di largo consumo, perché in genere vengono acquistati con un minimo sforzo e con una forte tendenza al riacquisto. In genere, vengono offerti tramite distributori a causa dell'alto numero di acquirenti, della loro dispersione geografica e del basso valore unitario. Prezzo e servizio sono fattori importanti, perché l'offerta è standardizzata e non vi è un'alta fedeltà di marca. I *servizi resi a imprese, enti e organizzazioni* comprendono i *servizi di manutenzione e riparazione* (pulizia, riparazione di macchine da ufficio, ecc.) e i *servizi di consulenza* (consulenza legale, organizzativa, pubblicitaria, ecc.).

I servizi del primo tipo vengono generalmente prestati sulla base di contratti. La manutenzione spesso viene effettuata da piccole imprese, mentre per le riparazioni di frequente si ricorre all'impresa produttrice dell'impianto. I servizi di consulenza sono normalmente acquistati in occasioni specifiche e l'acquirente sceglie il consulente in base alla reputazione e ai collaboratori di cui questi dispone.

È quindi evidente come le caratteristiche di un prodotto influenzino le strategie di marketing. Inoltre, le strategie dipendono da altri fattori, quali lo stadio del ciclo di vita del prodotto, il numero dei concorrenti e le strategie da essi adottate, nonché la situazione economica generale.

16.3 Le decisioni relative alla combinazione di prodotti

Ci occuperemo ora dei concetti e degli strumenti connessi all'assunzione delle decisioni relative alla combinazione di prodotti.

> **La *combinazione di prodotti* (o *assortimento di prodotti*) è l'insieme dei prodotti offerti in vendita da una specifica impresa.**

La combinazione di prodotti di un'impresa è caratterizzata da una certa ampiezza, una certa lunghezza, una certa profondità e una certa coerenza. Questi concetti sono illustrati nella tavola 16-1 con riferimento alla Unilever Italia.

L'*ampiezza* della combinazione di prodotti si riferisce al numero delle differenti linee di prodotto poste in vendita. La tavola 16-1 evidenzia un'ampiezza di 16 linee.

La *lunghezza* della combinazione di prodotti si riferisce al numero totale dei prodotti. Nella tavola 16-1 vi sono 76 prodotti. Si può anche far riferimento alla lunghezza media di una linea, ottenibile dividendo la lunghezza totale (76) per il numero delle linee (16); in questo caso, è di 4,75. La linea di prodotto media della Unilever è quindi composta da 4,75 prodotti.

La *profondità* della combinazione si riferisce al numero di varianti di ogni prodotto della linea. Calcolando il numero di varianti di ogni prodotto, si può calcolare la profondità media della combinazione di prodotti della Unilever Italia.

La *coerenza* della combinazione di prodotti si riferisce a quanto strettamente sono correlate le diverse linee di prodotto per quanto riguarda il loro uso finale, le caratteristiche del processo produttivo, i canali di distribuzione e altri fattori.

Le linee di prodotto della Unilever sono coerenti dal punto di vista distributivo, in quanto impiegano gli stessi canali; lo sono meno per quanto concerne l'impiego, in quanto svolgono funzioni diverse per i consumatori.

Queste quattro dimensioni della combinazione di prodotti forniscono le basi per definire la strategia di prodotto dell'impresa; essa può sviluppare la propria attività secondo quattro modalità. Può aggiungere nuove linee, ampliando così la sua combinazione di prodotti; in questo modo, può sfruttare il capitale di immagine ottenuto con le altre linee. Può allungare le linee di prodotto esistenti, per attirare i clienti con gusti e bisogni differenti. Può aggiungere più varianti per ogni prodotto, e quindi rendere più profonda la combinazione di prodotto. Infine, può cercare di rendere più o meno elevata la coerenza della combinazione di prodotti a seconda che voglia acquisire una forte reputazione in un solo settore o entrare in una molteplicità di campi.

Tavola 16-1 Caratteristiche della combinazione di prodotti della Uniliver Italia

Gelati	Surgelati	Margarine	Olii	Tè-infusi	Formaggi	Maionese Salse	Detersivi
Algida	Findus	Gradina	Dante	Lipton	Milkana	Calvé	Bio Presto
Eldorado	Igloo	Maya	San Giorgio	Ice Tea	Vive la Vie	Top Down	Surf
Sorbetteria di Ranieri	Genepesca	Rama	Oio			Vive la Vie	Omo
		Creme cuisine	Friol				All
			Maya				Coccolino
			Gico				Svelto
			Jolly				Lysoform
							Cif
							Vim

Saponi	Dentifrici	Spazzolini	Shampoo Balsami	Deodoranti	Profumi	Prodotti da trucco	Creme
Lux	Mentadent	Mentadent	Clear	Axe	Axe	Rimmel	Pond's
Dove	Durban's	Gibbs	New dimension	Denim	Denim	Bizarre	Leocrema
Rexona	Pepsodent		Timotei	Patrichs	Patrichs	Cutex	E. Arden
Atkinsons	Benefit		Elidor	Impulse	Brut 33	E. Arden	
	Paperino's			Rexona	English lavender		
				Atkinsons	Gold Metal		
					Rockford		
					Jais		
					Baruffa		
					Bizarre		
					Calvin klein		
					Henry Cotton's		
					Scherrer		
					Cerruti		
					Valentino		

Le decisioni relative al prodotto, alla marca, alla confezione **623**

La pianificazione della combinazione di prodotti è in gran parte affidata ai responsabili delle strategie d'impresa. Essi, in base alle informazioni di marketing a disposizione, devono stabilire quali linee sviluppare, mantenere, sostenere o eliminare.

Abbiamo già esaminato nel capitolo 2 i vari approcci analitici per risolvere questo problema.

16.4 Le decisioni relative alla linea di prodotto

Una combinazione di prodotti è composta da varie linee.

> Una *linea di prodotto* è un gruppo di prodotti strettamente collegati, poiché svolgono funzioni simili, sono venduti allo stesso gruppo di clienti, attraverso gli stessi sbocchi commerciali, oppure ricadono tutti nella stessa classe di prezzo.

Ogni linea di prodotto viene in genere gestita da un responsabile, incaricato di svolgere varie attività, quali l'analisi della linea, la valutazione della sua adeguatezza rispetto al mercato obiettivo e, in generale, la definizione dei possibili interventi su di essa.

16.4.1 L'analisi della linea di prodotto

I responsabili di linee di prodotto hanno due importanti esigenze informative. In primo luogo, devono conoscere vendite e profitti relativi a ogni prodotto della linea. In secondo luogo, devono confrontare la propria linea con quelle dei concorrenti.

Vendite e profitti della linea di prodotto. Ogni elemento della linea contribuisce in modo diverso ai profitti e alle vendite totali; è pertanto necessario conoscere il suo contributo percentuale alle vendite e ai profitti totali. Un esempio relativo a una linea con 5 prodotti è illustrato nella figura 16-3.

Un'elevata concentrazione delle vendite su pochi prodotti, ad esempio, è indice di vulnerabilità della linea. Sarà quindi necessario valutare i medesimi con grande attenzione.

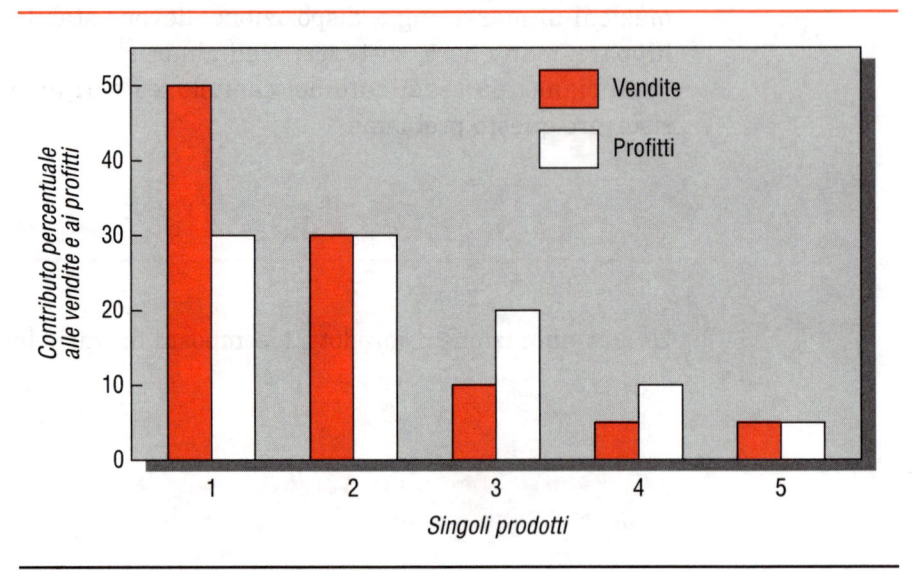

Figura 16-3 Contributo dei singoli prodotti alle vendite e ai profitti delle linee di appartenenza

Profilo di mercato della linea di prodotto. Il responsabile della linea di prodotto deve anche esaminare come essa è posizionata rispetto alla concorrenza. Consideriamo il caso di una cartiera con una linea di prodotti di cartone.[5] Due delle principali caratteristiche del cartone sono il peso e la qualità. I livelli standard di peso sono: 90, 120, 150 e 180, mentre quelli di qualità sono tre.

Nella figura 16-4 è illustrata una mappa di prodotti che evidenzia la posizione dei vari prodotti dell'impresa X e delle quattro imprese concorrenti A, B, C e D. L'impresa A vende due prodotti nella classe di peso extra-alto, con un livello di qualità medio-basso. L'impresa B vende quattro prodotti che variano per peso e qualità. L'impresa C vende tre prodotti la cui qualità è tanto più elevata, quanto maggiore il peso. L'impresa D vende tre prodotti, tutti leggeri e con diversa qualità. Infine, l'impresa X offre tre prodotti di diverso peso, con una qualità da media a bassa.

Tracciare questa mappa è utile per progettare una strategia della linea di prodotto, poiché mostra quali prodotti competono con quelli dell'impresa X.

Ad esempio, il cartone leggero di media qualità dell'impresa X è in diretta concorrenza con quello dell'impresa D, però il suo cartone pesante di media qualità non ha concorrenti immediati. Nessuno produce cartone pesante di bassa qualità: se l'impresa X scopre che esiste una forte domanda non soddisfatta, ed è in grado di produrre quel tipo di cartone al giusto prezzo, allora dovrebbe includerlo nella sua linea di prodotti.

Un altro vantaggio della mappa è quello di consentire l'identificazione dei segmenti di mercato a seconda delle preferenze degli acquirenti. La figura 16-4 mostra i tipi di carta con le caratteristiche di peso e qualità preferite dai diversi acquirenti di cartone e cioè, rispettivamente, dal settore tipografico, dai produttori di espositori pubblicitari e da quelli di materiale di cancelleria.

In questo caso, l'impresa X è ben posizionata rispetto alle esigenze dell'industria tipografica, ma lo è di meno nei confronti degli altri settori. Dovrebbe, pertanto, prendere in considerazione un tipo di prodotto in grado di soddisfare le esigenze di questi ultimi.

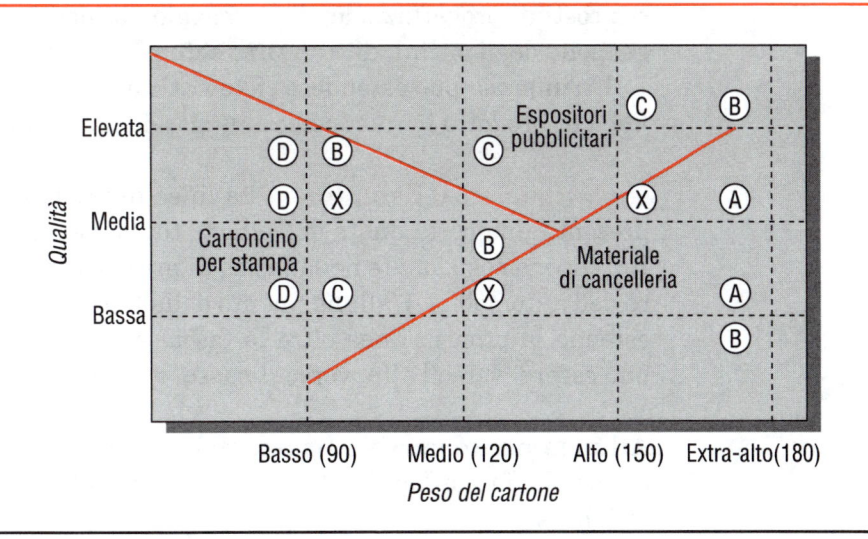

Figura 16-4 Mappa di una linea di prodotti cartari

Fonte: Benson P. Shapiro, *Industrial Product Policy: Managing the Existing Product Line*, Marketing Science Institute, Cambridge, settembre 1977, p. 101.

16.4.2 La lunghezza della linea di prodotto

Uno dei maggiori problemi per il responsabile di una linea di prodotto è costituito dalla determinazione della sua lunghezza ottimale, cioè del numero totale di prodotti che la compongono. La linea è troppo corta se è possibile aumentare i profitti aggiungendo nuovi prodotti; viceversa, è troppo lunga se i profitti sono incrementabili mediante l'eliminazione di alcuni prodotti.

Il problema della lunghezza della linea di prodotto dipende dagli obiettivi dell'impresa. Le imprese che ricercano un'immagine di completezza di linea, o un'alta quota di mercato, avranno linee di prodotto più lunghe. Esse, infatti, ritengono di scarsa importanza il fatto che un prodotto non contribuisca in modo significativo ai profitti. Invece, le imprese che mirano a un'alta redditività avranno linee più corte, composte da prodotti "scelti".

Le linee di prodotto tendono ad allungarsi con il passare del tempo. Un eccesso di capacità produttiva spingerà a produrre nuovi articoli. Anche la forza di vendita e i distributori richiederanno linee di prodotto più complete, in grado di soddisfare meglio i clienti. A loro volta, i responsabili della linea vorranno aggiungere nuovi prodotti per poter conseguire vendite e profitti più elevati.

L'aggiunta di nuovi prodotti comporta tuttavia un aumento dei costi: costi di progettazione, di stoccaggio, di modifica degli impianti, di gestione degli ordini, di trasporto e di promozione dei nuovi prodotti.

Un'impresa può estendere sistematicamente la lunghezza della sua linea di prodotto in due modi: allungandola o completandola.

L'allungamento della linea. La linea di prodotti di un'impresa rappresenta una certa quota dell'offerta totale del settore. Ad esempio, le BMW sono posizionate nella fascia di prezzo medio-superiore del settore dell'automobile. L'allungamento della linea si ha quando un'impresa estende la propria linea oltre la fascia attuale. Questo allungamento può essere: verso l'alto, verso il basso, o in entrambe le direzioni.

Allungamento verso il basso. Molte imprese inizialmente si posizionano nella fascia "alta" del mercato, e in seguito allungano la linea verso il basso.

Un esempio assai significativo è fornito dall'IBM, impresa che ha sempre operato nel settore dei grandi computer, lasciando la produzione dei personal computer ad altre imprese, come la Digital Equipment e la Data General. Tuttavia, il rallentamento della crescita del mercato degli elaboratori di grandi dimensioni ha portato l'IBM a entrare nel mercato dei personal computer, onde poter espandersi. L'interesse per tali prodotti è ulteriormente stimolato dalla crescente importanza assunta dal mercato dell'informatica distribuita.

Un'impresa può decidere un allungamento verso il basso per le seguenti ragioni:

- L'impresa viene attaccata nella fascia superiore del mercato e decide di contrattaccare invadendo la fascia più bassa.
- Il tasso di sviluppo della fascia superiore è minore.
- L'impresa era penetrata inizialmente nella fascia superiore per affermare un'immagine di elevata qualità, con l'intenzione di spostarsi in seguito verso il basso.
- L'impresa aggiunge un'unità nella fascia inferiore per colmare un vuoto di mercato che potrebbe altrimenti attirare dei concorrenti.

Vi sono dei rischi insiti in questa strategia. Ad esempio, i nuovi prodotti potrebbero *cannibalizzare* la fascia più elevata, lasciando l'impresa in una situazione peggiore.

Oppure, i prodotti della fascia inferiore potrebbero spingere i concorrenti a contrattaccare invadendo la fascia più alta. Ancora, i rivenditori potrebbero non essere disposti, o in grado, di trattare i prodotti della fascia più basa perché meno redditizi, o perché appannano la loro immagine.

Allungamento verso l'alto. Le imprese che si trovano nella fascia più bassa del mercato potrebbero decidere di penetrare in quella più elevata, attratte da un tasso di sviluppo superiore, da maggiori margini, o semplicemente dall'opportunità di posizionarsi come i produttori dalla linea completa.

Una decisione di questo tipo può essere rischiosa. Infatti, non solo le imprese della fascia superiore sono ben trincerate, ma possono decidere di contrattaccare invadendo la zona inferiore del mercato; i clienti potenziali potrebbero non avere fiducia nella qualità dei prodotti dei nuovi entranti e, infine, la forza di vendita e i distributori potrebbero mancare della preparazione necessaria per servire la fascia più alta del mercato.

Allungamento in due direzioni. Le imprese della fascia mediana del mercato potrebbero decidere di allungare le proprie linee in entrambe le direzioni. La strategia della Texas Instrument nel mercato delle calcolatrici tascabili ne è un esempio. Prima che la Texas Instrument vi entrasse, il mercato era dominato dalla Bowmar nel segmento bassa qualità/basso prezzo, e dalla Hewlett-Packard nel segmento elevata qualità/prezzo elevato (si veda la figura 16-5). La Texas introdusse le sue prime calcolatrici nella fascia caratterizzata da prezzo e qualità medi. Gradualmente aggiunse sempre più modelli alle due estremità della linea. Offrì calcolatrici migliori a un prezzo sempre uguale o minore della Bowmar, che alla fine uscì dal mercato, e progettò calcolatrici di alta qualità vendendole a un prezzo più basso della Hewlett, strappandole una buona quota di vendite nella fascia superiore. Con questa strategia la Texas ha conquistato la leadership nel mercato delle calcolatrici.

Il completamento della linea. Una linea di prodotto nuova può essere arricchita anche aggiungendo articoli all'interno della linea già esistente. Vi sono diversi motivi che portano a voler completare una linea: cercare di ottenere dei profitti addizionali; cercare di soddisfare i rivenditori che si lamentano di aver perso dei clienti a causa della mancanza

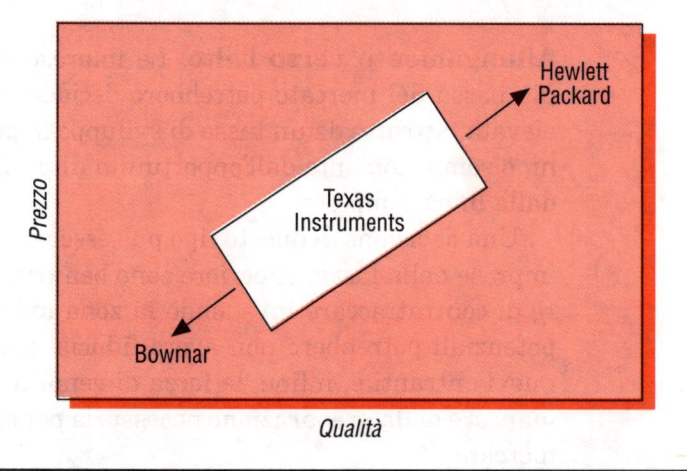

Figura 16-5 Direttrici di espansione nel mercato delle calcolatrici tascabili

di articoli nella linea; cercare di sfruttare la capacità produttiva in eccesso; diventare il leader delle imprese con linea completa; cercare infine di riempire dei vuoti di offerta per tenere lontani i concorrenti.

Il completamento della linea è eccessivo se determina dei fenomeni di cannibalizzazione e ingenera confusione fra i clienti. L'impresa dovrebbe fare in modo che i nuovi prodotti presentino delle *differenze significative* rispetto a quelli già esistenti sul mercato. In proposito, occorre tener presente che i consumatori sono più sensibili alle differenze relative rispetto a quelle assolute, conformemente alla legge di Weber.[6]

Occorre inoltre verificare che il prodotto proposto abbia un'effettiva domanda sul mercato; e che non venga aggiunto semplicemente per soddisfare necessità interne. La famosa Edsel, per la quale la Ford perse 350 milioni di dollari, rispondeva alle esigenze di posizionamento interno della Ford, ma non a quelle del mercato. La Ford si era accorta che i proprietari di auto Ford si sarebbero orientati verso prodotti della General Motors come la Oldsmobile o la Buick, piuttosto che la Mercury o la Lincoln della Ford. Pertanto la Ford decise di creare un'auto che colmasse il vuoto della sua linea. Venne così progettata la Edsel, che però non incontrò una domanda di mercato, in quanto esistevano già molte auto simili e molti acquirenti iniziavano ad acquistare auto più piccole.[7]

16.4.3 Interventi sulla linea di prodotto

La modernizzazione della linea. In alcuni casi la lunghezza della linea è adeguata, ma può rendersi necessaria una sua modernizzazione. Il problema è se sostituire la linea gradualmente o in una sola volta. Un approccio graduale consente di verificare la reazione di distributori e clienti al nuovo stile, prima di modificare l'intera linea. Inoltre, è minore l'assorbimento di cash flow. Lo svantaggio principale di questo approccio è che permette alla concorrenza di notare i cambiamenti e di iniziare a riprogettare le proprie linee.

Le imprese programmano i miglioramenti dei prodotti per indurre i clienti a "migrare" verso linee sostitutive con prezzi più elevati. È importante la scelta del momento in cui introdurre i miglioramenti, in modo che non escano né troppo presto (danneggiando così la linea esistente), né troppo tardi (quando la concorrenza gode già di una buona reputazione per prodotti più avanzati).

La caratterizzazione della linea. Il responsabile della linea di prodotto, in genere, sceglie uno o più articoli per caratterizzare la stessa. A volte, sfrutta alcuni modelli promozionali collocati all'estremo inferiore della linea per attirare l'attenzione dei consumatori. In altri casi, nella fascia superiore di una linea viene posto un prodotto in grado di conferire classe agli altri prodotti.

La semplificazione della linea. I responsabili della linea di prodotto devono, inoltre, esaminare periodicamente i prodotti suscettibili di essere eliminati. Le ragioni che inducono a eliminare un prodotto sono due. La prima si manifesta quando vi sono dei "rami secchi" che deprimono i profitti.

La seconda ragione si presenta quando l'impresa manca della capacità produttiva necessaria per realizzare tutti i prodotti richiesti nelle quantità desiderate. Il manager deve esaminare i margini di profitto e concentrarsi sulla produzione dei prodotti con i più alti margini, eliminando quelli con margini bassi o negativi. È tipico per le imprese ridurre le linee in periodi di contrazione della domanda, e allungarle in periodi in cui si manifesti l'opportunità di stimolare la domanda.

16.5 La definizione degli attributi del prodotto

Ogni prodotto possiede degli attributi tangibili, quali il livello di qualità, le caratteristiche e lo stile, fissati durante il processo di definizione del concetto di prodotto e della successiva messa a punto del prototipo. In seguito all'introduzione del prodotto sul mercato, l'impresa ne modificherà gli attributi per adeguarsi alla domanda in ognuno degli stadi del ciclo di vita. Per migliorare le vendite o i profitti, si potrebbe aumentare o ridurre la qualità, aggiungere o togliere alcune caratteristiche, e modificare lo stile. Esaminiamo ora i problemi decisionali posti dai vari attributi.

La qualità del prodotto. Quando viene sviluppato un prodotto, il produttore deve scegliere un livello di qualità che sostenga la posizione che desidera conseguire nel mercato obiettivo. La *qualità* è uno dei più importanti strumenti di posizionamento del prodotto, come si è già avuto modo di sottolineare nel precedente capitolo 11, in quanto rappresenta *la capacità che si ritiene abbia il prodotto di svolgere le sue funzioni.* Qualità è un termine riassuntivo, che comprende la durata, l'affidabilità, la precisione, la facilità d'uso e di riparazione, e altri apprezzati attributi. Alcuni di questi attributi possono essere misurati oggettivamente. In un'ottica di marketing, la qualità dovrebbe essere misurata in base a come essa viene percepita dall'acquirente.[8]

A partire dagli anni Ottanta, il tema della qualità ha iniziato a suscitare un crescente interesse fra i consumatori e fra le imprese. I consumatori americani sono rimasti impressionati dalla qualità delle auto e dei prodotti elettronici giapponesi, nonché dalle auto, dai capi di abbigliamento e dai prodotti alimentari europei.

Molti consumatori ora preferiscono capi di vestiario classico, che durino nel tempo, rispetto ai vestiti all'ultima moda. Rivelano un crescente interesse per i cibi freschi e nutrienti, da buongustai, e per i formaggi naturali, mentre si riduce l'interesse per le bibite, i dolci e gli spuntini davanti al televisore. Molte imprese stanno provvedendo a soddisfare questo crescente interesse per la qualità; ciononostante, molto ancora può essere fatto per accrescere la qualità nei prodotti e per comunicarla ai clienti obiettivo.

Le caratteristiche del prodotto. Qualsiasi prodotto può essere offerto con varie caratteristiche. Un modello di base, senza "opzioni" di alcun tipo, costituisce il punto di partenza. Modelli a livello più elevato possono essere ottenuti aggiungendo una o più caratteristiche. Nel caso di un'automobile, il cliente può richiedere dispositivi per la chiusura elettrica dei vetri, il cambio automatico, l'aria condizionata, l'impianto stereo, e così via. Il produttore deve decidere quali caratteristiche incorporare e quali rendere "opzionali". Ognuna di esse potrebbe sollecitare la fantasia di un potenziale cliente.

Le caratteristiche sono uno strumento competitivo che serve a differenziare il prodotto dell'impresa da quello dei concorrenti. Alcune imprese sono particolarmente innovative nell'individuare nuove caratteristiche da aggiungere al proprio prodotto. I giapponesi hanno registrato una serie di successi migliorando le loro macchine fotografiche da 35 mm mediante nuove caratteristiche, come la messa a fuoco automatica e il flash incorporato.

Alcuni modelli di calcolatrici tascabili e di orologi da polso consentono, oltre alle normali funzioni di calcolo e di misura del tempo, di suonare una musica o di effettuare dei giochi.

Esistono parecchi modelli di videoregistratore con nuove caratteristiche disponibili in versioni via via più sofisticate, per le quali il consumatore è disposto a pagare un prezzo maggiore. Essere i primi a introdurre una caratteristica richiesta e apprezzata costituisce una delle mosse competitive più efficaci.

Lo stile del prodotto. Un altro modo di aumentare le caratteristiche del prodotto è attraverso lo stile o il design. Alcune imprese si distinguono per la particolarità del loro design, come la IBM per i computer, la Herman Miller per i mobili moderni, la Olivetti per le macchine per ufficio, la Bang & Olufsen per gli impianti stereofonici e la Datsun e la Mazda per le auto sportive. Queste però rappresentano delle eccezioni, piuttosto che la regola, perché la maggior parte delle imprese manca di un "tocco di stile". I loro prodotti sono progettati prosaicamente; nella maggior parte dei casi le auto, i tostapane, i televisori, e così via, sembrano tutti uguali.

Un buon design offre parecchi vantaggi. Può dare personalità a un prodotto appena lanciato, in modo che emerga rispetto ai concorrenti più anonimi. Può creare dei cicli di sostituzione per i prodotti nello stadio di maturità. Può comunicare valore al consumatore, e rendere la scelta più semplice. Le imprese devono fare in modo che il loro staff di progettisti comprenda dei buoni designer, in grado di collaborare con i product manager.[9]

16.6 La politica di marca

Nello sviluppare una strategia di marketing per i singoli prodotti, l'impresa deve affrontare il problema della marca. La marca può aggiungere valore a un prodotto, e quindi costituisce un aspetto intrinseco della strategia di prodotto. Lo sviluppo di una politica di marca richiede notevoli risorse finanziarie, in particolare per far fronte alle spese di carattere pubblicitario e promozionale. È questa la ragione per cui molte imprese, non disponendo dei mezzi necessari, preferiscono produrre per conto di imprese maggiori, le quali immettono sul mercato i relativi prodotti con il proprio nome.

Una marca solidamente affermata gode di un *capitale di immagine* di rilievo, che si traduce in un elevato grado di fiducia e di fedeltà da parte del consumatore. Maggiore è il grado in questione e minore diviene la possibilità che l'acquirente scelga un prodotto sostitutivo, ancorché a prezzo inferiore.

Imprese come Procter & Gamble, Caterpillar, Mercedes, IBM, Sony, Ferrero, Gucci, Benetton, hanno con il tempo acquisito una considerevole *immagine di marca*, la quale si traduce in un certo numero di aree di mercato in cui le stesse detengono posizioni di leadership.

Prima di proseguire, è necessario acquistare familiarità con la tecnologia propria del tema della marca. Ecco alcune definizioni chiave:

- **Marca (*brand*)**: nome, termine, simbolo, design o una combinazione di questi, che mira a identificare i beni o i servizi di un'impresa o di un gruppo di imprese, e a differenziarli da quelli dei concorrenti.
- **Nome di marca (*brand name*)**: quella parte della marca che può essere vocalizzata, cioè la parte esprimibile in parole. Nomi di marca noti sono: Avon, Fiat, Disneyland, American Express, Olivetti.
- **Marchio (*brand mark*)**: la parte della marca che è riconoscibile, ma non pronunciabile, come un simbolo, un disegno, un colore o un tipo di iscrizione caratteristici. Tra i marchi più noti possiamo citare il coccodrillo della Lacoste e il leone della Metro-Goldwyn-Mayer.
- **Marchio di fabbrica (*trademark*)**: la marca, o parte della marca, alla quale si conferisce protezione legale in quanto se ne afferma la proprietà esclusiva. Un marchio di fabbrica tutela il diritto esclusivo del venditore a usare il nome di marca o il marchio.
- **Copyright**: il diritto legale esclusivo di riprodurre, pubblicare e vendere la sostanza e la forma di un'opera letteraria, musicale o artistica.

La marca impone all'operatore di marketing l'assunzione di decisioni complesse o rischiose.

Le decisioni fondamentali sono illustrate nella figura 16-6 e discusse nelle pagine seguenti.[10]

16.6.1 La definizione della marca

La prima decisione è se l'impresa debba imporre o meno una marca ai propri prodotti. In passato, la maggior parte dei prodotti non era contraddistinta da alcuna marca. Produttori e distributori vendevano i loro beni prelevandoli direttamente da barili, casse, scatole, sacchi o altro,

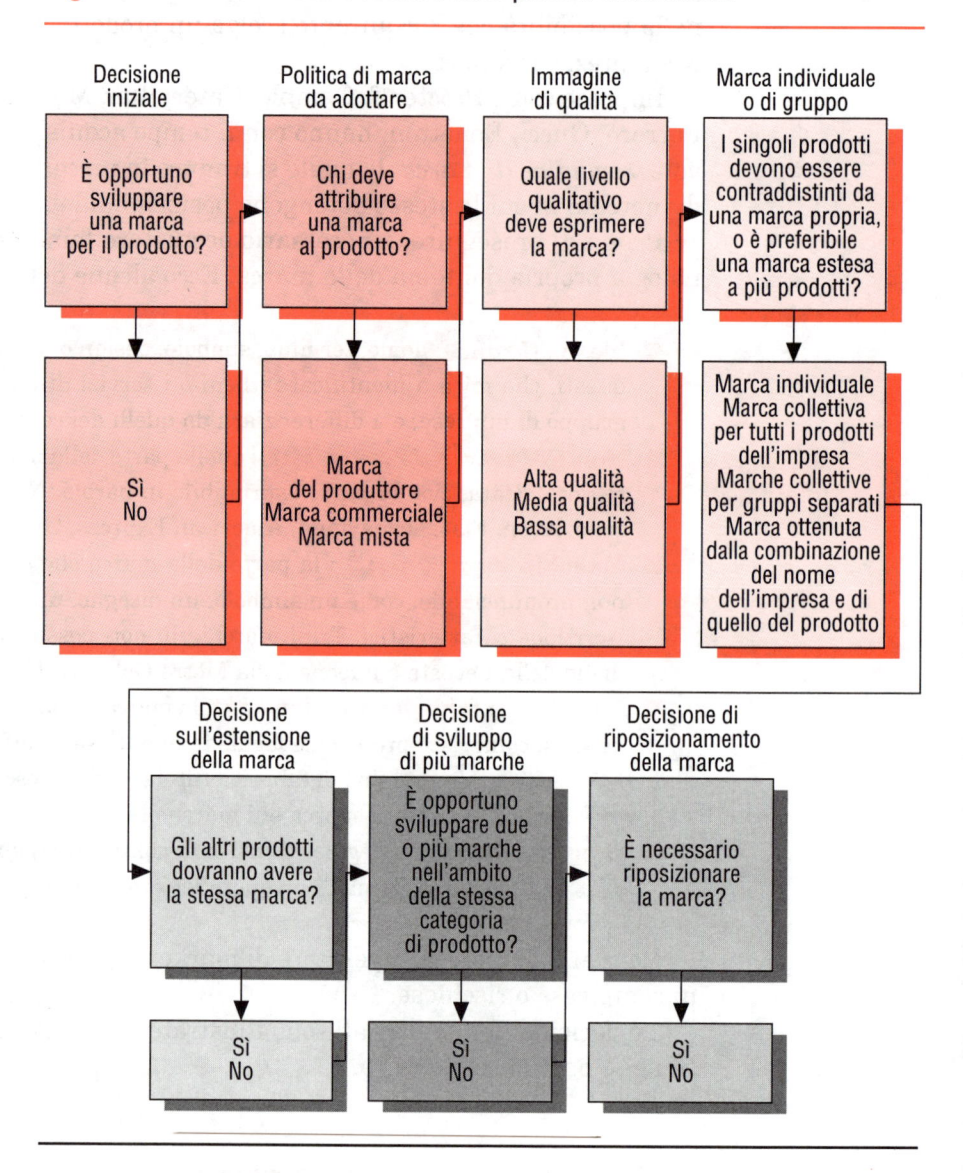

Figura 16-6 Sintesi delle decisioni sulla politica della marca

Decisione iniziale	Politica di marca da adottare	Immagine di qualità	Marca individuale o di gruppo
È opportuno sviluppare una marca per il prodotto?	Chi deve attribuire una marca al prodotto?	Quale livello qualitativo deve esprimere la marca?	I singoli prodotti devono essere contraddistinti da una marca propria, o è preferibile una marca estesa a più prodotti?
Sì No	Marca del produttore Marca commerciale Marca mista	Alta qualità Media qualità Bassa qualità	Marca individuale Marca collettiva per tutti i prodotti dell'impresa Marche collettive per gruppi separati Marca ottenuta dalla combinazione del nome dell'impresa e di quello del prodotto

Decisione sull'estensione della marca	Decisione di sviluppo di più marche	Decisione di riposizionamento della marca
Gli altri prodotti dovranno avere la stessa marca?	È opportuno sviluppare due o più marche nell'ambito della stessa categoria di prodotto?	È necessario riposizionare la marca?
Sì No	Sì No	Sì No

senza identificare il fornitore. I primi segni di una politica della marca sono costituiti dagli sforzi delle corporazioni medioevali, volti a ottenere l'apposizione da parte dei membri di marchi di fabbrica ai loro prodotti, onde proteggere se stessi e gli acquirenti nei confronti delle qualità più scadenti. In campo artistico la marca era costituita dalla firma dell'artista sull'opera. Il processo di sviluppo della marca ha assunto dimensioni tali che oggi non si vende quasi alcun prodotto che ne sia privo. Il riso viene confezionato in pacchetti con l'indicazione del produttore, le arance recano un'etichetta di garanzia, la bulloneria viene confezionata in sacchetti di cellophane con il marchio del produttore, varie parti dell'auto – candele, filtri, batterie, pneumatici, tergicristalli, freni, ecc. – portano ben visibili nomi di marca diversi da quello della casa produttrice.

Recentemente sono ricomparsi alcuni beni di consumo fondamentali e alcuni prodotti farmaceutici privi di marca. Nel 1977 la Jewel Food Stores, una grande catena di supermercati con sede in Chicago, ha introdotto una linea "generica" composta da quaranta articoli. I prodotti generici sono privi di marca, hanno confezioni semplici, e costituiscono versioni meno costose dei normali prodotti venduti nei supermercati, come spaghetti, tovagliolini di carta e pesche in scatola. Offrono una qualità medio bassa e un prezzo inferiore del 30% a quello delle marche reclamizzate su scala nazionale, e del 15% inferiore a quello delle marche commerciali.

Questo minor prezzo è reso possibile da ingredienti di qualità inferiore, dai minori costi di confezionamento e da una pubblicità ridotta al minimo. Nondimeno, sono ritenuti abbastanza soddisfacenti, così che più del 70% di coloro che li hanno acquistati affermano che li acquisterebbero di nuovo. I prodotti generici alimentari, per la casa e farmaceutici costituiscono una minaccia rilevante per le marche di prezzo elevato. Il loro sviluppo rappresenterà una verifica delle politiche di marca sin qui adottate.

In effetti, perché l'impresa produttrice dovrebbe darsi la pena di imporre la marca, dal momento che ciò comporta delle spese – confezione, apposizione della marca, protezione legale – e dei rischi, nel caso il prodotto si rivelasse insoddisfacente per l'utilizzatore? Di fatto, la marca consente all'impresa produttrice di conseguire molteplici vantaggi.

1. Permette di semplificare il processo di evasione degli ordini. Inoltre, per il venditore è più facile rintracciare un ordine che viene evaso in modo errato, o individuare i motivi di eventuali lagnanze dei clienti.
2. Il nome di marca e il marchio di fabbrica del venditore offrono protezione legale per certe caratteristiche di unicità del prodotto, che altrimenti potrebbero essere imitate dai concorrenti.

3. La marca dà al venditore la possibilità di attirare un fedele e redditizio gruppo di clienti. La fedeltà alla marca offre una certa protezione dalla concorrenza e un maggior grado di controllo nella programmazione del marketing mix.
4. La marca facilita la segmentazione del mercato. La Procter & Gamble, invece di vendere un solo detersivo, ne vende ben otto marche, ognuna formulata in modo leggermente diverso e mirata a segmenti che cercano vantaggi specifici.
5. I prodotti che godono di una buona reputazione di marca consentono all'impresa di consolidare e sviluppare la propria immagine complessiva.

È ampiamente provato che i rivenditori considerano le marche come un mezzo per accrescere la vendibilità dei prodotti, per identificare i fornitori, per mantenere stabile il livello qualitativo della produzione e, infine, per sviluppare le preferenze dei consumatori. I consumatori, dal canto loro, preferiscono le marche, in quanto consentono di identificare le differenze di qualità e di acquistare in modo più efficiente.

16.6.2 Marche industriali e marche commerciali

Per quanto concerne la marca da apporre ai propri prodotti, l'impresa manifatturiera si trova di fronte a varie alternative. Innanzitutto, essa può porre in vendita i prodotti con il proprio nome, dando così luogo alla politica della *marca del produttore*. Oppure, essa può operare sulla base di *licenze* ottenute da altre imprese industriali, realizzando nel contempo la produzione e la commercializzazione. In tal modo i prodotti vengono distribuiti sotto la *marca del licenziante*. L'impresa può anche realizzare prodotti per conto di altre imprese, sia industriali sia commerciali.

Nel primo caso, un'impresa manifatturiera pone in vendita sotto il proprio nome prodotti realizzati da una o più imprese esterne non controllate. Si ha in questo caso l'applicazione della *marca terzista*.

Nel secondo caso, un'impresa commerciale – in genere una catena di supermercati o di grandi magazzini – pone in vendita sotto il proprio nome prodotti realizzati da imprese manifatturiere fornitrici. Le imprese che così operano applicano la politica della *marca commerciale*. Infine, un'impresa industriale può applicare una combinazione delle varie politiche sopra descritte.

Imprese come la Kellogg's e l'IBM mettono in commercio praticamente tutta la loro produzione con le loro marche. Hart Schaffner & Marx, invece, vende gran parte della propria produzione di capi di abbigliamento su licenza di Christian Dior e Pierre Cardin. La Warwick Electronics realizza virtualmente tutta la produzione per conto di distributori come la Sears. A partire dagli anni Sessanta, gran parte della produzione europea di elettrodomestici è stata realizzata da imprese italiane, ancorché la quota che queste hanno venduto con proprie marche sia stata assai inferiore al volume complessivamente prodotto.

Le marche industriali, cioè l'insieme delle marche del produttore, del licenziante e del terzista, tendono a dominare il mondo commerciale. Recentemente, tuttavia, le maggiori imprese del dettaglio e dell'ingrosso hanno iniziato a sviluppare *marche proprie*, o *marche commerciali (private label)*.

Ma perché i distributori puntano a creare delle marche proprie? Ciò richiede la ricerca di fornitori qualificati che offrano una qualità adeguata; l'impegno di forti quantitativi di merce per l'immobilizzo di ingenti capitali in scorte; e il sostenimento di elevate spese in promozione. Inoltre, occorre assumere il rischio che, se uno dei prodotti a marca commerciale non è valido, i consumatori matureranno un atteggiamento negativo verso gli altri prodotti.

Nonostante questi aspetti negativi, le imprese della grande distribuzione creano marche commerciali per i vantaggi che ne possono derivare. Esse, ad esempio, possono individuare dei produttori con un eccesso di capacità produttiva in grado di realizzare a basso costo prodotti sotto marca commerciale. Altri costi, come quelli per la pubblicità e la distribuzione fisica, possono pure essere ridotti. Ciò significa che il distributore può praticare un prezzo basso, ottenendo spesso margini di profitto più elevati. In questo modo, può sviluppare alcune marche in grado di attirare il pubblico presso propri punti di vendita.

La concorrenza tra marche industriali e marche commerciali è stata definita la *battaglia delle marche*. In questo scontro, il distributore ha dalla sua molti vantaggi. Lo spazio espositivo presso i punti di vendita è scarso e molti produttori, specialmente quelli di minore dimensione, non riescono a introdurre nel sistema della distribuzione prodotti sotto il loro nome. I distributori pongono particolare cura nel verificare la qualità delle loro marche e nel sostenerla, ispirando così fiducia al cliente. Molti acquirenti sanno che spesso le marche commerciali sono comunque prodotte da una delle grandi imprese industriali. Le marche commerciali hanno frequentemente prezzi più bassi delle analoghe marche industriali, e fanno così appello agli acquirenti più attenti alla spesa, specialmente in periodi di inflazione. I distributori danno la preminenza alle loro marche nell'uso dello spazio espositivo e nel garantire il rinnovo delle scorte. Per questi e altri motivi, il predominio delle marche industriali si sta riducendo sempre più.

Le imprese industriali operanti con marche a forte diffusione si trovano dunque in una situazione di grande incertezza. Esse sarebbero inclini a investire risorse rilevanti in pubblicità e in promozione vendite, allo scopo di mantenere un'alta preferenza di marca presso il consumatore. Ma per coprire il costo di questo sforzo promozionale è necessario che il prezzo sia alquanto elevato. Al tempo stesso, i distributori sono sempre meno disponibili a porre a disposizione adeguati spazi espositivi senza ottenere sconti e abbuoni di rilevante entità. Se i produttori cedono alla pressione delle imprese della distribuzione, saranno costretti a ridurre le spese di promozione, determinando così il deterioramento della domanda per le proprie marche.

16.6.3 Marche di gruppo e marche individuali

Le imprese manifatturiere che attribuiscono ai loro prodotti marche proprie si trovano di fronte a diverse scelte. Si possono infatti distinguere almeno quattro strategie di marca:

1. **Denominazioni di marca individuali.** Questa politica è seguita da imprese come la Procter & Gamble (Tide, Bold, Dash, Cheer, Gain, Oxydol, Duz).
2. **Denominazione dell'impresa per tutti i prodotti.** Questa politica è seguita da imprese quali la Duracell e la General Electric.
3. **Denominazioni separate per i vari gruppi di prodotti.** Questa politica è seguita dalla Sears (Kenmore per gli elettrodomestici, Kerrybrook per l'abbigliamento femminile, Hormart per l'arredamento).
4. **Denominazione dell'impresa unita a denominazioni individuali dei prodotti.** Questa politica è seguita dalla Kellogg's (Kellogg's Rice Krispies e Kellogg's Corn Flakes).

I concorrenti che operano nello stesso settore possono adottare strategie di marca diverse. Nel settore dei saponi, la Procter & Gamble preferisce le marche individuali. Essa associa la denominazione P&G a ciascun nuovo prodotto durante le prime sei settimane di promozione televisiva, e poi riduce gradualmente il rilievo attribuito al proprio nome. La Colgate, invece, fa molto uso del proprio nome per aiutare i singoli prodotti.

Quali sono i vantaggi presentati da una strategia di denominazione di marca individuale? Uno dei vantaggi principali è che l'impresa non è costretta a legare la sua reputazione all'accettazione del singolo prodotto. Se il prodotto si rivela un insuccesso, non costituisce una macchia per il produttore, oppure, se è di qualità scadente, non ne viene intaccata la reputazione. Il produttore di una linea di orologi di alta precisione, o di prodotti alimentari di alta qualità, può introdurre linee di qualità inferiore senza usare la propria marca. Inoltre, la strategia delle marche individuali consente all'impresa di cercare la migliore denominazione per ogni nuovo prodotto, senza gravarlo di possibili implicazioni negative connesse a marche di gruppo esistenti, o al nome dell'impresa. Un altro vantaggio è che una nuova denominazione permette di creare maggior attesa e interesse.

Anche la politica opposta, cioè quella di usare un'unica denominazione per tutti i prodotti, presenta dei vantaggi. Il costo d'introduzione del prodotto sarà minore, poiché non vi è bisogno di individuare un "nome" o di sostenere forti spese di pubblicità per creare il riconoscimento e la preferenza di marca.

La Philips, ad esempio, in Europa usa il suo nome per tutti i prodotti, i quali, peraltro, differiscono notevolmente per la qualità. Ciò significa che ci si aspetta una qualità dei prodotti Philips di livello medio, il che ha un effetto negativo sulle vendite dei prodotti di qualità elevata. Questo sarebbe il caso in cui una denominazione di marca individuale sarebbe consigliabile, o in cui l'impresa potrebbe evitare di apporre il proprio nome ai prodotti più scadenti.

Qualora un'impresa produca o venda tipi di prodotti diversi tra loro, non sarà conveniente usare un nome collettivo. Perciò la Swift & Company, che produce sia prosciutti sia fertilizzanti, ha sviluppato nomi di gruppo distinti (Premium e Vigoro). Quando la Mead Johnson sviluppò un integratore dietetico per *aumentare* di peso, creò una nuova denominazione di gruppo (Nutriment), per evitare confusione con il nome di gruppo dei prodotti per *ridurre* il peso (Metrecal). Le imprese spesso inventano nomi di marca di gruppo per differenti linee di qualità entro la stessa classe di prodotto. Infatti, A&P vende prodotti di prima, seconda e terza qualità, rispettivamente sotto le marche: Ann Page, Sultana, Iona.

Infine, alcuni produttori preferiscono associare il nome della loro impresa alle marche individuali dei vari prodotti. In questi casi, il nome dell'impresa legittima il prodotto nuovo, mentre quello specifico lo personalizza.

In tal modo, la Quaker Oats attraverso la marca Quaker Oats Cap'n Crunch ottiene che il nuovo prodotto benefici della reputazione dell'impresa nel campo dei cereali per colazione, mentre il nome Cap'n Crunch dà la possibilità di personalizzare e caratterizzare il prodotto.

La denominazione di marca non deve essere il risultato di una ricerca contingente, ma deve costituire parte integrante del concetto di prodotto. Ecco alcune delle qualità che il nome di marca dovrebbe possedere:

1. Dovrebbe suggerire alcuni dei vantaggi offerti dal prodotto. Ad esempio Memory, Accutron, Sogni d'oro, Soflan.
2. Dovrebbe ricordare alcune delle qualità del prodotto, quali l'azione o il colore. Ad esempio Pronto, Svelto, Ortofresco.
3. Dovrebbe essere facile da pronunciare, da riconoscere, e da ricordare. I nomi brevi sono i più adatti, come nel caso di Dash, Crest, Pritt.
4. Dovrebbe essere distintivo. Ad esempio Mustang, Kodak, Exxon.

Gli istituiti specializzati in ricerche di mercato hanno sviluppato elaborate procedure per la scelta del nome di marca, quali i *test associativi* (quali immagini vengono in mente?), i *test di apprendimento* (il nome è facile da pronunciare?), i *test di ricordo* (in che misura viene ricordato il nome?) e i *test di preferenza* (qual è il nome preferito?).

Molte imprese cercano di creare un'unica denominazione di marca, la quale finisce per identificarsi con la categoria di prodotto. Nomi come Frigidaire, Kleneex, Levi's, Jell-O, Scotch e Fiberglas hanno conseguito questo scopo. Tuttavia, il loro stesso successo può costituire una minaccia per i diritti di esclusività sul nome: cellophane e aspirina sono ora nomi di uso comune.

16.6.4 Estensione della marca

Mediante l'*estensione della marca* si tenta di usare il nome di una marca di successo per lanciare prodotti modificati o nuovi.

Nel caso dei prodotti modificati, è tipico del settore detersivi introdurre la marca X, poi la marca X potenziata, poi la nuova marca X con additivi speciali. L'estensione della marca riguarda anche l'introduzione di nuove dimensioni nella confezione, nuovi gusti o modelli, e così via.

Più interessante è l'uso del nome di una marca di successo per lanciare prodotti nuovi. La Quaker Oats, dopo il successo dei cereali Cap'n Crunch, ha usato il nome della marca e il motivo grafico della confezione per lanciare una linea di gelati, magliette e altri prodotti. La Honda ha usato il suo nome di marca per lanciare un tosaerba. Un altro caso di estensione della marca si ha allorquando produttori di beni di consumo durevole aggiungono modelli semplificati alle varie linee per poter reclamizzare livelli di prezzo di particolare convenienza. Si tratta di una strategia diffusa, ma da usarsi con cautela. La marca "promozionale", benché semplificata, deve essere all'altezza del livello di qualità della linea. Il venditore, quando il prodotto promozionale viene reclamizzato, deve esserne sempre rifornito. È necessario evitare che i consumatori abbiano l'impressione di essere "presi in giro", altrimenti si corre il rischio di compromettere l'immagine che si ha presso di loro.

L'estensione della marca risparmia al produttore i costi elevati della promozione di nuovi nomi, e determina una risposta immediata verso il prodotto. Al tempo stesso, occorre tener presente che, se il nuovo prodotto non risulta soddisfacente, esso può avere effetto negativo sull'atteggiamento che i consumatori hanno verso gli altri prodotti della marca.

16.6.5 Le marche multiple

Con la strategia delle marche multiple un venditore sviluppa due o più marche in concorrenza tra loro. La prima ad applicare questa strategia fu la Procter & Gamble, allorquando, a seguito del successo del detersivo Tide, introdusse la marca Cheer. Tale marca sottrasse parte delle vendite a Tide, ma il volume complessivo delle vendite fu comunque superiore a quello del solito Tide. Attualmente, la P&G produce otto marche di detersivi.

Vi sono diverse ragioni per cui i produttori adottano una strategia di marche multiple. In primo luogo, ottengono più spazio d'esposizione, rendono il distributore maggiormente dipendente dalle loro marche. In secondo luogo, pochi consumatori sono così attaccati a una marca da rinunciare a provarne un'altra. Il solo modo di catturare gli "incostanti" è quello di offrire diverse marche. In terzo luogo, la creazione di nuove marche aumenta la motivazione e l'efficienza dell'organizzazione dell'impresa produttrice. Nell'ambito di imprese quali la P&G e la General Motors, le varie marche sono in competizione fra di loro. Un quarto motivo sta nel fatto che la strategia delle marche multiple pone l'impresa in grado di operare su diversi segmenti di mercato, posizionandoli in funzione delle specifiche esigenze di ciascuno di essi.

Nel decidere se introdurre un'altra marca, l'impresa deve prendere in considerazione problemi quali:

- È possibile trovare uno spunto particolare per la nuova marca?
- Tale spunto sarà ritenuto valido da parte dei consumatori?
- In che misura la nuova marca eroderà le vendite delle altre marche dell'impresa, piuttosto che le vendite delle marche concorrenti?
- I costi dello sviluppo e della promozione del nuovo prodotto saranno compensati dalle vendite dello stesso?

L'errore da evitare è l'uso eccessivo di marche multiple, ciascuna delle quali ottenga solo una piccola quota di mercato, senza che nessuna sia particolarmente remunerativa. In questo caso, l'impresa disperde le sue risorse tra molte marche che conseguono solo un successo parziale, invece di concentrarsi su poche marche, portandole tutte ad alti livelli di redditività. Le imprese che vengono a trovarsi in queste condizioni devono eliminare i prodotti più deboli e impostare procedure di selezione più rigide per la scelta delle marche da introdurre sul mercato, al fine di evitare un processo di "cannibalizzazione".

16.6.6 Il riposizionamento della marca

Per quanto una marca possa essere ben posizionata su un mercato, dopo un certo tempo può rendersi necessario un riposizionamento. Un concorrente potrebbe aver lanciato una marca simile a quella dell'impresa, conquistando una parte della quota di mercato di questa.

Oppure, le preferenze del consumatore potrebbero essere cambiate, riducendo così la domanda.

Un classico caso di riposizionamento coronato da successo è rappresentato dalla campagna sviluppata dalla Seven-Up. La Seven-Up era una fra le tante bevande analcoliche, acquistata soprattutto dalle persone anziane, le quali desideravano una bibita dolce dal gusto di limone. Una ricerca indicò che, benché la maggior parte dei consumatori preferisse una bibita al gusto di cola, questa non veniva sempre scelta, mentre molti degli altri consumatori non bevevano affatto bibite alla cola. Così, la Seven-Up puntò alla leadership nel mercato delle bibite non-cola realizzano una brillante campagna in cui si autodefiniva la "Uncola" (non-cola). La Uncola veniva presentata come una bevanda giovane e rinfrescante, la bevanda da richiedere invece di una cola. La Seven-Up ha così creato un nuovo modo di considerare il mercato delle bevande analcoliche, composto da cole e non-cole, assumendo la leadership di queste ultime.

Il problema del riposizionamento di una marca può essere illustrato con riferimento alla birra Hamm. La figura 16-7 mostra le percezioni relative a varie marche di birra e le preferenze con riguardo a due attributi: leggerezza e dolcezza. I vari punti mostrano le posizioni percepite delle varie marche, mentre i cerchi rappresentano preferenze più intense. Questa mappa rivela che la Hamm non incontra le preferenze di alcun segmento specifico.

Figura 16-7 Distribuzione delle percezioni e delle preferenze nel mercato della birra

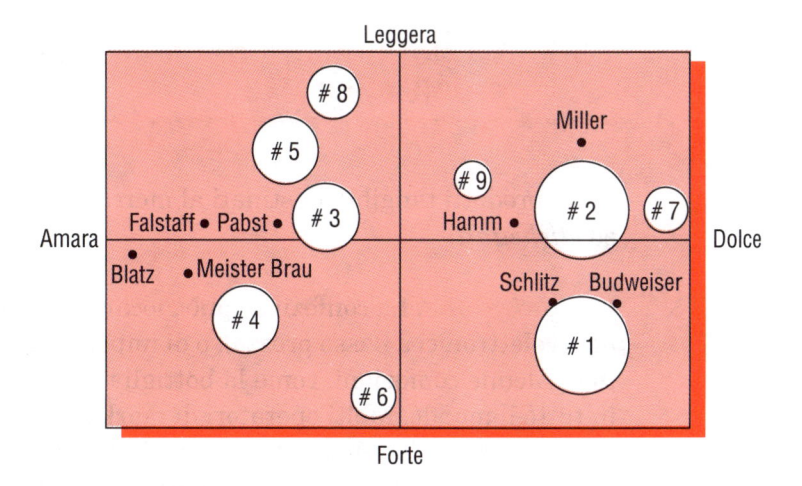

Per ovviare a questa situazione la Hamm deve identificare il segmento più interessante in cui riposizionarsi. Il segmento 1 costituirebbe una scelta infelice, essendo già servito dalla Schlitz e dalla Budweiser. Il 2 sembra essere una buona scelta, per dimensione e per la presenza di un solo concorrente, Miller. Anche il segmento 9 potrebbe costituire un'altra possibilità, pur essendo relativamente piccolo. Inoltre, la Hamm può prendere in considerazione un riposizionamento di vasta portata verso i super-segmenti 3, 5 e 8 oppure 4 e 6.

Nel fare una scelta, il management deve tener conto di due fattori. Il primo è il *costo* da sostenere per spostare la marca nel segmento voluto, il che implica la modifica della qualità del prodotto, della confezione, della pubblicità, e così via.

In generale, questi costi aumentano con l'aumentare della distanza di riposizionamento. Quanto più radicalmente si deve modificare l'immagine di marca, tanto maggiore è l'investimento richiesto. Alla Hamm occorreranno più risorse per riposizionarsi nel segmento 8 che nel 2. Sarebbe più conveniente per l'impresa creare una nuova marca per il segmento 8, che adattare quella esistente.

L'altro fattore è costituito dai *ricavi* che si spera di conseguire nel nuovo segmento. Essi dipendono dal numero di consumatori del segmento, dal volume medio dei loro acquisti, dal numero e dalla forza dei concorrenti, nonché dal prezzo delle marche presenti nel segmento. La Hamm deve fare la sua scelta confrontando costi e profitti prevedibili per ogni alternativa di riposizionamento.

16.7 La definizione della confezione e dell'etichetta

Molti prodotti tangibili destinati al mercato devono essere *confezionati* ed *etichettati*.

La confezione. La confezione può giocare un ruolo secondario (componenti elettronici a basso prezzo), o di importanza fondamentale (cosmetici). Alcune confezioni, come la bottiglia della Coca-Cola, sono famose in tutto il mondo. Molti operatori di marketing hanno definito la confezione (*package*) la quinta "P" del marketing mix, unitamente a prezzo, prodotto, punto di vendita e promozione.

La maggior parte degli operatori, tuttavia, considera la confezione soltanto un elemento della strategia del prodotto.

> Il *confezionamento* (*packaging*) è l'insieme delle attività volte a progettare e a realizzare il contenitore o l'involucro di un prodotto.

Il contenitore, o l'involucro, è detto *confezione*. Essa può comprendere fino a tre livelli di materiali. La *confezione primaria* è il contenitore vero e proprio; ad esempio, la bottiglia che contiene la lozione dopobarba Axe. La scatola di cartone che contiene la bottiglia è la *confezione secondaria*; essa fornisce un'ulteriore protezione e delle possibilità di promozione. L'*imballaggio* comprende i materiali necessari per il magazzinaggio, l'identificazione e il trasporto; ad esempio, uno scatolone contenente sei dozzine di dopobarba Axe. Inoltre, l'*etichetta* (*label*) è parte della confezione, e consiste in informazioni ivi stampate che descrivono il prodotto.

Recentemente, la confezione è diventata un importante strumento di marketing. Confezioni ben progettate possono rivelarsi utili al consumatore e creare valore promozionale per il prodotto. Diversi fattori hanno contribuito all'utilizzo della confezione come strumento di marketing.

- **Libero servizio**. Un numero crescente di prodotti viene posto in vendita mediante la tecnica del libero servizio nei supermercati e nei negozi discount. La confezione deve perciò svolgere molte delle funzioni di vendita: attirare l'attenzione, descrivere le caratteristiche del prodotto, ispirare fiducia al consumatore e dare un'impressione generale favorevole.
- **Benessere del consumatore**. Un tenore di vita sempre più alto significa che i consumatori sono disposti a pagare qualcosa in più per la comodità, l'aspetto, l'affidabilità e il prestigio di una confezione migliore.
- **Immagine di marca**. Le imprese si stanno rendendo conto che la confezione ben studiata aiuta il consumatore a riconoscere immediatamente una marca o un'impresa. Ogni acquirente di pellicole riconosce la familiare scatola della Kodak.
- **Opportunità innovative**. Una confezione innovativa può apportare significativi vantaggi al consumatore e profitti per il produttore. Nel 1899, la nuova confezione della Uneeda Biscuit (incarto interno, scatola di cartone e incarto esterno) riuscì a mantenere la freschezza e quindi a pro-

lungare la conservabilità dei cracker meglio delle vecchie scatole di cartone, di latta o di legno. La Kraft, introducendo il formaggio fuso in scatola, ne ha prolungato la possibilità di conservazione e si è procurata una reputazione di affidabilità. Oggi la Kraft sta sperimentando dei contenitori di plastica e lamina di metallo che sostituiranno le lattine. Le prime imprese che hanno proposto le loro bibite nelle lattine con apertura a strappo e i loro spray negli aerosol hanno attirato un numero notevole di consumatori. Ora i produttori di vino stanno sperimentando lattine e involucri in tetrapack.

Lo sviluppo di una confezione efficace per un nuovo prodotto richiede l'assunzione di una serie di decisioni. La prima riguarda la definizione del concetto di confezione, cioè quello che la confezione dovrebbe *essere* o *fare* per un particolare prodotto. La funzione principale della confezione potrebbe essere quella di offrire una migliore protezione, introdurre un nuovo modo di distribuire il prodotto, suggerirne certe qualità, o altro.

Inoltre, occorre prendere decisioni su altri elementi delle confezione: dimensione, forma, materiale, colore, testo e marchio di fabbrica. Si deve decidere, ad esempio, se il testo debba essere lungo o breve, se usare cellophane o altre pellicole trasparenti, un vassoio di plastica o di laminato, e così via. I vari elementi della confezione devono essere armonizzati. Le dimensioni hanno delle implicazioni sui materiali, sui colori e così via. Gli elementi della confezione devono essere coerenti anche con le decisioni sul prezzo, sulla pubblicità e sugli altri strumenti di marketing. Dopo aver studiato la confezione, occorre sottoporla a diversi test:

- *Prove di resistenza*, per accertare che la confezione resista a sollecitazioni normali.
- *Prove visive*, per controllare che lo scritto sia leggibile e i colori armoniosi.
- *Prove sui rivenditori*, per assicurarsi che essi trovino le confezioni attraenti e facili da maneggiare.
- *Prove sui consumatori*, per verificare la loro favorevole reazione.

Sviluppare una confezione efficace per un nuovo prodotto può rivelarsi costoso e può richiedere da alcuni mesi a un anno. Non esiste il pericolo di esagerare l'importanza della confezione, considerate le varie funzioni che svolge nell'attirare e soddisfare il consumatore. Occorre, tuttavia, prestare attenzione alle crescenti preoccupazioni della società in materia di confezionamento dei prodotti, e assumere decisioni che tengano conto dell'interesse generale, oltre che di quello dei clienti e dell'impresa. Talvolta, può essere opportuno anticipare le misure legislative che in modo sempre più sistematico limitano l'impiego di materiali non riciclabili o recuperabili.

L'etichetta. L'etichetta può essere costituita da un semplice cartellino applicato al prodotto, o da un grafico elaborato che fa parte della confezione. Può riportare solo la marca, o una serie di informazioni. Anche nel caso in cui l'impresa ritenesse sufficiente un'etichetta molto semplice, le norme vigenti potrebbero richiedere la specificazione di determinate informazioni.

Le etichette svolgono diverse funzioni, e il venditore deve decidere quali di queste realizzare. La funzione fondamentale è quella di consentire di *identificare* il prodotto o la marca, come nel caso del nome Jaffa stampigliato sui pompelmi. L'etichetta può anche servire a *classificare* il prodotto; ad esempio, le pesche sciroppate sono classificate secondo i tipi A, B, e C. Inoltre, l'etichetta può descrivere alcune delle caratteristiche del prodotto: la fonte produttiva, il luogo e l'epoca di produzione, il contenuto, la destinazione, le norme di sicurezza. Infine, l'etichetta può *promuovere* il prodotto grazie a una grafica attraente. Alcuni autori distinguono etichette di identificazione, di classificazione, descrittive e promozionali.

Le etichette di marche molto note devono essere periodicamente rinnovate e rese più moderne. L'etichetta del sapone Ivory è stata cambiata 18 volte dal 1890, con graduali mutamenti nello stile e nelle dimensioni delle lettere. I problemi legali connessi all'impiego delle etichette sono particolarmente numerosi. In passato, le imprese potevano ingannare i consumatori senza temere sanzione alcuna. Esse, infatti, erano libere di indicare o meno gli ingredienti impiegati nella confezione del prodotto, o le norme relative al corretto uso del medesimo. Più recentemente, sono state introdotte norme che progressivamente hanno realizzato una legislazione a difesa dei diritti del consumatore.

Ad esempio, la legge italiana prevede una serie di indicazioni obbligatorie nel caso dei prodotti alimentari, quali le seguenti:

1. La specificazione del nome del prodotto.
2. Il contenuto netto espresso in grammi.

3. Nome commerciale e ragione sociale del produttore, con l'indicazione dell'eventuale importatore.
4. Elenco degli ingredienti, in ordine decrescente di quantità.
5. Modalità di conservazione.
6. Istruzioni per l'uso (se necessarie).
7. Termine di conservazione (con la scritta: «Da consumarsi preferibilmente entro il giorno... mese... anno...»). Nei prodotti altamente deperibili (durata massima tre mesi), la scritta è più perentoria («Da consumarsi entro...»). Nei prodotti conservabili fino a 18 mesi (formaggi, birra, latte a lunga conservazione, ecc.), è sufficiente l'indicazione del mese e dell'anno di scadenza della conservazione.
8. Tutte le indicazioni devono essere redatte in lingua italiana. Qualora il prodotto sia fabbricato all'estero, i caratteri impiegati per le indicazioni in lingua italiana non devono essere inferiori a quelli delle altre lingue.[11]

Note

[1] La prima formulazione di una serie di livelli nell'ambito del concetto di prodotto si deve a Theodore Levitt, "Marketing Success through Differentiation - of Anything", in *Harvard Business Review*, gennaio-febbraio 1980, pp. 83-91. Ai livelli proposti da Levitt, è stato aggiunto il primo, quello concernente il *vantaggio essenziale*, o *core benefit*.

[2] Si veda Harper W. Boyd Jr. e Sidney J. Levy, "New Dimensions in Consumer Analysis", in *Harvard Business Review*, novembre-dicembre 1963, pp. 129-140.

[3] Theodore Levitt, *The Marketing Mode*, McGraw-Hill, New York 1969, p. 2.

[4] Sulle definizioni qui riportate, si veda Peter D. Bennett (a cura di), *Dictionary of Marketing Terms*, American Marketing Association, Chicago 1988. Si veda anche Patrick E. Murphy e Ben M. Enis, "Classifying Products Strategically", in *Journal of Marketing*, luglio 1986, pp. 24-42.

[5] Questo esempio si trova in Benson P. Shapiro, *Industrial Product Policy: Managing the Existing Product Line*, Marketing Science Institute, Cambridge, settembre 1977, pp. 3-5, 98-101.

[6] Si veda Steuart Henderson Britt, "How Weber's Law Can Be Applied to Marketing", in *Business Horizons*, febbraio 1975, pp. 21-29.

[7] La storia del modello Edsel, lanciato sul mercato nel settembre 1957, costituisce uno degli esempi più noti di come si possano commettere gravi errori di marketing, pur applicando le tecniche più avanzate. Per un approfondimento, si veda Robert F. Hartley, *Marketing Mistakes*, John Wiley & Sons, New York 1986, pp. 189-203.

[8] Si veda Robert D. Buzzell e Bradley T. Gale, *I principi PIMS*, Sperling & Kupfer, Milano 1987.
[9] Per una più ampia analisi del ruolo del design quale leva di marketing si veda il capitolo 11.
[10] Per un approfondimento dei temi relativi alla marca, si veda Jean-Noël Kapperer e Jean-Claude Thoenig, *La marca*, Guerini e Associati, Milano 1991.
[11] Sulle norme in materia di etichettatura e, più in generale, di protezione del consumatore, si veda Guido Alpa, *Diritto privato dei consumi*, Il Mulino, Bologna 1986.

Capitolo 17

Le decisioni relative ai servizi

*Il settore dei servizi come tale non esiste.
Esistono solo settori nei quali le componenti
di servizio sono più o meno rilevanti rispetto ad altri.
Ognuno di noi è impegnato nel realizzare un servizio.*

Theodore Levitt

Una delle trasformazioni avvenute in tempi recenti nelle principali economie concerne l'eccezionale sviluppo del settore dei servizi. Le ragioni di questo fenomeno sono evidenti e derivano dai profondi mutamenti avvenuti nei sistemi economici dell'Occidente, con il passaggio da una struttura incentrata sull'industria manifatturiera a una in cui prevalgono le attività del terziario. Tale andamento risulta ampiamente confermato da tutte le indagini statistiche sull'occupazione. Nei maggiori paesi industrializzati l'occupazione nel terziario è passata nel breve arco di trent'anni dal 40 al 60% circa dell'occupazione totale; in paesi come gli Stati Uniti, la Gran Bretagna, il Canada, il Belgio, l'Olanda e l'Australia quasi due lavoratori su tre sono occupati in un'impresa di servizi.

In Italia alla fine degli anni Ottanta il settore del terziario è divenuto il settore assolutamente preponderante dell'economia, con una quota di occupazione passata dal 43% del 1970 al 61% del 1990. Tra i principali problemi che hanno accompagnato il fenomeno della terziarizzazione vi è certo la bassa produttività che caratterizza il settore terziario nel suo complesso. Infatti, mentre il valore aggiunto nel terziario al costo dei fattori – a prezzi del 1980 – è passato dal 36% del Pil nel 1970 al 43% nel 1989 e l'occupazione è aumentata, sempre nello stesso periodo, a un tasso medio annuo pari al 2,8%, il prodotto per addetto è cresciuto a un tasso medio annuo dello 0,2%, sensibilmente inferiore a quanto registrato nel terziario degli altri principali paesi industriali.

Gli studi compiuti sull'argomento hanno individuato le cause della bassa produttività in diversi fattori, quali la possibilità di una sua sistematica sottovalutazione dovuta a un'intrinseca difficoltà di stima dell'output dei servizi, la diversa dinamica del progresso tecnico nel settore terziario rispetto al settore industriale, la scarsa concorrenza all'interno del mercato dei servizi dovuta alla presenza di barriere all'entrata, e infine le relazioni che è possibile cogliere tra occupazione nei servizi e occupazione nell'industria.[1]

È quindi più che comprensibile che si stia determinando un interesse sempre più ampio a come i servizi debbano essere prodotti e offerti sul mercato. Ciò richiede che i concetti di marketing, sviluppatisi con riferimento a beni fisici quali dentifrici, auto, macchine da scrivere e impianti, vengano riveduti in funzione delle caratteristiche specifiche di questa nuova area di applicazione.[2]

Il settore dei servizi è alquanto diversificato. Di esso fa parte il *settore pubblico* con ministeri, tribunali, uffici di collocamento, ospedali, forze armate, polizia, vigili del fuoco, uffici postali, enti di controllo e scuole. Ne fanno pure parte *istituzioni private senza fini di lucro*, come musei, enti di beneficenza, chiese, scuole, fondazioni e ospedali. Inoltre, esso comprende anche una larga quota del *settore privato*, con compagnie aeree, banche, alberghi, compagnie di assicurazione, studi legali, società di consulenza aziendale, studi medici, società cinematografiche, agenzie immobiliari, ecc.

Oltre alle tradizionali imprese di servizi, nascono continuamente nuove tipologie operative.

> Mediante il pagamento di una certa somma, esistono oggi imprese che provvedono a far quadrare i bilanci, a curare le piante, a dare la sveglia alla mattina, ad accompagnare al lavoro, a trovare una nuova casa, un lavoro, una moglie, una chiromante, un cibo per gatti o un violinista tzigano. O vorreste forse affittare un tosaerba? Acquistare del bestiame? O un quadro d'autore? O, magari, volete trovare qualche hippy per dare un tocco di originalità al vostro prossimo cocktail? Se avete invece bisogno di servizi aziendali, imprese specializzate vi organizzeranno congressi e riunioni di vendita, progetteranno i vostri prodotti, si occuperanno dell'elaborazione dei vostri dati, vi forniranno temporaneamente delle segretarie o perfino dei dirigenti.[3]

A partire dunque dalla definizione e classificazione dei servizi, cercheremo di comprendere quali sono le caratteristiche distintive di un servizio, e quali sono le fondamentali strategie di marketing che un'impresa di servizi può perseguire nell'approccio al mercato. Infine, analizzeremo le peculiarità legate alla gestione dei servizi alla clientela intese come componenti dell'offerta globale di un prodotto.

17.1 Natura e classificazione dei servizi

Un *servizio* è qualsiasi attività o vantaggio che una parte può scambiare con un'altra, la cui natura sia essenzialmente intangibile e non implichi la proprietà di alcunché. La sua produzione può essere legata o meno a un prodotto fisico.

L'offerta di un'impresa sul mercato normalmente include dei servizi, che possono essere una componente più o meno rilevante dell'offerta globale; di fatto, l'offerta può variare dall'estremo del puro bene a quello del puro servizio. Da questo punto di vista, si possono distinguere quattro categorie di offerta.

1. **Puro bene tangibile**. L'offerta è costituita sostanzialmente da un bene tangibile, come nel caso del sapone, del sale o del dentifricio, al quale non è associato alcun servizio.
2. **Bene tangibile associato a servizi**. L'offerta consiste in un bene tangibile, con uno o più servizi che aumentano l'attrattività per il consumatore. Ad esempio, un produttore di automobili vende un'auto con una garanzia, con le istruzioni per la manutenzione, e così via. Levitt osserva che: «Quanto più il prodotto generico è tecnologicamente sofisticato (ad esempio, auto e computer), tanto più le vendite dipendono dalla qualità e dalla disponibilità dei servizi per il consumatore ad esso associati (ad esempio, sale d'esposizione, consegna, riparazioni e manutenzioni, sussidi operativi, addestramento degli utilizzatori, consulenza per l'installazione, garanzie). In questo senso, la General Motors è più *service intensive* (ad alta intensità di servizio) che *manufacturing intensive* (ad alta intensità di produzione). Senza i servizi, le sue vendite crollerebbero».[4]
3. **Servizio fondamentale con associati beni e servizi di secondaria importanza**. L'offerta consiste principalmente in un servizio, più dei servizi addizionali e/o dei beni di supporto. Ad esempio, i passeggeri di una linea aerea acquistano un servizio di trasporto, e arrivano a destinazione senza avere nulla di tangibile che giustifichi la loro spesa. Tuttavia, il viaggio comprende degli elementi tangibili, quali cibo e bevande, la matrice del biglietto e una rivista della compagnia aerea. Il servizio richiede per la sua realizzazione un bene ad alta intensità di capitale, cioè un aereo, ma l'elemento primario è sempre il servizio.
4. **Puro servizio**. L'offerta è costituita primariamente da un servizio. Esempi possono essere la psicoterapia e i massaggi. Lo psicanalista offre un puro servizio, in cui i soli elementi tangibili sono lo studio del terapista e un divano.

Di conseguenza, è difficile effettuare delle generalizzazioni in materia di marketing dei servizi poiché essi variano considerevolmente gli uni dagli altri. A tale scopo è opportuno ricorrere a una loro classificazione, che può essere operata secondo diverse modalità.

In primo luogo, i servizi possono essere basati sulle *persone* o sulle *attrezzature*. Questi ultimi differiscono tra loro in relazione al grado di automatizzazione connesso al momento dell'erogazione o in base al fatto che per la loro realizzazione è necessario l'intervento di personale più o meno specializzato. Nel caso di servizi basati sulle persone si può distinguere tra servizi erogati da professionisti, operatori specializzati o operatori non specializzati (si veda la figura 17-1).

Non tutti i servizi, inoltre, richiedono la *presenza del cliente*. Se il cliente deve essere presente, chi fornisce il servizio deve tener conto delle sue necessità: quindi un istituto di bellezza sarà organizzato in modo da rendere i locali accoglienti, mediante, ad esempio, un impianto di filodiffusione e con personale addestrato a intrattenere la clientela.

I servizi differiscono notevolmente tra loro a seconda che il bisogno da soddisfare sia di natura *personale* o *professionale*; i medici, ad esempio, applicano ai pazienti privati onorari diversi rispetto a quelli richiesti ai dipendenti delle imprese con le quali hanno stipulato delle convenzioni. I produttori di servizi sviluppano generalmente programmi di marketing distinti per il mercato delle persone e per quello delle imprese.

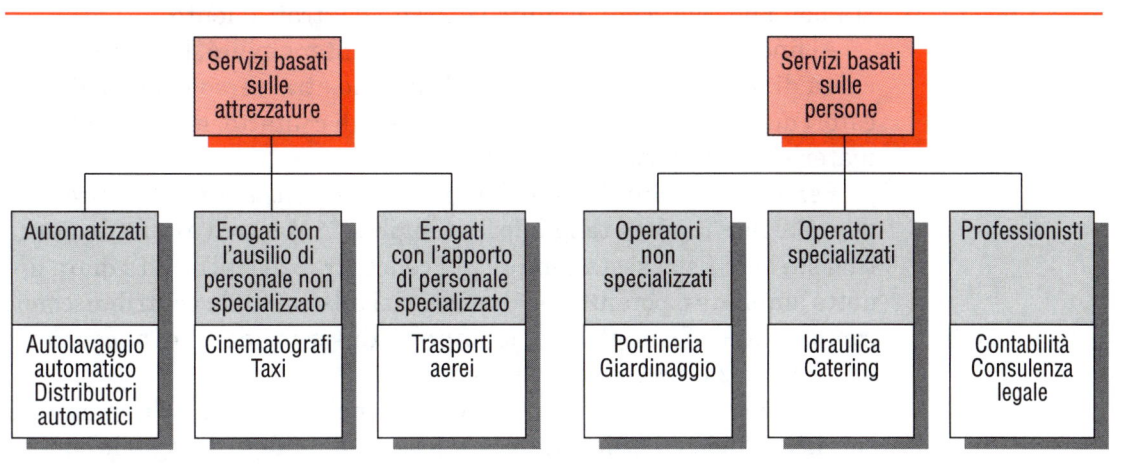

Figura 17-1 Tipologie di servizi

Servizi basati sulle attrezzature			Servizi basati sulle persone		
Automatizzati	Erogati con l'ausilio di personale non specializzato	Erogati con l'apporto di personale specializzato	Operatori non specializzati	Operatori specializzati	Professionisti
Autolavaggio automatico Distributori automatici	Cinematografi Taxi	Trasporti aerei	Portineria Giardinaggio	Idraulica Catering	Contabilità Consulenza legale

Fonte: Adattato con autorizzazione da: Dan R. E. Thomas, "Strategy is Different in Service Businesses", in *Harvard Business Review*, luglio-agosto 1978. © 1978 by The President and Fellows of Harvard College.

Infine, occorre tener conto delle *finalità* dell'impresa che eroga il servizio (conseguimento o meno del profitto) e della sua *natura* (privata o pubblica). Queste due caratteristiche, qualora vengano poste in relazione tra loro, determinano quattro differenti tipologie di aziende operanti nel settore dei servizi.[5]

17.2 Caratteristiche dei servizi e implicazioni in chiave di marketing

I servizi presentano quattro caratteristiche distintive che devono essere tenute in considerazione allorquando si definiscono i piani di marketing.

17.2.1 Intangibilità

I servizi sono intangibili; diversamente dai beni fisici, essi non possono essere visti, assaggiati, toccati, uditi o annusati prima dell'acquisto. Chi si sottopone a un intervento di chirurgia plastica non può prevederne il risultato prima dell'intervento, così come il paziente di uno psicanalista non può conoscere in anticipo l'esito del trattamento.

Al fine di ridurre l'incertezza legata all'intangibilità, l'acquirente cercherà di individuare la qualità del servizio attraverso l'analisi di indicatori quali l'ambiente fisico, il personale di contatto, le attrezzature, il materiale informativo e il prezzo.

Perciò il compito di chi offre un servizio consiste nel "gestire l'evidenza" e nel "rendere tangibile l'intangibile".[6] Mentre l'azione di marketing sui beni fisici si sta sempre più concentrando sull'offerta di un prodotto ampliato o potenziale,[7] ove i servizi alla clientela contribuiscono a completare l'offerta globale, le imprese di servizi devono, al contrario, dare evidenza fisica a offerte "astratte".

Si consideri il caso di una banca che vuole proporre un'immagine di servizio rapido ed efficiente. Essa potrebbe rendere "tangibile" questa strategia di posizionamento mediante diversi strumenti:

1. **Luogo**: la struttura fisica dell'istituto costituisce un elemento fondamentale per la costruzione di un'immagine di rapidità ed efficienza. L'am-

biente esterno e interno dovrebbe quindi essere essenziale e moderno. La disposizione delle scrivanie e il flusso della clientela dovrebbero essere progettati con estrema cura al fine di ridurre al minimo il problema delle code. I clienti che sono in attesa di parlare con l'addetto ai prestiti dovrebbero disporre di uno spazio accogliente ove potersi sedere. Anche la presenza di un impianto di filodiffusione potrebbe concorrere a fornire un'immagine di efficienza.

2. **Personale**: il personale dovrebbe essere sollecito e competente e vestire in maniera appropriata, evitando un abbigliamento casual che potrebbe influire negativamente sull'immagine globale.
3. **Attrezzature**: anche gli strumenti di supporto quali i terminali, le macchine fotocopiatrici, i fax, le stampanti dovrebbero essere non solo tecnicamente moderni ma anche efficienti, al fine di evitare inconvenienti quali il blocco dei dati e l'impossibilità più o meno temporanea di erogare servizi specifici a causa della non disponibilità delle attrezzature.
4. **Materiale informativo**: il materiale di comunicazione della banca costituisce un ulteriore elemento di creazione di immagine. Le brochure di prodotto, ad esempio, dovrebbero essere accuratamente studiate sia a livello di progetto grafico sia a livello di contenuti e di linguaggio, tenendo conto del target a cui i singoli prodotti si rivolgono.
5. **Simboli**: la banca dovrebbe scegliere un nome o un simbolo per il servizio che intende erogare. Ad esempio, per un prodotto destinato alle famiglie, il gruppo Esagono ha scelto la denominazione "Familbanca", che a un tempo definisce e delimita il target di riferimento e il rapporto che la banca intende instaurare con esso.
6. **Prezzo**: la trasparenza e la chiarezza dei prezzi associati ai singoli servizi costituisce di per sé un elemento fondamentale per suscitare un'immagine di efficienza della banca. In Italia questo aspetto acquisisce un ulteriore significato nell'ambito di un'offerta largamente indifferenziata e poco comprensibile in termini di condizioni per il contraente.

17.2.2 Inseparabilità

Un servizio è inseparabile dalla fonte che lo genera, sia essa una persona o un'attrezzatura. Poiché il cliente è, nella maggior parte dei casi, presente nel momento dell'erogazione, l'interazione fornitore/cliente rappresenta un'aspetto peculiare del marketing dei servizi. Sia il fornitore sia il cliente, quindi, influenzano il processo di offerta di un servizio nonché il servizio finale stesso. Nel caso di servizi professionali la fonte che eroga il servizio acquisisce particolare importanza: il servizio risulterà differente se a un convegno verranno sostituiti all'ultimo momento i relatori. Quando dunque i clienti hanno forti preferenze relativamente alla fonte del servizio, si pone il problema dello sfruttamento razionale del tempo che la fonte stessa può mettere a disposizione.

Per far fronte a queste limitazioni è possibile ricorrere a diverse strategie: il fornitore di servizi può apprendere a operare con gruppi più numerosi, come nel caso degli psicoterapeuti che si stanno orientando verso le terapie di gruppo e non più esclusivamente individuali. Oppure può accelerare i ritmi operativi, senza peraltro diminuire la qualità del servizio, grazie anche alle nuove tecnologie informatiche.

17.2.3 Variabilità

I servizi sono estremamente variabili, in quanto dipendono dalla persona che li fornisce, nonché dal momento e dal luogo in cui sono erogati.

Un trapianto di cuore eseguito da Christian Barnard probabilmente era qualitativamente superiore a uno eseguito da un chirurgo alle prime armi. E i trapianti eseguiti da Barnard potevano variare a seconda dell'energia e della concentrazione esistenti al momento dell'intervento. Gli acquirenti di servizi sono consapevoli di questa variabilità e spesso si consultano tra loro prima di scegliere il fornitore.

Le aziende di servizi possono intraprendere tre tipologie di iniziative per il controllo della qualità. La prima consiste nell'investire risorse adeguate nella *selezione* e nella *formazione del personale*. Le linee aeree, le banche e gli alberghi spendono somme considerevoli per addestrare il personale a fornire un servizio qualitativamente elevato. Un secondo passo consiste nel tentare di standardizzare il processo di erogazione del servizio.

La *standardizzazione* può avvenire secondo tre modalità:

1. Per mezzo di tecnologie *hard*, che comportano la sostituzione dell'attività dell'uomo con macchinari, attrezzature o altri strumenti e danno luogo a una struttura produttiva meno *labour intensive*.
2. Per mezzo di tecnologie *soft*, che consistono essenzialmente nella sostituzione delle attività che generano il servizio svolte da individui con sistemi organizzati, programmati preventivamente.

3. Per mezzo di tecnologie *ibride*, che combinano l'utilizzo di attrezzature adeguate con l'approntamento di sistemi industriali accuratamente programmati, allo scopo di migliorare l'efficienza e l'aderenza agli standard qualitativi del servizio.[8]

Nel caso della McDonald's, l'obiettivo di mantenere l'uniformità del menu e del servizio in tutti i punti di vendita è stato realizzato mediante la determinazione di standard aziendali a cui tutti i ristoranti devono attenersi e con la creazione dell'Hamburger University, un centro di formazione e addestramento degli affiliati, dei manager e di tutto il personale in generale.[9]

Infine, è possibile controllare il *livello di soddisfazione* del cliente favorendo la raccolta di suggerimenti e lamentele, mediante indagini sulla clientela stessa e acquisti comparativi, al fine di individuare e modificare i servizi qualitativamente peggiori.[10]

17.2.4 Deperibilità

I servizi non possono essere immagazzinati. È questo il motivo per cui alcuni medici fanno pagare ai clienti anche gli appuntamenti a cui non si sono presentati. La deperibilità non costituisce un problema quando la domanda è stabile, perché è facile prevederla in anticipo. Quando invece la domanda fluttua, le imprese di servizio si trovano in difficoltà. Ad esempio, le imprese di trasporti pubblici devono disporre di un numero maggiore di mezzi, a causa delle punte che la domanda raggiunge in certe ore, di quanto sarebbe necessario se la domanda fosse costante nell'arco della giornata.

Sasser ha descritto alcune strategie per conseguire un migliore equilibrio fra domanda e offerta in un'impresa di servizi.

Dal lato della domanda è possibile operare mediante:

- **Prezzi differenziati.** Una parte della domanda può essere così spostata dai periodi di punta ad altri più tranquilli. Alcuni esempi sono i biglietti del cinema ridotti per il primo spettacolo serale e i prezzi scontati per affittare un'auto nel fine settimana.
- **Sviluppo della domanda in corrispondenza dei periodi non di punta.** La McDonald's ha introdotto il servizio di colazione Egg McMuffin, mentre gli alberghi hanno proposto le minivacanze di fine settimana.

- **Servizi complementari**. Vengono offerti nei momenti in cui la domanda raggiunge il massimo livello, come sale da cocktail nelle quali intrattenere i clienti in attesa che si liberi un tavolo, o cash dispenser nelle banche.
- **Servizi di prenotazione**. Sono un modo di gestire il livello della domanda ampiamente impiegato dalle compagnie aeree, dagli alberghi e dagli studi medici e dentistici.

Dal lato dell'offerta è possibile intraprendere le seguenti azioni:

- **Assunzione di personale a tempo parziale**. Le imprese possono assumere persone che vengono utilizzate in particolari periodi di punta, come nel caso delle vendite natalizie per i grandi magazzini, o di ricevimenti per i ristoranti.
- **Adozione di procedure semplificate**. Nei periodi di massima domanda il personale svolge solo i compiti essenziali. Ad esempio, negli ospedali il personale paramedico interviene in aiuto dei medici in momenti di particolare attività.
- **Promozione di una maggiore partecipazione dei consumatori**. Ciò è quanto avviene quando i clienti di un supermercato ripongono essi stessi la spesa nei sacchetti.
- **Cooperazione nell'uso dei servizi**. Le imprese possono accrescere la propria capacità di far fronte alle punte di domanda attraverso varie forme di cooperazione, istituzionalizzata o meno. Ne sono esempio le compagnie aeree che si scambiano reciprocamente assistenza, o gli alberghi, allorquando procedono a smistare la clientela eccedente.[11]

17.3 Strategie di marketing per le imprese di servizi

Fino a tempi relativamente recenti, le imprese di servizi hanno fatto ricorso al marketing in misura minore rispetto alle imprese industriali. Secondo una ricerca condotta da George e Barksdale su un campione di 400 aziende di servizi e manifatturiere:

Le imprese di servizi presentano, rispetto alle imprese manifatturiere, le seguenti caratteristiche essenziali: (1) è meno probabile che le attività di marketing vengano svolte da una specifica funzione aziendale; (2) la domanda viene analizzata in minor misura; (3) è più frequente che la pubblicità venga gestita all'interno dell'impresa, piuttosto che da un'agenzia esterna; (4) è meno frequente l'impiego di programmi di vendita; (5) è meno frequente che vengano sviluppati programmi di addestramento del personale di vendita; (6) è meno frequente l'impiego di istituti di ricerca di mercato e di consulenti di marketing; e, infine, (7) l'entità delle spese di marketing rispetto al volume delle vendite è meno elevata.[12]

Varie sono le ragioni per cui le imprese di servizi hanno trascurato i concetti e le tecniche di marketing. Molte di queste imprese sono di piccole dimensioni e assai di frequente non superano il livello artigianale. Ne consegue che esse non impiegano tecniche particolari di gestione, ritenute irrilevanti e costose. Esistono inoltre degli operatori di servizi, ad esempio gli avvocati e i commercialisti, che ritengono contrario all'etica professionale l'impiegare strumenti di marketing. Altre organizzazioni, come le università e gli ospedali, hanno avuto una domanda elevata fino ai tempi recenti, per cui non hanno manifestato alcuna necessità di strumenti di marketing.

La difficoltà di gestione in chiave di orientamento al mercato di un'impresa di servizi si riconnette strettamente al limite manifestato da un approccio in termini di marketing tradizionale.

> Il *processo di erogazione di un servizio* si può definire, infatti, come l'organizzazione sistematica e coerente di tutti gli elementi, fisici e umani, dell'interazione cliente-impresa, volta a realizzare una prestazione di servizi di cui siano state determinate le caratteristiche commerciali e i livelli di qualità.[13]

Due elementi si aggiungono quindi al processo rispetto alla produzione industriale: il sistema di organizzazione interna dell'impresa di servizi e gli altri clienti della stessa impresa (si veda la figura 17-2).

Ambiente fisico e personale di contatto rappresentano, all'interno del sistema, la parte visibile dell'impresa di servizi. Questi elementi sono però condizionati dall'organizzazione interna dell'impresa stessa: gli obiettivi a cui mira, la struttura che ha adottato, le operazioni che effettua, in una parola il management. È quella parte che risulta invisibile agli occhi del cliente. Il sistema di organizzazione interna è dunque costituito da tutte le funzioni classiche dell'impresa – finanza,

Figura 17-2 Il sistema di erogazione di un servizio

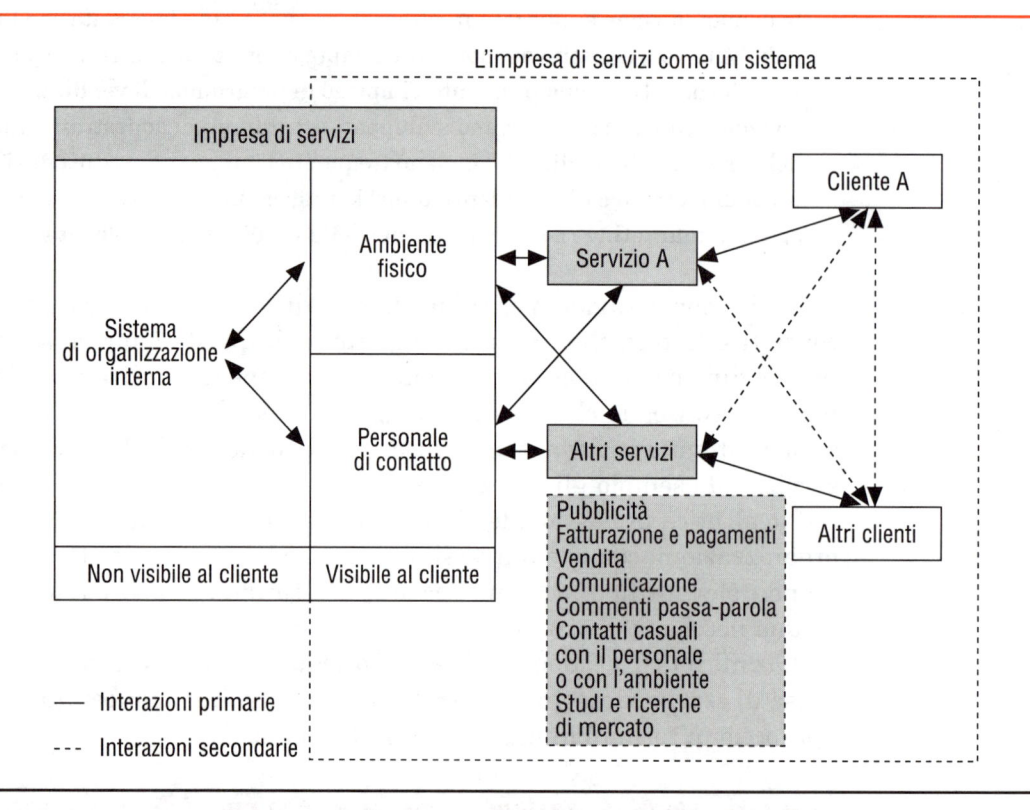

L'impresa di servizi come un sistema

Impresa di servizi
- Sistema di organizzazione interna
- Ambiente fisico
- Personale di contatto
- Non visibile al cliente
- Visibile al cliente

Servizio A — Cliente A
Altri servizi — Altri clienti

Pubblicità
Fatturazione e pagamenti
Vendita
Comunicazione
Commenti passa-parola
Contatti casuali con il personale o con l'ambiente
Studi e ricerche di mercato

— Interazioni primarie
--- Interazioni secondarie

Fonte: Modificato da P. Eiglier e E. Langeard, "A Conceptual Approach of the Service Offering", in *Atti del X convegno annuale della EAARM*, Copenhagen School of Economics and Business Administration, 1981.

marketing, gestione del personale – ma anche da funzioni specifiche, necessarie alla realizzazione del servizio: in un albergo esse possono essere rappresentate dai rifornimenti, dalla manutenzione del materiale, dalle pulizie, ecc., in un negozio possono essere i sistemi di acquisto, di immagazzinaggio, di movimentazione e esposizione della merce, ecc.

Quando si tratta di servizi rivolti al grande pubblico, è raro che essi vengano offerti a un solo cliente alla volta. Vi sono in genere numerosi clienti nello stesso istante in una banca, in un supermercato, in un albergo. Il cliente A che si trova all'interno di una banca per ottenere un servizio instaurerà con l'ambiente fisico e con il personale di contatto relazioni dello stesso tipo di quelle degli altri clienti presenti contemporaneamente. Ma si creeranno necessariamente anche rapporti tra i clienti stessi, poiché essi si trovano fisicamente insieme nello stesso luogo. Queste relazioni possono assumere qualunque forma, ma alcune di esse possono influire sulla qualità del servizio reso a ciascun individuo e sulla soddisfazione che a lui ne deriva.

In relazione a questa complessità, Gronroos ha rilevato come all'interno del marketing dei servizi intervengano due nuove dimensioni rilevanti: il *marketing interno* e il *marketing interattivo* (figura 17-3).[14]

Il *marketing interno* riguarda l'insieme delle azioni sviluppate dall'azienda per formare e motivare i suoi *clienti interni*, ovvero il personale di contatto e il personale di supporto, affinché interagiscano in vista del fine comune, rappresentato dalla soddisfazione della clientela. Ciascuno di essi dovrà quindi essere orientato al mercato, dal momento che mancando tale prerequisito l'obiettivo della creazione di un elevato livello del servizio potrebbe non essere conseguito. Berry ha suggerito che il più importante contributo che la funzione marketing può apportare all'azienda è quello di diffondere al suo interno una reale cultura di marketing.[15] Si usa il termine *marketing interattivo* per descrivere tutti i contatti intercorrenti tra l'azienda fornitrice di servizi

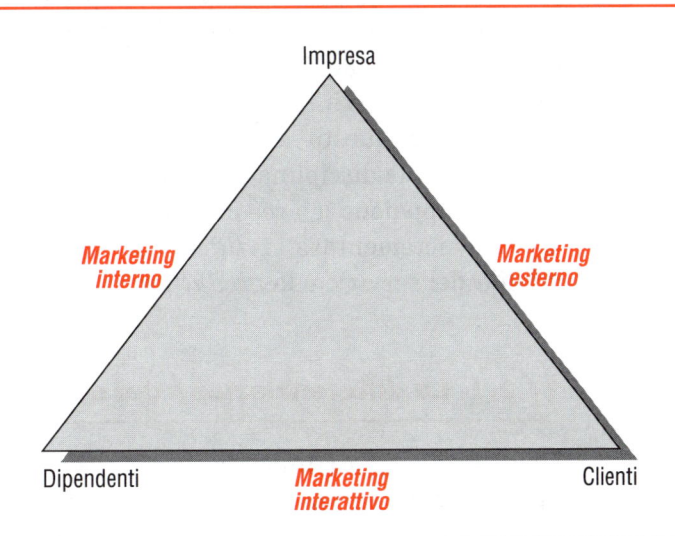

Figura 17-3 Le tre tipologie di marketing del settore dei servizi

e i suoi clienti nel momento dell'erogazione. Ogni contatto individuale tra personale di contatto e clientela implica una dimensione di marketing; se in tale occasione i clienti sono favorevolmente impressionati dal personale di contatto, e quindi anche dall'azienda, il rapporto con il cliente si rafforza e aumenta la possibilità che divenga duraturo nel tempo e che porti a un ulteriore incremento di affari e viceversa.

Ne consegue che la qualità non riguarda unicamente il risultato finale del servizio, ma anche il modo in cui esso è stato fornito. A questo livello è possibile distinguere quindi due tipi di qualità nei servizi: la *qualità tecnica*, che riguarda ciò che il cliente riceve effettivamente dal servizio, e la *qualità funzionale*, che ha a che fare con il modo nel quale viene erogato il servizio stesso.[16]

La difficoltà insita nella valutazione della qualità di un servizio ci porta a distinguere tre diverse tipologie di caratteristiche (figura 17-4) sulla base delle quali è possibile identificare differenti tipologie di prodotti e servizi:[17] a sinistra del grafico troviamo quei prodotti con elevate caratteristiche di "ricerca", ossia attributi che il consumatore può stabilire prima dell'acquisto; al centro si trovano posizionati i prodotti e i servizi con elevate caratteristiche di "sperimentazione", espresse da attributi che si possono apprezzare soltanto dopo l'acquisto o durante il consumo; a destra infine si trovano quei prodotti e servizi con elevate caratteristiche di "fiducia", ossia quelle che al consumatore è quasi impossibile valutare anche dopo l'acquisto e il consumo. Dal momento che la maggior parte dei servizi presenta poche caratteristiche di "ricerca", e molte di "sperimentazione" e di "fiducia", questo determina nel consumatore una maggiore percezione del rischio connesso all'acquisto di un servizio. Dato l'intensificarsi della competizione che si sta registrando all'interno di questo settore, emerge la necessità di un approccio più sofisticato alla disciplina e alle tecniche del marketing applicato ai servizi. Tre appaiono le aree cruciali per il management di un'impresa di servizi: incrementare la *differenziazione* rispetto alla concorrenza, la *qualità* del servizio e la *produttività*.

17.3.1 La differenziazione dei servizi

Una delle maggiori difficoltà che si presentano a coloro che operano nel marketing dei servizi è connessa alle modalità di differenziazione dei servizi stessi. Il processo di deregolamentazione a cui si sta assistendo

Figura 17-4 I differenti tipi di prodotti

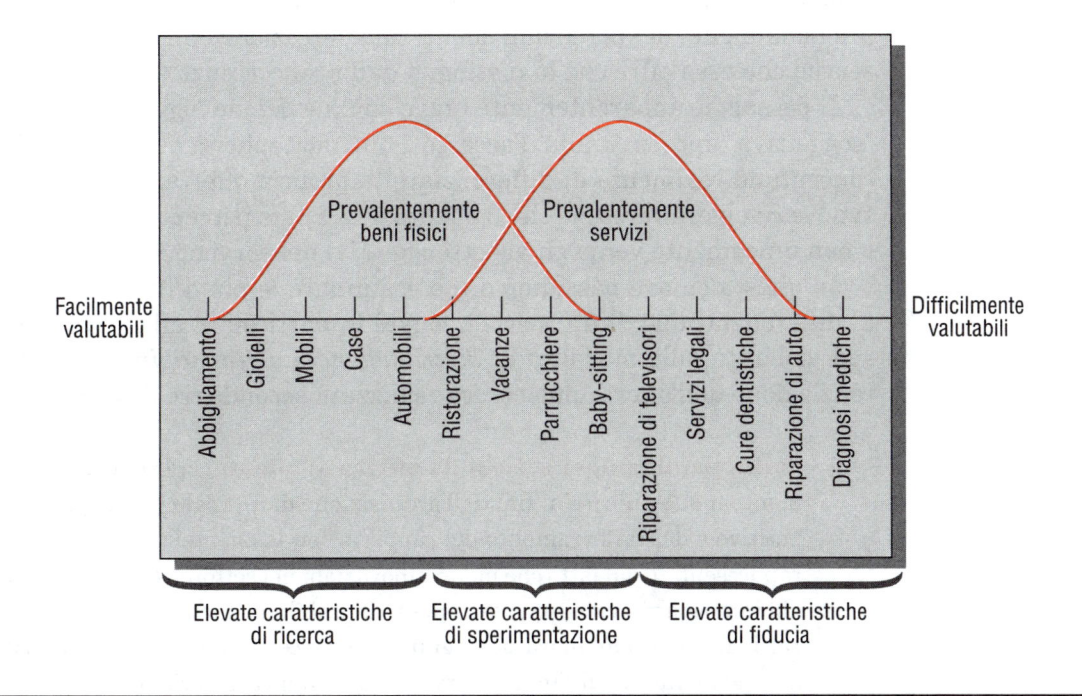

Fonte: Valarie A. Zeithmal, "How Consumer Evaluation Processes Differ between Goods and Services", in James H. Donnelly e William R. George (a cura di), *Marketing of Services*, American Marketing Association, Chicago 1981.

nell'ambito di settori come le telecomunicazioni, i trasporti, l'energia e i servizi finanziari, ha determinato un incremento della competizione basata sulla leva prezzo.

Il problema è rappresentato dal fatto che questo non consente di differenziare l'offerta di servizi. Vale la pena quindi di soffermarsi sul concetto di differenziazione. L'approccio più diffuso ha una dimensione di tipo "oggettivo", ovvero un servizio si può distinguere dagli altri solo se è veramente differente: i testi sul marketing e sulle strategie concorrenziali enfatizzano infatti l'importanza di creare un servizio positivamente "unico" che si suppone possa offrire un notevole vantaggio competitivo.

Questo approccio "oggettivo" alla differenziazione sembra non considerare d'altro canto alcune evidenze di mercato: molti servizi "unici" non riescono a distinguersi sul mercato (spesso a causa della facile imitabilità a essi connessa) e molti prodotti ben differenziati sotto il profilo della distinguibilità non sono "unici". Differenziare allora significa creare nella mente dei potenziali clienti una percezione dell'impresa e dei servizi che essa offre che la distingua dalla concorrenza.

Il passaggio apparentemente breve da una visione "oggettiva" a una "soggettiva" apre, in realtà, l'accesso a una molteplicità di strategie che consentano realmente di differenziare la propria offerta. L'attenzione si deve rivolgere verso ciò che il cliente potenziale percepisce e non solo o non unicamente verso gli aspetti oggettivi del servizio.[18]

In questa chiave passiamo ora a esaminare le più diffuse modalità di differenziazione di un servizio legate in particolare all'*offerta* nella sua globalità, alle modalità di *distribuzione* e all'*immagine*. La differenziazione dell'offerta può essere realizzata secondo tre direttrici:[19]

1. **Sviluppando nuovi servizi da offrire al cliente**: questo è uno strumento molto efficace ai fini dell'acquisizione di un reale vantaggio competitivo e del rafforzamento del rapporto con la clientela. Il problema è rappresentato dal fatto che molte innovazioni nel settore dei servizi, come abbiamo già rilevato, sono facilmente imitabili da parte della concorrenza. L'azienda può allora perseguire con successo questa strategia solo nel momento in cui l'innovazione diviene una caratteristica distintiva, ovvero quando essa viene perseguita con continuità garantendo all'azienda che la realizza non solo l'acquisizione di un vantaggio competitivo temporaneo, ma anche la diffusione di un'immagine innovativa che può attrarre i consumatori più sofisticati. La Citicorp in questo senso ha sviluppato un'immagine di leader dell'innovazione nel settore bancario introducendo per prima sul mercato gli ATM (*automatic teller machines*), le gestioni finanziare e le carte di credito ad ampio raggio di operatività.

2. **Attivando altri servizi o elementi dei servizi esistenti**: si tratta di offrire una serie di servizi periferici rispetto al servizio base, ampliandolo. Questo secondo tipo di attività appare assai meno sensazionale e perciò non sempre viene considerato un fattore strategico. Tuttavia, può avere un impatto molto forte sul rapporto con il cliente, più forte che nel caso del primo tipo di attività. Specialmente laddove il nucleo centrale del servizio è praticamente identico per tutti i concorrenti, la scelta del cliente può essere influenzata da qualcosa che, rispetto alla sostanza del servizio, è solo tangenziale. Nel caso di un viaggio in aereo tali servizi potrebbero essere rappresentati dalla gestione dei bagagli, dal check-in, dalla pulizia, dal comfort dei sedili, dal servizio durante il volo, ecc.

3. **Personalizzando il servizio**: da una situazione di marketing di massa anche nel settore dei servizi ci si sta muovendo verso il cosiddetto *customized marketing*, ovvero verso l'offerta di servizi sempre più aderenti alle specifiche necessità del singolo cliente. In questo caso viene esaltato ai massimi livelli il rapporto di interazione fornitore/cliente.

Il *sistema di erogazione* del servizio costituisce una seconda importante area dove la strategia di differenziazione può concretizzarsi. In questo caso un'azienda di servizi può agire sul personale di contatto, che diviene fattore critico di successo nel momento in cui si dimostra ad esempio più competente e disponibile rispetto a quello della concorrenza.

Anche l'ambiente fisico all'interno del quale il servizio viene erogato costituisce una variabile di differenziazione. Un esempio è offerto dal Club Méditerranée, la cui politica è quella di progettare e controllare l'ambiente fisico fino al più piccolo dettaglio. Ciò ha consentito di scoprire che la dimensione dei tavoli da pranzo è molto importante. Tutti i tavoli del Club sono fatti su misura per otto persone, dal momento che tavoli più piccoli non promuovono nuovi contatti sociali, mentre con tavoli più grandi si formano sottogruppi isolati. Infine, l'azienda può sviluppare un migliore processo di erogazione del servizio ai fini dell'acquisizione di un vantaggio competitivo. L'home banking rappresenta nel settore bancario un felice esempio di innovazione del processo di distribuzione. Le imprese di servizi possono inoltre perseguire una strategia di differenziazione basata sull'*immagine*, anche attraverso l'utilizzo di marchi e simboli.

Il leone di San Marco, simbolo delle Generali, e il "biscione" della Fininvest, che compaiono su tutte le comunicazioni pubblicitarie dei due gruppi, costituiscono un chiaro esempio di differenziazione.

In termini più globali, occorre sottolineare come l'attenzione per l'immagine aziendale non si debba esplicare semplicemente in campagne pubblicitarie e di relazioni esterne, ma debba penetrare nel cuore della gestione strategica di un'impresa di servizi, in modo da rappresentare l'espressione del posizionamento strategico dell'azienda e da contribuire a una migliore percezione della qualità dei servizi offerti al pubblico.

In una tale prospettiva, il fattore immagine diventa un vero e proprio snodo interfunzionale, chiamando in causa l'intero sistema organizzativo, giacché ogni componente della struttura deve essere sicuramente coinvolto in misura più o meno rilevante. Ed è proprio questa interfunzionalità che rende molto spesso difficile una seria gestione strategica dell'immagine e, conseguentemente, la possibilità di trasformare tutto ciò in un fattore di successo.[20]

17.3.2 La qualità del servizio

Sia i ricercatori sia i manager che operano nel settore dei servizi concordano sul fatto che la qualità dei servizi comporta una comparazione tra *aspettative* e *prestazioni*. In questi termini, allora, la qualità di un servizio è la misura di quanto il servizio reso corrisponda alle aspettative del cliente.

Un'impresa di servizi deve quindi tentare di comprendere quelle che sono le aspettative della clientela nei confronti della propria offerta. Vi sono alcuni fattori chiave che possono determinare tali aspettative; tra questi sono annoverabili le comunicazioni tramite il passa-parola, le esigenze personali, l'esperienza passata nell'uso del servizio e le comunicazioni esterne effettuate dall'impresa erogatrice del servizio, ovvero tutti i messaggi diretti e indiretti inviati dall'azienda ai clienti.

I manager che ogni giorno si sforzano con ogni mezzo di differenziare l'azienda dai concorrenti e assicurarle un vantaggio sostenibile in un ambiente sempre più competitivo, si rendono conto dell'importanza di riuscire a fornire un servizio di qualità superiore soddisfacendo o superando le aspettative dei clienti.

Tuttavia, limitarsi a credere nell'importanza di offrire prestazioni eccellenti non è sufficiente; occorre avviare un processo continuo per:

1. Verificare le percezioni dei clienti sulla qualità del servizio.
2. Individuare le cause delle carenze di quest'ultimo.
3. Attuare le iniziative adeguate a migliorarlo.

A questo scopo Parasuraman, Zeithmal e Berry hanno individuato alcuni dei fattori determinanti nella percezione della qualità dei servizi; in particolare essi sottolineano:[21]

- **L'accesso**. Riguarda la possibilità di accesso a un servizio e la facilità di contatto: ad esempio, nel caso di un servizio accessibile telefonicamente sono importanti le linee libere e tempi di attesa brevi.
- **La comunicazione**. Significa tenere informati i clienti con un linguag-

gio comprensibile e prestare loro ascolto. Divengono quindi importanti elementi quali la spiegazione del servizio, la precisazione del suo costo, la funzione di rassicurazione rispetto alla soluzione del problema, ecc.

- **La competenza**. Significa, per il personale di contatto e il personale di supporto operativo, possedere le capacità e le conoscenze necessarie all'erogazione del servizio.
- **La cortesia**. Ovvero gentilezza, rispetto, considerazione e amabilità da parte del personale di contatto.
- **La credibilità**. Significa fondamentalmente fiducia e onestà: essa comporta l'avere realmente a cuore l'interesse del cliente.
- **L'affidabilità**. Implica la corrispondenza tra prestazione e fiducia che deve essere mantenuta costante nel tempo e nel rapporto con il cliente.
- **La capacità di risposta**. Riguarda la volontà e la prontezza da parte del fornitore a erogare il servizio.
- **La sicurezza**. È la libertà dal pericolo, dal rischio o dal dubbio e può articolarsi secondo diverse dimensioni quali la sicurezza fisica, la sicurezza finanziaria, la riservatezza, ecc.
- **Le attività tangibili**. Comprendono sostanzialmente l'aspetto fisico del servizio, ovvero le attrezzature e gli strumenti utilizzati per l'erogazione, l'aspetto del personale, le rappresentazioni fisiche del servizio quali le carte di credito plastificate o le distinte bancarie, ecc.
- **La comprensione/conoscenza del cliente**. Significa la capacità e l'impegno nel conoscere il cliente, le sue caratteristiche ed esigenze.

Nell'ambito di questo modello, rappresentato dalla figura 17-5, gli stessi autori hanno individuato una serie di divari che possono rappresentare degli ostacoli significativi quando si voglia fornire un servizio che il consumatore percepisca come qualitativamente elevato:

1. **Il divario esistente tra aspettativa del consumatore e percezione del management**. I manager delle imprese di servizi non sempre individuano correttamente quali sono le caratteristiche che connotano la qualità agli occhi dell'acquirente e quali sono gli aspetti del servizio essenziali per soddisfarne i desideri; oppure, se li conoscono, possono non sapere quali siano i corrispondenti livelli di prestazione richiesti.
2. **Il divario tra la percezione da parte dei manager e le specifiche di qualità del servizio**. In questo modo si misura la difficoltà rilevata da parte del management di un'azienda di servizi nel tentare di soddisfare le aspettative dei consumatori.

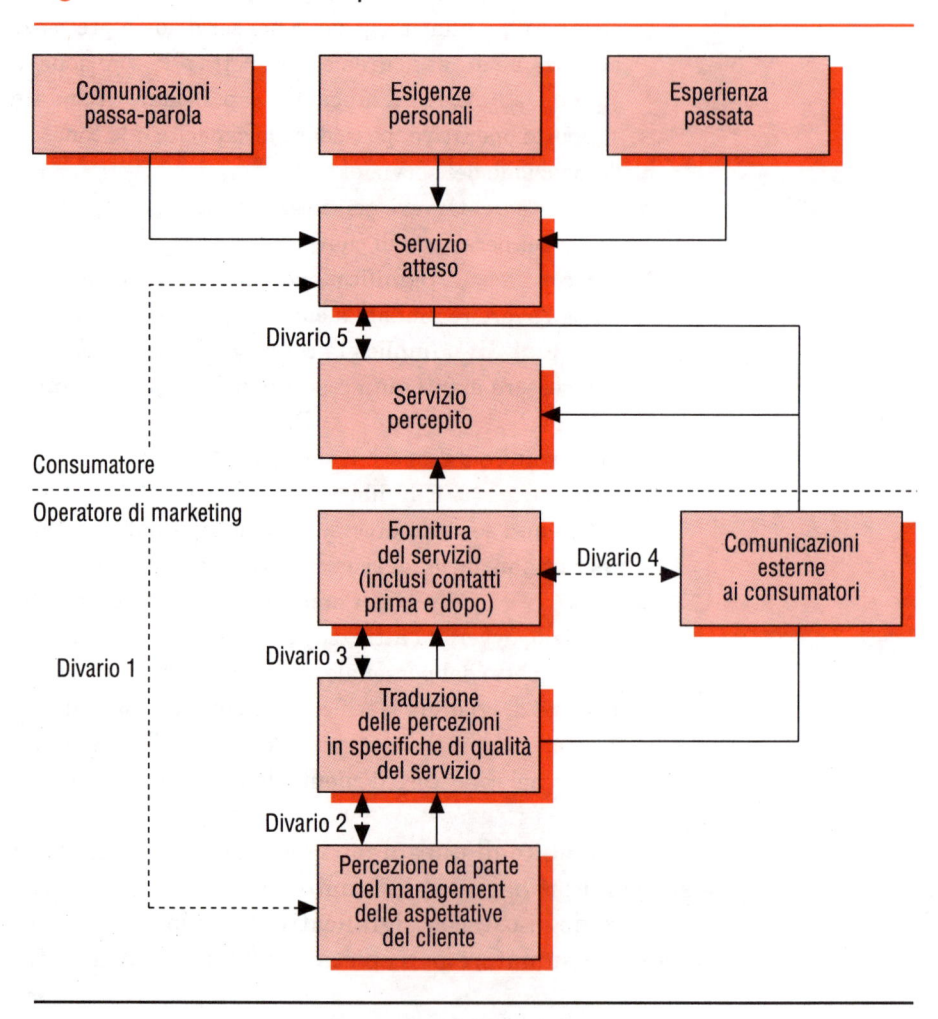

Figura 17-5 Modello della qualità dei servizi

[Diagramma: Comunicazioni passa-parola, Esigenze personali, Esperienza passata → Servizio atteso ↔ (Divario 5) Servizio percepito. Lato Consumatore / Operatore di marketing separati da linea tratteggiata. Fornitura del servizio (inclusi contatti prima e dopo) ↔ Divario 4 ↔ Comunicazioni esterne ai consumatori. Divario 3: Traduzione delle percezioni in specifiche di qualità del servizio. Divario 2: Percezione da parte del management delle aspettative del cliente. Divario 1 collega aspettative del cliente con il servizio atteso.]

Fonte: A. Parasuraman, Valarie A. Zeithmal e Leonard L. Berry, "A Conceptual Model of Service Quality and Its Implications for Future Research", in *Journal of Marketing*, autunno 1985, p. 44.

3. Il divario tra le specifiche di qualità e le prestazioni effettive. Anche ove esistano criteri precisi per la buona esecuzione del servizio e il corretto trattamento del cliente, non sempre esiste la certezza che la prestazione del servizio risulti di buona qualità. I manager sono consapevoli della forte influenza esercitata dal personale delle aziende di servizi sulla percezione della qualità da parte dei consumatori e del fatto che tali prestazioni non sempre possono essere standardizzate. Come pure le prestazioni possono essere influenzate da strutture di supporto adeguate.

4. **Il divario tra la fornitura del servizio e le comunicazioni esterne.** La pubblicità attraverso i media e le altre comunicazioni emesse da un'azienda sono in grado, come abbiamo visto, di influenzare le aspettative del consumatore.

   Se tali aspettative hanno un ruolo importante nella percezione della qualità del servizio, l'impresa deve essere attenta a non promettere comunicando più di quanto in realtà essa possa offrire. Ciò infatti potrà far crescere le aspettative iniziali, ma in seguito determinerà un abbassamento della qualità percepita qualora le promesse non vengano mantenute.

5. **Il divario tra servizio atteso e servizio percepito.** Questo scostamento si manifesta quando si verificano uno o più dei precedenti scostamenti. Diviene in questo senso chiaro quanto difficile sia fornire un servizio di elevato livello qualitativo.

Numerosi studi condotti in aziende di servizi di successo hanno evidenziato l'esistenza di alcune prassi ormai consolidate per la realizzazione di servizi qualitativamente eccellenti, quali:

- **L'approccio strategico.** Tali aziende posseggono una chiara nozione del proprio mercato obiettivo e dei bisogni a esso associati. Esse hanno sviluppato una strategia distintiva nell'approccio al mercato che si è dimostrata vincente accrescendo la fedeltà dei consumatori;

- **Un impegno storico da parte del management nel perseguire obiettivi di qualità**: aziende quali la McDonald's presentano questa caratteristica. Il management non si preoccupa solo dei risultati finanziari di breve periodo ma anche delle performance del servizio. Ray Kroc, il fondatore della catena, ha sempre insistito sulla misurazione continuativa delle performance di ogni ristorante sulla base della nota formula, ormai motto dell'impresa, QSCV (qualità, servizio, pulizia e valore).

- **La definizione di standard qualitativi elevati.** La Swissair, ad esempio, si pone come obiettivo l'avere una percentuale maggiore al 96% di clienti che giudicano il suo servizio buono o ottimo; la Citibank ha fissato come standard la risposta alle telefonate entro 10 secondi, alle lettere entro 2 giorni e si pone come obiettivo il pieno soddisfacimento delle esigenze del 90% della clientela totale e del 70% del proprio personale.

- **I sistemi di monitoraggio delle performance del servizio.** Le migliori aziende di servizi hanno attivato sistemi periodici di controllo delle performance dei propri servizi e di quelli della concorrenza. A tale scopo vengono utilizzati strumenti quali gli acquisti comparativi, gli acquisti "fantasma", le indagini periodiche presso la clientela, le cassette per i suggerimenti, i gruppi di controllo, gli uffici reclami.

- **I sistemi per garantire il soddisfacimento dei reclami della clientela.** La risposta correttamente gestita e pianificata alle lamentele della clientela si è dimostrata uno strumento utile per l'acquisizione di un vantaggio competitivo nel settore dei servizi. In una grande catena alberghiera, a fronte di una valutazione negativa da parte del cliente degli accessori presenti nella sua camera, il receptionist gli comunica la possibilità di prenotare gli accessori richiesti mediante una telefonata in occasione del prossimo soggiorno. In un ristorante di Seattle vigono le seguenti regole: se il cliente deve aspettare tra i dieci e i venti minuti oltre l'orario di prenotazione le bevande sono gratis; se aspetta per più di venti minuti l'intero pasto è gratis; se il pane viene portato in tavola dopo più di cinque minuti da quando il cliente si è seduto una portata è gratuita.[22]

- **L'attenzione rivolta al soddisfacimento delle esigenze del personale dell'azienda.** Tra i responsabili d'impresa più lungimiranti nel settore dei servizi si dice comunemente: «Quel che non potete vendere al vostro personale non potete venderlo neppure al cliente».[23] Ciò è importante non solo in rapporto alla vendita del servizio al cliente: vale anche per la "vendita" del concetto stesso di azienda che si vuole trasmettere a chi vi lavora. Al fine, quindi, del mantenimento di elevati standard di qualità dei servizi offerti, occorre sviluppare un corretto sistema di incentivazione, motivazione, produttività e professionalità dei dipendenti.

17.3.3 La gestione della produttività

Poiché il settore dei servizi presenta un'alta intensità di lavoro, il livello dei costi è andato rapidamente crescendo, determinando così una forte spinta verso la ricerca di una maggiore produttività. A questo scopo è possibile applicare una delle seguenti cinque soluzioni. La prima consiste nell'ottenere un maggior volume di prestazioni, oppure prestazioni di qualità più elevata, a parità di remunerazione. Mentre è praticamente da escludere la possibilità di ottenere una maggiore quantità di prestazioni senza un pari o più che proporzionale aumento dei salari, esiste invece quella di migliorare la qualità delle prestazioni mediante una selezione più accurata del personale e l'impiego di più efficaci metodi di addestramento.

Un seconda soluzione è rappresentata dall'aumento della quantità del servizio a scapito della qualità. È quanto avviene in molti settori allorquando si assiste a una riduzione del personale, o dei servizi offerti, a parità di attività svolta.

Si pensi alla riduzione dei presidi medici negli ospedali, del numero delle commesse nei grandi magazzini, dei servizi offerti a bordo degli aerei in volo sulle linee interne.

La terza soluzione si basa sull'incremento della capacità produttiva del servizio. In proposito, Levitt ha raccomandato che le imprese di servizi adottino un «atteggiamento da impresa manifatturiera», sull'esempio della McDonald's, la quale ha applicato il principio della linea di montaggio al settore della ristorazione rapida, pervenendo così a creare l'"hamburger tecnologico".

La quarta soluzione consiste nel ridurre o nel rendere obsoleto il bisogno di servizio mediante lo sviluppo di un prodotto sostitutivo. Sotto questo profilo, il televisore è un sostituto dei divertimenti fuori casa, le camicie lava-e-indossa hanno ridotto il bisogno di lavanderie e la penicillina ha ridotto il bisogno di cure sanatoriali.

La quinta soluzione consiste nel rendere più efficace il servizio. Le cure per smettere di fumare e il jogging potrebbero ridurre in futuro la domanda di servizi medici. Assumere dei dipendenti con delle conoscenze giuridiche può ridurre la domanda di costosi consulenti legali.

17.4 I servizi a supporto dei prodotti

Il servizio assume una grande importanza anche per le imprese manifatturiere, la cui offerta sul mercato include anche pacchetti di servizi che possono rappresentare una componente più o meno rilevante dell'offerta globale.

I produttori di apparecchiature – piccoli elettrodomestici, macchine da ufficio, mainframe, aerei – si stanno gradualmente convertendo alla logica dell'offerta di un prodotto ampliato, in cui i *servizi di supporto al prodotto* acquisiscono una valenza sempre più importante in relazione al ruolo che essi vanno assumendo quali strumenti per la conquista di un vantaggio competitivo. Le aziende che operano in questa prospettiva dimostrano performance più elevate rispetto alle imprese meno orientate al servizio.

Lo Strategic Planning Institute ha analizzato a tale scopo un certo numero di settori attraverso la banca dati PIMS e ha rilevato che le business unit all'interno delle singole aziende sono valutate dai clienti in termini più o meno positivi a seconda, appunto, della "qualità relativa percepita del servizio".

La tavola 17-1 dimostra che i business a elevata componente di servizio riescono a spuntare prezzi più elevati rispetto alla concorrenza, a crescere più rapidamente in termini di quota di mercato e a essere maggiormente profittevoli. In questo quadro, le aziende si devono concentrare sulle strategie di servizio pre e post-vendita.

17.4.1 I servizi pre-vendita

Un produttore di macchinari deve progettare a un tempo sia il prodotto sia il servizio che intende offrire alla sua clientela obiettivo per soddisfarne le esigenze. È chiaro, d'altro canto, che egli non può soddisfare le

Tavola 17-1 Contributo della qualità del servizio alle performance

	Business a elevata componente di servizio	Business a bassa componente di servizio	Differenza
Prezzi (indice relativo ai concorrenti)	7%	−2%	+ 9%
Cambiamento annuale della quota di mercato	6%	−2%	+ 8%
Incremento annuale delle vendite	17%	8%	+ 9%
Profitto lordo sulle vendite	12%	1%	+11%

Fonte: Phillip Thompson, Glenn Desourza e Bradley T. Gale, "The Strategic Management of Service and Quality", in *Quality Progress*, giugno 1985, p. 24.

aspettative ideali del cliente, ossia offrire un prodotto con elevati standard qualitativi in termini di alta velocità, bassi costi di gestione, tassi di rottura prossimi allo zero e durata illimitata. Può solamente promettere un determinato livello di prestazioni in relazione agli obiettivi della clientela, definendo nel contempo quella che egli ritiene essere la propria strategia di posizionamento rispetto ai concorrenti. Ad esempio, la Caterpillar ha raggiunto una posizione di supremazia nel settore delle macchine per il movimento terra garantendo la disponibilità dei ricambi entro 48 ore; in caso contrario il cliente li ottiene gratuitamente.

È perciò necessario che l'impresa effettui indagini tra i suoi clienti obiettivo al fine di identificare i principali servizi a cui essi attribuiscono valore e valutare la loro importanza relativa. Una ricerca di questo tipo aiuta l'impresa a prendere corrette decisioni relativamente al mix di servizi con il quale essa intende ampliare la propria offerta.

Nel caso di apparecchiature costose, come quelle per le analisi oculistiche, i servizi minimali dovrebbero essere costituiti da:

- Servizi di consulenza architettonica, per la progettazione delle strutture che dovranno ospitare l'apparecchiatura.
- Servizi di installazione.
- Servizi di addestramento del personale che dovrà utilizzarla.
- Servizi di manutenzione e riparazione.
- Servizi finanziari.

Un'azienda deve quindi impostare in parallelo il progetto del prodotto e le decisioni relative al mix di servizi che intende offrire *a latere*. I responsabili della progettazione e della qualità dovrebbero far parte sin dall'inizio del team preposto allo sviluppo di un nuovo prodotto.

Talora, infatti, i prodotti possono essere progettati in modo da ridurre la necessità di taluni servizi accessori. La fotocopiatrice portatile della Canon utilizza una cartuccia d'inchiostro usa-e-getta che riduce significativamente l'esigenza di assistenza tecnica. La Kodak e la 3M stanno progettando apparecchiature che consentano all'utente di collegarsi a una struttura diagnostica centrale che svolge i test, localizza l'inconveniente ed effettua la riparazione in collegamento telefonico.

17.4.2 I servizi post-vendita

I produttori di macchinari e apparecchiature devono prendere delle decisioni in merito al mix di servizi post-vendita che intendono offrire, includendo tra questi i servizi di manutenzione e riparazione, di addestramento e quant'altro. Esistono quattro possibilità:

1. Il produttore può fornire direttamente questi servizi.
2. Il produttore può stipulare accordi con distributori e concessionari per la fornitura dei servizi.
3. Il produttore può lasciare a terzi la fornitura di tali servizi.
4. Il produttore può lasciare l'iniziativa, in termini di servizi a supporto del prodotto, ai consumatori.

Si consideri il caso dei servizi di manutenzione e riparazione. Di norma, i produttori adottano inizialmente la prima alternativa: essi intendono restare vicini al loro prodotto e conoscerne i problemi; inoltre, ritengono costoso addestrare a tale scopo altre persone senza contare che ciò richiede tempo.

In molti casi poi scoprono quanto possa essere redditizio entrare nel business dell'"assistenza e ricambi"; infatti, fintanto che sono gli unici fornitori dei pezzi di ricambio possono anche attuare una politica di *premium price*.

Molti costruttori di apparecchiature attribuiscono al proprio prodotto in fase di vendita un prezzo basso, per poi recuperare il mancato guadagno attraverso la gestione dell'attività di assistenza e ricambi. Alcuni produttori arrivano a ricavare più di metà del proprio utile mediante i servizi post-vendita: questo aiuta a comprendere il fenomeno della crescente diffusione di aziende specializzate in ricambi non originali, che vengono venduti a prezzi più bassi alla clientela finale o agli intermediari.

Con il passare del tempo, i costruttori trasferiscono la maggior parte dell'attività di manutenzione e riparazione a distributori autorizzati e concessionari. Questi intermediari sono più vicini al cliente, hanno un numero maggiore di sedi operative e possono offrire un servizio più rapido, se non migliore. L'azienda produttrice ricava ancora dei profitti dalla vendita dei pezzi di ricambio, lasciando agli intermediari i profitti derivanti dall'erogazione del servizio.

In una fase successiva, si propongono sul mercato aziende indipendenti in grado di offrire il servizio richiesto, come nel caso dei settori dei calcolatori, delle apparecchiature per telecomunicazioni e così via. Esse di norma possono offrire un servizio più rapido o un prezzo più basso rispetto al produttore o all'intermediario autorizzato. Recentemente, alcuni grandi clienti hanno cominciato ad assumersi in proprio il compito di gestire i servizi di manutenzione e riparazione. Infatti un'impresa che dispone di centinaia di calcolatori, stampanti e relative attrezzature, può trovare più economico impiegare il proprio personale almeno in una parte delle attività di manutenzione. Milind Lele ha messo in luce alcune fondamentali tendenze nei servizi di supporto al prodotto:

1. I costruttori di apparecchiature e macchinari fabbricano prodotti sempre più affidabili e facili da riparare. In parte, questo fenomeno è da attribuire al passaggio da una tecnologia prevalentemente elettromeccanica a una elettronica, che è soggetta a guasti meno frequenti ed è più facilmente riparabile. Inoltre le aziende tendono ad aggiungere modularità ed elementi usa-e-getta che facilitano il *self-servicing*.
2. I consumatori stanno divenendo sempre più sofisticati nell'acquisto dei servizi di supporto e si orientano verso un acquisto separato dei prodotti e dei servizi a essi collegati. A ciò si aggiunge l'esigenza di avere una chiara e dettagliata indicazione del prezzo relativo a ogni singolo servizio e la rivendicazione del diritto di acquistare solo le componenti di servizio a cui sono realmente interessati.
3. Sorge il problema per l'utente finale di avere una molteplicità di fornitori di servizi che operano unicamente sui prodotti da essi gestiti. Alcune aziende indipendenti si stanno quindi muovendo verso la fornitura di un'assistenza post vendita allargata a un'ampia gamma di prodotti.[24]
4. I contratti di servizio sono vissuti come una specie "a rischio"; a causa, infatti, della crescente sofisticazione dei prodotti in termini di maggiore affidabilità e durata, i clienti sono sempre meno propensi a pagare ogni anno un canone per l'assistenza che ammonta a una percentuale variabile tra il 2 e il 10% del prezzo di acquisto.
5. Le alternative emergenti in termini di servizi alla clientela stanno rapidamente crescendo, determinando un abbassamento dei prezzi e dei profitti connessi a questo tipo di attività. Il problema cruciale da risolvere per i produttori diviene quindi quello della determinazione di un prezzo del prodotto che garantisca un adeguato livello di redditività a prescindere dai profitti derivanti dai contratti di servizio.[25]

Note

1. Stefano Micossi (a cura di), "I servizi innovativi d'impresa", in *Previsioni dell'economia italiana*, dicembre 1991, n. 2, pp. 71 e segg.
2. Si vedano G. Lynn Shostack, "Breaking Free from Product Marketing", in *Journal of Marketing*, aprile 1977, pp. 73-80; Leonard L. Berry, "Services Marketing Is Different", in *Business*, maggio-giugno 1980, pp. 24-30; Eric Langeard, John E. G. Bateson, Christopher H. Lovelock e Pierre Eiglier, *Services Marketing: New Insights from Consumers and Managers*, Marketing Science Institute, Cambridge 1981; e William H. Davidow e Bro Uttal, *Total Consumer Service: The Ultimate Weapon*, Harper & Row, New York 1989.
3. "Services Grow while Quality Shrinks", in *Business Week*, 30 ottobre 1971, p. 50.
4. Theodore Levitt, "Production-Line Approach to Service", in *Harvard Business Review*, settembre-ottobre 1972, pp. 41-42.
5. Ulteriori modalità di classificazione dei servizi sono descritte in Christopher H. Lovelock, *Services Marketing*, Prentice-Hall, Englewood Cliffs 1984. Si veda inoltre John E. Bateson, *Managing Services Marketing: Text and Readings*, Dryden Press, Hinsdale 1989.
6. Si veda Theodore Levitt, "Marketing Intangible Products and Product Intangibles", in *Harvard Business Review*, maggio-giugno 1981, pp. 94-102; e ancora Leonard L. Berry, "Services Marketing Is Different".
7. Questi concetti sono ampiamente trattati nel capitolo 16.
8. Per ulteriori approfondimenti si veda Theodore Levitt, "L'industrializzazione dei servizi", in Gramma (a cura di), *Gestire la qualità nei servizi*, Isedi, Torino 1987, pp. 69-95.
9. P. Kotler, J. B. Clark e W. G. Scott, *Marketing Management. Casi*, Isedi, Torino 1992, pp. 296-324.
10. Si veda G. M. Hostage, "Quality Control in a Service Business", in *Harvard Business Review*, luglio-agosto 1975, pp. 98-106.
11. W. Earl Sasser, "Match Supply and Demand in Service Industries", in *Harvard Business Review*, novembre-dicembre 1976, pp. 133-140.
12. William R. George e Hiram C. Barksdale, "Marketing Activities in the Service Industries", in *Journal of Marketing*, ottobre 1974, p. 65.
13. Per ulteriori approfondimenti, si veda Pierre Eiglier e Eric Langeard, *Il marketing strategico nei servizi*, McGraw-Hill Italia, Milano 1988, pp. 33 segg.
14. Christian Gronroos, "A Service Quality Model and Its Marketing Implications", in *European Journal of Marketing*, vol. 18, n. 4, 1984, pp. 36-44.
15. Leonard L. Berry, "Big Ideas in Services Marketing", in *Journal of Consumer Marketing*, primavera 1986, pp. 47-51.
16. Christian Gronroos, "A Service Quality Model", pp. 38-39.
17. Si veda Valarie A. Zeithmal, "How Consumer Evaluation Processes Differ between Goods and Services", in James H. Donnelly e William R. George (a

cura di), *Marketing of Services*, American Marketing Association, Chicago 1981, pp. 186-190.

[18] In particolare si veda Anthony O. Putman, *Il marketing dei servizi*, Franco Angeli, Milano 1992, pp. 80-81 e Richard Normann, *La gestione strategica dei servizi*, Etas Libri, Milano 1985, pp. 58 segg.

[19] Christian Gronroos, "La concorrenza nell'economia dei servizi", in Formez, *Problemi di gestione*, vol. XVIII, n. 3/4, 1990, pp. 73-89.

[20] Sergio Cherubini e Giorgio Eminente, "I fattori critici di successo in aziende di servizi", in P. Kotler e W. G. Scott (a cura di), *Marketing Management: Letture*, Isedi, Torino 1991, pp. 348-361.

[21] A. Parasuraman, V. A. Zeithmal e L. L. Berry, "Un modello concettuale di qualità dei servizi e i suoi riflessi sulla ricerca futura", in Gramma (a cura di), *Gestire la qualità nei servizi*, Isedi, Torino 1987, pp. 39-67. Per una più ampia trattazione del modello si veda V. A. Zeithmal, A. Parasuraman e L. L. Berry, *Servire qualità*, McGraw-Hill Italia, Milano 1991.

[22] Timothy W. Firnstahl, "My Employees Are My Service Guarantee", in *Harvard Business Review*, luglio-agosto 1989, pp. 29-34.

[23] Richard Normann, *La gestione strategica dei servizi*, p. 137.

[24] Si veda Ellen Day e Richard J. Fox, "Extended Warranties, Service Contracts and Maintenance Agreement. A Marketing Opportunity?", in *Journal of Consumer Marketing*, autunno 1985, pp. 77-86.

[25] Milind M. Lele, "How Service Needs Influence Product Strategy", in *Sloan Management Review*, autunno 1986, pp. 63-70.

Capitolo 18

Le decisioni relative ai prezzi

Non vi è fedeltà di marca che non possa esser vinta da uno sconto di poche lire.

Anonimo

Tutte le organizzazioni economiche e buona parte di quelle senza scopo di lucro devono affrontare il compito di fissare un prezzo per i loro prodotti o servizi. Il prezzo può assumere una molteplicità di denominazioni:

> Tutto quanto ci circonda ha un prezzo. Paghiamo l'*affitto* per l'appartamento in cui viviamo, le *tasse scolastiche* per i nostri figli, la *parcella* per le cure del medico o del dentista. Per viaggiare su un aereo, un treno, un autobus o un taxi paghiamo una *tariffa*, mentre per il telefono, l'elettricità e il gas corrispondiamo un *canone*. Le banche addebitano ai loro clienti un *interesse* quale corrispettivo del denaro prestato. Un viaggio in autostrada comporta il pagamento di un *pedaggio*, mentre l'assicurazione presuppone il pagamento di un *premio*. L'oratore invitato a illustrare il caso di un funzionario governativo che ha ricevuto una *tangente* per aiutare un losco individuo a intascare le *quote associative* raccolte da un'associazione di categoria, riceve un *onorario*. I circoli o le associazioni a cui appartenete possono richiedere un *contributo* per far fronte a spese impreviste. Il vostro legale di fiducia può chiedervi un *anticipo* come impegno dei suoi servizi. Il "prezzo" di un dirigente o un impiegato è lo *stipendio*, quello di un venditore può essere la *provvigione* mentre quello di un lavoratore è il *salario*. Infine, anche se gli economisti dissentono, molti di noi ritengono che le *imposte sul reddito* siano il prezzo da pagare per il privilegio di far soldi.[1]

In che modo vengono fissati i prezzi? Per gran parte della storia umana, fino a tempi recenti, i prezzi sono stati determinati mediante la negoziazione tra venditori e acquirenti. I venditori chiedevano un prezzo più alto di quanto si aspettassero di ricevere e gli acquirenti offrivano meno di quanto si aspettassero di pagare, dopo di che, contrattando, veniva raggiunto un prezzo accettabile da entrambe le parti.

L'idea di fissare un unico prezzo per tutti gli acquirenti è relativamente recente e ha ricevuto un notevole impulso in seguito allo sviluppo della grande distribuzione alla fine del diciannovesimo secolo. F. W. Woolworth, Tiffany & Co., John Wanamaker, J. L. Hudson e altre imprese reclamizzavano una "rigorosa politica del prezzo fisso" a causa dell'elevato numero degli articoli e del personale alle loro dipendenze.

Per lungo tempo il prezzo è stato l'elemento determinante nelle scelte dei consumatori.

Ciò è ancora valido nei paesi più poveri, tra i gruppi meno abbienti e per i prodotti altamente indifferenziati. Tuttavia, negli ultimi decenni i fattori indipendenti dal prezzo hanno assunto una maggiore importanza nel determinare il comportamento d'acquisto del consumatore. Nonostante ciò, il prezzo resta ancora uno degli elementi più importanti per la determinazione della quota di mercato e del livello di redditività dell'impresa.

Il prezzo è l'unico elemento del marketing-mix che produce ricavi; gli altri elementi comportano dei costi. Nonostante questo, molte imprese non determinano i prezzi in modo corretto.

Gli errori più comuni sono: la determinazione del prezzo è troppo orientata ai costi; i prezzi sono aggiornati troppo di rado per trarre vantaggio dai cambiamenti del mercato; il prezzo viene fissato indipendentemente dagli altri elementi del marketing-mix, invece di essere analizzato nell'ambito della strategia di posizionamento sul mercato; infine, i prezzi per i diversi articoli e segmenti di mercato non sono sufficientemente differenziati.

Le imprese procedono alla determinazione dei prezzi in una molteplicità di modi. Nelle piccole imprese, i prezzi sono spesso fissati dall'alta direzione, piuttosto che dall'ufficio vendite o dal servizio di marketing. Nelle grandi imprese, i prezzi vengono solitamente fissati dai responsabili di settore o della linea di prodotto.

Anche in tal caso, l'alta direzione stabilisce le politiche e gli obiettivi generali in materia di prezzi e approva quelli proposti dai livelli organizzativi inferiori. Spesso, nelle industrie in cui il prezzo è il fattore chiave (settore aerospaziale, ferrovie, compagnie petrolifere), le imprese istituiscono un ufficio apposito che fissa direttamente i prezzi, oppure offre agli altri servizi la propria consulenza per determinare i prezzi appropriati. Quest'ufficio dipende direttamente dalla direzione, oppure dal servizio di marketing. Altre indicazioni sulla determinazione dei prezzi possono venire dai dirigenti di vendita, produzione, finanza e contabilità.

In questo capitolo, esamineremo tre dei principali problemi che l'impresa deve affrontare nella determinazione dei prezzi. Il primo riguarda la determinazione del prezzo di un prodotto per la prima volta. Il secondo riguarda la modifica del prezzo di un prodotto nel tempo e nello spazio, in corrispondenza di differenti situazioni e opportunità di mercato. Il terzo riguarda l'opportunità di introdurre o di rispondere a un cambiamento di prezzo.

18.1 La determinazione del prezzo

La determinazione del prezzo costituisce un problema quando l'impresa deve fissare il prezzo per la prima volta. Ciò accade quando l'impresa sviluppa o acquisisce un nuovo prodotto, quando introduce un prodotto esistente in un nuovo canale di distribuzione o in una nuova area geografica e ogni volta che partecipa a una gara d'appalto. In queste situazioni, l'impresa deve decidere come posizionare il prodotto con riferimento alla qualità e al prezzo. Nella figura 18-1 vengono illustrate nove possibili strategie prezzo-qualità.

Le strategie poste lungo la diagonale 1-5-9 possono coesistere nello stesso mercato, vale a dire che diverse imprese sono contemporaneamente in grado di offrire prodotti di alta qualità ad alto prezzo, oppure prodotti di media qualità a prezzo medio, oppure ancora prodotti di qualità bassa o inferiore ai prezzi più bassi, o primi prezzi, praticati sul mercato. Tale coesistenza è possibile fino a quando esistono acquirenti che ricercano in primo luogo la qualità, altri che mirano a spendere il meno possibile, e altri ancora che cercano di mantenere un certo equilibrio fra prezzo e qualità.

Le strategie 2, 3 e 6 vengono praticate dalle imprese che cercano di muovere un attacco laterale alle imprese che seguono le strategie descritte in precedenza.

Figura 18-1 Nove strategie prezzo-qualità

		Prezzo		
		Alto	Medio	Basso
Qualità del prodotto	Alta	1. Strategia del premio di prezzo	2. Strategia del valore elevato	3. Strategia di liquidazione
	Media	4. Strategia di sviluppo del margine	5. Strategia del valore medio	6. Strategia del prezzo conveniente
	Bassa	7. Strategia di speculazione	8. Strategia della convenienza apparente	9. Strategia del buon mercato

La strategia 2 può essere seguita da un'impresa che voglia muovere un attacco competitivo all'impresa che pratichi la strategia 1, basato sull'offerta di un prodotto di pari qualità a prezzo inferiore. L'impresa che persegua la strategia 3 cerca di accrescere il differenziale di prezzo dei propri prodotti nei confronti di quelli dell'impresa che segue la strategia 1.

Le strategie 2 e 3 avranno successo nella misura in cui gli acquirenti interessati alla qualità sono nel contempo sensibili al prezzo. Se, invece, l'impresa che offre prodotti di alta qualità ad alto prezzo ha saputo creare un forte grado di differenziazione della propria immagine, essa potrà conservare una barriera non facilmente penetrabile da parte degli attaccanti.

Le strategie 4, 7 e 8 si basano sul fatto di applicare prezzi più elevati rispetto alla qualità dei prodotti. Ciò può esser dovuto a ragioni diverse, dalla necessità di generare profitti per alimentare l'espansione aziendale, al puro spirito speculativo. In ogni caso, un'impresa realmente orientata al mercato dovrebbe escludere simili comportamenti.

Per determinare correttamente il prezzo per la prima volta, l'impresa deve esaminare un vasto numero di fattori. Nelle pagine seguenti esamineremo una procedura volta alla determinazione del prezzo che si svolge secondo sei fasi: (1) definizione degli obiettivi di prezzo; (2) determinazione della domanda; (3) stima dei costi; (4) analisi dei prezzi e dell'offerta dei concorrenti; (5) selezione di un metodo per la determinazione del prezzo; (6) scelta del prezzo finale.

18.1.1 La definizione degli obiettivi di prezzo

L'impresa deve innanzitutto stabilire quali risultati intende raggiungere attraverso il prodotto esaminato. Se l'impresa ha già attentamente definito il proprio mercato obiettivo, nonché il posizionamento del prodotto, allora la formulazione di una strategia del marketing-mix, compreso il prezzo, sarà sufficientemente semplice. Se, per esempio, un'impresa specializzata nella costruzione di veicoli per il tempo libero intende produrre un modello lussuoso di camper, indirizzato al segmento dei consumatori benestanti, deve fissare un prezzo elevato. La strategia del prezzo è, pertanto, fortemente condizionata dalle decisioni prese in precedenza per quanto riguarda il posizionamento del prodotto. Allo stesso tempo, l'impresa può perseguire ulteriori obiettivi. Quanto più l'impresa ha definito i suoi obiettivi, tanto più è facile fissare i prezzi. I diversi prezzi produrranno effetti diversi su profitti, ricavi e quota di mercato. Ciò è mostrato nella figura 18-2 per un prodotto ipotetico. Se l'impresa intende massimizzare i profitti al lordo delle imposte, deve far pagare 97 dollari. Se intende massimizzare i ricavi delle vendite, deve far pagare 86 dollari. Se intende massimizzare la quota di mercato, deve fissare un prezzo ancora più basso.

Vediamo ora sei dei principali obiettivi che l'impresa può perseguire attraverso la propria strategia di prezzo, e cioè: la sopravvivenza, la massimizzazione dei profitti correnti, la massimizzazione dei ricavi correnti, la massimizzazione dei volumi di vendita, la scrematura del mercato, la leadership di qualità del prodotto.

La sopravvivenza. Le imprese hanno come obiettivo principale la sopravvivenza allorquando sono afflitte da un eccesso di capacità produttiva, da una forte concorrenza, o da un cambiamento dei gusti dei consumatori. Per mantenere gli impianti in funzione e la rotazione delle

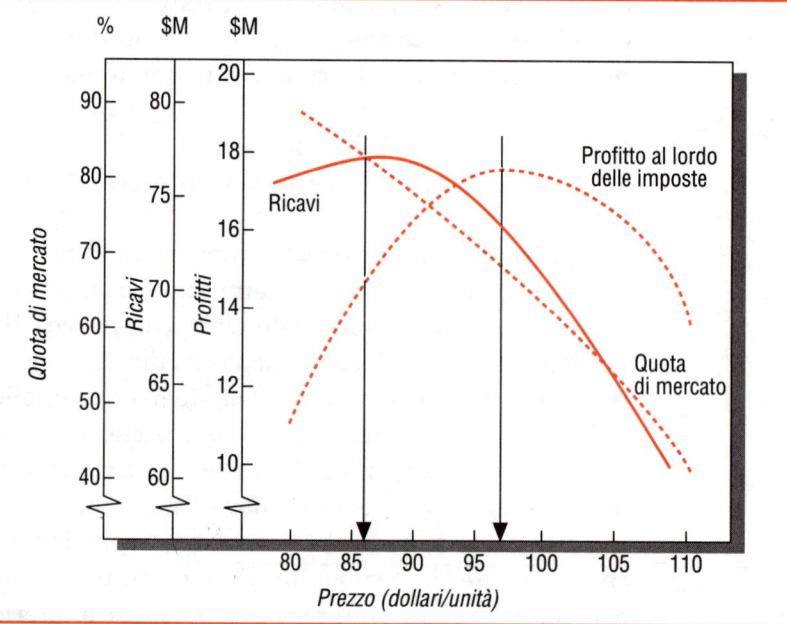

Figura 18-2 Relazione fra prezzo, ricavi, quota di mercato e profitti

scorte esse devono stabilire un prezzo basso, sperando che il mercato sia sensibile al prezzo. I profitti sono meno importanti della sopravvivenza, almeno fino a quando i prezzi coprono i costi variabili e una parte dei costi fissi.

La massimizzazione dei profitti correnti. Molte imprese cercano di determinare il prezzo che massimizza i profitti correnti. Esse stimano la domanda e i costi corrispondenti a diversi prezzi e scelgono quello che massimizza il profitto, il flusso di cassa, o la redditività dell'investimento. Una sintesi della teoria della determinazione del prezzo che massimizza i profitti è presentata nel quadro 18-1.

La massimizzazione dei profitti correnti implica alcuni problemi, il primo dei quali concerne la conoscenza da parte dell'impresa della funzione di domanda e della struttura dei costi. Nella realtà, accade abbastanza spesso che l'impresa abbia un'incompleta conoscenza di questi elementi. In secondo luogo, perseguendo la massimizzazione dei profitti correnti, l'impresa privilegia i risultati finanziari a breve termine a scapito di quelli a lungo termine.

Infine, così operando l'impresa trascura gli effetti di altre variabili del marketing-mix, nonché le reazioni dei concorrenti.

La massimizzazione dei ricavi correnti. Alcune imprese applicheranno dei prezzi in grado di massimizzare i ricavi derivanti dalle vendite. Ciò richiede essenzialmente la valutazione della funzione di domanda. Molti manager ritengono che la massimizzazione dei ricavi possa determinare nel lungo termine la massimizzazione dei profitti e lo sviluppo della quota di mercato.

La massimizzazione dei volumi di vendita. Altre imprese mirano a sviluppare il volume fisico delle vendite, ritenendo che in tal modo esse potranno ridurre i costi unitari e, pertanto, migliorare la redditività a lungo termine. Per conseguire questo obiettivo, le imprese che così si comportano fissano prezzi particolarmente bassi, assumendo che la domanda sia fortemente elastica nei confronti del prezzo.

Così operando, esse seguono una *strategia di prezzo diretta alla penetrazione del mercato*. Un esempio classico di questa strategia è quello fornito dalla Texas Instruments (TI), la quale sistematicamente sviluppa prodotti di basso costo, puntando al conseguimento di un'elevata quota di mercato, il che le consente di sviluppare le vendite e di conse-

Quadro 18-1 La determinazione del prezzo che massimizza i profitti correnti

Gli economisti hanno elaborato un semplice modello per la determinazione del prezzo che massimizza i profitti correnti. Il modello si basa sul presupposto che l'impresa conosca le sue funzioni di domanda e di costo per il prodotto in questione. La funzione di domanda descrive la stima della quantità domandata (Q) in un dato periodo ai vari livelli di prezzo (P). Supponiamo che l'impresa riesca a determinare, mediante l'analisi statistica della domanda, la propria *equazione della domanda*:

$$Q = 1.000 - 4P \qquad [18\text{-}1]$$

Questa equazione esprime la legge della domanda secondo la quale, in un dato periodo, a prezzi più alti si acquista di meno.

La funzione di costo descrive il livello dei costi totali (C) per le varie quantità che si potrebbero produrre in ciascun periodo (Q). Nel caso più semplice la funzione del costo totale può essere descritta dall'equazione lineare $C = F + cQ$, dove F rappresenta il costo fisso totale e c il costo variabile unitario. Supponiamo che l'impresa abbia determinato la seguente *equazione dei costi* per il proprio prodotto:

$$C = 6.000 + 50Q \qquad [18\text{-}2]$$

La direzione si trova ora pressoché nella situazione adatta per determinare il prezzo che massimizza il profitto corrente. C'è soltanto bisogno di due ulteriori equazioni, che hanno entrambe natura definitoria. Secondo la prima il *ricavo totale* (R) è uguale al prezzo moltiplicato per la quantità venduta, cioè:

$$R = PQ \qquad [18\text{-}3]$$

Per la seconda, i *profitti totali* (Z) sono dati dalla differenza tra il ricavo totale e il costo totale, cioè:

$$Z = R - C \qquad [18\text{-}4]$$

L'impresa può ora determinare la relazione tra i profitti (Z) e il prezzo (P), a partire dall'equazione dei profitti [18-4], attraverso il seguente sviluppo:

$Z = R - C$
$Z = PQ - C$
$Z = PQ - (6.000 + 50Q)$
$Z = P(1.000 - 4P) - 6.000 - 50(1.000 - 4P)$
$Z = 1.000P - 4P^2 - 6.000 - 50.000 + 200P$
$Z = 56.000 + 1.200P - 4P^2$

I profitti totali risultano essere una funzione di secondo grado del prezzo. Ne risulta un grafico ad andamento parabolico, e i profitti raggiungono il loro punto più alto (34.000.000 lire) in corrispondenza a un prezzo di 150.000 lire. Il prezzo ottimale di 150.000 lire può essere individuato per via grafica, tracciando una parabola mediante alcuni prezzi campione e individuandone il vertice, oppure per via analitica.

---

guire ulteriori economie di scala e di esperienza, operando quindi nuovi tagli dei prezzi. Le condizioni che favoriscono una strategia di questo tipo sono: (1) la domanda è fortemente sensibile al prezzo, la cui riduzione ne provoca pertanto l'espansione; (2) i costi di produzione e di distribuzione possono essere ridotti mediante le economie di esperienza; (3) il basso livello dei prezzi scoraggia i concorrenti attuali e potenziali.

La scrematura del mercato. Molte imprese praticano una *strategia di prezzo diretta alla scrematura del mercato*. Tale strategia trova applicazione nel caso di introduzione sul mercato di nuovi prodotti, le cui prestazioni siano superiori a quelle dei prodotti similari pre-esistenti. L'impresa che introduce un nuovo prodotto può trarre vantaggio dalla situazione, praticando un prezzo superiore a quello di mercato e orientando la propria offerta verso quei segmenti che presentano una maggior propensione nei confronti del prodotto in questione.

Man mano che la domanda dei primi segmenti viene saturata, l'impresa riduce il livello del prezzo in relazione all'obiettivo di soddisfare la domanda di nuovi segmenti, più sensibili al prezzo dei precedenti.

Un'impresa può praticare con vantaggio la strategia della scrematura allorquando sussistano le seguenti condizioni: (1) esistenza di un certo numero di acquirenti disposti a pagare un prezzo più elevato per un prodotto migliore; (2) moderata rilevanza delle economie di scala, onde poter giustificare una produzione limitata, corrispondente alla domanda disposta a pagare un prezzo maggiore; (3) assenza di concorrenti pronti a entrare sul mercato con prodotti analoghi e a prezzo inferiore; (4) identificazione da parte degli acquirenti del prezzo elevato con l'alta qualità.

La leadership della qualità del prodotto. Un'impresa può avere come obiettivo quello di essere leader della qualità del prodotto nel proprio mercato. Di solito questo comporta prezzi elevati per coprire l'alta qualità del prodotto e le forti spese di R&S. La Caterpillar è un classico esempio di impresa che persegue un obiettivo di leadership della qualità. Essa produce attrezzature e macchinario per l'edilizia di alta qualità offrendo un servizio eccellente e, di conseguenza, è in grado di imporre un prezzo dei suoi prodotti superiore a quello della concorrenza.

18.1.2 La determinazione della domanda

Ogni prezzo stabilito dall'impresa condurrà a un diverso livello di domanda, producendo effetti diversi sui suoi obiettivi di marketing. La relazione che lega il prezzo e la domanda viene espressa dalla nota curva della domanda (si veda la figura 18-3 a). La curva della domanda indica il numero di unità che saranno assorbite dal mercato in un determinato periodo di tempo e in corrispondenza a prezzi diversi. Normalmente, il prezzo e la domanda sono inversamente proporzionali, cioè più è alto il prezzo, minore è la domanda (e viceversa).

Talvolta, come nel caso dei beni di lusso, la curva della domanda può avere una pendenza positiva. Un'impresa produttrice di profumi constatò che, aumentando i suoi prezzi, le vendite aumentavano, anziché diminuire. I consumatori, infatti, interpretavano il prezzo più alto come una prova della migliore qualità del profumo. In ogni caso, se il prezzo viene elevato eccessivamente, il livello della domanda sarà inferiore.

I fattori che influenzano la sensibilità al prezzo. La curva di domanda mette in evidenza la reazione del mercato nei confronti dei vari prezzi che possono essere applicati a un prodotto. Essa costituisce la sintesi delle diverse preferenze di prezzo di una molteplicità di individui.

Secondo T. T. Nagle, uno studioso che si è occupato a fondo di determinazione dei prezzi, i fattori fondamentali che influenzano la sensibilità al prezzo possono essere individuati nei seguenti:

1. **Unicità del prodotto**. Gli acquirenti sono meno sensibili al prezzo allorquando l'offerta del prodotto è particolarmente limitata.

Figura 18-3 Esempi di domanda anelastica ed elastica

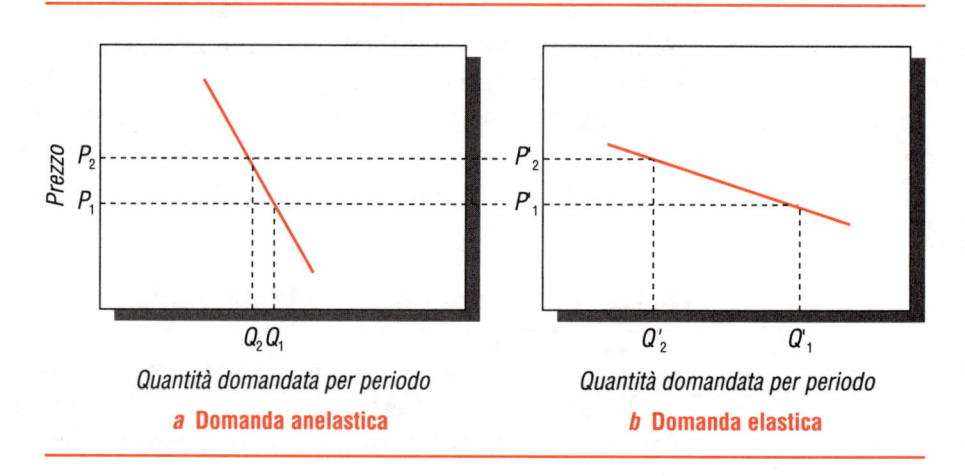

a **Domanda anelastica**   *b* **Domanda elastica**

2. **Consapevolezza dell'esistenza di prodotti sostitutivi**. Gli acquirenti hanno una sensibilità al prezzo correlata al grado di conoscenza di prodotti sostitutivi di quello considerato.
3. **Scarsa confrontabilità**. Gli acquirenti sono meno sensibili al prezzo nei casi in cui non è agevole confrontare il prodotto con altri similari.
4. **Entità della spesa**. Gli acquirenti sono tanto meno sensibili al prezzo, quanto minore è l'ammontare della spesa rispetto al loro reddito.
5. **Composizione dell'acquisto**. Nel caso in cui il prodotto acquistato sia destinato a far parte di un insieme di altri oggetti o prodotti – un elemento dell'arredamento, o un componente industriale, ecc. –, gli acquirenti sono tanto meno sensibili al prezzo quanto minore è il rapporto fra la spesa relativa e il valore dell'insieme.
6. **Condivisione della spesa**. Gli acquirenti sono meno sensibili al prezzo allorquando la spesa è sostenuta in tutto o in parte da altri soggetti.
7. **Prodotti complementari**. Gli acquirenti sono meno sensibili al prezzo nei casi in cui il prodotto è destinato a essere impiegato congiuntamente ad altri oggetti o prodotti precedentemente acquistati.
8. **Rapporto prezzo/qualità**. Gli acquirenti sono meno sensibili al prezzo quando il prodotto possiede caratteristiche di qualità, prestigio ed esclusività.
9. **Conservabilità del prodotto**. Gli acquirenti sono meno sensibili al prezzo quando un prodotto non può essere conservato.[2]

I metodi di stima delle curve di domanda. La maggior parte delle imprese cerca di misurare le proprie curve di domanda. A questo fine, è necessario innanzitutto rendere esplicite le ipotesi riguardanti la concorrenza. Il problema non esiste quando il mercato è di tipo monopolistico: la curva di domanda coincide con la domanda del mercato in corrispondenza ai diversi livelli di prezzo. Invece, se l'impresa opera in una situazione competitiva, vi sono due modi per determinare la domanda. Il primo consiste nell'ipotizzare che i prezzi dei concorrenti rimangano costanti, indipendentemente dai prezzi fissati dall'impresa, l'altro ipotizza che i concorrenti modifichino i loro prezzi in corrispondenza delle diverse alternative scelte dall'impresa. Esamineremo in questa sede il primo, rinviando alle pagine successive il problema delle reazioni di prezzo della concorrenza. La misurazione di una curva di domanda richiede che il prezzo vari. A tale scopo, è possibile condurre uno studio sperimentale per valutare quante unità di un certo bene saranno acquistate in corrispondenza a diversi livelli di prezzo.[3] Bennett e Wilkinson si sono serviti di un metodo di ricerca sul campo: essi modificavano sistematicamente i prezzi di alcuni prodotti venduti in negozi discount e misuravano i risultati.[4]

Per misurare la relazione tra prezzo e domanda, il ricercatore di marketing deve controllare gli altri fattori che possono influenzare la domanda, o quanto meno tenerne conto. Se un'impresa avesse aumentato il suo budget pubblicitario contemporaneamente a una riduzione di prezzo, noi non sapremmo quanto dell'aumento della domanda è dovuto alla riduzione di prezzo e quanto all'aumento della pubblicità. Gli economisti illustrano gli effetti dei fattori non legati al prezzo attraverso uno spostamento della curva della domanda, piuttosto che mediante uno spostamento lungo la curva stessa.[5]

L'elasticità della domanda rispetto al prezzo. Gli operatori di marketing devono conoscere l'entità della variazione della domanda in corrispondenza a un dato cambiamento di prezzo. Consideriamo le due curve di domanda della figura 18-3.

Nella parte *a* della figura, un aumento di prezzo da P_1 a P_2 porta a una diminuzione relativamente modesta della domanda, da Q_1 a Q_2. Nella parte *b*, lo stesso aumento di prezzo porta a una considerevole diminuzione della domanda, da Q_1 a Q_2.

Se, in corrispondenza a un cambiamento di prezzo, la domanda resta quasi immutata, la domanda viene definita *anelastica*; se la domanda cambia notevolmente, diciamo che essa è *elastica*. Più precisamente, l'elasticità della domanda rispetto al prezzo è espressa dalla seguente formula.[6]

$$\text{Elasticità di prezzo della domanda} = \frac{\text{\% di cambiamento nella quantità domandata}}{\text{\% di cambiamento nel prezzo}}$$

Supponiamo che la domanda diminuisca del 10% quando il venditore aumenta il prezzo del 2%. L'elasticità della domanda rispetto al prezzo è perciò uguale a -5 (il segno meno conferma la relazione inversa esistente tra prezzo e domanda).

Se la domanda diminuisce del 2% in corrispondenza a un aumento del 2% del prezzo, allora l'elasticità è uguale a -1. In questo caso, il ricavo totale del venditore resta costante: il venditore vende un minor numero di articoli, ma a un prezzo superiore, mantenendo così inalterato il ricavo totale.

Se la domanda diminuisce dall'1% quando il prezzo aumenta del 2%, allora l'elasticità è pari a − 1/2. Per il venditore, meno la domanda è elastica, più è conveniente alzare il prezzo.

Che cosa determina l'elasticità della domanda rispetto al prezzo? È probabile che la domanda sia maggiormente anelastica sotto le seguenti condizioni: (1) vi sono pochi o nessun prodotto sostitutivo o concorrente; (2) gli acquirenti non si accorgono prontamente del cambiamento di prezzo; (3) gli acquirenti sono lenti a modificare le loro abitudini d'acquisto e a ricercare prezzi inferiori; (4) gli acquirenti ritengono che i prezzi più alti siano dovuti a miglioramenti qualitativi, inflazione, e così via.

Nel caso la domanda sia elastica, anziché anelastica, i venditori esamineranno l'opportunità di ridurre i loro prezzi. Un prezzo inferiore produrrà un ricavo totale maggiore.

Questo varrà fino a che i costi per produrre e vendere di più non aumenteranno in misura eccessiva.

Sono stati effettuati diversi studi sull'elasticità della domanda rispetto al prezzo; per esempio sono state individuate le seguenti elasticità: abitazioni 0,5; frigoriferi da − 1,07 a − 2,06; automobili da − 0,6 a − 1,1.[7] Occorre però essere cauti nell'usare queste stime. L'elasticità dipende dall'ampiezza e dalla direzione del cambiamento di prezzo previsto. Può essere trascurabile se il cambiamento di prezzo è limitato, è sostanziale se il cambiamento di prezzo è notevole.

Può inoltre essere diversa a seconda che il prezzo aumenti o diminuisca nella stessa misura. Infine, l'elasticità nel lungo periodo può facilmente essere diversa da quella nel breve periodo. Gli acquirenti possono trovarsi nella necessità di continuare a rifornirsi dallo stesso fornitore immediatamente dopo l'aumento di prezzo perché la scelta del nuovo fornitore richiede tempo, ma alla fine possono anche smettere di servirsi da lui.

In questo caso la domanda è più elastica nel lungo periodo che nel breve periodo.

Ma può accadere anche il contrario: gli acquirenti abbandonano un fornitore, irritati dopo un aumento di prezzo, ma più tardi possono tornare a rifornirsi da lui.

La distinzione tra elasticità nel breve e nel lungo periodo sottolinea il fatto che i venditori non riescono a sapere, almeno per un certo periodo di tempo, l'effetto complessivo del cambiamento di prezzo da loro introdotto.

18.1.3 La stima dei costi

La domanda determina in gran parte il prezzo massimo che l'impresa può richiedere per il suo prodotto, mentre i costi ne determinano il livello minimo. L'impresa mira a stabilire un prezzo che copre tutti i costi di produzione, distribuzione e vendita del prodotto, e comprende inoltre un adeguato compenso per i suoi sforzi e rischi.

Categorie di costo. I costi di un'impresa sono di due tipi, fissi e variabili. I *costi fissi* (o *generali*) sono quelli che rimangono costanti indipendentemente dai livelli di produzione o delle vendite. Un'impresa deve infatti pagare ogni mese le spese d'affitto, di riscaldamento, gli interessi, gli stipendi degli impiegati, e così via, indipendentemente dai risultati conseguiti. I costi fissi restano, quindi, invariati a prescindere dal volume di produzione raggiunto.

I *costi variabili* variano direttamente con il livello di produzione. Per esempio, ogni calcolatrice tascabile prodotta dalla Texas Instruments (TI) comporta un costo in materie plastiche, fili elettrici, imballaggio e simili. Questi costi tendono a rimanere costanti per ogni unità prodotta. Sono chiamati variabili perché il loro totale cambia all'aumentare delle unità prodotte.

I *costi totali* sono pari alla somma dei costi fissi e variabili per ogni livello di produzione. Per un dato livello di produzione, la direzione intende stabilire un prezzo che copra almeno il totale dei costi di produzione.

Andamento dei costi al variare della produzione. Per poter fissare i prezzi in modo razionale, la direzione deve conoscere come i suoi costi variano in corrispondenza a diversi livelli di produzione.

Esaminiamo dapprima il caso di un'impresa coma la TI, la quale abbia realizzato un impianto di produzione in grado di produrre 1.000 calcolatrici tascabili al giorno. La figura 18-4 mostra il tipico andamento a U della curva del costo medio nel breve periodo (CMBP). Il costo unitario è elevato se si producono pochi pezzi al giorno. Quando la produzione si avvicina alle 1.000 unità al giorno, il costo medio diminuisce. La ragione è che i costi fissi vengono ripartiti su un numero maggiore di unità, ognuna delle quali deve sostenere un costo fisso inferiore. La TI può cercare di produrre più di 1.000 unità al giorno, ma a costi crescenti. Oltre le 1.000 unità il costo medio inizia a salire perché l'im-

Figura 18-4 Costo unitario a differenti livelli di produzione

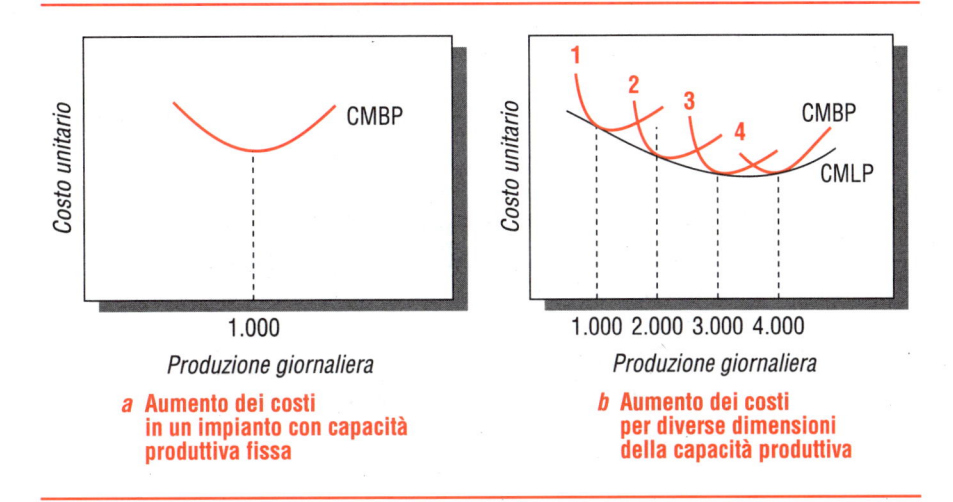

a **Aumento dei costi in un impianto con capacità produttiva fissa**

b **Aumento dei costi per diverse dimensioni della capacità produttiva**

pianto diventa inefficiente: gli addetti alla produzione devono attendere il loro turno per usare le macchine, si intralciano l'un l'altro e i macchinari si guastano più frequentemente.

Se la TI ritiene di poter vendere 2.000 unità al giorno, dovrebbe considerare l'opportunità di costruire un impianto più grande. L'impianto utilizzerà macchinari e criteri produttivi più efficienti, e il costo unitario per produrre 2.000 unità al giorno sarà inferiore a quello necessario per produrne 1.000. Questo è quanto si può rilevare dalla curva del costo medio nel lungo periodo (CMLP). In effetti, secondo la figura, un impianto da 3.000 unità sarebbe ancora più efficiente. Ma un impianto da 4.000 unità sarebbe meno efficiente a causa delle crescenti diseconomie di scala: vi è una manodopera troppo numerosa da coordinare, le operazioni amministrative divengono troppo complesse e così via. La figura 18-4 *b* indica che un impianto in grado di produrre 3.000 unità al giorno costituisce la dimensione ottimale, se la domanda è sufficientemente ampia da sopportare questo livello di produzione.

L'andamento dei costi in funzione della produzione cumulata.
Supponiamo che la TI utilizzi un impianto che produca 3.000 calcolatrici tascabili al giorno. Col passare del tempo la TI acquista esperienza nella produzione delle calcolatrici tascabili e apprende a farle me-

glio. Gli operatori apprendono a ridurre i tempi di produzione, il flusso delle materie prime viene migliorato, i costi di approvvigionamento vengono ridotti, e così via. Il risultato è che il costo medio tende a diminuire con l'accumularsi dell'esperienza di produzione. Questo si può vedere nella figura 18-5. Il costo medio per produrre le prime 100.000 unità è pari a 10 dollari per calcolatrice. Quando l'impresa ha prodotto le prime 200.000 unità il costo medio scende a 9 dollari. Dopo di che l'esperienza di produzione cumulata raddoppia di nuovo al livello di 400.000 unità e il costo medio diventa di 8 dollari. La diminuzione del costo medio in funzione della produzione cumulata è definita *curva di esperienza* (o anche *curva di apprendimento*).[8]

Se esiste una curva di esperienza inclinata negativamente, essa ha grande importanza per l'impresa. Non solo il costo unitario di produzione diminuirà, ma diminuirà tanto velocemente quanto più l'impresa riuscirà a produrre e a vendere in un dato periodo di tempo. Il mercato deve però essere pronto ad assorbire il maggior livello di produzione. Ciò suggerisce la seguente strategia di prezzo. La TI dovrebbe fissare dei prezzi bassi per le calcolatrici, il che determinerà un aumento delle vendite. I costi diminuiranno a mano a mano che l'impresa acquisisce esperienza; sarà così possibile abbassare ulteriormente i prezzi. Questa è la strategia attuata dalla Texas Instruments per la determinazio-

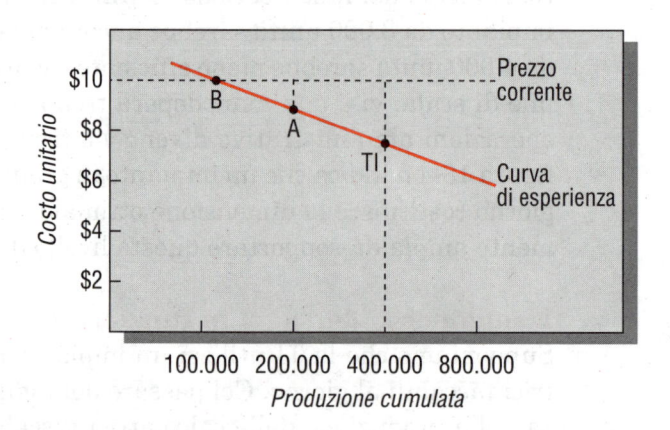

Figura 18-5 Costo unitario in funzione della produzione cumulata: la curva di esperienza

ne dei suoi prezzi. La TI fissa prezzi molto aggressivi, ottiene una quota di mercato di rilievo, e i suoi costi diminuiscono ulteriormente.

18.1.4 L'analisi dei prezzi e dell'offerta della concorrenza

Mentre la domanda del mercato determina il prezzo massimo e i costi il minimo, i prezzi dei concorrenti e le loro possibili reazioni consentono all'impresa di stabilire il livello a cui fissare i propri prezzi. L'impresa deve essere a conoscenza dei prezzi e della qualità dell'offerta di ogni concorrente, il che può essere ottenuto in diversi modi. Ad esempio, è possibile acquisire il listino prezzi dei concorrenti, acquistare i loro prodotti e analizzarli dettagliatamente. L'impresa può inoltre domandare ai clienti la loro opinione a proposito dei prezzi e delle offerte.

Una volta che l'impresa sia a conoscenza dei comportamenti dei concorrenti in materia di prezzi, può usare queste informazioni come punto di riferimento. Se il prodotto dell'impresa è simile a quello di uno dei concorrenti principali, allora l'impresa per non perdere clienti dovrà fissare un prezzo vicino a quello del concorrente. Se il suo prodotto è inferiore, l'impresa non potrà praticare prezzi pari a quelli del concorrente. Se invece è superiore, l'impresa può praticare un prezzo più elevato. L'impresa deve però tenere presente che i concorrenti potrebbero modificare i propri prezzi in risposta a quelli da essa praticati. In generale, l'impresa utilizzerà il prezzo per posizionare il prodotto "faccia a faccia" con quelli dei concorrenti.

18.1.5 La scelta del metodo di determinazione del prezzo

Dati la curva di domanda, la funzione del costo e i prezzi dei concorrenti, l'impresa è ora in grado di stabilire il suo prezzo. Esso sarà compreso tra un prezzo troppo basso per produrre profitti e uno troppo alto per stimolare domanda alcuna.

La figura 18-6 riassume i tre principali aspetti da considerare per determinare il prezzo. Il costo del prodotto definisce il prezzo minimo. I prezzi dei concorrenti e dei prodotti sostitutivi forniscono un punto di riferimento che l'impresa deve considerare nella determinazione del prezzo. Le caratteristiche di unicità del prodotto definiscono il prezzo massimo.

Figura 18-6 Principali considerazioni nella determinazione del prezzo

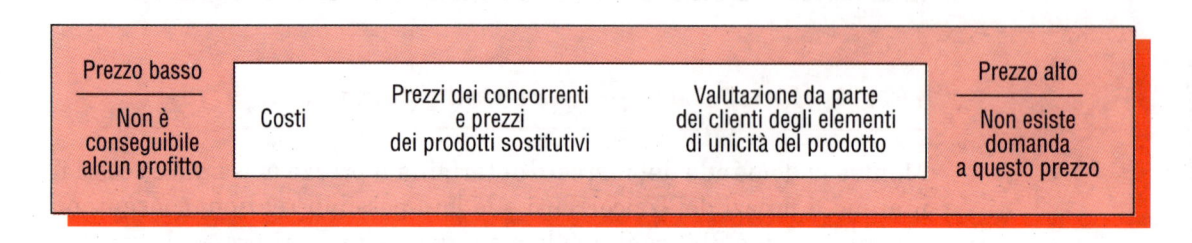

Prezzo basso				Prezzo alto
Non è conseguibile alcun profitto	Costi	Prezzi dei concorrenti e prezzi dei prodotti sostitutivi	Valutazione da parte dei clienti degli elementi di unicità del prodotto	Non esiste domanda a questo prezzo

Le imprese risolvono il problema della determinazione del prezzo scegliendo un metodo che tenga conto di una o più di queste considerazioni. Esamineremo alcuni dei metodi correntemente impiegati: metodo del costo totale, metodo del profitto obiettivo, metodo del valore percepito, metodo dei prezzi correnti e metodo delle gare d'appalto.

Metodo del costo totale (cost-plus pricing). Il metodo più elementare per la determinazione del prezzo consiste nell'aggiungere un ricarico prefissato (o *markup*) al costo del prodotto. Così un rivenditore di elettrodomestici acquista un tostapane da un produttore per 20.000 lire e lo rivende a 30.000 lire, il che rappresenta un ricarico del 50% sul costo (o, se si vuole, un ricarico del 33% sul prezzo di vendita). Il suo margine lordo è di 10.000 lire. Se i costi di gestione del negozio ammontano a 8.000 lire per ogni tostapane venduto, il suo margine di profitto sarà di 2.000 lire.

Il produttore del tostapane avrà probabilmente utilizzato a sua volta il metodo del costo totale. Se il costo medio unitario del produttore era di 16.000 lire, egli avrà aggiunto un ricarico del 25%, fissando il prezzo per il dettagliante a 20.000 lire. Le imprese edili presentano le offerte d'appalto in base a una stima dei costi previsti, a cui aggiungono un ricarico prefissato per il profitto. Gli avvocati e altri liberi professionisti sono soliti stabilire i prezzi aggiungendo un dato ricarico ai costi. Alcuni venditori annunciano ai loro clienti che dovranno pagare i costi più uno specifico ricarico; questo è, per esempio, il metodo seguito dalle imprese aerospaziali nei contratti con l'amministrazione statale.

Il ricarico varia molto da prodotto a prodotto. Alcuni ricarichi usuali (sul prezzo al dettaglio, e non sul costo) nei supermercati americani sono: il 9% per gli alimenti per l'infanzia, il 14% per i tabacchi, il 20% per i prodotti da forno, il 27% per lo scatolame, il 37% per le spezie e gli estratti e il 50% per le cartoline e i biglietti d'auguri.

Attorno a questi valori medi, è possibile rilevare notevoli scostamenti. Per esempio, all'interno della categoria delle spezie e degli estratti, la percentuale di ricarico varia da un minimo del 19 a un massimo del 56%. I ricarichi sono generalmente più elevati per i prodotti stagionali, per le specialità, per i prodotti a lenta vendita, e per quelli che presentano particolari caratteristiche di ingombro, deperibilità, o altro.

È possibile chiedersi se l'uso di un sistema di ricarichi standard sul costo possa condurre a una valida determinazione del prezzo di un prodotto. La risposta è che qualsiasi metodo che ignori la domanda corrente, il valore percepito e la concorrenza non può condurre, in generale, alla determinazione del prezzo ottimale.

Ne consegue, quindi, che il metodo in esame è valido nella misura in cui determini un'adeguata risposta in termini di vendite. Talvolta, le imprese che introducono un nuovo prodotto sul mercato applicano un elevato margine di ricarico con lo scopo di recuperare il più rapidamente possibile gli investimenti effettuati. Una consimile strategia, peraltro, accresce la minaccia di una risposta competitiva basata sui bassi prezzi.

Eppure il metodo del costo totale rimane assai diffuso per diverse ragioni. In primo luogo, i venditori conoscono meglio i costi della domanda. Collegando il prezzo al costo, i venditori semplificano considerevolmente il problema e non devono effettuare frequenti aggiustamenti al variare della domanda. In secondo luogo, nei settori in cui tutte le imprese si servono di questo metodo, i loro prezzi tendono a eguagliarsi. La concorrenza sulla base del prezzo è perciò ridotta al minimo, il che non avverrebbe se le imprese, nel fissare i prezzi, prestassero attenzione alle variazioni della domanda. In terzo luogo, molti ritengono che il metodo del costo totale sia più corretto, sia per gli acquirenti sia per i venditori. I venditori, infatti, non sfruttano gli acquirenti quando la domanda è alta, pur realizzando un profitto adeguato sui loro investimenti.

Metodo del profitto obiettivo. Un altro metodo per la determinazione del prezzo in base al costo è quello del profitto obiettivo, mediante il quale l'impresa cerca di determinare il prezzo che può consentirle di ottenere il profitto ricercato. Questo metodo è usato dalla General Motors, la quale fissa i prezzi delle sue automobili in modo da raggiungere un profitto del 15-20% sul suo investimento. Lo stesso metodo è anche utilizzato dalle imprese di servizi pubblici, le quali sono tenute a perseguire "giusti" tassi di rendimento sugli investimenti.

Il metodo del prezzo obiettivo si avvale del *diagramma del punto di equilibrio* (o *punto di pareggio*, o *break-even point*), il quale indica i costi totali e i ricavi totali previsti in corrispondenza a diversi livelli del volume delle vendite. La figura 18-7 mostra un ipotetico diagramma del punto di equilibrio. I costi fissi ammontano a 6 miliardi di lire indipendentemente dal volume delle vendite. I costi variabili sono sovrapposti a quelli fissi e crescono linearmente con il volume. La curva del ricavo totale parte dall'origine e cresce linearmente con le vendite. L'inclinazione della curva del ricavo totale indica il prezzo. In questo caso esso è di 15.000 lire (per esempio, il ricavo totale su 800.000 unità è di 12 miliardi di lire, cioè 15.000 lire l'una).

Al prezzo di 15.000 lire, l'impresa deve vendere almeno 600.000 unità per andare in pareggio, ovvero affinché il ricavo totale copra il costo totale. Tale volume corrisponde all'intersezione fra la retta dei costi totali

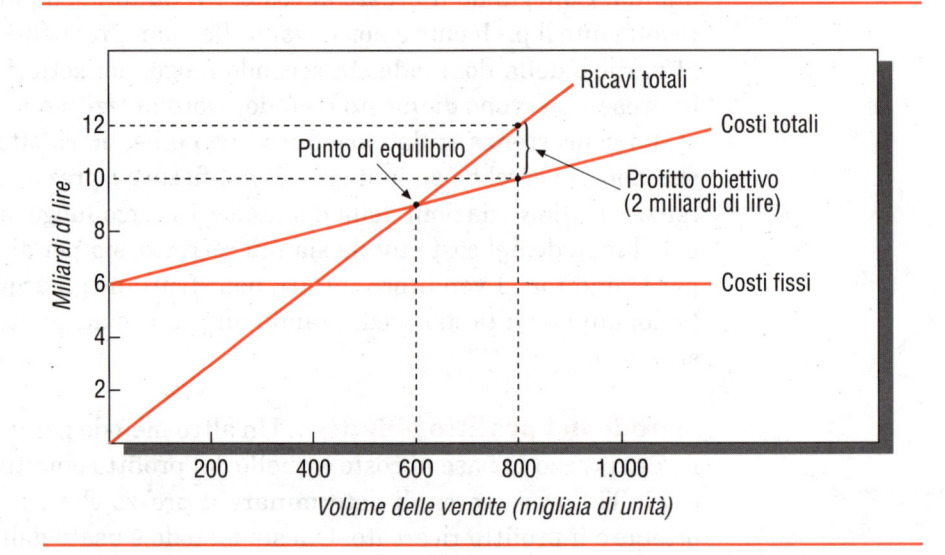

Figura 18-7 Determinazione del prezzo obiettivo mediante il grafico del punto di equilibrio

e quella dei ricavi e viene definito come il *volume al punto d'equilibrio*. Se l'impresa ricerca un profitto obiettivo di 2 miliardi di lire, deve riuscire a vendere almeno 800.000 unità al prezzo di 15.000 lire l'una. Se l'impresa intende stabilire un prezzo più alto, ad esempio 20.000 lire, allora per raggiungere il suo profitto obiettivo sarebbe sufficiente vendere un minor numero di unità. Peraltro, al prezzo più alto, il mercato potrebbe non assorbire questo volume minore: molto dipende dall'elasticità della domanda rispetto al prezzo. Nel diagramma del punto di equilibrio questa non viene presa in considerazione. L'impresa deve quindi ipotizzare prezzi differenti e stimare i loro effetti sul volume delle vendite e sui profitti.

Metodo del valore percepito. Un numero sempre maggiore di imprese stabilisce i prezzi in base al *valore percepito* dei loro prodotti. Tali imprese individuano il fattore chiave per la determinazione del prezzo, invece che nei costi del venditore, nel valore percepito dall'acquirente e usano i fattori del marketing-mix non legati al prezzo per aumentare il valore in questione. Il prezzo viene quindi fissato in modo da corrispondere al valore percepito.[9]

Il metodo del valore percepito si adatta particolarmente bene alla recente elaborazione concettuale in materia di posizionamento del prodotto. Un'impresa sviluppa un'idea di prodotto per un mercato obiettivo particolare con un dato prezzo e livello di qualità. La direzione stima poi il volume delle vendite che spera di poter ottenere con quel prezzo. Questo fornisce delle indicazioni sul fabbisogno di capacità produttiva, sugli investimenti, sui costi unitari. Si accerta poi se, in base ai costi e al prezzo programmato, il prodotto porterà a un profitto soddisfacente. Se la risposta è affermativa, l'impresa continuerà lo sviluppo del prodotto, altrimenti abbandonerà il progetto.

Due delle imprese che applicano in maggior misura il metodo del valore percepito sono la Du Pont e la Caterpillar. Quando la Du Pont realizzò la sua prima fibra sintetica per tappeti, dimostrò ai produttori del settore che potevano continuare a ottenere gli stessi profitti pagando la nuova fibra fino a 1 dollaro e 40 al chilo. La Du Pont definisce questo metodo *value-in-use pricing* (determinazione del prezzo in base al valore d'uso). La Du Pont si rendeva peraltro conto del fatto che al prezzo di 1 dollaro e 40 la nuova fibra non avrebbe avuto mercato. Così ridusse il prezzo al di sotto di tale cifra, in misura diversa a seconda del grado voluto di penetrazione del mercato. La Du Pont si servì del costo unitario di produzione per determinare il prezzo solamente all'inizio, per decidere se vi era un sufficiente margine di profitto. La Caterpillar, invece, usa il valore percepito per determinare i prezzi delle sue attrezzature per l'edilizia. Può fissare il prezzo di un trattore a 100.000 dollari, anche se un trattore simile della concorrenza costa 90.000 dollari. Ciò nonostante la Caterpillar venderà di più del concorrente. Quando un cliente potenziale domanda a un rivenditore della Caterpillar il motivo per cui dovrebbe pagare 10.000 dollari di più per un trattore, il rivenditore risponde:

- 90.000 dollari sarebbe il prezzo del trattore nel caso in cui fosse equivalente a quello del concorrente.
- 7.000 dollari è il premio di prezzo per la maggior durata.
- 6.000 dollari è il premio di prezzo per la maggior affidabilità.
- 5.000 dollari è il premio di prezzo per la migliore assistenza.
- 2.000 dollari è il premio di prezzo per la maggiore durata della garanzia sui ricambi.
- 110.000 dollari sarebbe quindi il prezzo corrispondente al valore del pacchetto.
- 10.000 dollari è lo sconto.
- 100.000 dollari è il prezzo finale.

Il cliente stupito scopre che, anche se in apparenza gli viene chiesto di pagare un sovrapprezzo di 10.000 dollari per il trattore della Caterpillar, in realtà gli viene offerto uno di sconto di 10.000 dollari. Egli finisce quindi per scegliere il trattore della Caterpillar perché si convince che il costo complessivo di utilizzo dello stesso sarà minore.

Il fattore chiave del metodo del valore percepito sta nell'intuire correttamente il valore che il mercato attribuisce all'offerta. I venditori con una visione gonfiata del valore della loro offerta fissano il prezzo del loro prodotto a un livello eccessivamente elevato. Oppure, possono sottostimare il valore percepito e fissare dei prezzi più bassi di quanto potrebbero. Per poter usare il valore percepito come una guida per determinare i prezzi in modo efficace è necessario condurre una ricerca di mercato. I metodi per stimare il valore percepito sono descritti nel quadro 18-2.[10]

Metodo dei prezzi correnti. Col metodo dei prezzi correnti l'impresa determina i suoi prezzi basandosi principalmente sui prezzi praticati dai concorrenti, prestando attenzione ai suoi costi e alla sua domanda. L'impresa può far pagare i suoi prodotti lo stesso, di più, o di meno di quelli del suo concorrente principale. Nelle industrie di tipo oligopolistico che vedono prodotti indifferenziati (*commodities*) come l'acciaio, la carta, o i fertilizzanti, di solito le imprese applicano prezzi uguali. Le imprese minori "imitano l'impresa leader"; esse modificano i prezzi quando l'impresa leader di mercato li modifica e non quando cambiano i loro costi o la loro domanda. Alcune imprese possono praticare un leggero aumento o un leggero sconto, ma mantengono costante la differenza. Così di solito i distributori di benzina più piccoli fanno pagare poche lire di meno rispetto alle maggiori imprese petrolifere, senza permettere alla differenza di aumentare o di diminuire.

Il metodo dei prezzi correnti è piuttosto diffuso. Dove i costi sono difficili da misurare, o la risposta della concorrenza è molto incerta, le imprese ritengono che il metodo dei prezzi correnti rappresenti una buona soluzione. Si ritiene che il prezzo corrente rappresenti l'opinione collettiva del settore sul prezzo, capace di portare a un giusto rendimento senza disturbare l'armonia del settore stesso.

Metodo delle gare d'appalto. I prezzi basati sulla concorrenza dominano anche nelle situazioni in cui le imprese entrano in gara per l'acquisizione di appalti. L'impresa basa la sua offerta sul prezzo che si presume adottino i concorrenti, piuttosto che su una rigida relazione tra i propri costi e la domanda. L'impresa intende vincere l'appalto e ciò implica il fissare un prezzo più basso di quello dei concorrenti.

Essa, tuttavia, non può fissare il prezzo al di sotto del costo, per non peggiorare la sua situazione. D'altra parte, più alza il prezzo al di sopra dei suoi costi, e minori sono le probabilità di ottenere l'appalto.

L'effetto netto delle due tendenze opposte può essere descritto in termini di profitto atteso dalla specifica offerta (si veda la tavola 18-1). Supponiamo che un'offerta di 9.500 milioni di lire abbia un'alta probabilità di ottenere l'appalto (ad esempio 0,81%), ma con un basso profitto, in questo caso 100 milioni di lire. Il profitto atteso per questa offerta è quindi di 81 milioni di lire. Se l'impresa quotasse 11.000 milioni di lire, il suo profitto sarebbe di 1.600 milioni di lire, ma la sua probabilità di ottenere l'appalto potrebbe essere minore, per esempio lo 0,01%. Il profitto atteso sarebbe solo di 16 milioni di lire. Un criterio logico di offerta dovrebbe essere quello di presentare l'offerta in grado di massimizzare il profitto atteso. Sulla base della tavola 18-1, l'offerta migliore dovrebbe essere quella

Quadro 18-2 Metodi di stima del valore percepito. Un'applicazione

Tre imprese, A, B, e C, producono interruttori. Viene chiesto agli acquirenti industriali di esaminare e valutare le offerte delle tre imprese. Consideriamo tre metodi alternativi:

- **Metodo della valutazione diretta del prezzo.** In questo caso gli acquirenti stimano il prezzo unitario per gli interruttori di ognuna delle imprese. Per esempio, le stime potrebbero essere rispettivamente 2.550, 2.000 e 1.520 lire.
- **Metodo della valutazione diretta del valore percepito.** In questo caso gli acquirenti possono assegnare cento punti in modo da riflettere il valore attribuito agli interruttori di ognuna delle imprese. Supponiamo che assegnino, rispettivamente: 42, 33, 25 punti. Se il prezzo medio di mercato per un interruttore è di 2.000 lire, allora le imprese, onde rispecchiare le differenze nel valore percepito, potrebbero applicare, rispettivamente, i seguenti prezzi: 2.550, 2.000 e 1.520 lire.
- **Metodo diagnostico.** In questo caso gli acquirenti valutano le tre offerte in base a una serie di attributi specifici. Essi devono ripartire per ogni attributo 100 punti fra le tre imprese. Devono inoltre assegnare un peso a ogni attributo in base alla sua importanza relativa.

Peso relativo	Attributo	Prodotti		
		A	B	C
25	Durata del prodotto	40	40	20
30	Affidabilità del prodotto	33	33	33
30	Affidabilità della consegna	50	25	25
15	Qualità dell'assistenza	45	35	20
100	(Valore percepito)	(41,65)	(32,65)	(24,9)
	(Punto di equilibrio)	2.550	2.000	1.520

di 10.000 milioni di lire, per la quale il profitto atteso è di 216 milioni di lire. L'uso del criterio del profitto atteso per determinare il prezzo vale per una grande impresa che presenta molte offerte. Utilizzando questo criterio, l'impresa, nel lungo periodo, realizzerà il massimo profitto. L'impresa che concorre a gare solo occasionalmente, o che può avere biso-

Supponiamo che i risultati siano:

i pesi relativi per ognuna delle valutazioni delle imprese, rileviamo che l'offerta dell'impresa A è percepita come superiore alla media (42), l'offerta di B è nella media (33), quella di C è inferiore alla media (25).

L'impresa A può fissare dei prezzi elevati per i suoi interruttori perché si ritiene che offra di più. Se intende fissare un prezzo direttamente proporzionale al suo valore percepito, può stabilire un prezzo di 2.550 lire (= 2.000 lire per un interruttore di media qualità, moltiplicato per 42/33). Se tutte le imprese stabiliscono i loro prezzi in proporzione al valore percepito, otterranno la stessa quota di mercato, dato che tutte offrono lo stesso rapporto valore-prezzo.

Se una delle imprese stabilisce il prezzo al di sotto del suo valore percepito, guadagnerà una quota di mercato al di sopra della media perché gli acquirenti a parità di prezzo otterranno un valore maggiore. Quanto esposto fino ad ora, viene illustrato nella figura alla pagina seguente.

Le tre offerte A, B, e C, sono inizialmente allineate sulla stessa retta valore-prezzo. Le rispettive quote di mercato dipenderanno dalla densità relativa dei punti ideali (non indicati) che circondano le tre posizioni. Supponiamo ora che l'impresa A riduca il suo prezzo ad A'. Il suo rapporto valore-prezzo sarà su di una linea superiore (quella tratteggiata), sottraendo così quote di mercato sia a B, sia a C, in particolar modo a B, poiché allo stesso prezzo offre un valore superiore. Per difendersi, B potrà abbassare a sua volta il prezzo, oppure cercare di incrementare il suo valore percepito aggiungendo una maggiore assistenza, qualità, comunicazione, e così via. Se il costo da sostenere per queste iniziative fosse inferiore alla diminuzione del ricavo derivante da un abbassamento del prezzo, allora B dovrebbe rafforzare il suo valore percepito.

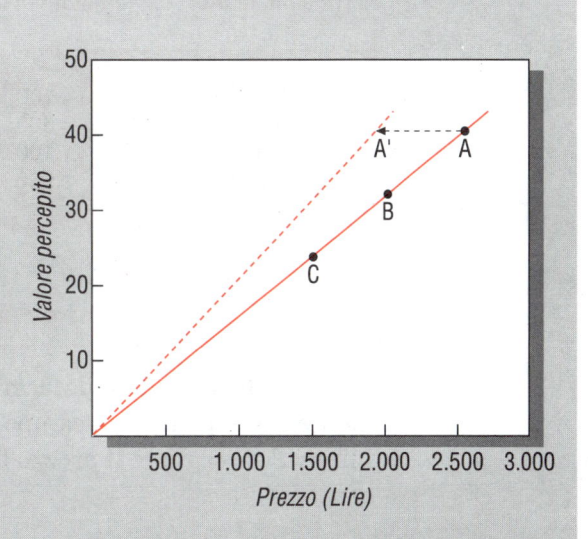

gno a ogni costo di un determinato contratto, non troverà vantaggioso adottare il metodo del profitto atteso. Tale criterio, per esempio, non distingue tra il profitto di 1.000 milioni di lire con probabilità 0,1 e uno di 125 milioni di lire con probabilità 0,8. Eppure l'impresa che desidera continuare a produrre preferirà il secondo contratto al primo.

Tavola 18-1 Effetto sul profitto atteso di offerte diverse

Offerta dell'impresa (milioni di lire)	Margine di profitto (milioni di lire)	Probabilità di ottenere l'appalto	Profitto atteso (milioni di lire)
9.500	100	0,81	81
10.000	600	0,36	216
10.500	1.100	0,09	99
11.000	1.600	0,01	16

18.1.6 La scelta del prezzo definitivo

Lo scopo dei metodi di determinazione del prezzo illustrati precedentemente è di registrare il campo di variazione entro cui scegliere il prezzo finale. Per scegliere il prezzo finale l'impresa deve valutare alcuni altri aspetti.

La psicologia del prezzo. I venditori dovrebbero tener conto, oltre che degli aspetti economici, anche di quelli psicologici legati al prezzo. Molti consumatori considerano il prezzo come un indicatore di qualità. Quando Fleischmann alzò il prezzo del suo gin da 4,50 a 5,50 dollari, le sue vendite aumentarono, anziché diminuire. Il *prestige pricing* è particolarmente efficace per i prodotti che appagano l'ego, come i profumi o le automobili di lusso. Una bottiglia di profumo da 100.000 lire può contenere essenza per un valore di 10.000 lire, ma la gente è disposta a pagare 100.000 lire perché questo prezzo conferisce al prodotto un'immagine elevata.

L'effetto del prezzo quale indicatore di qualità dipende dalla disponibilità di informazioni di cui dispongono gli acquirenti per poter valutare correttamente quanto viene loro offerto. È in relazione a ciò che nei vari paesi industrializzati da tempo si vanno rafforzando le misure legislative volte a garantire la "trasparenza" dei prezzi di beni e servizi.

Molti venditori ritengono che i prezzi debbano terminare con un numero dispari. Invece di fissare il prezzo di un amplificatore stereo a 300.000 lire, si preferisce adottare un prezzo compreso fra le 295 e le

299.000 lire. Il consumatore percepisce questo prezzo all'interno della classe delle 200 mila anziché in quella delle 300 mila lire. Oppure, per maggior sicurezza, si potrebbe stabilirlo a 285.000 lire.

Le politiche di prezzo dell'impresa. Una volta determinato un prezzo, occorre verificarne la coerenza con le politiche aziendali in generale, nonché con le altre politiche di marketing. L'importanza della politica dei prezzi è tale che molte imprese trovano opportuno creare un ufficio prezzi, incaricato di elaborare le decisioni in materia di prezzi.

La direzione deve inoltre considerare le reazioni delle altre parti in causa al prezzo previsto. Cosa ne penseranno i *distributori* e i *venditori*? La forza di vendita dell'impresa sarà disposta ad accettare un dato prezzo, o protesterà ritenendolo troppo elevato? Quali saranno le reazioni dei *concorrenti*? I *fornitori* alzeranno i loro prezzi quando vedranno quello dell'impresa? È prevedibile un intervento delle *pubbliche autorità* volto a impedire l'applicazione di tale prezzo? In quest'ultimo caso, gli operatori di marketing devono conoscere le norme in materia di prezzo e assicurarsi che le loro politiche in questo campo siano difendibili.

18.2 La modifica del prezzo

Le imprese non determinano un unico prezzo, ma stabiliscono una struttura di prezzi che fa riferimento a diversi prodotti e articoli all'interno di una linea, e che rispecchia le differenze geografiche nella domanda e nei costi, l'intensità della domanda in ogni segmento di mercato, il periodo d'acquisto e altri fattori.

Prenderemo ora in considerazione le seguenti strategie di modifica del prezzo: differenziazione geografica, sconti e abbuoni, prezzi promozionali, discriminazione dei prezzi, prezzi di una combinazione di prodotti.

18.2.1 La differenziazione geografica del prezzo

La differenziazione geografica del prezzo riguarda una serie di decisioni che l'impresa deve adottare per fissare i prezzi dei suoi prodotti nei confronti di clienti situati in aree geografiche diverse. L'impresa deve stabilire prezzi più alti per i clienti più lontani, in modo da coprire le maggiori spese di spedizione, rischiando però in questo modo di perdere i loro ordini? O forse l'impresa dovrebbe stabilire gli stessi prezzi per tutti i clienti, indipendentemente dalla loro localizzazione?

Esamineremo ora cinque delle principali strategie di differenziazione geografica del prezzo facendo riferimento al caso della Peerless Paper Company, azienda con sede ad Atlanta, Georgia, la quale vende prodotti cartari in tutti gli Stati Uniti.

Il costo del trasporto è piuttosto alto ed è uno dei fattori che determina la scelta del fornitore. La Peerless intende stabilire una politica di differenziazione geografica dei prezzi e a questo scopo sta studiando come differenziare i prezzi riguardo a tre clienti specifici, in relazione a un ordine di 100 dollari: cliente A (Atlanta), cliente B (Bloomington, Indiana), cliente C (Compton, California).

Prezzo d'origine FOB. La Peerless può chiedere a ognuno dei suoi clienti di sostenere le spese di spedizione dallo stabilimento di Atlanta alla destinazione specifica. Tutti e tre i clienti pagherebbero lo stesso prezzo base di 100 dollari, in più il cliente A dovrebbe pagare 10 dollari per la spedizione, il cliente B 15, e il cliente C 25. Con la condizione "prezzo d'origine FOB", s'intende che i beni sono sistemati franco a bordo di un corriere (*free on board*), e che da quel momento la proprietà e la responsabilità dei beni stessi passano al cliente, il quale paga il trasporto dalla fabbrica alla destinazione.

I sostenitori del prezzo FOB ritengono che sia il modo più giusto di ripartire le spese di trasporto, dato che ogni cliente sostiene il proprio costo; peraltro, lo svantaggio è che, in questo modo, per i clienti più distanti la Peerless diventa un'impresa ad alto costo. Se il maggior concorrente della Peerless ha sede in California, quest'ultimo in quello stato venderà molto di più. In realtà, il concorrente venderà di più nella maggior parte delle regioni occidentali, mentre la Peerless dominerà quelle orientali. Si potrebbe congiungere con una linea verticale tutte le città in cui il costo del trasporto delle due imprese sarà esattamente uguale. La Peerless godrà di un vantaggio di prezzo a est della linea, mentre il concorrente lo avrà a ovest.

Prezzo di consegna uniforme. Il prezzo di consegna uniforme è l'esatto contrario del prezzo FOB. In questo caso l'impresa fa pagare lo stesso sovrapprezzo per il trasporto a tutti i clienti, indipendentemente dalla loro ubicazione. Questo metodo viene anche chiamato "criterio dell'affrancatura postale", poiché la spedizione di una lettera implica lo stesso prezzo su tutto il territorio nazionale. Il prezzo del trasporto viene fissato in base al suo costo medio. Supponiamo che questo sia 15 dollari. La spesa di consegna uniforme si traduce in un prezzo alto per il cliente di Atlanta (che paga 15 dollari invece di 10) e in uno sovvenzionato per il cliente di Compton (che paga 15 dollari invece di 25). Il cliente di Atlanta preferirà acquistare la carta da un altro produttore locale che usi il prezzo FOB. D'altra parte la Peerless avrà una maggiore probabilità di assicurarsi il cliente californiano. Il metodo del prezzo di consegna uniforme presenta alcuni vantaggi, quali la facilità di amministrazione e la possibilità di mantenere un unico prezzo reclamizzato su scala nazionale.

Prezzo per zona. Il prezzo per zona si situa tra quello FOB e quello di consegna uniforme. L'impresa stabilisce due o tre zone. Tutti i clienti all'interno di una zona pagano lo stesso prezzo totale, e questo sarà più elevato per le zone più lontane. La Peerless potrebbe definire una zona orientale all'interno della quale ogni cliente paga il trasporto 10 dollari, una zona centrale a 15 dollari, e una zona occidentale a 25 dollari. In questo modo, i clienti all'interno di una data zona di prezzo non ricevono dall'impresa alcun vantaggio di prezzo; così un cliente di Atlanta e uno di Boston pagano alla Peerless la stessa cifra. Il motivo di insoddisfazione è però che il cliente di Atlanta sovvenziona il costo di trasporto di quello di Boston. Inoltre, un cliente situato solo poco più a ovest della linea di demarcazione tra la zona orientale e quella centrale dovrà pagare parecchio di più di uno che sia situato poco più a est della stessa, anche se la distanza che li separa può essere di pochi chilometri.

Prezzo del punto base. Questo metodo permette al venditore di scegliere una città come punto base, o di riferimento, e di far pagare a tutti i clienti il costo del trasporto da quella città alla loro sede, indipendentemente dal luogo da cui i beni sono realmente spediti. Per esempio, la Peerless potrebbe scegliere come punto base Chicago, e far pagare a tutti i clienti 100 dollari più l'equivalente del trasporto da Chicago alla loro destinazione.

Ciò significa che il cliente di Atlanta pagherà il costo del trasporto da Chicago ad Atlanta, anche se in realtà le merci vengono spedite da Atlanta. Dovrà perciò pagare un "onere fantasma". L'uso di un punto base diverso dalla fabbrica aumenta il prezzo complessivo per i clienti situati vicino a essa e lo diminuisce per quelli più lontani. Se tutti i venditori usassero la stessa città di riferimento, i prezzi alla consegna sarebbero gli stessi per tutti i clienti e la concorrenza sul prezzo sarebbe eliminata.

Alcuni settori, come quelli dello zucchero, del cemento, dell'acciaio e delle automobili, hanno utilizzato il prezzo del punto di riferimento per anni, ma questo sistema è oggi meno utilizzato, anche a causa dell'introduzione di leggi contrarie ad accordi sul prezzo tra concorrenti. Alcune imprese, per aumentare la versatilità dello strumento, stabiliscono diversi punti base, applicando poi i costi di trasporto dalla città di riferimento più vicina al cliente.

Prezzo di assorbimento del trasporto. Il venditore che vuole assolutamente concludere un affare con un particolare cliente o in un'area geografica specifica, per ottenere il contratto potrebbe sostenere tutte o una parte delle spese di trasporto. I venditori possono pensare che se riusciranno a ottenere più commesse i loro costi medi diminuiranno più di quanto sia necessario a compensare le spese di trasporto aggiuntive. Questo metodo è utilizzato per la penetrazione del mercato e per mantenere la posizione in mercati sempre più competitivi.

18.2.2 Sconti e abbuoni

La maggior parte delle imprese modifica i propri prezzi di base per compensare i clienti per determinati comportamenti: il pagamento rapido delle fatture, l'acquisto di grossi quantitativi, gli acquisti fuori stagione, e così via. Queste modifiche di prezzo – chiamate sconti e abbuoni – sono descritte dettagliatamente di seguito.

Sconti di cassa. Uno sconto di cassa è una riduzione di prezzo per quegli acquirenti che pagano prontamente le fatture. Un esempio tipico è: "2/10, netto 30", che significa che il pagamento deve essere effettuato entro trenta giorni, ma che l'acquirente può dedurre il 2% del prezzo se paga entro dieci giorni. Lo sconto deve essere garantito a tutti coloro che rispettino questi tempi. Questo tipo di sconto è abituale in molti settori e ha lo scopo di aumentare la liquidità del venditore e di ridurre i costi di riscossione dei crediti.

Sconti quantità. Uno sconto quantità è una riduzione di prezzo per i clienti che acquistano importanti quantitativi di beni. Un esempio tipico è: "10.000 lire al pezzo per meno di 100 unità, 9.000 lire per 100 o più unità".

Gli sconti quantità devono essere offerti a tutti i clienti e non devono superare il minor costo derivante dalla vendita in grande quantità.[11] Tali risparmi sono dati dalle minori spese di vendita, di stoccaggio e di trasporto.

Gli sconti possono essere offerti su una base non cumulativa (su ogni ordine), oppure su una base cumulativa (sul numero totale di unità ordinate in un certo periodo di tempo). Questi sconti stimolano i clienti ad acquistare con regolarità da un dato venditore, piuttosto che da più fonti.

Sconti funzionali. Gli sconti funzionali (detti anche sconti commerciali) vengono offerti dal produttore agli intermediari distributivi in cambio dell'assolvimento di alcune funzioni, quali la vendita, il deposito, la contabilità. I produttori, in base ai differenti servizi assolti, possono offrire diversi sconti funzionali ai vari canali, ma devono offrire gli stessi sconti funzionali all'interno di ogni canale.[12]

Sconti stagionali. Uno sconto stagionale è una riduzione di prezzo per coloro che acquistano merci o servizi fuori stagione. Gli sconti stagionali permettono al produttore di mantenere una produzione più regolare nel corso dell'anno.

I produttori di sci, ad esempio, per incoraggiare le ordinazioni anticipate offriranno ai dettaglianti sconti stagionali in primavera ed estate. Gli alberghi e le linee aeree offriranno sconti stagionali nel corso della bassa stagione.

Abbuoni. Gli abbuoni sono un altro tipo di riduzione del prezzo di listino. Gli *abbuoni di permuta*, ad esempio, sono riduzioni di prezzo che si ottengono mediante la riconsegna di un vecchio prodotto al momento dell'acquisto di quello nuovo. Questo tipo di abbuono è usato comunemente nel settore automobilistico, ma si applica anche in altri settori di beni durevoli.

Gli *abbuoni promozionali* sono pagamenti o riduzioni di prezzo a favore dei rivenditori che partecipano alle campagne pubblicitarie o ai programmi di promozione delle vendite.

18.2.3 I prezzi promozionali

In particolari circostanze le imprese fissano i prezzi dei loro prodotti al di sotto del prezzo di listino e talvolta anche al di sotto del costo. I prezzi promozionali possono assumere svariate forme.

- Per attirare i clienti, i grandi magazzini e i supermercati fissano prezzi molto bassi su alcuni *prodotti-civetta* (*loss-leader*), nella speranza che vengano acquistati anche altri prodotti a ricarico normale.
- I venditori, per attirare un maggior numero di clienti, si servono anche di prezzi speciali in occasione di particolari avvenimenti. Ad esempio, ogni gennaio si tiene la "fiera del bianco" per attirare nei punti di vendita i clienti stanchi delle spese natalizie.
- I produttori talvolta offrono dei *rimborsi* ai clienti che acquistano il prodotto dai venditori entro un determinato periodo di tempo. In questo caso, il produttore invia il rimborso direttamente al cliente. I rimborsi sono uno strumento flessibile che consente di ridurre le scorte nei momenti di difficoltà nelle vendite, senza dover modificare il prezzo di listino.
- Invece di ridurre il prezzo, un'impresa può offrire *finanziamenti a basso interesse* agli acquirenti dei propri prodotti. Questa forma di promozione delle vendite è particolarmente applicata in campo automobilistico, soprattutto nelle condizioni di mercato di questi anni, caratterizzate da un permanente eccesso di capacità produttiva rispetto alla domanda e, quindi, da un'accentuarsi della competizione, di prezzo e non, fra i produttori.
- La promozione delle vendite può essere anche realizzata mediante la *concessione di garanzie e servizi aggiuntivi*, senza che questa implichi un aumento del prezzo. Restando sempre in campo automobilistico, è possibile citare la tendenza delle case automobilistiche a estendere la portata delle garanzie normalmente concesse, nonché ad accrescere il numero e la qualità dei servizi post-vendita.
  Ma questa tendenza si sta estendendo a molti altri campi, sia di beni e servizi di consumo, sia di beni a destinazione produttiva.
- Un'altra tecnica di promozione basata sul prezzo è costituita dagli *sconti psicologici*: il venditore segna su un prodotto un prezzo artificialmente alto per poi offrire un ingente sconto. Ad esempio: "prezzo di listino 359.000 lire, ridotto a 299.000". L'impiego di sconti fittizi è sempre più ostacolato dalle norme a difesa dei consumatori. Gli sconti sui prezzi effettivi sono invece una forma legittima di prezzo promozionale.

18.2.4 La discriminazione dei prezzi

Spesso le imprese modificano il loro prezzo base per adattarlo alle differenze esistenti tra clienti, modelli, ubicazioni, e così via.

La discriminazione dei prezzi descrive una situazione in cui l'impresa applica allo stesso bene o servizio prezzi che non rispecchiano le differenze esistenti nei costi. Tale discriminazione può assumere diversi aspetti:

- **In base alla clientela**. In questo caso clienti diversi pagano prezzi diversi per lo stesso bene o servizio. Gli studenti e gli anziani, per visitare un museo, pagano un biglietto ridotto.
- **In base alla versione del prodotto**. In questo caso, versioni differenti di un prodotto hanno prezzi diversi, le quali non sempre riflettono le reali differenze di costo. Un noto produttore di elettrodomestici pone in vendita sette versioni di ferri da stiro a caldaia, praticando un prezzo di 350.000 lire per la versione più costosa e di 170.000 lire per quella più conveniente.
  Dall'analisi delle caratteristiche tecniche delle diverse versioni emerge con chiarezza come le differenze di prezzo non riflettono le differenze di costo, specie nel caso della versione più costosa. Analoghi esempi potrebbero essere tratti dal listino prezzi di qualsiasi casa automobilistica, allorquando si considerano i prezzi delle versioni "base" e di quelle via via arricchite di "opzioni".
- **In base all'immagine**. Alcune imprese applicheranno prezzi diversi in funzione della diversa immagine dei propri prodotti. Ad esempio, un produttore di profumi può offrire i propri prodotti a prezzi diversi a seconda della confezione, o della marca, o del punto di vendita. Analogamente può comportarsi un'impresa produttrice di dolciumi, con prezzi diversi per le confezioni normali e quelle "regalo", o una casa editrice che pubblichi varie versioni del medesimo volume: una rilegata, una in brossura ed, eventualmente, una in dispense.
- **In base all'ubicazione**. In questo caso, alle diverse ubicazioni corrispondono prezzi diversi, anche se il costo è lo stesso per ognuna di esse. Un teatro differenzia i prezzi dei posti in base alle preferenze del pubblico.
- **In base al tempo**. In questo caso, i prezzi vengono modificati stagionalmente, giornalmente, e anche in base all'ora. Alcune imprese di servizi pubblici modificano i loro prezzi nei confronti degli utenti in base all'ora del giorno, e a seconda che si tratti di un giorno feriale o di uno festivo.

Affinché la discriminazione dei prezzi sia funzionale, devono sussistere alcune condizioni. La prima è che il mercato deve essere segmentabile e i segmenti devono essere contraddistinti da differenti intensità di domanda. La seconda è che per gli acquirenti appartenenti al segmento caratterizzato dai prezzi più bassi deve essere impossibile rivendere il prodotto nel segmento dove i prezzi sono più alti. La terza è che i concorrenti non devono avere la possibilità di vendere a un prezzo più basso nel segmento dove l'impresa pratica prezzi più alti. La quarta è che il costo della segmentazione e del controllo del mercato non deve superare il ricavo aggiuntivo derivante dalla discriminazione di prezzo. La quinta è che da questa pratica non devono derivare motivi di insoddisfazione e di risentimento da parte della clientela. La sesta è che la particolare forma di discriminazione scelta non deve essere illegale.

Nelle attuali condizioni di deregolamentazione che si stanno affermando in alcuni settori, come quelli del trasporto aereo e su strada, le imprese appartenenti a questi settori hanno fatto maggiormente ricorso alla discriminazione dei prezzi. Di particolare interesse quella praticata in modo sempre più sistematico dalle compagnie aeree. Ad esempio, una compagnia aerea praticherà tariffe diverse per i passeggeri che si imbarcano sullo stesso volo in funzione della classe, del periodo della giornata, del giorno della settimana, della stagione, del numero delle persone che viaggiano insieme, dello status professionale, e così via.

L'obiettivo delle compagnie aeree è evidentemente quello di vendere tanti biglietti di viaggio quanti sono i posti su ogni aereo impiegato.

18.2.5 Prezzo e combinazione di prodotti

La logica impiegata per la determinazione del prezzo di un singolo prodotto deve essere modificata quando esso fa parte di una combinazione di prodotti. In questo caso, l'impresa ricerca una combinazione di prezzi in grado di massimizzare i profitti dell'intera combinazione di prodotti. La determinazione dei prezzi è difficile perché la domanda e i costi dei vari prodotti sono interrelati, e i prodotti stessi sono soggetti a diversi gradi di concorrenza. Esamineremo ora sei situazioni.

La determinazione dei prezzi per una linea di prodotto. Solitamente le imprese sviluppano intere linee di prodotto, piuttosto che un singolo prodotto. Ad esempio, la Panasonic offre cinque diverse telecamere sonore a colori, che vanno da una relativamente semplice che pesa due chili, a una sofisticata che pesa tre chili ed è dotata di messa a fuoco automatica, dissolvenza e di due obiettivi zoom. Ogni modello successivo della linea offre delle prestazioni aggiuntive. La direzione deve decidere quali differenze di prezzo stabilire tra le diverse telecamere. Tali differenze dovrebbero basarsi sui diversi costi, sulle valutazioni dei consumatori delle diverse prestazioni, e sui prezzi dei concorrenti. Se la differenza di prezzo tra due modelli successivi è contenuta, gli acquirenti sceglieranno la telecamera più avanzata e ciò, nel caso in cui la differenza di costo sia minore di quella di prezzo, comporterà un aumento dei profitti dell'impresa. Se la differenza di prezzo è forte, gli acquirenti sceglieranno il modello meno avanzato.

In molti settori del commercio al dettaglio i venditori utilizzano per i prodotti delle loro linee punti di riferimento consolidati. Così i negozi di abbigliamento maschile possono offrire abiti a tre livelli di prezzo: 300.000, 500.000 e 700.000 lire. I clienti assoceranno ai tre prezzi di riferimento l'idea di abiti di bassa, media e alta qualità. Anche se i prezzi dovessero essere moderatamente elevati, i clienti acquisteranno i vestiti al loro prezzo di riferimento preferito. Il compito del venditore è quello di determinare le differenze nella qualità percepita in modo da motivare le differenze di prezzo.

La determinazione del prezzo degli accessori del prodotto. Molte imprese, oltre al prodotto principale, offrono una serie di prodotti o prestazioni accessorie. L'acquirente di un'automobile può ordinare alzacristalli elettrici, fari antinebbia, o il condizionatore d'aria. La determinazione del prezzo di questi accessori è piuttosto complicata. Le case automobilistiche devono decidere quali elementi comprendere nel modello di base e quali offrire come accessori. La strategia di prezzo normalmente seguita consiste nel reclamizzare la versione base di un determinato modello con l'indicazione del prezzo formulata in modo da escludere le cosiddette "opzioni". Lo scopo è quello di attirare i potenziali acquirenti presso i concessionari, dove l'illustrazione dei prezzi corrispondenti alle possibili combinazioni – modello, versione, allestimento, ecc. – verrà effettuata dal personale di vendita.

Anche i ristoranti devono affrontare un problema simile. I clienti, oltre ai vari piatti, possono ordinare alcolici. Il gestore deve stabilire il prezzo per questi articoli, scegliendo fra un livello elevato per renderli profittevoli, oppure un livello basso per attirare la clientela. Molti ristoranti praticano prezzi elevati sulle bevande e moderati sui cibi. Il cibo copre i costi di gestione del ristorante, mentre gli alcolici producono il profitto. Questo spiega perché i camerieri esercitino forti pressioni per convincere i clienti a ordinare alcolici. Altri ristoranti, per attirare gli amanti del buon vino, fanno pagare molto il cibo e poco gli alcolici.

La determinazione del prezzo dei prodotti ausiliari. Le imprese di alcuni settori producono beni che devono essere utilizzati insieme al prodotto principale. Esempi di beni ausiliari sono le lamette da barba, le pellicole fotografiche e i dischetti per personal computer. Spesso i produttori fissano dei prezzi bassi sui beni principali (rasoi, macchine fotografiche e personal computer), e stabiliscono dei forti ricarichi su quelli ausiliari. Ad esempio, le macchine fotografiche della Kodak costano poco perché i profitti vengono conseguiti mediante la vendita delle pellicole. I produttori di macchine fotografiche che non vendono anche le pellicole, per poter ottenere lo stesso profitto complessivo devono fissare prezzi più alti.

Nel vendere i prodotti ausiliari a prezzo elevato si può tuttavia incorrere nel rischio di dover fronteggiare possibili contraffazioni. È infatti frequente che i prodotti "originali" vengano imitati e offerti a prezzi assai inferiori a quelli praticati dall'impresa produttrice del bene principale.

La determinazione del prezzo dei servizi. Le imprese produttrici di servizi frequentemente praticano prezzi formati da una parte fissa, o *canone*, e da una variabile in funzione del grado di fruizione del servizio erogato.

È questo il caso delle compagnie telefoniche, le quali addebitano agli utenti un importo fisso per l'allacciamento alla rete telefonica, al quale si aggiungono gli importi relativi all'effettivo uso dei vari servizi offerti al mercato.

L'impresa che opera nel campo dei servizi di uso frequente e continuativo deve individuare il corretto equilibrio fra la parte fissa del prezzo e quella variabile. Se la parte fissa è sufficientemente contenuta, verrà facilitato lo sviluppo del numero degli utenti, ma ciò non deve indurre a fare affidamento pressoché esclusivo sulla parte variabile dei ricavi per il conseguimento della redditività. Gli utenti, infatti, potrebbero ridurre il proprio grado di utilizzo dei servizi erogati in considerazione del loro prezzo elevato.

La determinazione del prezzo dei sottoprodotti. Spesso nel processo di produzione di prodotti quali la lavorazione delle carni, la raffinazione del petrolio e di altri prodotti chimici, si ottengono dei sottoprodotti. Nel caso in cui i sottoprodotti siano senza valore e anzi comportino un costo di eliminazione, ciò si rifletterà sul prezzo del prodotto principale. Il produttore dovrà cercare un mercato per questi sottoprodotti, ed accetterà qualunque prezzo che copra i costi di deposito e di trasporto. Ciò permetterà al venditore di rendere più competitivo il prodotto principale riducendone il prezzo.

La determinazione del prezzo di un gruppo di prodotti. È sempre più frequente il caso di imprese che offrono un certo insieme di prodotti a un prezzo complessivo inferiore al prezzo dei singoli prodotti venduti separatamente.

Casi del genere possono manifestarsi nell'industria del mobile, con l'offerta di un arredamento completo a un prezzo inferiore a quello dei singoli elementi considerati separatamente; oppure nel settore dello spettacolo, dove l'abbonamento a un'intera stagione è assai più conveniente dell'acquisto dei biglietti delle singole manifestazioni.[13]

18.3 La manovra del prezzo

Le imprese, dopo avere sviluppato la struttura dei prezzi e le relative strategie, si troveranno a dover affrontare situazioni di riduzione o di aumento dei prezzi.

18.3.1 L'avvio della riduzione del prezzo

Molteplici sono le circostanze che possono condurre un'impresa a considerare l'opportunità di una riduzione di prezzo, anche se ciò potrebbe scatenare una guerra dei prezzi. Una di queste situazioni è l'*eccesso di capacità produttiva*. In questo caso l'impresa ha bisogno di aumentare il fatturato, ma non riesce a ottenerlo mediante un aumento dello sforzo di vendita, un miglioramento del prodotto, o con altri strumenti. Essa potrebbe adottare una strategia di prezzo "aggressiva" allo scopo di favorire lo sviluppo delle vendite.

Una consimile strategia, tuttavia, potrebbe costituire l'inizio di una guerra di prezzo fra le imprese concorrenti, tutte impegnate a garantirsi la sopravvivenza sul mercato. Un'altra situazione è rappresentata dal *declino della quota di mercato*. Negli Stati Uniti molti settori industriali – automobili, elettronica di consumo, macchine fotografiche, orologi e siderurgia – hanno perso crescenti quote di mercato a favore dei concorrenti giapponesi, i cui prodotti di alta qualità costano meno di quelli americani. La Zenith, la General Motors e altre imprese si sono quindi decise ad adottare una strategia di prezzo più aggressiva. Per esempio, sulla costa occidentale, dove la concorrenza dei giapponesi è maggiore, la General Motors ha ridotto tutti prezzi delle sue utilitarie del 10%.

Le imprese avviano una riduzione del prezzo anche per conseguire il dominio del mercato attraverso una diminuzione dei costi. L'impresa può già avere in partenza costi più bassi dei concorrenti, oppure può avviare una riduzione di prezzo nella speranza di guadagnare quote di mercato, e conseguentemente di ottenere una riduzione dei costi dovuta al maggior volume di produzione. Una consimile strategia, tuttavia, implica una serie di rischi, quali i seguenti:

1. **Deterioramento dell'immagine.** I consumatori possono interpretare una riduzione dei prezzi come la conseguenza diretta di una qualità inferiore.
2. **Indebolimento della presenza sul mercato**. Attraverso la riduzione dei prezzi, un'impresa può conseguire miglioramenti di quota, contribuendo peraltro all'indebolimento della fedeltà alla marca. Un acquirente reso sensibile al prezzo sposterà la propria preferenza non appena altre imprese praticheranno a loro volta una riduzione dei prezzi.
3. **Solo le imprese dotate di liquidità possono resistere alla guerra di prezzo.** Nell'avviare una riduzione dei prezzi, occorre tener conto sia delle proprie riserve di liquidità, sia di quelle dei concorrenti. Alla lunga sopravvive chi ha una maggior capacità di resistenza.

Occorre infine considerare il problema della riduzione dei prezzi nell'ambito di una situazione di recessione, allorquando la domanda tende a essere più "riflessiva", cioè più attenta ai prezzi dei prodotti acquistati. È infatti nel corso dei periodi di recessione che alle versioni di prezzo più elevato dei vari prodotti vengono preferite quelle più "economiche".

Nel quadro 18-3 vengono illustrate le molteplici modalità sulla base delle quali le imprese possono adeguare sia i prezzi sia il marketing-mix a situazioni di domanda in declino.

18.3.2 L'avvio dell'aumento del prezzo

Molte imprese devono procedere ad aumentare i loro prezzi, pur sapendo che un aumento di prezzo viene accolto con sfavore dai clienti, dai rivenditori e dalla stessa forza di vendita dell'impresa. Nonostante ciò, un aumento di prezzo coronato da successo può aumentare notevolmente i profitti dell'impresa. Se, per esempio, il margine di profitto di un'impresa è del 3% sulle vendite, un aumento di prezzo dell'1% produrrà, se le vendite rimangono costanti, un aumento del profitto del 33%.

Una delle cause principali degli aumenti di prezzo è la continua *inflazione dei costi* a livello mondiale. Un aumento dei costi non accompagnato da un aumento della produttività riduce i margini di profitto e costringe le imprese a effettuare aumenti periodici di prezzo. Spesso le imprese, in previsione del perdurare dell'inflazione o di interventi governativi, aumentano i loro prezzi più di quanto siano aumentati i costi; inoltre cercano di non sottoscrivere accordi di lungo periodo con i clienti in materia di prezzi, temendo che l'inflazione intacchi i loro margini di profitto. Un altro fattore che può determinare un aumento dei prezzi è l'*eccesso di domanda*. Quando un'impresa non riesce a soddisfare tutti i bisogni dei clienti, può aumentare i prezzi, mettere i clienti in lista d'attesa, o fare entrambe le cose.

I prezzi possono essere aumentati secondo modalità differenti, ciascuna delle quali esercita un impatto differente sugli acquirenti. Fra le modalità più comuni, va segnalata la *clausola di revisione prezzi*, adottata particolarmente dalle imprese che lavorano su commessa e che presentano lunghi cicli di produzione, quali i cantieri navali, la costruzione di materiale ferroviario, impianti e macchinari complessi, e così via. In tali casi, il prezzo definito in sede di ordinazione può essere soggetto a revisioni in funzione degli effettivi incrementi di costo registrati prima della consegna.

Un'altra modalità con la quale si procede a introdurre degli aumenti di prezzo è quella che si manifesta mediante l'addebito al cliente degli accessori e dei servizi che in precedenza costituivano parte integrante di una certa fornitura. Un esempio classico è costituito dall'IBM, la quale

Quadro 18-3 Analisi delle alternative di marketing-mix in periodo d'inflazione

Viene qui presentata la situazione di due produttori di elettrodomestici concorrenti. I prodotti dell'impresa A sono percepiti di qualità e prezzo superiori a quelli dell'impresa B. Le posizioni percepite delle due marche sono evidenziate nella figura (a) secondo il *valore percepito* e il *prezzo*. Si noti come le due marche siano posizionate sulla stessa retta valore/prezzo. Questo significa che i consumatori ritengono di ottenere all'incirca lo stesso valore per lira, sia che comprino la marca A sia la marca B. Coloro i quali desiderano un maggior valore complessivo comprerebbero A, potendoselo permettere. Coloro che vogliono risparmiare, comprerebbero B.

I punti della figura *a* rappresentano le preferenze degli acquirenti potenziali in termini di combinazioni valore-prezzo. Gli acquirenti le cui preferenze sono più vicine ad A compreranno A; così pure per B. Chiaramente, ogni marca ha un suo mercato consistente, ed entrambe hanno verosimilmente una buona quota di mercato.

A questo punto, si supponga il determinarsi di una situazione recessiva. Il suo effetto è di spostare le preferenze degli acquirenti verso il prodotto più economico, B (si veda la figura *b*). Il numero di acquirenti disposti ad acquistare il prodotto più caro diminuisce. Se l'impresa A non reagisce, la sua quota di mercato diminuirà.

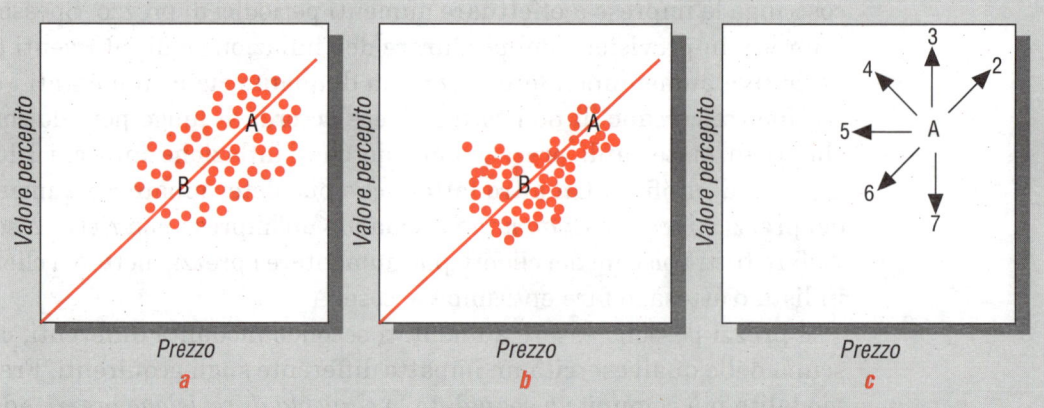

a *b* *c*

L'impresa A deve identificare le sue alternative di marketing e operare una scelta. Le alternative di marketing esistenti sono almeno sette, illustrate nella figura *c* e descritte nella tavola alla pagina seguente. Su quanto esposto nella tavola è possibile formulare alcune osservazioni: l'impresa A dovrebbe pensare seriamente a lanciare un modello economico situato vicino al modello dell'impresa B per catturare l'accresciuto numero di clienti sensibili al risparmio (una modifica all'alternativa 6). Offrendo sia un modello di prestigio sia uno economico, l'impresa A può mantenere o aumentare la sua quota di mercato. Se l'impresa A è costretta ad aumentare i prezzi, dovrebbe tentare di aumentare contemporaneamente il valore percepito (alternativa 2). Il valore percepito può essere aumentato da miglioramenti di qualità, caratteristiche e design, da una migliore assistenza al cliente e da una pubblicità più efficace. La scelta di una strategia di marketing dovrebbe basarsi su una serie di considerazioni, che comprendono la quota di mercato attuale, la capacità attuale e prevista, il tasso di crescita del mercato,

Opzioni strategiche	Considerazioni	Conseguenze
1. Mantenere prezzo e valore percepito. Attuare una scrematura selettiva della clientela.	In considerazione dell'alta fedeltà della clientela, l'impresa è disposta a cedere alla concorrenza i clienti di minor interesse.	Quota di mercato ridotta. Minore redditività.
2. Aumentare prezzo e valore percepito.	Aumentare il prezzo per coprire i costi crescenti. Migliorare la qualità offerta per giustificare il prezzo più alto.	Quota di mercato ridotta. Uguale redditività.
3. Mantenere il prezzo e aumentare il valore percepito.	È meno costoso mantenere il prezzo e aumentare il valore percepito.	Quota di mercato ridotta. Declino a breve termine della redditività. Aumento a lungo termine della redditività.
4. Ridurre parzialmente il prezzo e aumentare il valore percepito.	Bisogna offrire ai clienti una certa riduzione di prezzo, sottolineando nel contempo il maggior valore dell'offerta.	Mantenimento della quota di mercato. Declino a breve termine della redditività. Mantenimento a lungo termine della redditività.
5. Ridurre drasticamente il prezzo e mantenere il valore percepito.	Disciplinare e scoraggiare la concorrenza sul prezzo.	Mantenimento della quota di mercato. Declino a breve termine della redditività.
6. Ridurre il prezzo e ridurre il valore percepito.	Disciplinare e scoraggiare la concorrenza sul prezzo mantenendo il margine di profitto.	Mantenimento della quota di mercato. Mantenimento del margine. Riduzione della redditività a lungo termine.
7. Mantenere il prezzo e ridurre il valore percepito.	Tagliare le spese di marketing per combattere i costi crescenti.	Quota di mercato ridotta. Mantenimento del margine. Riduzione della redditività a lungo termine.

la sensibilità al prezzo da parte del cliente e la sensibilità al valore percepito, il rapporto quota di mercato/redditività e le probabili risposte e iniziative strategiche della concorrenza.

L'impresa dovrebbe cercare di prevedere l'impatto di ciascuna strategia di marketing sulle proprie vendite, la quota di mercato, i costi, il profitto e gli investimenti a lungo termine.

punta a offrire alla clientela in modo sempre più massiccio servizi di formazione e consulenza separati dalla vendita dell'hardware.

Ancora, una modalità mascherata di aumento dei prezzi consiste nella sistematica riduzione di sconti e abbuoni, nell'addebito del costo degli imballaggi e del trasporto, ecc. Nel quadro delle azioni volte ad aumentare i prezzi rientra anche il problema connesso alla distribuzione temporale di tali azioni. In altri termini, si tratta di stabilire se sia meglio introdurre un certo aumento in un'unica soluzione, o mediante quote distribuite nel tempo. Una risposta a tale interrogativo implica la considerazione dell'entità dell'aumento, tanto assoluta che relativa, la frequenza degli acquisti, l'elasticità della domanda, e così via.

Un'impresa, invece di ricorrere all'aumento dei prezzi, può ritenere preferibile l'agire sui costi. La riduzione dei costi può avvenire secondo le modalità più disparate, fra le quali è possibile segnalare le seguenti:

- Riduzione della quantità di prodotto esistente in una confezione.
- Sostituzione di ingredienti e componenti del prodotto con altri meno costosi.
- Eliminazione o riduzione delle caratteristiche del prodotto.
- Eliminazione o riduzione dei servizi complementari o accessori al prodotto.
- Impiego di confezioni meno costose o sviluppo di confezioni di maggiori dimensioni.
- Riduzione del numero di modelli, versioni, opzioni offerti.
- Creazione di nuovi modelli e versioni di tipo "economico".

L'elenco sopra riportato, certamente non esaustivo, pone in evidenza tutta l'ampiezza del campo decisionale che si apre all'impresa che, sollecitata dall'incremento dei costi o della domanda, desideri rispondere agendo sul prezzo e sul marketing-mix.

18.3.3 Le reazioni degli acquirenti alle modifiche di prezzo

Sia che il prezzo venga aumentato sia che venga ridotto, il suo andamento influirà sicuramente sul comportamento degli acquirenti, dei concorrenti, dei distributori e dei fornitori. Inoltre, le modifiche di prezzo potrebbero anche interessare le pubbliche autorità. In questo paragrafo ci occuperemo delle reazioni degli acquirenti.

I clienti non danno sempre un'interpretazione diretta a un cambiamento di prezzo. Una riduzione del prezzo può essere interpretata nei modi seguenti: il prodotto sta per essere sostituito da un nuovo modello; il prodotto presenta qualche difetto e non si vende facilmente; l'impresa si trova in difficoltà finanziarie, e potrebbe anche non essere in grado di fornire in futuro parti di ricambio; il prezzo diminuirà ancora e conviene aspettare; la qualità è diminuita.

Per gli acquirenti un aumento di prezzo, che normalmente provocherà una diminuzione delle vendite, può anche avere un significato positivo: il prodotto è ricercato e può anche non essere più disponibile se non viene acquistato subito; il prodotto è un bene di valore straordinario; oppure il produttore è particolarmente avido e impone il prezzo che il mercato è disposto a sopportare.

Le reazioni degli acquirenti alle variazioni di prezzo variano anche a seconda delle loro percezioni riguardo al costo del prodotto, in rapporto alla spesa totale che devono sopportare. Gli acquirenti sono più sensibili al prezzo dei prodotti molto costosi o che acquistano spesso, mentre notano a malapena aumenti di prezzo su articoli di scarsa rilevanza e di non frequente acquisto.

Inoltre, gli acquirenti, come si è visto in precedenza, si occupano di solito meno del *prezzo* che del *costo totale* di acquisizione, funzionamento e assistenza del prodotto.

18.3.4 Le reazioni dei concorrenti alle modifiche di prezzo

Un'impresa che sta studiando una modifica di prezzo deve occuparsi delle reazioni dei concorrenti, oltre che di quelle dei clienti. La probabilità di reazione della concorrenza è maggiore se il numero delle imprese è piccolo, se il prodotto è omogeneo e se il mercato è trasparente. Come può l'impresa stimare la probabile reazione dei concorrenti?

Supponiamo che l'impresa abbia un solo concorrente di rilievo. La sua reazione può essere stimata in base a due punti di vista. Uno si fonda sull'ipotesi che il concorrente abbia fissato una sua politica di reazione ai cambiamenti di prezzo. In questo caso, le sue reazioni possono essere previste. L'altro parte dall'ipotesi che il concorrente affronti ogni cambiamento di prezzo in modo nuovo, e che reagisca secondo i suoi interessi del momento. In questo caso, l'impresa deve cercare di individuare gli interessi in questione, procedendo all'analisi della sua attuale situazione finanziaria, delle vendite recenti, della capacità produttiva, della fedeltà di marca dei suoi clienti e dei suoi obiettivi aziendali. Se il concorrente ha come obiettivo una data quota di mercato, allora è probabile che si adegui al cambiamento di prezzo. Se il suo obiettivo è la massimizzazione del profitto, allora egli probabilmente reagirà in modo diverso, ad esempio aumentando il budget pubblicitario, oppure migliorando la qualità del prodotto.

Il problema è complicato dal fatto che il concorrente può interpretare in modo diverso i cambiamenti di prezzo decisi dall'impresa. Nel caso in cui si decida di abbassare il prezzo, il concorrente può supporre che l'impresa stia cercando di sottrargli una parte del mercato; che stia attraversando un momento difficile e che cerchi di aumentare le sue vendite; oppure che l'impresa voglia favorire una riduzione di prezzo di tutto il settore per stimolare la domanda complessiva.

Quando vi sono diversi concorrenti, l'impresa deve prevedere le probabili reazioni di ognuno di essi. Se tutti i concorrenti si comportano nello stesso modo, l'analisi si riduce allo studio di un concorrente tipico. Se i concorrenti non reagiscono nello stesso modo, per via di differenze sostanziali di dimensioni, di quote di mercato, o di politiche, allora saranno necessarie analisi separate. Se alcuni concorrenti si adegueranno al cambiamento di prezzo, allora vi sono buone ragioni per aspettarsi che anche il resto seguirà l'esempio. Il quadro 18-4 mostra come una grande impresa chimica ha studiato le probabili reazioni delle varie parti in causa di fronte a una possibile riduzione del prezzo.

18.3.5 La risposta alle modifiche di prezzo

Invertiamo ora il problema e domandiamoci come dovrebbe rispondere un'impresa a un cambiamento di prezzo avviato da un concorrente. In alcune situazioni di mercato, l'impresa non ha altra scelta che adeguarsi al cambiamento di prezzo. Questo vale in particolar modo per un mercato di prodotti omogenei. Se l'impresa non si adegua alla riduzione di prezzo, la maggior parte degli acquirenti si servirà da quell'impresa che pratica il prezzo minore.

Quando l'impresa aumenta il prezzo in un mercato di beni omogenei, le altre imprese possono non adeguarsi. Esse lo faranno se dall'aumento di prezzo trarrà beneficio l'intero settore. Ma se una sola impresa non condivide questa opinione, il suo mancato allineamento può indurre l'impresa leader e le altre imprese a rinunciare agli aumenti.

In un mercato di beni non omogenei, l'impresa dispone di maggiori possibilità per reagire a un cambiamento di prezzo. Infatti, gli acquirenti scelgono il venditore in base a una molteplicità di considerazioni: servizio, qualità, affidabilità e altri fattori. Questi fattori rendono gli acquirenti meno sensibili alle differenze di prezzo marginali.

L'impresa, prima di reagire, deve analizzare i seguenti aspetti: (1) Perché il concorrente ha cambiato il suo prezzo? Lo ha fatto per aumentare la sua quota di mercato, per sfruttare la sua capacità produttiva non utilizzata, per far fronte al cambiamento dei costi, o per provocare un cambiamento di prezzi in tutto il settore? (2) L'impresa concorrente considera il cambiamento temporaneo o permanente? (3) Che cosa accadrà alla quota di mercato e ai profitti dell'impresa se non risponde? Come reagiranno le altre imprese? e (4) Quali sono le probabili risposte del concorrente e delle altre imprese a ogni possibile reazione?

Spesso le imprese leader devono affrontare riduzioni di prezzo da parte di imprese minori che cercano di aumentare la loro quota di mercato. Mediante il prezzo, la Fuji attacca la Kodak, la Bic attacca la Gillette e la Amstrad attacca l'IBM. Quando il prodotto dell'impresa attaccante è simile a quello dell'impresa leader, il suo minor prezzo intaccherà la quota di mercato di quella leader. A questo punto il leader ha diverse possibilità:

- **Mantenimento del prezzo**. Il leader può mantenere costanti il suo prezzo e il suo margine di profitto ritenendo: (a) che una riduzione di prezzo ridurrebbe eccessivamente il profitto; (b) di essere in grado di non perdere una quota di mercato troppo elevata e (c) di essere in grado di recuperare facilmente la quota di mercato in caso di necessità. L'impresa leader ritiene di poter mantenere i clienti migliori, lasciando quelli meno profittevoli alla concorrenza. Gli argomenti contro il mantenimento del prezzo sono che l'attaccante, all'aumentare delle vendite, si sente più sicuro, mentre la forza di vendita del leader si demoralizza e l'impresa perde una quota di mercato più ampia di quanto previsto. Il leader viene preso dal panico, abbassa il prezzo per riconquistare quote, ma si rende conto che è più difficile e costoso del previsto.

- **Mantenimento del prezzo e contrattacco con gli altri strumenti di marketing**. Il leader potrebbe mantenere il suo prezzo, rinforzando

Quadro 18-4 Valutazione delle reazioni dei concorrenti di fronte a una riduzione di prezzo da parte di una grande impresa chimica

Una grande impresa chimica vendeva da molti anni una materia plastica a utilizzatori industriali, controllando il 40% del mercato. La direzione cominciò a chiedersi se il prezzo attuale di un dollaro al chilo poteva ancora essere mantenuto per molto tempo. La principale fonte di preoccupazione era il rapido espandersi della capacità produttiva dei tre concorrenti esistenti e l'attrazione che il prezzo attuale poteva esercitare su altri concorrenti.

La direzione riteneva che la soluzione del problema di un possibile eccesso di produzione stesse in un'ulteriore espansione del mercato. Il fattore chiave per tale espansione era rappresentato da un importante segmento del mercato stesso, che però era strettamente controllato da un prodotto plastico sostitutivo, prodotto da sei imprese. Questo prodotto sostitutivo non era altrettanto valido, ma costava meno. La direzione riteneva che una riduzione di prezzo avrebbe permesso di soppiantare il prodotto sostitutivo nel segmento in questione. Se l'impresa riusciva a imporsi su questo segmento del mercato, vi erano buone possibilità che potesse entrare anche su altri tre segmenti che avevano mostrato resistenza. La prima operazione fu quella di mettere a punto un modello decisionale. Questo significava definire gli obiettivi, le alternative di prezzo e i principali fattori di incertezza. Si decise che l'obiettivo sarebbe stato la massimizzazione del valore attuale dei futuri profitti nei prossimi cinque anni. La direzione decise inoltre di considerare quattro alternative: mantenere il prezzo di un dollaro, oppure ridurlo rispettivamente a 93, 85, 80 centesimi. I principali elementi di incertezza da valutare erano:

- Quale penetrazione nel segmento chiave potrebbe essere conseguita senza una riduzione di prezzo?
- Come reagirebbero le sei imprese che producono la materia sostitutiva a ogni possibile riduzione di prezzo?
- Quale penetrazione sul segmento di mercato chiave sarebbe possibile nel caso di diverse reazioni in termini di prezzo dei produttori del prodotto sostitutivo?
- In che misura la penetrazione nel segmento

però il valore della sua offerta. Potrebbe migliorare il suo prodotto, l'assistenza e la comunicazione in modo che per ogni lira spesa il cliente percepisca un maggiore valore. Per l'impresa può essere conveniente mantenere costante il prezzo, spendendo di più per migliorare la sua offerta, piuttosto che abbassare il prezzo e operare con un margine ridotto.

■ **Riduzione di prezzo**. Il leader può decidere di abbassare il suo prezzo per adeguarsi a quello del concorrente. La sua decisione può essere dovuta al fatto che: (a) i suoi costi diminuiscono in rapporto al livello di produzio-

chiave potrebbe accelerare la penetrazione negli altri segmenti?
- Se non si riuscisse a penetrare nel segmento chiave, qual è la probabilità che i concorrenti diano subito inizio a una riduzione di prezzo?
- Quale potrebbe essere l'influenza di una riduzione di prezzo sulla decisione degli attuali concorrenti di espandere la loro capacità produttiva o dei concorrenti potenziali di entrare nel settore?

La fase di raccolta dei dati consistette soprattutto nel chiedere al personale di vendita di assegnare un grado di probabilità soggettiva alle varie possibili condizioni dei principali fattori di incertezza. Ad esempio, si chiese qual era la probabilità che i produttori del prodotto sostitutivo prendessero delle contromisure nel caso di una riduzione del prezzo a 93 centesimi al chilo. In media, il personale di vendita riteneva che vi fosse il 5% di probabilità che essi si adeguassero completamente alla riduzione, il 60% di un adeguamento parziale, il 35% di nessuna contromisura. Venne loro chiesto anche di indicare le stesse probabilità per le riduzioni a 85 e 80 centesimi. Come previsto, il personale di vendita indicò che la probabilità di contromisure aumentava con l'aumento della riduzione di prezzo. La fase seguente consistette nell'esaminare il rendimento probabile dei vari corsi d'azione. Un'analisi mediante il metodo dell'albero delle decisioni rivelò che vi erano più di quattrocento possibili risultati. Per questa ragione la valutazione dei probabili rendimenti venne programmata su di un computer. I risultati indicarono che in tutti i casi una riduzione di prezzo avrebbe portato risultati migliori di quelli attuali, e che una riduzione di prezzo fino ad 80 centesimi avrebbe portato al massimo rendimento prevedibile. Per controllare l'attendibilità di questi risultati, essi furono ricalcolati secondo ipotesi alternative di tasso di sviluppo del mercato e di costo del capitale. La graduatoria delle strategie non era influenzata dal cambiamento delle ipotesi. L'analisi confermava chiaramente la desiderabilità di una riduzione di prezzo.

Fonte: Paul E. Green, "Bayesian Decision Theory in Pricing Strategy", in *Journal of Marketing*, gennaio 1963, pp. 5-14.

ne; (b) in caso contrario, perderebbe una notevole quota di mercato, dato che il mercato è molto sensibile al prezzo; e (c) sarebbe molto difficile riconquistare la quota dopo averla persa. Questa decisione provocherà una riduzione dei profitti nel breve periodo. Alcune imprese, per salvaguardare i profitti, ridurranno la qualità, l'assistenza e le comunicazioni promozionali a favore del loro prodotto, ma nel lungo periodo questo si tradurrà in una perdita della loro quota di mercato. Se l'impresa riduce il prezzo, dovrebbe cercare di mantenere costante il valore della sua offerta.

- **Aumento del prezzo e contrattacco basato sul prodotto.** Il leader potrebbe alzare il suo prezzo e introdurre alcune nuove marche per circondare la marca attaccante. Questa è stata la strategia utilizzata dalla Heublein quando la sua vodka Smirnoff, che deteneva il 23% del mercato americano, fu attaccata da un'altra marca, la Wolfschmidt, che costava un dollaro di meno a bottiglia. Heublein, invece di abbassare il prezzo della Smirnoff di un dollaro, lo alzò di un dollaro, e utilizzò i ricavi aggiuntivi per reclamizzarla. Inoltre Heublein lanciò una nuova marca, Relska, allo stesso prezzo della Wolfschmidt. Questa strategia riuscì a bloccare l'offensiva della Wolfschmidt e diede alla Smirnoff un'immagine ancor più di élite.
- **Lancio di una linea di prodotti a basso prezzo.** Una delle risposte più efficaci che l'impresa leader può dare all'attacco competitivo consiste nell'introdurre una linea di prodotti nella fascia di prezzo inferiore, oppure nel creare una marca separata, sempre ai prezzi più bassi del mercato.

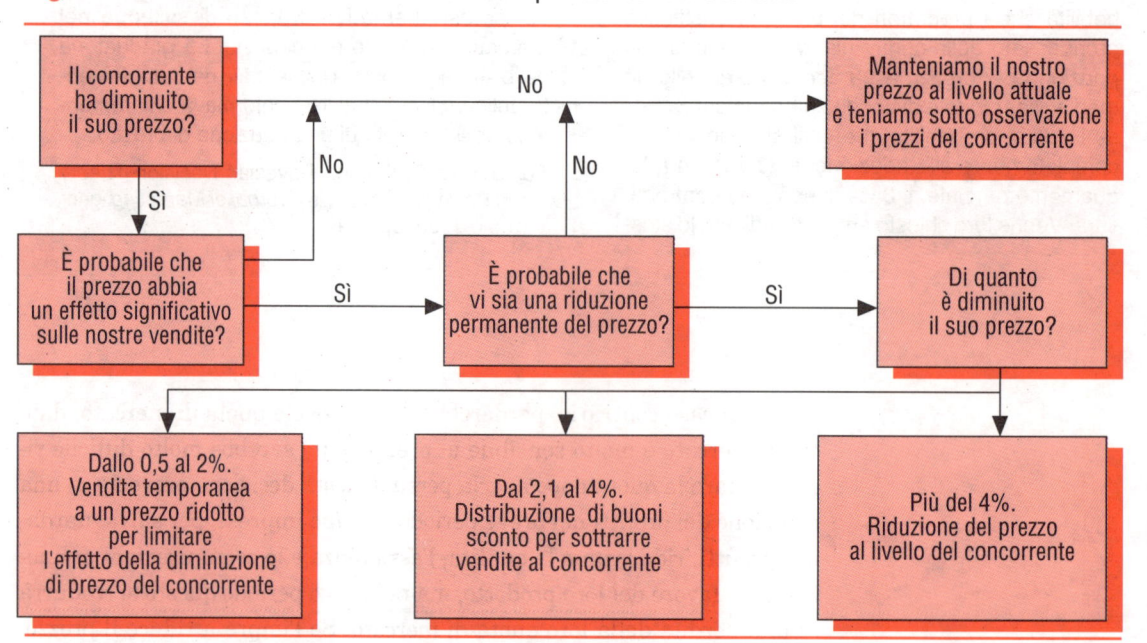

Figura 18-8 Reazione a una diminuzione di prezzo del concorrente

Fonte: da un lavoro inedito di Raymond J. Trapp, Northwestern University, 1964.

La scelta del corso d'azione più opportuno richiede un'analisi della situazione contingente. L'impresa che subisce l'attacco deve prendere in considerazione lo stadio del ciclo di vita del prodotto, la sua importanza nell'ambito del portafoglio dei prodotti dell'impresa, le intenzioni e i mezzi a disposizione dei concorrenti, la sensibilità del mercato rispetto al prezzo e al valore complessivo, l'andamento dei costi in rapporto al volume di produzione e le opportunità alternative dell'impresa.

Un'estesa analisi delle alternative dell'impresa non è in genere fattibile al momento della modifica di prezzo. Il concorrente può avere dedicato lungo tempo a prepararsi per la decisione, ma l'impresa ha solo pochi giorni e poche ore per reagire efficacemente. L'unico modo per accorciare il tempo di reazione a un cambiamento di prezzo sta nell'anticipare i possibili cambiamenti di prezzo dei concorrenti e nel preparare una reazione. La figura 18-8 illustra il programma di reazione predisposto da un'impresa per far fronte a una riduzione da parte di un concorrente. I programmi di reazione tendono a essere impiegati soprattutto in quei settori dove le modifiche di prezzo vengono adottate con una certa frequenza e dove conta molto la rapidità della reazione; ad esempio, nei settori degli alimenti confezionati, del legname e dei prodotti petroliferi.

Note

[1] David J. Schwartz, *Marketing Today: A Basic Approach*, Harcourt Brace Jovanovic, New York 1981, p. 271.

[2] Thomas T. Nagle, *The Strategy and Tactics of Pricing*, Prentice Hall, Englewood Cliffs 1987, cap. 3.

[3] John R. Nevin, "Laboratory Experiments for Estimating Consumer Domand", in *Journal of Marketing Research*, agosto 1974, pp. 261-268.

[4] Sidney Bennett e J. B. Wilkinson, "Price Quantity Relationships and Price Elasticity under Hi-store Experimentation", in *Journal of Business Research*, gennaio 1974, pp. 30-34.

[5] Nagle, *The Strategy and Tactics of Pricing*, cap. 11.

[6] In sintesi:

$$Eqp = \frac{(Q_2 - Q_1) / 1/2\,(Q_1 + Q_2)}{(P_2 - P_1) / 1/2\,(P_1 + P_2)}$$

dove:

Eqp = elasticità della quantità venduta rispetto a una modifica del prezzo
Q_1, Q_2 = quantità vendute per periodo prima e dopo la modifica del prezzo

P_1, P_2 = prezzo vecchio e nuovo.

Si supponga che un'impresa riduca il prezzo da 10.000 a 5.000 lire e che le sue vendite aumentino da 100 a 150 unità.

$$Eqp = \frac{(150-100)/1/2\,(100+150)}{(5.000 - 10.000)/1/2\,(10.000 + 5.000)} = \frac{0,40}{-0,67} = -0,60$$

[7] Per una sintesi degli studi sull'elasticità si veda Dominique M. Hanssens, Leonard J. Passons e Randall L. Schultz, *Market Response Models: Econometric and Time Series Analysis*, Kluwer, Boston 1990, pp. 187-191. Si veda anche Kent B. Monroe, *Pricing – Making Profitable Decisions*, McGraw-Hill, New York 1990, pp. 31-38.

[8] Sulle curve di esperienza e sulle loro implicazioni per le strategie d'impresa si veda Giovanni Hinterhuber, S*trategie di sviluppo dell'impresa*, Isedi, Milano 1976, pp. 29-41.

[9] Monroe, *Pricing – Making Profitable Decisions*, pp. 71-85. Si veda anche Enrico Valdani, *Pricing*, Etas Libri, Milano 1989, pp. 205-234.

[10] Non sempre un'impresa può basare le proprie scelte di prezzo su una valutazione comparata da parte della clientela della propria offerta nei confronti della concorrenza. Può essere allora necessario far ricorso a strumenti alternativi, quali quello denominato Economic Value for the Customer (EVC). Per una sua descrizione si fa rinvio a Enrico Valdani, "Il prezzo nelle percezioni dell'acquirente: i differenziali interni", in Philip Kotler e Walter G. Scott, *Marketing management. Letture*, Isedi, Torino 1991, pp. 265-268.

[11] Ciò vale per gli Stati Uniti, dove esiste una rigorosa legislazione che limita al minimo le pratiche commerciali discriminatorie, o comunque contrarie al principio della libertà di concorrenza. Sulla legislazione italiana in materia di tutela del consumatore si veda Guido Alpa, *Diritto privato dei consumi*, il Mulino, Bologna 1986.

[12] Per la situazione italiana si veda Guido Alpa, *Diritto privato dei consumi*.

[13] Gerald J. Tellis, "Beyond the Many Faces of Price: An Integration of Pricing Strategies", in *Journal of Marketing*, ottobre 1986, p. 146-160.

Capitolo 19

Le decisioni relative ai canali di marketing

*L'intermediario commerciale non costituisce
l'anello di una catena forgiata da un produttore,
ma piuttosto un mercato indipendente,
il punto focale di un vasto gruppo di clienti
per conto dei quali egli effettua acquisti...*

Phillip McVey

Nel sistema economico contemporaneo, la maggior parte dei produttori non vende i propri beni direttamente agli utilizzatori finali. Tra i produttori e gli utilizzatori finali esiste una gran quantità di intermediari commerciali, i quali svolgono numerose funzioni e assumono differenti denominazioni. Alcuni intermediari – come i grossisti e i dettaglianti – acquistano e rivendono le merci, assumendone pure il diritto di proprietà; essi sono chiamati *commercianti*.

Altri – come i mediatori, i rappresentanti e gli agenti di vendita – vanno in cerca dei clienti e negoziano per conto dei produttori, ma senza acquistare il diritto di proprietà sui beni; essi sono chiamati con il termine generico di *intermediari*. Altri ancora – come le imprese di trasporti, i magazzini di deposito indipendenti, le banche, le compagnie di assicurazione e le agenzie di pubblicità – contribuiscono allo svolgersi della distribuzione ma non acquistano alcun diritto di proprietà dei beni, e neppure negoziano acquisti o vendite degli stessi; essi vengono detti *ausiliari*.

Le decisioni relative ai canali di distribuzione sono fra le più critiche che il management deve assumere. *Le scelte di canale condizionano tutte le altre decisioni di marketing*.

La politica dei prezzi dipende dal fatto che l'impresa utilizzi distributori di grandi dimensioni altamente qualificati, oppure distributori di media dimensione e qualificazione. La forza di vendita dell'impresa e le decisioni relative alla pubblicità dipendono da quanto i distributori vengono addestrati e motivati. In aggiunta, le decisioni relative ai canali di distribuzione *implicano l'assunzione di impegni a medio-lungo termine nei confronti di altre imprese*.

Quando un produttore di auto stipula un contratto con dei concessionari per la vendita delle sue autovetture, non può liquidarli il giorno dopo e rimpiazzarli con propri punti di vendita. Quando un produttore di medicinali fa assegnamento su punti di vendita al dettaglio indipendenti per la distribuzione dei propri prodotti, deve tener conto della loro reazione nel caso in cui voglia servirsi di punti di vendita al grande dettaglio. Corey ha osservato:

> Un sistema di distribuzione... è una risorsa *esterna* fondamentale. Normalmente esso richiede vari anni per essere costruito, e non è facilmente modificabile.

Esso ha la medesima importanza delle risorse *interne* fondamentali, come la produzione, la R&S, la progettazione, il personale e la struttura di vendita. Inoltre, costituisce un impegno di rilevante importanza per l'impresa nei confronti di una molteplicità di imprese indipendenti, operanti nel campo della distribuzione, nonché dei mercati da queste serviti. Esso rappresenta per di più la base delle politiche e delle operazioni che costituiscono la trama di un esteso sistema di relazioni di lungo periodo.[1]

Si viene così a creare una forte tendenza inerziale nella strutturazione dei canali di distribuzione.

Pertanto, il management deve scegliere i canali tenendo conto sia delle probabili situazioni future, sia di quelle attuali.

In questo capitolo esamineremo i seguenti problemi:

- Qual è la natura dei canali della distribuzione commerciale e quali tendenze potranno determinarsi in futuro?
- Quali problemi devono affrontare le imprese nel progettare, gestire, valutare e modificare i loro canali di distribuzione?

Nel capitolo successivo esamineremo invece i problemi dei canali della distribuzione commerciale dal punto di vista dei dettaglianti, dei grossisti e delle imprese della distribuzione fisica.

19.1 La natura dei canali di marketing

La maggior parte dei produttori si serve di intermediari commerciali per portare i propri prodotti sul mercato. Gli intermediari commerciali costituiscono un *canale di marketing* (detto anche *canale commerciale* o di *distribuzione*). Noi useremo la definizione proposta da Stern e El-Ansary:

> Un *canale di distribuzione* è costituito da un insieme di istituzioni indipendenti che svolgono il complesso di attività (funzioni) necessarie per trasferire un prodotto e il relativo titolo di proprietà dal produttore al consumatore.[2]

19.1.1 Ragioni dell'uso degli intermediari

Perché il produttore è disposto a delegare alcune delle funzioni di vendita a intermediari commerciali? Delegare significa perdere una parte del controllo su come e a chi sono venduti i prodotti. Il produttore pare così abbandonare il destino dell'impresa nelle mani degli intermediari commerciali. Dal momento che i produttori sono liberi di vendere direttamente alla clientela finale, si devono ottenere dei vantaggi certi nel servirsi di intermediari. Questi vantaggi sono descritti qui di seguito.

Molti produttori mancano delle risorse finanziarie per un programma di distribuzione diretto. Ad esempio, le grandi casi automobilistiche, General Motors, Ford, Toyota, Volkswagen, Fiat, Renault, ecc., vendono le proprie vetture mediante reti di migliaia di concessionari. Sarebbe impensabile per tali imprese impiegare le risorse finanziarie astronomiche necessarie per rilevare le reti e gestirle direttamente.

La distribuzione diretta richiederebbe che molti produttori diventassero essi stessi intermediari commerciali per i prodotti complementari che non realizzano, al fine di conseguire le economie consentite da questa forma di distribuzione. Ad esempio, la Perfetti potrebbe non ritenere pratico impiantare piccoli punti di vendita al dettaglio di gomma da masticare in tutto il paese, né vendere tale prodotto con il metodo del porta a porta o per corrispondenza. Dovrebbe vendere gomma da masticare abbinata a molti altri piccoli prodotti ed entrare nel settore delle drogherie e degli altri punti di vendita al dettaglio di generi alimentari. Per l'azienda in questione è quindi più facile avvalersi della vasta rete esistente di punti di vendita al dettaglio indipendenti.

I produttori che possono permettersi di impiantare propri canali di distribuzione spesso possono realizzare una redditività maggiore aumentando il loro investimento nel principale settore della propria attività. Non avrebbe così senso che un'impresa, realizzando una redditività del 20% nei suoi investimenti produttivi e prevedendo una redditività del 10% negli investimenti nella distribuzione diretta, facesse un investimento in propri canali di distribuzione.

Alcune imprese, tuttavia, trovano utile operare mediante una rete di punti di vendita formata da una quota di unità controllate direttamente. È questo il caso della McDonald's, la quale gestisce direttamente un quarto della propria rete.

L'uso di intermediari commerciali si giustifica in gran parte con la loro maggior efficienza nel vendere i prodotti largamente disponibili e accessibili ai mercati obiettivo. Gli intermediari commerciali, attraverso i loro contatti, la loro esperienza, la loro specializzazione, il loro assortimento e la loro gamma di prodotti, offrono al produttore molto più di quanto possa ottenere da solo.

Dal punto di vista del sistema economico, il ruolo fondamentale degli intermediari commerciali è di trasformare l'eterogeneità dell'offerta in assortimenti di merci significativi per i consumatori. Secondo Stern e El-Ansary:

> Gli intermediari rendono possibile il flusso dei beni e dei servizi dallo stadio della produzione a quello dell'impiego... Ciò è reso necessario dal divario esistente fra l'assortimento di beni e servizi realizzato dal produttore e l'assortimento richiesto dall'acquirente. Il divario in questione è determinato dal fatto che l'impresa produce, generalmente, una larga quantità di una limitata varietà di prodotti, mentre il consumatore acquista solo una limitata quantità di una vasta scelta di prodotti.[3]

Alderson osserva: «L'obiettivo del marketing è di congiungere i segmenti dell'offerta con quelli della domanda».[4]

La figura 19-1 mostra una delle maggiori fonti delle economie che si realizzano servendosi di intermediari commerciali. La parte *a* mostra tre produttori che usano un sistema di distribuzione diretta per raggiungere tre clienti. Questo sistema richiede nove differenti contatti. La parte *b* mostra i tre produttori che operano attraverso un distributore, il quale prende contatto con i tre clienti. Questo sistema richiede solo sei contatti. In questo modo, gli intermediari commerciali riducono l'ammontare di lavoro che deve essere svolto.

19.1.2 Le funzioni e i flussi dei canali di marketing

Un canale di marketing ha l'obiettivo di trasferire i beni dal produttore al consumatore. Esso colma il divario di spazio e di possesso che separa coloro che producono i beni e i servizi da coloro che li usano. I componenti di un canale di marketing realizzano un certo numero di funzioni chiave:

- **Informazione**. La raccolta di dati necessari per pianificare e facilitare lo scambio.

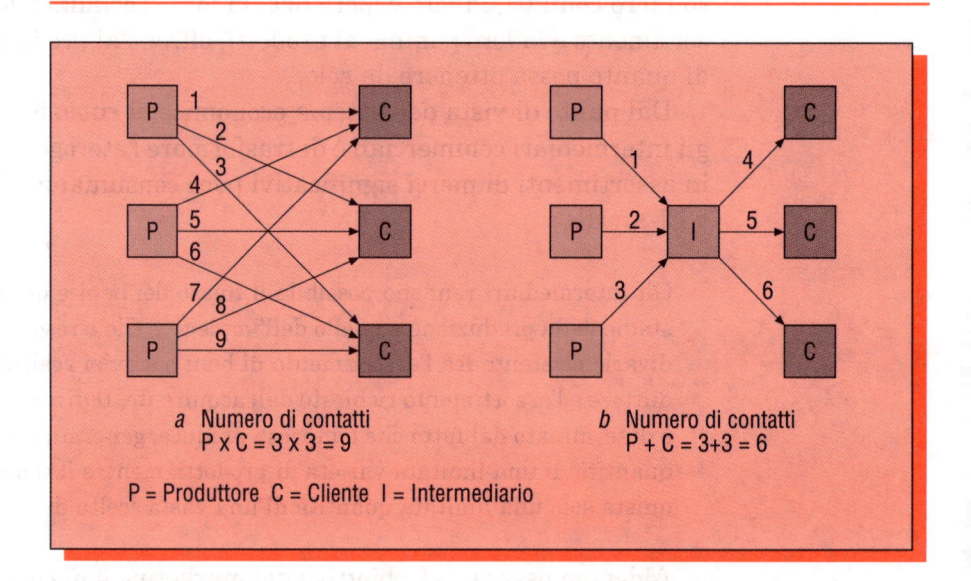

Figura 19-1 Effetto della presenza di un intermediario

a Numero di contatti
P x C = 3 x 3 = 9

b Numero di contatti
P + C = 3+3 = 6

P = Produttore   C = Cliente   I = Intermediario

- **Promozione.** La realizzazione e la diffusione di messaggi persuasivi circa l'offerta.
- **Negoziazione.** La ricerca di un accordo finale sul prezzo e le altre condizioni dell'offerta, preliminari al trasferimento della proprietà o del possesso.
- **Conferimento dell'ordine.** Comunicazione, da parte dei vari livelli di intermediazione, dell'intenzione del cliente finale di acquistare.
- **Finanziamento.** L'acquisizione e l'impiego delle risorse finanziarie necessarie per assicurare la copertura dei costi delle attività commerciali, il mantenimento delle scorte in primo luogo.
- **Gestione del rischio.** L'assunzione e la copertura delle varie categorie di rischi connessi alle attività svolte lungo il canale.
- **Distribuzione fisica.** La gestione delle varie attività connesse al trasporto e alla conservazione dei prodotti.
- **Pagamento.** Il trasferimento dei mezzi di pagamento necessari a regolare le varie transazioni.
- **Trasferimento del titolo di proprietà**. L'effettivo passaggio della proprietà fra chi vende e chi acquista.

Alcune delle funzioni suddette danno luogo a flussi dalla produzione al consumo (flusso fisico, promozionale e di titolo); altri procedono in senso contrario (effettuazione dell'ordine e pagamento); altri ancora in entrambi i sensi (informazione, finanziamento e assunzione del rischio). Nella figura 19-2 vengono illustrati i vari flussi nel caso dei carrelli trasportatori.

Tutte queste funzioni hanno tre cose in comune: esse richiedono risorse preziose; spesso possono essere meglio realizzate attraverso la specializzazione; sono trasferibili tra i vari membri del canale. Se il produttore le svolge direttamente, i suoi costi aumentano, e i suoi prezzi dovranno essere più alti.

Se alcune di queste funzioni vengono invece trasferite agli intermediari, i costi e i prezzi del produttore rimangono più bassi, ma l'intermediario dovrà aggiungere una maggiorazione per remunerare il suo lavoro.

Il problema di chi debba svolgere i vari compiti è un problema di efficienza e di efficacia relative.

Normalmente i canali di distribuzione descrivono un movimento di prodotti dalla produzione al consumo. Si può tuttavia parlare anche di *canali a ritroso*. Secondo Zikmund e Stanton:

> Il riciclaggio dei rifiuti solidi è un importante obiettivo ecologico. Sebbene il riciclaggio sia tecnologicamente realizzabile, invertire il flusso dei materiali nel canale distributivo – commercializzazione dei rifiuti attraverso un "canale a ritroso" – costituisce una sfida. Gli esistenti canali a ritroso sono primitivi e gli stimoli finanziari sono inadeguati. Il consumatore deve essere motivato per essere sottoposto a un cambiamento di ruolo e diventare un produttore, cioè la forza iniziale di un processo di distribuzione inverso.[5]

Gli autori identificano molti intermediari che possono giocare un ruolo nei canali "a ritroso", includendo: (1) i servizi di recupero gestiti dai produttori, (2) le organizzazioni per la protezione ambientale, (3) i distributori di bevande, (4) i raccoglitori di rifiuti e rottami, (5) i centri di riciclaggio, e (6) i magazzini e i depositi per la conservazione delle merci.

Le dimensioni che stanno assumendo i problemi ambientali sono tali da far ritenere che la prospettiva dei canali "a ritroso" diverrà in futuro sempre più condizionante ai fini delle scelte di canale.[6]

Figura 19-2 Cinque diversi flussi nel canale di marketing dei carrelli trasportatori

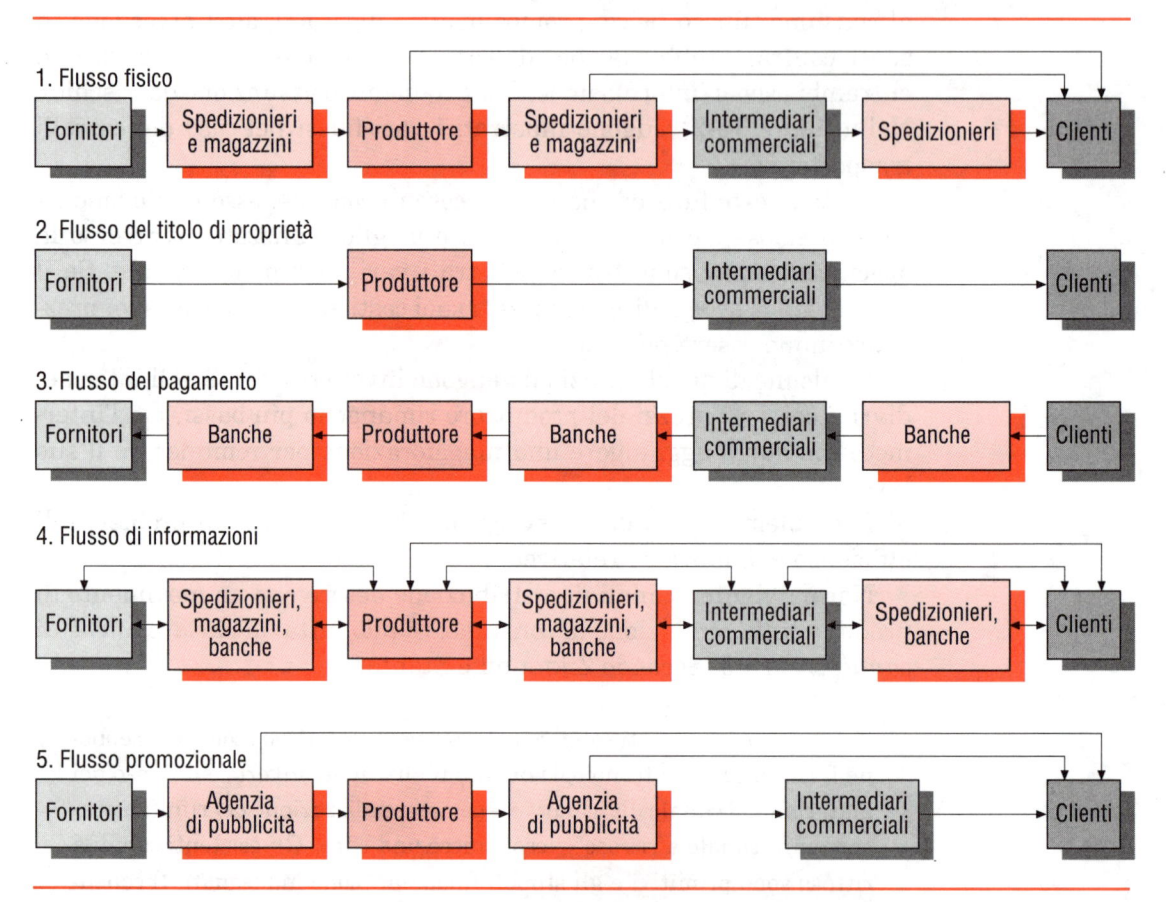

1. Flusso fisico

Fornitori → Spedizionieri e magazzini → Produttore → Spedizionieri e magazzini → Intermediari commerciali → Spedizionieri → Clienti

2. Flusso del titolo di proprietà

Fornitori → Produttore → Intermediari commerciali → Clienti

3. Flusso del pagamento

Fornitori ← Banche ← Produttore ← Banche ← Intermediari commerciali ← Banche ← Clienti

4. Flusso di informazioni

Fornitori ↔ Spedizionieri, magazzini, banche ↔ Produttore ↔ Spedizionieri, magazzini, banche ↔ Intermediari commerciali ↔ Spedizionieri, banche ↔ Clienti

5. Flusso promozionale

Fornitori → Agenzia di pubblicità → Produttore → Agenzia di pubblicità → Intermediari commerciali → Clienti

19.1.3 Numero di stadi del canale

I canali di marketing possono essere caratterizzati dal numero di stadi. Ciascun intermediario che svolge le funzioni di avvicinare il prodotto all'acquirente finale costituisce uno *stadio del canale*. Anche il produttore e l'acquirente finale partecipano al processo distributivo e, pertanto, fanno parte del canale. Useremo il numero di *stadi intermedi* per designare la *lunghezza* di un canale. La figura 19-3 illustra alcuni canali di distribuzione commerciale di differente lunghezza. Il *canale senza stadi intermedi* (detto *canale diretto*) consiste nella vendita diretta

Figura 19-3 I canali di marketing

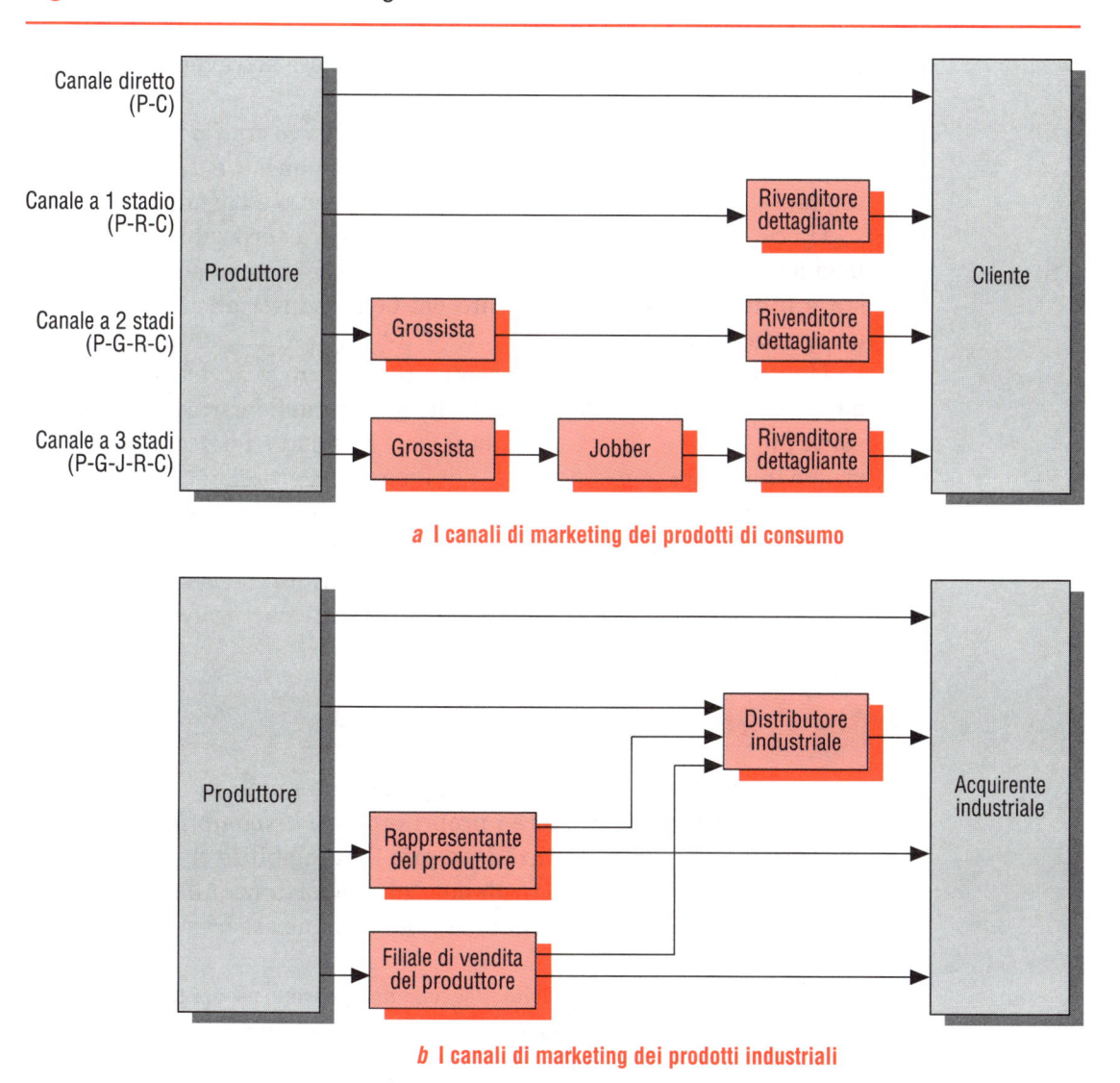

a I canali di marketing dei prodotti di consumo

- Canale diretto (P-C): Produttore → Cliente
- Canale a 1 stadio (P-R-C): Produttore → Rivenditore dettagliante → Cliente
- Canale a 2 stadi (P-G-R-C): Produttore → Grossista → Rivenditore dettagliante → Cliente
- Canale a 3 stadi (P-G-J-R-C): Produttore → Grossista → Jobber → Rivenditore dettagliante → Cliente

b I canali di marketing dei prodotti industriali

Produttore → Acquirente industriale (diretto)
Produttore → Distributore industriale → Acquirente industriale
Produttore → Rappresentante del produttore → Distributore industriale → Acquirente industriale
Produttore → Rappresentante del produttore → Acquirente industriale
Produttore → Filiale di vendita del produttore → Distributore industriale → Acquirente industriale
Produttore → Filiale di vendita del produttore → Acquirente industriale

dal produttore ai consumatori. Le tre vie più usuali della vendita diretta sono la vendita porta a porta, la vendita per corrispondenza e i punti di vendita di proprietà del produttore. La Avon vende i cosmetici secondo il sistema del porta a porta; Bolaffi vende francobolli e monete per collezione sia mediante i propri negozi sia per corrispondenza; l'IBM vende personal computer e macchine da scrivere attraverso una rete di concessionari.

Un canale di distribuzione commerciale a *uno stadio* ha un solo intermediario. Nel mercato dei beni di consumo questi è di norma il dettagliante; nel mercato dei beni industriali spesso è l'agente o il broker.

Un canale di distribuzione a *due stadi* è caratterizzato da due intermediari. Nel mercato dei beni di consumo, essi di norma sono il grossista e il dettagliante; nel mercato dei beni industriali possono essere un'agente e un grossista.

Un canale di distribuzione commerciale a *tre stadi* è caratterizzato da tre intermediari. Ad esempio, nel settore delle carni interviene di solito un *jobber* (o mezzo-grossista) fra i grossisti e i dettaglianti minori, che in genere non sono serviti dai maggiori grossisti.

Si hanno anche canali con più stadi, ma meno frequentemente. Dal punto di vista del produttore il problema del controllo aumenta con il numero degli stadi, anche se di norma il produttore tratta solo con l'intermediario che occupa lo stadio immediatamente successivo del canale.

19.1.4 I canali nel settore dei servizi

Anche i produttori di servizi, analogamente a quelli di beni tangibili, hanno il problema di rendere i propri prodotti *disponibili* e *accessibili* per la clientela obiettivo. Anzi, è proprio l'intangibilità che caratterizza i servizi ad attribuire una fondamentale importanza alla struttura di distribuzione ed erogazione dei medesimi. Come osserva Upah:

> a causa della loro intangibilità, i servizi non possono essere conservati o trasportati, né possono essere prodotti in un luogo e trasferiti in un altro per essere venduti da imprese del dettaglio. Ne deriva che molti servizi devono essere venduti attraverso una rete di unità operative in grado di svolgere funzioni di produzione e di promozione. È quanto si verifica per i servizi bancari, di ristorazione, di lavanderia, di rifornimento e assistenza auto, ecc.[7]

Per quanto concerne la configurazione dei canali di distribuzione dei servizi, la forma prevalente è costituita dal *canale diretto*, come nel caso dei servizi bancari, della distribuzione dei prodotti petroliferi, o dell'autonoleggio. Tuttavia, assumono sempre più rilievo configurazioni di canale che vedono la presenza di uno stadio intermedio fra il produttore del servizio e il fruitore del medesimo.

Questo stadio può essere identificato con il broker, come nel caso dei servizi assicurativi, o con punti di vendita specializzati, come agenzie di viaggio, sportelli bancari, ecc.

Il produttore di servizi è in genere di fronte a una molteplicità di canali alternativi o complementari, a seconda delle caratteristiche dei prodotti, delle condizioni della domanda, delle strategie d'impresa. Nella tavola 19-1 sono descritte le possibili alternative di canale per i principali prodotti finanziari.

Tavola 19-1 I canali distributivi dei servizi finanziari

Prodotto o servizio	Tipologia di canale distributivo						
	Sportelli bancari	Agenzie assicur.	Reti di vendita	Broker	Direct Mail	Telemarketing	Electr. Banking
Depositi	x					x	x
Servizi di pagamento	x				x	x	x
Carte di credito	x				x	x	x
Prestiti personali	x					x	x
Investimenti mobiliari	x		x	x	x	x	
Investimenti immobiliari	x	x	x	x	x		
Fondi comuni di investimento	x	x	x	x	x	x	
Mutui	x	x	x				
Consulenza finanziaria	x	x	x	x			
Brokeraggio assicurativo		x	x	x			
Polizze vita	x	x	x	x	x	x	
Polizze previdenziali		x	x	x		x	
Polizze danni		x	x	x			
Gestioni fiduciarie	x		x	x			
Leasing	x		x				
Factoring	x		x				

19.2 La scelta dei canali

Affronteremo ora i problemi decisionali relativi ai canali di marketing così come si pongono al produttore. Nel definire la propria strategia di canale, un'impresa di produzione deve stabilire un compromesso fra la struttura ideale e quella realizzabile. Una nuova impresa in genere inizia a operare su un mercato a dimensione locale o regionale. Poiché ha risorse limitate, essa normalmente si serve degli intermediari esistenti. Il numero degli intermediari in ciascun mercato locale non può che essere limitato: alcuni agenti di vendita dell'impresa, alcuni grossisti, parecchi dettaglianti, alcune imprese di trasporto e di deposito. Decidere quale sia il canale migliore può non costituire un problema. Il problema può essere piuttosto convincere uno o alcuni degli intermediari disponibili a occuparsi dei prodotti dell'impresa.

Se la nuova impresa avrà successo, potrà spingersi su nuovi mercati. Inoltre, il produttore tenderà a operare tramite gli intermediari esistenti, sebbene questo possa significare l'adozione di differenti tipi di canali nelle varie aree. Nei mercati minori, l'impresa potrà vendere direttamente ai dettaglianti, mentre in quelli più importanti potrà invece vendere attraverso dei grossisti. Nelle aree agricole essa opererà mediante punti di vendita con assortimento molto ampio, mentre nelle aree urbane utilizzerà i negozi specializzati. In alcune aree essa potrebbe concordare delle esclusive di vendita, se questa è la forma adottata prevalente. In altre, essa potrà vendere attraverso tutti i punti di vendita disposti a occuparsi del prodotto. Così il sistema di canali dell'impresa evolve in risposta alle opportunità e alle condizioni locali.

La scelta del sistema di canali di distribuzione richiede la preliminare definizione dei bisogni degli acquirenti obiettivo, nonché l'analisi degli obiettivi e dei vincoli in termini di canali, le alternative disponibili e la loro valutazione.

19.2.1 La definizione dei livelli di servizio attesi dagli acquirenti

Il primo passo nella definizione di una strategia di canale consiste nel definire i comportamenti d'acquisto dei consumatori e degli utilizzatori in genere.

L'operatore di marketing deve comprendere quali sono i *livelli di servizio attesi* dai clienti obiettivo per quanto concerne l'aspetto quantitativo degli acquisti (numero di unità di prodotto da mantenere disponibili per far fronte alle richieste degli acquirenti); i tempi di attesa; l'aspetto ambientale (locali di vendita e di servizio); l'ubicazione; la varietà dei prodotti (ampiezza e profondità dell'assortimento); i servizi integrativi e complementari (credito, forme di pagamento, consegna, installazione, riparazione, consulenza, ecc.). Una corretta valutazione delle attese della clientela obiettivo è essenziale ai fini della formulazione di una strategia vincente. Dopo tutto, il canale costituisce l'indispensabile strumento mediante il quale l'impresa può dimostrare all'acquirente la propria complessiva capacità di soddisfarne le esigenze.

19.2.2 La definizione degli obiettivi e dei vincoli

Una volta definiti i livelli delle attese e delle aspettative della clientela di riferimento, l'impresa può iniziare a sviluppare i propri obiettivi di canale, nel contesto dei vincoli posti dai prodotti, dagli intermediari, dalla concorrenza, dalle politiche generali dell'impresa stessa, dall'ambiente.

Le caratteristiche del prodotto. I prodotti *deperibili* richiedono in modo particolare l'impiego di metodi di distribuzione diretta, onde ridurre i pericoli associati ai ritardi e alle ripetute operazioni di carico e scarico proprie dei canali a più stadi. Nel caso dei prodotti *voluminosi*, come i materiali per costruzione o le acque minerali, è necessario impiegare quei canali che consentono di ridurre al minimo il costo del trasporto e delle operazioni di carico e scarico. I prodotti *non standardizzati*, come il macchinario costruito su commessa, sono venduti direttamente dal personale dell'impresa, poiché gli intermediari mancano delle necessarie competenze. I prodotti che richiedono servizi di installazione e/o manutenzione sono in genere venduti direttamente dall'impresa o da concessionari esclusivi. I prodotti di *alto valore unitario* sono spesso venduti tramite personale dell'impresa, piuttosto che attraverso intermediari.

Le caratteristiche degli intermediari. La scelta del canale è anche in stretta relazione con la possibilità che vari tipi di intermediari hanno di svolgere in modo valido le varie funzioni. Ad esempio, agenti e rappresentanti non esclusivi possono svolgere un'azione di contatto con la clientela a un costo per cliente relativamente basso, poiché il costo totale può essere suddiviso fra le varie aziende rappresentate. Ma lo sforzo di vendita per ciascun cliente è spesso meno intenso di quello ottenibile da venditori dipendenti. In genere, gli intermediari si differenziano per l'atteggiamento con cui espletano alcune funzioni quali la pubblicità, la negoziazione, il magazzinaggio, il contatto, il credito alla clientela.

Le caratteristiche della concorrenza. La scelta dei canali da parte del produttore è influenzata anche dai canali usati dai concorrenti. In alcuni settori, le imprese desiderano che i propri prodotti siano posti a diretto contatto con quelli della concorrenza. Ciò è quanto avviene, ad esempio, nel settore alimentare.

Analogamente, Burger King cerca di aprire i propri ristoranti fast-food vicino a quelli della McDonald's. In altri campi, al contrario, le imprese evitano di servirsi di canali usati dalla concorrenza. La Avon decise di non entrare in concorrenza con gli altri produttori di cosmetici per la conquista dello scarso spazio disponibile sugli scaffali dei negozi al dettaglio, ma sviluppò, invece, un'organizzazione di vendita porta a porta molto redditizia.

Le caratteristiche dell'impresa. Le caratteristiche dell'impresa giocano un importante ruolo nella scelta del canale. Le *dimensioni* dell'impresa determinano l'ampiezza del suo mercato e la sua capacità di assicurarsi la cooperazione degli intermediari desiderati. Le *risorse finanziarie* determinano quali attività di marketing essa può svolgere e quali deve invece delegare agli intermediari.

La sua *gamma di prodotti* influenza le scelte dei canali di distribuzione. Quanto più ampia è tale gamma, tanto maggiore è la possibilità dell'impresa di mantenere rapporti diretti con la clientela. Maggiore la profondità della gamma, tanto più elevate le possibilità di scegliere dei distributori esclusivi. Infine, il grado di consistenza della gamma determinerà l'omogeneità dei canali. La *strategia di marketing* dell'impresa influenza a sua volta la scelta del canale. Così, una politica di pronta consegna dei prodotti al cliente finale influisce sulle funzioni che il produttore ritiene debbano essere svolte dagli intermediari, sul numero dei punti di vendita al dettaglio e sul tipo di sistema di trasporto usato.

Le caratteristiche ambientali. Quando le *condizioni economiche* sono sfavorevoli le imprese tendono a trasferire i prodotti verso il mercato nel modo meno costoso possibile. Questo significa servirsi di canali più brevi ed eliminare i servizi non necessari che fanno aumentare il prezzo finale al consumo. Anche le *norme* e i *vincoli di legge* influenzano la scelta dei canali. Ad esempio, in taluni paesi la legislazione vigente cerca di impedire la conclusione di accordi, nell'ambito di un canale, che possano tendere a ridurre in modo sostanziale la concorrenza o a stabilire condizioni di monopolio.

19.2.3 Le principali alternative di canale

Si supponga che un produttore abbia definito il suo mercato obiettivo e la posizione desiderata. Il passo immediatamente successivo consiste nell'identificare le principali alternative di canale. Un'alternativa di canale è definita da tre elementi: i tipi fondamentali di intermediari, il numero degli intermediari, i termini e le reciproche responsabilità di ogni partecipante al canale.

Tipi di intermediari. L'impresa identificherà i tipi di intermediari disponibili a svolgere il proprio ruolo nell'ambito del canale.

Consideriamo l'esempio di un produttore di strumenti e apparecchiature di controllo che aveva messo a punto un dispositivo in grado di identificare i collegamenti difettosi in qualunque macchina dotata di parti mobili.

I dirigenti dell'impresa pensavano che questo prodotto avrebbe avuto un buon mercato in tutti i settori industriali in cui si usavano o fabbricavano motori elettrici, a combustione o a vapore, quali quello aeronautico, l'automobilistico, il ferroviario, il conserviero, quello delle costruzioni e quello petrolifero. La forza di vendita dell'impresa era modesta, e il problema consisteva nel raggiungere questi diversi settori in modo efficace. Vennero quindi identificate le alternative qui di seguito specificate.

- **Forza di vendita dell'impresa.** Aumentare la consistenza del personale di vendita. Assegnare delle aree ai venditori e dare loro la responsabilità di stabilire contatti con tutti i clienti potenziali. Oppure, creare gruppi di venditori diversi a seconda dei vari settori di clientela.

- **Agenti non esclusivi.** Costruire una rete di agenti operanti nelle varie aree o settori, ai quali affidare l'incarico di vendere i dispositivi in questione agli utilizzatori.
- **Distributori industriali.** Individuare distributori nelle varie aree e/o settori disposti ad acquistare e a distribuire la nuova linea. Assegnare loro la distribuzione in esclusiva, con margini adeguati, addestramento sul prodotto e supporto promozionale.

Un altro esempio è costituito da un'impresa di elettronica di consumo, la quale decise di utilizzare il proprio eccesso di capacità produttiva per produrre autoradio. Nel considerare i canali di distribuzione, essa individuò le seguenti alternative:

- **Industria automobilistica.** L'impresa potrebbe fornire le proprie radio a uno o più produttori automobilistici interessati a mettere in vendita autovetture già dotate di tale accessorio.
- **Rivenditori di auto.** L'impresa potrebbe vendere le sue radio ai concessionari di auto affinché le offrano in vendita unitamente alle auto.
- **Rivenditori di ricambi.** L'impresa potrebbe vendere le sue radio al pubblico attraverso i venditori di ricambi per auto. I punti di vendita in questione potrebbero essere raggiunti attraverso la forza di vendita o attraverso distributori.
- **Vendite per corrispondenza.** L'impresa potrebbe infine inserire le sue radio nei cataloghi delle case di vendita per corrispondenza.

Le imprese possono anche cercare dei canali di marketing più innovativi. Questo è successo quando la Conn Organ Company decise di commercializzare i propri organi attraverso grandi magazzini e negozi discount, conseguendo così una notorietà ben superiore a quella in precedenza ottenuta operando attraverso i negozi di strumenti musicali. Un nuovo canale di marketing è stato aperto a suo tempo dalla Arnoldo Mondadori Editore, allorquando lanciò una collana di libri da vendere presso le edicole. L'esempio venne poi seguito da molte altre imprese operanti nel campo dei dischi, delle enciclopedie, ecc.

A volte un'impresa deve sviluppare un canale di marketing diverso da quello prescelto per la difficoltà di coprirne i costi, il che può risolversi in un vantaggio. Ad esempio, la U. S. Time Company tentò inizialmente di vendere i propri orologi a buon mercato Timex attraverso normali oreficerie e gioiellerie. La maggior parte di queste, però, rifiutarono di porre in vendita un articolo a prezzo così basso. La società prese quindi in considerazione altri canali distributivi, quali le organizzazioni della grande distribuzione. La decisione ebbe un notevole successo e costituì la premessa per fare degli orologi da polso Timex un prodotto di massa.

Numero degli intermediari. Le imprese devono decidere il numero di intermediari da utilizzare a ogni stadio del canale distributivo. Sono possibili tre tipi di strategie:

Distribuzione intensiva. I produttori di beni di largo consumo d'acquisto corrente (*beni di convenienza*) e di materie prime correnti praticano, in genere, una *distribuzione intensiva*, basata sul mantenere costantemente rifornito dei propri prodotti il maggior numero possibile di punti di vendita. I beni in questione sono caratterizzati dall'avere un'elevata *utilità di luogo*. I produttori di sigarette, ad esempio, raggiungono negli Stati Uniti oltre un milione di punti di vendita, onde ottenere il massimo di esposizione delle singole marche, nonché la massima comodità d'acquisto.

Distribuzione esclusiva. Alcuni produttori limitano deliberatamente il numero di intermediari che trattano i loro prodotti. La forma estrema di questa politica è la *distribuzione esclusiva*, in base alla quale un numero limitato di venditori detiene i diritti esclusivi di distribuzione dei prodotti di un'impresa nelle rispettive zone. Spesso essa è associata all'*esclusiva d'acquisto*, in base alla quale il produttore richiede che il venditore non si occupi di prodotti concorrenti. La distribuzione esclusiva è presente soprattutto nella distribuzione di automobili, di alcuni elettrodomestici e di alcune marche di confezioni femminili. Attraverso la garanzia della distribuzione esclusiva, il produttore spera di realizzare un'azione di vendita più aggressiva e specializzata e di esercitare un maggior controllo su prezzi, promozione vendite, credito e altri aspetti dell'attività di vendita al dettaglio. La distribuzione esclusiva tende a rafforzare l'immagine del prodotto e a permettere ricarichi più alti.

Distribuzione selettiva. Fra la distribuzione intensiva e quella esclusiva si trova la *distribuzione selettiva*, basata sull'impiego di più di un intermediario commerciale, ma in numero comunque inferiore a quelli disposti a trattare un particolare prodotto. Essa è usata sia da imprese già affermate, sia da nuove imprese che cercano di accaparrarsi i distributori offrendo loro una distribuzione selettiva. L'impresa non deve disperdere i suoi sforzi su molti punti di vendita, alcuni dei quali rimarranno marginali.

Essa può sviluppare buoni rapporti con intermediari selezionati, e contare su uno sforzo di vendita superiore alla media. La distribuzione selettiva riesce a far realizzare al produttore una buona copertura di mercato, con maggiore controllo e minori costi di quanto sarebbe possibile con una distribuzione intensiva.

Responsabilità dei membri del canale. Il produttore deve determinare le condizioni operative, nonché le responsabilità dei vari componenti del canale di distribuzione. I principali elementi della combinazione dei rapporti commerciali sono le *politiche di prezzo*, le *condizioni di vendita*, i *diritti di zona* e gli *specifici servizi da svolgere*.

La *politica del prezzo* richiede al produttore di stabilire un listino e le condizioni di sconto. Il produttore deve assicurarsi che gli sconti concessi ai distributori siano equi e adeguati.

Le *condizioni di vendita* si riferiscono ai termini di pagamento e alle garanzie rilasciate dal produttore. La maggior parte dei produttori accorda sconti ai distributori per i pagamenti a pronta cassa. I produttori possono anche estendere ai distributori garanzie per la merce difettosa o riduzioni di prezzo. Talvolta l'impresa produttrice garantisce ai propri rivenditori che non ridurrà i prezzi per un certo periodo futuro, onde indurli a effettuare maggiori acquisti.

I *diritti di zona del distributore* sono un altro elemento della combinazione di rapporti commerciali. I rivenditori desiderano conoscere quali politiche seguirà il produttore nel concedere le esclusive di vendita ad altri operatori. Essi puntano anche a ottenere l'accredito di tutte le vendite che si svolgono nella loro zona, siano o meno il risultato della propria attività promozionale.

I *servizi* e le *responsabilità reciproche* devono essere specificati con cura, specie dove esistano canali di distribuzione in esclusiva. Per esempio, McDonald's fornisce ai ristoranti affiliati assistenza in campo immobiliare, promozionale, amministrativo, dell'istruzione professionale e della gestione in generale. Di contro, gli affiliati devono attenersi alle condizioni dell'impresa riguardanti l'aspetto operativo, la cooperazione con i nuovi programmi promozionali, l'invio delle informazioni richieste e l'acquisto di specifici prodotti alimentari.

19.2.4 Valutazione delle principali alternative di canale

Si supponga che un produttore abbia identificato molteplici alternative di canale, e che si proponga di determinare quale sia la migliore ai fini del conseguimento degli obiettivi a lungo termine dell'impresa. È necessario che ogni alternativa venga valutata sulla base di criteri *economici*, di *controllo* e di *adattamento*.

> Ad esempio, un'industria operante nel settore dell'arredamento, con sede a Vicenza, vuole vendere le sue linee di prodotto ai rivenditori dei vari paesi della Comunità Europea.
> L'impresa è posta di fronte a due alternative:
> 1. La prima riguarda l'assunzione di dieci nuovi venditori che opereranno appoggiandosi all'ufficio vendite di Vicenza. Essi riceveranno uno stipendio base più una provvigione sulle vendite.
> 2. L'altra alternativa consiste nel designare, per i vari paesi, rappresentanti molto introdotti presso i rivenditori di mobili e che dispongono di adeguate reti di venditori. I rappresentanti riceverebbero una commissione sulle vendite.

Criteri economici. Ogni alternativa di canale produrrà un differente livello di vendite e di costi. La prima questione è se si possono ottenere più vendite mediante personale di vendita diretto, costituito cioè da dipendenti dell'impresa, oppure impiegando agenti e rappresentanti, vale a dire collaboratori esterni all'impresa. La maggior parte dei dirigenti di marketing ritiene che la forza di vendita diretta dell'impresa possa vendere di più. Si sostiene, infatti, che i venditori diretti dell'impresa si concentrano esclusivamente sui prodotti della stessa, conoscono meglio i prodotti venduti, sono più aggressivi in quanto la loro carriera dipende dall'impresa e conseguono più successo poiché i clienti preferiscono trattare direttamente con il produttore.

D'altro canto, non mancano le ragioni per sostenere il contrario, e cioè che agenti o rappresentanti possono conseguire risultati migliori in termini di vendite. In primo luogo, il rappresentante può disporre di un maggior numero di venditori, in rapporto all'area di attività. Nel caso sopra riportato, ad esempio, il rappresentante dispone di trenta venditori, contro i dieci dell'impresa. In secondo luogo, una forza di vendita indiretta può essere aggressiva tanto quanto quella diretta. Ciò dipenderà dalle provvigioni offerte per una data linea di prodotto in relazione alle altre. In terzo luogo, alcuni clienti preferiscono trattare con rappresentanti di più produttori, piuttosto che con venditori di una sola impresa. In quarto luogo, il rappresentante ha contatti estesi, mentre la forza di vendita dell'impresa dovrebbe svilupparli partendo da zero.

Il passo successivo consiste nella stima dei costi di vendita dei differenti volumi di vendita conseguibili nelle due alternative. L'andamento dei costi è illustrato nella figura 19-4. I costi fissi determinati dall'istituzione di un'agenzia di rappresentanza sono inferiori a quelli connessi alla costituzione di una filiale. Ma i costi salgono di più nel primo caso, a causa delle provvigioni più alte.

Esiste un livello di vendite (S_B) in corrispondenza del quale i costi sono uguali per le due ipotesi. Il rappresentante costituirà il canale preferito nel caso di volumi di vendita inferiori a S_B, mentre la seconda ipotesi sarà preferita per volumi di vendita più elevati di S_B. In generale, i rappresentanti tendono a essere utilizzati dalle imprese minori, o anche da imprese di grandi dimensioni nelle zone più ristrette, dove i volumi di vendita sono troppo bassi per giustificare l'impiego di una forza di vendita propria.

Figura 19-4 Scelta tra un'organizzazione di vendita diretta e una indiretta mediante il grafico del punto di equilibrio

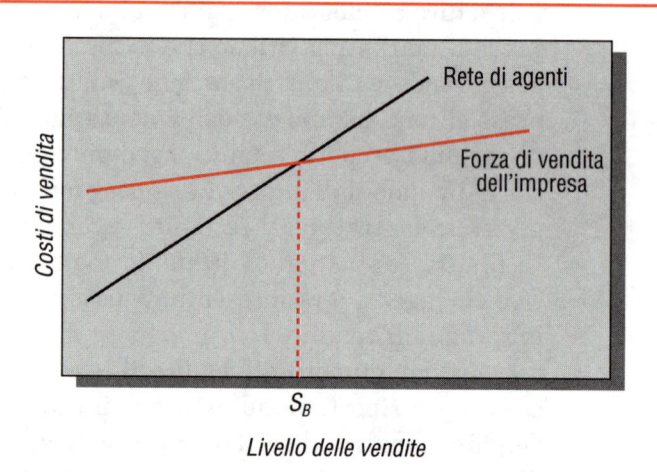

Criteri di controllo. La valutazione delle alternative deve anche tener conto del problema del controllo del canale. L'impiego di rappresentanti pone più di un problema, sotto questo aspetto. Il rappresentante è un operatore indipendente interessato a massimizzare i propri profitti. Egli tende a concentrarsi di più sui clienti interessati al suo intero assortimento, piuttosto che sui clienti che pongono la loro attenzione su particolari prodotti. Inoltre, la sua forza di vendita può non essere al corrente dei dettagli tecnici del prodotto che rappresenta, o trascura di impiegare il materiale promozionale.

Criteri di adattamento. Ogni canale comporta impieghi di qualche durata, e quindi di una certa perdita di flessibilità. Un produttore che decida di usare un rappresentante potrà essere indotto a offrire un contratto pluriennale. Durante questo periodo, altri sistemi, come la vendita per corrispondenza, potrebbero rivelarsi più efficaci, ma egli resterà legato al rappresentante. Un canale che comporti impegni di lunga durata potrà essere preso in considerazione solo nel caso in cui sia nettamente superiore da un punto di vista economico o di controllo.

19.3 La gestione dei canali

Una volta che un'impresa abbia effettuato la scelta fra le possibili alternative di canale, dovrà *selezionare*, *motivare* e *valutare* i singoli intermediari.

19.3.1 La selezione degli intermediari

La capacità dei produttori di attirare i più qualificati intermediari del canale prescelto varia da caso a caso. Talvolta, il produttore non incontra alcuna difficoltà. Ad esempio, la Fiat ricevette dai propri concessionari una risposta entusiastica allorché, nel gennaio 1983, venne presentato il nuovo modello "Uno". In alcuni casi, la garanzia di una distribuzione selettiva o esclusiva attirerà un numero sufficiente di intermediari.

All'altro estremo vi sono produttori che fanno molta fatica a raggiungere il numero desiderato di distributori qualificati. All'inizio, la

Polaroid non potè distribuire le sue nuove macchine fotografiche attraverso i negozi specializzati e fu costretta a venderle attraverso canali commerciali di massa. Anche i piccoli produttori alimentari incontrano normalmente difficoltà nel distribuire i propri prodotti attraverso i punti di vendita di alimentari.

Che i produttori trovino i loro intermediari facilmente o meno, essi dovrebbero pur sempre determinare quali caratteristiche distinguano un buon rivenditore da uno poco valido. Essi dovranno valutare il periodo di introduzione dell'intermediario sul mercato, le altre linee di prodotto trattate, il tasso di espansione delle vendite e della redditività, la solvibilità, la tendenza a collaborare e la reputazione. Nel caso di un rappresentante, il produttore dovrà considerare con particolare attenzione il numero e il tipo delle altre linee di prodotto trattate, nonché l'entità e la qualità della forza di vendita. Se il rivenditore è un grande magazzino intenzionato a ottenere una distribuzione esclusiva, il produttore dovrà valutarne l'ubicazione, il potenziale di espansione futura e il tipo di clientela.

19.3.2 La motivazione degli intermediari

Gli intermediari commerciali devono essere continuamente motivati allo svolgimento ottimale del loro lavoro. I fattori che l'inducono a far parte di un dato canale di distribuzione costituiscono parte della motivazione, la quale deve essere sostenuta e stimolata dal produttore. Questi deve vendere non solo attraverso gli intermediari, ma anche agli intermediari.

L'incentivazione degli intermediari affinché conseguano buoni risultati deve cominciare con il comprenderne i bisogni e le aspettative. Secondo McVey, i produttori spesso criticano gli intermediari «per l'incapacità a svolgere un'azione intensiva in favore di una data marca, per la scarsa conoscenza del prodotto da parte dei loro venditori, per l'insoddisfacente uso del materiale pubblicitario fornito dal produttore, per trascuratezza nei confronti di certi clienti (che possono costituire ottimi clienti potenziali per singoli prodotti, ma non per l'intero assortimento) e anche per l'inaccuratezza delle registrazioni contabili, dalla quale può derivare l'impossibilità di ricostruire la situazione di specifici prodotti».[8] Tuttavia, quelle che da un punto di vista del produttore appaiono come carenze, possono essere invece comprensibili dal punto di vista dell'intermediario. McVey formula le seguenti spiegazioni del comportamento dell'intermediario:

> L'intermediario non è l'anello di una catena forgiata da un produttore, ma piuttosto un mercato indipendente... Dopo alcuni tentativi, egli definisce un proprio metodo operativo, svolgendo le funzioni che egli considera inevitabili in relazione ai suoi obiettivi, e definendo proprie politiche ogni qual volta ne abbia la possibilità...
>
> [L'intermediario spesso opera] come un agente d'acquisto per i suoi clienti, e solo secondariamente come un agente di vendita per i suoi fornitori. Egli si interessa alla vendita di qualsiasi prodotto che questi suoi clienti desiderano acquistare da lui.
>
> L'intermediario cerca di riunire tutti i suoi prodotti in modo da poterli vendere secondo assortimenti rispondenti alle esigenze dei clienti. I suoi sforzi di vendita sono diretti soprattutto a ottenere ordini per l'intero assortimento, piuttosto che per i singoli prodotti...
>
> A meno che incentivi particolari non lo inducano a farlo, l'intermediario commerciale non ha interesse a tenere registrazioni di vendita a livello di singoli prodotti... Le informazioni che potrebbero essere usate nello sviluppo del prodotto, nella definizione dei prezzi e delle confezioni, o nella pianificazione delle attività promozionali, rimangono sepolte nelle registrazioni non sistematiche degli intermediari, e talvolta tenute celate di proposito al fornitore.[9]

I produttori hanno diversi modi di trattare con i loro distributori. Possiamo distinguere tre tipi di approcci: la *cooperazione*, l'*associazione* e la *programmazione della distribuzione*.[10]

Molti produttori affrontano il problema in termini di sviluppo della *cooperazione* con gli intermediari, impiegando a tale scopo stimoli quali margini più elevati, contratti speciali, premi e sconti per le campagne promozionali, supporti espositivi e gare di vendita. Talvolta, è possibile far ricorso a sanzioni, quali la riduzione dei margini, il rallentamento dei rifornimenti o la risoluzione del rapporto. Il punto debole di questo tipo di approccio è che il produttore non ha studiato a fondo i bisogni, i problemi, i punti di forza e di debolezza dei distributori. Mancando di questa conoscenza il produttore impiega un eterogeneo insieme di strumenti, basati su elementari relazioni stimolo-risposta.

McCammon rileva che molti dei programmi delle imprese produttrici «consistono di campagne promozionali improvvisate, di gare di vendita prive di mordente e di scale di sconti definite in modo superficiale».[11] Le imprese più avanzate cercano di stabilire un rapporto di *associazione* a lungo termine con i loro distributori. Il produttore definisce chiaramente quello che vuole dai suoi distributori e che cosa questi possono aspettarsi in termini di copertura e di sviluppo di mercato, di disponibilità dei prodotti, di acquisizione di ordini, di consulenza e assistenza tecnica, nonché di informazione sul mercato. Il produttore mira a conseguire l'adesione dei distributori a tali politiche, impiegando talvolta adeguati incentivi a favore dei *partner* più fedeli. Ad esempio, un'impresa ha strutturato le proprie commissioni sulle vendite nel modo seguente: 20% per l'effettuazione della normale attività di vendita, più un ulteriore 5% per mantenere una scorta di 60 giorni, più il 5% per la regolarità dei pagamenti e, infine, il 5% per l'informazione sulla clientela. Complessivamente, il 35%.

La *programmazione della distribuzione* costituisce il sistema più avanzato per gestire i rapporti produttore-intermediari. McCammon la definisce come un sistema di mercato verticale, pianificato e condotto professionalmente, in grado di rispondere alle esigenze sia del produttore, sia dei distributori.[12] L'impresa industriale costituisce, nell'ambito della propria direzione di marketing, un servizio incaricato della pianificazione dei rapporti con i distributori, il cui compito è quello di identificare le necessità dei distributori e di mettere a punto programmi di commercializzazione che consentano agli stessi di operare nel miglior modo possibile. Il servizio in questione, unitamente ai distributori, definisce gli obiettivi commerciali, i livelli delle scorte, i piani per l'esposizione dei prodotti, i fabbisogni di addestramento dei venditori e, infine, i piani della pubblicità e della promozione delle vendite. Lo scopo è di indurre i distributori a passare dall'idea che possano realizzare guadagni soprattutto attraverso gli acquisti (mediante un rapporto competitivo con il fornitore), al considerare che il conseguimento del profitto passa attraverso lo sviluppo delle vendite da parte del sistema verticale di marketing al quale appartengono.

19.3.3 La valutazione degli intermediari

Il produttore deve periodicamente valutare l'operato degli intermediari in relazione a standard quali il conseguimento delle quote di vendita, il livello medio delle scorte, il tempo di consegna al cliente, il valore dei prodotti danneggiati o perduti, la partecipazione ai programmi promozionali e di addestramento dell'impresa, nonché la prestazione dei servizi dovuti da parte dell'intermediario al cliente.

Come norma, il produttore definisce delle quote di vendita per ogni distributore, accertando al termine di ogni periodo di controllo la differenza fra obiettivi e risultati. A questo punto, l'attenzione verrà concentrata su quegli intermediari che sono restati al di sotto dei traguardi.

19.4 La modifica dei canali

Un produttore non può limitarsi a impostare un buon sistema di canali o a metterlo in moto. È infatti necessario procedere a periodiche modifiche del sistema, per far fronte alle mutate condizioni di mercato (si veda il quadro 19-1).

Si consideri a questo proposito l'esperienza di una grande industria di elettrodomestici, operante unicamente mediante concessionari, la quale aveva iniziato a perdere quote di mercato. Da quando era stato definito il canale originale, si erano manifestate molteplici innovazioni nella distribuzione.

- Una quota sempre maggiore di elettrodomestici era venduta tramite punti di vendita a prezzi scontati.
- Una quota sempre maggiore di elettrodomestici era venduta dalla grande distribuzione sotto marche commerciali.
- Si andava sviluppando il mercato delle imprese di costruzioni di edifici per abitazione, interessate ad acquistare direttamente presso i produttori grossi quantitativi di elettrodomestici da installare nelle nuove case.
- Iniziò, da parte di alcune imprese concorrenti, l'impiego di forme di vendita porta a porta o per corrispondenza.
- Gli unici rivenditori indipendenti che rimanevano forti erano quelli dei centri minori, ma le famiglie delle zone rurali tendevano sempre più a fare i loro acquisti nei grandi centri.

Questi sviluppi portarono il produttore a valutare le possibili modifiche del canale di distribuzione.

Le modifiche di canale possono avvenire a tre distinti livelli. Il cambiamento potrebbe comportare *l'aggiunta* o *l'eliminazione di singoli*

Quadro 19-1 La modifica dei canali di marketing nel corso del ciclo di vita del prodotto

Nessun canale di marketing può mantenere un ruolo dominante per tutto il ciclo di vita di un prodotto. Nella fase iniziale, i consumatori pionieri possono essere disposti a pagare il maggior prezzo richiesto dai punti di vendita a elevato valore aggiunto, ma nelle fasi successive occorrerà puntare su canali a costi via via inferiori per poter acquisire nuove fasce di acquirenti.

M. Lele ha sviluppato la griglia sotto riportata per poter descrivere l'evoluzione dei canali di marketing nel corso del ciclo di vita dei capi d'abbigliamento firmati e dei personal computer.

- *Fase d'introduzione*. I prodotti nuovi in assoluto o di moda tendono a essere introdotti sul mercato attraverso canali specializzati (boutique, negozi di hobbistica, ecc.) che attirano gli acquirenti pionieri.
- *Fase di sviluppo*. Con il diffondersi dell'interesse per i prodotti, vengono impiegati canali di più ampia portata, con un livello di servizi inferiore rispetto ai precedenti.
- *Fase di maturità*. Il rallentare dello sviluppo induce le imprese produttrici a usare canali di massa a basso costo, in modo da stabilizzare il più a lungo possibile il ciclo.
- *Fase di declino*. I canali a basso costo (supermercati, discount, "bancarelle") emergono quali la forma distributiva prevalente.

Fonte: Milind M. Lele, "Change Channels during Your Product's Life Cycle", in *Business Marketing*, dicembre 1986, p. 64.

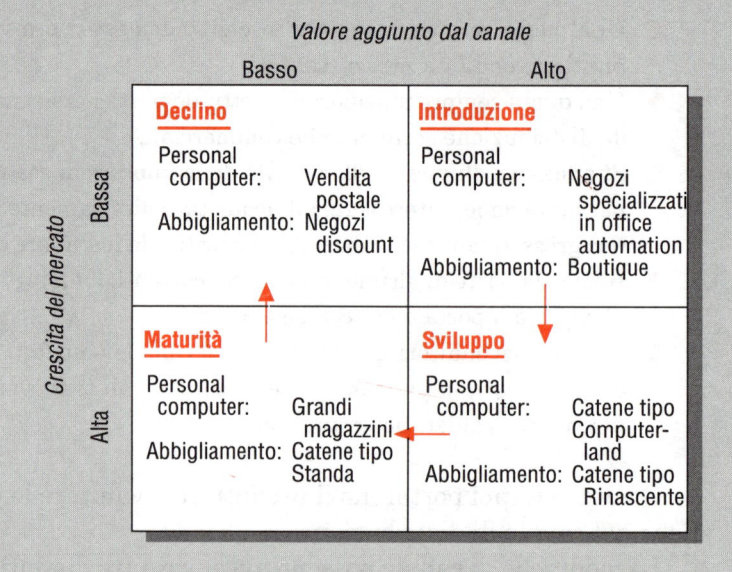

	Valore aggiunto dal canale	
	Basso	Alto
Bassa	**Declino** Personal computer: Vendita postale Abbigliamento: Negozi discount	**Introduzione** Personal computer: Negozi specializzati in office automation Abbigliamento: Boutique
Alta	**Maturità** Personal computer: Grandi magazzini Abbigliamento: Catene tipo Standa	**Sviluppo** Personal computer: Catene tipo Computerland Abbigliamento: Catene tipo Rinascente

Crescita del mercato (asse verticale)

membri del canale, l'aggiunta o l'eliminazione di particolari canali di distribuzione, lo sviluppo di un modo totalmente nuovo di vendere in tutti i mercati.

La decisione di aggiungere o eliminare specifici intermediari commerciali richiede un'analisi di tipo incrementale. Il problema consiste nel valutare quali sono i profitti che l'impresa consegue con o senza determinati intermediari. La decisione di un'industria automobilistica di eliminare un concessionario implica la valutazione, oltre che della conseguente diminuzione di vendite, anche dell'impatto, negativo o positivo, sulle vendite degli altri concessionari.

A volte un produttore esamina la possibilità di eliminare tutti gli intermediari che si trovano al di sotto di un certo ammontare di vendite. Per esempio, un produttore di autocarri notò che il cinque per cento dei suoi rivenditori vendeva meno di tre o quattro autocarri all'anno. Il servizio di questi rivenditori costava all'impresa più del valore stesso delle vendite. Tuttavia, la decisione di eliminare questi rivenditori poteva avere ampie ripercussioni sul sistema considerato nel suo complesso. Il costo unitario di produzione degli autocarri sarebbe aumentato, poiché le spese generali sarebbero state ripartite su un numero minore di autocarri; personale e attrezzature sarebbero rimasti inattivi; parte del mercato sarebbe passato alla concorrenza; altri rivenditori si sarebbero sentiti insicuri. Tutti questi elementi dovevano essere presi in considerazione.

La decisione più difficile in materia di cambiamento di canale riguarda la revisione globale del sistema di distribuzione. Per esempio, un produttore di automobili può prendere in considerazione l'ipotesi di sostituire i concessionari con proprie filiali; un produttore di bevande può sostituire gli imbottigliatori aventi esclusive locali con l'imbottigliamento centralizzato e la vendita diretta. Queste decisioni possono richiedere la revisione di più elementi del marketing-mix e comportare profonde conseguenze.

19.5 La dinamica dei canali

I canali di distribuzione non sono statici. Compaiono nuove organizzazioni di distribuzione all'ingrosso e al dettaglio, mentre evolvono interi canali distributivi. Esamineremo ora i recenti sviluppi dei sistemi di marketing verticali, orizzontali e multicanale, e in che modo questi sistemi cooperano, entrano in conflitto e competono fra loro.

19.5.1 Sviluppo dei sistemi verticali di marketing

Uno dei più recenti e significativi sviluppi dei canali di distribuzione è il *sistema verticale di marketing*, emerso come sfida nei confronti dei *canali convenzionali di marketing*. Un canale convenzionale di marketing consta di un produttore indipendente, di uno (o più) grossisti o di uno (o più) dettaglianti. Ognuno di questi costituisce un insieme separato di attività volte alla massimizzazione dei propri profitti, anche se più propriamente occorre considerare la massimizzazione dei profitti del sistema nel suo complesso. Nessun componente del canale ha un completo o sostanziale controllo sugli altri. McCammon definisce i canali di marketing convenzionali come «sistemi notevolmente frammentati, nei quali produttori, grossisti e dettaglianti mantengono relazioni d'affari dirette, negoziando aggressivamente le condizioni di vendita e comportandosi in modo autonomo per tutto il resto».[13]

Un sistema verticale di marketing (SVM), per contro, è costituito da un produttore, da uno (o più) grossisti e da uno (o più) dettaglianti che agiscono in modo unificato. La costituzione del sistema in questione avviene a opera di uno specifico membro del canale, il quale ottiene la cooperazione degli altri mediante l'acquisizione del controllo, l'affiliazione o altre manifestazioni di potere di mercato. Tale ruolo dominante può essere svolto sia dal produttore, sia dal grossista, sia dal dettagliante.

Secondo McCammon, i SVM sono «reti gestite in modo professionale e programmate centralmente, concepite per conseguire economie operative e il massimo effetto sul mercato». Lo sviluppo iniziale dei SVM è stato determinato dalla necessità di controllare il comportamento dei canali di distribuzione e di eliminare il conflitto tra i membri del canale che operano indipendentemente per raggiungere i propri obiettivi. I sistemi in oggetto realizzano rilevanti economie di scala a motivo della loro dimensione, del loro potere contrattuale e dell'eliminazione delle duplicazioni di servizi. I SVM sono diventati uno dei principali modi di distribuzione dei beni di consumo nei paesi industrializzati.

I sistemi verticali di marketing possono assumere tre distinte configurazioni, illustrate nella figura 19-5.

Figura 19-5 Canali di marketing convenzionali e verticali

```
                    ┌──────────────────┬──────────────────┐
              Canali convenzionali        Sistemi verticali
              di marketing (CCM)          di marketing (SVM)
                                              │
              ┌───────────────────┬────────────────────────┐
         SVM aziendali         SVM contrattuali        SVM amministrati
         (es. Luxottica)                               (es. Procter & Gamble)
                                   │
              ┌───────────────────┼───────────────────┐
       Unioni volontarie     Cooperative          Organizzazioni
       promosse              di dettaglianti      di franchising
       da grossisti          (es. Conad)
       (es. Vegé)
                                                         │
                              ┌──────────────────────────┼──────────────────────────┐
                     Sistema                       Sistema                       Sistema
                     di franchising al            di franchising                 di franchising
                     dettaglio promosso           all'ingrosso                   al dettaglio
                     da produttori                promosso                       promosso
                     (es. FIAT e Benetton)        da produttori                  da imprese
                                                  (es. Coca-Cola)                di servizi
                                                                                 (es. McDonald's)
```

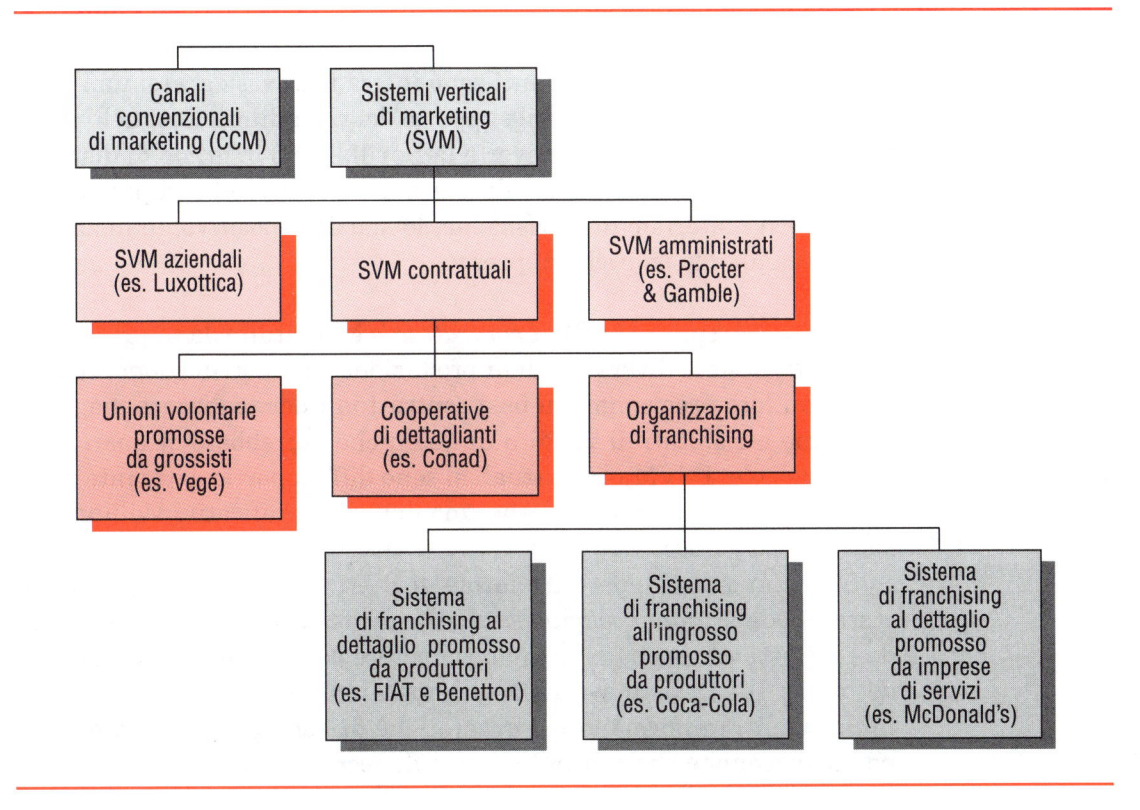

SVM aziendali. Un *SVM aziendale* riunisce nell'ambito della stessa impresa i vari stadi produttivi e distributivi. Un interessante esempio di questa forma di integrazione verticale è costituito dal Gruppo Luxottica, l'impresa di Belluno leader mondiale nel settore delle montature per occhiali.

La ragione del successo di questa azienda può essere identificata nella sistematica eliminazione degli intermediari. In tal modo, «la Luxottica ha tagliato i costi, elevato la qualità e accresciuto i profitti. In oltre 31 anni, l'impresa si è trasformata da un laboratorio artigiano, prima in un'industria integrata verticalmente e, quindi, in un distributore globale. Oggi Luxottica è il leader di costo mondiale e controlla marchi di occhiali da sole prestigiosi – e costosi – come Giorgio Armani, Yves St. Laurent e Byblos».[14]

SVM amministrati. Un *SVM amministrato* coordina gli stadi successivi della produzione e della distribuzione, non attraverso la proprietà comune, ma attraverso la dimensione e il potere di una delle parti. I produttori di marche dominanti sono in grado di assicurarsi una forte cooperazione commerciale, e il supporto dei rivenditori. Così la Philips, la Procter & Gamble, l'Uniliever e la Barilla sono in grado di disporre di una rilevante cooperazione da parte dei loro rivenditori per ciò che concerne il materiale di esposizione, lo spazio espositivo, le iniziative promozionali e le politiche di prezzo.

SVM contrattuali. Un *SVM contrattuale* è costituito da imprese indipendenti, poste a diversi stadi di produzione e di distribuzione, che integrano i loro programmi su basi contrattuali per realizzare maggiori economie e risultati di vendita di quelli che potrebbero ottenere operando da sole. I SVM contrattuali si sono diffusi particolarmente negli anni più recenti, e costituiscono uno dei più significativi sviluppi del sistema economico.

Si possono distinguere tre forme di SVM contrattuale. La prima è costituita dalle *unioni volontarie*, organizzazioni di dettaglianti promosse da grossisti allo scopo di meglio competere con le imprese del grande dettaglio. Il grossista sviluppa un programma in cui dei dettaglianti indipendenti uniformano le loro pratiche di vendita e realizzano economie d'acquisto che consentono loro di accrescere la capacità competitiva.

Una seconda forma di SVM contrattuale è rappresentata dai *gruppi d'acquisto fra dettaglianti*, mediante i quali i partecipanti svolgono una parte delle funzioni dell'impresa e, talvolta, della produzione. I membri del gruppo d'acquisto effettuano gli acquisti utilizzando le strutture cooperative e svolgono l'attività promozionale in forma coordinata. I profitti vengono distribuiti fra i componenti in proporzione ai loro acquisti. Possono effettuare acquisti attraverso la cooperativa anche dettaglianti non partecipanti, ma questi non beneficiano della suddivisione dei profitti.[15]

La terza forma di SVM contrattuale è rappresentata dalle *organizzazioni di franchising* (o *affiliazione*). Un componente del canale chiamato *franchiser* (*affiliante*) può collegare vari stadi successivi nel processo di produzione-distribuzione. Il franchising è il sistema di distribuzione al dettaglio più interessante e quello che si è sviluppato con maggior rapidità in questi ultimi anni. Sebbene l'idea centrale non sia nuova, alcune forme di franchising sono del tutto originali. Si possono distinguere tre forme di franchising.

Franchising al dettaglio promosso dal produttore: vi è un esempio classico nel settore automobilistico. Fiat Auto, ad esempio, accorda la licenza di vendere le proprie auto a operatori indipendenti, che accettano di adempiere a determinate condizioni di vendita e di servizio.

Franchising all'ingrosso promosso da un produttore: tipica dell'industria delle bevande. La Coca-Cola, ad esempio, dà l'esclusiva di vendita nei vari mercati agli imbottigliatori (imprese grossiste), i quali acquistano lo sciroppo concentrato, aggiungono acqua e anidride carbonica, imbottigliano il prodotto e lo vendono ai dettaglianti dei mercati locali.

Franchising al dettaglio promosso da un'impresa di servizi. In questo caso, un'azienda di servizi organizza un intero sistema per far pervenire in modo efficiente il suo servizio ai consumatori. Se ne trovano esempi nel campo delle automobili a noleggio (Hertz, Avis), della ristorazione o fast-food (McDonald's, Burger King), e degli alberghi (Novotel). Questo sistema di franchising sarà trattato nel prossimo capitolo.

Molti dettaglianti indipendenti, se ancora non sono collegati in SVM, hanno sviluppato punti di vendita specializzati che servono quei segmenti che non presentano interesse per le imprese maggiori. Il risultato è una polarizzazione del commercio al dettaglio, con grandi organizzazioni di distribuzione integrate verticalmente da un lato, e negozi specializzati indipendenti dall'altro. Questa evoluzione costituisce un problema per i produttori. Infatti, essi sono fortemente legati a intermediari indipendenti che non possono abbandonare facilmente. Le imprese industriali, tuttavia, non potranno evitare a lungo di prendere atto di queste nuove realtà, accettandone le meno vantaggiose condizioni. I sistemi verticali di marketing minacciano costantemente di aggirare i produttori più importanti, costituendo le proprie strutture di produzione. Nel dettaglio, *la nuova concorrenza non si svolge più fra le singole imprese, bensì fra interi sistemi centralmente pianificati (secondo forme aziendali, amministrate e contrattuali), in competizione l'uno con l'altro per conseguire più elevate economie di costo e una maggiore risposta del consumatore.*

19.5.2 Sviluppo dei sistemi orizzontali di marketing

Due o più imprese possono formare una combinazione per sfruttare i rispettivi punti di forza sul mercato. La singola impresa può non disporre delle risorse finanziarie, produttive e commerciali necessarie per avviare nuove iniziative, oppure può ritenere troppo elevato il rischio di "correre" da sola, oppure ancora può intravvedere elevate sinergie nello stabilire rapporti di collaborazione con altre imprese.

Gli accordi realizzabili da due o più imprese al fine di collaborare in campo commerciale, come pure in altri campi, possono avere durata temporanea o permanente. Per quanto concerne la forma della collaborazione, essa può assumere le forme più diverse, dall'accordo informale alla costituzione di una joint-venture. Lo sviluppo di sistemi orizzontali di marketing dovrebbe ricevere un notevole impulso dal progredire dei processi di internazionalizzazione in atto in più o meno tutti i settori. Un esempio interessante di alleanza è quello avviato nel 1986 fra una prestigiosa azienda vinicola italiana, l'Antinori, detentrice di uno dei più antichi marchi di Chianti, e la Whitbread, azienda inglese produttrice di birra. Fra le ragioni dell'alleanza, conclusasi nel 1988 con la formazione di una serie di società operative che vedono la contemporanea presenza dei due soci, l'opportunità per l'Antinori di avvalersi della rete commerciale e delle risorse finanziarie della Whitbread, e per quest'ultima la possibilità di diversificarsi in un'area di affari con prospettive di sviluppo superiori a quelle del business legato alla birra.[16]

19.5.3 Sviluppo dei sistemi di distribuzione multicanale

Le imprese adottano con sempre maggiore frequenza dei sistemi di distribuzione multicanale per raggiungere gli stessi o differenti mercati. Ad esempio, la Penney opera mediante grandi magazzini, magazzini popolari e negozi specializzati.

Tillman ha dato il nome di *conglomerati commerciali* a queste strutture di vendita al dettaglio multicanale, definendole «empori commerciali a controllo centralizzato, generalmente operanti secondo forme di dettaglio diverso, ma comunque in grado di utilizzare funzioni integrate di management e distribuzione».[17]

Molte imprese operano mediante strutture multicanale in grado di servire due distinti livelli di clientela. Un sistema del genere, definito della *distribuzione duale*, può determinare l'insorgere di conflitti all'interno dell'impresa promotrice. Nel quadro 19-2 viene illustrata la problematica della distribuzione multicanale con riferimento al settore dei servizi finanziari.

19.5.4 Il ruolo delle singole imprese nel canale di distribuzione

Da quanto sin qui detto sui sistemi verticali, orizzontali e multicanale di marketing, appare evidente il carattere dinamico e mutevole dei canali. Ogni impresa deve definire il proprio ruolo nei confronti del canale. Secondo McCammon, sono identificabili cinque classi d'impresa, in relazione al ruolo svolto.[18]

- **Gli interni**, cioè i componenti del canale dominante, i quali godono di un accesso continuativo a fonti di rifornimento preferenziali, nonché di un alto grado di rispettabilità nel settore. Essi hanno interesse alla perpetuazione degli accordi esistenti nel canale di distribuzione e sono i principali sostenitori delle norme correnti nel settore.
- **Gli aspiranti** sono quelle imprese che cercano di diventare interni. Essi hanno un accesso più difficile alle fonti preferenziali di rifornimento, e ciò può costituire uno svantaggio nei periodi di offerta limitata. Essi aderiscono alle norme correnti nel settore, poiché il loro desiderio è quello di entrare a farne parte.
- **I complementari** non appartengono al canale di distribuzione dominante. Essi svolgono funzioni non normalmente svolte da altri nel canale, o servono segmenti di mercato minori, o trattano piccoli quantitativi di merce. Essi di solito traggono vantaggio dal sistema vigente, e rispettano le norme correnti nel settore.
- **I transitori** non appartengono al canale di distribuzione dominante. Essi entrano ed escono dal mercato, o si muovono intorno a esso quando nascono delle opportunità. Hanno aspettative di breve periodo e scarsi stimoli ad aderire alle norme vigenti nel settore.
- **Gli innovatori esterni** costituiscono la forma più temibile di competizione dei canali dominanti. Essi sviluppano nuovi sistemi per realizzare le funzioni di marketing nell'ambito del canale. Se hanno effetto positivo, essi ne provocano una radicale ristrutturazione. Esempi di innovatori esterni sono costituiti da società come McDonald's, Avon e Holiday

Quadro 19-2 Il marketing multicanale

Le imprese che impiegano un solo canale per vendere prodotti differenti a clienti diversi sono particolarmente vulnerabili rispetto alle imprese che impiegano canali più appropriati.

Questa situazione può essere illustrata dalla griglia della figura *a*. L'asse orizzontale evidenzia il grado di complessità del prodotto e quello verticale il valore aggiunto dalla distribuzione. I fondi pensione si posizionano nella parte superiore sinistra della griglia, in considerazione dell'impegno distributivo che la loro vendita richiede e della necessità di adattarli alle caratteristiche specifiche dei singoli clienti. All'estremo opposto troviamo Trade Plus, un sistema di home banking che consente alla clientela di svolgere le varie operazioni senza prendere contatto con lo sportello. In tal caso il prodotto è assai semplice e non esiste un valore aggiunto dal canale.

Se passiamo ora a considerare l'offerta della Merrill Lynch, notiamo come la stessa si collochi orizzontalmente nella griglia d'offerta con una serie di prodotti venduti mediante una rete a medio-alto valore aggiunto, costituita da agenzie di brokeraggio e consulenti finanziari. Concentrandosi su un solo canale, la Merrill Lynch ha permesso a concorrenti come Schwab & Co. di entrare in campo offrendo un servizio di brokeraggio con commissioni ridotte. Schwab offre ai propri clienti un puro servizio di intermediazione, senza ulteriori prestazioni in termini di consulenza, analisi o altro.

La questione è che ogni casella diagonale della griglia rappresenta un'opportunità, data l'esistenza di una domanda potenziale. Le imprese che operano solo mediante un canale per offrire prodotti diversi a segmenti di clienti diversi dovranno inevitabilmente affrontare una concorrenza in aumento.

Con il progredire della competenza economico-finanziaria della clientela e con gli sviluppi delle tecnologie delle telecomunicazioni, sono possibili rilevanti innovazioni nella struttura dei canali di distribuzione dei servizi finanziari. Consapevole di ciò, la Citibank ha messo a punto un'offerta formata da tre distinti prodotti, Private Banking, Focus e Citi-One Account. Come viene evidenziato dalla parte *b* della figura, ogni prodotto costituisce una combinazione diversa di valore aggiunto e complessità. Private Banking è destinato alla clientela benestante e consiste di un servizio su misura reso da consulenti di alto livello (*personal bankers*) che svolgono la loro attività

Inn, imprese che sviluppano con forza nuovi sistemi di vendita da sostituire a quelli esistenti.

Un altro importante ruolo nei canali di distribuzione è quello che viene definito di *leader di canale*, consistente nell'esercitare potere di controllo e di guida nei componenti che ne fanno parte. Ad esempio, Fiat Auto è il leader di un sistema consistente di un vastissimo numero di fornitori, di intermediari e di imprese ausiliarie. Il leader di canale non è sempre un produttore, come mostrano gli esempi della McDo-

in uffici di prestigio. Focus viene invece distribuito da consulenti disponibili a visitare i clienti a domicilio su richiesta telefonica. Citi-One Account, infine, è costituito da un insieme di servizi fruibili attraverso le *automated teller machines*.
È evidente che Citibank, in tal modo, ha definito una strategia "diagonale" in grado di servire in modo differenziato segmenti diversi.

Fonte: adattamento del materiale presentato in *Distribution: A Competitive Weapon*, The Mac Group 1985, pp. 14-18.

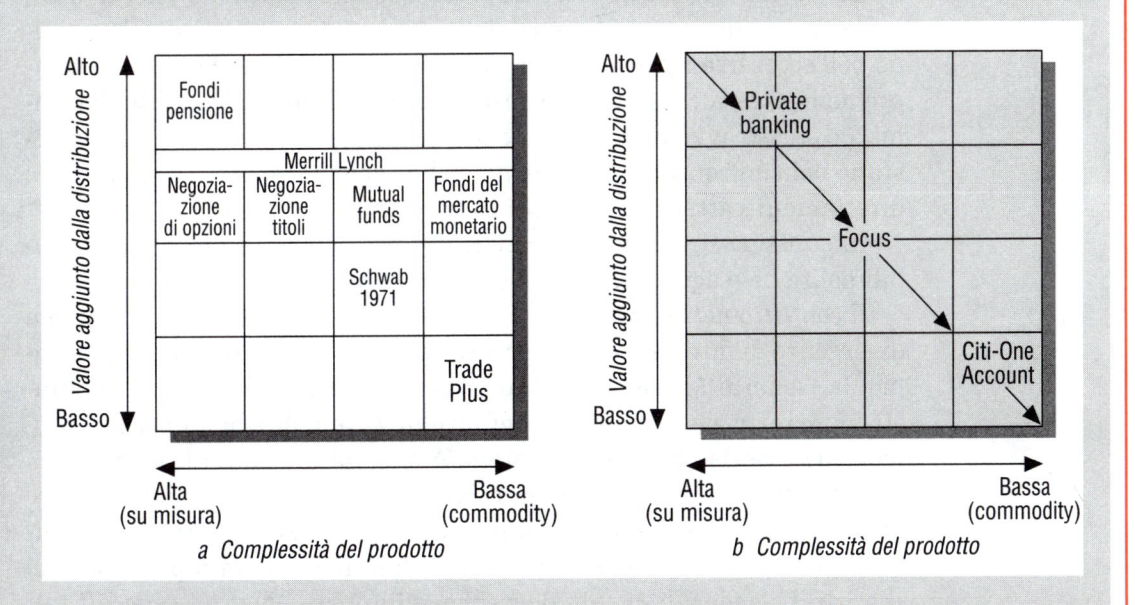

nald's, di Carrefour e della Rinascente. Alcuni canali non hanno un leader, e ogni impresa procede per conto proprio.

19.5.5 Cooperazione, conflitto e concorrenza di canali

Sia all'interno di uno specifico canale, sia fra canali diversi, possono manifestarsi gradi diversi di cooperazione, conflitto e competizione.[19] La *cooperazione di canale* costituisce generalmente il tema dominante fra i componenti verticali dello stesso canale. Il canale rappresenta una coalizione di imprese dissimili che si sono unite per un reciproco vantaggio. Produttori, grossisti e dettaglianti soddisfano ognuno i bisogni degli altri e la loro cooperazione di solito determina profitti più elevati di quanto ciascun partecipante avrebbe potuto conseguire operando autonomamente. Attraverso la cooperazione, essi possono più efficacemente valutare, servire e soddisfare il mercato-obiettivo.

Tuttavia, all'interno di un canale spesso può insorgere un conflitto. Il *conflitto nel canale orizzontale* individua le situazioni conflittuali che si determinano fra le imprese allo stesso livello del canale. Ad esempio, è frequente che i concessionari di una casa automobilistica si lamentino dell'eccessiva aggressività manifestata da altri concessionari, sempre della stessa casa, con la conseguenza di ridurre le vendite dei primi. Lo stesso avviene nel settore assicurativo, con gli agenti che protestano nei confronti delle compagnie che svolgono attività commerciale direttamente attraversi i propri funzionari.

In questi casi, il leader di canale deve stabilire chiare e inequivocabili politiche e agire prontamente per controllare il conflitto.

Il *conflitto nel canale verticale* è ancor più frequente e si riferisce a divergenze di interesse fra differenti livelli dello stesso canale. Ad esempio, la General Motors alcuni anni fa venne in conflitto con i suoi distributori per aver tentato di definire diverse politiche di prezzo, promozione e assistenza alla clientela. A sua volta la Coca-Cola entrò in conflitto con i suoi imbottigliatori che avevano accettato di distribuire una bevanda concorrente. Alcuni conflitti di questo genere sono inevitabili, e il problema non consiste nell'eliminarli, quanto piuttosto nel gestirli. Il leader di canale dovrebbe sviluppare *obiettivi generali* tali da essere condivisi dagli altri componenti del canale. Fra questi potrebbero essere inclusi la minimizzazione dei costi della distribuzione fisica, la circolazione delle informazioni nel sistema, lo sviluppo della domanda del consumatore. Dovrebbero inoltre essere sviluppati dei *meccanismi amministrativi* in grado di accrescere la fiducia e la partecipazione, nonché di risolvere i conflitti, come nel caso degli organismi collegiali creati da grossisti e distributori, a scopo di conciliazione, mediazione e arbitrato.

La *competizione di canale* è un altro aspetto delle relazioni di canale e descrive la normale competizione fra imprese o sistemi nel tentativo di servire gli stessi mercati obiettivo. La *competizione orizzontale di canale* si manifesta fra le imprese poste allo stesso livello del canale, miranti a operare nello stesso mercato. Così i grandi magazzini, le organizzazioni di vendite scontate e le imprese di vendita per corrispondenza competono tutte per servire i consumatori. Tale competizione si risolverà a favore dei consumatori in un vasto campo di scelte di prodotti, prezzi e servizi. La *competizione fra i sistemi di canali* si ha fra differenti sistemi che servono un dato mercato. Ad esempio, i consumatori di prodotti alimentari sono serviti dai canali tradizionali, dalle catene di negozi, dalle unioni volontarie, dai gruppi d'acquisto, dai sistemi di franchising alimentare. Ogni sistema avrà i suoi fedeli aderenti, ma le quote di mercato maggiori saranno nel tempo acquisite da quei sistemi che si mostreranno maggiormente in grado di rispondere ai cambiamenti dei bisogni dei consumatori.

Note

[1] E. Raymond Corey, *Industrial Marketing: Cases and Concepts*, Prentice-Hall, Englewood Cliffs 1976, p. 263.
[2] Louis W. Stern e Adel I. El-Ansary, *Marketing Channels*, Prentice-Hall, Englewood Cliffs 1988, 3ª ed., p. 3.
[3] Ibidem, pp. 6-7.
[4] Wroe Alderson, *Marketing Behavior and Executive Action: A Functionalist Approach to Marketing Theory*, Richrd D. Irwin, Homewood 1957, p. 199.
[5] William G. Zikmund e William J. Stanton, "Recycling Solid Wastes: A Channels-of-Distribution Problem", in *Journal of Marketing*, luglio 1971, p. 34.
[6] Per un'analisi assai interessante e aggiornata del problema del canale "a ritroso", si veda Sandra Vandermerve e Michael Oliff, "Corporate Challenges for an Age of Reconsumption", in *Columbia Journal of World Business*, autunno 1991, pp. 6-25.
[7] Gregory D. Upah, "Mass Marketing in Service Retailing: A Review of Major Methods", in *Journal of Retailing*, autunno 1980, pp. 60-61.
[8] Phillip McVey, "Are Channels of Distribution What the Textbooks Say?", in *Journal of Marketing*, gennaio 1960, pp. 61-64.
[9] Ibid.
[10] A questo proposito si veda Bert Rosenbloom, *Marketing Channels: A Management View*, Dryden Press, Hinsdale 1983, pp. 228-240.
[11] Bert C. McCammon Jr., "Perspectives for Distribution Programming", in Louis P. Bucklin (a cura di), *Vertical Marketing Systems*, Scott, Foresman & Co., Glenview 1970, pp. 32-51.
[12] Ibid., p. 43.
[13] Ibid., p. 32.

14 *Fortune*, 6 aprile 1992, p. 56.
15 Questo è il caso di gruppi tipo Conad; si veda in proposito Philip Kotler, John B. Clark e Walter G. Scott (a cura di), *Marketing Management. Casi*, Isedi, Torino 1992, pp. 280-295.
16 Leonardo Desenzani, *Vincere senza combattere*, Il Sole 24 Ore Libri, Milano 1990, pp. 127-128.
17 Rollie Tillman, "Rise of the Conglomerchant", in *Harvard Business Review*, novembre-dicembre 1971, pp. 44-51.
18 Bert C. McCammon Jr., "Alternative Explanations of Institutional Change and Channel Evolution", in Stephen A. Greyser (a cura di), *Toward Scientific Marketing*, American Marketing Association, Chicago 1963, pp. 477-490.
19 Per un'eccellente descrizione dei conflitti organizzativi e di potere nei canali di distribuzione commerciale, si veda Louis W. Stern e Adel I. El-Ansary, *Marketing Channels*, Prentice-Hall, Englewood Cliffs 1988, capitolo 6, 3a ed. Si veda anche William Stanton e Riccardo Varaldo, *Marketing*, Il Mulino, Bologna 1986, capitolo 14.

Capitolo 20

Il sistema della distribuzione commerciale e fisica

Quando un frigorifero non è un frigorifero?...
Quando si trova a Pittsburgh,
mentre chi ne ha bisogno si trova a Houston.

J. L. Heskett, N. A. Glaskowsky e R. M. Ivie

Nel capitolo precedente, gli intermediari di marketing sono stati analizzati dal punto di vista dell'impresa di produzione, interessata ad avvalersi dei medesimi al fine di conseguire i propri obiettivi di mercato.

In questo capitolo, invece, considereremo le varie categorie di operatori che costituiscono il canale – e cioè i dettaglianti, i grossisti e le imprese di trasporto e di deposito delle merci – sotto il profilo delle loro specifiche strategie di marketing. Alcuni di questi intermediari hanno ormai raggiunto dimensioni tali da dominare le imprese di produzione. Molte imprese "a valle" della fase di produzione impiegano le moderne tecniche di pianificazione strategica e di marketing: dalla segmentazione del mercato al posizionamento, alla misurazione delle prestazioni. Inoltre, sempre più spesso le imprese di distribuzione sviluppano innovative strategie di espansione e diversificazione, assumendo così un ruolo competitivo sempre più accentuato nei confronti del settore manifatturiero. Ci porremo ora alcuni interrogativi fondamentali in relazione ai vari settori del sistema distributivo (dettaglianti, grossisti, imprese della distribuzione fisica):

- Qual è la natura e l'importanza del settore?
- Quali sono le principali tipologie di istituzioni presenti nel settore?
- Quali decisioni di marketing assumono le imprese in questione?
- E, infine, quali sono le prospettive che il settore presenta?

20.1 La distribuzione al dettaglio

20.1.1 Natura e importanza del dettaglio

> Il *dettaglio* include tutte le attività relative alla vendita di beni o servizi direttamente ai consumatori finali per il loro uso personale.

Ogni istituzione che svolga tali attività – sia essa un produttore, un grossista o un dettagliante – opera al dettaglio. Non importa *come* i beni o i servizi sono venduti (di persona, per posta, per telefono, a mezzo di macchine automatiche), o *dove* (in un negozio, per strada o presso l'abitazione del consumatore). D'altro lato, un *dettagliante* o un *punto di vendita al dettaglio* è costituito da qualsiasi impresa che consegue la maggior parte delle vendite attraverso un'attività di vendita al dettaglio. Il dettaglio costituisce uno dei settori fondamentali delle economie industriali avanzate. Per quanto concerne l'Italia, le unità operanti nel commercio al dettaglio erano, alla fine del 1990, 871 mila. Come si può rilevare dalla tavola 20-1, 565 mila di queste svolgono la propria attività nel campo dei prodotti non alimentari, mentre le restanti 306.000 operano nel comparto alimentare e delle bevande.[1]

Se consideriamo le forme organizzate mediante le quali può aver luogo l'attività di distribuzione al dettaglio, possiamo distinguere fra *dettaglio tradizionale* e *dettaglio organizzato*.

Dettaglio tradizionale. Nella prima categoria sono comprese le imprese al dettaglio con dimensioni limitate, sia per quanto concerne le superfici di vendita, sia per l'assortimento e il giro d'affari.

Tavola 20-1 La distribuzione al dettaglio in Italia

Anni	Numero punti di vendita (in 000)		
	Non alimentari	Alimentari	Totale
1981	489	359	848
1982	500	354	854
1983	513	341	854
1984	527	339	886
1985	528	337	865
1986	532	328	860
1987	537	319	856
1988	548	316	864
1989	559	312	871
1990	565	306	871
1991*	574	298	872
1992*	582	291	873
1993*	590	283	873

*Stime

Fonte: Nielsen Italia.

Nel dettaglio tradizionale, o piccolo dettaglio, rientrano, oltre ai negozi di vendita di generi sia alimentari sia non alimentari, anche quelle imprese di minime dimensioni che operano nella fornitura di servizi, quali, ad esempio, tappezzieri, lavanderie, autorimesse, parrucchieri, orologiai, calzolai, ecc.

Più analiticamente, le caratteristiche che contraddistinguono il piccolo dettaglio possono essere definite nel modo che segue:

- Gestione tradizionale dell'impresa al dettaglio, per lo più mediante l'impiego di familiari in veste di coadiuvanti non remunerati o sotto remunerati.
- Dimensioni limitate delle aree di vendita, di servizio e di deposito.
- Estrema semplificazione della politica commerciale, basata esclusivamente sull'applicazione di una percentuale fissa di *ricarico* o *margine* al prezzo di acquisto.
- Scarsa possibilità di presentare assortimenti sufficientemente completi, sia per estensione che per approfondimento.
- Accentramento della gestione in un'unica persona, con la conseguente impossibilità di raggiungere una qualsiasi specializzazione.
- Impossibilità di conseguire risultati di gestione tali da garantire un sia pur modesto grado di autofinanziamento.

Dettaglio organizzato. Per contro, il dettaglio organizzato comprende quelle imprese – o quei raggruppamenti di imprese – con le seguenti caratteristiche:

- Impiego di tecniche di gestione avanzate, o comunque adeguate rispetto alle modifiche strutturali del sistema distributivo.
- Politiche commerciali elaborate in funzione dei vari elementi di mercato – domanda dei consumatori, attività della concorrenza, ecc. – e di gestione.
- Pluralità di punti di vendita, ognuno dei quali di dimensioni adeguate, per spazio sia di vendita sia di servizio, alle esigenze del mercato e alle caratteristiche della politica commerciale dell'impresa.
- Estensione e profondità dell'assortimento definite in funzione della politica d'impresa.
- Specializzazione delle funzioni aziendali, resa possibile dall'impiego di personale dipendente.

Da quanto sopra esposto, emerge come la distinzione fra dettaglio tradizionale e dettaglio organizzato non consista tanto nella contrapposizione fra due diverse dimensioni – *piccolo dettaglio*, da una parte, e *grande dettaglio* dall'altra – quanto e soprattutto nel diverso grado di sviluppo tecnico e organizzativo delle due categorie di imprese.

Le strutture distributive, infatti, segnano un processo di evoluzione e declino analogo a quello dei prodotti, definibile come *ciclo di vita del dettaglio*.[2] Sulla base di questo processo, un punto di vendita al dettaglio viene alla luce, segna una fase di sviluppo accelerato, raggiunge la maturità e, quindi, inizia a declinare.

Il modello evolutivo accennato viene comunemente spiegato mediante l'ipotesi della *ruota del dettaglio*. Secondo questa ipotesi, molte delle nuove forme di distribuzione sono all'inizio caratterizzate da margini e prezzi ridotti, nonché da una struttura operativa di livello modesto. Le forme in questione esercitano una competizione serrata nei confronti dei punti di vendita tradizionali, i quali hanno perso nel corso degli anni parte del loro dinamismo. Il successo iniziale delle nuove istituzioni le porta a elevare la qualità dei propri servizi, determinando così l'accrescimento dei costi. Ne deriva una spinta all'aumento dei prezzi, fino a quando essi raggiungano il livello dei prezzi praticati dalle forme distributive tradizionali. Le istituzioni più recenti divengono così, a loro volta, vulnerabili nei confronti di nuove e più efficienti forme di distribuzione.[3]

L'ipotesi sopra esposta sembra spiegare il successo iniziale, nonché i successivi problemi di una forma distributiva quale quella dei *magazzini popolari* tipo Upim o Standa.

20.1.2 Le principali forme di vendita al dettaglio

Venendo ora a considerare il servizio offerto dalle organizzazioni del dettaglio, possiamo individuare i seguenti quattro livelli:

- **Dettaglio a libero servizio** (*self-service*). Impiegato in molte attività di vendita di prodotti di largo consumo e, in una certa misura, di beni ad acquisto ponderato. Il libero servizio costituisce la base delle vendite discount. Molti consumatori sono disposti a effettuare personalmente operazioni di individuazione, confronto e scelta dei prodotti da acquistare, pur di conseguire un risparmio.

- **Dettaglio a libera scelta** (*self-selection*). I clienti procedono a individuare i prodotti da acquistare per proprio conto, sebbene possano richiedere l'assistenza di un venditore. Il perfezionamento della transazione richiede che l'acquirente si rivolga al personale di vendita per il confezionamento, il pagamento, ecc. Le istituzioni del dettaglio che operano in tal modo presentano costi di esercizio più elevati in ragione del maggior numero di addetti alla vendita rispetto alla forma del libero servizio.
- **Dettaglio a servizio limitato**. I clienti ricevono una maggiore assistenza, in quanto i punti di vendita che adottano questa tipologia organizzativa trattano in particolare beni di acquisti ponderati. È quindi necessario garantire un'adeguata informazione dell'acquirente. Vengono anche offerti servizi, quali il credito al consumo e il cambio delle merci, normalmente non disponibili nelle forme precedentemente esaminate. I costi di esercizio sono naturalmente più elevati.
- **Dettaglio a servizio completo**. Il personale di vendita assiste il cliente in tutte le fasi del processo d'acquisto. Questo tipo di vendita è preferito dagli acquirenti che gradiscono l'essere serviti. Gli elevati costi di personale, connessi alla più elevata proporzione di beni speciali e di lenta vendibilità (articoli di moda, gioielleria, macchine fotografiche), unitamente a una larga politica dei cambi merce ("soddisfatti o rimborsati"), ai sistemi di pagamento dilazionato, alla consegna a domicilio, ai servizi di riparazione e ad altri servizi per la clientela (bar, ristorante, ecc.), rendono assai onerosa questa forma di vendita.

Combinando i quattro livelli di servizio sopra descritti con le diverse dimensioni dell'assortimento offerto, è possibile identificare le principali strategie di posizionamento che un'impresa del dettaglio può perseguire.

Tali strategie, illustrate nella figura 20-1, possono essere così descritte:

1. Il modello di strategia rappresentato da Bloomingdale's (per l'Italia, l'esempio corrispondente potrebbe essere La Rinascente di piazza Duomo a Milano) è costituito da un ampio assortimento di prodotti e da un elevato valore aggiunto. Le organizzazioni del dettaglio che si posizionano in questo quadrante prestano molta attenzione alla struttura e al design del punto di vendita, alla qualità dei prodotti venduti, al servizio e all'immagine. Il loro margine di profitto è alto e, se riescono a conseguire elevati volumi di vendita, possono conseguire profitti rilevanti.

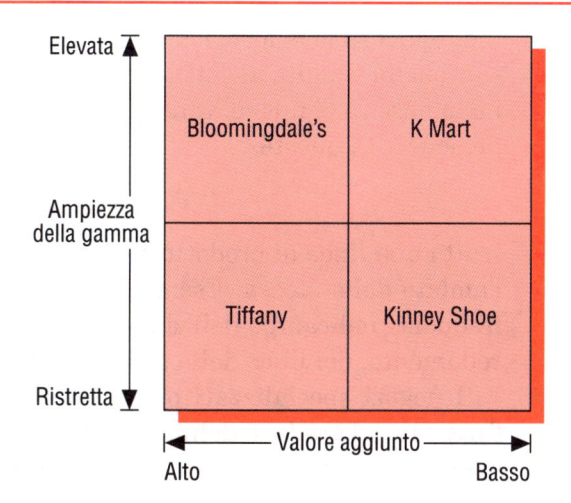

Figura 20-1 Mappa di posizionamento del dettaglio organizzato

```
Elevata ▲
         ┌─────────────┬─────────────┐
         │             │             │
         │ Bloomingdale's│   K Mart   │
         │             │             │
Ampiezza ├─────────────┼─────────────┤
della gamma│           │             │
         │   Tiffany   │ Kinney Shoe │
         │             │             │
Ristretta▼└─────────────┴─────────────┘
         ├─── Valore aggiunto ────┤
         Alto                    Basso
```

Fonte: W. T. Gregor e E. M. Friars, "Money Merchandising: Retail Revolution in Consumer Financial Services", MAC Group, Cambridge 1982.

2. Tiffany (Max Mara per l'Italia) costituisce il modello delle organizzazioni di vendita al dettaglio che presentano un assortimento ristretto e un alto valore aggiunto. Questo tipo di impresa al dettaglio cerca di acquisire un'immagine esclusiva e tende a operare con alti margini e bassi volumi.

3. Kinney Shoe (Bata o Stivalverde per l'Italia) esemplifica un punto di vendita che offre un assortimento ristretto e un basso valore aggiunto. Questa forma di vendita al dettaglio, spesso definita come distribuzione specializzata di massa, si rivolge ai consumatori sensibili al prezzo. Le imprese che scelgono questa strategia concentrano i loro sforzi sulla riduzione dei costi, e pertanto dei prezzi, mediante la standardizzazione dei punti di vendita e la centralizzazione degli acquisti, del *merchandising*,[4] della pubblicità e della logistica.

4. K Mart (Standa o Upim per l'Italia) è l'esempio della distribuzione al dettaglio basata su un ampio assortimento e un ridotto valore aggiunto. Le imprese che adottano questa strategia mantengono i prezzi bassi in modo da poter assumere l'immagine della convenienza e del buon mercato. I bassi margini sono compensati dagli alti volumi.

20.1.3 Tipologia delle strutture di vendita al dettaglio

Molteplici sono le forme che possono essere assunte dalle imprese operanti nella vendita al dettaglio ed è continuo il processo che ne determina la nascita di nuove. Qui di seguito esamineremo in modo sintetico le principali di queste.

Punti di vendita specializzati. Un punto di vendita specializzato tratta una linea di prodotto ristretta con un notevole assortimento nell'ambito della stessa. Esempi di questo tipo di punto di vendita sono frequenti nel campo dell'abbigliamento, degli articoli sportivi, dell'arredamento, dei libri, della gastronomia.

I negozi specializzati possono essere ulteriormente classificati in funzione del grado di delimitazione della linea trattata. È così possibile avere negozi di abbigliamento in genere (*specializzazione per settore merceologico*), di abbigliamento per uomo (*specializzazione per classe merceologica*), di camicie per uomo (*specializzazione per articolo*).

Alcuni esperti sostengono che i punti di vendita specializzati si svilupperanno in modo assai sostenuto in futuro, in relazione alle crescenti opportunità in materia di segmentazione del mercato, definizione dei mercati obiettivo e specializzazione di prodotto.

Sebbene la maggior parte dei negozi specializzati sia costituita da unità indipendenti, è possibile assistere al rapido sviluppo di catene di negozi. Le catene di negozi specializzati di maggior successo sono quelle che puntano accuratamente ai bisogni di uno specifico mercato obiettivo.

Il grande magazzino. Il grande magazzino, o magazzino a reparti (*department store*), pone in vendita molteplici linee di prodotto nel campo dell'abbigliamento, dell'arredamento e delle merci varie di più largo e diffuso consumo. Ogni linea di prodotto è inserita in un reparto presso il quale operano degli specialisti negli acquisti delle merci corrispondenti (compratori). Noti esempi di grandi magazzini sono costituiti da Bloomingdale's (New York), Harrod's (Londra), Galerie Lafayette (Parigi), La Rinascente (Milano), Gum (Mosca).

Il primo grande magazzino della storia è stato il Bon Marché, aperto a Parigi nel 1852, presso il quale vennero introdotti non pochi principi innovativi, dall'applicazione di bassi margini di ricarico alla rotazione rapida delle merci, dall'apposizione del prezzo sugli articoli posti in vendita all'esclusione di ogni pressione sui visitatori affinché acquistassero gli articoli esposti. I primi grandi magazzini aperti negli Stati Uniti vennero organizzati sulla base del principio che fare acquisti deve essere un piacere. Con lo sviluppo delle città moderne, i grandi magazzini sono andati assumendo il ruolo di istituzione al dettaglio fondamentale delle zone centrali. Si sono anche andati sviluppando grandi magazzini specializzati in settori quali l'abbigliamento, le calzature, i cosmetici, i giocattoli e la valigeria.

Con gli anni successivi alla seconda guerra mondiale, l'importanza dei grandi magazzini è andata declinando rispetto alle altre forme di distribuzione. Alcuni esperti ritengono che i grandi magazzini si collochino nella fase di declino del *ciclo di vita del dettaglio*. Fra le cause di ciò, vengono indicate l'accresciuta competizione fra gli stessi grandi magazzini; l'aumento della pressione competitiva proveniente dalle altre forme di dettaglio, in particolare magazzini discount, catene di negozi specializzati e maximagazzini; l'asfissia e il degrado dei centri storici, determinati dal traffico automobilistico urbano.

Le imprese operanti attraverso grandi magazzini hanno cercato di reagire alla situazione accennata, soprattutto mediante l'apertura in aree suburbane di centri d'acquisto dotati di ampi servizi di parcheggio e in grado di attrarre acquirenti dalle zone limitrofe. In altri casi, sono stati aperti reparti che pongono in vendita merci scontate, onde dimostrare la capacità di competere sul piano del prezzo. In altri casi ancora, sono state avviate complesse operazioni di riconversione diretta ad applicare al grande magazzino la logica della "boutique". Alcune imprese stanno sperimentando le vendite postali e telefoniche e altre sono impegnate in uno sforzo di diversificazione nel discount e nella distribuzione specializzata. Vengono anche praticate strategie di contenimento dei costi attraverso la riduzione del personale, delle linee di prodotto e dei servizi resi alla clientela, ma ciò comporta elevati rischi in termini di perdita d'immagine e di capacità di attrazione della clientela.

Il supermercato. Il supermercato è un'unità di vendita gestita in modo unitario assieme ad altre unità della stessa specie ed estesa su una superficie di vendita non inferiore ai 400 metri quadrati, con un assortimento composto dai prodotti alimentari di normale e diffuso consumo, integrato da un numero limitato di prodotti alimentari di uso domestico corrente (detersivi, stoviglie, articoli e accessori per la pulizia, ecc.). Le principali imprese di supermercati operanti in Italia sono il Gruppo Rinascente (SMA), la Standa, la Generale Supermercati (GS), la Supermercati Italiani (Esselunga), il Gruppo PAM. Nel corso degli anni recenti, il numero dei supermercati aperti in Italia ha subito un notevole incremento, come risulta evidente dai dati della tavola 20-2.

Nonostante l'incremento in questione, lo spazio di mercato disponibile per questa forma distributiva resta ancora rilevante. Ma l'ampliamento delle quote di mercato detenute dalle grandi imprese di distribuzione al dettaglio non avverrà senza un'intensa competizione, determinata, in parte, dalla crescente sovrapposizione delle aree di mercato dei supermercati esistenti, e in parte dal diffondersi degli ipermercati.

Per reagire alle minacce competitive, le imprese di supermercati stanno puntando sullo sviluppo degli assortimenti, in particolare del settore non alimentare, dei servizi per la clientela e dell'immagine.

La superette. Si tratta di una forma distributiva, definita anche come *magazzino di prossimità*, basata sul libero servizio, di dimensioni relativamente limitate, con un ridotto assortimento di beni di largo consumo contraddistinti da un'elevata velocità di rotazione.

Le superette costituiscono un'alternativa per gli acquirenti dell'"ultimo momento", cioè coloro che effettuano un acquisto integrativo cercando di ridurre al minimo l'impegno di tempo. La forma in questione sta registrando un elevatissimo sviluppo negli ultimi anni (dalle 3.000 unità del 1986 alle 5.000 del 1989), anche a seguito dell'uscita dal mercato dei punti vendita despecializzati tradizionali.

Tavola 20-2 Lo sviluppo del dettaglio moderno in Italia

Tipologie distributive	1981	1989	Sviluppo 1981-89
Supermercati (numero)	1321	3943	+198%
Ipermercati (numero)	12	76	+533%
Quota di mercato supermercati + ipermercati	16,6%	32,1%	+93%

Fonte: elaborazioni IFOR su dati Nielsen e Ministero Industria e Commercio.

Va anche tenuto conto che la superette corrisponde particolarmente bene a dimensioni di mercato limitate, non in grado di generare i volumi di vendita richiesti da un supermercato.

Un interessante caso di integrazione tra forme distributive diverse è costituito dallo sviluppo di superette collegate alle stazioni di servizio poste lungo le grandi arterie stradali.

I maximercati e gli ipermercati. Si tratta di forme assai sviluppate da un punto di vista dimensionale del supermercato tradizionale.

I *maximercati* hanno una dimensione media dello spazio destinato alla vendita di 2.800 metri quadrati circa, contro i 1.700 dei supermercati, e pongono in vendita un assortimento di prodotti di largo e generale consumo, alimentari e non. Presso le unità di vendita di questo tipo è possibile trovare servizi di lavanderia, di riparazione delle calzature e di ristorazione rapida. Negli Stati Uniti il maximercato (*superstore*) presenta una variante, il *combination store* (o punto-vendita combinato), il quale costituisce una forma di diversificazione del supermercato nel campo dei prodotti per l'igiene e la salute, raggiungendo anche i 5.000 metri quadrati di spazio destinato alla vendita.

Gli *ipermercati* costituiscono una sintesi del supermercato, del discount e della vendita al dettaglio di prodotti confezionati secondo le tipologie dell'ingrosso (*warehouse retailing*). Per quando concerne gli ipermercati operanti in Italia, la dimensione può variare da meno di 3.000 fino a oltre 10.000 metri quadrati di area di vendita. L'assortimento dell'ipermercato comprende, oltre ai prodotti di largo consumo, mobili, elettrodomestici piccoli e grandi, abbigliamento e una molteplicità di altri articoli. La politica seguita dall'ipermercato si basa fondamentalmente sulla riduzione al minimo dei costi di stoccaggio, movimentazione ed esposizione delle merci, con un largo uso di prezzi scontati, specie nel caso dei beni voluminosi e ingombranti (elettrodomestici e mobili) che gli acquirenti provvedono direttamente a ritirare.

Secondo le previsioni degli esperti, nei prossimi anni dovrebbero essere aperti da 300 a 400 ipermercati, con una dimensione compresa fra 4.000 e 6.000 metri quadrati. Dal punto di vista competitivo, gli ipermercati hanno contribuito in modo sostanziale a ridurre l'importanza fra comparti alimentare e non alimentare, con tutte le implicazioni che da ciò derivano per le politiche di mercato delle imprese sia manifatturiere sia della distribuzione. Non solo, ma ciò che più conta, dal punto di vista dell'interesse generale, è costituito dall'azione che l'ipermercato ha sulla riduzione dei prezzi di vendita al consumatore finale di una molteplicità di prodotti. Infatti, lo sviluppo degli ipermercati, riducendo i margini medi dei prodotti venduti, contribuisce all'aumento del reddito reale della popolazione.[5]

I centri commerciali al dettaglio. Tali centri costituiscono una delle manifestazioni più avanzate dell'evoluzione della distribuzione al dettaglio. Essi sono caratterizzati dalle dimensioni notevoli, sia delle aree adibite alla vendita, sia delle aree di supporto e di servizio, nonché dalla localizzazione suburbana.

La differenza più rilevante fra il centro commerciale e l'ipermercato, oltre alla maggior dimensione, è costituita dal fatto che, mentre l'ipermercato fa capo a una sola impresa, il centro commerciale è la risultante di un'aggregazione di punti di vendita di varia dimensione e assortimento, gestiti da imprese diverse, ancorché operanti in modo coordinato.

È così possibile trovare, all'interno di un centro commerciale, una grande varietà di offerte di prodotti e di servizi, in grado di soddisfare praticamente ogni richiesta proveniente dai consumatori.

Un esempio in proposito è costituito dal Centro commerciale Fiordaliso, aperto nel settembre 1992 a Rozzano, nei pressi di Milano. Tale centro è il più grande esistente in Italia e uno dei maggiori in Europa: esso si estende, infatti, su un'area di 172.000 metri quadrati, di cui 42.000 dedicati alla vendita al pubblico.

Il centro Fiordaliso è formato da 70 punti di vendita specializzati, dall'ipermercato al negozio di elettrodomestici, televisori, ecc., al bricolage, all'arredamento, all'abbigliamento, per finire ai servizi più diversi, dalla ristorazione, all'ottica e alla banca.

La realizzazione di questo tipo di strutture commerciali richiede, naturalmente, notevoli investimenti, in genere sostenuti da gruppi immobiliari o da grandi gruppi commerciali o da una combinazione delle due tipologie di imprese. La forma distributiva in oggetto assume un particolare rilievo soprattutto negli Stati Uniti, dove oltre il 40% dei consumi commerciali passa attraverso centri di questo tipo.

In Italia, l'importanza dei centri commerciali è lungi dall'aver raggiunto un peso del genere, ma, come evidenzia il caso sopra illustrato, la situazione presenta segni di evoluzione.

I magazzini di sconto. I magazzini di questo tipo, o *discount stores*, vendono merci standard a prezzi inferiori rispetto al dettaglio convenzionale, operando con margini più ridotti e volumi più elevati di vendite. Il praticare dei prezzi scontati e il porre in vendita di tanto in tanto dei prodotti di qualità inferiore a prezzo particolarmente basso non è sufficiente a caratterizzare la forma distributiva basata sul discount. Questo, infatti, presenta i seguenti cinque elementi distintivi:

1. Il magazzino discount vende sistematicamente merce a prezzi inferiori rispetto a quelli prevalenti nella distribuzione a elevati margini e a bassi volumi di vendita.
2. I prodotti posti in vendita sono in parte di marche rilevanti, onde evitare che il pubblico faccia corrispondere il basso prezzo alla bassa qualità.
3. Viene attuato il libero servizio e le strutture di vendita sono ridotte al minimo.
4. L'ubicazione del magazzino è scelta in modo da ridurre al minimo l'entità delle spese di affitto e, contemporaneamente, da poter attrarre acquirenti da una vasta area circostante.
5. L'arredamento è spartano e funzionale.

Lo sviluppo del dettaglio di tipo discount ha avuto l'avvio negli Stati Uniti verso la fine degli anni Quaranta, quando esso si estese dai cosiddetti *soft goods* (articoli di abbigliamento, di profumeria, ecc.) agli *hard goods* (frigoriferi, lavabiancheria, lavastoviglie, condizionatori d'aria, mobili, ecc.).

La formula del discount non ha avuto finora in Italia la diffusione registrata negli Stati Uniti per una serie di ragioni che vanno dalla pratica dello "sconto" personale, largamente diffusa presso il dettaglio tradizionale, al frequente e generalizzato ricorso alle vendite promozionali, o "saldi", alla riluttanza degli acquirenti italiani a rinunciare a un minimo di assistenza e di servizio, specie per acquisti di un certo rilievo.

Tuttavia, da più parti vengono segnalate nuove iniziative nel campo della vendita al dettaglio le cui caratteristiche sembrano più o meno corrispondere a quelle del discount originale. È pertanto da ritenere che la formula in questione, sia pure modificata in funzione delle caratteristiche del sistema distributivo nazionale, troverà applicazione anche in Italia.

Abbiamo sin qui esaminato le principali forme organizzative che possono essere assunte da un'attività di vendita al dettaglio svolta in appositi locali aperti al pubblico, i cosiddetti *negozi*.

Tuttavia, nel corso degli anni si è andato determinando uno sviluppo accelerato del *nonstore retailing*, cioè delle forme distributive indipendenti dal punto di vendita, definibili anche con il termine di *vendita diretta*.

Alcuni esperti ritengono che alla fine del secolo almeno un terzo di tutte le merci di carattere generale verrà acquistato in tal modo. Altri parlano di *dettaglio in sede remota*, in base al quale i consumatori effettuano i propri acquisti attraverso il proprio computer domestico.

Esamineremo ora le principali forme di *nonstore retailing*, e cioè i sistemi di vendita postali e telefonici (*mail-and-telephone-order retailing*), la vendita automatica e la vendita a domicilio, o porta-a-porta.

La vendita postale e telefonica. Questo sistema può essere applicato a qualsiasi prodotto che sia suscettibile di essere ordinato per posta o per telefono e consegnato a domicilio con relativa rapidità. In Italia, il sistema in esame ha sinora avuto uno sviluppo assai modesto, conseguendo una quota dell'1,4% del totale del commercio non alimentare, contro il 5,1% della Francia e il 6,2% della Germania.

Va anche rilevato come le vendite per corrispondenza si siano sviluppate, in Italia, in modo ininterrotto dal 1974 al 1988, per poi registrare negli anni 1989 e 1990 una brusca inversione di tendenza.[6] La vendita telefonica può assumere molteplici forme, le principali delle quali sono qui di seguito descritte.

- **Catalogo postale.** Il venditore invia il proprio catalogo a un certo numero di clienti selezionati e lo rende inoltre disponibile presso la propria sede. Nel catalogo sono presentati molteplici prodotti appartenenti alle più svariate categorie merceologiche.
- **Risposta diretta.** In questo caso il venditore reclamizza un certo prodotto attraverso la radio, la televisione o la stampa, precisando che lo stesso può essere ordinato per telefono o per posta. Questa tecnica si rivela valida nel caso di dischi, nastri, libri e piccoli elettrodomestici.
- **Vendita postale (*direct mail*).** Il venditore invia per posta specifiche offerte di vendita – mediante lettere, pieghevoli, prospetti, ecc. – ai clienti potenzialmente interessati ai prodotti presentati. Gli elenchi di clienti potenziali vengono forniti da società specializzate nella fornitura di elenchi di indirizzi (*mailing list*). Il direct mail ha dimostrato di essere assai valido nella vendita di libri e di abbonamenti a riviste, di polizze assicurative, di prodotti alimentari di qualità.

■ **Vendita telefonica.** La vendita diretta a mezzo telefono viene sempre più usata per vendere qualsiasi cosa, dai servizi di riparazione domestiche, all'abbonamento a una rivista, all'iscrizione a un'associazione di amici della natura. Lo sviluppo dei sistemi telefonici computerizzati sta rendendo questa forma di vendita assai vantaggiosa.

Il settore della vendita postale e telefonica è oggi in via di espansione accelerata. Il diffondersi dell'occupazione femminile ha ridotto la disponibilità di tempo destinabile agli acquisti. Altri fattori hanno reso meno piacevole lo *shopping*: i costi dell'uso dell'auto; la congestione del traffico e le difficoltà di parcheggio; la riduzione dei punti di vendita operanti nei centri storici; la scarsità di personale di vendita con le conseguenti attese per essere serviti.

Inoltre, molti prodotti di modesta velocità di vendita sono divenuti di difficile reperibilità, il che ha contribuito a creare l'opportunità della vendita diretta. Infine, la diffusione dei numeri telefonici senza addebito per chi chiama, in grado di registrare gli ordini a qualsiasi ora del giorno e della notte dei giorni feriali e festivi, ha contribuito all'espansione di questa forma di vendita.[7]

La vendita automatica. La vendita a mezzo di macchine attivate da monete o gettoni costituisce una delle innovazioni nel campo del dettaglio che si sono andate determinando successivamente alla seconda guerra mondiale.

Questa forma di vendita trova applicazione in una molteplicità di settori merceologici, dai beni di acquisto d'impulso quali sigarette, bevande, caramelle, giornali, a una serie di prodotti vari, quali rullini fotografici, articoli di abbigliamento, benzina, polizze assicurative, cestini da viaggio e così via.

Le macchine per la vendita automatica si trovano ovunque, presso i luoghi di lavoro, le stazioni ferroviarie, gli aeroporti, i grandi magazzini, le stazioni di rifornimento.

Esse offrono ai consumatori i vantaggi di una fruibilità continua, del libero servizio e della non manipolazione delle merci. Nello stesso tempo, la vendita automatica costituisce un canale distributivo relativamente costoso, per cui i prezzi praticati sono superiori a quelli medi di mercato dal 15 al 20%.

L'elevatezza dei costi è determinata dalla frequenza dei rifornimenti, dai frequenti guasti e dalla diffusione dei furti. Dal punto di vista del consumatore, i motivi più ricorrenti di irritazione sono legati alla frequenza delle macchine fuori servizio per guasto o per esaurimento della merce, nonché all'impossibilità di restituire i prodotti non soddisfacenti.

Altri campi di applicazione delle macchine automatiche sono quello dei giochi – *slot machines*, *juke boxes*, giochi elettronici – e quello dei servizi bancari.

A quest'ultimo proposito, una macchina automatica assai specializzata è costituita dallo *sportello automatico* (*automatic teller machine*), il quale consente alla clientela delle banche di usufruire in qualsiasi ora del giorno e della notte di alcuni servizi fondamentali, quali i prelievi, i versamenti, il trasferimento di fondi.

La vendita porta-a-porta. Questa forma di vendita, che ha avuto inizio con i venditori ambulanti dei secoli passati, viene attualmente praticata da un numero crescente di imprese.

Fra i prodotti più frequentemente oggetto della vendita a domicilio vanno ricordate le enciclopedie, gli aspirapolvere e le polizze assicurative. Le tecniche impiegate nel campo in esame sono state considerevolmente migliorate a opera della Avon, la maggiore impresa a livello mondiale nel campo dei cosmetici venduti a domicilio.

I costi di questa forma distributiva sono elevati, in quanto il venditore percepisce una commissione compresa fra il 20 e il 50% delle vendite, e vi sono inoltre i costi di selezione e addestramento, di consegna dei prodotti, di incasso.

Il futuro della vendita a domicilio è reso incerto sia dal crescente numero delle donne che lavorano, sia dallo sviluppo delle forme telefoniche e postali precedentemente considerate.

20.1.4 Le forme istituzionali del dettaglio organizzato

Il dettaglio organizzato può essere classificato secondo le seguenti tipologie: *catene di negozi*; *unioni volontarie e gruppi d'acquisto*; *cooperative di consumo*; *affiliazione commerciale o franchising*; *conglomerati commerciali*.

Le catene di negozi. Secondo la definizione di Gist, una «catena di negozi è costituita da due o più punti di vendita che hanno in comune la proprietà e il controllo, vendono linee di prodotti similari, fanno capo ai medesimi servizi centrali di acquisto e di direzione commerciale, e possono adottare lo stesso stile architettonico».[8]

Le catene sono presenti praticamente in tutte le forme di dettaglio: supermercati, magazzini di sconto, negozi specializzati e magazzini a reparti. La ragione del successo delle catene rispetto ai punti di vendita sta nel vantaggio di prezzo che esse sono in grado di conseguire in virtù dei maggiori volumi trattati e dei minori margini applicati.

L'efficienza può essere conseguita dalla catena in molti modi, dalle economie d'acquisto e di trasporto alla possibilità di disporre di manager di buon livello, all'impiego di tecniche gestionali e organizzative avanzate. Inoltre, la dimensione delle catene consente loro di integrare la funzione dell'ingrosso con quella del dettaglio, mentre il punto di vendita indipendente deve in genere avvalersi del grossista.

Le unioni volontarie e i gruppi d'acquisto.

Di fronte allo sviluppo delle grandi imprese di distribuzione, il dettaglio indipendente ha iniziato a reagire, essenzialmente attraverso processi di integrazione verticale, orizzontale e territoriale. Fra le forme di integrazione più diffuse nel dettaglio indipendente è possibile annoverare le *unioni volontarie* e i *gruppi d'acquisto*.

L'*unione volontaria* rappresenta una forma di integrazione verticale promossa da uno o più grossisti e alla quale partecipa un certo numero di dettaglianti indipendenti al fine di organizzare in comune gli acquisti e le politiche di sviluppo delle vendite.

Il *gruppo d'acquisto* è invece un'associazione tra soli dettaglianti, o anche tra soli grossisti, promossa principalmente per effettuare gli acquisti mediante un'unica centrale e per svolgere azioni promozionali comuni. Le due forme citate hanno determinato un notevole sviluppo della produttività del dettaglio indipendente in tutti i principali paesi industriali.

La cooperazione di consumo.

Una cooperativa di consumo è un'impresa al dettaglio la cui proprietà spetta a un certo numero di consumatori che ne hanno promosso la costituzione per acquisire dei vantaggi nei confronti delle varie forme di dettaglio.

I soci della cooperativa partecipano mediante le proprie quote alla costituzione del capitale della stessa e ne determinano con il voto gli indirizzi di fondo e le politiche. Il punto di vendita cooperativo può praticare prezzi corrispondenti o inferiori a quelli medi di mercato. I vantaggi dei soci si possono pertanto manifestare sotto forma di utili, oppure di prezzi particolarmente convenienti, o di entrambi.

L'affiliazione commerciale. L'affiliazione commerciale, meglio nota con il termine di *franchising*, è una forma di associazione contrattuale fra un'impresa affiliante (o *franchiser*) e una o più imprese indipendenti affiliate (o *franchisees*), in base al quale l'affiliante concede il diritto di usare il proprio know-how e i propri segni distintivi all'affiliato, in cambio di una serie di corrispettivi finanziari e non.

Tali corrispettivi, in particolare, possono assumere le seguenti forme: un compenso finanziario iniziale (contributo di affiliazione); contributi periodici proporzionali al volume delle vendite (royalties); l'affitto di locali, strutture, attrezzature e altri fattori produttivi; una partecipazione ai profitti. In alcuni casi, le imprese affilianti hanno richiesto agli affiliati la remunerazione della propria assistenza sul piano gestionale e organizzativo, ma in genere ciò rientra nel contratto generale di affiliazione.

La McDonald's richiede agli affiliati un contributo iniziale pari a 150.000 dollari, nonché una royalty del 3% del volume delle vendite e un canone d'affitto dell'8,5% di detto volume. L'impresa in questione, inoltre, addebita ai nuovi affiliati le spese di frequenza a un corso di tre settimane tenuto presso la "Hamburger University", volto a fornire i principi e le tecniche per operare in questo specifico business. Ancora, gli affiliati devono impegnarsi a osservare determinate norme concernenti il rifornimento delle materie prime e la preparazione e la vendita del prodotto.[9]

Il franchising trova applicazione nel campo della ristorazione rapida (*fast-food*), dei servizi turistici (alberghi, agenzie di viaggi, ecc.), della distribuzione di prodotti di marca (maglieria, calzature, ecc.).

I conglomerati. Si tratta di grandi imprese diversificate in una molteplicità di attività al dettaglio più o meno strettamente integrate per quanto concerne il management e la politica distributiva. I principali esempi di imprese conglomerate nel settore della distribuzione sono, negli Stati Uniti, Federal Department Stores, Allied Stores e J. C. Penney e, in Europa, Metro e Tengelmann (Germania), Leclerc, Intermarché e Carrefour (Francia), J. Sainsbury e Marks & Spencer (Gran Bretagna), Migros (Svizzera), Coop Italia e La Rinascente (Italia).[10]

Per quanto concerne il futuro, è assai probabile che la tendenza alla diversificazione manifestata in questi anni dai principali gruppi operanti al dettaglio prosegua. Resta tuttavia l'interrogativo circa la possibilità che la diversificazione del dettaglio determini realmente economie che si riflettano sulle varie linee di attività.

20.1.5 Le decisioni di marketing delle imprese al dettaglio

Come le imprese manifatturiere, anche le imprese operanti nella distribuzione al dettaglio si trovano a dover affrontare i problemi posti da un'accresciuta competizione.

In particolare, lo sviluppo esponenziale dei prodotti di marca ha progressivamente ristretto gli spazi di differenziazione disponibili per i dettaglianti. Essi hanno cercato di reagire all'"invadenza" delle imprese produttrici mediante la differenziazione dei servizi. Ma anche tale manovra presenta dei limiti, per cui le imprese del dettaglio sono fortemente impegnate a ripensare le proprie strategie di mercato.

Nel seguito di questo paragrafo analizzeremo le principali aree decisionali delle imprese in esame, con particolare riferimento alla definizione del mercato obiettivo, dell'assortimento dei prodotti e dei servizi, del prezzo, della promozione e della localizzazione.

La definizione del mercato obiettivo. Una decisione di fondamentale importanza per l'impresa dettagliante concerne la scelta del mercato obiettivo. Fin tanto che questa non sia stata effettuata, è impossibile assumere decisioni valide in materia di assortimento, caratteristiche del punto di vendita, politiche promozionali e di prezzo, e così via. In alcuni casi, le imprese al dettaglio sono in grado di definire il proprio mercato obiettivo con un notevole grado di precisione.

Ad esempio, la direzione di un grande negozio di confezioni femminili di Sanremo sa che il proprio mercato è costituito da donne della classe di reddito superiore, in gran parte fra i trenta e i cinquanta anni di età, residenti entro un raggio di trenta minuti d'auto. In molti casi, tuttavia, non si è in grado di definire con esattezza il proprio mercato e si tenta di servirne troppi, con il risultato di non servirne nessuno in modo soddisfacente.

Anche un'impresa di grandi dimensioni come La Rinascente, la quale si rivolge ai consumatori più disparati, deve continuamente miglio-

Figura 20-2 Confronto fra la vecchia e la nuova immagine di un grande magazzino

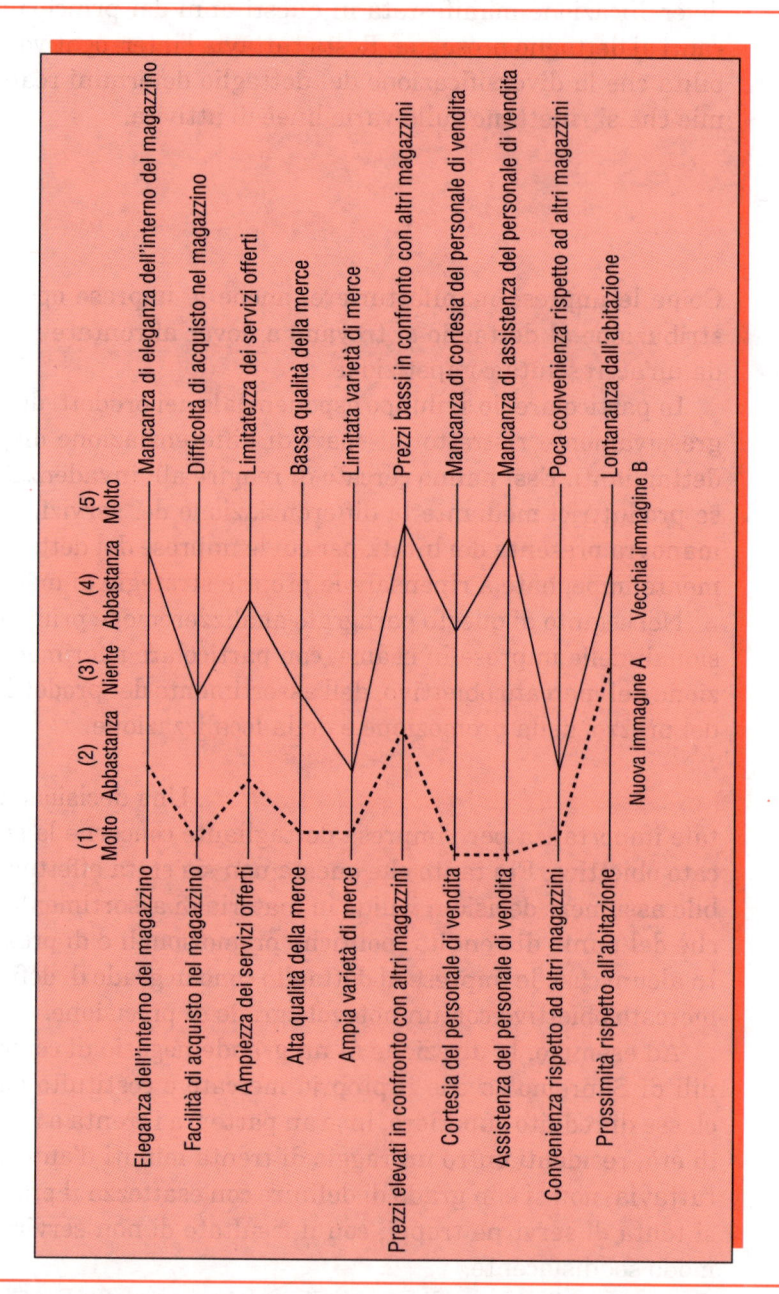

(1) Molto	(2) Abbastanza	(3) Niente	(4) Abbastanza	(5) Molto
Eleganza dell'interno del magazzino				Mancanza di eleganza dell'interno del magazzino
Facilità di acquisto nel magazzino				Difficoltà di acquisto nel magazzino
Ampiezza dei servizi offerti				Limitatezza dei servizi offerti
Alta qualità della merce				Bassa qualità della merce
Ampia varietà di merce				Limitata varietà di merce
Prezzi elevati in confronto con altri magazzini				Prezzi bassi in confronto con altri magazzini
Cortesia del personale di vendita				Mancanza di cortesia del personale di vendita
Assistenza del personale di vendita				Mancanza di assistenza del personale di vendita
Convenienza rispetto ad altri magazzini				Poca convenienza rispetto ad altri magazzini
Prossimità rispetto all'abitazione				Lontananza dall'abitazione

Nuova immagine A — — — — Vecchia immagine B

Fonte: Adattato da D. W. Cravens, G. E. Hills e R. Woodruff, *Marketing Decision Making: Concepts and Strategy*, Irwin, Homewood 1976, p. 234.

rare il grado di definizione dei vari mercati obiettivo, così da conseguire una più elevata precisione nella messa a punto degli assortimenti e delle connesse politiche di prezzo, di promozione e di localizzazione. A questo fine, essa deve condurre periodiche ricerche di marketing per controllare il grado di soddisfazione della clientela obiettivo.

Si consideri il caso di un magazzino per il quale si stia cercando di attirare una clientela con forte capacità di spesa, ma la cui immagine sia quella illustrata nella figura 20-2. Da questa emerge come l'immagine del magazzino non sia coerente con le caratteristiche del mercato obiettivo. A questo punto, o il magazzino punta sul mercato di massa, o è necessario riorganizzarlo come punto di vendita ad alto livello.

Si supponga che quest'ultima sia la decisione assunta. Dopo un certo tempo viene ripetuta un'indagine le cui risultanze sono poste in evidenza dalla linea tratteggiata della figura 20-2, che dimostra come la scelta sia stata realizzata con successo.

Le decisioni sull'assortimento e il servizio. Le imprese al dettaglio devono prendere decisioni su tre fondamentali variabili di "prodotto": l'assortimento, i servizi per la clientela e l'atmosfera del punto di vendita. L'*assortimento* deve corrispondere alle aspettative di acquisto del mercato obiettivo. Le corrispondenti decisioni riguardano l'*ampiezza* e la *profondità*. Ad esempio, nel settore della ristorazione è possibile offrire un assortimento ristretto o poco profondo (tavola calda), un assortimento ristretto e profondo (ristoranti tipici), un assortimento ampio e poco profondo (ristorante self service), oppure un assortimento ampio e profondo (grande ristorante). Un altro elemento caratterizzante dell'assortimento è costituito dalla qualità delle merci poste in vendita. Infatti, il cliente non è solo interessato all'ampiezza della scelta, ma anche alla qualità dei prodotti disponibili.

Secondo Wortzel, un'impresa del dettaglio può sviluppare le seguenti strategie di differenziazione dei prodotti posti in vendita:

1. Inclusione nell'assortimento di prodotti di marca non disponibili presso le organizzazioni al dettaglio concorrenti.
2. Inclusione nell'assortimento di una prevalenza di marche private o commerciali.
3. Organizzazione di eventi promozionali collegati all'origine di una serie di prodotti posti in vendita, quali le manifestazioni periodicamente dedicate dalla Rinascente a paesi quali l'India, o il Messico, o altri.

4. Frequente modifica dell'assortimento, realizzata con l'introduzione di articoli a sorpresa, novità, e così via. Una formula del genere viene applicata con successo da Benetton.
5. Presentazione dei nuovi prodotti in anticipo rispetto alla concorrenza.
6. Offerta di servizi di confezione su misura.
7. Formazione di assortimenti definiti in funzione di specifici segmenti di clientela, come nel caso della catena Prenatal.[11]

Le imprese al dettaglio devono anche assumere decisioni per quanto concerne la *combinazione di servizi* da offrire alla clientela. Il piccolo negozio di drogheria e coloniali di un tempo offriva ai propri fedeli clienti il servizio a domicilio, il pagamento a credito e un'amabile conversazione, specie nei momenti di minore afflusso di pubblico. Nulla di tutto ciò esiste nei moderni supermercati. Nella tavola 20-3 sono specificati i principali servizi offerti dalle grandi imprese di distribuzione. La combinazione dei servizi costituisce uno degli strumenti della competizione non basata sul prezzo esistente nell'ambito del sistema della distribuzione al dettaglio. L'*atmosfera del punto di vendita* costituisce un terzo elemento della variabile prodotto. Ogni locale di vendita al dettaglio ha una struttura fisica che facilita o meno la circolazione del pubblico. Inoltre, esso può presentare un aspetto attraente e ordinato, oppure che tende a respingere i potenziali acquirenti, anche senza che questi se ne rendano conto in modo esplicito. È quindi evidente come l'atmosfera debba essere appropriata alle caratteristiche sia dei prodotti offerti sia del mercato obiettivo cui l'impresa al dettaglio si rivolge. A tal fine, occorre impiegare degli esperti che siano in grado di combinare gli aspetti estetici e funzionali in modo da determinare il più efficace svolgimento del processo di vendita.

Le decisioni di prezzo. I prezzi praticati dal dettagliante sono un fattore di competizione e riflettono la qualità dei prodotti trattati e dei servizi offerti. La base per la determinazione dei prezzi è ovviamente costituita dal prezzo delle merci acquistate, il che significa che la competenza d'acquisto rappresenta un fondamentale elemento di successo per l'impresa dettagliante. Ciò premesso, questa può determinare i prezzi secondo una molteplicità di criteri. Un basso margine di ricarico può essere applicato ad alcuni *articoli civetta*, aventi cioè la funzione di richiamare l'attenzione del pubblico dei consumatori, stimolandoli ad acquistare anche altri prodotti. Inoltre, il management delle imprese

Tavola 20-3 I servizi per la clientela del dettaglio

Servizio pre-acquisto	Servizio post-acquisto	Servizi ausiliari
1. Accettazione ordini telefonici 2. Accettazione ordini postali 3. Pubblicità 4. Vetrine 5. Esposizione interna 6. Salottini di prova 7. Orario di apertura 8. Sfilate di moda 9. Ritiro dell'usato	1. Consegna a domicilio 2. Confezionamento prodotti acquistati 3. Confezioni regalo 4. Adattamento e modifica dei prodotti acquistati 5. Cambi 6. Confezione su misura 7. Installazione 8. Apposizione di iscrizioni, targhe o altro 9. Pagamento alla consegna	1. Incasso assegni 2. Informazioni 4. Ristorante 5. Riparazioni 6. Arredamento d'interni 7. Credito 8. Custodia bambini

Fonte: Carl M. Larson, Robert E. Weigand e John S. Wright, *Basic Retailing*, Prentice-Hall, Englewood Cliffs 1976, 2 ed., p. 384.

della distribuzione al dettaglio deve modificare i margini di ricarico in funzione del grado di vendibilità delle merci. Ad esempio, un negozio di calzature potrebbe vendere il 50% dell'assortimento con il ricarico normale, il 25% con un ricarico ridotto e il restante 25% al costo d'acquisto.

Le decisioni promozionali. Le imprese al dettaglio fanno ricorso ai normali strumenti promozionali – pubblicità, vendita promozionale, promozione delle vendite e propaganda – per raggiungere i consumatori. Per quanto concerne la pubblicità, vengono impiegati i consueti mezzi, integrati da materiale promozionale distribuito nei locali di vendita e per posta. La vendita personale richiede un accurato addestramento dei venditori circa l'accoglienza della clientela, l'identificazione delle relative esigenze, il modo di trattare i dubbi e i reclami che la stessa eventualmente presenta. La promozione delle vendite può assumere la forma di dimostrazioni nei locali di vendita, di bollini premio e di concorsi e di manifestazioni speciali. Anche le pubbliche relazioni possono fornire un contributo di alto valore alle imprese al dettaglio che abbiano qualcosa da comunicare.

Le decisioni di localizzazione. La localizzazione del punto di vendita completa la serie di strumenti di marketing del dettaglio. L'importanza di tale strumento è in molti casi prioritaria. Per molti beni e servizi, infatti, i consumatori scelgono il punto di vendita che è più vicino alla propria abitazione o al luogo di lavoro. È per questo che le catene al dettaglio, le imprese petrolifere e le catene di fast-food pongono una rilevante attenzione nella scelta delle ubicazioni dei propri punti di vendita. Tale scelta viene effettuata secondo una molteplicità di livelli, iniziando con l'identificazione delle aree geografiche, poi delle città e infine dei quartieri all'interno di queste. Le grandi imprese del dettaglio possono dover scegliere fra operare mediante un elevato numero di piccole unità di vendita ubicate in una molteplicità di localizzazioni, oppure attraverso un numero ridotto di grandi unità localizzate in un numero ridotto di centri. In generale, il numero dei punti di vendita dovrebbe essere tale da richiamare l'attenzione del pubblico e da consentire il conseguimento di economie di scala. Inoltre, maggiore è la dimensione di un punto di vendita e maggiore è l'estensione dell'area di attrazione.

Per la scelta dell'ubicazione esistono molteplici tecniche, dall'analisi del traffico pedonale e non, alle indagini sulle abitudini d'acquisto dei consumatori, alla valutazione delle posizioni competitive.

20.1.6 Il futuro del dettaglio

La distribuzione al dettaglio costituisce una delle aree più dinamiche e ricche di opportunità del sistema economico. L'impresa al dettaglio contemporanea, consapevole della necessità di considerare con grande attenzione il futuro, deve tenere conto delle seguenti tendenze fondamentali: l'attenuazione dello sviluppo della popolazione e dell'economia; i costi crescenti dei capitali, dell'energia e del lavoro; la modifica degli stili di vita e dei comportamenti d'acquisto; l'emergere di nuove tecnologie applicate alla vendita al dettaglio, quali le casse elettroniche e i sistemi più sofisticati di vendita automatica; lo sviluppo delle maggiori imprese di dettaglio; lo sviluppo del consumismo e dell'ambientalismo; e, infine, la regolamentazione del commercio al dettaglio.

È più che evidente che le citate tendenze sollecitano una maggiore professionalità nella conduzione delle attività di dettaglio, ben oltre le tradizionali tecniche mercantili, o di *merchandising*.

Il top management dovrà essere in grado di definire e realizzare sistemi di distribuzione al dettaglio in grado di produrre profitto. A questo fine, un ruolo chiave è costituito dall'individuazione dei modi per accrescere la *produttività del dettaglio*. La spinta alla ricerca di una maggior produttività determinerà nel corso degli anni futuri lo sviluppo di forme di dettaglio in grado di consentire sensibili riduzioni dei costi. Infatti, molte delle innovazioni realizzate in campo distributivo sono state determinate dal livello troppo elevato raggiunto dai costi del dettaglio.[12] Nel loro insieme, le tendenze evolutive del dettaglio possono essere così individuate:

1. Sviluppo di nuove forme di dettaglio.
2. Riduzione dei cicli di vita delle varie forme di dettaglio.
3. Sviluppo del *nonstore retailing* e delle varie forme di vendita diretta.
4. Ulteriore aumento della competitività fra le varie forme di distribuzione.
5. Sviluppo delle varie forme di integrazione, sia orizzontale sia verticale.
6. Crescente importanza della tecnologia applicata alle varie fasi del processo di distribuzione.[13]

20.2 La distribuzione all'ingrosso

20.2.1 Natura e importanza dell'ingrosso

> La *distribuzione all'ingrosso* include tutte le attività connesse alla vendita di beni e servizi a quanti procedono all'acquisto dei medesimi per poterli poi rivendere o impiegare in un processo produttivo.

Sulla base di questa definizione, anche un panificio al dettaglio che rifornisce un albergo o un ristorante svolge un'attività all'ingrosso. Useremo tuttavia il termine *grossista* solo con riferimento a quelle imprese che sono impegnate essenzialmente nello svolgimento di attività di distribuzione all'ingrosso.

Non rientrano quindi nel novero delle imprese grossiste le aziende agricole e industriali, operanti essenzialmente in attività primarie e secondarie. I grossisti differiscono dai dettaglianti sotto molti aspetti.

In primo luogo, le imprese grossiste prestano meno attenzione alla promozione, all'atmosfera e all'ubicazione in quanto si rivolgono a una clientela di operatori economici, piuttosto che di consumatori. In secondo luogo, le transazioni all'ingrosso sono in genere di maggiore entità rispetto a quelle al consumo e si estendono a un'area commerciale più ampia rispetto a quelle al dettaglio. In terzo luogo, l'intervento pubblico assume forme e intensità diverse a seconda che concerna l'ingrosso o il dettaglio.

La funzione generale dell'ingrosso è volta a rendere più efficiente il collegamento fra la produzione, il dettaglio e, quindi, il consumatore. Senza un sistema di distribuzione all'ingrosso, le imprese minori con limitate risorse finanziarie, e quindi non in grado di organizzare una propria forza di vendita, non potrebbero raggiungere un mercato sufficientemente ampio. Inoltre, anche le imprese di dimensioni maggiori possono ritenere più vantaggioso investire in attività produttive, avvalendosi di intermediari grossisti per la distribuzione.

Le imprese grossiste possono poi conseguire economie di scala in campo distributivo in ragione della particolare competenza e del volume di attività raggiunto nei vari settori merceologici. Infine, i dettaglianti con un assortimento molto esteso possono trovare più vantaggioso trattare con un grossista, piuttosto che con una molteplicità di imprese manifatturiere. Più analiticamente, i produttori e i dettaglianti possono trovare vantaggioso il ricorso al grossista allorquando questi realizza in modo più efficiente una o più delle seguenti funzioni:

- **Vendita e promozione.** Il grossista dispone di una forza di vendita che rende possibile a una molteplicità di imprese industriali di raggiungere i clienti di minori dimensioni a un costo relativamente modesto. Infatti, il grossista sviluppa un maggior numero di contatti con i punti di vendita al dettaglio e ottiene spesso maggior fiducia rispetto a una remota impresa industriale.
- **Acquisto e formazione di assortimenti.** Le imprese all'ingrosso procedono alla scelta dei prodotti e alla formazione degli assortimenti, consentendo così alle imprese al dettaglio, specie se di limitate dimensioni, di conseguire rilevanti vantaggi.
- **Conseguimento di economie di acquisto.** I grossisti effettuano gli acquisti in quantitativi tali da consentire loro di ottenere le condizioni di prezzo più favorevoli. In seguito, essi procedono a suddividere i quantitativi in questione fra i clienti dettaglianti.

- **Deposito.** Il grossista assume a proprio carico la funzione di gestione delle scorte, riducendo così i costi e il rischio per i fornitori e per i clienti.
- **Trasporto.** Il grossista, data la sua prossimità nei confronti dei dettaglianti, è in grado di assicurare un trasporto più rapido e conveniente.
- **Finanziamento.** I grossisti svolgono un ruolo importante sotto il profilo finanziario, sia concedendo dilazioni di pagamento ai dettaglianti, sia anticipando gli ordini alla produzione ed effettuando i pagamenti in modo tempestivo.
- **Assunzione del rischio.** I grossisti possono assorbire una quota dei rischi di furto, danneggiamento, obsolescenza delle merci trattate.
- **Informazione di mercato.** I grossisti svolgono un'importante funzione informativa nei confronti dei fornitori e dei clienti in materia di attività della concorrenza, di nuovi prodotti, di tendenza dei prezzi e così via.
- **Consulenza e servizi di management.** I grossisti frequentemente forniscono un supporto ai dettaglianti per migliorare le proprie operazioni. Ciò può essere realizzato mediante l'addestramento del personale, la consulenza in materia di arredamento ed esposizione delle merci, l'applicazione di criteri più avanzati in contabilità e controllo delle scorte.

Molti fattori hanno contribuito nel corso del tempo allo sviluppo delle imprese grossiste: lo sviluppo della produzione di massa in stabilimenti lontani dai luoghi di consumo; l'estendersi della produzione per il magazzino, anziché su commessa; l'incremento del numero dei livelli degli utilizzatori intermedi; e, infine, l'accresciuta necessità di adattare i prodotti agli specifici bisogni degli utilizzatori intermedi e finali in termini di quantità, confezioni e tipi.

20.2.2 Tipologia delle imprese all'ingrosso

Come si può rilevare dalla tavola 20-4, nel 1990 esistevano in Italia 129.000 imprese grossiste, prevalentemente non alimentari. Le varie categorie di imprese grossiste sono descritte qui di seguito.

Imprese grossiste indipendenti. Si tratta di imprese che acquisiscono il titolo di proprietà delle merci e che possono essere distinte secondo specifiche tipologie merceologico-funzionali. Una prima classificazione consente di distinguere fra imprese grossiste a servizio completo e a servizio limitato.

Tavola 20-4 La distribuzione all'ingrosso in Italia

Anni	Numero imprese (in 000)		
	Non alimentari	Alimentari	Totale
1982	57	34	91
1983	63	34	97
1984	68	35	103
1985	72	36	108
1986	75	36	111
1987	78	36	114
1988	81	37	118
1989	85	37	122
1990	87	37	124
1991[*]	89	37	126
1992[*]	90	38	128
1993[*]	91	38	129

[*] Stime

Fonte: Nielsen Italia.

Imprese grossiste a servizio completo Le imprese in questione sono quelle in grado di assicurare lo svolgimento dell'intera gamma delle funzioni proprie dell'ingrosso, e cioè gestione delle scorte, organizzazione di una struttura di vendita, credito, distribuzione fisica delle merci, assistenza e consulenza commerciale, amministrativa e gestionale. Le imprese di questo tipo si suddividono, a loro volta, in grossisti di beni di consumo e grossisti di beni industriali, o distributori industriali.

Grossisti di beni di consumo. Le imprese del genere vendono essenzialmente ai dettaglianti, ai quali offrono altresì una vasta gamma di servizi. Tali imprese variano considerevolmente dal punto di vista dell'ampiezza dell'assortimento dei prodotti offerti. Sotto questo profilo, è possibile distinguere fra *ingrosso despecializzato*, *ingrosso specializzato per settore merceologico* e *ingrosso specializzato per specifici prodotti*. Le *imprese grossiste despecializzate* offrono alle imprese operanti al dettaglio, quale che ne sia il grado di specializzazione, una vasta gamma di linee di prodotto, destinate alle più diverse funzioni di consumo o utilizzo. Le *imprese grossiste specializzate per settore merceologico* trattano una o due linee di prodotto, offrendo ai propri clienti una rilevante profondità di assortimento; esempi di questo tipo di specializzazione sono presenti nei settori della cancelleria e della cartotecnica, della ferramenta, degli alimentari, dell'abbigliamento. Le *imprese grossiste specializzate per gruppi limitati di prodotti*, infine, offrono il massimo di profondità di assortimento per poche tipologie di prodotto; possono essere in proposito citati gli esempi dei grossisti di prodotti dietetici, di carta per parati e di cassette per videoregistratori. Quest'ultimo tipo di grossista offre alla clientela il vantaggio di un'ampia scelta specifica e di una grande competenza di prodotto.

Distributori industriali. Si tratta di imprese grossiste che si rivolgono alle imprese manifatturiere piuttosto che ai dettaglianti. I servizi offerti sono in linea di massima analoghi a quelli riscontrabili nel commercio all'ingrosso di beni di consumo, e cioè gestione delle scorte, credito e distribuzione fisica. Anche il distributore industriale può essere despecializzato, o specializzato per linee, o concentrarsi sulle forniture (materie prime, semilavorati e materiali di consumo), sulle parti componenti (cuscinetti a sfera, motori), oppure su macchinari e attrezzature (macchine utensili, mezzi di trasporto interni). Negli Stati Uniti operano all'incirca dodicimila distributori industriali.

Imprese grossiste a servizio limitato. Si tratta di imprese che offrono una più ristretta gamma di servizi, classificabili nel modo qui di seguito descritto.

Libero servizio all'ingrosso (cash-and-carry wholesale). Si tratta di una forma di commercio all'ingrosso che ha come oggetto un numero relativamente ridotto di prodotti standardizzati ad alta vendibilità, offerti ai piccoli dettaglianti con pagamento a contanti e ritiro immediato della merce.

Ingrosso con consegna al punto di vendita. È una forma di commercio presente soprattutto nel settore delle merci deperibili (quali il latte, il pane, le carni, ecc.). Il distributore dispone di un parco di automezzi attrezzati, impiegati per rifornire i clienti (supermercati, ristoranti, latterie, convitti, ecc.) posti lungo un determinato itinerario. I singoli punti di vendita vengono riforniti sulla base delle rispettive e contingenti necessità, generalmente contro il pagamento contestuale della merce.

Distributore di ordini (drop shipper). In questo caso il grossista si limita a raccogliere gli ordini dei clienti e a trasmetterli ai produttori, con le istruzioni necessarie per farle pervenire ai depositi degli stessi. Il grossista assume il titolo di proprietà della merce e i rischi connessi dal momento dell'accettazione dell'ordine a quello della consegna al cliente. La mancanza di scorte consente al drop shipper di mantenere i costi a un livello ridotto e di praticare prezzi vantaggiosi per gli acquirenti. Questa forma di ingrosso trova particolare applicazione nel commercio dei prodotti di base, quali carbone e legname, e del macchinario pesante.

Ingrosso senza deposito (rack jobber). Si è sviluppato soprattutto nel campo dei prodotti di consumo non alimentari. Esso presuppone che il grossista si occupi direttamente di rifornire gli scaffali di vendita del cliente dettagliante, procedendo al ritiro delle confezioni deteriorate, all'apposizione dei prezzi, al controllo delle scorte, al rinnovo del materiale promozionale. Il rack jobber fattura i prodotti solo una volta che questi risultino venduti al consumatore finale. Egli, pertanto, conserva il titolo di proprietà dei prodotti sin tanto che questi rimangono nel punto di vendita. Questo tipo di grossista, in conclusione, offre al dettagliante servizi di consegna, rifornimento degli scaffali e degli espositori di vendita, gestione delle scorte e finanziamento. La promozione è ridotta al minimo, trattandosi di prodotti di marca quali giocattoli, libri tascabili, articoli di profumeria, piccoli utensili e così via.

Cooperative di produzione. Le imprese agricole possono costituire strutture in grado di procedere alla commercializzazione comune dei prodotti degli associati. Le cooperative possono inoltre svolgere una funzione di fondamentale importanza nel campo dello sviluppo della qualità dei prodotti e dell'immagine degli stessi mediante la creazione di marche collettive.

Ingrosso per corrispondenza. Si tratta di una forma di commercio all'ingrosso basata sull'invio, da parte dell'impresa grossista, di un catalogo alla clientela dettagliante, industriale e istituzionale. Tale forma trova applicazione in settori quali quello dei gioielli, dei cosmetici, dei prodotti di gastronomia e di altri articoli di piccola dimensione. La clientela è formata da punti di vendita ubicati in zone decentrate e di limitata importanza commerciale, per le quali non esiste la convenienza a impiegare personale di vendita diretto. L'evasione degli ordini viene effettuata per posta, ferrovia o altro valido mezzo di trasporto.

Broker e agenti. Rispetto ai grossisti, i broker e gli agenti non assumono alcun titolo di proprietà nei confronti delle merci trattate. Inoltre, essi non svolgono che una parte delle funzioni proprie dell'intermediazione grossista. La loro funzione principale è quella di facilitare le operazioni di acquisto e di vendita, conseguendo così una commissione che si aggira fra il 2 e il 6% del prezzo di vendita. Come nel caso dei grossisti, broker e agenti sono specializzati per linea di prodotto o per clientela servita.

Broker. La funzione principale di un broker è quella di porre in contatto acquirenti e venditori, assistendo gli stessi nella negoziazione. Il compenso professionale del broker è a carico della parte che ne ha richiesto l'intervento. Il broker non deve sostenere oneri, né assumere rischi in relazione all'operazione intermediata. Gli esempi più frequenti di sviluppo di questa tipologia di intermediazione sono forniti dai settori alimentari, assicurativo, immobiliare e finanziario.

Agenti. Gli agenti rappresentano gli acquirenti o i venditori su basi caratterizzate da una certa continuità e possono essere classificati secondo una molteplicità di tipologie diverse.

Si hanno innanzitutto gli *agenti del produttore* (definiti anche *rappresentanti*), tipologia questa di gran lunga più diffusa rispetto alle altre. Fra l'agente e l'impresa rappresentata viene stipulato un contratto nel quale vengono specificate le aree di attività, le politiche di prezzo, le procedure di inoltro degli ordini, i servizi e le garanzie per i clienti e l'ammontare di commissioni. Gli agenti posseggono una buona conoscenza dei prodotti delle aziende rappresentate e dispongono di una propria rete di contatti per facilitare l'acquisizione degli ordini. Gli agenti trovano impiego in settori quali quello della confezione, dell'arredamento e del materiale elettrico. Frequentemente, l'agente può assumere la figura di una piccola impresa, con alcuni venditori alle dipendenze. Gli agenti vengono impiegati dalle imprese minori che non possono permettersi una propria forza di vendita, e dalle imprese maggiori per le aree marginali o in fase di sviluppo iniziale. Occorre poi considerare i *rappresentanti generali*, ai quali un'impresa manifatturiera affida l'incarico di vendere l'intera produzione. Il rappresentante, quindi, svolge la funzione di servizio vendite dell'impresa, disponendo di una significativa influenza per quanto concerne i prezzi, i termini e le condizioni di vendita. Il rappresentante generale di solito non opera con riferimento a un'area geografica delimitata. Questo tipo di rapporto di intermediazione trova applicazione nel campo dei tessuti, del macchinario e degli impianti industriali, dei prodotti chimici e dei metalli. Si hanno poi gli *agenti di acquisto*, i quali operano sulla base di rapporti a lungo termine per conto di imprese industriali, effettuando gli acquisti, controllando le merci, svolgendo le operazioni di deposito e spedizione. Una particolare tipologia di questa forma di agente è costituita dal *compratore residente (resident buyer)*, particolarmente diffusa nel campo dell'abbigliamento e dei prodotti di moda acquistati dalle organizzazioni di vendita al dettaglio. Il buyer svolge inoltre una funzione di rilevante importanza nel campo del commercio internazionale. Infine, si hanno i *commissionari*, i quali acquisiscono il possesso fisico delle merci e procedono alla negoziazione delle vendite.

Normalmente i commissionari, o case commissionarie, non sono impiegati su basi di lungo termine. I settori d'impiego sono soprattutto quelli connessi all'agricoltura. Il commissionario procede al ritiro della merce e al suo trasferimento sul mercato, dove cerca di venderla al prezzo migliore. Procede quindi a dedurre le spese e le commissioni dal ricavo, rimettendo il saldo al produttore.

Operazioni all'ingrosso delle imprese manifatturiere e del dettaglio. La terza forma fondamentale di commercio all'ingrosso è quella svolta direttamente dalle imprese industriali e dai dettaglianti. Si possono distinguere due tipi di modalità operative.

Filiali e uffici di vendita. Spesso le imprese manifatturiere costituiscono propri uffici per migliorare il controllo delle scorte, le vendite e la promozione. Le *filiali di vendita* provvedono a svolgere tutte le funzioni di stoccaggio, di vendita e di amministrazione delle vendite a livello locale. Sono diffuse nel settore dei ricambi per auto, degli elettrodomestici, delle macchine da scrivere, ecc. Gli *uffici di vendita* hanno funzioni sostanzialmente limitate alla promozione e all'acquisizione delle vendite e trovano applicazione in una molteplicità di situazioni.

Uffici acquisti. Molte imprese al dettaglio procedono ad aprire propri uffici nei maggiori centri commerciali, come New York e Chicago, negli Stati Uniti, e Milano e Firenze in Italia. Le funzioni svolte da questi organismi sono analoghe a quelle svolte dai broker e dagli agenti, con la differenza che costituiscono parte integrante dell'impresa.

Imprese grossiste varie. In certi settori dell'economia è possibile riscontrare forme particolari di commercio all'ingrosso, quali le seguenti.

Grossisti di prodotti dell'agricoltura. Si tratta di imprese che procedono a raccogliere la produzione presso le aziende agricole, formando dei raggruppamenti che vengono poi venduti all'industria alimentare, alle catene di supermercati e alle istituzioni pubbliche. Il grossista consegue il profitto sia attraverso i margini di intermediazione, sia attraverso la remunerazione dei servizi di trasporto, imballaggio e conservazione.

Distributori di prodotti petroliferi. Si tratta di imprese che gestiscono depositi e terminali, dotate di parchi di autocisterne per la distribuzione alle stazioni di servizio, alle grandi imprese industriali e ad altri clienti. Le imprese in questione possono essere tanto indipendenti quanto controllate dalle principali compagnie petrolifere.

Case d'asta. Sono diffuse in settori dove gli acquirenti desiderano prendere visione della merce prima di procedere all'acquisto, come nel caso del tabacco e del bestiame. Gli acquirenti convengono insieme nel luogo di svolgimento dell'asta e formulano le proprie offerte in aumento rispetto al prezzo base, sino a conclusione dell'asta stessa.

20.2.3 Le decisioni di marketing delle imprese all'ingrosso

Le imprese grossiste devono assumere decisioni sul mercato obiettivo, sull'assortimento di prodotti e servizi, sui prezzi, sulla promozione e, infine, sulla localizzazione dell'attività.

La definizione del mercato obiettivo. Le imprese grossiste, al pari di quelle del dettaglio, devono procedere alla definizione del mercato obiettivo, evitando di puntare a servire l'intero mercato. Esse possono scegliere un segmento obiettivo costituito da clienti di una data dimensione (ad esempio, le grandi imprese della distribuzione), di una certa categoria (ad esempio, i supermercati), con determinate esigenze (ad esempio, lunghi termini di pagamento), o caratterizzati da altri aspetti rilevanti.

Nell'ambito dei segmenti obiettivo occorre poi identificare i clienti più profittevoli, per procedere a definire offerte appropriate e stabilire favorevoli relazioni. Le imprese grossiste possono sviluppare sistemi di riordino automatico delle merci, organizzare sistemi di addestramento e di consulenza e, infine, promuovere la costituzione di catene volontarie. Per quanto concerne i clienti meno profittevoli, essi possono essere scoraggiati introducendo quantitativi minimi da ordinare, o sovraprezzi per gli ordini limitati.

La definizione dell'assortimento e del servizio. Il "prodotto" del grossista è costituito dal suo assortimento. Le imprese dell'ingrosso sono sottoposte a una forte pressione per estendere al massimo il proprio assortimento e mantenere scorte elevate, tali da consentire l'immediata evasione degli ordini. Ma non porre limiti a detta pressione può determinare una progressiva riduzione del profitto. È per questo che le imprese all'ingrosso tendono a riesaminare la composizione dell'assortimento, al fine di identificare i prodotti e le linee più profittevoli.

I prodotti vengono classificati sulla base del *criterio ABC*, il quale consente di distinguere fra prodotti ad alta (A), media (B) e scarsa (C) profittabilità. Il criterio in questione si fonda sull'osservazione che la maggior parte delle vendite (ad esempio, l'80% del fatturato) è realizzata mediante un numero limitato dei prodotti in assortimento (ad esempio il 15%), o presso una minoranza della clientela (ad esempio il 24%).

Analogamente, nel campo della gestione delle scorte un ridotto numero di articoli rappresenta in genere la maggior parte del valore delle merci. In considerazione di ciò, si è ritenuto di classificare determinati fenomeni – le vendite, le scorte, i clienti, ecc. – in gruppi di importanza decrescente, A, B e C. Nella figura 20-3 viene rappresentato un esempio di applicazione del criterio ABC. Nell'esempio il 20% dei prodotti dà luogo al 50% del fatturato (classe A), il 25% dei prodotti al 30% del fatturato (classe B), e il 55% dei prodotti al 20% del fatturato (classe C). I livelli di scorta sono definiti in modi diversi a seconda dei gruppi in questione. Anche per quanto concerne i servizi, i grossisti mirano a definire quale ne possa essere il contributo allo sviluppo di stretti rapporti commerciali con la clientela.

Figura 20-3 Il criterio ABC

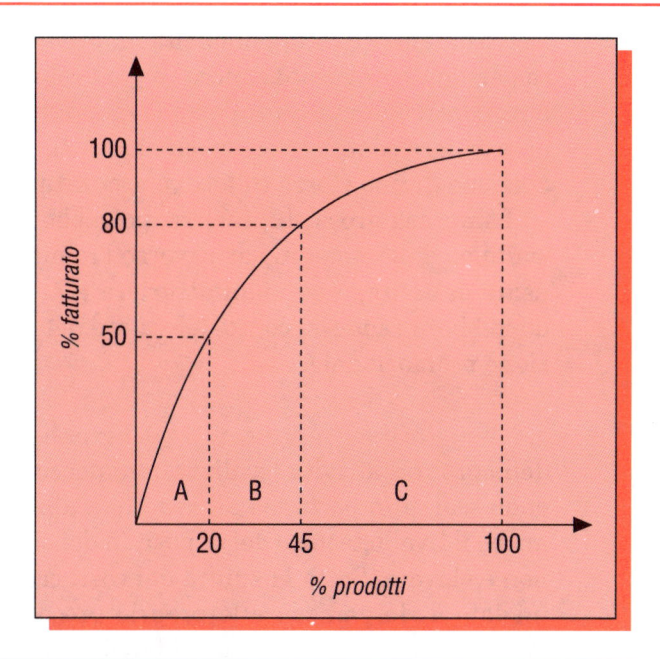

[Grafico: curva ABC con asse y "% fatturato" (50, 80, 100) e asse x "% prodotti" (20, 45, 100), con zone A, B, C]

Sotto questo profilo vengono quindi ampliati i servizi apprezzati dai clienti e ridotti o eliminati quelli che aggiungono poco o nulla all'efficacia dell'azione di mercato dell'impresa grossista.

Le decisioni di prezzo. Generalmente, l'impresa grossista ricarica il costo d'acquisto delle merci acquistate di una percentuale convenzionale, ad esempio il 20%, allo scopo di coprire le spese e conseguire un profitto. Le spese possono raggiungere il livello del 17%, lasciando un profitto del 3%. Nell'ingrosso di generi di drogheria il margine di profitto medio è frequentemente inferiore al 2%. Tuttavia, nuove politiche di prezzo si vanno diffondendo fra i grossisti. Ad esempio, essi iniziano ad applicare ricarichi diversi in relazione all'obiettivo di mercato da conseguire.

Inoltre, l'impresa grossista punta a ottenere dai fornitori condizioni di prezzo favorevoli quale contropartita di specifiche azioni promozionali e di sviluppo.

Le decisioni promozionali. La maggioranza delle imprese grossiste non possiede una mentalità promozionale. Esse usano in modo saltuario strumenti quali la pubblicità, la promozione delle vendite, la vendita personale e la propaganda. In particolare, la vendita personale viene ancora considerata come l'azione individuale di un venditore incaricato di prendere contatto con specifici clienti, piuttosto che come la manifestazione di uno sforzo collettivo accuratamente pianificato.

L'impresa grossista, inoltre, potrebbe trarre grande beneficio dallo sviluppo dell'immagine attraverso l'impiego delle tecniche largamente usate dalle imprese manifatturiere e al dettaglio. Ancora, i grossisti dovrebbero rendersi conto del valore del materiale e della documentazione promozionale.

Le decisioni di localizzazione. I grossisti di solito scelgono come sede della propria attività localizzazioni decentrate e a basso costo, attribuendo scarsa importanza all'aspetto e alla funzione degli uffici. Spesso anche il livello tecnico dei depositi e dei sistemi di evasione degli ordini non è elevato. Sotto la spinta dei costi crescenti, molte imprese hanno iniziato a riorganizzare le proprie procedure di stoccaggio e di movimentazione delle merci. Lo stadio più avanzato di innovazione nel campo dell'organizzazione del movimento delle merci è stato raggiunto con il magazzino automatizzato, il quale opera internamente sulla base di sistemi informatizzati. Le merci sono caricate su appositi nastri trasportatori, che le convogliano verso gli scaffali nei quali vengono collocate, sempre meccanicamente. Alla meccanizzazione del movimento merci si aggiunge poi quella delle operazioni amministrative.

20.2.4 Il futuro dell'ingrosso

Le modifiche che si sono manifestate nel settore del commercio all'ingrosso sono state considerevoli, anche se non hanno raggiunto le proporzioni del commercio al dettaglio. Nel XIX secolo i grossisti occupavano una posizione dominante nel canale di marketing. Gran parte delle imprese di produzione non era in grado, a causa della sua modesta dimensione, di far pervenire i propri prodotti alla miriade di piccoli rivenditori al dettaglio. Il potere del grossista incominciò a diminuire all'inizio del XX secolo, allorquando prese a diffondersi la grande impresa manifatturiera e si formarono le grandi catene di vendita al dettaglio. Le maggiori imprese industriali svilupparono modi diretti per vendere ai dettaglianti più importanti, mentre questi, a loro volta, si organizzarono per effettuare gli acquisti direttamente presso le fonti produttive. La possibilità di stabilire un rapporto diretto produttore-rivenditore al dettaglio, anche se non sempre sfruttata, accrebbe il potere dell'industria e del dettaglio e costrinse le imprese grossiste a divenire più efficienti. Negli anni Trenta e Quaranta le imprese dell'ingrosso andarono declinando e solo verso la metà degli anni Cinquanta recuperarono parte delle posizioni perdute. Per quanto il volume delle transazioni effettuate dai grossisti sia andato crescendo, tuttavia l'incidenza relativa delle stesse è restata costante. Le imprese manifatturiere hanno sempre la facoltà di "saltare" il grossista o di sostituirne uno inefficiente con un altro più dinamico. Le principali carenze che i produttori attribuiscono ai grossisti sono la scarsa aggressività promozionale, l'inadeguatezza dei livelli di scorta, la non collaborazione nel fornire informazioni e dati sul mercato, l'inefficienza gestionale e organizzativa e il costo elevato fatto pagare ai dettaglianti per i propri servizi. Secondo un recente studio della Arthur Andersen & Company, i distributori all'ingrosso dovranno affrontare, nel corso dei prossimi anni, una "ristrutturazione aggressiva":

> Le pressioni competitive manterranno stabili i prezzi di vendita al consumatore, determinando quindi una riduzione dei margini lordi.
> Si accrescerà la concentrazione delle imprese grossiste, con l'eliminazione di quelle meno efficienti. Le restanti faranno un largo uso della tecnologia, sia per innovare i servizi offerti, sia per accrescere la produttività dei processi operativi. Le imprese operanti all'ingrosso avranno bisogno di nuove fonti di finanziamento per alimentare l'espansione e l'innovazione. La sfida per queste imprese si baserà sulla capacità di acquisizione delle risorse finanziarie e sul loro impiego equilibrato nel processo di crescita e innovazione.[14]

20.3 La distribuzione fisica

Possiamo ora passare a esaminare le istituzioni la cui attività si svolge nell'ambito della distribuzione fisica. Le imprese di produzione si avvalgono di queste istituzioni per rendere disponibili ai consumatori i

Figura 20-4 Principali attività di distribuzione fisica

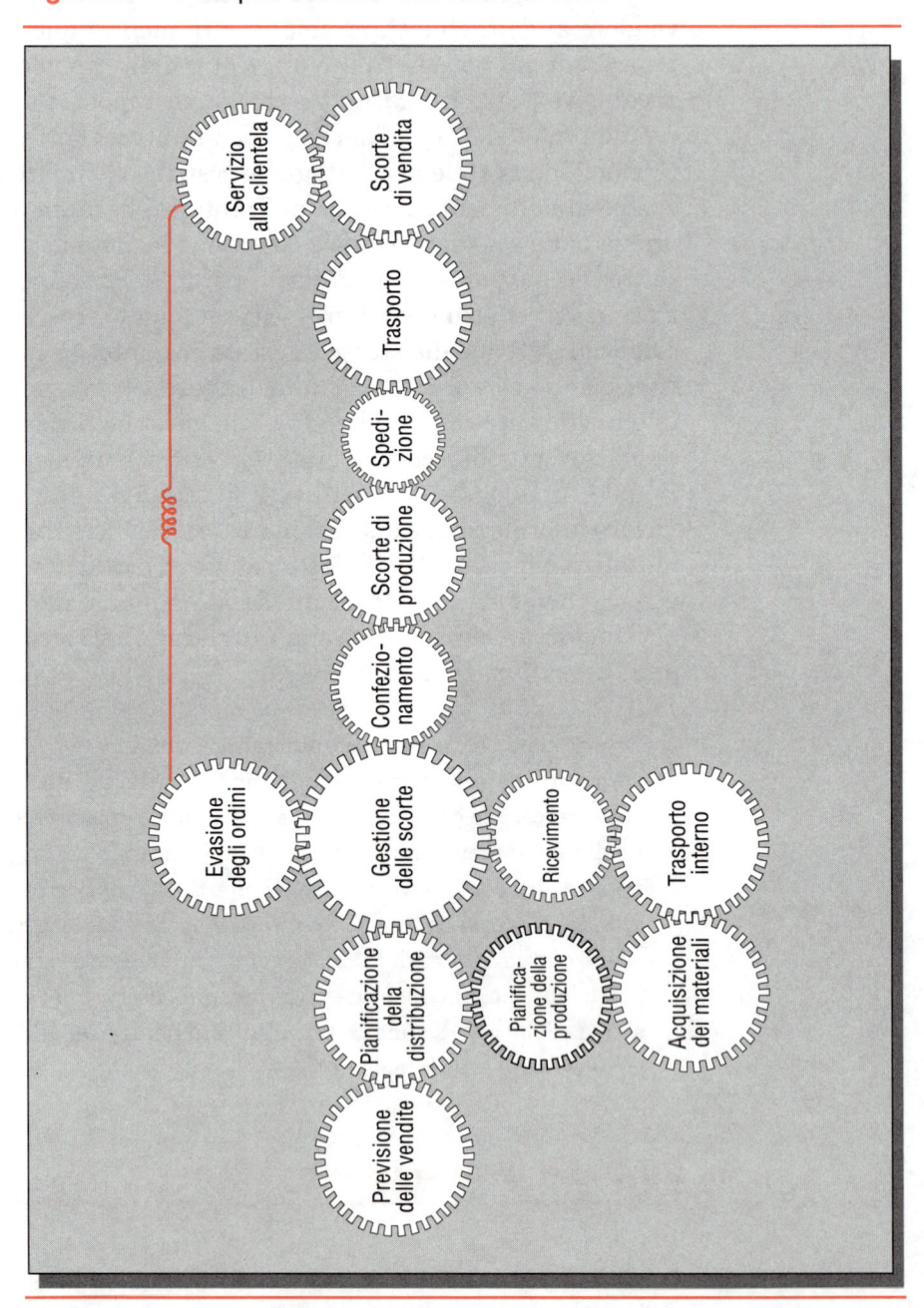

Fonte: Riprodotto con modifiche da Wendell M. Stewart, "Physical Distribution: Key to Improved Volume and Profits", in *Journal of Marketing*, gennaio 1965, p. 66.

beni prodotti nei tempi e nei luoghi più appropriati. Il grado di attrazione e di soddisfazione esercitato nei confronti del cliente da parte del venditore è strettamente legato alla capacità di distribuzione fisica di cui questi dispone.

Nella parte restante di questo paragrafo esamineremo la natura, gli obiettivi, i sistemi e gli aspetti organizzativi della distribuzione fisica.

20.3.1 Natura della distribuzione fisica

> La *distribuzione fisica* comprende la pianificazione, la gestione e il controllo del movimento dei beni dai punti di origine ai punti di impiego, al fine di soddisfare con profitto le esigenze dei consumatori.

Nella distribuzione fisica sono incluse numerose attività specifiche, illustrate nella figura 20-4. La prima di tale attività consiste nella previsione delle vendite, base indispensabile per poter programmare i livelli di produzione e di scorta. I programmi di produzione definiscono i fabbisogni di materiali che l'ufficio acquisti deve procurare. Questi materiali vengono successivamente consegnati agli appositi depositi dove formano le scorte necessarie ad alimentare la produzione dei beni finali. Le scorte di questi ultimi sono il legame fra gli ordini della clientela e il processo produttivo dell'impresa.

I prodotti finiti, una volta usciti dalla linea di produzione, passano attraverso il confezionamento, il deposito presso il magazzino centrale, la spedizione e il trasporto, il deposito presso i magazzini periferici e, infine, la consegna ai clienti. Le componenti principali dei costi della distribuzione fisica sono il trasporto, il deposito, la gestione delle scorte, il ricevimento e la spedizione, l'imballaggio, l'amministrazione e l'evasione degli ordini.

Il livello complessivo dei costi della distribuzione fisica è tale da preoccupare le direzioni aziendali. Le decisioni concernenti la distribuzione fisica, se non opportunamente coordinate possono determinare costi elevati. Nella pratica, l'impiego degli strumenti decisionali più avanzati per la definizione dei livelli di scorta, dei programmi di trasporto e della localizzazione dei depositi è alquanto al di sotto del necessario e del possibile. La distribuzione fisica non è solo un costo, ma costituisce altresì un potente strumento per la creazione di domanda. Le imprese, infatti, possono attrarre nuovi clienti offrendo un migliore servizio o prezzi inferiori attraverso l'accresciuta efficienza dei sistemi di distribuzione fisica. Al contrario, l'irregolarità nella consegna delle merci può determinare la perdita dei clienti esistenti.

In proposito si può citare il caso della Kodak, la quale nell'estate del 1976 lanciò una campagna pubblicitaria per presentare la propria nuova macchina fotografica prima di aver effettuato il rifornimento dei punti di vendita, con il risultato che i consumatori acquistarono la Polaroid.

Sulla base dell'approccio tradizionale, il problema della distribuzione fisica viene affrontato a partire dal momento in cui i prodotti escono dalla linea di produzione, con l'obiettivo di individuare le soluzioni meno costose per farli pervenire al cliente finale. Da un punto di vista di marketing, invece, il problema va impostato partendo dal mercato e risalendo verso lo stadio di produzione. In altri termini, si tratta di adottare un'ottica di *logistica di marketing*, secondo quanto descritto nella seguente situazione.[15]

> I consumatori tedeschi acquistano di solito bottiglie separate di bevande alcoliche. Un'impresa del settore decise di provare una confezione da sei bottiglie. I consumatori dimostrarono di apprezzare la nuova confezione, in quanto semplificava il rifornimento domestico. I rivenditori, a loro volta, apprezzarono il duplice vantaggio determinato dalla semplificazione delle operazioni logistiche e dallo sviluppo della domanda. Il produttore provvide a progettare confezioni idonee a essere collocate con facilità negli scaffali. Inoltre, vennero modificate le attrezzature impiegate per la produzione e la movimentazione delle confezioni da sei bottiglie. Come risultato di tutta l'operazione, la quota di mercato dell'impresa salì in modo considerevole.

20.3.2 L'obiettivo della distribuzione fisica

Molte imprese definiscono il proprio obiettivo in materia di distribuzione fisica in termini di *messa a disposizione dei prodotti giusti nel posto giusto, al tempo giusto e al minor costo possibile*. Purtroppo, questa definizione è insufficiente a stabilire delle pratiche linee d'azione.

Non esiste un sistema di distribuzione fisica che permetta di massimizzare il servizio reso alla clientela e, al tempo stesso, di minimizzare il costo di distribuzione. Un servizio ottimale per la clientela presuppone scorte elevate, trasporti celeri e una rete capillare di depositi. Tutto ciò contribuisce a elevare i costi in modo considerevole.

All'opposto, la riduzione dei costi ai minimi livelli può essere conseguita mantenendo le scorte a livelli assai ridotti, utilizzando sistemi di trasporto irregolari e poco veloci, impiegando uno scarso numero di depositi. L'efficienza della distribuzione fisica implica l'adozione di criteri che tengano conto di una molteplicità di aspetti. I diversi costi di distribuzione, infatti, interagiscono fra di loro spesso in modo inverso:

> Il responsabile del servizio trasporto tende a preferire il vettore ferroviario rispetto a quello aereo tutte le volte che ciò sia possibile. Ciò per l'evidente risparmio di costi. Tuttavia, essendo il trasporto per ferrovia assai più lento, ne deriva un maggior immobilizzo di capitale circolante, un allungamento dei tempi di pagamento, l'aumento del rischio di perdita di clienti che preferiscono un servizio di consegna più efficiente.
>
> Il servizio spedizioni tende a usare contenitori a basso costo, con il risultato di accrescere la percentuale delle merci danneggiate e, quindi, contestate e non pagate dai clienti.
>
> Il responsabile della gestione delle scorte punta a ridurre i costi del proprio servizio tenendo al minimo le giacenze medie. Da ciò consegue l'aumento delle rotture di scorte, degli ordini annullati, del lavoro amministrativo, delle serie straordinarie di produzione, delle spedizioni urgenti.

Il punto di partenza per definire le caratteristiche di un sistema di produzione fisica consiste nell'analisi di ciò che il cliente ricerca e di quanto offrono i concorrenti.

I clienti ricercano una consegna tempestiva, la possibilità di ottenere rifornimenti di emergenza, il ritiro dei prodotti difettosi e la loro sostituzione immediata, la disponibilità del fornitore a mantenere le scorte per conto degli acquirenti.

Per ognuno di questi servizi ricercati dal cliente occorre determinare il valore relativo. Per esempio, l'immediatezza della riparazione è fondamentale per l'utente di macchine per fotocopie. La Xerox ha quindi costruito la sua immagine sulla base del principio «rimettere in funzione una macchina ferma per guasto, localizzata in un punto qualsiasi degli Stati Uniti, nel giro di tre ore».

La realizzazione di questo elevato standard dell'intervento dell'assistenza tecnica ha però richiesto la costituzione da parte della Xerox di un servizio formato da diecimila addetti.

L'impresa deve inoltre prendere in considerazione gli standard di servizio offerti dalla concorrenza. Nella realtà, molte imprese si mantengono sugli stessi standard dei concorrenti, mentre altre praticano livelli di prezzo ridotti per servizi inferiori alla media, e altre ancora si comportano in modo opposto, con prezzi più elevati per un servizio assai affidabile. L'impresa deve infine definire gli obiettivi da porre al processo di pianificazione della distribuzione fisica. Per esempio, la Coca-Cola punta a «mettere una Coke a portata di mano del desiderio». In modo più specifico, gli standard da realizzare devono essere fissati per ogni singolo fattore. Ad esempio, un'impresa di elettrodomestici ha fissato i seguenti standard di servizio: consegnare almeno il 95% dei prodotti ordinati entro sette giorni dalla data di ricevimento dell'ordine, raggiungere un grado di accuratezza nell'evasione pari al 99%; rispondere alle richieste dei clienti relative allo stato di evasione di un ordine entro tre ore; assicurare che la percentuale di danneggiamento delle merci in transito non superi l'1%.

Dato un insieme di obiettivi della distribuzione fisica, l'impresa è in grado di definire un sistema che minimizzi il costo di raggiungimento degli stessi. Ogni possibile sistema di distribuzione fisica implica un costo totale esprimibile mediante la seguente equazione:

$$D = T + FM + VM + S \qquad [20\text{-}1]$$

dove:
D = costo totale di distribuzione;
T = costo totale di trasporto;
FM = costo fisso totale di magazzino;
VM = costo variabile totale di magazzino, incluse le scorte;
S = costo totale delle mancate vendite in relazione al tempo medio di consegna.

La definizione di un sistema di distribuzione fisica richiede l'analisi del costo di distribuzione associato alla varie alternative configurabili, onde poter individuare la soluzione che minimizza il costo complessivo.

Ove la determinazione del volume delle mancate vendite (S) si manifestasse difficoltosa, l'impresa dovrebbe puntare a minimizzare il costo di distribuzione ($T + FM + VM$) connesso al raggiungimento di un *livello obiettivo di servizio alla clientela*.

Prenderemo ora in esame alcune delle decisioni fondamentali concernenti:

1. Le modalità da seguire nella gestione degli ordini (*evasione ordini*).
2. La definizione delle aree da destinare alla conservazione delle scorte (*magazzinaggio*).
3. L'entità delle scorte di merci da mantenere disponibili per l'invio al cliente (*livello scorte*).
4. Le modalità di spedizione delle merci (*trasporto*).

20.3.3 La gestione della distribuzione fisica

L'evasione degli ordini. La distribuzione fisica ha inizio con un ordine d'acquisto da parte del cliente. Dopo i necessari controlli, l'ufficio evasione ordini compila un documento in più copie, ognuna delle quali dà luogo a una specifica operazione, dalla predisposizione delle merci alla loro spedizione, all'emissione delle fatture e così via. L'accuratezza e la speditezza del processo determina vantaggi sia per i clienti sia per l'impresa stessa.

A questo scopo, un'attenta analisi delle varie fasi del processo in questione può consentire di individuare molteplici possibilità di miglioramento. Alcuni dei punti principali da prendere in considerazione riguardano le operazioni successive al ricevimento di un ordine, gli accertamenti relativi al credito da concedere al cliente, il controllo della disponibilità delle merci, la predisposizione dei dati sull'andamento degli ordini.

Molte grandi imprese hanno proceduto ad automatizzare l'intera procedura di evasione degli ordini, con risultati positivi sotto tutti gli aspetti. L'impiego del computer, fra l'altro, consente di disporre di dati in tempo reale che permettono di accrescere a dismisura la capacità di controllo dell'intero processo, nonché di estendere il servizio reso al cliente, ad esempio, mediante l'invio di informazioni sullo stato d'avanzamento dell'evasione dell'ordine.

Il magazzinaggio. La conservazione delle merci destinate alla vendita è resa indispensabile dal fatto che assai raramente i cicli della domanda e della produzione coincidono. È classico in proposito il caso della produzione agricola, tipicamente stagionale, rispetto all'andamento della domanda pressoché uniforme nel tempo. La funzione di deposito è quindi volta a colmare il divario in termini di tempo e luogo esistente fra consumo e produzione.

L'impresa deve innanzitutto definire il numero delle località in cui mantenere le scorte dei prodotti finiti. Un maggior numero di località di deposito significa una maggiore rapidità nel servizio di consegna al cliente. Peraltro, a ciò corrisponde un maggior livello dei costi. Più o meno tutte le imprese di una certa dimensione mantengono parte dei prodotti presso lo stabilimento e parte in un certo numero di depositi periferici. L'impresa può scegliere se realizzare propri depositi, o avvalersi di depositi o magazzini di proprietà di altre imprese o istituzioni.

Sono ovviamente possibili anche soluzioni miste, basate su reti di depositi di proprietà sia dell'impresa sia di altre organizzazioni. Questi ultimi depositi possono essere di vario tipo, a seconda della specializzazione, del regime doganale, o altro. Ad esempio, esistono i magazzini frigoriferi, i magazzini fiduciari, le cantine sociali e così via. Inoltre, la struttura e l'organizzazione dei magazzini variano in modo considerevole a seconda che gli stessi siano impiegati per la *conservazione* o per il *transito* dei prodotti. Nel primo caso, il tempo di stoccaggio può essere anche piuttosto lungo, mentre nel secondo è assai contenuto.

I magazzini di transito sono soprattutto sviluppati nel settore della grande distribuzione e della vendita diretta. Ad esempio, le grandi imprese di vendita al dettaglio – come K-Mart negli Stati Uniti e il Gruppo Rinascente in Italia – dispongono di un certo numero di depositi regionali operanti come centri di smistamento delle merci consegnate direttamente dai fornitori o dal magazzino centrale dell'impresa fra i vari punti di vendita operanti nell'area servita. I centri in questione consentono di conseguire una molteplicità di obiettivi, dalla riduzione dei costi di trasporto alla tempestività e regolarità dei rifornimenti, al contenimento dei livelli delle scorte.

Il livello delle scorte. Come si è già avuto modo di rilevare, il livello delle scorte può costituire un importante fattore di sviluppo della soddisfazione del consumatore. Ed è per questa ragione che i responsabili del settore commerciale dell'impresa mostrano una spiccata predisposizione per livelli di scorta tali da consentire l'immediata evasione delle richieste della clientela.

I costi delle scorte, tuttavia, tendono a crescere in modo più che proporzionale rispetto all'incremento del livello di servizio reso al cliente. È pertanto necessario determinare quale sia il volume di vendite e profitti che giustifica un determinato livello delle scorte.

Le decisioni sulle scorte implicano la definizione del livello in corrispondenza del quale emettere l'ordine di rifornimento, o *punto di riordino*. Tale livello deve essere determinato in funzione del tempo di consegna dei prodotti che vengono ordinati, della domanda da parte dei clienti e dello standard di servizio che si desidera assicurare. Inoltre, se i tempi di consegna e la domanda sono variabili, occorre prevedere la costituzione di *scorte di sicurezza*. Il volume da ordinare dipende, oltre che dall'entità della domanda cui le scorte devono far fronte, anche dall'intervallo fra un periodo di rifornimento e il successivo. Una serie ravvicinata di punti di rifornimento implica una riduzione del volume degli ordini e, quindi, del livello medio delle scorte. Occorre quindi stabilire un equilibrato rapporto fra costi di ordinazione delle merci e costi di mantenimento a scorta delle stesse.

Nel caso delle imprese manifatturiere, ad esempio, il costo di ordinazione consiste dei *costi di lancio* della produzione e dei *costi di fabbricazione*. Se i costi di lancio sono bassi, l'impresa può effettuare numerose serie di produzione senza che il costo per unità prodotta si modifichi sensibilmente. Al contrario, nel caso di costi di lancio elevati, l'impresa può avere convenienza a effettuare serie di produzione più lunghe e mantenere scorte di prodotti finiti più elevate. Per quanto concerne i costi di mantenimento delle scorte, questi comprendono le spese di magazzinaggio, gli oneri finanziari sulle merci immobilizzate, le imposte e i canoni assicurativi e, infine, il deprezzamento e l'obsolescenza. I costi in questione possono raggiungere il 30% del valore delle scorte. Ciò significa che i manager di marketing i quali richiedono più elevati livelli di scorte devono dimostrare che l'assorbimento delle scorte è in grado di generare profitti addizionali sufficienti a coprire almeno l'incremento dei costi. Il quantitativo ottimale da ordinare può essere determinato esaminando l'andamento dei costi di ordinazione e di mantenimento delle scorte ai vari livelli che possono essere assunti dagli ordini.

Nella figura 20-5 viene illustrato come il costo di ordinazione per unità decresca con il numero delle unità ordinate, in quanto i costi comuni si distribuiscono su una base più ampia. Dal canto suo, il costo di mantenimento a scorta per unità aumenta con il numero delle unità

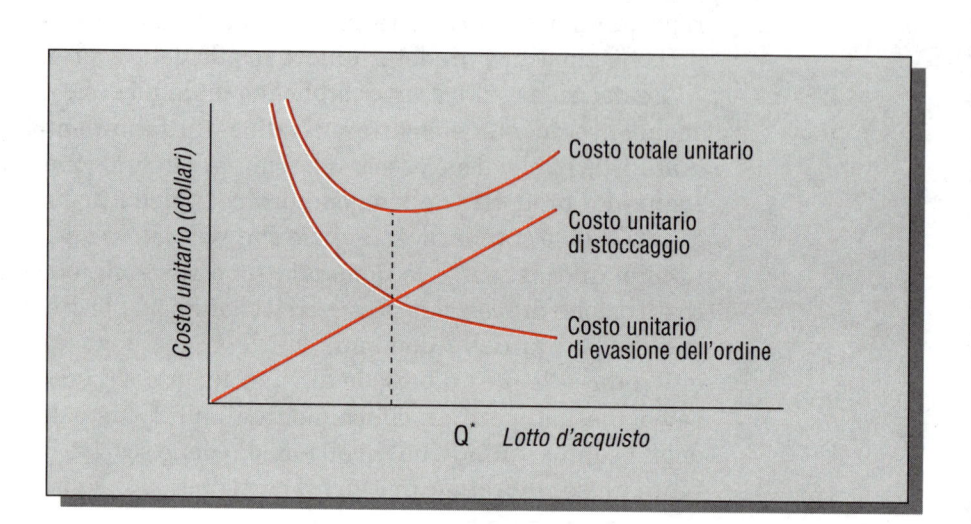

Figura 20-5 Determinazione del lotto d'acquisto ottimale

[Grafico: Costo unitario (dollari) in ordinata, Lotto d'acquisto in ascissa con Q segnato. Curve: Costo totale unitario, Costo unitario di stoccaggio, Costo unitario di evasione dell'ordine]*

ordinate, in quanto la permanenza di ogni unità in magazzino si allunga. Le due curve di costo si combinano in una curva del costo totale. Se dal punto più basso di tale curva si traccia una perpendicolare all'asse delle ascisse, è possibile individuare il lotto ottimale d'acquisto Q^*.[16]

Il trasporto. Gli operatori di marketing devono prestare attenzione ai problemi di trasporto dell'impresa. La scelta dei vettori ha una notevole influenza sul prezzo dei prodotti, sulle consegne e sullo stato della merce, tutti elementi influenzanti la soddisfazione del consumatore. I mezzi di trasporto che un'impresa può impiegare per far pervenire i prodotti ai propri depositi, agli intermediari e ai clienti sono così classificabili: trasporti ferroviari, trasporti per via d'acqua, trasporti su strada, trasporti tramite condutture, trasporti aerei.

Ferrovie. Rappresentano uno dei mezzi più economici per il trasporto delle merci ingombranti e di basso valore unitario – carbone, sabbia, minerali, prodotti agricoli e forestali – per lunghi percorsi. Le tariffe per il trasporto ferroviario sono piuttosto complesse. Il livello minimo è raggiunto allorquando si impiegano carri completi. È per questo che le imprese industriali cercano di effettuare spedizioni il cui volume consenta di impiegare uno o più carri ferroviari.

Negli anni recenti, dopo un lungo declino del trasporto ferroviario, si è andata affermando una visione più equilibrata dei sistemi di trasporto, con una prospettiva di recupero di volumi di traffico delle ferrovie rispetto agli autotrasporti. Va sottolineato, tuttavia, che l'effettivo concretizzarsi di tale prospettiva dipenderà in misura rilevante dal miglioramento del trasporto su rotaia e dall'orientamento al mercato delle aziende ferroviarie.

Trasporti marittimi. L'importanza degli stessi non ha certo bisogno di essere sottolineata: essi sono assai poco costosi per tutte le merci di basso valore unitario, ingombranti e non deperibili, come cereali, minerali, petrolio, ecc. Si tratta, peraltro, della forma di trasporto più lenta e spesso soggetta alle condizioni climatiche.

Trasporti su strada. Costituiscono la forma di trasporto che ha visto crescere maggiormente la propria importanza relativa. L'autotrasporto, infatti, è assai flessibile sotto il profilo dei tempi, dei percorsi e dei quantitativi trasportati. Mediante automezzi è possibile effettuare le consegne direttamente al cliente, aumentando così la qualità del servizio reso. È per questo che tale forma di trasporto è generalmente preferita per carichi limitati e per prodotti ad alto valore. Inoltre, le tariffe degli autotrasportatori sono frequentemente competitive nei confronti delle ferrovie per la maggior rapidità ed efficienza del servizio.

Trasporto mediante conduttura (*pipeline*). Può essere impiegato nel caso di materie prime quali il petrolio, il metano, il carbone, e di alcuni prodotti chimici. Il trasporto del petrolio a mezzo oleodotti è meno costoso rispetto a quello ferroviario o stradale, mentre non è altrettanto vantaggioso rispetto a quello per via d'acqua. Il trasporto a mezzo di condutture viene in genere effettuato dai produttori mediante proprie reti di distribuzione, anche se spesso queste possono essere impiegate per conto di terzi.

Trasporto per via aerea. Tale mezzo di trasporto ha, per ora, una modesta importanza, pur mostrando una tendenza allo sviluppo, particolarmente per le merci pregiate o deperibili e le lunghe distanze.

Nella scelta dei mezzi di trasporto per uno specifico prodotto occorre tenere conto della velocità, della frequenza, dell'affidabilità, della capacità, della disponibilità e, infine, del costo. Se il fattore di scelta determinante è costituito dalla velocità, verranno presi in considerazione vettori aerei o "su gomma".

Se il costo ha un ruolo fondamentale, ci si orienterà verso il trasporto marittimo o mediante condutture. Nel complesso, l'autotrasporto costituisce il mezzo più efficiente per una molteplicità di settori e situazioni.

Fra i vari aspetti evolutivi in atto nel campo del trasporto, occorre prendere in considerazione il contemporaneo impiego di mezzi diversi. Ciò è reso possibile dal diffondersi dell'uso dei *container*, cioè di cassoni in cui sono poste le merci, idonei a essere trasferiti da un mezzo all'altro mediante speciali attrezzature.

Si sono andate così sviluppando forme specifiche in relazione alle combinazioni di mezzi impiegati, quali il *piggyback*, basato sull'uso di carri ferroviari e rimorchi stradali, il *fishyback*, costituito dalla combinazione di trasporti su acqua e su strada, il *trainship*, risultante dall'integrazione di trasporti ferroviari e per via d'acqua, e, infine, l'*airtruck*, consistente nell'integrazione del trasporto aereo con quello stradale. Ogni sistema di trasporto coordinato tende a sommare i vantaggi specifici delle singole forme, riducendo al minimo gli svantaggi.

Ad esempio, il *piggyback* costa meno del solo trasporto stradale, e nel contempo risulta essere flessibile e abbastanza rapido. Fra le decisioni in materia di trasporti rientra anche la scelta fra il dotarsi di un proprio sistema di trasporti e il ricorrere ai servizi di imprese e organismi specializzati, eventualmente mediante una forma contrattuale a lungo termine o di appalto.

Le decisioni in materia di trasporti devono prendere in considerazione le molteplici e complesse alternative fra i vari sistemi di trasporto e le relative implicazioni sugli altri elementi del processo distributivo, quali il magazzinaggio e il livello delle scorte. Infine, occorre tener conto dell'evoluzione tecnologica in materia di trasporti e procedere pertanto a periodiche analisi dei costi delle varie soluzioni disponibili, alla ricerca di una struttura ottimale del sistema di distribuzione fisica.

La responsabilità organizzativa della distribuzione fisica. Da quanto sin qui esposto risulta chiara la necessità che le decisioni in materia di magazzinaggio, livello delle scorte e trasporti siano accuratamente coordinate. In un numero sempre più ampio di imprese operano comitati permanenti formati dai responsabili dei servizi direttamente o indirettamente coinvolti nel processo di distribuzione fisica. Il comitato in questione si riunisce periodicamente per definire politiche in grado di sviluppare l'efficienza complessiva del processo suddetto.

In taluni casi è stata creata la funzione di direttore centrale per la distribuzione fisica, il quale fa capo al responsabile del marketing o della produzione, se non addirittura al direttore generale.

La collocazione organizzativa del servizio distribuzione fisica costituisce un punto di secondaria importanza. Ciò che realmente conta è l'efficace coordinamento da parte dell'impresa delle proprie attività di distribuzione fisica e di marketing, al fine di determinare un elevato grado di soddisfazione del mercato a un costo ragionevole.

Note

[1] Per ulteriori elementi sulla distribuzione in Italia, si vedano le seguenti pubblicazioni: Giancarlo Ravazzi, *Il sistema della distribuzione commerciale*, Isedi, Torino; Aldo Spranzi, *La distribuzione commerciale. Economia del commercio e politica commerciale*, Franco Angeli, Milano 1992; Luca Pellegrini, "I rapporti industria-distribuzione nel contesto italiano", ibidem, pp. 399-431; Gianpiero Lugli, "Rapporti innovativi tra produzione e distribuzione", in *L'impresa*, n. 4, 1991, pp. 5-14. Si vedano anche le riviste *Trade Marketing* e *Commercio* edite da Franco Angeli. Infine, per una panoramica della situazione europea, si veda Remo Linda, *La distribuzione commerciale in Europa*, Etas Libri, Milano 1989.

[2] Sul ciclo di vita del dettaglio, si veda William R. Davidson, Albert D. Bates e Stephen J. Bass, "Retail Life Cycle", in *Harvard Business Review*, novembre-dicembre 1976, pp. 89-96.

[3] Una prima formulazione del concetto di ruota del dettaglio si deve a Malcolm P. McNair, "Significant Trends and Developments in the Postwar Period", in A. B. Smith (a cura di), *Competitive Distribution in a Free, High-Level Economy and Its Implication for the University*, University of Pittsburgh Press, Pittsburgh 1958, pp. 1-25 e Stanley C. Hollander, "The Wheel of Retailing", in *Journal of Marketing*, luglio 1960, pp. 37-42. Si veda anche Enrico Colla, *Gli ipermercati*, Etas Libri, Milano 1992, pp. 19-22.

[4] Con il termine di *merchandising* si fa riferimento all'attività che un'impresa commerciale o industriale svolge allo scopo di promuovere le vendite una volta che la merce abbia raggiunto il punto di vendita. Sono esempio di tali atti-

vità l'esposizione, gli sconti, le offerte speciali, la distribuzione di materiale promozionale.

[5] E. Colla, *Gli ipermercati*, p. 165.

[6] Ibidem, pp. 156-158.

[7] Sullo stretto rapporto intercorrente fra l'evoluzione e la diffusione delle tecnologie dell'informazione e della comunicazione (*teleinformatica* o, più brevemente, *telematica*) e l'innovazione dei processi distributivi, si veda Marco Gambaro, *Tecnologie dell'informazione e diffusione dell'innovazione del commercio*, Etas Libri, Milano 1992.

[8] Ronald R. Gist, *Marketing and Society: Text and Cases*, Dryden Press, Hinsdale 1974, p. 334.

[9] Per ulteriori approfondimenti sulla formula di affiliazione applicata dalla McDonald's, si veda il caso corrispondente incluso in P. Kotler, J. B. Clark e W. G. Scott (a cura di), *Marketing Management. Casi*, Isedi, Torino 1992, pp. 296-324. Sempre in tale testo, si veda il caso Benetton e la relativa strategia di affiliazione commerciale (pp. 1-19).

[10] Per ulteriori elementi, si veda l'opera citata di E. Colla, nonché Remo Linda, *La distribuzione commerciale in Europa,* op. cit.

[11] Lawrence H. Wortzel, "Retailing Strategies for Today's Marketplace", in *Journal of Business Strategy*, primavera 1987, pp. 45-56.

[12] In questo quadro possono essere collocate le tecniche note come *Direct Product Profitability* (DPP), volte a porre rimedio all'inadeguatezza dei tradizionali metodi di determinazione della redditività di un prodotto basati sul margine lordo. Mediante il metodo DPP, l'impresa di distribuzione è in grado di misurare i costi diretti associati alla gestione di un prodotto, dal momento in cui esso perviene al magazzino a quello in cui viene consegnato all'acquirente. In tal modo, l'impresa è in grado di individuare le modalità di sviluppo della produttività complessiva della propria "gestione merci". Per ulteriori approfondimenti, si veda Gianpiero Lugli, "DPC/DPP: un nuovo strumento per gestire il rapporto tra industria e distribuzione nel grocery", in AA.VV., *Scritti in onore di Luigi Guatri*, Edizioni Bocconi Comunicazione, Milano 1988, vol. II, pp. 891-910.

[13] Per un approfondimento di questi temi si vedano, oltre alle opere già citate di Enrico Colla e Marco Gambaro, le seguenti: Eleanor G. May, William Ress e Walter J. Salmon, *Future Trends in Retailing*, Marketing Science Institute, Cambridge 1985; e Louis W. Stern e Adel I. El-Ansary, *Marketing Channels*, Prentice-Hall, Englewood Cliffs 1988.

[14] Arthur Andersen & Co., *Facing the Forces of Change: Beyond Future Trends in Wholesale Distribution*, Distribution Research and Education Foundation, Washington 1987, p. 7.

15 In proposito, si vedano Claudio Ferrozzi, James Heskett e Roy Shapiro, *Logistica e strategia*, Isedi, Torino 1987, nonché Massimo Boario, Martino De Martini e Gian Maria Gros-Pietro (a cura di), *Manuale di Logistica*, Utet, Torino 1992.

16 La quantità ottimale da ordinare è data dalla formula $Q^* = 2DS/IC$, dove D = domanda annua, S = costo unitario di evasione dell'ordine e IC = costo unitario di stoccaggio. Nota come la formula per la determinazione del lotto economico, essa presuppone la costanza dei costi di effettuazione degli ordini, che il costo di stoccaggio di un'unità addizionale rimanga costante, che la domanda sia nota e che non vi siano sconti di quantità.

Capitolo 21

Le decisioni relative alla comunicazione e alla promozione commerciale

La gente non compra più la scarpe per tenere i piedi caldi e all'asciutto. Le compra per sentirsi, secondo i casi, virile, femminile, rude, diversa, raffinata, giovane, affascinante, "in". L'acquisto di un paio di scarpe è diventato un'esperienza emotiva. Oggi il nostro settore vende, più che scarpe, emozioni.

Francis C. Rooney

Il marketing moderno richiede molto di più che sviluppare un buon prodotto, dargli un prezzo corretto e interessante e metterlo a disposizione della propria clientela. Le imprese, infatti, devono anche comunicare con i propri consumatori e sono inevitabilmente investite dei ruoli di comunicatore e promotore.

Ciò che si vuole comunicare, comunque, non va lasciato al caso. Le imprese, pertanto, si avvalgono di agenzie di pubblicità per mettere a punto annunci efficaci, di specialisti della promozione vendite per definire programmi di incentivazione delle vendite e di studi di pubbliche relazioni per curare l'immagine aziendale. Vengono inoltre realizzati programmi di formazione del personale di vendita, finalizzati a migliorarne le capacità professionali e di relazione. Per la maggior parte delle imprese il problema non è se comunicare o no, ma quanto e come investire nella comunicazione. Un'impresa moderna si trova a gestire un sistema complesso di comunicazioni di marketing: le comunicazioni, infatti, sono rivolte agli intermediari, ai consumatori e ai diversi tipi di pubblico. Gli intermediari, a loro volta, comunicano con i consumatori e con i diversi tipi di pubblico. I consumatori sviluppano una fitta rete di comunicazioni orali e informali fra loro e con altri gruppi, e nello stesso tempo ogni gruppo fornisce comunicazioni a tutti gli altri.

Il mix della comunicazione di marketing (anche chiamato mix promozionale) è formato da quattro componenti fondamentali:

- **Pubblicità**. Qualsiasi forma di presentazione e promozione impersonale di idee, beni o servizi da parte di un promotore ben identificato, effettuata dietro compenso.
- **Promozione vendite**. Comprende gli incentivi di breve periodo volti a incoraggiare gli acquisti o le vendite di prodotti e servizi.
- **Pubbliche relazioni**. Molteplicità di iniziative volte a migliorare, mantenere o proteggere l'immagine di un'azienda o di un prodotto.
- **Vendita personale**. È costituita dalla presentazione orale effettuata durante una conversazione con uno o più acquirenti potenziali, allo scopo di realizzare delle vendite.[1]

All'interno di queste tipologie è possibile individuare molteplici strumenti specifici di comunicazione, del tipo di quelli riportati nella tavola 21-1. Se questi possono essere considerati gli strumenti formali tipici della comunicazione, quest'ultima, tuttavia, va al di là degli stessi. L'aspetto del prodotto, il prezzo, le caratteristiche e il colore della confezione, il comportamento e l'abbigliamento del personale di vendita, tutto comunica in qualche modo con l'acquirente. È l'intero marketing-mix – e non solo il mix promozionale propriamente detto – che deve essere concepito in modo da ottenere il massimo impatto possibile in termini di comunicazione.

Questo capitolo prende in esame tre problemi principali:

- Come opera la comunicazione?
- Quali sono le fasi principali nello sviluppo di una comunicazione di marketing efficace?
- A chi compete la pianificazione in questo campo?

Tavola 21-1 Alcuni esempi di strumenti promozionali

Pubblicità	Promozione vendite	Pubbliche relazioni	Vendita personale
Annunci stampa e radiotelevisivi	Concorsi a premi, lotterie, gare di vendita	Rassegne stampa	Presentazioni di vendita
Elementi esterni della confezione	Offerte e vendite speciali	Conferenze	Riunioni e convegni di vendita
Elementi interni della confezione	Campioni gratuiti	Seminari e convegni	Telemarketing
Pubblicità postale	Fiere, mostre ed esposizioni	Relazioni di bilancio	Programmi di incentivi
Cataloghi	Dimostrazioni	Contributi per opere assistenziali e di pubblico interesse	Campionari e altro materiale per i venditori
Film pubblicitari	Buoni sconto	Sponsorizzazioni	Fiere, mostre ed esposizioni
Riviste aziendali	Buoni premio	Pubblicazioni	
Opuscoli e pieghevoli	Liquidazioni	Relazioni con la comunità	
Manifesti e locandine	Agevolazioni di pagamento		
Annuari	Sopravvalutazione dell'usato		
Affissioni stradali	Raccolta di punti e figurine		
Materiale espositivo	Spettacoli		
Audiovisivi			
Simboli e immagini			

21.1 Il processo di comunicazione

Per gli operatori di marketing è indispensabile conoscere come si svolge la comunicazione. Secondo Lasswell, un modello di comunicazione deve rispondere alle seguenti domande: (1) chi; (2) dice che cosa; (3) attraverso quale canale; (4) a chi; (5) con quale effetto.[2] Nel corso degli anni è stato sviluppato il modello a nove elementi illustrato nella figura 21-1. Due sono gli elementi fondamentali del processo comunicativo: il *comunicatore* (o fonte) e il *ricevente*. Due altri elementi costituiscono gli strumenti fondamentali della comunicazione: il *messaggio* e il *mezzo*. Le principali funzioni della comunicazione sono quattro: la *codifica*, la *decodifica*, la *risposta* e la *retroazione* o *feedback*. L'ultimo elemento è dato dal *rumore* del sistema. Questi elementi possono essere così definiti:

- **Comunicatore** (o *fonte*, o *emittente*): chi emette il messaggio nei confronti di un altro soggetto.
- **Codifica**: il processo che riguarda la trasformazione del pensiero in forma simbolica.
- **Messaggio**: l'insieme di simboli che il comunicatore trasmette.
- **Mezzo** (o *media*): i canali di comunicazione attraverso i quali il messaggio passa dalla fonte al ricevente.

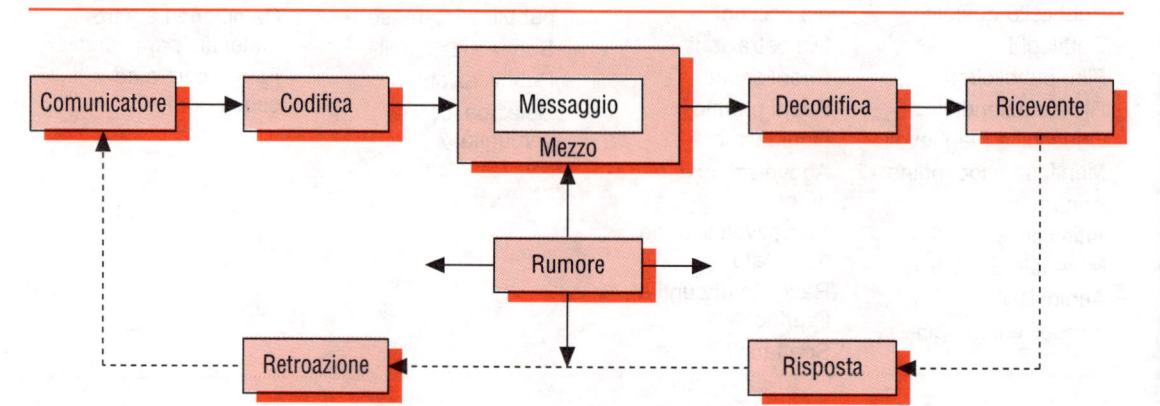

Figura 21-1 Elementi del processo di comunicazione

- **Decodifica**: il processo mediante il quale chi riceve dà significato ai simboli trasmessi dalla fonte.
- **Ricevente** (o *audience*, o *destinatario*): chi riceve il messaggio inviato da altri.
- **Risposta**: l'insieme di reazioni che il ricevente ha dopo essere stato esposto al messaggio.
- **Retroazione** (o *feedback*): la parte di risposta che chi riceve rimanda alla fonte.
- **Rumore**: distorsione non pianificata che si manifesta durante il processo di comunicazione, per cui al ricevente arriva un messaggio diverso da quello emesso dalla fonte.

Il modello sottolinea i fattori chiave per un'efficace comunicazione. Chi comunica deve sapere a quale pubblico si vuole riferire e quali risposte vuole ottenere. Inoltre, nel codificare il messaggio, deve valutare come il proprio pubblico lo decodificherà e tenerne debito conto. Il messaggio deve essere trasmesso utilizzando mezzi efficienti, in grado di raggiungere il pubblico obiettivo. Occorre, infine, sviluppare i canali lungo i quali possa fluire l'informazione di ritorno (feedback) in modo che il mittente possa conoscere la risposta al messaggio da parte del ricevente.

Perché un messaggio risulti efficace, il processo di codifica di chi lo spedisce deve, quindi, adattarsi al processo di decodifica del ricevente. Schramm considera il messaggio essenzialmente come un insieme di segni che devono essere familiari a chi li riceve. Più il campo di esperienza della fonte si sovrappone a quello del ricevente, più è probabile che il messaggio risulti efficace: «la fonte può codificare, e il destinatario decodificare, esclusivamente sulla base della propria esperienza individuale».[3]

Ciò rappresenta una difficoltà quando chi appartiene a un certo strato sociale, per esempio gli esperti di pubblicità, vuole comunicare efficacemente con un altro, per esempio i lavoratori dell'industria.

Compito della fonte è di far arrivare il proprio messaggio al ricevente nel modo corretto. Nell'ambiente esiste un notevole rumore: per esempio, ognuno di noi è esposto a centinaia di annunci pubblicitari al giorno, senza contare tutte le altre cose a cui prestiamo attenzione. Chi fa parte di una certa audience può non ricevere nella forma prevista il messaggio rivoltogli per uno dei tre seguenti fenomeni. Il primo è l'*attenzione selettiva*, per cui un individuo non è in grado di tener conto di tutte le cose che si svolgono intorno a lui; il secondo è la *distorsione selettiva*, per cui un individuo modifica il messaggio in arrivo per adattarlo alle proprie aspettative e desideri; il terzo è il *ricordo selettivo*, che permette di ritenere solo una minima parte dei messaggi percepiti.

Chi riceve un messaggio ha un insieme di atteggiamenti che lo portano ad avere certe aspettative su quanto potrà ascoltare o vedere: ciò lo condurrà effettivamente a notare con maggiore facilità proprio quello che rientra nel suo sistema di credenze. Il risultato è che spesso al messaggio sono aggiunti contenuti che in realtà non vi sono (*amplificazione del messaggio*), mentre non vengono notate cose che invece vi sono (*livellamento del messaggio*). Compito di chi comunica è di riuscire a predisporre un messaggio semplice, chiaro, interessante e tale da poter essere ripetuto più volte in modo da assolvere ai requisiti richiesti.

Chi comunica, inoltre, deve cercare di far arrivare il messaggio nella memoria a lungo termine di chi riceve, dove vengono conservate tutte le informazioni ricevute. Nell'entrare in questa memoria, le informazioni possono modificare atteggiamenti e credenze di chi le riceve. Prima, però, l'informazione deve essere recepita dalla memoria a breve termine, che ha la capacità di trattenere un numero molto limitato delle informazioni in arrivo. Il fatto che il messaggio transiti dalla memoria a breve termine a quella a lungo termine dipende dalla capacità di richiamo del messaggio da parte del ricevente. Il richiamo di un messaggio non si riferisce semplicemente alla ripetizione reale dello stesso, ma alla rielaborazione da parte del ricevente del significato dell'informazione, in modo che le considerazioni presenti nella memoria a breve termine passino in quella a lungo termine.

Cartwright ha così chiarito quali sono le condizioni necessarie perché un messaggio sia in grado di influire sul comportamento di una persona:[4]

1. Il "messaggio" (si tratti di informazioni, fatti o di qualunque altra cosa) deve raggiungere gli organi sensoriali dell'individuo da influenzare.
2. A questo punto, il messaggio deve essere accettato come parte della struttura cognitiva dell'individuo.
3. Per indurre ad accettare un certo comportamento a livello di massa, questo deve essere considerato come un mezzo per conseguire gli obiettivi già condivisi dagli individui.
4. Per determinare un certo comportamento, è necessario che un appropriato sistema cognitivo e motivazionale abbia il controllo della persona e delle sue azioni in un particolare momento.

21.2 Le fasi dello sviluppo di una comunicazione efficace

Esamineremo ora le principali fasi dello sviluppo di un programma di comunicazione e promozione. Chi comunica nel campo del marketing deve: (1) identificare il proprio pubblico obiettivo; (2) determinare gli obiettivi della comunicazione; (3) elaborare il messaggio; (4) scegliere i canali per la comunicazione; (5) sviluppare e definire il budget totale per la promozione; (6) decidere il mix promozionale; (7) misurarne i risultati; e (8) gestire e coordinare l'intero processo della comunicazione di marketing.

21.2.1 L'identificazione del pubblico obiettivo

Una comunicazione di marketing presuppone una chiara definizione del pubblico obiettivo. Questo può essere rappresentato dagli acquirenti potenziali di un certo prodotto, dagli utilizzatori e consumatori attuali, da chi decide l'acquisto o da chi per qualche verso l'influenza; può quindi essere rappresentato da individui, gruppi, pubblici particolari o dal pubblico nel suo insieme.

Il tipo particolare di pubblico cui chi comunica intende rivolgersi influenzerà il *contenuto* della comunicazione, il *modo* con cui questa è svolta, il *momento* in cui effettuarla, il *luogo* in cui proporla e il *soggetto* da scegliere per la comunicazione stessa.

Analisi dell'immagine. Buona parte degli studi sull'audience è volta a individuare, valutare e misurare l'immagine che questa ha dell'impresa, dei suoi prodotti e della concorrenza. Come abbiamo già visto, gli atteggiamenti dell'individuo e il suo comportamento in relazione a un certo oggetto sono strettamente condizionati dal sistema di *opinioni e credenze* che questo possiede. *L'immagine è l'insieme di opinioni e atteggiamenti che una persona ha in riferimento a qualcosa.*

È possibile – dopo un'attenta analisi mediante l'utilizzo di tecniche di ricerca quali il differenziale semantico[5] – sviluppare il profilo dell'*immagine ideale* in contrapposizione a quello dell'*immagine attuale*. Supponiamo che un ospedale desideri migliorare la propria immagine presso il pubblico in termini di qualità dell'assistenza medica, umanità del rapporto e così via, senza voler arrivare alla perfezione, dato che la struttura ha limiti precisi. L'immagine desiderata deve essere coerente con la realtà e le risorse presenti nella struttura.

Ogni aspetto dell'immagine va a questo punto rivisto alla luce delle seguenti domande:

- Quale contributo può derivare al miglioramento generale dell'immagine operando su un aspetto particolare?
- Quale strategia (intesa come combinazione di mutamenti strutturali e organizzativi, nonché di comunicazione) può consentire di eliminare la negatività dell'immagine?
- Quale potrebbe essere il costo di tale strategia?
- Quanto tempo potrebbe richiedere un intervento del genere?

Un'organizzazione che miri a modificare la propria immagine non deve attendersi risultati immediati. L'immagine è difficile da modificare e spesso perdura anche dopo che la realtà è effettivamente cambiata. La persistenza dell'immagine può essere spiegata ricordando che quando l'individuo arriva ad avere una certa immagine di qualcosa, le nuove informazioni in proposito subiranno l'influenza del processo di percezione selettiva. Egli, pertanto, tenderà a vedere ciò che si aspetta di vedere. Può essere perciò necessario un elevato numero di stimoli contrari per far sorgere qualche dubbio e aprire la strada a nuove informazioni. Una certa immagine può quindi godere di vita propria ed essere slegata dalla realtà dei fatti, soprattutto quando è difficile disporre di esperienze dirette in grado di render conto dei mutamenti intervenuti.

21.2.2 La determinazione degli obiettivi di comunicazione

Una volta che il pubblico obiettivo e le sue caratteristiche siano state definite, gli operatori della comunicazione devono determinare quale risposta si intende ottenere dal pubblico in questione. La risposta definitiva consiste, naturalmente, nell'acquisto del bene, ma questo è il risultato finale di un lungo processo decisionale del consumatore. È quindi necessario capire come portare il proprio pubblico obiettivo dalla posizione in cui si trova a un livello di maggior propensione all'acquisto.

L'operatore di marketing può cercare di ottenere una risposta *cognitiva*, *affettiva* o *comportamentale* presso la propria audience. In altre parole, può cercare di ispirare nuove idee ai consumatori, modificare il loro atteggiamento o portarli a compiere determinate azioni. Anche in questo caso è possibile individuare diverse fasi nel comportamento di risposta del consumatore. La figura 21-2 illustra i quattro più noti *modelli di gerarchia delle risposte*.

Secondo il *modello AIDA* l'acquirente passa attraverso le fasi dell'attenzione, dell'interesse, del desiderio e dell'azione. Il modello della *gerarchia degli effetti* prende in considerazione le fasi della consapevolezza, della conoscenza, del gradimento, della preferenza, della convinzione e dell'acquisto.

Figura 21-2 Modelli gerarchici di risposta

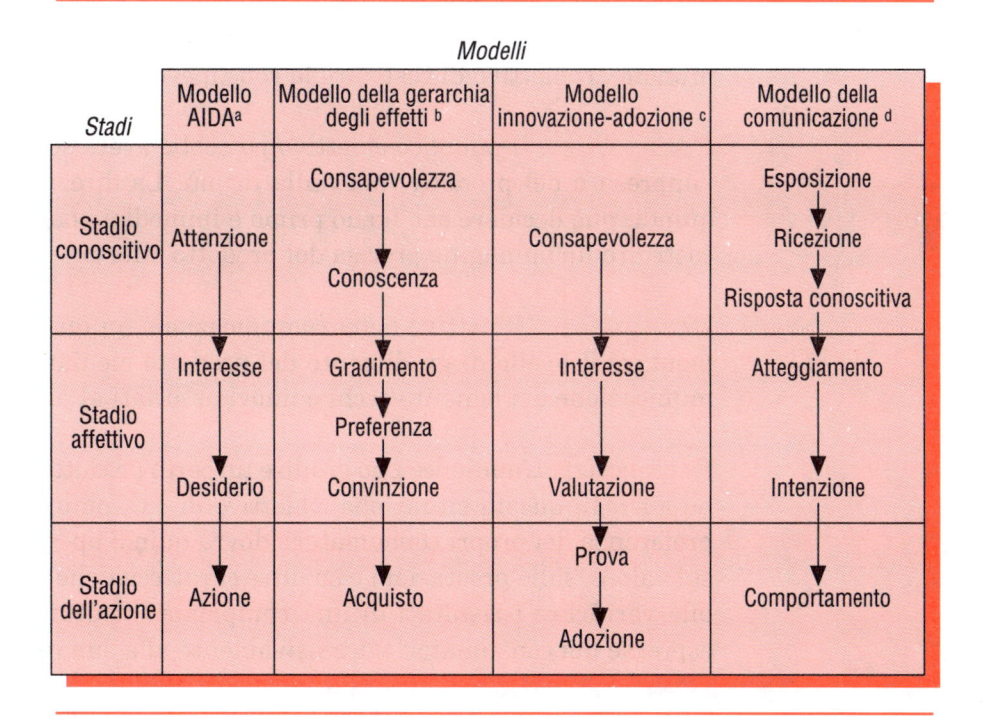

Stadi	Modello AIDA [a]	Modello della gerarchia degli effetti [b]	Modello innovazione-adozione [c]	Modello della comunicazione [d]
Stadio conoscitivo	Attenzione	Consapevolezza ↓ Conoscenza	Consapevolezza	Esposizione ↓ Ricezione ↓ Risposta conoscitiva
Stadio affettivo	Interesse ↓ Desiderio	Gradimento ↓ Preferenza ↓ Convinzione	Interesse ↓ Valutazione	Atteggiamento ↓ Intenzione
Stadio dell'azione	Azione	Acquisto	Prova ↓ Adozione	Comportamento

Fonti: [a] E.K. Strong, *The Psychology of Selling*, McGraw-Hill, New York 1925, p. 9; [b] Robert J. Lavidge e Gary Steiner, "A Model of Predictive Measurements of Advertising Effectiveness", in *Journal of Marketing*, ottobre 1961, p. 61; [c] Everett M. Rogers, *Diffusion of Innovations*, Free Press, New York 1983, pp. 79-86; [d] Pubblicazioni diverse.

Il modello *innovazione-adozione* comprende le fasi della consapevolezza, dell'interesse, della valutazione, della prova e dell'adozione. Il modello della *comunicazione*, invece, le fasi dell'esposizione, della ricezione, della risposta conoscitiva, dell'atteggiamento, dell'intenzione e del comportamento.

Molte delle differenze rilevabili fra i diversi modelli sono di ordine semantico. Tutti presuppongono che l'acquirente passi attraverso una fase cognitiva, una fase affettiva e una fase comportamentale, nell'ordine. Utilizzeremo il modello della gerarchia degli effetti e descriveremo ciascuno dei *sei stadi di disponibilità dell'acquirente: consapevolezza, conoscenza, gradimento, preferenza, convinzione* e *acquisto*.

Consapevolezza. Se la maggior parte del pubblico cui ci si riferisce non conosce l'oggetto della comunicazione, l'obiettivo immediato di questa è di realizzare la consapevolezza, anche solo a livello di notorietà del nome. Questo può ottenersi attraverso la ripetizione di messaggi molto semplici in cui il nome venga ripetuto più volte. Anche così, comunque, l'obiettivo di costruire la consapevolezza richiede tempo.

Conoscenza. Il pubblico obiettivo potrebbe avere sentito parlare dell'impresa o del prodotto, ma nulla di più. La direzione dell'impresa, quindi, può decidere che il suo primo e immediato obiettivo è quello di costruire un'immagine precisa del prodotto offerto.

Gradimento. Obiettivo della comunicazione, in questo caso, è incrementare il livello di gradimento del prodotto mediante un'attenta comunicazione dei benefit vecchi e nuovi associati al prodotto stesso.

Preferenza. L'audience può gradire un certo prodotto, ma poi preferirne altri. In questa situazione, obiettivo di chi comunica è ottenere la preferenza dei propri consumatori: dovrà quindi operare sulla qualità, sul valore, sulle prestazioni e su altre caratteristiche del bene. È possibile verificare i risultati di una campagna misurando le preferenze espresse dai consumatori successivamente alla sua realizzazione.

Convinzione. Un certo pubblico può arrivare a preferire un certo bene, senza tuttavia essere convinto della sua opportunità o necessità. In questo caso, naturalmente, l'obiettivo di chi comunica è consolidare questa convinzione.

Acquisto. Una parte del pubblico obiettivo può essere pervenuta alla convinzione che un certo bene o servizio possegga consistenti elementi di utilità, ma non è detto che abbia ancora deciso di acquistarlo. Può aspettare di avere informazioni ulteriori, può decidere di rimandare l'acquisto a un successivo momento o altro. In questo caso, l'impresa ha il problema di stimolare i potenziali acquirenti a effettuare l'acquisto. A questo scopo, possono risultare utili iniziative promozionali quali l'offerta di prodotti a prezzi ridotti per un periodo limitato di tempo, oppure la distribuzione di campioni gratuiti, oppure altre forme volte a superare le residue incertezze dei consumatori.

21.2.3 La definizione del messaggio

Dopo aver deciso quale risposta si desidera ottenere dal proprio pubblico, chi comunica è in grado di occuparsi della definizione del messaggio. Un messaggio ideale dovrebbe essere in grado di attirare l'*attenzione*, mantenere l'*interesse*, sollecitare il *desiderio* e indurre il consumatore all'*azione* (secondo il modello AIDA). Anche se in realtà una minima parte dei messaggi ha un obiettivo così ampio, lo schema AIDA è utile per evidenziare le qualità che teoricamente un messaggio dovrebbe avere.

Il processo di formulazione di un messaggio richiede la risoluzione di quattro problemi: che cosa dire (*contenuto* del messaggio), come esprimerlo in modo logico (*struttura* del messaggio), come confermarlo a livello simbolico (*formato* del messaggio), e chi dovrebbe dirlo (*fonte* del messaggio).

Contenuto del messaggio. Chi comunica deve decidere che cosa dire all'audience obiettivo per ottenere di ritorno la risposta desiderata. Ciò è stato chiamato di volta in volta *richiamo*, o *appeal*, *tema centrale*, *idea* o *proposizione principale di vendita* (PPV). Si tratta di procedere alla formulazione di uno specifico vantaggio, o motivazione, o identificazione, o ragione per cui l'audience dovrebbe fare o pensare qualcosa di specifico. È possibile distinguere fra tre tipi di richiamo.

I *richiami razionali* fanno riferimento a ciò che interessa l'audience e mostrano l'effettiva capacità del prodotto di fornire i vantaggi funzionali attribuitigli. In quest'ambito rientrano i messaggi che dimostrano la qualità del prodotto, la sua economicità, il valore e le prestazioni. È convinzione diffusa che gli acquirenti industriali rispondano maggiormente alle sollecitazioni di tipo razionale: conoscono bene la classe di prodotto nella quale il bene di cui si parla si trova, sono abituati a riconoscerne il valore e sono responsabili verso altri delle scelte fatte. Si ritiene che anche i consumatori, nell'acquisto di beni importanti, raccolgano molte informazioni, confrontino attentamente le alternative a disposizione e rispondano particolarmente a richiami relativi alla qualità, al prezzo e alle prestazioni di questi prodotti.

I *richiami emozionali* cercano di suscitare e stimolare emozioni di segno positivo o negativo in grado di motivare l'acquisto. Chi comunica ha via via utilizzato la paura, il senso di colpa e di vergogna, per convincere i consumatori ad adottare certi comportamenti desiderati (per esempio, lavarsi i denti abitualmente o fare un controllo medico ogni anno) o a rinunciare a comportamenti errati (per esempio fumare o bere troppo, usare la droga o mangiare troppo). I richiami che si basano sulla paura possono risultare efficaci, ma fino a un certo punto: se, infatti, i destinatari prevedono dalle prime parole o immagini di essere sottoposti a una tensione eccessiva, in genere preferiscono evitare di prestare attenzione alla comunicazione. Chi comunica utilizza naturalmente anche richiami emotivi di senso positivo, come l'umorismo, l'amore, l'orgoglio e la gioia. Non vi sono comunque, per il momento, dati definitivi che indichino che un messaggio di tono umoristico sia, per esempio, necessariamente più efficace di una versione più diretta dello stesso. Il messagio spiritoso, probabilmente, attira maggiormente l'attenzione e crea un atteggiamento di simpatia e fiducia nello sponsor, ma può anche sviare l'attenzione di chi lo riceve.[6]

I *richiami morali* sono diretti al senso di giustizia dell'audience. Sono spesso utilizzati in favore di cause sociali, come la pulizia dell'ambiente, lo sviluppo di migliori relazioni fra razze diverse, la parità di diritti uomo-donna e l'aiuto ai meno abbienti.

Struttura del messaggio. L'efficacia di un messaggio dipende tanto dalla forma e dalla struttura quanto dal contenuto. Una ricerca svolta da Hovland a Yale[7] ha contribuito a chiarire il peso di alcuni aspetti strutturali, quali l'esplicitazione delle conclusioni, le argomentazioni a due dimensioni e l'ordine di presentazione degli argomenti.

Per quanto riguarda l'*esplicitazione delle conclusioni* del messaggio, il problema sta nello stabilire se è meglio che a esprimerle sia il comunicatore, oppure se convenga lasciarle all'interpretazione del pubblico.

Una conclusione troppo esplicita può limitare l'ambito di accettazione di un nuovo prodotto. Se la Ford avesse insistito troppo apertamente sul fatto che la Mustang era destinata ai giovani, ciò avrebbe potuto tener lontani gli acquirenti di altre fasce di età potenzialmente interessati a questa vettura.

Una certa *ambiguità nello stimolo* può permettere una più ampia definizione del mercato e un uso più spontaneo di determinati prodotti. L'esplicitazione delle conclusioni sembra essere più appropriata nel caso di prodotti specializzati o complessi, dove è da prevedersi una modalità di utilizzo unica e chiara.

L'argomentazione a due dimensioni (o bidimensionale o pro-contro) pone la questione se chi comunica debba solo elogiare il prodotto o anche presentarne i limiti. La risposta non è né chiara, né definita. Alcuni dati tratti dell'esperienza sono riportati qui di seguito:[8]

- I messaggi a una dimensione funzionano meglio con audience già ben disposte verso il punto di vista di chi comunica, mentre le argomentazioni pro-contro sono indicate soprattutto per audience sfavorevolmente orientate.
- I messaggi a due dimensioni tendono a essere più efficaci con audience a livelli di istruzioni più alti.
- I messaggi a due dimensioni tendono a essere più efficaci con audience potenzialmente esposte a pubblicità contraria.

L'ordine di presentazione degli argomenti solleva la questione se sia meglio presentare l'argomentazione principale all'inizio o alla fine del messaggio. Nel caso di un messaggio a una dimensione, la presentazione all'inizio ha il vantaggio di fissare l'attenzione e l'interesse di chi è esposto. Questo è importante nei giornali o in altri mezzi, dove è facile che chi legge non assimili tutto il messaggio. Comunque, questo significa una presentazione senza "colore". Quando l'audience è già "catturata", una presentazione attenta all'atmosfera può avere risultati migliori. Nel caso di un messaggio a due dimensioni, il problema è capire se gli aspetti positivi vanno presentati per primi o per ultimi. Se l'audience è inizialmente contraria, è meglio che il comunicato inizi con l'argomentazione contraria. Ciò disarma l'audience e permette di concludere con l'argomentazione più forte. Nessuno dei due approcci risulta comunque essere migliore in tutte le situazioni, ed è pertanto necessario disporre di ulteriori conoscenze.

Forma del messaggio. Chi comunica deve impostare il messaggio in modo che anche la forma risulti efficace. In un annuncio stampato, chi comunica deve decidere lo *headline* (titolo), il *copy* (testo), le illustrazioni e il colore. Per attirare l'attenzione, i pubblicitari utilizzano tecniche quali la *novità* e il *contrasto*, l'*interruzione di figure e testi*, i *formati insoliti*, la *dimensione* e *posizione* del messaggio, il *colore*, la *forma* e il *movimento*.[9] Se il messaggio viene trasmesso per radio, chi comunica deve scegliere con grande attenzione le parole, la voce (in termini di velocità e ritmo del discorso, di tono e d'articolazione) e la vocalizzazione (pause, sospiri, sbadigli). Il tono e l'insieme dei suoni in un annuncio che parla di automobili usate deve essere diverso da quello che fa riferimento a un materasso di qualità. Se il messaggio viene preparato per la televisione, allora, oltre a tutti questi elementi, va preso in considerazione anche l'aspetto relativo all'espressione del corpo (segni non verbali). I presentatori devono prestare attenzione all'espressione del viso, al modo di gestire, all'abbigliamento, alla posizione e alla pettinatura. Se il messaggio è espresso dal prodotto e dalla confezione, bisogna fare attenzione al colore, agli aspetti tattili, al profumo e alla forma.

Fonte del messaggio. L'impatto del messaggio sull'audience è, poi, influenzato dal modo in cui viene percepita la fonte della comunicazione. Messaggi inviati da fonti altamente credibili risultano più persuasivi: le imprese farmaceutiche, per esempio, si avvalgono nella pubblicità di medici che fungono da testimoni per le loro specialità, in quanto questi hanno una credibilità elevata. Le organizzazioni di lotta contro la droga impiegheranno ex drogati per spiegare agli studenti, con l'autorità che deriva dall'esperienza, i pericoli associati all'uso della droga. Le imprese si avvarranno, quindi, per trasmettere i propri messaggi, di personaggi noti, in grado di attirare l'attenzione, come atleti, giornalisti, attori.

Ma che cosa sta alla base della credibilità della fonte? I tre fattori in genere citati sono la competenza professionale, l'attendibilità e la simpatia che la fonte è in grado di suscitare.[10] La *competenza professionale* fa riferimento alla conoscenza specialistica che chi comunica si ritiene possegga e che è anteriore al messaggio. Medici, scienziati e professori universitari raggiungono livelli elevati di competenza nei propri settori specifici. L'*attendibilità* è proporzionale a quanto la fonte viene ritenuta obiettiva e onesta. Gli amici sono in genere ritenuti più attendibili della gente che non si conosce o dei venditori. La *simpatia* fa riferimento agli aspetti della fonte che possono essere emotivamente attraenti per l'audience. Caratteristiche quali il candore, l'umorismo e la spontaneità possono rendere più simpatica una fonte. La fonte più credibile, dunque, è una persona che possiede a livelli elevati queste tre caratteristiche.

21.2.4 La scelta dei canali di comunicazione

Chi comunica deve selezionare canali di comunicazione efficaci per sostenere il messaggio. È possibile distinguere fra due tipologie, i canali *personali* e quelli *non personali*.

Canali di comunicazione personali. Prevedono due o più persone che comunicano direttamente fra loro. La comunicazione può svolgersi faccia a faccia, fra una persona e il pubblico, per via telefonica, attraverso la televisione o anche sotto forma di corrispondenza personale. I canali di comunicazione personali derivano la loro efficacia dall'opportunità che le persone hanno di interagire e di verificare la reazione ai vari messaggi.

Un'ulteriore distinzione può essere fatta fra i canali di comunicazione di parte, degli esperti e sociali. Il *canale di parte* è formato dal personale di vendita che contatta gli acquirenti compresi nel mercato obiettivo. Il *canale degli esperti* è costituito dalle persone che, detenendo una specifica competenza, comunicano in modo indipendente al mercato. I *canali sociali* sono dati dai vicini, dagli amici, dai colleghi, dai familiari più o meno prossimi che parlano ai potenziali acquirenti. Nel caso di quest'ultimo canale si determina la cosiddetta *influenza orale*, ritenuta come la maggiormente dotata di capacità persuasiva in molti campi.

L'influenza personale ha grande peso soprattutto nelle seguenti situazioni:

- **Il prodotto è costoso, l'acquisto è considerato per certi versi rischioso e viene effettuato molto raramente.** In questa situazione l'acquirente è alla ricerca di informazioni nella misura maggiore possibile. È probabile, quindi, che non giudichi sufficienti le informazioni fornite dai mezzi di massa e cerchi l'opinione di fonti per cui ha stima e fiducia.

- **Il prodotto ha uno spiccato carattere sociale.** Prodotti come l'auto, l'abbigliamento, o anche la birra e le sigarette, presentano una differenziazione notevole in termini di marca, la cui scelta evidenzia lo *status* del consumatore o il suo gusto. In questo caso, dunque, è probabile che vengano preferite le marche più accettate dal proprio gruppo di appartenenza o di riferimento.

Le imprese possono intraprendere diverse iniziative per sollecitare a loro favore i canali di influenza personale. Possono: (1) identificare individui o imprese in grado di avere influenza e concentrare su di loro gli sforzi; (2) creare leader di opinione fornendo il prodotto a particolari persone a condizioni determinate; (3) lavorare con l'appoggio di chi è in grado di influenzare la comunità, come medici, giornalisti, esponenti di scuole o di organizzazioni femminili; (4) utilizzare persone influenti "come testimoni della pubblicità"; (5) sviluppare messaggi pubblicitari che diventino elementi di conversazione.[11]

Canali di comunicazione non personali. Sono costituiti dai mezzi che trasmettono i messaggi senza alcun contatto personale né possibilità di verifica del loro impatto. I canali di questo tipo comprendono i mezzi di massa e quelli selettivi, nonché tutte quelle forme di comunicazione che contribuiscono a formare l'immagine. I *mezzi di massa e selettivi* comprendono i mezzi stampa (quotidiani, giornali, direct mail); i mezzi elettronici (radio, televisione), e i mezzi espositivi (cartelli esterni, insegne, manifesti). I mezzi di massa sono rivolti a un pubblico ampio, spesso non differenziato; i mezzi selettivi sono invece volti a pubblici specialistici. Occorre poi considerare le forme di comunicazione impersonali, mediante le quali è possibile creare un'*atmosfera*, cioè una situazione ambientale la quale determina o rafforza l'orientamento dell'acquirente verso un determinato prodotto o servizio. Le banche, ad esempio, annettono molta importanza allo stile e all'arredamento dei locali aperti al pubblico, in quanto sanno bene quanto ciò sia importante per la clientela.[12]

Altre forme di comunicazione di questo genere sono costituite dagli *eventi*, cioè da quelle situazioni predisposte allo scopo di comunicare determinati messaggi al cliente. Ne costituiscono esempio le conferenze stampa o le manifestazioni che i servizi di pubbliche relazioni organizzano in particolari momenti in cui occorre conseguire un rilevante grado di attenzione presso un pubblico specifico.

Anche se la comunicazione personale è spesso più efficace di quella di massa, quest'ultima rimane, tutto sommato, il mezzo fondamentale per stimolare quella personale. La comunicazione di massa influenza gli atteggiamenti e il comportamento individuale attraverso un *processo di comunicazione a due stadi*: «Le idee spesso passano dalla radio e dalla stampa ai leader d'opinione e da questi ai gruppi meno innovatori della popolazione».[13]

Questo flusso di comunicazione ha numerose implicazioni. In primo luogo, l'influenza dei mass media sull'opinione pubblica non è così diretta, potente e automatica come in genere si crede. Risulta infatti mediata dai *leader d'opinione*, persone che appartengono ai gruppi di riferimento e le cui opinioni e scelte sono attentamente seguite in una o più aree di prodotti. I leader d'opinione sono più esposti ai mass media di coloro che influenzano. Dal momento che essi portano i messaggi a quanti sono meno esposti, sono in grado di estendere l'influenza dei mezzi di comunicazione di massa, ma anche di alterare i messaggi in questione e, addirittura, di non permetterne il passaggio: in questo senso possono operare come dei *filtri* (*gate keeper*). In secondo luogo, questa ipotesi è opposta all'opinione in base alla quale gli stili di consumo sono principalmente influenzati dall'"effetto di *trickle-down*" dalle classi sociali superiori a quelle inferiori.[14] Al contrario, gli individui sembrano interagire soprattutto all'interno della propria classe sociale e acquisire modelli e idee da persone ritenute simili e considerate come leader d'opinione.

Una terza implicazione è che chi imposta la comunicazione di massa otterrà un livello maggiore di efficacia indirizzando il messaggio direttamente ai leader d'opinione e mettendoli in grado di trasmettere il messaggio agli altri. Per esempio, agiscono in questa logica le imprese farmaceutiche, allorquando promuovono le nuove specialità nei confronti dei medici più affermati.

21.2.5 La definizione dello stanziamento promozionale totale

Una delle decisioni più difficili che le imprese devono assumere riguarda la dimensione dello stanziamento promozionale complessivo.

Non sorprende che le imprese investano nei modi più diversi in pubblicità. La spesa promozionale può rappresentare dal 30 al 50% delle vendite nell'industria cosmetica, e solo il 10 o il 20% nel settore dei macchinari industriali. All'interno di uno stesso settore, poi, è possibile trovare imprese che investono poco o molto. La Philip Morris, per esempio, spende molto: quando acquisì la Miller Brewing, e poi la Seven-Up, incrementò in modo sostanziale le spese promozionali totali, con il risultato di un aumento di quota di mercato dal 4 al 19% in pochi anni.

Come vengono decise le spese pubblicitarie? Esamineremo ora quattro metodologie fra le più usate, utili per decidere l'investimento totale e la sua composizione interna.[15]

Metodo del "disponibile o residuale". Le imprese possono definire la dimensione dello stanziamento pubblicitario in funzione delle condizioni economiche e finanziarie. Il limite economico, secondo questo procedimento, è segnato dal reddito; ossia la stanziamento pubblicitario non dovrebbe superare una certa quota del reddito lordo che si presume realizzabile nel periodo in esame. Il limite finanziario è segnato, invece, dall'attitudine dell'azienda a sopportare la spesa, senza che da ciò derivi un'alterazione dell'equilibrio finanziario.

Con questo metodo non si valuta l'impatto dell'investimento promozionale sui volumi di vendite. Lo stanziamento è fissato in modo incerto e fluttuante e questo rende difficile una pianificazione di mercato nel lungo periodo.

Metodo della "percentuale sulle vendite". Molte imprese decidono di ancorare l'investimento pubblicitario a determinate percentuali delle vendite (attuali o previste) o del prezzo di vendita.

Questo metodo sembra presentare numerosi vantaggi. In primo luogo, il metodo della percentuale sulle vendite presuppone che le spese promozionali siano variabili in funzione di quanto l'impresa può "permettersi" di investire. Questo soddisfa i dirigenti, i quali ritengono che le spese debbano costantemente essere in stretta relazione con l'andamento dei profitti aziendali e del ciclo economico. In secondo luogo, questo metodo incoraggia le direzioni delle imprese a pensare in termini di relazione fra costo della pubblicità, prezzo di vendita e profitto unitario. In terzo luogo, il metodo tende a favorire una certa stabilità concorrenziale, dal momento che le imprese di uno stesso settore si trovano a spendere in promozione una stessa percentuale del loro fatturato.

Malgrado questi vantaggi, il metodo della percentuale delle vendite è scarsamente difendibile a livello teorico. Tale metodo, infatti, si basa su un ragionamento circolare, in quanto assume le vendite come causa della promozione, piuttosto che come effetto di questa. Ciò porta a una definizione degli investimenti nel settore basata sulla disponibilità di risorse finanziarie, più che sull'individuazione di opportunità. Scoraggia, inoltre, la sperimentazione di azioni pubblicitarie volte a contenere il fenomeno della ciclicità dei consumi o di tipo particolarmente aggressivo. Il fatto, poi, che lo stanziamento pubblicitario sia fatto dipendere dalle fluttuazioni annuali delle vendite contrasta con la possibilità di impostare una pianificazione della comunicazione nel lungo periodo. Il metodo non fornisce altra base logica per la scelta di una determinata percentuale tranne che l'esperienza passata e le decisioni dei concorrenti. Infine, non incoraggia una definizione dell'investimento in promozione che tenga nel debito conto le caratteristiche di ogni prodotto e le aree di diffusione di questo.

Metodo della "parità competitiva". Diverse imprese, poi, stabiliscono gli stanziamenti promozionali in funzione dell'obiettivo di mantenersi alla pari con la concorrenza.

Le argomentazioni a favore di questo approccio sono sostanzialmente due: secondo la prima, le spese dei concorrenti rappresentano ciò che potremmo definire la cultura collettiva del settore. Secondo l'altra argomentazione, il fatto di mantenere una parità competitiva evita il rischio di guerre pubblicitarie.

Nessuna delle due argomentazioni è valida. Non vi sono motivi, infatti, per ritenere a priori che i concorrenti abbiano conoscenze migliori delle nostre per determinare quanto va investito nella promozione. Inoltre, immagine, risorse, opportunità e obiettivi delle altre imprese possono essere così diversi e particolari che difficilmente gli stanziamenti pubblicitari decisi da queste possono essere presi a modello da un'altra impresa. Inoltre, nulla prova che gli stanziamenti basati sulla ricerca della parità competitiva riescano effettivamente a evitare l'insorgere di guerre pubblicitarie nel settore.

Metodo "dell'obiettivo da conseguire". Con questo metodo lo stanziamento promozionale viene definito mediante una procedura a tre fasi, la quale prevede la specificazione degli obiettivi della comunicazione, l'individuazione delle operazioni che devono essere svolte per raggiungere tali obiettivi e la stima dei costi di queste operazioni. La somma di questi costi costituisce lo stanziamento promozionale cercato.

Un esempio di applicazione di questo metodo è fornito da un lavoro di Ule, relativo al lancio di un nuovo tipo di sigarette con filtro, le Sputnik (nome fittizio).[16] Le fasi individuate sono state:

1. **Definizione della quota di mercato da raggiungere.** L'impresa definisce tale quota nell'8% del mercato. Dato che vi sono 50 milioni di fumatori, ciò significa acquisire 4 milioni di fumatori.
2. **Determinazione della percentuale del mercato che deve essere raggiunta dalla pubblicità della Sputnik.** L'impresa punta a raggiungere con la propria pubblicità l'80% del mercato totale, ossia 40 milioni di fumatori.
3. **Determinazione della percentuale di fumatori a conoscenza della marca che devono essere portati a provare la marca stessa.** L'ufficio pubblicità sarebbe soddisfatto se il 25% dei fumatori toccati dalla pubblicità, 10 milioni di individui, provasse la Sputnik. Questo valore è fissato sulla base dell'ipotesi che circa il 40% degli acquirenti per prova passino a un consumo regolare (ossia 4 milioni di persone). Questo è l'obiettivo di mercato.
4. **Determinazione del numero di "contatti pubblicitari" necessari per ottenere un tasso di prova dell'1%.** Si stima che 40 esposizioni al messaggio (contatti) per ogni punto percentuale della popolazione possano determinare circa il 25% di acquisti prova.
5. **Determinazione del numero di unità di esposizione ponderate da acquistare.** L'unità di esposizione ponderata è costituita da un'esposizione all'1% della popolazione obiettivo. Dato che l'impresa mira a ottenere 40 esposizioni per l'80% della popolazione, dovrà pianificare l'acquisto di 3.200 unità di esposizione.
6. **Determinazione dello stanziamento pubblicitario necessario sulla base del costo medio di acquisto di un'unità di esposizione ponderata.** Ammettiamo che l'esporre l'1% della popolazione obiettivo a un contatto costi in media 3.277 dollari. Pertanto, 3.200 esposizioni ponderate costeranno 10 milioni e 486.400 dollari (pari a 3.277 dollari e 3.200) nell'anno di introduzione.

Questo approccio presenta il vantaggio di obbligare la direzione a esplicitare le ipotesi utilizzate sulle relazioni fra ammontare della spesa, livelli di esposizione, tassi di prova e di adozione del nuovo prodotto.

La determinazione del peso che la promozione deve avere nell'ambito del marketing-mix (rispetto al miglioramento del prodotto, alla diminuzione del prezzo, all'aumento del servizio, e così via) è legata a fattori quali la posizione del prodotto nel ciclo di vita, il grado di differenziazione, le modalità di acquisto, la frequenza d'uso, e altri ancora. In teoria, l'investimento promozionale dovrebbe essere fissato nel punto in cui il profitto marginale dell'ultima lira spesa in promozione eguaglia il profitto marginale derivante dall'ultima lira utilizzata in altre aree non promozionali. Tuttavia, l'applicazione di questo principio, in sé chiaro, presenta non poche difficoltà.

21.2.6 La definizione del mix promozionale

A questo punto le imprese devono risolvere il problema di come suddividere l'investimento totale attribuito alla promozione fra i quattro strumenti principali: la pubblicità, la promozione vendite, le pubbliche relazioni e la forza di vendita. Anche all'interno di uno stesso settore industriale, è possibile rilevare notevoli differenze sotto questo aspetto. Nel settore cosmetici, per esempio, la Avon concentra le spese promozionali sulla vendita personale (la pubblicità rappresenta solo l'1,5% delle vendite), mentre la Revlon investe prevalentemente in pubblicità (circa il 7% delle vendite). Nel settore degli aspirapolvere, l'Electrolux investe massicciamente nelle vendite porta-a-porta, mentre la Hoover si basa di più sulla pubblicità. I livelli di vendita stabiliti, dunque, possono essere raggiunti con combinazioni diverse di pubblicità, vendita personale, promozione vendite e pubbliche relazioni.

Le imprese sono alla continua ricerca delle combinazioni più efficaci e modificano il peso attribuito ai diversi elementi promozionali non appena la loro efficacia relativa subisce cambiamenti. Numerose imprese hanno sostituito l'attività di vendita diretta con le campagne pubblicitarie, il direct mailing e la vendita telefonica. Molte imprese hanno incrementato le spese nella promozione vendite rispetto alla pubblicità per ottenere risultati di vendita più rapidi. L'alto grado di sostituibilità applicata ai vari strumenti promozionali chiarisce il motivo per cui le funzioni di marketing devono essere coordinate in modo centralizzato, all'interno di un unico organismo preposto al marketing.

La scelta della combinazione ottimale diviene ancora più complicata nel caso in cui uno strumento possa venire utilizzato per promuoverne un altro. Così, quando la McDonald's decide di immettere una nuova linea di prodotti nei propri ristoranti fast-food, deve prevedere delle serie di annunci sui quotidiani per informare il pubblico. Quando la Star lancia una campagna pubblicitaria e una serie parallela di iniziative promozionali a sostegno di un nuovo preparato per sughi, deve anche prevedere una contemporanea campagna diretta agli intermediari, per ottenere l'appoggio dei punti di vendita.

Molti fattori, dunque, influenzano la scelta della combinazione degli strumenti promozionali.

Natura dei diversi strumenti promozionali. Ogni strumento promozionale – pubblicità, vendita personale, promozione vendite e pubbliche relazioni – presenta caratteristiche proprie e una struttura di costi particolare. Gli operatori di marketing devono tenerne conto nell'effettuare il processo di scelta.

Pubblicità. Data la varietà di forme che la pubblicità può presentare e la molteplicità dei settori di applicazione, è difficile avanzare generalizzazioni onnicomprensive sulle sue caratteristiche distintive in quanto elemento della combinazione degli strumenti promozionali. È comunque possibile individuare le seguenti caratteristiche:

- **Presentazione pubblica**. La pubblicità è uno strumento di comunicazione che si dirige alla massa del pubblico. La sua natura pubblica conferisce quindi al prodotto una sorta di legittimazione, e nello stesso tempo suggerisce un tipo di offerta standardizzato. Dal momento che molte persone ricevono il medesimo messaggio, chi acquista sa che le motivazioni che determinano la sua scelta saranno note a tutti.
- **Persuasività**. La pubblicità è un mezzo penetrante, che rende possibile la ripetizione del messaggio da parte di chi vende e permette all'acquirente di ricevere e confrontare i comunicati dei vari concorrenti. La pubblicità su larga scala attuata da un'impresa costituisce di per sé un'informazione positiva sulla dimensione, sulla popolarità e sul successo dell'impresa stessa.
- **Espressività amplificata**. La pubblicità fornisce molteplici opportunità per presentare in modo marcato un'impresa e i suoi prodotti mediante l'uso opportuno della stampa, del suono e del colore. Talvolta, tuttavia, proprio il successo del messaggio a livello espressivo finisce con l'indebolire la forza della comunicazione o distogliere l'attenzione da essa.
- **Impersonalità**. La pubblicità, comunque, non può essere così decisiva in termini di stimolo all'acquisto quanto il venditore dell'impresa, poi-

ché il pubblico non si sente obbligato a prestare attenzione o a rispondere. La pubblicità non è in grado di impostare un dialogo con il proprio pubblico, ma solo un monologo.[17]

La pubblicità rappresenta in sé un mezzo molto efficace e adatto per raggiungere acquirenti numerosi e dispersi a livello geografico, mantenendo contenuto il costo unitario di esposizione. Alcune forme di pubblicità, come quella televisiva, possono richiedere un investimento notevole, mentre altre forme, come la pubblicità sui quotidiani, ne richiedono uno più contenuto.

Vendita personale. La vendita personale rappresenta lo strumento promozionale più efficace in certi momenti del processo di acquisto, in particolare nel determinare le preferenze, la convinzione e la decisione d'acquisto del consumatore.

Ciò è possibile soprattutto per tre caratteristiche distinte della vendita personale:

- **Confronto personale**. La vendita personale crea un rapporto vivo, immediato e interattivo tra due o più persone. Ciascuna delle due parti è in grado di osservare direttamente le caratteristiche e i bisogni dell'altra, nonché di adattarvisi immediatamente.
- **Preparazione del terreno**. La vendita personale permette la nascita di relazioni di ogni genere, dal rapporto di vendita puro e semplice fino a rapporti di profonda amicizia. I venditori più capaci cercheranno di norma di perseguire l'interesse del cliente, unica condizione che permette di impostare un rapporto veramente stabile.
- **Risposta**. La vendita personale crea una sensazione di impegno nell'acquirente per aver ascoltato direttamente il venditore. Il cliente potenziale ha dunque una forte motivazione a prestare attenzione e a fornire una risposta, anche se questa si limita a un educato "grazie".[18]

Promozione vendite. Anche se gli strumenti utilizzati nella promozione vendite rappresentano un insieme eterogeneo – buoni sconto, concorsi, vendite speciali e simili –, essi hanno alcune caratteristiche comuni che li differenziano dagli altri:

- **Comunicazione**. Attirano l'attenzione e in genere forniscono informazioni che possono invogliare il consumatore all'acquisto.

- **Incentivazione**. Hanno sempre in sé qualche elemento di stimolo e allettamento che accresce il valore del prodotto agli occhi del consumatore.
- **Invito**. In essi vi è anche un invito preciso che stimola l'acquisto immediato.

Le imprese utilizzano la promozione vendite per ottenere una risposta in termini di acquisto più consistente e immediata. Questo strumento può essere utilizzato per arricchire l'offerta e per dare impulso all'acquisto di prova. Le offerte promozionali sono, in genere, di breve durata e non sono finalizzate a creare una preferenza di marca duratura.

Pubbliche relazioni. La capacità d'attrazione delle pubbliche relazioni è fondata su tre qualità distintive:

- **Alta credibilità**. Notizie e comunicati sembrano più autentici e credibili ai lettori rispetto agli annunci pubblicitari veri e propri.
- **Superamento delle difese**. Le pubbliche relazioni possono raggiungere quei potenziali acquirenti che sono in qualche misura refrattari al personale di vendita e alla pubblicità. Il messaggio infatti è preparato in modo da sembrare una notizia, piuttosto che una comunicazione commerciale in senso stretto.
- **Drammatizzazione**. Le pubbliche relazioni, come la pubblicità, hanno la capacità di attirare l'attenzione su un'impresa o su un prodotto.

Fattori di definizione del mix promozionale. Le imprese tengono conto di numerosi elementi nella definizione del proprio mix promozionale. I principali sono illustrati qui di seguito.

Tipologia del mercato. L'efficacia degli strumenti promozionali è diversa nel mercato dei beni di consumo e nel mercato dei beni industriali. Le imprese di beni di consumo normalmente investono soprattutto in pubblicità, e in percentuale via via minore in promozione vendite, vendita personale e, da ultimo, nelle pubbliche relazioni. Nel mercato dei beni industriali, al contrario, i maggiori investimenti si hanno nella vendita personale, seguita dalla promozione vendite, dalla pubblicità e dalle pubbliche relazioni. In genere, poi, la vendita personale riceve maggiore attenzione nel caso di beni costosi o ad acquisto percepito come rischioso e in mercati in cui esistono tendenzialmente poche imprese di dimensioni rilevanti (quindi, nel mercato dei beni industriali).

Malgrado la pubblicità sia, nei mercati industriali, meno importante dei contatti diretti del venditore, essa gioca comunque un ruolo significativo. In particolare, può svolgere le seguenti funzioni:

- **Creazione della consapevolezza**. Clienti potenziali che non hanno mai sentito parlare dell'impresa o del prodotto possono scartare a priori la visita di un rappresentante di vendita. Inoltre, il venditore in questi casi deve impiegare molto tempo a spiegare le caratteristiche generali dell'impresa o del prodotto.
- **Creazione della comprensione**. Se il prodotto rappresenta qualcosa di veramente innovativo, parte del compito di pura spiegazione può essere svolto in modo efficace dalla pubblicità.
- **Efficacia del ricordo**. Se il cliente potenziale conosce il prodotto, ma non è pronto all'acquisto, un annuncio pubblicitario che glielo ricordi in seguito può risultare molto più economico di una visita personale.
- **Generazione di informazioni**. Gli annunci pubblicitari che contengono tagliandi da restituire possono rappresentare per il personale di vendita un mezzo efficace per ottenere informazioni sui clienti potenziali.
- **Legittimazione**. I venditori sono soliti usare le pagine pubblicitarie relative alla propria impresa per conferirle un segno di legittimazione.
- **Rassicurazione**. La pubblicità può ricordare ai clienti l'uso corretto del prodotto e operare da elemento di rassicurazione sull'acquisto fatto.[19]

La scelta fra strategia d'impulso e di attrazione. Il mix promozionale è notevolmente influenzato dal fatto che l'impresa scelga una *strategia d'impulso* (*push*), oppure una *strategia di attrazione* (*pull*) nello sviluppo delle vendite.

Le due alternative sono illustrate nella figura 21-3. Una strategia d'impulso prevede che siano la forza di vendita e la promozione commerciale a "spingere" il prodotto attraverso i canali fino al consumatore. Una strategia di attrazione prevede investimenti massicci nella pubblicità e nella promozione verso i consumatori, onde sollecitarne la domanda.

Se la strategia funziona, sono i consumatori stessi che chiedono il prodotto nel punto di vendita, i dettaglianti che lo ordinano ai grossisti, e questi che si riforniscono presso l'impresa produttrice. Le imprese si comportano in modo diverso nei confronti delle due alternative. Per esempio, l'Unilever applica principalmente la strategia d'impulso, mentre la Procter & Gamble preferisce quella di attrazione.

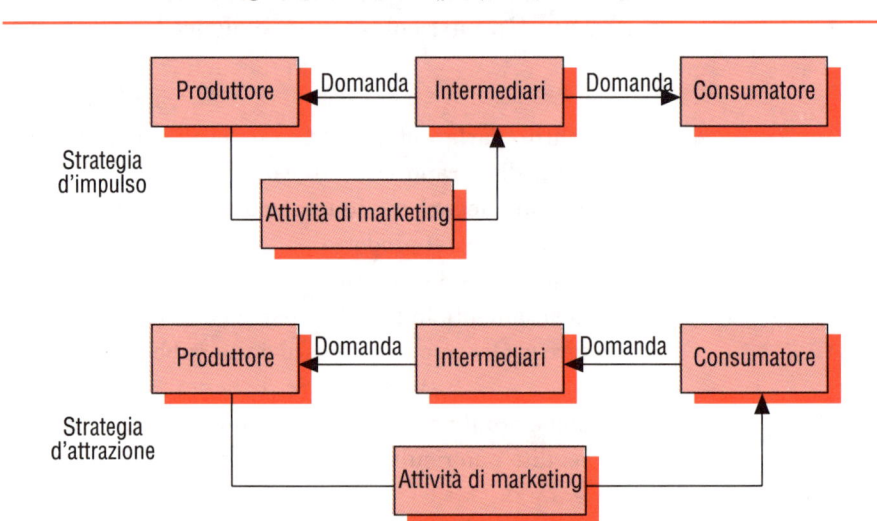

Figura 21-3 Confronto tra strategia d'impulso (push) e strategia d'attrazione (pull)

Stadio di disponibilità dell'acquirente. Il rapporto costo-efficacia ottenuto dai diversi strumenti promozionali varia in funzione dei diversi stadi di disponibilità in cui si trova chi deve effettuare l'acquisto. La figura 21-4 illustra l'efficacia relativa dei quattro elementi del mix promozionale.

La pubblicità, unitamente alle pubbliche relazioni, gioca il ruolo più importante nello stadio della consapevolezza, senza dubbio maggiore di quello svolto dalle "visite a freddo" operate dal venditore. Il livello di comprensione da parte del consumatore è in primo luogo determinato dal suo grado di istruzione, mentre la pubblicità e la vendita personale svolgono un ruolo secondario.

La convinzione del consumatore è influenzata soprattutto dalla vendita personale, seguita da vicino dalla pubblicità. Infine, la conclusione dell'acquisto è funzione soprattutto della vendita personale. Dato il costo, la vendita personale dovrebbe essere concentrata soprattutto nelle ultime fasi del processo di acquisto del consumatore.

Stadio del ciclo di vita del prodotto. Gli strumenti promozionali hanno efficacia diversa a seconda della posizione del prodotto nel ciclo di vita (si veda la figura 21-5). Nello stadio di introduzione, la pubblicità e le pubbliche relazioni permettono di ottenere elevati livelli di consapevolezza del prodotto a un costo sufficientemente limitato, mentre la promozione è utile per determinare i primi acquisti di prova. La vendita personale è relativamente costosa, anche se è necessario utilizzarla per poter conseguire la collaborazione degli intermediari.

Nello stadio di crescita, la pubblicità e le pubbliche relazioni continuano a essere fondamentali, mentre la promozione può venire ridotta, dal momento che la necessità di stimolare le vendite risulta notevolmente diminuita.

Nello stadio della maturità, la vendita promozionale acquista via via importanza rispetto alla pubblicità: chi acquista ormai conosce il prodotto e alla comunicazione pubblicitaria spetta solo il compito di mantenere alto il livello del ricordo.

Nello stadio di declino, la pubblicità viene mantenuta a livelli tali da mantenere costante il ricordo, e l'attenzione data al prodotto da parte dei venditori è minima.

La promozione delle vendite, invece, può continuare a svolgere un ruolo molto utile.

Figura 21-4 Efficacia relativa degli strumenti promozionali nei diversi stadi del processo d'acquisto

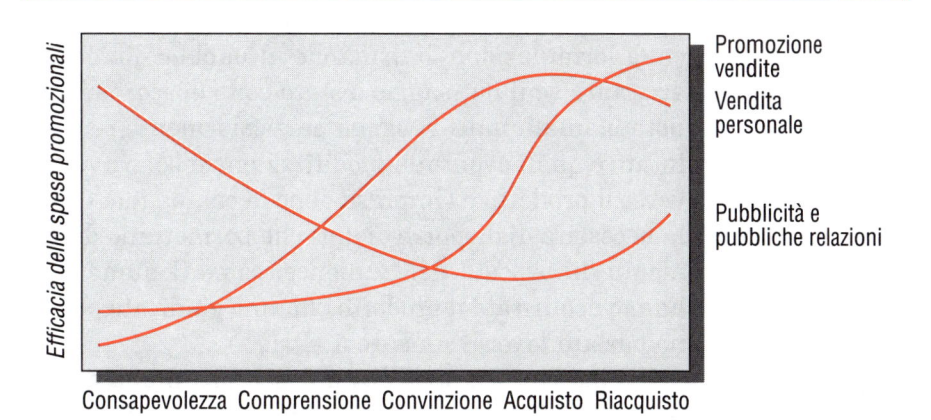

Figura 21-5 Efficacia relativa degli strumenti promozionali nelle diverse fasi del ciclo di vita del prodotto

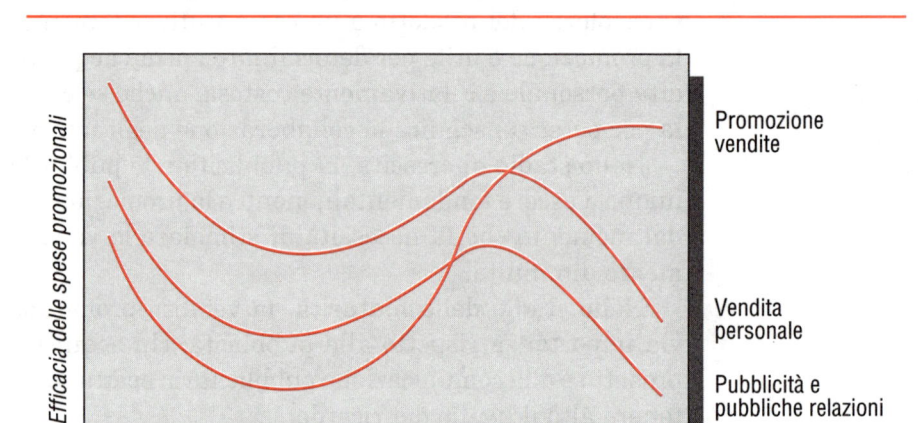

21.2.7 La misurazione dei risultati della promozione

Dopo aver attuato il piano promozionale, il soggetto della comunicazione deve misurarne l'impatto ottenuto sul pubblico obiettivo. Ciò implica la formulazione di domande al pubblico in questione, allo scopo di accertare se il messaggio è stato colto e ricordato, quante volte è stato notato, quali punti vengono particolarmente ricordati, come viene valutato e quali eventuali modificazioni si sono avute nell'atteggiamento verso il prodotto o l'impresa dopo la campagna. Chi comunica ha anche la necessità di disporre di dati che permettano di valutare il comportamento di risposta dell'audience, come il numero di consumatori che hanno acquistato il prodotto, l'hanno giudicato positivamente e ne hanno parlato favorevolmente a altri.

La figura 21-6 presenta un esempio di una corretta misurazione di controllo. Consideriamo la marca A: l'80% del mercato totale la conosce, il 60% l'ha provata, ma solo il 20% di questo gruppo ha ritenuto soddisfacente il prodotto. Ciò indica che il programma impostato per la comunicazione ha avuto successo nel creare la conoscenza di marca, ma che il prodotto non è stato all'altezza delle aspettative create. Per l'altra marca, mentre solo il 40% del mercato totale la conosce e il 30% l'ha provata, l'80% di quanti l'hanno acquistata ha espresso un giudizio favorevole. In questo caso, è il programma promozionale che richiede di essere potenziato per permettere di trarre vantaggio dalle buone possibilità del prodotto.

Figura 21-6 Atteggiamento dei consumatori nei confronti di due prodotti

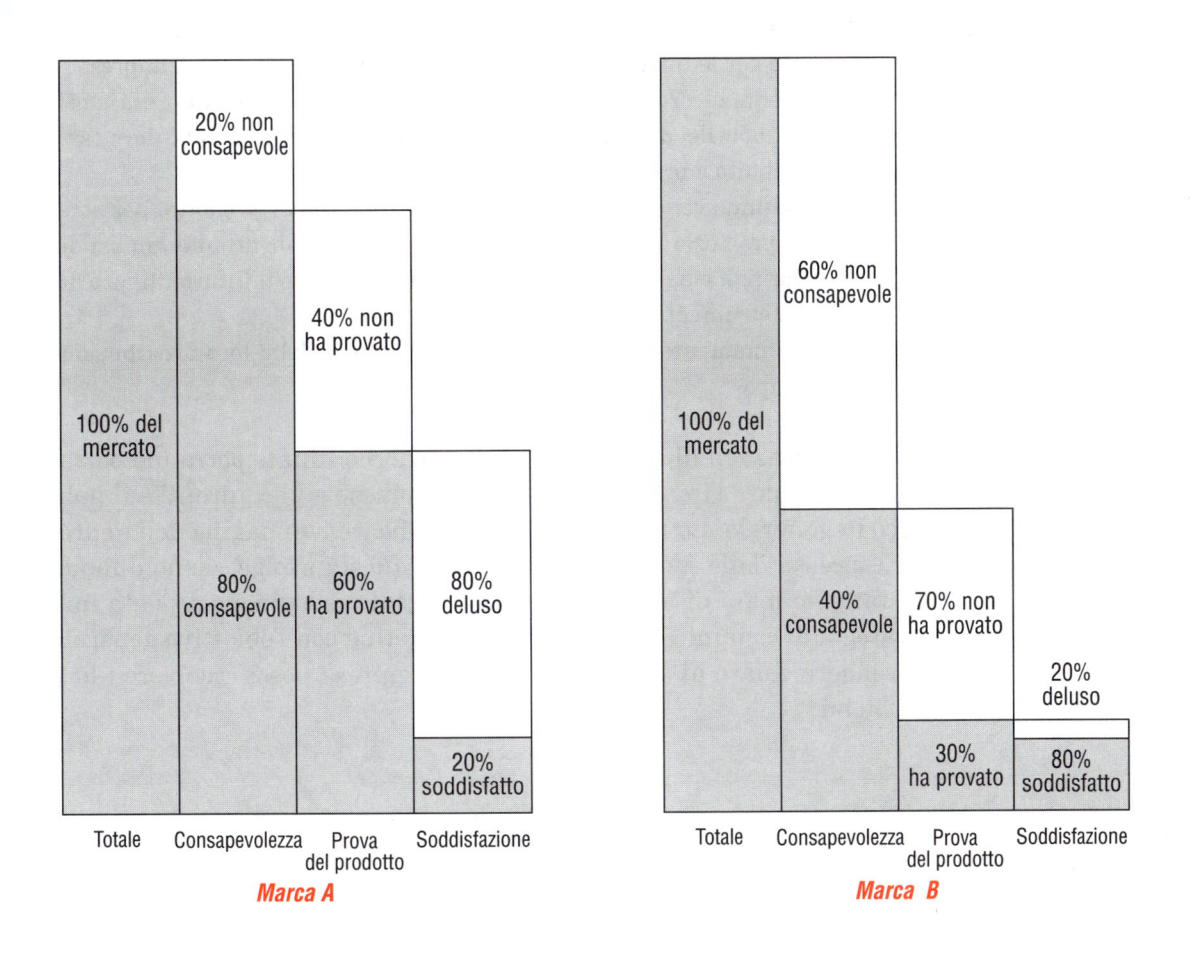

21.2.8 La gestione e il coordinamento del processo di comunicazione di marketing

La varietà degli strumenti promozionali e la gamma di messaggi disponibili per raggiungere il proprio mercato obiettivo richiedono un processo di coordinamento complesso. Se ciò non avviene, i messaggi possono risultare sfasati rispetto alla concreta disponibilità del bene, possono perdere in presa e in credibilità e alla fine risultare un investimento scarsamente remunerativo.

Le imprese stanno attualmente orientandosi verso un concetto di *comunicazione di marketing integrata*. Questo concetto presuppone:

- La presenza di un responsabile della comunicazione di marketing competente per le iniziative di comunicazione promozionale dell'impresa.
- Un attento lavoro di esplicitazione della filosofia con cui l'impresa considera il ruolo dei diversi strumenti promozionali e del peso che deve essere attribuito a ognuno di essi.
- Un continuo controllo delle spese promozionali per prodotto, per strumento promozionale e per fase del ciclo di vita e un'attenta analisi dei risultati via via ottenuti, come base per migliorare il futuro utilizzo dei diversi strumenti.
- Il coordinamento delle attività promozionali e della loro distribuzione nel tempo.

Comunicazioni di marketing integrate e coordinate potranno portare a consolidare l'immagine dell'impresa presso gli acquirenti e il pubblico in generale. La responsabilità di unificare l'immagine dell'impresa, espressa dalle molteplici attività che questa svolge, viene dunque posta nelle mani di un'unica persona. In tal modo, viene avviata una strategia di comunicazione totale di marketing con l'obiettivo generale di rendere chiaro ai consumatori come l'impresa possa risolvere i loro problemi.

Note

1. Queste definizioni, tranne quella di "promozione vendite", sono tratte da *Marketing Definitions: A Glossary of Marketing Terms*, a cura dell'American Marketing Association, Chicago 1960. La definizione di promozione vendite data dall'AMA comprende, oltre agli incentivi all'acquisto, altri strumenti di comunicazione, quali le esposizioni, le mostre e le fiere, oltre a tutte quelle forme di dimostrazione che meglio potrebbero essere classificate nell'ambito della pubblicità, delle vendite personali o delle pubbliche relazioni. Alcuni studiosi di marketing hanno suggerito di includere la confezione fra le componenti del mix promozionale, mentre altri sostengono che questa non è altro che un elemento del prodotto. Per ulteriori approfondimenti, si veda Edoardo T. Brioschi "Economia dell'azienda industriale e ricerca sulla comunicazione", in Philip Kotler e Walter G. Scott (a cura di), *Marketing Management. Letture*, Isedi, Torino 1991, pp. 318-347, più la bibliografia acclusa.
2. Harold D. Lasswell, *Power and Personality*, W. W. Norton & Co., New York 1948, pp. 37-51.
3. Wilbur Schramm, "How Communication Works", in Wilbur Schramm e Donald F. Roberts (a cura di), *The Process and Effects of Mass Communication*, University of Illinois Press, Urbana 1971, p. 4.
4. Dorwin Cartwright, "Some Principles of Mass Persuasion", in *Human Relations*, n. 2, 1949, pp. 253-67, qui p. 255.
5. Per chiarimenti e approfondimenti si veda il capitolo 4.
6. Si veda Brian Sternthal e C. Samuel Craig, "Humor in Advertising", in *Journal of Marketing*, ottobre 1973, pp. 12-18; si veda inoltre John Koten, "After the Serious '70's, Advertisers Are Going for Laughs Again", in *Wall Street Journal*, 23 febbraio 1984, p. 31.
7. Carl I. Hovland e Wallace Mandell, "An Experimental Comparison of Conclusion-Drawing by the Communication and by the Audience", in *Journal of Abnormal and Social Psychology*, luglio 1952, pp. 581-588.
8. Si veda Carl I. Hovland, A. A. Lumsdaine e F. D. Sheffield, *Experiments on Mass Communication*, Princeton University Press, Princeton 1948, vol. 3°, capitolo 8; altresì appare interessante il contributo di George E. Belch, "The Effects of Message Modality on One- and Two-sided Advertising Messages", in *Advances in Consumer Research*, Association for Consumer Research, Ann Arbor 1983, pp. 21-26.
9. Per una descrizione di queste tecniche, si veda James F. Engel, Roger D. Blackwell e Paul W. Minard, *Consumer Behavior*, Dryden Press, Hinsdale 1986, 5° ed., p. 477.
10. Herbert C. Kelman e Carl I. Hovland, "Reinstatement of the Communication in Delayed Measurement of Opinion Change", in *Journal of Abnormal and Social Psychology*, n. 48, 1953, pp. 327-335.
11. Questo e altri punti sono discussi da Thomas S. Robertson in *Innovative Behavior and Communication*, Holt, Rinehart & Winston, New York 1971, capitolo

9; si veda inoltre Peter H. Reingen e Jerome B. Kernan, "Analysis of Referral Networks in Marketing: Methods and Illustration", in *Journal of Marketing Research*, novembre 1986, pp. 370-378.

[12] Si veda Philip Kotler, "Atmospherics as a Marketing Tool", in *Journal of Retailing*, inverno 1973-74, pp. 48-64.

[13] P. F. Lazarsfeld, B. Berelson e H. Gaudet, *The People's Choice*, Columbia University Press, New York 1948, 2ª ed., p. 151.

[14] Con il termine di *trickle-down effect* i sociologi definiscono quel meccanismo in base al quale i modelli di consumo si diffondono dalle classi superiori verso quelle inferiori. Per un approfondimento del concetto si veda G. Ragone, "Sociologia dei consumi", in Luigi Guatri e Walter G. Scott (a cura di), *Manuale di marketing*, Isedi, Milano 1976.

[15] Per ulteriori approfondimenti si veda Simon Bradbent, *Il budget pubblicitario*, Etas Libri, Milano 1990, cap. 5.

[16] G. Maxwell Ule, "A Media Plan for 'Sputnik' Cigarettes", in *How To Plan Media Strategy*, American Association of Advertising Agencies, convegno del 1957, pp. 41-52.

[17] Si veda Sidney J. Levy, *Promotional Behavior*, Scott, Foresman & Co., Glenview 1971, capitolo 4.

[18] Ibid.

[19] Per un'approfondita analisi del ruolo svolto dalla pubblicità e dalle tecniche promozionali in genere nel mercato industriale, si veda Frank G. Bingham e Barney T. Raffield, *Business to Business Marketing Management*, Irwin, Homewood 1990, pp. 512-551.

Capitolo 22

Le decisioni relative alla pubblicità

«È efficace la vostra pubblicità?»
«Certo che lo è! La settimana scorsa
abbiamo pubblicato un'inserzione per cercare
un guardiano notturno, e la notte dopo siamo stati derubati».

Anonimo

La pubblicità rappresenta uno dei quattro strumenti fondamentali che l'impresa utilizza per trasmettere comunicazioni persuasive ai propri acquirenti e ai diversi tipi di pubblico obiettivo. Essa consiste di *qualsiasi forma di presentazione e promozione impersonale di idee, beni o servizi da parte di un promotore ben identificato, effettuata a titolo oneroso.*

Nel 1991 il valore degli investimenti pubblicitari globali in Italia ha superato largamente i 36 mila miliardi di lire. La ripartizione della spesa suddetta per settori di attività vede nelle prime posizioni gli alimentari (21,98% del totale), i prodotti per la salute e la bellezza (19,87%), i mezzi e i servizi di trasporto (11,22%), l'istruzione e i mezzi di comunicazione (9,93%) e il tessile e l'abbigliamento (7,75%).

Tra i primi venti utenti di pubblicità troviamo la Ferrero, la Procter & Gamble, la Barilla, la Fiat Auto, la Henkel, la Elida Gibbs.

Tali investimenti si distribuiscono tra i diversi mezzi di comunicazione: quotidiani e giornali; radio e televisione; annunci esterni e affissioni (manifesti, cartelloni, insegne); materiale promozionale inviato per posta; oggetti ricordo (scatole di fiammiferi, calendari, tovaglioli, portachiavi, ecc.); annunci sui mezzi pubblici; cataloghi; guide e circolari.

La pubblicità può avere diversi obiettivi specifici: sviluppo dell'immagine dell'impresa o dell'organizzazione nel lungo periodo (*pubblicità istituzionale*); sostegno di una marca particolare nel lungo periodo (*pubblicità di marca*); diffusione delle informazioni su una particolare offerta di vendita, servizio o avvenimento (*pubblicità classificata*); annuncio di una vendita di saldo (*pubblicità di saldo*); e difesa di una causa particolare (*pubblicità di patrocinio*).

Anche se la pubblicità può essere considerata uno strumento di marketing caratteristico dei sistemi economici basati sull'iniziativa privata, essa ha trovato impiego in tutti i paesi del mondo, compresi quelli del blocco orientale.

La pubblicità è, infatti, un mezzo efficace per diffondere messaggi, siano essi finalizzati alla diffusione della Coca-Cola nel mondo intero, o a promuovere il consumo nazionale di latte, o a scoraggiare l'abitudine al fumo.

Le organizzazioni fanno pubblicità seguendo metodologie diverse. Nelle piccole imprese, la pubblicità è in genere gestita dal personale dell'ufficio vendita, il quale si avvale di un'agenzia di pubblicità esterna. Le imprese di dimensioni maggiori possiedono uffici di pubblicità interni, facenti capo al direttore centrale marketing. Compito dell'ufficio pubblicità è, in questo caso, la definizione dell'investimento totale, l'approvazione di annunci e campagne preparate dalle agenzie, la gestione della promozione diretta e sul punto di vendita, nonché delle altre forme di pubblicità che non vengono effettuate dalle agenzie. Molte imprese si avvalgono in ogni caso dell'appoggio di agenzie esterne, perché questo offre numerosi vantaggi.

Nell'impostare e sviluppare un programma pubblicitario, i dirigenti di marketing devono assumere cinque decisioni:

- Quali sono gli obiettivi della pubblicità? (missione)
- Quanto è possibile investire? (risorse finanziarie)
- Quale messaggio inviare? (messaggio)
- Quale mezzo utilizzare? (mezzi)
- Come devono essere valutati i risultati? (misurazione)

La figura 22-1 riassume le principali tipologie decisionali e le variabili analizzate in questo capitolo correlate a un uso efficace della pubblicità.

Figura 22-1 Principali decisioni di politica pubblicitaria

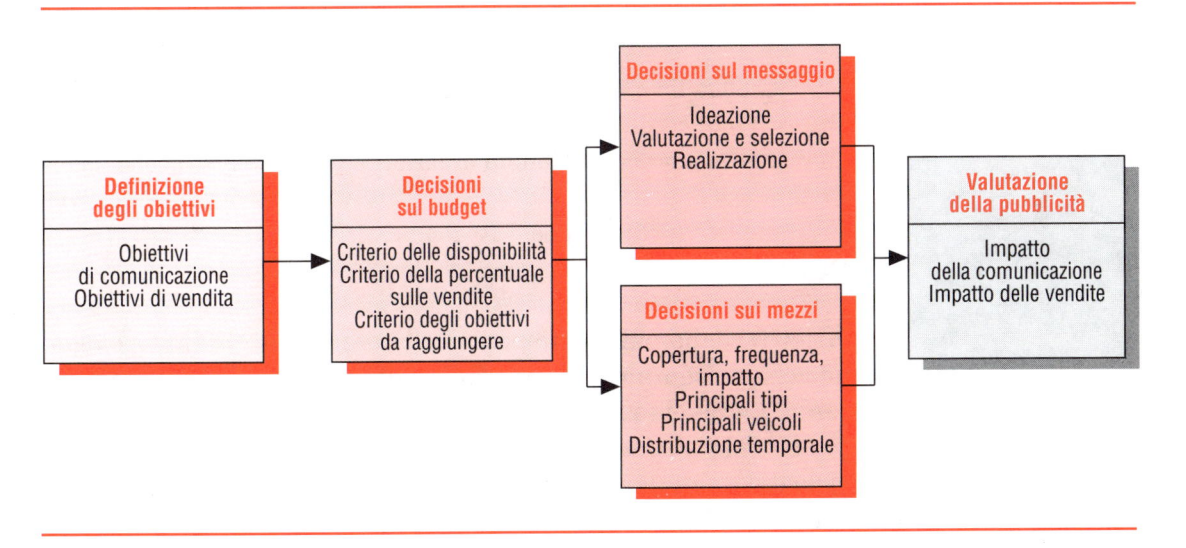

22.1 La determinazione degli obiettivi della pubblicità

Il primo passo nello sviluppo di un programma pubblicitario consiste nella definizione degli obiettivi da conseguire. Questi obiettivi devono derivare direttamente dalle precedenti decisioni relative all'individuazione del mercato obiettivo, al posizionamento di mercato e alla composizione del marketing-mix.

Alla pubblicità possono essere assegnati diversi obiettivi specificatamente legati alla comunicazione e alle vendite. Nel suo famoso testo *Gli obiettivi della pubblicità*,[1] Colley elenca 52 possibili obiettivi ed espone le linee di un metodo, definito DAGMAR (dal titolo originale del volume, *Defining Goals for Measured Advertising Results*), per tradurre gli obiettivi generali della pubblicità in obiettivi specifici e misurabili. Un *obiettivo pubblicitario* può essere definito come un particolare compito in termini di comunicazione che deve esser svolto in un determinato momento e per uno specifico pubblico. Ad esempio:

> Incrementare dal 10 al 40% in un anno il numero di casalinghe che possiedono una lavatrice (in totale 30 milioni) che identificano la marca *X* come un detersivo a basso contenuto di fosfati ed efficace nell'azione detergente.

Questo obiettivo generale contiene al suo interno 4 sub-obiettivi:

- **Target**: 30 milioni di casalinghe che possiedono una lavatrice.
- **Obiettivo di comunicazione**: capacità di identificare la marca *X* come un detersivo a scarso contenuto di fosfati ed efficace nell'azione detergente.
- **Incremento desiderato**: dal 10 al 40%.
- **Orizzonte temporale**: un anno.

Gli obiettivi della pubblicità possono essere distinti in tre tipologie, a seconda che presentino un contenuto di informazione, di persuasione o di ricordo. La tavola 22-1 elenca esempi dei diversi casi.

La *pubblicità informativa* è particolarmente presente nei primi stadi del ciclo di vita di una classe di prodotti, allorquando l'obiettivo fondamentale è quello di creare la *domanda primaria*. Così, l'industria

Tavola 22-1 Possibili obiettivi della pubblicità

Informare
Portare a conoscenza del mercato un nuovo prodotto Suggerire nuovi usi per un prodotto Informare il mercato di una variazione di prezzo Spiegare come funziona il prodotto Descrivere i servizi disponibili Correggere impressioni errate Ridurre le ansie dei consumatori Sviluppare l'immagine di un'impresa
Persuadere
Creare la preferenza di marca Incoraggiare il cambiamento di marca Modificare la percezione dei consumatori su determinate caratteristiche del prodotto Persuadere il consumatore all'acquisto immediato Predisporre il consumatore a ricevere la visita di un venditore
Ricordare
Ricordare al consumatore che può aver bisogno del prodotto nell'immediato futuro Ricordare dove è possibile acquistarlo Mantenerne vivo il ricordo fuori stagione Mantenere la consapevolezza del prodotto al massimo livello di intensità

dello yogurt ha dovuto in primo luogo affrontare il compito di spiegare le caratteristiche e i vantaggi nutritivi del prodotto e i suoi molteplici impieghi.

La *pubblicità persuasiva* diviene importante nelle fasi del ciclo di vita in cui la concorrenza è vivace e in cui l'obiettivo dell'impresa consiste nella creazione di una *domanda selettiva* per una marca particolare.

La *pubblicità di ricordo* assume particolare importanza nella fase di maturità del prodotto, allorquando occorre mantenerlo presente nella mente del consumatore. Le costose pagine pubblicitarie a quattro colori impiegate dalla Coca-Cola non hanno né l'obiettivo di informare i consumatori della sua esistenza, né quello di persuaderli all'acquisto, bensì quello di ricordare al mercato il prodotto. Una forma di pubblicità a questa collegata è la *pubblicità di rinforzo*, la quale mira a rassicurare chi ha già acquistato il bene sulla scelta effettuata. Nel mercato delle automobili è facile riscontrare esempi di pubblicità in cui vengono mostrati dei possessori di certi modelli che con soddisfazione rilevano i pregi dell'acquisto fatto.

22.2 Le decisioni sullo stanziamento pubblicitario

Dopo aver definito gli obiettivi, l'impresa può passare a stabilire l'investimento pubblicitario da destinare ai diversi prodotti. Il ruolo della pubblicità è quello di spingere verso l'alto la curva della domanda. L'impresa è disposta a investire quanto necessario per conseguire gli obiettivi di vendita previsti. Il problema della definizione dello stanziamento pubblicitario diviene, quindi, cruciale ai fini di un processo comunicazionale che risulti a un tempo efficace ed efficiente nel suo complesso. Alcuni studiosi sottolineano come vi sia un atteggiamento quasi dicotomico nei confronti delle risorse da destinare ad attività pubblicitarie: mentre nel settore dei beni di largo consumo si tende a investire più del necessario, sovrastimando sia le potenzialità dello strumento sia gli effetti che nel medio-lungo periodo tale attività può generare, nel settore dei beni industriali, al contrario, gli investimenti complessivi appaiono sottodimensionati a causa dell'importanza attribuita alla fase di vendita e ai costi connessi alla sua gestione.[2]

Nel capitolo precedente sono state illustrate le quattro metodologie utilizzate comunemente per la definizione del budget. A nostro parere il *metodo dell'obiettivo da conseguire* presenta l'indubbio vantaggio di indurre il management a determinare gli obiettivi specifici di una campagna pubblicitaria e a stimare i costi necessari per il raggiungimento di tali obiettivi. Vi sono alcuni elementi dalla cui considerazione non si può prescindere nella definizione del budget pubblicitario, quali:

- La fase del ciclo di vita del prodotto.
- La quota di mercato e la dimensione complessiva del mercato stesso.

- La concorrenza.
- La frequenza dell'attività pubblicitaria.
- La sostituibilità del prodotto.

Uno dei primi e più validi modelli per valutare la risposta delle vendite all'azione pubblicitaria è stato sviluppato da Vidale e Wolfe. In questo modello viene posto in evidenza come l'incremento del tasso delle vendite sia tanto maggiore quanto più elevata è la costante di risposta delle vendite, quanto più alti sono gli investimenti pubblicitari e più consistente il potenziale di vendita non sfruttato, e quanto minore è la costante di perdita di vendite.[3]

In questo modello peraltro non viene tenuto conto, a livello esplicito, dell'efficacia del comunicato e del comportamento della concorrenza per quanto riguarda gli investimenti in esame.

Little ha elaborato, a sua volta, il modello del controllo flessibile del budget pubblicitario.[4] Supponiamo che un'impresa abbia stabilito di fissare il livello di investimento pubblicitario per il periodo successivo basandosi sulle informazioni più recenti a disposizione, relative alla funzione di risposta delle vendite.

L'impresa decide inoltre di applicare lo stesso criterio in tutti i mercati, tranne un sottoinsieme di $2n$ di questi scelti a caso. In n dei mercati di prova, l'impresa spende una somma inferiore, mentre nei rimanenti n spende una somma più elevata. Da questo esperimento si potranno ricavare informazioni sulle vendite medie determinate da tassi di spesa pubblicitaria bassi, medi e alti, utili per aggiornare i parametri della funzione di risposta delle vendite. La funzione così definita può essere, quindi, utilizzata per determinare il livello di investimento migliore per il periodo successivo. Se questa procedura viene attuata sistematicamente, le spese pubblicitarie correnti tenderanno a coincidere con le spese pubblicitarie ottimali.[5]

22.3 La definizione del messaggio

Molte delle ricerche che cercano di chiarire e quantificare l'effetto degli investimenti in pubblicità sulle vendite tendono, come abbiamo già rilevato, a trascurare il peso dell'efficacia in chiave di creatività del messaggio.

La differenziazione in termini di qualità fra le campagne pubblicitarie diviene allora un fattore strategico in grado di spiegare gran parte delle evoluzioni in termini di quote di mercato detenute da imprese concorrenti.

È infatti indubbio che le differenze nella strategia creativa costituiscono un importantissimo elemento del successo di una pubblicità.

22.3.1 La creazione dei messaggi

In linea di principio, il messaggio (tema dominante del richiamo pubblicitario) dovrebbe essere considerato come parte integrante del processo di sviluppo del concetto di prodotto; esso esprime infatti i principali benefici offerti.

Nell'ambito del concetto di prodotto è peraltro possibile individuare molteplici dimensioni dello stesso che possono determinare messaggi alternativi. Nel corso del tempo, l'operatore di marketing può modificare il messaggio anche a prescindere da modifiche del prodotto, in special modo qualora i consumatori ricerchino nel prodotto nuovi benefici.

I creativi – cioè i tecnici della creazione dei messaggi – utilizzano diversi metodi per tradurre in pratica gli obiettivi della pubblicità. Molti di essi procedono *induttivamente*, parlando con consumatori, intermediari, esperti e concorrenti.

I consumatori sono, in genere, la fonte più importante di idee nuove e le sensazioni che esprimono sui punti di forza e di debolezza delle marche esistenti forniscono importanti indicazioni per scegliere la strategia creativa.

È comunque spesso utilizzato anche un approccio di tipo *deduttivo*: Maloney ha proposto di impiegare a questo fine uno schema in cui si suppone che il consumatore si attenda da un prodotto quattro tipi di gratificazione o soddisfazione: *razionale, sensoriale, sociale* e di *autosoddisfazione*.

Lo schema presuppone inoltre che la soddisfazione dipenda da tre elementi: l'esperienza dei risultati d'uso del prodotto, l'esperienza nel corso dell'uso del prodotto e l'esperienza incidentale all'uso del prodotto. Combinando i quattro livelli di gratificazione con i tre tipi di esperienza si ottengono dodici modalità di valutazione del prodotto che possono rappresentare la base per la formulazione di altrettante ipotesi di messaggi pubblicitari.[6]

Tavola 22-2 Esempi di dodici tipi di richiamo pubblicitario

Tipo di esperienza potenzialmente gratificante attraverso un prodotto	Potenziale tipologia di soddisfazione			
	Razionale	Sensoriale	Sociale	Autosoddisfazione
Esperienza dei risultati d'uso	1. Pulisce meglio gli indumenti	2. Vi rimette a posto completamente lo stomaco	3. Quando ci tenete a offrire il meglio	4. Per la pelle che meritate d'avere
Esperienza nel corso d'uso	5. La farina che non ha bisogno di essere setacciata	6. Un ottimo sapore in una grande birra leggera	7. Un deodorante che vi assicura di essere accettati	8. La scarpa per il giovane manager
Esperienza incidentale all'uso	9. L'involucro di plastica mantiene fresche le sigarette	10. Il televisore portatile più leggero e più facile da trasportare	11. L'arredamento che caratterizza la casa delle persone moderne	12. Lo stereo per chi ama qualcosa di diverso

Fonte: Adattato da John C. Maloney, "Marketing Decisions and Attitude Research", in George L. Baker Jr. (a cura di), *Effective Marketing Coordination*, American Marketing Association, Chicago 1961, pp. 595-618.

Il pubblicitario può quindi utilizzare un tema particolare per ognuna delle dodici alternative. Per esempio, l'affermazione «pulisce meglio gli indumenti», è la promessa di una gratificazione a livello razionale conseguente all'esperienza dei risultati d'uso; invece, l'affermazione «un ottimo sapore in una grande birra leggera» è una promessa di gratificazione di tipo sensoriale connessa con l'esperienza d'uso del prodotto.

22.3.2 Valutazione e selezione dei messaggi

A questo punto è necessario passare a valutare i messaggi alternativi. Twedt suggerisce di utilizzare, nella valutazione dei temi, tre scale: la *desiderabilità*, l'*esclusività* e la *credibilità* e di individuare il livello di ogni caratteristica posseduto dai diversi annunci.[7] Prima di tutto il messaggio deve comunicare qualcosa che renda il prodotto desiderabile o interessante. Deve poi comunicare qualcosa di esclusivo, o comunque in grado di distinguere il prodotto dagli altri presenti sul mercato. Da ultimo, ogni affermazione deve risultare credibile e verificabile.

22.3.3 La diffusione del messaggio

L'impatto di un annuncio dipende non solo da quanto viene detto, ma anche da come viene detto; in questo senso potremmo avere predominanza di una dimensione razionale o di una dimensione emotiva del messaggio. Il modo in cui un messaggio viene diffuso può risultare decisivo per quei prodotti o settori che presentano uno scarso livello di differenziazione, come i detersivi, le sigarette, il caffè e la birra: in questo caso sarà necessario fare in modo che il messaggio riesca ad attirare su di sé l'attenzione e l'interesse del pubblico. Obiettivo, contenuto, elementi di supporto e tono dell'annuncio vengono in genere descritti in un'apposita *enunciazione della strategia del testo* (*copy*). Ad esempio, nel caso di una impresa come Ikea, l'enunciazione è stata la seguente:

> L'*obiettivo* della pubblicità è di comunicare l'arrivo di Ikea in Italia e la sua idea commerciale.
> Il *contenuto* prevede l'enfatizzazione delle seguenti caratteristiche: la "svedesità", declinata come design, organizzazione, funzionalità, buon gusto, gentilezza, attenzione per i dettagli; legittimità di un approccio originale, dal quale deriva anche la capacità di contenere i prezzi senza intaccare la qualità dei prodotti.
> Gli *elementi di supporto* della *headline*[8] "La scatola che rompe" dovrebbero essere delle scatole (le famose confezioni salvaspazio di Ikea) utilizzate come mobili: letto, tavolo, sedia ecc. Il *tono* dell'annuncio dovrebbe essere spigliato, originale, di buon gusto, delicatamente umoristico.

A questo punto bisogna individuare lo *stile*, il *tono*, le *parole* specifiche e il *formato* più opportuni per realizzare il messaggio. Per ogni messaggio è possibile prevedere diversi *stili di realizzazione*:

- **Scene di vita.** Una o più persone utilizzano il prodotto in una situazione di vita normale. Per esempio, una famiglia riunita per colazione potrebbe esprimere soddisfazione per la nuova marca di biscotti.

- **Stile di vita**. Il prodotto viene avvicinato e assimilato a un particolare stile di vita. La pubblicità di una marca di whisky mostra, per esempio, un uomo distinto di mezza età che con una mano tiene il bicchiere e con l'altra regge il timone della sua barca.
- **Fantasia**. Crea una situazione fantastica nella quale viene collocato il prodotto o il suo uso. Nell'annuncio della Revlon per il profumo Jontue, ad esempio, viene presentata una ragazza a piedi nudi con un vestito di chiffon che esce da una vecchia stalla, attraversa un prato e incontra un bellissimo giovane su un destriero che la porta via con sé.
- **Stato d'animo e immagine**. Si punta a creare uno stato d'animo o una particolare immagine attorno al prodotto, come la bellezza, la serenità, l'amore. Tutto viene detto attraverso immagini suggestive, senza fare alcuna affermazione direttamente collegata al prodotto. Molti produttori di profumi utilizzano questa modalità.
- **Musicale**. Una o più persone o personaggi di cartoni animati stanno cantando un motivo legato al prodotto. Alcuni prodotti per l'infanzia sono pubblicizzati mediante il ricorso a cartoni animati.
- **Personalizzazione del prodotto**. Viene creata una figura allegorica che personifica il prodotto. Può trattarsi di un personaggio *animato* (Gigante verde, Mister Verde) o *reale* (Capitan Uncino, l'uomo Marlboro).
- **Competenza tecnica**. Vengono sottolineate le competenze dell'impresa nel predisporre il prodotto. La F.lli Gancia enfatizza la propria pluriennale esperienza nel settore degli spumanti.
- **Evidenza scientifica**. Vengono presentati una ricerca o dei dati scientifici che confermano che la marca è preferita alle altre, o è superiore a esse. La Rex ha recentemente fatto uso di questo stile nella realizzazione di alcune campagne pubblicitarie.
- **Testimonianze**. In questo caso è la credibilità personale della fonte che garantisce il prodotto. A questo scopo, potrebbe essere una celebrità, o anche una persona qualunque, ad affermare la propria preferenza per il prodotto. In Italia si ricorre frequentemente a "testimonial" nella pubblicizzazione di prodotti quali il caffè, le automobili e perfino, nei tempi più recenti, i servizi finanziari.

Chi comunica, deve poi scegliere il *tono* giusto per l'annuncio. È necessario trovare *espressioni* in grado di essere memorizzate e di attivare l'attenzione con immediatezza. I temi fondamentali presentati più sotto a sinistra avrebbero avuto un impatto molto inferiore senza le enunciazioni creative esposte a destra.

Tema	Testo creativo
La Prénatal è vicina ai problemi della mamma	Una mamma per amica
La Banca Commerciale risolve tutti i problemi dei suoi clienti	La banca con la quale parlare
Euromercato vi offre convenienza, assortimento e qualità	Acquisti a cuor sereno
Agnesi ti offre una pasta di qualità superiore che non richiede alcun commento	Silenzio. Parla Agnesi..
Denim è il profumo forte per l'uomo che vuol sentirsi protagonista	Per l'uomo che non deve chiedere mai

La creatività è un elemento particolarmente importante per predisporre una headline. È possibile individuare sei tipi di headline: la *notizia* («Un nuovo boom e una maggiore inflazione sono in vista... e cosa potete fare in proposito?»); la *domanda* («Ne avete fatto uso recentemente?»); la *narrazione* («Quando mi sono seduta al pianoforte, tutti hanno cominciato a ridere, ma non vi dico cos'è successo quando ho iniziato a suonare!»); il *comando* («Non decidere fino a quando non li avrai provati tutti e tre»); la *modalità* («12 modi di pagare meno tasse»); e il *come, cosa, perché* («Perché non possono smettere di comprarlo»). Gli elementi legati al *formato*, quali la dimensione, il colore e il tipo di illustrazione prescelta, possono determinare l'impatto tanto quanto l'entità dell'investimento. Una rielaborazione di poco conto degli elementi più automatici e formali del messaggio pubblicitario potrebbero migliorarne le capacità di impatto sotto diversi aspetti: annunci di grande formato attirano una maggiore l'attenzione, anche se non sempre in proporzione diretta all'incremento di costo. Immagini a quattro colori, invece che in bianco e nero, naturalmente aumentano sia l'impatto sia il costo degli annunci.

Uno studio di alcuni anni fa sull'efficacia nel modificare le preferenze di marca della pubblicità televisiva rispetto a quella della stampa, individuò le seguenti caratteristiche degli annunci che si ponevano al di sopra della media per ricordo e riconoscimento: innovazione (nuovo prodotto o nuovi usi), interesse del tema (come strumento che attira l'attenzione), raffronto fra le situazioni antecedenti e successive all'acquisto, dimostrazioni, soluzione di problemi e inclusione di aspetti rilevanti divenuti emblematici della marca stessa (come cartoni animati o persone reali, celebri o meno).[9]

22.4 Le decisioni sui mezzi pubblicitari

Compito specifico dell'operatore pubblicitario è a questo punto scegliere il mezzo più adatto per trasmettere il messaggio. Le fasi riguardano la decisione sul livello di copertura desiderato, sulla frequenza con cui trasmettere il messaggio e sull'impatto da prevedere; la scelta fra i principali tipi di mezzi; la scelta, all'interno di un certo mezzo, del veicolo specifico da utilizzare; la decisione sui tempi di effettuazione della campagna.

22.4.1 Le decisioni su copertura, frequenza e impatto

La selezione dei mezzi consiste, in sostanza, nell'*individuare il modo più efficace per presentare il numero desiderato di esposizioni all'audience obiettivo*. Ma che cosa si intende per numero desiderato di esposizioni? È probabile che l'impresa stia cercando di ottenere una certa risposta dall'audience, per esempio un certo livello di acquisti di prova del prodotto. La definizione di questo livello dipende, fra le altre cose, dal grado di conoscenza della marca. Si supponga che il livello degli acquisti di prova del prodotto aumenti a un tasso decrescente rispetto all'aumento del livello della consapevolezza della marca da parte dell'audience, come è mostrato nella figura 22-2 *a*. Se l'impresa si propone di ottenere un livello di prova del prodotto pari a T^*, sarà necessario arrivare a un livello di consapevolezza della marca pari a A^*.

Il passo successivo consiste nel determinare il numero di esposizioni, E^*, che sono in grado di produrre un livello di consapevolezza pari a A^*. L'effetto delle esposizioni sulla consapevolezza di marca è funzione, come visto, della copertura, della frequenza e dell'impatto:

- **Copertura (C)**. Il numero delle diverse persone o famiglie che sono state esposte almeno una volta a un particolare annuncio in un determinato periodo di tempo.

- **Frequenza (F).** Il numero di volte all'interno di un certo periodo di tempo in cui una persona o una famiglia sono esposti a un determinato messaggio.
- **Impatto (I).** Il valore qualitativo di una singola esposizione all'interno di un certo mezzo (pertanto, l'impatto di un annuncio per un prodotto alimentare risulterà probabilmente maggiore se pubblicato su una rivista femminile che sul settimanale della polizia).

La figura 22-2 *b* mostra la relazione fra livello di consapevolezza della marca da parte dell'audience e copertura. Il livello di consapevolezza della marca sarà tanto maggiore quanto più elevate risulteranno l'esposizione, la copertura e l'impatto. Supponiamo che il budget a disposizione per la scelta dei mezzi sia di 1 milione di dollari e che il costo per 1.000 esposizioni di media qualità sia di 5 dollari. È dunque possibile per l'impresa acquistare 200 milioni di esposizioni (= $1.000.000 ÷ $5/1.000). Se la frequenza dell'esposizione media ricercata è di 10, è possibile pensare di raggiungere 20 milioni di persone (= 200.000.000 ÷ 10) con il budget a disposizione. Se invece si vuole un mezzo di qualità più elevata, richiedente un investimento di 10 dollari per 1.000 esposizioni, sarà possibile raggiungere 10 milioni di persone, a meno che in questo caso non si ritenga sufficiente un numero di esposizioni inferiore.

Figura 22-2 Relazione fra prova, consapevolezza ed esposizione

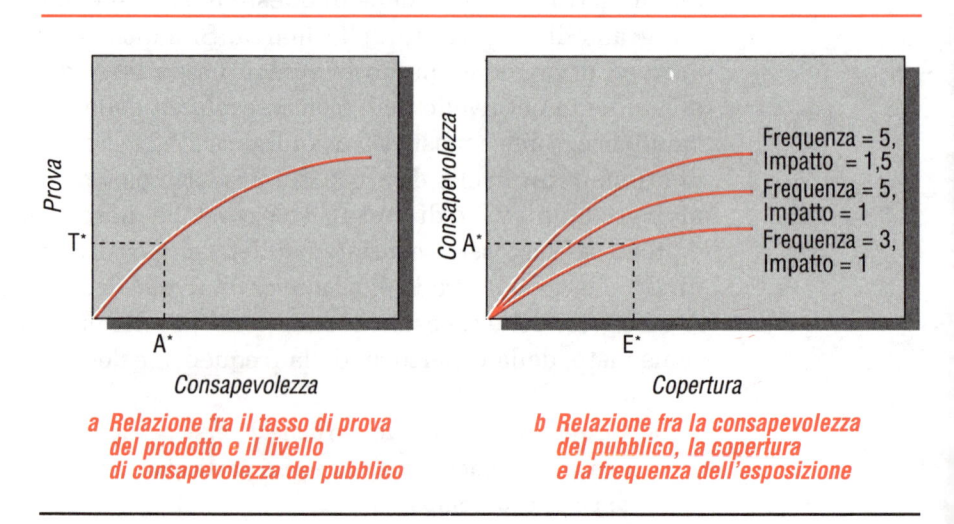

a **Relazione fra il tasso di prova del prodotto e il livello di consapevolezza del pubblico**

b **Relazione fra la consapevolezza del pubblico, la copertura e la frequenza dell'esposizione**

Nel rapporto che lega copertura, frequenza e impatto i concetti fondamentali sono dunque:

- **Numero totale delle esposizioni (E)**. È il livello di copertura alla frequenza desiderata, cioè $E = C \times F$. Questo numero è anche chiamato *punteggio grezzo* (PG). Se un certo programma di impiego dei mezzi raggiunge l'80% dell'audience con una frequenza media di esposizione pari a 3, si dice che tale programma ha un PG pari a 240 (= 80 x 3). Se un altro mezzo ottiene un PG di 300, si dice che ha maggior peso, ma non è possibile stabilire quale sia il peso relativo da attribuire alla copertura e alla frequenza.
- **Numero ponderato delle esposizioni (EP)**. È il numero ottenuto moltiplicando la copertura per la frequenza media per l'impatto medio, cioè $EP = C \times F \times I$.

Il problema fondamentale da risolvere nella pianificazione dei mezzi è dunque il seguente: con un certo budget, qual è la combinazione più efficace di copertura, frequenza e impatto da usare? Se si vuole seguire il metodo dell'impatto medio, bisogna decidere quante persone raggiungere e con che frequenza.

Probabilmente, in questo caso, potrebbe essere utile partire dal livello di frequenza, ossia decidere il numero delle esposizioni che in media dovrebbero essere necessarie per rendere efficace l'annuncio. Una volta presa questa decisione, il livello di copertura si definisce automaticamente.

Molti pubblicitari ritengono che l'efficacia di un comunicato aumenti in proporzione diretta all'aumentare delle esposizioni. Un numero troppo basso di esposizioni può in effetti rappresentare uno spreco, come Lucas e Britt hanno sottolineato: «Si potrebbe pensare che i primi annunci riescano a dare solo un'impressione troppo superficiale per creare veramente l'interesse all'acquisto. Peraltro, i comunicati successivi possono, proprio per la presenza dei precedenti, dimostrarsi molto efficaci nel rafforzare la debole impressione già suscitata e portarla al livello in cui stimoli il comportamento di acquisto».[10] Altri ricercatori mettono in dubbio l'efficacia di numerose ripetizioni. Ritengono infatti che dopo aver visto lo stesso annuncio un gran numero di volte, piuttosto che seguirne i suggerimenti, chi ascolta finisce per risultare irritato o comunque annoiato. Secondo Krugman tre esposizioni possono risultare sufficienti.

La prima esposizione è per definizione unica. Come avviene in ogni caso del genere, la reazione è costituita da un atteggiamento cognitivo del tipo: "Ma che cosa è?". La seconda esposizione... produce molteplici effetti. Uno potrebbe essere la risposta cognitiva precedente, se l'audience ha perduto la maggior parte del messaggio la prima volta... Più spesso alla domanda "Che cosa è?" si sostituisce quella "Che cosa potrei farne?"... Se la decisione di acquisto non è ancora determinata, la terza esposizione costituisce un'occasione di ricordo; può anche segnare l'inizio di sensazioni di disinteresse e calo di attenzione verso un fatto ormai acquisito.[11]

22.4.2 La scelta fra i principali tipi di mezzi pubblicitari

Nella pianificazione dei mezzi è necessario conoscere le potenzialità di ognuno di essi in termini di frequenza, copertura e impatto. Rispetto al volume generale della pubblicità, i principali mezzi sono i *quotidiani*, i *periodici*, la *televisione*, il *direct mail*, la *radio* e la *pubblicità estern*a (si veda la tavola 22-3).

Ogni mezzo presenta vantaggi e limiti e nella scelta vanno considerate diverse variabili, fra cui le principali individuate da Meroni sono:[12]

- La qualità e intensità di esposizione ai vari mezzi/veicoli da parte del pubblico obiettivo.
- La rapidità richiesta al tipo di comunicazione/messaggio in oggetto.
- Il periodo di tempo nel quale i risultati della campagna si devono manifestare (obiettivi a breve termine).
- I possibili obiettivi a medio-lungo termine.
- I livelli minimali di budget necessari per dar senso a un qualsiasi piano mono o pluriennale.
- La dimensione di investimento della concorrenza e le politiche di combinazione dei mezzi pubblicitari praticate.

Negli ultimi anni, nei paesi occidentali, si è assistito a un significativo mutamento nel ruolo e nel peso dei mezzi utilizzati quale supporto delle campagne pubblicitarie. In particolare, in Italia la diffusione delle emittenti private non è stata tale da contrastare una lieve inversione di tendenza nel ricorso al mezzo televisione, a causa soprattutto dell'incremento dell'affollamento pubblicitario che ha determinato un minore impatto dei messaggi a seguito del diminuito livello di attenzione da parte dell'audience.

Tavola 22-3 Profilo dei principali mezzi pubblicitari (dati riferiti all'Italia)

Mezzo	Volume in miliardi di lire correnti netti (1990)	Percentuale (1990)	Vantaggi	Limiti
Quotidiani	1.923	22,2	Flessibilità, tempestività, buona copertura del mercato locale, vasto consenso, alta credibilità	Vita brevissima, scarsa qualità delle riproduzioni, numero variabile di lettori per copia
Periodici e specializzati	1.877	21,7	Alta selettività geografica e demografica, credibilità e prestigio, elevato livello qualitativo delle riproduzioni, vita lunga e discreto numero di lettori per copia	Elevato anticipo per l'acquisto dello spazio, un certo spreco nella diffusione, nessuna garanzia per la posizione del messaggio nella rivista
Televisione	4.031	46,5	Unisce aspetti visivi sonori e di movimento, piacevole ai sensi, elevato livello di attenzione e copertura	Costo assoluto molto elevato, eccessiva concentrazione dei messaggi, esposizione transitoria, scarsa selettività dell'audience
Radio	290	3,3	Uso di massa, alta selettività geografica e demografica, costi contenuti	Presentazione esclusivamente audio, minore capacità di attirare l'attenzione, strutture tariffarie non standardizzate, esposizione transitoria
Pubblicità esterna	549	6,3	Flessibilità, alto grado di ripetizione dell'esposizione, bassi costi	Nessuna flessibilità di selezione dell'audience, limiti alla creatività del messaggio
Totale	8.670	100,0		

Fonte: elaborazione su dati Largo consumo - Upa.

In questo quadro, i quotidiani e i periodici specializzati hanno incrementato il proprio peso, in relazione alle nuove strategie di comunicazione poste in atto dalle imprese, che hanno rilevato come la combinazione di annunci televisivi e a mezzo stampa risultasse più efficace in termini di raggiungimento degli obiettivi. Anche l'affissione ha registrato un lieve incremento, pur rimanendo largamente sottoutilizzata, grazie anche ad aziende come Benetton e Prénatal che l'hanno fatta assurgere a mezzo privilegiato per il raggiungimento del mercato di massa soprattutto nelle aree urbane (si veda la tavola 22-4).

22.4.3 La scelta degli specifici veicoli pubblicitari

Il processo di pianificazione si sviluppa in questa fase con la scelta dei mezzi specifici da utilizzare per ottenere il miglior rapporto costo/efficacia. I criteri alla base della selezione dei veicoli possono essere sia quantitativi sia qualitativi. Tra i primi vale la pena di sottolineare:

Tavola 22-4 Le quote di mercato dei mezzi 1988-1991 (in percentuale)

	1988	1989	1990	1991*
Quotidiani	13,6	16,9	19,1	19,3
Periodici	15,3	18,9	16,6	16,0
Specializzati	5,1	6,2	7,0	6,8
Totale stampa	34,0	42,0	42,7	42,1
Televisione nazionale	9,1	9,7	11,0	11,1
Televisioni commerciali	53,6	44,6	42,1	42,5
Totale televisione	62,7	54,3	53,1	53,6
Radio nazionale	0,8	0,9	0,9	0,8
Affissioni	2,5	2,8	3,3	3,5
Totale	100,0	100,0	100,0	100,0

* Gennaio-settembre

Fonte: Dati Nasa-Nielsen, riportati in *Largo consumo*, n.1, 1992, p. 137.

- **La penetrazione di un veicolo**: misurata dalla percentuale dell'audience che entra in contatto con lo specifico veicolo in un determinato arco temporale rispetto all'audience obiettivo. In genere si tratta di una penetrazione media.
- **L'affinità dell'audience**: espressa come rapporto tra l'audience utile del veicolo e l'audience totale.
- **Il costo per mille**: è il costo che deve essere sostenuto per raggiungere 1000 persone attraverso un particolare veicolo.

A questi criteri di carattere quantitativo, si affiancano criteri di natura qualitativa quali:

- **Il contesto redazionale**: cioè l'accordo fra il messaggio e il suo contenuto e le caratteristiche sia del veicolo sia del particolare contenuto in cui il messaggio stesso viene inserito.
- **Il contesto e l'ambiente pubblicitario**: ossia la natura del veicolo, il prestigio dell'annuncio, la serietà ecc.
- **Le caratteristiche tecniche del supporto del veicolo**: ad esempio la qualità della riproduzione del colore da parte dei settimanali; l'affidabilità dell'installazione per le affissioni, ecc.[13]

22.4.4 La sequenza temporale dell'azione pubblicitaria

Nel decidere l'approccio da utilizzare per la programmazione temporale degli annunci vanno tenuti presenti tre fattori generali. La *rotazione degli acquirenti*, la quale esprime il livello e il ritmo con cui nuovi consumatori entrano nel mercato in esame: quanto più elevato è questo indice, tanto più le uscite della pubblicità dovrebbero essere costanti. La *frequenza di acquisto* tiene conto del numero di volte in cui, in un dato periodo, l'acquirente acquista il prodotto: quanto più questo indice è alto, tanto più costanti dovrebbero essere le uscite dei comunicati. Il *tasso di diminuzione del ricordo* fa riferimento al tempo che l'acquirente impiega per dimenticare la marca: quanto più elevato è questo valore, tanto più costante dovrebbe essere la pubblicità. Nel lanciare un nuovo prodotto, è poi necessario scegliere fra una programmazione continua e una intermittente. La *continuità* è ottenuta prevedendo un ritmo di esposizione regolare in un certo periodo di tempo, mentre l'*intermittenza* è caratterizzata da un ritmo di esposizione irregolare.

Un programma di 52 esposizioni, ad esempio, può essere suddiviso a intervalli di una settimana nell'arco di un anno, oppure concentrato in una serie di azioni d'"urto". I sostenitori della pubblicità intermittente sono dell'avviso che in questo modo si ottiene un apprendimento più approfondito del messaggio, con conseguente risparmio di investimenti: le ricerche di Anheuser-Busch condotte presso la Budweiser hanno dimostrato come sia possibile interrompere la pubblicità su uno specifico mercato senza rilevare conseguenze negative sulle vendite per almeno un anno e mezzo.[14]

Trascorso questo periodo, l'impresa può decidere una nuova campagna d'urto semestrale, riportando il livello dell'incremento delle vendite ai tassi precedenti. Questi risultati hanno condotto la Budweiser ad adottare una strategia di pubblicità intermittente.

22.5 Valutazione dell'efficacia della pubblicità

Una buona programmazione e un buon controllo della pubblicità dipendono in modo critico dalla validità dei metodi utilizzati per valutarne l'efficacia. Ciò malgrado, la ricerca di base su questi problemi è ancora estremamente limitata. Come Forrester sottolinea,

> è dubbio che vi sia un'altra funzione aziendale nell'ambito della quale investimenti tanto ingenti siano basati su conoscenze tanto scarse. Il settore pubblicitario spende il due o tre per cento del suo fatturato lordo in quello che chiama "ricerca", e anche se si trattasse di ricerca "vera", l'esiguità di questa quota sarebbe comunque sorprendente. Tuttavia, è da ritenere che meno di un decimo di questo valore possa essere considerato "ricerca e sviluppo" nel senso che viene dato a questi termini nel settore tecnico o in quello dello sviluppo del prodotto... Probabilmente non più di un quinto dell'1% delle spese pubblicitarie globali viene utilizzato per acquisire una reale comprensione del modo in cui investire il restante 99,8%.[15]

La maggior parte delle misurazioni dell'efficacia della pubblicità sono di natura applicativa e riguardano annunci e campagne particolari. La maggior parte delle risorse a disposizione per questo scopo viene spesa dalle agenzie di pubblicità nelle *prove preliminari* (*pre-testing*) di specifici annunci, mentre quote ancora minori sono dedicate a *prove a posteriori* sull'effetto della pubblicità. In genere, l'interesse dei pubblicitari è rivolto a misurare la *capacità di comunicazione* di un annuncio, ossia l'effetto che questo produce in termini di conoscenza, comprensione o preferenza. Sarebbe invece opportuno determinare l'*effetto sulle vendite* della comunicazione pubblicitaria, anche se questo obiettivo viene considerato troppo difficile da raggiungere. Entrambi gli effetti richiedono, comunque, di essere analizzati in modo approfondito.

22.5.1 La ricerca sugli effetti della comunicazione

Per quanto ottiene alle metodologie di misurazione dell'efficacia della comunicazione Meroni distingue tra:

- **Metodi standard di prima generazione** nei quali le variabili primarie sono notorietà e impatto.
- **Misurazioni più complesse** nelle quali le variabili analizzate sono molteplici e oltre la consapevolezza e l'impatto si esplorano accettazione, immagine del prodotto, atteggiamenti, coinvolgimento, propensione all'acquisto.

Appartengono ai metodi di prima generazione:

- Impact TV – Doxa
- Impact Settimanali – Doxa
- Impact Quotidiani – Doxa
- Impact Affissioni – Doxa
- Ips – Demoskopea
- Impatto Affissioni – Agb
- TV Test – Agb
- Telespot Monitor – Promocentro

Possono essere classificati come metodi di seconda generazione i seguenti prodotti:

ex ante
- Buy Test – Demoskopea
- Ad-Visor – Burke

- Publitest – Research International
- Ad-Vantage – Explorer
- Paragon – A&R

ex post
- Situazione pubblicitaria Settoriale – Agb
- Publimonitor – Agb
- Publitrack – Research International
- Ace – Burke
- Effipub – Abacus/Sofres.[16]

22.5.2 La ricerca sull'effetto sulle vendite

L'effetto esercitato dalla pubblicità sulle vendite è in genere più difficile da misurare dell'effetto in termini di comunicazione, dato che le vendite sono influenzate da numerosi fattori diversi dalla pubblicità, quali l'aspetto del prodotto e le sue caratteristiche, il prezzo, la disponibilità del bene e le iniziative dei concorrenti nello stesso mercato. Più questi fattori esterni si riducono, o possono comunque essere considerati sotto controllo, maggiore può essere la possibilità di misurare l'effetto specifico che la pubblicità ha sulle vendite. Sotto questo profilo, nel caso delle vendite per corrispondenza si ha una situazione particolarmente semplificata, mentre la misurazione diviene estremamente complessa nel caso in cui la pubblicità sia volta a costruire l'immagine della marca e dell'impresa. I metodi individuati per cercare di misurare l'impatto della pubblicità sulle vendite utilizzano sia l'analisi storica sia i metodi sperimentali. L'*analisi storica* consiste nel ricercare la relazione tra le vendite e le spese pubblicitarie passate, utilizzando sofisticate tecniche statistiche.

Montgomery e Silk hanno cercato di determinare l'effetto sulle vendite di tre strumenti pubblicitari utilizzati nel settore farmaceutico.[17] Una prima impresa investiva il 38% del budget disponibile per la comunicazione nel direct mail, il 32% in campioni e letteratura specifica e il 29% in pubblicità su riviste.

Nella ricerca, quest'ultimo mezzo, il meno utilizzato, dimostrò di avere la maggior elasticità nel lungo periodo, pari esattamente a 0,365, mentre i campioni e la letteratura ne avevano una pari a 0,108 e il direct mail solo lo 0,018. Le conclusioni furono, naturalmente, che l'impresa investiva troppo in direct mail e troppo poco nella pubblicità stampa.[18]

Altri ricercatori utilizzano il *metodo sperimentale* per misurare l'impatto della pubblicità sulle vendite. Un esempio può essere fornito dalla divisione vernici dalla Du Pont, la quale divise le sue 56 zone di vendita in zone ad alta, media e bassa quota di mercato.[19] La Du Pont, quindi, procedette ad assegnare uno stanziamento pubblicitario normale a un terzo delle zone di ogni gruppo; di due volte e mezza rispetto a quello normale a un altro terzo; e di quattro volte al terzo rimanente. Alla fine dell'esperimento, la Du Pont stimò l'incremento di vendita prodotto da investimenti in pubblicità più consistenti. L'impresa rilevò che, all'aumentare degli investimenti, le vendite aumentavano secondo un tasso via via decrescente e che l'aumento seguiva un ritmo minore nei territori con una quota di mercato più consistente.

A livello generale, è comunque possibile notare come un numero sempre crescente di imprese vada interessandosi a misurazioni che rilevano gli effetti sulle vendite degli investimenti in comunicazione, piuttosto che limitarsi a impiegare approcci meno specifici quali i test di ricordo degli annunci e gli indici di notorietà della marca o dell'impresa.

Note

[1] Si veda Russel H. Colley, *Gli obiettivi della pubblicità*, Etas Libri, Milano 1968.

[2] Per ulteriori approfondimenti si veda David A. Aaker e James M. Carman, "Are you Overadvertising?", in *Journal of Advertising Research*, agosto-settembre 1982, pp. 52-70.

[3] M.L. Vidale e H.R. Wolfe, "An Operations - Research Study of Sales Response To Advertising", in *Operations Research*, giugno 1957, pp. 370-381.

[4] John D.C. Little, "A Model of Adaptive Control of Promotional Spending", in *Operations Research*, novembre 1966, pp. 1075-1097.

[5] Altri modelli per la determinazione dello stanziamento pubblicitario sono illustrati e approfonditi in Gary L. Lilien, Philip Kotler, K. Sridhar Moorthy, *Marketing Models*, Prentice-Hall, Englewood Cliff 1992, pp. 263-323.

[6] John C. Maloney, "Marketing Decisions and Attitude Research", in George L. Baker Jr. (a cura di), *Effective Marketing Coordination*, American Marketing Association, Chicago 1961, pp. 595-618.

[7] Dik Warren Twedt, "How to Plan New Products, Improve Old Ones, and Create Better Advertising", in *Journal of Marketing*, gennaio 1969, pp. 53-57.

[8] Con il termine *headline* viene definita la frase d'apertura, a grandi caratteri, con la quale ha inizio un testo stampato, oppure l'affermazione sintetica posta all'inizio delle trasmissioni radiotelevisive, con la quale si anticipa l'essenza del contenuto.

[9] David Ogilvy e Joel Raphaelson, "Research on Advertising Techniques that Work - and don't Work", in *Harvard Business Review*, luglio-agosto 1982, pp. 14-18.

[10] Darrell B. Lucas e Steuart Henderson Britt, *Measuring Advertising Effectiveness*, McGraw-Hill, New York 1963, p. 218.

[11] Si veda Herbert E. Krugman, "What Makes Advertising Effective?", in *Harvard Business Review*, marzo-aprile 1975, pp. 96-103, qui p. 98.

[12] Vittorio Marco Meroni, *Marketing della pubblicità*, Il Sole 24 Ore, Milano 1990, cap. 8.

[13] In Italia è possibile disporre di numerose rilevazioni relative ai principali mezzi pubblicitari: per i quotidiani l'Isegipress, per i periodici l'Ispipress, per le televisioni di stato e commerciali l'Auditel, per la radio l'Audiradio, e per le affissioni l'Icsa (non continuativa).

[14] Philip H. Dougherty, "Bud 'Pulses' the Market", in *New York Times*, 18 febbraio 1975.

[15] Si veda Jay W. Forrester, "Advertising: A Problem In Industrial Dynamics", in *Harvard Business Review*, marzo-aprile 1959, pp. 100-110.

[16] Vittorio Marco Meroni, *Marketing della pubblicità*, pp. 371-372.

[17] David B. Montgomery e Alvin J. Silk, "Estimating Dynamic Effects of Market Communications Expenditures", in *Management Science*, giugno 1972, pp. 485-501.

[18] In proposito va sottolineato che i risultati dell'analisi delle serie storiche devono essere accuratamente interpretati, a ragione dell'elevata intercorrelazione fra gli elementi esplicativi, dell'insufficiente numero di anni per i quali si dispone di dati di vendita e di altri problemi.

[19] Si veda Robert D. Buzzell, "E. I. Du Pont de Nemours & Co.: Measurement of Effects of Advertising", nel suo *Mathematical Models and Marketing Management*, Division of Research, Graduate School of Business Administration, Harvard University, Boston 1964, pp. 157-179.

Capitolo 23

Le decisioni relative al direct marketing, alla promozione delle vendite e alle pubbliche relazioni

I doni sono simili ad ami.

Marziale (86 a.C.)

Non disprezziamo mai nessuno che ci manifesti un'amabile attenzione.

Mark Twain

Questo capitolo è dedicato al direct marketing, alla promozione delle vendite e alle pubbliche relazioni, tre strumenti di marketing cui viene spesso attribuito un ruolo secondario rispetto alla pubblicità e alla vendita personale, ma che possono dare un importante contributo ai risultati dell'attività di marketing. A volte, questi strumenti non sono neppure conosciuti a fondo da chi opera nel marketing. Infatti, anche se alcune imprese hanno istituito formalmente servizi per la promozione vendite, nella maggior parte dei casi non è prevista una funzione specifica, per cui l'attività promozionale viene svolta dai responsabili di prodotto. L'incremento della competizione in molti settori ha indotto comunque le aziende a dare maggiore rilievo a questi strumenti promozionali al fine di acquisire un consistente vantaggio rispetto alla concorrenza.

23.1 Il direct marketing

Il *direct marketing* costituisce uno strumento nuovo per molte aziende, sia nel comparto industriale, sia in quello dei servizi. Pur tuttavia, questo strumento sta facendo registrare i tassi di crescita più interessanti e rappresenta certamente per moltissime imprese una valida alternativa agli investimenti in altri mezzi di comunicazione (pubblicità, promozione delle vendite, e così via).

Negli Stati Uniti il direct marketing rappresenta infatti il 70% degli investimenti in comunicazione; in Italia più del 30% delle aziende utilizza questo strumento nelle sue varie articolazioni, con un tasso di sviluppo sensibilmente superiore a quello relativo all'intera spesa in comunicazione.

Le ragioni del successo del direct marketing sono diverse: ci soffermeremo brevemente su alcune di esse per comprendere in quale modo questo strumento si è inserito nel mondo della comunicazione aziendale e quali caratteristiche ne hanno determinato maggiormente il successo.

Mentre nell'ambito della comunicazione aziendale tradizionale il riferimento principale è costituito dal mercato nella sua globalità o da segmenti dello stesso, il direct marketing si rivolge all'individuo, al singolo cliente, attuale o potenziale che sia. Da ciò derivano le fondamentali caratteristiche di base di questo strumento: il direct marketing è (o dovrebbe/potrebbe essere) capillare, selettivo e strumento di comunicazione personalizzata.

Questi elementi rivestono particolare importanza soprattutto per quelle aziende che hanno l'esigenza pressante di non disperdere i messaggi e gli investimenti in comunicazione. Non solo: proprio per le doti naturali di capillarità, selettività e personalizzazione della comunicazione, il direct marketing consente una maggiore misurabilità degli effetti della comunicazione stessa; la sua efficacia ed efficienza relativa, rispetto agli altri strumenti di comunicazione aziendale, sembrano essere quindi largamente superiori. Le modalità di trasmissione del messaggio consentono inoltre l'instaurarsi di un dialogo a distanza che determina un'ulteriore peculiarità: l'interattività della comunicazione.

Se dunque il direct marketing possiede caratteristiche di indubbia validità, è altrettanto vero che alcune evoluzioni in atto nel mondo della comunicazione aziendale e, più in generale, nel marketing ne consentono una particolare valorizzazione. A tale proposito si evidenziano, infatti, fenomeni quali:

- La progressiva saturazione dei mezzi di comunicazione tradizionale.
- La crescente inefficienza dei canali di vendita.
- Le innovazioni provenienti dalle nuove tecnologie di produzione e distribuzione.
- L'affermazione di una modalità di fruizione individualistica dei prodotti.[1]

23.1.1 Natura e vantaggi del direct marketing

L'evoluzione dello strumento del direct marketing nel tempo ha indotto una profonda modificazione del significato e delle valenze a esso attribuite.

Originariamente, infatti, era considerato semplicemente come una forma di marketing mediante la quale i prodotti o i servizi passavano dal produttore al consumatore senza il ricorso a canali intermedi.

Recentemente, il direct marketing è stato ridefinito dalla DMA (Direct Marketing Association):

> Il *direct marketing* è un sistema di marketing interattivo che utilizza uno o più mezzi pubblicitari per ottenere una risposta misurabile e/o una transazione in qualsiasi luogo.

In questo senso, l'enfasi si focalizza sulla capacità del marketing di acquisire una risposta misurabile, in termini di ordini d'acquisto o gradimento da parte del consumatore (si potrebbe dunque parlare di *direct-order marketing*). Riprendendo in parte quanto accennato nel paragrafo introduttivo, è possibile individuare sei aree caratterizzanti il direct marketing e i vantaggi a esso connessi in termini di strumento di comunicazione:

1. Possibilità di rivolgersi a target molto precisi e singolarmente individuati.
2. Interattività del sistema.
3. Multimedialità.
4. Misurabilità dei risultati.
5. Generazione di informazioni.
6. Utilizzo in qualsiasi luogo e in qualsiasi momento (compatibilmente con l'effettivo accesso ai mezzi utilizzati per la comunicazione).

Innumerevoli appaiono dunque i vantaggi di una comunicazione multimediale, integrata e interattiva; essa infatti:

- È proporzionale al mercato dell'impresa e non al mercato dei mezzi, quindi è utilizzabile da parte di qualsiasi azienda, di qualunque dimensione e settore merceologico essa sia.
- È segmentabile, quindi non si disperde su target inidonei, permettendo una gestione più razionale delle risorse umane ed economiche.
- Si pone come obiettivo quello di attivare una relazione che consenta di comprendere e misurare come si muove il posizionamento dell'azienda rispetto al mercato.
- Permette acquisti consapevoli e interiorizzati, incrementando la possibilità di fidelizzazione della clientela.

23.1.2 Gli strumenti del direct marketing

Passiamo ora all'analisi dei principali strumenti di direct marketing in termini di ambiti di utilizzo, potenzialità, vantaggi e limiti.

Direct mail. Per *direct mail* si intende l'impiego sistematico e pianificato della comunicazione diretta inviata per posta, con il duplice obiettivo di sollecitare una risposta e di instaurare contemporaneamente un processo di comunicazione.

Il *mailing* è senza dubbio il mezzo maggiormente utilizzato dalle imprese che sviluppano programmi di direct marketing. Ciò risulta confermato dalle stime effettuate dall'UPA, secondo cui, su un totale di 1.250 miliardi di lire investiti nel 1987 per il direct marketing, 650 sarebbero stati destinati a iniziative coinvolgenti lo strumento postale, mentre la restante parte risulterebbe suddivisa tra campagne di direct response e telemarketing.[2] I vantaggi associati a questo strumento sono riconducibili fondamentalmente a:

1. Un elevato livello di selettività, grazie alla possibilità di selezionare e segmentare accuratamente le liste, che nessun altro mezzo (a eccezione del telefono) è in grado di offrire.
2. Una scelta praticamente illimitata circa il tipo di comunicazione, in quanto non vengono imposti, come per televisione e stampa, vincoli di tempo e di spazio.
3. L'individualità del contatto, come nel caso delle lettere personalizzate.
4. La testabilità della singola iniziativa.
5. La capacità esclusiva di coinvolgere il destinatario, attraverso buoni, francobolli, questionari, quiz e card di ogni tipo.
6. La possibilità di lasciare una traccia scritta del messaggio inviato, continuando a far vivere l'offerta nel tempo. Inoltre, per il fatto stesso di essere scritto, il direct mail offre maggiori possibilità che il messaggio venga compreso nel modo in cui era stato concepito.

Come qualsiasi strumento, il direct mail non è scevro da inconvenienti, limiti e svantaggi: essi si riconnettono principalmente ai costi a esso associati, soprattutto nella fase iniziale della campagna su cui gravano gli oneri aggiuntivi relativi all'impostazione, creazione e stampa nonché all'affitto delle liste e al trattamento degli indirizzari della clientela aziendale (eliminazione dei nominativi doppi e relativa segmentazione).

Proprio per questo, le tendenze future del direct marketing sono da intravvedere nell'uso di liste più specialistiche, per ottenere un maggior numero di risposte, e nel ricorso a *mailing package*[3] meno costosi, al fine di reagire agli aumenti degli altri costi da sostenere. Il suo maggiore utilizzo è quindi previsto nel *business to business*, nel settore finanziario, dei servizi e della vendita di beni durevoli; tuttavia, essendo il mezzo che dà la maggiore opportunità di mantenere un contatto continuo e personalizzato con la propria clientela, è senza dubbio destinato, in tutti i settori, a svolgere un ruolo sempre più importante all'interno dei programmi di marketing aziendali.

Il direct response advertising

Il *direct response advertising*, o pubblicità a coinvolgimento diretto, può essere definito come: «Quella specifica metodologia di comunicazione commerciale che, attraverso l'utilizzo interattivo dei mass-media e l'utilizzo dei media interattivi, tende a generare nel destinatario un comportamento immediato».[4]

Quattro sono gli elementi che si possono evincere da questa definizione, al fine di discernere le caratteristiche del suddetto strumento:

- È una metodologia specifica di comunicazione e, come tale, implica un approccio creativo altamente professionalizzato.
- È una comunicazione che si avvale di ogni possibile mezzo, sia esso di massa (a una via), oppure tipicamente interattivo.
- Ritrova nell'interattività la ragione stessa della sua esistenza.
- Genera un comportamento immediato.

I mezzi di comunicazione tradizionali, quelli cioè di cui si avvale fondamentalmente la pubblicità classica, possono essere individuati indicativamente nella radio e nella televisione (sia pubblica sia privata), nella stampa (quotidiana, periodica e specializzata) ed infine nelle affissioni.

Anche il direct marketing ricorre al supporto di tali mezzi; esso deve tuttavia concretizzarsi in un messaggio pubblicitario mirato.

Per pubblicità mirata si intende «un messaggio di vendita ben preciso, non indirizzato a tutti indiscriminatamente ma a un *target* ben individuato e utilizzando il veicolo giusto (televisione, radio, giornali) per quell'obiettivo; addirittura cambiando il modo di porgere il messaggio a seconda del mezzo utilizzato».[5]

Ad esempio, per proporre un determinato prodotto, sarà necessario ricorrere a un certo stile se si utilizza un giornale di tipo élitario e a un altro completamente diverso se si tratta di un giornale a larga diffusione. In sostanza, il direct response advertising non è altro che il tipo di pubblicità cui fanno riferimento coloro che utilizzano gli strumenti di direct marketing. Il suo carattere peculiare consiste nel perseguire, rispetto alla pubblicità classica, un duplice obiettivo:

- Sviluppare la conoscenza del proprio prodotto o servizio.
- Sollecitare una risposta.

Da ciò si può desumere come la pubblicità classica e il direct response advertising non siano agli antipodi, ma abbiano caratteristiche comuni. La prima, che abbiamo già citato, consiste nel fatto di perseguire entrambi l'obiettivo di creare conoscenza e immagine, in modo tale da indurre un atteggiamento positivo nei confronti di un'impresa e/o di un prodotto/servizio. Ma, mentre la pubblicità non spinge a un'azione immediata poiché il suo scopo primario è quello di stimolare il bisogno, ottenendo un ritorno nel futuro, il marketing diretto cerca di stimolare il ricevente a reagire con prontezza agli stimoli forniti (la suddetta reazione può consistere sia in un acquisto sia in una semplice richiesta di informazioni).

Oltre a essere mirato, implicando la conoscenza delle caratteristiche dei soggetti a cui si rivolge, il direct marketing differisce dalla pubblicità tradizionale in virtù della possibilità di fornire misurazioni precise circa la sua efficacia. Tale opportunità deriva dall'esistenza di una *redemption* concreta, vale a dire le risposte che si sono ottenute in seguito allo stimolo.

Queste due tipologie di comunicazione non devono quindi essere considerate come "due rivali in contrasto tra loro": anzi, se opportunamente integrate possono condurre all'ottenimento di risultati particolarmente efficaci. In passato, l'abbinamento delle due forme in esame è stato più volte criticato proprio per il fatto di impedire quella misurazione precisa dei risultati dell'operazione nel suo complesso propria del ricorso, in via esclusiva, al direct marketing.

Va tuttavia ricordato che la scelta di ricorrere a uno specifico mix di comunicazione deve rispondere, in prima istanza, agli obiettivi aziendali definiti, quindi il giudizio di merito non potrà che essere correlato alla capacità dello stesso mix di perseguire tali fini. Se il prezzo della correlazione dovesse consistere solamente nel fatto di accettare una minore precisione nel calcolo della redemption, le stesse tecniche di analisi e di studio utilizzate per la verifica *ex ante* della bontà di un messaggio o di un programma di direct marketing potrebbero prestarsi molto bene allo svolgimento di un'analisi di convenienza dell'abbinamento stesso. I risultati ottenibili da test paralleli su più aree omogenee di un programma di direct marketing, di uno di marketing tradizionale e di uno che preveda il ricorso contemporaneo a mezzi di massa e personali, permettono infatti la formulazione di un giudizio di preferenza circa il tipo di approccio al mercato di più opportuna attuazione su base estensiva. Indipendentemente dall'opzione prescelta, non si può tuttavia negare come la contemporaneità di un approccio di massa e di uno direttamente indirizzato al singolo favorisca in genere una comunicazione più incisiva.

Abbiamo poco sopra affermato come uno degli elementi caratteristici del direct marketing sia la sua misurabilità; essa deriva essenzialmente dalle risposte originate dall'invio del messaggio mirato. Ma in che modo queste risposte possono essere evidenziate?

Le modalità prescelte devono essere strettamente dipendenti dal mezzo utilizzato. Nel caso di ricorso a radio e televisione, le alternative saranno o quella di fornire un indirizzo a cui scrivere, oppure mettere a disposizione un numero telefonico a cui rivolgersi chiamando nel corso della giornata. Quest'ultimo sistema è molto utilizzato nei paesi in cui è in funzione il cosiddetto servizio *toll free* o numero verde, il quale sta muovendo i primi passi anche in Italia.

Se, invece, si dovesse ricorrere alla carta stampata (quotidiani, periodici, testate specializzate), il principale mezzo di risposta sarà il coupon, consistente in un tagliandino situato quasi sempre in un angolo dell'annuncio, in modo da essere facilmente ritagliato e spedito (dopo essere stato compilato).

Tra gli strumenti di marketing diretto, il direct response advertising è senza dubbio quello meno utilizzato, soprattutto in vista della limitata redemption che in genere ne deriva. Si è verificato infatti che raggiungere una risposta del due o tre per mille è già di per sé significativo di un buon risultato. Tuttavia, il suo utilizzo si rivela necessario, in quanto non è sempre possibile avere a disposizione indirizzi e numeri telefonici dei singoli componenti del target di riferimento. Il ricorso al direct response advertising permetterà quindi il loro reperimento, consentendo un successivo contatto con un messaggio diretto.

Il telemarketing. Concordando con l'Aidim (Associazione italiana per il direct marketing), è possibile affermare che il *telemarketing* consiste nell'impiego strategico, pianificato e sistematico del telefono, in combinazione con altri strumenti di marketing, per raggiungere gli obiettivi aziendali. Per meglio chiarire i concetti che questa sintetica definizione racchiude possiamo osservare che il telemarketing si basa su tre elementi fondamentali:

- Una rete telefonica sviluppata.
- La possibilità di individuare segmenti obiettivo utili.
- L'applicazione al mezzo telefonico delle tecniche classiche della comunicazione.

Rete telefonica. Attualmente, in Italia, la penetrazione degli apparecchi telefonici è quasi totale presso gli operatori economici, ed è molto alta presso le famiglie. Possiamo addirittura considerare il mercato "interessante" totalmente raggiungibile con il telefono, poiché chi non possiede un apparecchio è probabilmente un utente molto marginale dal punto di vista economico.

Il telemarketing si è sviluppato, e ha ragione di esistere, in quei paesi in cui la rete telefonica nazionale abbia raggiunto un certo grado di sviluppo, e che quindi consenta di raggiungere gli abbonati con un certo grado di facilità.

Segmenti obiettivo. Attraverso le tecniche classiche del marketing è possibile individuare il proprio pubblico di riferimento. Una volta fatto questo, per procedere a un'azione di telemarketing è necessario passare dal target group alla determinazione di una lista di nominativi che ne facciano parte (lista che, naturalmente, deve essere completa di tutti i dati utili per un corretto e profittevole svolgimento dell'azione). Una buona lista è quindi la base di partenza per ogni attività di telemarketing che voglia ottenere dei risultati apprezzabili.

Tecniche di comunicazione. Qualsiasi comunicazione viene costruita sulla base di osservazioni e tecniche elaborate e complesse. In questo campo sono stati fatti nel tempo numerosi passi avanti, e di questi progressi ha ampiamente beneficiato il telemarketing, il quale ne ha fatto proprie le tecniche, adattandole nel migliore dei modi al mezzo telefonico. Ogni messaggio viene accuratamente redatto da copywriter, i quali devono avere come punto di riferimento gli obiettivi prefissati, nella ricerca di un corretto coinvolgimento dell'interlocutore.

Studiandone le caratteristiche, ci si è resi conto che il telefono è in grado di ottenere un impatto positivo straordinario, di gran lunga superiore a qualsiasi comunicazione pubblicitaria o messaggio inviato per posta. Questo perché:

- **È uno strumento**:
  - Interattivo.
  - Rapido.
  - Di facile utilizzo.
  - Personalizzato.
- **La conversazione forma un tessuto relazionale**. Attraverso la voce, le intonazioni, la scelta delle parole e dei silenzi, viene emessa una quantità di segnali diversi, in modo più spontaneo e immediatamente percettibile rispetto alla comunicazione scritta. Ciò conferisce allo scambio telefonico una densità particolare.
- **Può essere visto come uno schermo protettivo nei confronti dell'interlocutore**, la cui assenza fisica consente a volte una maggior scioltezza e spontaneità di espressione.
- **È selettivo**. Infatti è necessario scegliere in precedenza la persona da contattare, la quale deve possedere determinati requisiti che variano a seconda degli obiettivi da perseguire. Solo in tal modo è possibile instaurare un vero scambio che implicherà il coinvolgimento di entrambi gli interlocutori.
- **È un mezzo molto flessibile**, consentendo un'immediata possibilità di correzione.
- **Dà ampie possibilità di realizzare test**.
- **Consente il controllo totale dei costi e dei risultati**, nonché di avere un ritorno significativo in termini di risposte utili.

Nel telemarketing,[6] in cui ha il doppio *obiettivo* di (1) *dare informazioni* all'utente selezionato; e (2) *raccogliere informazioni* interessanti per l'azienda e/o *ottenere un comportamento di ritorno*, il telefono può essere efficacemente impiegato a supporto di diverse iniziative.

Gestione della clientela. Il miglior utilizzo di questo strumento è dato nell'ambito della *clientela già acquisita*, che con tale mezzo, più che con ogni altro, può essere seguita in funzione delle sue esigenze. Il telefono può essere utile per:

- Presentazione e sottoscrizione diretta di nuovi servizi.
- Azioni post-vendita e di fidelizzazione.

- Rinnovo di contratti.
- Verifica e sollecito di crediti.
- Riattivazione di clienti passivi.

Il vantaggio che ne deriva per l'azienda è evidente: il cliente le resterà fedele perché un rapporto di questo tipo è gratificante e rassicurante con riferimento ai prodotti/servizi offerti dall'impresa. Inoltre gli darà la sensazione di appartenere al gruppo che ne costituisce il pubblico privilegiato.

Supporto alle vendite. La miglior lista disponibile è sempre quella dei propri clienti, dei quali l'azienda conosce (o dovrebbe conoscere facilmente, qualora abbia impostato un sistema informativo adeguato) le esigenze, i gusti e le abitudini d'acquisto.

Tuttavia, il telemarketing può anche essere utilizzato con successo se riferito alla *clientela potenziale*. Il mezzo può in questo caso essere molto utile per individuare nuovi potenziali clienti e verificarne le caratteristiche e le potenzialità.

Traffic building. Sia nel caso di nuova clientela che di clienti già acquisiti, il telefono è certamente proficuo per supportare operazioni di *traffic building*, che si concretizzano nella razionalizzazione del flusso di clientela presso i punti vendita, in seguito a particolari azioni promozionali.

Creazione di appuntamenti per la forza di vendita. In tal caso, il primo contatto con il cliente potenziale o attuale è realizzato da una persona competente che, oltre a fissare appuntamenti precisi, raccoglie tutte le informazioni utili alla forza di vendita che consentiranno di recarsi dal cliente con preparazione sufficiente a risolverne i problemi e i bisogni insoddisfatti.

Molteplici sono i vantaggi derivanti da questa applicazione. Tra di essi possiamo ricordare come i più significativi:

- Il risparmio di tempo per l'agente, il quale potrà anche programmare meglio le sue visite in funzione della complessità delle stesse, nonché della distanza geografica che separa i diversi clienti.
- L'individuazione dei clienti più interessanti, caratterizzati da una maggiore potenzialità: sarà quindi possibile alla forza di vendita riservare a

tale tipologia di clienti le proprie visite, mentre potrà indirizzare coloro che hanno avanzato richieste meno interessanti verso altri canali (è la cosiddetta "qualificazione dei contatti di vendita").[7]
- La possibilità di conferire importanza all'agente che dovrà visitare il cliente.

Molti possono obiettare che l'uso del telefono per la fissazione di appuntamenti non è adatto per prodotti troppo tecnici o per la vendita di servizi. In realtà questa non può essere che una prima ed errata reazione all'utilizzo di tale strumento. La verità è che il telemarketing è utile per fissare appuntamenti, qualunque sia il prodotto o il servizio fornito. La ragione consiste nel fatto che l'operatore deve solo vendere l'appuntamento e non il servizio, anzi, in molti casi una conoscenza superficiale da parte dello stesso può essere positiva.

Programmi di telemarketing di questo genere sono stati usati con successo anche da banche e assicurazioni.[8]

Interventi su liste. Possono essere vantaggiosamente effettuati sia sulla clientela attuale (aggiornamento indirizzario clienti), sia su clienti potenziali (costruzione liste arricchite), garantendone una corretta qualificazione e manutenzione. Quest'ultima operazione è di particolare rilevanza quando, non disponendo di liste interne, l'azienda è costretta ad acquisire dall'esterno le liste necessarie.

Raccolta di informazioni sul mercato. È in quest'ambito che le azioni di telemarketing hanno particolare efficacia. Rileviamo che l'esperienza acquisita nel campo delle ricerche di mercato è stata, ed è tuttora, di fondamentale aiuto; va quindi attentamente presa in considerazione nell'impostazione e nella gestione di tali operazioni.
È molto importante sottolineare questo punto dal momento che troppo spesso si ritiene a torto che esista uno scollamento tra le due attività. Le opportunità di utilizzo del telemarketing per la raccolta di informazioni sono numerose:

- Nel caso di clientela attuale, con la quale esiste un rapporto consolidato, è possibile ottenere informazioni immediate e precise sulle attese e sul livello di soddisfazione derivante dai prodotti già esistenti. Dall'analisi delle risposte fornite è possibile ricavare indicazioni per impostare nuovi prodotti e servizi.

■ Dopo il lancio di un nuovo prodotto, il telefono può rilevare, presso i nuovi utenti, indicazioni sul livello di soddisfazione, oltre a suggerimenti per eventuali modifiche o integrazioni.

Operazioni in combinazione con altri media. Anche se il telemarketing può essere usato con successo indipendentemente dall'utilizzo congiunto con altri media quali stampa, radio, televisione e mailing, se viene accuratamente pianificato e portato a termine in integrazione con altri mezzi di comunicazione, dà luogo a risultati di gran lunga superiori. Infatti è in questo ambito che il telemarketing consente di sfruttare appieno le sue caratteristiche di strumento interattivo per eccellenza, eccezionalmente flessibile e altamente selettivo, consentendo una completa pianificazione dei contatti.

A titolo di esempio, in azioni di pre-mailing il telefono può avere l'obiettivo di individuare il giusto destinatario del mailing e/o di stimolare la sua attenzione creando attesa. Inoltre, consente le cosiddette "verifiche di lista" prima dell'invio del mailing package, soprattutto nel caso in cui esso sia impegnativo o di prestigio.

In azione di post-mailing, la telefonata può avere lo scopo di sollecitare il ricordo del messaggio, oppure di stimolare comportamenti di risposta alle proposte inviate. In ambedue i casi, comunque, l'impiego del telemarketing è un validissimo aiuto che può aumentare notevolmente l'efficacia del mailing.

Analisi e verifiche di campagne di marketing diretto. Queste tipologie di analisi e verifiche risultano particolarmente utili su package inviati ad aree test, poiché consentono di valutarne l'impatto potenziale e di effettuare le eventuali correzioni necessarie, prima di dare il via alla parte più consistente degli investimenti (che si sostiene proprio in occasione dell'allargamento dell'operazione).

23.2 La dimensione strategica del direct marketing

Tenuto conto delle sue principali caratteristiche, il direct marketing potrebbe essere immediatamente utilizzato, all'interno del mix comunicazionale, quale *particolare tecnica per gestire un'iniziativa di comu-*

nicazione. A titolo di esempio, possiamo citare l'invio a nominativi di clienti di una lettera (personalizzata solo dal punto di vista del nome e dell'indirizzo del destinatario, stampato sulla lettera stessa) con la quale si vuole presentare una nuova iniziativa, un nuovo prodotto o l'apertura di un nuovo punto vendita, e in cui viene prevista la registrazione del comportamento di risposta ottenuto.

Ci troviamo in questo caso di fronte alla cosiddetta *fase tecnica* del direct marketing, che consiste nell'abilità di utilizzare la comunicazione interattiva per il raggiungimento di un obiettivo specifico. A tal fine è possibile ricorrere sia ai media classici (quotidiani, periodici, radio, televisione, affissione) utilizzati in maniera interattiva, sia ai media interattivi come il mailing, il telefono, il telex, il telefax, il videotel, le reti telematiche (Postel) e la televisione via cavo.

Anche se corretto, questo tipo di utilizzo è caratterizzato dall'essere avulso da una politica di comunicazione integrata: rischia quindi di essere poco efficace. Le ragioni di ciò derivano essenzialmente dal fatto di operare con un target non attentamente definito, da una comunicazione diretta non supportata in modo corretto e in generale dalla fissazione di obiettivi di breve periodo.

Un primo ampliamento di tali prospettive richiede anzitutto l'utilizzo dello strumento all'interno di un processo di pianificazione a livello tattico; passiamo quindi alla cosiddetta *fase tattica* del processo di direct marketing. In questa ottica esso viene definito come *una delle tecniche di comunicazione utilizzabili dall'impresa*: una comunicazione interattiva e integrata che implica il ricorso a tutti gli strumenti della comunicazione in termini sinergici.

Si parla dunque al cliente con una sola voce utilizzando tutti i mezzi idonei a consentire tale dialogo. Per fare ciò è necessario scegliere con maggiore precisione gli obiettivi di comunicazione, nonché il target di riferimento.

A titolo esemplificativo, parliamo di utilizzo dello strumento in chiave tattica, nel caso di un'iniziativa di direct marketing a supporto del lancio di un nuovo prodotto in cui:

- Il target sia stato definito con precisione come una parte specifica della clientela avente determinati requisiti.
- L'interesse sollecitato dalla comunicazione diretta trovi all'interno dell'azienda il necessario supporto (personale addetto a rispondere e a interagire con il cliente).

L'efficacia e l'efficienza delle iniziative di direct marketing così avviate possono però essere massimizzate solo nel caso di una loro corretta impostazione a livello strategico: qualora infatti manchi un approccio alla cosiddetta *fase strategica* e quindi una precisa comprensione degli obiettivi, nonché la precisazione delle finalità che ogni iniziativa deve avere, si rischia di giungere a risultati poco significativi e instabili.

Utilizzato in chiave strategica, il direct marketing risponde a un obiettivo specifico, individuabile nella *creazione e mantenimento di un rapporto stabile con il mercato*[9] o meglio con segmenti particolari dello stesso, attraverso canali diretti e interattivi.

Si tratta quindi di uno strumento finalizzato a generare "consenso verso l'istituzione" e un rapporto "caldo e immediato" con i propri utenti.[10] In poche parole, ha lo scopo di mantenere il cliente al centro del sistema aziendale. Siamo quindi in presenza del cosiddetto "customized marketing", che consiste nel passare dal concetto di consumatore a quello di cliente; per *consumatore* infatti si intende colui che genericamente può acquistare prodotti e servizi di una certa marca. *Cliente* è invece colui che acquista prodotti e servizi di una sola marca alla quale è fedele nel tempo. Il direct marketing cerca perciò, attraverso l'acquisizione di clienti (nel senso definito qui sopra) di attuare un investimento sul mercato la cui rendita sarà il potere d'acquisto di questo cliente nel tempo.

Il direct marketing ricerca, individua, conquista il cliente, lo fidelizza e non smette mai di interagire con lui per massimizzarne la spesa e la gratificazione.

> Il nuovo vantaggio competitivo è dato dalla fidelizzazione... Bisogna continuare a dialogare con il cliente, renderlo partecipe ai nuovi progetti, informarlo delle novità e fare in modo che si senta veramente trattato secondo la sua personalità e il suo carattere.[11]

Anche la ricerca di nuovi clienti è fondamentale, ma deve essere considerata alla stregua di un polmone per l'attività di fidelizzazione. Fondamentale sarà quindi la costruzione di un data base relativo ai clienti attuali e potenziali.

Infine è bene ricordare che per la sua effettiva realizzazione il direct marketing strategico richiede di non essere gestito esclusivamente all'interno dell'ufficio marketing dell'azienda, ma deve rappresentare una scelta di mercato, una strategia che si integra nella pianificazione globale dell'azienda stessa.[12] Solo una gestione strategica del processo permette infatti di evitare i rischi connessi a un utilizzo di breve periodo dello strumento quali:

- Un *uso eccessivo*, che rischia di provocare un generalizzato atteggiamento negativo da parte dell'utente, sommerso da comunicazioni del tutto generiche.
- Un *uso indiscriminato*, ossia fuori target, che è poco efficace (non vengono toccati i nominativi interessati) e poco efficiente (i costi sono ingiustificati).
- Un *uso non integrato* con altri strumenti di comunicazione, che quindi crea interesse, ma non ottiene risultati operativi.[13]

23.3 La promozione delle vendite

Il termine *promozione delle vendite* definisce una grande varietà di strumenti volti a ottenere una risposta più rapida e più consistente dal mercato. È possibile distinguere la *promozione verso il consumatore* (campioni, buoni-sconto da utilizzarsi prima o dopo l'acquisto, sconti premio, concorsi, opuscoli di vendita, dimostrazioni, ecc.); la *promozione verso i rivenditori* (sconti all'atto dell'acquisto, confezioni gratuite e sconti in merce, forme di pubblicità cooperativa, premi e concorsi di vendita, ecc.) e la *promozione verso la forza vendita* (gratifiche e premi, concorsi e gare di vendita, ecc.).[14]

Gli strumenti di promozione delle vendite sono utilizzati dalla maggior parte delle organizzazioni, siano esse imprese di produzione, di distribuzione all'ingrosso o al dettaglio, associazioni commerciali o enti senza scopo di lucro.

Gli investimenti delle imprese in operazioni promozionali si sono sviluppati in questi ultimi anni in modo molto sostenuto, con tassi di crescita tra il 15 e il 20%, e hanno superato nel 1990 il tetto dei 5.000 miliardi (di cui 1.500 soltanto per i viaggi *incentive*) rappresentando ormai un terzo dell'intera spesa per la comunicazione commerciale.

Diversi fattori sono alla base del rapido sviluppo della promozione vendite, in particolare delle iniziative rivolte al mercato dei consumatori. Fra i fattori interni, è possibile citare il fatto che la promozione viene considerata sempre più diffusamente come uno strumento di vendita a tutti gli effetti. Infine, un numero sempre crescente di responsabili di prodotto è in grado di utilizzarla correttamente e viene sollecitato a farlo dalla difficoltà a sviluppare le vendite che ormai caratterizza una molteplicità di settori. Tra i fattori esterni, è possibile annoverare il continuo aumento delle marche presenti nel mercato, il fatto che la concorrenza in genere si è orientata maggiormente alla promozione, la presenza di inflazione e di situazioni di recessione che hanno contribuito a rendere sia i consumatori, sia i rivenditori più attenti al valore del denaro, e inoltre il fatto che l'efficacia della pubblicità è diminuita per il continuo lievitare dei costi, il sovrautilizzo dei mezzi e le restrizioni a livello legislativo.

23.3.1 Definizione degli obiettivi della promozione delle vendite

Data la grande variabilità che gli strumenti promozionali presentano, è impossibile definire un unico obiettivo per il loro utilizzo: un campione-omaggio, per esempio, stimola il consumatore a provare il prodotto, mentre una consulenza gratuita fornita a un negoziante cementa il rapporto con quest'ultimo nel tempo. Chi vende utilizza incentivi di carattere promozionale sia per attirare nuovi acquirenti alla prova, sia per ricompensare la fiducia mostrata dai consumatori. I nuovi acquirenti di una certa marca provengono da due categorie: chi è fedele ad altre marche e chi passa in continuazione da una marca all'altra. In genere, le promozioni delle vendite attraggono questi ultimi, dato che i consumatori abituali di altre marche spesso non sono interessati a offerte speciali e a volte non le notano neppure.

Per chi invece cambia spesso marca, la scelta è determinata proprio sulla base del prezzo interessante o dell'offerta speciale; d'altra parte è poco probabile che un'offerta occasionale riesca a stabilizzare il comportamento di scelta di questo tipo di consumatori. Iniziative di promozione vendite in mercati caratterizzati dalla presenza di marche fra loro molto simili possono avere una risposta di acquisto elevata nel breve periodo, ma risultati scarsi nel lungo. Al contrario, in mercati che presentano chiare differenze fra le marche, le iniziative promozionali possono portare a variazioni tendenzialmente permanenti nelle quote di mercato delle diverse marche. Spesso la promozione viene considerata come uno strumento volto a superare la fedeltà delle marche concorrenti, mentre la pubblicità mirerebbe a costruire la fedeltà delle proprie. In quest'ottica, il problema principale degli operatori di marketing è quello di suddividere nel modo migliore il budget disponibile fra i due strumenti; in genere, le imprese utilizzano a questo fine rapporti percentuali compresi fra 20/80 e 80/20. In questi ultimi anni, questo rapporto si è modificato sempre più a favore della promozione vendite, in risposta alla crescente sensibilità mostrata dal consumatore per la variabile prezzo. Occorre comunque procedere con attenzione. Infatti, quando una marca è mantenuta in promozione per lunghi periodi di tempo, è possibile che il consumatore prenda a considerarla come poco qualificata. Non è possibile indicare esattamente il momento in cui questo avviene, ma è probabile che il rischio divenga sensibile quando il prodotto rimane in promozione per più del 30% del tempo.[15]

Le marche dominanti, comunque, utilizzano poco frequentemente questa strategia, dal momento che la promozione, data la posizione dei prodotti nel mercato, finirebbe per favorire utilizzatori già fedeli alla marca stessa.

È opinione diffusa che la promozione delle vendite, a differenza della pubblicità, non sia in grado di costruire una fedeltà di marca di lungo periodo da parte del consumatore. Uno studio di Brown, che si avvale dei risultati ottenuti in un ricerca effettuata su un campione di 2.500 acquirenti di caffè istantaneo, conclude che:

- La promozione vendite produce risposte più rapide della pubblicità in termini di risultati di vendita.
- La promozione vendite non è volta ad acquisire acquirenti nuovi e stabili in mercati prossimi alla maturità, dal momento che le offerte promozionali sono utilizzate tendenzialmente da consumatori sensibili al prezzo, che passano da una marca all'altra non appena ciò determini un risparmio.
- La fedeltà di marca non è in genere intaccata dalle iniziative promozionali della concorrenza.
- La pubblicità risulta particolarmente idonea ad aumentare lo specifico valore fondamentale che il consumatore attribuisce a una marca.[16]

In realtà, una promozione rivolta al consumatore può rivelarsi immediatamente efficace, anche se non inquadrata in chiave di strategia comunicazionale, per risolvere un problema contingente di vendita (esaurire uno stock giacente, ad esempio).

Questo è uno dei motivi per cui la promozione delle vendite è spesso utilizzata anche da imprese di medio-piccole dimensioni, a cui è associata una bassa quota di mercato che, a prescindere dall'esistenza di un piano strategico di comunicazione, perseguano, in maniera forse un po' miope, obiettivi immediati e tattici.

Occorre però considerare che tali azioni possono procurare volumi addizionali di vendita a breve scadenza, ma non proiettano nel futuro il loro influsso.

Al fine di pianificare una campagna promozionale il cui risultato sia positivo nel tempo, occorre fare riferimento anche ad altri elementi, quali l'influsso della promozione sull'immagine del prodotto, la coerenza con la strategia globale d'impresa e più specificatamente con le strategie di comunicazione e l'interazione con le altre leve del marketing-mix. Qualora vi siano problemi inerenti alla qualità del prodotto, al posizionamento scelto, al prezzo e alla reale reperibilità del prodotto sul mercato, la promozione potrebbe solo temporaneamente tamponare l'effetto negativo che il problema reale determina sul livello delle vendite.[17] L'impostazione di una campagna di promozione delle vendite prevede diverse fasi: la definizione degli obiettivi, la selezione degli strumenti da utilizzare, lo sviluppo dei programmi e la loro prova, la realizzazione, il controllo e la valutazione dei risultati. All'esame delle singole fasi sono dedicati i paragrafi seguenti.

23.3.2 La determinazione degli obiettivi promozionali

Gli obiettivi promozionali derivano dai più generali *obiettivi di comunicazione*, che a loro volta sono strettamente collegati ai più generali *obiettivi di marketing* sviluppati per il prodotto: il fine specifico scelto per le attività di promozione delle vendite varierà poi in funzione del tipo particolare di mercato obiettivo individuato. Se ci si rivolge ai *consumatori*, gli obiettivi potranno essere: un utilizzo maggiore del prodotto o l'acquisto di confezioni di formato maggiore per chi già lo usa, l'invito alla prova per quanti non l'hanno mai provato o che acquistano prodotti di marche concorrenti. Se ci si rivolge ai *dettaglianti*, gli obiettivi consisteranno nel convincere i commercianti a trattare nuovi prodotti o quantità maggiori di quelli abituali, aumentare gli acquisti fuori stagione e le giacenze di prodotti correlati, contrastare le iniziative promozionali di prodotti concorrenti, acquisire la fedeltà e riuscire a entrare in nuovi punti di vendita. Nel caso della *forza vendita*, obiettivi possibili sono: aumentare il supporto a un nuovo prodotto o a una nuova versione di uno già esistente, incoraggiare il primo acquisto e stimolare le vendite fuori stagione.

23.3.3 La scelta degli strumenti promozionali

Per raggiungere gli obiettivi in questione sono disponibili nel settore della promozione vendite numerosi strumenti particolari. Nella fase di pianificazione è importante tenere presente, oltre agli obiettivi specifici, le caratteristiche del mercato, la situazione competitiva e il rapporto costo/efficacia di ogni possibile alternativa.[18] I principali strumenti a disposizione dell'operatore sono quelli presentati qui di seguito.

Campioni, buoni-sconto, confezioni speciali, omaggi e bollini premio. Questi strumenti formano la gamma delle promozioni rivolte al consumatore. I *campioni* offrono all'acquirente la possibilità di provare gratuitamente una certa quantità del prodotto sperimentando direttamente caratteristiche d'uso e risultati. Possono essere consegnati a domicilio o spediti per posta; possono anche essere messi a disposizione nel punto di vendita in combinazione con un altro prodotto; oppure il buono per il ritiro della confezione-omaggio può essere inserito in un inserto pubblicitario. L'offerta gratuita di campioni prova è il mezzo più costoso, ma anche il più efficace per lanciare un prodotto innovativo.

I *buoni-sconto* danno diritto a chi li consegna al momento dell'acquisto a uno sconto sul prezzo di vendita di un certo prodotto. I buoni-sconto sono distribuiti per posta, o acclusi ad altri prodotti, o inseriti in annunci pubblicitari. Sono particolarmente efficaci nello stimolare le vendite di un prodotto di marca in fase di maturità o quando si voglia sollecitare il consumatore a provare qualcosa di nuovo. Gli esperti ritengono che, per essere interessante, il buono debba rendere possibile uno sconto non inferiore al 15-20% sul prezzo pieno del prodotto.

Le *confezioni speciali* (o offerte scontate) danno al consumatore l'occasione per effettuare un risparmio sul prezzo pieno del prodotto e l'offerta è indicata sull'etichetta o sulla confezione. Possono avere la forma o di *confezioni a prezzo ridotto*, ossia di più unità di prodotto vendute a prezzo scontato ("due al prezzo di uno"), oppure di *confezioni unite*, ossia di due confezioni di prodotti differenti, ma fra loro connessi, vendute assieme (come nel caso di un dentifricio accluso a uno spazzolino). Questa formula è estremamente efficace – forse più dello stesso campione gratuito – quando l'obiettivo è quello di stimolare le vendite nel breve periodo.

Gli *omaggi* sono prodotti offerti a un prezzo fortemente scontato, o gratuitamente, come incentivo per l'acquisto di un prodotto particolare. Possono essere contenuti nella confezione, oppure annessi a quest'ultima (*omaggi acclusi alla confezione*): l'omaggio può essere costituito dalla confezione stessa, se si tratta di un contenitore riutilizzabile. Gli omaggi possono anche essere spediti per posta a chi abbia inviato una prova d'acquisto, come il coperchio della confezione. Oppure può essere consegnato a prezzo scontato al consumatore dietro richiesta di quest'ultimo. Sono sempre più numerosi gli articoli omaggio che portano stampato il nome dell'impresa: magliette, palloncini e centinaia di altri oggetti recano, per esempio, il nome Benetton o il marchio Mulino Bianco.

I *bollini premio* (o punti regalo) consentono ai consumatori che hanno acquistato un certo numero di confezioni dei prodotti di una data impresa di ottenere articoli da scegliere in un'apposito catalogo, o previamente specificati. Da ricordare, al riguardo, la promozione del Coccio del Mulino Bianco. Le terrecotte smaltate con motivi campestri hanno ottenuto un successo straordinario, contribuendo in modo sostanziale non solo al consolidamento dei consumatori Barilla e alla diffusione di alcuni prodotti minori della linea (le cui prove d'acquisto erano comunque valide per la raccolta dei punti), ma anche all'immagine di marca dei prodotti Mulino Bianco.

Questo strumento viene anche utilizzato frequentemente da catene di supermercati, grandi magazzini, stazioni di servizio al fine di incrementare la fedeltà del consumatore al punto di vendita.

Esposizioni e dimostrazioni nel punto di vendita. Un esempio caratteristico è dato dalla sagoma in cartone di Capitan Crunch, simbolo di una nota marca di cereali per la prima colazione, posto vicino alle scatole del prodotto nel punto di vendita. Un limite all'utilizzo di questo strumento è dato dal fatto che spesso i rivenditori sono oberati dai poster e dagli espositori promozionali inviati dalle case produttrici e finiscono col non utilizzarli. A questa situazione è possibile rispondere migliorando la qualità del materiale inviato, raccordandolo a comunicati pubblicitari televisivi o stampa, e provvedendo direttamente al montaggio del materiale nel punto di vendita. Per il buon esito di queste iniziative occorre inoltre disporre di personale specializzato e addestrato, che conosca alla perfezione le caratteristiche del prodotto, il suo utilizzo ottimale, i benefit rispetto ai prodotti concorrenti. La competenza e l'affidabilità di questo approccio diretto sono i due pilastri su cui si basa l'efficacia della dimostrazione nel punto di vendita.

Promozioni per i rivenditori Le imprese utilizzano diverse tecniche per assicurarsi la cooperazione di grossisti e dettaglianti, dato il grosso potere che essi stanno acquisendo nel rapporto con il mercato. I principali obiettivi in tal senso che un'azione di *trade promotion* può perseguire sono (come in parte abbiamo già visto):

- Inserimento di un prodotto (in particolare di un nuovo prodotto) all'interno della gamma offerta dal punto di vendita.
- Acquisizione da parte del dettagliante dell'intera gamma dei prodotti offerti da un'azienda.
- Attivazione del *trade*, in termini di migliore esposizione della merce, migliore conoscenza del prodotto trattato, fedeltà alla marca, coerenza con le politiche di distribuzione sviluppate dal produttore.
- Migliore rotazione degli stock al fine di evitare la rottura di stock, ovvero la mancanza del prodotto nel punto di vendita.
- Aumento degli stock acquisiti dal grossista o rivenditore, che costituisce un forte deterrente all'acquisto di prodotti concorrenti e consente una diluizione delle visite da parte della forza di vendita.[19]

I produttori possono offrire uno *sconto d'acquisto*, ossia uno sconto limitato per ogni unità ordinata in un certo periodo. Questo incoraggia i commercianti ad acquistare quantità maggiori dei prodotti abituali o a provare nuovi prodotti.

I rivenditori possono utilizzare questo sconto per ricavarne un profitto immediato maggiore, oppure per investire maggiormente in pubblicità.

I produttori possono altresì premiare a vario titolo i rivenditori per la collaborazione prestata. Ad esempio, la preferenza accordata ai prodotti di una data impresa può essere ricompensata mediante *sconti in merce*. Possono poi essere offerti *contributi in pubblicità* a quei rivenditori che hanno svolto azioni pubblicitarie nei confronti di determinati prodotti. Possono essere inoltre offerti *contributi in materiale promo-*

zionale, quali espositori, carta da imballo, oggetti di cancelleria, elementi dell'arredamento, agende, matite, calendari, e così via.

Naturalmente, le azioni di promozione delle vendite rivolte ai rivenditori devono essere tarate sia in relazione al tipo di prodotto venduto, sia in relazione alla tipologia alla quale il distributore appartiene. Con il trade più qualificato appare infatti opportuno ricercare una collaborazione interessata e attenta al plusvalore promozionale, ma intelligentemente consapevole dell'importanza, a questo scopo, della disponibilità di dati di mercato, di rotazione, di stagionalità, ecc.[20]

Convegni e mostre. Le associazioni industriali in genere organizzano con frequenza annuale convegni e mostre di settore. Le imprese utilizzano queste occasioni per presentare i loro prodotti e per organizzare dimostrazioni d'uso. Le imprese espositrici si aspettano di ottenere diversi vantaggi, fra cui la possibilità di definire ordini importanti, di mantenere contatti diretti con i propri clienti, di lanciare nuovi prodotti e contattare nuovi clienti, o di convincere la clientela abituale a effettuare ordinazioni maggiori.[21]

Organizzazione di gare, lotterie e giochi. Questi strumenti promozionali offrono al consumatore, al dettagliante o alla forza vendita la possibilità di vincere qualcosa – premi in denaro, viaggi, oggetti vari – sia per sorteggio, sia svolgendo qualche azione particolare. In un *concorso* i consumatori sono invitati a inviare un'idea, una canzone, un'opinione o una valutazione a una giuria che ha il compito di selezionare e premiare la migliore. In una *lotteria* i consumatori devono inviare delle cartoline con il loro nome per partecipare all'estrazione finale. Un *gioco* dà al consumatore la possibilità di vincere un premio se riuscirà a indovinare le caselle o le lettere mancanti di un certo insieme. Una *gara di vendita* coinvolge i venditori o i commercianti sulla base dello spirito di emulazione, motivando la loro azione con premi di varia natura al fine di aumentare le vendite dei prodotti dell'impresa in un certo periodo.

23.3.4 La realizzazione e il controllo del programma promozionale

A questo punto, l'operatore di marketing deve ancora assumere alcune decisioni per completare la programmazione promozionale.

La misura dell'incentivo. È necessario precisare quanto offrire, tenendo conto del fatto che, se si vuole che l'iniziativa abbia successo, bisogna prevedere incentivi superiori a una certa soglia, e che incentivi più consistenti produrranno risposte di vendita maggiori, ma con un tasso decrescente. Alcune delle principali imprese di prodotti confezionati dispongono di dirigenti addetti alla promozione vendite che, sulla base di risultati di precedenti iniziative, consigliano ai responsabili di marca il livello di incentivo più appropriato.

Condizioni per la partecipazione. Un incentivo può essere offerto a tutti gli acquirenti, oppure solo a particolari gruppi di clienti. Un premio, per esempio, può essere destinato esclusivamente a quanti inviano il tappo di una certa confezione, oppure a un certo concorso possono partecipare gli abitanti di certe zone, o con certe caratteristiche.

Veicoli promozionali da utilizzare. Bisogna decidere come lanciare e sviluppare la campagna promozionale. Un buono-sconto di mille lire può essere inserito nella confezione del prodotto esposto nel punto di vendita, oppure spedito per posta o allegato agli inserti pubblicitari. Ogni veicolo ha certi costi e raggiunge una particolare clientela.

Durata della promozione. Se per l'azione promozionale è prevista una durata insufficiente, molti potenziali utilizzatori non riusciranno ad avvantaggiarsene; se dura troppo a lungo, l'azione perde parte del suo valore, che sta proprio nello spingere il cliente a una decisione rapida. I risultati di una ricerca indicano come frequenza ottimale tre manifestazioni promozionali per trimestre e, come durata, un periodo legato al ciclo medio d'acquisto.[22]

Periodo della promozione. È necessario stabilire un calendario preciso per ogni fase della promozione, onde correlare le diverse iniziative da prendersi a livello della produzione, delle vendite e della distribuzione. È possibile, tuttavia, che vengano decise iniziative promozionali improvvise, che richiederanno una cooperazione rapida delle strutture coinvolte anche sulla base di un preavviso molto breve.

Budget totale della promozione. Il budget può essere stabilito in due modi. Può essere definito mediante la valutazione del costo delle singole attività prescelte. Per ognuna di esse, il costo è dato dall'insieme dei *costi amministrativi* (stampa, spedizione e promozione dell'offerta) e dei *costi legati al lancio* (costo del premio, o valore dello sconto, nel cui conteggio va considerata la percentuale effettiva di riscatto, cioè di buoni presentati dai consumatori), moltiplicato per le unità di prodotto che ci si aspetta di vendere attraverso la promozione. Qualora poi l'iniziativa sia legata a un buono-sconto, nella valutazione del costo va tenuto conto del fatto che solo una percentuale limitata dei consumatori utilizzeranno effettivamente il buono. Nei casi in cui il premio viene inserito all'interno della confezione, devono essere conteggiati i costi necessari per procurarsi l'oggetto e per confezionare il prodotto al netto degli eventuali incrementi totali di prezzo della confezione.

Il metodo più comunemente utilizzato per definire il budget globale di un'azione di promozione delle vendite è comunque quello di utilizzare per la promozione una percentuale convenzionale del budget disponibile. Per esempio, nel caso di un dentifricio, si prevede in genere per la promozione vendite un investimento pari al 30% del totale, mentre per uno shampoo questo può essere pari al 50%. Le percentuali scelte variano in funzione della marca e del mercato, e sono influenzate dallo stadio del ciclo di vita in cui si trova il prodotto, oltre che dal comportamento della concorrenza.

Le imprese che operano mediante marche diverse devono coordinare le iniziative promozionali di ognuna, per esempio utilizzando un'unica spedizione postale per inviare diversi buoni-sconto al consumatore.

Secondo Strang, uno studioso che ha analizzato le modalità con cui le imprese abitualmente utilizzano la promozione vendite, tre sono i principali errori che si possono riscontrare:[23]

- Insufficiente considerazione del rapporto costi/efficacia.
- Investimenti decisi in modo troppo semplicistico, basandosi su quanto si è speso l'anno precedente, o su una certa percentuale delle vendite ipotizzate, o su una percentuale fissa degli investimenti di pubblicità o, ancora più superficialmente, su quanto rimane dopo aver deciso gli investimenti nel settore della pubblicità.
- Investimenti in pubblicità e in promozione non coordinati.

Anche qualora i programmi di promozione vendite siano definiti sulla base dell'esperienza, è sempre opportuno prevedere un pre-test che permetta di controllare se gli obiettivi sono stati correttamente definiti, se la dimensione dell'incentivo risulta valida, e se il metodo di presentazione si dimostra efficace. Le iniziative dirette ai consumatori possono essere testate rapidamente, chiedendo a un campione di valutare e disporre secondo un ordine di preferenza diverse alternative proposte, oppure verificando i risultati di diverse alternative in aree geografiche limitate.

Per ogni iniziativa promozionale, devono poi essere definiti il piano di realizzazione e il piano di controllo. Nel primo devono essere precisate le fasi di impostazione dell'iniziativa e le modalità di promozione vere e proprie, compreso il tempo necessario per queste. Il periodo di impostazione tiene conto di tutte le operazioni da svolgersi prima del lancio vero e proprio della promozione:

> Esso comprende il periodo necessario per la pianificazione iniziale, la progettazione e l'approvazione delle eventuali modifiche nella confezione o del materiale da spedire o da consegnare direttamente, la preparazione della pubblicità d'appoggio e di eventuale materiale per il punto vendita, la sensibilizzazione della forza di vendita, la distribuzione dei prodotti ai diversi punti di vendita coinvolti, l'acquisto e la stampa di materiali e confezioni, la predisposizione delle scorte necessarie e l'invio ai centri di distribuzione entro i termini di tempo previsti per l'inizio della campagna e, infine, la distribuzione ai singoli dettaglianti.[24]

La fase di svolgimento vero e proprio della campagna promozionale inizia con il lancio e si può ritenere conclusa quando approssimativamente il 95% del materiale in promozione è giunto nelle mani dei consumatori; questa fase, dunque, può richiedere da uno a parecchi mesi a seconda delle caratteristiche della singola iniziativa.

23.3.5 La valutazione dei risultati del programma promozionale

Rappresenta un momento cruciale e tuttavia, ancora oggi, secondo Strang, questa fase «riceve... scarsa attenzione. Anche quando viene tentata una qualche valutazione, questa è troppo generica e superficiale... Valutazioni rigorosamente quantificabili in termini di profitto sono estremamente rare».[25]

Per valutare l'efficacia di un'iniziativa di promozione vendite, quattro sono i principali criteri che possono essere utilizzati.

Il più comune è quello di confrontare i risultati di vendita prima, durante e dopo la promozione. Supponiamo che un'impresa abbia una quota di mercato pari al 6% del totale prima di una certa iniziativa promozionale, che questa raggiunga il 10% durante la promozione, cada al 5% nel periodo immediatamente successivo e si stabilizzi intorno al 7% dopo qualche tempo (si veda la figura 23-1). In questo caso, evidentemente, la promozione ha convinto nuovi acquirenti alla prova e ha fatto aumentare gli acquisti dei consumatori abituali. Successivamente, le vendite sono diminuite, mentre chi aveva acquistato il prodotto consuma le scorte formate. La crescita della quota di mercato al 7% indica che l'impresa ha guadagnato in questo periodo un certo numero di nuovi consumatori: se la quota di mercato di una marca dopo la fine di una promozione ritornasse ai livelli precedenti, quest'ultima avrebbe modificato solo momentaneamente le caratteristiche della domanda, e non avrebbe inciso sulla domanda globale della marca.

Ricerche effettuate su *panel di consumatori* possono chiarire le tipologie di persone più sensibili alla promozione e il loro comportamento dopo la fine dell'azione promozionale.[26] Qualora fossero necessarie in-

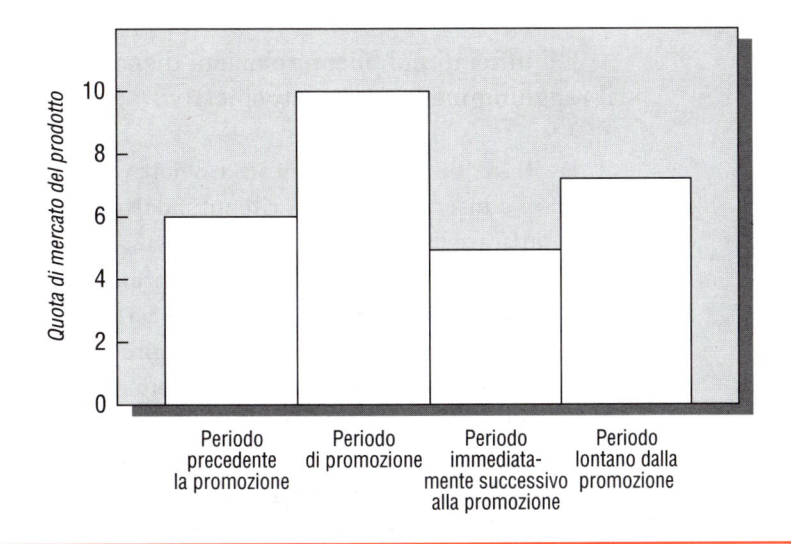

Figura 23-1 Effetto di un'azione promozionale sulla quota di mercato del prodotto

formazioni più precise, potrebbero essere effettuate *ricerche sul consumatore* per chiarire il livello di ricordo della promozione, il gradimento della stessa, la percentuale di consumatori che l'hanno effettivamente utilizzata e come si è modificato il comportamento di scelta della marca.

La promozione delle vendite può essere valutata con *esperimenti* in cui le variabili possono essere, per esempio, il valore dell'incentivo, la durata dell'iniziativa o i mezzi utilizzati.

23.4 Le pubbliche relazioni

Le *pubbliche relazioni* costituiscono un ulteriore strumento del mix comunicazionale in costante ascesa. Per quanto concerne l'Italia, gli investimenti in questo settore stanno infatti mostrando un trend crescente, essendo passati dai 1.277 miliardi nel 1988 ai 1.701 miliardi nel 1990. Secondo il Webster's New International Dictionary:

> Le *pubbliche relazioni* sono quell'insieme di attività intese a creare e mantenere efficienti e chiare relazioni con i pubblici speciali, come clienti, dipendenti o azionisti e con il pubblico in generale, in modo da inserirsi profondamente nel proprio ambiente di marketing e presentare una precisa immagine di sé alla collettività.

Gli uffici di pubbliche relazioni dispongono di cinque strumenti per il raggiungimento di questi obiettivi:

- **Relazioni con la stampa.** L'obiettivo è, in questo caso, quello di riuscire a inserire nei mezzi ritenuti adatti articoli o pezzi con notizie tali da attirare l'attenzione su una persona, un prodotto o un servizio.
- **Propaganda di prodotto.** Comprende l'insieme delle diverse iniziative finalizzate a propagandare un certo prodotto.
- **Comunicazioni aziendali.** Comprendono le comunicazioni interne ed esterne volte a promuovere una più approfondita conoscenza della filosofia o delle caratteristiche dell'impresa.
- **Lobbying (gruppi di pressione).** Mirano a coinvolgere il settore legislativo e le pubbliche autorità, onde promuovere iniziative di legge favorevoli, o per contrastare regolamentazioni eccessivamente restrittive.

- **Sensibilizzazione.** Prevede l'attività di promozione e aggiornamento del management sulle tematiche di interesse pubblico o sulle posizioni dell'impresa e sulla sua immagine.[27]

Occorre rilevare però che l'ufficio di pubbliche relazioni è spesso collocato in staff all'alta direzione, per cui è perennemente assorbito da attività che nulla hanno a che vedere con il marketing. Una soluzione per ovviare a questa situazione può essere trovata, ad esempio, inserendo nel settore marketing uno specialista di PR.

In passato, si tendeva a ricorrere al termine più generale di *propaganda* (*publicity*), intesa come l'insieme delle diverse iniziative che l'impresa può perseguire per assicurarsi gratuitamente spazio editoriale – spazio che quindi è diverso da quello occupato dalla pubblicità – nei vari media, allo scopo di promuovere o enfatizzare un prodotto, un luogo o una persona.

Le pubbliche relazioni stanno invece acquisendo un significato e una valenza più ampi rispetto alla semplice propaganda. Infatti possono concorrere con successo alla realizzazione di iniziative quali:

- Il lancio di nuovi prodotti.
- Il riposizionamento di un prodotto nella fase di maturità.
- La creazione di un interesse nei confronti di una categoria di prodotti.
- La sensibilizzazione di specifici segmenti di clientela obiettivo.
- La difesa di prodotti attaccati dall'opinione pubblica.
- La costruzione di un'immagine d'impresa che impatti favorevolmente sui suoi prodotti.

Malgrado l'utilizzo sporadico e limitato che ancora caratterizza il settore delle pubbliche relazioni, le imprese stanno sempre più comprendendo che iniziative di questo tipo possono avere un impatto rilevante sulla conoscenza che un certo pubblico ha di un settore, di un'impresa o di un prodotto a un costo molto più contenuto rispetto alla pubblicità tradizionale, con la quale comunque si devono raccordare.

Infatti è stato dimostrato che i consumatori sono cinque volte più disponibili a essere influenzati da un editoriale che da un comunicato pubblicitario, attribuendo a questo strumento una maggiore obiettività e credibilità.

Per decidere come e quando utilizzare le pubbliche relazioni, analogamente a quanto concerne la promozione vendite, occorre definire accuratamente gli obiettivi da conseguire, i messaggi e i mezzi da impiegare e i criteri di valutazione dei risultati.

23.4.1 Definizione degli obiettivi delle pubbliche relazioni

Le pubbliche relazioni possono inserirsi in molteplici modi nel programma generale di promozione, apportando un contributo particolarmente valido nel perseguimento di obiettivi quali:

- **Creare la notorietà**. Le pubbliche relazioni possono evidenziare temi interessanti e tali da attirare l'attenzione su un prodotto, un servizio, una persona, un'impresa, un'idea.
- **Stimolare la forza vendita o i distributori**. Le pubbliche relazioni possono dare nuovo slancio ed entusiasmo al settore commerciale. Il parlare di un nuovo prodotto prima del lancio può rappresentare un valido mezzo per ottenere ordini consistenti e rapidi.
- **Migliorare la credibilità di un prodotto**. Sotto questo profilo, le pubbliche relazioni, trasmettendo i messaggi in ambiente editoriale, sono molto efficaci.
- **Ottimizzare un budget disponibile limitato**. Le pubbliche relazioni sono in genere molto meno costose rispetto alle altre forme di comunicazione promozionale. Quanto più il budget è limitato, tanto più questo strumento è valido per influenzare l'opinione del pubblico.

Per ogni campagna, comunque, gli obiettivi vanno definiti in modo molto dettagliato.

> Il Ministero dell'agricoltura italiano, a seguito del calo registrato nel 1986 del 38% delle esportazioni di vino italiano, ha costituito l'Ente interprofessionale per la valorizzazione del vino. All'Ente è stato affidato l'incarico di amministrare 25 miliardi nel biennio '87-'88 da investire allo scopo di (1) migliorare l'immagine del vino e (2) diversificarne il posizionamento negli stili alimentari degli italiani.
> Il budget totale affidato alle PR ammontava a 4 miliardi di lire. Il pool di agenzie incaricato del progetto ha orientato la propria scelta strategica verso interventi che presentassero il vino come parte integrante di un'alimentazione non trasgressiva, attuale, affidabile negli aspetti salutistici e dietetici.

A tale scopo sono stati realizzati, ad esempio:

- Due convegni destinati a medici, Ussl, alimentaristi e stampa.
- Un trimestrale di educazione al consumo del vino.
- Una cartella ampiamente documentativa, distribuita dall'ufficio stampa, con dati relativi al prodotto, al mercato e al settore, mirata a più di 750 giornalisti in rappresentanza di oltre 300 testate della stampa quotidiana, periodica, specializzata, radio e TV.
- La guida "Alla salute, guida per una buona conoscenza e un corretto consumo del vino", allegata a periodici quali *Panorama*, *Grazia*, *Epoca*, *Confidenze*, *Guida TV*.
- Un video didattico sulla vite e sul vino trasmesso nello spazio "Dipartimento Scuola/Educazione" (DSE) di RaiUno.[28]

23.4.2 La scelta dei messaggi e dei veicoli di pubbliche relazioni

A questo punto è compito del tecnico della comunicazione trovare dei temi e degli spunti adatti a diffondere la conoscenza del prodotto. Supponiamo che una scuola relativamente poco nota decida di cercare di ottenere una notorietà maggiore. Alcuni spunti potrebbero essere individuati considerando i docenti della scuola, il loro passato professionale, i progetti di ricerca cui stanno lavorando o i corsi che svolgono. Altri potrebbero essere dati da qualche avvenimento interessante in programma nella scuola. In genere, quest'analisi porta a individuare decine di spunti potenzialmente interessanti: la scelta deve avvenire privilegiando quelli che sono coerenti con l'immagine che l'ente – la scuola, in questo caso – vuole perseguire. Se la ricerca di qualcosa di interessante porta a poco, la scuola può individuare un avvenimento qualsiasi e sponsorizzarlo. Ad esempio, è possibile ospitare qualche importante convegno accademico, o organizzare una conferenza con un oratore di fama, o su temi innovativi. Ognuna di queste iniziative può rappresentare l'oggetto di articoli o comunicati diretti a pubblici diversi.

L'organizzazione di avvenimenti culturali o mondani è estremamente utile quando si cerca di ottenere fondi per organizzazioni non a scopo di lucro: il repertorio è ampio ed è possibile annoverare la celebrazione di anniversari, l'organizzazione di mostre ed esposizioni d'arte, di serate di beneficenza, tombole, vendite di libri e dolciumi, gare, balli, cene, gare di bellezza o sfilate di moda, ricevimenti in località particolari, gare di canto, vendite dei più disparati oggetti, gite e gare di marcia.

> Alcuni anni fa il Potato Board statunitense decise di finanziare una campagna per sviluppare il consumo di patate. Un'indagine sugli atteggiamenti nei confronti di questo alimento aveva evidenziato che molti consumatori ritenevano che la patata avesse un forte potere ingrassante, senza un apporto nutritivo adeguato, soprattutto in termini di vitamine e sali minerali. Al diffondersi di queste idee avevano contribuito diversi leader d'opinione nel settore alimentare, come dietologi, dietisti, l'editoria specializzata ed esperti. In realtà, le patate forniscono molte meno calorie di quanto in genere si pensi e contengono numerose vitamine e sali minerali. Il Potato Board decise allora di sviluppare una serie di iniziative promozionali distinte per i consumatori, il settore medico e gli esperti nel settore delle comunicazioni. Per il primo segmento, le iniziative prese riguardavano la partecipazione a programmi televisivi sull'alimentazione e la pubblicazione di articoli sul prodotto nelle riviste femminili; inoltre, si distribuì un opuscolo appositamente preparato ("La cucina dietetica per i golosi di patate") e si inserirono ricette con la patata come ingrediente principe nelle rubriche dei giornali. Per l'editoria specializzata si organizzarono seminari condotti da esperti nel settore alimentare.

23.4.3 La realizzazione del piano di pubbliche relazioni e la valutazione dei risultati

La realizzazione di un programma centrato sulle pubbliche relazioni richiede estrema attenzione. Si consideri il caso in cui si decida di far pubblicare degli articoli su un giornale: un articolo che dice qualcosa di veramente interessante trova sempre chi è disposto a pubblicarlo, ma la maggior parte degli articoli promozionali non dicono granché e può essere difficile ottenerne la pubblicazione.

Una delle caratteristiche più importanti di coloro che preparano questi articoli diviene allora il rapporto con gli editori delle diverse testate: spesso sono infatti ex giornalisti che conoscono di persona i direttori delle riviste e sanno che cosa può loro interessare. Gli editori di giornali e riviste vanno considerati come qualunque altro mercato, che deve essere soddisfatto se se ne vuole ottenere la collaborazione.

Ancora maggiore attenzione è richiesta quando si tratta di organizzare cene promozionali, conferenze e concorsi nazionali: chi li prepara deve curare ogni particolare e mostrare una capacità estrema nel controllarne il risultato.

È molto difficile valutare il contributo fornito dalle iniziative di pubbliche relazioni, dato che sono sempre utilizzate assieme ad altri strumenti promozionali. L'unica situazione in cui è possibile una valutazione sicura è quando sono utilizzate prima degli altri.

Esposizione. Il criterio più semplice per valutare l'efficacia delle pubbliche relazioni è considerare il numero delle *esposizioni* ottenute con l'utilizzo dei mezzi scelti. I tecnici presentano al cliente un rapporto in cui compare per ogni mezzo utilizzato un sommario del seguente tenore:

> La copertura dei mezzi è stata di 3.500 centimetri fra notizie e fotografie in 350 pubblicazioni, con una circolazione attorno ai 79,4 milioni di lettori; di 2.500 minuti di trasmissione nelle 290 stazioni radio previste per una audience stimata di 65 milioni e di 660 minuti di trasmissione nelle 160 stazioni televisive con una audience di 91 milioni di persone. Se si fossero scelti comunicati pubblicitari una copertura simile avrebbe richiesto un investimento di 1.047.000 dollari.[29]

Una valutazione basata su questo tipo di dati non è in realtà molto soddisfacente, in quanto non permette di sapere quanti hanno veramente letto o visto il messaggio e che cosa ne pensano. Né si conosce l'audience effettivamente raggiunta, dato che ci si basa su dati che sovrastimano sistematicamente questi valori.

Modifica della consapevolezza, della conoscenza e degli atteggiamenti. Una migliore comprensione dei risultati ottenuti si ha valutando le variazioni nel livello di consapevolezza del prodotto, nella corretta conoscenza delle sue caratteristiche e negli atteggiamenti verso di esso nel periodo successivo alla campagna di pubbliche relazioni. Naturalmente, a questo fine è necessario effettuare delle ricerche che misurino il livello di queste variabili prima e dopo la campagna promozionale.

Da un controllo di questo genere, per esempio, il Potato Board rilevò che la percentuale di persone d'accordo con l'affermazione "le patate hanno un contenuto elevato di vitamine e proteine" passò dal 36% prima della campagna di pubbliche relazioni al 67 per cento nel periodo successivo, con un incremento nella comprensione delle caratteristiche del prodotto.

Contributo allo sviluppo delle vendite e al profitto. Il miglior criterio di valutazione delle pubbliche relazioni consiste nel determinare l'impatto sulle vendite e il profitto. Occorre tuttavia tener conto anche dei costi delle attività di pubbliche relazioni. Supponendo, per esempio, che le vendite totali siano aumentate per un valore di un miliardo e mezzo di lire e si stimi che le pubbliche relazioni abbiano contribuito per un 15%, il ritorno dovuto alle pure pubbliche relazioni va calcolato in questo modo:

Incremento totale nelle vendite	L. 1.500.000.000
Incremento dovuto alle pubbliche relazioni (stima = 15%)	225.000.000
Margine di contribuzione sulle vendite (10%)	22.500.000
Costi totali delle pubbliche relazioni	− 10.000.000
Margine di contribuzione aggiunto dall'investimento in pubbliche relazioni	12.500.000
Ritorno dell'investimento in pubbliche relazioni (L. 12.500.000 / 10.000.000)	= 125%

In futuro, possiamo attenderci lo sviluppo di strategie coordinate nell'impiego dei vari strumenti volti ad agire sulla domanda: la pubblicità, le tecniche di promozione delle vendite e le pubbliche relazioni. In vista di questa evoluzione, non poche agenzie di pubblicità hanno acquisito il controllo di strutture specializzate nel campo delle pubbliche relazioni. Ad esempio, la Young & Rubicam ha acquisito il controllo della Burson-Marsteller, mentre la J. Walter Thompson ha acquisito quello della Hill and Knowlton. Da queste forme di integrazione non potranno che derivare benefici, sia per le imprese clienti, sia per le stesse agenzie operanti nel campo della comunicazione.

Note

[1] Fabio Menghini, "Una vittoria confermata dal mercato", in *Marketing Espansione*, n. 40, agosto 1990, pp. 53-61.

[2] Ibid.

[3] Per *mailing package* si intende l'insieme di tutte le componenti di un'azione di mailing, quali la busta, la lettera, la brochure, lo strumento di risposta, ecc.

4 Pietro Sanfelice di Monteforte, "La Comunicazione in Banca", in *Atti* del Convegno tenuto a Roma nei giorni 20-22 maggio 1987, Bancaria Editrice S.p.A., Roma 1987, pp. 135-142.

5 Ugo Canonici, *Il DM per l'industria*, Pirola Editore, Milano 1990, pp. 13-14.

6 Si veda Maria Rita Santagostino, Elena Cedrola e Monica Bozzini, *Direct marketing in banca*, ricerca del Centro di Ricerche sul Marketing dei Servizi Finanziari, Università Cattolica del Sacro Cuore di Milano, giugno 1990.

7 Per ulteriori approfondimenti circa il ricorso al telemarketing per il trattamento dei piccoli clienti, si veda Jan Wage, *La vendita per telefono*, Franco Angeli Editore, Milano 1984.

8 Si veda Stanley Leo Fidel, *Telemarketing*, Gruppo Editoriale Jackson, Milano 1989 e Jan Wage, *La vendita per telefono*.

9 Si veda Pietro Sanfelice di Monteforte, "Il direct marketing in banca", in *L'Impresa Banca*, n. 3, 1988, p. 39.

10 Corrado Fois, "Clienti distanti: le telefonate come strumento di direct marketing", in *L'Impresa Banca*, n. 4, 1989, p. 44.

11 Marco Fedeli, "Il concetto di direct marketing", in *Atti ufficiali della 12ª settimana del marketing diretto e 4ª mostra della comunicazione interattiva*, pp. 184-186.

12 A questo proposito Rapp e Collins hanno sviluppato, con riferimento anche alla fase di vendita, il modello di "MaxiMarketing", le cui componenti fondamentali sono:
    1. Ottimizzare la ricerca del target.
    2. Ottimizzare i media.
    3. Ottimizzare la giustificabilità.
    4. Ottimizzare la pubblicità di riconoscimento.
    5. Ottimizzare l'attivazione del consumatore.
    6. Ottimizzare le sinergie.
    7. Ottimizzare il collegamento.
    8. Ottimizzare le vendite.
    9. Ottimizzare la distribuzione.

Per ulteriori approfondimenti si veda Stan Rapp e Tom Collins, *MaxiMarketing*, McGraw-Hill Italia, Milano 1989, pp. 46-54.

13 Per l'elaborazione della parte relativa al direct marketing abbiamo fatto ampio riferimento a Elena Cedrola, *Le strategie di direct marketing nella banca*, tesi di laurea in Economia e commercio, Università Cattolica del Sacro Cuore di Milano, a.a. 1990-91.

14 Per approfondimenti si vedano R. C. Blattberg e S. A. Neslin, S*ales Promotion: Concepts, Methods and Strategies*, Prentice-Hall, Englewood Cliffs 1990; John A. Quelch, *Sales Promotion Management*, Prentice-Hall, Englewood Cliffs 1989.

15 Si veda Blattberg e Neslin, *Sales Promotion: Concepts, Methods and Strategies*, pp. 471-475.

[16] Robert George Brown, "Sales Response to Promotions and Advertising", in *Journal of Advertising Research*, agosto 1974, pp. 33-39, qui pp. 36-37.

[17] Per ulteriori approfondimenti si veda M. Sciacca e G. Carloni, *Come si realizza un piano di promozione*, Bridge ed., Milano 1991.

[18] Per quanto attiene alla promozione dei beni di consumo durevole si veda John A. Quelch, Scott A. Neslin e Lois B. Olson, "La promozione dei beni di consumo durevole; opportunità e rischi", in Philip Kotler e Walter G. Scott (a cura di), *Marketing Management. Letture*, Isedi, Torino 1991, pp. 289-317.

[19] Si veda M. Sciacca e G. Carloni, *Come si realizza un piano di promozione*, cap. 5.

[20] Per approfondimenti si veda "Retailers Buy Far in Advance To Exploit Trade Promotions", in *Wall Street Journal*, 9 ottobre 1986, p. 35.

[21] Si veda Suzette Cavanaugh, "Setting Objectives and Evaluating the Effectiveness of Trade Show Exhibits", in *Journal of Marketing*, ottobre 1976, pp. 100-105.

[22] Arthur Stern, *Measuring Effectiveness of Package Goods Promotion Strategies*, relazione presentata all'Association of National Advertisers, Glen Cove, febbraio 1978.

[23] Si veda Roger A. Strang, "Sales Promotion – Fast Growth, Faulty Management", in *Harvard Business Review*, luglio-agosto 1976, pp. 115-124.

[24] Kurt H. Schaffir e H. George Trenten, *Marketing Information Systems*, Amacom, New York 1973, p. 81.

[25] Strang, "Sales Promotion", p. 120.

[26] Si veda Joe A. Dodson, Alice M. Tybout e Brian Sternthal, "Impact of Deals and Deal Retraction on Brand Switching", in *Journal of Marketing Research*, febbraio 1978, pp. 72-81. Gli autori in questione hanno rilevato come le offerte promozionali in genere accrescano il mutamento di marca, secondo un tasso che dipende dal tipo di promozione. I buoni inseriti nei messaggi pubblicitari determinano consistenti mutamenti di marca, mentre le offerte speciali risultano essere meno efficaci sotto questo profilo. Ancor meno lo sono i buoni applicati alle confezioni. Inoltre, i consumatori generalmente tornano ad acquistare i prodotti preferiti dopo l'offerta promozionale.

[27] Adattato da Scott M. Cutlip e Allen H. Center, Effec*tive Public Relations*, Prentice-Hall, Englewood Cliffs 1985, 6ª ed., pp. 7-17.

[28] Adriana Mavellia, "La campagna per il vino italiano", in *Il Millimetro*, n. 104, dicembre 1989, pp. 54-59.

[29] Arthur M. Merims, "Marketing's Stepchild: Product Publicity", in *Harvard Business Review*, novembre-dicembre 1972, pp. 111-112. Si veda inoltre Katherine D. Paine, "There is a Method for Measuring PR", in *Marketing News*, n. 6, novembre 1987, p. 5.

Capitolo 24

Le decisioni relative alla vendita personale

Ognuno vive vendendo qualcosa.

Robert Louis Stevenson

Quando una cosa è detta a due persone diverse, occorre dirla in due modi diversi.

André Gide

Con lo sviluppo dell'orientamento al mercato delle imprese produttrici di beni e servizi, è andato progressivamente crescendo il numero degli occupati la cui attività è direttamente o indirettamente connessa al processo di vendita.

Alla fine del 1990, su un'occupazione complessiva registrata in Italia di 23.367.300 unità, gli addetti alle attività di vendita risultavano essere, secondo stime prudenziali, almeno 2 milioni, escludendo i circa 5 milioni di occupati nel commercio, turismo e pubblici esercizi.

Il progredire della terziarizzazione del sistema economico non potrà che determinare un ulteriore incremento dell'occupazione nelle attività connesse al processo di vendita.

Coloro che si occupano di vendita vengono denominati in vario modo: venditori e venditrici, commessi di vendita, rappresentanti e agenti di vendita, consulenti e tecnici di vendita, e così via.

Il pubblico tende ad avere diversi stereotipi del venditore, il più diffuso dei quali è probabilmente quello creato da Arthur Miller con il personaggio patetico di Willy Loman in *Morte di un commesso viaggiatore*. I venditori vengono in genere descritti come persone che amano la socialità, sebbene ciò non sia sempre vero. Si pensa, inoltre, che il venditore pensi sempre a vendervi ciò che non vi serve, anche se, il più delle volte, sono gli acquirenti che ricercano il contatto con il venditore.

Nella realtà, il termine *venditore* (o *agente di vendita*) fa riferimento a una molteplicità di posizioni nell'ambito dei sistemi economici avanzati, con notevoli differenze fra di loro. Secondo McMurry, le posizioni di vendita possono essere così classificate:

1. Posizioni in cui la funzione del venditore consiste soprattutto nella consegna di prodotti, ad esempio il latte, il pane, l'acqua minerale, ecc.
2. Posizioni in cui la funzione del venditore consiste essenzialmente nel ricevere ordini in una sede fissa come, ad esempio, nel caso della commessa di un negozio.
3. Posizioni in cui la funzione del venditore consiste in gran parte nel ricevere ordini presso il domicilio della clientela, come nel caso della vendita di alcuni cosmetici.
4. Posizioni in cui il venditore non assume ordini, ma svolge una funzione di carattere promozionale o di dimostrazione nei confronti dei potenziali clienti, come nel caso degli "sviluppatori" impiegati dalle banche.

5. Posizioni in cui il venditore è soprattutto un tecnico, come nel caso degli "ingegneri di vendita", la cui funzione è di consulenza al cliente.
6. Posizioni che presuppongono la capacità di effettuare una vendita creativa di beni tangibili, come aspirapolvere, frigoriferi, enciclopedie.
7. Posizioni che presuppongono la capacità di effettuare una vendita creativa di beni intangibili, come assicurazioni, servizi pubblicitari, servizi finanziari.[1]

Le posizioni sopra elencate presentano un grado di creatività crescente nello svolgimento della funzione di vendita. La prima di esse richiede il semplice mantenimento del contatto con la clientela e l'assunzione degli ordini, mentre l'ultima si basa sulla ricerca costante di nuovi clienti e la persuasione degli stessi. L'analisi seguente si incentrerà soprattutto sulle forme di vendita maggiormente creative.

Questo capitolo è diviso in tre parti. Le prime due trattano dei molteplici temi connessi alla definizione e alla gestione di un'efficace forza di vendita (si veda la figura 24-1). Nella terza parte vengono considerati tre argomenti di grande rilievo ai fini dell'efficace svolgimento dell'azione di vendita personale, e cioè le tecniche di vendita, la negoziazione e lo sviluppo delle relazioni con il cliente.

24.1 L'organizzazione della forza di vendita

Il personale di vendita costituisce per l'impresa l'unico legame personale con i clienti. In effetti, il venditore è l'impresa stessa per molti dei suoi clienti, mentre costituisce un tramite prezioso per la raccolta di informazioni sul mercato. Per queste ragioni, l'impresa deve attribuire la massima attenzione all'organizzazione della forza di vendita, vale a dire alla definizione degli obiettivi, della strategia, della struttura, della dimensione e della remunerazione della stessa.

24.1.1 Definizione degli obiettivi della forza di vendita

Gli obiettivi della forza di vendita devono essere stabiliti in relazione ai mercati obiettivi dell'impresa e alla posizione che questa mira a conseguire. L'impresa deve avere ben presente il ruolo unico che la vendita

Figura 24-1 Fasi della definizione e della gestione di una forza di vendita

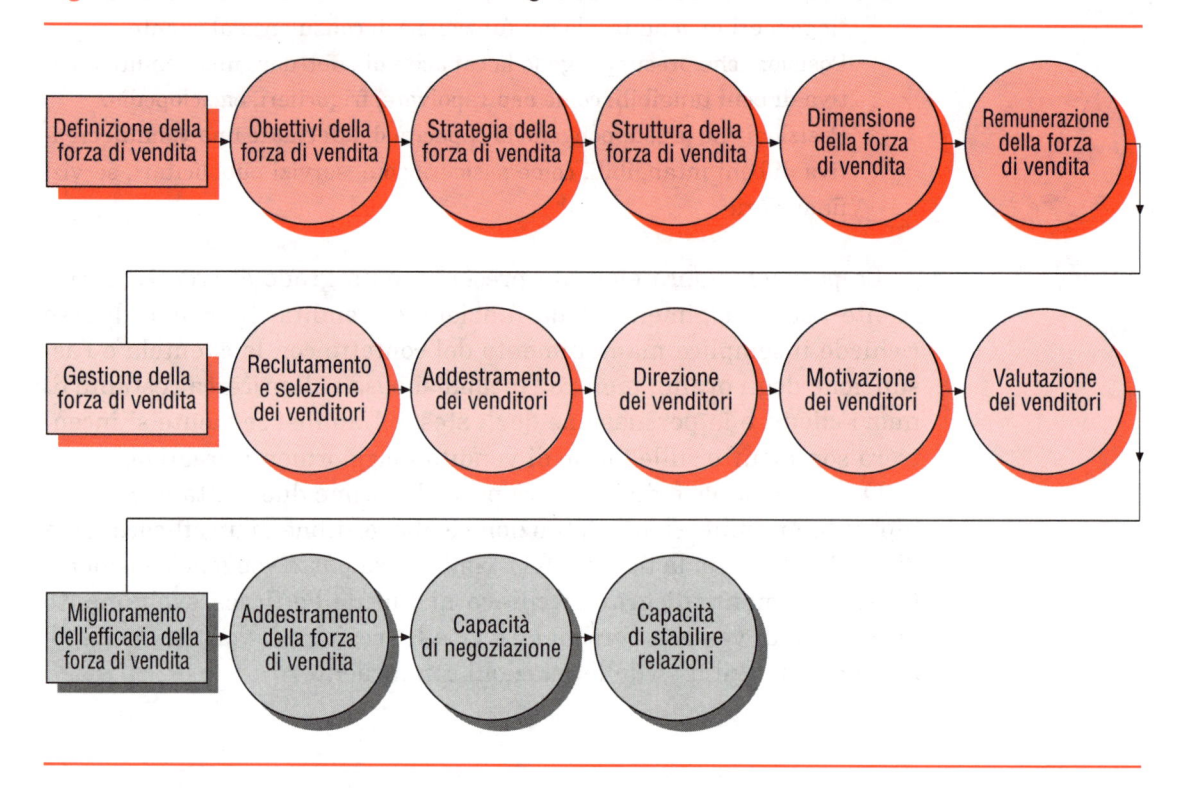

Definizione della forza di vendita → Obiettivi della forza di vendita → Strategia della forza di vendita → Struttura della forza di vendita → Dimensione della forza di vendita → Remunerazione della forza di vendita

Gestione della forza di vendita → Reclutamento e selezione dei venditori → Addestramento dei venditori → Direzione dei venditori → Motivazione dei venditori → Valutazione dei venditori

Miglioramento dell'efficacia della forza di vendita → Addestramento della forza di vendita → Capacità di negoziazione → Capacità di stabilire relazioni

personale può svolgere nell'ambito del marketing-mix, al fine di soddisfare i bisogni dei clienti in modo competitivamente efficace.

La vendita personale costituisce lo strumento di comunicazione e contatto più costoso fra quelli a disposizione delle imprese. Nel 1987, una visita di vendita ha raggiunto, negli Stati Uniti, un costo di 250 dollari (pari a circa 325.000 lire). La vendita personale costituisce anche lo strumento più efficace per svolgere alcune delle fasi del processo d'acquisto, come l'informazione dell'acquirente, la negoziazione, la conclusione della vendita. È pertanto importante che le imprese esaminino con cura le fasi del processo di marketing in cui impiegare la vendita personale.

Nella definizione degli obiettivi di vendita possono essere seguiti diversi criteri. I venditori dell'IBM sono responsabili della *vendita*, dell'*installazione* e dello *sviluppo* delle attrezzature informatiche del cliente. Quelli dell'AT&T devono procedere allo *sviluppo*, alla *vendita* e al *mantenimento* dei clienti.

I venditori svolgono una o più delle seguenti funzioni:

- **Individuazione di nuovi clienti**. I venditori devono innanzitutto reperire nominativi di clienti potenziali e avviare rapporti con essi.
- **Comunicazione**. Il venditore è in grado di svolgere un ruolo insostituibile nel fornire alla clientela informazioni sulla propria impresa e i suoi prodotti.
- **Vendita**. È ovviamente la parte principale del lavoro del venditore, e consiste della presa di contatto, della presentazione, del chiarimento dei dubbi e delle obiezioni e, infine, della conclusione della vendita.
- **Assistenza**. Il venditore può reclamizzare una serie di servizi a favore del cliente, quali la consulenza su specifici problemi, la prestazione di assistenza tecnica, la definizione di taluni aspetti finanziari, il sollecito delle consegne e dell'installazione.
- **Raccolta di informazioni**. Il venditore, ove adeguatamente preparato e assistito, può svolgere un ruolo prezioso nello svolgimento delle analisi di mercato.
- **Assegnazione di quote ai clienti**. Nel caso di insufficiente disponibilità di prodotti, i venditori sono in grado di definire i criteri in base ai quali soddisfare gli ordini dei diversi clienti.

Le imprese pongono una crescente attenzione alla definizione degli obiettivi e delle attività della forza di vendita. Ad esempio, nel caso di una grande impresa, ai venditori viene raccomandato di dedicare l'80% del proprio tempo alla clientela esistente e il 20% alla ricerca di nuovi clienti. Inoltre, ai prodotti esistenti deve essere attribuito l'85% del tempo, mentre il restante deve essere impiegato nel presentare i nuovi prodotti. Di solito, ove non vengano stabiliti criteri di questo o altro tipo, i venditori tendono a concentrare la loro attività sui clienti e i prodotti esistenti, trascurando la ricerca di nuovi clienti e la promozione dei nuovi prodotti.

I compiti assegnati ai venditori variano a seconda delle condizioni economiche generali. Allorquando si determinano diffuse situazioni di scarsità di produzione per ragioni congiunturali, i venditori si trovano spesso senza nulla da vendere. In tali casi può farsi strada l'opinione che i venditori siano superflui e che debbano, quindi, essere impiegati in altre attività. L'opinione in questione, tuttavia, trascura le altre funzioni del venditore, quali la ripartizione dei prodotti scarsi in funzione delle effettive esigenze dei clienti, l'assistenza agli stessi, la ricerca congiunta di nuove soluzioni ai problemi posti dalla scarsità, la vendita di altri prodotti non influenzati dalle situazioni emergenti.

Con lo sviluppo di un maggior orientamento al mercato dell'impresa, anche la forza di vendita deve adeguarsi a tale tendenza. In base all'atteggiamento tradizionale, i venditori devono preoccuparsi solo di vendere, mentre al servizio marketing spetta di curare la strategia e di sviluppare la redditività. Un più moderno atteggiamento richiede invece che l'organizzazione di vendita sappia cosa significhi sviluppare il profitto dell'impresa attraverso il soddisfacimento delle esigenze del cliente. Ciò si traduce nella capacità da parte dei venditori di analizzare i dati di vendita, di misurare il potenziale di mercato, di raccogliere informazioni e di sviluppare strategie e piani di marketing. I venditori devono possedere doti analitiche di marketing, e ciò diviene particolarmente critico ai livelli più elevati dell'organizzazione di vendita. In conclusione, è da ritenere che una forza di vendita orientata al mercato costituisca un fattore fondamentale di successo per l'impresa.

24.1.2 La strategia della forza di vendita

Le imprese competono fra di loro per acquisire gli ordini dei clienti. A questo fine, esse devono essere in grado di impegnare strategicamente le proprie forze di vendita, in modo da poter prendere contatto con i clienti appropriati, nei tempi e nei modi più opportuni. I venditori possono prender contatto con la clientela in una molteplicità di modi:

- **Contatto personale venditore-acquirente**. Il venditore sviluppa un contatto verbale con il cliente potenziale o effettivo, sia di persona sia telefonicamente.
- **Contatto personale venditore-gruppo di acquirenti**. Il venditore effettua una presentazione di vendita contemporaneamente a un certo numero di clienti.
- **Contatto gruppo di venditori-gruppo di acquirenti**. In taluni casi, la presentazione di vendita può essere fatta in team, cioè attraverso la partecipazione di più persone dell'impresa (ad esempio, un alto dirigente, un rappresentante di vendita e un ingegnere di vendita).

- **Conferenza di vendita**. Il venditore organizza un incontro con uno o più clienti al quale partecipano vari esponenti dell'impresa venditrice, avente come scopo quello di discutere e approfondire determinati problemi e opportunità di reciproco interesse.
- **Seminario di vendita**. Un team dell'impresa venditrice conduce un seminario di tipo tecnico per il personale dell'impresa cliente interessato agli sviluppi di un particolare campo.

Il venditore viene così a svolgere spesso il ruolo di "responsabile di cliente" (*account manager*), al quale spetta di stabilire gli opportuni contatti fra i vari membri dell'impresa cliente e di quella venditrice. L'attività di vendita richiede sempre più un lavoro di gruppo, al quale partecipano: l'*alta direzione*, il cui ruolo di vendita può essere in taluni casi essenziale, specie nel caso di trattative di particolare importanza; il *personale tecnico*, il quale fornisce al cliente specifiche informazioni prima, durante e dopo l'acquisto; il *servizio assistenza clienti*, incaricato dell'installazione, della manutenzione e di altri servizi per la clientela; e il *personale di supporto*, composto da analisti delle vendite, addetti all'espletamento degli ordini e segretarie.[2]

Una volta che l'impresa abbia deciso quale metodo di contatto con la clientela adottare, essa può impiegare sia una forza di vendita diretta, sia una indiretta. La *forza di vendita diretta* è costituita da personale dipendente dell'impresa, con un rapporto di lavoro a tempo pieno o parziale. Di tale forza di vendita fanno parte sia *venditori interni*, sia *venditori esterni*. I primi mantengono i contatti con la clientela operando presso la sede commerciale dell'impresa, mentre i secondi sono continuamente impegnati all'esterno. La *forza di vendita indiretta* è invece costituita da intermediari e professionisti di vendita che operano a favore dell'impresa sulla base di commissioni sulle vendite.

24.1.3 La struttura della forza di vendita

La strategia della forza di vendita determina la struttura che la medesima dovrà assumere ai fini della massima efficacia sul mercato. La struttura della forza di vendita è semplice nel caso in cui l'impresa venda un solo prodotto a un solo settore acquirente, con i clienti sparsi in molteplici località. In una consimile situazione, la forza di vendita assumerà una struttura territoriale. Invece, nel caso in cui l'impresa venda molti prodotti a molti tipi di clienti, la forza di vendita dovrà essere organizzata a seconda dei prodotti venduti, o dei clienti serviti. Tali strutture alternative sono esaminate in dettaglio nel seguito.

Organizzazione di vendita territoriale. Nella forma più semplice di organizzazione di vendita territoriale, a ogni venditore viene assegnata una zona esclusiva in cui rappresenta l'intera linea di prodotto dell'impresa. Questa struttura presenta numerosi vantaggi. In primo luogo, essa consente di definire con chiarezza le responsabilità del venditore. Essendo l'unico a occuparsi della zona, è possibile attribuirgli il merito o il demerito dei risultati conseguiti. In secondo luogo, la responsabilità di una zona specifica può stimolare l'impegno a coltivare le relazioni commerciali nell'ambito della stessa. In terzo luogo, le spese di vendita sono relativamente ridotte, in quanto il venditore si sposta in una zona prossima alla sua abituale residenza.

L'organizzazione territoriale di vendita si basa su vari livelli gerarchici. Un certo numero di zone di vendita viene posto sotto la responsabilità di un *capoarea*; mentre varie aree possono far capo ad alcuni *responsabili regionali di vendita*; questi ultimi, a loro volta, sono posti alle dipendenze del *direttore vendite*, o del *direttore commerciale*. Ogni dirigente di vendita svolge una mole crescente di lavoro di marketing e amministrativo in rapporto al tempo dedicato alla vendita vera e propria. In effetti, i responsabili dell'organizzazione di vendita sono pagati per la propria capacità manageriale, piuttosto che per quella di venditori. Nella definizione delle zone di vendita, l'impresa deve tener conto di talune caratteristiche, quali il potenziale di mercato, la facilità di gestione, il contenimento delle spese di viaggio, l'equa distribuzione del carico di lavoro. A questo scopo, le decisioni da assumere concernono la *dimensione* e la *forma* delle unità territoriali.

La dimensione della zona. Le zone possono essere definite in modo da presentare un'omogeneità di *potenziale di vendita*, oppure di *carico di lavoro*. Ognuna di queste alternative presenta vantaggi e svantaggi. Zone di vendita di pari potenzialità presentano per i venditori le stesse opportunità di guadagno, e nello stesso tempo consentono alle imprese di valutare i risultati con relativa semplicità. La differenza di rendimento fra le diverse zone può essere infatti attribuita alle capacità e all'impegno dei singoli venditori. Peraltro, la densità della clientela può variare da una zona all'altra, il che fa sì che zone con uguale potenziale possano avere un'estensione territoriale anche notevolmente difforme. Ne consegue che il venditore al quale venga assegnata una zona con elevata densità di clientela farà meno fatica, rispetto al collega cui sia stata assegnata una zona di pari potenziale, ma territorialmente più estesa. Per ovviare a consimili situazioni si può procedere ad assegnare le zone migliori ai venditori cui sia dovuto un particolare riconoscimento, per risultati conseguiti, anzianità o altro.

Un'altra soluzione può consistere nel determinare le zone in funzione dell'*omogeneità del carico di lavoro* richiesto. Ciò comporta, peraltro, che la potenzialità in termini di vendite delle zone potrà variare in misura anche rilevante. Ciò non costituisce un problema nella misura in cui i venditori ricevono una remunerazione costante, ma ove essi vengano compensati in tutto o in parte sulla base di commissioni, si possono determinare situazioni di sperequazione. Un correttivo può consistere nel ridurre le commissioni nelle zone a più elevato potenziale, oppure nell'assegnare le zone in questione ai venditori più dinamici.

La forma della zona. Le zone sono formate combinando insieme unità territoriali minori, come comuni e province, sino a raggiungere un dato volume di vendite potenziali, o di carico di lavoro. Nella definizione delle zone, occorre tener conto dell'esistenza di barriere naturali, della compatibilità delle aree adiacenti, dei sistemi di comunicazione, e così via. In molti casi, al territorio di una zona può essere attribuita una certa forma, in quanto questa può contribuire a ridurre i costi, o ad accrescere la soddisfazione dei venditori. È così possibile avere delle zone a forma circolare, o di quadrifoglio, o a cuneo.

Per definire zone di vendita omogenee dal punto di vista del potenziale di vendita, del carico di lavoro, degli itinerari di vendita è possibile impiegare appositi modelli computerizzati.

Organizzazione di vendita per prodotto. L'importanza del venditore specializzato in funzione del prodotto venduto, unitamente allo sviluppo delle divisioni di prodotto e della gestione per prodotti, hanno condotto le imprese a strutturare la propria forza di vendita per linee di prodotto. La specializzazione per prodotto è particolarmente giustificata allorquando i prodotti sono tecnicamente complessi, assai poco collegati fra di loro, oppure molto numerosi.

La semplice esistenza di prodotti diversi fra loro non costituisce tuttavia una ragione sufficiente per specializzare la forza di vendita per prodotti. Ad esempio, una specializzazione del genere può non costituire la soluzione migliore nel caso in cui i prodotti vengano acquistati dagli stessi clienti.

Non è raro imbattersi in aziende che operano con venditori diversi per le varie linee di prodotto, senza un adeguato coordinamento a livello centrale. È così possibile che più venditori della stessa impresa prendano contemporaneamente contatto con lo stesso cliente, con una moltiplicazione dei costi di vendita.

Organizzazione di vendita per cliente. Un ulteriore criterio di definizione dell'organizzazione di vendita è quello che si basa sulle caratteristiche della clientela. Le caratteristiche più frequentemente prese in considerazione sono il settore di appartenenza, la continuità e l'entità dei rapporti, l'operare in campi innovativi o tradizionali. Il vantaggio più evidente che deriva dalla specializzazione dell'organizzazione di vendita in funzione delle caratteristiche rilevanti della clientela consiste nella maggior adattabilità ai bisogni che questa esprime. L'IBM, ad esempio, ha organizzato la propria forza di vendita in funzione dei grandi settori cui appartengono i clienti, banche, assicurazioni, industria automobilistica, ecc. Una forza di vendita specializzata per tipo di clientela può talvolta determinare una riduzione dei costi, a condizione che la clientela sia abbastanza concentrata dal punto di vista territoriale.

Organizzazione di vendita complessa. Allorquando un'impresa vende una molteplicità di prodotti a una varietà di clienti dispersi su un vasto territorio, essa in genere combina fra di loro criteri organizzativi diversi. Infatti, i venditori possono essere specializzati per zona e prodotto, per zona e cliente, per prodotto e cliente o, infine, per zona, prodotto e cliente contemporaneamente. In questi casi, un venditore può riferire a uno o più manager di linea e di servizi staff. Uno degli sviluppi più interessanti è rappresentato dall'evoluzione dei sistemi di gestione dei grandi clienti (si veda il quadro 24-1).

24.1.4 La dimensione della forza di vendita

Una volta definita la strategia e la struttura della forza di vendita, è possibile passare alla determinazione della relativa dimensione. Come si è già avuto modo di osservare, la forza di vendita costituisce una

Quadro 24-1 Come gestire le relazioni con i grandi clienti

Le imprese con una propria organizzazione di vendita sono solite impiegare i venditori per mantenere i contatti con la clientela di piccole e medie dimensioni. Per quanto concerne invece il rapporto con i clienti di grande importanza, si tende a impiegare i manager di alto livello. Se il cliente è una grande impresa con una molteplicità di divisioni e unità operative sparse su un vasto territorio, è probabile che esso venga seguito direttamente dalla sede centrale, attraverso una o più persone specificatamente assegnate allo stesso. Se i clienti di rilevante importanza sono molti, allora è frequente la creazione di una particolare *divisione grandi clienti*. In tal modo l'impresa può seguire i clienti principali mediante questo organismo, avvalendosi dei venditori per la normale clientela.

Questa tendenza sta sviluppandosi per una serie di ragioni. Occorre anzitutto considerare la crescente concentrazione in atto in molti settori, con la conseguente crescita della dimensione media e il contemporaneo ridursi del numero delle imprese. In molti casi, il 10% dei clienti può rappresentare almeno il 50% degli acquisti di un settore. Un'altra ragione è costituita dal fatto che molte imprese stanno accentrando gli acquisti, riducendo progressivamente l'autonomia delle unità periferiche. Ciò soprattutto per accrescere il potere contrattuale nei confronti dei fornitori, senza peraltro escludere l'opportunità di introdurre elementi di razionalizzazione in tutto il processo d'acquisto. Infine, la crescente complessità di molti beni e servizi richiede il coinvolgimento di molteplici competenze, sia da parte dell'acquirente che da quella del venditore.

Nell'organizzare un servizio grandi clienti l'impresa deve risolvere alcuni problemi, quali la scelta dei clienti da assegnare al servizio suddetto, le politiche di vendita da seguire, il numero e il livello professionale delle persone componenti il servizio, il collegamento gerarchico-funzionale con la parte restante della struttura commerciale.

Fra i compiti specifici assegnati al servizio grandi clienti rientrano l'avviamento e il mantenimento di contatti con i vari settori delle aziende clienti aventi influenza nei processi d'acquisto d'interesse specifico. Inoltre, il servizio grandi clienti deve assicurare il coordinamento degli altri servizi che in qualche modo sono coinvolti nel rapporto con un dato cliente, quali la ricerca e sviluppo, la produzione, l'amministrazione, ecc. Come si può vedere, il servizio grandi clienti ha il compito di stabilire un collegamento efficace tra due sistemi complessi, quello dell'impresa fornitrice e quello dell'impresa acquirente.

Fonte: per un approfondimento del tema si veda il materiale di discussione sul National Account Management preparato da Benson P. Shapiro e Rowland T. Moriarty nell'ambito di un programma di ricerca del Marketing Science Institute, Cambridge 1980-83. Si veda anche Linda C. Platzer, *Managing National Accounts*, Conference Board, New York, 1984.

---

delle risorse maggiormente produttive e costose dell'impresa. È quindi necessario valutarne con la massima cura l'impiego. La dimensione della forza vendita è in misura rilevante determinata dal modo con il quale l'impresa usa strumenti quali il telemarketing, i distributori e gli agenti di vendita. La figura 24-2 mette in evidenza il rapporto esistente fra i costi di vendita e il mix di canali usati.

Per i clienti di minore importanza, dal punto di vista del volume degli acquisti pro capite, è più conveniente impiegare la forma di vendita meno costosa, cioè quella basata su agenti. Col crescere dell'importanza della clientela, vengono via via usate forme di vendita più costose, ma nel contempo più adeguate alle diverse classi di clientela. La forza di vendita dell'impresa, in conclusione, è in grado di recuperare i propri costi solo nel caso dei clienti di maggiori dimensioni.

Figura 24-2 Rapporto fra canale di vendita e costi

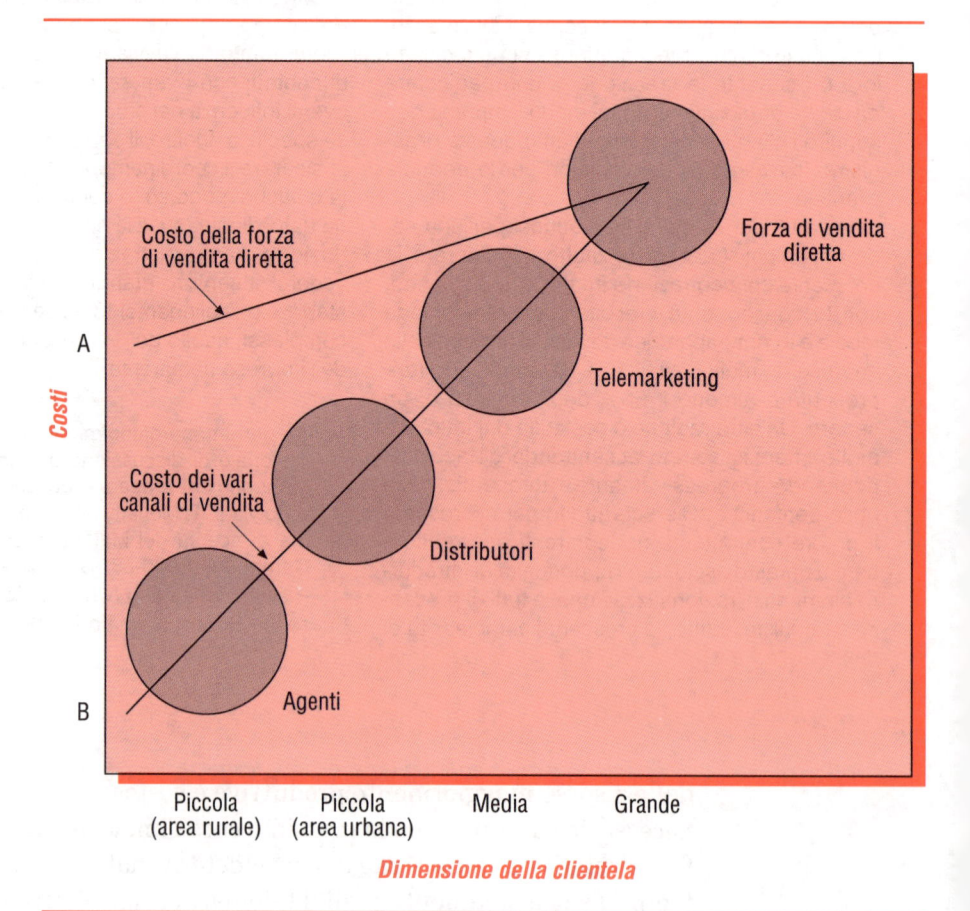

Il problema che si presenta all'impresa che opera secondo un approccio multicanale è quello dei conflitti che possono sorgere fra le diverse tipologie di canale, come si è visto nel capitolo 19.

Molte imprese impiegano il *metodo del carico di lavoro* per determinare il numero dei venditori da utilizzare. Tale metodo si basa sullo svolgimento delle seguenti operazioni:

1. I clienti vengono raggruppati in classi dimensionali in relazione al fatturato annuo.
2. Per ogni classe viene definita la più appropriata frequenza di visita (numero di visite per cliente da effettuare in un anno). Tale frequenza riflette l'intensità dello sforzo di vendita che l'impresa intende realizzare rispetto alla concorrenza.
3. Il numero dei clienti compresi nelle varie classi viene moltiplicato per la corrispondente frequenza, il che consente di determinare il carico di lavoro complessivo, espresso in visite di vendita per anno.
4. Viene quindi determinato il numero delle visite che un venditore può fare in un anno.
5. Il fabbisogno di venditori viene determinato dividendo il numero di visite da realizzare in un anno per il numero di visite effettuabili da un venditore, sempre in un anno.

Supponiamo che una data impresa classifichi la sua clientela in 1.000 clienti della classe A e in 2.000 della classe B, con un fabbisogno unitario di visite per anno di 36 per la prima e di 12 per la seconda. Ciò significa che l'impresa ha bisogno di una forza di vendita in grado di realizzare 60.000 visite di vendita l'anno. Si supponga ancora che il venditore medio possa effettuare 1.000 visite l'anno. Ne consegue che il fabbisogno di venditori è di 60 unità a tempo pieno.

24.1.5 La remunerazione dei venditori

La costituzione di una forza di vendita adeguata per numero e livello presuppone l'offerta da parte dell'impresa di attrattive condizioni retributive. Il venditore aspira a ricevere una retribuzione stabile e regolare, dei compensi per i risultati superiori alla media e un adeguato riconoscimento per l'esperienza e la fedeltà all'impresa. Dal canto suo, la direzione aziendale punta a realizzare sistemi retributivi basati sulla semplicità di controllo e sull'economicità. Gli obiettivi di economicità dell'impresa sono in conflitto con quelli della sicurezza finanziaria dei venditori. È pertanto comprensibile come nella realtà sia possibile rilevare la presenza di una molteplicità di criteri di remunerazione dei venditori, non solo fra settori diversi, ma anche fra imprese dello stesso settore.

Il management deve determinare il livello e le varie componenti di un'efficace piano di remunerazione. Il *livello di remunerazione* deve avere un qualche legame con il livello di mercato delle retribuzioni per il tipo di lavoro di vendita cui si riferisce. Spesso l'impresa non ha altra scelta che accertare il livello di mercato. Operare al di sotto di questo significherebbe ridurre la qualità del personale selezionato. Tuttavia, non sempre il livello delle remunerazioni dei venditori risulta essere definito con precisione. Innanzitutto, i sistemi retributivi variano in misura notevole per l'importanza assunta dai vari elementi della retribuzione, dai benefici accessori e dai criteri di rimborso delle spese. Inoltre, i dati relativi alle retribuzioni percepite dai venditori di imprese concorrenti possono essere fuorvianti, in relazione all'esistenza di significative differenze dovute all'anzianità e alla capacità professionale.

Per quanto concerne le *componenti della remunerazione*, occorre determinare l'entità della parte fissa, di quella variabile, dei rimborsi spese e dei benefici accessori. La *parte fissa* può essere costituita da uno stipendio base o da un minimo garantito e ha lo scopo di soddisfare l'aspirazione a una certa stabilità di reddito da parte del personale di vendita. La *parte variabile*, costituita da provvigioni, premi e quote di profitto, mira a stimolare e a compensare l'impegno dei venditori. I *rimborsi spese* mettono in grado il venditore di far fronte agli oneri connessi al conseguimento degli obiettivi di vendita. I *benefici accessori* (*fringe benefits*), quali polizze assicurative, piani di pensione integrativi, viaggi premio, assegnazione auto dell'azienda, ecc. hanno lo scopo di accrescere il senso di soddisfazione e di sicurezza connesso all'attività svolta.

Per quanto concerne l'entità delle varie componenti, viene spesso citata la regola in base alla quale il 70% della remunerazione del venditore dovrebbe essere costituito dalla parte fissa, mentre il restante 30% dovrebbe essere ripartito fra gli altri elementi. In realtà, le variazioni rispetto a queste medie sono così forti da renderle di scarsa validità pratica. La componente fissa dovrebbe essere prevalente nei casi in cui le funzioni non direttamente legate alla vendita assumono una grande importanza, oppure la vendita ha una natura tecnica assai complessa.

La componente variabile, invece, dovrebbe assumere un ruolo prevalente in tutti quei casi in cui l'esito della vendita dipende in misura notevole dall'iniziativa e dall'impegno del venditore. Le parti fisse e variabili del compenso danno origine a tre fondamentali criteri di remunerazione della forza di vendita, cioè solo stipendio, sole provvigioni e stipendio più provvigioni. I vantaggi e gli svantaggi dei tre sistemi sono esaminati ai punti seguenti.

Sistema del solo stipendio. Con tale sistema il venditore percepisce uno stipendio fisso e un certo importo a titolo di rimborso spese. Di quando in quando possono inoltre essere corrisposti premi o gratifiche.

Il sistema in oggetto presenta molteplici vantaggi per l'impresa. Il primo consiste nella possibilità per la direzione aziendale di modificare le funzioni di vendita senza ripercussioni sul piano dei costi del personale, almeno nel breve termine. Inoltre, i sistemi basati sul solo stipendio sono semplici da gestire e contribuiscono a mantenere elevato il morale del personale di vendita.

La principale debolezza del sistema sta nel fatto che esso non incentiva la forza di vendita a svolgere un lavoro sempre migliore. Questo porta ad appesantire la struttura di management necessaria per controllare, valutare ed eventualmente modificare l'attività svolta dal personale di vendita. Un altro aspetto negativo connesso al sistema del solo stipendio è costituito dalla rigidità del costo corrispondente, particolarmente avvertita nei periodi di flessione delle vendite. Nel caso opposto dell'espansione delle vendite, il venditore a solo stipendio potrebbe non sentirsi indotto a sfruttare a pieno tutte le opportunità.

Altri svantaggi connessi al sistema in esame sono costituiti dalla difficoltà di determinazione dei miglioramenti di stipendio, nonché dalla preferenza che i venditori più capaci hanno per forme retributive maggiormente incentivanti.

Sistema delle sole provvigioni. Questo sistema si basa sulla corresponsione ai venditori delle provvigioni sulle vendite determinate sulla base di percentuali fisse o variabili del fatturato o del margine di profitto. In base a questo sistema, il venditore può ricevere o meno un rimborso per le spese sostenute. Il sistema delle sole provvigioni è ampiamente adottato nella vendita di assicurazioni e di fondi d'investimento, di arredamenti, di macchine e attrezzature per ufficio, di confezioni, tessuti e calzature, di prodotti farmaceutici e di ferramenta.

Il sistema in esame presenta tre vantaggi. Il primo è costituito dalla sua forza incentivante. Il secondo riguarda la possibilità di stabilire un legame diretto fra costi e ricavi di vendita. Il terzo si riferisce alla possibilità, da parte della direzione aziendale, di variare il livello delle provvigioni in relazione ai vari prodotti e alle varie situazioni operative, il che accresce la possibilità di influenzare l'attività di vendita.

I vantaggi suddetti hanno naturalmente un costo. L'impresa incontra una notevole resistenza allorquando cerca di ottenere dalla forza di vendita l'espletamento di funzioni che non abbiano un immediato corrispettivo economico, quali l'attuazione di determinate direttive commerciali, la predisposizione di rapporti, la prestazione di servizi di assistenza alla clientela. Inoltre, l'interesse che il venditore ha nella conclusione della vendita è tale da determinare l'adozione di tattiche di vendita troppo aggressive, o che si basano in modo prevalente sull'arma dello sconto, provocando così effetti negativi per l'immagine dell'impresa. Il sistema basato sulle sole provvigioni è anche caratterizzato da una notevole complessità di amministrazione. Un ulteriore svantaggio è costituito dall'influenza che può avere sul morale dei venditori una caduta delle vendite non dipendente dalla loro azione, con la conseguente riduzione di provvigioni.

Per quanto concerne la struttura delle provvigioni sono disponibili svariati criteri di determinazione delle stesse. Occorre innanzitutto definire la *base provvigionale*, la quale può essere costituita dal fatturato lordo, dal fatturato al netto dei resi, dal margine lordo sulle vendite, dal profitto netto. Esiste poi la percentuale di provvigione, la quale può essere costante per tutte le vendite o variare a seconda dei prodotti, dei clienti e delle zone. Inoltre, detta percentuale può essere costante in relazione al volume delle vendite, o variare in modo progressivo o regressivo rispetto a esso. Si ha poi una *quota minima provvigionale*, in corrispondenza della quale ha inizio il calcolo delle provvigioni. Per ragioni di semplicità amministrativa, il calcolo in questione viene frequentemente riferito al volume del fatturato. Tale criterio, tuttavia, non consente di collegare lo sforzo di vendita all'effettiva redditività dei vari prodotti. Sotto questo profilo, può essere più opportuno determinare le provvigioni in base al margine lordo dei vari prodotti.

Sistema misto. La maggior parte delle imprese applica un sistema di remunerazione della forza di vendita basato su stipendio e provvigioni. Ciò allo scopo di combinare i vantaggi dei due distinti sistemi, evitandone nel contempo gli svantaggi. Il sistema misto si rivela idoneo nelle situazioni in cui il conseguimento delle vendite dipenda dalla motivazione della forza di vendita, e nelle quali la direzione dell'impresa reputi opportuno mantenere un certo controllo sulle funzioni non direttamente di vendita svolte dai venditori. Con tale sistema, nel caso di flessione delle vendite l'impresa non è appesantita da costi eccessivi e nel contempo i venditori conservano una parte di rilievo del loro reddito.

Premi. In molte situazioni vengono corrisposti dei premi, a integrazione o in sostituzione degli incentivi di tipo provvigionale. I premi costituiscono una forma di remunerazione non contrattuale, corrisposta in relazione a particolari situazioni di merito, di impegno o di risultato. Mediante i premi è possibile compensare prestazioni che non danno luogo a provvigioni, come il preparare rapporti, il formulare proposte di particolare valore, il prestare assistenza a clienti. La corresponsione di premi presenta tuttavia delicati aspetti di valutazione e di equilibrio per quanto concerne il rapporto fra direzione d'impresa e organizzazione di vendita.

Altri costi. Oltre agli stipendi, alle provvigioni e ai premi, i costi dell'organizzazione di vendita comprendono i seguenti elementi aggiuntivi: *spese di vendita* (viaggi e trasferte, telefono, rappresentanza, materiale promozionale, amministrazione); *benefici accessori* (assicurazione infortuni, previdenza integrativa, ecc.); *incentivi speciali* (gare di vendita, viaggi premio, ecc.); *costi di supporto* (personale di assistenza tecnica, analisti di vendita, corsi di addestramento, ecc.). Come si vede, il costo dell'organizzazione di vendita comprende una molteplicità di componenti, oltre alla remunerazione vera e propria.

24.2 La gestione della forza di vendita

Definiti obiettivi, struttura, dimensione e remunerazione della forza di vendita, l'impresa deve affrontare i problemi del reclutamento e della selezione, dell'addestramento, della direzione, della motivazione e della valutazione dei venditori. In proposito, possono essere applicate politiche e procedure diverse, secondo quanto descritto nei seguenti paragrafi.

24.2.1 Il reclutamento e la selezione dei venditori

Importanza di un'accurata selezione. Alla base di un'efficace azione di vendita sta la scelta di venditori capaci. I livelli di rendimento di un venditore medio e di un venditore ad alto livello sono completamenti differenti. Un'indagine condotta presso un campione di oltre cinquecento imprese americane ha messo in luce come il 27% dei venditori dava luogo al 52% delle vendite. Oltre alle differenze nella produttività delle vendite, occorre anche tener conto dei notevoli sprechi determinati dall'assunzione di persone non idonee a svolgere un'attività di vendita. Occorre poi considerare la frequenza con la quale il personale di vendita passa da un'impresa all'altra. L'onere connesso alla rotazione del personale costituisce solo una parte del costo complessivo.

Il nuovo venditore riceve dall'impresa una remunerazione che si aggira sulla metà del costo di vendita diretto. Se al venditore vengono corrisposti 50 milioni di lire l'anno, altri 50 vengono assorbiti dalle spese, dai benefici accessori, dalla supervisione, dagli oneri amministrativi, dai servizi di supporto e di segreteria. Di conseguenza, il nuovo venditore dovrebbe essere in grado di realizzare vendite tali da determinare un margine lordo sufficiente a coprire almeno le spese di vendita, pari, nel caso esemplificato, a 100 milioni di lire. Ove il margine lordo fosse del 20%, il venditore in questione dovrebbe realizzare un volume di vendite di almeno 500 milioni di lire, in modo da consentire il conseguimento del punto di pareggio tra spese e ricavi di vendita.

Quali sono le caratteristiche di un buon venditore? La scelta dei venditori non costituirebbe un problema se fosse possibile definire con esattezza le caratteristiche da ricercare. Se i venditori migliori fossero sempre estroversi, aggressivi ed energici, non dovrebbe essere difficile verificare la presenza di queste caratteristiche nei candidati. In realtà, l'esperienza dimostra che molti venditori di successo sono introversi, sobri nel tatto e ben lungi dall'essere energici. Fra i venditori che conseguono buoni risultati è possibile trovare persone di alta o bassa statura, buoni o cattivi parlatori, eleganti o trascurati nel vestire.

Malgrado tutto ciò, la ricerca della combinazione magica delle caratteristiche del venditore ideale prosegue incessante. A questo fine, sono stati predisposti numerosi elenchi dei tratti che denotano una sicura capacità di vendita. Sull'argomento, McMurry ha scritto: «È mio convincimento che colui che possiede una reale personalità di vendita sia un "corteggiatore" abituale, un individuo che ha un bisogno irrefrenabile di conquistare e mantenere l'affetto degli altri».[3] McMurry ha inoltre indicato cinque altre caratteristiche che l'aspirante venditore deve possedere, e cioè: una grande riserva di energia, una notevole fiducia in se stesso, un bisogno cronico di denaro, una solida abitudine a cavarsela dall'impaccio e, infine, un atteggiamento a considerare ogni obiezione, resistenza o ostacolo in termini di sfida.

Mayer e Greenberg ritengono, dal canto loro, che le caratteristiche del buon venditore siano sostanzialmente due: (1) l'*empatia*, cioè la capacità di immedesimarsi nel cliente; (2) la *spinta personale*, cioè un forte impulso a concludere la vendita.[4] Sulla base di queste caratteristiche, i due autori in questione sono stati in grado di realizzare valide selezioni di personale di vendita in tre distinti settori.

In conclusione, come può l'impresa determinare le caratteristiche che devono essere possedute dai venditori del proprio settore? Le particolari funzioni connesse alla specifica attività di vendita consentono di definire alcune delle caratteristiche da ricercare nei venditori. Si deve svolgere molto lavoro a tavolino? Il lavoro richiede molti spostamenti? Il venditore dovrà fronteggiare molti rifiuti? Oltre a ciò, le caratteristiche dei venditori di maggior successo suggeriscono altre qualità da ricercare. Molte imprese fanno un raffronto fra i venditori più efficienti e quelli meno produttivi, per individuare le caratteristiche che differenziano i due gruppi.

Procedure di reclutamento. Una volta messi a punto i criteri generali per la scelta del nuovo personale, il servizio del personale ricerca i candidati mediante vari mezzi, quali la sollecitazione di segnalazioni da parte dei venditori esistenti, le inserzioni sui giornali, l'impiego di studi specializzati, l'organizzazione di incontri collettivi con gli studenti delle università. È frequente che i potenziali candidati, studenti e neodiplomati, siano riluttanti a considerare una prospettiva di "carriera di vendita". I reclutamenti fanno allora leva sulle prospettive di reddito, sulla concessione dell'auto, sul rimborso delle spese e sul fatto che non pochi alti dirigenti hanno iniziato dalla "gavetta" come venditori.

Metodi di valutazione dei candidati. Le procedure di reclutamento dovrebbero permettere all'impresa di disporre di un numero di candidati superiore al numero delle assunzioni previste, così da poter procedere a un'accurata selezione. Le procedure di selezione variano quanto a complessità, e vanno da una semplice intervista a prove psicometriche dettagliate, non solo per il candidato, ma anche per i componenti della famiglia.

Un numero crescente di imprese sottopone i candidati a prove psicometriche. Sebbene i risultati delle prove in questione costituiscano solo un elemento di informazione all'interno di uno schema che comprende caratteristiche personali, referenze, attività svolte precedentemente, reazioni rilevate durante le interviste, essi sono tenuti in particolare conto presso imprese come l'IBM, la Fiat, le grandi banche, la Procter & Gamble e la Gillette. La Gillette afferma che tali prove hanno dato come risultato una riduzione del 42% nell'avvicendamento, e che i risultati delle prove hanno mostrato una buona correlazione con il successivo avanzamento dei nuovi venditori nell'organizzazione di vendita.

24.2.2 L'addestramento dei venditori

Molte imprese inviano i venditori in prima linea immediatamente dopo l'assunzione. Essi ricevono un certo quantitativo di campioni, il copia-commissioni e le istruzioni sulla zona in cui operare. Come conseguenza, gran parte dell'attività svolta è assai poco efficace.

È pertanto necessario investire risorse adeguate nella formazione e nell'addestramento. Oggi, un venditore appena assunto può trascorrere in addestramento da alcune settimane a molti mesi. Il periodo medio di addestramento è di ventotto settimane nelle imprese di beni industriali, di dodici in quelle di servizi e di quattro in quelle di beni di consumo.[5]

L'IBM considera concluso il programma di addestramento dei propri venditori dopo due anni! Inoltre, essa prevede che ogni venditore impieghi ogni anno il 15% del proprio tempo in ulteriori programmi di addestramento.

Le principali imprese dei paesi maggiormente industrializzati spendono nell'addestramento dei venditori miliardi di lire. Ciò malgrado, i manager di vendita considerano l'addestramento come fonte di valore, e non di costi. Oggi i venditori vendono ad acquirenti sempre più consapevoli del valore e del costo di ciò che acquistano. Inoltre, i prodotti sono sempre più complessi dal punto di vista tecnico. Ne consegue che l'impresa deve disporre di venditori maturi, competenti e che considerano la propria attività come una professione. I programmi di addestramento dei venditori dovrebbero determinare il raggiungimento delle seguenti capacità e conoscenze:

- **Il venditore dovrebbe conoscere l'impresa e identificarsi con essa.** La maggior parte delle imprese dedica la prima parte di un programma di addestramento alla descrizione di temi istituzionali, come la storia e gli obiettivi dell'impresa, la struttura organizzativa e le linee di autorità, il nome dei principali dirigenti, la struttura e i mezzi finanziari dell'impresa, i principali prodotti e il volume delle vendite.
- **Il venditore dovrebbe conoscere i prodotti dell'impresa.** Durante l'addestramento il futuro venditore viene a conoscenza del modo in cui sono realizzati i prodotti e come funzionano nelle varie applicazioni.
- **Il venditore dovrebbe conoscere le caratteristiche dei clienti e dei concorrenti.** Il venditore viene edotto delle caratteristiche di tutti i clienti, dei loro bisogni, motivazioni e abitudini d'acquisto. Viene messo a conoscenza delle politiche dell'impresa e delle imprese concorrenti riguardo a credito, spedizione, eccetera.
- **Il venditore dovrebbe sapere come fare una presentazione di vendita efficace.** Le imprese spiegano ai neo-venditori i principali argomenti di vendita per ciascun prodotto e alcune arrivano fino a stendere delle sceneggiature. Parte dell'addestramento è dedicato allo sviluppo della personalità del venditore e a fornire stimoli all'autosviluppo.
- **Il venditore dovrebbe conoscere le procedure e le funzioni di vendita.** Egli dovrebbe sapere come ci si attende che suddivida il suo tempo fra clienti abituali e clienti potenziali, come usare il fondo spese, come compilare i rapporti, come determinare un percorso efficiente per gli spostamenti.

Nuovi metodi di addestramento vengono continuamente sviluppati. Tra i metodi d'istruzione figurano il *role-playing*, l'addestramento della sensibilità, l'uso di registratori a nastro, di videocassette, dell'istruzione programmata, e di film sulle tecniche di vendita e sui prodotti dell'impresa. Una delle tecniche più recenti impiegate nell'addestramento dei venditori è costituita dal sistema Info-Window usato dall'IBM. Il sistema in questione combina un personal computer con un videodisco laser. Il venditore in addestramento può simulare un colloquio di vendita con un attore che sul video schermo impersona un manager di una specifica impresa. L'attore risponde in modo diverso a seconda del modo seguito dal venditore per effettuare il colloquio. Questi viene filmato durante la prova mediante una videocamera collegata con l'Info-Window.[6] Non esiste uno specifico criterio di valutazione dei risultati dell'addestramento, il che determina la necessità per i competenti servizi di raccogliere il maggior numero di elementi possibile, onde identificare i miglioramenti dei risultati di vendita conseguiti. A tal fine, dovrebbero essere sottoposte a controllo variabili quali la rotazione della forza di vendita, il volume delle vendite, l'assenteismo, l'entità dell'ordine medio, il rapporto ordini-visite, i reclami dei clienti, il tasso di acquisizione di nuovi clienti, l'entità dei resi.

L'ingente costo dei programmi di addestramento solleva la questione se all'impresa non convenga assumere personale di vendita già dotato di esperienza. Il vantaggio è spesso illusorio, in quanto il venditore esperto ha maggiori pretese economiche. Nel caso in cui i venditori passino ad altra impresa, parte dell'addestramento e dell'esperienza aziendale specifica vanno perduti. È per questo che, in alcuni settori, le imprese si accordano tacitamente per non sottrarsi l'un l'altra il personale di vendita.

24.2.3 L'impiego dei venditori

Al nuovo venditore viene assegnato qualcosa di più che una zona, una remunerazione e un addestramento: gli si presta una costante supervisione. La supervisione è il destino obbligato di tutti coloro che lavorano per altri. Essa è l'espressione dell'interesse naturale e continuo che l'impresa ha per l'attività della propria organizzazione di vendita.

Le imprese differiscono sensibilmente per il modo in cui gestiscono la forza di vendita. I venditori remunerati prevalentemente sulla base di provvigioni sono generalmente lasciati a se stessi. Per i venditori che hanno un rapporto di lavoro dipendente, la supervisione tende a essere assai più marcata.

La pianificazione delle visite alla clientela. La maggior parte delle imprese classificano la clientela in gruppi A, B e C, in relazione al volume delle vendite, al potenziale di profitto e al potenziale di sviluppo. Per ogni gruppo di clienti viene stabilito il corrispondente numero di visite annue. Ad esempio, 9 per i clienti A, 6 per i clienti B e 3 per i clienti C. Le norme, o standard, di visita sono definite in funzione dei livelli medi adottati nel settore nonché della redditività prevista per le varie classi di clientela. Il punto fondamentale riguarda il volume di vendite che si ritiene di poter acquisire presso un dato cliente in relazione al numero delle visite effettuate in un anno.

Nel caso di nuovi clienti, le imprese definiscono l'entità del tempo che i venditori devono assegnare alla ricerca degli stessi. Alcune imprese ritengono che i propri venditori debbano dedicare fra il 20 e il 25% del tempo a tale ricerca e che le visite debbano essere sospese dopo la terza visita infruttuosa.

Vi sono numerose ragioni per cui molte imprese fissano un programma minimo di ricerca di nuovi clienti. Se lasciati a loro stessi, molti venditori tendono a passare la maggior parte del tempo presso i clienti già acquisiti. Questi, infatti, rappresentano una realtà nota. Il venditore può far conto su di loro per le vendite, mentre un cliente potenziale può non effettuare alcuna ordinazione, ovvero farla solo dopo molti mesi di sforzi. A meno che il venditore non riceva un premio per i nuovi clienti, egli tende a ridurre al minimo lo sviluppo della clientela potenziale. Per tale ragione, alcune imprese impiegano nella ricerca di nuovi clienti appositi venditori pagati solo a stipendio.

L'impiego efficace del tempo. I venditori devono conoscere come impiegare efficacemente il proprio tempo. Uno strumento da impiegare a questo scopo è il *programma annuale delle visite*, nel quale vengono indicati i clienti effettivi e potenziali da visitare ogni mese e le relative attività da svolgere. La pianificazione dell'attività dei venditori deve essere fondata su tre concetti. Il primo concerne lo sviluppo del mercato, il quale comprende tutto ciò che contribuisce all'informazione della clientela, allo sviluppo di nuovi settori, alla promozione dell'immagine presso il pubblico in generale.

Il secondo concetto riguarda le *attività generatrici di vendite*, formate da tutto ciò che ha una diretta attinenza con la vendita di specifici prodotti ai clienti attraverso le visite di vendita. Il terzo e ultimo concetto si riferisce alle *attività di protezione del mercato*, nelle quali rientrano i vari sforzi realizzati allo scopo di conoscere ciò che sta facendo la concorrenza e di difendere le relazioni mantenute con i clienti.

La forza di vendita deve mantenere un certo equilibrio fra i tre gruppi di attività, onde evitare che il conseguimento degli obiettivi correnti di vendita vada a scapito degli obiettivi di lungo termine. Un ulteriore strumento per un sempre più efficace impiego del tempo dei venditori è costituito dall'*analisi dei tempi e delle operazioni*.

Il venditore impiega il proprio tempo nei modi seguenti:

- **Viaggi**. In alcuni casi, il tempo impiegato in viaggi raggiunge il 50% del tempo di lavoro complessivo. Il tempo in questione può essere ridotto mediante l'impiego di mezzi di trasporto più veloci, il che, tuttavia, può costituire un fattore di accrescimento dei costi.
- **Pasti e pause**. Una certa aliquota del tempo di lavoro giornaliero deve essere assegnata alla consumazione dei pasti, nonché a un certo numero di pause di riposo.
- **Attese**. I venditori impiegano una certa parte del proprio tempo nell'attendere di essere ricevuti dai clienti. Si tratta di "tempi morti" che possono essere proficuamente utilizzati nella preparazione di rapporti o dell'argomentazione di vendita.
- **Vendita**. Nel tempo dedicato alla vendita rientrano i colloqui diretti o telefonici con il cliente. Il tempo in questione può essere distribuito fra "conversazione" (avente come soggetto argomenti non attinenti la vendita) e "colloquio di vendita" (in cui vengono presentati i prodotti e le attività dell'impresa).
- **Amministrazione**. Il venditore, infine, impiega una certa quantità del proprio tempo nella preparazione di rapporti e note spese; nella partecipazione alle riunioni di vendita; nello scambio di informazioni con i vari servizi dell'impresa e in una serie di altre attività eterogenee.

Considerando quanto sopra, non costituisce certo motivo di meraviglia constatare che il tempo effettivo di vendita può anche non superare il 25% del totale. È evidente che, in questo caso, il passaggio a un'incidenza del 30% rappresenterebbe un miglioramento del 20%. Per accrescere la produttività della forza di vendita, molte imprese puntano sullo sviluppo delle strutture interne di supporto ai venditori che operano "in prima linea".

In un'indagine condotta su un campione di distributori di prodotti elettronici degli Stati Uniti, Narus e Anderson hanno rilevato come il 57% della forza di vendita era costituito da personale interno.

La spiegazione di questa tendenza va ravvisata in primo luogo nell'incremento dei costi di vendita, che ha esercitato, a sua volta, una spinta notevole verso la ricerca di nuove applicazioni delle innovazioni tecnologiche realizzate nel campo delle telecomunicazioni. Il personale di vendita interno può essere classificato in tre gruppi: il *personale di supporto tecnico*, gli *assistenti di vendita* e gli *addetti al telemarketing*.

Il primo fornisce consigli e informazioni su argomenti di natura tecnica, concernenti sia i prodotti dell'impresa sia i problemi dei clienti. Gli assistenti di vendita intervengono sulle questioni concernenti la disponibilità dei prodotti, lo stato dell'evasione di ordini in corso, nonché i più diversi aspetti amministrativi.

Gli operatori di telemarketing, infine, preparano il lavoro del venditore, selezionando i clienti in funzione del loro interesse all'offerta dell'impresa, svolgendo un'azione promozionale preparatoria, fissando appuntamenti, formulando inviti e così via.[7]

24.2.4 La motivazione dei venditori

In ogni forza di vendita solo una piccola percentuale di venditori farà del suo meglio senza aver bisogno di qualche stimolo speciale da parte della direzione. Per loro, vendere è il lavoro più affascinante del mondo. Si tratta di uomini ambiziosi, che non hanno bisogno di spinte esterne. Ma in quasi tutte le reti di vendita la maggior parte dei venditori ha bisogno di un incoraggiamento personale e di speciali incentivi per lavorare al massimo. Questo è specialmente vero nel caso della vendita esterna (*field selling*), per le seguenti ragioni:

- **La natura del lavoro**. Il lavoro di vendita comporta inevitabilmente frequenti frustrazioni. Il venditore lavora da solo, i suoi orari sono irregolari, non conduce una vita familiare normale, si trova a dover lottare con i venditori dei concorrenti, si trova in uno stato di inferiorità rispetto all'acquirente, a volte non ha l'autorità di fare ciò che è necessario per acquisire il cliente e può perdere ordini importanti alla cui acquisizione ha dedicato molti sforzi.
- **La natura umana**. In assenza di particolari incentivi di natura economica, o di un riconoscimento sociale, la maggior parte delle persone opera al di sotto delle proprie capacità.
- **Problemi personali**. Il venditore, come tutti, è talvolta preoccupato per problemi personali, come malattie in famiglia, disaccordi coniugali o debiti.

Il problema della motivazione dei venditori è stato studiato da Churchill, Ford e Walker, i quali hanno applicato un modello del tipo qui schematizzato:

Motivazione → Sforzo → Performance → Ricompensa → Soddisfazione

L'ipotesi che sta alla base del modello è assai semplice. Se la motivazione del venditore è elevata, essa ne determina un impegno maggiore e, in catena, un risultato, una ricompensa e una soddisfazione maggiori. Una maggior soddisfazione, a sua volta, accresce la motivazione, rialimentando il processo. Dal modello derivano le seguenti implicazioni:

1. I responsabili di vendita devono saper convincere i venditori che un maggior impegno o un maggior addestramento portano a vendere di più. Tuttavia, se le vendite sono determinate soprattutto dalle condizioni economiche o dalla situazione competitiva, l'appello a un maggior impegno può risultarne pregiudicato.
2. I responsabili di vendita devono convincere i venditori che un maggiore sforzo di vendita comporta incrementi di ricompensa. Ma se i premi sono definiti in modo arbitrario, o a livelli troppo modesti, il sistema di incentivazione non consegue gli effetti attesi.

I ricercatori sopra citati hanno valutato l'efficacia delle varie forme di ricompensa nel determinare l'impegno dei venditori. La forma con un maggior indice di importanza è la *remunerazione*, seguita dalla *promozione* a livelli più elevati, dalla *crescita personale* e dal *senso di realizzazione*. Meno apprezzati sono risultati la *sicurezza* e il *riconoscimento*.

Dunque, i fattori di incentivazione di tipo economico si sono confermati come quelli di maggior rilevanza, ancorché con un peso diverso a seconda delle caratteristiche personali dei venditori.[8]

Le quote di vendita. Molte imprese stabiliscono le quote per i loro venditori specificando quello che dovrebbero vendere durante l'anno per ogni linea di prodotto. Spesso, come si è già visto in precedenza, il sistema di remunerazione è legato al conseguimento della quota di vendita.

Le quote di vendita sono determinate nell'ambito del processo di formulazione del piano annuale di marketing. L'impresa decide dapprima su una previsione delle vendite che sia ragionevolmente raggiungibile. Questa previsione diviene la base per la programmazione della produzione, del personale, e del fabbisogno finanziario. Poi la direzione assegna le quote di vendita. Le quote di vendita sono fissate a un livello più elevato delle previsioni, allo scopo di spingere i responsabili di vendita e i venditori a impegnarsi al massimo. Se non raggiungono le loro quote, l'impresa può ugualmente raggiungere la sua previsione di vendita.

Ciascun responsabile di vendita procede a sua volta a suddividere la quota assegnatagli fra i venditori alle sue dipendenze. Per quanto concerne il criterio di suddivisione delle quote, esistono tre orientamenti di fondo.

- *L'orientamento della quota elevata* tende a fissare quote che siano al di sopra di quelle che la maggior parte dei venditori può raggiungere, ma che sono pur sempre conseguibili da tutti; si è infatti dell'opinione che la quota elevata determini uno sforzo supplementare.
- *L'orientamento della quota moderata* tende a fissare quote che possono essere raggiunte dalla maggior parte dei venditori; si pensa che i venditori accettino la quota come giusta, la raggiungano e acquistino la fiducia per realizzarla.
- *L'orientamento della quota differenziata* consiste nel ritenere che le differenze individuali tra i venditori impongano quote elevate per alcuni e quote moderate per altri. Si ritiene, infatti, che i venditori reagiscono alle quote in modi differenti, soprattutto all'inizio. Alcuni sono stimolati al massimo, altri scoraggiati. Occorre quindi definire le quote dei venditori tenendo conto di questi atteggiamenti.

24.2.5 La valutazione dei venditori

Abbiamo sinora descritto gli aspetti della supervisione dei venditori come un processo di trasmissione, mediante il quale il management comunica ai venditori ciò che essi devono fare e li motiva in questo senso. Affinché il processo si svolga regolarmente, è necessario che i venditori forniscano alla direzione informazioni valide e regolari.

Le fonti d'informazione. La direzione si procura informazioni sui venditori tramite vari canali. Probabilmente la fonte più importante di informazioni è costituita dai rapporti periodici dei venditori. Altre informazioni sono derivate da osservazioni personali, segnalazioni e reclami della clientela, colloqui con venditori della concorrenza, ricerche di mercato. I rapporti di vendita sono classificabili in *piani per le attività future* e *resoconti di attività completate*.

Il miglior esempio di rapporto del primo tipo è dato dal piano di lavoro del venditore, che quasi tutti i venditori devono sottoporre e che riguarda uno specifico periodo futuro, in genere una settimana o un mese. Il piano descrive le visite che verranno compiute e il percorso che il venditore intende seguire.

Questo rapporto serve per incoraggiare il venditore a programmare e fissare in anticipo le sue attività, a informare la direzione sull'attività del venditore e a fornire una base per confrontare il piano con i risultati. Il venditore può essere valutato per la sua capacità "a programmare il suo lavoro e attuare il programma". Occasionalmente, la direzione può prendere contatto con il venditore dopo aver esaminato il piano e suggerire miglioramenti.

Le imprese iniziano con la richiesta ai venditori di preparare un *piano territoriale di marketing*, in cui essi delineano il programma che intendono seguire per reperire nuovi clienti e aumentare gli ordini dei clienti esistenti. I tipi di rapporti variano considerevolmente: alcuni chiedono semplicemente di esprimere alcune idee sullo sviluppo della zona, altri richiedono invece stime dettagliate.

Questo tipo di rapporto riflette il concetto di venditore come responsabile della sua zona. I piani vengono studiati dal superiore immediato e divengono una base per fornire al venditore suggerimenti di natura costruttiva e per sviluppare obiettivi di vendita per le filiali e stime per la direzione. Sia i dirigenti di vendita sia gli stessi venditori stanno facendo un uso crescente di microcomputer nello svolgimento della propria attività.

I venditori usano formulari di tipo diverso per riferire sulle attività espletate e i risultati raggiunti. Forse il tipo meglio conosciuto è quello noto come *rapporto sulle visite*, in cui il venditore registra aspetti importanti dei suoi contatti con i clienti, ivi compresa l'indicazione dei prodotti competitivi usati, del tempo migliore per la visita, del grado e del tipo di resistenza, e delle tendenze per il futuro. Il rapporto sulle visite serve alla direzione per mantenersi informata sull'attività dei venditori, indica lo stato degli ordini del cliente e fornisce informazioni che possono essere utili in successivi contatti.

I venditori presentano anche le note spese sostenute nello svolgimento dei compiti di vendita, per le quali vengono parzialmente o integralmente rimborsati. Alcune imprese richiedono anche rapporti sui nuovi affari e su quelli perduti, sulle condizioni economiche locali e su altre tematiche specifiche.

I rapporti dell'organizzazione di vendita contengono una quantità di dati grezzi dai quali possono essere ricavati indicatori assai utili relativamente all'andamento delle vendite.

Gli indicatori più importanti sono: (1) il numero medio delle visite giornaliere di ogni venditore; (2) il tempo medio per visita; (3) il fatturato medio per visita; (4) il costo medio per visita; (5) le spese di rappresentanza per visita; (6) il rapporto percentuale ordini-visite; (7) il numero dei nuovi clienti acquisito per periodo; (8) il numero dei clienti perduti per periodo; (9) il costo della forza di vendita in percentuale del fatturato complessivo. Gli indicatori in questione permettono di rispondere a molte domande importanti, quali le seguenti: I venditori stanno effettuando un numero di visite giornaliere sufficiente? Il tempo medio per visita non è forse eccessivo? I venditori raggiungono un numero di ordini adeguato al numero dei nuovi clienti? Il numero dei nuovi clienti è sufficiente? È adeguata l'azione di mantenimento dei clienti esistenti?

La valutazione formale del rendimento. I rapporti dei venditori, assieme ad altri rapporti sulle zone e alle osservazioni personali del direttore vendite, forniscono la base per la valutazione del rendimento dei venditori.

Procedure formali di valutazione comportano almeno tre benefici. In primo luogo, obbligano la direzione a mettere a punto criteri specifici e uniformi di giudizio. In secondo luogo, inducono la direzione a riunire tutte le informazioni e le impressioni sui venditori e a procedere a una valutazione formale punto per punto. In terzo luogo, tendono ad avere un effetto positivo sul lavoro dei venditori, in quanto essi sanno che a scadenze più o meno ravvicinate dovranno render conto dell'attività svolta.

Raffronti tra venditori. Un tipo di valutazione abbastanza frequente consiste nel raffrontare il rendimento dei venditori fra di loro. Tale raffronto, tuttavia, può indurre in errore. Il rendimento rispettivo è significativo solo se non vi sono variazioni da zona a zona quanto a potenziale di mercato, grado di concorrenza, intensità delle iniziative promozionali, e così via. Inoltre, le vendite non sono il miglior indice di successo. La direzione dovrebbe portare maggiore interesse al contributo di ogni venditore al conseguimento dei profitti. E ciò non può essere noto fino a che non si esamini l'insieme delle vendite del venditore e le sue spese.

Raffronti tra le vendite attuali e passate. Un'altra comune valutazione consiste nel raffrontare l'attuale rendimento con quelli passati. Questo raffronto dovrebbe fornire un indice diretto dei progressi conseguiti, come viene esemplificato nella tavola 24-1.

Dalla tavola in questione si possono ricavare molteplici informazioni sull'attività svolta da Bruno Rossi. Innanzitutto, le vendite effettuate da Rossi si accrescono ogni anno (linea 3). Ciò non significa necessariamente che Rossi stia facendo un lavoro migliore. La suddivisione per prodotti indica che egli è stato in grado di spingere le vendite del prodotto B più di quelle del prodotto A (riga 1 e 2). Secondo le quote per i due prodotti (riga 4 e 5), il suo successo nell'aumentare le vendite del

Tavola 24.1 Prospetto per la valutazione dei risultati conseguiti dai venditori

	Area: Varese Venditore: Bruno Rossi			
	1988	1989	1990	1991
1. Fatturato netto prodotto A	251.300	253.200	270.000	263.100
2. Fatturato netto prodotto B	423.200	439.200	553.900	561.900
3. Fatturato netto totale	674.500	692.400	823.900	825.000
4. Percentuale quota prodotto A	95,6	92,0	88,0	84,7
5. Percentuale quota prodotto B	120,4	122,3	134,9	130,8
6. Margine lordo prodotto A	50.260	50.640	54.000	52.620
7. Margine lordo prodotto B	42.320	43.920	55.390	56.190
8. Margine lordo totale	92.580	94.560	109.390	108.810
9. Spese di vendita	10.200	11.100	11.600	13.200
10. Rapporto spese/fatturato (%)	1,5	1,6	1,4	1,6
11. Numero visite	1.675	1.700	1.680	1.660
12. Costo visita	6,09	6,53	6,90	7,95
13. Numero medio clienti	320	324	328	334
14. Numero nuovi clienti	13	14	15	20
15. Numero clienti perduti	8	10	11	14
16. Fatturato medio per cliente	2.108	2.137	2.512	2.470
17. Margine lordo medio per cliente	289	292	334	326

prodotto B può essere andato a scapito del prodotto A. In termini di profitto lordo (righe 6 e 7) l'impresa guadagna quasi il doppio sul prodotto A rispetto al prodotto B. Comincia così a emergere un quadro secondo cui Bruno Rossi sta spingendo le vendite di un prodotto ad alto volume e basso margine, a spese del prodotto più redditizio. Infatti, sebbene le vendite siano aumentate di 1.100.000 lire fra il 1990 e il 1991 (linea 3), il profitto lordo sulle vendite totali è in realtà diminuito di 580.000 lire (linea 8).

Le spese di vendita (riga 9) mostrano un costante aumento, benché come percentuale delle vendite totali sembrino sotto controllo (riga 10). La tendenza ascendente nelle spese totali non sembra però trovare spiegazione in un aumento del numero delle visite (riga 11), per quanto possa essere in parte collegata al successo nell'acquisire nuovi clienti (riga 14). Tuttavia, vi è la possibilità che nella ricerca di nuovi clienti Rossi trascuri i vecchi, come indicato da un andamento ascendente del numero annuale di clienti perduti (riga 15).

Le ultime righe mostrano il livello e la tendenza delle vendite di Rossi per cliente e il profitto lordo sulle vendite per cliente. Queste cifre divengono maggiormente significative quando sono raffrontate alle medie dell'azienda. Ad esempio, se il profitto lordo medio di Bruno Rossi è più basso di quello medio per tutta l'impresa, può darsi che egli si sia concentrato su clienti inadatti e non dedichi tempo sufficiente a ogni cliente. Considerando il numero annuale di visite (riga 11), potrebbe emergere che Rossi fa meno visite della media. Se le distanze nella sua zona non sono molto differenti, questo significa che egli non si impegna per tutta la giornata, oppure che non riesce a programmare bene i percorsi, o a minimizzare il tempo di attesa, oppure che spende troppo tempo con certi clienti.

Valutazione qualitativa dei venditori. La valutazione, in genere, comprende anche un giudizio sulle conoscenze del venditore, sulla sua personalità e sulle sue motivazioni. Si può valutare il suo grado di conoscenza dell'impresa, dei prodotti, dei clienti, dei concorrenti, della zona e dei suoi compiti. Si possono valutare caratteristiche della sua personalità quali il suo modo di fare, il suo aspetto, il modo di parlare e il temperamento. Il suo responsabile può anche considerare eventuali problemi di motivazione e adattamento. Poiché il numero di fattori qualitativi che si possono includere in una valutazione è praticamente illimitato, ogni impresa deve decidere quali siano i più importanti di cui tenere conto. Essa dovrebbe pure comunicare questi criteri ai venditori, in modo che essi si adoperino per migliorare i propri rendimenti.

24.3 I principi della vendita personale

Possiamo ora passare dall'esame di quanto concerne l'organizzazione e la gestione della forza di vendita alla considerazione di ciò che ne costituisce il compito, vale a dire la realizzazione delle vendite.

La vendita personale è un'arte antica che ha dato origine allo sviluppo di una vasta letteratura e alla formulazione di molteplici principi. I buoni venditori sono dotati di qualcosa di più dell'istinto; essi sono addestrati nella metodica analisi e interazione con il cliente. La moderna attività di vendita costituisce una professione che implica la padronanza e l'applicazione di un corpo organico di principi. Esistono molti stili diversi di vendita personale, alcuni perfettamente conformi al concetto di marketing e altri a esso antitetici.

Nella parte restante di questo capitolo esamineremo i tre aspetti fondamentali della vendita personale, e cioè le tecniche di vendita, la negoziazione e la relazione venditore-acquirente.

24.3.1 Tecniche di vendita

Le imprese investono ingenti risorse per addestrare i propri venditori nell'arte della vendita. Ogni anno vengono vendute decine di migliaia di copie di volumi sull'arte della vendita. Uno dei libri che continua ancor oggi ad avere successo è *Come trattare gli altri e farseli amici* di Dale Carnegie.

Tutti gli approcci di vendita descritti nei libri di questo tipo sono basati sul tentativo di trasformare un venditore da passivo assuntore di ordini ad attivo sollecitatore di ordini. Gli assuntori di ordini operano sulla base dei seguenti principi: i clienti sanno di che cosa hanno bisogno; essi respingono ogni tentativo di influenzarli; essi preferiscono i venditori cortesi e discreti. Un esempio di questo atteggiamento potrebbe essere rappresentato dal venditore di spazzole, il quale bussa alla porta di decine di consumatori ogni giorno e si limita a chiedere se servono delle spazzole.

Nell'addestramento dei venditori alla funzione di sollecitazione degli ordini, esistono due orientamenti di base, quello alle vendite e quello al cliente. *L'orientamento alle vendite* si fonda sull'addestrare i venditori all'impiego delle *tecniche della vendita aggressiva*, come quelle adottate per le enciclopedie e le polizze assicurative.

Tali tecniche includono l'esagerato apprezzamento dei meriti dei prodotti, la critica dei prodotti della concorrenza, l'impiego di presentazioni abilmente predisposte, l'offerta di alcune pretese concessioni speciali al fine di concludere la vendita. Questa forma di vendita presuppone che gli acquirenti effettuino gli acquisti solo se sottoposti a pressione, che essi siano sensibili alle presentazioni abili e accattivanti, che essi saranno felici dopo l'acquisto e che, nel caso contrario, ciò ha comunque scarsa importanza.

L'orientamento al cliente richiede che l'addestramento dei venditori miri a sviluppare una capacità di soluzione dei problemi dell'acquirente. Il venditore apprende a identificare i bisogni del cliente e a proporre soluzioni efficaci. Questo approccio assume che i clienti hanno dei bisogni latenti che costituiscono delle opportunità per l'impresa, che essi apprezzano i suggerimenti validi e si manterranno fedeli nei confronti di quei venditori che hanno preso a cuore i loro interessi. La figura del venditore "solutore di problemi" è assai più compatibile con il concetto di marketing rispetto a quella del "venditore d'assalto".

Nessun approccio di vendita è tale da operare al meglio in tutte le situazioni, come risulta da quanto esposto nel quadro 24-2. Tuttavia, gran parte dei programmi di addestramento alle vendite si basa sugli stessi punti fondamentali caratterizzanti qualsiasi attività di vendita di successo. Questi punti sono specificati nella figura 24-3 e analizzati di seguito.[9]

Figura 24-3 Principali fasi di un'efficace azione di vendita

Identificazione e valutazione dei clienti → Preparazione del contatto → Contatto → Presentazione e dimostrazione → Chiarimento delle obiezioni → Conclusione → Assistenza post-vendita

Quadro 24-2 I diversi stili di vendita e di acquisto

Blake e Mouton distinguono i vari stili di vendita in relazione a due variabili, l'*attenzione per le vendite* e l'*attenzione per il cliente* da parte del venditore. La combinazione di queste variabili dà luogo alla *griglia delle vendite* illustrata nella pagina seguente, nella quale sono descritti cinque tipi di venditori.

Il tipo 1.1 può essere definito come un venditore di ordini, mentre, all'opposto, il tipo 9.1 è il venditore d'assalto. Il tipo 5.5 è il venditore persuasore, mentre il tipo 1.9 punta a vendere "se stesso". Il tipo 9.9, infine, ha una mentalità orientata alla soluzione dei problemi, la più coerente con il concetto di marketing.

Blake e Mouton sono dell'avviso che nessuno stile di vendita può essere ritenuto valido per tutti i clienti. Infatti, gli stili di vendita sono altrettanto vari quanto gli stili di acquisto.

Gli acquirenti manifestano atteggiamenti diversi nei confronti dei venditori e di quanto costituisce oggetto di acquisto.

Alcuni acquirenti si dimostrano distaccati nei confronti dell'acquisto; altri sono sempre sulla difensiva; altri ancora sono disponibili a ricevere solo i venditori delle grandi imprese.

L'opinione che un'efficace azione di vendita dipenda dalla capacità del venditore di adeguare il proprio stile a quello dell'acquirente significa che la forza di vendita deve essere addestrata all'impiego di stili diversi. Evans ritiene che la vendita costituisca un *processo diadico*, nel quale il risultato dipende dalla coincidenza fra le *caratteristiche dell'acquirente e del venditore*, oltre che dagli *stili di acquisto e di vendita*.

Dalle ricerche condotte da Evans è emerso che la gente acquista le polizze assicurative da persone che presentano le stesse caratteristiche in termini di età, statura, reddito, orientamento politico e religioso, abitudine a fumare o meno. Ciò che conta non è tanto la similarità effettiva, quanto quella percepita.

Sulla base di questi elementi, Evans ha proposto che le compagnie di assicurazione procedano ad assumere tutti i tipi di venditori, in modo da poter disporre di una forza di vendita in grado di realizzare la più ampia penetrazione del mercato.

L'unica caratteristica comune a tutti è la professionalità necessaria a vendere polizze d'assicurazione.

Fonte: si vedano Robert T. Blake e Jane S. Mouton, *The Grid for Sales Excellence: Benchmarks for Effective Salesmanship*, McGraw-Hill, New York 1970, e Franklin B. Evans, "Selling as a Dyadic Relationship – A New Approach", in *The American Behavioral Scientist*, maggio 1963, pp. 76-79.

L'identificazione dei clienti potenziali. La prima fase del processo di vendita consiste nell'identificazione dei clienti potenziali. Sebbene l'impresa fornisca una serie di indicazioni in proposito ai propri venditori, sono questi che devono svolgere il ruolo principale. L'identificazione dei clienti potenziali può avvenire utilizzando varie fonti:

Le decisioni relative alla vendita personale

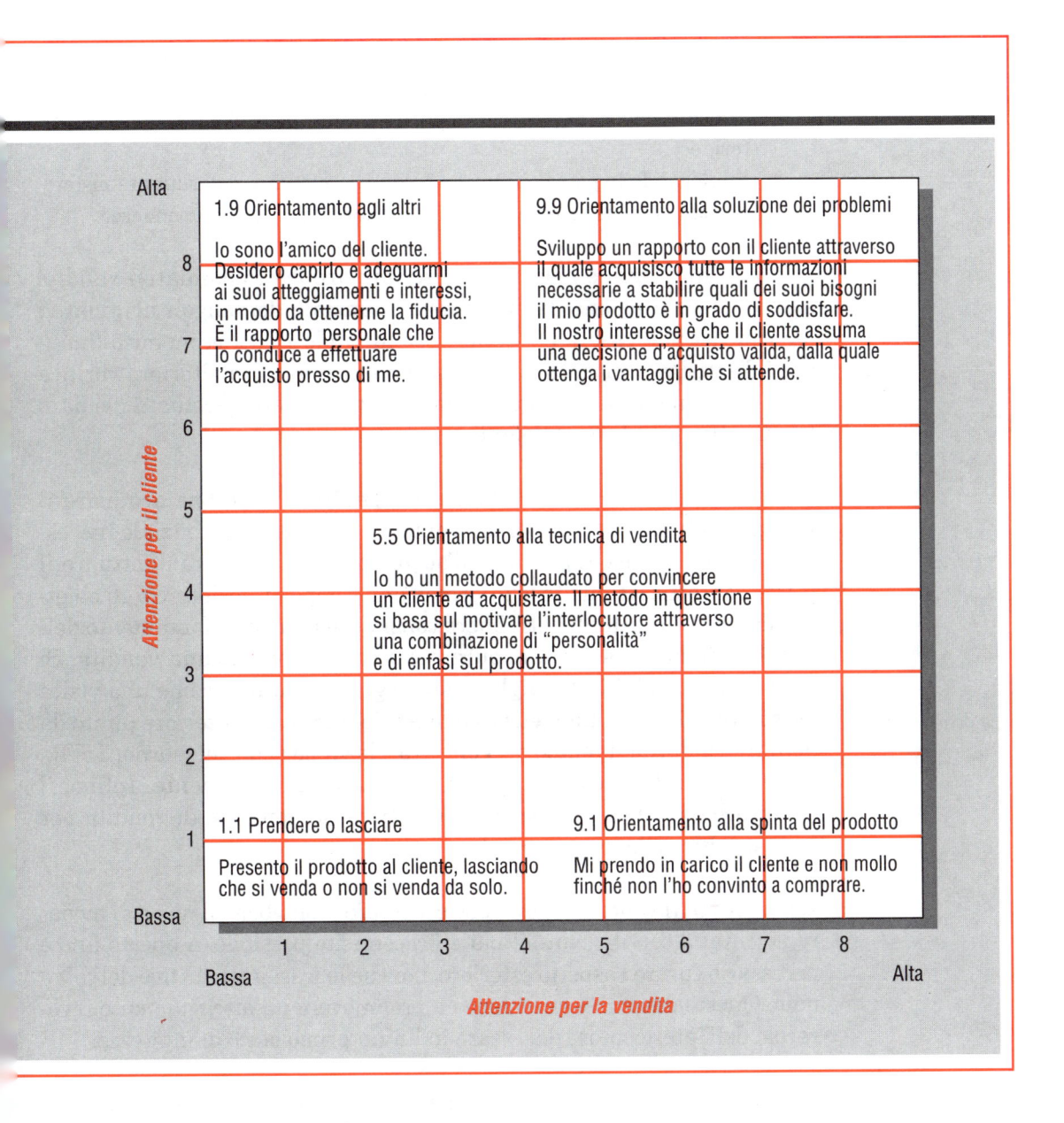

Attenzione per il cliente (asse verticale, da Bassa ad Alta)
Attenzione per la vendita (asse orizzontale, da Bassa ad Alta)

1.9 Orientamento agli altri
Io sono l'amico del cliente.
Desidero capirlo e adeguarmi
ai suoi atteggiamenti e interessi,
in modo da ottenerne la fiducia.
È il rapporto personale che
lo conduce a effettuare
l'acquisto presso di me.

9.9 Orientamento alla soluzione dei problemi
Sviluppo un rapporto con il cliente attraverso
il quale acquisisco tutte le informazioni
necessarie a stabilire quali dei suoi bisogni
il mio prodotto è in grado di soddisfare.
Il nostro interesse è che il cliente assuma
una decisione d'acquisto valida, dalla quale
ottenga i vantaggi che si attende.

5.5 Orientamento alla tecnica di vendita
Io ho un metodo collaudato per convincere
un cliente ad acquistare. Il metodo in questione
si basa sul motivare l'interlocutore attraverso
una combinazione di "personalità"
e di enfasi sul prodotto.

1.1 Prendere o lasciare
Presento il prodotto al cliente, lasciando
che si venda o non si venda da solo.

9.1 Orientamento alla spinta del prodotto
Mi prendo in carico il cliente e non mollo
finché non l'ho convinto a comprare.

- Richiedendo nominativi ai clienti attuali.
- Sviluppando contatti con fornitori, intermediari, venditori di imprese non concorrenti, banche, associazioni commerciali e industriali.
- Partecipando a organizzazioni delle quali fanno parte anche i potenziali clienti.

- Svolgendo attività pubblicistiche in grado di sollecitare l'attenzione di determinati settori di interesse potenziale.
- Consultando le fonti specializzate di nominativi (riviste, annuari, repertori, ecc.).
- Impiegando la posta e il telefono per approfondire determinate piste.
- Effettuando visite senza preavviso a nominativi di vario genere.

I venditori hanno bisogno di discriminare fra i nominativi validi o meno. La valutazione dell'interesse potenziale dei singoli nominativi identificati può essere effettuata esaminando i dati economico-finanziari, l'attività svolta, la localizzazione e così via. Un'ulteriore verifica della convenienza a proseguire i contatti può essere effettuata mediante contatti epistolari o telefonici.

La preparazione del contatto. Il venditore dovrebbe acquisire il maggior volume possibile di informazioni sul cliente potenziale (necessità, responsabilità e politiche d'acquisto, ecc.), prima di effettuare il primo contatto. Acquisite le informazioni, è opportuno definire gli obiettivi della visita, i quali potrebbero consistere nell'approfondimento dell'analisi della situazione, oppure nella conclusione di una vendita. Si tratta poi di stabilire la migliore strategia di contatto, come una visita personale, l'invio di una lettera o una telefonata. Un'ulteriore punto da definire riguarda il tempo del contatto, cioè il periodo del giorno, o della settimana, o del mese più opportuno per visitare il cliente. Infine, il venditore dovrebbe predisporre una strategia generale di vendita per ogni specifico cliente potenziale.

Il contatto. Il venditore dovrebbe conoscere molto bene il modo di avviare il contatto con il cliente il più efficacemente possibile. A questo fine è necessario curare l'aspetto esteriore, nonché le frasi introduttive del colloquio. Queste devono essere idonee a promuovere un atteggiamento favorevole dell'interlocutore e a creare in lui un primo stato di interesse.

La presentazione e la dimostrazione. In questa fase del processo di vendita, il venditore applica la formula AIDA, intesa a ottenere *attenzione*, a mantenere *interesse*, a stimolare un *desiderio* e a ottenere un'*azione*. Il venditore sottolinea i *benefici per il cliente*, ottenibili mediante le *caratteristiche del prodotto*. Un beneficio è qualsiasi vantaggio, sia esso costituito da un minor costo o una minor fatica. Una caratteristica del prodotto consiste in un qualche aspetto del medesimo, come il peso o la dimensione. Un errore comune nel campo delle vendite è l'insistenza sulle caratteristiche del prodotto, piuttosto che sui vantaggi per il cliente. Le imprese impiegano tre diversi stili di presentazione. Il più tradizionale si basa su una presentazione *standardizzata*, basata su alcuni punti fondamentali che il venditore ripete in occasione di ogni contatto. Questo stile si ispira al modello stimolo-risposta, secondo il quale l'acquirente è passivo e può essere indotto a effettuare l'acquisto mediante l'uso appropriato di parole, immagini, termini e azioni di stimolo. Così, un venditore di enciclopedie potrebbe descrivere il proprio prodotto in termini di "occasione unica nella vita" e mostrare alcune delle illustrazioni di maggior effetto, sperando così di innescare l'interesse per l'opera. Le presentazioni standardizzate vengono usate soprattutto nella vendita a domicilio e in quella telefonica.

La presentazione *a schemi prestabiliti* si basa anch'essa sul principio stimolo-risposta, adattandosi peraltro alle specifiche caratteristiche dell'acquirente, previamente identificate. A questo scopo, il venditore avvia il colloquio in modo da poter identificare i bisogni e gli atteggiamenti dell'interlocutore, per poi applicare la formula di presentazione che meglio si adatta alla circostanza.

La presentazione può, infine, basarsi sull'*individuazione dei bisogni* presenti nell'acquirente e delle soddisfazioni ricercate. Il cliente potenziale viene quindi sollecitato a parlare dei propri problemi. Ciò richiede nel venditore la capacità di ascoltare e di risolvere le situazioni cui viene a trovarsi di fronte. È quanto viene efficacemente descritto da un venditore dell'IBM:

> Cerco innanzitutto di studiare perfettamente l'attività svolta dai miei clienti principali e di capire i loro problemi. Propongo quindi soluzioni che si basino sui sistemi della mia società e, talvolta, su componenti di altri fornitori. Dimostro che il sistema da me proposto consentirà di conseguire economie, o di sviluppare ricavi. Dopo di che opero a fianco del mio cliente per installare il sistema e per realizzare quanto previsto.[10]

Le presentazioni di vendita possono essere migliorate mediante l'impiego di supporti quali opuscoli, cataloghi, fotografie e diapositive, film e campioni di prodotto.

La possibilità da parte dell'acquirente di vedere o provare un certo prodotto accresce la possibilità di valutarne caratteristiche e benefici.

Nel corso della dimostrazione, il venditore può seguire cinque strategie d'influenza sull'acquirente:

- **Legittimazione**. Il venditore sottolinea la reputazione e l'esperienza proprie e dell'impresa.
- **Competenza**. Il venditore dimostra un elevato grado di conoscenza della situazione dell'acquirente e dei prodotti della propria impresa, evitando di manifestare la propria abilità in modo troppo evidente.
- **Punti di riferimento**. Il venditore si avvale di tutto ciò che può avere in comune con il cliente: caratteristiche, interessi e conoscenze.
- **Rendersi graditi**. Il venditore compie alcuni atti volti a stabilire un cordiale rapporto con il cliente, quali un invito a colazione, l'invio di omaggi, ecc.
- **Destare una favorevole impressione**. Il venditore agisce in modo da determinare nel cliente una positiva e favorevole impressione nei propri confronti.[11]

Il chiarimento delle obiezioni. I clienti sono soliti sollevare delle obiezioni, sia nella fase di presentazione, sia in quella di effettuazione dell'ordine. La tendenza a manifestare obiezioni può avere un'origine psicologica o logica.

Nel primo caso è possibile che si manifestino resistenze nei confronti di interferenze dall'esterno, attaccamento alle pratiche consolidate, apatia, riluttanza a cedere qualcosa, atteggiamento negativo nei confronti dell'interlocutore, indisponibilità ad accettare uno stato di dominanza, predeterminazione delle idee, indeterminatezza decisionale e atteggiamento nevrotico nei confronti del denaro.

Le resistenze di ordine logico possono manifestarsi mediante obiezioni sul prezzo, sui tempi di consegna o sulle caratteristiche del prodotto o dell'impresa. Per trattare queste obiezioni, il venditore deve mantenere un atteggiamento positivo, richiedendo al cliente di precisare il proprio pensiero e fornendogli ogni elemento atto a eliminare i dubbi e, se possibile, a rafforzare ulteriormente la convinzione all'acquisto. I venditori devono essere particolarmente addestrati nelle tecniche di negoziazione, delle quali il trattamento delle obiezioni costituisce parte integrante.

La conclusione. Non tutti i venditori giungono a questa fase, né tutti coloro che vi pervengono la svolgono nel modo migliore. Può accadere che il venditore sia riluttante a chiedere al cliente di firmare l'ordine, o che non sia preparato a riconoscere il momento più idoneo per la conclusione. È quindi necessario che i venditori siano preparati ad affrontare questa fase importante e delicata nel modo più appropriato.

Le tecniche di conclusione della vendita sono molteplici. Il venditore può chiedere esplicitamente la firma dell'ordine, ricapitolare i vari punti dell'accordo, offrire il proprio aiuto per la compilazione dell'ordine, richiedere al cliente di precisare alcune opzioni, quali il colore, la dimensione, il luogo e l'epoca di consegna e così via. Infine, il venditore può offrire al cliente alcuni stimoli per affrettare la conclusione della vendita, quali un prezzo speciale, un quantitativo supplementare, oppure un dono.

L'assistenza post-vendita. Questa è la fase in cui il venditore dell'impresa orientata al marketing si assicura che il cliente abbia conseguito il vantaggio atteso, preparando così la strada per nuovi rapporti di affari. Immediatamente dopo la conclusione, il venditore dovrebbe preoccuparsi di sistemare una serie di aspetti di dettaglio connessi all'espletamento dell'ordine. Inoltre il venditore dovrebbe programmarsi una serie di verifiche, onde personalmente accertarsi del corretto svolgimento delle operazioni di consegna, installazione e avviamento. A questo fine, una o più visite al cliente potranno contribuire a mantenere elevato l'apprezzamento di questi nei confronti del venditore e a eliminare o quantomeno ridurre le possibili carenze determinatesi successivamente alla conclusione della vendita.

24.3.2 La negoziazione

Stimolato l'interesse del cliente, il venditore deve sviluppare il vero e proprio processo di negoziazione, nel corso del quale le due parti raggiungono un accordo per quanto concerne il prezzo e le altre condizioni di vendita.

Nel presente paragrafo verranno esaminate le competenze necessarie allo svolgimento della negoziazione, non solo nei confronti dei clienti, ma anche dei fornitori, degli intermediari, dei gruppi organizzati, degli altri servizi dell'impresa e dei vari settori di pubblico in genere.

Concetto di negoziazione. Il marketing si occupa delle attività di scambio e del modo in cui vengono definiti i termini dello scambio. È possibile distinguere due tipi generali di scambio: lo *scambio ripetitivo*, allorquando i termini del medesimo sono fissati da programmi predeterminati, e lo *scambio negoziato*, i cui termini sono definiti di volta in volta mediante contrattazione. Arndt ha posto in evidenza come un numero crescente di mercati siano soggetti a un regime di scambi negoziati, in cui due o più parti negoziano accordi vincolanti a lungo termine, quali joint-venture, affiliazioni, subforniture, integrazioni verticali e così via. I mercati in questione divengono sempre più "addomesticati", cioè meno aperti alla competizione.[12]

Sebbene il prezzo conservi il proprio ruolo fondamentale, altri elementi vengono presi in considerazione nel quadro della contrattazione. Tali elementi comprendono: il tempo di esecuzione del contratto; la qualità dei beni e dei servizi forniti; l'entità delle forniture; le responsabilità in materia di finanziamento, copertura del rischio, promozione e titolo di proprietà; e, infine, il rispetto delle norme e dei regolamenti vigenti. Il numero degli elementi che possono costituire oggetto di negoziazione è praticamente illimitato. In questa sede, useremo i termini di *contrattazione* (*bargaining*) e di *negoziazione* (*negotiation*) come sinonimi.[13]

La negoziazione presenta le seguenti caratteristiche:

- Coinvolge almeno due parti.
- Le parti sono in conflitto di interessi per quanto concerne uno o più argomenti.
- Le parti sono, almeno temporaneamente, legate insieme da un particolare tipo di relazione volontaria.
- L'attività svolta nell'ambito della relazione concerne la divisione o lo scambio di una o più risorse specifiche e/o la soluzione di una o più questioni fra le parti o fra chi le rappresenta.
- L'attività di negoziazione generalmente implica che una delle parti formuli delle richieste o presenti delle proposte, e che l'altra valuti le medesime. A ciò fa seguito una serie di concessioni e di controproposte, per cui l'attività ha natura sequenziale, piuttosto che simultanea.[14]

I manager di marketing devono possedere rilevanti capacità di negoziazione, per garantire l'efficace realizzazione delle strategie di marketing.

Quando negoziare. Il problema di stabilire quando la negoziazione costituisce una procedura appropriata per concludere una vendita è stato affrontato in numerosi modi.

Lee e Dobler hanno definito le seguenti caratteristiche delle situazioni in cui la negoziazione trova conveniente applicazione:

1. Quando sono presenti molti fattori variabili attinenti non solo il prezzo, ma anche la qualità e il servizio.
2. Quando i rischi connessi all'affare non possono essere determinati a priori.
3. Quando i prodotti acquistati richiedono lunghi tempi di produzione.
4. Quando la produzione subisce numerose interruzioni a seguito di modifiche degli ordini.[15]

Young ha sviluppato un "calcolo del negoziatore" volto a determinare matematicamente il punto in cui la negoziazione costituisce un metodo appropriato per conseguire gli obiettivi.[16] Per quanto ci riguarda, riteniamo che la negoziazione costituisca una procedura appropriata allorquando si manifestano le cinque condizioni esaminate in precedenza ed esiste una *zona di accordo*.[17] Una zona di accordo può essere definita come la gamma delle soluzioni simultaneamente accettabili dalle parti che negoziano. Questo concetto è illustrato nella figura 24-4. Se le due

Figura 24-4 La zona di accordo

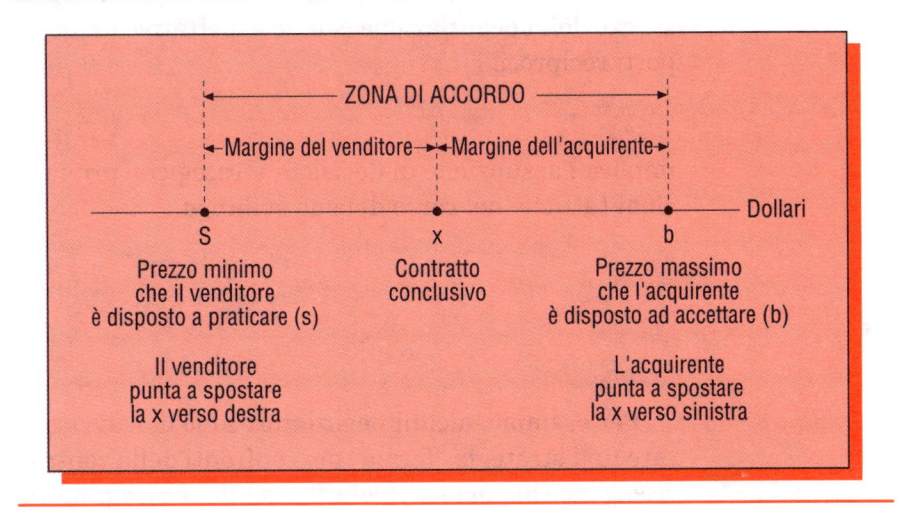

```
                    ← ZONA DI ACCORDO →
        ←Margine del venditore→←Margine dell'acquirente→
  ─────────────●──────────────●──────────────●────────── Dollari
               S              x              b
        Prezzo minimo      Contratto      Prezzo massimo
        che il venditore   conclusivo     che l'acquirente
        è disposto a                      è disposto ad
        praticare (s)                     accettare (b)

        Il venditore                      L'acquirente
        punta a spostare                  punta a spostare
        la x verso destra                 la x verso sinistra
```

Fonte: Howard Raiffa, *The Art and Science of Negotiation,* Harvard University Press, Cambridge 1982.

parti, supponiamo un produttore e uno dei suoi intermediari, sono impegnate nel negoziare un prezzo, ciascuna di esse stabilisce automaticamente il livello di soglia che le è necessario raggiungere. Ciò significa che per il venditore esiste un prezzo, s, che costituisce il *minimo* accettabile. Ogni prezzo contrattuale finale, x, inferiore a s rappresenta un risultato peggiore del mancato conseguimento dell'accordo. Per ogni differenza positiva ($x > s$), il venditore riceve un sovrappiù. È evidente che il venditore (l'impresa manifatturiera) desidera conseguire il massimo sovrappiù, compatibilmente con il mantenimento di buone relazioni con l'acquirente (l'intermediario).

Analogamente, per l'acquirente esiste un prezzo, b, che costituisce il *massimo* che è disposto a pagare. Ogni prezzo finale superiore a b costituisce un risultato peggiore della mancata conclusione dell'affare. Per $x < b$ è l'acquirente che riceve un sovrappiù. Se il prezzo minimo del venditore è inferiore a quello dell'acquirente, cioè $s < b$, allora esiste una zona di accordo, e la negoziazione determinerà il posizionamento di x nell'ambito della stessa. Esiste un evidente vantaggio nel conoscere o nel valutare probabilisticamente il prezzo che la controparte assume come limite per la negoziazione, nonché nell'indurre la medesima a considerare il proprio prezzo limite maggiore (per il venditore) o minore (per l'acquirente) di quanto in realtà non sia.

Tuttavia, il modo in cui le parti rivelano e usano i propri prezzi limite è spesso determinato dalla personalità dei negoziatori, dalle circostanze della negoziazione e dalle aspettative di futuro sviluppo dei rapporti reciproci.

Formulazione di una strategia di negoziazione. La negoziazione implica l'assunzione di decisioni strategiche prima dell'inizio e di decisioni tattiche nel corso del suo sviluppo.

> Una *strategia di negoziazione* può essere definita come l'impegno ad applicare uno schema di comportamento generale, avente una buona probabilità di conseguire gli obiettivi del negoziatore.

Per esempio, alcuni negoziatori sono dell'avviso che convenga adottare una strategia "ferma" nei confronti della controparte, mentre altri ritengono che una strategia "flessibile" possa produrre migliori risultati. Fisher e Ury propongono una strategia diversa, quella della "negoziazione dei principi". Essi sono dell'avviso che una consimile strategia sia comunque vantaggiosa per chi la adotta, indipendentemente dalla strategia della controparte. La strategia in questione consiste nel

> decidere i temi da trattare in relazione al loro merito, piuttosto che sulla base di una cavillosa disputa su ciò che ciascuna parte afferma in proposito. Le parti devono mirare a conseguire vantaggi comuni ogni qualvolta ciò sia possibile e, allorquando gli interessi rispettivi siano in conflitto, devono puntare ad accordarsi su qualche standard di riferimento indipendentemente dalle rispettive volontà. Il metodo della negoziazione dei principi è fermo nel merito e flessibile nei rapporti personali.[18]

Nel quadro 24-3 sono esposti i punti fondamentali della strategia in questione.

Le tattiche di negoziazione

> **Le tattiche di negoziazione possono essere definite come le manovre da compiere in determinati momenti della contrattazione.**

Sia nei testi scientifici sia nei manuali operativi si discute ampiamente di minacce, bluff, offerte dell'ultimo momento, forti concessioni iniziali, e altre tattiche. Esistono anche elenchi (*checklist*) di ciò che si deve e non si deve fare sotto il profilo tattico, con esortazioni del tipo "non rivelate il vostro gioco troppo presto", o "negoziate sul vostro campo ogni volta che vi è possibile". Gli elenchi in questione sono in genere delle raffiche di proposizioni diverse fra di loro e raramente consistenti con una specifica strategia di negoziazione (nel quadro 24-4 viene presentato un elenco delle tattiche di negoziazione classiche).

Dal canto loro, Fisher e Ury hanno formulato delle raccomandazioni di ordine tattico coerenti con la loro strategia della negoziazione dei principi. Le prime di tali raccomandazioni concernono ciò che occorre fare se una delle parti è più potente dell'altra. In tal caso, la tattica migliore consiste in quella che può essere definita la "migliore alternativa a un accordo negoziato". In tal modo, è possibile definire uno standard rispetto al quale valutare le possibili offerte. Ciò può essere d'aiuto nei confronti della pressione esercitata da una controparte più forte. Un'altra tattica può essere presa in considerazione quando la controparte insiste nel discutere la propria posizione, piuttosto che entrare nel merito degli interessi in gioco. In questo caso, invece di seguire la

Quadro 24-3 I principi fondamentali della negoziazione

Nel quadro di una ricerca nota come lo Harvard Negotiation Project, Roger Fisher e William Ury sono pervenuti alla definizione dei quattro principi fondamentali della negoziazione descritti qui di seguito.

1. **È necessario separare le persone dal problema**. Dato che le negoziazioni sono condotte da persone, è facile che gli aspetti emotivi si combinino con quelli obiettivi. L'inserire nella negoziazione temi connessi alle personalità coinvolte, piuttosto che agli specifici interessi delle parti, può rendere inefficace la negoziazione stessa. Separare le persone dal problema implica in primo luogo l'effettuazione di accurate valutazioni. Ogni parte deve chiaramente comprendere l'essenza del punto di vista della controparte. In secondo luogo, gli aspetti emotivi esistenti all'inizio della negoziazione, o che si dovessero determinare nel corso di essa, dovrebbero essere esplicitati e riconosciuti come legittimi. L'aperta discussione degli aspetti emotivi, piuttosto che il loro manifestarsi conflittuale, contribuisce a evitare che la negoziazione degeneri in una serie di improduttive sessioni di confronti nominalistici. In terzo luogo, fra le parti devono esistere comunicazioni chiare. Ascoltare con attenzione e comprendere ciò che viene detto, assumere come oggetto della comunicazione i problemi, piuttosto che i comportamenti della controparte e rivolgersi direttamente agli interessati, anziché parlare per primi solo per ascoltarsi, sono tutti metodi che accrescono la probabilità di pervenire a soluzioni di reciproco vantaggio attraverso migliori tecniche di comunicazione.

2. **Occorre concentrarsi sugli interessi e non sulle posizioni**. La differenza fra posizioni e interessi sta nel fatto che la posizione è qualcosa che si è deciso di assumere, mentre gli interessi sono le cause che hanno determinato la decisione. Comporre gli interessi è più efficace in quanto per ogni specifico interesse generalmente esistono più soluzioni in grado di soddisfarlo. Inoltre, posizioni opposte possono essere basate su interessi comuni e compatibili. Una strategia efficace consiste nell'assicurarsi che gli interessi siano innanzitutto chiari a tutte le parti e nel mantenere una certa flessibilità nella scelta dei mezzi per soddisfare i medesimi, pur mantenendosi fermi nello sforzo di perseguire degli interessi, evitando di battersi per delle posizioni.

3. **È necessario individuare le opzioni di reciproco interesse**. Individuare opzioni di reciproco interesse implica ricercare una torta più grande piuttosto che discutere la porzione che ciascuno dovrà ricevere. La ricerca di opzioni che offrano un vantaggio a entrambe le parti facilita la negoziazione fianco a fianco e contribuisce all'identificazione degli interessi comuni.

4. **È bene insistere su criteri obiettivi**. Allorquando la controparte è intransigente e insiste sulle proprie posizioni, anziché sui propri interessi, una buona strategia consiste nell'insistere sul fatto che l'accordo deve riflettere dei validi criteri obiettivi, indipendenti dalle posizioni delle parti. Ciò potrà contribuire a che le soluzioni siano il frutto di principi e non di pressioni. Discutendo criteri obiettivi, piuttosto che difendendo ostinatamente delle posizioni, nessuna delle parti cede all'altra ed entrambe cooperano al raggiungimento di una soluzione equa. I criteri obiettivi da assumere possono essere il valore di mercato, i prezzi della concorrenza, il costo di sostituzione, l'indice dei prezzi al consumo e all'ingrosso, ecc.

Fonte: adattato da Roger Fisher e William Ury, *Getting to Yes*, Hutchinson, Londra 1982, p. 11-14.

Quadro 24-4 Alcune tattiche classiche di negoziazione

Ecco le principali tattiche impiegate nella negoziazione:

- **Impegnarsi a fondo**. Mettersi in buona luce dimostrando il proprio impegno nella negoziazione. Ciò accresce la credibilità e può costituire per la controparte un motivo per aderire alle proprie proposte.
- **Puntare in alto**. Lasciare un ampio margine di trattativa. Effettuare richieste elevate all'inizio. Ciò rende possibile il fare delle concessioni, lasciando un margine solitamente maggiore di quello conseguibile partendo da richieste più contenute.
- **Procurarsi un alleato di prestigio**. L'alleato in questione può essere costituito da una persona o da un'istituzione di elevata immagine. In tal modo, la controparte può essere indotta a ridurre le proprie richieste in funzione del prestigio che ricava dalla trattativa.
- **Il pozzo è asciutto**. Equivale a dichiarare alla controparte che non è possibile effettuare ulteriori concessioni.
- **Autorità limitata**. Consiste nel negoziare con la controparte e, una volta raggiunto l'accordo, dichiarare che occorre richiedere il parere del livello gerarchico superiore.
- **Vincere su tutta la linea**. Consiste nel porre i vari concorrenti in gara fra di loro, mantenendo la trattativa aperta fino all'ultimo.
- **Divide et impera**. Nel caso di trattative fra gruppi, è possibile esercitare un'azione diversa nei confronti di uno o più componenti del gruppo opposto, onde determinare il favorevole orientamento e, quindi, un certo sostegno nell'influenzare gli altri membri del gruppo.
- **Guadagnare tempo**. Può consistere nell'abbandonare una trattativa per qualche tempo e nel riprenderla allorquando si sono determinate condizioni più favorevoli. L'interruzione può essere breve o meno, a seconda del tipo di trattativa e delle condizioni in cui si svolge.
- **Mantenersi impassibili**. Non viene manifestata alcuna reazione emotiva nei confronti della controparte e le risposte verbali vengono contenute al minimo. Al tavolo delle trattative viene mantenuta una "faccia da poker".
- **Esercitare la pazienza**. Ove sia possibile attendere più a lungo della controparte: è probabile che i risultati siano assai positivi.
- **Mettere in evidenza le differenze**. Chi pone per primo in evidenza le caratteristiche differenziali ha meno da perdere.
- **Fare l'avvocato del diavolo**. Consiste nel controbattere le argomentazioni dell'altra parte con dichiarazioni del tipo: «Prima di dire sì o no, vediamo le conseguenze negative che potrebbero verificarsi nel caso in cui adottassimo la vostra proposta». Questo modo di procedere consente di esporre alla controparte il proprio punto di vista, senza opporlo frontalmente.
- **Pallone sonda**. Una delle parti espone il proprio punto di vista mediante qualche portavoce credibile, prima di avviare la trattativa vera e propria. In tal modo è spesso possibile verificare la reazione della controparte.
- **Sorpresa**. Consiste nel mantenere la controparte nell'incertezza mediante un drastico e improvviso mutamento della propria tattica. Più in generale, le proprie mosse vengono rese imprevedibili per l'avversario.

Fonte: da un elenco di duecento principi di tattica predisposto dal professor Donald W. Hendon della University of Hawaii nel seminario "How to Negotiate and Win".

controparte in una dura contrapposizione di nominalismi, può essere molto più efficace e produttivo spostare la trattativa sui problemi. A questo fine, occorre porre in risalto gli interessi che animano la controparte e sviluppare opzioni di reciproco vantaggio. Può essere anche utile richiedere l'opinione e il consiglio della controparte, ad esempio con domande del tipo: «Se foste nella nostra situazione, cosa fareste?».

Un'altra serie di tattiche di negoziazione concerne le risposte da dare alle tattiche avversarie intese a distorcere, deformare o comunque influenzare a proprio esclusivo vantaggio la negoziazione. Quale tattica è necessario usare quando la controparte adotta una tattica a base di minacce o di dichiarazioni tipo "prendere o lasciare"?

La risposta si basa sull'identificazione della tattica, sulla sua esplicita denuncia, sul porre in dubbio la sua legittimità e desiderabilità. In altri termini, si tratta di negoziare la tattica, e cioè: porla in dubbio, chiedere quali ne sono le ragioni, proporre corsi alternativi d'azione di reciproco vantaggio, suggerire i principi alla base della tattica come regole di negoziazione.

Infine, se, nonostante tutto, la negoziazione non si svolge nel modo ritenuto accettabile, occorre interrompere la medesima, definitivamente o sino a quando la controparte si manifesti disponibile ad applicare le regole.

24.3.3 La relazione venditore-acquirente

I principi della vendita personale e della negoziazione sono orientati allo svolgimento di una transazione, cioè a consentire agli operatori di marketing di concludere una vendita. Esiste, tuttavia, un concetto più ampio che dovrebbe guidare il venditore nel suo rapporto con il cliente, e cioè quello della *gestione della relazione venditore-acquirente*.

Il venditore che sa costruire e mantenere buone relazioni con i clienti chiave avrà sicuramente successo nei loro confronti. È pertanto necessario che i venditori sviluppino le proprie capacità in proposito, soprattutto per quanto concerne l'attività da svolgere verso la parte più importante della clientela. In molti casi, il futuro di un'impresa dipende dal rapporto con un numero assai ristretto di clienti particolarmente rilevanti.

I venditori che mantengono i rapporti con questi clienti devono far molto di più della consueta visita, allorquando essi ritengono che sia giunto il momento di acquisire un ordine. Essi devono mantenere un rapporto assai più stretto e intenso, allargando il più possibile il campo degli argomenti da esaminare. Occorre inoltre effettuare una costante analisi delle informazioni e delle notizie che concernono il cliente, in modo da partecipare il più possibile alla sua realtà.

La funzione del venditore si evolve quindi verso la figura professionale che potrebbe essere definita di *responsabile di relazioni*.

In sintesi, il venditore è passato dal ruolo iniziale di *assuntore di ordini*, il quale si limita a raccogliere gli ordini che i clienti di propria iniziativa effettuano, a quello di *acquisitore di ordini*, il quale svolge un'azione aggressiva nei confronti degli acquirenti, a quello di *promotore delle vendite*, il quale mantiene contatti con gli organi preposti agli acquisti di un certo numero di clienti allo scopo di influenzare le decisioni. Al momento attuale, questi ruoli stanno confluendo in quello del ricordato responsabile di relazioni, al quale spetta di pianificare e realizzare la complessiva relazione con il cliente. La figura in questione svolgerà senza dubbio un ruolo sempre più importante, anche a causa dei processi di concentrazione in atto.

I punti principali di un programma di gestione della relazione con il cliente sono sintetizzati qui di seguito:

- **Identificazione dei clienti rilevanti**. L'impresa può iniziare con l'individuare i cinque-dieci clienti di maggiore importanza, designandoli per una gestione sistematica delle reciproche relazioni. Questo nucleo può essere via via integrato con altre imprese particolarmente significative.
- **Assegnazione di un venditore di alto livello a ogni cliente rilevante**. Il venditore in questione deve possedere caratteristiche corrispondenti alla situazione specifica.
- **Definizione di una chiara descrizione delle mansioni del responsabile di relazioni**. Tale descrizione deve precisare i compiti concernenti la comunicazione, gli obiettivi, le responsabilità e i criteri di valutazione. Il responsabile di relazioni è responsabile per conto del cliente, costituisce il punto focale dell'informazione a esso relativa e l'attivatore delle risorse dell'impresa al servizio del cliente stesso. Ogni responsabile di questo tipo non potrà curare che uno o pochi clienti.
- **Designazione di un manager per la supervisione dei responsabili di relazioni**. I vari responsabili di relazioni fanno capo a una specifica posizione in grado di coordinare l'azione di vendita dell'impresa nei confronti dei clienti fondamentali.

- **Sviluppo di piani annuali e di lungo termine per i clienti rilevanti**. Per ogni cliente deve essere sviluppato un sistema di pianificazione a lungo termine e annuale, con la determinazione di obiettivi, strategie, azioni specifiche e risorse.

Il punto fondamentale a proposito della gestione delle relazioni con i clienti rilevanti consiste nel fatto che i dirigenti di un'impresa hanno bisogno di specifiche competenze per trattare con i dirigenti delle imprese clienti. In altri termini, le moderne operazioni di vendita sono sempre più complesse, coinvolgendo un numero sempre più ampio di ruoli, responsabilità e competenze. Secondo il concetto di marketing, un'impresa deve attribuire alla gestione dei clienti almeno la stessa importanza attribuita alla gestione dei prodotti.

Note

[1] Robert N. McMurry, "The Mystique of Super-Salesmanship", in *Harvard Business Review*, marzo-aprile 1961, p. 114.

[2] In proposito, si vedano Roger M. Pegram, *Selling and Servicing the National Account*, Conference Board, New York 1972; William H. Kaven, *Managing the Major Sale*, American Management Association, New York 1971; Benson P. Shapiro e Ronald S. Posner, "Making the Major Sale", in *Harvard Business Review*, marzo-aprile 1976, pp. 68-78; Mark Hanan, *Key Account Selling*, Amacom, New York 1982, e William G. Stanton, Richard H. Buskirk e Rosann Spiro, *Management of Sales Force*, Irwin, Homewood 1991.

[3] McMurry, "The Mystique of Super-Salesmanship", p. 117.

[4] David Mayer e Herbert M. Greenberg, "What Makes a Good Salesman?", in *Harvard Business Review*, luglio-agosto 1964, pp. 119-125.

[5] "Double-Digit Hikes in 1974 Sales Training Costs", in *Sales and Marketing Management*, 6 gennaio 1975, p. 54.

[6] Patricia Sellers, "How IBM Teaches Technics to Sell", in *Fortune*, 6 giugno 1988, p. 141.

[7] James A. Narus e James C. Anderson, "Industrial Distributor Selling: The Role of Outside and Inside Sales", in *Industrial Marketing Management*, n. 15, 1986, pp. 55-62. Per ulteriori approfondimenti, si veda Robert D. Buzzell, *Il marketing nell'era elettronica*, Il Sole-24 Ore, Milano 1988, pp. 57-84.

[8] Gilbert A. Churchill, Neil Ford e Orville Walker, *Sales Force Management*, Irwin, Homewood 1985.

[9] Parte delle considerazioni svolte sono basate su W. J. E. Crissy, William H. Cunningham e Isabella C. M. Cunningham, *Selling: The Personal Force in Marketing*, John Wiley & Sons, New York 1977, pp. 119-129.

[10] Si veda Mark Hanan, "Join the System Sell and You Can't Be Beat", in *Sales and Marketing Management*, 21 agosto 1972, p. 44; nonché Mark Hanan, James Cribbin e Herman Heiser, *Consultative Selling*, American Management Association, New York 1970.

[11] Si veda Rosann L. Spiro e William D. Perreault Jr., "Influence Use by Industrial Salesmen; Influence Strategy Mixes and Situational Determinants", lavoro non pubblicato, Graduate School of Business Administration, University of North Carolina, 1976.

[12] Johann Arndt, "Toward a Concept of Domesticated Markets", in *Journal of Marketing*, autunno 1979, pp. 69-75.

[13] Per ulteriori approfondimenti, si vedano Ian Morley e Geoffrey Stephenson, *The Social Psychology of Bargaining*, George Allen & Unwin, Londra 1977; John C. Cross, *The Economics of Bargaining*, Basic Books, New York 1969.

[14] Jeffrey Z. Rubin e Bert R. Brown, *The Social Psychology of Bargaining and Negotiation*, Academic Press, New York 1975, p. 18.

[15] Lamar Lee e Donald W. Dobler, *Purchasing and Materials Management*, McGraw-Hill, New York 1977, pp. 146-147.

[16] Oran R. Young (a cura di), *Bargaining: Formal Theories of Negotiation*, University of Illinois Press, Urbana 1975, pp. 364-390.

[17] Per un approfondimento del tema delle zone di accordo, si veda Howard Raiffa, *The Art and Science of Negotiation*, Harvard University Press, Cambridge 1982.

[18] Roger Fisher e William Ury, *Getting to Yes*, Hutchinson, Londra 1982.

Capitolo 25

L'organizzazione delle attività di marketing

*Il primo luogo in cui l'operatore di marketing deve vendere
è all'interno dell'impresa, e questo è il più difficile di tutti.*

Anonimo

*Fa' il tuo lavoro con passione e avrai successo:
c'è così poca concorrenza!*

Elbert Hubbard

Dopo aver esaminato gli aspetti *strategici* e *tattici* del marketing, passiamo ora a considerare gli aspetti connessi all'organizzazione, all'attuazione e al controllo delle attività di marketing.

In particolare, in questo capitolo analizzeremo le tendenze in atto in materia di organizzazione delle imprese orientate al mercato. I problemi sui quali concentreremo la nostra attenzione riguardano il ruolo e la collocazione organizzativa della funzione di marketing nelle varie imprese, i rapporti di questa con le altre funzioni, i modi per rafforzare l'orientamento al cliente.

Nel capitolo successivo, esamineremo i concetti e gli strumenti necessari alla valutazione e al controllo dei risultati di marketing.

25.1 L'organizzazione aziendale

In risposta ai significativi cambiamenti che si sono andati determinando negli anni recenti nell'ambiente di mercato, le imprese hanno avviato processi di ristrutturazione complessi, tutti volti a concentrare l'attività sul *core business*, o quantomeno su settori strettamente correlati.

Sotto questo aspetto, le strategie attualmente seguite sono opposte a quelle prevalenti negli anni Sessanta e Settanta, allorquando i processi di diversificazione investivano campi sempre più lontani da quelli abituali.

Un altro aspetto della trasformazione delle strutture d'impresa sotto l'impatto delle forze del cambiamento concerne la riduzione dei livelli organizzativi, allo scopo di accrescere la sensibilità dei vertici aziendali nei confronti della clientela. In proposito, Tom Peters sostiene che i livelli individuabili in una struttura organizzativa non dovrebbero superare il numero di cinque. E anche tale numero dovrebbe essere riguardato come un massimo, da adottare solo nelle organizzazioni assai complesse.[1] Dalla riduzione dei livelli organizzativi deriva che ogni manager deve gestire un numero maggiore di persone, il che, a sua volta, implica lo sviluppo delle capacità di autogestione del proprio compito da parte di tutti collaboratori di un'impresa.

A ciò si aggiunga l'influenza determinata sul modo di lavorare nelle imprese dallo sviluppo della teleinformatica, dalla diffusione dei computer alla posta elettronica, all'accesso *on-line* alle banche dati. Nelle imprese maggiormente legate alla tradizione, il processo di creazione e di distribuzione del valore si svolge secondo la sequenza illustrata nella figura 25-1 *a*. Il processo inizia con la funzione R&S, impegnata a ricercare nuove idee, a selezionarle e a sviluppare le più promettenti di esse. La funzione acquisti, a sua volta, acquisisce i fattori, mentre la funzione produzione si incarica di realizzare il prodotto. In seguito, la funzione finanza procede a definire il prezzo, la funzione marketing si occupa di sviluppare il mercato e di distribuire il prodotto e, infine, il servizio clienti si occupa di assistere la clientela nelle varie fasi della vendita. Sebbene il flusso descritto appaia pienamente logico, esso presenta in realtà molteplici punti deboli.

La funzione R&S tende a innamorarsi di nuove idee che non hanno alcuna prospettiva di mercato, oppure che mal corrispondono alle capacità produttive dell'impresa. Ne consegue che, spesso, gli investimenti

Figura 25-1 Due modi di considerare il processo di creazione del valore

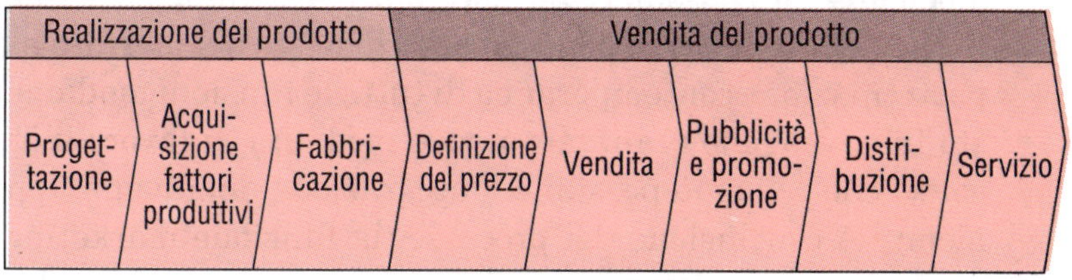

Realizzazione del prodotto			Vendita del prodotto				
Progettazione	Acquisizione fattori produttivi	Fabbricazione	Definizione del prezzo	Vendita	Pubblicità e promozione	Distribuzione	Servizio

a Il processo tradizionale di produzione e vendita

Definizione del valore			Realizzazione del valore					Comunicazione del valore		
Segmentazione dei valori ricercati dal cliente	Selezione del mercato obiettivo	Posizionamento del valore	Sviluppo del prodotto	Sviluppo del servizio	Definizione del prezzo	Acquisizione fattori produttivi e fabbricazione	Distribuzione e servizio	Vendita personale	Promozione vendite	Pubblicità

b La creazione e la consegna al cliente del valore

Fonte: Michael J. Lanning e Edward G. Michaels, "A Business Is a Value Delivery System", Documento McKinsey, n. 41, giugno 1988, McKinsey & Co.

in ricerca non danno luogo a ritorni adeguati. A sua volta, la funzione produzione può essere indotta ad adottare sistemi di realizzazione dei prodotti che riducono i costi a detrimento della qualità. Oppure, può opporsi alle richieste della funzione marketing volte a ottenere modifiche del prodotto corrispondenti alle richieste del mercato. Gli organi aziendali preposti alle funzioni di marketing si trovano così nella condizione di dover vendere prodotti sulle cui caratteristiche hanno influito poco o nulla.

Il cliente è posto al termine del processo, anziché all'inizio, e scarso è il peso attribuito alla valutazione del suo grado di soddisfazione al fine di migliorare sia lo sviluppo del prodotto sia la sua realizzazione. In conclusione, il processo organizzativo tradizionale contrasta con l'esigenza di sintonizzare tutta l'attività aziendale con le richieste del mercato. Un processo che corrisponda a questa esigenza di fondo è quello illustrato nella figura 25-1 b.

Come si vede, la sequenza tradizionale ne risulta completamente rivoluzionata, con la valutazione del valore richiesto dal cliente come primo stadio dell'intero processo operativo. La valutazione in questione costituisce una delle competenze fondamentali della funzione marketing, la quale deve essere posta in grado di svolgere tale compito nel modo migliore possibile. La selezione e lo sviluppo delle idee di prodotto che dovranno corrispondere alle richieste del mercato avviene con la partecipazione contemporanea di tutte le funzioni fondamentali. A questo fine, vengono realizzate nuove modalità di lavoro in gruppo (*team work*) che rendono possibile l'integrazione dei diversi approcci ai problemi.[2] A conclusione del processo, la funzione marketing provvede a comunicare e trasferire il valore al mercato mediante le strutture di vendita, promozione e pubblicità. I giapponesi hanno ulteriormente sviluppato questo processo di creazione e distribuzione del valore mediante una serie di tecniche organizzative volte ad accrescere al massimo la qualità resa al cliente, ovvero il valore prodotto.[3]

25.2 L'organizzazione del marketing

Nel corso del tempo, il marketing ha assunto dimensioni sempre più ampie, passando dalla semplice funzione di vendita a un insieme complesso di attività, non sempre correttamente integrate fra di loro, o con le altre attività aziendali. In questo paragrafo cercheremo di chiarire alcuni dei problemi di maggior rilievo in materia di organizzazione delle funzioni di marketing.

25.2.1 L'evoluzione della funzione di marketing

La moderna funzione di marketing costituisce il risultato di una lunga evoluzione. Nell'ambito di tale evoluzione possono essere individuati almeno cinque stadi, in ciascuno dei quali è oggi possibile trovare un certo numero di imprese.

Stadio della semplice direzione vendite. Tutte le imprese hanno inizialmente una struttura organizzativa basata su quattro funzioni. Qualcuno deve acquisire e amministrare le risorse finanziarie (funzione finanziaria), realizzare il prodotto o il servizio (funzione produttiva), venderlo (funzione di vendita) e curare le registrazioni contabili (funzione amministrativa).

Alla testa della funzione commerciale viene posto un direttore vendite, o un direttore commerciale, il quale si occupa direttamente di una parte dell'attività di vendita, nonché della conduzione della forza di vendita. Quando l'impresa necessita di ricerche di mercato e di pubblicità, è il direttore vendite che se ne occupa (figura 25-2 a).

Stadio della direzione vendite con funzioni ausiliarie. A mano a mano che l'impresa si espande, si presenta la necessità di svolgere le ricerche di mercato, la pubblicità e il servizio alla clientela su basi regolari e specializzate. Il direttore vendite viene pertanto affiancato nello svolgimento di queste funzioni da alcuni specialisti. È anche possibile che la pianificazione e il controllo delle funzioni non di vendita vengano assicurati da un direttore marketing (figura 25-2 b).

Stadio della direzione marketing separata. La costante espansione dell'impresa tende ad accrescere l'importanza delle altre funzioni di marketing – ricerche di marketing, sviluppo dei nuovi prodotti, pubblicità e promozione delle vendite, servizio alla clientela – nei confronti dell'attività di vendita. Tuttavia, il direttore vendite continua ad assegnare tempo e attenzione eccessivi all'organizzazione di vendita. Il responsabile del servizio marketing, dal canto suo, è dell'avviso che il

Figura 25-2 Stadi evolutivi del servizio marketing

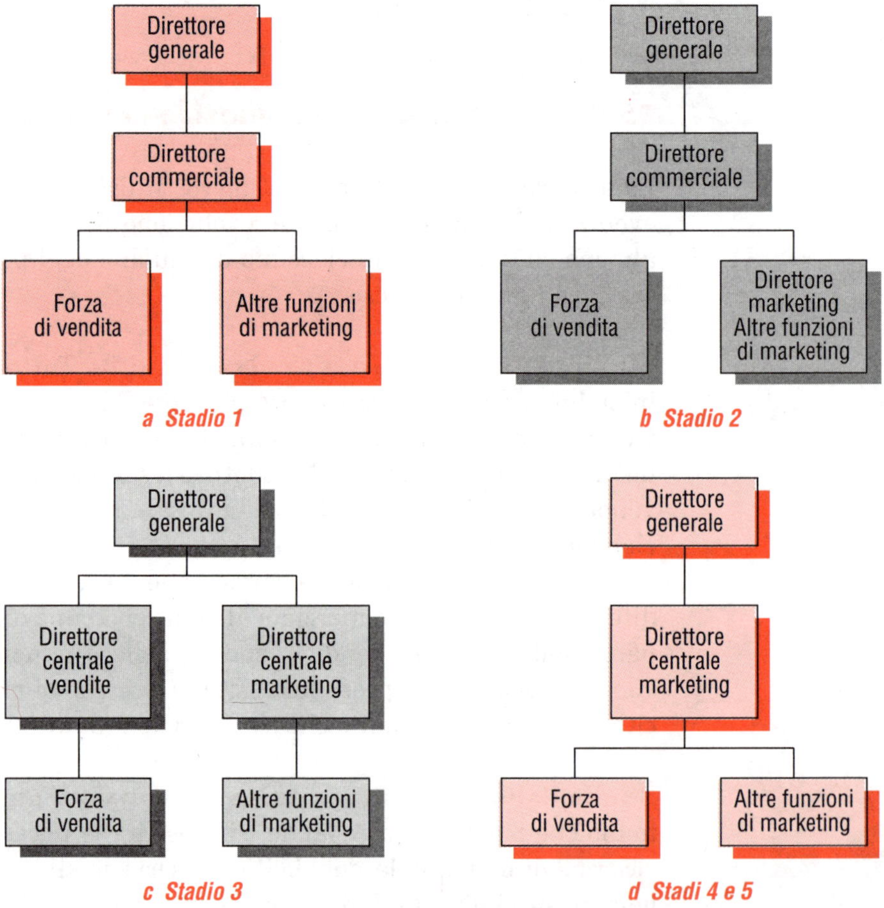

a Stadio 1

b Stadio 2

c Stadio 3

d Stadi 4 e 5

budget assegnatogli debba essere aumentato. A tale situazione può essere posto rimedio rendendo il servizio marketing autonomo nei confronti del direttore vendite.

Il servizio in questione viene elevato al rango di direzione, il cui responsabile riferisce al direttore generale su un piano di parità rispetto al direttore vendite (figura 25-2 *c*). In questo stadio esistono, dunque, nell'ambito della struttura d'impresa, due funzioni separate e allo stesso livello, vendite e marketing, il cui compito è quello di operare in stretta collaborazione. Tale scelta organizzativa è propria di molte imprese industriali, dal momento che consente all'alta direzione una visione delle opportunità e dei problemi.

Stadio della moderna direzione di marketing. Tuttavia, una stretta collaborazione delle due funzioni non è facilmente realizzabile. Rivalità e diffidenza caratterizzano spesso i reciproci rapporti. Il direttore vendite contrasta tutto ciò che può portare a una riduzione d'importanza dell'organizzazione di vendita nell'ambito del marketing-mix, mentre il direttore marketing punta a estendere il ruolo dei restanti strumenti di marketing. Il primo tende ad avere una visione a breve termine e si preoccupa delle vendite correnti. Il secondo, dal canto suo, manifesta un orientamento a lungo termine e concentra la propria attenzione sulla pianificazione dei prodotti e delle strategie volte a soddisfare i bisogni futuri della clientela.

Se il contrasto supera un certo limite, la direzione generale può decidere: (a) di riportare la funzione di marketing sotto la diretta responsabilità del direttore vendite (o commerciale); (b) di assegnare al vicedirettore generale il compito di comporre i contrasti fra le due funzioni; o (c) di incaricare il direttore marketing di seguire tutte le attività di marketing e vendita.

L'ultima soluzione è quella che alla fine viene prescelta nella maggior parte delle imprese e costituisce la base di una moderna direzione di marketing, un organismo sotto la responsabilità di un direttore marketing al quale riferiscono alcuni dirigenti a loro volta responsabili delle varie funzioni di marketing, inclusa quella di vendita (figura 25-2 d).

Stadio dell'impresa moderna orientata al marketing. Un'impresa può avere una moderna direzione di marketing e tuttavia non operare secondo un avanzato orientamento di marketing. Ciò dipende infatti dal modo in cui i responsabili delle altre funzioni aziendali considerano la funzione di marketing. Se essi considerano il marketing come qualcosa che ha essenzialmente a che fare con le vendite, sono fuori strada. Solamente quando tutti i massimi dirigenti hanno compreso che ogni funzione o settore aziendale sta "lavorando per il cliente", e che il termine "marketing" non designa tanto una specifica funzione, quanto un modo di condurre l'impresa, allora questa può veramente dirsi modernamente orientata al marketing.

25.2.2 La struttura organizzativa della funzione di marketing

L'esame della struttura organizzativa della funzione di marketing delle imprese rivela numerose soluzioni. In ogni caso, una struttura organizzativa di marketing costituisce la combinazione delle quattro dimensioni fondamentali in base alle quali si svolge l'attività dell'impresa sul mercato: *funzioni*, *aree geografiche*, *prodotti* e *clienti*.

Organizzazione funzionale. La forma organizzativa della funzione di marketing, o commerciale, consiste di un certo numero di specialisti di specifiche funzioni, facenti capo a un direttore marketing, o commerciale, il quale ne coordina l'attività. Nella figura 25-3 sono rappresentate cinque funzioni specializzate: l'amministrazione del marketing, la pubblicità e la promozione, le vendite, le ricerche di marketing, i nuovi prodotti. A queste funzioni potrebbero aggiungersi il servizio assistenza clienti, la pianificazione di marketing, la distribuzione fisica.

Il vantaggio principale di una struttura organizzativa funzionale è costituito dalla sua semplicità. D'altro canto, questa soluzione perde di efficacia con lo svilupparsi dei prodotti e dei mercati dell'impresa. In primo luogo, la pianificazione a livello di specifici prodotti e mercati risulta inadeguata, poiché nessuno ha la piena responsabilità di ciascuno di essi. I prodotti che per una qualsivoglia ragione non godono dei favori dei vari specialisti funzionali vanno a finire nel dimentica-

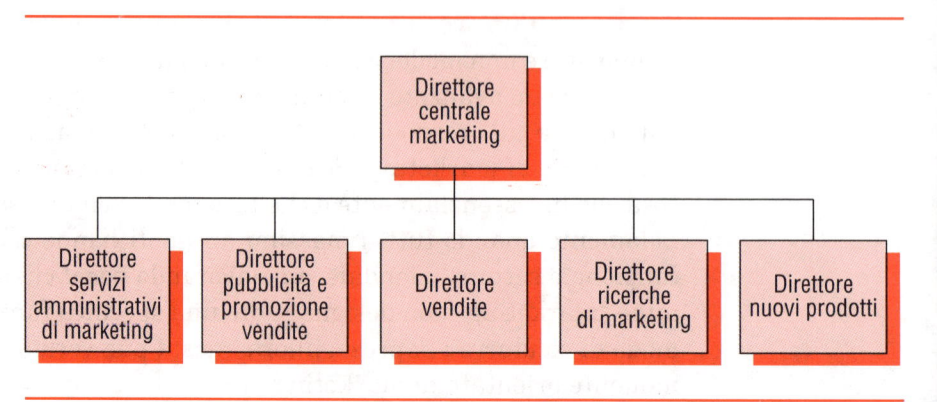

Figura 25-3 Organizzazione funzionale

toio. Inoltre, ogni gruppo funzionale compete con tutti gli altri per poter disporre di una quota maggiore del budget. Il direttore marketing deve quindi costantemente ascoltare le lagnanze dei vari responsabili in cooperazione fra di loro, il che obbliga a una difficile opera di coordinamento.

Organizzazione geografica. Le imprese operanti su scala nazionale o, a maggior ragione, internazionale, organizzano spesso la propria forza di vendita (e talvolta anche altre funzioni) secondo linee geografiche. La funzione di vendita può, per esempio, essere formata da 1 direttore vendite, 4 capi area (a livello regionale), 24 capi zona, 192 responsabili di distretto e 1.920 venditori.

Come si vede, l'ambito di controllo si accresce con il procedere dal livello del direttore vendite verso quello del responsabile di distretto. Ambiti di controllo ristretti consentono ai manager di seguire meglio i subordinati, e pertanto risultano particolarmente idonei in quelle situazioni in cui l'azione di vendita è complessa, i venditori sono particolarmente qualificati e il loro contributo alla conclusione delle vendite determinante.

Alcune imprese stanno ora inserendo nella loro organizzazione di vendita degli *specialisti di marketing locali*, il cui compito è quello di potenziare lo sforzo di vendita nei mercati più importanti. Lo specialista di marketing locale è particolarmente informato sulle caratteristiche rilevanti di quel mercato. Egli è pertanto in grado di predisporre e realizzare piani di marketing a lungo e breve termine onde assicurare lo sviluppo del mercato di sua competenza.

Organizzazione per prodotti e marche. Le imprese che operano mediante una molteplicità di prodotti e di marche realizzano spesso una struttura organizzativa basata su prodotti o su marche. L'organizzazione per prodotti non sostituisce il modello funzionale, ma costituisce un ulteriore livello della struttura organizzativa.

I singoli prodotti vengono affidati alla responsabilità di responsabili di prodotto, o *product manager*, i quali fanno capo a dei responsabili di gruppi di prodotti (*product group manager*). Questi, a loro volta, riferiscono al direttore prodotti. Un'organizzazione per prodotti ha senso se i vari prodotti sono assai diversi fra loro, oppure nel caso in cui il solo numero dei prodotti sia al di fuori della capacità di gestione di una struttura funzionale.

Il modello in esame fece la sua prima comparsa nel 1927 alla Procter & Gamble. Un nuovo prodotto della società, il sapone Camay, stava andando piuttosto male, per cui un giovane dirigente, Neil H. McElroy (in seguito divenuto presidente della P&G), venne incaricato di occuparsi esclusivamente dello sviluppo e della promozione del prodotto. McElroy assolse il compito con successo, il che indusse la società a inserire nella struttura organizzativa altri responsabili di prodotto.

Da allora, un gran numero di imprese ha adottato l'organizzazione per prodotti, specie nel campo degli alimentari, dei cosmetici, dei prodotti per l'igiene e della chimica. La Post Division della General Foods, ad esempio, adotta un modello per prodotti che prevede tre raggruppamenti di prodotti: cereali, alimenti per cani e gatti, bevande.

Nell'ambito del gruppo dei prodotti derivati dai cereali operano alcuni responsabili del prodotto, incaricati di seguire i cereali dietetici, i cereali integrati per bambini, i cereali per famiglia e tutti gli altri tipi di cereali. A sua volta, il responsabile di prodotto per i cereali dietetici ha alle proprie dipendenze i vari responsabili o responsabili di marca (*brand manager*).[4]

Il ruolo del responsabile di prodotto consiste nello sviluppare i piani di prodotto, curarne la traduzione operativa, controllare i risultati e intraprendere le azioni correttive. Il ruolo in questo caso può essere specificato nei seguenti sei compiti:

1. Sviluppare una strategia competitiva di lungo termine per il prodotto.
2. Preparare un piano di marketing e una previsione di vendita annuali.
3. Cooperare con le agenzie di pubblicità e di merchandising per sviluppare i testi, i programmi e le campagne pubblicitarie.
4. Stimolare l'interesse e il supporto nei confronti del prodotto da parte dei venditori e dei distributori.
5. Raccogliere sistematicamente informazioni sull'andamento del prodotto, sugli orientamenti dei clienti e dei rivenditori, e sui nuovi problemi e opportunità.
6. Avviare i miglioramenti del prodotto atti a soddisfare le mutevoli richieste del mercato.

Queste funzioni di base sono comuni sia all'area dei beni di consumo sia a quella dei beni industriali. Esistono, tuttavia, delle differenze per quanto concerne la rispettiva applicazione pratica. Nel campo dei beni di consumo, i responsabili di prodotto hanno in genere la responsabilità di un numero di prodotti inferiore rispetto a quanto avviene nel campo dei beni industriali. Inoltre, essi dedicano più tempo alla pubblicità e alla promozione delle vendite.

Ancora, l'impegno destinato ai contatti con le agenzie e con gli altri servizi aziendali è superiore a quello concernente il contatto con i clienti. Il responsabile di prodotti di consumo è più giovane e ha un livello di istruzione più elevato. Viceversa, il responsabile di prodotti industriali è più orientato verso gli aspetti tecnici e i possibili perfezionamenti dei prodotti di cui ha la responsabilità. Dedica particolare attenzione al personale della R&S e della progettazione. Contemporaneamente, mantiene contatti esterni con il personale di vendita e con i clienti più importanti. Attribuisce particolare importanza ai fattori razionali del prodotto in luogo di quelli emotivi e tende a prestare un'attenzione limitata alla pubblicità, alla promozione vendite e all'uso promozionale del prezzo.

Il modello organizzativo per prodotti apporta molteplici vantaggi alla gestione della funzione di marketing. In primo luogo, il responsabile di prodotto armonizza il marketing-mix a livello di prodotto. In secondo luogo, il responsabile di prodotto è in grado di reagire con maggior prontezza alle situazioni di mercato rispetto a strutture in cui le responsabilità siano suddivise fra organismi diversi. In terzo luogo, i prodotti di minore importanza non corrono il pericolo di essere completamente trascurati. In quarto luogo, infine, la gestione per prodotti constituisce un eccellente terreno di formazione dei giovani dirigenti, in quanto essi sono così coinvolti pressoché in ogni area della gestione aziendale (figura 25-4).

Tuttavia, esistono anche degli svantaggi. In primo luogo, il modello organizzativo in esame determina l'insorgere di elementi di conflitto e di frustrazione. I responsabili di prodotto non hanno, generalmente, un'autorità sufficiente ad assolvere efficacemente i propri compiti. Essi, infatti, devono ricorrere alla persuasione per ottenere la cooperazione delle varie funzioni aziendali, pubblicità, vendite, produzione e così via. Al conferimento dell'incarico, i responsabili di prodotto vengono definiti come "piccoli direttori generali", ma nella pratica essi vengono spesso trattati come collaboratori di secondo piano. Sono sommersi da una quantità di lavoro "cartaceo" e, se vogliono conseguire qualche risultato, devono passare sulla testa di altri.

Un secondo svantaggio del sistema di gestione in esame è rappresentato dal fatto che i responsabili di prodotto solo raramente divengo-

Figura 25-4 L'interazione fra il responsabile di prodotto e le altre funzioni

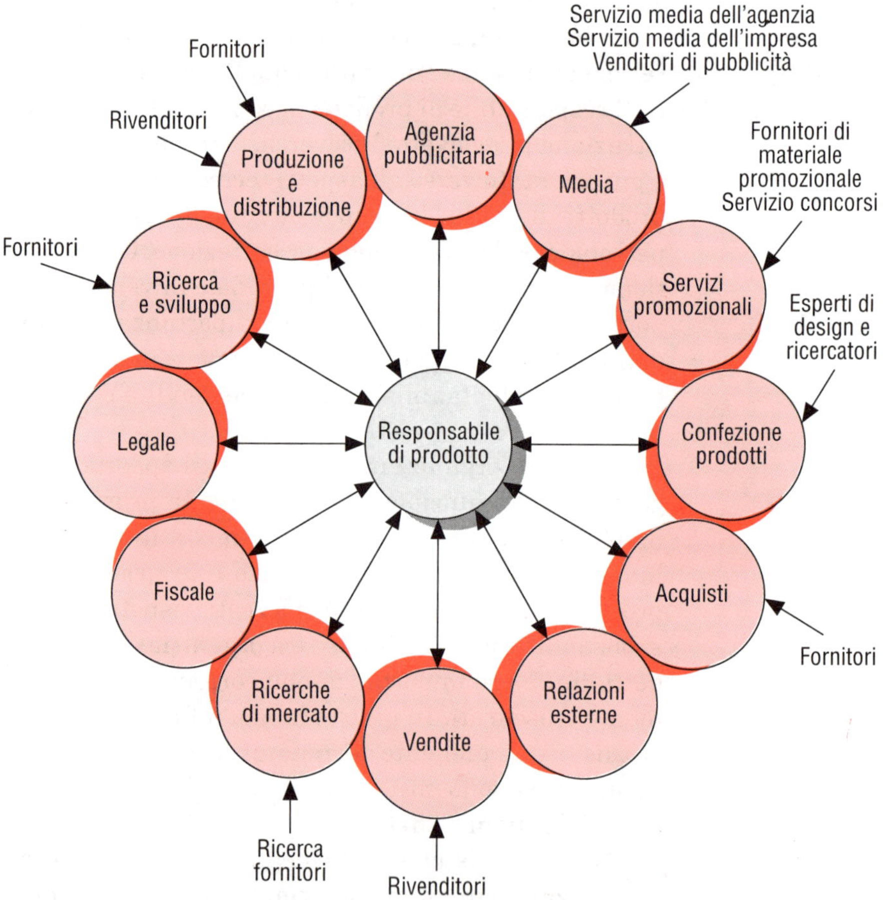

Fornitori → Produzione e distribuzione
Rivenditori → Produzione e distribuzione
Servizio media dell'agenzia / Servizio media dell'impresa / Venditori di pubblicità → Media
Agenzia pubblicitaria
Media
Fornitori di materiale promozionale / Servizio concorsi → Servizi promozionali
Fornitori → Ricerca e sviluppo
Servizi promozionali
Esperti di design e ricercatori → Confezione prodotti
Legale
Confezione prodotti
Responsabile di prodotto
Fiscale
Acquisti
Fornitori → Acquisti
Ricerche di mercato
Vendite
Relazioni esterne
Ricerca fornitori → Ricerche di mercato
Rivenditori → Vendite

Fonte: "Product Managers: Just What do They Think?", in *Printers Ink*, 28 ottobre 1966, p. 15.

no esperti di tutte le funzioni che si riferiscono al prodotto di competenza. Essi, infatti, oscillano fra l'atteggiarsi a esperti e il dover dipendere da esperti autentici. Questa situazione è particolarmente grave allorquando la gestione del prodotto implichi in misura elevata una specializzazione particolare, come quella pubblicitaria. Un terzo svantaggio consiste nel fatto che il sistema di gestione per prodotti può risultare spesso più costoso di quanto previsto. All'inizio, infatti, vengono creati i responsabili di prodotto solo per i principali prodotti, ma poi il sistema viene esteso anche ai prodotti meno importanti. Ogni responsabile di prodotto, in genere sovraccarico di lavoro, sollecita l'assegnazione di un assistente. In seguito, entrambi oberati di lavoro, ottengono l'assegnazione di un altro assistente, e così via, con il conseguente accrescimento delle spese di personale.

Nello stesso tempo, si accresce il numero di specialisti in materia di pubblicità, promozione delle vendite, ricerche di mercato, analisi statistiche, e tutto il resto. L'impresa viene così a essere gravata da una pesante e costosa struttura di addetti ai vari prodotti, nonché alle specifiche funzioni.

Un quarto e ultimo svantaggio è costituito dal fatto che i responsabili di prodotto tendono a occupare la propria posizione per un breve periodo. Infatti, essi tendono a passare, dopo alcuni anni, ad altri settori di prodotto, oppure ad altre imprese, o anche ad altri campi di attività. Tutto ciò tende a limitare al breve termine il processo di pianificazione del prodotto, impedendo che ne vengano sviluppate le prospettive di lungo periodo.

Pearson e Wilson ritengono che il sistema di gestione per prodotti possa essere migliorato, a condizione di operare nei modi qui di seguito descritti:[5]

- **Chiara delimitazione dei limiti dei compiti e delle responsabilità dei responsabili di prodotto** (essi svolgono essenzialmente una funzione di proposta, piuttosto che di decisione).
- **Realizzazione di un processo di sviluppo e di riesame della strategia in grado di fornire uno schema di riferimento per l'attività del responsabile del prodotto** (in troppe imprese infatti i responsabili di prodotto operano sulla base di piani di marketing superficiali, corredati di una quantità di statistiche, main realtà privi di una qualsiasi logica strategica).
- **Valutazione delle aree di potenziale conflitto fra responsabili di prodotto e responsabili delle varie funzioni specializzate, in sede di definizione dei rispettivi ruoli** (è necessario definire chiaramente quali attività competono ai responsabili di prodotto, quali agli specialisti e quali sono invece di responsabilità congiunta).
- **Formalizzazione di un processo che porti al massimo livello direzionale tutte le situazioni di conflitto d'interessi tra il mana-**

gement di prodotto e il management della linea operativa (entrambe le parti dovrebbero mettere per iscritto le proprie ragioni, sottoponendole poi alla direzione per la composizione finale).
- **Definizione di un sistema di misurazione dei risultati in armonia con le responsabilità del gestore di prodotto** (occorre disporre di elementi che consentano di valutare in che modo il responsabile di prodotto ha contribuito all'ottenimento del profitto).

Un altro modo per porre rimedio agli inconvenienti che il sistema di gestione per prodotti presenta consiste nell'affidare la responsabilità di un prodotto a un gruppo, anziché a una sola persona. Il gruppo di prodotto può assumere una delle tre configurazioni descritte qui di seguito.

- **Gruppo di prodotto verticale.** Esso consiste di un responsabile di prodotto, di un vice e di un assistente (figura 25-5 a). Il responsabile di prodotto ha la responsabilità del gruppo e si occupa, in particolare, dei rapporti con le altre funzioni aziendali. In tale attività viene affiancato dal suo vice, il quale si occupa anche dell'attività esecutiva, a sua volta coadiuvato dall'assistente di prodotto.

Figura 25-5 Tre tipi di gruppi di prodotto

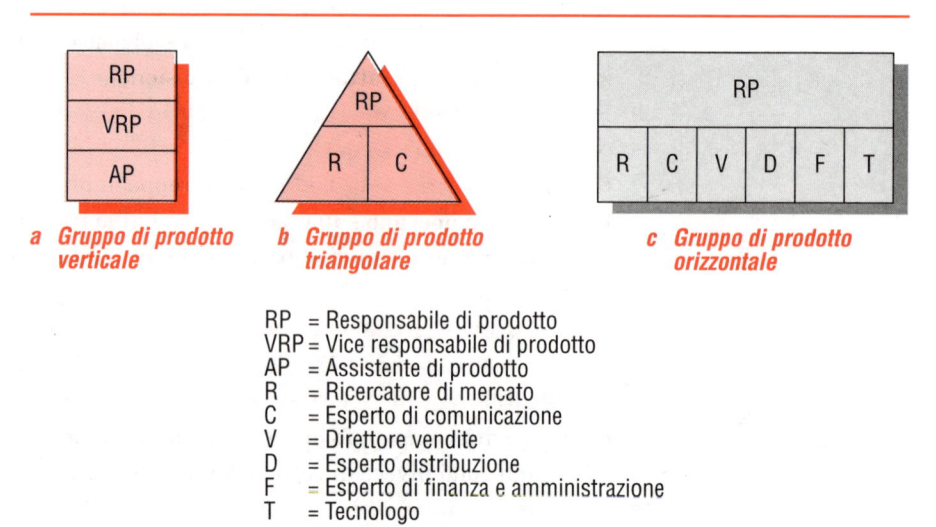

a **Gruppo di prodotto verticale**

b **Gruppo di prodotto triangolare**

c **Gruppo di prodotto orizzontale**

RP = Responsabile di prodotto
VRP = Vice responsabile di prodotto
AP = Assistente di prodotto
R = Ricercatore di mercato
C = Esperto di comunicazione
V = Direttore vendite
D = Esperto distribuzione
F = Esperto di finanza e amministrazione
T = Tecnologo

- **Gruppo di prodotto triangolare**. Esso consiste di un responsabile di prodotto e di due assistenti specializzati, uno, ad esempio, nelle ricerche di marketing e l'altro nelle comunicazioni di marketing (figura 25-5 b).
- **Gruppo di prodotto orizzontale**. Esso è formato da un responsabile di prodotto e da un certo numero di specialisti provenienti sia dall'area di marketing sia da altre aree (figura 25-5 c). Sulla base di questo criterio la 3M Company ha suddiviso la propria divisione nastri in nove gruppi di prodotto, ciascuno composto da un responsabile e dai rappresentanti delle vendite, del marketing, della ricerca, della progettazione, delle ricerche di mercato e dell'amministrazione. In tal modo la responsabilità di ogni prodotto non ricade esclusivamente sul responsabile di prodotto, ma viene condivisa da tutti i settori chiave dell'impresa. Il contributo che essi apportano ha un ruolo critico nella fase di pianificazione del prodotto. In seguito, i vari componenti del gruppo possono svolgere un ruolo di notevole importanza nell'ambito dei propri settori di appartenenza. Il passo successivo rispetto alla costituzione di un gruppo di prodotto orizzontale è la costituzione di una divisione di prodotto, cioè di un'unità aziendale autosufficiente e autonoma.

Una terza alternativa consiste nell'attribuire i prodotti di minore importanza ai responsabili di prodotti il più possibile similari, soprattutto dal punto di vista dei bisogni soddisfatti. Ad esempio, un'impresa di cosmetici non ha bisogno di distinguere i vari gruppi di prodotti, in quanto essi sono volti a soddisfare lo stesso bisogno fondamentale, la bellezza, mentre un produttore di articoli per l'igiene deve gestire in modo autonomo i dentifrici, le saponette, gli shampoo, il talco e così via, in quanto questi prodotti sono differenti rispetto all'uso e al processo di commercializzazione.

I modelli organizzativi delle attività di marketing basati su prodotti o gruppi di prodotti stanno subendo notevoli modifiche, come viene testimoniato dalla letteratura in proposito.[6]

Nel quadro 25-1 vengono sintetizzati i principali sviluppi in atto nel campo del *brand management*.

Organizzazione per mercati. Molte imprese vendono la stessa linea di prodotti a mercati molto diversi. Per esempio l'Olivetti vende le proprie macchine da scrivere ai privati, alle imprese, agli enti e alle amministrazioni pubbliche. La U.S. Steel produce rotaie per le ferrovie, tondini e travi per l'industria delle costruzioni, lamiere per l'industria can-

Quadro 25-1 Il futuro del brand management

Il brand management è divenuto una caratteristica che contraddistingue le grandi imprese che operano nel settore dei prodotti confezionati di largo consumo. Tuttavia, le circostanze che hanno determinato a suo tempo lo sviluppo di questa forma di gestione delle attività di marketing si sono andate modificando profondamente nel corso degli anni recenti, il che conduce molti osservatori a chiedersi se non sia necessario operare radicali cambiamenti della medesima.

I brand manager contemporanei sono stretti in una morsa: da una parte sono sollecitati a produrre sempre maggiori profitti, dall'altra il loro grado di autonomia viene progressivamente ridotto.

Le direzioni aziendali si domandano se sia poi così necessario avere in organico uno stuolo di brand manager e così via. In effetti, le imprese sono di fronte a tre grandi forze operanti nel macroambiente, le quali pongono in discussione l'intero concetto di brand management.

1. Crescente potere contrattuale della distribuzione e crescente importanza della promozione delle vendite. Le imprese della grande distribuzione stanno assumendo un'importanza sempre maggiore, con la conseguente richiesta nei confronti delle imprese produttrici di condizioni più favorevoli per consentire alle medesime di poter usufruire di uno spazio espositivo limitato. Le imprese distributrici sono in primo luogo interessate a generare un flusso di traffico sempre maggiore nei propri punti di vendita e, a questo fine, richiedono costantemente ai produttori di poter effettuare vendite a prezzi scontati, offerte speciali e così via.

Sotto questa pressione, le forze di vendita delle imprese produttrici di beni di largo consumo sollecitano i brand manager ad accrescere l'entità delle vendite promozionali, onde rendere più agevole la loro azione nei confronti delle centrali d'acquisto della grande distribuzione. Il risultato è che il brand manager deve aumentare la quota del proprio budget destinata alla promozione, riducendo nel contempo le risorse destinate allo sviluppo dei prodotti affidatigli. Inoltre, le maggiori imprese del dettaglio sollecitano i vari produttori a realizzare promozioni estese all'intera gamma di prodotti offerti da ciascuno di essi. È evidente come i giganti della distribuzione cerchino di competere fra di loro coinvolgendo i produttori di beni di consumo.

La dimensione degli interessi in gioco è tale che le trattative fra produttori e dettaglianti si svolgono a livelli sempre più elevati, con la conseguenza di ridurre ancor di più l'ambito decisionale del brand manager.

Con l'accrescersi dell'importanza della promozione delle vendite, che le imprese manifatturiere si rendono conto del fatto che esse non sono organizzate per gestire la leva promozionale in modo efficiente.

In origine, la promozione delle vendite era affidata a ogni responsabile di marca, il quale disponeva di una vasta autonomia nella scelta e nell'impiego dei vari strumenti.

In seguito, le imprese più avanzate introdussero la figura del responsabile delle attività promozionali, incaricato di coordinare i programmi delle varie marche. Nel contempo, i responsabili delle vendite iniziarono a chiedere un supporto promozionale sempre più consistente.

Il problema cui si trovano di fronte oggi le imprese è quello di stabilire l'entità del budget promozionale e la sua ripartizione fra promozione delle vendite verso l'intermediario distributivo (*trade*) e promozione delle vendite verso il consumatore.

2. Declino dell'efficacia della pubblicità di massa. I responsabili di marca stanno scoprendo di avere meno denaro da impiegare nella pubblicità, lo strumento di marketing che essi conoscono meglio. Inoltre, la pubblicità di massa, specie quella televisiva, sta divenendo sempre meno efficace.

Le risorse impiegate nei mezzi tradizionali potrebbero trovare un impiego più conveniente qualora venissero studiati più a fondo i vari mercati serviti dalle singole marche.

Le imprese stanno quindi sviluppando piani di marketing a livello delle varie aree di mercato, mediante l'impiego di specialisti di area, la cui attività contribuisce a un'ulteriore perdita di importanza dei brand manager.

3. Declino della fedeltà di marca. Nei tempi recenti, la diffusione delle offerte speciali è stata tale da ridurre in modo considerevole la fedeltà di marca. Il consumatore sceglie sempre più, nell'ambito di un certo numero di marche ritenute più o meno equivalenti, quella che al momento dell'acquisto viene posta in vendita sotto forma di offerta speciale. Le quote di mercato delle varie marche subiscono, di conseguenza, sensibili oscillazioni da una settimana all'altra, a seconda dell'effettuazione di offerte promozionali.

I fenomeni sopradescritti impongono alle imprese operanti nel settore dei prodotti di largo consumo un ripensamento delle proprie strategie di marca. In proposito, possono essere adottate due soluzioni alternative:

1. **Modifica della funzione del brand manager**. Secondo alcuni esperti, il brand manager dovrebbe impiegare meno tempo nello sviluppo di piani promozionali, per potersi dedicare più a fondo ai problemi di miglioramento, sia dei prodotti, sia dei processi di produzione; Di solito, il responsabile di marca è troppo impegnato nelle proprie funzioni operative per poter pensare alla creazione di nuovi prodotti e all'estensione della marca. Le imprese hanno dovuto così ovviare a questa situazione aumentando il numero dei product manager.

Si sostiene anche che il brand manager dovrebbe occuparsi di ricercare le possibilità di riduzione dei costi di produzione e logistici. In conclusione, si sostiene che il brand manager dovrebbe trasferire il centro della propria attenzione al miglioramento dei prodotti e allo sviluppo dell'efficienza sia della fase di produzione, sia di quella di distribuzione.

2. **Introduzione del category management**. Un'altra linea di pensiero afferma che l'impresa dovrebbe introdurre una maggiore accentuazione della categoria rispetto alla marca. Ad esempio, la Procter & Gamble ha constatato come vi fosse un'eccessiva concorrenza fra le varie marche della stessa categoria, o classe, di prodotti. Per porre rimedio a tale situazione, la P&G ha introdotto i responsabili di categoria di prodotti, ai quali fanno capo i vari responsabili di marca. Il category manager provvede a dirimere i conflitti fra le varie marche, ad assegnare i budget promozionali, a stimolare lo sviluppo di nuove marche.

La Nabisco ha scelto una strada diversa, basata su raggruppamento dei vari prodotti in tre categorie: prodotti per adulti, per bambini e dietetici. Ogni categoria comprende una molteplicità di marche, con un gruppo di specialisti che si occupano di pubblicità, promozione vendite, confezione, sviluppo delle linee e del mercato. Per effetto di queste innovazioni, il numero dei manager intermedi è stato ridotto e la struttura organizzativa è divenuta più "snella". Per effetto della riduzione dei brand manager, anche la loro controparte nelle agenzie di pubblicità deve subire una riduzione. Queste, anche per effetto della diminuita efficacia della pubblicità di massa, sono sotto la pressione delle imprese clienti che richiedono consistenti riduzioni di costo. Dovranno pertanto pensare a rivedere i propri modelli organizzativi, nonché il ruolo dei loro *account executives*.

La modifica dei sistemi di brand management non sarà facile, a causa del radicamento che detti sistemi hanno conseguito. Tuttavia, non sembra vi siano alternative. Infatti, il brand management costituisce un sistema orientato alle vendite, piuttosto che al cliente.

I responsabili di marca si pongono come obiettivo quello di vendere i propri prodotti ovunque e a chiunque. Ciò, del resto, vale anche per il sistema basato sul category management.

Un esempio di come questi sistemi siano destinati a modificarsi è costituito dalla Colgate. Questa impresa recentemente è passata dal *brand management* (dentifricio Colgate), al *category management* (dentifrici), e infine al *customer-need management* (igiene orale).

Quest'ultimo stadio evolutivo evidenzia chiaramente l'evoluzione verso il soddisfacimento del bisogno del cliente finale.

Fonti: Robert Dewar e Don Schultz, "The Product Manager, An Idea Whose Time Has Gone", in *Marketing Communication*, maggio 1989, pp. 28-35; "The Marketing Revolution at Procter & Gamble", in *Business Week*, 25 luglio 1988, pp. 72-76.

tieristica e lamierino per l'industria automobilistica. Quando i clienti rientrano nei vari gruppi di utilizzatori, con diverse esigenze e consuetudini d'acquisto, si rende necessaria un'organizzazione di marketing per mercati.

Il modello di organizzazione di marketing per mercati è analogo a quello di organizzazione per prodotti. Un *direttore mercati* coordina una serie di *responsabili di mercato* (definiti anche come *responsabili sviluppo di mercato*, *specialisti di mercato*, o *specialisti di settore*). I responsabili di mercato si avvalgono della collaborazione dei vari servizi aziendali a seconda delle necessità. Nel caso di mercati di particolare importanza, i relativi responsabili possono anche disporre di personale specializzato nelle varie aree funzionali in modo esclusivo.

I responsabili di mercato sono essenzialmente operatori di staff, e non di linea, con compiti analoghi a quelli dei responsabili di prodotto. Essi elaborano i piani di lungo termine e quelli annuali relativi ai mercati loro affidati. A questo fine, devono analizzare le tendenze evolutive dei mercati stessi e valutare le possibilità di assorbimento di nuovi prodotti. I risultati conseguiti dai responsabili di prodotto vengono valutati più in termini di sviluppo della quota di mercato che di incremento della redditività.

Il sistema in oggetto presenta molti dei vantaggi e degli svantaggi

Figura 25-6 Sistema di gestione prodotto/mercato

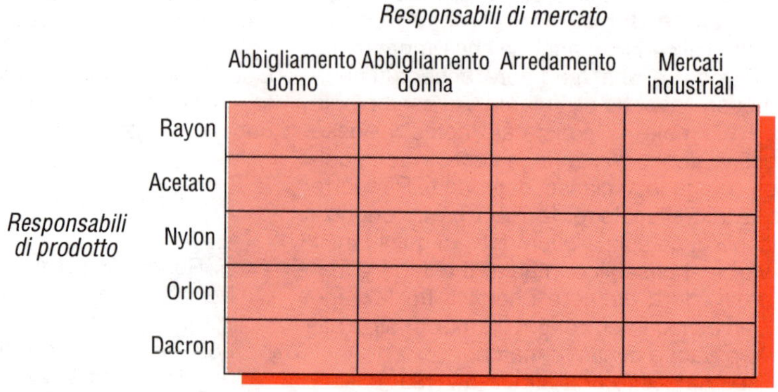

	Responsabili di mercato			
Responsabili di prodotto	Abbigliamento uomo	Abbigliamento donna	Arredamento	Mercati industriali
Rayon				
Acetato				
Nylon				
Orlon				
Dacron				

propri dell'organizzazione per prodotti. Il vantaggio maggiore consiste nel fatto che l'attività di marketing è organizzata in modo da corrispondere alle esigenze di specifici gruppi di clienti, anziché essere basata su funzioni, territori o prodotti.

Non poche imprese stanno riorganizzandosi secondo i vari mercati di operatività. Hanan definisce queste imprese come *organizzazioni incentrate sui mercati* e afferma che «il solo modo per avere la certezza di realizzare un orientamento al mercato è quello di sollecitare la struttura organizzativa in maniera tale che i mercati principali divengano i centri attorno ai quali vengono costruite le divisioni».[7] La Xerox è passata da un'organizzazione geografica a una per settori industriali o mercati. La Mead ha riorganizzato le proprie attività di marketing attorno al settore delle costruzioni e dell'arredamento, dell'istruzione e del tempo libero.

Uno degli esempi più notevoli di adozione del modello in esame è quello offerto dalla Heinz. Prima del 1964 la società disponeva di un'organizzazione di marketing basata sulle marche, con una serie di responsabili per le minestre, le salse, i preparati per budini e così via. Ogni responsabile di marca seguiva contemporaneamente la clientela rivenditrice e quella istituzionale. Nel 1964 la Heinz creò un'organizzazione separata per le vendite istituzionali. Infine, la società costituì tre grandi raggruppamenti di mercati: rivenditori, ristoranti e istituzioni. A ogni gruppo venne assegnato un certo numero di specialisti di mercati specifici. Ad esempio, il raggruppamento mercati istituzionali dispone di personale esperto nei settori della scuola, degli ospedali e degli istituti di pena.

Organizzazione mista. Le imprese che producono una molteplicità di prodotti destinati a una molteplicità di mercati si trovano di fronte a un vero e proprio dilemma. Esse potrebbero adottare un sistema di gestione per prodotti, il quale richiede che i responsabili di prodotto siano competenti in mercati assai diversi. Oppure, le imprese in questione potrebbero adottare il sistema di gestione per mercati, il quale richiede che i responsabili di mercato possiedano una competenza nei molteplici e diversi prodotti venduti sui loro mercati. Infine, è possibile adottare una combinazione dei due sistemi, cioè un'*organizzazione per matrice*.

La Du Pont offre un esempio di tale soluzione.[8] Come viene illustrato nella figura 25-6, nel settore fibre tessili della società operano dei responsabili di prodotto per il rayon, l'acetato, il nylon, l'orlon e il dacron, oltre a dei responsabili di mercato per la confezione maschile, quella femminile, l'arredamento e le applicazioni industriali. I responsabili di prodotto hanno la responsabilità della pianificazione delle vendite e dei profitti per le fibre di competenza. Essi concentrano la propria attenzione sul miglioramento della redditività di breve termine e sulla ricerca di nuovi impieghi dei prodotti loro affidati. Mantengono stretti contatti con i responsabili di mercato, ai quali richiedono gli elementi necessari per stimare la capacità di assorbimento dei vari mercati, con riferimento ai propri prodotti.

I responsabili di mercato, dal canto loro, hanno la responsabilità di sviluppare il mercato dei prodotti attuali e futuri della Du Pont. Essi valutano le tendenze di lungo termine degli specifici mercati e si preoccupano più dello sviluppo dei prodotti appropriati per tali mercati, che di "spingere" i prodotti esistenti. Nella preparazione dei propri piani di mercato, essi richiedono ai responsabili di prodotto elementi sui prezzi e la disponibilità delle varie fibre. Le previsioni di vendita complessive, effettuate distintamente dai responsabili di prodotto e di mercato, dovrebbero concordare.

Un'organizzazione di tipo misto, cioè per prodotti/mercati, dovrebbe attagliarsi in modo particolare alle imprese multiprodotto e multimercato. Questo sistema risulta essere peraltro costoso e fonte di conflitti. Vi è innanzitutto da considerare il costo di una struttura organizzativa tridimensionale (cioè, due livelli di pianificazione, prodotti e mercati, oltre al livello della gestione operativa, produzione, R&S, acquisti, vendite, ecc.). L'attribuzione dell'autorità e della responsabilità è, di fatto, un problema.

Ecco due dei tanti dilemmi:

- **Come deve essere organizzata la forza di vendita?** Nel caso della Du Pont, ad esempio, è meglio avere dei venditori che si occupano separatamente delle varie fibre, rayon, nylon e così via? Oppure l'organizzazione di vendita deve essere strutturata per mercati (confezioni uomo, donna, ecc.)? Ancora, è possibile impiegare venditori non specializzati?
- **Chi definisce i prezzi per un particolare prodotto/mercato?** È il responsabile del prodotto nylon che ha l'ultima parola per fissare i prezzi relativamente a tutti i mercati. Che cosa succede allora se il responsabile del mercato confezione maschile si rende conto che le vendite di nylon nel suo settore subiranno drastiche riduzioni, a meno che non vengano concesse riduzioni di prezzo?

Molti dirigenti ritengono che il modello sin qui esaminato sia convenientemente applicabile solo nel caso dei prodotti e dei mercati più importanti. Alcuni esperti non manifestano preoccupazione alcuna circa i costi e i conflitti che il sistema misto comporta, ritenendo che i vantaggi della specializzazione per prodotto e per mercato siano superiori agli svantaggi.[9]

Organizzazione divisionale. Allorquando le dimensioni dell'impresa multi-prodotto superano un certo livello, si presenta il problema di trasformare i maggiori gruppi di prodotto in divisioni separate. La divisione dispone di funzioni e servizi propri. Da ciò deriva il problema di quali funzioni e attività di marketing debbano essere mantenute al livello della direzione generale dell'impresa (*corporate headquarter*).

Le imprese divisionalizzate hanno dato risposta a questo problema. I servizi centrali di marketing, cioè quelli costituiti a livello di direzione generale, possono essere organizzati secondo i quattro modelli seguenti:

- **Nessun servizio centrale di marketing.** Alcune imprese non dispongono di funzioni di marketing a livello centrale, ritenendo di non averne alcuna necessità. Pertanto, ogni divisione o settore è dotato del proprio servizio marketing.
- **Nucleo centrale di marketing.** In taluni casi le imprese costituiscono una struttura centrale di marketing ridotta al minimo, incaricata di svolgere alcune funzioni: (a) assistere l'alta direzione nella valutazione delle opportunità di mercato; (b) fornire alle divisioni assistenza specialistica in caso di necessità; e (c) promuovere l'acquisizione del concetto di marketing nei vari settori aziendali.
- **Servizio centrale di marketing mediamente sviluppato.** Alcune imprese hanno costituito delle funzioni centrali di marketing che, oltre a svolgere le attività di cui al punto precedente, forniscono anche una serie di servizi specializzati alle divisioni. Tali servizi includono la *pubblicità* (coordinamento nell'acquisto degli spazi, pubblicità istituzionale, controllo dell'aderenza della pubblicità effettuata dalle varie divisioni rispetto allo stile e alla politica dell'immagine aziendale, analisi delle spese pubblicitarie), la *promozione delle vendite* (campagne promozionali a livello d'impresa, acquisto centralizzato di materiale promozionale, ecc.), *le ricerche di marketing* (impiego di modelli matematici di analisi di mercato, effettuazione di ricerche di interesse aziendale o di più

di una divisione, ecc.), *l'amministrazione delle vendite* (consulenza su determinate politiche di organizzazione delle vendite, sviluppo di sistemi comuni di effettuazione dei rapporti di vendita, coordinamento dei venditori di divisioni diverse che contattano gli stessi clienti, ecc.), e alcune funzioni diverse (consulenza sulla pianificazione di marketing, selezione, assunzione e formazione del personale di marketing, ecc.).

- **Servizio centrale di marketing fortemente sviluppato.** In talune imprese il servizio centrale di marketing, oltre a svolgere tutte le funzioni indicate in precedenza, partecipa in modo determinante alla pianificazione e al controllo delle attività divisionali di marketing.[10]

Non esiste al momento una tendenza prevalente verso uno dei quattro modelli sopra esposti. Alcune imprese hanno costituito un servizio centrale di marketing solo recentemente. Altre hanno potenziato i servizi esistenti, mentre altre li hanno ridimensionati e altre ancora eliminati. Il contributo potenziale di un servizio centrale di marketing (*corporate marketing staff*) varia in funzione dei vari stadi evolutivi attraversati dall'impresa. Molte imprese dotate di deboli strutture di marketing a livello divisionale potenziano il servizio centrale allo scopo di contribuire al rafforzamento delle unità periferiche, sia mediante la realizzazione di attività di supporto sia mediante lo svolgimento di programmi di formazione. In seguito alcuni dei componenti del servizio centrale vengono chiamati ad assumere la responsabilità delle unità periferiche. A mano a mano che le divisioni si rafforzano nelle proprie strutture di marketing, il servizio centrale vede ridursi il proprio ruolo. Ed è per questo che alcune imprese decidono addirittura di eliminarlo.

Un servizio centrale di marketing ha generalmente tre giustificazioni. In base alla prima, il servizio in questione costituisce un punto di riferimento e un fattore di sviluppo delle attività e delle opportunità di marketing dell'impresa nel suo complesso. La seconda si riferisce ai minori costi che si possono sostenere nell'accentrare talune attività di marketing, anziché duplicarle a livello delle singole divisioni. La terza giustificazione del servizio centrale di marketing sta nel ruolo che questo può svolgere nel promuovere la comprensione e l'applicazione del concetto di marketing presso le strutture divisionali e aziendali in genere.

Nel quadro 25-2 quanto sin qui esaminato viene sintetizzato con specifico riferimento al caso delle imprese tecnologicamente avanzate (*high-tech companies*) e a rapido sviluppo.

Quadro 25-2 L'evoluzione della funzione di marketing nelle imprese tecnologicamente avanzate e a forte sviluppo

Un'impresa riorganizza la propria funzione di marketing molte volte nel corso del proprio sviluppo. Ogni volta, la funzione di marketing verrà adattata alle esigenze dell'impresa nella specifica fase di sviluppo in cui si trova. Nel corso di una ricerca sull'evoluzione della funzione di marketing nelle imprese tecnologicamente avanzate, Tyebjee, Bruno e Mc Intryre hanno identificato quattro stadi distinti.

Stadio del marketing imprenditoriale

L'impresa tecnologicamente avanzata (*high-tech company*) nasce come nuova iniziativa di un imprenditore che possiede una notevole competenza tecnologica, ma scarse conoscenze di marketing. L'imprenditore progetta alcuni primi prodotti per alcuni clienti specializzati e si occupa personalmente della vendita. Il limitato volume produttivo della società non giustifica il costo di un'organizzazione formale di marketing. Il numero dei prodotti e dei clienti è limitato e le funzioni di marketing sono incentrate nella persona dell'imprenditore.

Stadio del marketing tattico

L'impresa è ora in grado di espandere la propria clientela mediante lo sviluppo di una gamma di prodotti maggiormente standardizzati. Inizia una prima attività competitiva nei confronti delle imprese maggiori. Viene costituito il primo nucleo di un servizio marketing, formato da personale di vendita con funzioni di natura tattica. Il servizio non ha competenza in materia di progettazione dei prodotti e di definizione dei prezzi. Queste funzioni continuano a essere svolte dall'alta direzione.

Stadio del marketing integrato

L'impresa opera ora attraverso una vasta gamma di prodotti, ciascuno dei quali richiede un'attenzione particolare. Ciò determina l'adozione della gestione per prodotti, con una serie di manager responsabili di uno o più prodotti e competenti in materia di ricerca di mercato, promozione e servizi alla clientela. In questo stadio del marketing integrato, la funzione di marketing è guidata dai bisogni della clientela, la cui analisi viene effettuata con maggior accuratezza.

Stadio del marketing diversificato

L'impresa non è in grado di espandersi ancora molto nelle aree di prodotto tradizionali, sia per la saturazione del mercato sia per la legislazione antimonopolio. Vengono quindi create nuove divisioni in relazione a nuove aree di attività. Le divisioni in questione dispongono di propri manager di prodotto e di servizi specializzati di marketing. Il marketing emerge ora a livello di impresa nel suo complesso (*corporate*) con il compito di svolgere una serie di funzioni sinora trascurate, quali il controllo delle funzioni divisionali di marketing, la realizzazione di servizi specializzati per conto delle strutture periferiche, lo studio e la pianificazione delle nuove iniziative.

Fonte: Tyzoon T. Tyebjee, Albert V. Bruno e Shelby H. Mc Intyre, "Growing Ventures Can Anticipate Marketing Stages", in *Harvard Business Review*, gennaio-febbraio 1983, pp. 2-4.

25.2.3 I rapporti fra la funzione di marketing e le altre funzioni aziendali

In linea di principio le funzioni aziendali dovrebbero fondersi armoniosamente, onde poter perseguire gli obiettivi generali dell'impresa. In pratica, i rapporti fra i vari settori dell'impresa sono spesso caratterizzati da profonde rivalità e incomprensioni. Alcuni di tali conflitti derivano da differenze d'opinione in merito a ciò che meglio corrisponde all'interesse aziendale, altri da reali divergenze fra interessi d'impresa e interessi sezionali, altri ancora da deprecabili stereotipi o pregiudizi diffusi nelle varie aree funzionali.

In una qualsiasi impresa ogni settore contribuisce, mediante lo svolgimento delle attività che gli sono proprie, a determinare il soddisfacimento delle esigenze della clientela. In base al concetto di marketing, è bene che tutte le attività aziendali siano tra loro coordinate, in quanto il grado di soddisfazione del cliente dipende dalla *totalità* degli stimoli ricevuti, e non solo da quelli originati dal servizio marketing.

Quest'ultimo è, per definizione, disponibile ad assumere la propria responsabilità e a usare gli strumenti a disposizione per agire sul mercato. Il direttore marketing ha due compiti: coordinare le attività di marketing dell'impresa e mantenere i rapporti con i colleghi responsabili della finanza, della produzione e così via, onde determinare una sempre maggior comprensione dei benefici che derivano dall'orientamento al cliente.

Esiste tuttavia una scarsa concordanza di vedute sul grado di influenza e di autorità che la funzione di marketing dovrebbe assumere nei confronti delle altre funzioni, al fine di svolgere un'attività coordinata secondo una logica di marketing.

In linea generale, il direttore centrale marketing dovrebbe impegnarsi in un'opera di persuasione, piuttosto che far ricorso alla propria autorità. Una situazione del genere può essere illustrata facendo riferimento al caso del direttore marketing di una delle maggiori compagnie aeree europee. Il compito affidatogli consiste nello sviluppo della quota di mercato della propria compagnia.

Tuttavia, egli non dispone di alcuna autorità sulle funzioni dalle quali dipende la soddisfazione della clientela. Infatti:

- Non è in grado di assumere o addestrare il personale di cabina (compito del servizio del personale).

Tavola 25-1 Sintesi dei conflitti che possono insorgere fra il servizio marketing e gli altri servizi dell'impresa

Servizi	Loro punto di vista	Punto di vista del servizio di marketing
Ricerca e sviluppo	Ricerca di base Qualità intrinseca Caratteristiche funzionali	Ricerca applicata Qualità percepita Caratteristiche utili per la vendita
Progettazione	Lunghi tempi di progettazione Pochi modelli Componenti standard	Brevi tempi di progettazione Molti modelli Componenti ad hoc
Acquisti	Linee di prodotto limitate Parti standardizzate Prezzi dei materiali contenuti Lotti di acquisto economici Intervalli di acquisto poco frequenti	Linee di prodotto ampie Parti non standardizzate Qualità dei materiali Lotti di acquisto tali da evitare le rotture di stock Acquisti effettuati in base alle esigenze della clientela
Produzione	Programmi di produzione predisposti con notevole anticipo Lunghe serie di produzione con pochi modelli Nessuna modifica dei modelli Ordini standard Semplicità produttiva Medio controllo di qualità	Programmi di produzione predisposti con anticipo minimo Brevi serie con molti modelli Frequenti modifiche dei modelli Ordini ad hoc Caratteristiche estetiche Elevato controllo di qualità
Finanza	Criteri di spesa rigidi Budget rigidi con intervalli di controllo frequenti Politica dei prezzi tale da coprire i costi	Criteri di spesa intuitivi Budget flessibili per far fronte ai cambiamenti del mercato Politica dei prezzi tale da garantire lo sviluppo del mercato
Contabilità	Condizioni di pagamento standard Situazioni informative ridotte al minimo	Condizioni di pagamento flessibili Situazioni informative frequenti
Credito	Piena solvibilità della clientela Limitato livello di rischio Rigide condizioni di credito Rigide procedure di incasso	Garanzie ridotte al minimo Medio livello di rischio Facili condizioni di credito Procedure d'incasso elastiche

- Non può determinare il tipo e la qualità del cibo (compito del servizio catering).
- Non può stabilire gli standard di manutenzione e pulizia a bordo (compito del servizio manutenzione).
- Non ha influenza sulla definizione degli orari (compito del servizio operativo).
- Non può agire sulle tariffe (compito della direzione amministrativa).

Tra i compiti affidatigli, rientrano le ricerche di marketing, la gestione dei venditori, le attività promozionali e pubblicitarie. È evidente che, per conseguire l'obiettivo assegnatogli, egli deve impegnarsi per ottenere la collaborazione dei vari servizi aziendali.

Le varie funzioni aziendali spesso resistono agli sforzi della funzione marketing volti a sempre meglio soddisfare le richieste della clientela. Nella stessa misura in cui la funzione marketing sostiene l'importanza del punto di vista del cliente, gli altri servizi mettono in evidenza le specifiche esigenze connesse al loro ruolo. È inevitabile che i vari organi aziendali definiscano i problemi e gli obiettivi dell'impresa sulla base dei rispettivi punti di vista, con il conseguente determinarsi di una serie di conflitti di interessi nell'ambito dell'impresa. Nella tavola 25-1 sono presentate le principali differenze di punti di vista fra la funzione di marketing e le altre funzioni dell'impresa.

Esamineremo ora i temi sui quali maggiormente si incentra l'attenzione delle varie funzioni aziendali.

Ricerca e sviluppo. L'obiettivo aziendale di disporre di nuovi prodotti di successo è spesso compromesso dai cattivi rapporti di lavoro intercorrenti fra ricerca e sviluppo (R&S) e marketing. Questi servizi rappresentano, sotto molti aspetti, due diverse culture nell'ambito dell'impresa. Il servizio R&S è costituito da tecnici, e talvolta anche da scienziati, orgogliosi del proprio disinteresse e della propria curiosità di ricercatori. Essi, inoltre, amano lavorare attorno a impegnativi problemi di natura tecnica, senza preoccuparsi dei risultati pratici immediati, e mal sopportano ogni forma di supervisione e di controllo dei costi di ricerca.

I servizi di marketing e di vendita sono formati da persone orientate all'attività commerciale, orgogliose della propria capacità di comprendere la realtà, interessate a nuovi prodotti dotati di caratteristiche tali da poter essere presentati con successo alla clientela, poco sensibili nei confronti dei problemi di costo. Ognuno dei due gruppi spesso possiede stereotipi negativi dell'altro gruppo. Gli operatori di marketing, ad esempio, vedono i colleghi della R&S come persone prive di senso pratico, che amano i comportamenti originali, e che capiscono ben poco del mondo degli affari. A loro volta, gli uomini della R&S considerano gli addetti al marketing come degli imbonitori disposti a usare qualsiasi trucco pur di vendere.

Nella realtà, le imprese possono essere dominate da una cultura prevalentemente tecnico-scientifica, oppure economico-commerciale, oppure ancora mista. Nelle imprese in cui predominano i ricercatori e i tecnici, questi concentrano la propria attenzione sui problemi di fondo, ricercano nuove strade, si sforzano di conseguire la perfezione tecnica nello sviluppo dei prodotti. Ne consegue che le spese di R&S sono alte e che la possibilità di successo dei nuovi prodotti tende a essere bassa, sebbene di quando in quando vengano realizzate innovazioni di rilievo.

Nelle imprese in cui la funzione di marketing assume un peso prevalente, il servizio R&S sviluppa prodotti corrispondenti a specifiche esigenze di mercato, il più delle volte attraverso la modifica dei prodotti esistenti, nonché l'applicazione delle tecnologie correnti. Il numero dei nuovi prodotti di successo tende ad aumentare, ma, come già osservato, si tratta in prevalenza di prodotti modificati a ciclo di vita relativamente breve. Un corretto equilibrio organizzativo presuppone invece che le due funzioni condividano la responsabilità di un'innovazione in grado di conseguire il successo sul mercato. Il servizio R&S deve assumere la responsabilità non solo dell'invenzione, ma anche dello sviluppo di innovazioni di successo. A sua volta, il servizio marketing non può limitarsi a definire le modifiche da apportare ai prodotti esistenti, ma deve anche contribuire all'identificazione di nuovi modi per soddisfare i bisogni. È stato posto in evidenza come il coordinamento fra R&S e marketing sia strettamente correlato al successo di mercato.[11]

La cooperazione fra le due aree può essere sviluppata mediante una molteplicità di modi:[12]

1. Organizzazione di seminari congiunti aventi lo scopo di determinare comprensione e rispetto per quanto concerne i rispettivi obiettivi, problemi e stili operativi.
2. Assegnazione di ogni nuovo progetto a due persone, una appartenente alla R&S e l'altra al marketing, incaricandole di lavorare assieme per tutta la durata del progetto.

3. Il personale di ognuno dei due servizi viene assegnato per determinati periodi all'altro servizio, in modo da acquisirne l'esperienza.
4. La composizione dei conflitti viene assunta dalla direzione generale, la quale applica una procedura ben definita.

Ingegnerizzazione. Questa funzione (in inglese, *engineering*) è responsabile dell'individuazione di realistiche soluzioni per la progettazione dei nuovi prodotti e dei nuovi processi di produzione. Ai progettisti interessa conseguire un buon livello di qualità tecnica, economia di produzione e semplicità costruttiva. Essi entrano in conflitto con i responsabili di marketing quando questi richiedono una molteplicità di modelli, spesso con caratteristiche talmente individualizzate da rendere impossibile la produzione standardizzata.

Gli addetti alla progettazione ritengono che gli uomini di marketing siano più interessati a mettere dei "fronzoli" sui prodotti, che non a migliorarne l'intrinseca qualità. Questi problemi sono meno pronunciati nelle imprese in cui i responsabili di marketing possiedano una preparazione tecnica che consenta loro di stabilire un dialogo con i progettisti.[13]

Acquisti. I dirigenti del settore acquisti sono responsabili del reperimento delle materie prime e dei componenti ai costi più bassi possibili, nelle quantità e secondo le specificazioni qualitative richieste. I dirigenti in questione si trovano naturalmente in contrasto con i responsabili di marketing, i quali, premendo per ottenere una pluralità di modelli per ogni linea di prodotto, determinano il frazionamento degli acquisti fra materiali aventi caratteristiche diverse. I responsabili della funzione acquisti sono inoltre dell'avviso che i loro colleghi dell'area marketing puntino su livelli di qualità dei materiali eccessivamente elevati. Un'altra causa di frizione fra i due settori è dovuta all'inaccuratezza che frequentemente presentano le previsioni dei dirigenti di marketing, il che si traduce o in scorte eccessive, o nella necessità di effettuare ordinativi urgenti, con conseguenti incrementi di costo.

Produzione. Numerosi sono i conflitti che possono sorgere fra produzione e marketing. I responsabili della produzione hanno il compito di garantire il regolare flusso dei prodotti finiti, alle condizioni quantitative, qualitative, di tempo e di costo stabilite. Essi hanno trascorso la loro vita nella stabilimento, con tutto quanto ciò significa: guasti agli impianti, interruzioni nel flusso dei rifornimenti, conflitti di lavoro. Gli ingegneri della produzione considerano gli operatori di marketing come persone scarsamente informate circa gli aspetti economici e organizzativi della produzione. A loro volta, i responsabili del marketing si lamentano dell'insufficiente capacità produttiva degli impianti, dei ritardi di produzione, dello scadente livello del controllo di qualità, dell'inefficienza del servizio alla clientela. Ma anch'essi non sono esenti da pecche, dall'inaccuratezza delle previsioni di vendita, alla richiesta di prodotti difficili da realizzare o in un numero eccessivo di versioni, alla promessa alla clientela di servizi di assistenza iperbolici.

La ragione di tutto ciò sta nel fatto che gli operatori di marketing sono portati, per la loro stessa funzione, a considerare in primo luogo i problemi dei clienti, i quali chiedono di poter disporre dei prodotti ordinati il più presto possibile, che si irritano quando ricevono prodotti difettosi, o quando il servizio di assistenza non interviene immediatamente dopo la chiamata. Il privilegiare il punto di vista del cliente conduce il dirigente di marketing a non accordare la necessaria importanza ai problemi di costo. Il suo obiettivo prioritario è, infatti, quello di conseguire il massimo livello di soddisfazione del cliente. In conclusione, il problema non sta tanto nella mancanza di comunicazione tra i due settori, quanto nell'esistenza di un reale conflitto di interessi.

Le imprese cercano di sanare questi conflitti in modi diversi. Nelle imprese in cui prevale un *orientamento alla produzione*, ogni operazione è finalizzata a mantenere un flusso costante di produzione e un basso livello dei costi. Pertanto, vengono preferiti prodotti semplificati, linee di prodotto ristrette e alti volumi di produzione. Le campagne di vendita che richiedono rapidi cambiamenti dei processi produttivi sono ridotte al minimo. I clienti che hanno effettuato degli ordini devono attendere.

Nelle imprese *orientate al marketing* le cose vanno, ovviamente, in modo diverso. Ogni operazione deve concorrere a migliorare il rapporto con il cliente. In un'impresa di cosmetici, ad esempio, il settore marketing ha il controllo totale delle operazioni, per cui il settore produttivo è costretto ad adeguarsi. La conseguenza è che i costi di produzione vanno fuori controllo, come pure il livello qualitativo dei prodotti.

Le imprese devono realizzare un *orientamento equilibrato fra produzione e marketing*, in modo che i due settori si ritengano ugualmente importanti e codeterminino ciò che corrisponde all'interesse aziendale. Le soluzioni per conseguire questo equilibrio vanno dalla realizzazione di seminari congiunti per meglio comprendere i punti di vista reciproci alla costituzione di comitati e di gruppi di lavoro congiunti, allo scambio di personale, alla definizione di metodi analitici che consentano di determinare i più efficaci corsi d'azione.

La redditività di un'impresa dipende in notevole misura dal conseguimento di buone relazioni fra marketing e produzione. Gli operatori di marketing devono comprendere le implicazioni di marketing che derivano dalle nuove tecnologie e dai nuovi sistemi di produzione, mentre i responsabili della produzione, a loro volta, devono rendersi conto dell'enorme portata ai fini del successo di mercato derivante dai progressi realizzati nella loro area.

Finanza. I dirigenti finanziari sono orgogliosi della loro capacità di valutazione delle implicazioni dei vari corsi d'azione. Tuttavia, quando si tratta di prendere in considerazione le spese di marketing, essi sentono un senso di frustrazione. I responsabili del marketing chiedono di poter disporre di considerevoli budget per la pubblicità, la promozione, la forza vendita, senza tuttavia essere in grado di dimostrare quali risultati in termini di vendite le spese in questione saranno in grado di conseguire.

I responsabili della finanza aziendale nutrono il sospetto che le previsioni dei loro colleghi dell'area marketing siano deformate nel loro specifico interesse. Essi sono dell'avviso che gli operatori di marketing non dedichino la necessaria attenzione all'analisi del rapporto fra le varie classi di spesa e le vendite e all'individuazione delle aree di attività più redditizie. Ancora, essi ritengono che i responsabili di marketing siano troppo inclini a ridurre i prezzi pur di acquisire gli ordini. A loro volta, i dirigenti di marketing pensano che i dirigenti finanziari siano scarsamente propensi a investire nello sviluppo a lungo termine del mercato. Il loro atteggiamento conservatore e avverso al rischio fa sì che molte opportunità vadano perdute.

La soluzione sta nello sviluppare negli operatori di marketing un'adeguata formazione in materia, e nello stesso tempo nell'accrescere la comprensione da parte del settore finanziario del modo in cui i mercati rispondono ai vari livelli di impegno di marketing.

Contabilità. I contabili lamentano il ritardo con cui il settore marketing trasmette i rapporti di vendita. Inoltre, essi non vedono di buon occhio le condizioni di vendita particolari che talvolta vengono accordate a taluni clienti, in quanto ciò richiede l'impiego di particolari procedure contabili. Dal canto loro, gli operatori di marketing sono spesso in disaccordo con il settore contabile a proposito dei criteri adottati per ripartire i costi fissi fra i prodotti e le linee di prodotto. Ad esempio, i responsabili di marca o di prodotto possono essere dell'avviso che la redditività del proprio settore sarebbe più elevata, se l'attribuzione di quote di costi fissi fosse più equilibrata. Inoltre, essi desidererebbero poter disporre di dati sulle vendite e sul profitto per i diversi canali, territori di vendita, gruppi di clienti, e così via.

Credito alla clientela. I responsabili del credito alla clientela stabiliscono l'entità del credito che può essere concesso ai vari nominativi, in funzione della loro potenzialità e solvibilità. Essi ritengono che il servizio vendite, se lasciato a se stesso, venderebbe anche ai clienti poco affidabili. I responsabili del marketing sono invece dell'avviso che i criteri per l'affidamento del credito alla clientela siano eccessivamente rigidi, il che implica rilevanti perdite di ordini e di profitti. Lo sforzo di acquisizione dei clienti, secondo loro, è troppo elevato, per essere poi annullato da valutazioni restrittive della loro capacità a onorare gli impegni.

25.2.4 Come orientare l'impresa al marketing

Come si è già avuto modo di notare, non sono molte le imprese – quali Procter & Gamble, IBM, McDonald's, Citibank, Benetton – che realizzano un autentico orientamento al mercato. Un numero molto maggiore può essere ritenuto come orientato alle vendite, al prodotto, ecc. Queste imprese presto o tardi esperimentano qualche crisi di mercato. Esse possono perdere un mercato importante, assistere a una riduzione delle vendite e dei profitti, o trovarsi a dover fronteggiare concorrenti più sofisticati.

Il considerevole declino della quota di mercato della General Motors è da attribuire, secondo l'opinione di molti esperti, al consolidato orientamento alle vendite di questa megaimpresa. In passato, la GM produceva una vasta gamma di vetture e le vendeva con successo, soprattutto perché la propria organizzazione di vendita aveva una dimensione doppia rispetto a quella del maggiore dei propri concorrenti, la Ford. Di conseguenza, l'impresa in questione non si rese conto del graduale cambiamento del mercato, con l'emergere della domanda di autovetture di piccola dimensione, la diffusione delle auto di lusso di produzione straniera, la particolare importanza assegnata al servizio da parte dei concorrenti, e così via. Il management della GM era orientato all'interno, non all'esterno.[14]

All'inizio degli anni Settanta, la American Telephone and Telegraph (AT&T) si trovò a dover fronteggiare un'accesa concorrenza nel mercato dei centralini telefonici e delle apparecchiature accessorie. L'azienda in questione era del tutto impreparata ad affrontare la nuova situazione del mercato. Essa, infatti, non disponeva di personale qualificato nel campo del marketing, né aveva un sia pur minimo orientamento al mercato. La direzione si rese conto che essa aveva dato il massimo impulso alle vendite, quando invece avrebbe dovuto prestare attenzione alle nuove forze del mercato.[15]

La Chase Manhattan Bank ha assistito ai progressi compiuti dalla Citibank, la sua principale concorrente, effettuando un'efficace mossa di marketing dopo l'altra. Ogni volta, la Chase ha visto accrescere la distanza rispetto alla banca rivale. La Citibank ha sviluppato sistematicamente un'avanzata cultura di marketing al proprio interno, mentre la Chase ha continuato a operare secondo le consuete logiche finanziarie e creditizie.[16]

La International Harvester, una delle imprese pioniere degli Stati Uniti, per decenni ha goduto di una posizione di leadership sul mercato mondiale del macchinario agricolo, per l'edilizia, per la refrigerazione e per molteplici altre applicazioni. Dopo che nel corso degli anni Sessanta e Settanta si erano manifestati segni evidenti di crisi, nel 1980 si determinò un vero e proprio crollo. Qualche anno dopo, all'inizio del 1986, la International Harvester, notevolmente ridimensionata, cambiò il nome in Navistar. La lunga crisi di questa grande impresa era stata determinata da una molteplicità di decisioni mediocri, basate su una sistematica incapacità di comprendere le dinamiche del mercato.[17]

Le imprese in questione intraprendono quindi le azioni necessarie ad assumere una struttura "determinata dal mercato" (*market driven*). Tuttavia, esse in molti casi non conseguono lo scopo. Le spiegazioni sono molteplici. In alcuni casi l'alta direzione non è più in grado di comprendere la reale sostanza del marketing, confondendolo con le vendite e le attività promozionali. Essa ritiene che l'organizzazione debba vendere di più e in modo più aggressivo, senza comprendere che tale proposito può essere vanificato dall'inadeguatezza dei prodotti, o da non corrette politiche di prezzo.

Altri dirigenti di alto livello sottovalutano il compito di modificare la cultura della propria impresa. Essi ritengono che per rendere le proprie imprese più orientate al mercato sia sufficiente pronunciare discorsi circa la necessità che tutti "lavorino per il cliente", od organizzare seminari di introduzione al marketing. Così operando, non si rendono conto delle resistenze al cambiamento che si determinano nelle imprese allorquando vengono avviati processi di trasformazione delle strutture organizzative.

Se le dichiarazioni di principio sulla "fondamentale importanza del marketing" e un certo numero di seminari sul marketing non producono risultati tangibili nel volgere di uno o due anni, gli alti dirigenti perdono la loro fiducia nel ruolo taumaturgico del marketing e rivolgono la loro attenzione ad altri temi, quali, ad esempio, la "qualità globale". In realtà, lo sviluppo di una reale cultura di marketing nell'impresa richiede l'esistenza delle seguenti condizioni:

1. **Leadership direzionale**. L'accettazione da parte di tutte le funzioni aziendali della necessità di un orientamento globale al mercato richiede l'impegno convinto e determinato del top management. Infatti, la creazione di una specifica funzione di marketing non è di per sé sufficiente a stabilire un effettivo orientamento al cliente da parte dell'impresa.
Il primo responsabile dell'impresa deve quindi impegnarsi direttamente a manifestare una costante attenzione verso la clientela e a richiedere il medesimo atteggiamento a tutta l'organizzazione.

2. **Costituzione di una "task force" di marketing**. Il direttore generale dovrebbe nominare una task force, o gruppo d'azione, di marketing, incaricata di introdurre le moderne tecniche di marketing nell'impresa e comprendente il direttore generale, il vice-direttore generale, i direttori marketing, vendite, produzione e finanza, e alcuni specialisti. Essi dovrebbero definire il grado di innovazione di marketing di cui ha bisogno l'impresa, formulare gli obiettivi, analizzare i problemi connessi alla traduzione operativa delle innovazioni e mettere a punto una strategia generale. Per i primi anni il comitato dovrebbe riunirsi periodicamente per poter valutare i programmi e assumere nuove iniziative.

3. **I consulenti di marketing**. Il comitato di cui al punto precedente potrebbe probabilmente trovare vantaggioso il disporre dell'assistenza di consulenti esterni nel realizzare una cultura di marketing nell'impresa. Le società di consulenza hanno una considerevole esperienza in materia di realizzazione dell'orientamento di marketing nell'impresa.

4. **Modifica dei sistemi di remunerazione**. La realizzazione dell'orientamento al cliente delle varie funzioni aziendali comporta la modifica degli esistenti sistemi di remunerazione, generalmente basati su una stretta correlazione della stessa con il conseguimento di specifici obiettivi funzionali, quali la riduzione al minimo del costo di acquisizione delle risorse da parte dell'ufficio acquisti, l'ottenimento di elevati volumi di produzione da parte della direzione della produzione, e così via.
È pertanto necessario che la remunerazione dei vari responsabili sia collegata ai risultati ottenuti in termini di creazione di valore per il cliente.

5. **Acquisizione di competenze professionali di marketing**. Molto spesso le imprese sono prive di adeguate competenze nel campo del marketing. Lo sviluppo delle stesse all'interno è in genere difficile e comunque richiede tempo, cioè la risorsa più scarsa. Occorre quindi procedere alla loro acquisizione all'esterno, preferibilmente presso le imprese leader nel campo del marketing.
Un esempio di grande interesse in proposito è fornito dalla Citibank, la quale al momento di avviare una reale revisione organizzativa secondo i pricipi del marketing assunse molti manager provenienti dalla General Foods.

6. **Formazione al marketing**. L'impresa dovrebbe sviluppare programmi di formazione a tutti i livelli dell'organizzazione, a partire dai livelli più elevati.
Scopo di questi programmi dovrebbe essere quello di estendere e consolidare la conoscenza del marketing, di sviluppare le attitudini e le abilità individuali, di diffondere le competenze in materia di impiego delle tecniche specifiche.

7. **Realizzazione di un moderno sistema di pianificazione di marketing**. Un eccellente metodo per abituare i manager a pensare in termini di marketing consiste nell'introdurre nell'impresa la pianificazione di marketing. La logica della pianificazione fa sì che i manager dapprima pensino all'ambiente di marketing, alle opportunità, alle dinamiche competitive e agli altri temi di marketing. Successivamente le strategie di marketing e le previsioni di vendita possono essere sviluppate sulla base dei dati di mercato essenziali.

Un'impresa che ha realizzato con successo un processo di cambiamento della cultura aziendale secondo una prospettiva di orientamento al mercato è la Du Pont. La creazione di una *marketing community*, intrapresa sotto la guida di Richard Heckert, presidente e amministratore delegato dell'azienda, ebbe luogo innanzitutto mediante la riorganizzazione delle divisioni secondo linee di mercato, anziché di prodotto. Ad esempio, venne creata una nuova divisione, con sede a Detroit, alla quale facevano capo tutte le unità operanti nel settore dell'industria automobilistica, fino a quel momento operanti per conto proprio, con un grado di coordinamento ridotto al minimo.

Venne quindi realizzato un programma di seminari di marketing management, seguiti da oltre 16.000 persone fra dirigenti, quadri e altri collaboratori. Infine, la Du Pont introdusse un sistema di premiazione delle più innovative idee in materia di strategie di marketing, miglioramenti del servizio reso al cliente e così di seguito.[18]

Un altro caso importante è quello della Hewlett-Packard, la quale si propose di accentuare al massimo il proprio orientamento al mercato, realizzando a tal fine una serie di studi approfonditi sul grado di soddisfazione della clientela e introducendo in seguito alcune modifiche di rilievo nella propria struttura. In particolare, venne avviato un programma per lo sviluppo della qualità totale; furono rafforzati i rapporti di collaborazione fra la funzione di marketing e le altre funzioni; e, infine, venne costituito un sistema di valutazione delle prestazioni di mercato.

Un terzo esempio di grande rilievo nel campo della trasformazione della cultura aziendale secondo una prospettiva di mercato è costituito dal *turnaround* effettuato da Fiat Auto fra la fine degli anni Settanta e i primi anni Ottanta. All'inizio del processo di trasformazione, «la Fiat Auto era un'azienda certamente *product-oriented*, orientata a dare priorità a nuove soluzioni tecnologiche di prodotto e all'ottimizzazione delle esigenze di produzione. Ma, al tempo stesso, aveva maturato un decennio di cultura dell'andare incontro al cliente e alle sue esigenze che è poi la sostanza del marketing moderno».

Il passaggio a un orientamento maggiormente sensibile alle esigenze del momento avvenne attraverso una serie di innovazioni che investirono gradualmente la progettazione, la logistica, l'organizzazione di vendita, la comunicazione e che trovano la loro manifestazione visibile nel lancio della "Uno". Nell'ambito di questo processo di trasformazione «il

marketing ha contribuito, se non da catalizzatore, almeno da fattore di stimolo. Anzi, è stato un elemento portante nel fornire uno schema sistematico di come porsi le domande e di come rispondervi.
Possiamo riassumere gli anni dello sviluppo della "Uno" dicendo che essa è nata in un'azienda orientata alla produzione, ma ha beneficiato dell'evoluzione della "cultura" dell'impresa Fiat, presentandosi con tutti i requisiti necessari per rispondere alle richieste dei consumatori: figlia, quindi, di un'azienda che stava diventando *market-oriented*».[19]

25.3 La realizzazione dei piani di marketing

Dopo aver esaminato il modo in cui le imprese sviluppano una propria funzione di marketing, rivolgiamo ora la nostra attenzione a come i responsabili della funzione in questione possano efficacemente attuare i piani di marketing. Un piano di marketing brillantemente concepito avrà scarso valore se la sua realizzazione non sarà appropriata.

Un'impresa chimica, ritenendo che i clienti non ricevessero un adeguato servizio da parte dei concorrenti, decise di assumere la qualità del servizio a fondamento della propria strategia di differenziazione sul mercato. In realtà, si limitò all'enunciazione della strategia, senza preoccuparsi della sua traduzione operativa.

Il servizio clienti continuò ad essere considerato come di scarsa importanza, privo di personale e di quadri preparati. Inoltre, il sistema di valutazione aziendale restò ancorato ai tradizionali criteri basati sulla riduzione dei costi e sullo sviluppo dei profitti a breve termine. In conclusione, alla strategia non fece seguito una coerente attuazione, come spesso avviene.

> La *realizzazione del marketing* consiste nel processo che trasforma i piani di marketing in azioni specifiche e che assicura che le azioni suddette siano eseguite in modo tale da consentire il conseguimento degli obiettivi definiti dal piano.

Mentre la strategia si preoccupa di definire il *che cosa* fare e il *perché* nel quadro dell'attività di marketing, la realizzazione concerne la definizione del *chi*, del *dove*, del *quando* e del *come*. Strategia e realizzazione sono strettamente collegate, in quanto ogni livello di strategia implica l'adempimento di alcuni compiti di natura tattica a un livello inferiore. Per esempio, la decisione della direzione aziendale di procedere alla "mietitura" di un prodotto nella fase di declino del suo ciclo di vita deve essere tradotta in modifiche del budget delle spese di marketing, in istruzioni per l'organizzazione di vendita, nella revisione dei listini prezzo, nella redistribuzione dello sforzo pubblicitario, e così via.

La formulazione della strategia deve inoltre tener conto dei problemi connessi all'attuazione. Infatti, prevedibili difficoltà nella fase di realizzazione possono indurre a effettuare queste strategie diverse. Bonoma, in uno studio condotto sui problemi di realizzazione delle strategie in sedici imprese, ha identificato le quattro seguenti aree che possono influenzare l'efficace traduzione operativa dei programmi di marketing.[20]

- Capacità di individuare e diagnosticare un problema.
- Capacità di identificare il livello aziendale in corrispondenza del quale si presenta un problema.
- Capacità di attuare i piani.
- Capacità di valutare i risultati.

Capacità diagnostiche. La stretta interrelazione fra strategia e realizzazione può determinare difficoltà di diagnosi allorquando il programma di marketing non consegue i risultati previsti. Il basso livello delle vendite è il risultato di una cattiva strategia o di una realizzazione inefficiente?

Inoltre, occorre determinare *qual è il problema* (diagnosi), o *che cosa è necessario fare* (azione)? Per ogni alternativa sono disponibili differenti strumenti direzionali e soluzioni.

Livelli aziendali coinvolti. I problemi connessi alla realizzazione di marketing possono presentarsi a tre livelli aziendali.

Il primo livello è quello delle *funzioni di marketing* che occorre svolgere nella realizzazione dell'attività di marketing: vendite, concessione di licenze, pubblicità, pianificazione dei nuovi prodotti, gestione dei canali, e così via. Per esempio, come organizzare la funzione "sviluppo nuovi prodotti" in un'impresa che decida di entrare per ultima in un mercato in cui esiste un elevato livello di fedeltà della clientela?

Un secondo livello è rappresentato dai *programmi di marketing*, cioè della sinergica combinazione delle funzioni di marketing in un sistema integrato di attività.

Un terzo livello di attuazione è quello delle *politiche di marketing*. A questo proposito, il management è chiamato a formulare le direttive in base alle quali gli operatori di marketing si rendono chiaramente conto dell'azione che l'impresa deve svolgere nel mercato.

Capacità di realizzazione. Un'efficace realizzazione dell'attività di marketing richiede che ai vari "livelli" aziendali – funzioni, programmi, politiche – siano presenti determinate capacità. Le principali di queste concernono l'allocazione, il controllo, l'organizzazione e l'interazione. Le capacità di *allocazione* si manifestano nella competenza con la quale i dirigenti di marketing distribuiscono le varie risorse in relazione alle funzioni, alle politiche e ai programmi. Per esempio, l'allocazione del personale di vendita fra le varie aree geografiche costituisce un problema comune per le imprese produttrici di beni industriali. Determinare quanto spendere per mostre e per fiere (livello di funzione), o stabilire l'entità della garanzia da applicare ai prodotti "marginali" (livello di politica), costituiscono ulteriori esempi di problemi che richiedono una capacità di allocazione.

Le capacità di *controllo* (*monitoring*) consistono nel mettere a punto e nel gestire un sistema di controlli tali da avere una costante informazione circa i risultati delle azioni di marketing. I controlli possono essere di quattro tipi: controllo del piano annuale, controllo di profittabilità, controllo di efficienza e controllo strategico (si veda il successivo capitolo 26).

Le capacità di *organizzazione* riguardano la definizione delle relazioni fra il personale di marketing finalizzate al conseguimento degli obiettivi aziendali. Lo sviluppo di efficaci procedure per la realizzazione dell'attività di marketing si basa su due importanti prerequisiti: la comprensione del grado di centralizzazione e formalizzazione presente nel sistema aziendale e l'adeguata valutazione degli aspetti informali dell'organizzazione di marketing.

L'interazione degli aspetti formali e informali del sistema organizzativo influenza in misura notevole il grado di efficienza di molte attività di realizzazione.

Le capacità di *interazione* riguardano l'abilità di un manager nell'ottenere la collaborazione di altre persone nel realizzare i vari compiti. I dirigenti di marketing non solo devono essere capaci di motivare il proprio personale verso l'efficace assolvimento dei compiti assegnati, ma devono anche motivare gli organismi esterni – istituti di ricerche di mercato, agenzie pubblicitarie, intermediari commerciali, rivenditori, ecc. – i cui obiettivi possono anche non coincidere con quelli dell'impresa. Il gestire una situazione di conflitto nell'ambito dei canali di distribuzione, ad esempio, richiede una elevata capacità di interazione.

Capacità di valutazione dei risultati. Buoni risultati di mercato non provano necessariamente un corretto svolgimento dell'attività di marketing. Non è facile usare i risultati per poter distinguere fra una buona strategia e una cattiva realizzazione, oppure fra una cattiva strategia e una buona realizzazione.
Un efficace svolgimento dell'attività di marketing può essere posto in evidenza da risposte positive alle seguenti domande:

- Esistono una cultura aziendale e una forte leadership di marketing che promuovano e determinino l'eccellenza dei risultati?
- I programmi di marketing dell'impresa sono tali da coordinare e concentrare l'attività di marketing sui vari gruppi di clientela?
- Qual è la validità del management di marketing nell'interagire con: (a) gli altri servizi di marketing, come le vendite; (b) le altre funzioni dell'impresa; e (c) i clienti e il sistema distributivo?
- Quali sistemi di controllo sono usati dal management per essere informato non solo sui risultati delle proprie mosse, ma anche sulle attività dei concorrenti e della clientela?
- Qual è la validità dell'allocazione delle risorse disponibili fra i vari compiti di marketing effettuata dal management?

In conclusione, il separare l'effetto della strategia da quello della realizzazione sulla base dei risultati di mercato costituirà sempre un compito difficoltoso. Tuttavia, l'insistere sul raggiungimento di livelli di eccellenza nell'uno e nell'altro campo contribuirà in ogni caso a migliorare i risultati generali.

Note

[1] Tom Peters, *Prosperare sul caos*, Sperling & Kupfer, Milano 1989, cap. 4.

[2] Sulle innovazioni realizzate in questo campo, l'esperienza dell'industria automobilistica è di estremo interesse e rilevanza, anche per gli altri settori dell'industria manifatturiera. Si veda Walter G. Scott, *Fiat Uno. Innovazione e mercato nell'industria automobilistica*, Isedi, Torino 1991, pp. 161-188; nonché Kim B. Clark e Takahiro Fujimoto, *Product Development Performance*, Il Sole-24 Ore Libri, Milano 1992, pp. 102-135.

[3] Su questo tema, si vedano le seguenti pubblicazioni: Ryuji Fukuda, *Managerial Engineering*, Isedi, Torino 1992^3; Giorgio Merli, *Total Manufacturing Management*, Isedi, Torino 1992^7; e Yasuhiro Monden, *Produzione just-in-time*, Isedi, Torino 1986.

[4] Per ulteriori dettagli si veda il caso "General Foods Corporation: Post Division", in E. Raymond Corey e Steven H. Star (a cura di), *Organization Strategy: A Marketing Approach*, Division of Research, Graduate School of Business Administration, Harvard University, Boston 1971, pp. 201-230.

[5] Andrall E. Pearson e Thomas W. Wilson, *Making Your Organization Work*, Association of National Advertisers, New York 1967, pp. 8-13.

[6] Di grande interesse per chi desideri approfondire l'argomento è la raccolta pubblicata dalla *Harvard Business Review: Managing Product Life Cycles: From Star to Finish*, Boston 1991, nella quale sono ripubblicati i contributi di maggior rilievo comparsi sulla rivista fra il 1965 e il 1991. Utile anche la consultazione dell'opera citata di Clark e Fujimoto, in particolare i capitoli 1, 5, 6 e 9. Una rassegna della letteratura italiana sul tema del prodotto è stata recentemente compiuta da Murizio Rispoli, "Il prodotto fra marketing e strategia", in *Micro Macro Marketing*, anno I n. 2, agosto 1992, pp. 207-224.

[7] Mark Hanan, "Reorganize Your Company around Its Markets", in *Harvard Business Review*, novembre-dicembre 1974, pp. 63-74

[8] Per ulteriori dettagli, si veda Corey e Star, *Organization Strategy*, p. 187-196.

[9] Si veda B. Charles Ames, "Dilemma of Product/Market Management", in *Harvard Business Review*, marzo-aprile 1971, pp. 66-74.

[10] Watson Snyder Jr. e Frank B. Gray, *The Corporate Marketing Staff: Its Role and Effectiveness in Multi-Division Companies*, Marketing Science Institute, Cambridge, aprile 1971.

[11] Askok K. Gupta, S. P. Raj e David Wilemon, "A Model for Studying R&D-Marketing Interface in the Product Innovation Process", in *Journal of Marketing*, aprile 1986, pp. 7-17.

[12] Si veda William E. Souder, *Managing New Product Innovations*, Heath, Lexington 1987, capitoli 10 e 11; William L. Shanklin e John K. Ryans Jr., "Organizing for High-Tech Marketing", in *Harvard Business Review*, novembre-dicembre 1984, pp. 164-171; Walter G. Scott, "Marketing, tecnologia e innovazione", in Micro Macro Marketing, n. 1, aprile 1992, pp. 71-83.

[13] Per un'esauriente e aggiornata analisi del tema concernente l'ingegnerizzazio-

ne di prodotto e di processo, si veda l'opera di Clark e Fujimoto, pp. 122-135 dell'edizione italiana.

[14] J. Patrick Wright, *On a Clear Day You Can See General Motors*, Avon Books, New York 1979, cap. 8.

[15] Alvin Toffler, *L'azienda flessibile*, Sperling & Kupfer, Milano 1990.

[16] Richard Tanner Pascale, *Il management di frontiera*, Sperling & Kupfer, Milano 1992, pp. 299-309.

[17] Philip Kotler, John B. Clark e Walter G. Scott, *Marketing Management. Casi*, Isedi, Torino 1992, pp. 21-42.

[18] Edward E. Messikomer, "Du Pont's 'Marketing Community'", in *Business Marketing*, ottobre 1987, pp. 90-94.

[19] Walter G. Scott, *Fiat Uno*, intervista dell'autore a Umberto Agnelli, pp. 482-483.

[20] Gran parte di questo paragrafo si basa sull'opera di Thomas V. Bonoma, *Il marketing vincente*, Sperling & Kupfer, Milano 1988.

Capitolo 26

Il controllo di marketing

Avendo perso di vista il nostro obiettivo raddoppiammo gli sforzi.

Antico proverbio

Se qualcosa può andar male, state certi che è così che andrà a finire.

Legge di Murphy

Il compito dell'organo aziendale preposto alla funzione di marketing è quello di pianificare e controllare le attività che l'impresa svolge sul mercato. Poiché molteplici sono gli eventi imprevisti che si possono manifestare durante la realizzazione dei piani di marketing, è necessario esercitare il massimo impegno per mantenere sotto controllo le attività in questione. I sistemi di controllo di marketing sono pertanto essenziali al fine di accertare che l'impresa operi in modo efficace ed efficiente.

Malgrado ciò, molte imprese non dispongono di adeguate procedure di controllo, come è emerso da una ricerca condotta su settantacinque imprese di varia dimensione appartenenti ai principali settori. La ricerca in questione ha evidenziato i seguenti aspetti:

- Le imprese di minori dimensioni dispongono di sistemi di controllo meno avanzati rispetto alle imprese maggiori. Inoltre, esse curano meno la definizione di obiettivi precisi e di sistemi per la valutazione di risultati.
- Oltre la metà delle imprese del campione non conosce la profittabilità dei singoli prodotti. Circa un terzo delle imprese non effettua in modo regolare una rassegna dei prodotti finalizzata a individuare quelli che presentano un interesse ridotto.
- Circa la metà delle imprese considerate non procede a confrontare i propri prezzi con quelli della concorrenza, ad analizzare i costi di magazzino e di distribuzione, a identificare le cause dei resi, a effettuare studi sull'efficacia della pubblicità, a esaminare i rapporti della forza di vendita.
- Molte imprese impiegano da quattro a otto settimane per predisporre le relazioni di controllo, le quali sono spesso inaccurate.

Si possono distinguere i quattro tipi di controllo di marketing illustrati nella tavola 26-1.

Nel *controllo del piano annuale* i responsabili dell'attività di marketing confrontano i risultati conseguiti con gli obiettivi del piano e, se necessario, adottano le misure correttive.

Il *controllo della profittabilità* consiste in una serie di accertamenti volti a stabilire i margini di profitto realmente determinanti dei vari prodotti, mercati finali, territori di vendita e canali di distribuzione.

Il *controllo di efficienza* implica la ricerca dei modi atti ad accrescere l'impatto dei vari strumenti di marketing e delle spese relative. Il *controllo strategico*, a sua volta, consiste nella periodica rassegna della corrispondenza fra le strategie di base dell'impresa e le opportunità del mercato.

Esamineremo ora in dettaglio i quattro tipi di controllo.

Tavola 26-1 Tipi di controllo di marketing

Tipi di controllo	Responsabilità primaria	Scopo del controllo	Strumenti di controllo
1) Controllo del piano annuale	Alta direzione Dirigenti intermedi	Verificare se si stanno conseguendo i risultati prestabiliti	Analisi delle vendite Analisi della quota di mercato Analisi del rapporto spese di marketing/ vendite Analisi finanziaria Analisi della clientela
2) Controllo della profittabilità	Controllo di marketing	Individuare le aree nelle quali l'impresa sta perdendo o conseguendo dei profitti	Profittabilità per: prodotto territorio cliente segmento canale dimensione degli ordini
3) Controllo di efficienza	Organi di linea e di staff	Valutare e migliorare l'efficienza della spesa di marketing	Efficienza della: forza di vendita pubblicità promozione delle vendite distribuzione
4) Controllo strategico	Controller di marketing Alta direzione	Esaminare se l'impresa sta perseguendo le migliori opportunità rispetto a mercati, prodotti e canali	Valutazione dell'efficacia di marketing Marketing audit

26.1 Il controllo del piano annuale

Scopo del controllo del piano annuale è l'accertare che l'impresa consegua gli obiettivi di vendita, di profitto o di altro tipo, a suo tempo stabiliti. L'essenza del controllo del piano annuale è costituita dalla *direzione per obiettivi*. Il processo di controllo si svolge secondo i quattro stadi illustrati nella figura 26-1. Innanzitutto, la direzione d'impresa deve fissare, nell'ambito del piano, degli obiettivi specifici a livello mensile o trimestrale, onde poter disporre di punti di riferimento della propria attività. Quindi, deve controllare con attenzione i risultati conseguiti sul mercato. Deve poi determinare le cause degli scostamenti di rilievo fra risultati e obiettivi. Infine, deve intraprendere azioni correttive per eliminare, o quantomeno contenere, gli scostamenti fra obiettivi e risultati. Ciò potrebbe richiedere la modifica dei programmi, o anche degli obiettivi.

Il modello in esame si applica a tutti i livelli dell'organizzazione. L'alta direzione stabilisce gli obiettivi di vendita e di profitto per l'esercizio, dai quali vengono ricavati i traguardi specifici per i livelli organizzativi subordinati. In tal modo, ogni manager di prodotto è impegnato a conseguire determinati livelli di vendite e di costi. Analogamente, ogni responsabile di vendita, a livello territoriale o divisionale, dispone di un sistema di obiettivi specifici. Alla fine di ogni periodo di controllo, la direzione può esaminare i risultati conseguiti, identificando le possibili deviazioni rispetto al piano e le corrispondenti cause e responsabilità.

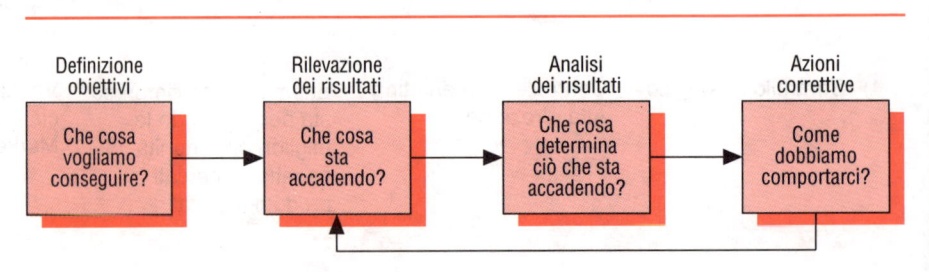

Figura 26-1 Il processo di controllo

Definizione obiettivi	Rilevazione dei risultati	Analisi dei risultati	Azioni correttive
Che cosa vogliamo conseguire?	Che cosa sta accadendo?	Che cosa determina ciò che sta accadendo?	Come dobbiamo comportarci?

Si possono utilizzare cinque strumenti per controllare l'attuazione del piano: l'analisi delle vendite, della quota di mercato, del rapporto spese di marketing-vendite, l'analisi finanziaria e l'analisi degli atteggiamenti del cliente.

26.1.1 L'analisi delle vendite

L'analisi delle vendite consiste nella misurazione e nella valutazione delle vendite conseguite in relazione agli obiettivi. Due sono gli strumenti specifici utili a tal scopo. *L'analisi degli scostamenti delle vendite* misura l'apporto relativo dei diversi fattori a un divario di rendimento delle vendite. Supponiamo che il piano annuale abbia previsto la vendita di 4.000 unità di prodotto nel primo quadrimestre al prezzo unitario di mille lire, per complessivi 4 milioni di lire. Alla fine del quadrimestre sono state vendute solo 3.000 unità, a 800 lire l'una, per un totale di 2,4 milioni di lire. Lo scostamento fra vendite effettive e vendite previste è di 1,6 milioni di lire, pari al 40% delle vendite attese. Nasce la domanda: in che misura questo rendimento inferiore dipende dalla diminuzione di prezzo e in che misura dalla riduzione dei volumi venduti? La risposta può essere così determinata:

Scostamento dovuto alla diminuzione di prezzo:		
(Lit. 1.000 – 800) x 3.000 =	Lit. 600.000	37,5%
Scostamento dovuto alla riduzione delle vendite:		
Lit. 1.000 x (4.000 – 3.000) =	Lit. 1.000.000	62,5%
Scostamento totale:	Lit. 1.600.000	100,0%

Quasi due terzi dello scostamento complessivo sono dovuti al mancato conseguimento dell'obiettivo di vendita. L'impresa dovrebbe pertanto esaminare con attenzione la situazione, al fine di identificare le cause che l'hanno determinata.[1]

Una risposta può essere fornita dalla micro-analisi degli scostamenti, la quale prende in considerazione quei prodotti, territori di vendita e così via che non hanno conseguito i previsti risultati. Supponiamo che l'impresa operi in tre zone, e che le vendite programmate siano pari a 1.500, 500 e 2.000 unità, per un totale di 4.000 unità. Le vendite effettive, invece, sono rispettivamente di 1.400, 525 e 1.075 unità. Pertanto, la zona 1 presenta uno scostamento negativo del 7%, la zona 2 uno scostamento positivo del 5% e la zona 3 addirittura uno scostamento negativo del 46%: quindi, la zona 3 è la fonte principale dei problemi. Il direttore delle vendite potrebbe analizzare i dati al fine di stabilire quale delle seguenti ipotesi è in grado di spiegare lo scarso rendimento: il venditore della zona 3 non lavora abbastanza, oppure ha problemi personali; nella zona ha iniziato a operare un forte concorrente; si tratta di una zona il cui potenziale è assai inferiore alla media generale.

26.1.2 L'analisi della quota di mercato

Le vendite dell'impresa non rappresentano un'informazione sufficiente a valutarne i risultati nei confronti della concorrenza. Supponiamo che le vendite aumentino: questo potrebbe dipendere da condizioni economiche generali più favorevoli, di cui tutte le imprese beneficiano; oppure, da un rafforzamento dell'impresa rispetto ai concorrenti. La direzione aziendale deve tenere sotto controllo la propria *quota di mercato* (nel quadro 26-1 sono illustrati alcuni criteri di determinazione della medesima): se questa sale, l'impresa si rafforza rispetto ai concorrenti, se scende, la stessa si indebolisce. Queste conclusioni sul significato che può assumere una variazione della quota devono tuttavia essere meglio precisate:

- ■ L'ipotesi che le forze esterne influiscano nello stesso modo su tutte le imprese non è sempre vera. La campagna promossa dalle autorità sanitarie dei vari paesi sui danni per la salute causati dal fumo hanno determinato una caduta nelle vendite di sigarette, ma non nella stessa misura per tutte le imprese. Infatti, le imprese con una reputazione migliore per quanto concerne i filtri impiegati hanno subito minori riduzioni di vendita.
- ■ L'ipotesi che i risultati di un'impresa debbano essere valutati rispetto ai risultati medi di tutte le imprese non è sempre fondata. Un'impresa con opportunità superiori alla media dovrebbe registrare incrementi crescenti della quota di mercato. Se questa resta costante, ciò implica una conduzione aziendale inferiore alla media.
- ■ Se una nuova impresa entra nel mercato, la quota di tutte le imprese già presenti potrebbe ridursi. In questo caso, una perdita di quota non significa che l'impresa stia andando peggio delle altre.

Quadro 26-1 La definizione e la misura della quota di mercato

Il primo passo da compiere nell'analisi della quota di mercato consiste nello stabilire quale criterio di misura adottare. Ne esistono, infatti, quattro tipi:

- **La quota del mercato globale**. È il totale delle vendite dell'impresa, espresso come percentuale delle vendite totali del settore. Due decisioni devono essere prese prima di utilizzare questa misura: la prima, se esprimere la quota in termini di unità vendute, o di valore delle vendite.
  Le variazioni di quota in termini di unità riflettono le variazioni dei volumi di vendita delle imprese concorrenti, mentre variazioni della quota espresse in valore riflettono variazioni combinate di prezzo e quantità. La seconda decisione riguarda la definizione di mercato globale.

- **La quota del mercato servito**. È il rapporto fra le vendite dell'impresa e le vendite complessive sul mercato servito, cioè sul mercato che è interessato all'offerta dell'impresa e che viene raggiunto dal suo sforzo di marketing. Questa quota è sempre superiore alla quota globale.
  Un'impresa potrebbe coprire quasi il 100% del proprio mercato servito, ma solo una percentuale relativamente piccola del mercato totale. Quindi, il primo obiettivo di un'impresa è conseguire il maggior volume di vendite sul mercato servito; a mano a mano che si avvicina a questo traguardo, dovrebbe aggiungere nuove linee di prodotto e nuove aree per ampliare il mercato stesso.

- **La quota di mercato relativa (ai tre principali concorrenti)**. È costituita dal rapporto fra le vendite dell'impresa e le vendite dei tre principali concorrenti.
  Ad esempio, se un'impresa detiene il 30% del mercato e i suoi tre principali concorrenti hanno 20, 10 e 10%, allora la quota del mercato relativa è del 75% (= 30/40). Se ognuna delle imprese avesse il 25% del mercato, allora la quota relativa sarebbe il 33% per tutti. Quote relative superiori al 33% sono considerate elevate.

- **La quota di mercato relativa (al concorrente principale)**. Alcune imprese calcolano la percentuale delle proprie vendite rispetto a quelle del concorrente principale.
  Una quota superiore al 100% indica il leader di mercato. Una quota uguale al 100% indica che l'impresa è alla pari con il leader; un aumento della quota mostra che l'impresa si sta rafforzando.

Dopo aver scelto quale tipo di quota di mercato utilizzare, occorre reperire i dati necessari. La quota globale è normalmente la più semplice da determinare, perché richiede la conoscenza solo del totale delle vendite del settore, dato in genere di facile reperibilità. Stimare la quota del mercato servito dipende, tra l'altro, dai cambiamenti nelle linee di prodotto dell'impresa e dall'estensione geografica dell'attività.

Stimare le quote relative è ancora più arduo, perché si devono valutare le vendite di specifici concorrenti, i quali tendono a tenere riservate queste informazioni.

Si devono quindi seguire metodi indiretti, quali la determinazione del volume degli acquisti di materie prime della concorrenza o il numero di turni di produzione che effettuano.

- A volte una riduzione di quota viene deliberatamente operata dall'impresa per migliorare i profitti. Ad esempio, si rinuncia ai clienti o ai prodotti poco profittevoli.
- La quota di mercato può fluttuare per cause accidentali. Ad esempio, può influire sulla quota il fatto che una vendita importante sia effettuata proprio alla fine di un periodo o all'inizio del successivo. Non tutte le variazioni della quota di mercato sono significative in termini di marketing.[2]

L'impresa può osservare l'andamento della quota per linea di prodotto, tipo di cliente, area geografica o altri elementi. Un modo efficace di analizzare le variazioni di quota si basa sui seguenti quattro fattori:

$$\text{Quota del mercato globale} = \text{Penetrazione della clientela} \times \text{Fedeltà della clientela} \times \text{Selettività della clientela} \times \text{Selettività del prezzo} \quad [26\text{-}1]$$

dove:

- La *penetrazione della clientela* rappresenta la percentuale di clienti che si servono dell'impresa.
- La *fedeltà della clientela* si misura mediante il rapporto fra gli acquisti di prodotti dell'impresa da parte dei suoi clienti e gli acquisti globali che questi effettuano presso tutti i fornitori degli stessi prodotti.
- La *selettività della clientela* è pari al volume degli acquisti effettuati dal cliente medio presso l'impresa, espresso come percentuale del volume medio degli acquisti effettuati dal cliente medio presso l'impresa media.
- La *selettività del prezzo* è pari al rapporto fra il prezzo medio praticato dall'impresa e il prezzo medio praticato da tutte le imprese.

Supponiamo che durante un certo intervallo di tempo la quota di mercato, misurata in valore, si riduca. L'equazione [26-1] fornisce quattro possibili spiegazioni:

- L'impresa ha perso alcuni clienti (minore penetrazione della clientela).
- I clienti esistenti acquistano proporzionalmente meno da questa impresa (fedeltà più bassa).
- I clienti restanti sono di dimensione inferiore (minore selettività della clientela).

- Il prezzo dell'impresa è slittato verso l'alto rispetto alla concorrenza (selettività di prezzo inferiore).

Seguendo l'andamento di questi fattori nel tempo, l'impresa può diagnosticare le cause sottostanti alle variazioni della quota di mercato. Ipotizziamo che all'inizio dell'anno la penetrazione della clientela fosse pari al 60%, la fedeltà della clientela al 50%, la selettività della clientela all'80% e la selettività del prezzo al 125%.

Sulla base della [26-1], la quota di mercato può essere determinata nel 30%. Si supponga inoltre che alla fine dell'anno la quota in questione sia calata al 27%. Dopo le necessarie analisi, l'impresa perviene ad accertare che la penetrazione della clientela è scesa al 55%, che la fedeltà è rimasta invariata, che la selettività della clientela si è ridotta di cinque punti, passando al 75%, e che, infine, la selettività del prezzo è salita al 130%.

È evidente come la diminuzione della quota dipenda soprattutto dall'aver perso alcuni clienti (caduta della penetrazione della clientela) che in genere acquistavano in misura superiore alla media (caduta della selettività della clientela). La direzione è ora in grado di individuare il motivo della perdita di questi clienti.

26.1.3 L'analisi dei costi di marketing

Il controllo del piano annuale si propone di accertare che l'impresa non stia impiegando una quantità eccessiva di risorse per conseguire i suoi obiettivi di vendita.

A questo fine, un indicatore di importanza fondamentale è costituito dal *rapporto spese di marketing/vendite*. In una grande impresa italiana del settore degli elettrodomestici questo rapporto raggiungeva il livello del 30%, così composto: *forza di vendita-vendite*, 15%; *pubblicità/vendite*, 5%; *promozione vendite/vendite*, 6%; *ricerche di marketing/vendite*, 1%; *amministrazione/vendite*, 3%.

La direzione aziendale deve tenere sotto costante osservazione questi rapporti; in taluni casi, essi potranno mettere in evidenza modeste variazioni, alle quali non sarà il caso di attribuire particolare importanza. Le variazioni di entità degne di rilievo dovranno, al contrario, essere oggetto di costante attenzione e, nei casi di maggior rilievo, di preoccupazione. L'andamento nel tempo delle variazioni in esame può

Figura 26-2 Diagramma di controllo

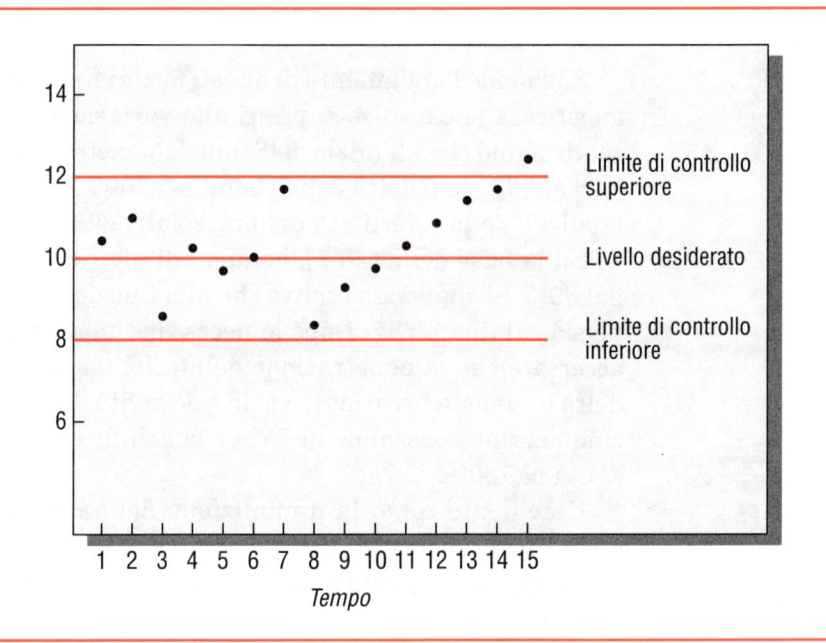

essere seguito mediante un *diagramma di controllo* (figura 26-2). Il rapporto spese di pubblicità/vendite di cui alla figura 26-2 è generalmente compreso fra l'8 e il 12%, salvo che nel quindicesimo periodo allorquando esso supera il limite superiore di controllo.

Due sono le ipotesi che possono spiegare una simile situazione:

- **Ipotesi A**: l'impresa mantiene ancora un buon grado di controllo delle spese e la situazione anomala posta in evidenza dal diagramma costituisce un'eccezione.
- **Ipotesi B**: l'impresa non controlla più le spese e occorre individuare la causa di tale situazione.

Se l'ipotesi A viene accettata, non occorre effettuare alcuna analisi dei possibili mutamenti intervenuti nell'ambiente. Ciò comporta il rischio di trascurare qualche cambiamento realmente determinatosi nel medesimo. Al contrario, se viene accettata l'ipotesi B, e si procede a effettuare un'indagine sulle eventuali cause del superamento del limite superiore da parte del rapporto spese di pubblicità/vendite, il rischio è costituito dalla possibilità di non approdare ad alcun risultato, con il conseguente spreco di tempo e risorse.

È inoltre opportuno analizzare il comportamento del rapporto, anche allorquando questo resta compreso nei limiti di controllo. A questo proposito, si osservi la figura 26-2 e si noti come il rapporto sia andato rapidamente crescendo dal nono periodo in poi. La probabilità che si manifestino sei successivi incrementi in quella che dovrebbe essere una serie di eventi indipendenti è solo di 1 su 64.[3] Questo andamento inconsueto avrebbe dovuto pertanto costituire oggetto di approfondimento

Figura 26-3 Diagramma di controllo

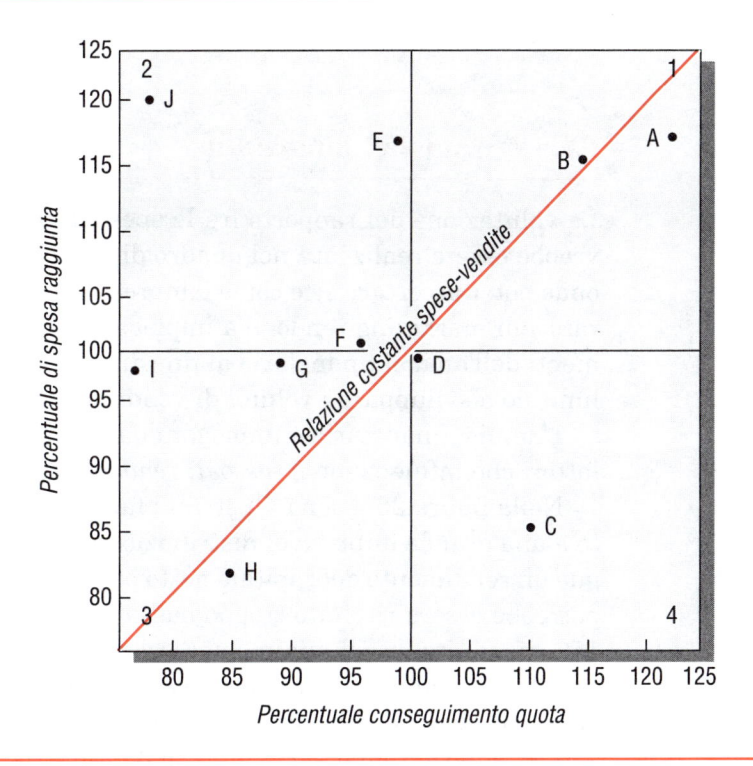

Fonte: Adattato da D. M. Phelps e J. H. Westing, *Marketing Management*, Irwin, Homewood 1968, III ed., p. 754.

prima del quindicesimo periodo. Allorquando un rapporto fra un elemento di costo e le vendite va fuori controllo, è necessario disporre di dati analitici per poter individuare le cause dell'anomalia. A questo scopo può essere impiegato un *diagramma degli scostamenti spese/vendite* del tipo illustrato nella figura 26-3.

Il diagramma in oggetto presenta i risultati conseguiti dalle varie zone di vendita in termini di rapporto fra il conseguimento dell'obiettivo di vendita e il conseguimento dell'obiettivo di spesa. Ad esempio, la zona D ha praticamente conseguito entrambi gli obiettivi, mentre la B ha superato gli obiettivi di vendita con un corrispondente incremento delle spese. Le zone per le quali si manifestano dei problemi sono quelle del secondo quadrante. Infatti, nella zona J il conseguimento dell'obiettivo di vendita è rimasto al di sotto dell'80%, con un rilevante superamento dei limiti di spesa. A questo punto dell'indagine, occorre prendere in considerazione i dati relativi all'attività di vendita. Nella zona J, ad esempio, gli insoddisfacenti risultati conseguiti potrebbero essere dovuti all'insufficiente numero di venditori.

26.1.4 L'analisi finanziaria

La valutazione del rapporto fra le spese di marketing e le vendite dovrebbe essere realizzata nel quadro di un'analisi finanziaria generale, onde poter accertare se e come l'impresa consegua dei profitti. Gli operatori di marketing tendono a impiegare in misura crescente gli strumenti dell'analisi finanziaria al fine di individuare strategie che non si limitino a sviluppare i volumi di vendita, ma anche quello dei profitti.

L'analisi finanziaria è impiegata dal management per identificare i fattori che influenzano il *tasso di rendimento sul capitale netto*.[4]

Nella figura 26-4 sono illustrati i fattori in questione con riferimento a una grande impresa di distribuzione al dettaglio. L'impresa consegue un rendimento del capitale netto pari al 12,5%. Un tasso del genere potrebbe essere ritenuto troppo basso in un campo in cui un tasso del 15% viene ritenuto il minimo necessario per garantire il conseguimento dell'utile. Infatti, alcune imprese di successo della grande distribuzione conseguono abitualmente tassi di rendimento superiori al 20%.

Possiamo quindi osservare come il rendimento del capitale netto costituisca il prodotto di due rapporti, la *redditività del capitale investito* (data dal rapporto fra l'utile al netto delle imposte e le attività totali

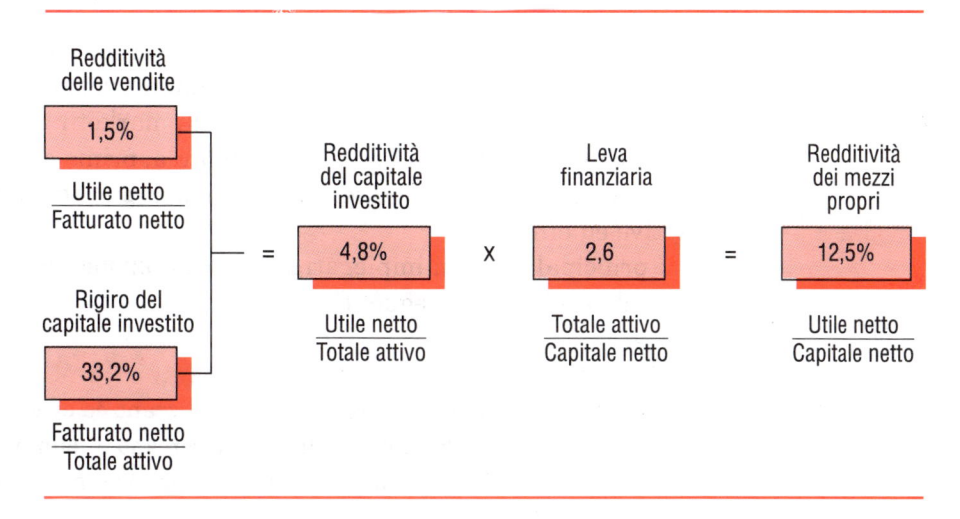

Figura 26-4 Confronto degli scostamenti di spesa e di vendita per area

```
Redditività
delle vendite

   1,5%                  Redditività              Leva                Redditività
                         del capitale         finanziaria             dei mezzi
Utile netto              investito                                      propri
─────────────
Fatturato netto    =       4,8%          x       2,6           =       12,5%

Rigiro del
capitale investito       Utile netto          Totale attivo          Utile netto
                        ─────────────        ───────────────        ─────────────
   33,2%                Totale attivo         Capitale netto         Capitale netto

Fatturato netto
─────────────
Totale attivo
```

dell'impresa) e la *leva finanziaria* (data dal rapporto fra l'attivo totale e il capitale netto).

Per migliorare il proprio tasso di rendimento del capitale netto, l'impresa deve, o migliorare il rapporto fra profitti netti e attività, o accrescere il rapporto fra queste e il capitale netto. L'impresa dovrebbe analizzare la composizione delle proprie attività (cassa, crediti, scorte, macchinari e impianti), allo scopo di identificare la possibilità di migliorarne la struttura.

La redditività del capitale investito costituisce il prodotto di due rapporti, il *margine di utile* e il *rigiro del capitale investito*. Per quanto concerne il caso illustrato nella figura 26-4, è possibile notare come l'utile sembri piuttosto basso, mentre il rigiro del capitale appaia più allineato rispetto alle medie di settore. Ciò considerato, il compito dei dirigenti di marketing è quello di accrescere le vendite e/o di ridurre i costi.[5]

26.1.5 L'osservazione degli orientamenti della clientela

Le analisi sin qui esaminate hanno carattere prevalentemente finanziario e quantitativo. Esse sono necessarie, ma non sufficienti. Infatti la direzione dell'impresa deve disporre di elementi qualitativi per poter individuare per tempo le modifiche che si profilano nella situazione di mercato.

Le imprese più attente alle condizioni esterne si dotano di strumenti atti a tenere sotto controllo i comportamenti dei clienti, dei distributori e degli altri partecipanti al sistema di marketing. Identificando le modifiche degli atteggiamenti della clientela, prima che esse si manifestino sul volume delle vendite, il management può adottare misure tempestive ed efficaci.

I principali metodi impiegati nella valutazione degli atteggiamenti della clientela sono i seguenti:

- **Analisi dei reclami e dei suggerimenti della clientela**. Le imprese orientate al marketing registrano, analizzano ed evadono i reclami provenienti dalla clientela. Inoltre, esse cercano di eliminare le cause che danno origine ai reclami stessi. Per favorire la segnalazione da parte dei clienti di quanto da essi non ritenuto soddisfacente, le imprese in questione mettono a disposizione degli stessi questionari, cartoline con affrancatura pagata, ecc., consentendo così al management di disporre di un flusso continuo di elementi di prima mano sugli atteggiamenti della clientela nei confronti dei prodotti dell'impresa.

- **Panel di clienti**. Alcune imprese organizzano rilevazioni periodiche di elementi concernenti gli atteggiamenti e i comportamenti della clientela. Gli elementi in questione, raccolti mediante questionari postali o interviste telefoniche, sono maggiormente rappresentativi rispetto al metodo dell'analisi dei reclami.

- **Altre indagini presso la clientela**. In taluni casi vengono effettuate indagini per campione allo scopo di raccogliere le opinioni degli acquirenti in merito al comportamento dei venditori, alla qualità dei prodotti e così via. Le risposte vengono in genere fornite secondo scale di valutazione basate su cinque livelli di apprezzamento: elevata insoddisfazione, insoddisfazione, nessuna valutazione particolare, soddisfazione, elevata soddisfazione. Le risposte ottenute vengono sottoposte ai vari livelli di direzione, così come esposto nella figura 26-5. I dirigenti periferici esaminano come le varie componenti del servizio da loro offerto alla clientela sono state valutate nell'ultimo periodo rispetto al precedente, alla media delle varie unità operative e al livello standard. Il metodo in questione determina uno stimolo dell'organizzazione di vendita a migliorare la propria attività nei confronti della clientela, nella consapevolezza che il giudizio di questa può essere acquisito dall'alta direzione.

Figura 26-5 Sistema di valutazione delle richieste della clientela

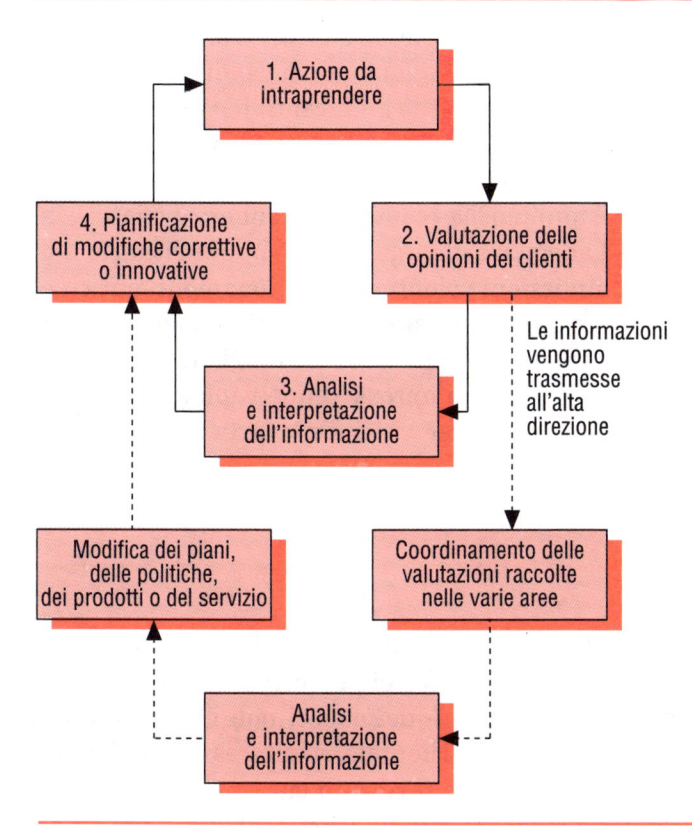

1. I manager e il personale locale rispondono alle esigenze della clientela di giorno in giorno, applicando procedure modificate localmente, nell'ambito di politiche e procedure di carattere generale.

2. A mezzo di un questionario standardizzato, dotato peraltro di un certo grado di adattabilità alle realtà locali, vengono determinate costantemente le esigenze e le preferenze della clientela.

3. Confrontando i dati finanziari, le previsioni e le altre informazioni disponibili, vengono determinati i punti di forza e di debolezza e le loro probabili cause.

4. Si stabilisce dove e come concentrare gli sforzi necessari a eliminare le debolezze e a consolidare i punti di forza. Il processo viene ripetuto a partire dalla fase 1, fino a raggiungere un certo grado di stabilità.

5. Un processo analogo a quello descritto può essere attuato a livelli più elevati, impiegando dati raccolti proprio dalle unità operative.

Fonte: Arthur J. Daltas, "Protecting Service Markets with Consumer Feedback", in *The Cornell Hotel and Restaurant Administration Quarterly*, maggio 1977, pp. 73-77.

26.1.6 Le azioni correttive

Quando i risultati ottenuti si discostano in misura eccessiva rispetto agli obiettivi programmati, la direzione deve intraprendere azioni correttive.

Si consideri il caso di un'impresa produttrice di fertilizzanti, le cui vendite erano alquanto inferiori rispetto agli obiettivi. Il settore era caratterizzato da una capacità produttiva in eccesso e da una tendenza crescente a ridurre i prezzi.

L'impresa in questione affrontò la situazione con una serie di provvedimenti sempre più drastici. Innanzitutto, si provvide a "tagliare" la produzione e a introdurre riduzioni selettive di prezzo. Venne quindi aumentata la pressione nei confronti della forza di vendita, sia elevando i livelli degli obiettivi, sia accrescendo gli incentivi, monetari e non, per i venditori. Le spese ritenute non immediatamente indispensabili – formazione del personale, pubblicità, relazioni esterne, ricerca e sviluppo – vennero ridotte al minimo. Nel contempo, vennero avviati i consueti programmi volti ad adeguare gli organici alle nuove situazioni di mercato: licenziamenti, dimissioni volontarie, pensionamenti anticipati. Anche gli investimenti subirono drastici ridimensionamenti. Infine, vennero cedute alcune attività ritenute "non strategiche". A seguito dell'energica cura sopra descritta, l'impresa venne rapidamente risanata, tanto da trovare acquirenti interessati a rilevarla in blocco.

26.2 Il controllo della redditività

Secondo uno studio condotto dal Mac Group, una delle maggiori società di consulenza americane, dal 20 al 40% dei prodotti di un'impresa non sono redditizi. Inoltre, più della metà dei clienti non genera profitto alcuno, mentre dal 30 al 40% della clientela risulta essere redditizia solo in modo marginale. È frequente il caso in cui i profitti aziendali siano determinati da un mero 10-15% della clientela.[6]

Oltre a controllare il piano annuale, le imprese hanno pertanto bisogno di valutare la redditività dei vari prodotti, aree di vendita, gruppi di clienti, canali di distribuzione, classi dimensionali degli ordini. Queste valutazioni consentono di assumere decisioni in ordine ai prodotti e alle attività di marketing da espandere, ridurre o eliminare.

26.2.1 Metodologia di analisi della redditività del marketing

Per esaminare questo aspetto, utilizzeremo il seguente esempio. Il direttore marketing di un'impresa produttrice di attrezzi da giardinaggio desidera valutare la redditività di una linea di tosaerba venduti attraverso tre canali di distribuzione: negozi di ferramenta, negozi di artico-

Tavola 26-2 Esempio semplificato di conto profitti e perdite
(valori in milioni di lire)

Vendite		L. 7.200
Costo del venduto		L. 4.680
Margine lordo		L. 2.520
Spese		
Stipendi	L. 1.116	
Affitti	L. 360	
Materiali ausiliari	L. 420	
		L. 1.896
Profitto netto		L. 624

li per giardinaggio e grandi magazzini. Mentre nella tavola 26-2 viene illustrato il conto economico dell'impresa, qui di seguito vengono descritte le fasi lungo le quali si è sviluppata l'analisi.

Fase 1: identificazione delle spese funzionali. Si supponga che la realizzazione delle attività di vendita, pubblicità, imballaggio, distribuzione fisica, fatturazione ed incasso implichi il sostenimento delle spese riportate nella tavola 26-2.

Il primo compito da svolgere consiste nel determinare l'ammontare di ciascuna spesa attribuibile a ognuna delle attività considerate. Si supponga che la maggior parte degli stipendi, complessivamente pari a 1 miliardo e 116 milioni di lire, venga corrisposta alla forza di vendita (612 milioni), mentre il rimanente concerne il servizio pubblicità (144 milioni), nonché gli addetti alle spedizioni (168 milioni) e all'amministrazione (192 milioni). Nella tavola 26-3 viene presentata l'allocazione degli stipendi fra le quattro attività. Nella tavola viene anche riportata la ripartizione delle spese di affitto e per i materiali. Dato che l'attività dei venditori si svolge all'esterno, alla funzione di vendita non vengono imputate le spese d'affitto. Al contrario, la maggior parte delle spese in oggetto viene attribuita alla funzione imballaggio e distribuzione, per il cui svolgimento viene richiesto uno spazio rilevante, mentre limitato è lo spazio necessario per le restanti attività. Le spese relative ai materiali vengono ripartite fra le varie funzioni in proporzione ai rispettivi consumi.

Tavola 26-3 Ripartizione funzionale delle spese (valori in milioni di lire)

	Vendita	Pubblicità	Imballaggio e distribuzione	Fatturazione e incasso	Totale
Stipendi	612	144	168	192	1.116
Affitti	—	48	240	72	360
Materiali ausiliari	48	180	168	24	420
	660	372	576	288	1.896

Fase 2: imputazione delle spese funzionali alle attività di marketing. Si tratta ora di valutare in che misura le varie classi funzionali sono associate ai singoli canali di vendita. Consideriamo lo sforzo di vendita. Questo può essere valutato sulla base del numero delle visite di vendita effettuate in ciascun canale, riportato nella prima colonna della tavola 26-4.

Tavola 26-4 Basi per l'imputazione ai canali delle spese funzionali (valori in milioni di lire)

Canale	Vendita	Pubblicità	Imballaggio e distribuzione	Fatturazione e incasso
	Numero delle visite di vendita	Numero dei messaggi pubblicitari	Numero degli ordini	Numero degli ordini
Ferramenta	2.000	50	500	500
Articoli per giardino	650	20	210	210
Grandi magazzini	100	30	90	90
	2.750	100	800	800
Spese funzionali totali	660	372	576	288
Spese funzionali per unità	0,24	3,72	0,72	0,36

Nel complesso, nel corso del periodo sono state effettuate 2.750 visite di vendita. Dato che le spese di vendita hanno raggiunto 660 milioni di lire, il costo medio di una visita è stato di 240.000 lire. Le spese di pubblicità possono essere imputate in relazione al numero dei messaggi indirizzati verso i vari canali distributivi. Il costo medio di un messaggio è stato di 3,72 milioni. Le spese di imballaggio e di distribuzione sono imputate in relazione al numero degli ordini evasi per ogni tipo di canale. La stessa base può essere adottata per l'imputazione delle spese di fatturazione e di incasso.

Fase 3: predisposizione di un conto economico per canale. A questo punto dell'analisi è possibile predisporre un conto economico per ogni canale, secondo lo schema di cui alla tavola 26-5. Considerato che i negozi di ferramenta determinano la metà delle vendite complessive, a questo canale viene attribuito il 50% del costo del venduto. Ne deriva un margine lordo per questo canale pari a 1.260 milioni. Da questo margine devono essere detratte le quote di spese funzionali imputabili al canale. Secondo quanto esposto nella tavola 26-5, ai negozi di ferramenta devono essere attribuite spese di vendita pari a 480 milioni. Inoltre,

Tavola 26-5 Conto economico per canale (valori in milioni di lire)

	Ferramenta	Articoli per giardino	Grandi magazzini	Totale
Vendite	3.600	1.200	2.400	7.200
Costo del venduto	2.340	780	1.560	4.680
Margine lordo	1.260	420	840	2.520
Spese				
Vendita	480	156	24	660
Pubblicità	186	74,4	11,6	372
Imballaggio e distribuzione	360	151,2	64,8	576
Fatturazione	180	75,6	32,4	288
Spese totali	1.206	457,2	232,8	1.896
Profitto netto (o perdita)	54	–37,2	607,2	624

come emerge dalla tavola 26-5, i negozi di questo tipo sono stati l'obiettivo di 50 messaggi pubblicitari, il che implica, sulla base di un costo medio di 3,72 milioni di lire, un onere complessivo di 186 milioni di lire. Lo stesso criterio può essere seguito nel determinare la quota delle altre spese funzionali da imputare al canale in considerazione. Il risultato è che il canale ferramenta dà luogo a spese pari a 1.206 milioni di lire, che, sottratte al margine lordo, lasciano un profitto netto di soli 54 milioni di lire.

Ripetendo tale analisi nei confronti degli altri canali, si può rilevare come l'impresa perda nel canale dei negozi di articoli per giardino e consegua praticamente l'intero profitto attraverso il canale grandi magazzini. Dall'esempio emerge con chiara evidenza come l'ammontare delle vendite non costituisca affatto un indicatore attendibile della profittabilità dei vari canali.

26.2.2 Determinazione delle azioni correttive

Sarebbe eccessivamente semplicistico concludere, sulla base dell'analisi precedentemente illustrata, che i negozi di articoli di giardinaggio e forse anche quelli di ferramenta siano da scartare come canali di distribuzione, per concentrare ogni sforzo sui grandi magazzini.

Prima di adottare una qualsiasi decisione, occorre rispondere ai seguenti quesiti:

- In quale misura gli acquirenti scelgono i prodotti in base al canale, piuttosto che alla marca?
- Quali sono le tendenze evolutive dei tre canali considerati?
- Le strategie di marketing dell'impresa nei confronti dei tre canali sono da ritenersi ottimali?

Sulla base delle risposte, la direzione marketing può valutare le seguenti azioni alternative:

- **Introdurre un onere addizionale nei confronti degli ordini di modesta entità, in modo da stimolare l'aumento dei quantitativi ordinati.** Questa politica su fonda sull'assunto che i piccoli ordini sono una delle ragioni della scarsa profittabilità delle vendite effettuate attraverso i canali articoli per giardinaggio e ferramenta.

- **Fornire maggiori strumenti promozionali ai negozi di articoli per giardinaggio e di ferramenta**. Ciò presuppone che i titolari di punti di vendita possano accrescere le vendite se adeguatamente preparati e sostenuti.
- **Ridurre il numero delle visite di vendita e l'entità della pubblicità nei confronti dei negozi di articoli di giardinaggio e di ferramenta**. Questa politica sconta il fatto che sia possibile ridurre alcuni costi, senza determinare un'apprezzabile diminuzione delle vendite.
- **Non intraprendere alcuna azione**. Questa decisione assume che l'azione di marketing in atto sia ottimale; inoltre, da un lato si ritiene che la tendenza del mercato possa consentire nel breve termine un miglioramento nella profittabilità dei canali più deboli e, dall'altro lato, esiste la preoccupazione che l'eliminazione di alcuni canali possa determinare sfavorevoli ripercussioni sui costi di produzione e sulla domanda.
- **Eliminare i punti di vendita di minore importanza all'interno di ogni canale**. Questa linea operativa si fonda sull'ipotesi che un'analisi dettagliata dei costi porrebbe in evidenza l'esistenza di negozi profittevoli anche all'interno di canali nel loro complesso di scarso interesse.

In generale le analisi del tipo qui descritto consentono di determinare la profittabilità relativa dei diversi canali, territori di vendita, prodotti e altri aspetti dell'attività di marketing.[7] Non deriva necessariamente da tali analisi che il miglior corso d'azione consiste nell'eliminare le attività non profittevoli.

26.2.3 Contrapposizione fra costo "diretto" e costo "totale"

Come tutti gli strumenti di informazione, l'analisi dei costi di marketing può guidare o fuorviare il dirigente commerciale, a seconda di come egli riesce a comprendere il processo e le limitazioni relative. L'ipotetico esempio sopra riportato ha mostrato alcune arbitrarietà nella scelta delle basi per l'imputazione delle spese funzionali alle diverse componenti di marketing sotto analisi.

Ad esempio, "il numero delle visite" è stato impiegato per l'imputazione delle spese di vendita, mentre in linea di principio "il numero delle ore di vendita" avrebbe costituito un migliore indicatore di costo. È stata impiegata la prima base citata perché generalmente comporta un minor impegno di rilevazione e di elaborazione. Tali approssimazioni possono anche essere accettabili, tuttavia il dirigente commerciale deve essere consapevole di questo fatto nella determinazione dei costi di marketing.[8]

Vi è poi un altro argomento che offre ampia materia di discussione. Si tratta del problema dell'imputazione dei *costi totali*, oppure solamente di quelli *diretti e imputabili*.[9]

Nell'esempio, il problema è stato accantonato, in quanto sono stati considerati semplicemente i costi il cui collegamento alle attività di marketing appariva evidente. Peraltro, questo aspetto non può essere sottovalutato nell'analisi dei costi di marketing. È necessario distinguere tre classi di costi:

- **Costi diretti.** Si tratta dei costi che possono essere imputati direttamente alle componenti che li hanno generati. Per esempio, le provvigioni rappresentano un costo diretto relativamente alle zone di vendita, ai venditori, oppure ai clienti. Le spese di pubblicità, se consideriamo la determinazione dei costi di prodotto, rappresentano un costo diretto nella misura in cui ogni messaggio promuove le vendite di uno specifico prodotto dell'impresa. Altri costi diretti rispetto a certi scopi sono la retribuzione dei venditori, i materiali accessori o ausiliari e le spese di viaggio.
- **Costi semidiretti.** Si tratta di costi che possono essere imputati solo indirettamente a componenti specifiche, ancorché su basi del tutto evidenti. Nell'esempio citato, gli affitti sono stati imputati alle singole attività in proporzione allo spazio occupato.
- **Costi indiretti.** Si tratta di costi la cui imputazione alle rispettive componenti è necessariamente arbitraria. Consideriamo le spese destinate alla costruzione della "immagine" d'impresa. Naturalmente, costituirebbe un arbitrio la loro imputazione in misura uguale tra tutti i prodotti, dato che non tutti beneficiano nella stessa misura dell'immagine d'impresa. Altri tipici esempi di costi comuni di difficile imputazione sono la retribuzione dei dirigenti, le imposte, gli interessi e altri tipi di costi generali.

Non esistono controversie in relazione all'opportunità di includere i costi diretti nelle analisi dei costi di marketing. Esiste invece qualche controversia in relazione all'opportunità di includere i costi semidiretti. Tali costi comprendono sia quei costi che variano in relazione alla dimensione dell'attività, sia quelli che probabilmente non subirebbero mutamenti nel breve periodo.

Se l'impresa citata prima cessasse di vendere ai negozi di articoli di giardinaggio, probabilmente continuerebbe a pagare lo stesso affitto per ragioni contrattuali o per inerzia. In questo caso, i suoi profitti non si accrescerebbero di un ammontare pari alle perdite attuali conseguenti alla vendita a tali tipi di negozi (372.000 lire) immediatamente. I dati di profitto sono maggiormente significativi, allorquando i posti fissi vengono considerati a parte.

La controversia maggiore riguarda l'imputazione dei costi indiretti alle attività di marketing. I fautori del costo "totale" sostengono che tutti i costi, in definitiva, devono trovare un'imputazione, perché sia possibile determinare la vera profittabilità.

Tale argomentazione, tuttavia, tende a confondere due finalità ben distinte di ogni sistema contabile, cioè: l'elaborazione di dati necessari per le analisi finanziarie e la determinazione dei dati necessari per l'assunzione delle decisioni e per la pianificazione del profitto.

Il costo "totale" presenta le seguenti carenze principali:

- La profittabilità relativa delle differenti componenti di marketing può modificarsi radicalmente in funzione della tecnica di imputazione dei costi indiretti adottata. Ciò tende a ridurre la fiducia in questo tipo di strumento di gestione.
- L'arbitrarietà provoca discussioni e demoralizzazione, specialmente in coloro che ritengono che la propria attività o i propri interessi vengano sottoposti a un giudizio negativo.
- L'inclusione nei procedimenti di imputazione dei costi indiretti può indebolire gli sforzi per realizzare un effettivo controllo dei costi. La gestione operativa è particolarmente efficace nel controllo dei costi diretti e semidiretti. L'arbitraria ripartizione dei costi indiretti può condurre i dirigenti operativi a dedicare tempo alla ricerca delle imputazioni arbitrarie o, contemporaneamente, può scoraggiarli dall'assumere un preciso atteggiamento in relazione ai costi di cui sono responsabili.

26.3 Il controllo dell'efficienza

Si supponga che un'analisi del genere descritto al punto precedente ponga in evidenza che alcuni prodotti, territori di vendita o mercati sono scarsamente profittevoli. Il problema consiste nel determinare se vi siano modi più efficienti per organizzare e gestire la forza di vendita, la pubblicità, la promozione delle vendite e la distribuzione corrispondenti alle aree dell'attività di marketing i cui risultati non sono ritenuti soddisfacenti.[10]

26.3.1 L'efficienza della forza di vendita

I responsabili di vendita ai vari livelli (regione, area o zona) dovrebbero tenere sotto costante controllo alcuni indicatori fondamentali concernenti l'efficienza della forza di vendita operante nell'ambito di competenza. Tali indicatori sono i seguenti:

- Media giornaliera delle visite per venditore.
- Durata media della visita di vendita.
- Fatturato medio per visita.
- Costo medio per visita.
- Spese di viaggio e rappresentanza per visita.
- Rapporto ordini-visite.
- Nuovi clienti acquisiti per periodo.
- Clienti perduti per periodo.
- Costo della forza di vendita in rapporto al volume delle vendite.

L'analisi dell'andamento dei vari indicatori può suscitare tutta una serie di interrogativi, quali i seguenti: I venditori effettuano un numero adeguato di visite giornaliere? Il tempo dedicato in media a ogni visita è per caso eccessivo? Le spese di viaggio e di rappresentanza sono riducibili? È adeguato il rapporto ordini-visite? La rotazione dei clienti non è forse eccessiva?

Nell'indagare sull'efficienza della forza di vendita, un'impresa può spesso individuare una molteplicità di occasioni di miglioramento.

Ad esempio, la General Electric fu in grado di ridurre il numero dei venditori assegnati a una divisione, senza alcuna riduzione delle vendite, dopo aver scoperto che il numero delle visite di vendita era eccessivo.

Una compagnia aerea si rese conto che il personale commerciale si occupava anche di servizi alla clientela. Provvide quindi a trasferire queste funzioni a strutture apposite, dotate di personale meno costoso di quello commerciale. Un'altra società migliorò la produttività dei venditori dopo un'attenta analisi dei tempi connessi alle varie attività svolte dagli stessi.[11]

26.3.2 L'efficienza della pubblicità e della promozione delle vendite

È opinione diffusa fra gli operatori aziendali che sia pressoché impossibile valutare i risultati ottenuti mediante la spesa pubblicitaria.[12] Tuttavia, qualche utile considerazione può essere sviluppata attraverso l'analisi dei dati seguenti:

- Costo della pubblicità per acquirente raggiunto dal messaggio, in generale, per categoria di mezzi e per singolo mezzo.
- Percentuale dell'audience che ha notato, associato e letto il messaggio per ogni singolo mezzo.
- Opinioni dei consumatori sul contenuto e l'efficacia della pubblicità.
- Valutazione degli atteggiamenti dei consumatori prima e dopo l'acquisto.
- Numero delle richieste di informazioni determinate dal messaggio.
- Costo per singola richiesta di informazioni.

La direzione d'impresa può adottare una molteplicità di misure per migliorare sia l'efficacia, sia l'efficienza della pubblicità, da un più adeguato posizionamento del prodotto a una più accurata definizione degli obiettivi della pubblicità, alla sperimentazione dei messaggi, all'impiego degli elaboratori nella scelta dei mezzi. Per quanto concerne il miglioramento dell'efficienza della promozione delle vendite è necessario tenere sotto controllo dati quali i seguenti:

- Percentuale delle vendite realizzate mediante le offerte speciali.
- Incidenza sul fatturato delle spese promozionali, complessive e per categoria.
- Percentuale dei buoni sconto presentati.
- Numero delle richieste di informazioni determinate dalle varie manifestazioni promozionali.

Nel caso in cui esista un responsabile per la promozione delle vendite, questi dovrà mantenere uno stretto contatto con i vari responsabili di prodotto onde definire le più efficaci ed efficienti forme di promozione da impiegare.

26.3.3 L'efficienza della distribuzione

La ricerca di economie nell'area della distribuzione fisica costituisce oggi una delle maggiori preoccupazioni delle direzioni aziendali.

A questo fine sono disponibili numerosi strumenti concernenti il controllo delle scorte, la localizzazione dei depositi, i sistemi di trasporto e di consegna delle merci.[13]

Il management dell'impresa dovrebbe prestare particolare attenzione ai dati che riflettono l'andamento delle scorte di prodotti finiti, dei costi di magazzinaggio, nonché dei costi di trasporto e di consegna delle merci ai clienti.

In particolare, gli indicatori principali da tenere costantemente sotto controllo, ai fini del mantenimento di soddisfacenti livelli di efficienza, sono i seguenti:

- Livello delle scorte di prodotti finiti, in generale e distintamente per depositi, unità di vendita, aree, ecc.
- Rapporto scorte/vendite (rotazione delle scorte).
- Spazi di magazzinaggio occupati e disponibili, in generale e per linee di prodotto, singoli prodotti, ecc.
- Volumi di merci movimentate e spedite.
- Imballaggi impiegati, in generale e in rapporto alle varie linee di prodotto, ai singoli prodotti, ecc.
- Tempi medi di consegna alla clientela.
- "Vendite perse", cioè ordini di acquisto annullati dalla clientela per mancata disponibilità delle merci corrispondenti.

Nel controllo dei vari indicatori che riflettono l'efficienza della distribuzione fisica è importante tenere presente il ruolo che questa variabile ha ai fini dell'efficacia complessiva del marketing-mix.

Ciò significa che la ricerca dell'efficienza tecnico-economica deve tener conto dell'efficacia dell'attività di marketing, cioè della capacità che questa ha di determinare positive risposte da parte del mercato.

Per fare un esempio, la riduzione dei livelli delle scorte dei prodotti destinati alla vendita ha un limite costituito dalla disponibilità del potenziale cliente ad attendere la consegna della merce che intende acquistare. Prima di questo limite, si corre il pericolo di veder aumentare il costo delle scorte immobilizzate; oltre a esso, il pericolo è quello dell'aumento delle cosiddette "vendite perse" o "mancate vendite".

26.4 Il controllo strategico

Nel corso del tempo le imprese devono effettuare un'analisi critica dell'efficacia della propria attività di marketing complessiva. Nell'area del marketing, la tendenza alla rapida obsolescenza di obiettivi, strategie, politiche e programmi è costantemente presente. È pertanto necessario che ogni impresa riveda di quando in quando il proprio approccio al mercato. A questo fine sono disponibili due strumenti fondamentali, la *valutazione dell'efficacia di marketing* e il *marketing audit*.

26.4.1 La valutazione dell'efficacia di marketing

Esaminiamo la seguente situazione ricavata dalla realtà.

> Nel corso dell'esame dei piani annuali delle varie divisioni di una grande impresa produttrice di macchinario industriale, l'amministratore delegato si rese conto che alcuni dei piani che gli erano stati sottoposti avevano una scarsa consistenza in termini di marketing. Convocò il direttore centrale marketing al fine di esaminare la situazione.
> «Non sono affatto soddisfatto – esordì l'amministratore delegato – della qualità del marketing presente nelle nostre divisioni. È priva di qualsiasi omogeneità. La prego di individuare quali sono le divisioni forti sul piano del marketing, quelle medie e quelle deboli. Vorrei sapere se i vari responsabili comprendono e praticano i principi dell'orientamento al cliente. Desidero anche che venga messo a punto un sistema di valutazione dell'attività di marketing svolta da ogni divisione. Inoltre, per le divisioni più carenti sotto questo profilo, deve essere predisposto un piano per migliorarne l'efficacia di marketing entro i prossimi cinque anni. Per il prossimo anno desidero disporre di elementi dai quali emerga come ognuna di queste divisioni stia facendo progressi verso l'orientamento al marketing».
> Il direttore centrale marketing si rese immediatamente conto di trovarsi di fronte a un compito di notevole impegno, per affrontare il quale occorreva prima di tutto definire uno schema di approccio al problema quanto più efficace possibile. A questo fine assunse come base per la valutazione dell'efficacia del marketing nelle varie divisioni i risultati da queste conseguite in termini di sviluppo delle vendite, quota di mer-

cato e profittabilità. Egli era infatti convinto che una divisione con risultati positivi doveva avere buoni dirigenti di marketing mentre, al contrario, risultati insoddisfacenti erano da imputare alla mediocre qualità del management.

In realtà, l'efficacia del marketing non è necessariamente posta in evidenza dai risultati correnti. Buoni risultati possono essere determinati dal fatto di trovarsi nel posto giusto e al momento giusto, piuttosto che dalla presenza di un efficace management di marketing.

In tal caso un miglioramento di management potrebbe determinare il conseguimento di risultati eccellenti. Al contrario, un'altra divisione potrebbe avere risultati mediocri, malgrado la presenza di un ottimo management, la cui sostituzione non potrebbe che peggiorare le cose.

L'efficacia di marketing di un'impresa o di una divisione è data dal grado in cui sono presenti in esse i cinque fondamentali attributi che caratterizzano l'orientamento al marketing: la *filosofia della clientela*, un'*organizzazione integrata di marketing*, un'*adeguata informazione di marketing*, un *orientamento strategico*, e un'*efficienza operativa*. Ogni attributo può essere misurato, secondo il criterio illustrato nella tavola 26-6. Lo strumento di valutazione dell'efficacia di marketing illustrato nella tavola 26-6 può essere impiegato sia dai responsabili della funzione di marketing di un'impresa o di una divisione, sia da esperti esterni.

Nelle verifiche sperimentali effettuate, molto poche sono state le imprese che hanno conseguito il punteggio massimo. Queste includono nomi di spicco nel campo del marketing quali Procter & Gamble, Avon, McDonald's,[14] IBM, General Electric e Caterpillar. Molte sono le imprese che conseguono punteggi compresi tra 11 e 20, il che pone in evidenza come il management stia cercando di migliorare l'efficacia dell'attività di marketing. I punteggi attribuiti consentono di individuare quali sono i settori sui quali è necessario concentrare l'attenzione. Su queste basi, è possibile mettere a punto un piano per la graduale eliminazione dei punti deboli dell'area marketing.

26.4.2 Il marketing audit

Le imprese che, mediante l'impiego dello strumento di valutazione illustrato nel paragrafo precedente, abbiano individuato i punti deboli della propria organizzazione di marketing, dovrebbero intraprendere una

Tavola 26-6 Questionario per la valutazione dell'efficacia di marketing (fornire una sola risposta per ogni domanda)

Filosofia della clientela

A. La direzione aziendale riconosce l'importanza di organizzare l'impresa in modo da soddisfare i bisogni e i desideri dei mercati prescelti?

Punti

0 ☐ La direzione aziendale è in primo luogo interessata a vendere i prodotti esistenti e nuovi a tutti coloro che sono interessati ad acquistarli.
1 ☐ La direzione aziendale ritiene di dover soddisfare un'ampia gamma di mercati e di bisogni con pari efficacia.
2 ☐ La direzione aziendale ritiene di dover soddisfare i bisogni e i desideri di mercati ben definiti, prescelti in ragione del loro potenziale di crescita e di profitto a lungo termine per l'impresa.

B. La direzione aziendale mette a punto differenti offerte e piani di marketing per i singoli segmenti del mercato?

0 ☐ No.
1 ☐ In parte.
2 ☐ In misura rilevante.

C. Nel pianificare l'attività dell'impresa, la direzione aziendale assume una visione globale del sistema di marketing (fornitori, canali distributivi, concorrenti, clienti, ambiente in generale)?

0 ☐ No. La direzione concentra la propria attenzione sulla vendita e sullo sviluppo dei rapporti con la clientela abituale.
1 ☐ In parte. La direzione ha una visione di lungo termine, ma pone la maggior parte della propria attenzione sullo sviluppo delle vendite e dei rapporti con la clientela abituale.
2 ☐ Sì. La direzione assume come riferimento della propria azione l'intero sistema di marketing prestando attenzione alle minacce e alle opportunità che le modifiche nelle varie parti del sistema stesso determinano per l'impresa.

Organizzazione di marketing integrata

D. Esiste un elevato grado di integrazione e controllo delle principali funzioni di marketing?

0 ☐ No. Le vendite e le altre funzioni di marketing non sono integrate al vertice e vi sono conflitti improduttivi.
1 ☐ In parte. Esistono un controllo e una integrazione formali delle funzioni principali di marketing, ma la cooperazione e il coordinamento sono meno che soddisfacenti.
2 ☐ Sì. Le principali funzioni di marketing sono realmente integrate.

E. Il marketing management opera in accordo con i responsabili della ricerca e sviluppo, della produzione, degli acquisti, della distribuzione fisica e della finanza aziendale?

0 ☐ No. È diffusa la convinzione che il marketing determini richieste e costi eccessivi per le altre funzioni aziendali.

segue **Tavola 26-6** Questionario per la valutazione dell'efficacia di marketing
(fornire una sola risposta per ogni domanda)

1 ❑ In parte. Le relazioni fra le varie funzioni sono buone, sebbene ogni servizio operi essenzialmente in funzione dello sviluppo del proprio potere.
2 ❑ Sì. I vari servizi aziendali cooperano in modo efficace al fine di risolvere i vari problemi nell'interesse dell'impresa considerata nel suo complesso.

F. In che misura può dirsi correttamente organizzato il sistema di sviluppo dei nuovi prodotti?
0 ❑ Il sistema è mal definito e gestito in modo poco efficace.
1 ❑ Il sistema è definito in modo formale, ma non è abbastanza raffinato.
2 ❑ Il sistema è ben strutturato e dispone di personale preparato.

Adeguata informazione di marketing

G. Quando sono state effettuate le ultime ricerche sui consumatori, sulle influenze d'acquisto, sui canali e sulla concorrenza?
0 ❑ Molti anni or sono.
1 ❑ Alcuni anni or sono.
2 ❑ Recentemente.

H. In che misura la direzione aziendale dispone di dati sul potenziale di vendita e sulla profittabilità dei vari segmenti di mercato, gruppi di clienti, aree di vendita, prodotti, canali, classi dimensionali degli ordini?
0 ❑ In nessuna misura.
1 ❑ In parte.
2 ❑ Molto bene.

I. Qual è l'attenzione prestata alla valutazione dell'efficacia delle varie spese di marketing?
0 ❑ Scarsa.
1 ❑ Media.
2 ❑ Rilevante.

Orientamento strategico

J. Esiste un processo formale di pianificazione di marketing e qual è la sua ampiezza?
0 ❑ Non esiste, o è molto ridotto.
1 ❑ Viene predisposto un piano annuale di marketing.
2 ❑ Viene predisposto un piano annuale di marketing dettagliato, nonché un accurato piano a lungo termine che viene aggiornato annualmente.

K. Qual è la qualità dell'attuale strategia di marketing?
0 ❑ L'attuale strategia non è chiara.

1 ❏ L'attuale strategia è chiara e rappresenta una continuazione della strategia tradizionale.
2 ❏ La strategia attuale è chiara, innovativa, ben strutturata e fondata su dati e informazioni attendibili.

L. Qual è l'ampiezza della riflessione e della pianificazione di contingenza?
0 ❏ La direzione non formula alcuna adeguata riflessione di contingenza.
1 ❏ La direzione sviluppa una certa riflessione sulla contingenza, ma senza elaborare una pianificazione in proposito.
2 ❏ La direzione identifica le principali situazioni contingenti ed elabora i corrispondenti piani.

Efficienza operativa

M. In che misura i concetti di marketing elaborati al vertice vengono diffusi e applicati nel più vasto ambito ambientale?
0 ❏ In misura scarsa.
1 ❏ In misura discreta.
2 ❏ Con successo.

N. La direzione aziendale impiega in modo efficace le risorse di marketing di cui dispone?
0 ❏ No. Le risorse di marketing non sono adeguate ai compiti da svolgere.
1 ❏ In parte. Le risorse di marketing sono adeguate ma non vengono impiegate in modo ottimale.
2 ❏ Sì. Le risorse sono adeguate ed efficacemente impiegate.

O. La direzione aziendale possiede una buona capacità di reagire prontamente ed efficacemente agli eventi improvvisi?
0 ❏ No. Le informazioni sulle vendite e sul mercato non sono aggiornate e i tempi di reazione della direzione aziendale sono lunghi.
1 ❏ In parte. La direzione aziendale riceve informazioni sulle vendite e sul mercato aggiornate, mentre i tempi di reazione variano caso per caso.
2 ❏ Sì. La direzione aziendale dispone di strumenti informativi di elevato livello e reagisce agli eventi con rapidità.

Punteggio complessivo

Il questionario viene impiegato nel modo seguente: a ogni domanda viene fornita la risposta ritenuta più adeguata. Vengono quindi sommati i vari punteggi, con un risultato complessivo che può variare da 0 a 30. L'efficacia del marketing può essere valutata secondo la seguente scala:

0-5	= nessuna		16-20	= buona
6-10	= scarsa		21-35	= molto buona
11-15	= discreta		25-30	= eccellente

Fonte: Philip Kotler, "From Sales Obsession to Marketing Effectiveness", in *Harvard Business Review*, novembre-dicembre 1977, pp. 67-75.

più approfondita analisi, facendo ricorso a un ulteriore strumento, noto come *marketing audit*.[15]

> Il *marketing audit* consiste in un *esame globale, sistematico, indipendente* e *periodico* dell'ambiente di mercato, degli obiettivi, delle strategie e delle attività di un'impresa, mirante a definire le aree problematiche e di opportunità, nonché a proporre un piano operativo volto a migliorare i risultati di marketing dell'impresa stessa.

Esaminiamo ora le quattro caratteristiche fondamentali del marketing audit:

- **Globalità**. Il marketing audit si estende a tutte le attività che l'impresa svolge sul mercato e non solamente alle aree per le quali si manifestano problemi. Nel caso che l'audit si limiti a una specifica funzione (vendite, pubblicità, ecc.), esso assumerà la denominazione di *audit funzionale*. Sebbene gli audit funzionali siano utili, talvolta essi possono indurre a sottovalutare la vera natura dei problemi. Ad esempio, un'eccessiva rotazione dei venditori può costituire un sintomo, non di insoddisfazione per i livelli di remunerazione, o per i ritmi operativi, quanto piuttosto di una inadeguata gamma di prodotti, o di un insufficiente supporto promozionale. È per questo che un audit globale può consentire di identificare i reali problemi di marketing dell'impresa.
- **Sistematicità**. Il marketing audit implica una sequenza ordinata di fasi diagnostiche che abbracciano l'ambiente di mercato dell'impresa, il sistema di marketing di cui la stessa è dotata e le specifiche funzioni di marketing. La diagnosi è seguita da un piano delle azioni correttive, sia di breve, sia di lungo termine, dirette ad accrescere l'efficacia complessiva dell'attività di marketing svolta dall'impresa.
- **Indipendenza**. Il marketing audit può essere svolto secondo sei modalità: (1) self-audit; (2) audit incrociato; (3) audit dall'alto; (4) audit condotto da un organo permanente dell'impresa; (5) audit condotto da un gruppo di lavoro aziendale; (6) audit condotto da una struttura specializzata esterna. I self-audit, dove i manager elencano le loro operazioni, possono essere utili, anche se la maggior parte degli esperti li ritiene mancanti di oggettività e indipendenza. La 3M Company ha impiegato con successo la soluzione di cui al punto 4, con un servizio apposito che interviene su specifica richiesta delle varie divisioni. In generale, gli audit

migliori sono realizzati da specialisti esterni, i quali posseggono la necessaria indipendenza e obiettività, un'ampia esperienza di settori e problematiche diverse, nonché la disponibilità di tempo e attenzione da dedicare alla verifica.

- ■ **Periodicità**. È frequente che i marketing audit vengano effettuati allorquando le vendite hanno iniziato a declinare, il morale dei venditori e del personale in genere si è deteriorato e altri problemi sono insorti. Spesso le situazioni in questione sono in parte determinate dal non aver proceduto a effettuare marketing audit in tempo utile. Un periodico marketing audit può beneficiare tanto le imprese in buone condizioni, quanto quelle in difficoltà. Come rivela Schuchman, «nessuna operazione di marketing è svolta in modo tale da non poter essere migliorata. Anche il massimo può essere migliorato. In effetti, *deve* essere migliorato, in quanto poche, ammesso che ve ne siano, sono le operazioni di marketing che possono restare immutate nel corso del tempo».[16]

La procedura del marketing audit. Il marketing audit ha inizio con un incontro fra i responsabili dell'impresa e gli incaricati dell'indagine, nel corso del quale trovano definizione gli obiettivi, l'estensione e la profondità dell'audit, le fonti dei dati da utilizzare, la durata dell'intervento e la struttura del rapporto finale. Viene quindi predisposto un piano dettagliato delle persone da intervistare, delle domande da porre, dei tempi di effettuazione delle interviste e così via. Il principio fondamentale del marketing audit è che non bisogna limitarsi a raccogliere le opinioni e i dati dei manager dell'impresa. Occorre infatti estendere l'indagine sino a comprendere i clienti, gli intermediari e tutti i protagonisti rilevanti dell'ambiente-mercato in cui opera l'impresa.

Quando la fase di raccolta dei dati è conclusa, il responsabile dell'audit presenta i risultati conseguiti e le proprie considerazioni e raccomandazioni. Un elemento importante del marketing audit è costituito dal processo mediante il quale i manager dell'impresa procedono all'assimilazione, alla discussione e allo sviluppo di nuovi concetti da porre alla base dell'azione di marketing.

Le componenti del marketing audit. Il marketing audit consiste nell'esaminare sei componenti fondamentali della situazione di marketing dell'impresa. Tali componenti sono descritte qui di seguito, mentre nella tavola 26-7 vengono riportate le principali domande miranti a definirne il profilo nelle specifiche situazioni applicative.

Tavola 26-7 Struttura di un sistema di marketing audit

Parte 1 – Marketing audit dell'ambiente esterno	
Macroambiente	
A. Demografia	1. Quali sono le tendenze e i fenomeni demografici che possono presentare opportunità o minacce per l'impresa? 2. Quali azioni sono state avviate dall'impresa come conseguenza delle suddette opportunità o minacce?
B. Economia	1. In che misura l'evoluzione del reddito, dei prezzi, del risparmio, della produzione, del credito potrà influire sull'attività dell'impresa? 2. Quali azioni sono state avviate dall'impresa in relazione alle situazioni suddette?
C. Ecologia	1. Quali sono le prospettive sotto il profilo dei costi e della disponibilità delle risorse naturali ed energetiche necessarie per l'impresa? 2. Quali preoccupazioni sono andate emergendo circa il ruolo dell'impresa in materia di inquinamento e di conservazione dell'ambiente? E quali sono state le conseguenti azioni?
D. Tecnologia	1. Quali sono le principali tendenze evolutive nel campo della tecnologia di prodotto? E di processo? Qual è la posizione dell'impresa con riferimento alle suddette tecnologie? 2. Quali prodotti sostitutivi si profilano all'orizzonte per i prodotti dell'impresa?
E. Pubblici poteri	1. Quali norme di legge sono allo studio in materie di interesse per l'attività di marketing dell'impresa? 2. Quali sono le iniziative in atto ai vari livelli di governo di cui occorre tener conto? Quali sono gli orientamenti in atto in materia di controllo dell'inquinamento, norme sull'occupazione, protezione del consumatore, pubblicità, controllo dei prezzi, ecc. rilevanti per le strategie e le politiche di marketing?
F. Cultura	1. Quali sono gli atteggiamenti dell'opinione pubblica verso l'industria in generale e i prodotti dell'impresa in particolare? 2. Quali sono i cambiamenti degli stili di vita e dei valori che hanno rilevanza per l'impresa?
Sistema competitivo	
A. Mercati	1. Qual è l'andamento della dimensione del mercato, del tasso di sviluppo, della distribuzione geografica e dei profitti? 2. Quali sono i principali segmenti di mercato?
B. Clienti	1. Qual è la valutazione che i clienti attuali e potenziali danno dell'impresa e dei suoi concorrenti per quanto concerne la reputazione, la qualità dei prodotti, il servizio, la forza di vendita e il prezzo? 2. In che modo i vari segmenti di clientela effettuano le proprie decisioni d'acquisto?

segue **Tavola 26-7** Struttura di un sistema di marketing audit

C. Concorrenti	1.	Chi sono i principali concorrenti? Quali sono i loro obiettivi e le loro strategie, i loro punti di forza e di debolezza, le loro dimensioni e quote di mercato?
	2.	Quali tendenze caratterizzeranno in futuro la concorrenza e la sostituibilità nei confronti dei singoli prodotti?
D. Intermediari distributivi	1.	Quali sono i canali principali per portare i prodotti ai clienti?
	2.	Quali sono i livelli di efficienza e i potenziali di crescita dei differenti canali?
E. Fornitori di servizi	1.	Quali sono le prospettive per quanto concerne la disponibilità delle risorse produttive fondamentali?
	2.	Quali sono le tendenze emergenti fra i fornitori per quanto concerne i loro sistemi di vendita?
F. Fornitori di servizi	1.	Quali sono le prospettive per quanto concerne i costi e i sistemi di trasporto?
	2.	Quali sono le prospettive per quanto concerne i costi e i sistemi di magazzinaggio?
	3.	Quali sono le prospettive in materia di costi e disponibilità del credito e dei servizi finanziari in genere?
	4.	Qual è l'efficacia delle agenzie di pubblicità e degli istituti di ricerca di mercato di cui si avvale l'impresa?
G. Pubblico	1.	Quali settori del pubblico presentano opportunità o problemi per l'impresa?
	2.	Quali azioni sono state avviate dall'impresa per sviluppare i rapporti con i vari settori del pubblico?
Parte 2 – Audit della strategia di marketing		
A. Missione dell'impresa	1.	La missione dell'impresa è chiaramente definita in termini di orientamento al mercato? È realistica?
B. Obiettivi e traguardi di marketing	1.	Gli obiettivi d'impresa e di marketing sono definiti in termini di traguardi precisi, tali da indirizzare la pianificazione di marketing e da consentire la valutazione dei risultati?
	2.	Gli obiettivi di marketing sono appropriati, tenuto conto della posizione competitiva dell'impresa, delle sue risorse e delle opportunità?
C. Strategia	1.	La direzione d'impresa è in grado di mettere a punto un'efficace strategia per conseguire gli obiettivi di marketing? La strategia proposta è convincente? È essa appropriata rispetto allo stadio del ciclo di vita dei prodotti, alle strategie dei concorrenti, alla situazione economica generale?
	2.	L'impresa dispone di basi adeguate per la segmentazione del mercato? I criteri impiegati per valutare i segmenti e per scegliere i più interessanti sono adeguati? Sono stati sviluppati profili accurati dei vari segmenti obiettivo?
	3.	L'impresa ha messo a punto un adeguato posizionamento e un appropriato marketing mix per ogni segmento obiettivo? Le varie risorse di marketing sono assegnate in modo ottimale agli elementi fondamentali del marketing mix, e cioè qualità del prodotto, servizio, forza di vendita, pubblicità, promozione e distribuzione?

segue **Tavola 26-7** Struttura di un sistema di marketing audit

	4. Vi sono risorse sufficienti per conseguire gli obiettivi di marketing? O le risorse previste nel budget di marketing sono eccessive?
Parte 3 – Audit dell'organizzazione di marketing	
A. Struttura formale	1. Il responsabile del marketing dispone di un'autorità adeguata nei confronti delle funzioni aziendali che influenzano il soddisfacimento della clientela? 2. Le attività di marketing sono strutturate in modo ottimale secondo linee funzionali, per prodotto, per classe di clientela e per territorio?
B. Efficienza funzionale	1. Esistono buone comunicazioni e relazioni operative fra marketing e vendite? 2. Il sistema di management di prodotto opera in modo efficace? I responsabili di prodotto sono in grado di pianificare i profitti, o solo i volumi di vendita? 3. Il personale addetto alle varie funzioni di marketing richiede ulteriori interventi di addestramento, motivazione, supervisione o valutazione?
C. Rapporti interfunzionali	1. Esistono dei problemi da considerare nell'ambito dei rapporti fra marketing e produzione, ricerca e sviluppo, acquisti, finanza e amministrazione?
Parte 4 – Audit dei sistemi di marketing	
A. Sistema informativo di marketing	1. Il sistema informativo di marketing fornisce informazioni accurate, sufficienti e tempestive circa gli sviluppi del mercato con riferimento a clienti effettivi e potenziali, intermediari e dettaglianti, concorrenti, fornitori, pubblico? 2. La direzione aziendale sollecita l'effettuazione di ricerche di mercato e ne usa i risultati? 3. L'impresa impiega i metodi più aggiornati per la previsione della domanda e delle vendite?
B. Sistemi di pianificazione di marketing	1. L'impresa dispone di un sistema di pianificazione di marketing ben strutturato ed efficace? 2. Le previsioni di vendita e le valutazioni del mercato potenziale sono formulate in modo corretto? 3. Le quote di vendita sono fondate su basi appropriate?
C. Sistema di controllo di marketing	1. Le procedure di controllo sono adeguate ad assicurare il conseguimento degli obiettivi del piano annuale? 2. La direzione aziendale analizza periodicamente la profittabilità di prodotti, mercati, aree di vendita e canali di distribuzione? 3. I costi di marketing vengono periodicamente analizzati?
D. Sistema di sviluppo dei nuovi prodotti	1. L'impresa è organizzata per raccogliere, sviluppare e selezionare idee di nuovi prodotti?

		2. Prima di investire in nuove idee, l'impresa effettua ricerche e analisi adeguate? 3. Prima di effettuare il lancio di nuovi prodotti, l'impresa effettua adeguate prove di prodotto e di mercato?
	Parte 5 – Audit della produttività del marketing	
A.	Analisi della profittabilità	1. Qual è la profittabilità dei differenti prodotti, mercati, aree di vendita, canali di distribuzione dell'impresa? 2. È opportuno che l'impresa inizi, espanda, riduca, interrompa l'attività in qualche segmento di mercato, e quali ne sarebbero le conseguenze in termini di profitti a breve e lungo termine?
B.	Analisi dei costi	1. Vi sono attività di marketing che presentano costi eccessivi? In caso affermativo, è possibile procedere alla riduzione degli stessi?
	Parte 6 – Audit della funzione di marketing	
A.	Prodotti	1. Quali sono gli obiettivi per linea di prodotto? Sono fondati tali obiettivi? Le attuali linee di prodotto conseguono gli obiettivi? 2. Le linee di prodotto dovrebbero essere prolungate o ridotte? 3. Quali prodotti dovrebbero essere eliminati? E quali aggiunti? 4. Qual è la conoscenza e quali gli atteggiamenti che gli acquirenti manifestano nei confronti della qualità, delle caratteristiche, dello stile, della marca dei prodotti dell'impresa o della concorrenza? Quale area della strategia di prodotto richiede miglioramenti?
B.	Prezzi	1. Quali sono gli obiettivi, le strategie, le politiche, i metodi adottati in materia di prezzi? In che misura i prezzi sono determinati in funzione dei costi, della domanda, della situazione competitiva? 2. I clienti ritengono che i prezzi dell'impresa siano appropriati, dato il valore dei suoi prodotti? 3. In che misura la direzione aziendale dispone di dati circa l'elasticità della domanda, gli effetti delle curve di esperienza e le politiche di prezzo della concorrenza? 4. In che misura le politiche di prezzo sono compatibili con le esigenze degli intermediari e dei fornitori, nonché con le norme vigenti? 1. Quali sono gli obiettivi o le strategie in materia di distribuzione? 2. La copertura del mercato è adeguata? E il servizio? 3. In che misura sono efficaci i seguenti membri del canale: distributori al dettaglio, grossisti, agenti e rappresentanti, broker, venditori, ecc.? 4. L'impresa dovrebbe adottare modifiche di distribuzione?

segue **Tavola 26-7** Struttura di un sistema di marketing audit

C. Distribuzione D. Pubblicità, promozione delle vendite, pubbliche relazioni	1. Quali sono gli obiettivi di pubblicità dell'impresa? Sono essi fondati? 2. La spesa pubblicitaria è adeguata? Come viene determinato il budget? 3. Gli argomenti e i testi pubblicitari sono efficaci? Che cosa pensano della pubblicità i clienti e il pubblico in genere? 4. I mezzi sono scelti in modo corretto? 5. Il personale interno addetto alla pubblicità è adeguato? 6. Il budget della promozione delle vendite è adeguato? Viene fatto un uso efficace di strumenti promozionali quali campioni, buoni sconto, espositori, concorsi premio? 7. Il budget per le pubbliche relazioni è adeguato? Il personale addetto alle relazioni esterne è competente e creativo?
E. Forza di vendita	1. Quali sono gli obiettivi dell'organizzazione di vendita? 2. La forza di vendita ha una consistenza adeguata al conseguimento degli obiettivi dell'impresa? 3. La forza di vendita è organizzata sulla base di corretti principi di specializzazione? I responsabili di vendita sono in grado di guidare la forza di vendita dell'impresa? 4. Il livello e la struttura della remunerazione sono adeguati a stimolare e incentivare i venditori? 5. Qual è il morale, la competenza e l'impegno della forza di vendita? 6. Le procedure esistenti sono adeguate per fissare le quote e per valutare i risultati? 7. Qual è il livello della forza di vendita dell'impresa in confronto alla concorrenza?

- **Marketing audit dell'ambiente esterno**. Si propone di analizzare le principali forze e tendenze che operano sulle componenti costitutive dell'ambiente operativo dell'impresa: mercati, clienti, concorrenti, distributori, intermediari e fornitori.
- **Audit della strategia di marketing**. Mira ad analizzare gli obiettivi e le strategie di marketing dell'impresa, onde stabilire se e in che misura corrispondono alla situazione attuale e prevedibile dell'ambiente di marketing.
- **Audit dell'organizzazione di marketing**. Consiste nel valutare la capacità dell'organizzazione di marketing di realizzare la strategia corrispondente agli obiettivi previsti.
- **Audit del sistema di marketing**. Consiste nell'analisi della qualità di cui dispone l'impresa a fini di analisi, pianificazione e controllo.

- **Audit della produttività di marketing.** Consiste nella valutazione e analisi della profittabilità dei vari settori dell'attività di marketing e dell'efficacia delle singole spese di marketing.
- **Audit delle funzioni di marketing.** Consiste nella valutazione approfondita delle principali variabili del marketing-mix e cioè: prodotti, prezzi, distribuzione, forza di vendita, pubblicità e promozione.

Un esempio di marketing audit.[17] La O'Brien Candy Company è una media impresa dolciaria. Nei due ultimi anni, le vendite e i profitti hanno a malapena mantenuto i livelli precedentemente conseguiti. La direzione aziendale ritiene che la causa sia costituita dal fatto che i venditori «non lavorano con sufficiente impegno». Si pensa quindi di introdurre un nuovo sistema di incentivazione e di incaricare uno specialista di procedere ad addestrare i venditori all'uso delle tecniche più innovative. Tuttavia, prima di dare il via a questo programma viene chiesto a un esperto di condurre un audit di marketing di tutta l'impresa. Al termine del proprio lavoro, il consulente di marketing presenta un rapporto, i cui punti principali sono così sintetizzabili:

- La linea di prodotto dell'impresa consiste essenzialmente di diciotto prodotti, in genere tavolette di cioccolato. Le due marche principali sono entrambe nella fase di maturità e rappresentano il 76% delle vendite. L'impresa ha esaminato il mercato in forte sviluppo delle merendine al cioccolato e delle caramelle, ma non ha ancora assunto alcuna decisione.
- L'impresa ha recentemente effettuato una ricerca per definire il profilo del proprio cliente. I suoi prodotti esercitano un'attrazione particolarmente sulle fasce inferiori del mercato e sugli anziani. Nei confronti dei prodotti concorrenti, quelli della O'Brien vengono considerati "di qualità media e un tantino vecchio stile".
- La O'Brien vende i suoi prodotti a grossisti dolciari e alle imprese della grande distribuzione. L'organizzazione di vendita effettua numerose visite ai piccoli dettaglianti serviti dai grossisti per potenziare l'esposizione e fornire assistenza. Vengono anche visitati i punti di vendita non serviti dai grossisti. La O'Brien ha un buon indice di presenza nel piccolo dettaglio, sebbene non in tutti i segmenti, come, ad esempio, i ristoranti. Il suo approccio nei confronti dei rivenditori si basa sugli sconti, sui contratti di esclusiva, sul finanziamento delle scorte. Nei confronti delle grandi imprese al dettaglio, non consegue risultati particolarmente positivi. I concorrenti puntano maggiormente sulla pubblicità e sulla

- promozione sul punto di vendita, conseguendo maggiore successo presso la grande distribuzione.
- Il budget di marketing della O'Brien prevede un'incidenza delle spese sul fatturato pari al 15%, contro il 20% circa dei concorrenti. Gran parte delle spese riguardano la forza di vendita, mentre la parte restante viene destinata alla pubblicità. Le spese di promozione delle vendite sono assai limitate. Il budget di pubblicità viene impiegato in un'azione di richiamo nei confronti delle due marche principali. I nuovi prodotti vengono introdotti di rado e, quando ciò avviene, si tende ad adottare una strategia d'"impulso" nei confronti dei dettaglianti.
- L'organizzazione di marketing è posta sotto la responsabilità di un direttore vendite. A questi rispondono il capo servizio vendite, il responsabile delle ricerche di marketing e il responsabile della pubblicità. Provenendo da funzioni di linea, il direttore vendite tende a privilegiare i problemi immediatamente operativi, trascurando di prestare sufficiente attenzione agli altri aspetti dell'azione di marketing. La forza di vendita è assegnata a territori di vendita di cui sono responsabili i vari capi area.

Il consulente incaricato del marketing audit concludeva il proprio rapporto ponendo in evidenza come i problemi della O'Brien non potevano essere risolti unicamente migliorando la forza di vendita. Infatti, le anomalie riscontrate in questo settore denotavano l'esistenza di situazione ben più complesse. Il consulente presentò quindi le proposte illustrate nella tavola 26-8.

26.5 Il ruolo del controller di marketing

Abbiamo sin qui visto come un esperto esterno possa contribuire al controllo strategico dell'impresa. Alcune imprese hanno costituito posizioni di *controller di marketing*, onde procedere all'osservazione e all'analisi delle spese e delle attività di marketing.

Il controller di marketing è un manager che opera nell'ambito del controllo di gestione dell'impresa, con una specifica competenza in materia di marketing. In tal modo, viene allargata la nozione tradizionale del controllo di gestione, per molto tempo esteso unicamente alle attività produttive e agli aspetti finanziari delle operazioni aziendali. Il controller di marketing ha una preparazione integrata ed è in grado di

Tavola 26-8 Sintesi della verifica di marketing condotta presso la O'Brien Candy Company

Elementi emersi dall'audit

Le linee di prodotto dell'impresa presentano notevoli gradi di squilibrio. I due prodotti principali rappresentano il 76% delle vendite e non dispongono di alcun margine di sviluppo. Cinque dei diciotto prodotti che costituiscono la gamma non conseguono profitti e non hanno margini di crescita. Gli obiettivi di marketing dell'impresa non sono né chiari, né realistici.

La strategia dell'impresa non prende in considerazione l'evoluzione in atto nell'ambito della distribuzione al dettaglio, né come raccordarsi ai mercati in rapido cambiamento. L'impresa è gestita da un'organizzazione di vendita, piuttosto che da un'organizzazione di marketing. Il marketing mix dell'impresa non è in equilibrio, con un eccesso di spesa per la forza di vendita e uno scarso stanziamento in pubblicità. L'impresa non dispone di procedure atte a sviluppare e lanciare con successo i nuovi prodotti. Lo sforzo di vendita dell'impresa non viene indirizzato verso i clienti più profittevoli.

Raccomandazioni di breve termine

Passare in rassegna la gamma di prodotti attuale ed eliminare i prodotti marginali con scarso potenziale di sviluppo. Trasferire una parte delle spese di marketing dal sostegno dei prodotti maturi a quello dei prodotti più recenti. Trasferire l'enfasi del marketing mix dalla vendita diretta alla pubblicità su scala nazionale, in particolare per i nuovi prodotti.

Effettuare un'approfondita analisi dei segmenti del mercato dolciario maggiormente dotati di capacità di sviluppo e mettere a punto un piano per sfruttare i segmenti stessi.

Raccomandare alla forza di vendita di eliminare dal proprio programma di visite i negozi marginali e di non assumere ordini al di sotto di un livello minimo. Eliminare inoltre le duplicazioni di sforzo di vendita rappresentate dalle visite effettuate dai venditori a punti di vendita serviti dai grossisti.

Avviare programmi di addestramento dei venditori e migliorare i sistemi di remunerazione.

Raccomandazioni di medio e lungo termine

Assumere un direttore centrale marketing con una vasta e consolidata esperienza acquisita presso imprese leader nel campo del marketing. Introdurre un sistema di obiettivi di marketing formali e operativi. Introdurre il concetto di gestione del prodotto nell'ambito dell'organizzazione di marketing. Avviare consistenti programmi di sviluppo di nuovi prodotti. Mettere a punto efficaci nomi di marca. Individuare le modalità per accrescere l'efficacia delle vendite alle imprese della grande distribuzione. Accrescere il livello del budget di marketing fino al 20% del fatturato. Riorganizzare la funzione di vendita specializzando i venditori per canale di distribuzione. Stabilire gli obiettivi di vendita e i parametri di remunerazione in funzione dei risultati in termini di profitto lordo.

Fonte: Adattamento autorizzato da Ernst A. Tirmann, "Should Your Marketing Be Audited?", in *European Business*, autunno 1971.

effettuare sofisticate e complesse analisi finanziarie delle spese di marketing, sia dal punto di vista consuntivo, sia da quello previsionale. I principali compiti del controller di marketing dovrebbero essere i seguenti:

- Garantire la coerenza fra piano di marketing e obiettivi di profitto a livello di impresa.
- Mantenere uno stretto controllo sulle spese relative ai mezzi pubblicitari.
- Partecipare alla definizione dei budget per i responsabili di prodotto.
- Definire i tempi ottimali d'attuazione delle strategie.
- Misurare l'efficienza delle iniziative promozionali.
- Analizzare i costi di produzione dei mezzi pubblicitari.
- Valutare la profittabilità per classi di clientela e per zone geografiche.
- Presentare rapporti finanziari orientati alle vendite.
- Assistere i responsabili degli acquisti nella ricerca dell'ottimizzazione degli stessi, nonché nella definizione dei livelli delle scorte.
- Sensibilizzare i dirigenti di marketing nei confronti delle implicazioni finanziarie delle loro decisioni.

La Nestlé si mosse in questa direzione sin dal 1965, quando il controller iniziò a operare nella pianificazione e nel controllo di marketing. A ognuna delle sei divisioni di marketing della Nestlé fu assegnato un analista, in posizione di collaborazione con i vari responsabili. Le sue mansioni consistevano nell'espletare diversi incarichi finalizzati al miglioramento dell'efficienza e dei risultati di marketing. I rapporti elaborati furono veramente utili, mentre la posizione in se stessa servì di addestramento per i futuri alti dirigenti, dato il diretto coinvolgimento col marketing, la produzione e la finanza.[18]

La posizione di controller di marketing è di particolare importanza, specie per le imprese che assumono un esplicito orientamento al mercato. Il controller di marketing può contribuire a identificare come e dove l'impresa consegue i propri profitti. A mano a mano che i manager di marketing acquisiscono una più completa preparazione in materia economico-finanziaria, parte del lavoro di controllo può essere svolto da loro stessi, riservando al controller di marketing la funzione di supervisione e di coordinamento. In conclusione, ciò che assume un'importanza fondamentale per l'impresa competitiva è poter disporre di una metodologia di valutazione delle performance di marketing tale da consentire ai manager di controllare l'adeguatezza dei propri piani, nonché di correggere gli eventuali errori.[19]

Note

1. Per un ulteriore approfondimento, si vedano James M. Hulbert e Norman E. Toy, "A Strategic Framework for Marketing Control", in *Journal of Marketing*, aprile 1977, pp. 12-20; Walter G. Scott, "L'analisi e il controllo dei costi di marketing", in Luigi Guatri e Walter G. Scott (a cura di), *Manuale di marketing*, Isedi, Milano 1976, 2ª ed.; Daniela Venanzi, "Analisi dei costi di distribuzione e gestione del canale", in Philip Kotler e Walter G. Scott (a cura di), *Marketing Management. Letture*, Isedi, Torino 1991, pp. 406-433.

2. Si veda Alfred R. Oxenfeldt, "How tu Use Market-Share Measurement", in *Harvard Business Review*, gennaio-febbraio 1969, pp. 59-68.

3. Esiste una probabilità su due (1/2) che ogni osservazione successiva sia maggiore, oppure minore. Pertanto la probabilità di avere sei valori successivi maggiori è data da $(1/2)^6 = 1/64$.

4. In alternativa, le imprese possono puntare la loro attenzione sui fattori che determinano il valore per gli azionisti. Il valore per gli azionisti è il valore attuale del flusso di reddito futuro creato dall'impresa grazie alle azioni poste in atto. L'analisi del tasso di rendimento si basa normalmente sui risultati di un solo anno. Si veda Alfred Rappaport, *Creating Shareholder Value*, The Free Press, New York 1986.

5. Per ulteriori approfondimenti in materia di analisi finanziaria, si vedano i classici testi di James C. Van Horne, *Teoria e tecnica della finanza d'impresa*, Il Mulino, Bologna 1984, e di Fred Weston e Eugene Brigham, *Finanza aziendale*, Il Mulino, Bologna 1974.

6. Mac Group, *Distribution: A Competitive Weapon*, Cambridge 1985.

7. Per un altro esempio si veda Walter G. Scott, *I costi di marketing nell'azienda industriale*, Etas Libri, Milano 1969, pp. 231-239.

8. Per un elenco delle basi di imputazione dei costi di marketing si veda Walter G. Scott, "L'analisi e il controllo dei costi di marketing", in Luigi Guatri e Walter G. Scott (a cura di), *Manuale di marketing*.

9. Il costo "diretto" (o *direct costing*) è un metodo di calcolo dei costi di produzione sviluppatosi attorno al 1960 negli Stati Uniti d'America e che si ispira al principio secondo cui ogni decisione concernente l'aumento o la riduzione della produzione, entro i limiti posti dalla capacità produttiva, comporta ripercussioni solo sulla parte variabile dei costi. In altri termini: i costi connessi alla struttura dell'impresa, cioè i costi fissi, sono sostenuti a prescindere dal livello di utilizzo della capacità produttiva. Per contro, il metodo del costo "totale" (o *full costing*) comporta la considerazione, nella determinazione dei costi dei prodotti, di tutte le classi di costi afferenti all'oggetto del calcolo, a prescindere dal fatto che si tratti di costi fissi, semifissi, o variabili.

10. L'approfondimento del problema della produttività del marketing presuppone il chiarimento dei concetti di *efficienza* e di *efficacia*. Secondo la classica distinzione tracciata da Chester Barnard nell'opera *The Functions of the Executive*, con il termine di *efficienza* viene definito il rapporto fra i fattori impie-

gati nel processo produttivo e i risultati ottenuti, mentre con quello di *efficacia* si fa riferimento al grado in cui i risultati effettivamente ottenuti corrispondono ai risultati desiderati e attesi. Peter Drucker afferma che è più importante essere efficaci (*to do the right things*), che essere efficienti (*to do the things right*). In effetti, la pratica d'impresa dimostra come sia necessario l'essere efficaci e contemporaneamente efficienti.

[11] Lo sviluppo dell'efficienza della forza di vendita è destinato ad assumere un ruolo fondamentale nel futuro di un numero sempre più ampio di imprese. Per un'esauriente trattazione di questo aspetto si veda Frederick E. Webster, *Field Sales Management*, John Wiley & Sons, New York 1984.

[12] Quanto precedentemente osservato in materia di produttività del marketing sembra essere particolarmente vero nel campo della pubblicità, dove ogni decisione presenta aspetti di efficacia (conseguimento di certi risultati) e di efficienza (rapporto fra risorse impiegate e risultati conseguiti). La difficoltà di trattare i due aspetti separatamente, ma non indipendentemente, ha probabilmente contribuito a concentrare l'attenzione sulla valutazione dell'*efficacia della pubblicità* (*advertising effectiveness*), trascurando di considerare in modo appropriato il problema dell'*efficienza della pubblicità* (*advertising efficiency*).

[13] Si veda in proposito Giorgio Eminente, "La logistica di marketing", in Luigi Guatri e Walter G. Scott (a cura di), *Manuale di marketing*, op. cit.

[14] Per ulteriori elementi sulla McDonald's, si veda il relativo caso incluso in Philip Kotler, John B. Clark e Walter G. Scott (a cura di), *Marketing Management. Casi*, Isedi, Torino 1992, pp. 296-324.

[15] Si veda Philip Kotler, William Gregor e William Rodgers, "The Marketing Audit Comes of Ages", in *Sloan Management Review*, inverno 1977, pp. 25-43.

[16] Abe Schuchman, "The Marketing Audit: Its Nature, Purposes, and Problems", in Alfred Oxenfeldt e Richard D. Crisp (a cura di), *Analyzing and Improving Marketing Performance*, American Marketing Association, New York 1959, pp. 16-17.

[17] Questo caso è stato ricavato dall'eccellente articolo di Ernst A. Tirmann, "Should Your Marketing Be Audited?", in *European Business*, autunno 1971, pp. 49-56.

[18] Per una descrizione particolareggiata, si veda Sam R. Goodman, *Techniques of Profitability Analysis*, Wiley-Interscience, New York 1970.

[19] Il tema della valutazione delle performance di marketing viene trattato in modo esauriente da Thomas V. Bonoma e Bruce H. Clark nel volume *Marketing Performance Assessment*, Harvard Business School Press, Boston 1988.

Indici

Indice analitico

Abbuoni, 311, 710
Abell, schema di, 58
Account manager, 919
Acquirente cesellatore, 310
    creativo, 310
    fedele, 310
    opportunista, 310
    orientato alla pubblicità, 310
    pignolo e rigido, 310
    potenziale, 16
    speculatore, 310
Acquisti senza scorte, 311
Acquisto istituzionale, 286
    simulato, 488
Acquisto, comportamento di, 228
    ruoli di, 256
Adattamento del prodotto, 601
Agente di vendita, 914
Agenti, 799
    del produttore, 799
    di acquisto, 800
    non esclusivi, 746
Albero delle decisioni, 165
Ambientalismo, 198
Ambiente culturale e sociale, 209
    demografico, 190
    economico, 194
    fisico, 198
    politico istituzionale, 207
    tecnologico, 202
Analisi competitiva, 338
    congiunta, 159
    degli scostamenti delle vendite, 1009
    dei costi di marketing, 1013
    dei punti di forza e di debolezza, 77, 115
    del macroambiente, 74
    del microambiente, 74
    del punto d'equilibrio, 483
    del punto d'equilibrio, 482
    del rischio, 482
    del valore, 301
    del valore percepito, 342
    dell'ambiente esterno, 74
    della quota di mercato, 1010
    della reddittività di marketing, 109, 1020
    della regressione multipla, 158
    delle minacce/opportunità, 74, 114
    delle opportunità e dei problemi, 113
    delle opportunità, 94
    delle serie teoriche, 370
    delle vendite, 1009
    discriminante, 158

    fattoriale, 158, 385
    finanziaria, 1015
    statistica della domanda, 373
Annunci pubblicitari, 311
Apprendimento, processo di, 253
Approvvigionamenti e servizi, 620
Area di affari, 56
Articolo, 614
Assistenti di vendita, 936
Atteggiamento, 254
Attenzione selettiva, 251, 825
Attrazione, 845
Attrezzature accessorie, 619
Attributi del prodotto, 630
Audit del sistema di marketing, 1042
    dell'organizzazione di marketing, 1042
    della produttività di marketing, 1043
    della strategia di marketing, 1042
    delle funzioni di marketing, 1043

Banca dei modelli, 159
    statistica, 157
Banca, marketing nella, 40
Barriere all'entrata, 326, 402
    all'uscita, 326, 402
Benchmarks, 420
Beni ad acquisto corrente, 616
    ad acquisto d'impulso, 616
    ad acquisto saltuario o ponderato, 616
    d'emergenza, 616
    di convenienza, 615
    durevoli, 615
    non durevoli, 615
    non previsti, 617
    speciali, 617
Bisogni, gerarchia di, 249
Bisogno, 6
Bollini premio, 897
Brainstorming, 463
Brand management, 978
    manager, 972
Broker, 799
Budget di vendita, 356
Buoni-sconto, 896
Business difficile, 77
    ideale, 77
    maturo, 77
    speculativo, 77
Business, missione del, 74

Campioni, 896
Campioni, tipi di, 150

Canale a due stadi, 740
    a tre stadi, 740
    a uno stadio, 740
    di distribuzione, 733
    diretto, 738
    globale, 603
Canale di marketing, 733
    funzioni e flussi del, 735
    modifica del, 755
    principali alternative di, 745
    scelta del, 742
    stati del, 738
Canali a ritroso, 737
    di comunicazione non personali, 836
    di comunicazione personali, 835
    di comunicazione, scelta dei, 835
    distributivi dei servizi finanziari, 741
Capacità di reazione dei concorrenti, 339
Caratteristiche del prodotto, 631
Cash cows, 61
Catalogo postale, 782
Catene del valore, 419
    di negozi, 784
Centri commerciali al dettaglio, 780
Centro acquisti, 293
Cicli di vita delle forme di prodotto, 509
Ciclo, 371
    del minimax, 166
    di vita del dettaglio, 773
    di vita del prodotto, 508
    di vita del prodotto, aspetti strutturali del, 533
    di vita del prodotto, fasi del, 510
    di vita del prodotto, forme del, 513
    di vita della marca, 509
    di vita domanda-tecnologia, 508
    di vita internazionale del prodotto, 601
    differenziale, 163
    ordine-spedizione-fatturazione, 127
Classe di prodotto, 613
    sociale, 231, 391
Classi d'acquisto, 290
    dei beni di consumo, 615
    dei beni industriali, 618
    dei prodotti, 614
Cliente, soddisfacimento del, 31
    orientamento al, 31
Cluster analysis, 159, 385
Codifica, 824
Combination store, 779
Combinazione di prodotti, 614, 620
Comitato nuovi prodotti, 459
Commercianti, 732
Commissionari, 800
Competizione di canale, 766
Completamento della linea, 628

Comportamento d'acquisto, 257
    del consumatore, 228
Comunicatore, 824
Comunicazione di marketing integrata, 850
Concessione di licenze, 597
Concetto di evoluzione del mercato, 536
Concorrenti imprevedibili, 340
    reattivi, 340
    scarsamente reattivi, 340
    selettivi, 340
Concorrenti, identificazione dei, 321
    strategia dei, 328
Concorrenza a livello di mercato, 328
    a livello di settore, 322
    basata sugli attributi, 541
    monopolistica, 325
    perfetta, 325
Concorrenza, definizione della, 342
    forme di, 184
    punti di forza e punti di debolezza della, 335
Confezionamento (packaging), 645
Confezione, 64
    primaria, 645
    secondaria, 645
Confezioni speciali, 896
Conglomerati, 786
Consulenti di marketing, 995
Consumatore pioniere, 497
Consumatore, mercato del, 97
    comportamento del, 226
Contenuto del messaggio, 831
Contratti continuativi, 305
    di lavorazione per conto, 597
    di management, 598
Controller di marketing, 1044
Controllo del piano annuale, 1006
    del piano annuale, 1008
    dell'efficienza, 1006, 1027
    della redditività, 1006, 1020
    di marketing, 1007
    strategico, 1007, 1031
Controsegmentazione, 408
Cooperative di produzione, 798
Cooperazione di canale, 765
    di consumo, 785
Copertura, 865
    totale del mercato, 405
Copyright, 633
Cost-plus pricing, 314, 698
Costi di marketing, 480
    di ricerca di marketing, 480
    di sviluppo, 480
    di sviluppo del processo di produzione, 480
    fissi, 694
    totali, 694
    variabili, 694

Costi, stima dei, 694
Costo, 8
    del venduto, 480
    di sviluppo del prodotto, 480
    per mille, 871
    "diretto", 1025
    "totale", 1025
Creazione del prodotto, 601
Criterio ABC, 802
    dei minimi quadrati, 374
Cultura, 230
Curva di esperienza, 696
    di risposta delle vendite, 106
Customer satisfaction v. Cliente, soddisfacimento del
Customized marketing, v. Marketing personalizzato

Dati, fonti dei, 140
    primari, 139, 141
    secondari, 139
Dati, raccolta dei, 144
Decisione sui mezzi pubblicitari, 865
Decisioni d'acquisto dei rivenditori, 307
    d'acquisto nel mercato dei produttori, 290
    di localizzazione, 792
    di marketing delle imprese al dettaglio, 787
    di politica pubblicitaria, 855
Decodifica, 825
Definizione del mix promozionale, 841, 844
    dello stanziamento promozionale, 837
    e la misura della quota di mercato, 1011
Deposizionamento della concorrenza, 271
Desiderio, 6
Determinazione degli obiettivi dei concorrenti, 333
Dettaglio a libera scelta, 774
    a libero servizio, 773
    a servizio completo, 774
    a servizio limitato, 774
    organizzato, 772, 784
    tradizionale, 771
Diagramma degli scostamenti spese/vendite, 1014
    dell'albero delle decisioni, 169
    delle relazioni funzionali, 169
    di analisi causale, 169
    di controllo, 1013
    di flusso logico, 167
    di retroazione, 170
    reticolare di pianificazione, 167
Differenziazione, 82,
    dei servizi, 431
    del personale, 433
    dell'immagine, 434
Differenziazione, aspetto quantitativo della, 442, 444
    processo di, 439
Diffusione del messaggio, 862
Dimensione della forza di vendita, 922
Direct costing, 1047n

mail, 881
marketing, 878, 880
Direct marketing, dimensione strategica del, 889
    strumenti di, 880
Direct Product Profitability (DPP), 819n
Direct response advertising, 882
Direttore mercati, 980
Direzione nuovi prodotti, 459
    per obiettivi, 1008
Diritto di resa cambio merci, 311
Discount stores, 780
Disinvestimento, obiettivo di, 62
Distorsione selettiva, 252, 826
Distributore di ordini (drop shipper), 798
Distributori industriali, 746, 797
Distribuzione al dettaglio 770
    all'ingrosso, 793
    fisica, 805
    intensiva, 747
    esclusiva, 747
    selettiva, 747
Diversificazione del mercato, 558
    grandi clienti, 923
    internazionale, 605
Dogs, 61
Domanda, 7
    declinante, 20
    del mercato, 352
    determinazione della, 689
    eccessiva, 21
    gestione della, 19
    inesistente, 20
    irregolare, 20
    latente, 20
    misurazione della, 348
    negativa, 20
    nociva, 21
    per l'impresa, 355
    piena, 21
    primaria, 354
    selettiva, 354
Domande, tipi di, 146

Effetto di cannibalizzazione, 481
    trascinamento, 481
Efficacia, 86, 1048n
    della pubblicità, 872
Efficienza, 86, 1047n
    della distribuzione, 1030
    della forza di vendita, 1028
    della pubblicità, della promozione, delle vendite, 1029
Elasticità della domanda, 692
Enunciazione della strategia del testo (copy), 862
Espansione del mercato, 539
Esportazione diretta, 596
    indiretta, 595

Esposizione e dimostrazioni nel punto vendita, 897
Etichetta, 644, 645, 647
Eventi accidentali, 371
Evoluzione della funzione di marketing, 967

Famiglia di bisogni, 613
    di prodotto, 613
Fase d'introduzione, 518
    di crescita, 523
    di declino, 529
    di maturità, 524
    di riconsolidamento del mercato, 541
Fasi dell'azione di vendita, 945
    dell'evoluzione del mercato, 536
Fattori, 65
    culturali, 229
    personali, 238
    psicologici, 246
    sociali, 234
Fedeltà delle clientela, 1012
    di marca, 393
Field selling, 937
Filiali di vendita, 800
Finestra strategica, 87
Flusso di cassa, 482
    cumulativo scontato, 482
Fonti esterne, 139
    interne, 139
Forma del messaggio, 834
Forme di vendita al dettaglio, 773
Formulazione degli obiettivi, 79
    delle strategie, 82
    e attuazione dei programmi, 83
Fornitori, 179
Forza di vendita, 745
    diretta, 919
    indiretta, 919
Forza di vendita, addestramento della, 932
    fasi della, 916
    gestione della, 916
    motivazione della, 937
    organizzazione della, 915
    reclutamento e selezione della, 930
    renumerazione della, 925
    valutazione della, 939
Frammentazione del mercato, 540
Franchising, 760, 786
Frequenza, 865
Frontline, 34
Full costing, 1047n
Funzione di domanda del mercato, 353
    di risposta del mercato, 353
    di risposta delle vendite, 220
    di utilità, 268

Gare d'appalto pubbliche, 314

Gerarchia dei bisogni, 543
    delle variabili, 386
Gestione dei canali, 751
    della distribuzione fisica, 811
    della forza di vendita, 929
Grande magazzino, 776
Grossista, 793
Grossisti di beni di consumo, 796
Gruppi d'acquisto, 760, 785
    di lavoro incaricati di nuovi prodotti, 460
    di riferimento, 234
    strategici, 330
Gruppo di clienti, 57
    prodotto orizzontale, 977
    prodotto triangolare, 977
    prodotto verticale, 976

Headline, 876

Idea di prodotto, 468
Imballaggio, 645
Imitatore di mercato, 549
Immagine, 827
    di marca, 268
Impatto, 865
Impresa, missione dell', 53
    orientamenti dell', 22
    sfidante, strategia della, 563
Imprese grossiste a servizio completo, 796
    a servizio limitato, 797
    di nicchia, 549, 576
    imitatrici, strategie delle, 573
    indipendenti, 795
    leader, strategie della, 549
Indice della notorietà, 338
    delle preferenze d'acquisto, 338
    di opportunità di mercato, 361
    di sviluppo del prodotto, 361
    di sviluppo della classe del prodotto, 360
Industria, 14
    globale, 327
Influenza personale, 501
Informazione, 124
Informazioni, analisi delle, 152
    raccolta delle, 151
Ingrosso con consegna al punto di vendita, 797
    per corrispondenza, 798
    senza deposito (rack jobber), 798
Innovazione, 498
    di prodotto, 461
Installazioni, 619
Integrazione verticale, 327
Intermediari, 732
    di marketing, 181
    di vendita, 181
    finanziari, 183

Intermediari, numero degli, 747
    selezione degli, 751
    tipologie degli, 745
Intervista di gruppo, 142
    individuale, 151
    personale, 150
    telefonica, 149
Investimenti diretti, 599
Ipermercati, 779
Istituzioni private senza fini di lucro, 653

Jobber, 740
Just-in-time, 299

Leader di canale, 764
    di mercato, 549
Leadership generale di costo, 82
Libero servizio all'ingrosso, 797
Linea di prodotto, 614, 623
Livelli di servizio attesi, 743
Logistica di marketing, 808
Lotto d'acquisto ottimale, 814

Macroambiente, 97, 177, 190
Macrosegmentazione, 398
Macrosegmenti, 410
Magazzini di sconto, 780
    popolari, 773
Mailing, 881
    package, 881, 911n
Mantenimento, obiettivo di, 62
Mappa di posizionamento, 470
    del dettaglio, 775
    del prodotto/mercato, 328
Mappe di posizionamento, 439
Marca, 614, 633
    commerciale, 636
    del licenziante, 636
    del produttore, 636
    industriale, 636
    terzista, 636
Marca, definizione di, 633
    estensione della, 640
    politiche di, 632
    riposizionamento della, 642
Marche di gruppo, 638
    individuali, 638
    multiple, 641
Marchio, 633
    di fabbrica, 633
Margine di contribuzione lordo, 481
    di contribuzione netto, 481
    di contribuzione scontato, 482
    di utile, 1017
    lordo, 480

Market driven, 994
Marketing, ambiente di, 177
    azioni di, 102
    budget di, 103
    concetti fondamentali di, 6
    concetto di, 4, 29
    coordinamento delle attività del, 32
    definizione di, 5, 18
    orientamento al, 29
    procedura del, 1037
    ruolo del, 37
    sforzo di, 355, 375n
    sistema di, 14, 15
    strategia di, 99, 102
    struttura di un sistema di, 1038
Marketing audit, 109, 1032, 1036
    componenti del, 1037
    concetto di, 43
    procedura del, 1037
Marketing concentrato, 378, 408
    dell'ambiente esterno, 1042
    di massa, 378
    differenziato, 378, 406
    globale, 582
    indifferenziato, 405
    interattivo, 663
    interno, 33, 663
    management, 18, 19, 92, 93
    mix, 103, 104
    mix in periodo d'inflazione, 720
    multicanale, 764
    sociale, 39
Marketing mix, 103, 104
Marketing personalizzato, 381, 667
Marketing, ruolo del, 37
Massima esposizione finanziaria, 482
Materiali e parti, 618
Materie prime, 618
Matrice, 63
    attrattività del mercato/posizione competitiva
        dell'impresa, 64
    del Boston Consulting Group, 421
    delle minacce, 75
    delle opportunità, 76
    performance/importanza, 79
    prodotto/mercato, 69, 98, 521
    sviluppo/quota mercato, 59
MaxiMarketing, 911n
Maximercati, 779
McKinsey, schema delle sette S, 84
MDSS Marketing Decision Support System, 156
Mercati di prova, 489
Mercato, 14, 350, 538
    dei produttori, 287
    dei rivenditori, 181, 306

del consumatore, 184, 226
del settore pubblico, 312
della pubblica amministrazione, 184
di bisogno-dimensione-forma, 386
di marca, 386
disponibile qualificato, 351
disponibile, 350
industriale, 184, 287
internazionale, 184
latente, 536
penetrato, 351
potenziale, 350
prospettico disponibile, 358
prospettico, 358
servito, 351
teorico, 358

Mercato, definizione del, 58, 350
focalizzazione di, 31
forme di, 325
livelli di definizione del, 351

Mercato obiettivo, 98
definizione del, 400, 404
selezione del, 404

Merchandising, 817n

Messaggio, 824
amplificazione del, 826
creazione del, 860
definizione del, 831, 859
fonte del, 834
forma del, 834
livellamento del, 826

Metodi d'indagine, 142
di contatto, 149
di previsione ambientale, 366
di stima del valore percepito, 704
per la misurazione delle preferenze del consumatore, 485

Metodo degli indicatori economici, 359
dei prezzi correnti, 702
dei rapporti concatenati, 358
del "disponibile o residuale", 838
del carico di lavoro
del costo totale, 698
del profitto obiettivo, 699
del valore percepito, 701
della "parità competitiva", 839
della "percentuale sulle vendite", 838
della prova di mercato, 370
delle "ondate di vendita", 487
delle gare d'appalto, 703
"dell'obiettivo da conseguire", 839
Delphi, 370

Mezzi pubblicitari, profilo dei, 869
scelta dei, 870
tipologie di, 868

Mezzo (o media), 824

Microambiente, 96, 177
Micromercato, concetto di, 379
Microsegmentazione, 398
Minaccia, 75
Minimo del mercato, 353
Miopia di marketing, 8, 26, 55, 554
Misurazione dei risultati della promozione, 848
Mix promozionale, 822
Modelli decisionali, 162
delle code, 162
descrittivi, 160
deterministici, 171
di gerarchia delle risposte, 829
di valutazione delle marche alternative, 272
dinamici, 171
grafici, 167
lineari, 170
matematici, 170
non lineari, 170
statistici, 171
stocastici, 171
verbali, 166

Modelli, classificazione dei, 160

Modello AIDA, 829, 831
del processo markoviano, 161
del valore atteso, 270
della comunicazione, 830
delle gerarchia degli effetti, 829
di analisi dei settori industriali, 324
euristico, 162
innovazione/adozione, 830

Monitoraggio dei risultati, 85
Monopolio, 325
Motivazione, 246
degli intermediari, 752

Natura degli strumenti promozionali, 842
dell'ingrosso, 793
della distribuzione fisica, 807
Negoziazione, 13, 951, 955, 957
Nicchia di mercato, 382
Nome di marca, 633
Nonstore retailing, 782
Numero verde, 884
Numerosità del campione, 149
Nuovi prodotti, ruolo strategico dei, 456
sviluppo di, 452
tipi di, 453

Obiettivi, 117
della forza di vendita, 915
della pubblicità, 857
di canale, 743
di comunicazione, 828
di marketing, 117
di prezzo, 685

finanziari, 117
Obiettivo della distribuzione fisica, 808
Offerta differenziata, 436
Oligopolio differenziato, 325
    puro, 325
Omaggi, 897
Operatore di mercato, 16
Opinione, 254
Opportunità, 76
    di mercato, 467
Ordini d'acquisto periodici, 305
Organizzazione aziendale, 964
    d'acquisto del settore pubblico, 313
    d'acquisto dei produttori, 293
    d'acquisto dei rivenditori, 308
    del marketing, 966
    divisionale, 983
    funzionale, 970
    geografica, 971
    mista, 981
    per mercati, 977
    per prodotti e marche, 971
    pre matrice, 981
Organizzazione di vendita complessa, 922
    di vendita per cliente, 922
    di vendita per prodotto, 921
    di vendita territoriale, 920
Orientamento al cliente, 945
    al marketing, modalità di, 993
    alla produzione, 991
    alle vendite, 945
Orientate al marketing, 991

Penetrazione della clientela, 1012
Percezione, 251, 472
Perequazione esponenziale, 372
Periodo di recupero, 482
Personale di supporto tecnico, 936
Personalità, 244, 391
Pianificazione del profitto, 221
    strategica, 50
    delle visite della clientela, 934
    strategica a livello di business, 73
    strategica a livello corporate, 53
Piano di azione, 119
    di campionamento, 148
    di marketing, 92, 110
    di ricerca, 138
    di rifornimento senza scorte, 305
Portafoglio di attività, 58
Posizionamento del prodotto, 100
Posizionamento, comunicazione del, 446
    concetto di, 439, 443
    modalità di, 441
Potenziale del mercato, 353, 354
    dell'impresa, 356

totale del mercato, 357
Potenziali territoriali, 362
Pre-etichettatura, 311
Previsione delle vendite, 355
    di mercato, 354
Prezzi speciali, 311
Prezzo, 103, 106
    d'origine FOB, 708
    del punto base, 709
    di assorbimento del trasporto, 710
    di consegna uniforme, 708
    fisso, 314
    per zona, 709
Prezzo, promozionale, 712
    determinazione del, 684
    discriminazione del, 713
    manovra del, 717
    metodi di determinazione del, 697
    modifica del, 707
    scelta del, 706
    sensibilità al, 690
    strategie di, 683
Principi della negoziazione, 956
    della vendita personale, 944
Principio di accelerazione, 289
Procedura del campionamento, 149
Processo d'acquisto, 255
    decisionale degli acquirenti industriali, 300
    decisionale dei rivenditori, 310
    di adozione, 498
    di comunicazione, 824
    di comunicazione, fasi del, 827
    di controllo, 1008
    di creazione del valore, 965
    di diffusione, 498
    di comunicazione, gestione o coordinamento del, 849
    di pianificazione, attuazione e controllo strategici, 52
Prodotti a ordinazione di routine, 304
    a procedura d'acquisto, 304
Prodotto, 7, 103, 106
    ampliato, 612
    atteso, 611
    concetto di, 24
    generico, 611
    potenziale, 613
Prodotto, affidabilità del, 428
    caratteristiche del, 423
    concetto di, 24, 468, 469, 610
    conformità del, 427
    design del, 430
    differenziazione del, 423
    durabilità del, 427
    fasi di sviluppo del, 474
    gerarchia di, 613
    idea di, 468

immagine di, 469
lancio di, 493
livelli di, 611
prestazioni del, 425
riparabilità del, 428
sostituibilità del, 322
stile del, 429
sviluppo del, 483
Product manager, 971
Produzione, concetto di, 22
Profili strategici, 332
Programma annuale delle visite, 935
Programmazione della distribuzione, 754
matematica, 163
Promozione, 103, 107
delle vendite, 822, 892
Promozione delle vendite, obiettivi della, 893
realizzazione e controllo del programma di, 899
strumenti della, 896
caratteristiche della, 843
Promozione verso i rivenditori, 892
verso il consumatore, 892
verso la forza vendita, 892
Propaganda, 905
Pubbliche relazioni, 822, 904
Pubbliche relazioni, caratteristiche delle, 844
obiettivi delle, 906
Pubblicità, 822
classificata, 854
congiunta, 311
di marca, 854
di ricordo, 857
di patrocinio, 854
di saldo, 854
informativa, 856
istituzionale, 854
persuasiva, 857
Pubblicità, caratteristiche della, 842
definizione di, 854
obiettivi della, 856
Pubblico, 187
Punti di vendita specializzati, 776
Punto di vendita, 103, 107
al dettaglio, 771

Qualità del prodotto, 630
funzionale, 664
tecnica, 664
Questionario, 144
per la valutazione dell'efficacia di marketing, 1033
postale, 1501
Question marks, 60
Quota del mercato
globale, 1011
relativa (ai tre principali concorrenti), 1011
relativa (al concorrente principale), 1011

servito, 1011
Quota di mercato, 338
di vendita, 356
ottimale di mercato, 560
Quota di mercato, espansione della, 558
protezione della, 553
stima della, 362

Raggruppamento strategico, 83
Rapporti di vendita, 128
fra la funzione di marketing e le altre funzioni aziendali, 986
Rapporto corsi di borsa-valori di bilancio delle azioni, 339
di leva, o di indebitamento, 339
di liquidità, 339
di redditività, 339
di rotazione, 339
fra canali di vendita e costi, 924
valore/prezzo, 417
Rappresentanti, 799
Realizzazione del piano di pubbliche relazioni e valutazione dei risultati, 908
Realizzo, obiettivo di, 62
Redditività, 35
del capitale investito, 1016
Redemption, 883
Relazione venditore/acquirente, 958
Relazioni, 10
Responsabili di mercato, 980
nuovi prodotti, 459
prodotto, 459
Retroazione (o feedback), 825
Ricavi di vendita, 480
Ricerca per osservazione, 142
per sondaggio, 143
sperimentale, 143
sugli effetti della comunicazione, 873
Ricerche causali, 138
descrittive, 138
esplorative, 138
Ricerche di marketing, 132, 133
finalità di, 134
fornitori di, 133
processo delle, 134
Ricevente, 8254
Ricordo selettivo, 826
Rigiro del capitale investito, 1017
Riposizionamento psicologico, 270
reale, 270
Risposta, 825
diretta, 782
Risposta, modelli gerarchici di, 829
Ritenzione selettiva, 252
Rumore, 825
Ruolo e status, 238
Ruota del dettaglio, 773

SBA, strategic business area, 88, 510
SBU, strategic business unit, 51, 55, 92
Scambio, 10
Scambio, flussi di, 16
Scelta dei messaggi e dei veicoli di pubbliche relazioni, 907
Scenario, 364
Sconti, 710
Segmentazione comportamentale, 392
    del mercato, 380
    demografica multivariata, 389
    demografica, 388
    geografica, 386
    psicografica, 390
Segmentazione, basi per la, 386, 396
    modelli di, 382
    procedura di, 384
    variabili di, 387, 397
Segmento demografico, 382
    di mercato, 382
    di preferenza, 383
    naturale del mercato, 384
Segmento, accessibilità del, 399
    attrattività del, 401
    importanza del, 399
    misurabilità del, 398
    praticabilità del, 400
    profilo del, 385
    valutazione del, 400
Selettività del prezzo, 1012
    della clientela, 1012
Selezione dei mezzi, 865
Semilavorati, 619
Sensitività di marketing della domanda, 354
Sequenza temporale dell'azione pubblicitaria, 871
Servizi, 615
    a supporto dei prodottiper la clientela al dettaglio, 673, 791
    post-vendita, 676
    pre-vendita, 674
Servizi, classificazione dei, 655
    differenziazione dei, 664
    settore dei, 652
    centrale di marketing, 984
Servizio, caratteristiche del, 656
    concetto di, 653
    deperibilità del, 659
    inseparabilità del, 657
    intangibilità del, 656
    processo di erogazione del, 661
    qualità del, 668
    standardizzazione del, 658
    variabilità del, 658
Settore industriale, 322
Sfidante di mercato, 549
Sinettica, 464

Sistema delle rilevazioni interne, 127
    di consumo, 612
    di erogazione del servizio, 667
    di gestione prodotto/mercato, 980
    di marketing intelligence, 130
    di prodotti, 614
    di valutazione delle richieste della clientela, 1019
    informativo di marketing, 125, 126
Sistemi di distribuzione multicanale, 762
    di riordino automatici, 311
    di supporto delle decisioni di marketing, 156
    orizzontali di marketing, 762
    verticali di marketing, 758
Situazione del miglior offerente, 308
    del nuovo articolo, 307
    delle migliori condizioni, 308
Società miste, 598
Soddisfazione, 8
Specializzazione, 83
    di mercato, 405
    di prodotto, 405
    selettiva, 405
Sponsorizzazione, 311
Stadi evolutivi del servizio marketing, 968
Stagionalità, 371
Stanziamento pubblicitario, 858
Stars, 60
Stile del prodotto, 632
    di vita, 241, 391
Stili di vendita e di acquisto, 946
Stima della domanda attuale, 357
    delle curve di domanda, 691
Strategia, 405
    d'impulso, 845
    della forza di vendita, 918
    di accerchiamento, 540
    di attrazione, 845
    di concentrazione, 404
    di differenziazione, 99, 414, 422
    di diversificazione concentrica, 69, 72
    di diversificazione conglomerativa, 69, 73
    di diversificazione orizzontale, 69, 72
    di integrazione orizzontale, 69, 71
    di integrazione verticale ascendente, 69, 71
    di integrazione verticale discendente, 69, 71
    di marketing, 118
    di negoziazione, 954
    di nicchia di massa, 538
    di nicchia multipla, 538
    di nicchia singola, 538
    di penetrazione del mercato, 69, 550
    di penetrazione lenta, 520
    di posizionamento, 99, 436, 439
    di scrematura lenta, 520
    di scrematura rapida, 520

Strategic Business Area, *v.* SBA
Stategic Business Unit, *v.* SBU
Strategie delle imprese sfidanti, 574
    di attacco, 568
    di diversificazione concentrica, 69
    di diversificazione conglomerativa, 69
    di diversificazione orizzontale, 69
    di entrata nel mercato, 595
    di integrazione orizzontale, 69
    di integrazione verticale ascendente, 69
    di integrazione verticale discendente, 69
    di marketing per le imprese di servizi, 660
    di penetrazione del mercato, 69
    di sviluppo del mercato, 69, 70
    di sviluppo del prodotto, 69, 71
    di sviluppo intensivo (matrice di Ansoff), 70
    internazionali di prodotto e promozione, 600
    prezzo-qualità, 684
Strumenti promozionali, 823
Struttura, 994
    dei costi, 327
    del messaggio, 832
    della forza di vendita, 919
    globale, 606
    organizzativa della funzione di marketing, 970
Subcultura, 231
Superette, 778
Supermercato, 777
Sviluppo di un nuovo prodotto, 496
    diversificativo, 72
    diversificato, 69
    integrativo, 71
    integrato, 69
    intensivo, 69
Sviluppo, classi di opportunità di, 69
    obiettivo di, 62
SVM amministrati, 760
    aziendali, 759
    contrattuali, 760

"Task force" di marketing, 995
Tassi di sostituzione attiva e passiva, 161
Tasso di riacquisto, 161
    rendimento sul capitale netto, 1015
Tattiche di negoziazione, 955, 957
Tecniche della ricerca di marketing, 135
    di vendita, 944
Telemarketing, 884
Telematica, 818

Teoria dei giochi, 165
    statistica della decisione o teoria bayesiana della decisione, 164
Test di marketing controllato, 489
    di mercato, 486
    funzionali, 484
    sul consumatore, 484
Time to market, 455
Tipo di prodotto, 614
Tipologia delle imprese all'ingrosso, 795
    strutture di vendita al dettaglio, 776
Trade marketing-mix, 217
    promotion, 898
Traffic building, 887
Transazione, 11
Trasferimento, 12
Trattativa privata, 314
Trend, 371

Uffici acquisti, 801
    di vendita, 800
Unioni volontarie, 760, 785
Unità campione, 149

Valore, 8, 9
    aggiunto totale, 417
    prestato, 415
    totale per il cliente, 415

Value-in-use pricing, 701
Valutazione degli intermediari, 754
    dell'efficacia di marketing, 1031
    e selezione dei messaggi, 861
Vantaggio, 419
    competitivo, metodo per la definizione del, 445
    essenziale, 611
Vendita automatica, 783
    personale, 822
    porta-a-porta, 784
    postale (direct mail), 782
    postale e telefonica, 782
    telefonica, 783
Vendita, concetto di, 26
    personale, caratteristiche della, 843
    stima delle, 362, 476
Vendita al dettaglio forme di, 773
Vendite da riacquisto, 478
    di primo acquisto, 477
    di sostituzione, 477

Indice dei nomi

A & P, 639
A. C. Nielsen Company, 132, 133, 363, 513
Aaker David A., 875n
Abacus/Sofres, 874
Abell Derek, 57, 87, 88n, 89n, 404
Abrams Bill, 224n
Accutron, 640
Achenbaum Alvia A., 490, 540n
Ackoff Russel L., 375n
Adel I., 767n, 768n
AEG, 266
Aeroflot, 54
Africa, 191, 604, 606
AGB Italia, 132, 873, 874
Agnesi, 864
Agrigento, 361
Aidim, 884
Air Transport Association of America, 139
Alac, Associazione Latino-Americana di Libero Commercio, 587
Albrecht Karl, 47n
Alcantara, 222n, 579n
Alexander R. S., 304, 545n
Alfa 164, 6, 7
Allied Stores, 786
Allis Chalmers, 559
Alpa Guido, 223n, 648n, 730n
Alpert Mark L., 282n
America Latina, 191, 601, 602, 605
American Airlines, 134, 137, 138, 139, 143, 144, 146, 147, 149, 153
American Express, 633
American Marketing Association, 18, 851n
Ames Charles B., 1002n
Amstrad, 725
Armstrong Cork, 558
Amstutz Arnold E., 172n
Amtrak, 45
Anderson James C., 936, 960n
Anderson M. J. jr., 580n, 767n
Anheuser-Bush, 872
Ann Page, 640
Annuario di statistiche demografiche, 140
Annuario di statistiche industriali, 140
Annuario di statistiche sanitarie, 140
Annuario Statistico Italiano, 140

Ansoff Igor H., 70, 88n, 508, 509, 510, 544n
Antinori, 762
Aquafresh, 442
Arabia Saudita, 588
Arbeit Stephen P., 379, 411n
Ariston, 253, 255, 266
Arm & Hammer, 552
Armstrong Rubber Co., 83
Armstrong Scott J., 375n
Arndt Johan, 961n
Arnoldo Mondadori Editore, 746
Arpan Jeffrey S., 607n
Arthur Andersen & Company, 805, 819n
Arthur D. Little, 548
Aspirina Bayer, 550, 555
Assael Henry, 257, 282n
Associazione Bancaria Italiana, 141
AT&T, 36, 336, 437, 917, 994
Atari, 28, 571
Athos Anthony G., 89n
Atkins, 312
Atlanta, 708, 709
Audiradio, 876n
Auditel, 876n
Austin Nancy, 45n
Australia, 601, 652
Austria, 205, 602, 652
Autobianchi, 389
Avis, 443, 761
Avon, 35, 575, 633, 739, 764, 784, 841, 1032
Axe, 645
Ayal Igal, 607n

B-52, 379
B-747, 137, 138
Baci Perugina, 513
Baglioni Marco, 223n
Baker George, 861
Baker Jr., 875n
Banca Commerciale, 864
Banca d'Italia, 140, 194, 196, 223n
Banca Mondiale, 141
Band A., 45n
Bang & Olufsen, 429, 632
Bank of America, 40
Barilla, 128, 394, 435, 549, 760, 854, 897

Barksdale, 660, 678n
Barna G, 47n
Barnard Chester, 1047n
Barnard Christian, 658
Bartlett A., 607n
Bartlett Christopher, 607n
Baruch Bernard M., 377
Bass Frank M., 172n, 479
Bass Stephen J., 818n
Bates Albert D., 818n
Bateson John E. G., 678n
Bauer Raymond A., 224n, 283n
Bayer, 423
Bayns Barry L., 283n
Bearden W. O., 280n
Beecham, 45, 328, 329, 408, 442
Belch George E., 851n
Belgio, 205, 312, 652
Bell Laboratories, 206, 461
Belluno, 759
Benetton, 45, 222n, 549, 597, 607n, 633, 759, 790, 818n, 870, 897, 993
Bennet Sidney, 729n
Bennett Peter D., 46n, 173n, 277, 648n
Benson Lissa, 42, 47n
Berelson B., 852n
Berning Carol K., 278, 283n
Berry Leonard L., 224n, 449n, 663, 668, 670, 678n, 679n
Best Roger J., 375n
Betty Crocker, 39
Bic, 553, 725
Blackwell Roger D., 282n, 851n
Blake Robert T., 946
Blattberg R. C., 911n
Blatz, 643
Bloom P. N., 47n, 580n
Bloomingdale's, 774, 776
Bloomington, 708
Bmw, 322, 386, 389, 447, 626, 627
Boario Massimo, 819n
Bocca G. A., 375n
Boeing, 380, 551
Bold, 638
Bollettino Statistico della Banca d'Italia, 141
Bologna, 193, 359, 360, 361
Bon Marché, 776
Bonoma Thomas V., 412n, 1003n, 1048n

Indice dei nomi

Booz, Allen & Hamilton, 452, 453, 456-458, 460, 503n, 559, 580n
Bosio Albino, 282n
Boston Consulting Group, 59, 340, 421
Boston, 709
Boulding Kenneth, 198, 223n
Bounty, 564
Bowmar, 628
Boyd Harper W., 648n
Bozzini Monica, 911n
Bradbent Simon, 852n
Bramel, 276
Brasile, 588
Brigham E. F., 345n, 1047n
Brinberg David, 280n
Bringham Frank G., 852n
Brioschi Edoardo T., 851n
British Design Council, 431
Britt Steuart Henderson, 876n
Britt, 867
Brognara, 280n
Brown Bert R., 961n
Brown George H., 412n, 660
Brown Robert George, 894, 912n
Bruno, 985
Bucklin Louis P., 767n
Budweiser, 643, 644, 872
Buick, 629
Bulova Watch Company, 592
Burger King, 553, 744, 761
Burke, 873, 874
Burson-Marsteller, 910
Busacca Bruno, 282n
Buskirk Richard H., 960n
Buzzell Robert D., 172n, 438, 511, 518, 544n, 562, 580n, 648n, 876n, 960n
Byblos, 759

Cadillac, 574
California, 440, 577, 708
Caltas Arthur J., 1019
Calvi Gabriele, 279n
Camere di commercio, 140
Campbell, 435
Campton, 708, 709
Canada, 195, 205
Candy, 266
Canon, 321
Canonici Ugo, 911n
Cap'n Crunch, 641, 897
Capitan Uncino, 863
Cardozo Richard, 412n
Carloni G., 912n
Carlzon Jan, 47n

Carman James M., 875n
Carnegie Dale, 944
Carrefour, 765, 786
Carrol Lewis, 547
Carson Rachel, 199
Cartwright Dorwin, 851n
Case J. I., 565
Caserta, 361
Castor, 266
Catania, 193
Caterpillar, 12, 13, 35, 83, 85, 415, 416, 418, 433, 563, 564, 565, 565, 633, 675, 689, 701, 702, 1032
Cattin Philippe, 172n
Cavagna Alessandra, 411n
Cavanough Suzette, 912n
Cecoslovacchia, 594
Cedrola Elena, 911n
Cee, Comunità Economica Europea v. *Comunità Europea*
Censis, 210, 279n, 280n
Center Allen H., 912n
Centro Commerciale Fiordaliso, 780
Charmin, 564
Chase Econometrics, 369
Chase Manhattan Bank, 994
Cheer, 638, 641
Cherubini Sergio, 679n
Chevrolet, 391, 429
Chevrolet Nova, 602
Chianti, 762
Chicago, 4, 635, 709
Chiquita, 618
Chisnall Peter M., 141, 172n
Choen W. A., 329
Chou Ya-Lun, 375n
Christian Dior, 637
Chrysler, 36, 83, 448, 555
Churchill Gilbert A., 286, 317n, 937, 960n
Ciba-Geigy, 601
Cile, 588
Cina, 191, 586, 593, 594
Citibank, 764, 765, 993, 996
Citicorp, 666
Clark Bruce H., 1048n
Clark John B., 47n, 89n, 122n, 222n, 279n, 411n, 503n, 579n, 607n, 678n, 768n, 818n, 1002n, 1003n, 1048n
Clark Kim B., 448n
Club Méditerranée, 667
Cmae, Consiglio per la Mutua Assistenza Economica, 587
Coca-Cola, 43, 321, 378, 405, 443, 503n, 526, 549, 553, 555, 589, 597, 644, 759, 761, 766, 810, 854
Coda Vittorio, 47n
Codeluppi Vanni, 279n, 281n
Cohen Jod B., 283n
Coin, 308
Coke, 810
Coletti M., 47n
Colgate, 616, 639, 979
Colgate-Palmolive, 328, 329, 490
Colla Enrico, 818n, 819n
Colley Russel H., 856, 875n
Collins Tom, 911n
Commercial Credit Corporation, 375n
Comunità Europea, 140, 191, 207, 312, 315, 586, 587, 749
Conad, 759
Concorde, 454
Confcommercio, 141
Conference Board, 375n
Confidenze, 907
Confindustria, 141
Conn Organ Company, 746
Construction Co., 13
Conte di Cavour, 203
Continental Bank, 41
Cook V., 511, 512, 544n
Coop Italia, 182, 786
Cooper Arnold C.
Corey Raymond E., 399, 732, 767n, 1002n
Cox Donald F., 283n
Cox Jr. William E., 511, 544n
Cox Keith, 46n
Craig Samuel C., 851n
Cravens D. W., 788
Cray Research, 344
Crest, 541, 564, 640
Cribbin James, 961n
Crisp Richard D., 1048n
Crissy W. J. E., 960n
Crosby Philip B., 563, 580n
Cross F., 45n, 223n
Cross James, 304
Cunningham William H., 960n
Cutlip Scott M., 912n

Dalgleish Gordon, 47n
Dalkey Normal, 375n
Darley J. M., 282n
Darwin Charles, 167
Dash, 638, 640
Data General, 425, 627
Data Resources, 369
Datsun, 632
Davidow William H., 678n

Davidson William R., 818n
Dawson Leslie M., 42, 47n
Day George S., 64, 88n
Day Ralph L., 277, 283n, 406, 412n
De Gasperi Alcide, 203
De Luca Amedeo, 172n, 363, 375n
De Martini Martino, 819n
Deal Terrence E., 89n
Dec, 335
Delta Airlines, 3, 85
Deluxe Check Printers Inc., 431
Demoskopea, 873
Denim, 864
Desenzani Leonardo, 768n
Desourza Glenn, 674
Detroit, 286, 570, 997
Dewar Robert, 979
Dhalla Nariman, 545n
Dichter Ernest, 248, 281n , 317n
Diet-Coke, 378
Dietvorst Thomas F., 278, 283n
Digital Equipment, 425, 627
Direct Marketing Association, 879
Disneyland, 440, 441, 633
Dobler Donald W., 853, 961n
Dodson Joe A., 912n
Dogana Francesco, 282n
Dolan Robert J., 563, 580n
Donati Pier Paolo, 280n
Donella, 198
Donnelly James H., 283n, 665, 678n
Dougherty Philip H., 876n
Dow Chemical, 36, 460
Downy, 564
Doxa, 133, 873
Doyle Peter, 533
Drucker Peter, 1, 28, 46n, 54, 86, 88n, 107, 122n, 176, 222n, 1048n
Du Pont, 25, 199, 206, 454, 461, 484, 551, 552, 701, 875, 876n, 981, 982, 996
Luce Duncan R., 173n
Dudley James W., 607n
Dunphy Dermot, 436
Duracell, 639
Duz, 638

Eastman Kodak, 28
Edsel, 629, 648n
Edward Personal Preference Test, 391
Egg McMuffin, 660
Egitto, 588
Eiglier P., 662, 678n

El-Ansary, 733, 735, 767n, 768n, 819n
Electrolux, 266, 841
Elgin National Watch Company, 24
Elida Gibbs, 854
Elrich, 198, 504n
Emerson Ralph Waldo, 46n
Emery Albert W., 319
Eminente Giorgio, 48n, 679n, 1048n
Engel Ernest, 197
Engel James F., 282n, 851n
ENI, 205
Enis Ben M., 46n, 580n, 648n
Epoca, 907
Esagono, 657
Escort, 322
Esselunga, 778
Estremo Oriente, 606
Etzel H. J., 280n
Eurisko, 133, 211, 242, 385, 411n
Euromercato, 864
Europa, 2, 39, 191, 230, 550, 605, 780, 786
Europa Orientale, 2, 586, 587, 592
Eurostat, 140, 191
Evans Franklin B., 391, 392, 411n, 946
Explorer, 133
Explorer, 874
Exxon, 95, 602, 640

Fabris Giampaolo, 279n, 282n
Fahey Liam, 585
Fairchild, 86
Falstaff, 643
Familbanca, 657
Fedeli Marco, 911n
Federal Deparment Stores, 786
Federal Express, 222n
Federchimica, 141
Federmeccanica, 141
Feick Lawrence F., 280n
Fenn Dan H., 224n
Ferrari, 426
Ferrero, 549, 633, 854
Ferrozzi Claudio, 819n
Festinger, 276, 283n
Fiat, 158, 205, 322, 389, 436, 448, 553, 734, 751, 759, 854, 932, 997, 998
Fiat Auto, 761, 764
Fiat Uno, 473, 535, 537, 545n, 751, 997
Fiberglas, 640
Fidel Stanley Leo, 911n

Filippine, 601, 588
Fininvest, 667
Firenze, 193, 361
Firnstahl Timoty W., 679n
Fishbein Martin, 283n
Fisher Roger, 954, 955, 956, 961n
Fisk George, 42, 47n
Fois Corrado, 911n
Ford, 158, 321, 322, 388, 389, 391, 447, 629, 734, 993
Ford Henry, 23, 554, 562
Ford Neil, 937, 960n
Forrester Jay W., 173n, 872, 876n
Fourt Luisa A., 478, 479
Fox K., 47n, 679n
Francia, 205, 312, 553, 591, 782, 786
Fratelli Gancia, 863
Freud Sigmund, 167, 247
Frey Albert W., 122n, 302
Frey B. John, 521, 522, 545n
Frigidaire, 640
Frito-Lay, 3
Fu Marilyn Y. C., 607n
Fuji, 321, 553, 574, 725
Fujimoto Takairo, 449n, 1002n
Fujitsu, 335, 344
Fukuda Ryuji, 1002n
Fuld L. M., 345n
Futures Group, 366
G.P.F. & Associati, 133, 211, 242, 243, 245

Gafin Arniram, 283n
Gain, 638
Gale T., 438, 580n, 648n, 674
Galerie Lafayette, 776
Galletto Valle Spluga, 423
Gambaro Marco, 818n, 819n
Gardner Burleigh, 406, 412n
Garvin David A., 448n
Gatignon Hubert, 504n
Gatt, General Agreement on Tariffs and Trade, 141, 587
Gaudet H., 852n
General Electric, 43, 57, 59, 63, 65, 66, 86, 301, 330, 366, 432, 559, 569, 638, 1028, 1032
General Foods, 388, 459, 483, 601, 972, 996
General Mills, 39, 460
General Motors, 25, 35, 43, 87, 209, 321, 406, 429, 555, 577, 629, 642, 654, 718, 734, 766, 993, 994
Generale Supermercati, 777
Generali, 614, 667

Genova, 193, 610
George L., 875n
George William R., 665, 678n
Georgia, 708,
Gerber, 597
Germania, 204, 205, 312, 602, 782
Ghoshal Sumantra, 607n
Giappone, 2, 191, 195, 204, 205, 333, 584, 586, 602, 604, 786
Gide André, 913
Gigante verde, 863
Gillette, 553, 725, 932
Gilly Mary C., 283n
Giolitti Giovanni, 203
Giorgio Armani, 759
Gist Ronald R., 784, 818n
Glaskowsky N. A., 769
Glucksberg S., 282n
Gobbi, 280n
Goldman Arieh, 516, 517
Goldstucker Jack L., 544n
Golf, 322
Gonik Jacob, 375n
Goodman Sam R., 1048n
Goodyear, 286
Gordon William J. J., 464, 465
Gould Corporation, 457
Gramma, 46n, 678n, 679n
Gran Bretagna, 195, 205, 312, 602, 652, 786
Gray Frank B., 1002n
Grazia, 907
Green Paul E., 273, 283n, 727
Greenberg Herbert M., 931, 960n
Greenland Leo, 223n
Gregor William, 1048n
Greyser Stephen, 768n
Grönroos Christian, 663, 678n, 679n
Gros-Pietro Gian Maria, 819n
Gruppo Luxottica, 759
Gruppo PAM, 778
Gruppo Rinascente, 777, 812
GS, 777
Guatri Luigi, 852n, 1047n, 1048n
Gubar George, 240
Gucci, 429, 633
Guerci Carlo M., 607n
Guerrieri Paolo, 223n
Guida TV, 907
Gum, 776
Gupta Askok K., 1002n

Haley Russel I., 411n
Hamburger University, 432; 786
Hamelman Paul W., 545n

Hamermesh Richard G., 544n, 580n
Hamm, 643, 644
Hammond J. S., 88n
Hanan Mark, 960n, 961n, 981, 1002n
Hanssens Dominique M., 730n
Harding Harold F., 504n
Harding Murray, 317n
Harley Davidson, 36
Harrigan K. R., 345n, 531, 545n
Harris Bank, 41
Harris J. E., 580n
Hart Schaffner & Marx, 637
Hartley Robert F., 503n, 648n
Hausen Richard W., 283n
Hax Arnoldo C., 88n
Head & Shoulders, 552, 564
Heckert Richard, 996
Heinz, 575, 601, 981
Heiser Herman, 961n
Hélèn Curtis, 109, 602
Hélène Curtis, 109, 602
Helmer Olaf, 375n
Henderson Britt Steuart, 648n
Henderson Bruce, 340, 345n
Hendon Donald W., 280n, 957
Hendry Corporation, 386
Henkel, 854
Hensel James S., 224n
Hershey Foods Corporation, 178, 180, 181, 182, 184, 186, 188, 189, 214, 220
Hertz, 443, 564, 761
Herzberg Frederick, 250, 251, 282n
Heskett J. L., 769, 819n
Hesston, 559
Heublein, 725, 727, 728
Hewlett-Packard, 3, 32, 332, 408, 577, 628, 997
Hill and Knowlton, 910
Hill Richard, 304
Hills G. E., 788
Hilton, 598
Hinterhuber Giovanni, 88n, 345n, 730n
Hirschman Albert O., 283n
Hise Richard T., 545n
Hitachi, 335
Holiday Inn, 764
Hollander Stanley C., 818n
Honda, 641
Honeywell, 335
Hong Kong, 582
Hoover, 841
Hostage G. M., 678n
Houston, 769

Hovland Carl I., 832, 851n
Howard John A., 282n, 283n
Hubbart Elbert, 963
Hudson Institute, 366
Hudson J. L., 682
Hugo Victor, 451
Hulbert James H., 1047n
Hunt, 575

Iacci P., 47n
IBM, 3, 4, 32, 35, 83, 85, 94, 95, 96, 315, 334, 335, 336, 344, 396, 432, 434, 425, 448, 549, 553, 563, 564, 569, 570, 575, 585, 589, 633, 719, 725, 914, 922, 932, 933, 949, 993, 1032
ICE, 140
Icsa, 876n
IFOR, 778
Ignis, 266
Ikea, 862
IMS, 132
India, 191, 588, 589, 604
India, 789
Indiana, 708
Indipendent Grocer's Alliance, 759
Info-Window, 933, 934
Instamatic, 28
Institute for the Futures, 366
Intellevision, 570
International Harvester, 83, 109, 559, 994
International Hough Company, 593, 594
International System Corporation (nome fittizio), 94, 111
Interstate Telephone Company, 80
Iona, 640
Iraq, 201
ISCO, 140, 312
Isegipress, 876n
Ispipress, 876n
ISTAT, 140, 192
Istituto Centrale di Statistica, 193
Istituto San Paolo di Torino, 436
Italia, 6, 45, 172n, 192, 194, 195, 196, 205, 208, 210, 223n, 230, 231, 232, 312, 385, 601, 602, 604, 657, 771, 774, 778, 779, 780, 782, 786, 796, 812, 862, 863, 868, 869, 878, 884, 904
Ivancevich John M., 283n
Ivie R. M., 769
Ivory, 565, 647

J. I. Case, 559

Indice dei nomi

Jacoby Jacob, 278, 283n
Jaffa, 618, 647
Jarret H., 223n
Jatusripitak S., 585
Jell-O, 640
Jewel Food Stores, 635
Johansson J. K., 585
John Deere, 35, 559, 565
Johnson & Johnson, 194, 408, 459, 526, 551
Johnson S. C., 88n
Jones Conrad, 88n
Jones Daniel T., 448n
Jontue, 863
Jumbo B-747, 551

K-Mart, 812
Kalawani Manohar U., 411n
Kamin L. J., 282n
Kanuk Laslie L., 279n
Kaperer Jean-Noël, 648n
Kaplan Robert M., 504n
Kassarjian Harold H., 281n
Katz Elihu, 501, 504n
Kaven William H., 960n
Keegan Warren J., 600, 607n
Kellog's, 637, 638
Kellog's Corn Flakes, 638
Kellog's Rice Krispies, 638
Kelly Eugene J., 122n
Kelman, 851n
Kelvin, 223n
Kelmore, 638
Kennedy Allan A., 89n
Kenya, 120
Kerin Roger A., 88n
Kernana Jerome B., 852n
Kerrybrook, 638
Kinchla R. A., 282n
Kinnear Thomas C., 172n
Kipling Rudyard, 123
Kleneex, 640
Kodak, 295, 321, 435, 463, 549, 553, 640, 645, 675, 716, 725, 808
Kollat David T., 282n
Komatsu, 415, 418, 565
Koopman-Iwerna Agnes M., 282n
Koten John, 851n
Kotler Philip, 21, 46n, 47n, 89n, 17n, 222n, 279n, 283n, 411n, 448n, 503n, 504n, 545n, 579n, 580n, 585, 607n, 678n, 679n, 730n, 768n, 818n, 851n, 852n, 875n, 1003n, 1035, 1047n, 1048n
Kraft, 646

Kroc Ray, 671
Krugman Herbert E., 867, 876n
Kuehn Alfred A., 406
Kurland M A., 345n
Kuwait, 201, 223n

L. L. Bean, 33
La Rue T. Hormer, 65
Lacoste, 633
Laird Landon E., 277
Langeard E., 662, 678n
Lanning Michael J., 965
Larson Carl M., 791
Lasswell Harold D., 824, 851n
Lavidge Robert J., 173n, 504n, 829
Lavoris, 484
Lazarsfeld P. F., 501, 504n, 852n
Lazer William, 122n
Learner David B., 172n
Leclerc, 786
Lee Larman, 953, 961n
Lehmann Donald R., 304, 317n
Lele Milind, 45n, 677, 679n, 756
Leonardo da Vinci, 49
Lepisto Lawrence, 280n
Lerreché Jean-Claude, 172n
Lever, 328, 329
Levi Strauss, 85, 222n, 600, 607n
Levi Strauss Italia, 411n
Levi's, 640
Levinson Horace C., 172
Levionnois Michel, 47n, 223n
Levitt Theodore, 29, 47n, 55, 56, 88n, 449n, 544n, 573, 579n, 580n, 582, 607n, 612, 648n, 651, 673, 678n
Levy Sidney J., 222n, 406, 412n, 648n, 852n
Lewandoski Rudolf, 375n
Liddell Hart B. H., 553, 570, 571, 579n, 580n
Lilien Gary, 504n, 875n
Lilien L., 172n
Lincoln John W., 504n
Lincoln, 629
Linda Remo, 818n
Lindberg, 443
Listerine, 484
Little John D. C., 875n
Loockheed Aircraft Corporation, 370
Loman Willy, 914, 930, 931
Londra, 776
Lorenz Christoper, 448n
Los Angeles, 144, 440, 441
Lovelock Christopher H., 678n

Lucas Darrel B., 867, 876n
Lugli Giampiero, 818n, 819n
Lumsdaine A. A., 851n
Luttwak Edward, 579n
Lynch L., 45n, 223n
Lynn Shostack G., 678n

Mack, 438, 439
Magnavox, 116
Magrino Fabio, 223n
Maharjan Vijay, 88n
Majluf Nicolas S., 88n
Makridakis Spyros, 375n
Malaysia, 602
Maloney John C., 861, 875n
Management Decision Systems, 504n
Mandell Wallace, 851n
Mann Thomas, 507
Mantova, 360
Mantrala Murali K., 283n
Marbach Giorgio, 172n
Mariani Mario, 223n, 607n
Markin Rom J., 282n
Marks & Spencer, 786
Marlboro, 434, 863
Marriott, 3
Mars, 186
Martelli A., 367
Martinez G., 280n
Martini & Rossi, 549
Marx, 167
Marziale, 877
Maslow Abraham, 248-250, 282n, 543
Mason Barry J., 412n
Mason Edward S., 323
Massey Ferguson, 559, 565
Matsushita, 456
Mavellia Adriana, 912n
Maxwell House, 388, 483
Mayer David, 931, 960n
Maytag, 330
Mazda, 28, 429, 632
Mazze Edward M., 545n
Mcc, Mercato Comune Centro-americano, 587
McCammon, 753, 754, 758, 763, 767n, 768n
McCarthy E. Jerome, 122n
McDonald's, 3, 35, 54, 84, 379, 432, 433, 549, 553, 564, 659, 671, 673, 734, 744, 748, 759, 761, 764, 765, 786, 818n, 841, 993, 1032
McDonnel-Douglas, 380

Indice dei nomi   **1065**

McElroy Neil H., 972
McGinniss Joseph, 46n
McGraw-Hill Research, 367
McIntrye, 985
McKesson Corporation, 432
McKinsey & Company, 83, 84, 85
McLaughlin Robert L., 375n
McMurry Robert N., 914, 960n
McNair Malcolm P., 46n, 818n
McVey Phillip, 731, 752, 753, 767n
Mead Johnson, 639, 981
Mead Paper, 128
Meadows Dennis, 198
Medio Oriente, 601
Meister Brau, 643
Memory, 640
Menghini Fabio, 910n
Mercedes, 322, 442, 574, 617, 633
Merck, 461
Mercury, 629
Merims Arthur M., 912n
Merli Giorgio, 1002n
Merloni Elettrodomestici, 279n
Meroni Vittorio M., 245, 281n, 876n
Meroni, 868, 873
Messico, 589, 597, 789
Messikomer Edward E., 1003n
Metrecal, 639
Metro, 786
Metro-Goldwyn-Mayer, 633
Mevy Sidney J., 21
Michaels Edward G., 965
Michelin, 286, 552, 553, 563
Michigan, 367, 375n
Micossi Stefano, 678n
Micrin, 484
Miele, 253, 266
Migros, 182, 786
Milano, 120, 193, 360, 361, 774, 776, 780
Miller Arthur, 914
Miller Herman, 429, 632, 643
Milliken & Company, 432, 433
Minard Paul WW., 851n
Mindak William, 222n
Miniard Paul W., 283n
Ministero dell'agricoltura italiano, 906
Mister Verde, 863
Mitsubishi, 428
Monden Yasuhiro, 222n, 1002n
Monitor 3SC, 242, 243, 281n
Monroe Kent B., 730n
Monsanto, 602
Montedison, 205

Montgomery David B., 172n, 173n, 874
Montgomery Ward, 366, 876n
Moorthy Sridhar K., 172n, 504n, 875n
Morace, 280n
Moriarty Rowland T., 923
Morigi Paola, 47n, 317n
Morley Ian, 961n
Morrison B. G., 47n, 411n
Mosca, 776
Moschis George, 280n
Motorola, 428, 585
Mounton Jane S., 946
MST, 94-101, 106,
Mulino Bianco, 897
Muller Eitan, 516, 517
Murphy Patrick E., 648n
Mushashi Miyamoto, 553, 579n
Mustang, 388, 447, 640
Myers James H., 282n

Nafta, North America Free Trade Association, 587
Nagle T. T., 690, 729n
Narayana Chem L., 282n
Narus James A., 936, 960n
Nasa-Nielsen, 870
Nash Laura, 88n
National Bureau of Economic Research, 366
National Cash Register Company, 601
National Lead, 368
Navistar International, 47n , 89n, 438, 503n, 994
Nazioni Unite, 141, 190
Neslin S. A., 911n, 912n
Nestlé, 45, 186, 435, 600, 1046
Nevin John R., 729n
New York, 144, 367, 385, 386, 776
Nicosia Francesco M., 282n
Nielsen Italia, 771, 778, 796
Nikon, 614
Nissan, 429
Nixdorf, 45
Nonaka I., 585
Nord America, 605
Normann Richard, 47n, 679n, 761
Novotel, 598
Nutriment, 639

O'Brien Candy Company, 1043, 1045
O'Shaughnessy, 304, 317n
Oceania, 191

OCSE, 141, 204
Ogilvy David, 876n
Ohmae Kenichi, 607n
Olanda, 205, 601, 652
Oldsmobile, 629
Oliff Michael, 767
Olivetti, 95, 205, 315, 429, 436, 553, 632, 633, 977
Onkvisit Sak, 607n
Opinion Research Corporation, 367
Ortofresco, 640
Osborn Alex, 463, 464, 503n
Oxenfeldt Alfred R., 1047n, 1048n
Oxydol, 638
Ozanne Urban U., 291, 317n

P & G, 565
Pabst, 643
Paccar, 438
Packard David, 32
Padova, 361
Paine Katherine D., 912n
Palda Kristian S., 373, 375n
Pampers, 564
Panasonic, 714
Panorama, 907
Parasuraman A., 449n, 545n, 668, 670, 679n
Parigi, 776
Parners Sidney J., 504n
Pascale Richard Tanner, 88n, 1003n
Passons Leonard J., 730n
Pearson Andrall E., 975, 1002n
Peerles Paper Company, 708, 709
Pegram Roger M., 960n
Pellegrini Luca, 818n
Pellicelli Giorgio, 607n
Penney J.C., 29, 762, 786
Pennsylvania, 178
Pepsi-Cola, 3, 321, 526, 553
Perfetti, 734
Perreault William D., 121n, 961n
Perrotin Roger, 222n
Peters Tom, 3, 4, 45n, 84, 89n, 449n, 964, 1002n
Pfizer, 206
Phelps D. M., 1015
Philip Morris, 512, 558
Philips, 307, 553, 639, 760
Pierre Cardin, 637
Pininfarina, 429
Pinkham, 373
Pirelli, 205, 286
Pittsburgh, 769
Plasmon, 194

Platzer Linda C., 923
Play-Skool, 388
Plimton Linda, 280n
Polaroid, 438, 575, 808
Polarvision, 438
Polli R., 511, 512, 544n
Polonia, 594
Porsche, 382, 427
Porter Michael, 82, 88n, 343, 345n, 401, 412n, 419, 420, 448n, 545n, 580n, 607n, 607n, 636
Posner Ronald S., 960n
Post Division, 972
Potato Board, 908, 909
Premium, 639
Prénatal, 790, 864, 870
Price Linda L., 280n
Princeton, 367
Pritt, 640
Procter & Gamble, 3, 35, 43, 85, 134, 328, 329, 340, 426, 448, 531, 539, 540, 541, 552, 563, 564, 604, 633, 638, 639, 641, 642, 759, 760, 845, 854, 932, 972, 979, 993, 1032
Promocentro, 873
Pronto, 640
Prudential, 396
Putman Antony O., 678n

Quaker Oats, 602, 640, 641
Quasar, 428
Quelch John A., 911n

R9, 322
Radio Shack, 334, 336
Raffield Barney T., 852n
Ragone G., 852n
Raiffa Howard, 173n, 953, 961n
RaiUno, 907
Raj S. P., 1002n
Ran Pradeep, 607n
Ranci Pippo, 223n, 607n
Rank Xerox, v. Xerox
Rankin Deborah, 47n
Raphaelson Joel, 876n
Rapp Stan, 911n
Rappaport Alfred, 1047n
RAS, 614
Rassegna congiunturale, 141
Ravazzi Giancarlo, 818n
RCA, 336, 454, 569
Rein Irving J., 46n
Reingen Peter H., 852n
Rejans Adrian B., 173n
Relska, 728

Renault, 322, 425, 734
Rent-a-Wreck, 577
Research International, 874
Resnik Alan J., 412n
Revlon, 486, 614, 841, 863
Revson Charles, 609
Rex, 266, 863
Reynolds William H., 515, 544n, 555
Richman Barry M., 468
Ricks David A., 607n
Ries Al, 345n, 442, 443, 449n
Rinascente, 308, 394, 765, 774, 776, 786, 789
Ring Winston L., 283n
Rink David R., 544n
Ritz, 616
Roach John D. C., 560, 580n
Roberto Eduardo L., 47n
Robertson T. S., 173n, 281n, 504n, 851n
Robinson Dwight E., 515, 544n
Rodgers Frank, 4, 45n
Rodgers William, 1048n
Roering Kennet J., 580n
Rogers Everett M., 283n, 498, 499-501, 504n, 829
Roma, 193, 361
Romania, 593, 594
Romano Dario, 283n
Rooney Francis C., 821
Roos Daniel D., 448n
Rosenbloom Bert, 767n
Rosser Reeves, 442, 449n
Rossi Bruno (nome fittizio), 942, 943
Rossi Silvia (nome fittizio), 228-275
Rothe James T., 42, 47n
Rothschild W. E., 334, 336, 345n
Rozzano, 780
Rubin Jeffrey Z., 961n
RX-7, 28
Ryans John K. Jr., 607n, 1002n

Sa'di, 581
Sainsbury J., 786
Salancik Gerald R., 209, 223n
Salmon Walter J., 819n
Sammon W. L., 345n
San Giorgio, 266
Sanfelice di Monteforte Pietro, 911n
Santagostino Maria Rita, 911n
Sarin, 362
Sasser Earl W., 659, 678n
Sassoon Enrico, 223n

Scabini Eugenia, 280n
Scandinavia, 602
Schiedt Marsha A., 317n
Schlits, 643, 644
Schramm Wilbur, 851n
Schuchman Abe, 1048n
Schultz Don, 979
Schultz Randall L., 172n, 730n
Schumacher E. F., 377
Schwartz David J., 729
Schwinn Bicycle Company, 602
Sciacca M., 912n
Scifo G., 367
Scope, 564
Scotch, 640
Scott W. G., 46n, 88n, 89n, 122n, 222n, 279n, 375n, 411n, 448n, 449n, 474n, 503n, 504n, 545n, 579n, 585n, 607n, 678n, 679n, 730n, 768n, 818n, 851n, 852n, 1002n, 1003n, 1047n, 1048n
Sealed Air Corporation, 436, 449n
Sears, 54, 330, 366, 577, 597, 637, 638
Seattle, 672
Sebastiani Roberta, 88n
Seiko, 571
Sellers Patricia, 960n
Seven-Up, 443, 642, 643
Sewell Avery, 366
Shanklin William L., 1002n
Shapiro Benson P., 412n, 625, 648n, 819n, 923, 960n
Shaw John J., 607n
Sheehy Gail, 280n
Sheffield George E., 851n
Sherer F. M., 324,345n
Sheth Jagdish N., 45n, 277, 282n, 283n
Shiffman L. G., 279n
Shiskin Julius, 375n
Schonberger Richard J., 45n
Siemens, 335
Silk Alvin J., 504n, 874, 876n
Silk Steven B., 544n
Sindlinger & Company, 367, 375n
Singapore, 437
Singapore Airlines, 433
Singh Ravi, 580n
Sinottica, 242, 245
Sirgy Joseph M., 281n
SITA, 132
Siviglia, 610
SMA, 777
Smirnoff, 727
Smith Adam, 225, 415, 818n

Synder Watson Jr., 1002n
Soflan, 640
Sogni d'oro, 640
Sony, 45, 116, 321, 323, 336, 456, 633
Sounder William E., 1002n
Soundtrack, 112, 114-120
Spagna, 598, 601, 602
Sperry, 335
Sperry-New Holland, 559
Spiro Rosann L., 280n, 960n, 961n
Spitalnic R., 345n
Spranzi Aldo, 818n
Sproles George B., 515, 544n
Sputnik (nome fittizio), 840
Standa, 308, 550, 773
Standard Oil, 396
Stanton William J., 280n, 737, 767n, 768n, 960n
Star Steven H., 616, 1002n
Stati Uniti, 2, 23, 24, 35, 39, 134, 140, 178, 191, 195, 204, 205, 209, 220, 222n, 290, 328, 333, 388, 428, 432, 434, 448, 518, 591, 601, 602, 652, 708, 718, 730n, 777, 779, 780, 781, 786, 797, 809, 812, 877, 916, 936
Statistica mensile del commercio con l'estero, 140
Statistical Abstract of the United States, 140
Steelcase, 396, 442
Steiger, 559
Steiner Gary A., 173n, 829
Stephenson Geoffrey, 961n
Stern Arthur, 912n
Stern Louis W., 733, 735, 767n, 768n, 819n
Sternthal Brian, 912n, 851n
STET, 205
Stevenson Robert Louis, 913
Stoccarda, 286
Stone Bob, 375n
Strang Roger A., 901, 902, 912n
Strategic Planning Institute, 425, 674
Strong E. K., 829
Stumpf Robert V., 441
Sud America, 181
Sud Est Asiatico, 586
Sultana, 640
Sun Tsu, 553, 579n
Supermercati Italiani, 778
Survey Research Center, 367, 375n
Svelto, 640
Svezia, 205, 601, 602

Svizzera, 182, 786
Swan John, 317n, 544n
Swift & Company, 602, 639
Swissair, 671
Sylos Labini Paolo, 232, 233, 280n

Tangelman, 786
Taylor James R., 172n
Taylor James W., 283n
Techno (nome fittizio), 111, 114-120
Telepanel, 132
Terzo Mondo, 586
Texas Instruments, 23, 46n, 82, 86, 332, 454, 562, 569, 574, 585, 628, 682, 694-697
Thailandia, 588
The Mac Group, 765, 1047n
Thierry, 282n
Thoenig Jean-Claude, 648n
Thomas Dan R. E., 655
Thomopoulos Nick T., 375n
Thompson Philip, 674
Thompson Walter J., 910
Tide, 564, 638, 641
Tiffany & Co., 682
Tillman Rollie, 768n
Timex, 393, 575, 746
Tipo, 322
Tirmann Ernst A., 1045, 1048n
Toffler Alvin, 176, 203, 204, 222n, 223n, 411n, 1003n
Topol, 328, 329
Torino, 193, 286
Torrance George W., 283n
Toshiba, 335, 549, 553
Toy Norman E., 1047n
Toyota, 45, 461, 734
Transitron, 86
Trapp Raymond J., 728
Trawick Frederick T., 317n
Trenten George H., 912n
Trout Jack, 345n, 443, 442, 449n
Turney Peter B. B., 412n
Twain Mark, 877
Twedt Dick Warren, 875n
Tybout Alice M., 912n
Tyebjee, 985
Tylenol, 550

U.S. Civil Aeronautics Board, 139
U.S. Steel, 977
U.S. Time Company, 393, 575, 746, 747
Ule Maxwell G., 840, 852n

Uneeda Biscuit, 645
Unilever, 45, 432, 549, 760, 845
Unilever Italia, 621
Unione Sovietica, 2, 191, 587
Unisys, 315
United Airlines, 29
Upa, 869, 881
Upah Gregory D., 209, 223n, 740, 767n
Upim, 550, 773
Ury William, 954, 955, 956, 961n
Uttal Bro, 47n, 678n
Valdani E., 397, 730n
Valente, 280n
Valentino, 429
Valéry Paul, 451
Van Horne J. C., 345n, 1047n
Vandermerve Sandra, 767n
Varadarajan P. Rajan, 88n
Varaldo Riccardo, 280n, 768n
Varese, 942
Vega, 87
Venanzi Daniela, 1047n
Venè Gian Franco, 223n
Vicenza, 749
Vidale M. L., 875n
Vigoro, 639
Volkswagen, 87, 122, 408, 549, 550, 553, 734
Volpato Giuseppe, 345n
Volvo, 45, 427, 438, 439, 442
von Clausewitz Carl, 553, 579n
von Hippel Eric A., 461, 503n, 552, 579n

W. T. Atkins, 313
Wage Jan, 911n
Wal Mart, 434
Walker Orville, 937, 960n
Walkman, 323
Walt Disney, 434
Wanamaker John, 682
Ward Scott, 173n
Warwick Electronics, 637
Wasson Chester R., 515, 533, 544n
Waterman Robert, 3, 45n, 84, 89n
Weber John A., 533
Webster Frederick E., 286, 293, 296, 317n, 397, 1048n
Weigand Robert E., 791
Wells William D., 240, 281n
Westfall Ralph, 392, 411n
Westin Stamford Hotel, 437
Westing J. H., 1015
Westinghouse, 460, 558
Weston Fred, 1047n

Weston James F., 345n
Wharton Econometrics, 369
Wheelwright Steven C., 375n
Whirlpool, 330
Whitbread, 762
Wiersema Frederik D., 562
Wilemon David, 1002n
Wilkinson J. B., 729n
Williams Keith, 282n
Wilson Thomas W., 975, 1002n
Wind Yoram, 273, 283n, 286, 293, 296, 317n, 412n, 441, 544n
Winer Leon, 81
Wiswanathan R., 545n
Wittink Dick R., 172n
Wolfe H. R., 875n
Wolfschmidt, 727, 728
Womack James P., 448n

Woo Carolyn Y., 580n
Woodlock Joseph N., 478, 479
Woodruff R., 788
Woodside Arch G., 277
Woolard Edgar, 199
Woolworth F. W., 682
Worldwatch Institute, 223n
Wortzel Lawrence H., 280n, 789, 819n
Wright John S., 544n, 579n, 791
Wright Patrick J., 1003n

Xerox, 36, 95, 317, 429, 454, 549, 569, 575, 585, 809, 810, 981

Yale Jordan P., 544n, 579n, 832
Yankelovich Daniel, 392, 411n
Young & Rubicam, 910

Young Oran N., 953, 961n
Young Shirley, 392, 411n
Yuspeh Sonia, 545n
Yves St. Laurent, 759

Zaire, 588
Zaltman Gerald, 504n
Zamke Ron, 47n
Zegna, 6
Zeithamal Valarie A., 449n, 665, 668, 670, 678n, 679n
Zenith, 36, 334, 335, 336, 718
Zerowatt, 266
Zif Jehiel, 607n
Zikmund William G., 737, 767n
Zoltners Andris A., 172n
Zoppas, 266
3M Company, 3, 32, 460, 675, 977, 1036